U0817264

孟子文獻集成編纂委員會　編纂

孟子文獻集成

山東人民出版社

圖書在版編目（CIP）數據

孟子文獻集成. 第一一七卷 / 《孟子文獻集成》編纂委員會編. --濟南：山東人民出版社, 2020.1
ISBN 978-7-209-12328-0

Ⅰ. ①孟… Ⅱ. ①孟… Ⅲ. ①儒家 ②《孟子》－研究資料－匯編 Ⅳ. ①B222.55

中國版本圖書館CIP數據核字(2019)第227487號

項目統籌: 胡長青
責任編輯: 劉嬌嬌
裝幀設計: 武　斌
項目完成: 文化藝術編輯室

孟子文獻集成（第一一七卷）
《孟子文獻集成》編纂委員會 編

主管單位　山東出版傳媒股份有限公司
出版發行　山東人民出版社
社　　址　濟南市英雄山路165號
郵　　編　250002
電　　話　總編室（0531）82098914
　　　　　市場部（0531）82098027
網　　址　http://www.sd-book.com.cn
印　　裝　山東新華印務有限責任公司
經　　銷　新華書店

規　　格　16開（210mm×285mm）
印　　張　67
字　　數　540千字
版　　次　2020年1月第1版
印　　次　2020年1月第1次
印　　數　1-200
ISBN 978-7-209-12328-0
定　　價　900.00圓
如有印裝質量問題，請與出版社總編室聯繫調換。

《孟子文獻集成》編纂委員會

學術顧問　杜維明　張豈之　李學勤　牟鍾鑒

學術委員會

主　　任　陳　來

副 主 任　郭齊勇　李存山

委　　員　王　傑　王中江　王志民　王其俊　王鈞林　王漢東　孔德立　杜澤遜　李存山
李景林　吴　婧　袁汝旭　徐洪興　高兆波　郭齊勇　陳　來　孫明霞　梁　樞
梁　濤　董洪利　曾振宇　楊海文　楊朝明　趙　勇　鄭傑文　劉瑾輝　顔世安
顔炳罡　龔鵬程

（按姓氏筆畫排序）

編纂委員會

主　　編　王志民

副 主 編　杜澤遜　梁　濤　胡長青　李梅訓

委　　員　王　路　王恒柱　李西寧　李振聚　李國慶　黄顯功　張　勇　張志清　趙永和
趙紅彦　劉　晨

（按姓氏筆畫排序）

編　務　劉　晨　楊雲雲　孫　姣　李　濤　劉嬌嬌　張艷艷
趙　菲　呂士遠

組織實施

中國孟子研究院
山東人民出版社

序

《孟子文獻集成》是在孟子故里鄒城市委市政府鼎力支持下，由中國孟子研究院、山東人民出版社協同合作，共同致力完成的一項大型儒家文獻的搜集、整理、出版學術工程。

一

孟子是中國歷史上偉大的思想家、政治家、教育家，是僅次於孔子的儒家學派重要代表人物。戰國時期，戰爭頻仍，『角戰英雄，六經泥蟠，百家飆駭』（《文心雕龍·時序》），孔學既黜，儒道中衰。孟子遵夫子之道，批邪説，正人心，發揚光大孔子學説，復興儒學，成爲孔子之後最重要的儒家傳人和先秦原始儒學理論體系的主要奠基人。韓愈論儒家道統由堯、舜、禹、湯、文、武、周公代代相傳，言及『文、武、周公傳之孔子，孔子傳之孟軻。軻之死，不得其傳焉』（《原道》），又説『自孔子没，群弟子莫不有書，獨孟軻氏之傳得其宗』（《送王塤秀才序》）。可見，後世尊孟子爲『亞聖』，稱儒學爲『孔孟之道』，實爲孟子歷史地位使然！

《孟子》一書，是孟子及其弟子編著的全面反映孟子思想的儒家經典著作。漢文帝時，即曾設立《孟子》學博士，全國推闡。六朝時期，玄學、佛學興盛，儒學式微，《孟子》亦受冷落，但唐宋以後，隨着孟子地位的大幅提昇，《孟子》一書越來越受到統治者和學者文人的廣泛重視。唐代大儒韓愈倡論中國文化道統，其《原道》之説，影響甚大，已掀『孟子熱』；北宋時期，《孟子》與《論語》俱列入『十三經』之數；南宋朱熹作《四書章句集注》，將《孟子》列『四書』之中。南宋統治者更將其正式列入官方之學，設爲科舉考試科目，欽定爲必讀經典，學孟子、讀《孟子》，蔚然而成社會風氣。此後，孟子地位進一步提昇：元文宗封孟子爲『亞聖公』，尊其爲『百世之師』；明清兩朝更大推『四書』，地位儼然超越『五經』。《孟子》與《論語》並行，上自帝王，下至百姓，家有之，户誦之，『所研究者惟「四書」，所辨訂者亦惟「四書」』（《四庫全書總目·四書大全提要》語）。孟子思想，深入人心；《孟子》之學，遍佈各地；《孟子》

文獻，汗牛充棟。

根據我們的初步調查，歷代《孟子》文獻有兩千種之多。這些文獻，依孟子學史的發展，大致形成了以下幾点較鮮明的時代特徵：宋元文獻多義理闡發，以朱熹《孟子章句集注》爲代表；明代以王夫之《讀四書大全説》爲代表，多從心性之學挖掘孟子豐富的思想内涵；清代孟子學最盛，不僅産生了以乾嘉學者戴震《孟子字義疏證》、崔述《孟子事實録》爲代表的大量考據、辨僞著作，還出現了集前人研究成果之大成的焦循《孟子正義》。大致可以説，以東漢趙岐《孟子章句》爲發端，歷代學者多所闡釋研究。尤其宋元以來，孟學實爲千年『顯學』。《孟子》文獻内容所涉注釋訓詁、義理闡發、思想挖掘、考證辨僞等所有方面，其對孟子及《孟子》文本的研究廣度、深度可謂前無古人，後難爲繼。尤爲重要的是，歷代學者秉持儒家人生理念，一生所繫，立德立言，以『爲往聖繼絶學』爲生命追求之本，往往傾一生之力終注一經。孟子文獻不僅真實地展示了孟學及儒學發展的歷史，也留下了代代學者治學的心路，實在是應該认真进行挖掘整理的傳統文化瑰寶。

然而，毋庸諱言，孟子文獻的收集整理向未受到應有的重視。這固然與二十世紀以來，儒學命運多舛有關：批孔之時，孟子亦受其累；近數十年來，『孔子熱』不斷升温，孟子受冷落的現象却未有大的改觀，歷代孟子文獻迄未收集整理即是一例。據我們不完全統計，包括臺灣在内的中國圖書館，現存宋元至清代的刻本與鈔本計有一千二百餘種之多。由於各種原因，百分之九十餘未曾整理出版，而百分之七十以上仍處於人所罕见的塵封狀態。歷史的責任，現實的需要，未來的期盼，都在呼唤能有一套《孟子文献集成》的編纂出版。

二

二〇一三年四月底，孟子研究院在孟子故里山東省鄒城市正式成立。時值一年一度的『孟母文化節』，同時進行的還有由鄒城市、《光明日報》國學版、山東師範大學山東省齊魯文化研究院共同策劃主辦的『孟子公開課』開講儀式。來自國内各著名高校的部分主講學者和與會專家對孟子研究院成立後的學術規劃提出了許多建設性意見，多位專家提出了編纂《孟子文獻集成》的建議。

同年十月二十九日至三十日，孟子研究院學術委員會第二次會議在主任陳來先生主持下於鄒城召開。會議就《集成》的立項和編纂事宜進行了認真深入地討論，參閱審查了初選孟子文獻書目，形成了以下四點共識：一是孟子文獻的搜集、整理向稱薄弱，絶大多數迄未面世，影響了孟學研究的深度和廣度。編纂《集成》，填補空白，意義重大。二是要在廣泛搜集、精心選編的基礎上，力求將《集成》做成收羅全、質量高、權威性强的精品學術工程。三是应制定具体工作規劃，選編文献时代可由遠及近；文獻收集範圍，宜先國内後國外，分段完成，穩步推進，確保質量。四是在孟子研究院學術委員會基礎上，應增加部分孟子研究專家，充實到《集成》學術委員會；選聘孟學研究、版本目録、館藏出版等方面專家，組建高層次、有效率的編纂部和工作班子，扎實有效開展工作。

在經過編纂部四次召開籌備會議和系列籌備工作基礎上，二〇一四年五月，在濟南召開了特邀專家選目審查論證會。來自北京大學、中國人民大學、山東大學等全國各地的十餘位孟子和孟學史專家就編纂部提供的《集成》選編總目（國内）進行了認真研析、讨论審查。這次會議的召開更堅定了大家对編纂《集成》的信心和認識，許多專家從長期孟學研究的切身感受中充分肯定編纂《集成》的重大意義，一致認爲：這是一項立足當前又澤被後世的重大學術工程；目前国内編成的經典文獻集成中唯獨没有孟子文獻集成，这不僅是文化建設的一种缺憾，也从多个方面影響了孟子研究的深入和拓展，从这个意義上説，該項目的实施确是一項填補空白、意義深遠的學術工程。專家們特別指出，這項重大學術工程，由山東，特别是孟子故里鄒城市支持，由孟子研究院、山東省齊魯文化研究院牽頭承擔，正是歷史責任與當前文化建設的最佳選擇。相信《集成》的出版，對於提昇孟學研究、促進孟子研究院發展、推动山東文化强省建設，贡献巨大，意義深遠。會議還就選目原則形成以下共識：一是《集成》應當是一套研究孟子文獻的集大成之作，所收以獨立成書的研究《孟子》專書爲主，兼顧其他，儘量收全。對孟子文獻的含義可以放得寬一些，對書名没有『孟子』的，例如以『四書』『諸子』爲書名的，也要注意在考察辨析基礎上做好，要高標準、高質量。二是《集成》應兼顧古籍的重要性與稀見性，做到常見書精選善本，重要文獻不遺漏。三是海外孟子文獻應作爲一個工作目標，與海外學者合作，广匯博收，規劃編纂。四是時代大致截止到清末，現代部分可作爲『附編』或單獨列編收集出版，部分難以收入文獻應附列存目。這次專家會議的意見，得到二〇一四年六月五日召開的孟子研究院第二次學術委員會的重視和確認。

在籌備、啓動《集成》的整個過程中，得到鄒城市主要領導及社會各界鼎力支持。山東人民出版社主動、積極地參與了各項工作。二〇一四年八月二十八日，在山東省第五届文博會上，省有關領導和衆多媒體記者見證了孟子研究院與山東人民出版社共同簽訂《〈孟子文獻集成〉編纂出版協議書》的过程。

經過編纂委員會及有關方面的共同努力和各相關圖書館的大力支持，宋元時期傳世文獻已基本全部收録，共四十八種，分裝十四册，已於二〇一六年初首批出版發行。其中，收録宋元刻本十四種，海外善本四種，第一次影印的即有十六種，屬於披沙揀金的珍本，將爲孟子文獻及思想研究提供寶貴資料。

第二輯精選明代孟子文獻八十一種，分裝爲三十二册影印，已經於二〇一七年三月出版。

第三輯爲明代文獻的第二批，共收入著作四十五種，分裝爲二十册影印，其中五種來自日本，三種來自美國；其他部分也多爲稀見的珍本和善本，已經於二〇一八年三月出版。

第四輯，共收録著作六十二種。其中，明代著作四十八種，分裝爲二十四册；清代著作十四種，分裝爲十册。共出版三十四册。底本皆爲精選珍本善本，其中，明代刻本四十種，清代刻本二十二種。又有二十三種來自日本，多爲國内未見，彌足珍貴。

本次出版爲《孟子文獻集成》第五輯，清代文獻之第二部分，也是《集成》編纂以來，收録文獻最多的一輯。共收入著作三百六十八種，分裝爲一百册；至此，自康熙朝至清末絕大部分與《孟子》相關文獻已基本囊括。其中：來自日本的珍稀文獻八種；稿抄本二十六種；孤本二十二種，國内未出版者達三分之二以上。

編纂出版《孟子文獻集成》，既有利於深入挖掘孟子思想精髓，洞見《孟子》世代傳承的歷史場景，又有利於珍貴文獻的保護、傳承和共享、共用，是惠及當代、澤被後世的文化善舉。值此共出版二百册之際，我們對國内外各有關圖書館和學界同仁的鼎力支持與真誠合作表達崇高的敬意和誠摯的感謝！

讓我們黽勉同心，共同努力，以期這一重大學術工程的圓滿完成。

王志民

二〇一五年四月十二日第一稿

二〇一八年三月八日修改第二稿

二〇一八年十二月十二日修改第三稿

二〇一九年十月六日修改第四稿

凡　例

一、《孟子文獻集成》匯聚歷代關於《孟子》之著述，要其旨歸，不外經學之考證、義理之推闡、文章之批點，故舉凡注釋、析義、批點等書皆酌加收録，大致以著者時代先後爲次，俾經學之大，義理之善與夫文章之美，庶幾由此而知。

二、《孟子文獻集成》選用底本多未經整理，或孤傳海外，或秘庋深閣，學者既不能徧歷中外而窺其概貌，又不能盡探二酉而知其大略，不能無憾焉。今集爲一編，則學者循覽而知《孟子》一經之本末，歷代著述之昇沉。

三、各書或得自日本、美國，或攝自國家圖書館、天津圖書館、上海圖書館、浙江圖書館、山東大學圖書館等。底本皆經選擇，其存世孤秘，列爲首選，而後出佳槧，流佈稀少，亦資採摭。

四、諸書著録書名、卷數、著者時代、姓名、撰著方式及版本，覽者便焉。

五、著者真僞，學者所重，凡有歧異，均於著者前加『題』字，略示區别。

六、諸家解《孟》之作，或爲獨立成書者，或爲總集内别裁而出者，或以『四書』著述總題者，今所匯集，以能獨立析出者爲斷。其單篇零什，概所不收。

七、裁出之書，凡原有題名者，概依原題，而於版本項注其從來；凡無獨立題名者，則仍用大題，而括注『孟子』二字；其不能析離者，則全書收録。

八、是編博訪廣蒐，固難周徧，續有所得，拟輯《補編》，庶免遺珠之憾。伏望博雅君子，匡其不逮，補其未備，是所幸焉。

目録

序　一
凡例　一
三魚堂孟子集註大全十四卷　清　陸隴其輯　一
四書或問語類大全合訂孟子十四卷（一）　清　黄越編訂　四七五

三魚堂孟子集註大全十四卷

清 陸隴其輯

清康熙嘉會堂刻本

明成祖御製序
朕惟昔者聖王繼天
立極以道治天下自
伏羲神農黃帝堯舜

禹湯文武相傳授受
上以是命之下以是
承之率能致雍熙悠
久之盛者不越乎道

以爲治也下及秦漢
以來或治或否或久
或近率不能如古昔
之盛者或忽之而不

行或行之而不純所
以天下卒無善治人
不得以蒙至治之澤
可勝歎哉夫道之在

天下無古今之殊人
之稟受於天者亦無
古今之異何後世治
亂得失與古昔相距

之遼絕歟此無他道
之不明不行故也道
之不明不行夫豈道
之病哉其為世道之

責孰得而辭焉夫知
世道之責在己則必
能任斯道之重而不
敢忽如此則道豈有

不明不行而世豈有
不治也哉朕纘承
皇考太祖高皇帝鴻基
即位以來孳孳圖治

恒慮任君師治教之重惟恐弗逮切思帝王之治一本於道所謂道者人倫日用之

理初非有待於外也厥初聖人未生道在天地聖人既生道在聖人聖人已往道在

六經六經者聖人為治之迹也六經之道明則天地聖人之心可見而至治之功可

成六經之道不明則人之心術不正而邪說暴行侵尋蠧害欲求善治烏可得乎朕

爲此懼乃者命儒臣
編脩五經四書集諸
家傳註而爲大全凡
有發明經義者取之

悖於經旨者去之又
輯先儒成書及其論
議格言輔翼五經四
書有裨於斯道者類

編爲帙名曰性理大
全書編成来進總二
百二十九卷朕間閱
之廣大悉備如江河

之有源委山川之有
條理於是聖賢之道
粲然而復明所謂考
諸三王而不謬建諸

天地而不悖質諸鬼神而無疑百世以俟聖人而不惑大哉聖人之道乎豈得而私

之遂命工恙以鋟梓頒布天下使天下之人獲覩經書之全探見聖賢之蘊由是窮

理以明道立誠以達本修之於身行之於家用之於國而達之天下使國不異政家

不殊俗大回淳古之風以紹先王之統以成熈皞之治將必有賴於斯焉遂書以為

序

永樂十三年十月初一日

長洲後學倪燾光仿內府鋟本謹書

四書集註大全凡例

一四書大書朱子集註諸家之說分行小書凡集成輯釋所取諸儒之說有相發明者采附其下其背戾者不取凡諸家語錄文集內有發明經註而集成輯釋遺漏者今悉增入

一註文下凡訓釋一二字或二三句者多取新安陳氏之說

一引用先儒姓氏

朱子熹 仲晦 晦庵 新安

鄭氏玄

孔氏穎達

周子敦頤 茂叔 濂溪

程子顥 伯淳 明道 頤 正叔 伊川

張子 載 子厚 橫渠　邵子 雍 堯夫 康節
藍田呂氏 與叔 大臨　和靖尹氏 焞 彥明
上蔡謝氏 良佐 顯道　廣平游氏 酢 定夫 建安
河東侯氏 師聖 仲良　龜山楊氏 時 中立
安定胡氏 瑗 翼之 海陵　華陽范氏 祖禹 淳夫
眉山蘇氏 軾 子瞻 東坡　林氏 之奇 少穎 三山

凡例二

致堂胡氏 寅 明仲　豫章羅氏 從彥 仲素
沙隨程氏 迥 可久　延平李氏 侗 愿中
象山陸氏 九淵 子靜　東萊呂氏 祖謙 伯恭 金華
南軒張氏 栻 敬夫 廣漢　止齋陳氏 傅良 君舉
樂庵李氏 衡 彥平 江都　山陰陸氏 佃 農師
北溪陳氏 淳 安卿 臨章　勉齋黃氏 榦 直卿 三山

慶源輔氏 廣 漢卿 潛庵　三山潘氏 柄 謙之 瓜山
節齋蔡氏 淵 伯靜　九峰蔡氏 沈 仲默
覺軒蔡氏 模 仲覺　三山陳氏 孔碩 膚仲 北山
趙氏　潛室陳氏 埴 器之 永嘉
胡氏 泳 伯量 桐原 南康　鄭氏 南升
莆田黃氏 士毅 子洪　栝蒼葉氏 賀孫 味道 知道

凡例三

格菴趙氏 順孫 栝蒼　丹陽洪氏 興祖 慶善
張氏 九成 子韶 范陽　鄧氏 亞 元亞
葉氏 夢得 少蘊 石林　西山真氏 德秀 景元 建安
邵氏 甲 仁仲 新定　兼山郭氏 忠厚 立之
張氏 庭堅 才叔　蒙齋袁氏 甫 廣微 四明
徽菴程氏　江陵項氏 安世 平菴

倪氏　顧氏元常平甫新定
仁壽李氏道傳仲貫　東窗李氏
陵陽李氏　温陵陳氏知柔體仁
陳氏用之長樂　譚氏惟寅高安
何氏夢貴新之北山嚴陵　晏氏
天台潘氏時舉子善　鄭氏汝諧舜舉東谷古括

新安王氏炎晦叔　永嘉薛氏
歐陽氏謙之希遜廬陵　諸葛氏泰
朱氏祖義子由廬陵　朱氏伸
張氏彭老　梅巖胡氏次炎濟鼎新安
黄氏淵　宣氏
汪氏廷直　張氏好古

張氏玉淵　王氏向
玉溪盧氏孝孫　雙峰饒氏魯仲元鄱陽
劉氏彭壽　勿齋程氏若庸達原新安
魯齋王氏侗金華　番陽沈氏貴瑤毅齋
番陽齊氏夢龍　疊山謝氏枋得君直廣信
邢氏昺　蛟峯方氏逢辰蕭初青陽

新安吴氏浩義夫　仁山金氏履祥吉甫金華
番陽李氏靖翁思正　厚齋馮氏椅奇之南康
番陽鄒氏季友晉昭　四如黄氏仲元莆田
汪氏炎昶古逸新安　勿軒熊氏禾去非建安
吴氏仲迂可堂番陽　魯齋許氏衡平仲
臨川吴氏澄幼清草廬　歐陽氏玄原功圭齋

雲峰胡氏炳文仲虎　新安陳氏櫟壽翁　定宇

張氏存中德庸　新安倪氏士毅仲弘

番陽朱氏公遷克升　東陽許氏謙益之　白雲

一奉敕纂修

翰林院學士兼左春坊大學士奉政大夫臣胡廣

奉政大夫右春坊右庶子兼翰林院侍講臣楊榮

奉直大夫右春坊右諭德兼翰林院侍講臣金幼孜

翰林院修撰承務郎臣蕭時中

翰林院修撰承務郎臣陳循

翰林院編修文林郎臣周述

翰林院編修文林郎臣陳全

翰林院編修文林郎臣林誌

翰林院編修承事郎臣李貞

翰林院編修承事郎臣陳景著

翰林院檢討從仕郎臣余學夔

翰林院檢討從仕郎臣劉永清

翰林院檢討從仕郎臣黄壽生

翰林院檢討從仕郎臣陳用

翰林院檢討從仕郎臣陳璲

翰林院五經博士迪功郎臣王進

翰林院典籍修職佐郎臣黄約仲

翰林院庶吉士臣涂順

奉議大夫禮部郎中臣王羽

奉議大夫兵部郎中臣童　謨
奉訓大夫禮部員外郎臣吴　福
奉直大夫北京行部員外郎臣吴嘉静
承直郎禮部主事臣黄　裳
承德郎刑部主事臣段　民
承直郎刑部主事臣洪　順

承直郎刑部主事臣沈　升
承德郎刑部主事臣章　敞
承德郎刑部主事臣楊　勉
承德郎刑部主事臣周　忱
承德郎刑部主事臣吾　紳
文林郎廣東道監察御史臣陳道潛

承事郎大理寺評事臣王　選
文林郎太常寺博事臣黄　福
修職郎太醫院御醫臣趙友同
廸功佐郎北京國子監博士臣王復原
泉州府儒學教授臣曾　振
常州府儒學教授臣廖思敬

蘄州儒學學正臣傅　舟
濟陽縣儒學教諭臣杜　觀
善化縣儒學教諭臣顔敬守
常州府儒學訓導臣彭子斐
鎮江府儒學訓導臣畱季安

明進書表

翰林院學士兼左春坊大學士奉政大夫臣胡廣
奉政大夫右春坊右庶子兼翰林院侍講臣楊榮
奉直大夫右春坊右諭德兼翰林院侍講臣金幼孜等茲者伏蒙
○○○○命臣等文學之臣編緝五經四書大全及性理大全書今編緝已成謹謄寫總二百二十九卷裝潢成帙
進
呈臣廣等誠惶誠恐稽首頓首
上言伏以
六經之道昭如日星經緯乎天地貫徹乎古今放之則彌六合卷之則退藏於密用之於身而身修行之於家而家齊推之於國而國治施之於天下而天下平蓋世必窮經而後道明未有舍經而能治理者也是以聖王垂憲必資道以開人賢哲肇基必稽古以作範故伏羲則河圖而演畫大禹因洛書而錫疇孔子刪詩書修春秋寓一王之法周公陳王業制禮樂弘百世之規況乎精一執中之傳尤重丁寧告戒之旨如斯顯跡昭然可觀自王道既衰異說蠭起燔烈秦火

之餘穿鑿漢儒之弊其間存者不絕如絲莫能究其指歸一切趨於苟且夤緣故習鮮克正之於乎聖人之道不得而百世無善治聖人之學不傳而千載無真儒遂令往轍之難尋益發前修之永歎夫否必有泰晦必有

明繇夫濂洛關閩之學興而後堯舜禹湯之道著悉掃蓁蕪之蔽大開正學之宗不幸屢阨狂言既揚復抑又因循數百年之間卒莫能會其說於一蓋必有待於

今日者矣

天啓

聖明誕膺景運

太祖高皇帝天縱之聖以武功定天下以

文教興太平首建學校頒賜書籍作養人材茂隆政治四海内外翕然同

風欽惟

○○○○

文武聖神

聰明睿知纘承

大統紹述

鴻勳成功盛德雖三皇而無以加事業

文章與二儀而同其大治已至而猶

以為未至功已成而猶以為未成體
道謙沖遊心高遠乃者渙起
宸斷修輯六經恢拓道統之源流大振斯
文之委靡發舒幽賾鉤纂精玄博采
先儒之格言以為前聖之輔翼合衆
途於一軌會萬理於一原地負海涵
天晴日皦以是而興教化以是而正
人心使夫已斷不續之墜緒復屬而
復聯已晦不明之蘊微復彰而復著
肇建自古所無之制作纘述自古所
無之事功非惟備覽於經筵實欲頒
布於天下俾人皆由於正路而學不

惑於它岐家孔孟而戶程朱必獲真
儒之用佩道德而服仁義咸趨聖域
之歸頓回太古之淳風一洗相沿之
陋習煥然極備猗歟盛哉竊嘗觀之
周衰道廢汲汲皇皇以斯道維持世
教者惟師儒君子而已未有大有為
之君能倡明六經之道紹承先聖之
統如
今日者也
○○○○所以卓冠百王超越千古者也
臣廣等一介書生粗知章句大學賢
關渾未造其閫奥圓冠句僂固軄列

於章縫幸逢
熙洽之時謬忝校讎之任每受成於
指教亦何假於施爲樂觀就編豈勝歡
慶與天下而同惠於萬古而有光尊
所聞行所知求不負於
教育正其誼明其道期補報於

進書表七

昇平無任瞻
天仰
聖激切屛營之至謹奉
表隨
進以
聞

永樂十三年九月十五日
翰林院學士兼左春坊大學士奉政大夫臣胡廣
等謹奉
表

進書表八

長洲後學倪驁士仿內府鋟本謹書

序

學不窮經則無以講明義理而窺聖賢之精微學不躬行則無以進脩德業而見聖

功之切實蓋窮理進德事本相須而俗學之支離淺陋鮮能兼詣之者平湖陸稼書先生苦心好學師法

程朱日討論五經四書尋源竟委下逮宋明諸儒之說一一剖晰同異而悉定其指歸若四書大全一編

尤生平所殫精致力者嘗言前代輯書時藍本倪氏通義語雖博收而意寡裁斷間有似是之語陰背本

註而不知者嗣後九
鼎彙徵附以明儒之
駁雜婁江註疏復綴
漢唐之紛紜此書屢
變而愈失其眞又歎
近時細書說約疎淺
割裂擇不精而語不
詳大全且束之高閣
矣爰取原書標識字
旁以謹嚴去取兼採

序三

朱子語類蔡林二家
蒙存折衷盡善使無
幾微遺憾意在闡揚
經義開示後人也至
其平時力學積誠勵
行朝夕孳孳自脩身
正家以及涖官立朝
動必準諸古人罔有
闕失初授嘉定令仁
聲四訖以不善事上

序四

官落職再補靈壽力
行敎化北地之風爲
之一變其復官也以
中丞魏蔚州之薦其
內擢也以司農陳澤

州之薦先後兩赴國
門未嘗造謁通剌而
兩公志在得人公而
忘私皆可爲世法云
居言路一年𠭥陳時

事其正官方扶名敎
兩疏眞足昭日月而
揭中天歸里後
皇上念其端方廉潔召主
文衡而澨焉謝世者

已經歲矣先生貌莊
氣和望而知其涵養
完粹閒質以理學淵
源則平心酬答初不
爲雄論高談訾議前

輩觀其胷次磊落氣
象雍容與中州湯公
潛菴蓋同時篤行君
子也解組以後講學
虞山遊其門者多感

序七

發興起壬申季冬豫
知泰山梁木之兆越
旬日而端坐瞑逝其
生也有自來而其歿
也有自往亦可驗所

學之正大矣茲編乃
中年點次藏之篋中
者席子漢翼王子漢
廷克廣師傳鋟版行
世則先生羽翼經傳

序八

好學不倦之苦心庶
可垂諸千載而不敝
也夫

時

康熙戊寅歲仲春月

甬江同學弟仇兆鰲頓首拜題於武林書室

三魚堂四書大全序

舊本四書大全予舊所讀本也用墨筆點定去其煩複及未合者又採蒙引存疑淺說之要者附於其閒萬曆以後諸家之說則別為一冊不入於此依朱子讀書法每讀一句必反覆玩味俟其貫通然後及於下句或思索未定遇有他事當酬應應畢輒復思此嘗有一字一句盤桓於胷中數日然後止自戊戌至癸卯用力六年而始畢然是時雖粗知讀書之門戶而程朱之語錄文集皆未之見敬軒敬齋諸君子之

書皆未之求嘉隆以後陽儒陰釋之徒改頭換面似是而非者猶未盡燭其詐自庚戌以來乃始悉求諸家之書觀之然後知向之去取都未能當有先儒見到之語讀之若平澹而實關學問之得失者不知取也有先儒一時之言讀之若無病而實開假借之途者不知辨也又有先儒微言奧義大全諸書所不及載或載而不詳者則此本亦竟闕如又有兩說互異當存疑而輒輕斷當畫一而務並存每取而覆視之輒赧然於心欲遂棄之則又念其曾用數年之力於此不忍便

置且欲因此自知其陋鑒於前者或毖於後也故嘗櫝而藏之不敢以示人親友聞其有是書也皆欲得而觀焉或疑其有所吝惜故敢序其始末以告使共知其陋相與戒而勉焉則勝於讀此書也夫

康熙辛酉三月壬午平湖陸隴其稼書氏述

謹按先生作此序時距捐館越一紀矣每憶未悔輩日侍函丈先生方輯困勉錄必將是書翻閱參考復用朱筆點次遂成定本壬申臘月將歸當湖乃語未悔輩曰吾一生學力盡在此二書子其識之及易簀前一日復語其族祖蒿菴翁曰余來年欲刻此二書未知得遂否越宿遂卒茲承先生之志鋟版告成深痛先生之弗及一見因從文集中檢出弁於簡端以識先生謙牧慎重之意云

門人席永恂侯銓王前席謹識

孔子脩明六經述而不作其微言精義見於論語一書皆闡揚六經之旨以發明二帝三王之道也曾子之大學子思之中庸孟子之七篇又傳述孔子之意以發明帝王之道也紫陽朱子之集註章句或問諸書又折衷伊洛之旨以發明孔孟之道也明既尊崇其書定爲取士之制命采諸儒之說萃爲大全又推廣朱子之言以發明孔孟之道也自明以至於

本朝家有其書人習其業聖賢之道燦然如日月之經天江河之由地行之天下而一揆垂之萬世而無弊聖人復起弗能易矣惟是習之既久視爲應舉干祿之書平居終日思維其言精求其理著而爲文以求遇合及驗之身心踐履之間其能悉合者鮮矣高者溺於虛無卑者馳於功利或閱覽

博物則索隱而釣奇或著書脩辭亦齊末
而忘本象山陽明之說盛行而濂洛關閩
之教不著學術之純駁即世道之所以汙
隆也豈細故哉吾師當湖先生今之朱子
也自束髮受書即以斯道爲己任以爲欲
閑聖道正人心惟近取四子之書人人所
講習者而用力焉則莫大全若矣乃一準
朱子讀書法每讀一句必反覆玩味俟其

貫通然後及於下句蓋用力六年而始卒
業復采明儒之說附益之遵格致擇善之
旨廣涉旁搜合於朱子者採之不合者刪
之旁行夾注識以歲月蓋自通籍以後易
簀以前折衷考訂未嘗一日廢也於戲先
生一生精力盡在此書處而教行於鄉生
徒矜式焉出而道行於國黎民順則焉爲
廉吏爲純儒爲直臣先生以一人兼之此

皆讀書師四子學程朱之明效也竊謂當
代尊道學之統宗朱子而闢王氏者不乏
其人求其真知篤信實踐躬行表裏如一
而終始不渝者則舍先生其奚屬哉迄今
歿已數年
聖天子闡而思之賢公卿敬而慕之四方之士
仰止景行恨當世未識其人而訪求其遺
書者益衆永怡兄弟受業有年講讀之時

竊聞之先生曰吾輩今日學問只是遵朱
子朱子之意即聖人之意非朱子之意即
非聖人之意但取其成說而心會之身體
之患不行不患不明故於是編熟玩精思
辨真晰僞於毫芒疑似之間深恐後人之
岐趨而誤學也既詳加較定捐貲壽梓所
冀世之君子讀是書者即帖括習玩之中
深求聖賢之道以陶淑人心維持世教斯

不負先生纂輯之意也夫

康熙戊寅八月朔受業門人吳縣席永恂

百拜謹述

三魚堂四書大全四十卷吾師子陸子所手定也又採蒙引存疑淺說達說附於其間而萬曆以後諸家之說則別爲一編名困勉錄於是大全之面目益新考亭之宗旨益著蓋不僅經生舉業之資其即聖學入門之道歟今年春授梓既成爲較閱一過而太息吾師淑世衛道之心設施未竟微言大義僅托之遺書以傳也猶憶前席年始數歲家嚴延吾師至琴川書屋適當嘉定罷官時晨興就塾見吾師端坐臯比德容道貌儼然一儒生以是書置案頭句讀指畫必詳且盡不以蒙穉而誨之或略也未幾吾師以博學鴻儒薦二兄弟亦侍家嚴入都相聚經歲行篋所攜惟是書而已既丁外艱歸不二年前席輩亦從家嚴南還則吾師復來琴川時前席方學爲文

吾師講解加詳言必稱孔孟論必本程朱力排陽儒陰釋改頭換面之非輒請是書覆證之稍稍窺其藩籬識其徑路不爲異說岐趨所惑矣旣而家嚴赴補虞衡吾師亦起官靈壽前席復負笈從學者數月吾師諄諄訓廸又不以簿書之繁而少弛焉朔望必至學宮召諸生講肄退而筆之於書以示前席輩今所傳松陽講義皆權輿

於是書以獨抒所見者也未幾辭師省覲家嚴旋亦請養歸里分北者久之肰書問弗絕其所告誡者不出數年來函丈晨夕之語且寄小學近思及程氏日程諸編以爲學者必從此入即其言以歸諸身心無使書自書我自我則舉業無非聖學矣余小子每服膺心識弗敢失墜閱六年吾師從臺中解組家嚴復尋舊約壬申春延吾

師於曹溪別業前席兄弟偕侯子秉衡復得請業焉斆學相長尤得師友切磋之樂每日講書三四章反覆問難退必奉是編讀之輒用別本遵式標題益歎吾師用力之久採取之當思之慎而辨之明也自春迄冬講論語學庸甫畢方期卒業孟氏之書次及五經性理大儒語錄而天不慭遺溘焉長逝前席心喪之中追惟吾師一生

大節學問文章一以紫陽爲歸而用舍行藏亦最相似蓋其志在明道力闢異端及名是而實違大同而微異者旣見之語言文字之閒而持身行已存誠主敬內而脩身齊家外而致君澤民擇善固執而篤行之故雖博極羣書而必以是編爲標準也嗚呼哲人旣萎斯文尚在若不亟爲表章以公諸同志是有負師傳并有負於聖敎

矣因謀之嗣君直方請是編以歸與秉衡及伯氏漢翼重加校訂授諸書林若整齊編次則吾師之族祖蒿菴翁猶子用中同門趙子魚裳旂公之力爲多所願是書大行四方之士景行其人而服習其言耳目專一趨向無岐學術正邪說息而風俗自淳不尤爲世道人心之大幸也哉

受業門人太倉王前席百拜謹述

三魚堂四書大全同校姓氏

後學門人

周　纁我園　婁縣　　王　原令貽　青浦
趙　俞文饒　嘉定　　張　昺長史　婁縣
柯崇樸寓匏　嘉善　　沈弘勳又昭　平湖
侯開國大年　嘉定　　趙光緒襄孫　平湖
焦袁熹廣期　金山　　周　靖牧寧　吳縣
馬子騰鄧如　靈壽　　張雲章漢瞻　嘉定
倪洪則貽孫　平湖　　張　凱[redacted]　大興
王　晦服尹　嘉定　　歸　梁嵩震　嘉定
王　度賓臣　嘉定　　黃洪耀殿雯　嘉定
趙鳳翔魚裳　婁縣　　趙俱徵旂公　上海
陸廷璧蛟文　嘉定　　程儀千言遠　徽州
蔣鶴鳴聲御　嘉興　　傅擴封[redacted]　靈壽
傅德煥[redacted]　靈壽　　秦　偕彥超　嘉定
程　佺屺瞻　嘉興　　時圯授期五　嘉定

賈澤潤濟川　三韓　　徐世沐[redacted]　江陰
瞿天潢爰楫　婁縣　　周宗泰文濤　嘉定
張霱生雲先　杭州　　李先堯巢來　嘉善
董德華滋邁　嘉定　　李[redacted]　嘉善
李　實玉如　嘉定　　李弘璧武脩　婁縣
傅燮鈞[redacted]　靈壽　　夏　嘉湄在　華亭
侯　棠悅舟　嘉定　　夏[redacted]周翰　華亭
周承震緝武　嘉定　　唐　燮欽文　婁縣
孫之謀駿聲　嘉定　　徐善建孝標　嘉善
張有猷刻舟　嘉定　　陳　遹香谷　太倉
李應稜褎瀛　嘉善　　金　潮來青　嘉定
侯　萊準樹　嘉定　　貢艮梠[redacted]　靈壽
張王典惇五　嘉善　　金　封紫六　嘉定
吳　箴燮臣　嘉定　　侯　銓秉衡　嘉定
侯　永賡虞　嘉定　　王素行繪先　平湖
陳王聘翼聖　婁縣　　陳榮樟楚材　平湖

鄭觀旒晃垂　嘉定　陸廷鋹雋純　嘉定
張　慧迪喆　松江　楊志達襄平　嘉定
應禮璧子蒼　錢唐　王敬銘丹思　嘉定
闞宗宏度遠　嘉定　陸廷燦扶照　嘉定
汪嘉禾周文　嘉定　應禮琮以黃　錢唐
秦　立雲津　嘉定　錢　淏子登　嘉定
傅維樟[redacted]　靈壽　陳上璣星華　嘉定
沈顯渭襄雍　嘉興　張秉維質夫　嘉善
趙春曦維勤　嘉定　丁廷煥翼傳　嘉善
金廷煌旭昌　平湖　汪來戊燕寧　嘉定
侯　嘉壽承　嘉定　陸　律葭吹　平湖
王鴻志弌飛　平湖　唐定昌賓王　華亭
單周傳[redacted]　青浦

姻戚同宗
張光耀晉如　嘉興　陳嘉穀彭年　婁縣
朱　熊季飛　平湖　李　鉉枚吉　松江
曹宗柱星佑　平湖　張金城固安　嘉興
屠王機覲侯　青浦　金之鎮椒麓　平湖
王之澄宿輪　平湖　朱培寧翼安　平湖
朱培振起玉　平湖　金　熙枚拜　婁縣
席祐鎬渭南　吳縣　倪茝林幼貞　平湖
曹煥謀詒我　平湖　李文浛立成　松江
李文渭南皋　松江
公鏐蒿菴　平湖　[redacted]京渠　平湖
[redacted]寶臣　平湖　[redacted]齡九　平湖

若秦西雄　平湖　承烈武脩　平湖
承勳履平　平湖　承熙覲文　平湖
鼎勳魯瞻　平湖　丕烈仲書　平湖
煌　尚瞻　平湖　燮昌寧人　平湖
競烈顯成　平湖　定烈覲成　平湖
輝吉兆枚　平湖　楊烈子顯　平湖
邦燮調孟　平湖　祥徵吉人　平湖
德徵存久　平湖　寬徵粟菴　平湖
申吉枚拜　平湖

孟子集註序說

史記列傳去聲曰孟軻趙氏曰孟子魯公族孟孫之後漢書注云字子車一說字子輿趙氏名岐字邠卿東漢京兆人騶人也騶亦作鄒本邾國也受業子思之門人子思孔子之孫名伋音急索隱云王劭以人爲衍字而趙氏註及孔叢子等書亦皆云孟子親受業於子思未知是否慶源輔氏曰子思之門人無顯名於後者而孟子眞得子思之傳則疑親受業於子思者爲是而集註兩存其說蓋自古聖賢固有聞而知之者不必待耳傳面命而後得也又以中庸一書觀之所以傳授心法闡示蘊奧如此其至則當時門弟子豈無見而知之者孟子從而受之愈益光明亦宜有之也○西山眞氏曰七篇之書其出乎中庸者非一其曰四端云者則未發之中中節之和也蓋仁義禮智性也所謂大本也惻隱羞惡辭讓是非情也所謂達道也其曰禹稷顏回同道孔子仕止久速者則君子而時中也其曰鄉原亂德者則小人而無忌憚也其曰曾子北宮黝之勇者南北方之强也其曰仁之實事親義之實從兄禮之實節文斯二者則仁者人也親親爲大義者宜也尊賢爲大親親之殺尊賢之等禮所生也其曰堯舜性之湯武反之則自誠明之謂性自明誠之謂教也其曰天下國家之本在身則爲天下國家有九經也至於誠者天之道思誠者人之道一章之義悉本於中庸尤足以見淵源之所自○通考吳氏程曰按孟子自魏惠王三十五年游梁至京王七年而燕人畔齊距孔子蓋一百六十七年是爲周赧王之三年而孟子著書之歲固猶在其後也况孔子夢奠時伯魚之沒已六載子思固長不然亦非幼矣子思享年六十有二去孔子四五

十年而卒而孟子始生其不得親受業可見故孟子但曰私淑諸人而集註以爲子思之徒於論語序說止稱門人蓋兩存以備攷定耳○此段今斷從子思之門人若得親受業於子思不應七篇全無所述而曰私淑諸人如此輕他
附蒙引綱目孟軻至魏分註又爲受業孔子之孫子思

道既通趙氏曰孟子通五經尤長於詩書程子曰孟子曰可以仕則仕可以止則止可以久則久可以速則速孔子聖之時者也故知易者莫如孟子又曰王者之迹熄而詩亡詩亡然後春秋作又曰春秋無義戰又曰春秋天子之事故知春秋者莫如孟子尹氏曰以此而言則趙氏謂孟子長於詩書而已豈知孟子者哉游齊事宣王宣王不能用適梁梁惠王不果所言則見以爲迂遠而闊於事情按史記梁惠王之三十五年乙酉孟子始至梁其後二十三年當齊湣王之十年丁未齊人伐燕而孟子在齊故古史謂孟子先事齊宣王後乃見梁惠王襄王齊湣王獨孟子以伐燕爲宣王時事與史記荀子等書皆不合而通鑑以伐燕之歲爲宣王十九年則是孟子先游梁而後至齊見宣王矣然考異亦無他據又未知孰是也新安陳氏曰謹按通鑑綱目周顯王三十三年乙酉孟軻至魏愼靚王二年壬寅魏

君噲卒。孟軻去魏適齊。五年乙巳。燕君噲以國讓其相子之。赧王元年丁未。齊伐燕取之。分注但云齊王。其下卽書孟軻去齊。赧王二年戊申。卽齊閔王地元年。閔卽湣字。伐燕一事。史記以爲齊湣王十年丁未。蓋以顯王四十六年戊戌爲齊閔王元年。通鑑以爲宣王十九年丁未。蓋以顯王三十七年己丑爲宣王元年。史記通鑑之不同蓋如此。證以通鑑綱目。丁未宣王卒。閔王立。戊申方改元則丁未乃宣王末年。閔王繼位之年。蓋未能的知伐燕之爲先君事與嗣君事也。以淖齒事證之。閔王爲是。孟子謂爲宣王恐傳寫之訛耳。無所折衷。姑以綱目爲據云。通考。仁山金氏曰。齊宣王伐燕。孟子所見也。謂爲湣王者。荀卿所聞也。史記又所傳聞者也。安得以後世所傳聞之辭。而反疑孟子所見之辭乎。文公尊孟子者。序說及集註反取荀子史記。而疑孟子爲差。雖曰疑以傳疑。而後人將以爲實。又曰伐燕事。孟子最詳。其次戰國策。蘇秦在燕。與其相子之婚。而蘇代與子之交。秦死。齊宣王復用代。代爲齊使燕。燕王問宣王何如。對曰。必不霸。不信其臣。以激燕王而厚子之也。於是燕王以國讓子之。三年大亂。儲子謂齊宣王。因而伐之。王令章子伐燕。士卒不戰。城門不閉。燕王噲死。齊大勝。子之亡。此通鑑所據以係之宣王也。但年表以齊威王立三十六年。宣王立十九年。湣王立四十年。通鑑則下減湣王之十年。上益威王之十年。移下宣王十年。以合伐燕之事。語錄疑考他據故屢詳以爲伐燕雖微戰國策亦當一以孟子爲是。況又有戰國策之可據乎。附蒙引。道既通此句亦只可淺說。若正經說到道處。又非司馬遷見識所能到。○新安陳氏謂伐燕事以淖齒證之閔王爲是此不知何謂也。淖齒是楚人。楚人將兵救齊。因爲齊相。齒欲與燕分齊地。乃執閔王殺之。後爲王孫賈所誅。其見於史記者如是。此只足以證閔王爲燕所敗。何足以證伐燕之必爲閔王事。

當是之時。秦用商鞅。鞅倚兩反**楚魏用吳起。齊用孫子田忌。天下方務於合從連衡。**

從子容反。衡與橫同。○新安陳氏曰。蘇秦主合從之說。欲合六國爲一以抗秦。張儀主連衡之說。則離六國之交以事秦。六國謂楚燕齊韓趙魏也。**以攻伐爲賢。而孟軻乃述唐虞三代之德。是以所如者不合。退而與萬章之徒。序詩書。述仲尼之意。作孟子七篇。趙氏曰。凡二百六十一章。三萬四千六百八十五字。韓子曰。孟軻之書。非軻自著。軻既沒。其徒萬章公孫丑相與記軻所言焉耳。愚按二說不同。史記近是。**韓子名愈字退之。諡文公。唐鄧州人。○問序說謂史記近是。而集註於滕文公篇首章云。門人不能盡記其辭。又第四章云。記者之誤。如何。朱子曰。前說是。後兩處失之。熟讀七篇。觀其筆勢。如鎔鑄而成。非綴緝可就也。論語便是記錄綴緝所爲。非一筆文字矣。○新安陳氏曰。愚聞或疑易繫辭有子曰字。以爲非孔子作。朱子曰。安知非後人所加。如周子自著通書。五峯刊之。每章加周子曰字。今讀孟子。亦當會此意。附蒙引。淸嘗記一書。載朱子之言。謂孟子一書。決是孟子所自作。不是孟子。如何寫得精意如此透徹。首尾如此貫串。看他是甚麼樣文氣。若當時門下有人寫得如此意思出。亦不可謂軻之死不得其傳矣。故曾南豐謂書二典亦是夔輩人所作。以公孫丑萬章平日所問難於孟子者觀之。似未能寫出孟子七篇文字如此精粹圓活也。

韓子曰。堯以是傳之舜。舜以是傳之禹。禹以是傳之湯。湯以是傳之文武周公。文武周公傳之孔子。孔子傳之孟軻。軻之死不得其傳焉。荀與楊也。擇焉而不精。語焉而不詳。程

子曰韓子此語非是蹈襲前人又非鑿空撰得出必有所見若無所見不知言所傳者何事荀子名況戰國時趙人。楊子名雄漢蜀郡人。

朱子曰此非深知所傳者何事則未易言也堯舜之所以爲堯舜以其盡此心之體而已禹湯文武周公孔子傳之以至於孟子其間相望有或數百年者非得口傳耳授密相付屬也特此心之體隱乎百姓日用之間賢者識其大不賢者識其小而體其全且盡者則爲得其傳耳附纂引孟氏之後有董仲舒。如何不傳。與其所持所造。視猶優韓子。曰視韓子則醇正過之矣。若以配堯舜及孔軻。如何得。今以先儒所論董子者錄於後。便見董子之爲董子矣。程子曰。董子言仁人正其誼不謀其利。明其道不計其功。度越諸子遠矣。朱子曰仲舒資質純良。摸索道得數句著。然亦非他眞見得這道理。問仲舒見道不分明處。曰也是鶻突。如命者天之令。性者生之質。情者人之欲。命非聖人不立。性非教化不成。情非制度不節等語。是不識性善模樣。○荀楊是誠有不精不詳處。但不知韓子之見是指何處爲不精不詳耳。

又曰孟氏醇乎醇者也荀與楊大醇而小疵程子曰韓子論孟子甚善非見得孟子意亦道不到其論荀楊則非也荀子極偏駁只一句性惡大本已失楊子雖少過然亦不識性更說甚道荀子性惡篇人之性惡其善者僞也今人之性生而有好利焉有疾惡(去聲)焉有耳目之欲好聲色焉然則從人之性順人之情必出於爭奪合於犯分亂理而歸於暴故必將有師化之法禮義之道(音導)然後出於辭讓合於文理而歸於治然則人之性惡明矣其善者僞也○楊子脩身篇人之性也善惡混脩其善則爲善人脩其惡則爲惡人氣也者所適善惡之馬也歟○朱子曰韓子謂荀楊大醇小疵。非是。由田駢愼到申不害韓非之徒觀之。則荀楊爲大醇耳。○程子說荀楊等語是就分金秤上說下來附蒙引孟子醇乎醇者也。謂其擇之精語之詳也。擇之精以窮究言。語之詳以議論言。荀與楊大醇而小疵。大醇。以其皆知崇正道。黜邪說也。小疵。卽擇焉不精。語言不詳也。

又曰孔子之道大而能博門弟子不能徧觀而盡識也故學焉而皆得其性之所近其後離散分處(上聲)諸侯之國又各以其所能授弟子源遠而末益分惟孟軻師子思而子思之學出於曾子自孔子沒獨孟軻氏之傳得其宗故求觀聖人之道者必自孟子始程子曰孔子言參也魯然顏子沒後終得聖人之道者曾子也觀其啓手足時之言可以見矣所傳者子思孟子皆其學也問大是就渾淪處說。博是就該貫處說否。朱子曰韓子亦未必有此意。但如此看亦自好。問學焉而皆得其性之所近。曰政事者就政事上學得。文學者就文學上學得。德行言語者就德行言語上學得。○慶源輔氏曰韓子但言孔門諸子惟曾子之學獨傳。而有子思孟軻。然不言其所以獨傳之故。故程子又從而發明之。以爲曾子只緣資質魯鈍。故用功於內者深篤確實。觀其啓手足之言所謂一息尚存此志不容少懈者。此聖道之所以終傳而有子思孟子之學也。附蒙引程子註曰孔子言參也魯云云。程子此言不是正解韓子之言。朱子以其可相發明故附云。○愚韓子見不到此。大槩說學而已。觀其徧觀盡識字面可見也。其曰必自孟子始者。猶曰顏子發聖人之蘊者耳。正論觀聖道必自曾子之大學始。所謂初學入德之門者。此言只是主孟子言耳。亦行遠自邇登高自卑之意。

○又曰楊子雲曰古者楊墨塞（先則反）路孟子辭而闢之廓（苦郭反）如也夫（音扶）楊墨行正道廢孟子雖賢聖不得位空言無施雖切何補然賴其言而今之學者尚知宗孔氏崇仁義貴王賤霸而已其大經大法皆亡滅而不救壞爛而不收所謂存十一於千百安在其能廓如也然向無孟氏則皆服左衽而言佅（音朱）離矣（張存中曰後漢南蠻傳云衣裳斑斕語言佅離佅離蠻夷語言不分明之聲也）故愈嘗推尊孟氏以爲功不在禹下者爲（去聲）此也（新安陳氏曰自夫楊墨行至安在其能廓如也皆是韓辭撈中之抑只着向無孟氏三句斡轉而斷之以孟氏功不在禹下盡之矣孟子闢楊墨功不在禹治洪水下者洪水溺人之身異端陷溺人心心溺之禍甚於身溺故也）

或問於程子曰孟子還可謂聖人否程子曰未敢便道他是聖人然學已到至處愚按至字恐當作聖字（朱子曰若以孟子比孔子時說得高然孟子道性善言必稱堯舜又見孟子說得實○慶源輔氏曰未敢便道他是聖人以其行處言學已到聖處以其知處言也孟子論大而化之之謂聖聖而不可知之之謂神與夫聖智巧力之譬精密切當非想像臆度之所能及是其學已到聖處也然其英氣未化有露圭角處故未敢便道他是聖人此其權度審矣）○程子又曰孟子有功於聖門不可勝（平聲）言仲尼只說一箇仁字孟子開口便說仁義仲尼只說一箇志孟子便說許多養氣出來只此二字其功甚多○又曰孟子有大功於世以其言性善也○又曰孟子性善養氣之論皆前聖所未發（慶源輔氏曰言性善使資質美者聞之必求復其本然而充其善資質不美者聞之亦知所自警而不流於惡言養氣使氣質剛柔不齊者勇猛奮發於道義而無異懦柔弱之弊皆發夫子所未發其功多蓋在此此所以有大功於世也）○又曰學者全要識時若不識時不足以言學顏子陋巷自樂（音洛）以有孔子在焉若孟子之時世既無人安可不以道自任○又曰孟子有些英氣才有英氣便有圭角英氣甚害事（新安陳氏曰英氣甚害事蓋責備賢者之辭○蒙引問孟子英氣害事處安在曰孔子德性較寬大氣象較從容故卑者亦得而親之高者亦愈見其不可及故曰夫子溫良恭儉讓以得之又曰卽之也溫聽其言也厲蓋役詐者獻其誠暴慢者致其恭如飲醇醪令人不覺自醉譬之春風著物自然能使發生也如此而猶有不入不行處則命也若孟子則不如孔子多矣既是如此則其所以感人者亦未得如孔子矣）如顏子便渾厚不同顏子去聖人只毫髮間孟子大賢亞聖之流也或曰英氣見（形甸反）於甚處曰但以孔子之言比之便可見（如字）且如冰與水精非不光比之玉自是有溫潤含蓄氣象無許多光耀也（覺軒蔡氏曰聞之程子又曰仲尼元氣也顏子春生也孟子并秋殺盡見仲尼無所不包顏子示不違如愚之學於後世有自然之和氣不言而化者也孟子則露其材蓋亦時然而已仲尼天地也顏

子和風慶雲。孟子泰山巖巖之氣象也。觀其言。皆可見之
矣。仲尼無迹。顏子微有迹。孟子其迹著。孔子儘是明快人。
顏子儘豈弟。孟子儘雄辨。○慶源輔氏曰。英氣是剛明秀
發之氣此自是好底氣質若消化未盡極有圭角則有時
而發學要變化氣質須渾然純是義理如張子所謂德勝
於氣性命於德方始是成就處又曰言心聲也。德之符也。
有德者必有言。若就言上看得分明。則其德無餘蘊矣。玉
有温潤含蓄氣象所以爲寶人有温潤含蓄氣象所以爲
聖也其理一也附纂引董以顏
子爲大賢亞聖而孟子次之

楊子曰孟子一書只是要正人心教人存心養性收其放心至論仁義禮智則以惻隱羞惡辭讓是非之心爲之端論邪說之害則曰生於其心害於其政論事君則曰格君心之非一正君而國定千變萬化只說從心上來人能正心則事無足爲者矣大學之脩身齊家治國平天下其本只是正心誠意而已心得其正然後知性之善故孟子遇人便道性善

朱子曰心得其正。然後知性之善。語若有病。蓋
知性之善。然後能正其心。心得其正。然後有以
眞知性之爲善而不疑耳。○慶源輔氏曰。人能正心。則事
無足爲者。則語亦失之大快。觀大學正心之後。於脩身齊
家治國平天下。更有工夫在。附纂引孟子大
人格君心之非。一正君而國定。豈亦大快哉。

歐陽永叔名脩廬陵人却言聖人之教人性非所先可謂誤矣人性上不可添一物堯舜所以爲萬世法亦是率性而已所謂率性循

天理是也外邊用計用數假饒立得功業只是人欲之私與聖賢作處天地懸隔

慶源輔氏曰。此數句。判斷二帝三
王及漢唐以後爲治之道。所以不
同。明白
詳盡。

孟子集註大全卷之一

三魚堂讀本

當湖陸隴其稼書手輯

受業　席永恂漢翼　王前席漢廷　參閱

任　禮徵用中

男　宸徵直方　較訂

梁惠王章句上

凡七章（通考）勿軒熊氏曰一章義利之辨兼言孟子之學二章言與民同樂三四五六章皆言仁政七章兼言王霸之辨

孟子見梁惠王

梁惠王魏侯罃（於耕反）也都大梁（趙氏曰）按魏初都安邑在漢河東郡安邑縣至惠王徙大梁在漢陳留郡浚儀縣僭稱王謚曰惠（通考）趙氏德曰魏之先畢公高之後晉獻公以魏封畢萬爲大夫後從其國名爲魏氏至罃立爲王謚法愛人好與曰惠汲冢紀年梁惠成王九年四月甲寅徙都大梁○（東陽許氏曰）孟子至梁時魏尚爲侯此章稱之爲王乃著書之時追書耳蓋始各王於其國至徐州之會則王之號通於天下矣史記惠王三十五年（新安倪氏曰）按綱目周顯王三十三年乙酉爲惠王三十五年卑禮厚幣以招賢者而孟軻至梁 問孟子不見諸侯其見惠王何也（朱子曰）不見諸侯不先往見也見惠王答其禮也先王之禮未仕者不得見諸侯時士鮮自重而孟子猶守此禮故所居之國未仕必君先就見然後往見異國君不得越境必以禮先焉然後往答其禮耳史記得其事之實矣（附）蒙引綱目周顯王三十三年孟軻至魏梁惠王之三十五年也齊魏會於徐州以相王惠王之三十七年也史記惠王三十五年

卑禮厚幣以招賢者按綱目於會徐州以相王之年始書魏惠王一年則此所謂惠王三十五年者是自始爲侯即位時計得此年數不是爲王之三十五年也爲王只一年而薨○孟子嘗言說大人則藐之以其在我自有一段高似他底正經本子在至如問對之閒他都有一段出他頭上底正經議論在梁王問利他便有仁義來換了他齊王問桓文之事他便有王道來換了他蓋其所據者正才又非常所以迎刃而解○（存疑曰）見梁惠王舊或謂答其禮或謂欲行道要孟子本意是欲行其道而惠王卑禮厚幣以招賢則有可見之義爾

王曰叟不遠千里而來亦將有以利吾國乎

叟長老之稱（通考）吳氏程曰叟非絕句當連下文（附）顧麟士曰按通義金仁山曰梁惠以叟稱孟子古人尚年以叟老爲相尊之辭非必果有年也王所謂利蓋富國強兵之類（西山真氏曰）當時王道不明人心陷溺惟知有利而已故惠王利國之問發於見賢之初（附存疑）之類所該尚廣

孟子對曰王何必曰利亦有仁義而已矣

仁者心之德愛之理義者心之制事之宜也（朱子曰）仁者心之德見得可包四者義者心之制只是說義○心之德是渾淪說愛之理方說到親切處心之制是說義之體程子所謂處物爲義是也事之宜是就千條萬緒各有所宜處說楊雄言義以宜之韓愈言行而宜之之謂義若只以義爲宜則義有在外意思須如程子所言則處物者在心而非外也事之宜雖若在外然所以制其宜則在心也○心之制如利斧事來劈將去可底從這一邊去不可底從那一邊去○仁兼義言者是言體專言者是兼體用而言○仁對義爲體用仁又自有仁之體用義又自有義之體用○所謂事之宜方是指那事物當然之理未說到處置合宜處也○

問人所以爲性者五獨舉仁義何也曰天地所以生物不過陰陽五行而五行實一陰陽也人性雖有五然曰仁義則大端已舉矣以陰陽五行言則木火皆陽金水皆陰而土無不在以性言則禮者仁之餘智者義之歸而信亦無不在也又曰禮者仁之著智者義之藏又曰仁存諸心性之所以爲體也義制夫事性之所以爲用也然以性言之則皆體也以情言之則皆用也以陰陽言之則義體而仁用也以存心制事言之則仁體而義用也錯綜交羅惟其所當而各有條理焉○疊山謝氏曰天子罕言仁不過於隨事發現處言孟子仁人心一語直說仁之本體此朱子於論註先言愛而孟註先言心眞得孔孟之要旨○諸葛氏曰語之爲仁猶曰行仁以仁之用言故集註先言愛之理孟子此章以仁之體言故集註先言心之德○雲峰胡氏曰心之德是體愛之理是用心之制是體事之宜是用孟子所言仁義是包體用而言論語所謂爲仁是以仁之用言○通考吳氏程曰有子爲仁是因用明體就偏言處說

仁孟子仁義是先體後用就專言處說仁故集註釋之互異○東陽許氏曰心有專言偏言心之德是專言之仁固全說體愛之理是偏言之仁其中又含體用愛爲用其理則體也或問又推以陰陽言則義體而仁用蓋天地閉物靜體而動用陰靜陽動而仁陽也義陰也故其體用如此[illegible]蒙引不必說亦有仁義可以益王之國只是對利字言不必要對吾國字但說到未有仁而遺其親未有義而後其君則自然有以利其國矣此句且莫鑿破他○愛之理對心之德則爲用若對心之制事之宜則仍又爲體○謝說未然所謂論註先言愛者是有子孝弟爲仁之本章蓋有子之言主愛上說所以註先言愛又不于孔子以隨事發見者言况仁遠乎哉顏淵問仁註只言心之德而全不及愛之理又何先愛之理之有若孟子並舉仁義是以體用言而仁義又各自有體用則先體後用者立言解義法當然也縱孟子無仁人心之言亦當如此解○諸葛氏亦未是讀者詳之

此二句乃一章之大指下文乃詳言之後多放（與做此）此

王曰何以利吾國大夫曰何以利吾家士庶人曰何以利吾身上下交征利而國危矣萬乘之國弒其君者必千乘之家千乘之國弒其君者必百乘之家萬取千焉千取百焉不爲不多矣苟爲後義而先利不奪不饜（乘去聲饜於豔反）

此言求利之害以明上文何必曰利之意也征取也上取乎下下取乎上故曰交征國危謂將有弒奪之禍乘車數也萬乘之國者天子畿（音祈）內地方千里出車萬乘千乘之

家者天子之公卿采（音菜）地方百里出車千乘也千乘之國諸侯之國百乘之家諸侯之大夫也（前漢刑法志殷周以兵定天下矣天下既）定戢藏干戈教以文德而猶立司馬之官設六軍之衆司馬掌邦政軍旅屬焉萬二千五百人爲軍王者六軍也因井田而制軍賦地方一里爲井井十爲通通十爲成成方十里成十爲終終十爲同同方百里同十爲封封十爲畿畿方千里有稅有賦稅以足食賦以足兵四井爲邑四邑爲丘丘十六井也有戎馬一匹牛三頭四丘爲甸甸六十四井也有戎馬四匹兵車一乘牛十二頭甲士三人在車上者卒七十二人干戈備具是爲乘馬之法一井八家一甸六十四井計田五百七十六頃五百一十二家出士卒七十五人則殷周之制不及七家給一兵也又兵車一乘有牛馬共十六計三十二家又出一馬或牛也一同百里提封萬井提舉也舉四封之內也除山川沈斥城池邑居

園圃術路三千六百井沈斥水田舃鹵也沈謂淵深水之下也斥鹹鹵之地術大道也定出賦六千四百井戎馬四百疋兵車百乘此卿大夫采地之大者也采官也因官食地故曰采也是謂百乘之家一封三百一十六里提封十萬井定出賦六萬四千井戎馬四千疋兵車千乘此諸侯之大者也是謂千乘之國天子畿方千里提封百萬井定出賦六十四萬井戎馬四萬疋兵車萬乘故稱萬乘之主戎馬車徒干戈素具通考程氏復心曰按王制天子畿內地方千里爲方百里者百則千乘之家國當地方三百一十四里有奇爲方百里者十百乘之家地方百里爲方十里者百故刑法志云云與集註不同要之孟子特就當時假說言之非謂古法然也○東陽許氏曰萬乘之國則千乘之家千乘之國則百乘之家此以君十卿祿大槩言之也王畿方千里固可出車萬乘天子之卿受地視侯則方百里方百里不能出車千乘也千乘之國當三百十六里有畸百乘之家則當方百里矣諸侯卿之采地未必如是

之大也○讀者不可以辭害意○詹氏道傳曰書孔疏凡出車一乘則有兩車一正一副一曰輕車甲馬四疋甲士三人在車上左主射右主刺中主御步卒七十二人隨之前拒二十四人左角二十四人右角二十四人共七十五人二曰重車牛十二頭炊家子十人固守衣裝五人廐養五人樵汲五人共二十五人皆所以佐兵車者兵車以戰大車以載輜重兩車總百人○項氏安世曰按舊說一乘步卒七十二人甲士三人凡七十五人除五長外大率皆三人共治恐於督率兵事不便按兵車一乘雖止用七十五人而將重車者又二十五人則百人也若以百人當車一乘則於旅卒師軍之長自然無所齟齬不至如前之參差雜亂矣

弑下殺上也饜足也言臣之於君每十分扶問反下同**而取其一分**新安陳氏曰以制地定法言天子萬乘諸侯取十之一得千乘諸侯千乘大夫取十之一得百乘**亦已多矣若又以義爲後而以利爲先則不弑其君而盡奪之其心未肯以爲足也**

慶源輔氏曰集註發明不奪不饜最說得人心求利之意出蓋尚義則循理而有制徇利則橫流而無節故不弑遂而盡奪之其心猶有所不足也○新安陳氏曰此章始末兼言仁義中單言義者蓋仁有溫然慈愛之意義有截然斷制之意取其斷制以勝私去利則義之用爲尤切兼言仁義該體用之全也單言義取功用之切也下文仁施於親義施於君此對君言之故單言義亦通附發說利欲之非正固不可求况求利又自有其害乎○存疑萬乘之國至不奪不饜皆是說國危之事萬取千焉至不奪不饜又只是申萬乘之國弑其君四句○王曰何以利吾國一定是取之於臣民所謂損下益上也大夫曰何以利吾家一定是取之君與民所謂懷奪其君兼剝其民也故曰上下交征利○蒙引路史國名記云國家之稱抑又不一孟子言千乘之家而王制縣內之采邑皆曰國周官鄉大夫且

稱每國是國亦謂之家而邑亦或稱國矣豈非公侯卿佐謹度以事其上則全於臣節制以禦其下則正於君自臣道言之雖國亦家而自君道言之則邑亦國耶采邑曰國則卿大夫固可爲諸侯矣所謂內諸侯也○萬乘之國弑其君者豈必王朝之公卿而後可哉幽王之見弑於申侯是已但此處朱子大註分明謂天子之公卿蓋本萬章下天子之卿受地視侯說大抵是要家字端的未可輕疑妄議○按大學孟獻子曰百乘之家不畜聚斂之臣則已先孟子言之矣豈彼百乘不謂大夫耶○顧麟士曰紹聞編南軒曰以仁義爲本是導民於理也以利爲尚是導民於欲也理明則尊卑上下之分定不然則凡有血氣者皆思自足其欲非盡攘上之所有弗已也

未有仁而遺其親者也未有義而後其君者也

此言仁義未嘗不利以明上文亦有仁義而已之意也

猶棄也後不急也言仁者必愛其親義者必急其君故人君躬行仁義而無求利之心則其下化之自親戴於己也〔朱子曰〕仁者人也其發則專主於愛而愛莫切於事親故人仁則必不遺其親矣義者宜也其發則事皆得其宜而所宜者莫大於尊君故人義則必不後其君矣○慶源輔氏曰仁義人心之固有人君躬行仁義以感之而無求利之心以誘之則人心之固有者亦皆興起而自然尊君親上有不待外求而勉強爲之也○〔雲峰胡氏曰〕人性有五仁義爲先人倫有五君親爲先所以孟子揭此於七篇之首然此二句本文仁義二字指下之人而言集註必自人君躬行上說來者蓋上文先言王而後言大夫士庶惟上之人求利而後下皆求利故集註於此揭人君躬行仁義而無求利之心故其下化之而自有仁義之利也○〔新安倪氏曰〕孟子謂何必曰利亦有仁義而已矣是以利對仁

義而分言之集註於此節云仁義未嘗不利是以仁義合利而貫言之若與孟子上文有不同者何哉蓋有仁義中之利有仁義外之利外仁義以求利孟子之所戒此章之大旨也行仁義而得利集註之所發明亦孟子此節之本意也不遺其親卽是親親之仁不後其君卽是尊君之義豈非仁義中自然之利乎○附〔淺說〕仁義之至正固在所行况行仁義又自有其利乎○〔蒙引〕細看大註躬行仁義與仁義未嘗不利兩箇仁義字與本文仁義字及註中仁者義者字不同蓋仁義未嘗不利亦是就人君言非是謂仁者自享愛親之利義者自享敬君之利也

王亦曰仁義而已矣何必曰利

重平聲言之以結上文兩節之意○此章言仁義根於人心之固有天理之公也利心生於物我之相形人欲之私也〔慶源輔氏〕曰利心人本無之只緣有己有物彼此相形便生出較短量長爭多競少之意遂欲己長人短人少己多偏詖反側惟己是徇故曰人欲之私也循天理則不求利而自無不利徇人欲則求利未得而害已隨之〔慶源輔氏曰〕循天理者無所爲而爲故不求利然成己成物各得其宜故自無不利徇人欲者有所爲而爲故雖求利而未必得然妨人害物招尤取禍故害常隨之所謂毫釐之差千里之繆靡幼反此孟子之書所以造端託始之深意學者所宜精察而明辨也〔覺軒蔡氏曰〕學者細玩而已矣與何必之辭見孟子語意嚴厲斬釘截鐵斷斷然只說仁義更不向利上去若董子正其誼不謀其利明其道不計其功意亦得其傳者歟○〔雲峰胡氏曰〕朱子深有取於三山黄登之言曰天下一切人都把害對利事事上只見得利害不問義

理須知利字乃對義字明得義利便是無乖爭之事集註所謂循天理則不求利而自無不利是以利字與義字對而利不出乎義之外徇人欲則求利未得而害已隨之是以利字與害字對而害已藏於利之中也○太史公曰〔新安陳氏曰〕司馬談爲太史令子遷尊其父故謂之公遷繼其職仍稱太史公西漢龍門人也余讀孟子書至梁惠王問何以利吾國未嘗不廢書而歎也曰嗟乎利誠亂之始也夫子罕言利常防其源也故曰放上聲於利而行多怨自天子以至於庶人好去聲利之弊何以異哉問太史公之歎其果知孟子之學耶〔朱子曰〕未必知也以其言之偶得其要是以謹而著之耳程子曰君子未嘗不欲利但專以利爲心則有害惟仁義則不求

利而未嘗不利也。慶源輔氏曰利者。民生所不可無者也。故乾之四德曰利。書之三事曰利。此所
謂君子未嘗不欲利。但專欲求利。則不顧義理。專欲利己。
而必害於人。惟能循仁義而行。則體順有常。而自無不利。
當是之時天下之人惟利是求而不復扶又反知有仁義故
孟子言仁義而不言利所以拔本塞先則反源而救其弊此
聖賢之心也龜山楊氏曰君子以義爲利不以利爲利使其民不後其君親則國治矣利孰大焉故曰
亦有仁義而已何必曰利。○朱子曰凡事不可先有箇利
心才說著利必害於義聖人做處只向義邊做然義未嘗
不利但不可先說道利不可先有求利之心蓋緣本來道
理只有一箇仁義更無別物事義是事事要合宜以利心
爲仁義卽非仁義之正不待有不利然後仁義阻也。○雲
峰胡氏曰孟子之得於子思者。曰仁義所以利之也。及告

梁王。則言仁義而不言利。蓋子思所言者。利物之利。梁王
所問者。利己之利也。程子以爲拔本塞源者。所以救當時
流弊之極。朱子以爲造端託始者。所以謹夫學者心術之
初。○新安陳氏曰孟子一書。以遏人欲存天理爲主。何必
曰利。遏人欲也。亦有仁義。存天理也。自此以後。鮮有不可
以此六字該貫章旨者。○東陽許氏曰君子利己之心不
可。有利物之心不可無。孟子不言利。是專攻人利己之心。
絕利己之心。然後可行利物之事。然利物乃所以利己也。
至於不遺親後君。則己亦無不
利矣。但不可假仁義以求利耳。

○孟子見梁惠王王立於沼上顧鴻鴈麋鹿曰賢者亦樂此
乎樂音洛篇內同

沼池也鴻鴈之大者麋鹿之大者附顧麟士曰按詩注曲池曰沼○楊龜山云梁

王顧鴻鴈麋鹿以問孟子。則是。曰字。當連上也。○蒙引賢
者。是指人君之賢者。如宣王問賢者。亦有此樂乎。是指以
下賢
者。

孟子對曰賢者而後樂此不賢者雖有此不樂也

此一章之大指新安陳氏曰揭大指於前。而分開照應於後。此孟子諸章例也。首章及此章皆如此。
此後當以此法觀之。不一一提掇。○南軒張氏曰孟子若
答云賢者何樂乎此。則非惟告人之道不當爾。而於理亦
有未完也。今云然。則辭氣不迫而理完矣。又曰王所謂樂。
人欲之私以自逸爲樂也。孟子所謂賢者樂此。天理之公。
與民同樂者也。○雙峰饒氏曰王意謂賢者未必樂
此。自家有懸。孟子說惟是賢者樂此。出王之意外。

詩云經始靈臺經之營之庶民攻之不日成之經始勿亟庶

民子來王在靈囿麀鹿攸伏麀鹿濯濯白鳥鶴鶴王在靈沼
於牣魚躍文王以民力爲臺爲沼而民歡樂之謂其臺曰靈
臺謂其沼曰靈沼樂其有麋鹿魚鼈古之人與民偕樂故能
樂也亟音棘麀音憂鶴詩作翯戶角反於音烏牣音刃

此引詩而釋之以明賢者而後樂此之意詩大雅靈臺之
篇經量度待洛反也靈臺文王臺名也詩傳國之有臺。所以望氛祲。察災祥。時觀
游。節勞佚也。謂之靈者。言其倏然而成。如神靈所爲也。通
考東陽許氏曰靈臺之作。所以候日景。占星象。望雲物也。
其下有囿。囿中有沼。併以游觀。爾七十里之囿。所以供四
時之田。講武事於其中。且與民之芻蕘雉兔者共之。不容

不屑此在郊之外者也靈臺之囿必近城郭地不可容且
無所用其大文王纔體卽位本都岐在位四十六年遷鄷
又三年遷豐作靈臺其時九十有六明年卽薨田獵之囿
非作靈臺之意也七十里之囿在岐山舊都故有與民同
芻蕘雉兎之常制 營謀爲也攻治也不日不終日也亟速也言文
王戒以勿亟也子來如子來趨父事也靈囿靈沼臺下有
囿 囿所以域養禽獸 囿中有沼也麀牝婢忍反鹿也伏安其所不驚
動也濯濯肥澤貌鶴鶴潔白貌於歎美辭牣滿也孟子言
文王雖用民力而民反歡樂之既加以美名而又樂其所
有蓋由文王能愛其民故民樂其樂而文王亦得以享其

孟子大全卷之一 梁惠王上 十一

樂也 雙峰饒氏曰自樂便不是仁同樂便是仁如文王未
嘗無靈臺靈沼然與民同樂便是天理文王畢竟自
朝至于日中昃不遑暇食用咸和萬民人必得所然後有
此樂此所謂後天下之樂而樂 通考東陽許氏曰麀鹿魚
鳥各得其所咸遂其性可見文王之德被萬物觀兩在字
而下文魚鹿云云尤見文王仁及物而物感動處物且如
是而人可知 附蒙引古之人與民偕樂是說乎日有恩惠
及人治岐之政是也不必兼言勿亟之命蓋詩人言經始
勿亟是與下句庶民子來相叫應言文王尚戒以勿亟而
庶民亦自急也以見其得民樂之意耳壬辰會試講偕樂
處咸和之政素孚於治岐之日勿亟之令又布於經始之
時是以戒民勿亟爲偕樂矣信然則當時儻不戒以勿亟
民有不子來乎若泛論勿亟亦是愛民處則何不可○故
能樂也全在民樂其樂上故集註用此句以發揮其義○
不日成之成之亟也又追言之曰方其經始之時王尚戒
以勿亟而庶民歡忻踴躍亦自爾其急也所以不日成之

臺既成矣臺下有囿也於是遂言王在靈囿云云囿中有
沼也於是又言王在靈沼云云詩人語次蓋如此○饒氏
謂文王畢竟後天下之樂而樂此意亦好不然文王之覩
民如傷忍苦役之以供吾樂耶○於歎美辭此乃民樂之
辭與上文麀鹿同皆是民樂文王之所有不可謂文王自
歡美○民反歡樂之指庶民子來不日成之也不是包謂
其臺曰靈臺以下

湯誓曰時日害喪予及女偕亡民欲與之偕亡雖有臺池鳥
獸豈能獨樂哉 害音曷喪去聲女音汝
此引書而釋之以明不賢者雖有此不樂之意也湯誓商
書篇名時是也日指夏桀害何也桀嘗自言吾有天下如

孟子大全卷之一 梁惠王上 十二

天之有日日亡吾乃亡耳 趙氏曰所引桀語出尚書大傳 民怨其虐故因
其自言而目之曰此日何時亡乎若亡則吾寧與之俱亡
蓋欲其亡之甚也孟子引此以明君獨樂而不卹其民則
民怨之而不能保其樂也 龜山楊氏曰梁王顧鴻鴈麋鹿
以問孟子孟子因以爲賢者而
後樂此至其論文王夏桀之所以異則獨樂不可也世之
君子其賢者乎則必語王以憂民而勿爲臺沼苑囿之觀
是拂其欲也其佞者乎則必語王以自樂而廣其侈心是
縱其欲也二者皆非能引君以當道唯孟子之言常於毫
髮之間剖析利善之所在使人君化焉而不自知夫如是
其在朝則可以格君心之非而其君易行矣○南軒張氏
曰民一也得其心則子來而樂君之樂失其心則害喪而
欲君之亡究其本則由夫順理與徇欲之分而已人君常

懷不敢自樂之心。則足以遏人欲矣。常懷與民偕樂之心。則足以擴天理矣。○雙峰饒氏曰孟子之書句句是事實說仁義便說未有仁而遺其親未有義而後其君爲仁義事實說賢者樂此不賢者雖有此不樂便說文王靈臺靈沼湯誓特日曷喪爲同樂獨樂事實。○新安陳氏曰南軒遏人欲擴天理六字。可斷盡孟子七篇。謹提出以示學者。夫同一臺池苑囿鳥獸魚鼈耳賢者循天理之公愛民而與之同樂則民樂君之樂而君得享其樂不賢者徇人欲之私不䘏民而自樂則民欲君之亡君安得有此樂天理人欲同行異情詳見後章通考東陽許氏曰此章關鍵全在偕樂獨樂上。文王與民同樂。一夏桀結怨奉己與亡乃其效也。

○梁惠王曰寡人之於國也盡心焉耳矣河內凶則移其民於河東移其粟於河內河東凶亦然察鄰國之政無如寡人之用心者鄰國之民不加少寡人之民不加多何也

寡人諸侯自稱言寡德之人也河內河東皆魏地凶歲不熟也移民以就食移粟以給其老稚之不能移者移粟民自移其粟耳附蒙引何也二字。是推在歲凶上去末段集註明曰。乃以民不加多歸罪於歲凶○設若河內河東俱凶則惠王又將何以處之。

孟子對曰王好戰請以戰喻填然鼓之兵刃既接棄甲曳兵而走或百步而後止或五十步而後止以五十步笑百步則何如曰不可直不百步耳是亦走也曰王如知此則無望民

之多於鄰國也好去聲填音田

填鼓音也兵以鼓進以金退通考東陽許氏曰集註兵以鼓進以金退亦大約言之。周禮大司馬辨鼓鐸鐲鐃之用。大抵鐲進鐃退鐸兼進退也。後世戰陳。盖專以金聲退。鐸大鈴也。鐲鉦也。形如小鐘以爲鼓節。鐃如鈴。執而鳴之。附蒙引鼓字非虛指戰字而言也。如孫武子傳所謂於是鼓之於是復鼓之者一例。○後世戰陳皆以金退。蓋自戰國已然也。直猶但也如詩匪直也人之直言此以譬鄰國不䘏其民惠王能行小惠然皆不能行王道以養其民不可以此而笑彼也楊氏曰移民移粟荒政之所不廢也然不能行先王之道而徒以是爲盡心焉則末矣慶源輔氏曰周禮司徒以荒政十有二聚萬民。雖無所謂移粟之事。然大荒大札。則令邦國遺民以辟災就賤。附存疑戰以勝敵爲上。走之遠近。弗計也。猶治以王道爲上。小惠之能行與否。弗計也。行小惠。不可望民加多。欲民加多。惟在行王道爾。故下二節遂言王道。○蒙引此且未追咎他前日所行之病。民只說他今日所行之未足以救民。至末段乃追舉其時病所在而切告之。○這都不似聖人辭氣。雖說得恁活落。折得來痛快。終是於誠意動人主上欠幾分。愚謂若於誠意動人主意思十分重。則應時間自無此許多闔闢變化講論。先儒謂孟子未免有戰國氣習。此所以做人必要到聖人地位

不違農時穀不可勝食也數罟不入洿池魚鼈不可勝食也斧斤以時入山林材木不可勝用也穀與魚鼈不可勝食材

木不可勝用是使民養生喪死無憾也養生喪死無憾王道
之始也勝音升數音促罟音古洿音烏
農時謂春耕夏耘秋收之時凡有興作不違此時至冬乃
役之也不可勝食言多也數密也罟網也洿窊下之窊烏瓜反
地水所聚也古者網罟必用四寸之目魚不滿尺市不得
粥余六反人不得食山林川澤與民共之而有厲禁周禮地官司徒
山虞掌山林之政令物爲之厲而爲之守禁仲冬斬陽木
仲夏斬陰木或謂陽木生山南者陰木生山北者凡服耜
斬季材以時入之服牝服車之材也季猶穉也服與耜宜
用穉材尚柔韌也令萬民時斬材有期日〇澤虞掌國澤

之政令爲之厲禁使其地之人守其材物以時入之於王
府頒其餘於萬民〇雲峰胡氏曰文王治岐澤梁無禁此
所謂山林川澤與民共之卽是澤梁無禁無禁者王者愛
民之仁也雖無禁而有厲禁又王者愛物之仁也周禮山
虞掌山林之政令物爲之厲而爲之守禁註物爲之厲每
物有籓界也爲之守禁爲守者設禁令也守者謂其地之
民占伐林木者也鄭司農云厲遮列守之也以是觀之澤
梁無禁者不禁民之取而有厲禁者禁民之不以時取也
草木零落然後斧斤入焉禮記王制獺祭魚然後漁人入澤梁豺祭獸然後田獵鳩化爲
鷹然後設罻羅草木零落然後入山林此皆爲治去聲之初法制未備且因天
地自然之利而撙祖本反節愛養之事也然飲食宮室所以
養生祭祀棺槨所以送死皆民所亟而不可無者今皆有

以資之則人無所恨矣王道以得民心爲本故以此爲王
道之始慶源輔氏曰養生送死乃人世之始終於是二者皆有以濟之則人世之始終一無所憾而民心得
矣此其所以爲王道之始也〇新安陳氏曰法制未備謂
聖人未行井田法以前天地自然之利謂穀魚材木之類
撙節愛養謂不違農時不用數罟斧斤時入之類王道之
始謂王制未備王道未成不過初焉事下一節集註云是
王道之成也正與此王道之始相對附蒙引依文王之囿
方七十里章註云古者四時之田皆於農隙以講武事則
四時皆有農隙不專謂冬也故春有蒐夏有苗秋有獮冬
有狩豈必皆至冬乃役之乎曰然則如此註乎曰田以講
武則四時皆可伺農隙以役民凡有興作則決須至冬也
與作與徒作事也田獵以講武不與與作之目〇穀專指
稻不兼黍稷麥菽也黍稷麥菽不必皆春耕夏耘秋收也
一說正不可如此拘春耕夏耘秋收亦大槩舉其大畧云

耳論理當兼說方是〇洿池三字平看洿地勢自然者池
是人所鑿者〇山林之分其高者爲山平而多草木者爲
林〇斧斤當有別賈誼治安策曰至於髖髀之所非斤則
斧也但考之韻書俱無二義當再詳之意者有大小之別
〇厲禁厲與禁也非謂嚴禁也〇養生喪死皆無憾則民
心自不能舍是而他適此亦應前面加多之意〇元許衡
陳時務四事一曰立國規模云古今立國大要在得天下
心得其心無他愛與公而已愛則民心順公則民心服既
順且服則紀綱法度施行有地天下可不勞而理也所謂
紀綱法度施行有地者正此所謂王道之始之意〇王道
以得民心爲本得民心以植民生爲本〇當法制未備之
時且要安插吾民使得將就生理所以收攝民心使無至
於渙散所以爲王道之始耳如漢高入關悉除秦苛法而
王基遂定唐高祖始定河北亦能安民故民歸之者如市
皆是收拾民心於大事未定之時〇顧麟士曰按通義仁
山金氏曰喪平聲則是活字包得祭祀棺槨言喪其死也

孟子大全卷之一　梁惠王上　十七

五畝之宅樹之以桑五十者可以衣帛矣雞豚狗彘之畜無失其時七十者可以食肉矣百畝之田勿奪其時數口之家可以無飢矣謹庠序之教申之以孝悌之義頒白者不負戴於道路矣七十者衣帛食肉黎民不飢不寒然而不王者未之有也 衣去聲畜許六反數去聲凡有天下者人稱之曰王則平聲○據其身臨天下而言曰王則去聲○後多倣此

五畝之宅一夫所受二畝半在田二畝半在邑田中不得有木恐妨五穀故於牆下植桑以供蠶事 趙氏曰古者一夫一婦受私田百畝公田十畝入家是爲八百八十畝餘公田二十畝八家分之得二畝半以爲廬舍城邑之居亦各得二畝半春令民畢出在野冬則畢入於邑○在野曰廬○在邑曰里○廬各在其田中而里聚居也○五十始衰非帛不暖未五十者不得衣也畜養也時謂孕字之時如孟春犧牲毋用牝之類也 禮記月令孟春之月命樂正入學習舞乃脩祭典命祀山林川澤犧牲毋用牝禁止伐木毋覆巢毋殺孩蟲胎夭飛鳥夭烏老反胎懷孕者夭始生者 七十非肉不飽未七十者不得食也 問既曰魚鼈不可勝食矣又言老者始可食肉何也○朱子曰魚鼈自生之物養其小而食其大老幼之所同也至於芻豢之畜人力所爲則非七十之老不得以食之矣○南軒張氏曰衣帛食肉必曰五十七十者民之欲無窮而桑蠶畜養之利有限不爲之制則爭逐其欲而老者或不得衣之食之矣又使知老者之當養其老幼之有別教亦行乎其中矣日用飲食無非教也不待庠序而後教也 通考東陽許氏曰王制五

孟子大全卷之一　梁惠王上　十八

十始衰六十非肉不飽七十非帛不暖與此不同或殷或周之制異大抵年高者衣帛食肉也○百畝之田亦一夫所受至此則經界正井地均無不受田之家矣 趙氏曰古以百步爲畝今以二百四十步爲畝古百畝當今之四十一畝也○經界謂治地分田經畫其溝塗封植之界也 通考仁山金氏曰古者六尺爲步步百爲畝一夫一婦受田百畝又受田廬之地二畝半邑居二畝半田以九百畝爲一井八面皆百畝爲私田八家受之內一百畝爲公田又有公田之內除二十畝爲廬舍八家則每家得二畝半邑屋所受亦如之古所謂畝卽今田疄其廣六尺其長六百尺是爲一畝若以今大步計之則古百步當今四十一畝古者一畝半當今一畝十步

庠序皆學名也申重也 重直用反 丁寧反覆之意善事父母爲孝善事兄長 長上聲下同 爲悌頒與斑同老人頭半白黑者也負任在背戴任在首夫 夫音扶 民衣食不足則不暇治禮義而飽暖無教則又近於禽獸故既富而教以孝悌則人知愛親敬長而代其勞不使之負戴於道路矣 通考東陽許氏曰庠序之教教以人倫於其常教之中又以孝悌二者重明之而篤之尤力也 衣帛食肉但言七十 不言五十 舉重以見 見形甸反 輕也黎黑也黎民黑髮之人猶秦言黔 黔其廉反 首也 史記秦紀始皇三十四年丞相李斯上書有曰惑亂黔首黔首黑頭也 少 少去聲 壯之人雖不得衣帛食肉然亦不至於饑寒也此言盡法制品節之詳 雙峰饒氏曰五畝宅百畝田是法制五十衣帛七十食肉是品節有法制無品

節則乏而不足用有品節無法制則於何處取用**極裁成輔相**去聲**之道以左右民是王道之成也**慶源輔氏曰註云盡法制品節之詳極裁成輔相之道則民情之變故已備見聖人之制作已大成以左右民則不惟制民之產使之有以養其生而又爲之學校之敎使之得以全其性如帝堯所謂匡之直之輔之翼之使自得之是爲王道之大成也○新安陳氏曰極裁成輔相總言田桑畜養之事以左右民就富敎斯民說乃王道之終事應上文王道之始也一句附彖引豚稚豕也彘相承言牝豕也然考諸韻書並無此明訓只云豕也惟正韻豚小豕也周禮天官庖人註亦然蓋麋鹿之大者豚豕之小者曰麋又曰鹿曰豚又曰豕兼舉耳○狗有三守狗獵狗豢狗此是指豢狗也○上文不違農時猶未有百畝之制至此方一夫受田百畝然雖受田百畝而奪其時亦無益矣故又須弗奪其時與上句雞豚狗彘無失其時同或謂勿失其受田之時者非也○庠序

孟子大全卷之一　梁惠王上　十九

指鄉學非謂國學也舉俊秀及凡鄉之民皆敎之所謂使契爲司徒敎以人倫者也所敎之中又以孝弟爲重蓋春秋敎以禮樂冬夏敎以詩書無非敎也豈特孝弟在所敎耶或者只見集註云既富而又敎以孝弟卽以此爲憑謂本文謹庠序之敎全虛設所敎者只是孝弟而已若果只是孝弟亦不用申字了集註特以其所重者而省文言之耳○饒氏謂五畝宅百畝田是法制五十衣帛七十食肉是品節此說亦無憑據蓋法制固所以品節之也况此節重五畝宅百畝田及雞豚狗彘之畜上其曰五十七十足以衣帛食肉者乃其效耳本意非以此論品節也觀上條註有法制未備字可見法制亦自兼得品節了又或以五畝百畝爲法制勿奪其時無失其時爲品節亦牽强○撙節之節與下條法制品節及制度品節之節不同故狗彘食人食一句只與五畝之宅一條相反看可也又一說因天地自然之利而撙節愛養之此亦是先王制度品節處但未盡其詳也○盡法制品節之詳所以極裁成輔相之

道也○存疑必七十然後許食肉少壯之人不是都不得食其食有時不若老者之常用也○老者衣帛食肉黎民不飢不寒內含敎民意○裁成輔相之道卽所以左右其民輔氏以輔相當養說左右其民當敎說不是**狗彘食人食而不知檢塗有餓莩而不知發人死則曰非我也歲也是何異於刺人而殺之曰非我也兵也王無罪歲斯天下之民至焉**莩平表反刺七亦反

檢制也莩餓死人也發發倉廩以賑音震通作振起也救也貸他代反也歲謂歲之豐凶也惠王不能制民之產又使狗彘得以食人之食則與先王制度品節之意異矣至於民飢而死

孟子大全卷之一　梁惠王上　二十

猶不知發則其所移特民間之粟而已乃以民不加多歸罪於歲凶是知刃之殺人而不知操七刀反刃者之殺人也不罪歲則必能自反而益脩其政卽上文所言王道天下之民至焉則不但多於鄰國而已○程子曰孟子之論王道不過如此可謂實矣新安陳氏曰王道不出農桑敎養等實事豈求之高遠難行者哉又曰孔子之時周室雖微天下猶知尊周之爲義故春秋以尊周爲本至孟子時七國爭雄天下不復扶又反知有周而生民之塗炭已極當是時諸侯能行王道則可以王去聲矣此孟

子所以勸齊梁之君也蓋王者天下之義主也聖賢亦何心哉視天命之改與未改耳朱子曰孔子尊周孟子不尊周如冬裘夏葛飢食渴飮時措之宜異爾此齊桓不得不尊周亦迫於大義不得不然孔子筆之於經明君臣之義於萬世非專爲美桓公也孔孟易地則皆然得時措之宜則並行而不相悖矣○雲峰胡氏曰不有孔子之論則在下者不知有尊王之義而民可以無君矣不有孟子之論則在上者不知天命之改不改在民心之向背而君可以無民矣○新安陳氏曰天命之改未改驗之人心而已人心猶知尊周可驗天命未改則當守天下之經文王孔子之事是也人心不知有周可驗天命已改不得不達天下之權武王孟子之事是也司馬溫公李泰伯尚不達此而非孟子固哉讀者不可不勘破此義附蒙引狗彘食人食而不知檢既有以致人之死塗有餓莩而不知發又無以救人之死是人之死者我也非歲也令也人死則曰非我也歲也云云○當時惠王若遂用孟子之言而見之施行必先發倉廩而賑貸以紓目前之急次行王道之始事而後及王道之終事耳或者不察只謂劈初頭便只是不違農時數罟不入斧斤以時不知民只管塗有餓莩等你不違農時數罟不入斧斤以時如何濟得反是迂遠而濶於事情孟子斷無迂濶事且是時民既有飢色野有餓莩矣聖人通變宜民雖使數罟入洿池斧斤不以時入山林亦可也○初觀惠王之問似若無罪歲之意然孟子一聞其言遂得其意於其所謂鄰國之民不加少寡人之民不加多何也數字內就見他是欲歸罪於歲

梁惠王曰寡人願安承敎

承上章言願安意以受敎附淺說承敎還有求敎之意不是承上文之敎也梁惠王因孟子之言而有所感復問曰行小惠不若行于政宜罪己而不宜罪歲以天子斯言所以敎我者至矣然而國政多端善言必再寡人願安意以承敎夫子幸盡言而無隱也

孟子對曰殺人以梃與刃有以異乎曰無以異也梃徒頂反

梃杖也

以刃與政有以異乎曰無以異也

孟子又問而王答也新安陳氏曰政謂虐政梃刃政殺人承上章歲兵之意而敷演之

曰庖有肥肉廐有肥馬民有飢色野有餓莩此率獸而食人也

厚歛力驗反於民以養禽獸而使民飢以死則無異於驅獸以食人矣新安陳氏曰此因前章狗彘食人食塗有餓莩之意而究言之卽以虐政殺人也

獸相食且人惡之爲民父母行政不免於率獸而食人惡在其爲民父母也惡之之惡去聲惡在之惡平聲

君者民之父母也惡在猶言何在也附蒙引獸相食一節極言人君以子民之責而反爲殘民之事作俑一節又痛言民之不可殘也

仲尼曰始作俑者其無後乎爲其象人而用之也如之何其使斯民飢而死也俑音勇爲去聲

俑從去聲下同葬木偶人也古之葬者束草爲人以爲從衛謂之芻靈略似人形而已中古易之以俑則有面目機發而太似人矣〔趙氏曰木人設機而能踊跳故名曰俑〕故孔子惡去聲下同其不仁而言其必無後也〔新安陳氏曰作俑者殺人殉葬之漸孔子惡之者以此○禮記檀弓下孔子謂爲名器者知喪道矣備物而不可用也哀哉死者而用生者之器也不殆於用殉乎哉其曰明器神明之也塗車芻靈自古有之明器之道也孔子謂爲芻靈者善謂爲俑者不仁不殆於用人乎哉〕孟子言此作俑者但用象人以葬孔子猶惡之況實使民飢而死乎〔通考東陽許氏曰孔子據已見之禍而深惡其始謂爲不仁者事始雖小末流必大不可以不謹孟子因此以戒惠王不可輕視其民附纂引象人而用不必說到殺人殉葬之漸處只謂天地間難得者人今作俑者象人以殉葬猶未至於真殺人也然以其用於死地孔子猶惡之○新安曰作俑者殺人殉葬之漸孔子惡之者以此愚謂孔子之意未知其果在是與否然以愚論之始者之爲芻靈猶爲不仁蓋此有芻靈久則自當有木俑出來既有木俑久則自當有殺人以殉者矣然則始爲芻靈者其無後乎孔子蓋特過俑而發耳〕○李氏曰爲人君者固未嘗有率獸食人之心然徇一己之欲而不卹其民則其流必至於此故以爲民父母告之夫音扶父母之於子爲去聲之就利避害未嘗頃刻而忘於懷何至視之不如犬馬乎〔疊山謝氏曰此章以人對獸極言人君不行仁政視人猶獸也天地間難得者人象人而用之猶不免於無後豈可率獸食人不行王政一至於此乎○新安陳氏曰爲人君者有作民父母之責固未嘗有率獸食人之心惟徇欲而不卹民則其流至此而不自覺故以率獸食人箴其昏迷之錮習而以爲民父母觸其惻隱之本心孟子之言深切著明如此而王不悟亦末如之何也已右二章戒梁王厲民自養率獸食人過人欲也勉其行王道以爲民父母爲心擴天理也附纂引按惠王曰寡人願安承教是欲孟子教之也今孟子但直斥其虐政之殺人者而終無一言教之何歟蓋斥其虐政之殺人者是欲惠王之除其虐政而更施以仁政也此即其所以教之也況王政之詳已前告之矣上章所云云是也今惠王既是安意以承教則宜急改此等所爲矣不然雖有仁政將何施乎古云興一利不如除一害蓋除害則興利也孰謂孟子之終無以教惠王耶○顧麟士曰上章始因其盡心之言而欲導其仁心故其辭婉此則因其承教之願而欲使悟其失故其言直〕

○梁惠王曰晉國天下莫強焉叟之所知也及寡人之身東敗於齊長子死焉西喪地於秦七百里南辱於楚寡人恥之願比死者一洒之如之何則可長上聲喪去聲比必二反洒與洗同

魏本晉大夫魏斯與韓氏趙氏共分晉地號曰三晉故惠王猶自謂晉國惠王魏斯之孫也惠王三十年齊擊魏破其軍虜太子申史記魏世家惠王三十年魏伐趙趙告急齊齊宣王用孫子計救趙擊魏魏遂大興師使龐涓將而令太子申爲上將軍與齊人戰敗於馬陵齊虜魏太子申殺將軍涓軍遂大破十七年秦取魏少去聲梁史記魏世家惠王十七年魏與齊戰元里秦取我少梁元里少梁皆魏地邑名後魏又數音朔獻

地於秦史記商君傳秦孝公使衛鞅將兵伐魏魏使公子卬將而擊之軍既相距衛鞅遺魏將公子卬書曰吾始與公子驩今俱爲兩國將不忍相攻可與公子面相見盟樂飲而罷兵以安秦魏魏公子卬以爲然會盟已飲而衛鞅伏甲士襲虜公子卬因攻其軍盡破之以歸秦魏惠王恐使使割河西之地獻於秦以和而魏遂去安邑徙都大梁**又與楚將**去聲**昭陽戰敗亡其七邑**史記楚世家懷王六年楚使柱國昭陽將兵而攻魏破之於襄陵得邑八○張存中曰按史記魏襄王十三年楚敗我襄陵不言邑數楚懷王六年得邑八與集註七邑不合未知孰是**比猶爲**去聲**也言欲爲死者雪其恥也**慶源輔氏曰惠王之志○若剛勇而有爲者○然細考之史則其敗於三國皆非義舉也徒以爭城爭地不失之貪則失之繆事既如此猶不知所以自反乃於見賢之際歷敘其喪敗而欲爲死者一洗之○此正如匹夫賤人勢出無聊不勝其忿

而求一快者所爲耳豈有君人之度而知所謂大勇之理哉附蒙引不可謂死者爲太子申亦不可謂凡死於戰者是指其先人言也○顧麟士曰寡人恥之存疑曰言辱及先人也故曰願比死者一洒之死者即先人也淺說達說皆從之然孫疏云寡人心甚愧恥之則下句另作一項亦似可

孟子對曰地方百里而可以王

百里小國也然能行仁政則天下之民歸之矣附蒙引地方百里而可以王況以堂堂千里之梁○地方之方字不是與地字相連如今之言地方之類乃是海內之地方千里者九之方字也正與方寸方丈之義同○存疑曰地方百里而可以王則瑣瑣復讐皆不足言矣把惠王所圖底都末了是何等規模何等議論○顧麟士曰注能行仁政透下不可用

王如施仁政於民省刑罰薄稅斂深耕易耨壯者以暇日脩其孝悌忠信入以事其父兄出以事其長上可使制梃以撻秦楚之堅甲利兵矣省所梗反斂易皆去聲耨奴豆反長上聲

省刑罰薄稅斂此二者仁政之大目也新安陳氏曰省刑則不戕民生薄賦以爲仁政之大目則則民得養生所**易治也耨耘也盡己之謂忠以實之謂信君行仁政則民得盡力於農畝而又有暇日以脩禮義是以尊君親上而樂**音洛下同**於效死也**朱子曰魏地迫近於秦無時不受兵割地求成無虛日孟子之言似若容易蓋當時之人焦熬已甚率歡欣鼓舞之民而征之自是見效速後來公子無忌率

五國師直擣至函谷關可見○慶源輔氏曰仁政在於養民而已省刑罰則民不至無所措其手足而得以安其生薄稅斂則民不至有所闕於衣食而得以保其生故孟子言仁政首及此二者○下面三句則又其效驗也深耕易耨則薄稅斂之所致也重稅厚斂則民不聊生民不聊生則[illegible]於農事亦苟且鹵莽而已壯者以暇日修其孝悌忠信入以事父兄出以事長上則省刑罰之所致也嚴刑峻罰則民不樂生民不樂生則其於人道亦何暇脩爲之哉附[illegible][illegible]省刑罰只刑當其罪便是不是人罪當死都宥了薄稅斂只是惟正之供○出事長上之道即入事父兄之道也○大學曰孝者所以事君也弟者所以事長也故孝弟忠信不分者爲是○蒙引仁政又不止此二者此特其大者耳仁政是統言綱領字也省刑薄斂是仁政裏面事故曰目然仁政先於養民而其事莫有大於此二者又當時切務也故曰大目○輔氏以深耕易耨爲薄斂所致孝弟忠信爲省刑所致不是○尊君親上屬本文可使制梃句出

事長上。以平時言。也。尊君親上而樂於效死。指有事時言。也。惟其知尊君親上故樂於效死○孝弟以事父兄忠信以事長上分貼可或曰不分爲是孟子曰仁義忠信忠信可上貼仁義也則亦可上貼孝弟孝弟獨不用忠信乎答曰事兄亦可謂之孝乎事父亦可謂之弟乎事長上亦可謂孝弟乎然則不容不分矣若以忠信全貼孝弟則孝當屬父兄弟當屬長上如何得單言仁義可以忠信貼之若孝弟則亦不用忠信字矣雖曰誠於孝弟亦只歸在孝弟內矣但孝弟可分貼父兄忠信不可分貼長上長尊而上卑也○可使制梃以撻秦楚之堅甲利兵者謂吾民樂於效死也非謂不用斷殺也若不用斷殺則亦不用制梃矣蓋此是以吾得民心而言其實不用戰故有下文之言

彼奪其民時使不得耕耨以養其父母父母凍餓兄弟妻子離散養去聲

彼謂敵國也【附】蒙引彼奪其民時云云兄弟妻子離散何暇治禮義哉貼此一句自與上文相應而意亦方足

彼陷溺其民王往而征之夫誰與王敵夫音扶

陷陷於阱通作穽疾郢才性二反穿地陷獸也**溺**溺於水暴虐之意**征正也**

以彼暴虐其民而率吾尊君親上之民往正其罪彼民方怨其上而樂歸於我則誰與我爲敵哉【附】蒙引彼陷溺其民指奪其民時使不得耕耨云云

故曰仁者無敵王請勿疑

仁者無敵蓋古語也以故曰二字知之**百里可王以此而已恐王疑其迂闊故勉使勿疑也**【附】淺說勿疑者。勿疑百里可王之言。也非。勿疑。仁者無敵之言也。

○孔氏曰孔氏名文仲字經父臨江人**惠王之志在於報怨孟子之論在於救民所謂唯天吏則可以伐之蓋孟子之本意**南軒張氏曰惠王憤其軍師之敗欲一洒之是乃不勝其忿欲之私耳孟子所以告之者乃爲國之常道其所施爲皆有實事夫王政之所以不行者以時君謀利計功之念深每每致疑而莫肯力行故也使其以先王之治爲必可法以聖賢之言爲必可信而力行之則孰禦焉○慶源輔氏曰註引孔氏之言蓋然有當報者有不當報者若惠王之事則所謂不當報者也不當報而報則是忿懥者之所爲耳忿懥者之所爲則其心熏灼焚燒愈撲愈熾不至於大敗極壞而不已若所謂志於救民則至誠惻怛成己以成物一日有一日之功其曰唯天吏則可以伐之其所以自治者嚴矣○勿軒熊氏曰當時七雄皆大國也孟子獨惓惓於齊梁者欲得志行乎中國也若秦楚則蠻夷戎狄之裔七篇之書深鄙外之蓋其得志必非天下生民之福自周之衰天下大勢不入於楚必入於秦聖賢已逆知其所趨矣當時孟子止言深耕易耨孝悌忠信則可以制梃而撻秦楚自一等富强而言豈不太迂濶而不切於事情然後來秦亡不過起於揭竿斬木之匹夫堅甲利兵果可恃乎孟子之言不我誣也○新安陳氏曰逞忿報怨私欲也行仁救民公理也行仁則自無敵不得已而用兵亦正之之征也不行仁而惟報私怨忿爭而已矣豈惟怨不可報敗亡常必由之此章亦所以遏人欲擴天理也

○孟子見梁襄王

襄王惠王子名赫。新安倪氏曰：按通鑑愼靚王二年壬寅。惠王卒。孟子去魏適齊。是一見襄王後卽去也。

出語人曰。望之不似人君。就之而不見所畏焉。卒然問曰。天下惡乎定。吾對曰。定於一。語去聲。卒七沒反。惡平聲。

語告也。不似人君。不見所畏。言其無威儀也。新安倪氏曰：左氏傳云有威而可畏謂之威。有儀而可象謂之儀。不似人君。無可象之儀也。不見所畏。無可畏之威也。卒然急遽之貌。蓋容貌辭氣。乃德之符。新安陳氏曰：德存於中。容貌辭氣。乃德之符驗。可見於外者。其外如此。則其中之所存者可知。王問列國分爭。天下

當何所定。孟子對以必合於一。然後定也。問孟子以梁襄王不似人君。不見所畏而議之。然則必以勢位自高而厲威嚴以待物邪。朱子曰：不然也。夫有諸中者。必形諸外。有人君之德。則必有人君之容。有人君之容。則不必作威而自有可畏之威矣。曰言之急遽亦何議邪。曰艮之六五。以中正而言有序。而呂氏亦曰。志定者。其言重以舒。不定者。其言輕以疾。然則言貌固皆內德之符。不惟可以觀人。學者雖以自省可也。曰孔子居是邦。不非其大夫。而孟子誦言其君之失如此。何邪。曰聖賢之分。固不同矣。且孔子仕於諸侯。而孟子爲之賓師。其地有不同也。抑七篇之中。無復與襄王言者。豈孟子自是而不復久於梁邪。附存疑：定者。列國息爭干戈不作也。定於一。言必天下合於一統。然後定也。蓋列國分王。勢不歸一。故不相容而起爭。天下一統。則天下之政出於一。無敢爭也。孰能一之。言列國勢均力敵。莫能相尚。誰能芟除羣雄。收其土地。合天下於一也。孰能與之。言列國之民。各屬其主。各畫地而守。孰能越其君而與我也。天下莫不與。言天下之人。莫不越其君而與我。其君不能禁也。故曰沛然孰能禦之。

孰能一之

王問也

對曰。不嗜殺人者能一之。

嗜時利反甘也。覺軒蔡氏曰：好生不嗜殺。天地生物之心也。必得天地此心。然後可爲天之子。爲民之父母。此言萬世人牧之龜鑑也。附蒙引：不嗜殺人者能一之。此亦觀其時何如。在戰國泱然如此。湯武若不遇桀紂。終身只是諸侯。故周公不有天下。是以孟子以五六月之旱苗得雨爲喻。而上章言百里可王。亦必以彼奪其民時者

爲言。斷斷乎其然矣。○存疑：不嗜殺人者能一之意。思於王知夫苗以下見得。

孰能與之

王復扶又反問也。與猶歸也。

對曰。天下莫不與也。王知夫苗乎。七八月之間旱。則苗槁矣。天油然作雲。沛然下雨。則苗浡然興之矣。其如是。孰能禦之。今夫天下之人牧。未有不嗜殺人者也。如有不嗜殺人者。則天下之民皆引領而望之矣。誠如是也。民歸之。由水之就下。沛然誰能禦之。夫音扶。浡音勃。由當作猶。古字借用。後多倣此。

周之八月夏五六月也孟子內並以周月言與春秋左傳同油然雲盛貌沛然雨盛貌浡然興起貌禦禁止也人牧謂牧民之君也領頸也蓋好去聲下同生惡去聲死人心所同故人君不嗜殺人則天下悅而歸之○蘇氏曰孟子之言非苟爲大而已然不深原其意而詳究其實未有不以爲迂者矣予觀孟子以來自漢高祖及光武及唐太宗及我太祖皇帝能一天下者四君皆以不嗜殺人致之其餘殺人愈多而天下愈亂秦晉及隋力能合之而好殺不已故或合而復扶又反分晉武合之劉石亂而分王江東或遂以亡國孟子之言豈偶然而已哉〔慶源輔氏曰〕不嗜殺之對以見理勢之當然非有爲而爲之者也蓋人君之心誠能不嗜殺人則舉天下皆在我仁愛之中又孰有渙散乖戾而不一歸於我哉固非以不嗜殺人爲一天下之具也○〔新安陳氏曰〕嗜殺人欲之殘虐也不嗜殺天理之惻隱也此亦遏人欲存天理也〔附〕〔蒙引〕此節重在今夫天下之人牧未有不嗜殺人者及七八月之間旱則苗槁矣二句因襄王不曉而問孰能與之故以其時勢開曉之如此○誠如是誠如有不嗜殺人者則天下之民皆引領而望之矣二句望與歸不同扶携來歸也引領而望且說他得民心之向慕○或要把其如是孰能禦之與下文誠如是也至沛然孰能禦之相並對者亦非也蓋其如是孰能禦之就指苗之浡然興言下文曰誠如是則與其如是語意不同矣況下句又更出一民字如何盡同得若論其大意則固兩柎相對也以苗之浡興於久旱之雲雨

喻民之樂歸於不嗜殺人者○〔顧麟士曰〕通章皆作自述語奇亦七篇之別體

○齊宣王問曰齊桓晉文之事可得聞乎

齊宣王姓田氏名辟音璧疆渠良反○〔趙氏曰〕田氏本陳公子完之後初以陳爲氏後改姓田氏至田和始篡齊而有之辟疆和之曾孫是爲宣王〔通考〕〔趙氏德曰〕周顯王二十七年齊桓卒子辟疆立是爲宣王在位十九年卒謚法善問周達曰宣○〔東陽許氏曰〕集註辟疆作開辟封疆說則上音闢下音疆作辟除疆暴說則上必益反下巨良反諸侯僭稱王也齊桓公名小白晉文公名重耳皆霸諸侯者〔附〕〔蒙引〕所問在此所志在此也

孟子對曰仲尼之徒無道桓文之事者是以後世無傳焉臣未之聞也無以則王乎

道言也董子曰仲尼之門五尺童子羞稱五伯霸同爲去聲其先詐力而後仁義也亦此意也〔新安倪氏曰〕董子名仲舒西漢廣川人此語見漢書本傳對江都易王問粵有三仁而曰仁人者正其誼不謀其利明其道不計其功是以仲尼之門五尺童子羞稱五伯爲其先詐力而後仁義也○〔西山真氏曰〕孟子後能深闢五伯者惟仲舒爲然以已通用無已必欲言之而不止也王去聲謂王天下之道〔程子曰〕得天下之正極人倫之至者堯舜之道也用其私心依仁義之偏者霸者之事也王道如砥本乎人情出乎禮義若履大路而行無復回曲霸者崎嶇反側於曲徑之中而卒不可與入堯舜之道故誠心而王則王矣假之而霸則霸矣二者其道不同在審

孟子大全卷之一　梁惠王上

其初而已○龜山楊氏曰齊宣王見孟子於雪宮曰賢者亦有此樂乎而孟子答以晏子之言則霸者之事非無傳也孟子務引其君以當道則桓文之事特詭遇而已大匠不爲拙工改廢繩墨故曰無已則王乎○范氏曰按論語孔子曰桓公九合諸侯不以兵車管仲之力也微管仲吾其被髮左衽矣孔子美齊桓管仲之功如此孟子言仲尼之門無道桓文之事者聖人於人苟有一善無所不取齊桓管仲有功於天下故孔子稱之若其道則聖人之所不取也○朱子曰無道桓文之事事者嘗霸之事儒者未嘗講求如桓公霸諸侯匡天下則誰不知至於經營霸業之事儒者未嘗言也○通考王氏若虛曰春秋之時五伯迭興而桓文爲盛有功者莫大於桓文有罪者亦莫大於桓文周之東遷政敎號令不行於天下諸侯不知有周矣有人於此勃然而興更爲明主支一木於大廈將顚之際屹砥柱於頹波潰決之餘內合諸侯外攘夷狄使前日之不知有周者咸知尊周而君臣之義至於今不墮謂非桓文之

功不可也故聖人畧其罪而筆之於春秋然其詐力是先仁義爲後如救邢封衛養亂爲功如伐衛致楚陰謀取勝挾天子而令諸侯摟諸侯以伐諸侯如是等類非其罪歟故聖人之徒卑其功而無道之者然聖人春秋之作爲萬世扶綱常有如尊周之舉而不記之則無以勸來者其指微矣乃若其徒所以不道之者是又不欲率天下之人而禍仁義亦春秋誅意之法也故桓文者功之首罪之魁而聖賢待之仁之至義之盡也附蒙引王謂王天下之道道至重對上文桓文之事說○大註必欲言之而不止也謂必欲孟子言

曰德何如則可以王矣曰保民而王莫之能禦也

保愛護也慶源輔氏曰保如保赤子之保○新安陳氏曰王道甚大其要只在保民保民而王一句爲此章之綱領○附蒙引德字輕看不必云齊王以王道本於德也只是人君之德當如何乃可王○存疑保民卽德也

曰若寡人者可以保民乎哉曰可曰何由知吾可也曰臣聞之胡齕曰王坐於堂上有牽牛而過堂下者王見之曰牛何之對曰將以釁鐘王曰舍之吾不忍其觳觫若無罪而就死地對曰然則廢釁鐘與曰何可廢也以羊易之不識有諸

齕音核釁許刃反舍上聲觳音斛觫音速與平聲

胡齕齕下沒反集註音核齕字有二音宜審**齊臣也釁鐘新鑄鐘成而殺牲取血以塗其釁郄**乞逆反**也觳觫恐懼貌孟子述所聞胡齕之語而問王不知果有此事否**附蒙引可以保民乎哉本意言卿試度我能保民否也乃

不敢質言而謙之曰若寡人者豈亦可以保民耶言恐不能保民而王也故孟子下文屢屢於不爲不能之辨○釁本釁郄今日釁鐘則是因鐘之釁而釁之使釁者不復釁也作活字看釁鐘之釁如予有亂臣十人之亂字意釁郄之釁與隙字同釁鐘之釁謂塡釁也○顧麟士曰若無罪作若人之無罪或只大槩說俱可○以羊易之淺說曰吾以羊易之亦作王語也

曰有之曰是心足以王矣百姓皆以王爲愛也臣固知王之不忍也

王見牛之觳觫而不忍殺卽所謂惻隱之心仁之端也擴而充之則可以保四海矣故孟子指而言之欲王察識於

此而擴充之也愛猶吝也雲峰胡氏曰孟子一書言心學甚詳此是第一箇心字是心何心也人之本心也即此本心而推之所謂先王有不忍人之心斯有不忍人之政者也須看集註察識擴充四字察識屬知擴充屬行○新安陳氏曰是心足以王矣一句最緊切觀王有此愛物之心即可知王有仁民之心而可以保民矣所以指言王之此心即是足以王天下之本眞氏云王道不外乎保民而保民又不外乎此心是也[illegible]蒙引所謂是心者即指此不忍之心也不忍二字此一章之骨子孟子只得齊宣王吾不忍其觳觫一句逕堅執著不忍字一開一闔百方開導要他察識而擴充之○是心足以王不是愛一牛便足以王天下爲有此心在擴而充之則可以王天下矣擴充之實在老吾老以及人之老云云○以羊易之亦無許大見識然當時若計較者則不成易矣惟其無計較所以見其爲一時惻隱之眞心所發見而有符於仁術也此正所謂乍見孺子入井之時其心怵惕乃眞心也非思而得非勉而中者也○此事在孟子開導齊宣王則云然耳若在聖人自能遠庖廚終使見之亦不至以其觳觫而改用羊也盖宣王之易羊者仁也聖人之不必易者義也此時正用義之時所謂食以時用以禮者若易牛之事只可於無心中一行耳如每見每易則於道悖甚矣故曰孟子主於開導齊王則云然○存疑齊王當時雖云不能保民然心非木石見民疾苦定必有惻怛之心非但見牛而已止是爲物蔽隨發隨止不能擴充此心耳然孟子不言而言是牛者姑就齊王見牛一事反覆開導之所謂用其所明而通其所蔽也○旣曰是心足以王便罷又說百姓皆以王爲愛又說以小易大彼惡知之又說牛羊何擇何也此是孟子機關見識欲轉發齊王處盖欲使轉輾深思自得其以羊易牛之故也以羊易牛之故見牛未見羊而已然直告之則他不醒都無意味了故用百姓皆以王爲愛一語去起發他使他反覆深思而自悟無奈齊王不聰隨孟子甚樣起發都不醒悟他初間只說齊

國雖褊小吾何愛一牛後又說吾非愛其財而易之以羊却自誣伏了都無合殺故孟子從而啓之他方欣然頓醒而前日之心復萌使非孟子多方起發他亦不能也○蒙引齊國雖褊小吾何愛一牛亦不消如此說孟子已曰臣固知王之不忍也了又何消解剝盖孟子意思直是欲王察識其本心而擴充之今齊王畧不見有察識之意只管答得冷澹來所以孟子又說法以開之難之曰王無異云云○察識如下文註所謂乃知此心不從外得者盖人皆有不忍人之心也擴充則須是自親親而仁民自仁民而愛物所謂反其本而推之有所不忍而達之於其所忍者也○顧麟士曰蔡林說俱精然察識擴充足王內尚不可用

王曰然誠有百姓者齊國雖褊小吾何愛一牛即不忍其觳觫若無罪而就死地故以羊易之也

言以羊易牛其迹似吝實有如百姓所譏者然我之心不如是也雙峰饒氏曰論語小不忍朱子兼婦人之仁匹夫之勇說婦人不能忍其愛匹夫不能忍其忿這箇又是要忍得了○雲峰胡氏曰饒氏發明兩不忍字甚好孟子所謂不忍者如齊宣王見牛之觳觫將死一念之發非有所勉强自然而然者也君子謂之仁論語所謂小不忍者如婦人匹夫一念之發不能有所禁止而一聽其自然者也君子不謂之義○新安陳氏曰論語之小不忍云者不忍之念發於私小常人之所不能禁止者也孟子之不忍云者不忍之念出乎正大君子之所當擴充者也

曰王無異於百姓之以王爲愛也以小易大彼惡知之王若隱其無罪而就死地則牛羊何擇焉王笑曰是誠何心哉我

非愛其財而易之以羊也宜乎百姓之謂我愛也惡平聲

異怪也隱痛也擇猶分也言牛羊皆無罪而死何所分別彼列反而以羊易牛乎孟子故說此難去聲欲王反求而得其本心王不能然故卒無以自解於百姓之言也〔慶源輔氏曰〕宣王既無講學之功不知反求之理而徒自辯解於百姓之言故孟子又設此以問難之蓋欲王反求而得其本心不忍之實而王猶不能然也○〔東陽許氏曰〕上言臣固知王之不忍下言彼惡知之蓋宣王見牛不忍之心雖發而不自知其爲仁之端故以知與惡知相對說以爲常人雖爲利欲所昏而本然之善終未嘗泯但時或發而不自覺而不能充之爾故孟子以爲惟君子爲能知之衆人不能知也是啓王之心使凡遇善心發時便須識得卽就此擴充自小以及大自近以及遠卽其二十端推之至其極則仁不可勝用矣〔附〕〔蒙引〕我非愛其財而易之以羊也是反辭非直辭言我若非愛其財何故以羊之小易牛之大所謂是誠何心而宜百姓之謂我愛也○孟子故設此難故字是故意之故○問當時王若能反求而得其本心則將如何爲辭曰合當云見牛未見羊也於今言之於我心有戚戚焉卽問此心之所以合於王者何也便快了○〔淺說〕以小易大迹有可疑彼惡知王之心爲不忍其無罪就死乎

曰無傷也是乃仁術也見牛未見羊也君子之於禽獸也見其生不忍見其死聞其聲不忍食其肉是以君子遠庖廚也遠去聲

無傷言雖有百姓之言不爲害也術謂法之巧者言殺牛既所不忍釁鐘又不可廢於此無以處上聲之則此心雖發而終不得施矣然見牛則此心已發而不可遏未見羊則其理未形而無所妨〔朱子曰〕見牛未見羊也未字有意味蓋言其體則無限量言其用則無終窮充擴得去有甚盡時故以羊易牛則二者得以兩全而無害此所以爲仁之術也〔朱子曰〕齊王見牛觳觫而不忍之心萌故以羊易之孟子所謂無傷蓋乃護得齊王仁心發現處術猶方便也○術字本非不好底字只緣後來把做變詐看了便道是不好却不知天下事有難處須看有箇巧的道理始得當齊王見牛之時惻隱之心已發乎中又見釁鐘事大似住不得只得以所不見者而易之既周旋得那事又不抑遏了這不忍之心此心乃得流行若當時無箇措置便抑遏了這不忍之心遂不得而流行矣此乃所謂術也聲謂將死而哀鳴也蓋人之於禽獸同生而異類故用之以禮而不忍之心施於見聞之所及其所以必遠庖廚者亦以預養是心而廣爲仁之術也〔朱子曰〕君子於物愛之而已食以時用以禮不身翦不暴殄既足以盡吾心矣其愛之者仁也其殺之者義也齊王之不忍施於見聞之所及正合愛物淺深之宜若仁民之心則豈爲其不見之故而忍以無罪殺之哉○〔慶源輔氏曰〕唯其不忍之心止施於見聞之所及故古之君子知學問者必遠其庖廚乃所以預養是不忍之心不使之見其生聞其聲以推廣其爲仁之術不必屑屑然以其所不見而易其所見也孟子言此以見宣王之初心本無不善以羊易牛然後仁義之心得以兩全而無害也○〔雲峰胡氏曰〕一本心也已發在於擴充未發在於預養〔通考〕〔東陽許氏曰〕既見牛而不忍此心

欲行則便不可殺此牛而釁鐘又不可廢或殺牛或廢禮皆是人心行不徹故用未見其形未聞其聲之羊以代之此正用術之圓機此卽是權行仁者當放此意而行故謂之術【附】淺說仁者人之本心術者仁之巧法無仁則心亡無術則仁滯自昔君子之爲仁未嘗不有其術焉蓋君子之於禽獸也見其生不忍見其死聞其聲不忍食其肉而祭祀奉養賓客之需亦禮之不可廢者將何以處之是以君子遠庖廚則雖用之以禮而亦不至見死聞聲以槁吾之心蓋所以預養是心而廣爲仁之術也吾王之以羊易牛其所處正與君子暗合故曰是乃仁術也○【存疑】孟子啓齊王言雖百姓皆以王爲愛然亦無害此乃仁術也然牛羊皆無罪如何以羊易牛爲仁術蓋見牛未見羊也見牛則此心已發而不可遏未見羊則其理未形而無所妨故以未見之羊易已見之牛則牛得全而鐘得釁二者得以兩全而無害所以爲仁術也○【蒙引】此仁字就發用上說其本體具於心者用不得術也○預養其心卽廣其爲

仁之術也重在預字上養之也預則不至有是心而抑遏不得施者矣故其仁術自廣蓋有不勝計者矣○君子之於禽獸也至遠庖廚也此因見牛未見羊及之孟子開導齊王本意不重在此○庖廚庖取烹炰之義周禮有庖人廚庖屋也○聲謂將死而哀鳴也若平時之聲人誰不聞又安得一一不忍食其肉耶

王說曰詩云他人有心予忖度之夫子之謂也夫我乃行之反而求之不得吾心夫子言之於我心有戚戚焉此心之所以合於王者何也說音悅忖七本反度待洛反夫我之夫音扶

詩小雅巧言之篇戚戚心動貌王因孟子之言而前日之心復扶又反萌乃知此心不從外得然猶未知所以反其本而推之也南軒張氏曰宣王聞孟子之言有得於心而說謂己雖行之及反而求之則有不能以自得者及孟子抽其端緒以告則戚然有動於中當時不忍之意宛然而形○【慶源輔氏】曰戚戚心動而有所慘傷也孟子所言曲盡其理故宣王前日之心復動於中而委蛇曲折之意莫不盡見而亦莫非吾心本然之善非從外而得也向非孟子據理之極知言之要深得夫開導誘掖之術則亦何能使宣王前日不忍之心復萌也哉宣王此心雖發動而其端尚微其體未充而又未知所以用力推廣之方故孟子此下復以用力用明用恩之說以曉切之○【雲峰胡氏】曰齊王於其本心畧能察識自此以下孟子皆教之以擴充○【新安陳氏】曰此心之所以合於王者何也此句亦問得緊切與孟子是心足以王矣一句相照應【附】蒙引夫子言之專指仁術一條○【存疑】此心不從外得者若是從外得底物一過就無了今有感觸而前日之心復動可見此心原是吾固有底不從外得也未知反本而推之

本對末言親親是本愛物是末因其愛物而知此心不從外得反諸其本自親親而推以仁民愛物也

曰有復於王者曰吾力足以舉百鈞而不足以舉一羽明足以察秋毫之末而不見輿薪則王許之乎曰否今恩足以及禽獸而功不至於百姓者獨何與然則一羽之不舉爲不用力焉輿薪之不見爲不用明焉百姓之不見保爲不用恩焉故王之不王不爲也非不能也與平聲爲不之爲去聲

復白也鈞三十斤百鈞至重難舉也羽鳥羽一羽至輕易舉去聲下同也秋毫之末毛至秋而末銳小而難見也輿薪以

車載薪大而易見也許猶可也今恩以下又孟子之言也蓋天地之性人爲貴故人之與人又爲同類而相親是以惻隱之發則於民切而於物緩推廣仁術則仁民易而愛物難雙峰饒氏曰集註惻隱之發是就心上說推廣仁術則仁民易而愛物難是就術上說人性靈所以仁民易物無知如何感得他動所以愛物難今王此心能及物矣則其保民而王非不能也但自不肯爲耳南軒張氏曰親親而仁民仁民而愛物此天理之大同由一本而其施有序也豈有於一牛則能不忍而不能保民者蓋方見牛而不忍者無以蔽之而其愛物之端發見也其不能加恩於民者有以蔽之而仁民之理不著也然卽夫愛物之端可以知夫仁民之理素具能反而循其不忍之實

則其所謂仁民者固可得也○慶源輔氏曰天地之性人爲貴而人之與人又爲同類而相親故惻隱之發於民切於物緩皆自然而然雖至愚之人亦莫不然學者須是臨事體察看教分曉不可模糊率畧聽其自然事過便休若夫推廣仁術則仁民易而愛物難所以難所以易者且以凡人言之推廣此心愛及同類者其勢便其事易至於物則有不得已而資以爲用者使之皆被吾之愛而無傷則其勢遠其事難自君人者言之發政施仁使民得以遂其生若其勢便其事易極輔相裁成之道使庶類繁殖鳥獸魚鼈咸若者其勢遠其事難今王此心既發於見牛之際而又有以處之而使是心得以流行矣則是於其勢遠而事難者既能有以及之則以是心而施於勢近而事易與之同類而相親所謂保民而王者則豈有不能者哉但自不肯爲耳○新安陳氏曰今恩足以及禽獸而功不至於百姓者獨何歟此二句難得最緊切乃是一大章文意緊策處下文又以此二句再難以結之王能其緩且難者而

失之於切且易者何也使王能自其不忍之形於愛物者充廣之以仁民特舉而措之耳附存疑齊王不知是心足以王道理孟子告之意思盡在老吾老一條蓋所謂是心足以王者在於擴而充之非謂止愛一牛便足致王也老幼吾老幼以及人之老幼舉斯心加諸彼善推其所爲卽擴充之說也然不合下直與說却有見輿薪察秋毫之喻不爲與不能之說者言王恩及禽獸則於百姓固所優爲今恩足以及禽獸而功不至於百姓此事又差異了故孟子拿住這一件去辨難攻詰他○蒙引用恩與推恩何別曰單言親親亦爲用恩仁民亦用恩愛物亦用恩也推恩則有次第○難易二字不必依饒氏

曰不爲者與不能者之形何以異曰挾太山以超北海語人曰我不能是誠不能也爲長者折枝語人曰我不能是不爲

也非不能也故王之不王非挾太山以超北海之類也王之不王是折枝之類也語去聲爲長之爲去聲長上聲折之舌反

形狀也挾以腋持物也超躍而過也爲長者折枝以長者之命折草木之枝言不難也是心固有不待外求擴而充之在我而已何難之有

老吾老以及人之老幼吾幼以及人之幼天下可運於掌詩云刑于寡妻至於兄弟以御於家邦言舉斯心加諸彼而已故推恩足以保四海不推恩無以保妻子古之人所以大過

人者無他焉善推其所爲而已矣今恩足以及禽獸而功不至於百姓者獨何與

老以老事之也吾老謂我之父兄人之老謂人之父兄幼以幼畜許六反之也吾幼謂我之子弟人之幼謂人之子弟運於掌言易去聲下同也詩大雅思齊莊皆反之篇刑法也寡妻寡德之妻謙辭也御治也不能推恩則衆叛親離故無以保妻子蓋骨肉之親本同一氣又非但若人之同類而已故古人必由親親推之然後及於仁民又推其餘然後及

於愛物皆由近以及遠自易以及難今王反之則必有故矣故復扶又反推本而再問之〔新安陳氏曰〕末二句再問難以結之十分精神文法亦有照應收拾○〔和靖尹氏曰〕善推其所爲學者最要推也因一事則推之大有所益言舉斯心加諸彼是也○〔南軒張氏曰〕孟子非使之以其愛物者及人蓋使之因愛物以循其不忍之實而反其所謂一本者以親親而仁民仁民而愛物此所謂王道也○〔慶源輔氏曰〕人之骨肉本同一氣而生又非但若人之同類而已故於心爲至親至切而行仁必自孝弟始然後可以推而及民與物也勢有近遠當由近以及遠事有難易當自易以及難老吾老幼吾幼以及人之老幼刑寡妻至兄弟以御于家邦此皆自然之序而人所不自已者若或反此則必有其故矣是不可不致其克復之功使之循序而進不然則倒行而逆施之如無源之水無根之木不旋踵而乾涸枯悴矣○〔雙峰饒氏曰〕

由愛牛之心說到此○欲其因愛物之心○反而見得仁民○因愛人之心○反而見得親親○又因親親○推而至於仁民○由仁民推而至於愛物○運於掌○言其近而易○天下雖大○只由一家老老幼幼推去○又何難且遠之有○運於掌○與視諸掌不同○運屬行○視屬知○那箇是易知○這箇是易行○〔西山真氏曰〕由親以及民○由民以及物○此古人之善推也○能及物而不能及民○此宣王之不善推也○〔魯齋王氏曰〕善推其所爲一句是孟子平生功夫受用只在此○〔雲峰胡氏曰〕須要看集註一節議論貫穿處○始言愛物則曰人之於禽獸同生而異類○繼言仁民則曰天地之性人爲貴○故人之與人○又爲同類而相親○此言老老幼幼○則曰骨肉之親本同一氣○又非但若人之同類而已○曰同生○曰同類○曰同氣○是爲理一而分殊○雖推之有序○然皆不過自吾本心而推之是爲分殊而理一也○大抵此章凡千餘言○大要只二句○欲其察識此心於方發之初○故曰是心足以王矣○欲其擴充此心於已發之後○故曰善推其所爲而已矣○[illegible]〔淺說〕夫王

之不王○固由於不推恩○今之欲王○惟在於推恩而已○必也先盡孝弟以老吾之老而後推之以及人之老使人亦得以老其老焉○先施慈惠以幼吾之幼而後推之以及人之幼使人亦得以幼其幼焉○如是則舉天下之老無一而不被吾老老之恩○舉天下之幼無一而不被吾幼幼之恩○其恩之及於天下也特運諸掌耳何難之有○詩云刑于寡妻○至于兄弟○以御于家邦○蓋言人具此心○具此仁○舉此心而加之寡妻○則寡妻以正○舉此心而加之兄弟○則兄弟以和○舉此心而加之家邦○則家邦亦隨而治矣○夫自寡妻而兄弟○而家邦者○不外乎一心之推如此○然則老幼吾老幼以及人之老幼者○獨非是心所推乎○誠能推此一心之恩○老吾老以及人之老○幼吾幼以及人之幼○將見蒙恩者歸化○感德者屬心○足以保四海之大而有之矣○苟或忍心害理○愁然無情○當親者不親○當仁者不仁○則衆叛親離○妻子可得而保乎○夫自古堯舜禹湯文武之君○其功業之所以巍巍卓卓○非後世之所能及者○豈有他哉○亦惟視親

而仁民。仁民而愛物。自近以及遠。自易以及難。善推其所爲而已矣。今恩足以及禽獸而功不至於百姓。倒行逆施。不能善推者。夫豈無其故哉。〇存疑推恩意思在老吾老以及人之老幼吾幼以及人之幼上。天下可運於掌。則其效也。引詩。只是明此意。以擧斯心加諸彼句來照看。老吾老以及人之老。幼吾幼以及人之幼。卽擧斯心加諸彼也。故承之曰。詩云。刑于寡妻。至于兄弟。以御于家邦。言擧斯心加諸彼而已。故推恩足以保四海二句。是結其意。古之人所以大過人者。三句。是引古人以證之。以上答此心之所以合於王意。思已盡了。〇又把他功不至百姓處。重詰之直究到他那病痛根源處。〇老吾老以及人之老。意當屬上文。百姓之不見保。爲不用恩。句方語脉相貫。謂百姓之不見保。爲不用恩。欲保百姓。推在於用恩。而其序則自近以及遠。自易以及難耳。故曰老吾老以及人之老云云。〇其所以及人之老幼者。在後面五畝之宅樹之以桑一條是也。〇蒙引及人之老。自吾老而推之。老吾老。則自何地而推之。曰擧斯心加諸彼而已。〇老幼吾老幼以及人之老幼。是推恩。天下可運於掌。只保四海。然又必曰推恩足以保四海者。故字承擧斯心說來。而與下面不推恩無以保妻子反對說。〇大註運於掌言易也。蓋卽上文莫之能禦也。及足以之意。〇引詩重在序上。解詩就揭一心字出以心前。是心字。是心也。所以老幼吾老幼者此也。所以及人之老幼者。亦此也。如此則天下可運於掌。是心足以王矣。此之謂也。〇故推恩足以保四海。有欲不作效言。只作保民言者。愚謂一則礙推恩二字。已有保民在內了。二則又礙足以二字。〇以心對彼而言。則寡妻兄弟家邦。皆是彼也。此一章心字是骨子。〇大過人是以保四海之功業言。所以能保四海者。惟能推恩而已。古之人指二帝三王言。〇心之所加者卽恩也。以其見於行事。故又謂之所爲〇故復推本而再問之。此推本與前面反其本而推之之本字不同。蓋卽是上文故字也。推字亦不同。此易見。

權然後知輕重度然後知長短物皆然心爲甚王請度之度之待洛反

權稱去聲下同錘直垂反也度丈尺也度之謂稱量之也言物之輕重長短人所難齊必以權度度上如字下待洛反下文不度音同之而後可見若心之應物則其輕重長短之難齊而不可不度以本然之權度又有甚於物者今王恩及禽獸而功不至於百姓是其愛物之心重且長而仁民之心輕且短失其當然之序而不自知也故上文既發其端新安陳氏曰指恩足以及禽獸而功不至於百姓二句。而於此請王度之也朱子曰物易見心無形度物之輕重長短易度心之輕重長短難度。物差了只是一事差。心差了時萬事差所以心爲甚。〇又曰愛物宜輕。仁民宜重。此是權度。以此去度。〇本然之權度亦只是此心。此心本然萬理皆具。應物之時。須是子細看合如何。便是本然之權度也。如齊王見牛而不忍之心見。此是合權度處。及至興甲兵危士臣結怨於諸侯。又卻忍爲之。便是不合權度。失卻本心。〇慶源輔氏曰。此指宣王之心偏頗處言之也。必先見得其輕重長短如此分明了。然後究其所以然之故。則吾心之蔽始可去。而本然之理始可復。此孟子所以引物資權度之說而使王自稱量其心也。〇存疑王請度之者。爲齊王愛物之心重且長。仁民之心輕且短。請王度民之與物。孰重孰輕。孰長孰短。〇若加度焉。則知民當重且長。物當輕且短。自親而及於民。自民而及於物。不至恩及禽獸而功不至於百姓矣。〇蒙引上文末句。是詰其所以恩及禽獸而功不至於百姓之故。此則承之而言。禽獸與百姓。孰爲當重。孰爲當輕。請比度之。一定是百姓重。旣百姓重。王乃恩及禽獸。而功不至於百姓。其故何哉。是豈以三事爲快耶。然三事實非人心之所快。有甚於殺觳觫之牛者。於此亦可以度矣。此又是一重度了。要看集註愛民之心所以輕且短者之所以二字。此三者旣是言其所以。比上文度字。豈不又是一重。〇權雖解作稱錘。度雖解作丈尺。然實當作活字看。或曰。如此則度字當作入聲。曰。還作去聲。不害爲活字。〇心之應物。則其輕重長短之難齊。輕重長短。不在心。亦不在物。在心之應物上。蓋民與物皆物也。仁民愛物。則是應物也。難道物有輕重長短。又難道心有輕重長短。〇果何以見心之當度。尤甚於物處。曰。試論今有一匹布。不用丈尺。以二丈爲一丈。只是這一匹布上失了。若人君於民物之間。失所權度。至於恩及禽獸。而功不至百姓。則將有所謂庖有肥肉。廄有肥馬。民有飢色。野有餓莩者。其差視以二丈爲一丈者。相去何如。看是甚乎不甚乎。〇朱子註曰。物易見。心無形。度物之輕重長短易。度心之輕重長短難。此是心爲甚一說了。又曰。度物差了。只是一事。心差了。萬事差。所以心爲甚。此又是爲甚之一說。今定只依大註。此二說俱小異。看來只在不可不度上。看甚且其曰度心之輕重長短難。心安有輕重長短。須應物時。就那物上。方有箇當重而長底。或有當輕而短底。又曰。心差了。萬事差。如此則心之不差。只消一度字。蓋事至物來。千態萬狀。其輕重長短。當隨物賦形。惟在居敬窮理以照之耳。若謂心一差。則萬事都差。則未應物時。初何差之可云。旣應物。則又未有萬物一時俱差者。大抵應此一物。差固是心差。應彼一物。差亦是心差。差字面所該亦廣。如此看方可通。〇若云一心如印文。印文正。打過千張紙萬張紙俱正。若印文不正。則千張萬張俱不正。此固是理如此。但自此處言。則度字說王去其或輕或重或長或短。自有許多要看得細膩方得。〇今恩足以及禽獸。而功不至於百姓。對言之度也。抑王興甲兵。危士臣。構怨於諸侯。然後快於心。與單言一事之度也。

抑王興甲兵危士臣構怨於諸侯然後快於心與平聲

抑發語辭士戰士也構結也孟子以王愛民之心所以輕且短者必其以是三者爲快也然三事實非人心之所快有甚於殺觳觫之牛者故指以問王欲其以此而度之也

〔慶源輔氏曰〕孟子恐王不知所以稱量之要。故舉興甲兵危士臣構怨於諸侯三事。使王度之。蓋宣王愛民之心所以輕且短者。實以是三者之爲快蔽之也。夫此三事。乃人心之所不忍。有甚於殺觳觫之牛者。王若以是爲快。則宜乎愛民之心輕且短也。〇〔雲峰胡氏曰〕上一節一心字。亦指本心而言。蓋謂本心之中。有自然之權度。非自外來也。此節一心字。與後數箇欲字。便非本心矣。本心難於擴充。而欲心易於蔽錮。此王道所以不行也。〔附掌引〕王之所以功不至百姓者。與兵構怨累之也。王之所以興兵構怨者。將以求吾所大欲蔽之也。抑王興甲兵危士臣構怨於諸侯。然後快於心歟。意謂此比觳觫之牛何如。〇〔存疑〕上註所謂今王反之則必有故。正指此也。〇

王曰否吾何快於是將以求吾所大欲也

不快於此者心之正也而必爲此者欲誘之也欲之所誘者獨在於是是以其心尚明於他而獨暗於此此其愛民之心所以輕短而功不至於百姓也〔慶源輔氏曰〕辟土地。朝秦楚。莅中國。撫四夷。是其本志也。興甲兵。危士臣。構怨於諸侯。則末流之禍耳。有是志。則有是禍矣。指其末流之禍。則以爲不快於此

者。心之明也。而卒溺於初志之失。而不知反者。欲誘之也。其心尚明於他者。謂不忍一牛之觳觫也。而獨暗於此者。謂功不至於百姓也。○（新安陳氏）曰所大欲者。人欲之橫流。所以不能仁民而擴天理之公也。

曰王之所大欲可得聞與王笑而不言曰爲肥甘不足於口與輕煖不足於體與抑爲采色不足視於目與聲音不足聽於耳與便嬖不足使令於前與王之諸臣皆足以供之而王豈爲是哉曰否吾不爲是也曰然則王之所大欲可知已欲辟土地朝秦楚莅中國而撫四夷也以若所爲求若所欲猶緣木而求魚也與平聲爲肥抑爲豈爲不爲之爲皆去聲便令皆平聲辟與闢同朝音潮

便嬖近習嬖幸之人也已語助辭辟開廣也朝致其來朝也秦楚皆大國莅臨也（新安陳氏曰）所大欲在此。所以初發問。便欲聞桓文霸圖事。若如此也所爲指與兵結怨之事緣木求魚言必不可得附蒙引必闢土地。然後朝得秦楚。既闢土地朝秦楚。然後中國俱我所莅而四夷於我乎撫矣。莅中國而撫四夷。此句又要看一而字。

王曰若是其甚與曰殆有甚焉緣木求魚雖不得魚無後災以若所爲求若所欲盡心力而爲之後必有災曰可得聞與曰鄒人與楚人戰則王以爲孰勝曰楚人勝曰然則小固不

可以敵大寡固不可以敵衆弱固不可以敵彊海內之地方千里者九齊集有其一以一服八何以異於鄒敵楚哉蓋亦反其本矣甚與聞與之與平聲

殆蓋皆發語辭鄒小國楚大國齊集有其一言集合齊地其方千里是有天下九分扶問反之一也（新安陳氏曰）千里者九齊楚燕秦趙魏韓宋中山也（通考）吳氏程曰王制四海之內方三千里爲九州方千里蓋以田計之山川城池不在數內以一服八必不能勝卽有敗亡之禍所謂後災也反本說見形甸反下文附蒙引以一服八何以異於鄒敵楚哉。所謂霸必有大國也。今王發政至孰能禦之。所謂王不待大也。○蓋亦反其本矣。此與前註反其本而推之又不同。

今王發政施仁使天下仕者皆欲立於王之朝耕者皆欲耕於王之野商賈皆欲藏於王之市行旅皆欲出於王之塗天下之欲疾其君者皆欲赴愬於王其若是孰能禦之朝音潮賈音古愬與訴同

行貨曰商居貨曰賈發政施仁所以王去聲天下之本也近者悅遠者來則大小彊弱非所論矣蓋力求所欲則所欲者反不可得能反其本則所欲者不求而至與首章意同

南軒張氏曰行王政者心非欲傾他國以自利也惟以民困爲己任爲吾所當爲而天下自歸心焉夫欲朝秦楚莅中國自世俗言則以爲有志自聖賢觀之苟不本乎公理特出於忮求矜伐之私耳齊王欲汲汲於濟其私非惟不克濟而禍患隨之蹈私欲固危道也由孟子所言以發政施仁則公理之所存可大之業自可馴致此天理人欲之分也○慶源輔氏曰力求所欲則徇欲也有爲而爲之也計獲求得用力雖勞而所欲者反不如所期能反其本則循理者也無所爲而爲之也先難後獲先事後得而可大之業自爾循至此天理人欲之分也【附】淺說今王誠能發愛民之善政施愛民之仁心澤被乎一邦聲聞乎四國○蒙引使天下仕者皆欲立於王之朝云云所謂朝秦楚莅中國就在其中矣○其曰使天下仕者即發政施仁有以使之也故曰發政施仁所以王天下之本也然則盡心力於興兵搆怨以求王天下抑末矣本字當如此照看

王曰吾惛不能進於是矣願夫子輔吾志明以教我我雖不敏請嘗試之惛與昏同

曰無恆產而有恆心者惟士爲能若民則無恆產因無恆心苟無恆心放辟邪侈無不爲已及陷於罪然後從而刑之是罔民也焉有仁人在位罔民而可爲也恆胡登反辟與僻同焉於虔反

恆常也產生業也恆產可常生之業也恆心人所常有之善心也士嘗學問知義理故雖無常產而有常心民則不能然矣罔猶羅網欺其不見而取之也慶源輔氏曰恆產常生之業則下文所言五畝之宅百畝之田是也恆心常有之善心則下文所言善與禮義是也善又禮義之總名緣民無常產所以無常心故不知禮義而陷於放辟邪侈也若遂從而刑之是誠無異於以羅網罔民欺其不見而取之也○雲峰胡氏曰此心字亦指本心而言但指其在士民者言之

是故明君制民之產必使仰足以事父母俯足以畜妻子樂歲終身飽凶年免於死亡然後驅而之善故民之從之也輕畜許六反下同

輕猶易去聲也此言民有常產而有常心也

今也制民之產仰不足以事父母俯不足以畜妻子樂歲終身苦凶年不免於死亡此惟救死而恐不贍奚暇治禮義哉治平聲凡治字爲理物之義者平聲爲已理之義者去聲後皆倣此贍時念反

足也此所謂無常產而無常心者也

王欲行之則盍反其本矣

盍何不也使民有常產者又發政施仁之本也新安陳氏曰則盍反其本矣與前蓋亦反其本矣當對觀發政施仁是所以王天下之本使民有常產又是發政施仁之本也說見形甸反下文【附】蒙引此反其本是指發政施仁中之大者以爲之本也如孝弟爲仁之本一般都只是仁中事○

五畝之宅樹之以桑五十者可以衣帛矣雞豚狗彘之畜無失其時七十者可以食肉矣百畝之田勿奪其時八口之家可以無飢矣謹庠序之教申之以孝悌之義頒白者不負戴於道路矣老者衣帛食肉黎民不飢不寒然而不王者未之有也音見前篇

此言制民之產之法也趙氏曰趙氏名岐詳見序說中註八口之家次上農夫也此王政之本常生之道故孟子爲去聲齊梁之君各陳之也楊氏曰爲天下者舉斯心加諸彼而已然雖有

仁心仁聞去聲而民不被其澤者不行先王之道故也故以制民之產告之附蒙引此言制民之產之法也謹庠序之教序於制田里教樹畜之後分明是先使民有常產然後得有常心所謂然後驅而之善故民之從之也輕意不是教養平說故釋之曰此言制民之產之法也○末段獨提老者衣帛食肉黎民不飢不寒而不兼收不負戴一意何也曰禮義生於富足衣食足則禮義興矣況老者衣帛食肉便是少者知所以養之故老者得安於衣帛食肉而自無負戴之勞亦可知矣聖賢語話自活落然亦不至有𨻶漏或舉重以見輕或提此以該彼不如後人文字綳着格字做○此保民之實事也所謂及人之老幼而運天下於掌者也○顧麟士曰此節雖趙注云爲齊梁各陳不嫌其重然前對小惠爲王者之大道此對霸功爲王者之正道亦各有頭項也○此章言人君當黜霸功行王道而王道

之要不過推其不忍之心以行不忍之政而已齊王非無此心而奪於功利之私不能擴充以行仁政雖以孟子反覆曉告精切如此而蔽錮已深終不能悟是可歎也南軒張氏曰孟子如對鴻鴈之問及對好樂好色好貨皆徐引之當道何其辭氣不迫也至於利國之問則應以何必曰利桓文之問則對以無道無傳論管晏則曰管仲曾西之所不爲言交兵之不利則曰號則不可又何其嚴也自後世觀之後數說比之前數者宜若未至甚害而攻之反甚切何歟蓋前數者一病爲一事耳故紬繹其性之端以示之使之曉然知反躬之要則天理可明而人欲可遏矣至於霸者功利之說易以惑人人或趨之則大體一差雖有嘉言善道亦何由入戰國諸侯其失正在乎此故闢之不可不嚴也○雲峰胡氏曰此章甚詳集註斷之甚約蓋欲黜霸

功則心之所向者正能行王道則心之所充者大先王有不忍人之心斯有不忍人之政今雖有不忍之心而不能推之以行不忍之政無他奪於功利之私也功利二字依舊是向霸功上去入於彼必出於此世安有不能黜霸功而能行王道者哉此孟子所以斷然以爲仲尼之徒所不道也附蒙引此一章當疊疊看劈初出一王字究其所以王者無他保民而已又究其所以保民者無他是心足以王矣是心足以王如何反其所及禽獸者而以序行之老吾老以及人之老幼吾幼以及人之幼天下可運於掌也老幼吾老幼以及人之老幼而天下可運於掌者如何五畝之宅可以衣帛百畝之田可以無飢雞豚之畜可以食肉庠序孝弟頒白不負戴然而不王者未之有也○此一章背通是說王道之易蓋因齊王謂德何如則可以王矣又曰若寡人者可以保民乎哉又曰何由知吾可也皆是難之之辭故孟子答之一則曰保民而王莫之能禦也又引胡齕之言而曰是心足以王矣及明足以察秋毫之末

以至天下可運於掌言舉斯心加諸彼通是易得意思至於百畝田五畝宅然而不王者未之有則所謂保民而王莫之能禦者豈不信哉○人之所以能參天地贊化育者亦只是一箇心而已此一箇心在人所用何如其所畜原無限量其出之固無窮已時亦無有窮極處也今人雖各有是心而猶未真知其日用間無一毫不是此心之主宰運用也但人有用得盡者有用得不盡者有用得正者有用得不正者有用得大者有用得小者有用得遠者有用得近者如堯舜孔孟一心用之于滿天下無處不周匝又直用至千萬世猶不竭此最善用其心者也

孟子集註大全卷之一終

雲間受業趙鳳翔魚裳 慎徽旂公 編緝

孟子集註大全卷之二 三魚堂讀本

梁惠王章句下

凡十六章通考勿軒熊氏曰告齊君十一章鄒一章滕三章魯一章一二章皆言當與民同樂三章言交隣之道四五章言仁政七章論親賢之道八章言湯武征伐九章事君當行我之道不可循君之欲十章告齊王皆湯武弔民伐罪之意十二章交隣之道十六章言孟子出處

莊暴見孟子曰暴見於王王語暴以好樂暴未有以對也曰好樂何如孟子曰王之好樂甚則齊國其庶幾乎暴見於之見音現下見於同語字去聲下同好去聲篇內並同

莊暴齊臣也庶幾近辭也言近於治去聲附蒙引莊暴見孟子特地來見也他日見於王有因得見也○孟子曰王之好樂甚則齊國其庶幾乎通篇之意已具而暴不能再問也故他日見於王云云如孔子答孟懿子問孝曰無違其中正有意在而孟懿子不能問故因樊遲發之○齊國其庶幾乎言可王也非謂只是能治其國有以前只言齊庶幾後乃言可王爲疑者非是

他日見於王曰王嘗語莊子以好樂有諸王變乎色曰寡人非能好先王之樂也直好世俗之樂耳

變色者慚其好之不正也東陽許氏曰王語暴以好樂蓋論及所好之俗樂暴未有以對蓋莊暴亦知俗樂之不足好欲諫而未得其辭故以告孟子○王變色是愧前與暴論者不可聞於孟子故其下直

言之

曰王之好樂甚則齊其庶幾乎今之樂由古之樂也

今樂世俗之樂古樂先王之樂［附］蒙引范氏曰其實今樂古樂何可同也但與民同樂之意則無古今之異耳其實說時不要入同樂意思同樂意思却入在甚字內孟子只謂今樂也是這鐘鼓管籥古樂也是這鐘鼓管籥今樂也可以爲樂古樂也可以爲樂今之樂何異於古之樂哉讀者不以辭害意可也

曰可得聞與曰獨樂樂與人樂樂孰樂曰不若與人曰與少樂樂與衆樂樂孰樂曰不若與衆聞與之與平聲樂樂下字音洛孰樂亦音洛［通考］仁山金氏曰下樂音洛朱子從古註然以文義推之則下樂如字上樂字音洛爲是

獨樂音洛下同不若與人與少樂不若與衆亦人之常情也［附］蒙引可得聞與是欲聞其所以好樂甚而齊庶幾者不兼今樂猶古樂不重在此○依註上樂如字下樂音洛不必依金氏蓋上樂字自含有鼓樂意在如芻蕘者往焉雉兎者往焉亦不必有採擊字而自含採擊意在○存疑獨樂不若與人是與人之樂甚獨樂未甚也與少樂不若與衆是與衆之樂甚與少之樂未甚也與人與衆樂如何爲好樂甚今使滿堂燕笑有一人向隅而泣滿堂之人必爲之慘然不樂矣其樂能甚乎○淺說與人樂樂且說與人鼓樂以爲樂未說到推心以行仁政處與衆樂樂亦然乃引起之意到下文與民同樂方實說好樂甚也

臣請爲王言樂爲去聲

此以下皆孟子之言也

今王鼓樂於此百姓聞王鍾鼓之聲管籥之音舉疾首蹙頞而相告曰吾王之好鼓樂夫何使我至於此極也父子不相見兄弟妻子離散今王田獵於此百姓聞王車馬之音見羽旄之美舉疾首蹙頞而相告曰吾王之好田獵夫何使我至於此極也父子不相見兄弟妻子離散此無他不與民同樂也蹙子六反頞音遏夫音扶同樂之樂音洛

鍾鼓管籥皆樂器也［新安陳氏曰管笙也籥如笛而六孔○或曰籥也［通考］趙氏德曰樂以鼓爲節周禮鼓人掌教六鼓以節音樂○籥音藥舉皆也疾首頭痛也蹙聚也頞額

也人憂戚則蹙其額極窮也羽旄旌屬［趙氏曰春秋傳范宣子假羽旄於齊晉人假羽旄於鄭註析羽爲旌王者游車所建也按周禮司常九旗之數有全羽析羽釋云全羽析羽直有羽而無帛

不與民同樂謂獨樂其身而不卹其民使之窮困也［新安陳氏曰因好樂而及田獵以王亦好田獵故也○［附］蒙引鍾鼓之聲管籥之音猶郊社之禮禘嘗之義互文耳○舉天地間萬物之有聲者皆謂之聲至於音似屬人所作以節度乎聲者○蓋其心原有憂樂之異故聞王之樂而憂樂之容亦隨之

今王鼓樂於此百姓聞王鍾鼓之聲管籥之音舉欣欣然有喜色而相告曰吾王庶幾無疾病與何以能鼓樂也今王田

獵於此百姓聞王車馬之音見羽旄之美舉欣欣然有喜色而相告曰吾王庶幾無疾病與何以能田獵也此無他與民同樂也（病與之與平聲　同樂之樂音洛）

與民同樂者推好樂之心以行仁政使民各得其所也（雙峰饒氏曰庶幾無疾病民唯恐君不安樂有愛之欲其生之意若特日害喪則惡之欲其死矣田獵雖非樂推類而言之也。〔附〕蒙引吾王庶幾無疾病與何以能鼓樂也夫子聖者與。何其多能也。中閒都著不然二字貼說。○惟恐其有疾病。見其能鼓樂而喜也。○〔存疑〕曰庶幾曰何以皆欣幸之詞。不可作自相問答。○〔蒙引〕本文此字兼鼓樂田獵而註獨云與民同樂者。推好樂之心。以行政。蓋田獵亦好樂之類也。故槩以好樂。○與民同樂者。非同鼓樂也。推好樂之心。以行仁政云云也。）

今王與百姓同樂則王矣

好樂而能與百姓同之則天下之民歸之矣所謂齊其庶幾者如此○范氏曰戰國之時民窮財盡人君獨以南面之樂（音洛下同樂同）自奉其身孟子切於救民故因齊王之好樂開導其善心深勸其與民同樂而謂今樂猶古樂其實今樂古樂何可同也但與民同樂之意則無古今之異耳（南軒張氏曰與民同樂者固樂之本也好世俗之樂者私欲也與民同樂者公理也孟子不遽詆其所好而獨擴之以公理可謂善啓君者）若必欲以禮樂治天下當如孔子之言必用韶舞必放鄭聲蓋孔子之言爲邦之正道孟子之言救時之急務所以不同楊氏曰樂以和爲主使人聞鐘鼓管絃之音而疾首蹙頞則雖奏以咸英韶濩（胡故反）無補於治（去聲）也（前漢禮樂志。昔黃帝作咸池。顓頊作六莖。帝嚳作五英。堯作大章。舜作招。讀作韶。禹作夏。湯作濩。武王作武。周公作勺。讀作酌。以上並樂名。勺言能勺先祖之道也。武言以功定天下也。濩言救民也。夏大承二帝也。招繼堯也。大章章之也。五英英華茂也。六莖及根莖也。咸池備矣。通考。趙氏德曰周禮大司樂註云大咸堯樂大磬舜樂大濩湯樂咸池言德無不施也英華茂也招紹也繼堯也濩言救民也）故孟子告齊王以此姑正其本而已（朱子曰孟子開導時君故曰今之樂猶古之樂至於言百姓聞樂音欣欣然有喜色處則關閉得甚密如好色好貨亦此類也○慶源輔氏曰范氏辨孔子孟子之說可謂平正明白無餘蘊矣而楊氏論樂以和爲主及與民同樂爲樂之本又可以足范氏之說○新安陳氏曰[illegible]鄙民而自好世俗之樂以縱其荒樂人欲之縱肆也因賢者之問而自慙所好之不正天理之流動也齊王慙之。孟子不詆而開導之。戒其縱獨樂之私而勉其充同樂之公。遏人欲而擴天理也。王道在遏人欲擴天理而已。〔附〕蒙引民窮財盡。財盡者。民之財也。方起得下文云云。）

○齊宣王問曰文王之囿方七十里有諸孟子對曰於傳有之（囿音又傳直戀反）

〔囿〕者蕃（音煩）育鳥獸之所古者四時之田皆於農隙（乞逆反）以

講武事左傳隱公五年春公將如棠觀魚者臧僖伯諫曰凡物不足以講大事謂祀與戎戎兵也其材不足以備器用則君不舉焉君將納民於軌物者也故講事以度軌量謂之軌取材以章物采謂之物不軌不物謂之亂政亂政亟行所以敗也故春蒐夏苗秋獮冬狩四者皆田獵之名蒐索擇取不孕者苗爲除害也獮殺也以殺爲名順秋氣也狩圍守也冬物畢成獲則取之無所擇也皆於農隙以講事也然不欲馳騖音務於稼穡場圃之中故度待落反閒曠之地以爲囿然文王七十里之囿其亦三分天下有其二之後也與音餘○南軒張氏曰意齊王欲廣其囿欲侈之徒必有假文王事以逢之者文王豈崇囿如此蓋其蒐田所及民以爲王之囿耳以芻雉得往知其然也傳謂古書慶源輔氏曰孟子時有之今不復存孟子所謂於傳有之亦言據古書有此說耳然未必

其然否也附蒙引南軒以爲文王豈崇囿如此蓋其蒐田所及民以爲文王之囿耳愚謂此說似長集註曰其亦三分天下有二之後也與然則囿亦致其疑矣○存疑文王三分有二亦是人心屬之耳未必土地盡爲所有也安得有七十里之囿南軒辨之是也愚謂當時所謂傳毋亦戰國諸侯欲便己私者爲之輔氏說得好○蒙引看來孟子都不肯辨折他只要大處合正便罷如焚廩浚井之說最宜駁倒孟子亦不駁只要有象憂亦憂象喜亦喜二句便罷○種曰稼斂曰穡

曰若是其大乎曰民猶以爲小也曰寡人之囿方四十里民猶以爲大何也曰文王之囿方七十里芻蕘者往焉雉兔者往焉與民同之民以爲小不亦宜乎芻音初蕘音饒

芻草也蕘薪也

臣始至於境問國之大禁然後敢入臣聞郊關之內有囿方四十里殺其麋鹿者如殺人之罪則是方四十里爲阱於國中民以爲大不亦宜乎

禮入國而問禁禮記曲禮入境而問禁入國而問俗入門而問諱國外百里爲郊郊外有關阱坎地以陷獸者言陷民於死也新安陳氏曰前篇罔民與此爲阱皆是借網取禽阱取獸以諷切時君之禽獸其民死囿一也設禁阱民者人欲之私與民同利者天理之公無非欲遏人欲擴天理而已附存疑阱是所以掩取禽獸者坎地作阱以物爲餌置之阱上欺禽獸無知誘之入阱

陷而取之園囿禁嚴小民無知見利易動麋鹿出沒見而生心竊取之迄爲人所得而抵以法猶以麋鹿爲餌以囿爲阱也蒙引曰愚民見麋鹿而逐之豈知其國之有禁且如此之嚴愚竊謂未然夫國之有禁昭示臣民民豈不知特謂民之無知見利而犯法有似於不知耳

○齊宣王問曰交鄰國有道乎孟子對曰有惟仁者爲能以大事小是故湯事葛文王事昆夷惟智者爲能以小事大故太王事獯鬻句踐事吳獯音熏鬻音育句音鉤

仁人之心寬洪惻怛當葛反○慶源輔氏曰寬洪仁者之量惻怛仁者之意而無較計大小彊弱之私故小國雖或不恭而吾所以字之之心

自不能已（程子曰）凡人有所計較者皆私意也仁者欲人之善而矜人之惡不計較小大强弱而事之故能保天下犯而不較亦樂天順理者也○（新安陳氏曰）惟仁者能忘己之大而事鄰國之小實只字之若事之耳

智者明義理識時勢故大國雖見侵陵而吾所以事之之禮尤不敢廢（新安陳氏曰）惟智者爲能安己之小而事鄰國之大朱子云智者不特是見得利害明道理自合恁地○小之事大○弱之事彊皆是道理合恁地○

湯事見（形甸反下同）後篇文王事見詩大雅大王事見後章所謂狄人卽獯鬻也詩綿八章肆不殄厥慍亦不隕厥問柞（子洛反）棫（音域）拔（蒲具反）矣行道兌（吐外反）矣混（音昆）夷駾（徒對反）矣維其喙（吁貴反）矣駾突也喙息也言大王雖不能殄絕混夷之慍怒亦不隕墜己之聲聞蓋雖聖賢不能必人之不怒己但不廢其自修之實耳然大王始至此岐下之時林木深阻人物鮮少至於其後生齒漸繁歸附日衆則木拔道通昆夷畏之而奔突竄伏惟其喙息而已言德盛而昆夷自服也蓋已爲文王之時矣（通考）（趙氏德曰）綿詩二章言古公亶父來朝走馬之事八章言肆不殄厥慍亦不隕厥問朱子傳云言大王雖不殄絕昆夷之慍怒亦不隕墜己之聲聞是皆指大王而言集註引詩似不合九章曰虞芮質厥成文王蹶厥生則言昆夷既服而虞芮來質其訟之成又非事昆夷之謂也故註疏以八章爲文王事蓋孟子亦云肆不殄厥慍亦不隕厥問文王也如此則集註所引方合文王事見昆夷之言又曰唐虞以上有獫狁獯戎居於北邊夏道衰公劉變於西戎邑于西戎邑于豳其後二百餘戎狄攻大王大王走于岐山後至六國遂爲句奴

句踐越王名事見國語史記（國語吳語史記越王句踐世家）同云越王句踐（芊姓）興兵伐吳吳王夫差（姬姓）聞之悉發精兵擊之敗之夫（音扶）椒（今太湖中椒山是也）越王乃以餘兵五千人保棲於會（古外反）稽（山名在山陰南七里）吳王退而圍之越王乃令大夫種行成於吳（成者平也求平於吳也）膝行頓首曰君王亡臣句踐使臣種敢告於執事句踐請爲臣妻爲妾吳王將許之子胥言於吳王曰天以越賜吳勿許也種還以報句踐欲殺妻子燔寶器觸戰而死種止句踐曰夫吳太宰嚭貪可誘以利請閒行（猶微行）言之於是句踐乃以美女寶器令種閒以獻吳太宰嚭嚭受乃見大夫種於吳王種頓首言曰願大王赦句踐之罪盡入其寶器不幸不赦句踐將盡殺其妻子燔其寶器五千人觸戰必有當也嚭因說吳王曰越以服爲臣若將赦之此國之利也卒赦越罷兵歸○（朱子曰）仁者自然合理智者知理之當然而敬以循之其大槩是如此若細分之則大王句踐意思自不同也○（潛室陳氏曰）仁者無計較之私忘其孰大而孰小智者有度量之明自知小不能敵大○（雲峰胡氏曰）本文大事小小事大集註則曰大字小小事大一字字尤見仁人之心然大之字小猶未足以見

其仁必小國雖或不恭而字之之心自不能已乃見大者之仁小之事大猶未足以見其智必大國雖見侵陵而事之之禮尤不敢廢乃足以見小者之智（通考）（趙氏德曰）國語圖譜吳自泰伯至壽夢十六世始見春秋越之先夏少康之庶子封會稽以奉禹祀至句踐始見春秋魯哀公元年大夫種行成於吳哀公五年越王歸國與范蠡謀吳魯哀公二十年冬十一月伐吳居軍三年吳使大夫王孫雄行成王弗忍將許之范蠡諫不可遂滅吳（附）（蒙引）如梁惠王則東敗西喪蹙至於不支但憤於喪敗故有雪恥之情在齊宣王則與鄰敵相持互有勝負宜有息爭求寧之意故問交鄰之道此一問亦好意思○仁者以大事小智者以小事大大槩都是忍小忿而已○寬洪故能含容人不恭惻怛故能矜人之惡而不較○智兼明理勢仁則惟見理而不見勢○（存疑）詩大雅綿八章肆不殄厥慍亦不隕厥問本謂太王事註謂文王事見詩大雅者其不殄厥慍則在大王之時至昆夷駾矣維其喙矣則在太王之後而

文王之始也。蒙引曰。非以肆不殄厥愠亦不隕厥問二句爲文王事昆夷事實。蓋以昆夷事在太雅之緜而因可見文王事之之略而已。此說是也。○〔蒙引〕按緜詩用太王事昆夷猶爲以小事大。至文王時國勢日削。則爲以大事小矣。但太王事昆夷在事獯鬻之後。昔者太王居邠則爲獯鬻所侵。及去之岐山之下。則又爲昆夷所擾。是兩項事。

以大事小者。樂天者也。以小事大者。畏天者也。樂天者保天下。畏天者保其國。樂音洛

天者理而已矣。大之事小。小之事大。皆理之當然也。自然合理。故曰樂天。不敢違理。故曰畏天。包含徧覆。敷救反 無不周徧。保天下之氣象也。制節謹度。不敢縱逸。保一國之規模也。

問樂天畏天不同。以仁者而居小國。固不免爲智者之事。使智者而居大國。則未必能爲仁者之舉。何者。智者分別曲直。未必能容忍而不與之較。如仁者之爲也。朱子曰。得之。○仁者與天爲一。智者聽天所命。仁者與天爲一者。嘉人之善。矜人之惡。無所擇於利害。故能以大事小。聽天所命者。循理而行。順時而動。不敢用其私心。故能以小事大。○〔何叔京曰〕仁者以天下爲度。一視而同仁。惟欲人各得其所。不復計彼此强弱之勢。故以大事小而不以爲難。如葛與昆夷之無道。湯文殷懃而厚鄰之。及終不可化。而禍及於人。然後不得已而征伐之。仁之至也。智者達於事變。而知理之當然。故以小事大而不敢忿。然而必自强於政治。期於有以自立。如獯鬻與吳之方强。太王句踐外卑躬而事之。內則治其國家。和其民人。終焉或興王業。或刷其恥。此智之明也。使湯文保養夷葛。惡極而不能去。是不仁而縱亂也。太王句踐惟敵之畏。而終不能自强。是無恥而苟安也。又何取於仁智哉。○〔慶源輔氏曰〕天者理而

孟子大全卷之二　梁惠王下　十一

已矣。卽程子所謂天專言之卽道也。以道理言。則大者自當字小。此天之所以覆地也。小者自當事大。此坤之所以承乾也。又曰。保天下。保其國。言仁智者之氣象規模有此效也。非謂仁者智者之心欲其如此也。○〔雲峯胡氏曰〕字之之心。自不能已。卽是自然合理。事之之禮。尤不敢廢。卽是不敢違理。包含徧覆無不周徧。卽其字之之心。而其氣象愈充拓愈恢宏。制節謹度不敢縱逸。卽其事之之禮。而其規模愈收斂愈嚴謹。集註措辭之精微如此。〔附〕淺說 王之於鄰國。其大者則當以仁者之道處之。其小者則當以智者之道處之。二端之外。無餘法矣。而能盡此二者。則又有其效焉。蓋大事小。小事大。皆天理之當然也。以大事小者。忘其勢之在己。誠心愛人。而自然合理。樂天者也。以小事大者。順其勢之在人。安分自守。而不敢違理。畏天者也。樂天者包含徧覆。無不周徧。自有保天下之氣象。豈不足以保天下乎。吾見民罔常懷。懷於有德。九有之大。皆在所統馭矣。畏天者制節謹度。不敢縱逸。自有保一國之規模。豈不足以保其國乎。吾見以禮自固。孰敢侮之。四境之內。皆在所維持矣。○〔存疑〕上解智者兼理勢。此解天只說理者。理字兼勢在內。○註包含徧覆無不周徧。還在樂天內。以下句。制節謹度不敢縱逸。見得。○註保天下之氣象這句。尚在保天下上。保一國之規模亦然。○〔蒙引〕眞實會保天下。會保其國。或謂只是論其氣象與規模而已。非也。其日保天下之氣象。保一國之規模者。蓋謂樂天者如何屬以保天下。畏天者如何屬以保其國。蓋樂天者包含徧覆無不周徧。便是保天下之氣象也。故屬以保天下也。云云。且氣象無迹而難量。規模則有限矣。此又朱子用字之意。○制節謹度。制字與謹字相對。制猶守也。自節限也。節字與度字相對。鄱陽薰鼎孝經註曰。制節。制財用之節。謹度。謹守法度也。愚謂不止財用當有節。況此處須就以小事大上論。若孝經則下云滿而不溢。所以長守富。固指財用也。○雲峯胡氏愈字以下不得。則是更進一步。非也。

孟子大全卷之二　梁惠王下　十二

詩云畏天之威于時保之

周頌我將之篇時是也〔新安陳氏曰〕引詩不及樂天一邊。亦偶然耳。〔朱子曰〕此智者畏天而保其國之事。〔雙峯饒氏曰〕天理當然。違之則有禍。此便是天威。

王曰大哉言矣寡人有疾寡人好勇

吾以好勇故不能事大而卹小也〔新安陳氏曰〕大之事小。善待之而已。非奉事之事也。集註於大事小。必曰字小。又曰卹小。而於事大不易事字。蓋欲發明孟子意。不可不略易此字也。〔附〕蒙引改字小為卹小。以其理一。取音韻之順耳。

對曰王請無好小勇夫撫劍疾視曰彼惡敢當我哉此匹夫之勇敵一人者也王請大之夫撫之夫音扶。惡平聲

疾視怒目而視也小勇血氣所為大勇義理所發〔趙氏曰〕血氣所為之勇。如溝澮之水。暴集隨涸。故謂之小。義理所發之勇。天開地闢。自不能已。故謂之大。

詩云王赫斯怒爰整其旅以遏徂莒以篤周祜以對于天下

此文王之勇也文王一怒而安天下之民

詩大雅皇矣篇赫赫然怒貌爰於也旅衆也〔通考〕趙氏德曰莒當讀作旅遏詩作按止也徂往也莒詩作旅徂旅謂密人侵阮徂共音恭之衆也篤厚也祜福也對答也以答天下仰望之心也詩皇矣帝謂文王無然畔援無然歆羨誕先登于岸密人不恭敢距大邦侵阮徂共王赫斯怒爰整其旅以按音遏徂旅以篤周祜以對于天下密密須氏姞姓之國在今寧州阮國名在今涇州共阮國之地名今涇州共池是也此言文王征伐之始也無所畔援歆羨文能先造道之極因密人不恭是以如此此文王之大勇也〔新安陳氏曰〕怒者勇之發也因王赫斯怒一怒字發出一怒安民之說蓋自赫怒舉兵以對于天下而生此意〔附〕蒙引密人不是來侵周乃侵阮也但文王是方伯而密人乃擅敢興師以侵阮是無文王矣故曰密人不恭敢距大邦

書曰天降下民作之君作之師惟曰其助上帝寵之四方有罪無罪惟我在天下曷敢有越厥志一人衡行於天下武王

恥之此武王之勇也而武王亦一怒而安天下之民衡與橫同

書周書泰誓之篇也然所引與今書文小異〔雙峯饒氏曰〕書言寵綏四方。指君而言。孟子言寵之四方。指天而言。書之有罪無罪。指紂而言。孟子之有罪無罪。指諸侯而言。書之越厥志。指君而言。孟子之越厥志。指民而言。二者大段不同。想古人之書與今多不同。多是人記得人家不常有此本。〔通考〕趙氏德曰。孟子言書凡二十九。援詩凡三十五。今且依此解之寵之四方寵異之於四方也有罪者我得而誅之無罪者我得而安之我既在此則天下何敢有過越其心志而作亂者乎衡行謂作亂也孟子釋書意如此而言武王亦大勇也〔慶源輔氏曰〕寵異謂天寵

異武王於天下也豈聰明是以天德寵異之也作元后是以天位寵異之也心志謂天下之心志也人之作亂皆過越其心志之故耳若守其心志無所過越則何至有作亂之事乎此武王以天下之重自任也【附】凌說天降下民立我爲之君師亦以我能助上帝以安民故以君師之位而寵異之於四方也上天立我之意如此然則有罪者我得而誅之無罪者我得而安之天下豈敢有過越其心志而作亂以虐民者乎以此言觀之則當時苟有一人衡行亂於天下武王必以爲己之恥而誅之矣此武王之勇也武王亦一怒而安天下之民○顧麟士曰前講立我爲之君師我能助上帝兩我字俱照下句蒙上也○蒙引或曰一人衡行於天下謂紂也如此則集註當有明訓

今王亦一怒而安天下之民民惟恐王之不好勇也

王若能如文武之爲則天下之民望其一怒以除暴亂而拯（拯音整）己於水火之中惟恐王之不好勇耳○此章言人君能懲小忿則能卹小事大以交鄰國能養大勇則能除暴救民以安天下

慶源輔氏曰君人者必能懲小忿然後能養大勇所謂人能有所不爲然後可以有爲也○新安陳氏曰章旨能懲小忿四字實自寡人好勇一句發出齊王所好之勇小忿也孟子所言之勇大勇也【附】顧麟士曰按總註能懲小忿則能卹小事大以交鄰國能養大勇則能除暴救民以安天下舊亦看作兩截語今由湯文太王句踐之究竟觀之理亦一串也交鄰交字只是交接之義不必與交友同義勿太認眞爲佳○紹聞編云湯與太王文王武王平時則能卹小事大以交鄰國有事則能除暴救民以安天下是此章意雖兩節而理實相通也亦與愚見合

張敬夫曰小勇者血氣之怒也大勇者理義之怒也血氣之怒不可有理義之怒不可無知此則可以見性情之正而識天理人欲之分矣

龜山楊氏曰人君固不可無勇而齊王以是爲有疾故孟子告以文武之事使廓而大之則安天下無足爲者矣○雙峯饒氏曰怒得是便是天理怒得不是便是人欲孟子之論大槩要分別天理人欲於毫釐之間如同樂獨樂之類○雲峯胡氏曰夫子嘗以智仁勇三者並言此勇字亦當連前仁智字並言仁智中之勇是謂大勇小勇者不仁不智者也不仁者徒逞血氣而於義理之勇必無之不智者不明義理而於血氣之勇必有之

○齊宣王見孟子於雪宮王曰賢者亦有此樂乎孟子對曰有人不得則非其上矣（樂音洛下同）

雪宮離宮名言人君能與民同樂則人皆有此樂不然則下之不得此樂者必有非其君上之心明人君當與民同樂不可使人有不得者非但當與賢者共之而已也

慶源輔氏曰離猶別也別在其所居宮室之外故曰離宮君能與民同樂則人皆有此樂此釋有之一字下不得此樂者必有非君上之心此釋人不得則非其上矣一句○雲峯胡氏曰觀集註非但當與賢者共之一句便見得梁惠王問賢者亦樂此與齊宣王問賢者亦有此樂兩賢字似同而實有不同孟子答以賢者而後樂此不賢者雖有此不樂所謂賢者皆指君而言此則答以有之一字者謂賢者有此樂也然非特賢者有此樂凡人皆欲有此樂人有不得其樂則必有非其上之心矣是知此樂當與凡人共之不但當與賢者共之也知此則兩處賢字不同又按饒氏謂朱

子云賢者亦樂此其辭遜賢者亦有此樂其辭驕以此觀之語錄謂沼上之對其辭遜雪宮之對其辭今傳錄之誤明矣蓋謂之驕者當以問字言不當以對字言也附蒙引時王館孟子於雪宮而就見之也若說王在雪宮而見孟子則當云孟子見齊宣王於雪宮矣且與大註下文非但當與賢者共之而已不相符合○孟子對曰有此有字正答齊宣王亦有之問是說賢者固有也賢者亦安得有此孟子意以爲當得也如答彭更不已泰乎及答公孫丑不素餐兮之意集註言人君當與民同樂不可使人有不得者以下盡屬在人不得則非其上矣句內與有字無干輔氏之說不是○顧麟士曰紹聞編云孟子對曰有者以君以此待賢則賢者得有此樂矣○存疑集註人君能與民同樂則人皆有此樂解在人不得則非其上句內不是解有字○蒙引言人君能與民同樂謂皆有此宮室安居之樂也非謂以雪宮與民共之乃爲人皆有此樂也○雪宮之樂在賢者分上原無許多道理可說若只管以爲當有則賢者似不宜以此爲事故孟子只用一箇有字答了便罷再不復顧只引向與民同樂上說

不得而非其上者非也爲民上而不與民同樂者亦非也

下不安分扶問反上不卹民皆非理也慶源輔氏曰下不得而非其上者不知命也故謂之不安分爲民上而不與民同樂者不知義也故謂之不卹民附蒙引用上句以陰助下句非是平說也韓子作文嘗得此法如曰其故在下之人負其能不肯顧其上上之人負其位不肯顧其下或用上句陰助下句或用下句陰助上句亦言語之法也

樂民之樂者民亦樂其樂憂民之憂者民亦憂其憂樂以天下憂以天下然而不王者未之有也

樂民之樂而民樂其樂則樂以天下矣憂民之憂而民憂其憂則憂以天下矣南軒張氏曰憂樂不以己而以天下天理之公也於是舉景公事蓋道其國故典以告之○慶源輔氏曰君以民之樂爲樂則民亦以君之樂爲樂如是則君以民爲體民以君爲心天下雖大兆民雖多其懽忻愉怡痒痾疾痛舉切於吾之身矣君能體仁如此則天下之民其將何往雖欲無王不可得也附淺說夫不與民同樂則民既有非之之心能與民同樂則民豈無感之之心是故安居粒食民之樂也樂民之樂而皆爲致之則民見君有宮室遊豫之樂亦欣欣然爲君之樂矣貧窮無告民之憂也憂民之憂而勿以施之則民聞君有敵國外患之憂亦戚戚然爲君之憂矣夫樂民之樂是樂不以己而以民固爲樂以天下至於民亦樂其樂則是吾一人之所獨樂者亦衆人之所共樂也豈非樂以天下乎憂民之憂是憂不以己而以民固爲憂以天下至於民亦憂其憂則是吾一人之所獨憂者亦衆人之所共憂也豈非憂以天下乎憂樂皆以天下則民皆望風仰德而莫不尊親矣然而不王者未之有也

昔者齊景公問於晏子曰吾欲觀於轉附朝儛遵海而南放於琅邪吾何脩而可以比於先王觀也朝音潮放上聲

晏子齊臣名轉附朝儛皆山名也通考趙氏德曰轉附作轉鮒屬萊州○吳氏程曰轉當如字上聲後章及公孫下滕文上轉溝壑並同**遵循也放至也琅邪**余遮反**齊東南境上邑名觀遊也**附顧麟士曰引景晏事大限是望其稍遊意多然其意亦終在同民也○蒙引至於大戒於國出舍於郊始興發補不足則所謂欲觀轉附朝儛放於琅邪者皆不果矣

晏子對曰善哉問也天子適諸侯曰巡狩巡狩者巡所守也諸侯朝於天子曰述職述職者述所職也無非事者春省耕而補不足秋省斂而助不給夏諺曰吾王不遊吾何以休吾王不豫吾何以助一遊一豫爲諸侯度

述陳也省視也斂收穫也給亦足也夏諺夏時之俗語也豫樂洛音也巡所守巡行諸侯所守之土也述所職陳其所受之職也趙氏曰巡所守者自上察下也述所職者自下達上也王十二年一巡狩諸侯六年一朝皆無有無事而空行者附存疑非字當無字看。而又春秋循行去聲郊野

察民之所不足而補助之故夏諺以爲王者一遊一豫皆有恩惠以及民而諸侯皆取法焉不敢無事慢遊以病其民也新安陳氏曰以上晏子言先王之法。此下言當時之弊。附蒙引天子適諸侯曰巡狩。又必解曰巡狩者巡所守也。諸侯朝於天子曰述職。又必解曰述職者述所職也。是何也。正以見其非無事者。言一爲巡諸侯所守而行。一爲述所職於天子而行。是皆非無事者。○曰巡狩也。曰述職也。便見是非無事者。非訓解之辭。○省耕省斂。天子諸侯皆然。夏諺爾言王者。蓋畿內之諺也。○夏諺只帶省耕省斂。不必通管巡狩述職。○省耕省斂。天子諸侯都有。此法都是先王之制也。此又在巡狩述職之外。不是巡狩述職就便省民以補不足也。天子只是省其畿內。○存疑春耕之時。舊穀既沒。新穀未升。民之乏絕。正在此時也。若有不足。則不能盡力於耕。一年之計俱失矣。故察民之不足而資補之。秋斂之時。民之所收。或有或無。或歉一歲之用。或不敷一歲之用。皆在此時。若不察知其有無預處以周助之。則民將有狼狽失所者矣。故察民之不給而周助之。○省斂內亦有蠲租。如今踏災傷相似。亦是助不給。○遊與豫當分合看。分看則遊是巡遊。豫是逸樂。合看則巡遊即所以爲樂也。二句疊言。詠歌之體也。○蒙引遊者遊行巡視也。豫蓋如田獵之類。二字須當有分別爲是

今也不然師行而糧食飢者弗食勞者弗息睊睊胥讒民乃作慝方命虐民飲食若流流連荒亡爲諸侯憂睊古縣反

今謂晏子時也師衆也二千五百人爲師春秋傳曰君行師從左傳定公四年劉文公合諸侯於召陵謀伐楚衛侯令祝鮀從辭曰君以軍行祓社釁鼓師出先有事祓

禱於社謂之宜社於是殺牲以血塗鼓鼙謂之釁鼓祝奉以從奉社主也於是乎出竟若嘉好之事謂朝會君行師從卿行旅從五百人爲旅臣無事焉糧謂糗去久反熬米麥也又丘救反糒音備乾飯也之屬睊睊側目貌胥相也讒謗也慝通考吳氏程曰吐得反怨惡烏路反也言民不勝平聲其勞而起怨謗也方逆也命王命也若流如水之流無窮極也流連荒亡解見形甸反下文諸侯謂附庸之國縣邑之長上聲○慶源輔氏曰晏子主言齊事而云爲諸侯憂故知爲附庸之國縣邑之長也王者之命諸侯豈固欲其如此哉不過使之愛養斯民而已逆王命則虐必及其民矣○雙峰饒氏曰師行而糧食君之行也以師共食也以糧一而字在中間見得是兩事方命之命是好底命。天子之命。必是敎他撫一國之民今

也如此則是逆王命了又曰爲諸侯度指先王言爲諸侯憂指時君言〔附〕〔淺說〕君行則師從師行則糧食有供給之費而民飢者不得食有夫征之擾而民勞者不得息於是民皆側目聚爲讒謗之言民皆作慝深懷忿怨之心慼慼惟爲民之憂而已以其上逆天子之命下虐無事之民飲食之侈靡若流水之無窮或流或連或荒或亡亦爲其所屬諸侯之憂也○〔存疑〕師行則夫征之擾民實供之糧食則供億之費民實出之○〔蒙引〕饒氏曰君之行也以師其食也以糧如此則只是人君食糧矣愚嘗笑而駁之曰恐糗精之屬非當時食前方丈之諸侯所能甘矣○胥讒非交相怨謗也謂相與怨謗也○若流與從流下而忘反謂之流不同從流下乃實事也○若流之流水流也流連之流舟流也

從流下而忘反謂之流從流上而忘反謂之連從獸無厭謂之荒樂酒無厭謂之亡 厭平聲樂音洛

此釋上文之義也從流下謂放舟隨水而下從流上 時掌反 謂挽舟逆水而上從獸田獵也荒廢也樂酒以飲酒爲樂也亡猶失也言廢時失事也 〔雙峰饒氏〕曰荒是廢時亡是失事〔附〕〔蒙引〕順水而下固謂之從流逆水而上如何亦謂從流蓋從不訓順乃訓逐也從獸之從亦是逐也

先王無流連之樂荒亡之行 去聲 **惟君所行也**

言先王之法今時之弊二者惟在君所行耳 〔附〕〔淺說〕先王之法有巡狩述職有省耕省斂無流連之樂荒亡之行也○〔存疑〕惟君所行猶史云帝王顧所行何如爾意言先王之法今時之弊二者惟在君之所行不干別人事君行先王之法是亦先王矣若不行先王之法則爲今時矣一古一今皆不在人而在乎君可見當自勉也告滕文公問喪禮曰是在世子亦是此意

景公說大戒於國出舍於郊於是始興發補不足召太師曰爲我作君臣相說之樂蓋徵招角招是也其詩曰畜君何尤畜君者好君也

戒告命也出舍自責以省 悉井反 民也興發發倉廩也太師樂官也君臣己與晏子也樂有五聲三曰角爲民四曰徵爲事 禮記樂記宮爲君商爲臣角爲民徵爲事羽爲物注宮絃最大用八十一絲聲重而尊故爲君商屬金金爲決斷臣事也絃用七十二絲次宮如臣次君者也角觸也物觸地而出戴芒角也絃用六十四絲聲居宮羽之中屬木以其清濁中民之象也徵屬夏夏時正長萬物皆成形體事亦有體故爲事絃用五十四絲羽屬水聚清物之象故爲物絃用四十八絲〔通考〕趙氏德曰宮土音絃用八十一絲商金音三分徵益一以生絃用七十二絲角木音三分羽益一以生絃用六十四絲徵火音三分宮去一以生絃用五十四絲羽水音三分商去一以生絃用四十八絲景公所作角徵樂以其爲民爲事也 招舜樂也其詩徵招角招之詩也尤過也言晏子能畜止其君之欲宜爲君之所尤然其心則何過哉孟子釋之以爲臣能畜止其君之欲乃是愛其君者也 〔新安陳氏〕曰上文引援景公晏子事實只末一句是孟子說○〔西山眞氏〕曰易之大小畜皆以止爲義凡

止君之欲者。乃所以爲愛君也。縱君之欲者。其得爲愛君乎。忠臣之心。惟恐其君之有欲。奸臣之心。惟恐其君之無欲。

○尹氏曰君之與民貴賤雖不同然其心未始有異也

孟子之言可謂深切矣齊王不能推而用之惜哉

南軒張氏曰孟子羞稱管晏。今乃引晏子之言。何也。蓋羞稱者。其大法也。言與事有可取。亦不可沒也。亦見與人爲善至公至平之心也。○雲峰胡氏曰齊景能聽晏子之言而齊宣不能受孟子之說是可惜也。○新安陳氏曰此章與沼上之對畧相似。大意主於不自樂。而與民同樂耳。樂民之樂。憂民之憂。雖平說。然憂樂相反而實相關。憂民之憂者。必不暇樂己之樂。樂己之樂者。必不知憂民之憂。惟先憂以天下。而後能樂以天下也。前一截已盡之。後不過引一段故實耳。不與民同樂。人欲也。憂樂以天下。天理也。游豫爲諸侯度。天理也。流連爲諸侯憂。人欲也。無非遏人欲擴天理也。又

舜之招遺音必有在齊者。孔子在齊聞招。景公樂亦名招。可見。【附】蒙引大戒於國。謂布告境內。以圖回治政也。如今政令。凡一切勞民傷財之事。悉皆停免。凡一切奸宄情弊之事。盡行禁革。凡諸利於國利於民之事。盡許陳納無隱之類。蓋人君但有志於圖回政治。便須有一番告命。以彰境內之耳目也。○出舍於郊。自責以省民也。蓋以示不致安居深宮之意。且於省民之不給爲便也。省民者。省民之耕斂也。故出郊。但不知出舍之時。爲春爲秋耳。此則不必求者也。○存疑晏子陳先王之法。今時之弊。以告景公。而致景公之悅。是臣有以悅君也。景公悅晏子之言而大戒出舍興發。是君有以悅臣也。故曰君臣相悅。○蒙引蓋徵招角招是也。此一句是孟子述事之言。當孟子時。此樂蓋猶在也。故孟子舉以實之。○其曰部者舜樂也。當時部在齊。齊景公蓋用之而被以新詩。故其樂亦謂之部也。○當朱子時。無可據了。故兼言徵招角招之詩。或只是角部之詩。或只是徵招之詩耳。○畜君者好君也。既出於好君。夫何尤哉。如此說方見是釋詩意。○樂有五聲。獨舉徵招角招二者。以角爲民。徵爲事。取其切者也。景公一塲作樂。必不止作二音之樂而已。或者當孟子時。只有此二音之樂在。其他亡失不可知。故特舉其見存者耶。○每一音之樂。皆須具宮商角徵羽。如徵招之內。固有宮商角徵羽。角招之內。亦須有宮商角徵羽也。此之徵招角招者。又是个大角徵也。蓋五音旋相爲宮。

○齊宣王問曰人皆謂我毀明堂毀諸已乎

趙氏曰明堂泰山明堂周天子東巡守去聲朝音潮諸侯之處漢時遺址音止尚在人欲毀之者蓋以天子不復扶又反巡守諸侯又不當居之也王問當毀之乎且止乎

慶源輔氏曰漢書郊祀志武帝元封元年。封泰山。泰山東北址古有明堂處。云欲毀明堂。正與子貢欲去告朔餼羊之意同。以其無用故欲去之也。【附】蒙引天子巡狩。隨方之鎭山各設明堂。此之明堂趙氏何以知其爲泰山明堂也。曰以其在齊境內也。○漢時遺址尚在。集註此句亦足以證齊王因孟子之言而不果毀也。○漢時遺址尚在不是趙氏說了

孟子對曰夫明堂者王者之堂也王欲行王政則勿毀之矣夫音扶

明堂王者所居以出政令之所也能行王政則亦可以王去聲矣何必毀哉

朱子明堂說曰論明堂制者非一。竊意當有九室。如井田之制。東之中爲青陽太廟。東之南爲青陽右个。東之北爲青陽左个。南之中爲明堂太廟。南之東卽東之南。爲明堂左个。南之西卽西之南爲

明堂右个。西之中爲總章太廟。西之南卽南之西。爲總章左个。西之北卽北之西。爲總章右个。北之中爲玄堂太廟。北之東卽東之北。爲玄堂右个。北之西卽西之北。爲玄堂左个。中爲太廟太室。凡四方之太廟異方所。其左个右个。則青陽之左个。乃玄堂之右个。明堂之右个。乃總章之左个也。總章之右个。乃玄堂之左个。明堂之左个。乃青陽之右个也。但隨其時之方位開門耳。太廟太室則每季十八日天子居焉。古人制事多用井田遺意。此恐然也。新安倪氏曰此朱子按禮記月令爲說。附顧麟士曰按通義白雲許氏曰宣王之意正是欲不毁耳。蓋已稱王卽欲行天子之制也。孟子則不禁他不毁只是敎他行王政。蓋行王政則足副王之名。雖行天子之制可也。○蒙引明堂者通明之堂也。所以朝諸侯行王政者在是。所以享上帝配祖考者在是。⊙朱子曰古者祭天地於圜丘掃地而行事器用陶匏牲用犢其禮極簡聖人之意以爲未足以盡其意之委曲故於季秋之月有大享之禮焉天卽帝也郊而曰天所以尊之也故以后稷配后稷遠矣配稷於郊亦所以尊稷也明堂而曰帝所以親之也以文王配焉文王親也祀文王於明堂亦以親文王也尊尊而親親周道備矣然則郊者古禮而明堂者周制也周公以義起之也

王曰王政可得聞與對曰昔者文王之治岐也耕者九一仕者世祿關市譏而不征澤梁無禁罪人不孥老而無妻曰鰥老而無夫曰寡老而無子曰獨幼而無父曰孤此四者天下之窮民而無告者文王發政施仁必先斯四者詩云哿矣富人哀此煢獨 與平聲孥音奴鰥切頑反哿王可反煢音窮

岐周之舊國也 趙氏曰按岐州在漢右扶風美陽縣西北唐屬岐州岐州縣山之南有周原荳州之舊國通考東陽許氏曰文王未嘗稱王而所行却是王政 九一者井田之制也方一里爲一井其田九百畝中畫井字界爲九區一區之中爲田百畝中百畝爲公田外八百畝爲私田八家各受私田百畝而同養去聲公田是九分扶問反而稅其一也世祿者先王之世仕者之子孫皆敎之敎之而成材則官之如不足用亦使之不失其祿蓋其先世嘗有功德於民故報之如此忠厚之至也關謂道路之關市謂都邑之市譏察也征稅也關市之吏察異服異言之人而不征商賈音古之稅也澤

謂瀦水梁謂魚梁與民同利不設禁也 周文王治岐關市不征澤梁無禁成周門關市廛皆有限守山林川澤悉有厲禁何也潛室陳氏曰文王因民所利而利之乃王道之始成周經制大備乃王道之成 孥妻子也惡惡止其身不及妻子也 新安陳氏曰世祿善善長也不孥惡惡短也 先王養民之政導其妻子使之養其老而卹其幼不幸而有鰥寡孤獨之人無妻子父母之養則尤宜憐卹故必以爲先也詩小雅正月之篇哿可也煢困悴秦醉反貌 新安陳氏曰正月末章之意云。亂至於此富人猶或可。鰥獨甚矣其可哀也○雙峰饒氏曰都鄙用助法鄉遂用貢法。此周所以兼二代之法。井田之法。坦平處可行。江南想從古行貢法。關是道路轉節處。市是市井。澤是水

所都處。梁是水所通處。耕者九一。仕者世祿。是士農工商皆有所養。惟鰥寡孤獨無所告。故發政施仁必先斯四者。〔通考〕趙氏德曰孟子以鰥寡孤獨爲序者、輕重之序也、王制以孤獨矜寡爲序、禮運以矜寡孤獨爲序、豈非所養之常餼有寡多、有二等、故先言孤獨以重者先之、禮運先矜寡以輕者先之、就二等之中、則矜於寡爲重、獨於孤爲輕。蓋孟子言幼而無父、則孤爲重、鰥愁悒不能寐。目常鰥鰥然。其字從魚、魚目恆不閉。寡、寡果也、果然單獨也、孤、顧也、顧望無所瞻見也、獨、獨鹿也、鹿鹿無所依也、〔附〕存疑殷人七十而助。看來文王治岐之時。尚當遵殷制。所謂耕者九一。想每夫受田七十畝。註謂百畝。豈偶然不及思耶。○〔顧麟士曰〕按徹田爲糧。則公劉時已有此制矣。似不必拘。且集註百畝。亦本漢注。○〔蒙引〕饒注澤、水所都處。梁、水所通處。正可絕流而漁。故以爲漁梁也。正韻石絕水爲梁。梁所以節水。○潛室曰文王因民所利云云。此說不如前篇雲峰所謂澤梁無禁者。不禁民之取。而有厲禁者。禁民之不

孟子大全卷之十二　梁惠王下

以時取也。蓋關市不征。澤梁無禁與門關市廛皆有限守山林川澤悉有厲禁者自不相妨也。潛室工於立說而疏於明理矣。雲峰之說最痛快明徹。況所謂限守厲禁者。正合前篇王道之始事。○或謂發政施仁。指上文耕者九一至罪人不孥。非也。發政施仁是虛字。先者重之也。亦非先鄙窮民而後行九一世祿之法也。人君不發政施仁則已。一行仁政。便是此數者一時出令。但此數窮民。尤在所宜留意耳。故曰尤宜憐卹。必以爲先也。此先字。亦如後義先利之先字。不可拘以時之先後爲言也。○只此數句見得文王當時治岐。舉許多等人。都區處得當了。大學曰君子賢其賢而親其親。小人樂其樂而利其利。此以沒世不忘也。此之謂也。○趙氏德所論鰥寡孤獨之序及其字義不必盡從。惟鰥字爲有義。以孤爲顧。以獨爲鹿。皆所不可知。○〔顧麟士曰〕王制少而無父者謂之孤。老而無子者謂之獨。老而無妻者謂之矜。老而無夫者謂之寡。此四者。天民之窮而無告者。皆有常餼。盧齊官養之說。蓋本此也。

王曰善哉言乎曰王如善之則何爲不行王曰寡人有疾寡人好貨對曰昔者公劉好貨詩云乃積乃倉乃裹餱糧于槖于囊思戢用光弓矢斯張干戈戚揚爰方啓行故居者有積倉行者有裹糧也然後可以爰方啓行王如好貨與百姓同之於王何有餱音侯槖音拓戢詩作輯音集

王自以爲好貨故取民無制而不能行此王政公劉后稷之曾孫也詩大雅公劉之篇積露積也〔通考〕仁山金氏曰積當作子賜反穀堆也餱乾音干糧也無底曰槖有底曰囊皆所以盛音成餱糧也

孟子大全卷之十二　梁惠王下

戢安集也言思安集其民人以光大其國家也戚斧也揚鉞音越也爰於也啓行言往遷於豳悲巾反也何有言不難也

孟子言公劉之民富足如此是公劉好貨而能推己之心以及民也今王好貨亦能如此則其於王天下也何難之有〔西山眞氏曰〕人君豈不事儲峙之富惟能推此心使斯民亦有餱糧之積可也〔附〕〔蒙引〕積無屋而露積也倉屋以貯之者也餱乾糧也詩傳與此不同曰餱食糧糗也又分作二字看大抵或合看或分看總是乾糧也。○槖囊皆袋也。不用竹木器。出行輕便也。○公劉遷邠。逼於西戎故也。○戚揚二者。斧鉞之別名。鉞大斧小。○王如好貨。與百姓同之。與百姓同之者。好貨而推己之心以及民也。推己之心以及民。便是耕者九一。仕者世祿云云矣。好色與民

同亦然。

王曰寡人有疾寡人好色對曰昔者大王好色愛厥妃詩云古公亶父來朝走馬率西水滸至于岐下爰及姜女聿來胥宇當是時也內無怨女外無曠夫王如好色與百姓同之於王何有大音泰

王又言此者好色則心志蠱惑用度奢侈而不能行王政也大王公劉九世孫詩大雅綿之篇也古公大王之本號後乃追尊爲大王也亶父音甫大王名也來朝走馬避狄人

之難去聲也〔新安陳氏曰〕來朝其來以朝也古人紀事蓋有此例如書曰王朝步自周周公朝至于洛率循也滸呼五反水涯也岐下岐山之下也姜女大王之妃也胥相也宇居也曠空也無怨曠者是大王好色而能推己之心以及民也〔南軒張氏曰〕齊王好貨好色孟子以公劉大王對但謂公劉好貨大王好色而不知實未嘗好也二君處心平和無一毫物我之私如曰居者有積倉行者有裹糧豈惟欲其國富而亦欲其民富也如曰內無怨女外無曠夫不惟君有室家而民亦欲其有室家也好字雖同而所以爲好則異故孟子曰王如好貨好色與百姓同之於王何有二君之好天理也齊王之好人欲也〇〔新安陳氏曰〕孟子之言。有因其近似而發揮之。以足己意者。如公劉好貨。本無事實。只乃積乃倉一句。大王好色。亦無事實。只爰及姜女一句而已。然欲開導時君意

正辭辨〔附蒙引〕爰及姜女。蓋同時率西水滸而至於岐下一也不可因上句古公亶父來朝走馬爲初只大王獨來。〇究。公劉之好貨。止於乃積乃倉乃裹餱糧而已。他無所謂。好。貨。也。究。太王之好色。亦止於爰及姜女聿來胥宇而已。他。無。所。謂。好。色。也。然則亦所謂其爭也君子。雖然。乃積乃倉。乃民之貨。非公劉之貨也。爰及姜女。乃天理人情之當然。大王豈可委其妃而獨行哉。然則亦何好色之有。孟子之權辭耳。〇〔存疑〕公劉好貨。大王好色。本詩初無此意。孟子作就其中看出一個意思來引導其君爾。

楊氏曰孟子與人君言皆所以擴充其善心擴天理而格其非心遏人欲不止就事論事若使爲人臣者論事每如此豈不能堯舜其君乎愚謂此篇自首章至此大意皆同蓋鐘鼓苑囿游觀之樂音洛與夫音扶好勇

好貨好色之心皆天理之所有而人情之所不能無者然天理人欲同行異情循理而公於天下者聖賢之所以盡其性也縱欲而私於一己者衆人之所以滅其天也二者之間不能以髮而其是非得失之歸相去遠矣故孟子因時君之問而剖普后反析於幾平聲微之際皆所以遏人欲而存天理其法似疏平聲而實密其事似易去聲而實難〔慶源輔氏曰〕法似疏而實密事似易而實難蓋不直禁其好貨好色則似若疏且易矣。然必使爲公劉大王之事。推己之心以及民。循理而不縱欲。公天下而不私一己。則其實又甚密而且難矣。法指孟子之說。事指公劉大王之事。非孟子據理之

極。知言之要。何能辨析其精微如此哉。

學者以身體之則有以識其非曲學阿世之言而知所以克己復禮之端矣新安陳氏曰克己復禮之端卽謂天理人欲。二者之閒。幾微之際也。○問孟子答梁惠王問利直掃除之。此處却如此引導之何也。朱子曰。此。處。亦。自。分義。利。特人自不察耳。○慶源輔氏曰鍾鼓苑囿游觀之樂與夫好勇好貨好色之心固天理人情之所不能無者但有理與欲公與私之異耳故集註舉胡氏天理人欲同行異情之說而辨析之夫聖賢之與衆人其於好色好貨其行雖同而其情則異循理而公天下者聖賢之所以盡其性此卽公劉大王與民共欲之事也縱欲而私於一己者衆人之所以滅其天理也卽齊王自以爲疾之事也二者同異不過毫髮之閒而其終之是非得失則其相去遂有盡性滅天與王絶世之相反集註言此不但贊其理之密正欲使學者因其言以反諸身至誠體察於所謂毫髮之際然後力求所以循天理而克其欲耳。○雲峯胡氏曰天理人欲。同行異情。出五峯胡氏之言。朱子平日深取之。今引以釋此章者。如齊王好色。大王亦好色。是同行也。齊王是行從人欲上去。大王是行歸天理上來。是異情也。同行則天理人欲之幾。若不能以髮異情。則天理人欲之判不啻霄壤矣。凡曲學阿世者。非逢君之惡。則長君之惡。孟子之言。無非止君之惡。而誘君於善。無非遏人欲而存天理也。附纂引是非以理言。得失以效言。是者歸於天理。而爲有道之主。非者歸於人欲。而爲無道之君。得者歸於王。而可以保天下。失者歸於亡。而不足以保妻子。○端者言下克己復禮之工夫。自此始也。

○孟子謂齊宣王曰王之臣有託其妻子於其友而之楚遊者比其反也則凍餒其妻子則如之何王曰棄之

託寄也比及也棄絶也附纂引比其反也。則凍餒其妻子。比是自楚反。彼乃凍餒其妻子。蓋反之日。乃知彼之凍餒其妻子也。○則如之何。托以妻子者。當何如處也。

曰士師不能治士則如之何王曰已之

士師獄官也其屬有鄉士遂士之官士師皆當治之已罷去上聲也周禮秋官司寇刑官之屬士師鄉士遂士縣士。注鄉士掌六鄉之獄。遂士掌六遂之獄。縣士掌縣獄

曰四境之內不治則如之何王顧左右而言他治去聲

孟子將問此而先設上二事以發之及此而王不能答也其憚於自責恥於下問如此不足與有爲可知矣慶源輔氏曰顧左右以釋其愧。言他事以亂其辭。有諱疾忌醫之心。無責己求言之意。○雙峯饒氏曰自責下問。集註自爲他開兩條路。當言此則寡人之罪也。這便是自責。又當言如何可以治人。這便是下問。齊王亦無服善之心。故顧左右而言他。後來因孔距心之辭。則不憚於自責矣。然亦恥於下問。附纂引四境之內不治。或治道乖方。而邑里之蕭條。或敎化凌夷。而風俗之惡薄。

○趙氏曰言君臣上下并王與士師言各勤其任無墮許規反其職乃安其身附纂引趙註君臣上下。注謂并王與士師言。愚謂須兼友之受托者言。蓋受人之託。便亦有一職在身。職者分內事也。必無墮其職。然後不爲友人所棄而身安矣。蓋上二事。皆是設言以發之。不是只重在士師一節也。○各勤其職。乃爲不墮其職也。不墮其職。然後友不爲友所棄。士不爲君所黜。人君亦得安於民上。而保其社稷也。

○孟子見齊宣王曰所謂故國者非謂有喬木之謂也有世臣之謂也王無親臣矣昔者所進今日不知其亡也

世臣累魯水反世勳舊之臣與國同休戚者也親臣君所親信之臣與君同休戚者也此言喬木世臣皆故國所宜有然所以爲故國者則在此而不在彼也此謂世臣彼謂喬木昨日所進用之人今日有亡去而不知者則無親臣矣況世臣乎

附存疑在商則伊陟象賢在周則召穆公虎皆世臣也○蒙引古人立國凡廟朝壇壝宮府及臺榭之所皆必植之名木如三槐九棘之類歲數旣久則成喬木是亦故國之一證也若新造之邦亦安得有此○昔者所進進字不是泛泛進用蓋是其所親幸而將倚以爲腹心者故以不知其亡爲無親臣也若是皆僚庶官之中有今日進而明日亡去亦何怪得王之不及知○昔者昨日也凡語及于百年之遠槩謂之昔者而此乃釋爲昨日何與曰此對下文今日言也孟仲子曰昔者有王命對明日出弔於東郭氏則昔者之爲昨日其來尚矣他日孟子謂樂正子曰子來幾日矣曰昔者註曰昔者前日也則又隨文而訓義

王曰吾何以識其不才而舍之

王意以爲此亡去者皆不才之人我初不知而誤用之故今不以其去爲意耳因問何以先識其不才而舍之邪附存疑吾何以識其不才而舍之不但自解其昔者所進今日不知其亡之失實欲得眞才而用之以免向日之弊也言此亡去者皆不才之人我初不知而誤用之故今不以其去爲意耳從今以始吾何以預識其人之不才而舍之所用者皆眞才不致後日之輕視乎

曰國君進賢如不得已將使卑踰尊疏踰戚可不愼與與平聲

如不得已言謹之至也蓋尊尊親親用世臣而尊其尊親其親禮之常也然或尊者親者未必賢則必進疏遠之賢而用之是使卑者踰尊非尊尊之常疏者踰戚非親親之常非禮之常故不可不謹也朱子曰孟子言昔者所進今日不知其亡故王問何以識其不才而舍之而孟子告以進賢如不得已蓋於進退之間無所不審非但使之致察於去人殺人也○慶源輔氏曰先儒皆以如不得已一句連下文說言不得已則將使卑踰尊疏踰戚故不可不謹雖若可通然如此則是國君用人惟不得已之際方致其謹非孟子意也故集註直以如不得已一句連上文說言如不能得已是至謹之意人君於進賢之際皆不可不謹故於下段結之云所謂進賢如不得已者如此至於尊者親者未必賢則又將進其疏遠之賢者而用之至使卑者踰尊疏者踰戚則又非禮之常尤不可不謹也附存疑如不得已須看得明白先看不得已三字有着落然後看如字則明白矣如有個人己本不欲用他此欲已也却有人要用他我不能主張得不得不用此不得已也凡不得已者皆猶豫留難遲慢不亟向前曰如不得已則非眞不得已特如之爾蓋這人本是己要用的初若己不欲用他因他人要用我不得已而用他如此其遲慢留難也特以欲得眞才審之又審至再至三至四遲遲慢慢留留難難有似於己本欲不用還於人不得已而用之耳○左右皆賢一條即如不得已意左右皆曰賢似可矣猶不可至於國人皆曰賢似可矣

猶不可。而必自察。此便是至再至三至四遲慢留難意思。故曰如不得已意將使卑踰尊疏踰戚。是說所以如不得已處蓋進賢不謹之於始至有不賢將求疏遠之賢而用之是使卑者踰尊疏者踰戚也如此則非禮之常矣此所以當如不得已也故曰可不慎與蒙引曰是恐今日所進者不賢後來又更著賢而親疏尊卑有易位者爾此是懲前而戒后也故曰將使〇蒙引尊尊親親禮之常也小註以爲用世臣是尊尊親親者非也〇於此不謹而誤用之則既在尊親之列矣他日未免使卑踰尊疏踰戚而越常理矣

左右皆曰賢未可也諸大夫皆曰賢未可也國人皆曰賢然後察之見賢焉然後用之左右皆曰不可勿聽諸大夫皆曰不可勿聽國人皆曰不可然後察之見不可焉然後去之去上聲

左右近臣其言固未可信諸大夫之言宜可信矣然猶恐其蔽於私也至於國人則其論公矣然猶必察之者蓋人有同俗而爲衆所悅者新安陳氏曰若孟子所論鄉原。一鄉皆稱原人是也。**亦有特立而爲俗所憎者**新安陳氏曰若韓子所論伯夷。特立獨行而舉世非之是也。**故必自察之而親見其賢否之實然後從而用舍之**舍上聲**之則於賢者知之深任之重而不才者不得以幸進矣所謂進賢如不得已者如此**慶源輔氏曰所謂察之則必因言以察其心考迹以察其用。如孔子之視所以觀所由察所安。然後能親見其賢否之實從而用舍之。則於賢者非徒知之。知之必深而無所疑。非徒任之。任之必重而不可易至於不才。亦不容於幸進矣。〇新安陳氏曰如此方見進賢謹之之至。如必不得已而然者要之用舍之道參之於衆而察之於獨。不賢者固去之勿疑矣賢者必任之勿貳。是即君所親信之臣也此非親信之一己之私而實親信之以國人之公。所謂民之所好好之也今日爲王之親臣。他日託孤寄命。即爲國家之世臣矣。〇蒙引曰左右皆曰不可者亦是今日所欲進用之人不可謂是已在位而尊親之。不賢者也不但進賢如不得已退人亦如不得已方爲退得當。下文殺人亦如不得已也總是好惡與民同也〇左右皆曰不可勿聽云云者。誠恐其失賢也恐其失賢者。正欲其得真賢也。故二條總歸於進賢。如不得已。蓋不果進則在退列矣進退相形非固增一箇退人說也故註云如是則於賢者知之深任之重而不才者不得以倖進矣所謂進賢如不得已者如此只說就一邊。

左右皆曰可殺勿聽諸大夫皆曰可殺勿聽國人皆曰可殺然後察之見可殺焉然後殺之故曰國人殺之也

此言非獨以此進退人才至於用刑亦以此道蓋所謂天命結上文進人才**天討**結此一節**皆非人君之所得私也**南軒張氏曰既言進退人才之道復及於可殺者蓋如舜之於四凶孔之於少正卯天討之施有不可已者也曰國人殺之言非己殺之因國人之公心耳然則其用是人去是人亦非吾用之去之國人用之去之也蓋天聰明自我民聰明國人之公心即天理之所存一毫私意加於其間則非天之理矣〇新安陳氏曰因用舍而及刑殺亦是孟子敷演以明其意不才者舍之有罪而甚焉者殺之也〇通考宋氏公遷曰此明折獄政刑之道曾子之言卹刑也孟子之言愼刑也哀矜勿喜者好生之德洽於民心之意也國人殺之者刑人於市與衆棄之之謂也若子路無宿諾而片言可以折獄者即所

謂上好信則民莫敢不用情者乎。君子之於獄於刑也。忠信以孚之。審愼以行之。惻隱以施之。有子路之德而用。曾子孟子之言。則於天討之義。庶幾無愧乎。附存疑因說用人帶說刑殺。蓋用舍刑殺人君大事也。○蒙引大註天命指進退人才言。天討指刑殺言。如何以退人才亦爲天命有德耶。曰有進便有退。以此相形言耳。意重進賢退只是不用。不可謂之天討。○若下文民之所惡惡之則兼去之殺之。上文因說進賢。却形出一个退的來說。此條只說可殺者。亦就藏得一个不可殺的在裏許。蓋國人曰可殺。或察之。見不可殺。則不殺矣。○左右皆曰可殺。此條不可休南軒新安帶連上文進退人才言。不可而甚者則殺之。如舜之於四凶非也。蓋不可而去之者。正是所進之人才。詢察其不可進而退之者。亦何至有可殺之罪耶。若四凶自是積惡犯罪。非是因人薦進之際。知其不可而殺之也。集註明白。此言非獨以此進退人才。至於用刑。亦以此道。分明果斷了。

如此然後可以爲民父母

傳去聲曰大學傳文民之所好好之民之所惡惡之此之謂民之父母上新安陳氏曰。總結上文用之去之殺之三節意。附淺說夫人不苟用而用之必當其可。所謂天命有德。人君不得以私喜而加爵。人不輕殺而殺之必當其可。所謂天討有罪。人君不得以私怒而用刑。必如此然後可以爲民之父母。蓋民之所好好之。民之所惡惡之。此之謂民之父母。若所用非其可用。所殺非其可殺。則好惡拂民之性矣。惡在其爲民父母也。○顧麟士曰按前說退不賢。亦是足進賢意。故只云命討兩節。新安云三節。便使人搖惑。不是。○存疑如此然後可以爲民父母。總結左右皆曰賢以下兩節意。

○齊宣王問曰湯放桀武王伐紂有諸孟子對曰於傳有之

傳直戀反

放置也書曰成湯放桀於南巢附蒙引齊宣王素以辟土地朝秦楚莅中國撫四夷爲心。實有滅東周而自帝之意。故發此問耶。孟子之言。其所以警齊王自省君德之意。又有出於其意外者。

曰臣弑其君可乎

桀紂天子湯武諸侯

曰賊仁者謂之賊賊義者謂之殘殘賊之人謂之一夫聞誅一夫紂矣未聞弑君也

賊害也殘傷也害仁者凶暴淫虐滅絕天理故謂之賊害義者顚倒錯亂傷敗彝倫故謂之殘一夫言衆叛親離不復扶又反以爲君也書曰獨夫紂蓋四海歸之則爲天子天下叛之則爲獨夫所以深警齊王垂戒後世也新安陳氏曰紂罪浮於桀故下文單說紂。○朱子曰傷敗彝倫只是小小傷敗常理。如不以禮食不親迎之類。若是紾兄臂踰東家牆便是絕滅天理。丹書怠勝敬者滅義欲勝義者凶。即賊義謂殘之意。賊仁謂賊之意。上說其實賊義便是賊。那仁底但分而言之則如此。○賊仁是將三綱五常天秩之禮一齊壞了。義隨事制宜。賊義只是於此一事不是。更有他事在。○賊仁者無愛心而殘忍之謂也。賊義者無羞惡之心之謂也。○問賊仁是害心之理。賊義是見於所行處傷其理。曰以義爲見於所行。便是告子義外矣。義在內不在外。義所以度事。亦以心度之。

然則果何以別。蓋賊之罪重。殘之罪輕。仁義皆是心。仁是天理根本處。賊仁則大倫大法虧滅了。便是殺人底人。一般義是就一節一事上言。一事上不合宜。便是傷義。似手足上損傷一般。所傷者小。尚可以補。○慶源輔氏曰。賊之爲害深。殘之爲害淺。凶暴淫虐。指發於中者言。顛倒錯繆。指見於事者言。然發於中者。必見於外。見於事者。實生於心。絕滅天理。則是殄闕其本根。傷敗彝倫。則是損害其枝葉。衆叛親離。不復君之。此賊仁賊義衆惡皆備之證驗也。此事自君言之。則理所當然。自臣下言之。則不得已之大變。故集註下文舉王勉之語。所以著萬世爲臣者之大戒。○新安陳氏曰。賊仁賊義。細分之。有絕本根傷枝葉之殘。然仁義皆根於心。未有賊仁而不賊義者。所以下文只以殘賊之人總言其惡耳。孟子此言。雖意在警齊王。然亦見英氣太露處。附蒙引殘破也。故曰傷敗。○天之所以立君。民之所以戴君。爲能爲天下守此仁義也。今也仁義乃自彼而壞。則是喪其所以爲君者矣。○孟子是以誅字換了弒字。一夫字換了君字。

○王勉建安人曰。斯言也。惟在下者有湯武之仁。而在上者有桀紂之暴則可。不然。是未免於篡弒之罪也。雲峯胡氏曰。無孟子之說。無以警後世之爲人君者。無王氏之言。無以警後世之爲人臣者。然孟子曰。有伊尹之志則可。無伊尹之志則篡。王氏之說。未嘗不自孟子中來。

○孟子見齊宣王曰。爲巨室。則必使工師求大木。工師得大木。則王喜。以爲能勝其任也。匠人斲而小之。則王怒。以爲不勝其任矣。夫人幼而學之。壯而欲行之。王曰姑舍女所學而從我。則何如。勝平聲。夫音扶。舍上聲。女音汝。下同。

巨室。大宮也。工師。匠人之長。上聲。匠人。衆工人也。姑。且也。言賢人所學者大。而王欲小之也。附蒙引則王喜以爲能勝其任也。謂大木勝巨室之任也。不謂工師勝任。○幼而學者。仁義也。故壯則欲行夫仁義。今王曰姑舍汝所學而從我。是欲令舍所學之仁義。而徇吾所欲之功利也。

今有璞玉於此。雖萬鎰。必使玉人彫琢之。至於治國家。則曰姑舍女所學而從我。則何以異於教玉人彫琢玉哉。鎰音溢。

璞。玉之在石中者。鎰。二十兩也。趙氏曰。國語云。二十四兩爲鎰。趙岐誤註。集註因之。○東陽許氏曰。萬鎰。謂璞玉之價。值萬鎰之金也。玉人。玉工也。不敢自治而付之

能者。愛之甚也。治國家則徇私欲而不任賢。是愛國家不如愛玉也。雙峯饒氏曰。兩箇譬喻是兩意。前譬是說任賢不如任匠。後譬是說愛國不如愛玉。附蒙引萬鎰。言其價值之小也。問萬鎰。子猶以爲小乎。曰自我輩言。則何翅云多也。自齊王有國家者言。則萬鎰所值幾何。孟子此語。爲齊王言也。方起得下句。○舊說玉人自有治玉之法。不待人敎之。猶賢人自有治國家之法。不待人君敎之。故曰云云。則何以異於敎玉人彫琢玉哉。此雖說得敎字穩。然於愛國不如愛玉意將晦了。蓋此敎字是命字之義。言玉則敎玉人琢之。而國家則不使賢者得伸其志以治之。豈非愛國不如愛玉哉。○顧麟士曰。敎玉人敎字。卽使玉人使字。何以異。猶云爲甚麼緣故。乃如此。怪歎之辭。○范氏曰。古之賢者。常患人君不能行其所學。而世之庸君。亦常患賢者不能從其所

好去聲是以君臣相遇自古以爲難孔孟終身而不遇蓋以此耳新安陳氏曰前譬王欲小用賢者後譬王不專用賢者所以不能用賢皆己之私欲害之庸君必不能行賢者之所學賢者必不肯從庸君之所好此遇合所以難也附存疑兩條之意前是治國不如作室下是愛國不如愛玉意思甚明白新安不用不專用之說固非饒氏任賢不如任匠之說亦未甚貼○淺說任賢不如任匠便是愛國不如愛玉

○齊人伐燕勝之

按史記燕平聲王噲音快讓國於其相去聲子之而國大亂齊因伐之燕士卒不戰城門不閉遂大勝燕史記燕世家燕王噲用其相子之蘇代爲齊使於燕以事激燕王以尊子之於是燕王大信子之鹿毛壽謂燕王不如以國讓相子之人之謂堯賢者以其讓天下於許由許由不受有讓天下之名而實不失天下今王以國讓於子之子之必不敢受是王與堯同行也燕王因屬國於子之子之南面行王事而噲老不聽政顧爲臣國事皆決於子之三年國大亂百姓恫恐將軍市被與太子平謀將攻子之諸將謂齊湣王曰因而赴之破燕必矣齊王令人告燕太子太子因與市被圍公宮攻子之不克將軍市被及百姓反攻太子平市被死以徇因搆難數月死者數萬衆人恫恐百姓離怨孟軻謂齊王曰今伐燕此文武之時不可失也王因令章子將五都之兵因北地之衆以伐燕燕士卒不戰城門不閉燕王噲死齊大勝燕子之亡而燕人共立太子平是爲燕昭王附顧麟士曰風俗通云召公奭與周同姓武王滅紂封召公於燕成王時入據三公出爲二伯壽九十餘卒然皇甫謐又云奭文王庶子康王時考終百有餘歲

宣王問曰或謂寡人勿取或謂寡人取之以萬乘之國伐萬乘之國五旬而舉之人力不至於此不取必有天殃取之何如乘去聲

以伐燕爲宣王事與史記諸書不同已見形甸反序說何氏曰萬乘之國非諸侯之制也今燕齊互相侵奪而皆有之故以萬乘之齊伐萬乘之燕勢均力敵但以五旬而即舉之若以人力論之不能至於如此之易意者其天乎不取必有天殃齊王本有利燕之心特託天而遂其私耳孟子之對則不歸之天而歸之人附存疑五旬而舉之亦是燕國自亂非齊眞能勝之也

孟子對曰取之而燕民悅則取之古之人有行之者武王是也取之而燕民不悅則勿取古之人有行之者文王是也

商紂之世文王三分天下有其二以服事商至春秋傳至武王十三年乃伐紂而有天下張子曰此事間不容髮一日之間天命未絶則是君臣當日命絶則爲獨夫然命之絶否何以知之人情而已諸侯不期而會者八百武王安得而止之哉朱子曰此亦是齊王欲取燕故引之於文武之道非謂文王欲取商以商人不悅而止武王見商人悅已遂取之也直是論其理如此耳○慶源輔氏曰文王武王豈有一毫利天下之心哉亦順天命而不敢違焉耳而張子之說爲尤嚴所謂間不容髮之際非理明義精德至聖人者孰能處之而無愧哉纔有一毫利心則失之矣

然其命之絶否。則亦不過察於人情。又與孟子之言實相表裏也。附蒙引畢竟文王三分天下有其二。還是天命未絶商。而夫子以爲至德者。蓋在他人則必舉大事矣。不然亦以有二者自有矣。而文王乃復以之而事商焉。是亦可取不取。可爲不爲。而爲至德也。若使諸侯不朞而會者八百。雖文王亦安得而止之哉。故曰堯舜湯武。其揆一也。

以萬乘之國伐萬乘之國。簞食壺漿以迎王師。豈有他哉。避水火也。如水益深。如火益熱。亦運而已矣。簞音丹 食音嗣

簞竹器。食飯也。運轉也。言齊若更爲暴虐。則民將轉而望救於他人矣。通考趙氏德曰。腹方口圓曰壺。篚以竹爲之。長二尺廣一尺深六寸足高二寸上有蓋

○趙氏曰。征伐之道。當順民心。民心悅則天意得矣。新安陳氏曰。齊王言天命。孟子欲其以人心觀天命。欲知天命。當觀人心。欲得人心。當施仁政。燕之可取不可取。決之以此足矣。惟仁可以易暴。燕人避燕之虐。望齊之仁而歸之。齊苟不施仁而益暴。得非以暴易暴而益甚之乎。蓋警之也。附蒙引此後一條見得是當施仁政以慰燕民之心。民心悅則天意得。而燕庶其可取矣。○按後一條分明是說齊未能得燕民之悅。而未便有可取之理。其曰如水益深如火益熱。蓋已窺見其有將殺其父兄係累其子弟之意矣。然當時猶未有其事。方是始勝之日也。○如水益深如火益熱。此如字是假如之如也。非如似之如也。即集註若更爲暴虐之若字。若作如似之如。則上文當有話。況上文避水火也。皆未有如字。而必於此方用如字。何也。故斷作若字用。○以上條看之。固未見得民悅齊。亦未見得民不悅齊。故此條勸以行仁政。猶或可取也。及齊不行仁政而更爲暴虐。致煩諸侯之兵。孟子乃轉教以置君而去。蓋是時已失燕人之心矣。無復可爲者矣。二章之旨。所以爲不相悖。

或曰。然則孟子是教齊王行仁政。以收燕之人心。然後從而取之與。曰。何傷。上文分明謂取之而燕民悅則取之。使齊王能得燕民之悅。則孟子亦主張他取燕矣。況孟子常常教時君行仁政而王。此亦何傷哉。或謂此處是教齊王如何樣行仁政。以慰其壺漿相迎之意耶。或謂是要着他反旄倪止重器而別立君。非也。此時未擬到此節。蓋殺其父兄云云。是取之以後事。此則方是圖謀要取之耳。尚未曾殺其父兄云云也。此處只是教他反燕政以慰民望。即如沛公入關。與秦民約法三章。餘悉除去秦苛法則善矣。

○齊人伐燕取之。諸侯將謀救燕。宣王曰。諸侯多謀伐寡人者。何以待之。孟子對曰。臣聞七十里爲政於天下者。湯是也。未聞以千里畏人者也。

千里畏人。指齊王也。新安陳氏曰。七十里爲政。千里畏人。立兩句爲柱。下文分兩節應之。

書曰。湯一征。自葛始。天下信之。東面而征。西夷怨。南面而征北狄怨。曰。奚爲後我。民望之。若大旱之望雲霓也。歸市者不止。耕者不變。誅其君而弔其民。若時雨降。民大悅。書曰。徯我后。后來其蘇。霓五稽反 徯胡禮反

兩引書。皆商書仲虺許偉反**之誥文也。與今書文亦小異。一征。初征也。天下信之。信其志在救民。不爲暴也。奚爲後我。言湯何爲不先來征我之國也。霓。虹也。雲合則雨。虹見**形甸

反**則止**〔通考〕趙氏德曰爾雅雲出天之正氣霓出地之正氣雄謂之虹雌謂之霓則雲陽物也陰陽和而既雨則雲散而霓見矣**變動也徯待也后君也蘇復生也他國之民皆以湯爲我君而待其來使己得蘇息也此言湯之所以七十里而爲政於天下也**〔附〕淺說書曰葛伯無道湯初征則自葛始而天下已信其志在於救民矣由是東面而征云云按書此言觀之可見湯所未征之國則民望之若大旱之望雲霓也及湯既至則歸市者不止云云故書又有曰徯我后后來其蘇則其望之切而悅之至矣何如哉〇〔蒙引〕只曰東征西怨南征北怨可也必曰西夷北狄何與舉其遠者言則近者可知也〇大註雲合則雨虹見則止若望雲者仰其來也若望霓者又疑其不來也願其雨又恐其不雨故只管望看是雲是霓耳〇霓虹也單言則同對言則分趙氏德曰雄謂之虹雌謂

孟子大全卷之二　梁惠王下　四十四

之霓愚每疑霓安得有雌雄及考正韻霓字註曰霓屈虹也方知虹是長虹所謂螮蝀者霓只是雲端之白者故謂之屈虹也又趙氏德曰雲出天之正氣霓出地之正氣此亦可疑天降時雨山川出雲何謂雲爲天氣螮蝀之詩傳曰虹者日與雨交倏然成質似有血氣之類乃陰陽之氣不當交而交者蓋天地之淫氣也何爲霓爲地氣〇書之言至奚爲后我止自民望之以下孟子申言也謂當湯未至時則民望之若大旱之望雲霓及湯既至則歸市者不止耕者不變誅其君而弔其民若時雨降民大悅矣故又提書曰徯我后后來其蘇見得以上是孟子之言也下篇亦然〇顧麟士曰按蔡傳湯師之未加者則怨望其來曰何爲後予其所往伐者則妻孥相慶曰待我后久矣后來我其復生乎明作兩截故此節斷當於雲霓句一畫上已歎書文而申言之下將舉書文而先釋之也以己意夾說在書内又引經一體遠說謂徯我二句總証民望民悅非是此二句只証民悅

今燕虐其民王往而征之民以爲將拯己於水火之中也簞食壺漿以迎王師若殺其父兄係累其子弟毀其宗廟遷其重器如之何其可也天下固畏齊之彊也今又倍地而不行仁政是動天下之兵也累力追反

拯救也係累縶音至縛也重器寶器也畏忌也倍地幷去聲燕而增一倍之地也齊之取燕若能如湯之征葛則燕人悅之而齊可爲政於天下矣今乃不行仁政而肆爲殘虐則無以慰燕民之望而服諸侯之心是以不免乎以千里而

孟子大全卷之二　梁惠王下　四十五

畏人也〔附〕存疑畏猶忌也齊之彊天下固畏之第無釁可乘耳今又倍地而不行仁政則在我有釁而人得執以爲辭天下之兵從此起矣故曰是動天下之兵也

王速出令反其旄倪止其重器謀於燕衆置君而後去之則猶可及止也

反還也旄老人也倪小兒也謂所虜畧之老小也猶尚也及止及其未發而止之也〔雙峰饒氏曰〕當時只是子噲子之爲亂燕民自無罪齊王只當誅子噲子之別立君而去不當取他國這時只當定亂定亂者取其亂者而誅之如湯十一征不是全滅其國取之則是蹊田而奪之牛齊王殺其父兄係累其子弟毀其宗廟遷其重器是滅其國了〇〔新安陳氏曰〕此是爲齊畫一

策如此區處畧無所利於燕庶幾湯誅君弔民非富天下之爲則可逆止諸侯之兵矣【附】蒙引既動天下之兵可而爲之計則須是置君而去若只施仁政亦無及蓋晚矣若初間倍地而行仁政則燕民戴之諸侯亦無變可乘○旄與耄同九十日耄○存疑王速出令條是爲齊王畫策正答其何以待之之辭○范氏曰孟子事齊梁之君論道德則必稱堯舜論征伐則必稱湯武蓋治民不法堯舜則是爲暴行師不法湯武則是爲亂豈可謂吾君不能而舍上聲所學以徇之哉〔慶源輔氏曰〕范氏發明孟子此意甚好蓋莫非道也而堯舜之道則正道也莫非師也而湯武之師則天討也集註又益以豈可謂吾君不能而舍所學以徇之哉一句尤爲有功於學者此萬世臣子事君之大法也

○鄒與魯鬨穆公問曰吾有司死者三十三人而民莫之死也誅之則不可勝誅不誅則疾視其長上之死而不救如之何則可也鬨胡弄反勝平聲長上聲下同

鬨鬭聲也穆公鄒君也不可勝誅言人衆不可盡誅也長上謂有司也民怨其上故疾視其死而不救也【附】蒙引鬨本謂聲之鬨鬭也不著鬭字解不來○〔顧麟士曰〕莫之莫爲之也

孟子對曰凶年饑歲君之民老弱轉乎溝壑壯者散而之四方者幾千人矣而君之倉廩實府庫充有司莫以告是上慢而殘下也曾子曰戒之戒之出乎爾者反乎爾者也夫民今而後得反之也君無尤焉幾上聲夫音扶

轉飢餓輾音展轉而死也充滿也上謂君及有司也尤過也【附】蒙引凶年凡疾疫之類皆是饑歲只是歲不熟○〔存疑〕有司莫以告者不告君發倉廩府庫以賑其民也上慢而殘下上慢事而殘害下民也上兼君有司說君之倉廩實府庫充君之慢也有司莫以告有司之慢也

君行仁政斯民親其上死其長矣

君不仁而求富是以有司知重斂力驗反而不知恤民故君行仁政則有司皆愛其民而民亦愛之矣〔新安陳氏曰〕有司所以然者皆

君不行仁政之故孟子對鄒君言故畧有司而專勉君正本之論也【附】〔存疑〕上文兼罪君有司君行仁政則專責其君者要之治亂皆在於君臣下有不得專焉故曰此非一時心之所得爲也專責其君治其本也○親其上就平時言死其長就危難言○〔淺說〕親上死長此長上俱指有司

○范氏曰書曰民惟邦本本固邦寧夏書五子之歌篇有倉廩府庫所以爲去聲民也豐年則斂之凶年則散之恤其飢寒救其疾苦是以民親愛其上有危難去聲則赴救之如子弟之衛父兄手足之捍音汗頭目也穆公不能反己猶欲歸罪於民豈不誤哉〔南軒張氏曰〕有司視民之死而不救故民視有司之死而亦莫之救所以爲得反之也君行仁政而以民爲心民亦將以君爲心而親其上死其長

矣此感應之理也曾子戒之戒之之語。非特爲人上者。不可須臾忘。檢身者亦當深體之。○(新安陳氏曰)上之愛民如父母之於子則民之衛上如子弟之衛父兄鄒君知罪民而不知反己孟子惟以行仁政勉之而誅不誅亡言焉得反之之意凜然可畏眞深切之論死其長如回何敢死之死謂忘身救上死且不避也平時親其上當危難則死其長

○滕文公問曰滕小國也間於齊楚事齊乎事楚乎(間去聲)

滕國名

孟子對曰是謀非吾所能及也無已則有一焉鑿斯池也築斯城也與民守之效死而民弗去則是可爲也

無已見(形甸反)前篇一謂一說也效猶致也國君死社稷(禮記曲禮國君死社稷大夫死衆士死制衆謂師衆大夫率師敗則死之制謂命令士受命或迫以死寧死而不可棄君命也)故致死以守國至於民亦爲(去聲)之死守而不去則非有以深得其心者不能也○此章言有國者當守義而愛民不可僥倖而苟免(南軒張氏曰與其望二國矜己以求安不若思所以自强而立國鑿池築城與民效死以守之是在我所當爲之事爲我所當爲而已然固國以得民爲本民心不附雖有金城湯池誰與守之使民效死而不忍去非得之有素不能然也○(慶源輔氏曰)築城鑿池致死以守者。守義也。使民亦爲之死守而不去。則非愛民者不能也。若夫間於二大。而徒欲擇强者而事之。以覬一日之安則是僥倖苟免而已。○(雲峰胡氏曰)不

守義不能效死而不去不愛民不能使民亦效死而不去○(新安陳氏曰)守義守死社稷之義以倡其民也愛民嘗在平時。○城池地利也。民弗去人和也。復致死而守義以倡之此守國之正法也(附)(蒙引)此數章意實相承初因文公問而告以死守後因其問又告以太王之遷及其又問也。則合死守遷都而請其自擇。蓋理之可爲者不過如此。○愚嘗疑智者爲能以小事大而保其國。今滕文公欲事齊楚。而孟子乃曰是謀非吾所能及何歟。蓋以小事大文公自能之。不待教也。但文公全欲憑大國之援以僥倖旦夕之無事而特不知有自固之義故孟子特以所缺者箴之。南軒曰。與其望二國。矜己以求安。不若思所以自强而立。國然論到道理十分處。齊楚還當事。他當以。鄭。子產爲法○(顧麟士曰)與民守之。與守內有一君字。效死則但言若自效死以守國也。即後效死勿去效死二字而民弗去方是指民亦死守說。說集註甚明。○與民守之。大槩說效死而民弗去作兩層說○(蒙引)效死而民弗

去。此處還未是說到破國處。正是要立國也然國君死社稷必不得已亦須死了

○滕文公問曰齊人將築薛吾甚恐如之何則可

薛國名近滕(通考仁山金氏曰薛任姓之國奚仲仲虺之後)齊取其地而城之故文公以其偪(筆力反與逼同)己而恐也

孟子對曰昔者大王居邠狄人侵之去之岐山之下居焉非擇而取之不得已也(邠與豳同)

邠地名言大王非以岐下爲善擇取而居之也說見下章(通考趙氏德曰)周自后稷生於邰邰姜嫄之國后稷母家夏后氏衰失其官而奔戎狄公劉后稷曾孫也復遷豳詩

篤公劉卽遷豳之事又九世而太王去邠遷岐緜詩所言是也沮漆在豳地二水東流亦過周岐山東入渭邠在岐山之北則自邠踰梁山至岐下當率岐水之涯耳蓋公劉皇澗及芮言都邑之水也緜之自土沮漆舉境內之水也以北觀之則不得以率西水滸爲漆沮也明矣皇矣詩云度其鮮原居岐之陽大王已遷在岐山而文王又遷在岐山之南後又遷豐邑在豐水之西武王又遷鎬在豐水南故周自后稷居邰不窋奔戎狄公劉居豳大王邑岐文王邑郢又遷豐武王居鎬故羣書百考有自稷至武七遷之圖

苟爲善後世子孫必有王者矣君子創業垂統爲可繼也若夫成功則天也君如彼何哉彊爲善而已矣夫音扶彊上聲

創造也統緒也言能爲善則如大王雖失其地而其後世遂有天下乃天理也然君子造基業於前而垂統緒於後但能不失其正令平聲後世可繼續而行耳若夫成功則豈可必乎彼齊也君之力旣無如之何則但彊於爲善使其可繼而俟命於天耳○此章言人君當竭力於其所當爲不可徼幸與僥倖同於其所難必朱子曰孟子言若夫成功則天也君如彼何哉彊爲善而已矣初無望報之心也苟爲善後世子孫必有王者矣乃爲大王避狄而言易大傳曰積善之家必有餘慶書曰作善降之百祥亦豈望報乎○南軒張氏曰所謂爲善循天理而不爲己私也爲善者初不期後世之有王而必有王者理則然也開久大之基爲其可繼者而已而不必其成功也若有期於成功之意則欲速而見利私意一牛無復可繼之實矣○雲峰胡氏曰集註兩章皆言不可僥倖大凡僥倖者不爲天理之所當爲而徒覬夫意外之得者也前章是守義愛民當盡其在我者而不可僥倖其在人者此章是勉强爲善當盡其在我者而不可僥倖其在天者附蒙引大王之爲善避狄遷都以存其宗社保其人民不忍殘民以與敵爭而積功累仁以有待於後此是太王之爲善處孟子令文公强爲善者意蓋亦欲其如此○君子創業垂統爲可繼似是亦就遷國圖存上說○苟爲善至爲可繼也泛說君如彼何哉乃是指滕文公說○存疑苟爲善至爲可繼是泛說道理單大王在其內○滕當時雖是遷無所之然春秋書紀侯大去其國亦是逼於强國而去無已無亦出於此耳

○滕文公問曰滕小國也竭力以事大國則不得免焉如之何則可孟子對曰昔者大王居邠狄人侵之事之以皮幣不得免焉事之以犬馬不得免焉事之以珠玉不得免焉乃屬其耆老而告之曰狄人之所欲者吾土地也吾聞之也君子不以其所以養人者害人二三子何患乎無君我將去之去邠踰梁山邑於岐山之下居焉邠人曰仁人也不可失也從之者如歸市屬音燭

皮謂虎豹麋鹿之皮也幣帛也屬會集也土地本生物以養人今爭地而殺人是以其所以養人者害人也邑作邑也歸市人衆而爭先也南軒張氏曰大王之言忠厚不迫其遷本以全民不敢必民之歸而

强之徙也。曰二三子何患乎無君。此天地之心。真保民之主也。民心自不容釋乎大王。戴其仁有素矣。然大王之事。非德盛而達權。不足以與此。○東陽許氏曰。大王自邠遷岐。民從之如歸市。史所謂居三月成城郭。一年成邑。三年成都。而民五倍其初。蓋非獨邠民。近於岐周之民皆歸之也。當時西方地近戎狄。皆閒隙之地。非封國之疆界。故大王得優游遷徙。若滕在中國。久介大國之間。無可遷之地。民雖或從之。亦無可往。孟子特舉大王之得民以警文公爾。故下文言效死。乃其正也。附存疑。常說二三子何患乎無君。是大王與民別之言。蒙引獨謂是率民而去之言。似有理。曰二三子何患乎無君。又曰我將去之。便是有君也。○蒙引。仁人也不可失也。以平昔有德於民言。非惟一時所謂不以其所養人者害人數語。而感得民之樂從也。仁言不如仁聲之入人深也。故註云若無大王之德。則民或不從而遂至於亡。正以平昔言也。君請擇於斯二者。亦觀乎素所施何如耳。

或曰世守也非人之所能爲也效死勿去

又言或謂土地乃先人所受而世守之者非己所能專但當致死守之不可舍上聲去此國君死社稷之常法傳去聲所謂國滅君死之正也正謂此也公羊傳襄公六年十有二月齊侯滅萊。曷爲不言萊君出奔。國滅君死之正也。不書殺萊君者。舉滅國爲重。通考趙氏德曰。襄二十五年崔子弒齊君。晏子曰君民者社稷是主。臣君者社稷是養。故君爲社稷死則死之。爲社稷亡則亡之

君請擇於斯二者

能如大王則避之不能則謹守常法蓋遷國以圖存者權也守正而俟死者義也記禮運。故國有患。君死社稷謂之義。大夫死宗廟謂之變。○問集註義字當改作經字。朱子曰。思之誠是。蓋義便近權。或可如此。或可如彼。皆義也。經則一定而不易。既對權字。須著用經字。通考吳氏程曰。君死社稷謂之義。與權似無別。故語錄欲改作經字審己量力擇而處上聲之可也慶源輔氏曰。遷國以圖存者。大王是也。守正而俟死者。國君死社稷是也。在文公唯有此二法。故併舉以告之。然權非大賢以上不能爲。經則人皆當勉也。故使文公審己量力而取其一焉。夫大王之立。非文公所能爲。然則孟子之意。固欲文公勉守其當然也○楊氏曰孟子之於文公如告之以效死而已禮之正也至其甚恐則以大王之事告之非得已也然無大王之德而去則民或不從而遂至於亡則

又不若效死之爲愈故又謂擇於斯二者又曰孟子所論自世俗觀之則可謂無謀矣然理之可爲者不過如此舍上聲此則必爲儀秦張儀蘇秦之爲矣凡事求可功求成取必於智謀之末而不循天理之正者非聖賢之道也問孟子對滕文公三段。皆是無可奈何。只得勉之爲善之辭。想見滕國至弱。都主張不起。故如此。朱子曰。滕是必亡。無可疑者。況王政不是一日行得底事。他又界在齊楚之間。二國視之如泰山之壓雞卵耳。若教他初成次第。此二國亦必不見容也。若湯文之興。皆在空閒之地。無人來覷他。故日漸成大。若滕則實是難保也

○**魯平公將出嬖人臧倉者請曰他日君出則必命有司所**

之今乘輿已駕矣有司未知所之敢請公曰將見孟子曰何哉君所爲輕身以先於匹夫者以爲賢乎禮義由賢者出而孟子之後喪踰前喪君無見焉公曰諾乘去聲

乘輿君車也駕駕馬也孟子前喪父後喪母踰過也言其厚母薄父也諸臆辭也新安陳氏曰平公將見孟子必得之於樂克所以沮於臧倉後克入見審問不見之故附纂引新安陳氏謂平公之欲見必得於樂克之言此乃臆度之說不知下文自有明證何用此臆說爲

樂正子入見曰君奚爲不見孟軻也曰或告寡人曰孟子之

後喪踰前喪是以不往見也曰何哉君所謂踰者前以士後以大夫前以三鼎而後以五鼎與曰否謂棺槨衣衾之美也曰非所謂踰也貧富不同也入見之見音現與平聲

樂正子孟子弟子也雙峰饒氏曰樂正是樂官之長恐其先世曾作樂官來子孫遂以爲姓樂正裘亦是一人以此見樂正是姓如司馬亦是因官以爲姓仕於魯三鼎士祭禮五鼎大夫祭禮雙峰饒氏曰五鼎是大夫之禮羊豕魚腊膚三鼎是士之禮特豕魚腊通考東陽許氏曰儀禮特牲饋食禮士祭禮特用豕陳鼎三豕右肩臂臑肫骼正脊橫脊長脅短脅九體膚三離肺一刌肺三爲一鼎魚十有五爲一鼎腊獸之乾者用兔爲一鼎少牢饋食禮大夫祭禮牲用少牢陳鼎五羊右肩臂臑肫骼正脊脡脊橫脊短脅正脅代脅十一體腸三胃三舉肺一祭肺三實於一鼎豕十一體如羊舉肺一祭肺三實於一鼎膚九實於一鼎魚用鮒十有五而鼎腊用麋一純而鼎肩臂臑者股骨也肫骼股骨也正脊脊之前也脡脊次正脊橫脊在後者膚革肉也離肺者捲離之不絕中央少許刌肺者切肺也舉肺尸食所先舉也祭肺者尸主人主婦別以祭也舉肺即離肺祭肺即刌肺也凡牲用古胖腊合升立右胖故曰腊一純純猶全也然此諸侯之大夫若士天子之大夫用索牛士用少牢附淺說前以士後以大夫且據說下文三鼎五鼎乃其實也○存疑謂棺槨衣衾之美也蓋以三鼎五鼎禮有定分不得謂踰棺槨衣衾人人之所得自盡而有厚薄乃所謂踰也謂棺槨衣衾人人之所得自盡者如中古棺七寸槨稱之自天子達於庶人是也○纂引祭不必喪後方有祭自初喪未葬之前皆有祭也古禮可考○前以士後以大夫前以三鼎而後以五鼎與此非問辭乃因問而答也

樂正子見孟子曰克告於君君爲來見也嬖人有臧倉者沮君君是以不果來也曰行或使之止或尼之行止非人所能也吾之不遇魯侯天也臧氏之子焉能使予不遇哉爲去聲沮慈呂反尼女乙反焉於虔反

克樂正子名沮尼皆止之之意也言人之行必有人使之者其止必有人尼之者然其所以行所以止則固有天命而非此人所能使亦非此人所能尼也然則我之不遇豈臧倉之所能爲哉○此章言聖賢之出處上聲關時運之盛

衰乃天命之所爲非人力之可及〔龜山楊氏曰〕孟子之遇不遇治亂興衰之所繫
天實爲之非人所能也夫何怨尤之有○〔范氏曰〕在孟子
可以言天在魯侯不可以言天賢者在己者有義在天者
有命脩其在己而聽其在天至於人君則當尊用賢德奉
行天命不當諉之天也○〔慶源輔氏曰〕章旨之說深得聖
賢出處之道樂正子亦未免以世俗之心窺孟子故孟子
以此發之○〔雙峰饒氏曰〕孔子有兩說道之將行也與命
也道之將廢也與命也與孟子此章一同皆取必於天天
之將喪斯文也後死者不得與於斯文也天之未喪斯文
也匡人其如予何這是取必於己言天既欲喪斯文必不
使我得與於斯文天既使我得與於斯文則是天必不喪
斯文一說是我之命係乎天是以天爲主一說是天命係
乎我是以我爲主二者相爲賓主那箇是聖人之言這箇
是賢人之言孔子告子服景伯是與常人說話又低得一
等〔通考〕朱氏公遷曰此章論出處而以天命決之聖賢蓋

以天命曉人封人則以天意觀聖人者也此一類專以窮
達言真氏以伯寮之愬臧倉之沮夫子莫我知之歎孟子
何爲不豫之語皆爲安義命之事天以分定言此亦在天
之天雖以理言而實兼乎氣者也故與命以氣言者相貫
餘凡所謂不怨天與此類同〔附〕蒙引吾
之不遇魯侯天也此天字以氣數言

孟子大全卷之二終

孟子集註大全卷之三　三魚堂讀本

公孫丑章句上

凡九章〔通考〕勿軒熊氏曰一章言養氣集義六章言
仁政二章言古聖賢三章言答問之辭餘皆

孟子

自言

公孫丑問曰夫子當路於齊管仲晏子之功可復許乎復扶又反
公孫丑孟子弟子齊人也當路居要地也管仲齊大夫名
夷吾相去聲桓公霸諸侯許猶期也孟子未嘗得政丑蓋設
辭以問也〔慶源輔氏曰〕此必丑初見孟子時事觀其語意
恐孟子不敢以管晏自許是全未知孟子也○

〔西山真氏曰〕齊宣既慕桓文丑復慕管晏蓋霸者功利之
說深入人心已久故不惟時君慕之而學者亦慕之也〔附
蒙引〕許猶期也謂自許也自期也○以今之道德一時而
觀孟子猶未甚見孟子之高處惟自當時言之則滿天下
是治功利之學者君非此不以求於下臣非此不以獻於
上士非此則全不見數於人內而父兄之所以教其子弟
外而朋友之所以相傳授付囑者無非是功利獨有孟子
一人汲汲焉皇皇焉力以堯舜之道孔子之教爲說必欲
一掃功利之蕪穢以還先王之大道此是何等用心何等
氣力真有大功於天下萬世也故曰孟子之功不在禹下

孟子曰子誠齊人也知管仲晏子而已矣

齊人但知其國有二子而已不復扶又反知有聖賢之事〔慶源
輔氏曰〕世衰道微聖學不明人不知有學問則亦不復知
有聖賢之事業雖有英才美質不覺溺於時俗之見聞而

已。此齊人之所以但知其國之有二子也

或問乎曾西曰吾子與子路孰賢曾西蹵然曰吾先子之所畏也曰然則吾子與管仲孰賢曾西艴然不悅曰爾何曾比予於管仲管仲得君如彼其專也行乎國政如彼其久也功烈如彼其卑也爾何曾比予於是蹵子六反艴音拂又音勃曾並音增○通考吳氏程曰唐韻雖有二音而於勃音註怒色拂音註淺色故孫氏單音勃

孟子引曾西與或人問答如此曾西曾子之孫蹵不安貌先子曾子也艴怒色也曾之言則也烈猶光也桓公獨任管仲四十餘年是專且久也管仲不知王道而行霸術故言功烈之卑也楊氏曰孔子言子路之才曰千乘之國可使治其賦也使其見形甸反於施爲如是而已其於九合諸侯一匡天下固有所不逮也然則曾西推尊子路如此而羞比管仲者何哉譬之御者子路則範我馳驅而不獲者也管仲之功詭遇而獲禽耳曾西仲尼之徒也故不道管仲之事問聖人分明是大管仲之功而孟子硬以爲卑如何朱子曰孟子是不肯做他底是見他做得那規模來低○慶源輔氏曰楊氏斷置得極分明子路之才觀管仲誠爲不及然子路之所學則聖人之道其於管仲之

事蓋有所不屑爲者或曰楊氏本說但云子路譬之御者則範我馳驅者若管仲蓋詭遇耳此則是以御而譬其所爲未說到功効上今集註增益之曰子路則範我馳驅而不獲者也管仲之功詭遇而獲禽耳則是非與功都說了然按孟子範我馳驅是一人不獲又是一人詭遇是一人獲禽又是一人今若作一人看則似以子路爲御之善而射未善然射御又非一人所能兼者恐不若只從其本說之爲得也曰非是之謂也集註之意蓋謂子路是範我馳驅而不遇王者故不獲管仲則詭遇以逢桓公之爲故得禽多耳○雙峰饒氏曰使王良得善射者而御之則範我馳驅正所以獲禽卽詩所謂不失其馳舍矢如破儻以孔孟之道而遇明主則治國平天下皆餘事耳

附存疑夫子大管仲之功。孟子則卑之。卑之者。律以聖賢之法。大之者。取其救時之功。○蒙引或人初擬曾西於子路。因其不敢當。乃始以管仲擬之。然則或人之權衡。殆亦審矣。第猶未知曾西耳。此人見識優於公孫丑。若丑必不以子路爲優於管仲。○蒙引子路勇於義而不可以勢利拘又負大有爲之才若達却爲國以禮道理則便是堯舜氣象結纓之節有行一不義殺一不辜而得天下不爲之心所立如此曾子服之非謙辭也然曾子惟其知畏子路此曾子之所以爲曾子也曾子最服善如以能問於不能章其追慕顏子如此又知畏子路非用心於內者豈肯信服人邪其曰堂堂乎張也難與並爲仁矣則以用心於內處不相合耳所敬畏者在此則其所不足者固當在彼○楊氏曰譬之御者子路則範我馳驅而不獲者也管仲之功詭遇而獲禽耳以範我馳驅。比子路以聖門規矩作爲也。不獲以比子路僅可治千乘之賦。而九合一匡。有所不逮也。以詭遇比管仲之行伯術。以獲禽比管仲之九合一匡之功業也。此意讀者了了分明不待辨說而輔氏乃云謂子路是範我馳驅而不遇王者故不獲管仲則詭遇以逢桓公之爲故得禽多饒氏亦云然皆不可曉是拘以射御之兩人也太拘亦太鑿矣

曰管仲曾西之所不爲也而子爲我願之乎子爲之爲去聲

曰孟子言也願望也通考董氏彝曰公孫丑問管晏孟子問子柳子思孟子以百里奚之功答之蓋尊王賤霸者聖賢之本心賢才進退者興亡之大事一則責霸者之臣不能致君於王道一則美霸國之君能用賢者以興邦

曰管仲以其君霸晏子以其君顯管仲晏子猶不足爲與與平聲

顯顯名也附蒙引管仲以其君霸有可言者矣晏子以其君顯何如曰當晏子時五霸俱沒中夏諸侯惟齊最强大景公在位且五十八年諸侯莫侵侮之者其任晏子或用其省耕省斂之言而興發或用屨賤踊貴之言而寬刑或增其室或更其宅此皆賢君所爲如夾谷之會能歸侵疆亦庶幾知覆仁義者在當時宜其視他諸侯爲獨顯也蓋有所謂彼善於此者歟其晚年失政使陳氏得厚施於國又多内嬖而不立太子則自其失矣

曰以齊王由反手也王去聲由猶通

反手言易去聲也附[illegible]提只齊王猶反手言霸顯之不足爲蒙引此是孟子自負也以言能佐輔之也以字正承上文以其君霸顯二以字說來

曰若是則弟子之惑滋甚且以文王之德百年而後崩猶未洽於天下武王周公繼之然後大行今言王若易然則文王不足法與易去聲下同與平聲

滋益也文王九十七而崩言百年舉成數也禮記文王世子文王九十七而終

文王三分天下才有其二武王克商乃有天下周公相去聲成王制禮作樂然後教化大行東陽許氏曰武王周公繼之然後大行此言周公制禮作樂之後雖殷之頑民莫不率化遷善之時也附蒙引言以管晏爲不足爲弟子既已惑矣今又言以齊王猶反手則惑轉甚也○百年而後崩不可謂在位百年也在位無百年只言其壽之長以見其在位之久也○文王之德蓋指治岐之政九一世祿不征不孥之類下文德行速亦指仁政也且與未洽及大行字意相符不只就文王一身上說○然後大行兼武王周公說集註云然後教化大行此大行只就周公一邊說與本文大同小異在武王爲政化大行在周公爲教化大行

曰文王何可當也由湯至於武丁賢聖之君六七作天下歸殷久矣久則難變也武丁朝諸侯有天下猶運之掌也紂之去武丁未久也其故家遺俗流風善政猶有存者又有微子微仲王子比干箕子膠鬲皆賢人也相與輔相之故久而後失之也尺地莫非其有也一民莫非其臣也然而文王猶方百里起是以難也朝音潮鬲音隔又音歷輔相之相去聲猶方之猶與由通

當猶敵也商自成湯至於武丁中間太甲太戊祖乙盤庚皆賢聖之君作起也自武丁至紂凡七世故家舊臣之家

也雙峯饒氏曰故家舊臣遺俗舊民是說在下底流風之化善政之事是說在上底附蒙引當猶敵也以其不可
當也孰謂文王不足法哉但文王所遺之時勢難耳由湯
至於武丁至故久而後失之也此言其時之難尺地莫非
其有一民莫非其臣至是以難也是言勢之難○問周自
太王之時商道寖衰而周日強大矣何文王猶方百里起
也耶曰是時太王王季雖盛商運雖衰微然王制猶未改
故只是仍舊百里之國太王王季又非挾君無已而併呑
鄰國以自封殖者其所謂強大者只是國勢內實而有可
畏不易敵之勢耳文王由方百里起之言固自無可疑顧
麟士曰五人惟爲異姓○蒙引是以難也此句只帶然而
文王猶方百里起不兼承上文上文自有故久而後失之
一句在了○蒙引賢聖之君六七作則其敎化之陶習民
心者厚惠澤之固結民心者深故繼之曰天下歸殷云云

齊人有言曰雖有知慧不如乘勢雖有鎡基不如待時今時

則易然也知音智　鎡音玆

鎡基田器也時謂耕種之時附顧麟士曰孫疏釋名云鎡基大鋤也○蒙引雖有知慧
不如乘勢以作事言雖有鎡基不如待時以種田言今時
則易然也此時字又該時勢○淺說吾謂以齊王猶反手
者亦以今時之時勢則易然也

夏后殷周之盛地未有過千里者也而齊有其地矣雞鳴狗
吠相聞而達乎四境而齊有其民矣地不改辟矣民不改聚
矣行仁政而王莫之能禦也辟與闢同

此言其勢之易也三代盛時王畿音祈**不過千里**通考詹氏道傳曰王制四海之內爲九州州方千里而王畿居其一是亦井田之制**今齊已有之異於文王之**
百里又雞犬之聲相聞自國都以至於四境言居民稠密
也雙峯饒氏曰勢是指事力而言有地則有財有民則有兵地廣則財富民聚則兵強既富且強所以舉事易文
王百里地狹民少所以難附蒙引地不改闢矣言地已闢
而不待再辟矣凡改者皆是更圖之辭如改卜改筮改日
之類○行仁政而王莫之能禦也言以此之勢行仁
而王易也與下條飢者易爲食渴者易爲飲相對

且王者之不作未有疏於此時者也民之憔悴於虐政未有
甚於此時者也飢者易爲食渴者易爲飲

此言其時之易也自文武至此七百餘年異於商之賢聖

繼作民苦虐政之甚異於紂之猶有善政易爲飲食言飢
渴之甚不待甘美也附存疑此時而施仁政不待深仁厚澤而民快於心猶飢渴之久易爲飲食而人適於口也

孔子曰德之流行速於置郵而傳命郵音尤

置驛也郵馹馹音日**也**新安陳氏曰如漢五里一置左傳楚子乘馹會師○東陽許氏曰字書馬遞曰
置步遞曰郵漢西域傳因騎置以聞師古曰即今驛馬也
黃霸傳郵亭師古曰書舍謂傳送文書所止處如今驛館

所以傳命也孟子引孔子之言如此雙峯饒氏曰德之流行即是應前面文王
之德底德字蓋德是本全靠時勢不得有智慧而後可以
乘勢有鎡基而後可以待時若無德雖有時勢何以行之

雙峯饒氏曰問曰則文王不足法與答曰文王何可當也皆指其德而言大段謂此須兼時勢故難易別耳但如此則似看德較輕故引孔子語又周旋說德亦自好以起下仁政得時勢則反手可必之意仁政即德○淺說且孔子有曰德之流行速於置郵而傳命盡其誠於此而動於彼不待疾之而自速也此有感而彼即應不待行之而自至也夫德行之速本不假於時勢之易況加以當今之時齊國萬乘之勢則德行之速也又當何如耶

當今之時萬乘之國行仁政民之悅之猶解倒懸也故事半古之人功必倍之惟此時爲然乘去聲

倒懸諭困苦也所施之事半於古人而功倍於古人由時勢易而德行遠也問孟子旣卑管仲使孟子當管仲之時則如之何○雙峯饒氏曰亦只是合諸侯以尊周室但孟子則眞能使王室尊安而諸侯各循王度管仲不過假尊周之名以蓋其攘諸侯之實其所爲實文武之罪人也王霸之分只在誠僞孔子作春秋亦不過欲諸侯尊周室循周制而已○新安陳氏曰丑並論管晏孟子只及管仲而不及晏蓋晏之事功又在管之下不必言也晏事景公政在陳氏晏未嘗當齊政也晏才不及管而其人稍正於管其人無可議其事無可言此孟子所以置晏不言而專及管歟附存疑當今之時指上兩時字說易王之時也萬乘之國指夏后殷周之盛條說易王之勢也古之人指文王功必倍之亦指文王惟此時爲然此時包時勢在內即上今時則易然之時字○蒙引前面孟子只說管仲者因或問曾西只及管仲故只承之曰管仲曾西之所不爲也云云初非以晏子之事功不及管且未嘗當齊政又以其人稍正而無可議也

○公孫丑問曰夫子加齊之卿相得行道焉雖由此霸王不異矣如此則動心否乎孟子曰否我四十不動心相去聲○通考吳氏程曰雖由至異矣作一句只王字徵讀

此承上章又設問孟子若得位而行道則雖由此而成霸王之業亦不足怪任大責重如此亦有所恐懼疑惑而動其心乎雙峯饒氏曰集註恐懼疑惑四字雖是說心之所以動然恐懼字是爲下文養氣張本疑惑字是爲下文知言張本要之不疑惑然後能不恐懼故集註論心之動則以恐懼居先論心之所以不動則又以無所疑惑居先附蒙引公孫丑以管仲晏子期孟子旣爲孟子所斥於此又渾舉伯王爲言足見當時功利入人之深○任大責重亦有分別如爲泉州府知府則此一府之事皆其職任也若府事之治不治民之安不安則皆其責也

四十彊仕君子道明德立之時孔子四十而不惑亦不動心之謂朱子曰盡心知性無所疑惑動皆合義無所畏怯雖當盛位行大道亦沛然行其所無事而已何心動之有易所謂不疑其所行者蓋如此而孔子之不惑亦其事也公孫丑非謂孟子以卿相富貴動其心謂霸王事大恐孟子擔當不過有所疑懼而動其心耳不知霸王當甚閒事○雙峯饒氏曰道明屬知言德立屬養氣○陵陽李氏曰明則不疑立則不懼然未有不明而能立者故知言養氣雖一事並進而其序必以知言爲先孔子不惑則自不動矣○雲峯胡氏曰孔子四十而不惑在三十而立之後德立而道明誠而明者也孟子所以四十不動心者先知言而後養氣道明而後德立明而誠者也○東陽許氏曰疑懼即是動心處集註知言有所恐懼疑惑而動其心似疑懼又在動心之外者蓋心本虛靈靜一能明天下之理者此也足以應天下之事亦此也今理有所不能明而疑

事有所不能應而懼然有疑懼乃動心之目心因疑懼而動而疑懼非心之所動也附纂黄氏洵饒曰孔子道明自然德立孟子道明然後德立無所疑是道明無所懼是德立○通考東陽許氏曰此章當作五節看疑懼二字包一章大意而直字貫乎其中附蒙引此一章當分五節看東陽許氏之說一自夫子加齊之卿相至又不如曾子之守約也大槩言孟子能不動心未詳其所以不動心處只畧露其端一自敢問夫子之不動心至是氣也而反動其心則言孟子之不動心異於告子者俱從養氣一邊說一自敢問夫子惡乎長至聖人復起必從吾言矣乃詳孟子之心所以不動處兼知言養氣二者言也一自宰我子貢善為說辭至乃所願則學孔子也則皆是願學孔子之意以言外味之又見得孟子雖不敢自以為聖然知言養氣學已到聖處蓋已寓繼孔子之意矣一自伯夷伊尹於孔子至未有盛於孔子也則皆盛言孔子之聖卓冠於百王以見孟子之所以願學者也○孟子一生受用只是精義集

義二者精義故能知言集義故能養氣精義者大學所謂格致論語所謂博文孟子所謂盡心知性堯舜所謂惟精者也集義者大學所謂誠意正心脩身論語所謂約禮孟子所謂存心養性堯舜所謂惟一者也由此而正則為齊家治國平天下矣○存疑王者事業一部大學書盡之矣孟子四十不動心是物格知至意誠心正身脩之時其於齊家治國平天下道理都爛熟在胷中了使得時行道特舉而措之耳何動心之有觀其一見齊梁之君開口便談王道滕文公問為國就舉三代井田學校之法以告之而曰有王者起必來取法是為王者師這等規模霸王事業當甚事○蒙引雲峰云孔子四十而不惑在三十而立之後云云此說似是而非蓋孔子不惑亦兼道明德立非專是明也正與不動心相類豈可如此強分別蓋認不惑字不真故也○存疑註恐懼疑惑就是動心處舍恐懼疑惑又何討動心矣饒氏謂是心之所以動固不是許氏以疑懼又在動心之外亦不是其云疑懼即是動心處疑懼乃

動心之目是矣又云心因疑懼而動而疑懼非心之所動又說得騎墻

曰若是則夫子過孟賁遠矣曰是不難告子先我不動心賁音奔

孟賁勇士賁齊人能生拔牛角秦武好多力士賁往歸之**告子名不害孟賁血氣之勇丑蓋借之以贊孟子不動心之難孟子言告子未為知道乃能先我不動心則此亦未足為難也**朱子曰孟子是義精理明天下之物不足以動其心告子之不動心是硬把定是粗法強制而能不動非若孟子蔚然萬變而不動也○南軒張氏曰孟子以集義為本告子則以義為外故在孟子則心體周流人欲不萌而物各止其所者也在告子則心制其欲

專固疑滯而能不動者也○慶源輔氏曰告子外義未為知道然未四十時已能不動心其不動心又先於孟子以此觀之則不動心未足為難可知也○新安陳氏曰告子强制其心而能不動孟子有定見有定力而自然心不動此處孟子亦姑借告子以淺說耳附蒙引朱子下一借字妙蓋孟賁以力孟子以心丑非全不曉而以孟子之不動心為孟賁類也故曰借○淺說蓋孟賁之力僅能舉一物之重而夫子之心則能荷一世之重也○存疑不動心甚難孟子曰不難者姑借此以抑告子耳抑告子者欲見得已之不動心異於告子處此與仲弓問子桑伯子意思一般陳氏姑借告子以淺說之說初無意味

曰不動心有道乎曰有

程子曰心有主則能不動矣新安陳氏曰有主二字包得潤下文黙會孟皆是有主

但有精粗之分。附纂北宮黝之不動心以必勝爲主孟施舍之不動心以無懼爲主孟子之不動心以守約爲主附淺說心無所主則事物之紛然而至率然而臨者皆得以入其中而搖之故必各隨其見之所到而固執之今此心有一定之主則利害不能爲之惑死生不能爲之驚任吾身之所接而此心皆安然無所震懾矣○存疑北宮黝之養勇是北宮黝之不動心有道也孟施舍之養勇是孟施舍之不動心有道也曾子之大勇曾子之不動心有道也北宮黝之道以必勝爲主孟施舍之道以無懼爲主曾子之道以理直爲主即北宮黝孟施舍之不動心告子之不動心大畧可見矣與曾子之不動心孟子之不動心大畧可見矣此孟子答問之意也

北宮黝之養勇也不膚撓不目逃思以一毫挫於人若撻之於市朝不受於褐寬博亦不受於萬乘之君視刺萬乘之君若刺褐夫無嚴諸侯惡聲至必反之黝伊糾反撓奴效反朝音潮乘去聲

北宮姓黝名膚撓肌膚被刺而撓屈也目逃目被刺而轉睛逃避也挫猶辱也褐毛布以毳織布寬博寬大之衣賤者之服也不受者不受其挫也刺殺也嚴畏憚也言無可畏憚之諸侯也黝蓋刺客之流以必勝爲主而不動心者也慶源輔氏曰集註云黝蓋刺客之流以其言所謂視刺萬乘之君若刺褐夫而知之也以必勝爲主亦以其言而知之推其心以必勝人爲主故無有尊貴視之一如匹夫不受其挫必反報之○雙峰饒氏曰惡聲必反不專謂諸侯於褐寬博萬乘皆然○東陽許氏曰一毫挫於人謂所辱者至小也不受者必報之也不惟必報於賤者雖貴者亦必報之惡聲至必反之謂不惟辱來必報雖言小不善亦必報也附顧麟士曰不膚撓言膚不至被刺而屈撓也不目逃言目不至被刺而轉睛逃避也便見必勝意不當如存疑謂自思以一毫下方皆見其必勝且存疑又云不膚撓目逃是不怕痛不怕死之意則依舊是無懼非必勝矣俱不可從○蒙引要之此等人若遇眞主亦自當垂首喪氣安能得無畏憚不見李密之見秦王世民乎況以道德爲威者哉蓋萬古不動心者只有孔孟一道如北宮黝孟施舍雖能以血氣强之於一時然無道義以爲主張定力則豈能終無所動哉我以氣凌人人亦得以氣勝我我以力加人人亦得以力制我惟道義之重自能使王公失其貴賁育失其勇外此無他術也○褐爲賤服猶有寬大之衣如何爲賤者之服蓋以其貼身衣少又不以時澣濯整摺自然虛軟而寬博也

孟施舍之所養勇也曰視不勝猶勝也量敵而後進慮勝而後會是畏三軍者也舍豈能爲必勝哉能無懼而已矣舍去聲下同

孟姓施發語聲舍名也會合戰也舍自言其戰雖不勝亦無所懼若量敵慮勝而後進戰則是無勇而畏三軍矣舍蓋力戰之士以無懼爲主而不動心者也朱子曰量力慮勝是畏三軍者此舍譏別人○舍自云我則能無懼而已○問施發語辭曰此古註說後面只稱舍可見問有何例可按曰如孟之反舟之僑尹公之他之類○慶源輔氏曰注云舍蓋力戰之士亦以其言而知之也惟其心以無懼爲主故不問其徒之衆寡我之勝否遇敵則戰也○新安陳氏曰黝舍本以心有主而能不動一則主於必勝一則主於無懼蓋是粗猛

之不動心孟子此處且敷演粗說○東陽許氏曰黝舍不動心本又在告子之下公孫丑又以孟賁比孟子故孟子亦以勇士之類言之附存疑量敵而後進慮勝而後會此正夫子所與行三軍者

孟施舍似曾子北宮黝似子夏夫二子之勇未知其孰賢然而孟施舍守約也夫音扶

黝務敵人舍專守己慶源輔氏曰黝務敵人謂專以必勝於人爲主也舍專守己謂專以我無所懼爲主也

子夏篤信聖人曾子反求諸己問子夏篤信聖人朱子曰這箇雖無事實但看他言語如日知其所亡月無忘其所能博學而篤志切問而近思看他此處孟子又把北宮黝來比便見他篤信聖人處○雙峰饒氏曰曾子反求諸己便是聖人與他說話他也未敢便以爲然必要求諸己以審其理而後信子夏篤信聖人則以聖人之言爲必可信不問說得是與未是便信了

故二子之與曾子子夏雖非等倫然論其氣象則各有所似賢猶勝也約要也言論二子之勇則未知誰勝論其所守則舍比於黝爲得其要也問如何是孟施舍守約處朱子曰北宮黝便勝人孟施舍却只是能無懼而已矣如曰視不勝猶勝也此是孟施舍自言其勇如此孟子言此二子之勇未知其孰勝但孟施舍所守得其要也蓋不論其勇之孰勝但論其守之孰約且二子之似曾子子夏直以其守氣養勇之分量淺深爲有所似耳豈以其德哉○雙峰饒氏曰孟施舍取必於己其氣象似曾子之反求諸己北宮黝取必於人其氣象似子夏之篤信聖人此是論二子之勇有所似非論其是非等級也然將二子所守來比量則孟施舍守其在我者爲得其所守之要耳○凡言守約不是守這約約要也言所守者得其要也守得其約則守字活言守定這約則守字死了附存疑舍比於黝爲得其要者黝務敵人舍專守己在人者不可必在己者有可據以力勝人者人亦以力勝之其心主於必勝而不動人亦以力勝之未免爲之動矣舍專於守己而無懼戰勝無懼不動心固也戰雖不勝我之無懼自在其心初不爲之動此舍比黝所以爲得其要也蓋務敵人心或有時而動務守己者心無時而動也○蒙引或曰上既云孟施舍似曾子北宮黝似子夏便是舍賢於黝矣乃又曰夫二子之勇未知其孰賢何與曰舍似曾子黝似子夏此只是言二子之所以爲勇者其不同有如此未說到優劣也○優劣亦不足深辨守己二字亦輕看大抵是漸次說上去如殺人以挺與刃有以異乎獨樂樂與人樂樂之類孟子立言之法大槩如此

昔者曾子謂子襄曰子好勇乎吾嘗聞大勇於夫子矣自反而不縮雖褐寬博吾不惴焉自反而縮雖千萬人吾往矣好去聲惴之瑞反

此言曾子之勇也子襄曾子弟子也夫子孔子也縮直也檀弓曰古者冠縮縫今也衡縫又曰棺束縮二衡三衡與橫同引二說證縮爲直

惴恐懼之也附纂箋黃氏洵饒曰恐懼之之字指人

往往而敵之也朱子曰儀禮禮記多有縮字與衡字作對下文直養之說蓋本於此乃一章大指所繫不可失也○自反縮與不縮所以不動只在方寸之間若仰不愧俯不怍看如何大利害皆不足以易之若有一毫不直則此心便索然雖舍是不畏死而不動心告子是不認義理而不動心曾子是自反而縮而不動心○雙峰饒氏曰縮不縮指理言不惴

吾往。指。氣。言。理者。氣之主。理直。則氣壯。理曲。則氣餒。吾之理不直。雖一夫之賤。亦爲之屈。吾之理直。雖千萬人之衆。在所必伸。孟子因丑有過孟賁之語。所以先說黝舍。然後說歸曾子來。○魯齋王氏曰。朱子云。孟子養氣之論。孔子已道了。曰內省不疚。夫何憂何懼。愚謂與此正相表裏。自反則內省也。直則不疚矣。雖千萬人吾往。不憂不懼也。○新安陳氏曰。此曾子之大勇。以義理之直爲主。而不動心者也。孟子之論至此始精細。下文至大至剛。以直養而無害之說。蓋自此自反而縮發之也。附蒙引。自反而不縮。雖褐寬博。吾不惴焉者。非怕褐寬博也。怕理也。自反而縮。雖千萬人。吾往者。非輕視千萬人也。視吾理之勝。不見千萬人之爲衆也。○自反而不縮。雖褐寬博吾不惴焉。要以起下段之自反而縮。蓋浩然之勇。以無懼爲主。爲褐寬博者所惴。終是理不直而有所懼也。○吾不惴焉。猶云吾得不怕他。不受於褐寬博者。不知此義也。能無懼而已矣者。亦不知此義也。正可以相形觀。○淺說。天下之物。皆無足畏。惟理最可畏。天下之物。皆無所恃。惟理最可恃。

孟施舍之守氣。又不如曾子之守約也。

言孟施舍雖似曾子。然其所守乃一身之氣。又不如曾子之反身循理。所守尤得其要也。孟子之不動心。其原蓋出於此。下文詳之。朱子曰。孟子說曾子謂子襄一段。已自盡了。只謂公孫丑問得無了期。故後面有許多說話。此一段爲被他轉換問。所以答得亦周匝。然就前段看。語脈氣象。雖無後截。亦自可見。前一截已自具得。後面許多意思足。○守約只是所守之約。言北宮黝之守氣不似孟施舍守氣之約。孟施舍之守氣又不如曾子所守之約也。孟施舍就氣上做工夫。曾子就理上做工夫。○慶源輔氏曰。論舍之氣象雖大畧有似於曾子。然舍之所守不過是一身之血氣。固未嘗反之於心以自顧其直與不直也。其視曾子之自反以縮。不縮爲勇怯。則其所守之要非舍之所能知。所可比也。反身謂自反。循理謂直。○雙峯饒氏曰。或問孟子之不動心。如何原於曾子。曰浩然之氣。便是大勇。以直養便是自反而縮。行有不慊於心則餒。便是自反而不縮。○通考。東陽許氏曰。章首至守約爲第一節。附蒙引。不是以氣字對約字。言舍所守雖約。猶是氣耳。其守約又不如曾子也。○以舍視黝。則舍爲守約。以曾子視舍。則曾子爲守約。故皆謂之守約。○曾子比舍。尤得其要者。蓋師直爲壯。曲爲老。舍之無懼。初不以義理爲主。全是血氣所爲。若有人以義理勝之。未有不屈服者。如項羽力拔山。氣蓋世。殺卿子冠軍。殺義帝。一何勇也。漢高帝用董公之說。三軍縞素。爲義帝發喪。名其爲賊。羽之氣從此沮矣。曾子之勇。則以義理爲主。理直而氣壯。隨他天來大事。皆不能屈服矣。○顧麟士曰。紹聞編曰。愚按孟子歷言黝舍之養勇。都不露個氣字。而氣字在其中。直到說曾子後。然後曰孟施舍之守氣。只一氣字。斷盡了。其引曾子告子襄一段。自反而不縮。自反而縮。此兩言乃一章血脈。包括管攝處。後面以直養而無害。是從這箇縮字來。此人所知。不如配義與道。集義所生。都管攝在這個縮字裏。朱子識其意。故於此條注云。又不如曾子之反身循理。所守尤得其要也。始露出一理字。黝舍之所不能識者在此。孟子告子之所以得失者在此。

曰。敢問夫子之不動心與告子之不動心。可得聞與。告子曰。不得於言。勿求於心。不得於心。勿求於氣。不得於心。勿求於氣。可。不得於言。勿求於心。不可。夫志。氣之帥也。氣。體之充也。夫志至焉。氣次焉。故曰。持其志。無暴其氣。聞與之與平聲。夫志之夫音扶。

此一節公孫丑之問孟子誦告子之言又斷丁亂反下同以己意而告之也告子謂於言有所不達則當舍上聲置其言而不必反求其理於心於心有所不安則當力制其心而不必更求其助於氣此所以固守其心而不動之速也速謂年未四十○〔朱子曰〕告子之意以爲言語之失當直求之於言而不足以動吾之心念慮之失當直求之於心而不必更求之於氣蓋其天資剛勁有過人者力能堅忍固執以守其一偏之見所以學雖不正而能先孟子不動心也觀其論性數章理屈詞窮則屢變其說以取勝終不能從容反覆審思明辨因其所言之失而反之於心以求至當之歸此其不得於言而不求諸心之驗也○告子只去守個心得定都不管外面是亦得不是亦得孟子之意謂是心有

所失則見於言如所病見目相似〔附〕存疑孟子言北宮黝孟施舍曾子不動心之有道則孟子與告子之不動心固可以意會矣而丑未達故孟子復告之○不得於言者口欲言而不得所以言如言性則不達性之理言事則不達事之理是也不得於言由心中義理不明也正宜反求其理於心審思明辨使義理精明而達之於言可也告子以爲如此則心爲之動矣故寧舍置其言不必反求其理於心○言如何舍置隨他不達隨他窮究都不去審思明辨使義理通明而可達之言便是舍置也○不得於心如應一事差失於心有所不安或接一人差失於心有所不安也不得於心由氣之應接失其道也正當更求其助於氣使事無悔過謝愆而補其差失可也告子以爲如此則心爲之動矣故力制其心不必更求其助於氣事也隨他差失人也隨他差失更不悔過謝愆以補其差失也○〔纂〕〔引〕丑問是兩平孟子只述告子之不動心者而論斷之亦就見得己之所以不動心者也○註此所以固守其心而不動之速

也○愚謂告子實未嘗不動心何以言之不得於言不得於心便是動心了也故曰冥然無覺悍然不顧而已然其心終必有不安者不動心豈有兩種道理耶如北宮黝孟施舍各有所主而暫能不動然主非其主恐皆不免於靜中之動嗚呼微矣孟子既誦其言而斷之曰彼謂不得於心而勿求諸氣者急於本而緩其末猶之可也〔慶源輔氏曰〕不得於心勿求於氣可氣固有時而能動其心然心之不正則未必皆氣使之大抵心是本氣是末故程子亦曰人必有仁義之心然後有仁義之氣睟然達於外此不得於心勿求諸氣所以爲急於本而緩其末猶之可也猶言尚爲可也謂不得於言而不求諸心則既失於外而遂遺其內其不可也必矣〔朱子曰〕以下文觀之氣亦能反動其心則勿求於氣之說亦未爲盡善但心動氣之時多氣動心之時少故孟子取

其彼善於此而已至於言則雖發於口而實出於心內有蔽陷離窮之病則外有詖淫邪遁之失不得於言而每求諸心則其察理日益精矣孟子所以知言養氣以爲不動心之本者用此道也而告子反之是徒見言之發於外而不知其出於中不知言便不知義所以外義也其害理深矣故斷然以爲不可於此可見告子之不動心所以異於孟子而亦豈能終不動哉然凡曰可者亦僅可而有所未盡之辭耳若論其極則志固心之所之而爲氣之將去聲帥然氣亦人之所以充滿於身而爲志之卒徒者也〔慶源輔氏曰〕心有知而氣無知雖云氣一則能動志然大抵是氣隨心動故以志爲氣之將帥氣從志所使猶卒徒之聽命於將帥也不言心而言志者志者心之動而有所之處也但志則就其動處言故尤切耳下文又言是氣也而反動其心亦可見矣心無形而氣有質

雖云心爲本氣爲末然人之所以充滿其身而不至餒乏者實賴氣爲志之卒徒也志而無氣則志無所使亦出將帥而無卒徒則亦虛名而已○新安陳氏曰呂與叔克己銘云志以爲帥氣爲卒徒此蓋就帥字上生出卒徒字附纂若論其極以理之極

故志固爲至極而氣卽次之人固當敬守其志然亦不可不致養其氣蓋其內外本末交相培養此則孟子之心所以未嘗必其不動而自然不動之大畧也

潛室陳氏曰集註謂致養其氣卽無暴氣發得暴失養故也必言致者見養氣之難須以集義爲本又無正忘助長之弊方爲能致養也○雲峰胡氏曰集註於持志謂守其志可也必曰敬守其志添入一敬字最有意蓋孟子養氣之功在集義而所以集義者在敬敬義夾持方爲成德之事或疑兩言字不同告子不得於言己之言也孟子知言天下

之言也愚嘗聽之曰理一而已告子於己之言且不能反求其理如何能於天下之言而求其理孟子於天下之言能究極其理則於己之言可知也○新安陳氏曰下文知言養氣其根已安於此告子不得於言卽不求其理於心是不知言也不得於心卽不求其助於氣是不養氣也孟子告子其不動心之名雖同而其所以不動心之本則相反而全不同者在此通考仁山金氏曰孟子不動心不是心上用工知言是其要養氣是其助附纂黃氏洵饒曰告子勿求於心與孟子持其志相反告子勿求於氣與孟子無暴其氣相反此告子不動心之速與孟子自然不動者相反故曰持其志持志養氣不可分先後持志便要養氣附蒙引氣體之充也氣自是氣體自是體自首至足都是體氣則行乎體之中體無氣則餒而不能運動矣故曰氣體之充也○至字與次字對猶云第一件也○夫志氣之帥也至無暴其氣全是破他不得於心勿求於氣之說其不得於言勿求於心一句已斷以爲不可了故不復論○

註謂急於本而緩其末失於外而遂遺其內內外本末交相培養兩本末字皆同兩內外字則惟內同而外不同失於外之外指言內外交相培養之外指氣

既曰志至焉氣次焉又曰持其志無暴其氣者何也曰志壹則動氣氣壹則動志也今夫蹶者趨者是氣也而反動其心夫音扶

公孫丑見孟子言志至而氣次故問如此則專持其志可矣又言無暴其氣何也壹專一也蹶姞衛反又音厥**顚躓**音至**也趨走也孟子言志之所向專一則氣固從之然氣之所在專**

一則志亦反爲之動慶源輔氏曰志者心之所之故可言向氣則做出來底便是不可以向言只得下在字下文云氣專在是兩在字相照應察理精矣**如人顚躓趨走則氣專在是而反動其心焉所以既持其志而又必無暴其氣也程子曰志動氣者什九氣動志者什一**

程子曰告子不得於言勿求於心蓋不知義在內也志帥氣也持定其志無暴亂其氣兩事也志專一則動氣氣專一則動志然志動氣爲多且若志專在淫辟豈不動氣氣專在喜怒豈不動志故蹶者趨者反動其心○朱子曰爲告子將氣說得太低了故說志最緊要氣亦不可緩故曰志至氣次持其志無暴其氣是兩邊做工夫志卽是心之所向而今欲做一件事這便是志持其志便是養心不是持志外別有箇養心如喜怒若當喜也須喜當怒也須怒這便是持志若喜得過分一向喜怒得過分一

向怒。則氣便暴了。志卽反爲所動。蹶趨是氣也。他心本不會動。只忽然弊一跌。氣打一暴。則其心便動了。○問蹶趨反動其心。若是志養得堅定。莫須蹶趨亦不能動得否。曰人之奔走。如何心不動。曰蹶趨多遇於卒然不虞之際。所以易得動心。曰是。○問在車聞鸞和。行鳴佩玉。皆所以無暴其氣。今既無此。不知如何而爲無暴。曰凡人多動作。多語笑。做力所不及底事。且如只行得五十里。却硬要行百里。皆是暴其氣。學者須事事節約。莫教過當。此便是養氣之道。志動氣。是源頭濁者。故下流亦濁也。氣動志者。却是下流壅而不泄。反濁了上面也。○問程氏遺書云志一動則動氣氣一動則動志外書云志專一則動氣氣專一則動志二說孰是曰此必一日之語學者同聽之而所記各有淺深類多如此志一動則動氣氣一動則動志此言未說動氣動志而先言志動氣動反添一動字了固不若後一說所記得其本旨蓋曰志專一固可動氣而氣專一亦可以動其志也○問持志養氣之爲交養何也。曰持志所

以直其內。無暴所以防於外。兩者各致其功。而無所偏廢。則志正而氣自完。氣完而志益正。其於存養之功。且將無一息之不存矣。○問養氣次第功夫內外是交盡不可靠自己自守其志便謂無事氣纔不得其平志亦不得其安故孟子以蹶趨形容之告子所謂不得於心勿求於氣是未爲全論程子所以言氣動志者什一正謂是爾曰然兩者相夾著方始德不孤。○雙峰饒氏曰志帥也。氣卒徒也。如周亞夫軍中夜驚。亞夫堅卧不起。不起固是帥之定處。然設或被他驚不已。自家如何睡得安。於此見持其志。又不可不養其氣。○君子所以足容重。手容恭。聲容靜。氣容肅。行中鸞和。步中采齊。皆是要無暴其氣。○新安陳氏曰前言心與氣忽又變心言志者蓋心以全體言志以心之動而有所向處言欲致持之之功則就其動而有所向處用力若心則不可言持矣故志字尤切後云氣壹卽動志卽以是氣也而反動其心證之可見動其心卽是動志矣程子什九什一之說蓋言志動氣之時多十中常有九所以志爲至氣動志之時少十中亦有一所以氣亦次焉也〔通考〕東陽許氏曰敢問夫子之不動心至反動其心爲第二節孟子但日我善養吾浩然之氣是專言養氣而不言志所以養之之方與養之之節度一一詳備專是氣上工夫孟子之自得至於大而將進於化正在於此。○黃氏幹曰。持志工夫簡而易知。養氣工夫密而難明。故孟子因公孫丑之問。獨詳於養氣而不復更言持志。道者事之理。義者理之宜。合乎道者容有不適其宜。合乎宜者未有不中天道。此孟子所以言氣配義與道。而其下文詳言集義而不及道也。〔蒙引〕孟子言氣次焉。次者卽次之謂也。依丑之問意。則是認次字爲後字義矣。差之毫釐。謬以千里。○志一動氣。則志固不可以不持。氣一動志。則氣亦不可以暴。○氣動志不止於蹶趨。凡視聽言動。氣用事到勝處。皆能動志。所以說致養其氣。自蹶趨而言。則當謹愼步履之閒。不使至於蹶趨。是爲不暴其氣也。○氣一則動志。人多要主不好者言。若以蹶者趨者之反動其心爲證。是未然

也。孟子舉其易見者。以曉公孫丑云耳。且如聖人之論恕曰。己所不欲。勿施於人。此只是從不好邊說。然要之己所欲者。則以施於人。亦此理也。又如下文知言。只說詖辭知其所蔽等。都是自不好者一邊說。然言之病者。旣知其所以然。則言之不病者。亦知其所以然必矣。豈可謂恕只是推不好者於人。知言只是知那不好者之言哉。近時學者讀書論理。有此等執泥。不可不說破。氣之所在。不善則心爲之不寧靜。此固可見氣之不可暴。氣之所在者善。則心便爲之寧靜。此亦可見氣之不可暴也。志壹動氣亦然。○問持志與無暴其氣孰重。曰論理持其志爲重。論孟子此節之意。則無暴其氣爲重。蓋自夫志氣之帥也至無暴其氣。俱是以破告子勿求於氣之說。言云云。豈可以勿求於氣哉。下節志一則動氣。氣一則動志。亦重在氣一邊。○今夫蹶者趨者是氣也。此氣之不出於志者也。若持志工夫到。則亦不至有蹶顚及妄奔趨。○雙峰註

行中和鸞步中采薺行是車行步是徒步

敢問夫子惡乎長曰我知言我善養吾浩然之氣惡平聲
公孫丑復扶又反問孟子之不動心所以異於告子如此者
有何所長而能然而孟子又詳告之以其故也知言者盡
心知性於凡天下之言無不有以究極其理而識其是非
得失之所以然也朱子曰知言便是窮理不先窮理見得
是非如何養得氣須是道義一一審處
得是其氣方充大○孟子論浩然之氣一段緊要全在知
言上所以大學許多工夫全在格物致知格物則能知言
誠意則能養氣○知言養氣雖是兩事其實相關正如致
知格物正心誠意之類若知言便見得是非邪正義理昭
然此浩然之氣自生○知是知得此理告子便不理會故
以義爲外○雲峰胡氏曰論語亦曰不知言無以知人但

論語爲初學而言故集註但曰言之得失可以知人之邪
正孟子則自言也故集註釋之比論語尤詳且重論語之
知言爲知人之端入德之事孟子
之知言爲養氣之本成德之事浩然盛大流行之貌氣
即所謂體之充者本自浩然失養故餒惟孟子爲善養之
以復其初也朱子曰浩然之氣乃指其本來體段而言○
酧酢應接舉皆合義則俯仰並無愧怍故其
氣自然盛大流行○慶源輔氏曰盛大言其體流行言其
用○才性小則便非氣之本體才餒塞則便非氣之本用氣
即天地之氣而人之所以充滿其身者其本然之體用自
是浩然由失其養故餒乏而不充乎體○雙峰饒氏曰孟
子之言善養氣是以成德言非是說做工夫下文必有事
焉而勿正以下卻是說養氣做工夫處○雲峰胡氏曰集
註章句言復其初者凡三論語謂人之性其初本善學者
當明善以復其初大學謂人之心其初本自光明學者當

明之以復其初此言人之氣其初本自盛大流行惟孟子
能善養之以復其初然非學以復此心此性之初者未必
能復此氣之初也故孟子養氣先之以知言附纂黃氏洵
饒曰盡心是知至知性是物格盛大是體流行是用體之
充者泛言之復
其初行之事蓋惟知言則有以明夫音扶下同道義而於天
下之事無所疑養氣則有以配夫道義而於天下之事無
所懼此其所以當大任而不動心也慶源輔氏曰集註疑
懼二字以應此章第
一節註文疑惑恐懼四字也道體也義用也言道義以該
體用也知言則於道義究極無餘一事來則以一理應之
夫復何疑之有養氣則於道義襯貼得起勇猛果決而不
留行夫復何懼之有○雙峰饒氏曰浩然之氣即達德中
之勇不動心即是勇者不懼添一個知言即是知者不惑
○雲峰胡氏曰章首公孫丑問動心集註以爲有所恐懼

疑惑先懼而後疑者懼者心之動疑者心之所由以動也○
恐懼二字於動字最切而疑惑二字已蘊知言之意此則
釋知言養氣二句故先疑而後懼○東陽許氏曰知言則
盡心知性萬理洞然何所疑惑養氣則動皆合義遇事即
行何有畏怯二者既全何能動心附纂黃
氏洵饒曰無所疑即道明無所懼即德立告子之學與此
正相反其不動心殆亦冥然無覺悍然不顧而已爾問知言養
氣之說朱子曰孟子之不動心知言以開其前故無所疑
養氣以培其後故無所懼如智勇之將勝敗之形得失之
算判然於胸中而熊虎貔貅百萬之衆又皆望其旌旄聽
其金鼓爲之赴湯蹈火有死無二是以千里轉戰所向無
前其視告子之不動心正猶勇夫悍卒初無制勝料敵之
謀又無蚍蜉蟻子之援徒恃其勇而挺身以赴敵也其不
爲人所擒者特幸而已告子之學他雖無所考然以孟
子此章之言反覆求之亦皦然可見矣先引告子之言以

向怒則氣便暴了志卽反爲所動蹶趨是氣也他心本不會動只忽然蹶一跌氣打一暴則其心便動了○問蹶趨反動其心若是志養得堅定莫須蹶趨亦不能動得否曰人之奔走如何心不動曰蹶趨多遇於卒然不虞之際所以易得動心曰是○問在車聞鸞和行鳴佩玉皆所以無暴其氣今既無此不知如何而爲無暴曰凡人多動作多語笑做力所不及底事且如只行得五十里卻硬要行百里皆是暴其氣學者須事事節約莫教過當此便是養氣之道志動氣是源頭濁者故下流亦濁也氣動志者卻是下流壅而不泄反濁了上面也○問程氏遺書云志一動則動氣氣一動則動志外書云志專一則動氣氣專一則動志二說孰是曰此必一日之語學者同聽之而所記各有淺深類多如此志一動則動氣氣一動則動志此言未說動氣動志而先言志動氣動反添一動字了固不若後一說所記得其本旨蓋曰志專一固可動氣而氣專一亦可以動其志也○問持志養氣之爲交養何也曰持志所

以直其內無暴所以防於外兩者各致其功而無所偏廢則志正而氣自完氣完而志益正其於存養之功且將無一息之不存矣○問養氣次次功夫內外是交盡不可靠自已自守其志便謂無事氣纔不得其平志亦不得其安故孟子以蹶趨形容之告子所謂不得於心勿求於氣是未爲全論程子所以言氣動志者什一正謂是爾曰然兩者相夾著方始德不孤○雙峯饒氏曰志帥也氣卒徒也如周亞夫軍中夜驚亞夫堅臥不起不起固是帥之定處然設或被他驚不已自家如何睡得安於此見持其志又不可不養其氣○君子所以足容重手容恭聲容靜氣容肅行中鸞和步中采齊皆是要無暴其氣○新安陳氏曰前言心與氣忽又變心言志者蓋心以全體言志以心之動而有所向處言欲致持之之功則就其動而有所向處用力若心則不可言持矣故志字尤切後云氣壹卽動志卽以是氣也而反動其心證之可見動其心卽是動志矣程子什九什一之說蓋言志動氣之時多十中常有九所

以志爲至氣動志之時少十中亦有一所以氣亦次焉也〔通考〕東陽許氏曰敢問夫子之不動心至反動其心爲第二節孟子但曰我善養吾浩然之氣是專言養氣而不言志所以養之之方與養之之節度一一詳備專是氣上工夫孟子之自得至於大而將進於化正在於此○黃氏縚曰持志工夫簡而易知養氣工夫密而難明故孟子因公孫丑之問獨詳於養氣而不復更言持志道者事之理義者理之宜合乎道者容有不適其宜合乎宜者未有不中天道此孟子所以言氣配義與道而其下文詳言集義而不及道也〔纂引〕孟子言氣次焉次者卽次之之謂也依丑之問意則是認次字爲後字義矣差之毫釐謬以千里○志一動氣則志固不可以不持氣一動志則氣亦不可以暴○氣動志不止於蹶趨凡視聽言動氣用事到勝處皆能動志所以說致養其氣自蹶趨而言則當謹愼步履之間不使至於蹶趨是爲不暴其氣也○氣一則動志人多要主不好者言蓋以蹶者趨者之反動其心爲證是未然

也孟子舉其易見者以曉公孫丑云耳且如聖人之論恕曰己所不欲勿施於人此只是從不好邊說然要之己所欲者則以施於人亦此理也又如下文知言只說詖辭知其所蔽等都是自不好者一邊說然言之病者旣知其所以然則言之不病者亦知其所以然必矣豈可謂恕只是推不好者於人知言只是知那不好者之言哉近時學者讀書論理有此等執泥不可不說破氣之所在不善則心爲之不寧靜此固可見氣之不可暴氣之所在者善則心便爲之寧靜此亦可見氣之不可暴也志之壹動氣亦然○問持志與無暴其氣孰爲重曰論理持其志爲重論孟子此節之意則無暴其氣爲重蓋自夫志氣之帥也至無暴其氣俱是以破告子勿求於氣之說言云云豈可以勿求於氣哉下節志一則動氣氣一則動志亦重在氣一邊○今夫蹶者趨者是氣也此氣之不出於志者也若持志工夫到則亦不至有蹶頭及妄奔趨○雙峯註行中和鸞步中采薺行是車行步是徒步

敢問夫子惡乎長曰我知言我善養吾浩然之氣（惡平聲）

公孫丑復（扶又反）問孟子之不動心所以異於告子如此者有何所長而能然而孟子又詳告之以其故也知言者盡心知性於凡天下之言無不有以究極其理而識其是非得失之所以然也（朱子曰知言便是窮理不先窮理見得是非如何養得氣須是道義一一審處得是其氣方充大○孟子論浩然之氣一段緊要全在知言上所以大學許多工夫全在格物致知格物則能知言誠意則能養氣○知言養氣雖是兩事其實相關正如致知格物正心誠意之類若知言便見得是非邪正義理昭然此浩然之氣自生○知是知得此理告子便不理會故以義爲外○雲峰胡氏曰論語亦曰不知言無以知人但論語爲初學而言故集註但曰言之得失可以知人之邪正孟子則自言也故集註釋之比論語尤詳且重論語之知言爲知人之端入德之事孟子之知言爲養氣之本成德之事）浩然盛大流行之貌氣即所謂體之充者本自浩然失養故餒惟孟子爲善養之以復其初也（朱子曰浩然之氣乃指其本來體段而言○酧酢應接舉皆合義則俯仰並無愧怍故其氣自然盛大流行○慶源輔氏曰盛大言其體流行言其用才怯小則便非氣之本體才鬱塞則便非氣之本用氣即天地之氣而人之所以充滿其身者其本然之體用自是浩然由失其養故餒乏而不充乎體○雙峰饒氏曰孟子之言善養氣是以成德言非是說做工夫下文必有事焉而勿正以下却是說養氣做工夫處○雲峰胡氏曰集註章句言復其初者凡三論語謂人之性其初本善學者當明善以復其初大學謂人之心其初本自光明學者當明之以復其初此言人之氣其初本自盛大流行惟孟子能善養之以復其初然非學以復此心此性之初者未必能復此氣之初也故孟子養氣先之以知言（附纂）黃氏洵饒曰盡心是知至知性是物格盛大是體流行是用體之充者泛言之復其初行之事）蓋惟知言則有以明夫（音扶下同）道義而於天下之事無所疑養氣則有以配夫道義而於天下之事無所懼此其所以當大任而不動心也（慶源輔氏曰集註疑懼二字以應此章第一節註文疑惑恐懼四字也道體也義用也言道義以該體用也知言則於道義究極無餘一事來則以一理應之夫復何疑之有養氣則於道義襯貼得起勇猛果決而不留行夫復何懼之有○雙峰饒氏曰浩然之氣即達德中之勇不動心即是勇者不懼添一個知言即是知者不惑○雲峰胡氏曰章首公孫丑問動心集註以爲有所恐懼疑惑先懼而後疑者懼者心之動疑者心之所由以動也恐懼二字於動字最切而疑惑二字已蘊知言之意此則釋知言養氣二句故先疑而後懼○東陽許氏曰知言則盡心知性萬理洞然何所疑惑養氣則動皆合義遇事即行何有畏怯二者既全何能動心（附纂）黃氏洵饒曰無所疑即道明無所懼即德立）告子之學與此正相反其不動心殆亦冥然無覺悍然不顧而已爾（問知言養氣之說朱子曰孟子之不動心知言以開其前故無所疑養氣以培其後故無所懼知智勇之辨勝敗之形得失之算判然於胸中而熊虎貔貅百萬之衆又皆望其旌旄聽其金鼓爲之赴湯蹈火有死無二是以千里轉戰所向無前其視告子之不動心正猶勇夫悍卒初無制勝料敵之謀又無蚍蜉蟻子之援徒恃其勇而挺身以赴敵也其不爲人所擒者特幸而已告子之學他雖無所考證然以孟子此章之言反覆求之亦曉然可見矣先引告子之言以

張本於前後言己之所長以著明於後今以其同者而比之則告子所不得之言即孟子所知之言告子所勿求之氣即孟子所養之氣也以其異者而反之則告子之所以失即孟子之所以得孟子之所以得則告子之所以失也以是其彼此之相形前後之相應固有不待安排而不可移易者○慶源輔氏曰孟子能知人言之是非告子乃自以其言爲外而不復考孟子善養其氣而告子乃以氣爲末而不知求此所謂正相反也其不動心者不過是硬把定其心冥冥然都無知覺於一切事皆漠然與之扞格而不顧耳亦豈能終不動哉然其所以能不動者亦幸而已○新安陳氏曰冥然無覺則不能無疑悍然不顧非真能無懼也附纂黃氏洵饒曰冥然無覺不能知言悍然不顧不能養氣○冥然無覺不得於言勿求於心不能知言是也悍然不顧不得於心勿求於氣不能養氣是也附蒙引丑因孟子之言便知得孟子之不動心異於告子矣故復問曰告子之不動心如此而夫子之不動心所以異於告子如此者有何所長而能然能然者能不動心也非謂其所以異也○知言知也養氣行也知言浩然舉成功言其用功則在精義集義上○顧麟士曰此節以不動心爲綱知言養氣爲目若顧子而失母即非

敢問何謂浩然之氣曰難言也

孟子先言知言而丑先問養氣者承上文方論志氣而言也難言者蓋其心所獨得而無形聲之驗有未易(去聲)以言語形容者故程子曰觀此一言則孟子之實有是氣可知矣問浩然之氣與血氣如何朱子曰只是一氣義理附於其中則爲浩然之氣不由義理而發則只爲血氣然人所稟氣亦自不同有稟得盛者則爲人强壯隨分亦有立作使之做事亦隨分做得出若稟得衰者則委靡巽懦都

不解有所立作唯是養成浩然之氣則却與天地爲一更無限量○孟子先說知言後說養氣而公孫丑先問氣者向來只爲他承上文先論志氣而言也今看來不然乃是公孫丑會問處留得知言在後面問者蓋知言是末後合尖上事如大學說正心誠意只合殺在致知在格物一句蓋是用功夫起頭處附蒙引浩然之氣本難言也聊試言之其爲氣也云云○淺說欲微言其妙則恐其入於晦欲顯言其似則又恐其涉於粗

其爲氣也至大至剛以直養而無害則塞於天地之閒

至大初無限量(去聲)至剛不可屈撓(女巧女教二反)蓋天地之正氣而人得以生者其體段本如是也慶源輔氏曰初無限量便是盛大不可屈撓便是流行即所謂浩然之氣也不言用者舉體則足以該之矣附蒙引其體段本如是也輔氏以爲舉體以該用者非也○體段猶云形像模樣耳非體用之體惟其自反而縮新安陳氏曰照應本章上文釋之以直之直字即是上文縮字意則得其所養而又無所作爲以害之則其本體不虧而充塞無閒(去聲)矣新安陳氏曰充塞彌滿乎天地之間而無有間斷之者矣○程子曰浩然之氣難識須要識得當行不歉於心之時自然有此氣象○問伊川於至大至剛以直點句先生却於剛字點句朱子曰若於直字點句則養字全無骨力○至大至剛氣之本體以直養而無害是用功處塞於天地之閒乃是效也○問他書不說養氣只孟子言之何故曰這源流便在那個心廣體胖內省不疚夫何憂何懼處來大抵只是一氣又不是別將個甚底去養他但集義便是養氣知言便是知得這義人能仰不愧俯不怍時看這氣自是浩然塞乎天地之間○纔說浩然便有剛果意思如長江大河浩浩然而來也富貴貧賤威武不能淫移屈之類皆

低不可以語此。丑本意只是設問孟子能擔當得此樣大事否，故孟子所答只說許多剛勇，故說出浩然之氣，只就問答本文看之便見子細。○潛齋王氏曰：此所謂其爲氣也，氣之體；下文所謂其爲氣也，氣之用。附纂黃氏洵饒曰：天理無有不善，而正氣中正浩然，但其流行參差不齊，故人所稟有清濁之異，能去其昏濁，則本然者自浩然矣。附語類問浩然之氣。曰：這個孟子本說得來粗，只看他一章本意，是說不動心。所謂浩然之氣，只似個粗豪之氣，他做工夫處雖細膩，然其成也，却只似個粗豪之氣，但非世俗所謂粗豪者耳。○浩然之氣與淸明之氣自不同。○浩然之氣乃是於剛果處見，以前諸儒於此却不甚說，只上蔡云浩然是無虧欠處。○纂引朱子曰：才說浩然，便自有廣大剛果意思，富貴貧賤威武不能淫移屈之類，皆低不可以語此。此一句愚竊疑焉，恐是說富貴貧賤威武之類皆低。若說富貴不淫、貧賤不移、威武不屈，則在那居天下之廣居、立天下之正位、行天下之大道上來，所謂浩然而盛大流行者，豈有加於此？此固所謂和而不流、中立而不倚、國有道不變塞、國無道至死不變者，中庸之勇，惟聖者能之也，如何乃猶以爲低而不足以語此耶？大抵是記錄者之誤無疑。

程子曰：天人一也，更不分別。必列反。**浩然之氣，乃吾氣也。養而無害，則塞乎天地；一爲私意所蔽，則欿**音坎**然而餒，知其小也。**附纂黃氏洵饒曰：欿然，不足之意。**謝氏曰：浩然之氣，須於心得其正時識取。又曰：浩然是無虧欠時。**朱子曰：天地之氣無處不到，無處不透，是他氣剛，雖金石也透過去。人便是稟得這個氣無欠缺，所以程子曰天人一也，更不分別。浩然之氣乃吾氣也。○問：浩然之氣是稟得底否？曰：只是這個氣，若不曾養得，剛底使粗暴，弱底便衰怯。○問：孟子說浩然之氣，却不分稟賦清濁說。曰：此章孟子之意不是說氣稟，只因說不動心，滚

說到這處，似今人說氣魄相似，有這氣魄便做得這事，無氣魄便做不得。○慶源輔氏曰：浩然之氣，本是天地之正氣，然天人一理，故孟子更不分別，直以爲己之氣也。養而無害，則全其本體而塞乎天地；若不務集義而所爲一有私意遮隔了，則便不流行而欿然餒乏，不足以充乎身而失其正大之體也。○雙峰饒氏曰：人得天地之氣以生，天地之氣如此剛大，人之氣亦合如此剛大，其所以不能如此者，不善養之故也。莊子曰：人與天地一氣也，人特自小耳。且如文武一怒而安天地之民也，只是這氣做出來，他底却與天地一般樣至大至剛，只是善養故耳。○雲峰胡氏曰：此氣是天地之正氣，心得其正，便是不失其所得於天地之正者。○東陽許氏曰：此氣本得於天，故至大至剛，剛大天之體段也。聖人生知安行，無非直道，不假乎養；衆人知不明，自害其剛大，故須直以養之，直即義也。塞天地，言其效也。通考東陽許氏曰：塞天地只是應物皆合道義，而物莫不從，至於郊則格，廟則享，鳥獸魚鼈咸若，而人倫日用不言可知。附纂引至大初無限量，天下之廣居吾居也，天下之正位吾立也，天下之大道吾行也，天下之大經可經綸也，天下之大本可立也，天地之化育可與之脗合無間也。此氣之行，推之東海而準，推之西海而準，推之南海而準，推之北海而準，舟居所至，人力所通，天之所覆，地之所載，日月所照，霜露所墜，凡有血氣者莫不尊親也，何大如之？○銖視軒冕，左之右之無不宜之，右之左之無不有之，賁育遇之無所用其勇，王公遇之無所用其勢，儀秦遇之無所用其辯，良平遇之無所用其智，天理周流而無間，天德自強而不息，何剛如之？○存疑：至大是極盛大，他那力量隨甚麼事都做得，雖旋乾轉坤事也做得，故曰初無限量。至剛是極剛勁，他要這等做，隨甚麼人都止他不得，雖刀鋸在前，鼎鑊在後，也止他不得，故曰不可屈撓。塞乎天地之間，只是至大至剛，凡天地間無一事不做，無一處不到，上而天，下而地，中而人物，皆其運用所及，豈不塞乎天地？○纂引浩然之氣只是載理以行者，此氣不得理

則不能浩然矣蓋天之生人合下是理氣一團交付他了○本文曰以直養而註曰惟其自反而縮則得其所養循文言曰敬以直內義以方外而程傳曰敬立而內自直義形而外自方皆是先儒剖析精微處蓋養氣工夫只在直上不在養上○以直養而無害則塞於天地之間此所謂善養之以復其初者也○至大至剛卽是浩然以直養而無害則塞於天地之間卽是復於浩然者矣浩然字本都該了因丑問何謂浩然之氣故又爲之狀其體段如此○此處不可說效下文配義與道方是說效○〔存疑〕旣曰其爲氣也至大至剛又必曰以直養而無害則塞於天地之閒者明必得所養然後復其浩然也雖曰必得所養然此處方欲明其爲浩然處初未重在所養故至下文是集義所生二條方言所養之事○以直養而無害此意本上文自反而縮來下文是集義所生非義襲而取有事勿正勿忘勿助意思[illegible]在其中了

其爲氣也配義與道無是餒也餒奴罪反

配者合而有助之意〔慶源輔氏曰〕此意本於李先生曰配是襯貼起來朱子謂襯貼二字說配字極親切蓋道義是虛底物本自孤單得這氣襯貼起來便張大無所不達今人做事亦有合於道義者若無此氣則只是一箇衰颯底人李先生又曰氣與道義一滾出來朱子謂一滾出來說得道理好孟子分明說配義與道不是兩物相補貼只是一滾發出來故朱子用此意而就配字說出此句蓋已極於精切矣○〔雙峯饒氏曰〕合而有助譬如妻之配夫以此合彼而有助於彼者也蓋理氣不相離氣以理爲主理以氣爲輔大凡人不能爲善爲是無那氣來襯貼有那氣來襯貼起做得定是有力○雲峯胡氏曰所謂合卽延平所謂一滾出來之意所謂助卽延平所謂襯貼起來之意也

義者人心之裁制道者天理之自然餒飢乏而氣不充體也言人能養成此氣則其氣合乎道義而爲之助使其行之勇決無所疑憚若無此氣則其一時所爲雖未必不出於道義然其體有所不充則亦不免於疑懼而不足以有爲矣〔新安陳氏曰〕疑憚疑懼四字仍應前注文疑惑恐懼字意憚卽恐懼也○〔程子曰〕浩然之氣天地之正氣大則無所不在剛則無所屈以直道順理養而無害則塞乎天地之間有少私意卽是氣虧無不義便是集義有私意便是餒○率氣在志養氣在直內有私意則餒無不義則浩然○〔朱子曰〕道義別而言則道是物我公共自然之理義卽吾心之能斷制者所用以處此理者也○道是舉體統而言義是就此一事所處而言如父當慈子當孝君當仁臣當敬此義也所以孝慈所以仁敬則道也故後面只說集義○道義是公共無形影底

物事氣是自家身上底自家若無這氣則道義自道義氣自氣如何助得他○兩箇其爲氣也至大至剛是說此氣之體段配義與道是說此氣可將如此用是說氣之功用○或問何以言氣之配義與道也曰道體也義用也二者皆理也形而上者也氣也者器也形而下者也以本體言之則有是理而後有是氣而理之所以行又因氣以爲質也以人言之則必明道集義然後能生浩然之氣而義與道又因是氣而後得以行焉蓋三者雖有上下體用之殊然其渾合而無閒也乃如此苟不知所以養而有以害之則理自理氣自氣其浩然而充者且將爲欿然之餒矣或畧知道義之爲貴而欲恃之而有爲亦且散漫蕭索而不能以自振矣○〔雙峯饒氏曰〕浩然之氣全靠道義在裏面做骨子無這道義氣便軟弱蓋緣有是理而後有是氣理是氣之主如天地二五之精氣以有太極在裏面做主所以他底常恁地浩然○〔通考〕涂氏溍生曰仁包四者故一言而有餘義非一端故累言而不足以仁配義以義配理所

重在仁與理體用之謂也以義配道以義配德以義配命以義配理所重在義裁制之謂也【附】語類兩箇其爲氣也前箇是說氣之體段如此後箇是說這氣可將如此用○方集義以生此氣則須要勉强及到氣去配義與道則道義之行愈覺剛果更無疑滯尙何恐懼之有○問配義與道曰此爲理會得道理底也須養得氣才助得他○集義是平時工夫配義與道是卒然臨事氣配道義行將去此兩項各自有頓放處○淺說浩然盛大流行之貌而至大至剛之一言足以盡浩然之體段而塞天地即至大至剛者之復其初而配道義則養成之功效而益足以見其爲剛且大也○蒙引不是以直養而無害塞乎天地之間之後方能配義與道此本是一時事上節只言浩氣下節以氣對道義而言○存疑配義與道是就直養無害說來故註曰人能養成此氣○道義非二也在物爲道所以處是物爲義如父慈子孝君仁臣敬道也爲父而慈爲子而孝爲君而仁爲臣而敬義也朱子以道爲統體蒙引爲即天

道之流行而賦於物者○乃事物所以當然之故也○非是一物有一物之道○萬物有萬物之道○此道不可以體統言○曰在物爲理○處物爲義○則是矣○蒙引配義與道○正是說不動心處○上節直養無害○正是說他善養浩然之氣處蓋善養○浩然之氣○則自然不動心○故集註曰養氣則有以配乎道義○而於天下之事無所懼也○然其實不是今日善養浩然之氣○明日方能不動心○大註不免於疑懼而不足以有爲字○貼在餒字下○氣既浩然了○又能配義與道○使其行勇決而無疑懼○此猶自得之則居之安資之深左右逢原○皆自得之節次也○樂則生矣至手舞足蹈皆樂之深也○言人能養成此氣○以直養而無害則塞於天地之間○此正所謂養成也○

是集義所生者非義襲而取之也行有不慊於心則餒矣我故曰告子未嘗知義以其外之也慊口簟反又口刼反

集義猶言積善蓋欲事事皆合於義也襲掩取也如齊侯襲莒音舉**之襲**春秋襄公二十三年秋齊侯伐晉冬齊侯襲莒註輕行掩其不備曰襲因伐晉還襲莒○輕遣政反通考趙氏惠曰凡師有鐘鼓曰伐無鐘鼓曰襲齊襄公二十三年齊莊公伐晉遂襲莒即華周杞梁死命之時**言氣雖可以配乎道義而其養之之始乃由事皆合義自反常直是以無所愧怍而此氣自然發生於中非由只行一事偶合於義便可掩襲於外而得之也**朱子曰直只是無私曲集義只是事事上皆直仰不愧於天俯不怍於人便是浩然之氣而今只將自己心體驗到那無私曲處自然有此氣象○以直養是自反而縮集義是以直養然此工夫須積漸集養自然生此浩然之氣不是行一二件合義底事能

掩取浩然之氣也○集義是歲月積久之功襲取是一朝一夕之事從而掩取終非己有也○此上三句本是說氣下兩句是字與非字應襲字與生字對其意蓋曰此氣乃集義而自生於中非行義而襲取之於外云爾○生字正與取字對生是自裏面生出取是在外面取來○○義襲是於一事之義勇而爲之以壯吾氣然無生底道理只是些客氣耳不久則消矣○**慊快也足也言所行一有不合於義而自反不直則不足於心而其體有所不充矣然則義豈在外哉**朱子曰孟子許多論氣只在集義所生一句上只是件件合宜無一事不求箇是自然積得多則胸中仰不愧俯不怍纔有些子不合道理心下便不足○新安陳氏曰集義則浩然之氣生行有不合義而心不慊則此氣餒可見義在內非由外矣**告子不知此理乃曰仁內義外而不復**扶又反**以義爲**

事則必不能集義以生浩然之氣矣上文不得於言勿求
於心卽外義之意詳見形甸反告子上篇問配義與道是氣助道義而行又曰
集義所生是氣又自集義而生朱子曰初下工夫時集義
然後生浩然之氣氣已養成又却助他道義而行○告子
之病蓋不知心之慊處卽是義之所安其不慊處卽是不
合於義故直以義爲外而不求○告子直是將義屛除去
只就心上理會因舉陸子靜云讀書講求義理正見告子
義外工夫某曰不然如子靜不讀書不求義理只靜坐澄
心却是告子外義○雙峯饒氏曰先說氣配義與道後說
集義而不及道者蓋道是體義是用浩然之氣有體有用
其體配道其用配義故曰配義與道其體用一也言用則
體在其中體上無做工夫處故只說集義○二餒字之分
無是餒也是無氣則道義餒行有不慊則餒是無道義則
氣乏所指不同蓋二者相資論其用則道義非氣無以行

論其體則氣非道義無以生○新安陳氏曰二是字亦不
同無是餒也此是字指浩然之氣言是集義所生此是字
正與下句非字相呼喚猶言是如此非如彼耳○雲峯胡
氏曰集義卽是以直養義襲而取之卽是有所作爲以害
之集註訓慊字與大學音義同自慊則心廣體胖不慊則
餒餒字正與廣字胖字相反集註訓以直養則曰自反而
縮此則言自反常直自反不直見得孟子養氣之論正自
曾子所謂自反而縮來也附纂黃氏洵饒曰知言一集義
二養氣三配道義四浩然之氣五○此一段說直養附蒙
引言氣雖可以配道義而其養之之始云云此始字正對
上條註養成此氣之成字○集義而浩然亦由忠恕而一
貫也集義是脩爲浩然是得效○據理而言則有義有道
據盡此理而言則只是集義○是集義所生不兼言道饒
氏曰道體義用體上無做工夫處故只說集義蓋是也但
其上云浩然之氣其體配道其用配義此說似戾蓋配義
與道皆是就行處說故曰使其行之勇決無所疑懼也饒

氏又云無是餒也是無氣則道義餒行有不慊於心則餒
是無道義則氣餒此說尤謬一餒字本同也皆謂體不充
○合於義則慊於心其心慊則其氣充夫心之慊否係於
義之得失則義之非外也昭昭矣告子旣外義則必不能
集義矣不能集義而能先孟子不動心者豈其不動心之
謂哉○告子未嘗知義以其外之也不可謂指不得於言
勿求於心說大註只是因舉以證之耳故曰卽外義之意
又曰見告子上篇○如何不得於義便心不慊豈非以義
與心根脉相連耶蓋仁義禮智者心內物也此義字又該
仁義禮智信單言者也○存疑是集義所生是發生之生
是氣候到自然生不由人力安排得此豈旦夕可能所以
說箇集義集義工夫不是小可須是無量工夫只管聚集
自一而十自十而百自百而千而萬以至於無一欠欿遺
漏方是所以說必有事焉而勿正心勿忘勿助長有事而
正正之不得而忘或助長皆非集義也助長却又是義襲
而取也故曰集義工夫甚大蒙引曰此數句總是要說集

義到底是集義所生這句裏面也有不正也有不忘也有
不助長○集養如何生浩然之氣蓋集義則自反常直而
心無愧怍人所以怕事而氣餒只緣自家心中有愧爾心
苟無愧則氣自壯隨他甚樣大事都不怕這便是浩然處
故曰自反而縮千萬人吾往內省不疚夫何憂何懼此處
都是出於自然不待勉强到集義後自然有此故曰非義
襲而取義襲而取是行一件事偶合於義便緣此欲做剛
强不屈的模樣說道我能擔當事隨他死生禍福皆不怕
不知此須集義工夫到無一毫愧怍於心方能有此氣他
雖是一件事合義其餘不合義者多矣心中原自有愧所
謂雖褐寬博吾不惴焉者有之如何得有此氣故曰行有
不慊於心則餒矣行有不慊於心則餒正是發明非義襲
而取意義襲而取是行尚有不慊於心也故餒○曰行有
不慊於心則餒見集義所生者行慊於心也行有不慊於
心句承上兩句而發其意言是集義所生者非義襲而取
之也何也行有不慊於心則餒矣行有不慊於心則餒故

氣必集義而後生非義襲而可取也○蒙引或說行有不慊於心則餒是帶下句告子未嘗知義以其外之也說非是蓋上文是集義所生非義襲而取內無有箇心在故註云自反常直是以無所愧怍無所愧怍即慊於心也非義襲而取之則正與集義所生相反說而行有不慊於心則餒正所以發其意也此三句皆見得義內處註云然則義豈在外哉亦通管上三句詞雖不管意亦自管到○顧麟士曰饒氏道義餒氣餒之說亦舉世通行之解且其理實然無可疑也但因蒙引而玩兩條注一日雖未必不出於道義然其體有所不充一日則不足於心而其體有所不充則雖前節依舊餒在人不在道義矣氣體之充也充是飽滿之意則餒是飢虛之意道義必不受此名色○今朱書且尊集註餘雖大全尚可抹却無論其他矣○氣體之充也即氣不充亦體之餒也故連後節亦不可曰氣餒只是體餒耳而體必係之人故餒皆在人不在道義與氣也○其體有所不充言無以充於其體也譬如人不會喫飯相似餒不在人之腹乃在飯耶

必有事焉而勿正心勿忘勿助長也無若宋人然宋人有閔其苗之不長而揠之者芒芒然歸謂其人曰今日病矣予助苗長矣其子趨而往視之苗則槁矣天下之不助苗長者寡矣以爲無益而舍之者不耘苗者也助之長者揠苗者也非徒無益而又害之長上聲揠烏八反舍上聲

必有事焉而勿正趙氏程子以七字爲句極是近世或并下文心字讀之者亦通必有事焉有所事也如有事於顓臾之有事問必有事焉當用敬否程子曰敬只是涵養一事必有事焉須當集義只知用敬不知集義却是都無事也又問義莫是中理否曰中理在事義在心內苟不主義浩然之氣從何而生○朱子曰集義是養氣之丹頭必有事是集義之火法必有事焉言養氣者必以集義爲事須要把做事去做如主敬也須把做事去主如求放心也須把做事去求正預期也春秋傳曰戰不正勝是也公羊傳僖公三十六年夏齊人伐我北鄙公子遂如楚乞師乞者何卑辭也曷爲以外內同若辭重師也曷爲重師師出不正反戰不正勝也不正者不期如作正心義亦同此與大學之所謂正心者語意自不同也此言養氣者必以集義爲事而勿預期其效其或未充則但當勿忘其所有事而不可作爲以助其長乃集義養氣之節度也閔憂也揠拔也芒芒無知之貌其人家人也病疲倦也舍之而不耘者忘其所有事揠而助之長者正之不得而妄有作爲者也然不耘則失養而已揠則反以害之無是二者則氣得其養而無所害矣朱子曰勿正勿待也勿忘勿忘以集義爲事也助長待之不至而拔之使長也正者等待期望之意如一邊集義一邊在此等待那氣生等來等去却便去助長氣未至於浩然便作起令張主謂已剛毅無所屈撓便更發揮去做事便是助長必有事焉勿忘是論集義工夫勿正勿助長是論氣之本體上添一件物事不得不要等待不要催促○論集義所生則義爲主論配義與道則氣爲主一向都欲以義爲主故失之○人能集義以養其浩然之氣故

事物之來自有以應之不可萌一期待之心少間待之不得則必出於私意有所作爲而逆其天理矣是助之長也今人之於物苟施種植之功至於日至之時則自然成熟若方種而待其必長不長則從而拔之其逆天害物也甚矣○養氣一章在不動心不動心在勇勇在氣氣在集義勿忘勿助長又是那集義底節度若告子則更不理會言之得失事之是非氣之有平有不平只是硬制壓那心使不動恰如說打硬修行一般○問此氣是稟得天地底來是集義方生曰本自浩然被人自少時壞了今當集義方能生曰有人不知集義合下便恁地剛勇是如何曰此只是粗氣便是黝舍之勇亦終有餒時此章須從頭節節看來看去首尾貫通見得活方是不可只略涉獵說得去便了○南軒張氏曰勿助長者待其自充不可強使之充也此爲循天理之當然而不以人爲加之然欲不忘則近於助長欲不助長則或忘之二者之間守之爲難學者多知忘之爲害不知助長之爲害尤甚故引揠苗爲喻閔苗之

不長猶憂氣之未充也揠苗助長猶作其氣而使之充也或曰二程多以必有事焉爲有事乎敬而孟子則主於集義有異乎曰無以異也孟子所謂持志即敬之道也非持其志其能以集義乎敬義蓋相須而成者也○雙峯饒氏曰有事勿忘是說以直養勿正勿助是說養而無害必有事焉而勿忘勿助長是集義工夫正而助長是要義襲而取集義義襲兩句乃是一段骨子以集義爲無益而忘之者不耘苗者也以義襲爲心預期其效而助長者揠苗者也惟其是集義所生者故當必有事焉心勿忘惟其非義襲而取之故當勿正勿助長以直養而無害是養之之正道集義所生是養之之成功有事勿忘是做工夫處○前說持志無暴氣是兩事後說養氣不及持志言集義則持志在其中今日集義明日又集義則此志全在義上有事勿忘念念在集義上忘便是不能持其志助長便是暴其氣○問天下之不助苗長者寡矣其意何謂曰此是說天下之人平時不能養其氣者皆是臨時助長以暴其氣也

似浩然却不是自家集義所生底故作長作消易盈易縮適足以戕賊其氣而已不特養氣不可助長凡事皆不可助長○如看書未通不能潛心玩索而強探力索之類皆是助長○雲峯胡氏曰必有事焉是念念必合乎義而無一念之不義也事事必合乎義而無一事之不義也謂之有事是集義之外無他事謂之必有事是此事之外無他念也但必於此者每有所期於彼必而勿正則先事後得集義之心始無間斷期之不得者又易忘其所有事勿正而不忘則集義之心愈無間斷正忘助三字相因皆是爲害助之害愈甚大抵必有事是集義是以直養正忘助是義襲是害所以孟子始曰無害終曰害之孟子論養氣工夫是一正一反集註亦是一正一反論以直養正說曰自反常直反說曰自反不直論害之正說曰不可作爲以助其長又反說曰正之不得而妄有作爲前後相應學者當字字體認

如告子不能集義而欲彊上聲**制其心則必不能免於**

正助之病其於所謂浩然者蓋不惟不善養而又反害之矣慶源輔氏曰集義而不忘其所事則氣得其義勿正而不妄作爲則氣無所害如此則日引月長而充塞天地之體沛然流行之用將不期然而然矣又曰所謂揠而反害之者正指告子而言○通考東陽許氏曰揠苗一段八十五字專言私意害氣之大○黃氏四如曰孟子工夫全在養氣上以集義爲主勿忘是工夫不可緩勿助長是又不可急如煉丹有文武火火冷則灰死火猛則丹走惟慢火常在爐中可使二三十年伏火然後養得成丹孟子下工夫有節度如此附蒙引言養氣者但當以集義爲事而勿預期其效久之當自然有效設或久之不見效則恐是集義之功猶有所未至故但當勿忘其所有事只管益集其義切不可作爲以助其長也○所嫌於助長者蓋以天理十分爲率若養到五分天理者尚有五分人欲在養到九分天理者尚有一分人欲在終是於事未盡善集義到盡

頭處則有以盡夫天理之極而無一毫人欲之私何節不立何功不成富貴不能淫貧賤不能移威武不能屈何浩然如之○問助長者模樣何如曰堅白未足而欲自試於磨涅自負可不至於磷緇者是也○助長多見於臨事之際蓋由平日不能養其氣也饒氏亦有此說○忘與助長皆生於正之不得先正而後或忘或助○人固當養氣但養氣者只當於義上著工夫不要於氣上著工夫正與助長者正是於氣上著工夫其忘者又不能於義上著工夫到底○必有事焉雲峯分念念合義與事事合義不是只當以事言念則隨之叅之前後大小皆然蓋言集義則持志自在其中蓋義者制事之宜無事則應守著心難以喚做義書曰以義制事以禮制心可見○節度猶言法則也不是節次度數○朱註勿忘勿助長詞雖兩平意則歸重下句也○養氣工夫以一言該之曰集義以二言該之曰直養而無害以四言該之曰必有事焉而勿正心勿忘勿助長也其實一而已有事固是集義勿正勿忘勿助長也

皆不出一集字之外也○天下之不助苗長者寡矣言天下之養氣不似那宋人之助苗長者寡矣彼以爲氣無益而舍之不養者猶似不耘苗者耳未爲害也至於助氣之長者正如揠苗者也則非徒無益於氣而又反害於氣矣重在助長之害不可以無益而舍之者對看亦不可以集註無是二者云云爲正解本文○或疑註謂然不芸則失養而已揠則反以害之爲專說苗以証本文非徒無益而又害之亦只是說苗不然也天下之不助苗長者寡矣豈天下治苗者皆助長乎亦借說耳此二句註亦是借說養氣者故下即承之曰無是二者則氣得其養而無所害矣豈有上二句說苗下二句接說養氣○必有事焉一條亦只是申詳集義所生一條意耳○孟子曰以爲無益而舍之者不耘苗者也助之長者揠苗者也先氣而後苗直說也集註曰舍之而不耘者忘其所有事揠而助之長者正之不得而妄有所作爲者也先苗而後氣倒懸也一理也互相發也○是集義所生者至非徒無益而又害之大抵

語意都從敢問夫子惡乎長上說來故往往碍著告子集義所生一條本文則曰告子未嘗知義以其外之也而註云則必不能集義以生浩然之氣矣○饒說非徒無益於氣而又反害於氣蓋其作長作消易盈易涸其長而盈也則發於粗暴而不能自制其消而涸也則轉爲退去而不能自恃助長之害何如哉○顧麟士曰必有事焉而勿正養氣之始之事心勿忘勿助長也養氣之旣之事觀註其或未充四字可見大段四下作兩對不必以有事爲一頭而正忘助相因也○存疑問非徒無益而又害之模樣如何曰無益者但是氣不能生遇事不敢向前做若能養起來尚能生浩然之氣尚可向前去做事故日未害也助長者自以爲剛强要向前去做事一經摧折索然沮喪一敗塗地再不能培養使氣復充向前去做事矣故曰而又害之也假如二人皆諫官一人是忘其所有事一人是助長忘所有事者只是氣餒怕事不敢去犯顏諫諍然氣之本體自在若養起來尚可去犯顏諫諍助長者自以爲剛勇

敢去犯顏諫諍待君父一怒起來著他著實回話他就怕了俯伏乞憐認罪之不暇此則剛勇之氣都銷盡了恁生培養此氣更不能復生矣此是反害乎氣

何謂知言曰詖辭知其所蔽淫辭知其所陷邪辭知其所離遁辭知其所窮生於其心害於其政發於其政害於其事聖人復起必從吾言矣詖皮寄反　復扶又反

此公孫丑復扶又反問而孟子答之也詖偏陂甲義反也淫放蕩也邪邪僻也遁逃避也四者相因言之病也蔽遮隔也陷沈俗作沉非溺也離叛去也窮困屈也四者亦相因則心之

失也人之有言皆出於心其心明乎正理而無蔽然後其言平正通達而無病苟爲不然則必有是四者之病矣（朱子曰詖淫邪遁蔽陷離窮四者相因心有所蔽只見一邊不見一邊如楊氏爲我墨氏兼愛各只見一邊故其辭詖是偏陂此理本平正他只說得一邊字凡從皮皆是一邊意如跛是脚一長一短坡是山一邊斜蔽則陷陷深入之義也是身陷在那裏如陷溺於水只見水不見岸了故其辭放蕩而過說得過遮浩瀚纔恁地陷入深了於是一向背却正路開去愈遠遂與正路相離了故其辭邪既離去了正路他那物事不成物事畢竟用不得遂至於窮窮是說不去了故其辭遁遁是既窮後走脚底話如楊子本是不拔一毛以利天下却說天下非一毛所能利夷子本說愛無差等却說施由親始佛氏本無父母却說父母經皆是遁辭○問楊墨似詖莊列似淫儀秦似邪佛似遁曰不

必如此分別有則四者俱有其序自如此○此一章專以知言爲主若不知言則自以爲義而未必是義自以爲直而未必是直是非且莫辨矣然說知言又只說是詖淫邪遁四者蓋天下事只有一箇是與不是而已若辨得那不是底則便識得那是底了然非見得道理十分分明則不能辨得親切且如集義皆是見得道理分明則動靜去處皆循道理無非集義也○蔡氏曰知言則善惡邪正皆當知之此之所知獨詖淫邪遁之辭何也蓋孟子之時楊墨之言盈天下正人心息邪說莫此爲急故曰楊墨之道不息孔子之道不著此其意也○慶源輔氏曰言形於外故以病言心存於中故以失言○雙峯饒氏曰詖淫邪遁雖是四件却只是兩件詖淫屬陽邪遁屬陰蓋詖尚有一邊是道理邪則幷這一邊亦離了淫是詖之深遁是邪之極如楊墨初以爲我兼愛爲仁義雖非仁義之全體猶自見得仁義之一偏其終也至於無父無君則其離仁義也遠矣天下道理好底四件不好底亦四件元亨利貞仁義禮

智是好底詖淫邪遁意必固我是不好底好底相因不好底亦相因元亨利貞起於元仁義禮智起於仁意必固我起於意詖淫邪遁起於詖當看四箇所字如看病相似詖淫邪遁是病證蔽陷離窮是病源所蔽所陷所離所窮是病源之所在墨氏之蔽在於見仁而不見義楊氏之蔽在於見義而不見仁其蔽雖同而所以蔽則異孟子知言如明醫然纔見病證便說病源在何處欲治蔽陷離窮之病在先去其蔽無所蔽便無下面三件蔽之源不一有爲氣稟所蔽有爲物欲所蔽有爲學術所蔽有爲習俗所蔽問去蔽之道當如何曰孔子嘗謂六言六蔽皆基於不好學欲去蔽者當自好聖賢之學始○雲峰胡氏曰集註釋我知言曰識其是非得失之所以然此所謂言之病者其然也所謂心之失者卽所以然也特上文況指天下之言故兼是非得失而知之此則似指告子之言故專於其失者而知之也○新安倪氏曰集註旣釋蔽陷離窮四者而下文則曰其心明乎正理而無蔽然後其言平正通達而無

病又提出蔽之一字者蓋四者之失心起於蔽饒氏謂無所蔽便無下面三件亦其深得集註之意者歟卽其言之病而知其心之失又知其害於政事之決然而不可易者如此非心通於道而無疑於天下之理其孰能之（問孟子知言處說生於其心害於其政先政而後事闢楊墨處說作於其心害於其事先事而後政朱子曰先事而後政是自微而至著先政而後事是自大綱而至節目○慶源輔氏曰孟子之所以能知言也因其言之病而知其心之失是卽其用而知其體也又知其害於政事之決然而不可易者如此是據其始而知其終也非心與理一其於天下之事如燭照數計畧無所疑者何能如是哉不然則知其用者或不知其體見其始者或不見其終者有矣○雙峯饒氏曰政者事之大體事者政之條目心纔不正到處有害政事皆心之所發於大體旣有害則小者可知故曰

發於其政害於其事後篇說作於其事害於其政是倒曰上既有害則大者亦可知○雲峯胡氏曰所謂害者皆指異端之害而言詖淫邪遁之言卽異端之言也其害或先政而後事或先事而後政但言無大無小無不有害不必拘先後也**彼告子者不得於言而不肯求之於心至爲義外之說則自不免於四者之病其何以知天下之言而無所疑哉**新安陳氏曰集註於養氣知言兩節皆解上告子身上以終前不得於言至勿求於心不可之說**程子曰心通乎道然後能辨是非如持權衡以較**音教**輕重孟子所謂知言是也又曰孟子知言正如人在堂上方能辨堂下人曲直**新安陳氏曰此言必有超於衆人之見然後能知衆人之言也**若猶未免雜於**

堂下衆人之中則不能辨決矣問程子之說莫直是驗心通於道者否朱子曰此只是言見識高似他方能辨他是非得失若見識與他一般如何解辨得他○雙峰饒氏曰知言當如何用功程子心通乎道之說便是發明知言之要亦須格物上做來道便是箇權衡以道觀人如持權衡以較輕重無有能逃之者知言便是知道孟子不欲以知道自謂所以只說知言告子以義爲外所以只取必於口全不反求諸心如杞柳之說孟子闢之則又移爲湍水之說第一說用不得又換第二說是之謂遁辭○新安陳氏曰此章甚長頭緒頗多其要旨未易究也知言養氣下集註標出綱領而未及所以能知言養氣之本朱子與郭冲卿帖云孟子之學蓋以窮理集義爲始不動心爲效蓋惟窮理爲能知言惟集義爲能養氣理明而無所疑氣充而無所懼故能當大任而不動心考於本章次第可見矣此章要指惟此帖盡之而無餘蘊集義故能養氣孟子所已言窮理故能知言孟子所

未言心通乎道而無疑於天下之理程子固言之而提綱挈領以示後學未有如朱子此帖之明白周備者也明理以知言知之之事集義以養氣行之之事不出乎知行二者而已此章雖未終於此而正意止於此通考東陽許氏曰敢問夫子惡乎長至必從吾言爲三節附蒙引詖有許多樣詖蔽亦有許多樣蔽詖辭知其所蔽是自其辭如何樣詖便知其心之所蔽者何在非徒泛然知其有蔽而已○生於其心害於其政云云謂蔽陷離窮之失既生於心不但發於言者有詖淫邪遁之病而已必且害於政而所設施之間大綱皆不是了大綱既不是則本根壞而枝葉隨於是衆目俱差了政事亦不必十分分先後故註云又知其害於政事之決然不得似生心害政之先後矣或生於心而害於政或生於心而害於事本無先後害則一時俱害此亦立言一時之不同耳○或問何謂知言章先說害於其政好辨章先說害於其事曰此亦無說必求其說則鑿矣蓋告子與楊墨等是邪說等是詖淫邪遁也非楊

墨之害先事而後政告子之害先政而後事也○蓋所謂知言則只是到知其蔽陷離窮而已然蔽陷離窮不止爲言辭之害又爲政事之害故兼及之然朱子大註於下文却總之曰非心通於道而無疑於天下之理其孰能之則又似皆爲知言之事豈以詖淫邪遁之辭實生於心既生於心必害於政與事邪曰未必然也如此說則是詖淫邪遁之辭害於政事矣以爲辭之害政事不如說心害政事蓋心之病一路發於言一路發於政事言病則政事亦病孟子知言之極所以知其蔽陷離窮之害於政事者何以知之亦不過是因辭之詖淫邪遁而知其心之蔽陷離窮卽就此而併知其蔽陷離窮之害於政事之必然耳豈不亦是知言之事乎如此說則理意昭然矣故孟子嘗曰聽其言也人焉廋哉孔子亦曰不知言無以知人也聖賢之知人最急言語故孟子不曰知道不曰知心不曰知人只說知言然則所以知其蔽陷離窮之生於心而害於政事者非以其言而何哉○饒氏曰孟子不欲以知道自謂所

以只說知言。愚謂說。知道。又不如說。知言之。深知道只是泛說知道理而已。知言則即人之言而探見其心術之隱處。蓋尤難也。能如是則知道又不足言矣○知言最是不易。故前註云。知言者盡心知性。於凡天下之言無不究極其理。而識其是非得失之所以然也。解得亦十分重○生之端徵發之迹著誠云發於其心生於其政則便不通好辨章曰作於其心作起也其端亦微○聖人復起必從吾言此句只帶生於其心四句不連帶上四知說大註云又知其害於政事之決然而不可易○平正對偏詖而言正則不偏平則不陂通達則不窮而遁矣言有詖淫邪遁之四病反之者獨言平正通達何也曰平正原其始通達要其終而淫邪之反者在其中矣○心通於道而無疑於天下之理道以理之本體言理以道之散殊者言心通於道猶云知命也無疑於天下之理猶云不惑也○知言只就知詖淫邪遁亦猶孔子言恕云己所不欲勿施於人一般蓋不欲勿施則所欲者必以施於人矣○顧麟士曰虛齋

云政字不必是有位之政有位無位皆有政也只是大綱如有子言小事大事殆未必然章首明言加齊卿相伯王不異故非布衣事耳○或問聖人復起二句只承生於其心四句何以知之曰此亦無據但以好辨章觀之自是一流語想當然也○養氣知言兩處結尾俱要回顧不動心處方見本領

宰我子貢善爲說辭冉牛閔子顏淵善言德行孔子兼之曰我於辭命則不能也然則夫子既聖矣乎行去聲○說如字

此一節林氏以爲皆公孫丑之問是也林氏名之奇字少穎三山人說辭言語也說如字或讀稅字者非德行得於心而見形甸反於行事者也三子善言德行者身有之故言之親切而有味也公孫丑言數子各有所長而孔子兼之然猶自謂不能於辭命今孟子乃自謂我能知言又善養氣則是兼言語德行而有之然則豈不既聖矣乎此夫子指孟子也問善爲說辭則於德行或有所未至善言德行則所言皆其自己分上事也○朱子曰得之○慶源輔氏曰知言則在我在人一也知其如此則於言語辭命何患不能養氣自集義生豈非德行乎附蒙引善爲說辭大槩只是善辨善言德行善言字輕德行字重善爲說辭則是有言者不必有德善言德行者不期於有言也有德者必有言也○丑於冉牛閔子顏淵不曰有德行而曰善言德行者承上文善爲說辭言見得三子不但善爲說辭而已其所說辭又皆得於躬行心得之餘者也○

○程子曰孔子自謂不能於辭命者欲使學者務本而

已雲峰胡氏曰此段後因公孫丑提出一聖字爲問故專發明一聖字○附蒙黃氏洵饒曰欲使學者務本務本就德行上做工夫○

曰惡是何言也昔者子貢問於孔子曰夫子聖矣乎孔子曰聖則吾不能我學不厭而教不倦也子貢曰學不厭智也教不倦仁也仁且智夫子既聖矣夫聖孔子不居是何言也惡平聲夫聖之夫音扶

惡驚歎辭也昔者以下孟子不敢當丑之言而引孔子子貢問答之辭以告之也此夫子指孔子也學不厭者智之

所以自明教不倦者仁之所以及物再言是何言也以深
拒之(朱子曰)中庸成己仁也。是體。成物智也。是用。此學不
厭智也。是體。敎不倦仁也。是用。○(潛室陳氏曰)仁智
互爲體用。義精仁熟之後。道理縱看橫看皆可。智爲體則
仁爲用。仁爲體則智爲用。○(雙峰饒氏曰)不厭不倦則粘
上聖字說。言學聖人之道而不厭。又以聖人之道敎人而
不倦。○子貢此言與中庸不同。詳見中庸第二十五章。章
句或問載釋論之。(附纂)(黃氏洵饒曰)子思之言主於行。子
貢之言主於知。此乃入德之事。以進學而言。彼乃成德之
事。以行道而言。(附纂引)昔者子貢問於孔子至仁且智夫
子既聖矣。愚每讀此一段。以爲孟子既是不敢當既聖。則
只宜引到聖則我不能。或到我學不厭而敎不倦也亦可。
今乃又引子貢曰學不厭智也敎不倦仁也仁且智夫子
既聖矣。却又自家推說夫聖孔子不居是何言也。爲不可
曉。一說是明孔子雖既聖而猶不自聖。以見己之尤不敢

當也。
昔者竊聞之子夏子游子張皆有聖人之一體冉牛閔子顏
淵則具體而微敢問所安
此一節林氏亦以皆爲公孫丑之問是也一體猶一肢也
具體而微謂有其全體但未廣大耳安處(上聲下同)也公孫丑
復(扶又反)問孟子既不敢比孔子則於此數子欲何所處也
(朱子曰)聖人道大而能博。如游夏得其文學。子張得其威
儀。皆一體也。惟顏淵冉閔氣質不偏。理義完具。獨能具有
聖人之全體。但未若聖人之大而化之。無限量之可言。故
以爲具體而微耳。(附纂引)孔門四科。猶乾道之四德。四德

之元。統亨利貞。四科之德行。亦統乎政事言語文學何也。
有德者必有言。故冉牛閔子顏淵皆善言德行。又顏子王
佐之才。政事之長何如。博我以文。則嘗既竭吾才。其文學
又可知。冉牛閔子雖無事實可據。然舉一亦可以三隅反
矣。
曰姑舍(上聲)是
孟子言且置是者不欲以數子所至者自處也(陵陽李氏曰)問如集
註之說。則孟子猶有不足於顏子歟。(天台潘氏曰)孟子之
志。願學孔子。是誠有不足於顏子者。蓋非不足於顏子以
顏子不幸短命。而未至於聖人之域。前輩云。纔遜第一等
事。與別人做。便是自棄。古人之志大率如此。然立志之後
須要力行。以酬其志。
不可徒有此志也。

曰伯夷伊尹何如曰不同道非其君不事非其民不使治則
進亂則退伯夷也何事非君何使非民治亦進亂亦進伊尹
也可以仕則仕可以止則止可以久則久可以速則速孔子
也皆古聖人也吾未能有行焉乃所願則學孔子也(治去聲)
伯夷孤竹君之長(上聲)子兄弟遜國避紂隱居聞文王之德
而歸之及武王伐紂去而餓死伊尹有莘之處(上聲)士湯聘
而用之使之就桀桀不能用復歸於湯如是者五乃相(去聲)
湯而伐桀也三聖人事詳見此篇之末及萬章下篇(晉齋王氏

曰乃所願則學孔子後四段盡在此句○雲峯胡氏曰孟子以顏子具聖人之體而未極其大故欲學其大者以伯夷伊尹有聖人之德而未極其全故欲學其全者故此以下則專言夫子之聖〔通考〕東陽許氏曰宰我子貢至所願學孔子爲四節願學孔子是答知言以後之意〔附〕蒙引不同道言與己不同道就是姑舍是之意○何如者言夫子肯處之否曰不同道則亦在所不處矣○伯夷無治則進之實事此只是伴說葢論亂則退則治而進必然矣易文言乾初九曰樂則行之憂則違之初九只是憂違曷嘗有樂行之事其並舉言者正是此例○問伯夷何以見其治則進曰如文王作興曰曷歸乎來曰非也此所謂來就養非求仕也○仕止以出處言久速以去就言危邦不入亂邦不居去就也有道則見無道則隱出處也或遠或近或去或不去亦然

伯夷伊尹於孔子若是班乎曰否自有生民以來未有孔子也

班齊等之貌公孫丑問而孟子答之以不同也〔附〕存疑孟子既說願學孔子則孔子優於伯夷伊尹已自可見公孫丑此問亦多矣爲他無見解故有此問爾○蒙引不知是從仕止久速各當其可上說抑以事功上說若止以仕止久速各當其可上說自生民未有孔子則自生民以來聖人不止都是伯夷伊尹之倫耳伏羲神農繼天立極之聖皆是時乘六龍以御天先天弗違後天奉天時者其處孔子之地獨不能仕止久速各當其可乎況舜嘗耕於歷山陶於河濱漁於雷澤此亦時止而止也及膺堯之薦於是納于百揆賓于四門以至於受禪爲天子若固有之是豈當孔子之時不能爲孔子之事而謂自生民未有如夫子之仕止久速各當其可者乎惟以事功言則羣聖之功止於一時而孔子之功垂及萬世葢孔子之功所以集羣聖之大成一世用之一世之治也十世用之十世之治也百世千世以至萬世用之則百千萬世之治也皆其功也如此說則誠有羣聖所未有者此程子事功之說所以最爲有功也然此等事功亦非堯舜不能爲夫子獨能爲之乃其所處之時不同故耳使堯舜若當孔子之時道既不得行於當時則亦必將集先聖之大成以垂法萬世無疑矣若使孔子得爲堯舜亦無此事功矣而謂夫子之聖實有盛於堯舜乎○自生民以來未有孔子也此句似只承上節仕止久速之各當其可而言然以下文敢問其所以異數段證之則又是以事功言大抵孔子只是一個孔子自古聖人則自羲皇堯舜以至伯夷伊尹柳下惠之儔皆古聖人也以孔子之時中言之則伯夷伊尹柳下惠等數聖人所未有以孔子之事功言之則羲皇堯舜等羣聖人所未有蓋孔子一身其時中之道既集伯夷伊尹之大成而其事功之盛又集堯舜禹湯羣聖人之大成也故曰兼說爲盡

曰然則有同與曰有得百里之地而君之皆能以朝諸侯有天下行一不義殺一不辜而得天下皆不爲也是則同與平聲朝音潮

有言有同也以百里而王去聲**天下德之盛也行一不義殺一不辜而得天下有所不爲心之正也**問伯夷伊尹之行一不義殺一不辜而得天下有所不爲何以言之也○朱子曰以其遜國而逃諫伐而餓非道義一介不取與觀之則可見矣○魯齋王氏曰此亦是自反而不縮所以不爲也

聖人之所以爲聖人其根本節目之大者惟在於此於此不同則亦不足以爲聖人矣新安陳氏曰上

文德之盛根本之大也心之正節目之大也大根本節目同而小處不同皆可以言聖人若大處不同則大本已非吾何以觀之哉【附】淺說丑又問二子之於孔子雖不能盡同然既皆謂之聖人則豈無一二之同歟〇蒙引德之盛則近悅遠來所謂仕者皆欲立於王之朝耕者皆欲耕於王之野矣

曰敢問其所以異曰宰我子貢有若智足以知聖人汙不至阿其所好汙音蛙好去聲

汙下也三子智足以知夫子之道假使汙下必不阿私所好而空譽平聲之明其言之可信也朱子曰汙是汙下不平處或是當時方言當屬下句讀〇慶源輔氏曰智足以知聖人則其智識高明矣阿私所好而空譽之則其識趣汙下矣高明與汙下正相反高明則必不至汙下矣反覆極言之以明三子之言必可信耳

宰我曰以予觀於夫子賢於堯舜遠矣

程子曰語聖則不異事功則有異夫子賢於堯舜語事功也蓋堯舜治天下夫子又推其道以垂教萬世堯舜之道非得孔子則後世亦何所據哉問夫子賢於堯舜有論宰我此言之失者南軒張氏曰殊不思孟子引宰我此言爲甚曰遺書謂語聖則不異事功則有異曰便是這箇意思五峰云成一時之勳業有限闡萬世之道學無窮亦是此意〇慶源輔氏曰語聖則不異以其德言也事功則有異就其所爲事與成功而言也堯舜治天下夫子又推其道以垂教萬世此言事功久遠之不同也堯舜之道非得孔子則後世亦何所據哉此言事功始終成就之不同也〇新安陳氏曰後世聖賢之君不作異端漸熾苟非得孔子祖述堯舜以詔後世則無所據依以入堯舜之道矣韓氏有言當時若無孔子今人違堯舜也不識由此言之則孔子爲天地立心爲生民立命爲往聖繼絕學爲萬世開太平其功業豈不賢於堯舜遠哉宰予此言可謂深知孔子其得在言語之科宜矣此孟子所以表而出之於子貢有若之言之先也歟

子貢曰見其禮而知其政聞其樂而知其德由百世之後等百世之王莫之能違也自生民以來未有夫子也

言大凡見人之禮則可以知其政聞人之樂則可以知其德是以我從百世之後差楚宜反等百世之王無有能遁其

情者新安陳氏曰差等猶言品第情實也以見禮知政聞樂知德二句鑒之皆不能逃於洞察之下而見其皆莫若夫子之盛也問見其禮而知其政聞其樂而知其德是謂夫子是謂他人朱子曰只是大槩知此說子貢之意蓋言見人之禮便可知其政聞人之樂便可知其德所謂由百世之後等百世之王莫有能違我之見者所以斷然謂自生民以來未有孔子也子貢以其所見而知夫子之聖如此也一說夫子見人之禮而知其政聞人之樂而知其德由百世之後等百世之王莫有能逃夫子之見者此子貢所以知其爲生民以來未有也然不如前說之順【附】蒙引見其禮而知其政聞其樂而知其德此正是子貢由百世之後等百世之王的訣子言今日見其所遺之禮而可以知其當日之政今日聞其所遺之樂而可以知其當日之德在當日者既與其人俱往矣而禮樂之遺於後者尚未與之俱忘固可即此而推之〇存疑聞樂知德德須兼功說蓋樂以象德象功也

以韶武來看最明○見禮知政自王者言之政是紀綱法度所以爲治者禮是文爲制度所以文飾治道者如體國經野設官分職馭臣馭民皆帝王之設施以爲治者也尊卑上下之等車旗服色之辨賓祭昏喪之儀皆帝王之制作以飾治者也禮與政皆出一心之經畫其飾治者如此則其爲治者可知矣故觀汙尊杯飲之習上古朴畧之政可知矣觀籩豆簠簋之美後世尚文之政可知矣此以帝王言之若在人其見之身者雍容禮度之可觀則設施之合天理當人心亦可知也但此語本意是指王者言這禮是夏禮殷禮吾能言之禮○顧麟士曰按紹聞編夫子分上不復更說禮樂蓋夫子不得位未嘗制禮作樂況子貢親炙夫子又豈待見禮聞樂而後知其德與政哉

有若曰豈惟民哉麒麟之於走獸鳳凰之於飛鳥泰山之於丘垤河海之於行潦類也聖人之於民亦類也出於其類拔

乎其萃自生民以來未有盛於孔子也垤大結反潦音老

麒麟毛蟲之長上聲下同鳳凰羽蟲之長垤蟻封也行潦道上無源之水也出高出也拔特起也特挺然孤特也萃聚也衆所聚之中言自古聖人固皆異於衆人新安陳氏曰此聖人字是汎說從古以來之聖人然未有如孔子之尤盛者也○程子曰孟子此章擴前聖所未發指養氣與知言而言也學者所宜潛心而玩索色栢反也雙峰饒氏曰孟子要學聖人故於子游子夏子張冉牛閔子顏淵皆曰姑舍是伯夷伊尹雖是古聖人然伯夷偏於清伊尹偏於任不若孔子之時中故曰乃所願則學孔子于解孟子與解論語不同論語章句短孟子章句長須要識他全章大指所在又須看教前後血脉貫通而後可○雲峰胡氏曰公孫丑疑孟子動心孟子遂極言養氣知言之功公孫丑疑其知言養氣之旣聖孟子遂極言夫子之聖之盛要之夫子之聖不假乎養氣知言孟子之養氣知言乃學而至聖者也前則深斥告子闢異端也後則推尊孔子承聖道也前後之言若不相貫而實相貫學者味之通考東陽許氏曰伯夷伊尹於孔子至章終爲第五節○涂氏涪生曰孟子養氣之論雖曰擴前聖所未發然遡而求之子思之致中和天地位萬物育是即所謂塞乎天地之間者也附淺說有若之言曰豈惟民有民之類哉夫物則亦有然者麒麟之於走獸同一走之類鳳凰之於飛鳥同一飛之類泰山之於丘垤同一山之類河海之於行潦同一水之類聖人之於民形同性同亦同一人類也但聖人能踐其形能盡其性雖同乎羣類之中而實高出乎羣類之上雖處乎羣萃之內而實特起乎羣萃之表然自生民以來之聖人語其事功未有盛於孔子者也然則孔子其出類拔萃中之

尤者乎今觀三子稱孔子之言則見孔子之聖尤甚於羣聖又豈伯夷伊尹之所得而班乎○蒙引有若本意只是就民類言其日麒麟之於走獸河海之於行潦類也特用以比況耳故下即承之曰聖人之於民亦類也以終首一言之意也而下又繼之曰出乎其類拔乎其萃只承聖人之於民亦類也說不必兼麟鳳山海須觀其意之所主蓋旣露出聖人之於民亦類也則不必復粘泥著麟鳳山海矣彼皆客辭客意也○出乎其類拔乎其萃二句言自古聖人固皆異於衆人也○存疑出乎其類是承亦類也說拔乎其萃又是自出類處說旣出乎其倫類就拔出許多人矣

○孟子曰以力假仁者霸霸必有大國以德行仁者王王不待大湯以七十里文王以百里

力謂土地甲兵之力假仁者本無是心而借其事以爲功者也霸若齊桓晉文是也以德行仁則自吾之得於心者推之無適而非仁也朱子曰以德行仁德非止謂有救民於水火之誠心這德字說得來闊是自己身上事都做得來是無一不備了所以行出來便是仁且如湯不邇聲色不殖貨利至彰信兆民是先有前面底方能彰信兆民救民水火之中若無前面底雖欲救民不可得也武王亶聰明作元后是亶聰明方能作元后救民水火之中若無這亶聰明雖欲救民其道何由○行仁便自仁中行出皆仁之德若假仁便是恃其甲兵之强財賦之多須有如是資力方可服人是假仁之名以欺其衆非有仁之實也○以力假仁仁與力是兩箇以德行仁仁便是德德便是仁○雙峰饒氏曰或引包茅不入昭王不復是假仁曰此是假義不是假仁請問假仁曰救民仁也尊君義也湯放桀武伐紂以救民爲主其事屬仁齊問罪於楚以尊周爲主其事屬義孟子不說假義却說假仁蓋仁包五常言仁則義在其中如伐原示信大蒐示禮皆是假仁處○通考楊氏奐曰三代之前功爲德之輔三代之後功爲德之賊求速效者必入於霸霸者始强而終弱也附蒙引王字或讀如字或讀去聲未知孰是按此章言王霸之辨只宜讀如字謂以力假仁者是霸也以德行仁者是王也○顧麟士曰按紹聞編曰德卽仁而曰以德行仁者此章仁以事言○存疑行仁所該亦廣養民亦是仁教民亦是仁伐罪弔民亦是仁

以力服人者非心服也力不贍也以德服人者中心悅而誠服也如七十子之服孔子也詩云自西自東自南自北無思不服此之謂也

贍時驗反足也詩大雅文王有聲之篇王霸之心誠僞不同故人所以應之者其不同亦如此慶源輔氏曰以力假仁者僞也假而行之終非己有非僞而何以德行仁者誠也所謂誠者成己成物者也己以僞感人以僞應己以誠感人以誠應如形聲影響之相隨蓋不容於有異也○鄒氏曰鄒氏名浩字志完毗陵人以力服人者有意於服人而人不敢不服以德服人者無意於服人而人不能不服從古以來論王霸者多矣未有若此章之深切而著明者也問王霸之別朱子曰以力假仁者不知仁之在己而假之也以德行仁則其仁在我而惟所行矣以執轅濤塗侵曹伐衛之事而觀夫東征西怨虞芮質成者則人心之服與不服可見若七十子之從孔子至於流離飢餓而不去此又非有名位勢力以驅之也孟子眞可謂長於譬喻也○慶源輔氏曰鄒氏以有意無意釋力與德字最爲簡要然其所謂無意者非如木石之無意者無期必之私意耳若夫正心脩身之道則自有不可已者至論自古論王霸未有如是之深切著明者亦爲得之其視董子美玉碔砆之喻荀子降禮尊賢重法愛民與夫曰粹曰駁諸說皆爲優矣○新安陳氏曰王道純乎天理霸之假雜以人欲崇王道黜霸功亦擴天理遏人欲也附蒙黃氏洵饒曰以善服人以善養人重在服養二字此章重在力德二字附蒙引以力服人者一條又是解上節之意言霸者之所以必有大國與王者之所以不待大者其故何也蓋一是以力服人一是以德服人以力服人者其人則旣服之矣然非心服也乃爲力不贍也此非有大國則人得以力拒之矣是故必有大國也若夫以德服人者非有所强也乃其中心悅而誠服也如七十子之服孔子至於困厄流離而不舍去者孔子豈有名位勢力以驅之哉信乎

其爲以德服人者矣故詩云自西自東自南自北無思不服此卽以德服人之說也王之不待大也可見矣○以力服人者謂以力得人之服也非謂用這力去服那人也義亦小異當辨○無思不服言無不心服也故詩傳云無思不服心服也蓋本孟子與中庸神之格思不可度思之思不同○（存疑）上只說以力假仁以德行仁下突說出箇以力服人以德服人蓋以力假仁中已含箇以力服人意以德行仁中已含箇以德服人意○以德服人是以德得人之服不是懷箇心要去服人以善服人是懷箇心要去服人此其不同也○以力假仁者其力足以有爲假仁之名以擧事事益濟矣問有力若不假仁亦能濟事否曰一時亦被他做去只是不光明俊偉亦竟無成爾自古英雄擧事皆必有所憑藉奸如曹瞞猶挾天子以令諸侯若强秦暴項恣爲不道亦卒抵於滅亡矣此可驗也問無力亦假得仁否曰夫假仁者其心術人誰不知只爲他力强無奈何屈服之爾若無力而假仁人誰肯服所以說霸必有大國如漢昭烈本帝室之胄豈是不仁卒不能興復漢室此則兵力寡小不足有爲之明驗也眞仁且爾況假仁乎

○孟子曰仁則榮不仁則辱今惡辱而居不仁是猶惡濕而居下也惡去聲下同

好去聲榮惡辱人之常情然徒惡之而不去上聲其得之之道不能免也（朱子曰）此亦只是爲下等人言若是上等人他豈以榮辱之故而後行仁哉○（蔡氏曰）程子易比卦彖傳曰且得他畏危亡之禍而求所以比輔其民猶勝於全不顧者此章近之

如惡之莫如貴德而尊士賢者在位能者在職國家閒暇及是時明其政刑雖大國必畏之矣閒音閑

此因其惡辱之情而進之以彊上聲仁之事也（新安倪氏曰）禮記表記云畏罪者彊仁謂勉彊行仁也貴德以下皆彊仁之事貴德猶尚德也士則指其人而言之賢有德者使之在位則足以正君而善俗能有才者使之在職則足以脩政而立事國家閒暇可以有爲之時也詳味及字則惟日不足之意可見矣或謂賢者在位能者在職謂賢者有德但使之在位而不任事能者有才所以使之在職而任事（雙峰饒氏曰）如此說則賢者是箇無能底人蓋凡是賢者皆當使之在位然賢者所能却不同就其間使能敷敎者在敷敎之位能治獄者在治獄之位旣有其位便有其職天下豈有無職之位豈有無能之賢○（新安陳氏曰）春秋傳云及猶汲汲也及是時而明政刑卽書所謂吉

人爲善惟日不足之意此一節應仁則榮也（附）存疑貢收賢能正爲脩政明刑用也○德是人之所具士則指其人德字兼下文賢能猶孔子曰才難兼才德也○（蒙引）五命中有云尊賢育才以彰有德此德字兼賢才也○註兩足以字好看是未見於脩政立事然旣有其人則已足以脩政立事正君善俗亦然且正君善俗亦不是空坐無爲者政刑二字盡之矣○賢能依大全當作兩樣人饒氏說以能爲賢者之能也居是位則有是職然者則倂合說亦未爲孟子本意但其謂如此說則賢是箇無能底人亦是蓋賢者未必無能但以人君所以處之者所重在德故置之尊位以正君善俗有德固可兼夫才有才者未必有德如爲宰相亦有宰相之事爲三公亦有三公之職豈皆不任事耶但其所重在德耳○當以下文及是時般樂怠傲相對看問何以必及國家閒暇乃明其政刑也曰戰國之時七雄虎視無日而不干戈之逞無歲而不城野之爭國家多事常是危急存亡之秋故孟子有此云彼般樂怠傲者

方其未閒暇時，亦不得以般樂怠敖，故云及是時。

詩云：迨天之未陰雨，徹彼桑土，綢繆牖戶。今此下民，或敢侮之？徹，直列反。孔子曰：爲此詩者，其知道乎！能治其國家，誰敢侮之？土，音杜。綢，音稠。繆，武彪反。

詩豳風鴟處脂反鴞吁驕反之篇，周公之所作也。迨，及也。徹，取也。桑土，桑根之皮也。綢繆，纏綿補葺七入反也。牖戶，巢之通氣出入處也。予，鳥自謂也。言我之備患詳密如此，今此在下之人，或敢有侮予者乎？周公以鳥之爲巢如此，比

君之爲國，亦當思患而預防之。孔子讀而贊之，以爲知道也。［雲峰胡氏曰］爲此詩者其知道乎，孟子凡兩引之。彼則爲詩者知率性之道，此則爲詩者知治國平天下之道也。［附］［存疑］引詩及孔子之言，是證上節之意。○［蒙引］以迨天之未陰雨比及時，以徹彼桑土綢繆牖戶比明其政刑，以今此下民或敢侮予比雖大國必畏之。○其實鳥雖善爲巢，下民無知者將莫如之何，聊以意逆志可也。大抵纏綿根固，則能免於兒童射擊崩顛之患而已。○鳥之巢在民居之上，故曰下民。○知道只是知道，還他不要說是治國平天下之道，蓋率性之道亦道也，治國平天下之道亦道也，但不宜先說出下文能治其國家，誰敢侮之，道斯在矣。知道云者，其知此而已。知道是通套字，雲峰之說雅也。○顧麟士曰：能治二句，亦孔子語。能治者，云制治於未亂，保邦於未危也。

今國家閒暇，及是時般樂怠敖，是自求禍也。般，音盤。樂，音洛。敖，音傲。

言其縱欲偷安，亦惟日不足也。［雙峰饒氏曰］般樂則不暇明其政刑，怠敖則不暇貴德尊士。○［新安陳氏曰］及是時而縱欲偷安，亦書所謂凶人爲不善，惟日不足之意。此一節應不仁則辱也。［附］［蒙引］正韻：般，旋也，運也。般樂，蓋樂而又樂，樂而忘返，故有般旋之意。此所謂縱欲也。怠，惰也。傲，恣慢也。此所謂偷安也。般樂以動言，怠傲以靜言。○般樂怠傲，不恤政刑也；不恤政刑，無求於賢才，而惟姦諛是崇是用矣。自與本文相反對，不必如饒氏所分。

禍福無不自己求之者。

結上文之意。［新安陳氏曰］仁榮，福也。不仁之辱，禍也。皆自己求之。

詩云：永言配命，自求多福。太甲曰：天作孽，猶可違；自作孽，不可活。此之謂也。孽，魚列反。

詩大雅文王之篇。永，長也。言，猶念也。配，合也。命，天命也。此言福之自己求者。太甲，商書篇名。孽，禍也。違，避也。活，生也。書作逭。逭，音喚。逭，猶緩也。此言禍之自己求者。［蔡氏曰］及時明政刑，自求福也。仁榮者如此。及時而樂敖，自作孽也。不仁之辱如此。○［新安陳氏曰］記云：仁者安仁，智者利仁，畏罪者強仁。此因戰國諸侯惡辱而勉以行仁，止畏罪強仁之事，勉之存天理而享仁之榮，戒之徇人欲以遠不仁之辱，亦遏人欲，養天理也。○［附］［蒙引］詩曰：無念爾祖，聿脩厥德。永言配命，自求多福。傳：二章發語辭，言欲念爾祖，在於自脩其德，而又常自

省察。使其所行無不合於天理。則盛大之福自我致之。有
不求而自得矣。○言猶念也。凡人所存所念往往於言語
間見得。不曰永念而曰永言。亦見古人心口如一之意。○
命天命。詩作天理。天作孽如水火盜賊之災。誠猶可避。至
於放辟邪侈以陷乎罪。姦盜詐僞以失其身者。是眞
無所逃於天地之間。而舉天地之間皆爲牢獄也。

○孟子曰尊賢使能俊傑在位則天下之士皆悅而願立於其朝矣 朝音潮

俊傑才德之異於衆者。雙峰饒氏曰。俊傑。謂人中之俊傑者。卽指賢者而言。尊賢使能。便是
俊傑在位。尊非禮貌之虛文。與之共天位。治天職。以至去
讒遠色賤貨貴德。皆尊賢之道。附存疑尊賢是隆之以禮
貌。不但委之以事任也。使能是隨才
任使。亦非無禮貌。但比賢有間爾。

市廛而不征法而不廛則天下之商皆悅而願藏於其市矣

廛市宅也張子曰或賦其市地之廛而不征其貨 禮記王制古者
公田藉而不稅。市廛而不稅。關譏而不征。通考趙氏惠曰
廛市者貨財諸物邸舍之稅。所謂列肆之之稅。王制疏市
內空地曰廛城
內空地曰肆 或治以市官之法而不賦其廛 周禮地官司徒司市
市官掌市之治教政刑量度禁令以次敘分地而經市以
陳肆辨物而平市以政令禁物靡而均市以商賈音古阜
貨而行布以量度成賈價同而徵儥音育以質劑卽隨反
結信而止訟爾雅劑齊也質劑謂兩書一札而別之也若
今手書言保物要還矣以賈音古民禁僞而除詐以刑罰
禁虣皮告反而去盜以泉府同貨而斂賒大市日昃昃同
而市百族爲主朝市朝時而市商賈
爲主夕市夕時而市販夫販婦爲主 蓋逐末者多則廛以

抑之少則不必廛也 朱子曰。市廛而不征。謂使居市之廛者。各出廛賦若干。如今人賃鋪面相
似。更不征稅其所貨之物。法而不廛。則但治之以市官之
法而已。雖廛賦亦不取之也。問古之爲市者。以其所有易
其所無者。有司者治之耳。此是周禮市官之法否。曰然。如
漢之獄市之類。皆是古之遺制。○問市廛此市在何處。曰
此都邑之市。國都如井田樣畫爲九區。面朝背市。左祖右
社。中一區君之宮室。宮室前一區爲外朝。朝會藏庫之屬
皆在焉。後一區爲市。市四面有門。每日市門開則商賈百
物皆入。惟民得入。公卿大夫士皆不得入。入則有罰。市官
之法。如周禮司市平物價。治爭訟。譏察異服異言之類。左
右各三區。皆民所居。外朝一區。左則宗廟。右則社稷。此國
君都邑規模之大概也。附存疑廛市宅也。本是死字。今却
作活字用。蓋取其稅也。○逐末者多。則廛以抑之。少則不
必廛也。多少以貨言。○廛而不征。法而不廛
之廛。是活字。廛無夫里之布之廛。是死字。

關譏而不征則天下之旅皆悅而願出於其路矣

解見形甸反前篇 雙峰饒氏曰。關譏之制。凡衆途所會之地。則立關以限之。行旅有節傳方可度關。以
此稽考其來歷。以防姦宄。節是使者所持之節。傳如今脚
引及州縣移文。或用節或用傳。周禮所謂以節傳出納之
者是也。

耕者助而不稅則天下之農皆悅而願耕於其野矣

但使出力以助耕公田而不稅其私田也

廛無夫里之布則天下之民皆悅而願爲之氓矣 氓音盲

周禮宅不毛者有里布民無職事者出夫家之征鄭氏謂

宅不種桑麻者罰之使出一里二十五家之布民無常業
者罰之使出一夫百畝之稅一家力役之征也周禮地官司徒載師
職凡宅不毛者有里布田不耕者出屋粟民無職事者出
夫家之征鄭司農云宅不毛者謂不樹桑麻也里布者布
參印書廣二寸長二尺以爲幣貿易物詩云抱布貿絲貿
此布也或曰布泉鄭玄曰宅不毛者罰以一里二十五家
之布空田者罰以三家之稅粟以共吉凶二服及喪器也
民雖有閒無職事者猶出夫稅家稅也夫稅者百畝之稅
家稅者出士徒車輦給繇役〔通考〕趙氏惪曰
廛者一夫所受之宅里者一廛所居之地今戰國時一
切取之市宅之民已賦其廛又令平聲出此夫里之布非先
王之法也氓民也問一里二十五家之布〔朱子曰〕亦不可
考又問民無常產者罰之如何恁地重

曰後世之法與此正相反農民賦稅丁錢却重而游手浮
浪之民泰然都不管他○〔慶源輔氏曰〕先王之政宅不種
桑麻與閑民無職事者上之人皆有法以抑之此所以當
其盛時民皆著業而無游手與貧困者所謂窮民不過鰥
寡孤獨者而已戰國時如夫里之布一切取之皆末流之
害縱人欲滅天理者也○〔雙峰饒氏曰〕家征是力役之征
如今庶役夫征是粟米之征卽百畝之稅如今輸租里布
是布縷之征卽五畝之稅如今納絹附顧麟士曰布本訓
臬卽錢今作布縷之
征非古也然亦通
信能行此五者則鄰國之民仰之若父母矣率其子弟攻其
父母自生民以來未有能濟者也如此則無敵於天下無敵
於天下者天吏也然而不王者未之有也

呂氏曰奉行天命謂之天吏廢興存亡惟天所命不敢不
從若湯武是也〔雙峰饒氏曰〕吏君所命天吏天所命君所
命者可以刑人殺人凡有罪者得而刑殺
之天所命者可以征人伐人凡暴亂之國皆得而征伐之
附〔蒙引〕上五條且條舉王道而言其理如此此則言當時
人君誠
能云云○此章言能行王政則寇戎爲父子不行王政則
赤子爲仇讎〔雙峰饒氏曰〕無敵於天下一句乃是此章之
大旨蓋能行王者之政則可以興王者之治但行王
政以恤其民使吾國之民仰之若父母則天下之民亦仰
之若父母矣如此則東征西伐何向不服不然吾國之民
亦仇敵也況鄰國乎○〔新安陳氏曰〕欲除後世過取以奉
其私之弊而一行之以先王之
法皆所以遏人欲擴天理也

○孟子曰人皆有不忍人之心
天地以生物爲心而所生之物因各得夫音扶天地生物之
心以爲心所以人皆有不忍人之心也〔朱子曰〕無天地生
物之心則沒這身
纔有這血氣之身便具天地生物之心矣○天地以生物
爲心天包著地別無所作爲只是生物而已譬如甑蒸
飯從裏面蒸上到上面又下來只管在裏面滾便蒸得熟
天地卽是包得許多氣在這裏無出處滾一番便生一番
物所謂爲心者豈切切然做似磨子相似只會磨出這物
事○〔雙峰饒氏曰〕人心慈愛惻怛纔見人便發將出來更
忍不住所以謂之不忍人仁之爲德在天地則爲生物之
心在人則爲不忍人之心天地能生物人不能生物但是
愛人之心卽是生物之心程子云惻隱之心人之生道也
正此之謂○〔西山眞氏曰〕天地造化無他作爲惟以生物

爲事。觀夫春夏秋冬，往古來今，生意周流，何嘗一息間斷。天地之心，於此可見。萬物從天地生意中出，故物物皆具此理，何况人爲最靈，宜乎皆有不忍人之心也。○〔新安陳氏曰〕不忍即是仁，忍則非仁。性中有此仁，發出來便是不忍人之心。所以後面提起所以謂人皆有不忍人之心者，便指出惻隱之心以當之。見孺子將入井而惻隱者何也？蓋不忍見此子之如此也。若見此而不動心，則頑忍非人矣。天地之大德曰生，人得天地之德曰好生，好生之德即所謂得天地生物之心以爲心也。〔附〕〔存疑〕此章首兩節當做一章大旨看，重在擴充上看。程子總註人皆有是心，惟君子爲能擴而充之句可見。自所以謂人皆有不忍人之心以下，是申說人皆有不忍人之心。自凡有四端於我者以下，是申說人當如先王有以推不忍人之心。人之有是四端節，是結上文起下文之意。○〔淺說〕仁者人之心，推者心之法。孟子此章之意不過如此。○〔蒙引〕天地無心而成化，此何以云以生物爲心邪？曰：天地別無勾當，只是生物而已，則其所主宰者在此，此便有心之道。畢竟天地之心不得似人心之靈活，何也？動物則有知覺，故其爲心也活；靜物便不如此矣。此動靜之分也。草木亦是靜類，不能運動。或曰：水動物也，何以亦無心？曰：水對山則爲動，其實亦靜也。其流行澎湃衝激號鬧者，勢之所激也；其潮汐者，氣之噓吸所使也。草亦隨風而動耳。○春夏主生，秋冬主成，同歸於生物也。○問：人皆有不忍人之心，是說性是說情？曰：是亦情也。○人皆有不忍人之心，此一句兼四端，是專言之仁；後是偏言之仁。○不忍人，忍字是反字。饒氏謂人心慈愛惻怛，才見人便發將出來，更忍不住者，非是。

不忍人，不忍害人也。

先王有不忍人之心，斯有不忍人之政矣。以不忍人之心，行不忍人之政，治天下可運之掌上。

言衆人雖有不忍人之心，然物欲害之，存焉者寡，故不能察識而推之政事之閒。惟聖人全體此心，仁之體。隨感而應，仁之用。故其所行無非不忍人之政也。〔雙峯饒氏曰〕斯猶即也。○聖人之心無物欲之蔽，纔有不忍人之心，即有不忍人之政，不待充廣而後能也。若衆人則須待充廣。○〔西山眞氏曰〕人有是心而私欲間斷之，故不能達之於用。惟聖人全體此心，私欲不雜，故有此仁心，便有此仁政，自然流出，更無壅遏。天下雖大，運以此心而有餘矣。〔附〕〔蒙引〕先王有不忍人之心，斯有不忍人之政者，胸中無一物以障之，故天理自然流出，無壅蔽也。衆人雖有不忍人之心，然物欲害之，則爲他隔著，流不出來矣。故人皆有所不忍，而又須達於其所忍也。達之於其所忍，則須察識擴充。○治天下可運之掌上，蓋以不忍人之心，行不忍人之政，則老者衣帛食肉，黎民不飢不寒，然而天下不治者，未之有也。○人皆有不忍人之心，此句如云人皆有之；先王有不忍人之心，此條如云賢者能勿喪耳，非爲先王詳也。故下條即接之云所以謂人皆有不忍人之心者。不然，是隔著先王一段了。

所以謂人皆有不忍人之心者，今人乍見孺子將入於井，皆有怵惕惻隱之心。非所以內交於孺子之父母也，非所以要譽於鄉黨朋友也，非惡其聲而然也。怵音黜。內讀爲納。要平聲。惡去聲，下同。

乍，猶忽也。怵惕，驚動貌。惻，傷之切也。隱，痛之深也。此即所謂不忍人之心也。〔慶源輔氏曰〕怵惕，心驚懼而起念之意。緣卒乍而見，故心驚懼而動也。惻隱由傷切而痛深，自淺而深，皆所以名狀不忍人之心，可謂善形容矣。內，結。要，求。聲，名也。言乍見之時便有此心隨見而發非由此三者而然也程子曰滿腔苦江反子是惻隱之心〔朱子曰〕腔子猶言軀殼耳滿腔子只是言充塞周徧本來如此是就人身上指出理充塞處最爲親切若於此見得則萬物一體更無內外之別若見不得却去腔子外尋則莽莽蕩蕩無交涉矣又曰腔子身裏也言滿身裏皆惻隱之心在腔子裏亦只云心在身裏滿這箇軀殼都是惻隱之心纔觸著便是這箇物事出來大感則大應小感則小應〔勉齋黃氏曰〕陵陽李氏謂腔子指人身言天地間充塞上下渾然生物之意無有空處人得此以爲心則亦四體百骸充塞偏滿無非此惻隱之心觸處卽是無有欠缺也此說極是〔通考〕朱子曰滿腔子是惻隱之心不特是惻隱之心滿腔子是羞惡之心滿腔子是辭遜之心滿腔子是是非之心彌滿充塞都無空缺處謝氏曰人須是識其眞心方乍見孺子入井之時其心怵惕乃眞心也非思而得非勉而中去聲天理之自然也內交要譽惡其聲而然卽人欲之私矣〔朱子曰〕方乍見孺子時也著手脚不得縱有許多私意也未暇思量到問心所發處不一便說惻隱如何曰惻隱之心渾身皆是無處不發如見赤子有惻隱之心見一蟻亦豈無此心○如孺子入井如何不推得其他底出來只推得惻隱之心出來蓋理各有路如做得穿窬底事如何令人不羞惡偶遇一人衣冠而揖我我便亦揖他如何不恭敬事有是非必辨別其是非試看是甚麽去感得他何處一般出來○惡其聲是惡被不救人之名○〔西山眞氏曰〕孺子未有所知而將入於井乍見之者無問賢愚皆有傷痛之心方此心驟發之時非欲以此內交非欲以此干譽非欲以避不仁之名也倉卒之間無安排矯飾而天機自動此所謂眞心也○〔雲峰胡氏曰〕集註與謝氏皆看得乍見二字緊蓋

惟倉卒忽然而見之時此心便隨所見而發正是本心發見處若旣見之後稍涉安排商量便非本心矣〔附〕〔蒙引〕非惡其聲而然也是惡被不救人之名眞氏謂不仁之名愚謂今人乍見孺子將入於井皆有怵惕惻隱之心只是乍見時光景未說至救處亦當辨也只用不仁之名說然旣怵惕惻隱則隨而救之矣○腔子是指身不是指心滿身都是這生生之心所在也凡知痛癢處都是仁腔子是活套字不指竅子也

由是觀之無惻隱之心非人也無羞惡之心非人也無辭讓之心非人也無是非之心非人也惡去聲下同

羞恥己之不善也惡憎人之不善也辭解使去己也讓推吐雷反以與人也是知其善而以爲是也非知其惡而以爲非也人之所以爲心不外乎是四者故因論惻隱而悉數上聲之言人若無此則不得謂之人所以明其必有也問上蔡見明道先生舉史文成誦明道謂其玩物喪志上蔡汗流浹背面發赤色明道云此便是惻隱之心公且道上蔡聞得過失恁地慚惶自是羞惡之心如何却說道見得惻隱之心久之〔朱子曰〕惟是有惻隱之心方會動若無惻隱之心却不會動惟是先動方始有羞惡方始有恭敬有是非動處便是惻隱若不會動却不成人若不從動處發出所謂羞惡者非羞惡所謂恭敬者非恭敬是非者非是非天地生生之理這些動意未嘗止息看如何梏亡亦未嘗盡消滅自是有時而動學者只怕間斷了○羞惡辭讓是非雖與惻隱並說但此三者皆是自惻隱中發出來因有惻隱後方有此三者惻隱比三者又較大○或問孟子專論不忍人之心而後乃及乎四端何也曰不忍之心卽惻隱之

謂也性之德為仁義禮知而一以包三者仁也情之發為四端而一以貫三者惻隱也然則其言之安得無先後之別耶○慶源輔氏曰人之所以為心雖不外是四者然仁則又貫乎三者之中故此因論惻隱而悉數之也至於言人若無此心則非人也者所以明其必有而使人知反求之於己也○西山眞氏曰孟子始言惻隱之心至此則兼羞惡辭讓是非而言者蓋仁為衆善之長有惻隱則三者從之矣惻隱不存三者亦何有哉然賦形為人孰無此心苟無此心則非人矣所謂無者豈其固然哉私欲閉塞而失其本眞耳○莆田黃氏曰由是觀之是字指孺子入井一事說論惻隱便引箇羞惡辭讓是非之心出來【附】淺說無惻隱之心非人也人則必有惻隱之心矣惻隱之心無所不貫而所謂羞惡辭讓是非者皆待是心之動而始有也故既有惻隱之心則自有羞惡辭讓是非之心矣○蒙引是非是活字是其所是非其所非也

惻隱之心仁之端也羞惡之心義之端也辭讓之心禮之端也是非之心智之端也

惻隱羞惡辭讓是非情也仁義禮智性也心統性情者也

朱子曰性者心之理情者心之用心者性情之主○性是靜情是動心兼動靜而言統如統兵之統心有以主宰之也動靜皆主宰非是靜時無所主及至動時方有主宰也○新安陳氏曰性情字皆從心心涵養此性心統性也心節制此情心統情也性如在營之軍情如臨陣之軍皆將實統之心統性情當以是觀焉又曰此六字橫渠語

端緒音序**也**

潛室陳氏曰端者端倪也物之緒也譬之繭絲外有一條緒便知得內有一團絲若其無絲在內則緒何由而見於外○莆田黃氏曰註謂端首也疏謂端本也集註以為緒也如繰絲然先尋其緒則千絲萬絲續續而上

因其情之發而性之本然可得而見猶有物在中而緒見形甸反**於外也**

問四端之端集註以為端緒向見蔡季通說端乃是尾如何朱子曰以體用言之有體而後有用故端亦可謂之尾若以始終言之則四端是始發處故亦可以端緒言之二者各有所指自不相礙也○問孟子說仁義禮智義在第二太極圖以義配利則在第三曰仁義禮智猶言東西南北元亨利貞猶言東南西北一箇是對說一箇是從一邊說起○問元亨利貞有次第仁義禮智因感而發則無次第曰發時無次第生時自有次第○四端八個字每字是一意惻是方惻然有此念起隱是惻然後隱痛比惻為深羞者羞己之惡惡者惡人之惡辭者辭己之物讓者推與他人是非自是兩樣分明但仁是總名若說仁義便如陰陽若說四端便如四時若分四端八字便如八節○惻隱自是情仁自是性性即是這道理仁本難說中間却是愛之理發出來方有惻隱義却是羞惡之理發出來方有羞惡禮却是辭遜之理發出來方有辭遜智却是是非之理發出來方有是非仁義禮智是未發底道理惻隱羞惡辭遜是非是已發底端倪如桃仁杏仁是仁到得萌芽却是惻隱又曰仁義禮智本體自無形影要捉模不著只得將他發動處看却自見得程子云以其惻隱知其有仁此八字說得最親切分明也不道惻隱便是仁又不道掉了惻隱別取一個物事說仁○惻隱羞惡多是因逆其理而見惟有所可傷這裏惻隱之端便動惟有所可惡這裏羞惡之端便動若是事親從兄又是自然順處見之○一心之中仁義禮智各有界限而其性情體用又各自有分別須是見得分明然後就此四者之中又自見得仁義兩字是個大界限如天地造化四序流行而其實不過於一陰一陽而已仁字是個生底意思通貫周流於四者之中仁固仁之本體義則仁之斷制禮則仁之節文智則仁之分別也正如春之生氣貫徹四時春則生之生也夏則生之長也秋則生之收也冬則

生之藏也。〇〔北溪陳氏曰〕四端之說是說外面可見底以驗其中之所有性是有四者之體故四者端緒自然發見於外〇〔潛室陳氏曰〕性是太極渾然之全體本不可以名目言孟子時異端蠭起往往以性爲不善孟子苟但曰渾然本體則恐爲無星之秤無寸之尺而終不足以曉天下於是別而言之界爲四破而四端之說於是乎立蓋四端之未發也雖寂然不動而其中自有條理自有間架不是儱侗都是一物所以外邊纔動其中便應如赤子之事感則仁之理便應而惻隱之心形如蹴爾嘑爾之事感則義之理便應而羞惡之心形如過朝廷過宗廟之事感則禮之理便應而恭敬之心形如妍醜美惡之事感則智之理便應而是非之心形蓋由其中間衆理渾然各各分明故外邊所遇隨感隨應析而四之以示學者使知渾然全體之中粲然有條如此則性之善可知矣然四端之未發也渾然全體之理無聲臭之可言無形象之可見何以知其粲然有條如此蓋是理之可驗乃依然就他發處驗得凡物必有本根而後有枝葉見其枝葉則知其本根性之理雖無形而端緒之發則可驗〇〔雙峰饒氏曰〕孟子論性唯是這一章說得最分曉〔通考〕〔朱子曰〕性是靜情是動心則兼動靜而言統猶兼也性情皆出於心故心能統之統如統兵之統言有以主之也仁義禮智是心統性惻隱羞惡辭遜是非是心統情〇〔陳氏櫂齋曰〕情者性之動也實有此性不能不發動其發者性之實也是爲情卽孟子四端惻隱羞惡辭讓是非之心是也故情字當訓實字

人之有是四端也猶其有四體也有是四端而自謂不能者自賊者也謂其君不能者賊其君者也

四體四肢人之所必有者也自謂不能者物欲蔽之耳〔附〕淺說有是四端而自謂不能擴而充之者是置其身於不善之地而自賊者也謂其君不能而不勉之以行仁政者是引其君於不善之地而賊其君者也爲臣者其忍賊其君乎愛其身者其肯甘心於自賊乎不甘自賊則當擴而充之矣誠使凡有四端於我者云云〇〔顧麟士曰〕自謂不能亦指君而言蓋此章亦爲當時諸侯發也〇〔劉上玉曰〕不能卽下能充不能充意但且渾

凡有四端於我者知皆擴而充之矣若火之始然泉之始達苟能充之足以保四海苟不充之不足以事父母擴音廓

擴推廣之意充滿也四端在我隨處發見見形甸反知皆兩字緊要卽此推廣而充滿其本然之量量去聲則其日新又新將有不能自已者矣能由此而遂充之則四海雖遠亦吾度內無難保者不能充之則雖事之至近而不能矣〇〔朱子曰〕人之要收入來如求放心章是也在內者又要推出去此章是也孟子一部書皆是此意大抵一收一放一闔一闢道理森然〇問推與充字曰推是從這裏推將去如老吾老以及人之老幼吾幼以及人之幼到得充則填得來滿了如注水相似推是注水下去充則注得器滿了蓋仁義之性本自可以充塞天地若自不能充廣則無緣得這殼子滿只是空殼子〇問知字是重字還是輕字曰不能擴充者正爲不知都只是冷過了若能知而擴充其勢甚順如乘快馬放下水船相似〇問兩說充字未曉曰上只說知皆擴而充之只說知得了要推廣以充滿此心之量下云苟能充之足以保四海是能充滿此心之量上帶知皆擴字說下就能充滿說惟擴而後能充能充則不必說擴矣〇此心之量本足以包括天地兼利萬物只是人自不能充滿其量所以推不去或能推之於一家而不能推之於一

國或能推之於一國而不足以及天下此皆是未足以盡其本然之量須是充滿其量自然足以保四海〇雙峯饒氏曰集註即此推廣是釋擴字滿其本然之量是釋充字自親親而仁民而愛物推至於無一民一物之不愛是充仁之量自一事之得宜推至於無一事之不得宜是充義之量禮智皆然人能充廣則四端之流行發達常如火始然泉始達其勢方張而不可遏便由此而可以燎原赴海若不能充廣則如火始然而即滅泉始達而即壅便只恁地休了所以集註云日新又新新字正是發明二始字之意問四端衆人皆有若擴充似非衆人所能曰知皆擴而充之其緊要在知字皆字衆人之中若有能知所以擴而充之又於四者皆能擴而充之則便是人中之君子但患人不知不爲耳〇張氏彭老曰朱子云若以始終言之則四端是始發處端訓始字尤切如發端履端開端之類皆始也孟子既言之凡有四端若火始然泉始達始然便是火之端始達便是泉之端惻隱羞惡便是仁義之端此心始動乃是情可爲善處是心也人皆有之然不能無智愚之異由充與不能充而已如乍見孺子將入井看是何等人皆有惻隱之心此所謂仁之端苟能因此擴而充之其仁將不可勝用不能充廣天理纔動人欲便萌於是納交等心生循是而人欲日長天理日消而仁之端斬然矣此自謂不能者也始於充與不能充之分終乃天壤隔焉〇雲峯胡氏曰集註於盡心曰盡其心之量此則曰充滿其本然之量須看朱子如何下一量字蓋體無所不具用無所不周此心之量本如是其大也知性則有以盡此心本然之量知此性之發而擴充之則有以滿此心本然之量附語類知皆擴而充之即是苟能知去擴充則此道漸漸生長如火之始然泉之始達中間矣字文勢不斷〇蒙引擴推廣之意蓋有所不忍而達之於其所忍也有所不爲而達之於其所爲也即中庸所謂致曲〇若火始然泉始達所以日新又新有不能自已如此者蓋因其有而有易爲力也若非本性所有安得一擴充之而遂沛然燁然之

不可禦〇事父母亦須用四端無四端則不孝矣何以事父母〇存疑知皆擴而充之重在知與擴上是方知去推廣欲使其充滿也苟能充之是承上面知擴說來蓋既知去推廣使其充滿用功久之遂能充滿也知與擴是用功之始能與充是用功之成〇若火始然若泉始達言善端之發勃勃充長日新月盛其勢不可遏也彷彿生則惡可已意曰蒙引苟能充之足以保四海是仁無所不愛義無所不宜禮無所不敬智無所不明愚謂充之與致中和一般禮樂刑政皆在所充之內〇蒙引大註知皆即此而充滿其本然之量一此字指上文四端在我隨處發見者言又云能由此而遂充之此字又指知皆即此推廣而充其本然之量則其日新又新將有不能自已者言二此字所指不同〇至於足以保四海則亦治天下可運之掌上矣〇此章大抵亦如仁則榮及矢人豈不仁於函人哉二章皆爲當時諸侯發

〇此章所論人之性情心之體用本然全具而各有條理如此學者於此反求默識而擴充之則天之所以與我者可以無不盡矣慶源輔氏曰集註反求默識者格物致知窮理之事也擴充之者誠意正心力行之事也既能窮理又能力行則天之所以予我仁義禮智之性可以各各充滿其量而無遺憾矣前言日新又新將有不能自已所以言其推廣之意於其始也此言天之所以與我者可以無不盡矣所以言充滿於其後之意也**〇程子曰人皆有是心惟君子爲能擴而充之不能然者皆自棄也然其充與不充亦在我而已矣**雲峯胡氏曰性也心之體其未發也本然全具情者心之用其初發也各有條理反求默識知之事擴充行之事至於天之與我者無不盡即是盡心而知之無不盡盡性而行之無不盡也**又曰四端不言信者既有誠**

心爲四端則信在其中矣愚按四端之信猶五行之土無定位無成名無專氣而水火金木無不待是以生者故土於四行無不在於四時則寄王去聲焉其理亦猶是也

朱子曰四端不言信如實是惻隱實是羞惡信便在其中○土於四時各寄王十八日或謂王於戌巳然季夏乃土之本宮故尤王於夏末月令載中央土者以此○潛室陳氏曰五行無土位位在四象之中五常無信位信在四端之中○雲峰胡氏曰按饒氏云以四方論之土無定位無成名無專氣以五方論之亦未嘗無定位成名專氣不可執一看愚見朱子之說是就五方看方見得試以河圖看之五土居中似有定位然三八木位乎東不可以西一六水位乎北不可以南如中閒五土則自具五方而於東西南北無所不該似有定位而實無定位也一二三四各因五而後成七八九六故於四季各寄王十八日水火金木各專生長收藏之一氣而各成生長收藏之一名然無土皆不可是則土無專氣而氣無所不貫土無成名而名無所不成就四方看如此就五方看亦如此似不必分也分看則論土於四行之外是猶論信於四端之外合看則土實在四行之中而信在四端之中也○新安陳氏曰此章始專以不忍人之仁言繼因體驗惻隱之心而悉及羞惡辭讓是非之心貫四者一仁也惟聖人能以是心行是政安而行之者也惟君子能知其本有是心而擴充之勉而行之者也若衆人則不能識察不能擴充此心雖發隨發隨泯眞自棄也又按人皆有不忍人之心同此天理也物欲害之則天理之存焉者寡矣見孺子而惻隱天理也內交之類即人欲矣四端能充不能充之分判於擴天理與徇人欲而已此章亦在於遏人欲擴天理也○通考東陽許氏曰此章七節第一節言人心皆有仁二節言先王全此仁以實人之皆有是心三節就人易曉處指出使人體認此心四節併言義禮智各有所發皆是本然之性六節言四者人所共得不可自棄七節言因發處察識而推充之工夫全在此後一節附蒙引成名之名職名也不然則既名曰土矣又何謂無成名○不可以土爲四行中之太極也蓋五行皆器也太極其理之全體也

○孟子曰矢人豈不仁於函人哉矢人惟恐不傷人函人惟恐傷人巫匠亦然故術不可不愼也

函甲也惻隱之心人皆有之是矢人之心本非不如函人之仁也巫者爲去聲人祈祝利人之生匠者作爲棺槨利人之死新安陳氏曰此只借以術之當擇說起引上人當擇仁而處之附蒙引此術字不只是藝術而已○惻隱之心人皆有之性之本善也矢人惟恐不傷人匠者利人之死習之不美也術之不善也

孔子曰里仁爲美擇不處仁焉得智夫仁天之尊爵也人之安宅也莫之禦而不仁是不智也焉於虔反夫音扶

里有仁厚之俗者猶以爲美人擇所以自處上聲而不於仁安得爲智乎此孔子之言也新安陳氏曰孔子之意本言擇里孟子引之以證擇術微有不同集註於此只以孟子之意釋孔子之言故與語註小異仁義禮智皆天所與之良貴而仁者天地生物之心得之最先而兼統四者所謂元者善之長上聲也故曰尊爵問仁天之尊爵先生解曰仁者天地生物之心得之最先如何

是得之最先〔朱子曰〕人得那生底道理所謂心生道也有是心斯有是形以生也○〔新安陳氏曰〕元者善之長也此句出易乾卦文言引以爲證元者生意之始爲亨利貞之長

在人則爲本心全體之德有天理自然之安無人欲陷溺之危人當常在其中而不可須臾離去聲者也故曰安宅此又孟子釋孔子之意以爲仁道之大如此而自不爲之豈非不智之甚乎〔慶源輔氏曰〕五性皆人心之德而仁則周貫乎四者之中故爲本心全體之德天理有則而不流故有自然之安人欲横流而無止故有陷溺之危克盡人欲純是天理方始是仁此所以有安而無危也人當常處其中而不可須臾離即所謂依於仁造次必於是顚沛必於是之意此聖門學者必以求仁爲先務也○〔西山眞氏曰〕仁乃我所自有苟欲爲之誰能止者

乃甘心於不仁豈非不智乎故仁智二者常相須焉不仁斯不智矣下文言之不智斯不仁矣此是也〔通考〕〔東陽許氏曰〕集註本心全體之德以仁之體言人當常在其中而不可須臾離兼其用言附〔蒙引〕得之最先已有尊爵之義兼統四者亦爲尊爵之義○仁義禮智皆天所與之良貴此句於爵字見仁者天地生物之心得之最先而兼統四者此句於尊字始見○以用工之序言則先智而後仁以自然之理言則先仁而後智故上文云莫之禦而不仁是不智也下云不仁不智○〔存疑〕論語處仁指仁里言此處仁指仁道言

不仁不智無禮無義人役也人役而恥爲役由弓人而恥爲弓矢人而恥爲矢也由與猶同

以不仁故不智不智故不知禮義之所在〔慶源輔氏曰〕不仁則頑然不覺故不智不智則懵然無知故不知禮義所在附〔蒙引〕夫人之所以不仁者固由於是非之心不明然既以是非之心不明而不爲仁則其心日益昏蔽而自此又不智矣不智則懵然無知又何有於禮義是其身無一善之足貴而自流於汙賤之歸矣○昧於擇術便是不智不仁不智了方爲人役○〔存疑〕不仁不智無禮無義則德不足以服人彼有德有力者皆足以服我而我當爲之役矣故曰人役也○弓矢人如何恥爲弓矢攻於小藝以供民用是不能大有爲以服役人故自羞恥不能自强以服役人但爲人役而恥之亦猶是也

如恥之莫如爲仁

此亦因人愧恥之心而引之使志於仁也不言智禮義者仁該全體能爲仁則三者在其中矣附〔存疑〕如恥之莫如爲仁爲仁如何前章

貴德而尊士云云則爲之仁也

仁者如射射者正己而後發發而不中不怨勝己者反求諸己而已矣中去聲

爲仁由己而由人乎哉〔雙峯饒氏曰〕此上三四章皆是爲當時君大夫言之此章與仁則榮二章之意同皆是教時君因恥辱而勉於仁言不能行仁則既無尊爵之可貴又無安宅之可居安富尊榮皆無之而爲人役不免焉則不當歸怨於人但當反求諸己能爲仁大國安能役之此役字即小國役大國楚六千里爲讎人役之役○新安陳氏曰此章以尊爵安宅論仁其理甚精微勉人爲仁其意甚切至既言莫之禦而不仁又言反求諸己皆言爲仁由己其機在我不在人也仁固包義禮智然人所以不爲仁者由於是非之心不明與羞惡之

心不正耳故孟子先言是不智也欲人以是非之智而擇爲仁之術繼言如恥之欲人以羞惡之義而決爲仁之機一也【附】存疑既曰如恥之莫如爲仁又曰仁者如射云云是示以爲仁由己之意使自勉也○【蒙引】仁者如射一句之下皆就射上說而爲仁由己之意在於言外猶有爲譬若云云九仞以下皆就掘井而有爲者必底於成之意亦在言外

〇孟子曰子路人告之以有過則喜

喜其得聞而改之其勇於自脩如此周子曰仲由喜聞過令名無窮焉今人有過不喜人規如諱疾而忌醫寧滅其身而無悟也噫程子曰子路人告之以有過則喜亦可謂

百世之師矣【南軒張氏曰】聞過則喜非能克其驕吝者不能驕則自以爲善而惡人議己吝則安其故常而不能從人子路用力於克己其功深矣○慶源輔氏曰人受天地之中以生本自無過所以有過者非出於氣稟之偏則由乎物欲之誘人能知而改之則可以復於本然之善不知則其過愈深將陷溺焉而失其所以爲人矣是豈可不懼哉人有告我以過我因得而改之以復於善則又豈可不以爲喜乎然非子路之勇於自脩則亦不能然也○新安陳氏曰程子深贊子路欲學者師之以脩身補過也【蒙引】仲由喜聞過令名無窮焉非是說喜聞過一事令名也因喜聞過而勇於自脩故有善可稱而令名無窮也

禹聞善言則拜

書曰禹拜昌言蓋不待有過而能屈己以受天下之善也

【慶源輔氏曰】子路賢者也故不能無過但勇於自脩是以喜於得聞而改之禹則聖人也其心純是天理本然之善故不待其有過但一聞善言則至誠屈己拜而受之【附】淺說蓋以善言有益於身心有利於國家聞之而不受則士止於千里之外矣此善言之所以當拜也

大舜有大焉善與人同舍己從人樂取於人以爲善 舍上聲樂音洛

言舜之所爲又有大於禹與子路者善與人同公天下之善而不爲私也己未善則無所繫吝 解舍字 而舍以從人人有善則不待勉强 上聲○解樂字 而取之於己此善與人同之目也【程子曰】樂取於人爲善便是與人爲善與人爲善乃公也○問善與人同朱子曰善者天下之公理本無在己

在人之別但人有身不能無私於己者故有物我之分焉惟舜之心無一毫有我之私是以能公天下之善以爲善而不知其孰爲在己孰爲在人所謂善與人同也舍己從人言其不先立己而虛心以聽乎天下之公蓋不知善之在己也樂取於人以爲善言其見人之善則至誠樂取而行之於身蓋不知善之在人也此二者善與人同之目也然此二句本一事特交互言之以見聖人之心表裏無閒如此耳○大舜樂取諸人以爲善是成己之善是與人爲善也是若人之善○慶源輔氏曰禹聞善言則拜聞之者禹也言之者人也以我之歸聞彼之善拜以受之猶有人己之分也至於舜則善與人同耳善與人同者蓋善乃天下之公非人己所得而私者故曰公天下之善而不爲私也○雙峰饒氏曰舜之稱堯方以舍己從人爲惟帝時克聖人雖生知而不自以爲生知常虛心以受人之善己之所爲偶有未盡而人之所見有善於己即舍而從之無一毫執吝之意乃所以見聖人之無我而非人所及也【附】蒙

引舍己從人舍己字重從人卽是樂取諸人也蓋二句本一事也舍己之未善而取人之善以爲善也○善與人同此善字以天下之公善而言不可認作舜之善故曰善者天下之公理○樂取諸人以爲善以爲不知善之在人固是舍己從人以爲不知善之在己何以言之曰舍己從人者其心只要當可而已不以善爲己有也若有以善爲己有之心則自病其己之未善而欲文飾以爲心而不能舍己必矣○二句只是一事故下只言無非取諸人者○存疑公天下之善而不爲私不但爲己私做在人底亦私也○或曰聖人亦有未善何也曰聖人之心不自滿假進善無窮己或見得己之善未至十分人之善有勝乎己便舍而從之直欲求到至善地位蓋是聖人自見得未善非若凡人之不善也

自耕稼陶漁以至爲帝無非取於人者

舜之側微耕于歷山陶于河濱漁于雷澤 史記五帝紀舜耕歷山歷山之人皆讓畔漁雷澤雷澤之人皆讓居陶河濱河濱器皆不苦窳窳病也一年所居成聚二年成邑三年成都歷山在河東雷澤夏兗州今屬濟陰河濱濟陰定陶西南附存疑自耕稼陶漁以至爲帝無非取於人者是說他平生爲人都是如此

取諸人以爲善是與人爲善者也故君子莫大乎與人爲善

與猶許也助也取彼之善而爲之於我則彼益勸於爲善矣是我助其爲善也能使天下之人皆勸於爲善君子之善孰大於此慶源輔氏曰舜之取人以爲善初未嘗有助人爲善之意也孟子推說其事故以爲取諸人以爲善是乃助人之爲善也因吾取人之善以爲善而使天下之人皆勸於爲善則是聖人成己成物之事故曰君子之善孰大於此附蒙引取諸人以爲善不可謂只是取人之善言如好問用中之說耳須兼言行故曰聞一善言見一善行若決江河沛然莫之能禦也○**此章言聖賢樂**音洛**善之誠初無彼此之間**去聲**故其在人者有以裕於己在己者有以及於人**

朱子曰禹聞善言則拜猶著意做舜與人同是自然氣象聖人之拜固出於誠意然拜是容貌間未見得行不行若舜則與見於行事處己未善則舍己之未善而從人之善人有善則取人之善而爲己之善人樂於見取便是許助他爲善也○慶源輔氏曰集註所謂聖賢兼子路禹舜言之三人雖淺深大小不同其樂善之誠皆無彼此之間末二句却單說舜○新安陳氏曰舜事優於禹禹事優於子路然學者之希賢希聖未有無其序者常人徇欲背理諱

過飾非視子路之心已相背馳何敢言舜禹事必先忘私克己然後能至公而自然無私故必如子路之克己私始漸能如聖人之與人爲公耳○新安倪氏曰語錄云三者本意只是取人但有淺深而與人爲善乃是孟子再疊一意以發明之卽此條以證集註之說則是三人皆有樂善之誠子路樂於聞人告之以有過禹樂於聞人之善言而拜舜樂取人以爲善雖有淺深是皆在人者有以裕於己也末一句所謂在己者有以及於人乃是申明孟子再疊之意耳輔氏謂末二句皆單說舜竊恐未然附蒙引此章言聖賢樂善之誠初無彼此之間今人以由禹與舜分彼此非也是以人己分彼此子路聞人告以過而喜子路樂善之誠不以彼此而間也禹聞善言則拜是禹樂善之誠不以彼此而間也故下二句俱通三人說朱子統言此章之文而總其旨以示人也蓋孟子之說分殊也朱子之說理一也聖賢之言時有足前人之所未備者此類是也○淺說知舜之與人爲善則禹與子路之與人爲善也亦從

可知矣。○顧麟士曰此章兩大字有大僞之大說取人莫大乎之大說成人

○孟子曰伯夷非其君不事非其友不友不立於惡人之朝不與惡人言立於惡人之朝與惡人言如以朝衣朝冠坐於塗炭推惡惡之心思與鄉人立其冠不正望望然去之若將浼焉是故諸侯雖有善其辭命而至者不受也不受也者是亦不屑就已 朝音潮惡惡上去聲下如字浼莫罪反

塗泥也鄉人鄉里之常人也望望去而不顧之貌浼汙去聲也屑趙氏曰潔也說文曰動作切切也不屑就言不以就

孟子大全卷之三　公孫丑上　十四

之爲潔而切切於是也 合趙氏說文二說以解一屑字 已語助辭 朱子曰世之所謂清者不就惡人耳若善辭令而來者固有時而就之惟伯夷不然此其所以爲聖之清也柳下惠不屑之意亦然 ○新安陳氏曰此言伯夷之清嚴於惡惡而不輕與人羣也 附存疑言不但非其君不事其朝亦不立也不但非其友不友亦不與言也又不但惡人之朝不立惡人不與之言鄉人之冠不正亦少失禮耳要未必惡也望望然去之若將浼焉又不但鄉人少失禮不與立至於諸侯之善其辭命而至初無少失禮矣亦不受一節深一節 ○蒙引推孟子推之也思伯夷自思見得如此也 ○辭命雖善而其人未善也故亦不受若孔子則交以道接以禮斯受之矣 ○推惡惡之心云云浼焉此無實事而孟子本其心而形容之如此耳是故諸侯云云此却是實事只就諸侯說衆人亦可知解其不受之故由其心之不屑也

柳下惠不羞汙君不卑小官進不隱賢必以其道遺佚而不怨阨窮而不憫故曰爾爲爾我爲我雖袒裼裸裎於我側爾焉能浼我哉故由由然與之偕而不自失焉援而止之而止援而止之而止者是亦不屑去已 佚音逸袒音但裼音錫裸魯果反裎音程焉能之焉於虔反

柳下惠魯大夫展禽居柳下而謚惠也 通考趙氏曰春秋傳註柳下惠氏展名獲字禽柳下是所食之邑名謚曰惠展無駭之後 不隱賢不枉道也遺佚放棄也阨困也憫憂也爾爲爾至焉能浼我哉惠之言也袒裼

孟子大全卷之三　公孫丑上　十五

露臂也裸裎露身也由由自得之貌偕並處上聲也不自失不失其正也援音爰而止之而止者言欲去而可留也 朱子曰進不隱賢便是必以其道人有所見不肯發出尚有所藏便是枉道 ○問集註謂不隱賢不枉道也疑與下文必以其道意相重曰兩句相承只作一句讀文勢然也 ○所以不解作不蔽賢謂其下文云必以其道若作蔽賢說則下文不同矣 ○不隱賢謂不隱避其賢如己當廉却以利自污己當勇却以怯自處之類乃是隱賢是枉道也 ○雙峰饒氏曰他人不羞汙君不卑小官必至於苟進而柳下惠則不隱賢他人見袒裼裸裎而與之偕則必至於流而柳下惠則不自失此其所以爲聖人之和而異乎常人之和也 ○新安陳氏曰此言惠之和寬以處衆而不輕與人絕也 附淺說柳下惠不羞汙君而亦事之不卑小官而亦爲之其進而事汙君爲小官也亦不自隱在己之賢而必以其

道惟必以其道則必至於遺逸阨窮矣雖遺逸而不怨雖阨窮而不憂焉可見其和而不流有非惡人之所能染矣故其自言曰爾爲爾我爲我雖袒裼裸裎於我之側其無禮如此爾亦安能浼我哉惟其不能我浼故常由由然與之並處而不自失焉雖其欲去之際或援而止之則亦止也其所以援而止之而止者蓋其不以去爲潔而必於去也○存疑柳下惠不羞汙君不卑小官和也進不隱賢至阨窮不憫和而介也故其和爲聖人之和○蒙引遺佚是去位也阨窮是困也阨窮是遺佚後事○由由然惠由由然也與之偕之字指爾爲爾者言不必拘袒裼裸裎○顧麟士曰按趙注曰塗泥炭墨也蒙引曰炭火也趙注是

孟子曰伯夷隘柳下惠不恭隘與不恭君子不由也

隘狹窄側格反也不恭簡慢也夷惠之行去聲固皆造七到反乎至極之地然旣有所偏則不能無弊故不可由也

朱子曰伯夷旣清必有隘處柳下惠旣和必有不恭處道理自是如此孟子恐後人以隘爲清以不恭爲和故曰隘與不恭君子不由也○問如伯夷之清而不念舊惡柳下惠之和而不以三公易其介此其所以爲聖之清聖之和也但其流弊則有隘與不恭之失曰是也是諸先生恐傷觸二子所以說流弊今以聖人觀二子則二子多有欠闕處纔有欠闕處便有弊所以孟子直說他隘與不恭不曾說末流如此如不念舊惡不以三公易其介固是清和好處然十分只救得一分救不得那九分清和之偏處了○問不恭是處己是待人曰是待人如此其心玩世視人如無也○清和皆是一偏學之便有隘不恭處使懦夫學和愈不恭鄙夫學清愈隘矣可爲百世師謂能使薄者寬鄙者敦頑者廉懦者立君子不由不由其隘與不恭也○夷隘惠不恭不必言效之而不至者其弊如此只二子所爲已有弊矣○雲峰胡氏曰道惟中則無弊夷惠不合乎中庸之道故君子所不由夫子之道大中至正之準故孟子所願學○新安陳氏曰孟子一書言夷惠者不一以百世之師稱之以聖之清和許之此章則謂其隘不恭似若相反蓋孟子實欲人法夷惠之得又恐人不知戒夷惠之失其憂學者至矣

呂伯恭曰學伯夷者未必得其清而先得其隘學惠者未必得其和而先得其不恭大抵清之極易至於隘和之極易至於不恭學之者當法其清和之得而戒其隘不恭之失可也

通考程氏復心曰動作切切只是不汲汲於就不汲汲於去屑字却是重如此解屑字方盡其義以聖人觀二子多有欠處便有弊所以孟子直說隘與不恭耳

附存疑孟子旣述夷惠之行遂從而斷之謂伯夷視當世無一人可與其弊則狹隘柳下惠視當世之人皆不足與較其弊則不恭惟其隘與不恭故君子不由其道也不由其道是不由其清和蒙引謂可由其清不可由其隘可由其和不可由其不恭恐未是蓋伯夷之清便有隘之弊柳下惠之和便有不恭之弊非清和之外又有隘不恭也

附蒙引都邑之圖

蒙引都邑之圖

民廛	左祖 前朝 右社	民廛
民廛	公宮	民廛
民廛	後市廛	民廛

附存疑宅不毛者有里布。他本受有五畝之宅。却抛荒而不種桑麻。故從而罰之。使出一里二十五家之布也。民無常業者。出夫家之征。是不工不商。游手游食。無所事事之民。故從而罰之。使出一夫百畝之稅。一家力役之征也。市宅之民。是爲商者。其所居之廛。乃積貨之所。原非可種桑麻。以商賈爲業。又非無常業而游手游食者。不可以不種

桑麻無常業罰之也。故先王之法。其逐末者多。但賦其廛而已矣。戰國之時。忘其所自來。但見得從前有宅不毛民無常業之罰。謂市宅之民。是宅不毛無常業者。併使出夫里布。則重稅矣。民焉得不病哉。○蒙引謂廛無夫里之布之廛。與廛而不征之廛。當有分別。○爲廛而不征下則曰天下之商。廛無夫里之布下則曰天下之民。有此不同也。又謂在市曰商。在野曰農。今出此夫里之布謂之民。則廛宜不爲市。而亦非在野者。欲以鄉村民居之貨市者爲廛。依愚見二。廛字。皆同。均爲在市之宅。何也。蓋民有四。士農工商。民則其總稱也。此章曰士曰商曰旅曰農。又曰民。豈農商之外又有個民耶。鄉村民居之貨市。總歸之廛。豈有分耶。孟子所以分作兩條說者。是見當時待商有此。兩層事。廛與貨並征。已不是。又舉先王之罰游民者併取之。益不是了。故先說那稅商處不是。見得意思未盡。又說那併取不是。都是隨口說出。其曰商曰民。又初不計古人文字只取意足。多是如此。○顧麟士曰。孫疏案周官制地之法

六鄉以教爲主。其民有家於內。故其地爲郊。而民則謂之民。以其近主而有知者也。六遂以耕爲主。而其民皆遂於外。故其地爲野。而民故謂之氓。以其遠主而無知者也。愚按孫奭引六鄉六遂語無謂。集註此處只說氓民也。顧受一廛處。却云氓者野人之稱。亦從周官六遂之解也。則不應在市宅者。反遠而稱野人。

孟子集註大全卷之三終

公孫丑章句下

凡十四章自第二章以下記孟子出處行去聲實爲詳

通考勿軒熊氏曰首章爲國之本不在富强以得民心爲本卽首篇告齊梁之意二章至篇終皆孟子居齊之事

孟子曰天時不如地利地利不如人和

天時謂時日支干孤虛王相並去聲之屬也

蔡氏曰時四時也日日辰也史記註六甲孤虛法甲子旬戌亥爲孤辰巳爲虛後五甲做此如今人以甲子旬無戌亥爲空亡是以空亡爲孤也辰巳與戌亥對辰巳爲虛王相如東方木旺相於卯之類○慶源輔氏曰時十二時日十日支十二支干十干也○雙峯饒氏曰此大槪以五行衰旺言之五行有孤虛時有旺相時春屬木甲乙木生丙丁火便是木旺而火相旺字卽是王字相王之次也金到這裏衰所以孤孤者無輔助之意如今說四廢然水爲母木爲子子實則母虛水到此所以虛或問此說時日或是方所曰二者一般一箇是橫一箇是直所以天德月德日亦有天德月德方大意如此其閒又自有細密處○通考仁山金氏曰此兵家用日時方位法也支卽十二枝干卽十幹十甲如木之有幹十二辰如木之有枝唐李靖用兵精風角孤空亡也虛空亡對宮歲孤虛太歲後二辰爲孤前四辰爲虛月孤虛正月以子丑爲孤午未爲虛旬孤虛如甲子旬則戌亥爲孤午未爲虛餘倣此王相占算家所謂吉凶臧否平王相休囚死又五行十二宮生旺八卦冬至坎王震相立春震王巽相之類皆是總言以之屬二字其用非一兵家八門遁甲逐時分

開休生傷開景死驚方立太乙局逐日分主客勝負又出城市陣逐時占斗柄天罡所指之方○又如六壬遁甲以支加支義蠡以占歲占兵此皆其屬也○趙氏惪曰孫奭疏干支所以配時日而用之金王在巳午未申酉木旺在亥子丑寅卯水王在申酉戌亥子火旺在寅卯辰巳午土王在申酉戌亥孤虛者其法以一畫爲孤無畫爲虛二實爲對以六十甲子日定東西南北方向然後占其孤虛實而向背之卽知吉凶如周武王犯歲星以伐商魏太祖以甲子日破慕容之類是也又曰戰陳之法背孤擊虛則吉史記律書以十干十二支配五音十二律而序云六律爲萬事根本其於兵械尤所重故云望敵知吉凶聞聲效勝負此雖以律言而不外乎十干十二支是皆兵書所尚也○集註謂孤虛王相之屬又當觸類而推之○案蒙引支干不出於時日孤虛王相不出於支干時日有支干而支干有孤虛王相也兵家蓋只就孤虛王相上論吉凶蔡氏曰時四時也日日辰也輔氏曰時十二時日十日二說不同○時日者時謂四時主蔡氏說該十二日在其中日則該十二時此猶年有四時而錯舉春秋二字以該之也皆以五行生剋論如十干則東方甲乙木南方丙丁火中央戊己土西方庚辛金北方壬癸水十二支則東方寅卯木南方巳午火西方申酉金北方亥子水中央辰戌丑未土而又有納音之五行如甲子乙丑海中金甲乙不爲木子不爲水丑不爲土而總謂之金也丙寅丁卯爐中火寅卯不爲木而丙丁仍爲火也此又別是一道其說見於三車一覽云甲己子午數九乙庚丑未數八丙辛寅申數七丁壬卯酉數六戊癸辰戌數五巳亥二位數四甲子乙丑屬金者甲數九子亦數九乙數八丑亦數八二箇九二箇八共成三十四除五五六三十數零有四數故納音屬金又如戊辰己巳戊數五辰亦數五己數九巳數四共成二十三除五四二十數零有三數是以納音屬木○旺相孤虛似是元亨利貞之意先言孤虛者蓋由靜而動避害爲先之義○兵家論孤虛旺相大概如看命家所論不出五行而已

利險阻城池之固也人和得民心之和也（立兩句爲柱下文分兩邊自解之）

三里之城七里之郭環而攻之而不勝夫環而攻之必有得天時者矣然而不勝者是天時不如地利也（夫音扶）

三里七里城郭之小者郭外城環圍也言四面攻圍曠日持久必有値天時之善者 附蒙引此條申天時不如地利就攻上說○顧麟士曰集注曠日持久字生値字妙

城非不高也池非不深也兵革非不堅利也米粟非不多也

委而去之是地利不如人和也

革甲也粟穀也委棄也言不得民心民不爲（去聲）守也 趙氏曰古甲以革爲之故函人爲攻皮之工後世始用金曰鎧○雙峯饒氏曰非謂可以全無天時地利但不如人和爾用兵也要天時地利但人和爲本人心不和雖有天時地利亦不可取勝況時不時屬天利不利屬地人心和不和則在我而已在天地者難必在我者可恃 通考 仁山金氏曰黃牛皮者爲犀甲青牛皮者爲兕甲即今水牛也有殼曰粟無殼曰米粟即穀也古人米與穀兼積米切用而易腐穀氣全而可久緩急兼備後世軍儲獨以米故久即不可食 附蒙引此條申地利不如人和就守上說○存疑蒙引曰兵革米粟皆出於地利愚按晁錯籌邊策曰匈奴之長技三中國之長技五可見兵革出於地利也枚乘諫吳王濞曰轉粟西向陸行不絕水行滿河不如海陵之倉可見米要出於地利也

故曰域民不以封疆之界固國不以山谿之險威天下不以兵革之利得道者多助失道者寡助寡助之至親戚畔之多助之至天下順之

域界限也 南軒張氏曰得道者順乎理而已舉措順理則人心悅服矣先王之所以致人和者在此而極夫多助之效至於天下順之其王也孰禦一失道則違拂人心心之所睽雖親亦疏也不亦孤且殆哉雖有高城深池誰與爲守○雙峯饒氏曰緊要在得道二字上○新安陳氏曰封疆山谿兵革皆末也不以不全以此也其本在得道而已 附蒙引封疆山谿意不主地利言此段極言有國者當務得於人和也或說是謂得人和之本在於得道此說於理亦無害但未必其本意也蓋孟子但謂要得人和內便含有得道意不必再推一層再序一段也看故曰二字可知而其旨意又歸在下文以終所言之意也○威天下不以兵革之利兵固是利革何以亦謂之利曰革之堅處亦是利此利字不專訓爲銳蓋切利之利也○得道大要在於用賢而愛民所謂貴德而尊士與施仁政於民也親戚者相親愛則相憂戚○淺說天下順之順字只是悅而願歸之未便是歸多助正是人和○顧麟士曰親戚叛之親戚字重言不但一國天下順之天下字重亦不但一國

以天下之所順攻親戚之所畔故君子有不戰戰必勝矣

言不戰則已戰則必勝○尹氏曰言得天下者凡以得民心而已 新安陳氏曰此章言用兵在得人心得人心在得道得道以得人心則地利之險人爲之守天時之

善人爲之乘。先王之守國家。用天下。本末具舉如此。固以得道得人心爲本。而亦不廢天時地利之末。孟子見當時用兵者。惟以天時地利爲務。而不知以得道得人心爲本。故發此論。〔附〕淺說以天下之所順。攻親戚之所叛。自我之攻彼而言。則是以至仁伐至不仁。而仁者不可爲衆也。自彼之敵我而言。則是率子弟以攻父母。而未有能濟者也。○〔蒙引〕故君子有不戰。戰必勝矣。此以人和言之。言其無恃於地利。更無拘於天時也。○非惟天時之善人爲之乘。地利之險人爲之守。亦無假於天時之善地利之險。

○孟子將朝王。王使人來曰。寡人如就見者也。有寒疾。不可以風。朝將視朝。不識可使寡人得見乎。對曰。不幸而有疾。不能造朝。章內朝並音潮。惟朝將之朝如字。造七到反。下同。

王。齊王也。孟子本將朝王。王不知而託疾以召孟子。故孟子亦以疾辭也。問莫是齊王不合託疾否。〔朱子曰〕未論託疾。孟子之意。只是說他不合來召。爲其賓師。有事則王自來見。或自往見。若王召之。則有自尊之意。故不往見。在他國時。諸侯無越境之理。只得以幣來聘。故賢者受其幣而往見之。答陳代如不待其招而往何哉。此以在他國而言。答萬章天子不召師而況諸侯乎。此以在其國而言。○孟子於此。處賓師之位。未嘗受祿。非齊王所得臣也。王不能見而乃召之。既失禮矣。其託疾又不誠。若何而可往哉。○〔新安陳氏曰〕王託疾以召孟子。亦託疾以辭。欲其稱也。與孔子亦瞰陽貨之亡同意。〔附〕顧麟士曰。如通解作往。謂往而就見。

明日。出弔於東郭氏。公孫丑曰。昔者辭以病。今日弔。或者不可乎。曰。昔者疾。今日愈。如之何不弔。

東郭氏。齊大夫家也。昔者。昨日也。或者。疑辭。辭疾而出弔。與孔子不見孺悲取瑟而歌同意。〔慶源輔氏曰〕孔子以疾辭孺悲而不見。然又取瑟而歌。使之知其非疾。所以警教孺悲也。孟子以疾辭齊王而不往朝。然又出弔東郭。而使之知其非疾者。所以警教齊王也。此皆聖賢至誠應物。而得乎時中之義也。

王使人問疾。醫來。孟仲子對曰。昔者有王命。有采薪之憂。不能造朝。今病小愈。趨造於朝。我不識能至否乎。使數人要於路曰。請必無歸。而造於朝。要平聲。

孟仲子。趙氏以爲孟子之從去聲昆弟。學於孟子者也。采薪之憂。言病不能采薪。謙辭也。仲子權辭以對。又使人要孟子。令平聲勿歸而造朝。以實己言。〔新安陳氏曰〕王先託疾以召。意本不誠。今問疾醫來。虛文美意。意亦非誠也。仲子遂權對促朝。〔附〕〔蒙引〕孟仲子之見。亦景丑氏之見也。甚矣。知己之難也。

不得已而之景丑氏宿焉。景子曰。內則父子。外則君臣。人之大倫也。父子主恩。君臣主敬。丑見王之敬子也。未見所以敬王也。曰。惡。是何言也。齊人無以仁義與王言者。豈以仁義爲不美也。其心曰。是何足與言仁義也云爾。則不敬莫大乎是。

我非堯舜之道不敢以陳於王前故齊人莫如我敬王也惡平聲下同

景丑氏齊大夫家也景子景丑也惡歎辭也景丑所言敬之小者也孟子所言敬之大者也慶源輔氏曰丑之說擎跽曲拳奔走承順之敬敬君以貌○世俗之所知○故曰敬之小○孟子所言陳善閉邪致君堯舜之敬○敬君以心○聖賢之所行○故曰敬之大○西山真氏曰景子但知聞命奔走爲敬其君不知以堯舜之道告其君僕隸之臣唯唯承命外若敬其君然心實薄之曰是何足與言仁義此不敬之大者也○附存疑孟子辭疾出弔○是欲使齊王知其非疾使問醫來正可達齊王之機也○孟仲子乃權辭以對○又使人要請造朝以實己言○如此彌縫○則孟子一段意思竟不得達於齊王其心良亦苦矣

故不得已而之景丑氏宿焉○蓋景子齊臣○看其家○欲使齊王知其非疾○即前出弔之意也○看來孟仲子全無見識與公孫丑都是一般○愚謂得天下英才而教育○孟子猶不得如意○正爲是也○君臣父子夫婦長幼朋友五者皆是人之大倫○獨舉父子君臣者○君臣一倫正是所論之事○以父子一倫與並言也○淺說父慈子孝而相愛以恩○君禮臣恭而相與以敬○存疑惡是何言也○言謂我爲不敬王○此言是何言也○正以己非不敬王也○遂言己之敬王處○堯舜之道○仁義而已○故上曰仁義○下曰堯舜之道

景子曰否非此之謂也禮曰父召無諾君命召不俟駕固將朝也聞王命而遂不果宜與夫禮若不相似然夫音扶下同

禮曰父命呼唯以水反而不諾又曰君命召在官不俟屨官謂朝內在外不俟車並出禮記玉藻篇言孟子本欲朝王而聞命中止似與此禮之意不同也附存疑否非此之謂也○言我謂子不敬王○非不與言仁義之謂也○禮曰云云○固將云云○以是爲不敬也○淺說景子此言○蓋以人臣之常禮律孟子○而不知賓師不與臣同也

曰豈謂是與曾子曰晉楚之富不可及也彼以其富我以吾仁彼以其爵我以吾義吾何慊乎哉夫豈不義而曾子言之是或一道也天下有達尊三爵一齒一德一朝廷莫如爵鄉黨莫如齒輔世長民莫如德惡得有其一以慢其二哉與平聲慊口簟反長上聲

慊恨也少也或作嗛字書以爲口銜物也然則慊亦但爲心有所銜之義其爲快爲足爲恨爲少則因其事而所銜有不同耳孟子言我之意非如景子之所言者因引曾子之言而云夫此豈是不義而曾子肯以爲言是或別有一種上聲道理也達通也蓋通天下之所尊有此三者曾子之說蓋以德言之也今齊王但有爵耳安得以此慢於齒德乎朱子曰達尊之說○達通也○三者不相值○則各伸其尊而無所屈○一或相值○則通視其重之所在而致隆焉○故朝廷之上○以伊周之忠聖者老而祗奉嗣王○左右孺子○不敢以其齒德加焉○至論輔世長民之任○則太甲成王固拜手

稽首於伊周之前矣其迭爲屈伸以致崇極之義不異於孟子之言也故曰通觀其重之所在而致隆焉惟可與權者知之爵也齒也蓋有偶然而得之者是以其尊施於朝廷者則不及於鄉黨者則不及於朝廷而人之敬之也亦或以貌而不以心惟德得於心充於身刑於家推於鄉黨而達於朝廷者也曾子曰彼以其富我以吾義吾仁子思曰事之云乎豈曰友之云乎孟子曰惡得有其一以慢其二哉師弟子開意見之相合固如此○雙峯饒氏曰景子之言是人臣事君之常孟子之言是人君尊賢之道○東陽許氏曰仁者循理樂天安貧守分故不知彼之富義者審度事宜進退有制故不羨彼之爵富只在彼爵可加我故用仁義字不同附存疑豈謂是是字指景子所說言以孟子之不赴召爲不敬景子之所言也豈謂是者言我之意豈說道如子之所言也蓋子之言以我不當不赴王之召我之意則以王不當召我也曾子曰以下至惡得有其一以慢其二哉正是說不當召己之意然

其意猶未甚顯至故將大有爲之君以下三條則意思明白說出矣至管仲且猶不可召而況不爲管仲乎則圭角盡露矣○引曾子之言既曰夫豈不義而曾子言之是或一道也則天下有達尊三以下當是解曾子所言之意蓋曰朝廷莫如爵輔世長民莫如德德便是仁義此所以不慊於彼也太意是如此○蒙引朝廷莫如爵故爵爲一達尊鄉黨莫如齒故齒爲一達尊輔世長民莫如德故德爲一達尊三句所以申上爵齒德所以爲天下之達尊耳非是又添隨所在而致隆一意也若說隨所在而致隆則所謂惡得有其一以慢其二哉者孟子於齊又豈有鄉黨之分哉隨所在而致隆之說不是正議是議論詞○惡得有其一以慢其二哉此句接上文當過文云夫天下三達尊今齒德二者皆在我而齊王僅有爵耳惡得有其一以慢其二哉只是以一二較多寡而爲屈伸不復拘於朝廷鄉黨與輔世長民矣尤見得朝廷莫如爵三句只是申明其所以爲天下之達尊而無隨所在而致隆之意○淺說彼

以其富我以吾仁仁則體無不具用無不周亦極天下之至富也彼以其爵我以吾義義不屈於萬物之下而當伸於萬物之上亦極天下之至貴也是彼非有餘而我非不足也吾何慊於彼哉○蒙引彼以其富我以吾仁吾何慊乎哉其詞只兩平其意則重在仁義蓋富爵之與仁義自是抵對不過○輔世對御世者言如五百年必有王者與其間必有名世者王者便是御世者名世便是輔世者就人臣之分言故不曰治世而曰輔世長民長治也君長之長自天子至士大夫皆說得長民非長育之長也

故將大有爲之君必有所不召之臣欲有謀焉則就之其尊德樂道不如是不足與有爲也樂音洛

大有爲之君大有作爲非常之君也程子曰古之人所以

必待人君致敬盡禮而後往者非欲自爲尊大也爲去聲是故耳雙峯饒氏曰不如是指謀焉則就之附存疑德以人之所得言道即其所得者也德如心道如性○淺說人君必有所不召之臣非有是君則有是臣之說也要主人君言亦不必說君不召於臣只把必有所不召之臣還他猶言必有所尊禮之臣云其實不召乎臣即便有所不召之臣也

故湯之於伊尹學焉而後臣之故不勞而王桓公之於管仲學焉而後臣之故不勞而霸

先從受學師之也後以爲臣任之也雙峯饒氏曰何處見得學而後臣蓋學師之臣相之也觀尹之辭無所遜於湯桓之於管一則曰仲父二則曰仲父亦可見師之之意附存疑湯之於伊尹桓

公之於管仲學焉而後臣之尊德樂道也不勞而王伯者足與大有爲也○淺說學焉而後臣之不必泥先後字及臣字只是尊禮而且委任之耳不是先之以爲師了然後以之爲臣也臣字不是卑之之詞亦不重臣字

今天下地醜德齊莫能相尚無他好臣其所教而不好臣其所受教好去聲

醜類也尚過也所教謂聽從於己可役使者也所受教謂己之所從學者也附存疑地醜言無一人能辟土地德齊言無一人能奮發有爲故曰莫能相尚好臣其所教不好臣其所受教於學焉而後臣者異矣此所以不足與有爲而莫能相尚也○蒙引德齊之德以所就功業言李斯云王者不却衆庶故能成其德

湯之於伊尹桓公之於管仲則不敢召管仲且猶不可召而況不爲管仲者乎

不爲管仲孟子自謂也慶源輔氏曰不爲管仲孟子到此不得已而直言之不如是則公孫丑之徒終不足以知此義也

范氏曰孟子之於齊處上聲賓師之位非當仕有官職者故其言如此問賓師如何朱子曰當時有所謂客卿是也大槩尊禮之而不居職任事但召之則不往○新安陳氏曰若當仕有官職乃可以其官召之耳○此章見賓師不以趨走承順爲恭而以責難陳善爲敬新安陳氏曰恭見於外貌者故於趨走承順言之敬存於中心者故於責難陳善言之人君不以崇高富貴爲重而以

貴德尊士爲賢則上下交而德業成矣南軒張氏曰孔子膰肉不至而去魯不知者以爲爲肉知者以爲爲無禮皆非知孔子者孟子不朝而出弔不知者或以爲要君知者則以爲太甚矣公孫仲子以門人近屬猶不克知何怪於景丑乎將朝禮也聞王託疾之言而不往義也明日出弔欲王深惟其故取瑟意也使仲子知孟子之心則告之曰昔者疾今日愈而出弔矣豈不正大而何必爲是紛紛哉王託疾要賢邪志也孟子方引以當道可徇其邪志乎孟子知人皆可爲堯舜故以堯舜事望王若以僕僕共命爲敬則僕妾服役之事耳孟子於公孫仲子告之不詳二子學者也欲其深省而自識於景子陳義明著如此景子大夫也庶幾其有以啓悟王心焉初不可召而後爲卿於齊何也王始不能如湯之於伊尹猶望其感悟於終也賢者伸縮變化皆有深意存焉○慶源輔氏曰天地交而萬物遂上下交而後德業成此自然之理也世衰道微君不知下賢惟知恃勢以驕賢者下不知自重惟知自屈以諂時君上日驕而下日諂上下之情扞格而不接德之與業渙散而無成天下日趨於亂而世俗猶以孟子爲迂闊亦可悲矣○新安陳氏曰上下之交惟不苟合然後可合耳附蒙引天道下濟地道上行天地交而造化成故人君常患於亢而人臣常患其卑

○陳臻問曰前日於齊王餽兼金一百而不受於宋餽七十鎰而受於薛餽五十鎰而受前日之不受是則今日之受非也今日之受是則前日之不受非也夫子必居一於此矣

陳臻孟子弟子兼金好金也其價兼倍於常者一百百鎰音逸也附蒙引重在非字上○夫子必居一於此矣謂不免於一不是也

孟子曰皆是也

皆適於義也慶源輔氏曰陳臻則就事迹校量孟子則以義禮斷制附存疑此章與孟子居鄒季任爲任處守章一般以此看禹稷顔回同道益明白矣○蒙引主於義言故曰皆是不必說出皆是義也惟其皆適於義故得爲皆是陳臻之問只有是字無義字

當在宋也予將有遠行行者必以贐辭曰餽贐予何爲不受贐徐刃反

贐送行者之禮也

當在薛也予有戒心辭曰聞戒故爲兵餽之予何爲不受爲兵之爲去聲

時人有欲害孟子者孟子設兵以戒備之薛君以金餽孟子爲兵備辭曰聞子之有戒心也有其辭則義可受矣附蒙引當時列國各有封疆之界一出薛之關則非薛之令所能行矣故薛君之於孟子只得以金爲之兵備○顧麟士曰必以贐可受也爲兵餽亦可受也曰餽贐曰聞戒辭而已矣似不甚重○辭只說聞子有戒當不虞之心餽金意頗未出故又自補爲兵一句○上曰餽贐可接受字此止曰聞戒不可接受字故補曰故爲兵餽之然故爲兵餽之自對行者必以贐句亦倒裝文法

若於齊則未有處也無處而餽之是貨之也焉有君子而可以貨取乎焉於虔反

無遠行戒心之事是未有所處上聲也未有所處則無辭而義不可受矣

取猶致也朱子曰取是羅致之意輕受之便是被他以貨賄籠絡了問處事是處物爲義之處否曰是○南軒張氏曰人於不當受而受其動於物固也當受不受亦是爲物所動何則以其蔽於物而見物之大也聖賢從容不迫惟義之安外物何有焉物有大小義之所在一耳○新安陳氏曰孟子辭受從容惟義之安陳臻欲辭則皆辭受則皆受而不知隨事以酌其義固哉附蒙引處字一說是孟子無所處一說是齊王之無所處然以上文予將有遠行予有戒心照之則是孟子未有處也○存疑未有處之處是處物爲義之處凡事當於義是有所處若於義無當是無處也今人作事必云處得停當可見處字意○以貨與人而曰貨之者猶市廛取稅而曰廛也皆是死字作活字用○蒙引兩貨字皆是活字

尹氏曰言君子之辭受取予通作與唯當於理而已去聲慶源輔氏曰孟子於此無予尹氏併予言之者學者觀此非特可知辭與取之義亦可知所予矣

○孟子之平陸謂其大夫曰子之持戟之士一日而三失伍則去之否乎曰不待三去上聲

平陸齊下邑也大夫邑宰也戟有枝兵也通考趙氏惠曰雙枝曰戟單枝曰戈○士戰士也伍行音杭列也去之殺之也附達說失伍就行師之時言若平時訓練卽一不在伍亦未至於殺也○蒙引下邑屬邑也如云管下○枝旁枝也如鎗只直刃而無旁枝論語謀動干

戈於邦內註戈戟也以其一類也

然則子之失伍也亦多矣凶年饑歲子之民老羸轉於溝壑壯者散而之四方者幾千人矣曰此非距心之所得爲也幾上聲

子之失伍言其失職猶士之失伍也距心大夫名對言此乃王之失政使然非我所得專爲也雙峯饒氏曰凶年說得闊如水旱疾疫之類饑歲只是五穀不熟附蒙引溝壑溝長壑深皆有水者

曰今有受人之牛羊而爲之牧之者則必爲之求牧與芻矣

求牧與芻而不得則反諸其人乎抑亦立而視其死與曰此則距心之罪也爲去聲死與之與平聲

牧之養之也牧牧地也芻草也孟子言若不得自專何不致其事而去

他日見於王曰王之爲都者臣知五人焉知其罪者惟孔距心爲王誦之王曰此則寡人之罪也見音現爲王之爲去聲

爲都治邑也邑有先君之廟曰都左傳莊公二十八年築郿非都也凡邑有宗廟先君之主曰都無曰邑邑曰築都曰城周禮四縣爲都四井爲邑然宗廟所在雖邑曰都尊之也孔大夫

姓也爲王誦其語所以風曉王也風去聲附蒙引臣知五人焉知此句記述之言非孟子曰爲王誦之也若曰請爲王誦之則可然下文須費辭○邑有先君之廟曰都蓋其邑嘗爲先君所都後遷之他乃只爲邑故猶有廟在而稱都也不然均是邑也何此有廟而彼獨無廟耶○語類曰看來古之王者嘗爲都處便自有廟太王廟在岐文王廟在豐武王祭太王則于岐祭文王則于豐王朝步自周至于豐是自鎬至豐以告文王廟也又如晉獻公使申生祭于曲沃武公雖自曲沃入晉而其君之先廟則仍在曲沃○顧麟士曰爲都治邑恐亦是大槩語邑有先君之廟曰都雖都字一解然不應執定以證此處也不然必如大全蒙引語類諸說何得齊先君廟遽有五處而一時治者皆孟子之所識耶○語類又云王之爲都又恐是都鄙之都周禮四縣爲都則朱子已不執定邑有先君之廟曰都一句陳氏曰陳氏名暘字晉臣三山人孟子一言

而齊之君臣舉知其罪固足以興邦矣然而齊卒不得爲善國者豈非說音悅而不繹從而不改故耶慶源輔氏曰孟子一言而齊之君臣舉知其罪者理明辭達長於譬喻而能感發於人故也然齊之君臣雖知其罪而終不能改繹者志小氣輕志小則易足蓋原不曾有大底規模氣輕則多率多率則凡事說過便休都無那自訟自責之意如此則何緣會改○雲峯胡氏曰齊之君臣一時間孟子之言皆知其罪天理之乍明也終於不改人欲錮之也附蒙引陳氏曰孟子一言云云按悅不繹從不改意在齊王不必兼距心若繹而改之不得自專則致其事而去耳何關於齊之爲善國也

○孟子謂蚳鼃曰子之辭靈丘而請士師似也爲其可以言也今既數月矣未可以言與蚳音遲鼃烏花反爲去聲與平聲

蚳鼃齊大夫也靈丘齊下邑似也言所為近似有理可以言謂士師近王得以諫刑罰之不中者中去聲〔通考〕趙氏悳曰周禮王以五戒先後刑罰毋使罪麗於民一曰誓用之軍旅二曰誥用之會同三曰禁用諸田役四曰糾用諸國中五曰憲用諸都鄙先後猶左右也

蚳鼃諫於王而不用致為臣而去

致猶還也

齊人曰所以為蚳鼃則善矣所以自為則吾不知也為去聲

譏孟子道不行而不能去也〔附〕蒙引孟子謂蚳鼃曰子之辭靈丘云云以言歟只是[illegible]

之諫及至諫於王而不用致為臣而去此乃蚳鼃自行其志也如何見得孟子為蚳鼃也曰不必如此蓋有言責者必言不得其言則去此自古士人去就之律令然也孟子使鼃言鼃既言時便是自如此擬斷了用則留不用則去豈復有餘法哉況孟子云今既數月矣未可以言與其意便是謂苟不得言便當去耳亦可見蚳鼃之去亦孟子之為之也

公都子以告

公都子孟子弟子也

曰吾聞之也有官守者不得其職則去有言責者不得其言則去我無官守我無言責也則吾進退豈不綽綽然有餘裕哉

官守以官為守者言責以言為責者綽綽寬貌裕寬意也孟子居賓師之位未嘗受祿故其進退之際寬裕如此〔南軒張氏曰〕孟子異乎蚳鼃故得從容不迫陳善閉邪以俟王之改可徐處乎進退之宜也然卒致為臣而歸誠意備至啓告曲盡而王終莫悟則有去之而已然三宿出晝猶庶幾王之改終從容不迫也豈悻悻者能識之〇〔慶源輔氏曰〕距心有官守蚳鼃有言責鼃雖未自以為罪然諫不行能去距心雖知其罪然如是而止不聞其能去也鼃賢於距心矣〇〔雙峯饒氏曰〕餘裕是寬緩不迫之意賓師從容規諷以漸而入如今朋友相似少焉不入亦當去但寬得些子不如那有官守言責者恁地逼迫不得其職不得其言則目下便著休或疑孔子不脫冕而行與孟子之說不

同曰正是一般蓋孔子有去志久矣但去得不恁地逼迫後來膰肉不至方不脫冕而行且如衛靈公可謂無道然亦以賓禮待孔子故孔子在衛極多時後來卻因問陳明日遂行亦是久有去志因此遂行耳

尹氏曰進退久速當於理而已當去聲〔雲峯胡氏曰〕集註前引尹氏言君子之辭受取予惟當於理而已此又引其言曰進退久速當於理而已蓋天理人欲之幾最不可不辨當辭而辭是天理受即非天理矣可久而久是天理速即非矣如此則當於理不如此則涉於欲故惟聖人能審其幾焉〔附〕蒙引我無官守云云此孟子最高處蓋自見王於崇退而有去志便商量此一着了非常法也〇此時未嘗為卿於齊

〇孟子為卿於齊出弔於滕王使蓋大夫王驩為輔行王驩朝暮見反齊滕之路未嘗與之言行事也蓋古盍反見音現

蓋齊下邑也王驩王嬖臣也輔行副使（去聲下同）也反往而還也行事使事也（慶源輔氏曰使事謂弔祭之禮邦交之儀凡禮文制數皆是【附】存疑事兼儀文器數升降揖遜往來交際之類儀文也簠簋玉帛之類器數也）

公孫丑曰齊卿之位不爲小矣齊滕之路不爲近矣反之而未嘗與言行事何也曰夫既或治之予何言哉（夫音扶）

王驩蓋攝卿以行故曰齊卿夫既或治之言有司已治之矣孟子之待小人不惡而嚴如此（南軒張氏曰孟子雖爲卿而實賓師也則夫禮文制數固可付之於有司是王驩雖曰輔行然齊王之意特欲藉孟子以爲重有司之事不敢以煩而驩則行之也

孟子特統其大綱於上而驩則共其事於下若驩於事上之禮有失邦交之儀有曠則孟子固不免有言以正其事之失也彼既或治之未見有可正之事則亦烏用有言哉○慶源輔氏曰夫既或治之正答公孫丑未嘗與之言行事一句孟子言使事有司既已治之而得其宜矣自不須更與王驩言也只此句便見孟子之待小人不惡而嚴之意使有司不能治其事於禮儀制數有曠闕不齊整處而孟子固不與驩言而正之則非所謂不惡矣今有司既已能治辦其事而猶與之言則便有徇之之意而不可謂之嚴矣然自常情觀之孟子之不與驩言不以爲惡之而不欲與之言則以爲易之而不足與之言矣夫惡之而不欲與之言則隘易之而不足與之言則忽隘與忽孟子無是心也但言有司既已能治辦其事而不與之言則亦是順理之事而其中自有不惡而嚴之意耳故愚嘗謂君子之待小人有正己而無屈意有容德而無過禮惡惡之心雖不能無然亦不爲已甚之疾也○新安陳氏曰君子以遠小人不惡而嚴易遯卦大象傳文孟子於王驩不欲與言於弔公行子亦可見今答丑不過平平說所以不與言之意未始及也蓋欲使丑自悟耳○治之朱子以爲有司南軒以爲驩正是治之者【附】纂黃氏洵饒曰孟子爲卿於齊待小人不惡而嚴如此○易曰天下有山遯君子以遠小人不惡而嚴程注曰遠小人之道若以惡聲厲色適足以致其怨怒惟在乎矜莊威嚴使知敬畏則自然遠矣【附】蒙引前章註孟子之於齊處賓師之位下有問賓師如何朱子曰當時有所謂客卿是也大槩尊禮之而不居職任事召之則不往今此爲卿於齊難說全是客卿又後章註曰我前日爲卿嘗辭十萬之祿則是實爲卿但不受其祿以示齊王非利富貴耳若全說是客卿則不居職任事况可使爲我出弔乎召之且不往况實使之乎不必全說是客卿但與他卿終是不同爲不受祿也故又曰仕而不受祿就仕上見得不全是客卿不受祿上見得不全是齊卿○公孫丑此章之問與論語子奚不爲政之問畧同孟子孔

子當時皆有難顯言者皆是託詞以告之○大註有司謂指王驩若是驩朱子何故又云有司且驩既號齊卿則又難以有司目之惟南軒以爲驩是各自爲說非解有司以爲驩也○朱子是於或字生出有司字○存疑以子入太廟每事問觀之使事雖有人治亦不嫌問此云然者託詞爾）

○孟子自齊葬於魯反於齊止於嬴充虞請曰前日不知虞之不肖使虞敦匠事嚴虞不敢請今願竊有請也木若以美然

孟子仕於齊喪（去聲）母歸葬於魯嬴齊南邑（今泰山嬴縣）充虞孟子弟子嘗董治作棺之事者也嚴急也木棺木也以已通

以美太美也【附】蒙引董治董督也非自治也

曰古者棺椁無度中古棺七寸椁稱之自天子達於庶人非直爲觀美也然後盡於人心 稱去聲

度厚薄尺寸也中古周公制禮時也椁稱之與棺相稱也欲其堅厚久遠非特爲人觀視之美而已 直但也○慶源輔氏曰人子之喪親所以爲之棺椁者蓋欲其堅厚以歷久遠而已非是欲爲人觀視之美也蓋必如此然後於人心爲盡耳盡於人心此一句須當自體之若後世之厚葬却只是欲爲人觀美之故也○古者棺椁無度想只是過於厚觀易喪葬取之太過可見至周公制禮時始爲七寸之制也棺七寸則椁亦七寸也○雙峯饒氏曰周七寸只如今四寸許【附】存疑古者棺椁無度一條是說先王之制以解木若以美之疑古之人皆用之吾何爲獨不然條是說己所以美其木之意得之正指先王之制有財言力可爲蓋制雖得爲而財不足亦不能如制故並言之且比化者條是說用之正欲無使土親膚自盡其心也曰於人心獨無恔乎應上文然後盡於人心句曰盡於人心曰悅曰恔都是一意此心必盡然後悅法制所不當得不能盡其心不悅也法制當得而財不足不能盡其心不悅也得之有財而用之無使土親膚然後此心始盡始悅恔卽悅也

不得不可以爲悅無財不可以爲悅得之爲有財古之人皆用之吾何爲獨不然

不得謂法制所不當得得之爲有財言得之而又爲有財也或曰爲當作而 慶源輔氏曰不得得之汎說葬禮如重累之數牆翣之飾旣有定制則不可得以爲悅非獨指棺椁而言也

且比化者無使土親膚於人心獨無恔乎 比必二反 恔音效

比猶爲也 去聲下同 化者死者也恔快也言爲死者不使土親近其肌膚於人子之心豈不快然無所恨乎【附】蒙引無使土親膚卽是上文註中所謂堅厚久遠者其所以以此爲盡心以此爲悅者其歸在於無使土親膚而已○且比化者一條不是別一段意卽上文然後盡於人心也蓋得之爲有財而遂用之者正謂無使土親膚耳尋常說者泥着且字遂爲更端之語非矣且是發語辭其實一意相發

吾聞之也君子不以天下儉其親

送終之禮所當得爲而不自盡是爲 去聲 天下愛惜此物而薄於吾親也 問不以天下儉其親朱子曰以猶爲也不爲天下惜棺椁之費而儉於其親也王氏中說記太原府君之言一布被二十年不易曰無爲費天下也文意畧與此同○呂氏曰註云所當得爲而不自盡則便是倒行逆施不順理底於所厚者薄則無所不薄矣墨子之葬以薄爲道者卽是此意○新安陳氏曰此章當味盡於人心及悅與恔字人子事親至葬而終凡附於身與棺必誠必信勿之有悔焉蓋不如是無以盡於吾心不爲悅不爲恔也必悅且恔然後於心爲盡不得爲而僭爲與可爲而不爲皆非盡於人心曰不得不可以爲悅則制不得爲者決不敢過曰得之有財何獨不然則力所能爲者亦何忍於不及厚所當厚而不儉於親無非天理也盡於人

心盡天理而已矣【附】蒙引此物二字不專指棺椁是泛說也且曰吾聞之即此一古語也安得知古語是爲棺椁說耶或兼生事葬祭耳

○沈同以其私問曰燕可伐與孟子曰可子噲不得與人燕子之不得受燕於子噲有仕於此而子悅之不告於王而私與之吾子之祿爵夫士也亦無王命而私受之於子則可乎何以異於是伐與之與平聲下伐與殺與同夫音扶

沈同齊臣以私問非王命也子噲子之事見形甸反下一節解見音同前篇諸侯土地人民受之天子傳之先君私以與人則與

者受者皆有罪也仕爲官也士即從仕之人也慶源輔氏曰沈同問燕可伐否耳固不問以齊伐燕爲如何也若是以王命來問孟子必當詳告之不但曰可而已也○註云與者受者皆有罪謂不由其道妄取妄予如子噲子之之徒者由其道則三聖之授受乃先天而天弗違之事不可以罪言也【附】存疑沈同之問或以己意或齊王陰使之皆不可知然以下文彼然而伐之語觀之其事必成於孟子之言也

○齊人伐燕或問曰勸齊伐燕有諸曰未也沈同問燕可伐與吾應之曰可彼然而伐之也彼如曰孰可以伐之則將應之曰爲天吏則可以伐之今有殺人者或問之曰人可殺與則將應之曰可彼如曰孰可以殺之則將應之曰爲士師則

可以殺之今以燕伐燕何爲勸之哉

天吏解見上篇言齊無道與燕無異如以燕伐燕也史記亦謂孟子勸齊伐燕蓋傳聞此說之誤○楊氏曰燕固可伐矣故孟子曰可使齊王能誅其君弔其民何不可之有乃殺其父兄虜其子弟而後燕人畔之乃以是歸咎孟子之言則誤矣朱子曰孟子言伐燕處有四燕父子君臣如此固有可伐之理然孟子不曾教齊不伐亦不曾教齊必伐但曰惟天吏則可以伐之○或謂孟子於沈同之問曷爲不盡其辭以告之曰沈同固非能伐燕者且其以私來問又不言齊之將伐燕也則直以可伐之理告之足矣若遂探其情而預設辭以伐之則是猜防險詖

之私爾豈所謂聖賢之心哉且齊雖無道若能拯燕之遺民於水火之中而無殺戮繫累之暴則其伐之也亦何爲而不可哉○雙峯饒氏曰惟士師則可以殺有罪之人泛泛如何可以擅殺惟天吏可以伐無道之國諸侯如何可以擅相征伐天吏天所命者士師君所命者天吏以其有道故天命之征伐如湯武是也沈同安曉此理但知人之可伐而不知己之不可伐人【附】存疑未也只作未曾說蒙引謂未有其機故曰未也而不曰無之非是○蒙引今有殺人者或問之曰人可殺與兩人字不同下一人字是殺人之人也

○燕人畔王曰吾甚慙於孟子

齊破燕後二年燕人共立太子平爲王平即昭王【附】蒙引前諸侯將謀救燕則曰宣王曰此但言王曰疑是湣王也蓋著書時湣王未卒無謚可稱也

陳賈曰王無患焉王自以爲與周公孰仁且智王曰惡是何言也曰周公使管叔監殷管叔以殷畔知而使之是不仁也不知而使之是不智也仁智周公未之盡也而況於王乎賈請見而解之惡監皆平聲

陳賈齊大夫也管叔名鮮武王弟周公兄也武王勝商殺紂立紂子武庚而使管叔與弟蔡叔霍叔監其國武王崩成王幼周公攝政管叔與武庚畔周公討而誅之附蒙引陳賈意只要坐不智與周公故下文又云周公知其將畔而使之與曰不知也賈斷曉不是知其將畔而使之亦斷曉得孟子不以爲是知其將畔而使之

見孟子問曰周公何人也曰古聖人也曰使管叔監殷管叔以殷畔也有諸曰然曰周公知其將畔而使之與曰不知也然則聖人且有過與曰周公弟也管叔兄也周公之過不亦宜乎與平聲

言周公乃管叔之弟管叔乃周公之兄然則周公不知管叔之將畔而使之其過有所不免矣或曰周公之處上聲下同管叔不如舜之處象何也游氏曰象之惡已著而其志不

過富貴而已故舜得以是而全之若管叔之惡則未著而其志其才皆非象比也周公詎忍逆探平聲其兄之惡而棄之邪周公愛兄宜無不盡者管叔之事聖人之不幸也舜誠信而喜象周公誠信而任管叔此天理人倫之至其用心一也

程子曰象憂亦憂象喜亦喜蓋天理人情於是爲至舜之於象周公之於管叔其用心一也夫管叔未嘗有惡也使周公逆知其將叛果何心哉惟管叔之叛非周公所能知則其過有所不免矣故孟子曰周公之過不亦宜乎○問周公誅管叔自公義言之其心固正大直截自私恩言之其情終有不自滿處所以孟子謂周公之過不亦宜乎者以此朱子曰周公豈得已爲此哉莫到恁地較好胡氏云象得罪於舜故封之管蔡流言將危周公以間王室得罪於天下故誅之非周公誅之天下之所當誅周公豈得而私之哉舜處其常周公處其變此聖人所以同歸於道也○慶源輔氏曰周公不忍料兄之惡而使之故不免有過是以孟子亦言周公之過不亦宜乎不說周公無過也○雲峯胡氏曰詎忍逆探其兄之惡而棄之此一句最是得周公之用心舜之心誠信而喜象不忍逆以其弟爲詐舜爲兄之道盡矣周公之心誠信而任管叔不忍逆以其兄爲叛周公爲弟之道盡矣故曰此天理人倫之至人倫之至人倫卽是天理特分而言之天理其自然者人倫其當然者爾附纂逆先也附蒙引必求無過必須逆探其兄之惡而棄之矣然則孰與有過之爲愈乎蓋有過之過小無過之過大也此等過眞是聖人之不幸而已何可求免也○存疑周公之過當有不當無周公而無過則所得者小而所失者大惟當論其大不必錄其小是其無過適所以爲過也周公而有過則所失者小而所得者大惟當取其大而不必計其小是其有過正所以免過

也。此周公之過。所以爲宜。與舜之信象。同一天理人倫之
至。○周公果是不知其將叛。而使之。蓋愛兄之心蔽之也。
若謂本知其將叛。但不忍以不仁待兄而姑使之。是以惡
養天倫。若莊公之於叔段。其不仁甚矣。○過本不當有。亦
有當有時。若周公之於管叔是也。蓋事有重於此者。此處
彷彿似孔子曰丘也幸。苟有過人必知之意。周公以兄弟
而受不智之過。孔子以君臣而受黨惡之過。然周
公之過。初不自知。孔子之過。分明知此。其不同也。

且古之君子過則改之今之君子過則順之古之君子其過
也如日月之食民皆見之及其更也民皆仰之今之君子豈
徒順之又從而爲之辭更平聲

順猶遂也。更改也。辭辯也。更之則無損於明。故民仰之。順

而爲之辭則其過愈深矣責賈不能勉其君以遷善改過
而教之以遂非文去聲過也新安陳氏曰孟子竊賈爲君文過之心。於不言之表而責之。附
〔蒙引〕新安陳氏註云。孟子竊賈爲君文過之心。於不言之
表而責之。亦有斟酌分曉。孟子責陳賈。意亦微。微說今之
君子。不必說指賈。亦不必說指王。只是泛論而寓責賈之
意。於不言之表。聖賢是甚次第。爲見賈特地撰出此議論
於他面前講。必有箇來頭。心是恁度他。故綴以此語。其實
未知其爲王解燕人畔之慙也。○〔顧麟士〕曰。此節只連過
字帶下。閑論一番。而大指自見。大段則言古今人。不特其
過不相及。處過亦不相及也。○〔存疑〕於過則改之上。又說
箇無隱諱意。於過則順之下。又說箇爲之辭意。總是卽上
兩句意而充拓之也。○〔蒙引〕其過也與及其更也相對。皆
就君子身上說。民皆見之。民皆仰之。亦全就君子身上
說。民皆仰之句內。卽說有如日月之食而復其明者意。○

林氏曰齊王慙於孟子蓋羞惡去聲之心有不能自已者使
其臣有能因是心而將順之則義不可勝平聲用矣而陳賈
鄙夫方且爲去聲之曲爲辯說而沮在呂反其遷善改過之心
長上聲其飾非拒諫之惡故孟子深責之然此書記事散出
而無先後之次故其說必參考而後通若以第二篇十章
齊人伐燕勝之之章十一章齊人伐燕取之章置之前章之後此章之前則
孟子之意不待論說而自明矣〔南軒張氏〕曰周公於管叔親愛之而不知其將畔其
過也宜矣賈爲君文過過之中又生過焉○〔汪氏〕曰己富
貴而兄弟無位仁者弗爲也兄弟惡未萌而以惡逆之智

者弗爲也自陳賈觀之以周公爲仁智未之盡由君子觀
之周公實仁且智者也不期以畔而卒至於畔不免於過
乃所遭之不幸也及其畔也不以私恩害公義誅之以
安宗社天下是於過爲能改矣其不得已而行權也

○孟子致爲臣而歸

孟子久於齊而道不行故去也附〔蒙引〕致送至也見正韻○〔存疑〕前爲君之臣今致
還於君不爲之臣也今云致仕亦然○孟子於齊先處賓
師之位後亦嘗爲卿雖不受祿畢竟是臣位故曰爲臣○
〔蒙引〕孟子於齊仕而不受祿其所謂仕不過署
其名而實則未嘗食祿任事故去就得以自由

王就見孟子曰前日願見而不可得得侍同朝甚喜今又棄
寡人而歸不識可以繼此而得見乎對曰不敢請耳固所願

也朝音潮（新安陳氏曰）謙言得侍賢者同朝者皆甚喜

他日王謂時子曰我欲中國而授孟子室養弟子以萬鍾使諸大夫國人皆有所矜式子盍爲我言之爲去聲

時子齊臣也中國當國之中也萬鍾穀祿之數也鍾量去聲名受六斛四斗矜敬也式法也盍何不也（趙氏曰）四豆爲區區受斗六升四區爲釜釜受六斗四升十釜爲鍾鍾受六斛四斗【附】蒙引他日謂時子曰愚每因他日二字見得孟子亦有遲遲其去之意

時子因陳子而以告孟子陳子以時子之言告孟子

陳子即陳臻也

孟子曰然夫時子惡知其不可也如使予欲富辭十萬而受萬是爲欲富乎夫音扶惡平聲

孟子既以道不行而去則其義不可以復扶又反留而時子不知則又有難顯言者故但言設使我欲富則我前日爲卿嘗辭十萬之祿今乃受此萬鍾之饋是我雖欲富亦不爲此也況本非欲富乎○（慶源輔氏曰）齊王告時子是就人欲中計較孟子之意道合則從不合則去惡用

是多端爲哉○註云孟子有難顯言者顯言之則訐揚齊王之失而有戾於我固所願之仁【附】蒙引前日不受卿祿亦是以當時諸侯只挾其勢祿在手以爲足以輕重天下士也如是則待賢之心薄了安望其上下交而德業成也故孟子早見而堅執不受其祿使齊王知其志不在溫飽耳○（顧麟士曰）按蒙引曰此然字只因陳子所述時子之言而曰是如此耶然時子惡知我之不可以復留耶存疑稍異然淺說達說俱從蒙引

季孫曰異哉子叔疑使己爲政不用則亦已矣又使其子弟爲卿人亦孰不欲富貴而獨於富貴之中有私龍斷焉龍音壟

此孟子引季孫之語也季孫子叔疑不知何時人龍斷徒玩反罔壟之斷而高也義見形甸反下文蓋子叔疑者嘗不用

而使其子弟爲卿季孫譏其既不得於此而又欲求得於彼如下文賤丈夫登龍斷者之所爲也孟子引此以明道既不行復扶又反受其祿則無以異此矣（慶源輔氏曰）舉季孫所譏子叔疑之事以見我不敢效此之意辭祿而受饋雖多寡之不同畢竟是既不得於此而又求得於彼也

古之爲市者以其所有易其所無者有司者治之耳有賤丈夫焉必求龍斷而登之以左右望而罔市利人皆以爲賤故從而征之征商自此賤丈夫始矣

孟子釋龍斷之說如此治之謂治其爭訟左右望者欲得

此而又取彼也罔謂罔羅取之也雙峯饒氏曰左右望是欲全得之萬一不得於此亦可得於彼不得於此是譬喻辭十萬得於彼是譬喻受萬【附】蒙引市所貿易或此處有穀粟而無魚鹽則魚鹽得利矣或此處有魚鹽而無穀粟則穀粟得利矣或止利魚鹽而不兼穀粟或止利穀粟而不兼魚鹽猶未爲龍斷也龍斷者登高望之盡得其所有無却以魚鹽馳至無魚鹽處而貨焉又以穀粟馳至無穀粟處而貨焉以至其他所利處皆然是爲罔市而包括取之故使人賤之也然隆古之時尚以此爲賤而今則皆以此爲當然而不復以爲怪惟恐貨力之不充而已是又可以論世道矣○問子叔疑是旣不得於此而又求得於彼龍斷者是欲得於此而又兼得於彼如何以爲同曰不得此又欲得彼者原其本心固是欲得此而又取彼也

從而征之謂人惡去聲其專利故就征其稅後世緣此遂征商人也慶源輔氏

曰文王關譏不征是三代之初皆如此○新安陳氏曰孟子有引喻以終之而不復說上正意者此章之類是也

○程子曰齊王所以處上聲孟子者未爲不可孟子亦非不肯爲國人矜式者但齊王實非欲尊孟子乃欲以利誘之故孟子拒而不受新安陳氏曰齊王固不得待孟子之道尤爲不知孟子之心【附】蒙引此章當以程子之說來斷他程子曰齊王所以處孟子云云蓋孟子之去齊者以道也而齊王之所以留者利也此齊王之所以終爲不知孟子孟子之所以終不留於齊而其道之所以終不行齊之所以終於不振也

○孟子去齊宿於晝晝如字或曰當作晝音獲下同

晝齊西南近邑也

有欲爲王留行者坐而言不應隱几而臥爲去聲下同隱於靳反

隱憑也客坐而言孟子不應而臥也

客不悅曰弟子齊宿而後敢言夫子臥而不聽請勿復敢見矣曰坐我明語子昔者魯繆公無人乎子思之側則不能安子思泄柳申詳無人乎繆公之側則不能安其身齊側皆反復扶又反語去聲

齊宿齊戒越宿也繆音穆公尊禮子思常使人候伺音笥道去聲達誠意於其側乃能安而留之也泄柳魯人申詳子張之

子也繆公尊之不如子思然二子義不苟容非有賢者在其君之左右維持調護之則亦不能安其身矣問泄柳申詳無人乎繆公之側則不能安其身二子之賢其心固如是乎朱子曰非謂二子之心倚君側之人也語其勢則然耳若二子之心如此則與世之垢面汙行而事君側便嬖之人者何以異乎○慶源輔氏曰繆公好賢之切惟恐有不當其意者常使人道達誠意乃能安而留之泄柳嘗閉門以避繆公不苟合可見申詳見禮記與泄柳並稱其賢可知繆公待子思恐子思不察己之誠也二子非有賢者調護之則又恐君不察己之誠也德若子思則自有此應若只及得二子則自處又當如此下此則苟容以徇君者也【附】顧麟士曰通義東嘉史氏曰孟子旣言繆公待子思之事又言泄柳申詳自處之事以見賢者去就之義有此二等之不同耳至於所以自處則惟在於子思一事若泄柳申詳則

因帯言之非欲以其事自處也觀其言曰繆公無人乎子思之側則不能安子思然則繆公以待泄柳申詳者待子思必不安子思矣孟子平日自知之明自任之重爲何如齊王若以繆公待泄柳申詳者待之其不能安孟子明矣觀下文有子爲長者慮而不及子思之言可見矣○蒙引有欲爲王留行章輔氏註大謬不知輔氏是何等人物

子爲長者慮而不及子思子絶長者乎長者絶子乎長上聲

長者孟子自稱也言齊王不使子來而子自欲爲爲去聲下以爲同王留我是所以爲我謀者不及繆公留子思之事而先絶我也我之臥而不應豈爲先絶子乎慶源輔氏曰孟子之自處不在子思之下故意或人之爲我謀不及繆公留子思之事也蓋有欲爲王留行者雖有愛賢之意而不知待賢者之禮故孟子告之如此○新安倪氏曰孟子之於齊齊王既不能如繆公之待子思固無以安孟子矣次焉而齊之羣臣又無賢者爲之維持調護孟子亦豈能安其身哉孟子之德無愧子思齊王如繆公之待子思宜也故末又以不及子思爲言泄柳申詳之事姑引以言齊之無賢臣耳附蒙引子絶長者乎要下一先字臥而不應不可謂不是絶○存疑子絶長者乎長者絶子乎詞語是兩詰之其意則是說他先絶己而後己絶之也集註得其意而曰是所以爲我謀者不及繆公留子思之事而先絶我也我之臥而不應豈爲先絶子乎

○孟子去齊尹士語人曰不識王之不可以爲湯武則是不明也識其不可然且至則是干澤也千里而見王不遇故去三宿而後出晝是何濡滯也士則茲不悅語去聲

尹士齊人也干求也澤恩澤也濡滯遲留也附蒙引尹士譏孟子有三段一曰是不明也二曰是干澤也三乃曰是何濡滯也今孟子只辨是何濡滯也一句上二句都不管者何耶曰千里而見王是予所欲也如此說便見不敢逆以爲不足爲湯武且非干澤之意尤明矣

高子以告

高子亦齊人孟子弟子也

曰夫尹士惡知予哉千里而見王是予所欲也不遇故去豈予所欲哉予不得已也夫音扶下同惡平聲

見王欲以行道也今道不行故不得已而去非本欲如此也附蒙引或疑孟子千里而見王是自請見齊王不如見梁惠王應聘而往見也曰非也不見諸侯之義決是孟子終身所守而不變者前日應齊王之聘而往亦說得千里而見王也

予三宿而出晝於予心猶以爲速王庶幾改之王如改諸則必反予

所改必指一事而言然今不可考矣

夫出晝而王不予追也予然後浩然有歸志予雖然豈舍王哉王由足用爲善王如用予則豈徒齊民安天下之民舉安王庶幾改之予日望之

浩然如水之流不可止也楊氏曰齊王天資朴實如好勇好貨好色好世俗之樂皆以直告而不隱於孟子故足以為善若乃其心不然而謬為大言以欺人是人終不可與入堯舜之道矣何善之能為

附〔蒙引〕未出晝時而三宿於近郊已是一節望王之改而留之矣及出晝而猶自以為速曰王庶幾改之王如改諸則必反予此第二節望王之改而留之也夫出晝而王不予追也云云予日望之此又第三節之望王之改而留之也於既去之日而猶三致其意而不已聖賢之急於行道如此然其不肯枉道之意則有確乎其不可易者○所謂為善是後日事王如用予則豈徒齊民安天下之民舉安此正是足用為善處輔氏以此為行道濟時之本心非也正是愛君澤民之餘意處此是出晝後心事

予豈若是小丈夫然哉諫於其君而不受則怒悻悻然見於其面去則窮日之力而後宿哉 悻形頂反 見音現

悻悻怒意也窮盡也

尹士聞之曰士誠小人也

此章見聖賢行道濟時汲汲之本心愛君澤民惓惓音權之餘意

〔慶源輔氏曰〕集註本心謂其初本欲如此也餘意則後來不得已之意耳詳玩此兩句便可見聖賢之心千里見王王如用予豈特齊民安天下之民舉安此其行道濟時汲汲之本心三宿出晝王庶幾改之予日望之此其愛君澤民惓惓之餘意

附〔淺說〕尹士聞之曰以行道濟時為心以愛君澤民為念欲去之始而不忍舍方去之際而不忍舍既去之後而惓惓之心猶未忘也此君子之所為也然必君子而後識君子士誠小丈夫也但知諫君不受則便爾悻悻然而去矣豈知君子之心其忠厚固若此哉○〔蒙引〕惓惓之餘意即汲汲本心之不容釋者汲汲之本心所謂是予所欲也惓惓餘意必予不得已之後事○尹士是荷蕢接輿之流其氣象較從容其心較虛而非執拘者蓋可與者也

李氏曰於此見君子憂則違之之情而荷何可反蕢者所以為果也

易乾卦文言樂則行之憂則違之○〔朱子曰〕孟子與荷蕢皆是憂則違之但荷蕢者果於去不若孟子之遲遲吾行蓋得時行道者聖人之本心不遇而去者聖人之不得已此與孔子去魯之心同蓋聖賢憂世濟時之誠心非若荷蕢之果於去也○〔南軒張氏曰〕齊王資雖鈍而不敏然異夫飾情矯非以自欺人者故孟子有望焉以為王如用予天下舉安蓋其安天下之道已素定於胸中而其本則在於格君心故拳拳

孟子大全卷之四 公孫丑下

望王之改之也若夫諫而不用去則窮日而後宿者是私意所發其諫也固無誠意之感其去也又無忠厚之氣真小丈夫哉○〔雙峯饒氏曰〕方其來也只望齊王能行其道及其去也又望王能改過此聖賢仁厚之意蓋決然去者義也欲去不去者仁也李氏所以說憂則違之之情憂只是不樂違去也當看情字○〔雲峯胡氏曰〕孟子憂則違之若與荷蕢同而其憂則違之之情與荷蕢之恝然忘情者大不同也○〔新安陳氏曰〕孟子所歷如滕文雖慕道然國微弱道必難行其次如魯沮於臧倉又必不行大國齊梁也梁惠不足與有行襄尤劣矣庶幾焉者其齊宣乎齊有易以安天下之勢孟子又有安天下之道王天資誠朴若可與有行者所以拳拳望之有不能自已焉於此終不遇合則孟子之道知其不行矣

○孟子去齊充虞路問曰夫子若有不豫色然前日虞聞諸

夫子曰君子不怨天不尤人

路問於路中問也豫悅也尤過也此二句實孔子之言蓋孟子嘗稱之以教人耳

曰彼一時此一時也

彼前日此今日【新安陳氏曰前日言不怨尤之時與今日所遇之時不同【附】存疑彼一時尋常無事之時也此一時吾道行止之時也】

五百年必有王者興其間必有名世者

自堯舜至湯自湯至文武皆五百餘年而聖人出名世謂其人德業聞去聲望可名於一世者為之輔佐若皐陶稷契私列反伊尹萊朱太公望散素亶反宜生之屬【通考趙氏惪曰堯在位九十八年舜在位五十年禹至桀十七王四百三十二年為商是堯舜至湯其五百八十年湯至紂三十王六百二十八年而周興】

由周而來七百有餘歲矣以其數則過矣以其時考之則可矣

周謂文武之間數謂五百年之期時謂亂極思治去聲可以有為之日於是而不得一有所為此孟子所以不能無不豫也【附】顧麟士曰註此孟子所以不能無不豫也此句煞住就若無此句亦起吾何為不豫哉句不得

夫天未欲平治天下也如欲平治天下當今之世舍我其誰也吾何為不豫哉夫音扶舍上聲

言當此之時而使我不遇於齊是天未欲平治天下也然天意未可知而其具又在我我何為不豫哉【新安陳氏曰天意或欲平治天下亦未可知其具謂能平治天下之道也】然則孟子雖若有不豫然者而實未嘗不豫也蓋聖賢憂世之志樂音洛天之誠有並行而不悖者於此見矣【朱子曰或問文中子曰聖人有憂乎曰天下皆憂吾獨得不憂又曰樂天知命吾何憂若孟子不忘天下之憂而亦不害其樂天知命之樂其庶幾乎〇慶源輔氏曰不能無不豫憂世之志也實未嘗不豫樂天之誠也憂樂自常情觀之則相反自聖賢言之則並行而不悖也〇自五百年至則可矣觀之則孟子不能無不豫然也自夫天未欲平治以下觀之則孟子實未嘗不豫也〇雙峯饒氏曰孟子到此亦未如之何所以只得歸之於天【附】存疑夫天未欲平治天下是以不得有為歸之天也如欲平治天下當今之世舍我其誰言在己有可為之具自任之意也吾何為不豫須兼此二意蓋天意既不欲有為則當安之爾在我有可為之具亦足以自樂矣此所以無不豫也註樂天之誠亦要兼兩意是天未欲平治天下是以治亂歸之數固樂天也當今之世舍我其誰是以治具任之己亦樂天也〇蒙引樂天之誠此天字以理言與本文夫天未欲平治天下也之天字不同】

〇孟子去齊居休公孫丑問曰仕而不受祿古之道乎

休地名

曰非也於崇吾得見王退而有去志不欲變故不受也

崇亦地名孟子始見齊王必有所不合（新安陳氏曰道不行於齊其幾已先見乎此）故有去志變謂變其去志

繼而有師命不可以請久於齊非我志也

師命師旅之命也國既被兵難請去也（新安陳氏曰恐只是因師旅之事而戒嚴耳【附】蒙引國既被兵難以請去非避嫌也直是勢有所不得去者此處聖賢不避嫌實師不與臣同義果當去心果欲去便去了豈爲避嫌姑留直是國既被兵上下戒嚴勢不得不且留且見王天資亦可取故留而爲卿以觀其久後感悟何如但不欲變其去志故不受祿耳○存疑不可以請蒙引謂據朱子是主於義而言據新安陳氏是主於勢而言蒙引主新安之說愚謂當兼二者方是蓋見王亦有際可之義雖云賓師不與臣同然國方有事驟然而去亦不是況其勢亦有不得去者要其未決去之意則屬望齊王之意居多）○孔氏曰仕而受祿禮也不受齊祿義也義之所在禮有時而變公孫丑欲以一端裁之不亦誤乎（南軒張氏曰孟子之去齊三宿出晝猶以爲速而謂初見已有去志久於齊非我志何也蓋孟子雖度齊王之可與有爲而可去之幾未嘗不先覺也初見察王之情必有不能受者又以其質亦有可取故不受其祿姑留以觀其感悟與否也初志雖欲去而猶有望焉豈徒爲苟留也哉此篇載孟子於齊始終去就久速之義甚備學者所宜深究也○慶源輔氏曰禮則有常義則有權如君命召不俟駕禮也有不召之臣便是義孔氏謂仕而受祿禮也不受齊祿義也仕有說得自好○雙峯饒氏曰有見行可之仕有際可之仕有公養之仕孟子當時見王於崇便有不合處難於委質爲臣所以止爲際可之仕見行可者見道理漸可行也孟子自崇既退之後未見其道之可行所以終於不受祿○新安陳氏曰不受卿祿此孟子最高處其超然不屈進退餘裕本全在此一受其祿則爲祿所縻是爲祿而仕耳十萬之祿脫屣而去齊王猶欲以萬鍾縻之豈知孟子者吾意戰國之世高節如許惟孟子一人而已庶幾焉者其魯仲連乎）

孟子集註大全卷之四終

孟子集註大全卷之五

三魚堂讀本

滕文公章句上

凡五章。（通考）勿軒熊氏曰：四章皆言滕事，末章辨墨道因許行之學附記。

滕文公爲世子，將之楚，過宋而見孟子。

世子，太子也。（附）（蒙引）或謂天子之子爲太子，諸侯之子爲世子，非也。周公立教世子之法，成王亦稱世子，則世子、太子，天子、諸侯之子通稱矣。故曰世子，太子也，後世乃分。

孟子道性善，言必稱堯舜。

道，言也。性者，人所稟於天以生之理也，渾（上聲）然至善，未嘗有惡。人與堯舜初無少異，但衆人汨（音骨）於私欲而失之，堯舜則無私欲之蔽，而能充其性爾。（新安陳氏曰）四端章雖言性情之理，而性字未說出，性字始見於此，而詳見告子、盡心篇。充其性，卽擴而充之之充。（附）（蒙引）但衆人汨於私欲而失之，不可兼氣稟所拘說。○正韻註：莊子與汨偕出，註：回洑而涌出者汨也。然則汨沒二字似有浮沉之意，蓋汨者乍入乍出之義，不全是沒也。故此句下有而失之三字，若竟作沒字解，可不用而失之三字矣。故孟子與世子言，每道性善，而必稱堯舜以實之。欲其知仁義不假外求，聖人可學而至，而不懈（居隘反）於用力也。（新安陳氏曰）集註已包後面成覸等三說之意。門人不能悉記其辭，而撮其大旨如此。（慶源輔氏曰）朱子旣斷孟子之書以爲孟子自著，則似此處皆當改。此是後來不曾改得。（附）顧麟士曰：此節頗與爲王誦之、論語子告之曰某在斯某在斯一例，撮敘語耳，不必盡悉當時所言何等也。孟子道性善，言孟子與世子所道者性善；言必稱堯舜，言孟子與世子每言必稱堯舜。俱要根住世子。○（淺說）吾想其言必曰：人有此生，則有此性，性無不仁，而仁卽性也；性無不義，而義卽性也。是性之在人，本至善也。獨不觀諸堯舜乎？堯，大聖人也，而其德則欽明文思、允恭克讓也，使性有不善，則堯何爲有是德乎？舜，大聖人也，而其德則濬哲文明、溫恭允塞也，使性有不善，則舜何爲有是德乎？知堯舜之德，則知人性之善矣；知人性之善，則知人皆可爲堯舜矣。此孟子告世子之意也。

程子曰：性卽理也，天下之理，原其所自，未有不善。喜怒哀樂（音洛）未發，何嘗不善？發而中（去聲，下同）節，卽無往而不善；發不中節，然後爲不善。故凡言善惡，皆先善而後惡；言吉凶，皆先吉而後凶；言是非，皆先是而後非。

問：孔子言性與天道不可得而聞，孟子乃開口便說性善，是如何？（朱子曰）孟子也只是大槩說性善，至於性之所以善處，也少說。須是如說一陰一陽之謂道，繼之者善也，成之者性也，方是說性與天道耳。○易言繼善，是指未生之前；孟子言性善，是指已生之後。雖曰已生，然其本體初不相離也。○孟子見滕文公便道性善，他欲人先知得一箇本原，則爲善必力，去惡必勇。○伊川謂性卽理也一句，直是孔子後惟伊川說得盡。這一句便是千萬世說性之根基。理是箇公共底物事，不解會不善。人做不是，自是失了性，却不是壞了著脩。又曰：未發之前，氣不用事，所以有善而無惡。○性善者以理言之，稱堯舜者質其事以實之，所以互相發也。其意蓋曰：知性善，則知堯舜之必可爲矣；知堯舜之可爲，則其於性善也，信之益篤而守之益固矣。○問性善之性與堯舜性之之性如何。曰性善之性。實性之之性。虛性之只是合下稟得自下便將來受用○性善故人皆可為堯舜必稱堯舜所以驗性善之實○問人未能便至於堯舜而孟子言必稱之何也。曰道性善與稱堯舜二句正相表裏蓋人之不至於堯舜者是他力量不至固無可奈何然人須當以堯舜為法人到得堯舜地位方做得一箇人無所欠闕然也只是本分事這便是止於至善○問孟子道性善看來孟子言赤子將入井有怵惕惻隱之心此只就情上見如言孩提之童無不愛其親亦只是就情上說。曰未發時怵惕惻隱與孩提愛親之心皆在裏面了少間發出來即是未發底物事靜也只是這物事動也只是這物事如孟子所說正要人於發動處見得是這物事即是靜時所養底物事靜時若存守得這物事則日用流行即是這物事而今學者且要識得動靜只是一箇物事○問孟子道性善蓋謂性無有不善也明道乃以為善固性也然惡亦不可不謂之性其義如何【潛室陳氏曰】纔識氣質之性即善惡方各有著落不然則惡從何處生以孟子說未備故子門發此義孟子專說義理之性則惡無所歸是論性不論氣孟子之說為未備專說氣稟則善為無別是論氣不論性諸子之論所以不明夫本也程子兼氣質論性○【雲峯胡氏曰】孔子亦嘗說性善曰繼之者善成之者性但善字從造化發育處說不從人生稟受處說子思曰天命之謂性率性之謂道正是從源頭說性之本善但不露出一善字性善之論自孟子始發之集註釋性者人稟於天以生之理也此一何便闘到告子所謂生之謂性蓋生不是性生之理是性天地間豈有不好底道理故曰渾然至善未嘗有惡古今只是一箇道理故曰人與堯舜初無少異孟子道性善言其理也稱堯舜以實之言其事也天下無理外之事能為堯舜所為之事便是不失吾所得以生之理然而人不能皆堯舜者氣質之拘物欲之蔽也集註言物欲不言氣質蓋以孟子不曾說到氣質之性故但據孟子之意言之孟子曰性善二字孟子擴前聖之所未發

而有功於聖門。愚亦敢曰性即理也一句。程子擴前聖所未發而有功於孟子○【新安陳氏曰】性善是虛說其理稱堯舜是指能盡性之人以實其說如朱子著小學書列立教明倫於前盡是說其理列實立教實明倫於後並是實有是人實有是事以實前面之說此之謂實之何以驗人性之善哉觀堯舜能盡其性而為大聖人則可以知同有是性者之皆可以為聖人而不懈於學聖人矣所以言性善而必稱堯舜以實之歟【通考】【張氏須曰】孟子言性善所謂天地之性也斯言也實傳子思天命謂性之言子思指天所賦而人受之者為言專指理而言也孟子指民受天地之中者為言合理氣而言也孔子言性相近以形體之已具者言孟子之言性善以有形體之初者言也皆一理也然則氣質之性孟子所不言乎曰形色天性曰動心忍性曰君子不謂性皆指氣質之性也○【吳氏程曰】孟子道性善是就氣質中挑出其本然之理而言【附】【蒙引】凡言善惡皆先善而後惡云云然亦有不盡然者如邪正災祥曲直之類蓋從語音所便也又如牝牡雌雄臣主之類亦皆顛倒其字皆從一時語音所便久之遂為不易之成語耳

世子自楚反復見孟子孟子曰世子疑吾言乎夫道一而已矣復扶又反夫音扶

時人不知性之本善而以聖賢為不可企及故世子於孟子之言不能無疑而復來求見蓋恐別有卑近易去聲行之說也孟子知之故但告之如此以明古今聖愚本同一性前言已盡無復扶又反下同有他說也【朱子曰】當戰國之時聖學不明天下之人但知功利之可求而不知己性之本善聖賢之可學聞是說者非惟不信往往亦不復致疑於其間若文公則雖未能盡

信而已能有所疑矣是其可與進道之萌芽也故孟子於其去而復來迎而謂之曰世子疑吾言乎而又告之曰夫道一而已矣蓋古今聖愚同此一性則天下固不容有二道但在篤信力行則天下之理雖有至難猶必可至況善乃人之所本有而爲之不難乎○雲峯胡氏曰按饒氏謂道一而已矣與性一而已矣不同性以所稟言之道以所由言之集註此處說得性字稍重愚謂集註不曰同一道而曰同一性者蓋推本而言根自上文性善說來性之外他無所謂道同此性卽同此道又何疑焉附存疑疑者疑性善之說未必然或有性不善也人皆可爲堯舜之說未必然堯舜或另是一性而不可幾及也故孟子曰夫道一而已矣言道[illegible]在人一而已矣更無兩箇上古聖賢也是這一箇道理[illegible]今塗人也是這一箇道理○蒙引夫道一而已矣言道旣一吾不容有二說也前言已盡矣道理也此道字泛說尤活或以道出於性性一故道一言者雖知有道性之別然解此義泥矣不知此道字正指性也道者德行性命之總名何者不是道此處不必拘於中庸性道之分○存疑此道字分明是指性說但不可直說作性只當說作道蓋道是活落通統字隨處皆說得所以說道爲虛位說仁義爲道也得說禮智爲道也得如是道也何足以疑是或一道也道字皆是活落通統字然皆有所指

成覸謂齊景公曰彼丈夫也我丈夫也吾何畏彼哉顏淵曰舜何人也予何人也有爲者亦若是公明儀曰文王我師也周公豈欺我哉覸古莧反

成覸人姓名彼謂聖賢也有爲者亦若是言人能有爲則皆如舜也公明姓儀名魯賢人也文王我師也蓋周公之言公明儀亦以文王爲必可師故誦周公之言而歎其不我欺也孟子既告世子以道無二致而復引此三言以明之欲世子篤信力行以師聖賢不當復求他說也朱子曰孟子引三段說話敎人如此發憤勇猛向前日用之間不得存留一毫人欲之私在這裏此外更無別法若如此有箇奮迅興起處方有田地可下工夫不然則是畫脂鏤冰無眞實得力處○雲峯胡氏曰性之本善堯舜無異於人行之不力人自異於堯舜附蒙引吾何畏彼哉者以其道之一也有爲亦若是者亦以其道之一也周公以文王爲我師者亦以其道之一也此集註所謂旣告以道無二致而復引此三言以明之者也欲世子篤信力行以師聖賢不當復求他說者言外意也○存疑使道不一聖賢又有一箇道則聖賢不可幾及成覸等何以謂聖賢不足畏有爲亦若是哉故知此節是明上文道一之旨○彼丈夫我丈夫舜何人予何人等處都要以性入說○蒙引能有爲者盡其性而已矣

今滕絶長補短將五十里也猶可以爲善國書曰若藥不瞑眩厥疾不瘳瞑莫甸反　眩音縣

絶猶截也書商書說命篇說音悅瞑眩憒亂憒古對反言滕國雖小猶足爲治治去聲但恐安於卑近不能自克則不足以去去上聲惡而爲善也朱子曰滕小不過如今一鄕孟子只說可爲善國終不成以告齊梁之君者告之○人要爲聖賢須是猛起如服瞑眩之藥以除深痼之疾直是不可悠悠○蔡氏曰方言云飲藥而毒海岱之間謂之瞑眩○勉

齋黃氏曰歷引三人之言所以釋滕文之疑終以藥瞑眩所以厲其志○雙峯饒氏曰前面文公再去見孟子時是疑其資稟凡下不可以爲堯舜故孟子以成覸以下三說答之末後孟子恐文公又自疑其土地狹小故以瞑眩之說告之文公後來也能問喪禮問經界亦足見其有爲處附淺說欲師聖人惟患無奮發之志不患無勢力之資今滕絶長補短將五十里也國雖云小矣苟本之於身而達之於政以其所以治己者而治夫人則雖小國猶可以爲善國但恐立志不高自治不勇見天理而不肯進戀人欲而不忍割則人欲日長天理日消身之汙濁固不足以爲善人而紀綱廢墜亦不足以爲善國故書曰若藥不瞑眩厥疾不瘳有志於復其性而爲聖賢者尚知所以自厲云

○愚按孟子之言性善始見形甸反於此而詳具於告子之篇然默識字如而旁通之則七篇之中無非此理其所以擴前聖之未發而有功於聖人之門程子之言信矣○西山真氏曰七篇之中無非此理者如言仁義言四端蓋其大者至於因齊王之愛牛而勸之以行王政亦因其性善而引之當道也以此推之他可識矣○新安陳氏曰林氏於下章言喪禮處謂可驗人性之善亦當以此意類推之

○滕定公薨世子謂然友曰昔者孟子嘗與我言於宋於心終不忘今也不幸至於大故吾欲使子問於孟子然後行事

定公文公父也然友世子之傅也大故大喪也事謂喪禮

然友之鄒問於孟子孟子曰不亦善乎親喪固所自盡也曾子曰生事之以禮死葬之以禮祭之以禮可謂孝矣諸侯之禮吾未之學也雖然吾嘗聞之矣三年之喪齊疏之服飦粥之食自天子達於庶人三代共之齊音資疏所居反飦諸延反

當時諸侯莫能行古喪禮而文公獨能以此爲問故孟子善之又言父母之喪固人子之心所自盡者蓋悲哀之情痛疾之意非自外至宜乎文公於此有所不能自已也但所引曾子之言本孔子告樊遲者豈曾子嘗誦之以告其門人歟三年之喪者子生三年然後免於父母之懷故父母之喪必以三年也齊衣下縫音逢也不緝七入反曰斬衰音催下同緝之曰齊衰疏麤也麤布也飦糜也喪禮三日始食粥既葬乃疏食音嗣○記喪大記君之喪子大夫公子衆士皆三日不食子大夫公子食粥士疏食水飲夫人世婦諸妻皆疏食水飲室老子姓皆食粥衆士疏食水飲室老其貴臣也衆士衆臣也妻妾疏食水飲士亦如之既葬主人疏食水飲不食菜果婦人亦如之君大夫士一也練而食菜果祥而食肉 此古今貴賤通行之禮也如田之什一○朱子曰孟子說制度皆舉其綱而已喪之自天子達之類○孟子答滕文公喪禮不說到細碎上只說齊疏之服飦粥之食自天子達於庶人這二項便是大原大本自盡其心○喪禮之大本也三年齊疏飦粥喪禮之大經也孟子生戰國不得見先王全經矣然其學得孔氏之正傳而於文武之道識其大者故其考論制度雖若疏闊而於大本大經之際則有不可得而亂者以是爲主而酌乎人情世變以

文之。則禮雖先王未之有。亦可以義起矣。後世議禮者。不明乎此故常以其度數節文之小不備而不敢爲卒以乾乎大不備而後已此劉向所以深歎之也。然無孟子之學而强爲之如叔孫通曹褒之流。是又不免乎私意之鑿而已矣。○〔趙氏曰〕自天子達於庶人。是無貴賤之別三代共之。無古今之異。【附】〔蒙引〕諸侯之禮吾未之學也。此其分之殊者也。雖然吾嘗聞之矣。三年之喪齊疏之服飦粥之食。自天子達於庶人。此其理之一者也。分之殊者節文度數之詳。固非今日所可考。理之一者乃其大本大經之所在出於天理人心之不容已者則固無庸致疑於服行也。○〔存疑〕親喪固所自盡。此因世子之所能而與之也。亦因以加勉之也。三年齊疏飦粥是正告世子處。○〔顧麟士曰〕文公於父當斬衰不齊而云齊疏者大槩語耳○內則注饘厚粥酏薄粥字彙飦饘同

然友反命定爲三年之喪父兄百官皆不欲曰吾宗國魯先

君莫之行吾先君亦莫之行也至於子之身而反之不可且志曰喪祭從先祖曰吾有所受之也

父兄同姓老臣也滕與魯俱文王之後而魯祖周公爲長上聲兄弟宗之故滕謂魯爲宗國也〔通考〕〔趙氏惠曰〕文王之子周公旦曰子伯禽封於魯文王子錯叔綉武王庶弟封於滕侯爵然謂二國不行三年之喪者乃其後世之失非周公之法本然也志記也引志之言而釋其意以爲所以如此者蓋爲去聲上世以來有所傳受雖或不同不可改也然志所言本謂先王之世舊俗所傳禮文小

異而可以通行者耳不謂後世失禮之甚者也〔朱子曰〕古宗國如周公兄弟之爲諸侯者則皆以魯國爲宗至戰國時滕猶稱魯爲宗國也。○〔南軒張氏曰〕考滕世子問孟子之辭則三年之喪。其廢也久矣。其在周之末世乎。故曰吾宗國魯先君莫之行。吾先君亦莫之行也。又曰喪祭從先祖吾有所受之也。然則其廢也久矣。世之治亂此豈非其根柢耶。【附】〔蒙引〕定爲三年之喪。則所謂齊疏之服飦粥之食在其中矣。○三年之喪齊疏之服飦粥之食非獨世子爲然其父兄百官皆有此服故皆不欲也。○此服惟封建之法行然後服之爲稱且今知府便是一府之父有卒於其任能使士民服此否古者君臣之間恩至厚也。○〔存疑〕定爲三年之喪。只是世子行。未有子行而臣下不行者。然此處所重却在君上。觀親喪固所自盡一句可見。〔蒙引〕說是臣子都行。雖有證據。覺不是本意。○喪祭從先祖志言先祖尚是始初立法之先祖不是後來壞法之先祖蓋法本壞於後

人非作於始初子孫沿襲之久認爲始初也。但大註不主此說。不知何也。○〔顧麟士曰〕集註上世以來四字即吾有所受。吾字蓋暗體先祖意。以推明其沿襲之禮不可改也

謂然友曰吾他日未嘗學問好馳馬試劒今也父兄百官不我足也恐其不能盡於大事子爲我問孟子然友復之鄒問孟子孟子曰然不可以他求者也孔子曰君薨聽於冢宰歠粥面深墨即位而哭百官有司莫敢不哀先之也上有好者下必有甚焉者矣君子之德風也小人之德草也草尚之風必偃是在世子好爲皆去聲復扶又反歠川悅反

不我足謂不以我滿足其意也然者然其不我足之言不可他求者言當責之於己冢宰六卿之長上聲也歠飲也深墨甚黑色也即就也尚加也論語作上古字通也偃伏也必偃以上皆孔子語

孟子言但在世子自盡其哀而已慶源輔氏曰當責之於己是應前面固所自盡之說在世子自盡其哀是應上句不可他求之意○雙峯饒氏曰君薨君字統天子諸侯而言聽於冢宰是國家政事皆聽命於冢宰非聽政聽訟之謂附存疑孟子曰然不可以他求也此是因其疑惑之際而贊決之言當喪禮廢壞之久子之生平又未足取信於人一旦欲行禮而父兄百官不汝足誠是也然爲子計者但當求之於己不可以他求也隨他足不足都莫管他子但自盡而已故未復丁囑之曰是在世子引孔子之言是說求之於己無有不應者○蒙引孔子曰君薨直至草尚之風必偃皆是孔子之言惟是在世子一句是孟子言○卽位而哭位喪位也

然友反命世子曰然是誠在我五月居廬未有命戒百官族人可謂曰知及至葬四方來觀之顏色之戚哭泣之哀弔者大悅

諸侯五月而葬未葬居倚廬於中門之外居喪不言故未有命令教戒也左傳隱公元年天子七月而葬同軌畢至言同軌以別四夷之國諸侯五月同盟至同在方嶽之盟大夫三月同位至士踰月外姻至此言赴弔各以遠近爲差因爲葬節○禮記喪大記父母之喪居倚廬不塗寢苫枕塊非喪事不言附蒙引禮記疏曰倚廬者於中門外東牆下倚木爲廬也可謂曰知疑有闕誤或曰皆謂世子之知禮也慶源輔氏曰可當作皆知作可不成文理

○林氏曰孟子之時喪禮既壞然三年之喪惻隱之心痛疾之意出於人心之所固有者初未嘗亡也惟其溺於流俗之弊是以喪去聲其良心而不自知耳文公見孟子而聞性善堯舜之說則固有以啓發其良心矣是以至此而哀痛之誠心發焉及其父兄百官皆不欲行則亦反躬自責悼其前行去聲之不足以取信而不敢有非其父兄百官之心雖其資質有過人者而學問之力亦不可誣也及其斷丁亂反然行之而遠近見聞無不悅服則以人心之所同然者自我發之而彼之心悅誠服亦有所不期然而然者人性之善豈不信哉西山眞氏曰三年之喪自唐虞三代未有改者春秋之世此禮廢墜於是宰予欲短喪而孔子責其不仁子思亦謂自期以下貴賤有殊父母之喪則一而已方滕文用孟子言欲行此禮父兄百官譁然爭之及違衆而行又以爲知禮何耶蓋以爲不可行者蹈常襲故之陋見而以爲知禮者秉彝好德之良心也世降教失雖以東魯文獻之邦猶不能行何怪於滕之父兄乎然文公一以身先之則幡然而悟天理之在人心者固不可泯也○雲峯胡氏曰前章論性善此章自是論三年之喪集註引林氏說首尾必舉性善而言者蓋喪制

人子之心所自盡者最可見人性之本善處文公自悔其前日未嘗學問而一旦力行其所聞於孟子者是孟子一開發之際而文公之性善見矣及其行之而遠近見聞莫不悅服是文公一感發之頃而遠近之人性善皆見矣於是益可信人性之無有不善而堯舜之眞可爲也

○滕文公問爲國

文公以禮聘孟子故孟子至滕而文公問之〔慶源輔氏曰〕前云使然友問後云使畢戰問但此云滕文公問則知是文公親問孟子也蓋文公旣即位固不得越國往見孟子此必是以禮聘孟子至滕而文公問之也

孟子曰民事不可緩也詩云晝爾于茅宵爾索綯亟其乘屋其始播百穀綯音陶亟紀力反

民事謂農事詩豳風七月之篇于往取也綯絞也古巧反亟急也乘升也播布也言農事至重人君不可以爲緩而忽之故引詩言治屋之急如此者蓋以來春將復扶又反始播百穀而不暇爲此也〔慶源輔氏曰〕詩言民之趨於農功自然如此其亟孟子引之以證民事不可緩之說然熟玩之便見得民事眞不可緩之意人君者若能眞知民事之不可緩則於爲國也思過半矣附存疑民事不可緩一句是一章大指通章皆是此意引詩是證民事不可緩之說民之爲道也節是說民事所以不可緩處民之陷罪由於無恒心無恒心由於無恒產此民事所以不可緩而民之恒產不可不制也故承之曰賢君必恭

儉禮下取民有制自夏后氏五十而貢至雖周亦助都是說此事設爲庠序一節又是說旣富而敎之事不在民事內蓋必敎養兼具然後爲治法也然終歸重在民事上故自使畢戰問井地後只說井田不復言學校○〔蒙引〕亟其乘屋其始播百穀民自以農事爲急也惟民所急在此故君當以爲急也○晝爾于茅宵爾索綯乃冬月事也故云來春將復始播百穀○宵爾索綯謂索是絞也

民之爲道也有恒產者有恒心無恒產者無恒心苟無恒心放辟邪侈無不爲已及陷乎罪然後從而刑之是罔民也焉有仁人在位罔民而可爲也音義並見前篇是故賢君必恭儉禮下取於民有制

恭則能以禮接下儉則能取民以制〔趙氏曰〕禮下所以開世祿及學校之事也取民以制所以開制民常產及貢助徹之法也附〔蒙引〕放始違於道辟則浸淫矣邪則成其惡矣侈則益肆矣亦有淺深之别○罔民者但知自利不知利民故曰爲富不仁矣此其上下文相屬之意賢君必恭儉正與罔民者反也取民有制便是仁○上言仁人之急於制民產只是儉德下復兼恭儉言者蓋恭儉皆賢君之事也恭者必儉儉者必恭且分田制祿二者相須制祿即禮下之事分田即制民產之事故於此兼言之○恭儉以持身言禮下取民有制以其所施者言故曰恭則能以禮接下不可以爲指恭儉之實也看則能二字○一說恭儉以德言禮下取民有制以事言有是德於中則云云○恭則能以禮接下無驕於敎民之事

陽虎曰爲富不仁矣爲仁不富矣

陽虎陽貨魯季氏家臣也天理人欲不容並立虎之言此恐為仁之害於富也孟子引之恐為富之害於仁也君子小人每相反而已矣（慶源輔氏曰）先儒多以為孟子不以人廢言集註則以為言雖同而所取各異其說尤的當

夏后氏五十而貢殷人七十而助周人百畝而徹其實皆什一也徹者徹也助者藉也徹敕列反藉子夜反

此以下乃言制民常產與其取之之制也夏時一夫受田五十畝而每夫計其五畝之入以為貢商人始為井田之

制以六百三十畝之地畫為九區區七十畝中為公田其外八家各授一區但借其力以助耕公田而不復稅扶又反其私田所謂助而不稅周時一夫受田百畝鄉遂用貢法十夫有溝周禮夏官司徒遂人凡治野夫間有遂遂上有徑十夫有溝溝上有畛百夫有洫洫上有塗千夫有澮澮上有道萬夫有川川上有路以達於畿都鄙用助法八家同井周禮冬官考工記匠人為溝洫九夫為井井間廣四尺深四尺謂之溝方十里為成成間廣八尺深八尺謂之洫方百里為同同間廣二尋深二仞謂之澮（通考）趙氏惪曰鄉遂之地在國中遂人所職是也都鄙之地在野外周禮匠人所職是也大司徒之職令五家為比使之相保五比為閭使之相受四閭為族使之相葬五族為黨使之相救五黨為州使之相賙五州為鄉使之相賓」是一萬二千五百家為鄉也遂人掌六遂猶司徒之六鄉遂人以土地之圖經田野造縣鄙形體之法五家為鄰五鄰為里四里為酇五酇為鄙五鄙為縣五縣為遂朱子所謂以五起數者亦是一萬二千五百家為遂也皆有地域溝樹之所謂鄉遂也遂人治野夫間有遂遂廣深各二尺凡一夫所受之田間必有遂故曰夫間有遂遂上有徑徑之廣可容牛馬行亦所以通行於國都也十夫有溝十夫千畝之田也溝之深廣倍於遂溝上有畛畛之廣可容大車百夫有洫百夫萬畝之田也洫之廣倍於溝洫上有涂涂之廣可容乘車一軌千夫有澮千夫十萬畝之田也川所以受溝洫澮之水川上有路路之廣可容車三軌以達於畿畿亦遂之境也每百夫之田為一經界十夫之田同一遂百夫之遂凡十而皆有溝溝有九而皆橫百夫之田萬畝外其洫直千夫之田十萬畝外其澮橫此鄉遂之大略也小司徒乃經土田而井牧其田野九夫為井四井為邑四邑為丘四丘為甸四甸為縣四縣為都朱子

所謂以四起數者此乃造都鄙采地制井田異於鄉遂重立國小司徒為經之每丘之地縱橫各三溝四丘之田為一甸十字中為四洫冬官考工記匠人為溝洫此畿內采地制井田異於鄉遂故匠人以一井至一同言之則以開方之法而言遂人以一夫至萬夫言之則以車運屬而言也○（東新陰氏佫曰）鄉遂在近郊遠郊之間平原曠野可畫為萬夫之井故有溝洫塗路都鄙謂甸稍縣都包山林陵麓在內難用溝洫齊整分畫但逐處畫為井田

則通力而作收則計畝而分故謂之徹（朱子曰）此亦不可詳知但因洛陽議論中通徹而耕之說推之耳但或耕則通力而耕收則各得其畝亦未可知也（存疑）耕則通力合作收則計畝而分所以謂之徹也不是通用貢助二法故謂之徹○（蒙引）十夫有溝八家同井夫與家一般一夫上有父母下有妻子或九人或五人所謂數口之家也非夫與家不同也○耕則通力合作收則計畝均分此周家之徹兼鄉遂之貢

與都鄙之助皆然也其曰計畝而分者十夫同溝者亦然其實皆什一者貢法皆以十分扶問反下同之一爲常數惟助法乃是九一〔慶源輔氏曰〕此以文王治岐耕者九一及下文請野九一而助知其然也而商制不可考周制則公田百畝中以二十畝爲廬舍〔新安陳氏曰〕二十畝分爲八家家各二畝半以爲治田時所居所謂二畝半在田是也一夫所耕公田實計十畝通私田百畝爲十一分而取其一蓋又輕於十一矣〔前漢食貨志〕理民之道地著爲本〔地著謂安土〕故必建步立畮正其經界六尺爲步步百爲畮畮百爲夫夫三爲屋屋三爲井井方一里是爲九夫八家共之各受私田百畝公田十畮是爲八百八十畮餘二十畮以爲廬舍出入相友守望相助疾病相救民是以和睦而教化齊同力役生產可

孟子大全卷之五　滕文公上　十七

得而平也民受田上田夫百畮中田夫二百畮下田夫三百畮歲耕種者爲不易上田休一歲者爲一易中田休二歲者爲再易下田三歲更耕之自爰其處〔爰更互也爰於也〕農民户一人已受田其家衆男爲餘夫亦以口受田如比〔比例也〕士工商家受田五口乃當農夫一人此謂平土可以爲法者也若夫山林藪澤原陵淳鹵之地〔淳盡也舃鹵〕之田不生五穀各以肥磽多少爲差民年二十受田六十歸田在野曰廬在邑曰里竊料商制亦當似此而以十四畝爲廬舍一夫實耕公田七畝是亦不過十一也徹通也均也藉借也〔朱子曰〕嘗疑孟子所謂夏后氏五十而貢殷人七十而助周人百畝而徹恐不解如此先王疆理天下之初做許多畎澮溝洫之類大段是費人力了若是自五十而增爲七十自七十而增爲百畝則田間許多疆理都合更改恐無是理孟子當時未必親見只是傳聞如此恐亦難盡信也

○問所言井地之法以周禮諸說考之亦未有悉合者何也曰吾於前章固已論之矣大抵孟子之言雖曰推本三代之遺制然常舉其大而不必盡於其細也師其意而不泥於文也蓋其疏通簡易自成一家乃經綸之活法而豈拘儒曲士牽制文義者之所能知哉曰三代受田多少之不同何也曰張子嘗言之矣陳氏徐氏亦有說焉然皆若有可疑者蓋田制既定則其溝涂畛域亦有一定而不可易者今乃易代更制每有增加則其勞民動衆廢壞已成之法使民不得服先疇之田畝其煩擾亦已甚矣不知孟子之言其所以若此者果何耶陳氏云夏時洪水方平可耕之地少至商而寖廣周而大備也徐氏云古者民約故田少而用足後世彌文而用廣故授田之際隨時而加焉○〔南軒張氏曰〕楊氏云徹者徹也兼貢助而通力也故孟子曰請野九一而助國中什一使自賦八家皆私百畝其中爲公田所謂九一而助也國中什一使自賦則用貢法矣此周人所以爲徹也鄭氏謂周制畿內用貢法邦國用

孟子大全卷之五　滕文公上　十八

助法有得於此歟〔通考仁山金氏曰〕集註之說雖明而語錄亦自疑之古者田制遂徑溝畛洫涂澮道凡水陸封樹自禹濬畎澮距川以來積世累代而後成若商又變爲六百三十畝之區周又變爲九百畝之井則一時徑遂改易固不甚難而溝畛洫涂例須改作大費民力久而不定按古者以平地爲田其同溝共井者無甚疆界但各以畝數爲記而所謂畝又與今尖斜折方不同古者六尺爲步步百爲畝所謂畝者闊一步長百步古人重黍稷粱菽其所謂畝即今種豆麥者作田疄也詩所謂南東其畝謂田間作疄向南向東視水土之利也古者中土既是平田但正以田疄爲計夏后氏之時田未盡闢又去古未遠雖士大夫無不躬稼穡受田者多故每夫受田五十疄比周一井則十八家受之而自貢其什一至殷人則田已開闢一夫受田七十疄比周一井則十二家受之而助耕公田六十疄至周則土田盡闢而君子小人又分在官者食公田之祿工商不盡受田惟農受田故得以百畝爲限鄉遂用貢法

十夫有溝都鄙用助法八家同井而一夫各授田百畝其廬舍則撥田之外又共撥若干畝三代可以例推也○傳氏寅曰孟子夏后氏五十而貢詩信彼南山維禹甸之春秋傳夏少康有田一成有衆一旅甸五百七十六家家一人則五百七十六人一旅者軍也餘七十六人爲軍外之用以詩與春秋觀之丘甸之法其來尚矣但夏貢無公田一夫受田止五十畝一成之地百井甸六十井五百七十六夫家受五十畝爲半夫五百七十六家受田千二百八十八夫耳所餘亦如之以九等通率家受萊之夫則田萊俱取足於一甸之內甸外三十六井其三分去一之法乎成一旅旅五百人二十五成計萬二千五百人爲一軍七十五成則三軍矣猶餘二十五成以爲宅田士田賈田官田牛田賞田牧田閒田及餘夫之田是方百里僅可爲公侯之國見夏之制未設都鄙明矣甸五百七十六夫周悉井其田夏則田萊各半蓋夏之時未盡闢故也殷人七十而助惟助爲有公田一成百井甸六十四井除公田爲五

百一十二夫計五萬一千二百畝五家十二家各授七十畝計三萬五千八百四十畝家授萊者三十畝計一萬五千三百六十畝其甸外三十六井亦三分去一之法也一同百成爲三軍二十五成爲宅田士田賈田官田牛田賞田牧田閒田及餘夫之田殷每一國之地爲都鄙則有遂矣國三軍鄙亦三軍三郊三遂也周既增地制域宅田等亦有餘地故國中爲四軍五鄙則三軍耳惟國中四軍故曰千乘之國【附】存疑貢助徹是三代田法之名三句是渾淪說言夏后氏受田每夫五十畝而行貢法殷人七十畝而行助法周人百畝而行徹法註是細解不可用他說本文觀孟子自解曰徹者徹也助者藉也可見○貢法每夫受田五十畝就中出五畝之入以爲貢是十分中取一分也助法每夫受田七十畝外耕公田七畝已得七十畝以七畝之入供上是十分外取一分也曰其實皆什一亦槩言之爾○顧麟士曰此節必重在其實皆什一句存疑云貢助徹是三代田法之名名者對實而言也百畝而徹只

以通力合作計畝均分爲義不必遽兼貢助蓋此處方以徹與貢助三者之名並列亦不重能兼耳且雖周亦助至雨我節纔想像說出而貢助兼行則請野節始明言之然亦必是貢少而助多以見其法之通融實不是要行貢謂監二代也○〔達說〕什一也分上是敘三代之賦其實同下是釋其義也則雖以通力合作計畝均分釋徹字亦當在徹者徹也內說書須要有步驟分寸槩如此○〔蒙引〕通考曰三代貢助徹之法歷千餘年而不變者蓋有封建足以維持井田故也三代而上天下非天子所得私也秦廢封建而始以天下奉一人矣三代而上田產非庶人所得私也秦廢井田而始捐田產以與百姓矣○自助法盡廢胥而爲貢法於是民所耕者私田所輸者公租田之豐歉靡常而賦之額數已定限以什一民猶病之況過取於什一之外乎○〔顧麟士曰〕通義仁山金氏曰徹者徹也下徹字讀作徹經書凡以本字解本字者上字是古書下字是當時俗語

龍子曰治地莫善於助莫不善於貢貢者校數歲之中以爲常樂歲粒米狼戾多取之而不爲虐則寡取之凶年糞其田而不足則必取盈焉爲民父母使民盻盻然將終歲勤動不得以養其父母又稱貸而益之使老稚轉乎溝壑惡在其爲民父母也樂音洛盻五禮反從目從兮或音普現反者非養去聲惡平聲

龍子古賢人狼戾猶狼籍言多也糞壅也壅於用反盈滿也盻禮韻胡計吾計二反謂陸音五禮反誤恨視也勤動勞苦也稱舉也貸他代反借也取物於人而出息以償之也益之以足取盈之數也

稚幼子也問貢法大禹之遺制。而其不善若此。何也。朱子曰蘇氏林氏嘗言之矣。蘇氏曰作法必始於粗。終於精。古之不爲此。非不智也。勢未及也。方其未有貢也。以貢爲善矣。及其旣貢而後知其有不善也。林氏曰禹貢之法。九州之賦。有錯出於他等者。不以爲歲之常數。又因遊豫。則視其豐凶而補助之。周制鄉遂用貢法。亦有司稼之官。巡野觀稼。視年之上下。以出斂法。則其弊未至如龍子之言。乃當時諸侯用貢法之弊耳。○雙峯饒氏曰稱貸而益之。如常年五石納官。凶年折了。只納四石。而公家必取盈五石之數。則又貸他人一石來湊納。以足其數。此所以見貢法之害。通考董氏彝曰夏后氏五十而貢。孟子與殷助周徹並言。又引龍子之說。謂莫不善於貢。禹貢之法。在當世則爲善。在後世則爲弊。非法之過也。人爲之弊耳。後世欲賦於民者。必先之以唐虞命官之意。而後禹貢之法可行。得人而用則爲良。不得人而用則爲弊。附蒙引夏后氏五十而貢一條。備舉先王取民以制之法也。龍子曰治地莫善於助一條。則從而裁其所宜。行於今者。○凶年糞其田而不足。謂以其所得者供擁田之費。尚不能給也。○自此以下。亦且倣龍子之言看。爲大註不曾曰自某以下申龍子之言也。○狼戾猶狼籍。韻府曰言粒米饒多狼籍棄捐於地也。戾字亦有顚亂之意。○較數歲之中。謂樂歲與凶歲二者之中也。蓋數歲之內。自有凶樂之不同。此亦近於子莫之執中矣。

夫世祿滕固行之矣夫音扶

孟子嘗言文王治岐耕者九一仕者世祿二者王政之本也今世祿滕已行之惟助法未行故取於民者無制耳蓋世祿者授之土田使之食其公田之入實與助法相爲表裏所以使君子野人各有定業而上下相安者也故下文遂言助法[illegible]存疑既引龍子之言。見助法當行。又說夫世祿滕固行之一句。意含只是未行助法耳。遂引詩以證雖周亦助。以數文公之行助法也。亦緣上文原有禮下制祿意。故特照起說。○夫世祿滕固行之矣。此不必是公田所需者。蓋當時助法不行。那有公田。只是於貢法隨俗加賦而取之。正是取民無制者也。○貢法無公田而集註乃曰蓋世祿者授之土田云云。此蓋正言之。

詩云雨我公田遂及我私惟助爲有公田由此觀之雖周亦助也雨于付反

詩小雅大田之篇雨降雨也如字言願天雨於公田而遂及私田先公而後私也當時助法盡廢典籍不存惟有此詩可見周亦用助故引之也朱子曰考之周禮。行助法處有公田。行貢法處無公田。孟子也不曾見周禮。只據詩裏說。用詩意帶將去。後面說鄉田同井出入相友守望相助疾病相扶持。井九百畝。其中爲公田八家皆私百畝同養公田。說井田只說得這幾句。是多少好這也是大原大本處。却不理會細碎。附淺說由此詩觀之。可見助法不特行之於商。雖周家盛時。亦行助法也。益以見助法之善。爲當代之所宜行。滕國當舉其廢而復行也。○顧麟士曰此節方證周亦用助貢者以下方言貢之失而百畝而徹內卽兼貢助而言之何其不倚不吝乎大抵集註之妙只主說書不主行文卽以說書行文者誤解也

設爲庠序學校以敎之庠者養也校者敎也序者射也夏曰

校殿曰序。周曰庠。學則三代共之。皆所以明人倫也。人倫明於上。小民親於下。

庠以養老爲義。校以敎民爲義。序以習射爲義。皆鄉學也。學。國學也。共之。無異名也。倫。序也。父子有親。君臣有義。夫婦有別。長幼有序。朋友有信。此人之大倫也。庠序學校。皆以明此而已。問鄉學如何。〔朱子曰〕皆是農隙而學。曰孰與敎之。曰鄉大夫有德行而致其仕者敎之。○〔慶源輔氏曰〕鄉學有異名。國學無異名。然其明人倫以敎之之事則同也。○〔雙峯饒氏曰〕孟子敎時君行仁政。只是敎與養兩事。井田以養之。學校以敎之。告齊王滕文皆如此。小民親於下者。蓋百姓不親。五品不遜。所以敎以人倫。使之君與臣自相親。父與子自相親。長與幼自相親。非尊君親上之親。○問夫婦有別。如何相親。曰夫婦無別則相瀆。瀆便相離了。〔通考〕〔趙氏悳曰〕王制有虞氏養國老於上庠。養庶老於下庠。夏后氏養國老於東序。養庶老於西序。又黨正以禮屬民而飮於序。是庠序皆可言養也。文王世子云書在上庠。是庠亦可言敎也。孟子特因立名之義。擧其重者爾。〔附〕〔蒙引〕庠以養老爲義。序以習射爲義。而所敎實兼五品之人倫。此皆鄉學。三代所敎皆同。但取一義以名學。○或曰。非使滕文公兼設此四學以敎民也。只是擧三代敎民之制如此。若使文公設學敎民。只用一鄉學一國學足矣。然設爲庠序學校以敎之。以設爲二字提端。而夏商周字在下。還當作使文公設學敎民云。兼擧庠序學校。文公若行時。聽其自擇一名也。○〔存疑〕蒙引曰。古者國學。惟天子之都及諸侯之國都有之。鄉學則隨所在而酌立之。鄉子弟之秀者。則以次升之。至於國學而待用。其不能者則歸之農。而士農分矣。愚按古人建學。惟在於明人倫。使民親於下爾。其間俊秀成材者。則升而用之。今之學校。惟欲養士以待用。已無古人敎民意思。至其所以敎之。又只是區區文藝之末。非古人所以造士之舊矣。

有王者起。必來取法。是爲王者師也。

滕國褊俾淺反小。雖行仁政。未必能興王業。然爲王者師。則雖不有天下。而其澤亦足以及天下矣。聖賢至公無我之心。於此可見。〔朱子曰〕孟子語滕文。只說有王者起必來取法。不曾說便可以王。是亦要大國方做得。〔附〕〔淺說〕以滕國之褊小。果行此仁政。未必能興王業。然一有王者受命而起。欲養民歟。必來取法吾君之養民者以養其民。欲敎民歟。必來取法吾君之敎民者以敎其民。是爲王者師也。

詩云。周雖舊邦。其命維新。文王之謂也。子力行之。亦以新子之國。

詩大雅文王之篇。言周雖后稷以來舊爲諸侯。其受天命而有天下。則自文王始也。子。指文公。諸侯未踰年之稱也。左傳僖公九年春。宋桓公卒。未葬而襄公會諸侯。故曰子。凡在喪。王曰小童。公侯曰子。子者繼父之辭。春秋例。凡公侯卒未越一年而有王事。皆稱子也。○〔雙峯饒氏曰〕新其國。小大雖不同。可以爲善。便是新其國。○〔東陽許氏曰〕文公問爲國。孟子告以敎養其民。有養然後可敎。故先言分田制祿。而後及學校也。自民事不可緩。至雖周亦助也。養之事。設爲庠序。至小民親於下。敎之事。下至新子之國。總言之。答文公者至此。下答畢戰。却只是言分田。蓋畢戰惟掌井田之事也。附淺說然皇天無親。惟德是輔。民罔常懷。懷於有仁。苟行仁政。豈特為王者師而已哉。詩云周雖舊邦。其命維新。文王之謂也。子力行乎仁政。亦足以受天命。興王業。而新子之國矣。○顧麟士曰。上節言勢。此節言理。亦有漸致不可知者。蓋多方勉之。

使畢戰問井地。孟子曰。子之君將行仁政。選擇而使子。子必勉之。夫仁政必自經界始。經界不正。井地不均。穀祿不平。是故暴君汙吏必慢其經界。經界既正。分田制祿可坐而定也。夫音扶

畢戰。滕臣。文公因孟子之言。而使畢戰主為井地之事。故

又使之來問其詳也。井地。即井田也。經界。謂治地分田。經畫其溝塗封植之界也。雙峯饒氏曰。溝塗封植之界。經緯錯綜。直者為經。橫者為緯。又舉經字有緯在其中。溝洫之類。塗道塗。封土堠。植種木為界。附蒙引。此仁政專指分田制祿。○存疑。孟子之言教養並舉。文公獨使畢戰問井地者。蓋必先養而後可教也。孟子合下就說民事不可緩。主意還重在養上。故文公亦惟只此為問。孟子亦惟只此告之也。○分田制祿是尋起前面恭儉禮下取民有制說。此法不脩。則田無定分。去聲而豪強得以兼并。去聲故井地有不均。賦無定法。而貪暴得以多取。故穀祿有不平。此欲行仁政者之所以必從此始。而暴君汙吏則必欲慢而廢之也。有以正之。則

分田制祿可不勞而定矣。慶源輔氏曰。度孟子來滕不久。使去故使畢戰往問。○若有仁君欲行仁政。使彼此均平。田無多少之差。則必從經界之事做起。而暴君汙吏貪得務多。只知有我。不知有民。只知為己。不知為人者。則必欲慢而廢之也。凡事須是敬則能立。纔有慢心。便日趨於弊壞也。附顧麟士曰。後節大全饒註云。穀祿即井田中公田。撥其穀以為祿。則集註貪暴多取。自指在上者。而豪強兼并井地不均。必謂在下者耳。乃蒙引雖從維斗借舊本亦云在上。此梨棗誤耳。達說自以豪強為在下。宜從之。○汙吏謂貪官。非掾吏之吏。即亦在上。然此是慢經界者。豪強兼并。是因經界既亂而因以為恣者也。

夫滕壤地褊小。將為君子焉。將為野人焉。無君子莫治野人。無野人莫養君子。夫音扶 養去聲

言滕地雖小。然其間亦必有為君子而仕者。亦必有為野人而耕者。是以分田制祿之法不可偏廢也。雙峯饒氏曰。分田制祿雖平說。然却相因。穀祿即井地中公田。撥其穀以為祿。分田始可制祿。○新安陳氏曰。分田以給野人。制祿以待君子。附蒙引。將殆也。言殆必有為君子者焉。殆必有為野人者焉。非將然之理。○存疑。無君子莫治野人。故祿不可不制。無野人莫養君子。故田不可不分。

請野九一而助。國中什一使自賦。

此分田制祿之常法。所以治野人使養君子也。野。郊外都鄙之地也。九一而助。為公田而行助法也。國中。郊門之內

鄉遂之地也問禮司徒鄉老遂人百里內爲六鄉外爲六遂萬二千五百家爲鄉六鄉七萬五千家遂亦如之遂人主六遂六遂之地自遠郊以達於畿中有公邑家邑小都大都焉遂謂王國百里外也〔通考〕趙氏惪曰公侯田方百里爲地一百成三郊一遂國中什一使自賦無公田井九夫國中十六成成六十四井以九乘之爲五百七十六夫以十六乘上數爲九千二百六夫野九一而助有公田井八夫野八十四成成六十四井以八乘之爲五百十二夫八十四成以八十四乘上數爲四萬三千單八夫併國中共二百萬三千二百二十四夫凡起徒役每過家一人則五萬二千二百二十四人除三萬七千五百人爲三軍是爲三郊之賦餘一萬四千七百二十四人更以萬二千五百人爲一軍是爲一遂之賦餘二千二百二十四人爲軍外之用〇〔袁氏明善曰〕野九一輕於國中什一者國中近城市田地膏腴故其賦重於郊外**田不井授但爲溝洫使什而自賦**

其一蓋用貢法也周所謂徹法者蓋如此以此推之當時非惟助法不行其貢亦不止什一矣〔朱子曰〕國中行鄉遂之法。如五家爲比。五比爲閭。四閭爲族。五族爲黨。五黨爲州。又如五人爲伍。五伍爲兩。四兩爲卒。五卒爲旅。五旅爲師。五師爲軍。皆五五相連屬。所以行不得那九一之法。故只得什一使自賦。如都鄙却行井牧之法。鄉遂之法次第是一家出一人兵。且如五家爲比。比有一箇長了。井牧之法次第是三十家方出得士十人徒十人〇此等亦難卒曉。須以周禮爲本。而參取孟子班固何休諸說訂之。庶幾可見髣髴。然恐終不能有定論。但不可不盡其異同耳〇〔慶源輔氏曰〕都鄙用助法則收公田所入以爲君子之祿鄉遂用貢法則使什自賦一以充國家所用此周所爲徹法也前云徹通也均也所以釋徹字之義此則正言其法如此〇集註以其請野九一而助。則知助法之不行。又云國中什一使自賦。則當時之貢法。亦有强取其賦於什一之外者矣〔通考〕仁山金氏曰孟子雖不見載籍之詳而此二句與周制鄉遂用貢都鄙用助之法合國中自賦民無遠輸之勞野九一而助則卿大夫食邑無過取之失〔附〕蒙引請野九一而助。國中什一使自賦。總言行周之徹也〇輔氏曰都鄙用助法則收公田所入以爲君子之祿。鄉遂用貢法則使什自賦其一以充國家所用。此說意則蓋君子之祿。所謂君十卿祿。卿祿四大夫。大夫倍上士者。皆有畝數。決是助法之公田無疑。然國家供費萬端。又將於何取給。故知貢法所取者。實以給之。此外又有布縷力役之征。工商虞衡之入。凡皆野人所供也〇前只言治地莫善於助。至雖周亦助也。切切焉只要滕行助法。都不及貢。及答戰則云請野九一而助。國中什一使自賦。却又兼貢何也。曰滕當時只是行貢法也。世祿已行者。正是將貢上之粟充世祿也。惟助法未行。故始則切切然只言助法。後告畢戰。不得不兼言貢助。蓋援以方畧形勢也。然滕雖嘗用貢。而貢亦不止什一。

又不止鄉遂用貢也。故又云國中什一使自賦

卿以下必有圭田圭田五十畝

此世祿常制之外又有圭田所以厚君子也圭潔也所以奉祭祀也〔通考〕趙氏惪曰圭潔白也德行潔白始與之田此殷法也趙岐註圭潔也士田故謂之圭田所以奉祭祀集註本此又曰治圭田者不稅所以厚賢此則周禮之士田以在近郊之地者也

不言世祿者滕已行之但此未備耳〔附〕蒙引卿以下必有圭田。圭田五十畝。餘夫二十五畝。此亦井田。田之制也。非井田法外之制。但是分田制祿常制之外耳。圭田則都是井田之中。而未有所屬。中分之爲五十畝也。餘夫之田則或是都鄙之井田。或鄉遂十夫之田。而四分之爲四箇二十五畝也〇圭田五十畝。是卿以下皆同也。

蓋制祿之法則有定分卿祿四大夫大夫倍上士上士倍中士中士倍下士惟圭田乃是分外加厚之田則一視同仁無卿大夫之別蓋先王之特恩也○顧麟士曰按祭法大夫三廟適士二廟官師一廟注適士諸侯之上士也官師諸侯之中士下士爲一官之長者又曰庶士庶人無廟注庶士府史之屬可見是有廟則有祭有祭則有圭田故曰一視同仁無卿大夫之別而降至下士爲一官之長者亦預之

餘夫二十五畝

程子曰一夫上父母下妻子以五口八口爲率受田百畝如有弟是餘夫也年十六別受田二十五畝俟其壯而有室然後更受百畝之田愚按此百畝常制之外又有餘夫之田以厚野人也

問卿大夫之圭田必有耕之者豈亦有耕屬可耕乎朱子曰恐圭田只是給公田之在民者大抵古者田祿皆是助法之公田充而八家因爲之屬如有田一成有衆一旅是也圭田恐亦如此故王制云夫圭田無征○雙峯饒氏曰圭田餘夫亦是百畝中撥與他半分則五十畝四分則二十五畝問各受田百畝六十歲傳與其子子養其父但只是長子受父之田次子便是餘夫別請二十五畝若無子則百畝納之官曰然問人物繁庶公家安得有許多田分授曰天地間只着得許多物事少間人物過多便自有乘除亦理勢使之然也

通考仁山金氏曰上文絶長補短五十里是除山川林麓城郭而以田計也以五十里之田而分君子以有公田小人私田君子又有圭田小人又有餘夫似爲難給然以方田法計之方十里者爲方一里者百則是百井九百夫矣方五十里者爲方十里者二十五則是二千五百井二萬二千五百夫矣亦自不患於不給以此知戰國之時諸大國若能修復井田不爲園囿宮室汙池以廢地能行王政以聚民則田野不至於不給人衆地大不患於不可以行王政也附顧麟士曰或曰此二項當取閒田爲之麟則曰圭田在公田中中分得之餘夫田在私田中四分得之似亦可也

死徙無出鄉鄉田同井出入相友守望相助疾病相扶持則百姓親睦

死謂葬也徙謂徙其居也同井者八家也友猶伴也守望防寇盜也

附蒙引此言井田之法之有以善乎民俗也若只說井田之善則上下俱見其善不獨民俗矣今觀死徙無出鄉鄉田同井出入相友守望相助疾病相扶持則百姓親睦都是就百姓說故定爲井田之法有以善民俗亦不必云著其效也蓋都是井田之制使然耳若云行井田之法之效則必至願受一廛而爲氓處方是○鄉田同井則十夫有溝者不在此耳○顧麟士曰達說講首二句云死者徙者舉無出鄉而人懷舊土之戀鄉田之治同此一井而人安共業之風同井字亦稍作着力說妙據此則似上句言其變而下句言其常皆爲安土重遷盛世之象也

方里而井井九百畝其中爲公田八家皆私百畝同養公田公事畢然後敢治私事所以別野人也養去聲別彼列反

此詳言井田形體之制乃周之助法也

通考朱子井田類說曰班志古者建步立畝六尺爲步步百爲畝畝百爲夫夫三爲屋屋三爲井井方一里是爲九夫八家共之一夫一婦受私田百畝

公田十畝是爲八百八十畝餘二十畝以爲廬舍民受田上田夫百畝中田夫二百畝下田夫三百畝歲更耕之換易其處【注】何休曰司空謹別田之高下善惡分爲三品上田一歲一墾中田二歲一墾下田三歲一墾肥饒不得獨樂磽埆不得獨苦三年一換土易居其家衆男爲餘夫亦以口受田如此此士工商家受田五口乃當農夫一人有賦有稅賦則計口發賦稅則公田什一及工商衡虞之入也賦供車馬兵甲士徒之役充實府庫賜予之費稅給宗廟百神之祀天子奉養百官祿食庶事之費民年二十受田六十歸田種穀必雜五種以備災害中弗得有樹以妨五穀環廬種桑菜茹有畦瓜瓠果蓏植於疆畦雞豚狗彘無失其時女脩蠶織五十可以衣帛七十可以食肉五家爲比五比爲閭四閭爲族五族爲黨五黨爲州五州爲鄉鄉萬二千五百户又曰三年耕則餘一年之蓄故三年有成成此功也故王者三載考績九年耕餘三年之食進業曰登故三考黜陟再登曰平餘六年食三登曰太平二十

七歲餘九年食然後至德流洽禮樂成焉【附】顧麟士曰古者畝非正方其闊一步長一百步然積至百畝闊亦百步矣

公田以爲君子之祿而私田野人之所受先公後私所以別君子野人之分（去聲）也不言君子據野人而言省文耳上言野及國中二法此獨詳於治野者國中貢治當世巳行但取之過於什一爾【慶源輔氏曰】上既言助法之善故此下遂言周之助法也方里而井井九百畝其中爲公田便是井田形體之制也【通考】袁氏明善曰井田始於黃帝經界如井字後世因號爲井田孟子方里而井井九百畝又曰夏后氏五十而貢殷人七十而助周人百畝而徹貢者上送於官之名九家同井家授五十畝其半以爲菜田助者借也謂借民之力以耕公田八家同井家授七十畝共耕公田七十畝其一井之中除

八家所授外餘二百四十畝以爲菜田公田之外餘三十畝以爲菜田及廬舍徹者通也言其通用夏殷貢助之法也請野九一而助國中什一使自賦即周之所以通用二代之法而爲徹者也野謂近郊之外九一而助者八家同井以其中一百畝內除二十畝爲八家廬舍外公田而借民之力共耕之此即殷之助法但比殷則每家增多三十畝耳國中謂近郊之內什一使自賦者九家同井各以其什分之一上貢於官此即夏之貢法但比夏則每家增多五十畝耳其菜田則皆在別井以八等差次分授之孟子謂方里而井井九百畝其中爲公田八家皆私百畝同養公田公田事畢然後敢治私田事者專指周家郊外助法而言也夏殷以上其詳已不可知

此其大略也若夫潤澤之則在君與子矣（夫音扶）

井地之法諸侯皆去（上聲）其籍此特其大略而已潤澤謂因

孟子大全卷之五　滕文公上

時制宜使合於人情宜於土俗而不失乎先王之意也（或問）潤澤之說【雙峯饒氏曰】前面說底是箇硬局子到這裏須是要會變通使合人情宜土俗可也潤澤非文飾之謂乃是和軟底意思不全是硬局子温潤滑澤方可行得此朱子善於形容孟子用心處【附】淺說此其大畧也此字指方里而井一節言而上文正經界與圭田餘夫之田皆包在方里而井一節內矣故註曰此詳言井田形體之制也旣曰詳言而孟子乃曰此其大畧何也要說得通○蒙引便當時諸侯不去其籍孟子若得志行王政於天下亦須有所損益折衷故曰三王不同禮又曰周公思兼三王以施四事此便是任法不如任人之理○潤柔而不硬也澤滑而不澁也推此義可見但此論古制後面都着用此義合殺

○呂氏曰子張子（横渠）慨然有意三代之治（去聲下言治同）論治人先務未始不以經界爲急

講求法制粲然備具要（平聲）之可以行於今如有用我者舉而措之耳嘗曰仁政必自經界始貧富不均教養無法雖欲言治皆苟而已世之病難行者未始不以亟奪富人之田爲辭然兹法之行悅之者衆苟處（上聲）之有術期以數年不刑一人而可復所病者特上之未行耳乃言曰縱不能行之天下猶可驗之一鄉方與學者議古之法買田一方畫爲數井上不失公家之賦役退以其私正經界分宅里立斂（去聲）法廣儲蓄興學校成禮俗救菑（與災同）恤患厚本抑

末足以推先王之遺法明當今之可行有志未就而卒○愚按喪禮經界兩章見孟子之學識其大者是以雖當禮法廢壞之後制度節文不可復（扶又反）考（新安陳氏曰喪禮有節文經界之法有制度二者皆廢壞故不可詳考）而能因略以致詳推舊而爲新不屑屑於既往之迹而能合乎先王之意眞可謂命世亞聖之才矣（南軒張氏曰井田王制之本而經界又井田之本也大要在分田制祿二事而已田得其分則小民安其業祿得其制則君子賴其養上下相須而各宜焉治之所由興也人皆知商鞅廢井田開阡陌考孟子之言則井田之廢久矣蓋孟子時井田之法雖廢而井田之名猶在暴君雖去其籍猶不敢易其名也至鞅始蕩然一泯其迹而掃除其阡陌併與其名亡之矣○雙峯饒氏曰井田之法黃帝開端便做成了如何改得商人七十畝周人如何便更百畝至於溝洫塗畛亦非一朝一夕所能成朱子亦嘗疑之王制與周禮已不同孟子多是臆度言之井田可行於中原平曠之地若是地勢高低如何可井恐江南是用貢法阡陌是田間路古人車制一車闊六尺有餘兩旁又翼之以人占田太多商君欲富國所以鑿開阡陌爲田前此諸侯欲富其國井田大綱已自廢了商君則索性壞却）（通旨朱氏公遷曰龍子之言如此則貢法之不善甚矣但意其初制未必然惟行之既久而不能無弊耳鄉遂用貢法周亦未嘗廢之孟子亦言國中什一使自賦蓋斟酌損益推舊爲新貢助兼行此王制之大畧也先王之法何爲而不可用哉）附蒙引史記第二序曰信命世之宏才註索隱云命者名也言賢人有名於世也此二字不見經傳三國史橋玄謂曹操曰天下將亂非命世之才不能濟也命世二字蓋出於此

○有爲神農之言者許行自楚之滕踵門而告文公曰遠方之人聞君行仁政願受一廛而爲氓文公與之處其徒數十人皆衣褐捆屨織席以爲食（衣去聲捆音閫）

神農炎帝神農氏始爲耒耜教民稼穡者也爲其言者史遷所謂農家者流也（前漢藝文志農家者流蓋出於農稷之官播百穀勸耕桑以足衣食）許姓行名也踵門足至門也仁政上章所言井地之法也廛民所居也氓野人之稱褐毛布賤者之服也捆扣椓（作角反）之欲其堅也以爲食賣以供食也程子曰許行所謂神農

之言乃後世稱述上古之事失其義理者耳猶陰陽醫方
稱黃帝之說也問許行爲神農之言而有君臣並耕市不貳價之說何耶朱子曰程子之言盡矣然
以易考之二者皆神農之所爲也當時民淳事簡容或有
如許行之說者及乎世變風移至於唐虞之際則雖神農
復生亦當隨時以立政而不容固守其舊矣況許行之妄
乃欲以是而行於戰國之時乎○慶源輔氏曰陰陽醫方
所稱黃帝之說如素問靈樞之類是也使眞有神農黃帝
之說傳於世孔孟豈得而不稱述之哉○新安陳氏曰後
世小道必推古聖賢爲宗以求取信於世故也附蒙引有
爲神農之言者許行着一爲字便見其言本非神農之言
矣爲其言之爲字彷彿似云爲其學者之類孟子曰固哉
高叟之爲詩云亦其意類○按集註廛民所居也氓野人
之稱則此居固非市宅矣野人原不在市宅在市宅者商
賈也願受一廛而爲氓則有田可知○衣褐二字爲讀其

所以衣者也捆屨織席以爲食爲一項其所以食者也

陳良之徒陳相與其弟辛負耒耜而自宋之滕曰聞君行聖
人之政是亦聖人也願爲聖人氓

陳良楚之儒者耜所以起土耒其柄也附蒙引許行自楚來既捆屨織席以
爲食陳相自宋來又負耒耜只是其未相見之前已有默
相遇之機矣○淺說願爲聖人氓此蓋實言也彼本學於
陳良而未聞邪說其遠負耒耜而至者亦不爲出疆而舍
其耒耜耳非若許行直欲售其並耕之說而來也但其識
見不足故見許行而大悅盡棄其學而學焉
蓋邪說易以惑人而人情每厭常而喜新也

陳相見許行而大悅盡棄其學而學焉陳相見孟子道許行
之言曰滕君則誠賢君也雖然未聞道也賢者與民並耕而
食饔飧而治今也滕有倉廩府庫則是厲民而以自養也惡
得賢饔音雍飧音孫惡平聲

饔飧熟食也朝曰饔夕曰飧言當自炊爨七亂反以爲食而
兼治民事也厲病也許行此言蓋欲陰壞音怪孟子分別必列
反君子野人之法附蒙引未聞道也蓋謂神農之道也○陳相許行之言所剌在滕君而其所以
刺則在孟子也

孟子曰許子必種粟而後食乎曰然許子必織布而後衣乎

曰否許子衣褐許子冠乎曰冠曰奚冠曰冠素曰自織之與
曰否以粟易之曰許子奚爲不自織曰害於耕曰許子以釜
甑爨以鐵耕乎曰然自爲之與曰否以粟易之衣去聲與平聲

釜所以煮甑所以炊爨然火也鐵耜屬也此語八反皆孟
子問而陳相對也附蒙引許子必種粟而後食此段意總謂莫道爲人君者難以與民並耕而食
饔飧而治便是他這匹夫之身已不能盡兼他技況人君
一身百職依萃乎故每詰之果不待辨而自支離矣○必
種粟而後食乎曰然此決知其然者猶將問以刃與政將
問與少樂樂與衆樂樂而先問獨樂樂與人樂樂也孟子
於折辨之際多用此法○存疑許子必種粟而後食乎曰
然此決知其然者以起下文之難爾曰否許子衣褐本以

逃孟子之駁也晏亦逃不得何也雖褐必須人織也但孟子姑置之續以許子冠乎曰冠奚冠曰冠素自織之與則陳相無逃處曰否以粟易之則已爲孟子辨折之地又曰害於耕則盡之矣然孟子欲多節事以辨故又有釜甑爨鐵耕之說曰否以粟易之下不曰奚爲不自織者以上文已有奚爲不自織之言其意已見也此聖賢之筆非若後世之文人也○蒙引曰許子奚爲不自織曰害於耕則已可折之矣然孟子欲多其邪遁之辭以爲折服闢悟之地故不即闢之而又曰許子以釜甑爨以鐵耕乎彼則又曰然又曰以粟易之然後曰以粟易械器者不爲厲陶冶云云人但見孟子之多其詞說而不知此法即省了許多詞說也不然彼之邪說蔽錮已深其執拗論辨可據申吾說耶

以粟易械器者不爲厲陶冶陶冶亦以其械器易粟者豈爲

厲農夫哉且許子何不爲陶冶舍皆取諸其宮中而用之何爲紛紛然與百工交易何許子之不憚煩曰百工之事固不可耕且爲也舍去聲

此孟子言而陳相對也械下戒反器釜甑之屬也陶爲甑者冶爲釜鐵者〔新安陳氏曰〕厲陶冶厲農夫之說乃是因行厲民自養之言承其厲字而明辨以闢之○〔雲峯胡氏曰〕樊遲欲學稼孔子斥之曰吾不如老農直謂其所學者小人之事而舉大人之事以答之孟子問許行即此意也但遲之志陋不過欲自學之行之學僻欲以治國家此孟子所以深闢之也舍止也或讀屬音燭上句舍謂作陶冶之處也附蒙引以粟易械器者不爲厲陶冶云云此厲字因

他厲民自養而發言故謂滕有倉廩府庫爲厲民自養以今覆之以粟易械器者不爲厲陶冶陶冶亦以其械器易粟者豈爲厲農夫哉知陶冶與農之相易爲不相厲則滕君之不並耕而食饔飧而治亦未爲厲民以自養也可知此已足以折陳相之說無餘矣然猶未也又繼之曰且許子何不自爲陶冶則凡百器械止皆自取於其家而用於其家是多少便而乃何爲紛紛然與百工交易何許子之不憚煩曰百工之事固不可耕且爲也即應之曰然則治天下獨可耕且爲與蓋上既承其害於耕之說而明彼此之不相厲以見滕君之非厲民以自養矣此則又承其百工不可耕且爲之說而明彼此之交相濟亦以見滕君之不厲民以自養也只是一意錯出於語次之間不必强分爲二意抑通章是此意也○存疑何爲紛紛然與百工交易正欲得他百工之事不可耕且爲之語出而因以折之此比告子生之謂性猶白之謂白節尤覺警發此孟子所以爲善辯蒙引曰以朱子之正學精義而不能折服象山

兄弟於一時之語然亦其雄辯不如孟子也○蒙引械器釜甑之屬謂其機械便當也凡民生日用所資器皿皆是故用之屬二字以該之下文亦兼百工言之就本文而言則甑爨耒耜皆是也但不可分貼惟陶冶則分○陶何以能爲甑曰古之甑實陶爲之故從瓦北方原無杉木可爲木甑今有之者皆自南方往也

然則治天下獨可耕且爲與有大人之事有小人之事且一人之身而百工之所爲備如必自爲而後用之是率天下而路也故曰或勞心或勞力勞心者治人勞力者治於人治於人者食人治人者食於人天下之通義也與平聲食音嗣

此以下皆孟子言也〔新安陳氏曰〕百工之事不可耕且爲此亦陳相對得埋明處故孟子即此

二句以難之百工之事尚不可耕且爲而治天下國家乃可耕且爲也路謂奔走道路無時休息也治於人者見治於人也食人者出賦稅以給公上也食於人者見食於人也此四句皆古語而孟子引之也肯有故曰字知其爲古語君子無小人則飢小人無君子則亂以此相易正猶農夫陶冶以粟與械器相易乃所以相濟而非所以相病也治天下者豈必耕且爲哉南軒張氏曰滕文亦可謂賢君矣而不克終用孟子之說寂然無聞於後世者許行之言有以奪之也聽治於人者出力以食其上而治人者享其食焉此理天實爲之萬世所共由者故曰天下之通義也如許行之說則昧天理之當然務小惠以妨大德昵私情以妨正體

孟子大全卷之五　滕文公上　三十六

卒歸於不可行耳附淺說大人自有大人之事小人自有小人之事大小自不得而相兼也○存疑有大人之事二句是承治天下獨可耕且爲之說治天下大人之事也但止說治與耕是兩事不是上文治耕不可相兼意且一人之身而百工之所爲備二句又是舉百工之事不可耕且爲意再敷暢之是率天下而路也下就當貼云況治天下而可兼爲乎然後接說故曰或勞心或勞力云云○治於人者食人治人者食於人天下之通義這便見得食人者不爲厲食食於人者不爲厲民許行厲民而以自養之說之爲妄也

當堯之時天下猶未平洪水橫流氾濫於天下草木暢茂禽獸繁殖五穀不登禽獸偪人獸蹄鳥跡之道交於中國堯獨憂之舉舜而敷治焉舜使益掌火益烈山澤而焚之禽獸逃匿禹疏九河瀹濟漯而注諸海決汝漢排淮泗而注之江然後中國可得而食也當是時也禹八年於外三過其門而不入雖欲耕得乎瀹音藥濟子禮反漯佗合反

天下猶未平者洪荒之世生民之害多矣聖人迭興漸次除治至此尚未盡平也洪大也橫流不由其道而散溢妄行也氾濫橫流之貌暢茂長上聲盛也繁殖衆多也五穀稻黍稷麥菽也登成熟也道路也獸蹄鳥跡交於中國言禽獸多也敷布也益舜臣名烈熾也禽獸逃匿然後禹得施

孟子大全卷之五　滕文公上　四十

治水之功疏通也分也九河曰徒駭曰太史曰馬頰曰覆釜曰胡蘇曰簡曰絜曰鉤盤曰鬲音隔津新安倪氏曰蔡氏書傳云按爾雅九河一曰徒駭二曰太史三曰馬頰四曰覆釜五曰胡蘇六曰簡潔七曰鉤盤八曰鬲津其一則河之經流也先儒不知河之經流遂分簡潔爲二此與集註小異書傳經朱子晚年訂正當以爲定也通考吳氏程曰曰簡曰潔集註與爾雅同而蔡氏則謂爾雅合簡潔爲一而其一即河之經流殊不可曉以水道考之九河率在河間路滄州境內今存者尚五六處何得言盡湮入海南皮縣明有潔河未聞與簡河合一集註良是瀹亦疏通之意濟漯二水名決排皆去上聲其壅塞也汝漢淮泗亦皆水名也據禹貢及今水路惟漢水入江耳汝泗則入淮而淮自

入海此謂四水皆入於江記者之誤也〔朱子曰〕決汝漢排淮泗而注之江此但取其字數足以對偶而云爾只是行文之失無害爲義理不必曲爲之說也〔新安陳氏曰〕堯獨憂之所憂者大舉舜禹益而用之所憂在此何暇於並耕雖欲耕得乎是提掇耕字以照應前獨可耕且爲與句〔通考〕〔仁山金氏曰〕汝出今河南梁縣天息山至蔡州下入淮漢出今漢中利路之間兩縣嶓冢山東南流二千四百二十里至漢陽軍大別山入江淮出唐州桐栢山千七百里至海州入海泗出襲慶府泰山陪尾有泗源南至下邳入淮當是疏九河瀹濟排淮江而注之海決汝泗而注之淮決漢而注之江〔附〕〔存疑〕天下之通義也以上是即民生日用之常來辨析當堯之時以下又是舉堯舜治天下之事來辨析〇〔蒙引〕當堯之時天下猶未平此以下言自古聖君賢臣歷歷可數邪有一箇是與民並耕而食饔飱而治者耶〇惟洪水氾濫草木得水則暢茂矣禽獸得草木則繁殖矣禽獸草木皆妨害五穀者故五穀不登則人類益稀而禽獸逼人舉中國多是禽獸之地此其上下文相屬之大意也〇洪水橫流云云使於是而遽施治水之功則草木之暢茂者道途既爲之梗塞而不通而禽獸之逼人者又方巢穴於其中而不可避治水之功固未可施舜灼見其理勢乃先使益烈山澤而焚之草木既焚禽獸失其所依乃皆逃匿遠去然後禹得以施治水之功於水土〇本文雖欲耕得乎一句只承禹八年於外說聖人之憂民如此而暇耕乎一句亦只承勞來匡直輔翼四句說似於舜益后稷諸公有欠詞焉然古之文多取意足而已其於辭有不屑屑然者而實足以互見而相發也〇〔存疑〕上曰舜使益烈山澤而焚之則下文曰禹疏九河稷教稼穡皆舜使也〇〔蒙引〕書傳此說又與楚辭註不同楚辭註以爲徒駭是河之本道本道即謂此經流也尚不知孰是〇禮曰四瀆視諸侯謂之瀆者獨也以其獨入於海故江河淮濟皆名以瀆焉今以一淮而受大黃河之全勢合二瀆而爲一也自宋以前

河自入海尚能爲並河州郡之害況今河淮合一而清口又合沁泗沂三水以同歸於淮也哉

后稷教民稼穡樹藝五穀五穀熟而人民育人之有道也飽食煖衣逸居而無教則近於禽獸聖人有憂之使契爲司徒教以人倫父子有親君臣有義夫婦有別長幼有序朋友有信放勳曰勞之來之匡之直之輔之翼之使自得之又從而振德之聖人之憂民如此而暇耕乎　契音薛別彼列反長放皆上聲勞來並去聲

言水土平然後得以教稼穡衣食足然後得以施教化后稷官名棄爲之〔通考〕〔趙氏惪曰〕稷乃五穀之長故以稷爲農官之稱后者有爵土之號后稷名棄者其母有部氏出野履巨人跡而孕及生子以爲不祥而棄之故以棄名說文種曰稼斂曰穡〇〔黃氏紹曰〕治水之役勢必偕行故禹明言予乘四載隨山刊木則暨益奏庶鮮食予決九川距四海濬畎澮距川則暨稷播奏庶艱食鮮食夫暨稷播艱食則禹固嘗躬耕矣蓋當疏導之餘相其便宜有可播種以爲民食者稷授其方稷與禹未始相離也禹過門不入稷獨得從容暇逸乎雖謂稷亦過門不暇入可也　然言教民則亦非並耕矣樹亦種也藝殖也契亦舜臣名也司徒官名也人之有道言其皆有秉彝之性也然無教則亦放逸怠惰而失之故聖人設官而教以人倫亦因其固有者而道之耳　道去聲　書曰天敘有典勑我五典五惇哉此之謂也〔慶源輔氏曰〕集註舉書以爲證者天

敘即所謂固有也勑而厚之即所謂道之也○新安陳氏曰典者人道之常天所次序本有此典也勑正也我謂君也五典即父子至朋友五者是也惇厚也勑正自我即天敘之本然者而品節之然後有典別而爲五典而五者皆惇厚也惇典如言厚人倫**放勳本史臣贊堯之辭孟子因以爲堯號也德猶惠也堯言勞**如字**者勞之來**如字**者來之邪者正之枉者直之輔以立之翼以行之使自得其性矣又從而提撕警覺**解振字**以加惠焉不使其放逸怠惰而或失之蓋命契之辭也**問振德是施惠否朱子曰是然不是財惠之惠只是施之以教化上文匡直輔翼等事是也彼既自得之又從而教之○慶源輔氏曰勞者勞之來者來之所以安其生也邪者正之枉者直之所以正其德也輔以立之翼

以行之所以助其行也自得謂自得其性也振謂提撕警省也此乃大學新民之功也○新安陳氏曰聖人有憂之又言堯所憂者大使契爲司徒以教民所憂在此何暇於並耕聖人之憂民如此而暇耕乎是再提掇耕字以照應獨可耕且爲與一句通旨朱氏公遷曰此人倫以道言指其異於禽獸者○明君子當全天命之性以自別於禽獸也憂其近於禽獸者見聖人必明脩道之教以別人於禽獸也言人之生也直則欲人因其生理而順之言無惻隱羞惡辭讓是非之心則非人則欲人因其本心而擴充之皆恐人之不能盡人道也附存疑聖人有憂之聖人兼指堯舜引放勳之言特以爲證也不是專指堯○聖人之憂民如此此聖人指堯與舜○顧麟士曰達說講放勳處云民之用力於人倫而爲勞者則獎勸以勞之民之歸向於人倫而爲來者則誘掖以來之民之立心背乎人倫而爲邪者則約其情以正之民之所行戾乎人倫而爲枉者則矯其偏以直之凡此勞來匡直正所以輔以立之翼以行之使之自得其性也既自得其性矣則又從而提撕警覺以加惠焉不使其放逸怠惰而或失之也勞來匡直俱貼人倫妙然亦本淺說○勞來匡直之貼人倫猶中庸生而知之安而行之等之字之謂達道也今人皆將說開全無巴鼻矣○兩節結尾一則曰雖欲耕得乎一則曰而暇耕乎本自割截不知何緣於聖人之憂民句連扭益禹稷契並說麟與子常屢辨蓋斷自聽解亦初未見大全蒙引也後乃歎獲我耳今觀達說亦云常說多把聖人之憂民如此總承上數箇聖人誤矣○蒙引使契爲司徒舜舉而使之但天無二日民無二王制詰拜除還須是堯出此古今所同也

堯以不得舜爲己憂舜以不得禹皋陶爲己憂夫以百畝之不易爲己憂者農夫也夫音扶易去聲

易治也堯舜之憂民非事事而憂之也急先務而已所以憂民者其大如此則不惟不暇耕而亦不必耕矣慶源輔氏曰舉農者之所憂以並堯舜之憂見其小大廣狹之不倫則不暇耕與不必耕可知矣○新安陳氏曰接上文三憂字而又發明出三憂字在三句中聖人之憂在不得聖賢而用之得而用之則足以釋己之憂矣此集註所謂急先務也聖人所以憂民者其大如此若農夫之憂憂之小者耳許行又欲聖人憂百畝之憂可乎附存疑當堯之時二節言堯舜之憂民急於爲治而不暇耕堯以不得舜爲己憂二節言堯舜之憂民所憂之大而不必耕要之得人意上面堯獨憂之舉舜而敷治使契爲司徒裏便都有了但上文方重在急於爲治不暇耕上且未及此意至此則專露其意見聖人憂人所憂者大其澤自有以及天下不惟不暇耕而亦不必於耕也觀註不惟不暇耕與不必耕二句便

見得有兩層意○以百畝之不易爲己憂者農夫也言非堯舜之所憂也此句總歸在堯以不舜爲己憂二句內故註不解明是斥許行自爲並耕之說正是以百畝之不易爲己憂農夫之所爲也分人以財謂之惠三句是解堯以不得舜爲己憂兩句是故以天下與人易爲天下得人難二句又是因爲天下得人謂之仁句特剔出得人難之意以曉人使人知所重也○〔淺說〕堯舜憂不得人何以見其不必耕言其所憂者特其大者耳凡治民寧務亦不必身自爲之而況於耕乎以見其不必耕也所憂者大大字乃大綱大體之大非恩惠廣大之大也○〔顧麟士曰〕上兩節無皐陶而此舜之憂無益稷契獨禹皐並列者亦大概之言不屑分配耳然堯舜禹而下揆其品地實必先皐而後益故史稱禹元歲即位任皐陶益以國政二歲皐陶薨命費侯伯益總師則令皐陶不亡薦天七年不及益矣然則舜爲天下得人自禹而下宜以皐陶爲急或古人原以並稱而順口因之俱不可知也

分人以財謂之惠教人以善謂之忠爲天下得人者謂之仁

是故以天下與人易爲天下得人難 爲易並去聲

分人以財小惠而已教人以善雖有愛民之實然其所及亦有限 人者對己而言 **而難久** 敎之者僅己耳 **惟若堯之得舜舜之得禹皐陶乃所謂爲天下得人者而其恩惠廣大** 應惠字句 **教化無窮矣** 應忠字句 **此其所以爲仁也** 仁字可包惠字忠字○〔慶源輔氏曰〕以己之善而教人使人皆爲善則是有愛民之實矣然其所及亦止於吾力之所能與吾身之所及而已故有限而難久也○堯之得舜舜之得禹皐陶則能廣吾力之所能而俾其恩惠極於廣大推吾身之所存而俾教化推於無窮矣然後可以謂之仁 附

〔存疑〕堯以不得舜爲己憂兩節與上文相承意思大畧謂堯舜憂民固急於爲治而不暇耕要其所憂亦大初不屑屑於其小者故堯未嘗不憂民也然惟以不得舜爲己憂舜未嘗不憂民也然惟以不得禹皐陶爲己憂固非事事而憂之也彼以百畝不易爲己憂者農夫之所爲也豈堯舜之所憂哉何也蓋分人以財特小惠耳教人以善可謂忠矣然未仁也惟爲天下得人始謂之仁此堯舜所以特以不得禹皐陶爲己憂初不屑屑於其小而事事憂之也夫爲天下得人謂之仁如此則得人豈容易哉是故以天下與人此無難者惟爲天下得人其事始難耳誠知得人之難從而講之斯能爲天下得人而仁覆天下矣何必屑屑於其小事事而憂之哉大意是如此○如得其人可以授天下便把天下與他此只爭能捨與不能捨耳何擔利害故爲之易欲爲天下得人一毫少差便許多爲害如何得恰好無差所以難爲天下得人難後就當繳云爲天下得人則仁自有以被天下如此何用於耕哉故上註曰不

惟不暇耕而亦不必耕此兩節大意彷彿如離婁章君子平其政行辟人可也意○引孔子稱堯舜之言是說堯舜功業之大如許必有所用心然亦不在於耕所以辨並耕之說之非也此比上兩節又是一意要孟子辨許行並耕之說意思層見疊出當堯之時兩節是一意堯以不得舜兩節是一意引孔子之言又是一意○〔劉上玉曰〕〔存疑〕說井井有條麟士善之而愚竊有商焉得人意上面已有至此專露是矣然須知堯以不得節乃承上起下也曰舜曰禹皐陶是承上節來曰不得則照下得人是起下去只宜平平說言堯舜憂民急急於使益使禹使稷契如此是堯當日非事事而憂之而惟以不得舜爲己憂舜當日亦非事事而憂之而惟以不得禹皐陶爲己憂則夫得舜得禹皐其先務也若夫以百畝不易爲己憂者農夫之事也豈堯舜之所憂哉註非事事而憂之急先務二句本節正解止此至下節爲天下得人謂之仁方言得人所係之大爲天下得人難方言堯舜所憂之大方是解堯以不得舜爲

己憂○二句上節註所以憂民者其大如此○因百畝何相形而預透此意於前耳○存疑云爲天下得人謂之仁是解堯以不得舜二句而謂爲天下得人難又因謂之仁句特剔出曉人使知所重便添出層折至云爲天下得人難下就當徽何用於耕裁更不妥○蓋何用耕意直至下堯舜之治天下三句方徽完此節何得徽上節註不惟不暇耕亦不必耕又是預透下意而言之於前耳皆宜渾渾漸次說去○當堯之時兩節是一意乃欲耕而不暇也堯以不得舜三節只一意言耕固不是其所用心也不必作三意○【蒙引】惟爲天下得人難此堯舜之所以孜孜然用心於得人也故曰堯以不得舜爲己憂舜以不得禹皋陶爲己憂惟難故憂也○是故與天下與人易爲天下得人難此猶中庸言天下國家可均也至中庸不可能也論語謂三軍可奪帥也匹夫不可奪志也之例

孔子曰大哉堯之爲君惟天爲大惟堯則之蕩蕩乎民無能

孟子大全卷之五　滕文公上　二十五

名焉君哉舜也巍巍乎有天下而不與焉堯舜之治天下豈無所用其心哉亦不用於耕耳與去聲

則法也蕩蕩廣大之貌君哉言盡君道也巍巍高大之貌不與猶言不相關言其不以位爲樂音洛也【新安陳氏曰】亦不用於耕耳至此三提掇耕字以照應收結獨可耕且爲與一句不待辯闢明白痛快文法亦照顧得好以上亦辯倒許行之說下文乃責陳相也【附】䟽說孔子稱堯舜之言如此夫堯舜之治天下也一則法天而德業之蕩蕩一則不以位爲樂而事功之巍巍若此者豈無所用其心哉民害未除思得人以除之民生未遂思得人以養之民性未復思得人以敎之此皆其用心所在也特其心不用之於耕耳夫道莫備於堯舜也使君與民並耕乃道之所在則堯舜當先爲之矣而皆不然則許行之說何其妄哉○【蒙引】則法也法字與論語解齊準義亦同蓋法天則亦與天同其大矣

吾聞用夏變夷者未聞變於夷者也陳良楚產也悅周公仲尼之道北學於中國北方之學者未能或之先也彼所謂豪傑之士也子之兄弟事之數十年師死而遂倍之

此以下責陳相倍音佩師而學許行也夏諸夏禮義之敎也變夷變化蠻夷之人也變於夷反見變化於蠻夷之人也產生也陳良生於楚在中國之南故北遊而學於中國也先過也豪傑才德出衆之稱言其能自拔於流俗也倍與

孟子大全卷之五　滕文公上　二十六

背同言陳良用夏變夷陳相變於夷也【慶源輔氏曰】陳良楚人而北學於中國則是用夏變夷陳相棄學於陳良乃爲許行所變則是變於夷也

昔者孔子沒三年之外門人治任將歸入揖於子貢相嚮而哭皆失聲然後歸子貢反築室於場獨居三年然後歸他日子夏子張子游以有若似聖人欲以所事孔子事之彊曾子曾子曰不可江漢以濯之秋陽以暴之皜皜乎不可尚已任平聲彊上聲暴蒲木反皜音杲

三年古者爲去聲師心喪三年若喪父而無服也記檀弓事師無犯無

隱左右就養無方服勤至死心喪三年又云孔子之喪門人疑所服子貢曰昔者夫子之喪顏淵若喪子而無服喪子路亦然請喪夫子若喪父而無服任擔都濫反也場冢上之壇場也有若似聖人蓋其言行去聲氣象有似之者如檀弓所記子游謂有子之言似夫子之類是也記檀弓上有子問於曾子曰問喪於夫子乎問鄭讀爲聞喪去聲謂仕失位去國也曰聞之矣喪欲速貧死欲速朽有子曰是非君子之言也曾子曰參也與子游聞之有子曰然然則夫子有爲去聲言之也曾子以斯言告於子游子游曰甚哉有子之言似夫子也昔者夫子居於宋見桓司馬自爲石椁三年而不成桓司馬宋向戌之孫名魋夫子曰若是其靡也死不如速朽之愈也死之欲速朽爲桓司馬言之也南宮敬叔反敬叔孟僖子之子仲孫閱蓋嘗失位去魯而得反必載寶而朝夫子曰若是其貨也喪不如速

貧之愈也喪之欲速貧爲敬叔言之也曾子以子游之言告於有子有子曰然吾固曰非夫子之言也曾子曰子何以知之有子曰夫子制於中都中都魯邑名孔子嘗爲之宰爲民作制四寸之棺五寸之椁以斯知不欲速朽也昔者夫子失魯司寇將之荊蓋聘於楚蓋先之以子夏又申之以冉有以斯知不欲速貧也所事孔子所以事夫子之禮也通考趙氏惠曰孔子既沒弟子思慕有若狀似孔子相與共立爲師故集註謂蓋其言行氣象有似之者築室於場冢上祭祀壇場孔子葬魯城北泗上去城十里冢塋百畝南北廣十步東西十三步高一丈二尺冢前以瓴甓爲祠壇丈六尺冢塋中樹以數百皆異種魯人世世無能名者弟子各持其方樹來種之塋中不生荊棘及刺人草江漢水多言濯之潔也秋日燥烈言暴之乾音干也皜皜潔白貌尚加也言夫子道德明著光輝潔

白非有若所能彷妃兩反彿音弗也或曰此三語者孟子贊美曾子之辭也附存疑昔者孔子沒節。見孔門不背師有四。相向而哭皆失聲。不倍師也。獨居三年然後歸。不倍師也。欲以所事孔子事之。亦不倍師也。曾子曰不可。亦不倍師也。下文獨曰亦異於曾子者。從煞尾一人不倍師尤得其道者言也。蒙引作三段說。依其說則子張子夏輩是倍師矣。要三子不是倍師。其欲以所事孔子事有若者。特以致其思慕之心。如後世丁蘭刻木之類耳。○江漢水多而濯之潔無一點之汙也秋日燥烈而暴之乾無一些之濕氣也在聖人則是一絲不存萬理明淨人欲淨盡天理流行○皜皜潔白也都是承江漢以濯秋陽以暴上說凡物濯不潔暴不乾則不潔白濯之潔暴之乾則潔白矣註明著光輝潔白通是就道德上說○淺說江漢以濯之秋陽以暴之此二之字指孔子道德言猶云吾夫子之道德如江漢濯出來底秋陽暴出來底極其潔白不可

加也只用潔白二字盡皜皜之意明著光輝總是潔白之意蓋有點汙蔽蕪便不光明也潔白只是純乎天理顏子三月不違仁猶未得爲潔白也潔白者是借來字面承上二句說下但當實說不可謂如物之潔白也○蒙引皜皜乎無以加矣。有若安得擬其彷彿。有若既不足以彷彿夫子。而乃事以事夫子之禮。不惟尊信有若爲過高以夫子爲有若所可同。其待夫子反卑矣。而可乎。○有若雖不足以比孔子。而孔門之所推。一時皆無有若比。可知。咸淳三年升從祀以補十哲衆議必有若也祭酒爲疏力詆有若不當升而升子張不知論語一書未嘗深許子張據此章則子張欲事有若者也子張之未能爲有若昭昭也陸象山天資高明指心穎悟不欲人從事學問嘗斥有子孝弟之說爲支離奈何習其說者不察因攻之千載之下卽子張有靈回覩有若恐不自安其位次耳江漢秋陽之喩曾子甚言道德盛大彰著灼然非他人可擬之狀而講象山之學者又往往襲取以證精神之說恐本旨亦不如此在

學者詳之

今也南蠻鴃舌之人非先王之道子倍子之師而學之亦異於曾子矣鴃亦作鵙古役反

鴃博勞也惡聲之鳥南蠻之聲似之指許行也附蒙引非先王之道此非字不訓詆毁與論語異端非聖人之道而別爲一端者同○存疑亦異於曾子不可作不倍師說當有斟酌夫三子欲以所事孔子者事有若是乃欲致其思未必有倍師之意曾子且爲不可今也南蠻鴃舌之人非先王之道子倍子之師而學之亦異於曾子矣

吾聞出於幽谷遷於喬木者未聞下喬木而入於幽谷者

小雅伐木之詩云伐木丁丁中耕反鳥鳴嚶嚶音鶯出自幽谷遷于喬木新安陳氏曰譬陳相由高趨下不如禽能舍下遷喬也附蒙引此與上節吾聞用夏變夷一意而叠出所以深責之也

魯頌曰戎狄是膺荆舒是懲周公方且膺之子是之學亦爲不善變矣

魯頌閟宮之篇也膺擊也荆楚本號也舒國名近楚者也懲艾音乂也按今此詩爲僖公之頌而孟子以周公言之亦斷章取義也斷都管反截之使斷也若自然判絕則徒管反○新安陳氏曰不善變謂變於夷也

從許子之道則市賈不貳國中無僞雖使五尺之童適市莫之或欺布帛長短同則賈相若麻縷絲絮輕重同則賈相若五穀多寡同則賈相若屨大小同則賈相若賈音價下同

陳相又言許子之道如此蓋神農始爲市井故許行又託於神農而有是說也五尺之童言幼小無知也許行欲使市中所粥余六反之物皆不論精粗美惡但以長短輕重多寡大小爲價也慶源輔氏曰若不以精粗美惡言之則無由說得通此義未有人看得出至集註而義始明○雙峯饒氏曰長短以丈尺言輕重以權衡言多寡以斗斛言皆是比而同之與共耕相似便是齊物剖斗折衡而民不爭之說凡託神農黃帝者皆老氏之說也

曰夫物之不齊物之情也或相倍蓰或相什伯或相千萬子比而同之是亂天下也巨屨小屨同賈人豈爲之哉從許子之道相率而爲僞者也惡能治國家夫音扶蓰音師又山綺反比必二反惡平聲

倍一倍也蓰五倍也什伯千萬皆倍數也比次也孟子言物之不齊乃其自然之理新安陳氏曰情實也自然之理即所謂物之實理也其有精粗猶其有大小也若大屨小屨同價則人豈肯爲其大者哉今不論精粗使之同價是使天下之人皆不肯爲其

精者而競爲濫惡之物以相欺耳慶源輔氏曰物之不齊乃物之情而實天之理也物各付物止於其所吾何容心於其間哉若强欲齊之私意横生徒爲膠擾而物終不可齊也故莊周之齊物强欲以理齊之猶爲賊夫道况乎許子遂欲一天下之物而泯其一定之分其蔽豈不甚哉孟子應以物之不齊物之情也斯言足以發明天理之大不但可以闢許行而莊周之説併可坐見其偏矣○東陽許氏曰此章孟子曰以下三大節自許子必種粟而後食乎至不用於耕耳闢其假託神農之言吾聞用夏變夷至不善變矣責其倍師從許子之道以下陳相之遁辭故又闢其市價不貳之説附淺説天物有精粗美惡之不齊者乃物之情也蓋其氣化之參差人力之巧拙自然而有是也故其不齊或相倍蓰或相什伯或相千萬不可得而强同也子乃欲比而同之而使之無異價是亂天下也何則物有精粗猶屨之有大小也巨屨小屨同價則人豈肯爲其大者哉精者粗者同價則人豈肯爲其精者哉今從許子之道不論精粗而使之同價是使天下之人競爲濫惡之物以相欺耳本欲除僞適以長僞本欲無事適以多事如何能治其國家

○墨者夷之因徐辟而求見孟子孟子曰吾固願見今吾尚病病愈我且往見夷子不來辟音壁又音闢

墨者治墨翟之道者夷姓之名徐辟孟子弟子孟子稱疾疑亦託辭以觀其意之誠否雲峯胡氏曰許行與民並耕之説是欲以其君下同於庶民墨子兼愛之説是欲以其親泛同於衆人皆非聖人之道而自爲一端此孟子所以深闢之也

他日又求見孟子孟子曰吾今則可以見矣不直則道不見我且直之吾聞夷子墨者墨之治喪也以薄爲其道也夷子思以易天下豈以爲非是而不貴也然而夷子葬其親厚則是以所賤事親也不見之見音現

又求見則其意已誠矣故因徐辟以質之如此直盡言以相正也○程子曰墨子生不歌死無服桐棺三寸而無椁莊子天下篇古之喪禮貴賤有儀上下有等天子棺椁七重諸侯五重大夫三重士再重今墨子獨生不歌死不服桐棺三寸而無椁以爲法式是墨之治喪以薄爲道也易天下謂移易天下之風俗也夷子學於墨氏而不從其教其心必有所不安者故孟子因以詰之詰溪乙反○謂夷之請見而孟子終不見之何也○朱子曰孟子雖以闢邪說爲己任然不過講明其說傳之當世使闢者有以發悟於心而自得之耳固不輕接其人交口競辯以屈吾道之尊也譬如蠻夷寇賊之害聖人固欲去之然豈肯被甲執兵而親與之角哉○慶源輔氏曰夷子雖師墨氏之教至於葬親之時天理自然發動有不得如其師之説者故不用其制而凡事從厚也此於人情固宜有之故孟子因舉此一事以詰之而下文又舉喪葬之説以發其意此正夷子之天理一點明處也

徐子以告夷子夷子曰儒者之道古之人若保赤子此言何謂也之則以爲愛無差等施由親始徐子以告孟子孟子曰夫夷子信以爲人之親其兄之子爲若親其鄰之赤子乎彼

有取爾也赤子匍匐將入井非赤子之罪也且天之生物也使之一本而夷子二本故也夫音扶下同匍音蒲匐蒲北反若保赤子周書康誥篇文此儒者之言也夷子引之蓋欲援音爰儒而入於墨慶源輔氏曰夷子蓋以儒者若保赤子是愛他人子如愛我之赤子有似於墨子愛無差等之説故謂其欲引儒家入墨教中去以拒孟子之非己又曰愛無差楚宜反等施由親始則推吐灰反墨而附於儒新安陳氏曰之又曰墨氏兼愛之學愛其親與愛外人無差等之殊但施則自親始耳施由親始一句髣髴竊取儒家立愛自親始之意是推墨氏而依附於儒家也以釋己所以厚葬其親之意皆所謂遁辭也新安

陳氏曰理屈詞窮强爲此説以自逃遁也孟子言人之愛其兄子與鄰之子本有差等書之取譬本爲去聲小民無知而犯法如赤子無知而入井耳慶源輔氏曰彼有取爾也一句先儒説皆不明自今斷以爲書之取譬方説得通蓋非謂愛凡人之赤子與兄弟之子一般也言兄弟之子而不言己子者蓋兄弟之子與己之子無異也且人物之生必各本於父母而無二乃自然之理若天使之然也故其愛由此立而推以及人自有差等今如夷子之言則是視其父母本無異於路人但其施之之序姑自此始耳非二本而何哉然於先後之間猶知所擇則又本心之明有

終不得而息者此其所以卒能受命而自覺其非也問愛無差等夷子既知此説便當一親疎合貴賤方得今却曰施由親始則是又將親疎對待而言豈非吾之愛又有差等也哉其辭牴牾信乎其遁而窮矣朱子曰夷之所説愛無差等此其大病其言施由親始雖若粗有差別然亦是施此無差等之愛耳故孟子但責其二本而不論其下句之自相矛盾也夷之所以卒能感動而自知其非蓋因下文極言非爲人泚之心有以切中其病耳此是緊要處當着眼目○施由親始一句乃是夷子臨時撰出來湊孟子却不知愛無差等一句已自不是了他所爲施由親始便是把愛無差等之心施之然把愛人之心推來愛親是甚道理○人之有愛本由親立推而及物自有等級今夷子先以愛無差等而施之則由親始此夷子所以二本○事他人之親如己之親則是兩箇一樣重了如一木有兩根也○愛無差等何止二本蓋千萬本也○問夷子學於墨矣而

必推其説以求合於儒何也曰天下之理其本有正而無邪其始有順而無逆故天下之勢正而順者常重而無待於外邪而逆者常輕而不得不資諸人此理勢之必然也胡不以近世之佛學觀之吾所以拒彼者至矣彼未嘗不求自附於吾儒蓋不如是則尤反側而無以自安也其理之悖説之窮於是亦可槩見惜世無孟子無能因其所明以誘之者是以卒於漂蕩而不反也○慶源輔氏曰書曰立愛惟親記曰立愛自親始蓋愛必始於愛親因事親以立其愛即所謂孝弟爲仁之本也然後推以及民及物自有差等輕重此仁義所以相爲用也夷子雖陷於墨教而其天理一點之明終有不可息滅者此蓋秉彝之心也故其先親後疎之際猶知所擇而不至於逆施故孟子之言得因所明而入之夷子亦得因其明而受之也○雙峯饒氏曰夷之引若保赤子來證愛無差等孟子謂其差認了此句意彼有取爾也是説周書別有所取譬也下二句却解周書本意又曰一本便有厚薄如木然根幹枝葉自有

大小次第二本則天下皆是父母無分根幹枝葉了蓋親親而仁民仁民而愛物各有差等不同夷子不識以爲愛無差等○雲峯胡氏曰本文云使之一本而集註以自然之理釋之蓋幾謂之使便似涉於人爲今日天使之則莫之爲而爲故人物之生萬有不齊無不一本而生者若使之然莫非自然是之謂天夷子二本非天矣集註後節釋掩之誠是也以爲若所當然正與此自然二字相應蓋凡人事之所當然者卽本於天理之自然者也附蒙引墨者以薄親爲道而夷子獨從厚此正其一點天理之不容泯滅處孟子所以直用以入其敎也孟子蓋亦愛其人也夷子是甚次第聰明蓋曉得孟子之意欲以兩路擒獲也若伸我之厚者是則與其道之薄者戾矣若伸其道之薄者是則我之獨厚又無謂矣左右皆坑谷也乃爲執中之說騎牆之勢曰吾之兼愛與儒者之保赤子何異但謂之如保赤子則所施尚自親者始我之獨厚亦未爲倍也蓋兩救之詞也○旣曰愛無差等並不論親疏矣而又曰施由

親始則又畧有親疏之辨此其言亦自相矛盾足見其遁也然下句自有是處夷之所以未盡滅其本心孟子之所以得入其教者正惟有此一綫在故孟子不攻其說之矛盾處而但力攻其本病之所在也○存疑墨子之言意謂孟子以吾兼愛爲非是也然儒者之道如康誥之言古人保民若保赤子此言何謂也不猶吾之兼愛者乎在之則以爲愛無差等矣但其施必由親始於此宜稍從厚此吾所以厚葬其親也此其兩自救之詞也然愛無差等其施由親始如何便宜從厚其說亦自不通故曰遁詞也孟子又解書之意以闢之謂夫夷子看康誥之語眞以謂人之愛其兄之子若愛其隣之赤子都無分別乎彼書之言有所取也書之言以爲小民之犯法出於無知非故犯之罪猶赤子匍匐將入井出於無知非赤子之罪也故保民當如保赤子其犯法則哀矜而勿喜非謂愛其兄之子眞若愛其隣之赤子也謂儒者之道亦兼愛不亦謬乎○顧麟士曰夫夷子信以爲至非赤子之罪也先辨儒無兼愛之說且天之生物至二本故也方正愛無差等之誤旣辨儒無兼愛之說則不得援儒入墨也復正愛無差等之誤亦不得推墨附儒也○蒙引且無論愛己之子過於隣之子也視兄之子自是過於隣之子則己之子蓋可知○存疑這本是本乎天者親上本乎地者親下之本物之所從出處便是本也人物只有一箇父母更無兩箇故曰一本

蓋上世嘗有不葬其親者其親死則舉而委之於壑他日過之狐狸食之蠅蚋姑嘬之其顙有泚睨而不視夫泚也非爲人泚中心達於面目蓋歸反虆梩而掩之掩之誠是也則孝子仁人之掩其親亦必有道矣蚋音汭嘬楚怪反泚七禮反睨音詣爲去聲虆力追反梩力知反

因夷子厚葬其親而言此以深明一本之意上世謂太古也委棄也壑山水所趨也蚋蚊屬姑語助聲或曰螻音婁蛄音姑也嘬攢徂官反共食之也顙額也泚泚然汗出之貌睨邪視也視正視也不能不視而又不忍正視哀痛迫切不能爲心之甚也非爲人泚言非爲他人見之而然也所謂一本者於此見之尤爲親切蓋惟至親故如此在他人則雖有不忍之心而其哀痛迫切不至若此之甚矣反覆也虆土籠盧紅反也梩土轝音預也於是歸而掩覆敷救反其親之尸

此葬埋之禮所由起也此掩其親者若所當然則孝子仁人所以掩其親者必有其道而不以薄爲貴矣慶源輔氏曰此又孟子畧其遁辭。而專以其良心之發有不容已處深明夫惟一本故其於親之喪哀痛迫切非他人之所可得同者而因以見先王所制葬埋之禮。必誠必信勿之有悔者。固皆自然之理。而墨子二本薄葬之說爲杜撰妄作。而不可行也○雙峯饒氏曰厚葬其親。發於其心之不能自已這便是夷子末見孟子之萌芽。孟子就舉上世不葬其親之說亦見得發於不容已。蓋上世不葬其親這一人於心有所不安却掩之葬親之事自此始若以爲掩得是則孝子仁人之掩其親亦必自有箇道理以此觀之則厚葬其親自有不容已者。葬其親厚。則愛無差等之說不攻自破矣。集註若所當然四字說掩之誠是二句惟附存疑非爲人泚猶非所以納交於孺子之父母三句意言非有所爲而然也。○掩之誠是也。只從掩之上搭過厚葬去蓋因是而推廣之也○蒙引註中在他人則雖有不忍之心云云他人謂路人見之者也此他人字。不必拘定與上文非爲他人見之而然者相同○蓋歸反虆梩而掩之通是一本之意不止非爲人泚也

徐子以告夷子夷子憮然爲閒曰命之矣

憮然茫然自失之貌爲閒者有頃之閒也命猶教也言孟子已教我矣朱子曰之字夷子名若作虛字不成句法蓋因其本心之明以攻其所學之蔽是以吾之言易去聲下同入而彼之惑易解也慶源輔氏曰孟子因夷之本心之明而入之得易納約自牖之義○雲峯胡氏曰夷子之學墨非也而葬其親厚此一厚字猶是夷子行得是處愛無差等施由親始夷子之所言非也然此一始字猶是夷子說得是處所以可因其本心之明而敎之也○新安陳氏曰驗人性之本善於此章尤可見焉

附滕文公問爲國章考

存疑鄉遂用貢法十夫有溝即周禮遂人所掌也遂人治溝洫夫間有遂十夫有溝百夫有洫千夫有澮萬夫有川賈疏曰一行隔爲十夫則於首爲橫溝十溝即百夫於東畔爲南北之洫十洫則於南畔爲橫澮九澮則於四畔爲大川即此推之十夫當有十遂而皆縱首爲橫溝所以受十遂之水也自下而上積至十溝爲百夫則於東畔爲一洫其縱如遂所以受十溝之水也又自西至東積至十洫爲千夫則於其首爲一澮其橫如溝所以受十洫之水也又自下而上積至九澮而爲萬夫則於四旁爲川所以受九澮之水也澮之橫似溝千夫有十而澮獨九者意第九澮外之田就是四旁之川可受水不復爲澮也與蒙引圖畫差訛失眞不足憑○都鄙用助法八家同井即周禮考工記匠人所掌也匠人爲溝洫廣尺深尺曰圳田首倍之之曰遂九夫爲井井間有溝方十里爲成成間有洫方百里爲同同間有澮以今觀之井間之溝若依小註趙氏之說每丘之地縱橫各三溝四丘之間十字中爲四洫與蒙引所圖則與鄭註溝縱洫橫之說不合通考載陳及之說謂方里一井之內凡四溝兩旁各一溝中間二溝十里一成之內凡四洫兩旁各一洫中間二洫至於澮亦然此雖不言縱橫其縱橫自可意會於賈疏未見牴牾今因其說推之四井爲邑四面合奏朋幇只二井爾每井四溝一邑當有八溝四邑爲丘四面合奏朋幇只二邑爾一邑八溝一丘當有十六溝四丘爲甸甸方八里兩旁各加一里治溝爲方十里即成也四丘四面合奏朋幇只是二丘一丘十六溝一甸當有三十二溝遂於其中鑿四洫而皆橫以受三十二溝之水南北兩旁一洫中當二丘之間合鑿之一洫是四洫矣四甸爲縣四面合奏朋幇只是二甸一甸四洫一縣當有八洫四縣爲都四面合奏朋幇只是二縣一縣八洫一都當有十六洫四都爲同同方八十里兩旁各加十里治洫共一百里所謂同方百里是也四都四面合奏朋幇只是二都一都十六洫一同當

有三十二洫遂於其中鑿四澮而皆直以受三十二洫之水東西各一澮中當二都之間各鑿一澮是四澮矣此據陳氏之說推之想是如此耳○蒙引文獻通考曰按自孟子有野九一而助國中什一使自賦之說其後鄭康成註周禮以爲周家之制鄉遂用貢法遂人所有十夫有溝是也都鄙用助法匠人所謂九夫爲井是也自是兩法晦菴以爲遂人以十爲數匠人以九爲數決不可合以鄭氏分註作兩項爲是而近世諸儒合爲一法爲非然愚嘗考之孟子所謂野九一者乃受田之制國中什一者乃取民之制蓋助有公田故其數必拘於九八居四旁爲私而一居其中爲公是爲九夫多與少皆不可行若貢則無公田孟子之什一特言其取之數遂人之十夫特姑舉成數以言之耳若九夫自有九夫之貢法十夫自有十夫之貢法初不必拘以十數而後可行貢法也今徒見匠人有九夫爲井之文而謂遂人所謂十夫有溝者亦是以十爲數則似太拘蓋自遂而達於溝自溝而達於洫自洫而達於澮自澮而達於川此二法之所以同也行助法之地必須以平地之田分畫作九夫中爲公田而八夫之私田環之列如井字整如碁局所謂溝洫者直欲限田之多少而爲之疆界行貢法之地則無問高原下隰截長補短每夫授之百畝所爲溝洫者不過隨地之高下而爲之蓄洩此二法之所以異也是以匠人言遂必曰二尺溝必曰四尺言洫必曰八尺言澮必曰二尋蓋以平原曠野之地畫九夫之田以爲井各自其九以至於同其間所謂遂溝洫者狹則不足以蓄水而廣又至於妨田故必有一定之尺寸不可踰也若遂人只言夫間有遂十夫有溝百夫有洫千夫有澮蓋是山谷藪澤之間隨地爲田橫斜廣狹皆可墾辟故溝洫亦不言其尺寸所謂夫間有遂遂上有徑以至萬夫有川川上有路云者姑約畧言之大意謂路之下即爲水溝溝之下即爲田耳非若匠人之田必拘以九夫而其溝洫之必拘以若干尺也○訂義所載永嘉陳氏謂遂人十夫有溝是以直度之匠人九夫爲井是以方言之又謂遂

人所言者積數匠人所言者方法想亦有此意但其說欠詳明爾○按禮書曰遂人百夫有洫而匠人十里爲成成間有洫則九百夫之地遂人千夫有澮而匠人百里爲同同間有澮則九萬夫之地其不同何耶成間有洫非一成之地包以一洫而已謂其間有洫也同間有澮非一同之地包以一澮而已謂其間有澮也洫與澮溝之大者也成與同地之廣者也於成舉洫於同舉澮亦其大畧云爾○遂人言五溝之制而始於遂匠人言五溝之制而始於甽則甽非溝也乃播種之地而已一畮三甽一夫三百甽甽從則遂横甽横則遂從遂從則溝横遂横則溝從由溝以達洫由洫以達澮其横縱如之鄭氏曰以南畝圖之遂從溝横洫從澮横九澮而川周其外然川之所流當適地勢非於萬夫之外必有大川圍而匝焉穎達疏詩謂鄭氏所言特設法耳其說是也○遂溝洫澮川雖不同皆謂之溝司險曰五溝是也徑畛涂道路雖不同皆謂之涂司險曰五涂是也然涂不特如此而已亦謂之旅記曰旅樹是也亦謂之行詩曰微行是也爾雅曰宮中衖謂之壺廟中路謂之唐堂途謂之陳一達謂之道路二達謂之岐旁三達謂之劇旁四達謂之衢五達謂之康六達謂之莊七達謂之劇驂八達謂之宗期九達謂之逵蓋涂莫小於徑莫大於路莫枝於逵

【存疑】貢助二法大較是如此然鄉遂所以用貢都鄙所以用助者又各有說小註陰氏通考陳氏皆謂鄉遂平曠之地可畫萬夫之井都鄙包山林陵陸在內故隨處畫爲井田朱子則謂鄉遂以五五相連屬所以行不得九一之法馬氏通考又謂行助法之地必須平地之田行貢法之地則無問高原下隰截長補短然鄉遂附國之地只是平衍沃饒可以分畫宜行助法而反行貢法都鄙野外之地必是有山谷之險峻溪澗之阻隔難以分畫宜行貢法而反行助法蓋助法九取其一重於貢貢法十取其一輕於助今以愚見貢法是十分中取一助法則十一分中取一又輕於貢矣馬氏之說殆未必然陰陳之說若近似然若謂鄉遂平曠之地可行井田法亦未爲不可要亦未的然可據看來只當以朱子之說爲是○周禮鄭註畿内用貢法者郊遂及公之邑吏旦夕從事爲其促之以公使不得而恤其私邦國用助法者諸侯專一國之政爲其貪暴稅民無藝此未敢盡以爲然爲諸侯之國亦有鄉遂都鄙故也孟子曰請野九一而助國中什一使自賦而滕亦有鄉遂也

【存疑】貢法十中取一似重於助蓋鄉遂附郭其地肥饒故其賦獨重都鄙野外之田不及鄉遂故其賦輕又鄉遂之法五家爲比五人爲伍是家出一兵井田之法一甸之地六十四井五百一十二家方出兵車一乘士卒七十五人是不及七家給一兵又甚輕於鄉遂者蓋鄉遂之地既饒其兵又止於衛王室無征行之勞故其役重都鄙之地既磽其民又有征行之苦故其役輕朱子所謂悉調者不用用者不悉調是也先王立法各有深意

【說約】農書徐玄扈曰三代制產多寡不同諸家之說互異然以愚意言之其間有一可論有一不可論嘗考尺度畝法周之百畝當今田二十四畝五分有奇而已若夏尺夏畝與周等者其五十畝當今田十二畝有奇而已而謂足以食八口之家乎且聖王制產必度民之力可治必度民之用可足何至夏周之間所差一倍非夏之民勤於食則周之民勤於力矣此其尺度畝法必有異同乃夏商之故今不可考也此所謂不可論者也其可論者則三代聖王非以多與之田爲厚而以少與之田爲厚譬食小兒者非以多與之食爲愛而以少予之食爲愛也語曰務廣地者荒詩曰無田甫田維莠驕驕故后稷爲田一畝三畎伊尹作爲區田負水澆灌古之治田者盡力盡法而不務多大禹時稷爲農師未久也於是洪水初治作乂之土甚多深恐其民務於廣地以致荒蕪故限田五十不得踰制而使精於其業人人用后稷之法即此五十之田可以食八口之家矣治田既少業既當精積久之后因生便巧如后稷之耕兩耜爲耦其孫叔均遂作牛耕是也便巧既多人力

有餘至於殷周遂以漸加多而其田亦治故由七十而至
於百畝要使人之力足以治田田之收足以食人必不至
於務廣而荒耳然周人治田旣稍廣蓄積必倍多故周禮
能以九年耕餘三年之食矣今世貧人無立錐而廣處之
地數口之家輒田二三百畝鹵莽滅裂豐年則爲薄收水
旱則盡荒矣此上之無法以敎之無制以限之故也
存疑井田之說夏五十畝殷增爲七十畝周又增爲百畝
朱子及金仁山皆疑其更擾費力愚以傳氏之意推之孟
子之言始可信而無容疑蓋井田其制已久非但始於商
詩稱信彼南山惟禹甸之春秋傳夏少康有田一成有衆
一旅可見井田之法夏時已有非至殷始制也但夏人無
公田謂五十而貢則一井之田授十八家每家授五十畝
耳殷人七十而助則一井之田百畝爲公田外八百畝十
二家授之每家不穀七十畝其數不能恰好然大意不過
如此以是觀之孟子之言信爲可據不可以不見周禮而
疑之也

蒙引校數歲之中以爲常蓋亦禹之舊設使盡是後世流
弊而仍用其正法亦可也何必又改用助法今人只是恐
傷了大禹則謂其初制未必然耳夫聖人隨時有作法則
因時詳畧禹去唐虞未遠世尚古朴只用貢亦足治矣至
後世子孫不善用之不能隨時豐歉以爲賦之增損而拘
守成法則見其弊耳故後世改用助徹而儒者之論亦不
能不置優劣也○周家鄉遂用貢法亦是局於地勢之不
獲也大抵貢之法若常有禹用之則決無弊若禹生於周
時亦不止用貢於此亦可以判其得失之所在矣○使文
王周公生於大禹之時亦決只是行貢法而已蓋是時洪
水方平懷山襄陵之患始息上窟下巢之居始變其民大
槩星居散處其田亦大槩段落不相聯屬若聚其田而經
界之聚其民而使之八家同井通力合作大抵是難及歷
四百年而爲商又五百年而爲周則天下之田土盡已墾
辟天下之生齒益以繁庶且周監於二代安得不會爲貢助
而爲徹哉故曰時之未至聖人不能先時以有爲時之旣

至聖人不敢後時而不爲龍子之言蓋激於當日之弊而
未及考聖禹之時也
陳祥道禮書曰四代之學虞則上庠下庠夏則東序西序
商則右學左學周則東膠虞庠而周則又有辟廱成均瞽
宗之名則上庠東序右學東膠大學也故國老於之養焉
下庠西序左學虞庠小學也故庶老於之養焉記曰祭義
天子設四學蓋周之制也周之辟廱卽成均也東膠卽東
序也瞽宗卽右學也蓋以其明之以法和之以道則曰辟
廱以其成其虧均其過不及則曰成均以習射事則曰序
以糾德行則曰膠以樂祖在焉則曰瞽宗以居右焉則曰
右學蓋周之學成均居中其左東序其右瞽宗此大學也
虞庠在國之西郊則小學也記曰天子視學命有司行事
祭先師先聖焉卒事遂適東序設三老五更之席又曰祭
義食三老五更於太學所以敎諸侯之弟祀先賢於西學
所以敎諸侯之德夫天子視學則成均也命有司行事祭
先師先聖焉卽祀先賢於西學也祀先賢於西學則祭於

瞽宗也有司卒事適東序設三老五更之席卽養國老於
東膠也養國老於東膠卽食三老五更於太學也然則商
之右學在周謂之西學亦謂之瞽宗夏之東序在周謂之
東膠亦謂之太學蓋夏學上東而下西商學上右而下左
周之所存特其上者爾則右學東序蓋與成均並建於一
丘之上而已由是觀之成均頌學政右學祀樂祖東序養
老更右學東序不特存其制而已又因其所上之方而位
之也夫諸侯之學小學在內大學在外故王制言小學在
公宮南之左大學在郊以其選士由內以升於外然後達
於京故也天子之學小學居外大學居內故文王世子言
凡語於郊者於成均取爵於上尊以其選士由外以升於
內然後達於朝故也明堂位曰米廩有虞氏之庠也序夏
后氏之序也瞽宗商學也頖宮周學也頖宮則泮水也其
制半於辟廱而水蓋闕於北方也諸侯樂懸闕其南而泮
水闕其北者闕南而存北所以便其觀也闕北而存南所
以便人之觀也頖宮大學也魯之大學在郊故將有事於

上帝則於之先有事焉然則序與瞽宗蓋亦設於頖宮之左右而米廩其公宮南之小學歟孟子曰夏曰校商曰序周曰庠何也孟子因論井地而及此則校庠序者鄉學也鄉飲酒主人迎賓於庠門之外鄉簡不帥者耆老皆朝於庠則庠鄉學名也周官州長會民射於州序黨正屬民飲酒於序則序亦鄉學名也鄭人之所欲毀者謂之鄉校則校亦鄉學名也然鄉曰庠記言黨有庠州曰序記言遂有序何也古之致仕者教子弟於閭塾之基則家有塾云者非家塾也合二十五家而教之於閭塾謂之家有塾則合五黨而教之鄉庠謂之黨有庠可也周禮遂官各降鄉官一等則遂之學亦降鄉一等矣降鄉一等而謂之州長其爵與遂大夫同則遂之學其名與州序同可也周之時干戈羽籥在東序絃誦與禮在瞽宗書在上庠以言學者之事始乎書立乎禮成乎樂而舞又樂之成焉故大司樂言樂德樂語而終於樂舞樂師言樂成告備而終於舉舞孟子言仁義禮樂之實而終於不知手之舞之記言詩言志歌

咏聲而終於舞動容此舞之所以爲樂之成也由小學之書以進於瞽宗之禮樂由瞽宗之禮樂而成之以東序之舞則周之教法可知矣漢明帝時視辟廱冠帶搢紳之人圜橋門而觀者蓋億萬計則周人辟廱之制宜亦然也董仲舒以成均爲五帝之學大戴賈誼有帝入五學之說鄭康成謂周有四郊之虞庠王肅謂辟廱卽明堂耳此皆不可考也○按王制有虞氏養國老於上庠養庶老於下庠夏后氏養國老於東序養庶老於西序商人養國老於右學養庶老於左學周人養國老於東膠養庶老於虞庠虞庠在國之西郊○鄭氏釋王制謂辟明也廱和也所以明和天下毛氏釋詩謂水旋丘如璧以節觀者故曰辟廱孔穎達曰禮注解其義詩注解其形○學記曰古之教者家有塾黨有庠術有序國有學○鄭氏註曰術當爲遂聲之誤也○文王世子曰春夏學干戈秋冬學羽籥皆於東序春誦夏弦大師詔之瞽宗秋學禮執禮者詔之冬讀書典書者詔之禮在瞽宗書在上庠

禮書曰先王之於民受地雖均百畝然其子弟之衆或食不足而力有餘則又以餘夫任之然餘夫之田不過二十五畝以其家既受田百畝而又以百畝予之則彼力有所不逮矣故其田四分農夫之一而已禮言上地田百畝萊半之中地二十五畝萊亦二十五畝下地二十五畝萊五五十畝則所謂如之者如田萊之多寡而已非謂餘夫亦受百畝之田如正農夫也班固謂其家衆男亦以口受田如此鄭司農謂戶計一夫一婦而賦之餘夫亦受此田其說與孟子不合賈公彥之徒遂謂餘夫三十有妻者受百畝二十九巳下未有妻者受田二十五畝是附會之論也○〔顧麟士曰〕集註程說固明言俟其壯而受室更受百畝之田矣但既受百畝之田則當自名一夫非餘夫也古者三十而娶故賈說云然諸家又有二十受田六十歸田之說○按周禮遂人上地夫一廛田百畝萊五十畝餘夫亦如之中地夫一廛田百畝萊百畝餘夫亦如之下地夫一廛田百晦萊二百畝餘夫亦如之○注萊休其地力而

不耕者所謂一易再易之田也

〔蒙引〕荀悅論曰古者什一而稅今漢氏或百一而稅然豪强輸其賦大半官家之惠優於三代豪强之暴酷於亡秦文帝不正其本適以資豪强也且井田之制不宜於衆人之時卒而革之蓋有怨心則生紛亂若高祖初定天下光武中興之後人民稀少立之易矣今既難行宜以口數占田爲之立限人得耕種不得買賣以贍貧弱以防兼并且爲制度張本不亦善乎○葉水心曰自黃帝至於成周天子所自治者皆是一國之地是以尺寸步畝可歷見於鄉遂之中而置官師役民夫正疆界治溝洫辛苦以井田爲事而諸侯亦各自治其國百世不移故井田之法可頒於天下然江漢以南臨淄以東其不能爲者不强使也今天下爲一國雖有郡縣吏皆總於上率二三歲一代其間大吏有不能一歲半歲而去者是將使誰爲之乎又曰封建既絕井田雖在亦不可獨存矣故井田封建相待而行者也○小國寡民法制易立竊意當時有國者授其民以百

畝之田。壯而畀。老而歸。不過如後世大富之家。以其祖父所世有之田。授之佃客。程其勤惰以爲予奪。校其豐凶以爲收貸。其東阡西陌之利。病皆其少壯之所習聞。雖無侯於考覈。而奸弊自無所容矣。降及戰國大邦凡七。而幺麽之能自存者無幾。諸侯之地愈廣。人愈衆。雖時君所尚者用兵爭强。未嘗以百姓爲念。然井田之法未全廢也。而其弊已不可勝言。故孟子有今也制民之產之說。又有暴君汙吏慢其經界之說。可見當時未嘗不授田。而諸侯之地廣人衆。考覈難施。故法制隳弛而奸弊滋多也。至秦人蓋廢井田。人民所耕。不計多少。而隨其所占之田以制賦。蔡澤言商君決裂井田。廢壞阡陌。以靜百姓之業而一其志。夫曰靜曰一。則可見周受田之制。至秦時必是擾亂無章。輕重不均矣。

孟子集註大全卷之五終

孟子集註大全卷之六 三魚堂讀本

滕文公章句下

凡十章（通考）勿軒熊氏曰七章言出處之道二章言仁政一章言異端

陳代曰不見諸侯宜若小然今一見之大則以王小則以霸且志曰枉尺而直尋宜若可爲也王去聲

陳代孟子弟子也小謂小節也枉屈直伸也八尺曰尋枉尺直尋猶屈己一見諸侯而可以致王霸所屈者小所伸者大也（南軒張氏曰）謂屈己事小王霸爲大此自春秋以來風俗習於霸者計較功利之說而有是言○（新安陳氏曰）孟子平生以不見諸侯自守。故以此爲問。（蒙引）不見諸侯宜若小然今一見之大則以王小則以霸此只是枉尺直尋道理。又引志曰云云者。明其從來有此說話而諷其爲之也。

孟子曰昔齊景公田招虞人以旌不至將殺之志士不忘在溝壑勇士不忘喪其元孔子奚取焉取非其招不往也如不待其招而往何哉喪去聲

田獵也虞人守苑囿之吏也招大夫以旌招虞人以皮冠（左傳）景公將殺虞人虞人辭曰臣不見皮冠故不敢進 元首也志士固窮常念死無棺槨棄溝壑而不恨勇士輕生常念戰鬬而死喪其首而

不顧也此二句乃孔子歎美虞人之言夫音扶虞人招之不以其物尚守死而不往況君子豈可不待其招而自往見之邪此以上是掌反告之以不可往見之意〔朱子曰〕不忘二字是活句須向這裏參取若果識得此意辨得此心則無入而不自得而彼之權勢威力亦告無所施矣〇〔南軒張氏曰〕虞人守官義不敢往義有重於死故也使一有畏死之心應非其招則見利忘義矣自常情觀之必重一死而以非其招爲細事不知義之所在事無巨細苟愛一身之死而隳天命之正則凡可以避死者無不爲而弑父與君之所由生也充虞人之心行一不義而得天下不爲之心也人紀之所由立也是以夫子取之〔附〕纂引〔朱子曰〕不忘二字是活句言是撒了能不顧利害不是說定要死於溝壑而喪其元〇問虞人是志士乎是勇士乎抑兼得志士勇士乎曰若貶斥而死則爲志士矣若被刑而死則爲勇士矣虞人奚擇焉〇溝長而小壑深而大壑谷之受水者

且夫枉尺而直尋者以利言也如以利則枉尋直尺而利亦可爲與夫音扶與平聲

此以下正其所稱枉尺直尋之非夫所謂枉小而所伸者大則爲之者計其利耳一有計利之心則雖枉多伸少而有利亦將爲之邪甚言其不可也〔和靖尹氏曰〕有枉尺而直尋之心則亦必至於枉尋而直尺矣〇〔朱子曰〕援天下以道若枉己便已枉道則是已失援天下之具矣更說甚事自家身既已壞了如何直人天下事不可顧利害凡人做事多要趨利避害不知纔有利必有害吾雖處得十分利有害隨在背後不如且在理上求之〇〔慶源輔氏曰〕人有一計利之心則惟利是務始猶有枉小直大之辨浸浸不已其終併大小皆不復計不至滅天理壞人紀不止也孟子所以極其流而言之〔附〕纂引甚言其不可者蓋枉尺而直尋已不免於喪己而爲不可乃至於枉尋直尺所喪愈多所得愈少乃不復計較廉恥而爲之甚不可也孟子非是以枉尺直尋爲可至於枉尋直尺乃不可爲也〇〔顧麟士曰〕始論大小者究只論得失亦常情必至耳此亦可爲與與上如不待其招而往何哉後雖若丘陵弗爲也如枉道而從彼何也俱斷詞

昔者趙簡子使王良與嬖奚乘終日而不獲一禽嬖奚反命曰天下之賤工也或以告王良良曰請復之彊而後可一朝而獲十禽嬖奚反命曰天下之良工也簡子曰我使掌與女

乘謂王良良不可曰吾爲之範我馳驅終日不獲一爲之詭遇一朝而獲十詩云不失其馳舍矢如破我不貫與小人乘請辭乘去聲彊上聲女音汝爲去聲舍上聲

趙簡子晉大夫趙鞅於兩反也王良善御者也嬖奚簡子幸臣與之乘爲之御也復扶又反之再乘也彊而後可嬖奚不肯彊之而後肯也一朝自晨至食時也掌專主也範法度也詭遇不正而與禽遇也言奚不善射以法馳驅則不獲廢法詭遇而後中去聲下同也詩小雅車攻之篇言御者不失

其馳驅之法而射者發矢皆中而力今嬖奚不能也貫習也〔朱子曰〕詭遇是做人不當做底。行險是做人不敢做底。射者是驅禽獸來迎而射之此禽當中來則可以正射若來得不正則或當左或當右以射之御者自有法度射者不過迎而射之則不中非關御者事詭遇是詭道以遇禽獸射者不能迎而射之而御者以詭遇則得中非射者之能乃御者之力也又曰前引虞人明不可往見之意後引王良明不可枉尺直尋之意【附】存疑以易王用三驅失前禽來看凡田獵是前面驅禽來我馳車迎而射之馳車者自有正法禽獸之來不皆正或左或右此在射者顧盼左右迎而射之耳奚不善射但是禽獸當頭者方能射之或左或右者皆不能射故終日不獲一詭遇是因他不能左右迎射舍馳車正法驅車左右以迎之所以一朝而獲十也饒氏說亦儘明白蒙引不知何爲未曉〇〔蒙引〕謂王良簡子語之也〇不失其馳舍矢如破兩句要相連說重在下句看大註而字可見且獨曰今嬖奚不能也尤可見下句重譎辭亦王良之言非孟子記述之言

御者且羞與射者比比而得禽獸雖若丘陵弗爲也如枉道而從彼何也且子過矣枉己者未有能直人者也比必二反

比阿黨也若丘陵言多也〔南軒張氏曰〕事無巨細莫不有義利之兩端存焉曰比而得禽獸雖若丘陵弗爲也學者要當立此志而後可以守身【附】蒙引御者且羞與射者比至弗爲也當以連屬上條且子過矣枉己者未有能直人者也當更提頭而自爲一條〇〔顧麟士曰〕如不待其招而往何哉如枉道而從彼何也何哉何也達說云總是說如何其可也

〇或曰居今之世出處上聲去就不必一一中節欲其一一中節則道不得行矣楊氏曰何其不自重也枉己其能直人乎古之人寧道之不行而不輕其去就是以孔孟雖在春秋戰國之時而進必以正以至終不得行而死也使不恤其去就而可以行道孔孟當先爲之矣孔孟豈不欲道之行哉〔慶源輔氏曰〕欲道之行仁也進必以正義也仁義並行而不悖所以爲聖賢〇〔新安陳氏曰〕楊雄謂孔子見陽貨爲詘身以信道〇龜山謂雄非知孔子者道外無身身外無道身詘矣而可以信道吾未之信也當即此意以讀孟子此章〇竊謂陳代以不見諸侯爲小節殊不知自君子觀之守孰爲大守身爲大〇枉己從人失身莫大焉不可以爲所屈者小也枉己即是枉道枉道決不能行道所關之大如此而可

視爲小節乎戒枉尋直尺而徇利徇人欲也守義而不枉道存天理也不見諸侯凡三章此章一也此篇第七章公孫丑曰不見諸侯何義二也萬章下篇第七章萬章曰敢問不見諸侯何義三也宜參觀之【附】蒙引天下之事有義理有利害孟子之不見諸侯主義理者也陳代之言主利害者也然主義理者自兼得利害專主利害者未免乖於義理而終之則利害所計者亦不完此章自齊景公田以下俱從義理上說至末云枉己者未有能直人者也則所計者於利害亦盡矣〇〔存疑〕此章答陳代大段有兩意齊景公田一條是說不見諸侯之義且夫枉尺直尋以下是說其所稱枉尺直尋之非枉尺直尋以下又自分三節首節言枉尺直尋是計利之心將無所不至以見不可爲昔者趙簡子至如枉道而從彼何哉是言枉尺而直尋君子之所不爲且子過矣以下是言枉尺亦無直尋之理

〇景春曰公孫衍張儀豈不誠大丈夫哉一怒而諸侯懼安

居而天下熄

景春人姓名公孫衍張儀皆魏人怒則說音稅諸侯使相攻伐故諸侯懼也新安陳氏曰二人皆破六國之從以爲衡者熄如火之熄滅以兵猶火故也附蒙引通鑑所謂犀首者即衍也犀首魏官名衍嘗爲此官又秦惠王使犀首救齊魏與共伐趙以敗從約

孟子曰是焉得爲大丈夫乎子未學禮乎丈夫之冠也父命之女子之嫁也母命之往送之門戒之曰往之女家必敬必戒無違夫子以順爲正者妾婦之道也焉於虔反冠去聲女家之女音汝

加冠於首曰冠去聲女家夫家也婦人內夫家以嫁爲歸也

夫子夫也女子從人以順爲正道也蓋言二子阿諛苟容竊取權勢乃妾婦順從之道耳非丈夫之事也雙峯饒氏曰儀衍雖使得諸侯懼不過順其欲耳諸侯志在土地二人從而投其所好誑之征伐以得土地不過妾婦之事爾丈夫且不可爲況大丈夫乎附存疑以順爲正者妾婦之道此兩句正是孟子之言說了方以集註貼之云二子阿諛苟容竊取權勢乃妾婦順從之道耳安得爲大丈夫哉○蒙引不是阿諛苟容如何能竊取權勢使得諸侯懼懼是他國諸侯懼也本國諸侯他都著阿諛苟容始得○又曰阿依也諛諂也阿諛所以苟容者也

居天下之廣居立天下之正位行天下之大道得志與民由之不得志獨行其道富貴不能淫貧賤不能移威武不能屈此之謂大丈夫

廣居仁也正位禮也大道義也朱子曰此心廓然無一毫私意直與天地同量這便是居天下之廣居便是居仁到得自家立身更無些子不當於理這便是立天下之正位便是立於禮及推而見於事更無些子不合於義此便是行天下之大道便是由義論上面兩句則居廣居是體立正位是用論下面二句則立正位是體行大道是用要之能居天下之廣居自然能立天下之正位行天下之大道○居字就心上說立字就身上說行字就施爲上說又曰正位就處身上說大道就處事上說廣居是不依險以天下爲一家中國爲一人何廣如之正位大道只是不偏曲○雲峯胡氏曰集註於三句雖平說朱子廣居一句極重仁者之心以天地萬物爲一體如廣居之內何所不容其所立所行從可知矣與民由之推其所得於人也由謂與民共由此仁禮義也所得亦即此三者獨行其道守其所得於己也道即仁禮義之道淫蕩其心也移變其節也屈挫其志也趙氏曰富貴則求得欲從故易至蕩其心貧賤則居約處困故易至變其節遇威武又易至隕穫震懼故多挫攝其志氣○何叔京名鎬昭武人曰戰國之時聖賢道否部鄙反天下不復扶又反見其德業之盛但見姦巧之徒得志橫行氣焰以念反可畏遂以爲大丈夫不知由君子觀之是乃妾婦之道耳何足道哉朱子曰居廣居以下惟集義養氣方到此地位富貴不能淫貧賤不能移威武不能屈以浩然之氣對著他便能如此○觀孟子答景春之問直是痛快三復令人胷次浩然如濯江漢而暴秋陽也○問大丈夫之說其詳可得聞乎朱子

曰廓然大公心不狹隘則所居者眞天下之廣居矣履繩蹈矩身不苟安則所立者必天下之正位矣秉彜循理事不苟從則所行者皆天下之大道矣得志與民由之則出而推此於人也不得志獨行其道則退而樂此於己也如是則富貴豈能誘而淫其心貧賤豈能撓而移其志威武豈能脅而屈其節哉此其視衍儀之以睢盱側媚得志於一時眞可謂妾婦之爲而所謂大丈夫者其不在彼而在此也決矣然此數言者皆以居廣居立正位行大道爲主而夫三言者又以廣居爲主也○南軒張氏曰公孫衍張儀持合從連衡之說以動諸侯景春徒見其言足以押闔搖撼而遂以爲大丈夫其說固爲陋矣而孟子以衍與儀比妾婦之道者蓋事君以阿諛爲義不當徇其欲也衍與儀不知正救其心術而徒探其意之所欲爲以神其說此何以異於妾婦之道無違夫子以順爲正者乎人受天地之中以生與天地萬物本無有間惟其私意自爲町畦而失其廣居失其廣居則遷奪流蕩亦無以立於正位而行

其大道矣與民由之與共由乎此也雖不得志此道未嘗不由於己也不能淫不能淫此不能移不能屈不能移此屈此也此者何也廣居正位大道是也蓋得乎己而外物舉不足以貳之也所謂大丈夫者蓋如此○雲峯胡氏曰當時但見姦巧之人氣焰可畏豈知聖賢剛大浩然之氣哉○通考朱氏公遷曰中庸故君子和而不流至章末與此一節言節操通以立身之道言之亦曰平居自守之節餘如孟子論柳下惠之介亦是此類但君子大丈夫是學問之功下惠之可稱者只是資質之美未必義理之純全也

附淺說所謂大丈夫者知有理而不知有勢恃在己而不恃在人存心以仁而居天下之廣居持身以禮而立天下之正位制事以義而行天下之大道所性旣全無往不善得志則與民共由其道不得志則獨行其道遇富貴則惟知有是道不知有富貴而富貴不能淫遇貧賤則惟知有是道不知有貧賤而貧賤不能移遇威武則惟知有是道不知有威武而威武不能屈高明與游而超然於塵埃之外從容自得而浩然於天地之間此之謂大丈夫○蒙引廣居曰天下之廣居正位曰天下之正位大道曰天下之大道天下字不閑蓋皆是一等的直到至極處○此只言仁禮義不及知者知則知此三者弗去是也○存疑居如人之居宅孟子嘗曰仁人之安宅此又曰天下廣居者自其安固不危言則曰安宅自其寬大有容言則曰廣居仁者心之德愛之理曰安宅從心之德言也故曰在人則爲本心全體之德有天理自然之安無人欲陷溺之危曰廣居從愛之理言也故曰殺一無罪非仁也居惡在仁是也○仁者愛之理近而親親遠而仁民又遠而愛物皆此愛也何廣如之此人之所宜居故謂之廣居也居廣居看來只是充無欲害人之心而仁不可勝用意也蓋充得此理盡便是能居廣居也○位是人身所立之處子曰不學禮無以立可見禮是位又曰拜下禮也今拜乎上泰也雖違衆吾從下孟子曰禮朝廷不歷位而相與言不踰階而相揖我欲行禮可體認立正位意禮是人道之紀綱經禮三

百曲禮三千散見於日用事物之間皆吾身所當立之位也○孟子嘗曰義人之正路此言天下之大道正言無邪曲也大言不狹小也義者心之制事之宜乃人出入往來之所當由故謂之正路又謂之大道○得志與民由之達則兼善天下也不得志獨行其道窮則獨善其身也居仁立禮由義則道充於己在外者不能奪之故富貴不能淫貧賤不能移威武不能屈此便是以直養而無害則塞乎天地之間道理○孟子此章是以平生所得者見之言看他何等氣魄何等力量泰山巖巖氣象於此可見

○周霄問曰古之君子仕乎孟子曰仕傳曰孔子三月無君則皇皇如也出疆必載質公明儀曰古之人三月無君則弔

傳直戀反質與贄同下同

周霄魏人無君謂不得仕而事君也皇皇如有求而弗得
之意記曰皇皇焉如有求而弗得 出疆謂失位而去國也質所執以見
人者如士則執雉也周禮春官大宗伯以禽作六摯以等諸侯孤執皮帛卿執羔大夫執鴈士
執雉庶人執鶩(音木)工商執雞(摯之爲言至也所執以自
致也亦作贄皮帛者束帛而表以爲之飾皮虎豹之皮羔
小羊取其羣而不失其類鴈取其候時而行雉取其守
介而死不失其節鶩取其不飛先雞取其守時而動) 出
疆載之者將以見所適國之君而事之也
三月無君則弔不以急乎
周霄問也以已通大也後章放上聲此

曰士之失位也猶諸侯之失國家也禮曰諸侯耕助以供粢
盛夫人蠶繅以爲衣服犧牲不成粢盛不潔衣服不備不敢
以祭惟士無田則亦不祭牲殺器皿衣服不備不敢以祭則
不敢以宴亦不足弔乎 盛音成繅素刀反皿武永反
禮曰諸侯爲籍秦昔反 百畝冕而青紘音宏 躬秉耒以耕而庶
人助以終畝收而藏之御廩以供宗廟之粢盛記祭義昔者天子爲
籍千畝冕而朱紘(纓也)躬秉耒諸侯爲籍百畝冕而青紘
躬秉耒以事天地山川社稷先古以爲醴酪粢(音咨)盛於
是乎取之敬之至也○周禮天官甸師掌帥其屬而耕耨
王籍以時入之以共齍盛王以孟春躬耕帝籍天子三推

三公五推卿諸侯九推庶人終於千畝籍之爲言借也王
一耕之而使庶人耘芓終之齍盛祭祀所用穀也粢稷也
穀以稷爲長在器曰盛○穀梁傳桓公十四年天子親耕
以供粢盛王后親蠶以供祭服甸粟而內三宮三宮米而
藏之御廩(甸甸師掌田之官也三宮三
夫人也)宗廟之禮君親割夫人親舂之 使世婦蠶于公桑
蠶室奉繭古典反 以示于君遂獻于夫人夫人副褘音揮 受之
繅三盆手遂布于三宮世婦使繅以爲黼黻音斧弗 文章周禮
冬官考工記曰青與赤謂之文赤與白謂之章
白與黑謂之黼黑與青謂之黻五采備謂之繡 而服以祀
先王先公記祭義古者天子諸侯必有公桑蠶室近川而
爲之及大昕之朝君皮弁素積卜三宮之夫人
世婦之吉者使入蠶於蠶室(大昕季春朔日之朝也諸侯
三宮半王后也)奉種浴於川桑於公桑風戾以食之(風戾

之使露氣燥乃以食蠶蠶性惡濕)世婦卒蠶奉繭以示於
君遂獻繭於夫人夫人曰此所以奉爲君服與(平聲)遂副
褘而受之(副褘王后之服)因少牢以禮之及良日夫人繅
三盆手(三盆手者三淹也)凡繅每淹大總以手振之以出
緒也遂布于三宮夫人世婦之吉者使繅遂朱綠之玄黃
之以爲黼黻文章服既成君服以祭先王先公敬之至也
(通考東陽許氏曰)紘以組爲之而屬兩端于武所以固冠
于首也副者王后之首服猶王之冕褘者王后之衣猶王
之袞衣二者皆王后之服此言諸侯之夫人者禮記注謂
審二王之後與○(吳氏程曰)副編髮爲之所以覆首爲飾
褘與翬同刻繒爲之形而采畫之綴于衣也○(趙氏悳曰)
周禮內司服掌王后六服褘衣其一其色玄追司掌王后
首服爲副夏后氏官名故以名冠冕之
官副遺象若今之步搖副褘皆祭服 又曰士有田則祭
無田則薦記王制大夫士宗廟之祭有田則祭無田則薦
庶人春薦韭夏薦麥秋薦黍冬薦稻(有田者既

祭。又薦新。祭以首時。薦以仲月。黍稷曰粢在器曰盛牲殺牲必特殺也皿眉承反所以覆敷救反器者

慶源輔氏曰此先王之制必如是然後能自盡其心至於不得奉祭祀則神不容以自安而人亦以爲弔焉古人之重祭祀也如此。○雙峯饒氏曰三月無君則弔。恐是爲士。先。有位。後失位。者。言之。畢竟子爲士則祭以士。子爲大夫則祭以大夫。尋常有祭。一旦失位而不得祭。一年有四時之祭。若失位三月便廢一祭。故可弔之。弔其不得祭。非弔其不得君也。古人重祭祀。故如此。不然則如何三月無君便弔。附存疑諸侯耕助以供粢盛夫人蠶繅以爲衣服。惟士無田則亦不祭。此四句。是孟子檃括祭義王制之文。不是全文。其餘皆孟子解禮意。○蒙引則不敢以宴亦不足弔乎兩句只帶惟士無田一段。蓋主意在答三月無君則弔。○說夫人蠶繅而又兼祀先王先公者。諸侯亦助祭於天子之廟故也。○蠶本是世婦。繭成然後獻夫人繅。今云夫人蠶繅者。蠶亦夫人主之也。且曰使世婦使者誰使之。夫人治內事也。○夫人副褘受之註云副者王后之首服猶王之冕褘者王后之衣猶王之袞衣二者皆王后之服此言諸侯之夫人者禮記註謂魯二王之後與愚按謂王后之服只循舊文而不察夫人亦有副也如袞冕一般天子有袞冕諸侯亦有袞冕但天子自有天子之袞冕王后自有王后之副褘制固必有等殺矣此處小註都欠主張○繅三盆手小註不甚明禮記註曰三盆手者置繭于盆中而手三次淹之每淹則以手抓出其緒故曰三盆手也方氏云夫人之繅止於三盆。猶天子之耕止於三推。○繅。繹繭爲絲也。亦作繰。○士無田不仕則不得公田所入。是謂無田也○牲殺。牲必特殺也。不敢用見成牲肉也。故曰牲殺。○輔氏解不敢以宴謂神不敢以自安者非也。上句不敢以祭是人。下句承言亦不敢以宴乃可謂神乎。且神既不自安。則人又當何如。何不就人言不敢自安。愈爲見其可弔耶。○顧麟士曰蒙引諸侯失國家則無田而不祭緣士失位亦無田而不祭一亦字看出其實以無田二字說諸侯未穩。○王制上連大夫言之。則是有位者。且有宗廟。則有田矣。而又云有田則祭無田則薦似王制亦因有位失位言之。註曰。祭有常日薦無常時。祭必卜日。薦不擇日。祭有尸薦無尸。祭以三牲黍稷。薦無牲。其隆殺不同固如此。亦宜人子之不敢以宴而至於弔也。

出疆必載質何也

周霄問也附淺說出疆必載質何也。曰仕以行道者。士之事耕以謀食者農夫之事士之仕也。亦猶農夫之耕也。見君不可無質禮。亦猶治田不可無耒耜也。農夫豈爲出疆舍其耒耜哉此士之出疆所以必載質也

曰士之仕也猶農夫之耕也農夫豈爲出疆舍其耒耜哉曰晉國亦仕國也未嘗聞仕如此其急仕如此其急也君子之難仕何也曰丈夫生而願爲之有室女子生而願爲之有家父母之心人皆有之不待父母之命媒妁之言鑽穴隙相窺踰牆相從則父母國人皆賤之古之人未嘗不欲仕也又惡不由其道不由其道而往者與鑽穴隙之類也爲去聲舍上聲妁音酌隙去逆反惡去聲

晉國解見形甸反首篇仕國謂君子游宦之國霄意以孟子不見諸侯爲難仕故先問古之君子仕否然後言此以風去聲切之也男以女爲室女以男爲家妁亦媒也言爲父母

者非不願其男女之有室家而亦惡其不由道蓋君子雖不潔身以亂倫而亦不徇利而忘義也〔慶源輔氏曰〕周霄亦頗有策士之風但孟子據道之極不爲其所動直述其義理以告之而已○士之仕猶男女之願有室家者此正理也至於爲人男女而不待父母之命媒妁之言鑽穴隙相窺踰牆相從則父母國人皆賤之爲士而仕者不循天理之正不俟人君之招屈己以徇利枉道以事君則爲聖賢之學皆賤之直與兒女子相窺相從者無異故君子之於仕未嘗潔身以亂倫而長往不顧亦未嘗徇利忘義而屈道以伸身也○〔雲峯胡氏曰〕集註末二句與論語解不仕無義處語意同而實有不同者論語是從不仕無義處說來故雖兩句而實一意孟子是從古之人未嘗不欲仕也又惡不由其道兩句說來故兩句自是兩意論語蓋謂夫子雖責隱者之不仕而義之一字雖仕亦有不可苟者故集註謂君子雖

不亂倫不仕而其間亦非不義而仕故下一非字孟子謂旣不可不仕又惡不由其道故下一不字集註字字句句精審如此學者當如此看〔附〕存疑仕如此其急也君子之難仕何也此方是周霄發問之本意故孟子答之曰古之人未嘗不欲仕也又惡不由其道不由其道而往者與鑽穴隙之類也此君子所以難仕也○〔蒙引〕由前段出疆必載質三月無君則弔之說則君子之急於仕也如此由後段又惡不由其道之說則君子又有不欲速者在雖曰不敢以祭則不敢以宴而有所不恤也○魏人之稱晉國猶胡人至今猶稱中國人爲漢人○媒引合也妁酌也斟酌二氏以成配合也

○彭更問曰後車數十乘從者數百人以傳食於諸侯不以泰乎孟子曰非其道則一簞食不可受於人如其道則舜受堯之天下不以爲泰子以爲泰乎更平聲乘從皆去聲傳直戀反簞音丹食音嗣〔通考〕〔吳氏程曰〕直戀反合正其音更作張戀反與傳車之傳同毛晃收入桂戀反內訓遞殊附會

彭更孟子弟子也泰侈也〔新安陳氏曰〕孟子歷聘從御衆多食於諸國故更以爲泰陋矣

曰否士無事而食不可也

言不以舜爲泰但謂今之士無功而食人之食則不可也

曰子不通功易事以羨補不足則農有餘粟女有餘布子如通之則梓匠輪輿皆得食於子於此有人焉入則孝出則悌守先王之道以待後之學者而不得食於子子何尊梓匠輪

輿而輕爲仁義者哉羨延面反

通功易事謂通人之功而交易其事羨餘也有餘言無所貿音茂易而積於無用也梓人匠人木工也輪人輿人車工也〔新安陳氏曰〕傳先王之道雖未得行於當時守先王之道乃可以傳之來世此其繼往聖開來學有功於吾道甚大孟子蓋自謂也〔通考〕趙氏惠曰梓人成器械以利用匠人營宮室以安居輪人作車輪以運行輿人作車輿以利載〔附〕存疑男耕女織各有功事男耕與女織相通易以男之餘粟補女之無粟以女之餘布補男之無布是謂通工易事以羨補不足不然則男有餘粟且積之無用而又不得女之布女有餘布且積之無用而又不得農之粟多者無所用缺者無所取生民之用缺矣是以男耕女織下及百工技藝莫不相通實民生日用之所由以濟也○先

王之道。廣矣大矣。獨言孝弟者。孝弟人道之本也。觀有子曰。孝弟爲仁之本。孟子曰。堯舜之道。孝弟而已。可見守先王之道。雖承上入則孝出則弟說。又須說得寬。蒙引曰。如論井田學校之制。喪禮封建之法。何莫非先王之道。是也。

曰梓匠輪輿其志將以求食也君子之爲道也其志亦將以求食與曰子何以其志爲哉其有功於子可食而食之矣且子食志乎食功乎曰食志與平聲。可食而食、食志、食功之食。皆音嗣。下同。

孟子言自我而言。固不求食。自彼而言。凡有功者則當食音嗣之。南軒張氏曰。君子之志。固不在食。而爲國者。知其有功則當食之。夫王者之祿夫人。爲有以賴其用而可祿耳。豈必以其志之欲而祿之哉。如以其志。是率天下而利也。

曰有人於此毀瓦畫墁其志將以求食也則子食之乎曰否曰然則子非食志也食功也墁。武安反。子食之食。亦音嗣。

墁。牆壁之飾也。毀瓦畫墁。言無功而有害也。既曰食功。則以士爲無事而食者。眞尊梓匠輪輿。而輕爲仁義者矣。雙峯饒氏曰。當時功利之說盛。不知聖道之有用。見孟子所至之國。時君稍見尊禮。養其從者。則以爲無事而食。如王子墊問士何事。不素餐兮。皆是此意。畢竟當時之君。雖能養之。而不能用之。故時人有此疑。然而當時諸侯。尚知尊敬儒者。如孔子之適衞。孟子之仕齊。皆有所養。亦是先王之澤未泯。○新安陳氏曰。此章當與盡心上不素餐兮章參看。君子居是國。君用之則安富尊榮。子弟從之則孝弟忠信。縱未能爲當世開太平。亦足以繼往聖之絕學。而爲後世開太平。其有功於道統者爲何如。更等乃以無事而食譏之。抑何其無知也。食志。爲人上者不當言。食功。則功之大小輕重所當辨。志可以觀人。非所以食人。專食志。則志貪饕者皆得食矣。食功而不審其大小輕重。則僅有功於器物者。若得以加諸有功於吾道者矣。顧麟士曰。毀瓦畫墁。非謂以此去求食。言毀畫無功有害。而志則求食。何以處之。蓋甚其辭以見志之不可殉也。

○萬章問曰宋小國也今將行王政齊楚惡而伐之則如之何惡。去聲。

萬章。孟子弟子。宋王偃嘗滅滕伐薛。敗齊楚魏之兵。欲霸天下。疑即此時也。史記宋世家。偃立爲君十一年。自立爲王。東敗齊取五城。南敗楚取地三百里。西敗魏軍。乃與齊魏爲敵國。盛血以韋囊。懸而射之。命曰射天。淫於酒婦人。羣臣諫者輒射之。於是諸侯皆曰桀宋。宋其復爲紂所爲。不可不誅。告齊伐宋。王偃四十七年。齊湣王與魏楚伐宋。殺王偃。遂滅宋而三分其地。附趙注曰。問宋當如齊楚何也。

孟子曰湯居亳與葛爲鄰葛伯放而不祀湯使人問之曰何爲不祀曰無以供犧牲也湯使遺之牛羊葛伯食之又不以祀湯又使人問之曰何爲不祀曰無以供粢盛也湯使亳衆往爲之耕老弱饋食葛伯率其民要其有酒食黍稻者奪之不授者殺之有童子以黍肉餉殺而奪之書曰葛伯仇餉此

之謂也遺唯季反盛音成往爲之爲去聲餽食酒食之食音嗣要平聲餉式亮反葛國名伯爵也放而不祀放縱無道不祀先祖也亳衆湯之民其民葛民也授與也餉亦饋也書商書仲虺許偉反之誥也仇餉言與餉者爲仇也〔朱子曰〕書所謂葛伯仇餉若非孟子之言人孰知其曲折如此。甚[附]〔蒙引〕要覈截也。食便飯也。黍稻須爲飯者未熟者也食指熟者。爲其殺是童子而征之四海之內皆曰非富天下也爲匹夫匹婦復讎也爲去聲非富天下言湯之心非以天下爲富而欲得之也[附]顧麟士曰匹

夫匹婦或曰即童子之父母似穿鑿實可味

湯始征自葛載十一征而無敵於天下東面而征西夷怨南面而征北狄怨曰奚爲後我民之望之若大旱之望雨也歸市者弗止芸者不變誅其君弔其民如時雨降民大悅書曰徯我后后來其無罰

載亦始也十一征所征十一國也〔通考〕趙氏惪曰所征十一國。按詩商頌韋顧既伐。昆吾夏桀。韋豕韋也。顧國也。昆吾氏也。三國黨於桀惡。湯先伐韋顧克之。昆吾夏桀則同時誅也。據此則曰葛曰韋曰顧曰昆吾曰夏桀。又尚書云遂伐三朡。凡六伐。餘無可考。餘已見形甸反前篇〔新安陳氏曰〕此

湯行王政而王之事也。

有攸不爲臣東征綏厥士女匪厥玄黃紹我周王見休惟臣附于大邑周其君子實玄黃于匪以迎其君子其小人簞食壺漿以迎其小人救民於水火之中取其殘而已矣食音嗣

按周書武成篇載武王之言孟子約其文如此然其辭特與今書文不類今姑依此文解之有所不爲臣謂助紂爲惡而不爲周臣者匪與篚同玄黃幣也紹繼也猶言事也言其士女以匪盛音成玄黃之幣迎武王而事之也商人而

曰我周王猶商書所謂我后也休美也言武王能順天休命而事之者皆見休也臣附歸服也孟子又釋其意言商人聞周師之來各以其類相迎者以武王能救民於水火之中取其殘民者誅之而不爲暴虐耳君子謂在位之人小人謂細民也[附]〔淺說〕其士女皆篚厥玄黃以迎武王之師。且曰吾紹事我周王。庶得蒙其恩澤而見休也。於是皆臣附于大邑周焉。○〔蒙引〕大誥紹繼也。猶言事也。紹何以爲事。蓋向日事商則繼事周矣。○〔顧麟士曰〕孟子引書亦只順口取大意。或兼己說。夾和言之。不必全憶本文。觀此類可見。○不爲臣如奄與五十國之類。皆害及士女者。○〔趙注〕曰攸所也。

太誓曰我武惟揚侵于之疆則取于殘殺伐用張于湯有光

太誓周書也今書文亦小異言武王威武奮揚侵彼紂之疆界取其殘賊而殺伐之功因以張大比於湯之伐桀又有光焉引此以證上文取其殘之義（新安陳氏曰此武王行王政而王之事也）不行王政云爾苟行王政四海之內皆舉首而望之欲以爲君齊楚雖大何畏焉

宋實不能行王政後果爲齊所滅王偃走死○尹氏曰爲國者能自治而得民心則天下皆將歸往之恨其征伐之

不早也尚何强國之足畏哉苟不自治而以彊弱之勢言之是可畏而已矣（慶源輔氏曰尹氏說盡後世爲國而不自彊但以彊大爲畏者之病誠能反是道而求之於己則知仁者之果無敵而帝王之道是誠在我而已○問趙氏註脩德無小暴慢無彊晁補之曰脩德無小能脩德則小可大暴慢無彊遇脩德則彊必弱）

○孟子謂戴不勝曰子欲子之王之善與我明告子有楚大夫於此欲其子之齊語也則使齊人傅諸使楚人傅諸曰使齊人傅之曰一齊人傅之衆楚人咻之雖日撻而求其齊也不可得矣引而置之莊嶽之閒數年雖日撻而求其楚亦不可得矣（與平聲　咻音休）

戴不勝宋臣也齊語齊人語也傅教也咻讙也齊齊語也莊嶽齊街里名也楚楚語也此先設譬以曉之也

子謂薛居州善士也使之居於王所在於王所者長幼卑尊皆薛居州也王誰與爲不善在王所者長幼卑尊皆非薛居州也王誰與爲善一薛居州獨如宋王何

居州亦宋臣言小人衆而君子獨無以成正君之功（南軒張氏曰衆君子之間置一小人猶足以蔽主而敗類一君子而遇衆小人且不能安其身如正君何格君之任有孟子而

戴不勝不能知也尚何望焉○慶源輔氏曰古之大臣欲正其君者豈待取辦於一人而已哉必也兼收並蓄旁求廣取使忠賢之士畢集於朝在君之左右前後者無非正人端士然後可以薰陶漸染以變化其氣質成就其德性是豈獨欲趨事赴功而已哉○雲峯胡氏曰此篇言宋事者三章正好通看前章謂宋不行王政後章不能什一去關市之征見得實不能行王政此章言小人衆而君子獨見宋之所以不能行王政也○附蒙引味謂字及使之字疑居州是不勝所引拔也○味孟子此意蓋不勝是得宋柄且有心於國者故孟子告以此欲其旁招羣彥使忠賢畢集庶其成正君之功非徒責其薦居州無益也）

○公孫丑問曰不見諸侯何義孟子曰古者不爲臣不見

不爲臣謂未仕於其國者也此不見諸侯之義也（附蒙引古者不

爲臣不見。此句正答不見諸侯之義。然雖不爲臣。苟君求見之切。則亦可以見矣。如孔子之於陽貨。亦何嘗絶之而不見。但自有其節。不至淪於汙賤。必俟其禮之至而後往見之也。此是數節相承之意。不可泥總註而界然分爲三意。全不相屬也。

段干木踰垣而辟之，泄柳閉門而不內，是皆已甚。迫，斯可以見矣。辟去聲。內與納同。

段干木，魏文侯時人。泄柳，魯繆音目公時人。文侯、繆公欲見此二人，而二人不肯見之，蓋未爲臣也。已甚，過甚也。迫，謂求見之切也。慶源輔氏曰：士固當守義而不往見。國君如二君屈己求見，意已誠切，聖賢處此，必將出見。今拒絶之如此，則過甚而非義矣。附顧麟士曰：通義仁山金氏曰：戰國策有段干綸。段干，越人，則段干姓也。

陽貨欲見孔子而惡無禮，大夫有賜於士，不得受於其家，則往拜其門。陽貨矙孔子之亡也，而饋孔子蒸豚；孔子亦矙其亡也而往拜之。當是時，陽貨先，豈得不見？欲見之見音現。惡去聲。矙音勘。

此又引孔子之事，以明可見之節也。欲見孔子，欲召孔子來見己也。惡無禮，畏人以己爲無禮也。受於其家，對使去聲人拜受於家也。其門，大夫之門也。矙，窺也。陽貨於魯爲大夫，孔子爲士，故以此物及其不在而饋之，欲其來拜而見

之也。先，謂先來加禮也。慶源輔氏曰：陽貨欲見孔子而惡無禮。雖小人秉彝不可殄。貨既先來加禮於己。則己焉得而不答之。然貨之意則非誠矣。故施與萬物者。豈有差忒哉。○新安陳氏曰：往答其禮，禮也。不欲見其人，義也。附存疑：孔子矙亡往拜。實未嘗見。曰陽貨先豈得不見者。雖然不見其名則欲見之也。此處不重矙亡意。只重在往見上。○蒙引註曰：陽貨於魯爲大夫，孔子爲士。貨本陪臣而執國命。僭以大夫自處耳。然能先施，則孔子亦往見之。乃士禮也。奈何亦以大夫處貨耶。曰：恐是見惡人辟咎之義。

曾子曰：脅肩諂笑，病于夏畦。子路曰：未同而言，觀其色赧赧然，非由之所知也。由是觀之，則君子之所養可知已矣。脅虛業反。赧奴簡反。

脅肩，竦音悚體。諂笑，強上聲，下同笑。皆小人側媚之態也。病，勞也。夏畦，夏月治畦之人也。言爲此者，其勞過於夏畦之人也。未同而言，與人未合而強與之言也。赧赧，慚而面赤之貌。由，子路名。言非己所知，甚惡去聲之之辭也。孟子言由此二言觀之，則二子之所養可知，必不肯不俟其禮之至而輒往見之也。南軒張氏曰：若不當往見而往見，是苟賤以求合。與脅肩諂笑未同而言者何以異。○慶源輔氏曰：曾子重厚篤實，故視小人側媚之態，如病于夏畦之人，而深憐之。子路剛勇果決，故以未同而言赧赧其色者爲非己所知，而深惡之。二子所守如此，雖各因其資質，然亦是學力所就也。○此章言聖人禮

義之中正過之者傷於迫切而不洪不及者淪於汙音烏賤而可恥〔汪氏廷直曰〕君子所養貴乎中而已太剛則至於絕物太柔則至於喪己干木泄柳太剛者也曾路所識太柔者也孔子於貨之饋而往拜則與太剛者異矣拜之必瞯其亡則與太柔者異矣所以無可無不可而爲聖之時也孟子前言二子之所行以明其過後述曾路之所言以明其不及中舉孔子事以明聖人之用中然則孟子之不見諸侯守其分義之中而已○〔慶源輔氏曰〕孔子之事禮義之中正也差以毫釐則失之矣干木泄柳則過乎禮義之中正矣故傷於迫切而不洪曾子子路之所言則不及乎禮義之中正者故淪於汙賤而可恥此君子之行己所以戰戰兢兢而唯恐有過不及之失也然與其汙賤之可恥寧失於迫切而不洪段干泄柳猶爲狷者也○〔雙峯饒氏曰〕觀陽貨事則不特諸侯不可見觀曾子子路之言則不特不可往見雖平交之人亦不可強與之言蓋物不可以苟合○〔雲峯胡氏曰〕王尚志傷於迫切者量雖未洪猶不失爲志之高淪於汙賤者其志甚卑無足道矣

○戴盈之曰什一去關市之征今茲未能請輕之以待來年然後已何如去上聲

盈之亦宋大夫也什一井田之法也關市之征商賈音古之稅也已止也

孟子曰今有人日攘其鄰之雞者或告之曰是非君子之道曰請損之月攘一雞以待來年然後已攘如羊反

攘物自來而取之也損減也〔附〕存疑孟子但欲辨駁人必先設事爲喻然後及正意

如知其非義斯速已矣何待來年

知義理之不可而不能速改與月攘一雞何以異哉〔南軒張氏〕曰君子之遠不義也如惡惡臭其不敢邇也如探湯其不敢須臾寧也如坐塗炭而其徙義也如飢渴之於飲食蓋見之之明而決之之勇以爲不如是則不足以自拔而自新也士之持身於改過遷善之際而爲盈之之說則將終身汩沒於過失之中人臣之謀國於革弊復古之事而爲盈之之說則終陷於因循苟且之域故自脩身至於治國知仁勇之三德缺一不可也知以知之仁以行之勇以決之可不務哉○〔慶源輔氏曰〕天下事只有義利兩端纔出義便以利言也焉有兩存之理若知義理之不可而猶有吝惜之意不肯速改則亦終歸於悠悠必不能自拔而自新矣○〔新安陳氏曰〕請輕之如減日攘爲月攘不知其非義不智也知其非義而不速改不勇也不智之罪小不勇之罪大○〔通攷朱氏公遷曰〕語年饑用不足章什一去關市之征章及言賦稅皆因其過而以中道矯之也〔附〕存疑如知其非義斯速已矣何待來年只就正意說不必帶攘雞註知義理之不可而不能速改與月攘一雞何以異解在言外○已止也與上文然後已相應

○公都子曰外人皆稱夫子好辯敢問何也孟子曰予豈好辯哉予不得已也天下之生久矣一治一亂好去聲下同治去聲

生謂生民也一治一亂氣化盛衰人事得失反覆相尋理之常也〔徽菴程氏曰〕氣化在天者有盛有衰盛焉而治衰焉而亂也事理在人者有得有失得焉而治失焉而亂也治不生於治而生於亂亂不生於亂而生於治如環無端此理之常固無足怪所貴乎聖賢之生斯世亦惟

以理御氣。庶幾反失而得。反衰而盛。反亂而歸於治焉耳。○雲峯胡氏曰古今一治一亂。只是氣化人事反覆相尋於無窮。或氣化有盛衰。而人事之得失於是乎生。或人事有得失。而氣化之盛衰於是乎轉。反覆相尋。皆理之常也。○新安陳氏曰學者當深察孟子所以不得已之心。下文詳之。章末又申言此二句以結之。豈惟孟子。凡聖賢出而任三才。扶三綱。皆不得而已也。一治一亂。乃此章綱領。下文節節照應之。附蒙引治亂所因。有自氣化之盛衰者。有自人事之得失者。亦有二者俱有者。○朱子作李忠定公奏議後序云天之愛人可謂甚矣惟其感於人事之變而迫於氣數屈伸消息之不齊是以天下不能常治常安而或至於亂所謂感於人事之變者自人事得失言也所謂迫於氣數屈伸消息之不齊者自氣化盛衰言也

當堯之時水逆行氾濫於中國蛇龍居之民無所定下者爲

巢上者爲營窟書曰洚水警余洚水者洪水也洚音降又胡貢胡工二反

水逆行下流壅塞故水倒流而旁溢也下下地上高地也營窟穴處上聲**也書虞書大禹謨也洚水洚**胡貢反**洞無涯之水也警戒也此一亂也**慶源輔氏曰此一亂純由乎氣化也○雲峯胡氏曰自開闢至於堯之時。不知幾治亂。斷自堯起。有徵也。洚水繫乎氣化。而曰警余。未嘗不反而求諸人事也。所以此一亂即轉而爲一治也。附存疑洪水氾濫。便蛇龍居之。蓋水。蛇龍之所都也。○蒙引下地卑濕。故架木爲巢以居。上者爲營窟。以其地高燥。故可穴居。○顧麟士曰洚水警余句見大禹謨。則云警余者。舜耳。此爲反證。言彼所云洚水者。正指此時之洪水也。故堯舉舜而使禹治之云云。洪水爲主。洚水證之。不要倒看了。○借此出一警字。以起下使禹治

使禹治之禹掘地而注之海驅蛇龍而放之菹水由地中行江淮河漢是也險阻既遠鳥獸之害人者消然後人得平土而居之菹側魚反

掘地掘去上聲**壅塞也菹澤生草者也地中兩涯之間也險阻謂水之氾濫也遠去也消除也此一治也**慶源輔氏曰此一治氣化人事相參者也。夫人與鳥獸。亦相爲多寡。蓋同稟於氣故也。繁氣盛則正氣衰。正氣多則繁氣少。聖人於其間有造化之用。亦時焉而已。○新安陳氏曰洪水乃治世之一亂。禹反其亂而治之。此禹之不得已於有爲者也。附存疑下者爲巢。上者爲營窟。人不得平土而居也。人得平土而居。則不復爲巢窟矣。

堯舜既沒聖人之道衰暴君代作壞宮室以爲汙池民無所安息棄田以爲園囿使民不得衣食邪說暴行又作園囿汙池沛澤多而禽獸至及紂之身天下又大亂壞音怪行去聲下同沛蒲內反

暴君謂夏太康孔甲履癸商武乙之類也宮室民居也沛草木之所生也澤水所鍾也自堯舜沒至此治亂非一及紂而又一大亂也慶源輔氏曰此一亂氣化人事相符者也。自堯舜沒。其間夏太康至商武乙等暴君不一。雖以類數至紂。而大敗極亂。而無以復加矣。故直推至紂時言之。想見夏桀之時。亦未必有飛廉等惡人與夫虎豹犀象之害也。○雙峯饒氏曰暴行即上面壞宮室棄田宅也。暴行通上下而言。必有邪說。糊塗了。箇理義。

然後暴行始作〔附〕蒙引由堯舜至於湯亦五百有餘年而湯實伐夏救民是亦反一亂而爲一治者孟子何故畧之曰據湯盛德實不在武王下然桀之亂不如紂之甚而湯靖難之功亦止一舉而大事定悉數之不過什一征耳此於禹之治洪水武王周公之誅紂伐奄驅飛廉滅國者五十驅虎豹犀象其勞實數倍也故畧之舉其甚者言蓋亦偶然無意於抑之也○邪說暴行又作上文云云全指在上人爲亂首者此句通上下而言暴行不止謂上文云云也如此說又字方有歸着不然又字無安頓了○唐高宗欲廢立后許敬宗倡爲田舍翁多收十斛麥之說以賛之然後廢立始成王安石將行新法以罔民利必假周禮○以文之自古及今大抵皆有暴行必有邪說以文之

周公相武王誅紂伐奄三年討其君驅飛廉於海隅而戮之滅國者五十驅虎豹犀象而遠之天下大悅書曰丕顯哉文

王謨丕承哉武王烈佑啓我後人咸以正無缺 相去聲奄平聲

奄東方之國助紂爲虐者也〔新〕晉昭曰奄字書作𨚕古通用衣檢衣廉二反說文衣檢反註周公所誅奄國飛廉紂幸臣也五十國皆紂黨虐民者也書周書君牙之篇丕大也顯明也謨謀也承繼也烈光也佑助也啓開也缺壞也此一治也〔慶源輔氏曰〕此一治又氣化人事相參者也舉書言文王武王謀謨之大功業之光所以佑助開廸夫後人者莫非正大之道周全盡美而無一毫缺壞之失也蓋正可爲也無缺爲難無缺謂禮樂刑政四達而不悖三千三百之儀與至誠無倚之道並立而不偏凡所以正德利用厚生之具無一之不備防僞禁邪正慝之法無一之或隳夫然後可以爲無缺至春秋時則道墜於地而無復有存者矣○〔趙氏曰〕按奄國在淮夷之北飛廉善走以材力事紂周武王伐紂并殺之○〔新安陳氏曰〕商末大亂武王周公反其亂而治之此武王周公之不得已於有爲者也〔附〕存疑三年討其君是承伐奄說○〔淺說〕周公相武王不特爲民除害以得天下之悅而已想其民害掃除天下一統必有大制作以致天下之大治也書曰丕顯哉文王創業之謨丕承哉武王制治之烈文顯於前武承於後所以佑啓我後人者無一事不出於正大亦無一事不致其周密也然則周公輔相之功亦太矣當時太平之盛何如哉

世衰道微邪說暴行有作臣弑其君者有之子弑其父者有之

有作之有讀爲又古字通用

此周室東遷之後又一亂也

〔慶源輔氏曰〕此一亂又氣化人事相符者也前乎此者雖曰世亂然但禽獸繁殖有以戕民之生而猶未至賊人之性至此以後則遂至傷壞人倫將使人盡爲禽獸之歸其禍又慘矣此一亂又甚於前日是亦氣化人事之使然也

孔子懼作春秋春秋天子之事也是故孔子曰知我者其惟春秋乎罪我者其惟春秋乎

胡氏曰 胡氏名安國字康侯建安人 仲尼作春秋以寓王法厚典庸禮命德討罪其大要皆天子之事也〔新安倪氏曰〕書皐陶謨篇云天敘有典勑我五典五惇哉天秩有禮自我五禮有庸哉同寅協恭和衷哉天命有德五服五章哉天討有罪五刑五用哉政事懋哉懋哉書言天子治天下之事孔子作春秋其大旨正以明此治天下之事而爲後世法也○惇典之惇集註避宋光

宗諱而以厚字代之知孔子者謂此書之作遏人欲於橫流存天理於既滅爲後世慮至深遠也罪孔子者以謂無其位而託二百四十二年南面之權使亂臣賊子禁其欲而不得肆則戚矣〔通考〕吳氏程曰以慮後世而知聖人者君子也故幸其存天理遏人欲以託南面而罪聖人者小人也故戚其不得肆欲〔通旨〕朱氏公遷曰此以事功言孔子繼往聖開來學則其功賢於堯舜撥亂世而反諸正則其功著於春秋宰我舉其統體言孟子即其一事言〔附〕纂引要看是故二字下兩句都要粘着天子之事一句說○〔存疑〕是故字要說有着落惟春秋爲天子之事所以知之者以是罪之者亦以是知之者以其功也罪之者以其僭也知之者君子也罪之者小人也愚謂孔子作春秋以討亂賊則致治之法垂於萬世是亦一治也問孔子作春秋特載之空言亂賊何緣便懼恐未足以爲一治朱子曰非說當時便一治只是存得箇治法使道理光明燦爛有能舉而行之爲治不難當時史書掌於史官想人不得見孔子取而筆削之而其義大明孔子亦何嘗有意用某字使人知勸用某字使人知懼用某字有甚微詞奧義使人曉不得足以褒貶榮辱人來不過如今之史書直書其事善惡瞭然在目觀者知所勸懲故亂臣賊子有所懼而不敢犯耳○〔慶源輔氏曰〕此一治又純乎人事者也雖氣化不應而不使孔子得位以撥亂而反之正然討亂賊垂治法其功又大於舜禹矣○〔潛室陳氏曰〕此謂聖人以王法繩諸侯所褒所貶皆是奉行王法此聖人大用非孟子不能知胡氏發明備矣○〔雲峯胡氏曰〕集註前言禹與周公之功曰此一治也此當時之治也此言孔子春秋之功曰此亦一治也萬世之治也○〔新安陳氏曰〕孔子雖不能興治道於當時而能垂治法於後世蓋在當時倫紀亂矣

孔子欲反其亂而治之此孔子之不得已於有言者也〔通旨〕朱氏公遷曰思無邪王者之迹熄而詩亡及此節總論一經之旨孔子之論詩是欲人知其要孟子之論春秋是欲人知其義王者迹熄一章是明孔子作春秋之法世衰道微一節是明孔子作春秋之本意○又如孟子春秋無義戰之云亦總論一經之旨是又專主征伐而言者也〔附〕〔纂引〕朱子說一治只云致治之法垂於萬世而不及亂賊懼語錄又云非說當時便一治只是存得箇治法使道理光明燦爛有能舉而行之爲治不難此正與集註一般當如何分豁曰集註及語錄與孟子自言孔子作春秋而亂臣賊子懼俱一般何也亂臣賊子豈謂當時亂臣賊子耶是自有春秋之後底亂臣賊子懼也豈非致治之法垂於後世也耶蓋是誅其既死者以警其將來者

聖王不作諸侯放恣處士橫議楊朱墨翟之言盈天下天下之言不歸楊則歸墨楊氏爲我是無君也墨氏兼愛是無父也無父無君是禽獸也公明儀曰庖有肥肉廄有肥馬民有飢色野有餓莩此率獸而食人也楊墨之道不息孔子之道不著是邪說誣民充塞仁義也仁義充塞則率獸食人人將相食橫爲皆去聲莩皮表反

楊朱但知愛身而不復扶又反知有致身之義故無君墨子愛無差楚宜反等而視其至親無異衆人故無父無父無君則人道滅絕是亦禽獸而已公明儀之言義見形甸反首篇

充塞仁義謂邪說徧滿妨於仁義也（雲峯胡氏曰）不中則曰橫議。不正則曰邪說。

孟子引儀之言以明楊墨道行則人皆無父無君以陷於禽獸而大亂將起是亦率獸食人而人又相食也此又一亂也（朱子曰）楊墨只是差些子。其末流遂至於無父無君。蓋楊氏見世人營營於名利。埋沒其身而不自知。故獨潔其身以自高。如荷蕢接輿之徒是也。然使人皆如此潔身而自高。則天下事教誰理會。此便是無君也。墨氏見世間人自私自利。不能及人。故欲兼天下之人而盡愛之。然不知有一患難。在君親則當先救之。在他人則後救之。若不分先後。則是待君親猶他人也。此便是無父。此二者之所以為禽獸也。○楊朱乃老子弟子。其學專於為己。列子云。伯成子高拔一毛而利天下不為。其言曰一毛安能利天下。使人人不拔一毛。不利天下。則天下自治矣。

○問墨氏兼愛。何遂至於無父。曰人也只孝得一箇父母。那愛得許多。能養其父母無闕則已難矣。想得他之所以養父母者。粗衣糲食必不能堪。蓋他既欲兼愛。則愛父母必疏。其孝不周至。非無父而何。墨子尚儉惡樂。所以說里號朝歌。墨子回車。想得是箇澹泊枯槁底人。其事父母也可想見。○問率獸食人。亦深探其弊而極言之。非眞有此事。曰不然。即他之道。便能如此。楊氏自是箇退步愛身不理會事底人。墨氏兼愛。又弄得沒合殺。使天下倀倀然必至於大亂而後已。非率獸食人而何。如東晉之清談。此便是楊氏之學。即老莊之道。少間百事廢弛。遂啓夷狄亂華。其禍豈不慘於洪水猛獸之害。又如梁武帝事佛。至於社稷丘墟。亦其驗也。○（慶源輔氏曰）此一亂又氣化人事相符者也。聖人之道。非不愛身也。然有致身事君之義。有殺身成仁之時。故不至於無君。非不愛物也。然親親而仁民。仁民而愛物。有自然之序。故不至於無父。無君無父。則人道滅絕。又將視弑父與君而寘然不覺矣。是則人而反

與禽獸無異也。故引公明儀之說以言楊墨道行則人皆無父無君。安於戕賊以陷於禽獸。而大亂將起。是亦與公明儀所謂率獸食人。人將相食者類矣。楊墨之道不息則邪說誣民。孔子之道不著則充塞仁義也。此四句只是說天理人欲不並立而已。所謂邪說徧滿妨於仁義者。是解邪說誣民充塞仁義兩句也。以徧滿字解充字。以妨字解塞字。但不曾解誣民兩字耳。其實謂邪說誣罔天下之人。其勢至於充盛窒塞人心固有之仁義。使不能發也。夫仁義具於人心。而為邪說所誣而充塞之。使不能達於外。況能擴充之以全其量乎。○（西山眞氏曰）楊朱自一身之外。截然不恤。故其迹似乎義。墨翟於親疏之間。無乎不愛。故其迹似乎仁。殊不知天下之理。本一而分則殊。故君子親親而仁民。仁民而愛物。心無不溥。而其施有序。心無不溥。則非為我矣。其施有序。則非兼愛矣。楊朱專於為我。則昧乎理之一。墨翟一於兼愛。則昧乎分之殊。若是而曰仁義。乃所以賊乎仁義也。○（雙峯饒氏曰）墨氏無父之教便充

塞了仁。楊氏無君之教便充塞了義。有仁義則天下治。無仁義則天下亂。今仁義既充塞則亂將起而率獸食人。人又將相食矣。（通旨）（朱氏公遷曰）聖賢闢之以義。孟子之時。楊墨二家最為害道。其次則有兵家農家縱橫家及貨殖之徒。各專一業以聾瞽天下。大抵惑人心者。莫如兼愛為我。快君心者。莫如強兵富國。而皆足以重斯世之禍也。故深闢之。〔附〕（達說）自孔子既沒。聖王不作。上而諸侯放恣。下而處士橫議。楊朱墨翟乃橫議之尤者也。其言滿天下。天下之言仁義者。不歸於楊則歸於墨。是橫議之惑人如此。彼楊氏但知愛身而不復知有致身之義。是無君也。墨氏愛無差等而視其至親無異於路人。是無父也。夫人之所以為人者。以其有此君臣父子之大倫也。今楊墨無父無君。則人道滅絕。是亦禽獸而已。夫楊墨禽獸之教如此。正所謂橫議也。而其為害當何如耶。昔公明儀嘗曰。庖有肥肉。廐有肥馬。民有飢色。野有餓莩。此率獸而食人也。今楊墨為我兼愛之道不息。則孔子仁義之道不著。是邪說誣

民。而仁義遂爲充塞也。仁義充塞。則人皆無父無君以陷於禽獸。而大亂將起。是亦率獸食人。而人又將相食也。○〔顧麟士曰〕此條照達說在獸也分上。只斷楊墨是禽獸下。即。言禽獸之害。大能食人也。公明儀幾句起下。不承上。人將相食。流毒轉轉。遂使無父無君之害。戕賊無窮。世道大壞矣。後率獸獸字。即是禽獸也。獸字實指楊墨。不是空說。○〔存疑〕無父無君。是指目前說。不是流弊。率獸食人。人將相食。方是流弊。○率獸食人人將相食。小註以東晉清談梁武事佛來說最好。方見得是實事。○〔蒙引〕孟子極其流弊言之。若是楊朱墨翟。吾知其學術雖誤。然其本身必不至弒父與君而食人矣。

吾爲此懼閑先聖之道距楊墨放淫辭邪說者不得作作於其心害於其事作於其事害於其政聖人復起不易吾言矣

爲去聲復扶又反

閑衞也放驅而遠去聲**之也作起也事所行政大體也**〔西山真氏〕曰事者政之目。政者事之綱。○〔雙峯饒氏曰〕無父無君乃楊墨之見於行事者少焉充塞仁義而至於率獸食人是害於其政了。

孟子雖不得志於時然楊墨之害自是滅息而君臣父子之道賴以不墜是亦一治也 此乃孟子所以不得已而有言也○〔慶源輔氏曰〕此一治又純乎人事也。雖氣化不應孟子亦不得志於時。然因其言而異端滅息。吾道至今得以不墜。此孟氏之功。所以不在禹下而亞於孔子也。○〔雲峯胡氏曰〕前云此一治也。周公之功與禹同。此云是亦一治也。孟子之功與夫子同。〔附〕〔淺說〕吾爲此懼。思欲閑先聖仁義之道。於是距楊墨。放淫辭。使邪說者不得作起於世以惑人。蓋此

邪說。若作於其心而心爲所蔽。以陷於一偏。則害於其事。既害於其事。則害於其政。○〔存疑〕距楊墨。放淫辭。歸於使邪說者不得作。蓋邪說即楊墨之說。淫辭即其說之浩瀚放蕩也。○〔蒙引〕邪說者不得作。作於其心。二作字不同。雖皆訓爲起。然不得作。謂不得復起於世以惑人也。作於其心。心惑於兼愛爲我之說也。○害於事害於政。二處先後不必深爲之說。若自有深義。朱子當先爲之解矣。大抵害於其政者。亦能害於其事。害於其事者。亦能害於其政。

程子曰楊墨之害甚於申韓佛氏之害甚於楊墨 此就當時之異端言 **蓋楊氏爲**去聲下同**我疑於義墨氏兼愛疑於仁申韓則淺陋易**去聲**見** 史記申不害。故鄭之賤臣。學本於黃老而主刑名著書二篇號曰申子○韓非者韓之諸公子也。喜刑名法術之學。而其歸本於黃老。善著書。與李斯俱事荀卿。斯自以爲不如非。 **故孟子止闢楊墨爲其惑世之甚也佛氏之言近理又非楊墨之比所以爲害尤甚** 問墨氏兼愛疑於仁。此易見。楊氏爲我。何以疑於義。〔朱子曰〕楊朱看來不似義。他全是老子之學。只是箇逍遙物外。僅足其身。不屑世務之人。只是他自愛其身。界限齊整。不相侵越。微似義耳。然終不似也。又曰楊墨只是硬恁地做。佛氏最有精微動得人處。○〔雙峯饒氏曰〕前言生於其心。害於其政。發於其政。害於其事。此言作於其心。害於其事。作於其事。害於其政。亦各有意。前言畢竟政是大體。事是小節。今既生於其心。則必害於大體。既害於大體。則少焉於那小節都壞了。〔通考〕〔仁山金氏曰〕佛氏寂滅類楊。而禪定立脫之說過之。慈悲普施類墨。而平等無生之說過之。蓋兼無父無君之教。而資率獸食人之禍者。所以其害爲尤甚。○〔楊氏與曰〕晉魏出臣道壞。佛老興。子道絕。又曰異端蟠結於中國而不解者。以名士大夫主之也。故唐則蕭瑀王縉白居易裴休梁肅也。宋則王

安石蘇軾黃庭堅張商英也。故上而君相，下而閭里，信之而不疑。○愚按二程子闢佛老之說凡五十餘條，而其要則曰：佛有髮而僧復毀形，佛有妻子舍之而僧絕其類。其二則曰：釋氏謂既明此理而又執持是理，故為障，此錯看了理字也。天下只有一箇理，既明此理，夫何復障？若以理為障，則是己與理為二。又曰：釋氏有出家出世之說，家本不可出，却為他不父其父，不母其母，自逃去，固可也。至於世則怎生出得？既道出世，除是不戴皇天，不履后土始得，然又渴飲而飢食，戴天而履地。又問：華嚴第一真空絕相觀，第二事理無礙觀，第三事事無礙觀，譬如鏡燈之類，包含萬象，無有窮盡，此理如何？曰：只是釋氏要周遮，一言以蔽之，曰萬理歸於一理也。凡此足以見似是而非與夫大亂真者矣，因并附焉。〔通旨〕朱氏公遷曰：禹、周公、孔子以事功言。

昔者禹抑洪水而天下平，周公兼夷狄、驅猛獸而百姓寧，孔子成春秋而亂臣賊子懼。

抑，止也。兼，并平聲之也。總結上文也。〔西山眞氏曰〕三聖事雖不同，而其救天下之患，立生民之極，則一也。〔附〕〔存疑〕前既歷叙三聖之事，以己繼之。至昔者禹抑洪水兩條，又是總舉上文之意。○〔蒙引〕按誅紂伐奄，滅國五十，不曾說有夷狄。或曰：但暴行邪說，無父無君者，是皆夷狄也。如春秋中夏而行夷道，則從而夷之。且與下條周公所膺意脗合，雖假有理，然孟子若設此字樣，便巧也，聖賢無巧。此夷狄蓋在所伐五十國之內也。曰兼夷狄，則紂奄飛廉亦舉之矣。如曰東面而征西夷怨，南面而征北狄怨，言夷狄則近者可知也。

詩云：「戎狄是膺，荊舒是懲，則莫我敢承。」無父無君，是周公所膺也。

說見形甸反，下解見音同。上篇。承，當也。〔雙峯饒氏曰〕孟子所以引戎狄荊舒者，以楊墨乃夷狄之教也。〔附〕〔蒙引〕無父無君是周公所膺也，此段直是要起下段，以楊墨正是無父無君，在所膺者也，不連上意。

我亦欲正人心，息邪說，距詖行，放淫辭，以承三聖者；豈好辯哉？予不得已也。行、好皆去聲。

詖、淫，解見前篇。辭者，說之詳也。承，繼也。三聖，禹、周公、孔子也。蓋邪說橫流，壞音怪人心術，甚於洪水猛獸之災，慘於夷狄篡弒之禍，故孟子深懼而力救之。再言豈好辯哉予不得已也，所以深致意焉。然非知道之君子，孰能眞知其所以不得已之故哉？〔朱子曰〕當時如縱橫刑名之徒，孟子都不管他，蓋他只害得箇麄底，若楊墨則害了人心，須著與之辯也。然孟子於當時只在私下恁地說，所謂楊墨之徒也未怕他，到後世却因其言而知聖人之道為是，知異端之學為非，乃是孟子有功於後世耳。○問：孟子欲息邪距詖，而必以正人心為先，何也？曰：此探本之言也。以聖道不明，人心不正，而邪說得以乘間入之也。曰：然則亦明聖道以正人心而已，何必為此紛紛而涉好辯之嫌乎？曰：邪說既入，則人心益以不正，聖道益以不明矣，此又其末之不可不理者也。故孟子道性善，稱堯舜，必使天下曉然知仁義之所在者，此所以正人心而為息邪距詖之本也；排為我，斥兼愛，必使天下曉然知邪詖之不可由者，此所以息邪距詖而為正人心之用也。蓋其體用不偏，首尾相應如此，然後足以撥亂世而反之正，此所以雖得其本而不免於多言也。然豈其心之所好哉？亦畏天命、悲人窮，不得已而然耳。昔湯伐桀曰：予畏上帝，不敢不正武王伐紂曰予弗順天厥罪惟鈞夫豈好戰哉孟子之心亦若此而已矣豈得以好辯之小嫌而遂輟不言哉○慶源輔氏曰重言豈好辯哉予不得已也此又深致其意者欲人之察其心而知邪說之真可畏也○問邪說詖行如何分雙峯饒氏曰說既邪僻其行必偏詖其辭愈見淫蕩詖行淫辭自邪說上來放者放廢距絕○雲峯胡氏曰洪水猛獸之災由氣化夷狄篡弑之禍由人事邪說爲人心之害則有甚於此者矣人之本心未嘗不正爲邪說所害易淪胥於不正故孟子之辯拳拳欲正人心其仕也亦必先於正君心○新安陳氏曰洪水猛獸夷狄篡弑皆災禍之害人身者惟在於一時若邪說乃災禍之壞人心者且流於無窮而爲害尤甚慘此孟子所以不得已而深排力救之也○通考雙峯饒氏曰前言天下之生久矣一治一亂爲綱領下面又言治了又亂亂了又治再三如此反覆說了則又到此以三段總結前面前以予不得已一句起頭後以予不得已一句結合既而又繳上不得已去通旨

朱氏公遷曰此孟子以闢異端自任附蒙引正人心息邪說距詖行放淫辭四句亦有序蓋人心不正所以邪說得間而入邪說既入行亦隨而詖矣詖行既行於是互相倡和又有一段淫辭成一篇說話文字故云云○孟子知言先淫辭後邪說此則先邪說後淫辭者何也曰說短而辭長故淫辭居後

能言距楊墨者聖人之徒也

言苟有能爲此距楊墨之說者則其所趨正矣雖未必知道是亦聖人之徒也孟子既答公都子之問而意有未盡故復扶又反言此蓋邪說害正人人得而攻之不必聖賢如春秋之法亂臣賊子人人得而誅之不必士師也慶源輔氏曰此

義自朱子發之若朱子則真可謂以道自任者故言此以詔天下使天下人人存此心則異端之說將無所容而聖人之道不復有蔽蝕之者矣豈小補哉○孟子意謂自今以後不待有知道者真能息滅楊墨之害然後可以繼聖人之事但能爲說以距則是亦聖人之徒矣此可見自任之重而望人之切也○西山真氏曰所以勉天下學者皆以闢異端扶王道爲心庶幾生人之類不淪胥於禽獸也

聖人救世立法之意其切如此若以此意推之則不能攻討而又倡爲不必攻討之說者其爲邪詖之徒亂賊之黨可知矣朱子曰出邪則入正出正則入邪二者之間蓋不容髮雖未知道而能言距楊墨者已是心術向正之人所以以聖人之徒許之與春秋討賊之意同○饒說道要距楊墨便是聖人之徒如人逐賊有人見之若說道賊當捉當誅這便是主人邊人若說道賊也可恕這便與做賊之黨○不討亂賊而謂人勿討者凶逆之黨也不距楊墨而謂人勿距者禽獸之徒也聖賢立法之嚴至於如此可不畏哉○新安陳氏曰如解攻乎異端爲攻擊闢先聖之道爲閑習皆是不必攻討之說附蒙引大註聖人救世立法之意其切如此此聖人或專指孔子春秋之法謂孟子特祖其法耳又或兼指孟子闢邪說之法故下句以攻討並言也恐前說爲長

○尹氏曰學者於是非之原毫釐有差則害流於生民禍及於後世故孟子辯邪說如是之嚴自以爲承三聖之功也當是時方且以好辯目之是以常人之心而度待洛反**聖賢之心也**程子曰大抵儒者潛心正道不容有差其始甚微其終則不可救如師也過商也不及於聖人中道師只是過於厚些商只是不及些然而厚則漸至於兼愛不及則便至於爲我其過

不及同出於儒者其末遂至楊墨至如楊墨亦未至於無父無君孟子推之便至於此蓋其差必至於是也○朱子曰此段最好看見諸聖賢遭時之變各行其道是這般時節其所以正救之者是這般樣子這見得聖賢是甚麽樣大力量恰是天地有缺罅處得聖賢出來補教周全過得稍久又不免有缺又得聖賢出來補這見聖賢是甚力量直有闔闢乾坤之功○新安陳氏曰聖賢反世之亂而治之達而在上則見於有爲而治功見於當時窮而在下則不免於有言而治法垂於後世孔子曰予欲無言終不能無言也作春秋以爲後法猶未至於辯者孔子之時異端未熾而孔子之聖言敎易孚故也至孟子則時益降異端益熾而孟子之亞聖又不及孔子公孫丑萬章之徒聞言猶未達況於外人則其闢楊墨烏得而不言言烏得而不辯蓋有大不得已焉者既以不得已於辯者自致其力尤以能言距楊墨望凡爲吾徒者之同致其力焉非朱子深知孟子之心孰能發其精微之蘊如此哉此章於古今世

道聖賢事業關涉甚大宜精察深思之○東陽許氏曰集註氣化盛衰人事得失反覆相尋竊謂氣化盛人事得則天下治氣化衰人事失則天下亂是固然矣然孟子此章答好辯之問而孟子之辯專爲闢楊墨而發則易亂爲治全賴人事以補天道之不足反氣化之衰而至於盛也觀堯禹之治水則以人事而回氣化武王周公誅紂伐奄孔子作春秋則以人事而救衰失所以孟子亦於衰失之時闢楊墨以回氣化正人事也此正聖賢作用參天地贊化育之功讀此章當如此會集註之意

○匡章曰陳仲子豈不誠廉士哉居於陵三日不食耳無聞目無見也井上有李螬食實者過半矣匍匐往將食之三咽然後耳有聞目有見於音烏下於陵同螬音曹咽音宴

匡章陳仲子皆齊人廉有分辯不苟取也於陵地名螬蠐音齊螬蟲也匍匐言無力不能行也咽吞也附蒙引仲子本是世家之子乃甘於窮約如此匡章所以取其廉

孟子曰於齊國之士吾必以仲子爲巨擘焉雖然仲子惡能廉充仲子之操則蚓而後可者也擘薄厄反惡平聲蚓音引

巨擘大指也言齊人中有仲子如衆小指中有大指也充推而滿之也操去聲所守也蚓丘蚓也言仲子未得爲廉也必若滿其所守之志則惟丘蚓之無求於世然後可以爲

廉耳慶源輔氏曰齊俗奢侈放縱當戰國時士之傷廉者必多有之此匡章所以推仲子之廉而孟子亦以爲齊人之巨擘也附存疑仲子惡能廉非謂其不廉也如仲子之所欲廉非人之所能雖仲子亦莫之能也仲子既不能亦不得爲廉矣

夫蚓上食槁壤下飲黃泉仲子所居之室伯夷之所築與抑亦盜跖之所築與所食之粟伯夷之所樹與抑亦盜跖之所樹與是未可知也夫音扶與平聲

槁壤乾音干土也黃泉濁水也抑發語辭也言蚓無求於人而自足而仲子未免居室食粟若所從來或有非義則是

未能如蚓之廉也【附】蒙引大註仲子未免居室食粟一句。貼在本文下飲黃泉二句內。○伯夷之所築二句。言未知其果合義與否。若合義。便是伯夷所築。不義便是盜跖所築。不要泥伯夷盜跖字。○以仲子之廉。孟子何至疑其所居或盜跖之所築。所食或爲盜跖之食與。曰明其所居所食之不能義於其兄之室兄之食也。但含意不露。下文方盡發此意。

曰是何傷哉彼身織屨妻辟纑以易之也辟音壁纑音盧

辟績也纑練麻也

曰仲子齊之世家也兄戴蓋祿萬鍾以兄之祿爲不義之祿而不食也以兄之室爲不義之室而不居也辟兄離母處於

於陵他日歸則有饋其兄生鵝者己頻顣曰惡用是鶂鶂者爲哉他日其母殺是鵝也與之食之其兄自外至曰是鶂鶂之肉也出而哇之蓋音閤辟音避頻與顰同顣與蹙同子六反惡平聲鶂魚乙反哇音蛙

世家世卿之家兄名戴食采音菜於蓋其入萬鍾也歸自於陵歸也己仲子也鶂鶂鵝聲也頻顣而言以其兄受饋爲不義也哇吐之也【附】淺說是何傷於義哉。彼身織屨妻辟纑以易之也。曰是亦不義也。何以言之。仲子齊之世家也云云出而哇之。夫母之食兄之室本無不義也。而仲子乃以爲不義而不食不居。其操守如此。至於妻所易之粟。安得爲義於母之食。於陵所居之室。安得爲義於兄之室。既不能義於母之食兄之室。則亦不義之類耳。於此既不食不居。於彼亦宜不食不居也。仲子以母則不食云云。○蒙引仲子齊之世家也。兄戴蓋祿萬鍾。孟子此數語。非爲仲子敘世家也。固有意在。所以明其兄之祿爲可食。兄之室爲可居也。○是鶂鶂之肉也。是其兄譏之之言

以母則不食以妻則食之以兄之室則弗居以於陵則居之是尚爲能充其類也乎若仲子者蚓而後充其操者也

言仲子以母之食兄之室爲不義而不食不居其操平聲守如此至於妻所易之粟於陵所居之室既未必伯夷之所爲則亦不義之類耳今仲子於此則不食不居於彼則食

之居之豈爲能充滿其操守之類者乎必其無求自足如丘蚓然乃爲能滿其志而得爲廉耳然豈人之所可爲哉

【附】蒙引若仲子者蚓而後充其操者也。即是上文充仲子之操則蚓而後可者之意。○顧麟士曰欲充其操。亦惟并不居於陵而食妻之食。然後可。然斷斷不能矣。○范氏曰天之所生地之所養惟人爲大記祭義有人則可參天地而爲三才無人則天地亦不能以自立矣人之所以爲大者以其有人倫也仲子避兄離母無親戚君臣上下是無人倫也豈有無人倫而可以爲廉哉朱子曰溫公謂口非之而身享之一時之小嫌狷者之不爲一身之小節至於父子兄弟乃人之大倫天地之大義一日去之則禽獸夷狄雖復謹小嫌守小

節亦將安所施哉此孟子絶仲子之本意余隱之云仲子之兄非不慈不友孰使之避仲子之母非不慈孰使之離愚謂政使不慈不友亦無逃去之理觀舜之爲法於天下者則知之矣○問溫公謂以其兄不以道事君而得祿不以道取於人而成室故以爲不義仲子誠非中行亦猾者有所不爲也曰仲子齊世家則祿室非其兄不義而得之矣設果以不義得之而非有悖逆作亂之大故則母子兄弟之間豈可以是遂滅天性之恩哉飾小行以妨大倫是乃欺世亂俗之尤先王所誅而不以赦者也所謂猾者則亦言行之間小過乎中而已豈出於倫理之外若是其甚哉○南軒張氏曰仲子徒欲潔身以爲清不知廢大倫之爲惡原仲子本心亦豈不知母子之性重於妻兄之居愈於於陵乎惟其私見所局亂其倫類至此極也衆人惑於其迹以爲清若高介而取之非矣世之貪冒爲惡者多矣孟子於仲子獨闢之深者世之爲惡者其失易見而仲子之徒其過難知也惟其難知故可以惑世俗而禍仁義反復闢

之○蓋有以也夫○慶源輔氏曰以仲子之孤介自守足以高於一世之俗矣而孟子所以力闢之者蓋世衰道微學者大抵因其資質之偏而固執一說力行以取名初不顧義理之如何如告子許行陳仲子之徒皆是也況如匡章者既稱仲子爲廉而傾向之矣此固以道自任者之所憂也孟子烏得不排之哉又曰仲子之所守不必驗之他人只自其身而推之則已有不能自滿其志者故孟子直以爲蚓而後能充其操斥之則仲子之行是豈人之所能爲哉聖賢之道充之則至於與天地同功仲子之道充之則至於與丘蚓同操是豈人理也哉○雙峯饒氏曰不要問所從來只當思量我當食兄之祿與居兄之室否若問所從來則室與粟豈必伯夷所築所樹如諸侯之取人猶禦然旣交以道接以禮則孔子受之矣○或曰匡章亦黜妻屛子者故喜仲子孤介之行新安陳氏曰不然匡章以父爲重故視妻子爲輕仲子反視母兄爲輕而於妻則反食孟子矜匡章而非仲子有以也此章當參看盡心上篇仲

子不義與之齊國而不受下文云以其小者信其大者奚可哉斷盡其人通考東陽許氏曰此章經註三廉字當辨廉有分辨不苟取也此廉之正義豈不誠廉士哉此廉字陳仲子不中禮之廉也仲子惡能廉及注仲子未得爲廉豈有無人倫而可以爲廉哉此三廉字是廉之正然後可以爲廉耳未能如蚓之廉滿其志而得爲廉耳此三廉字是仲子之廉字附存疑夫廉者有分辨之謂辭受取予有義存焉辨其孰爲義而受孰爲非義而不受此有分辨乃謂之廉也故以孔子之大聖受食於列國孟子之大賢受食於齊梁皆不爲貪有義存焉故也仲子以兄之祿與室出於君之待士者皆以爲不義而不之受是不知聖賢之義專以不受者爲潔乃刻意行怪者之所爲過中失正之甚不惟於聖賢之道有所未合充其類於人情理勢實不可行不惟人所不能雖仲子亦自有不能者故孟子推類而言之使其理屈詞窮反己深思而得所謂義者自有在也○孟子闢陳仲子皆是閑聖道闢邪說正人心處與距

楊墨闢許行同意○饒說孟子此章之意只據匡章稱述仲子之苦節而辨其不得爲廉耳其辟兄離母人莫大焉無親戚君臣上下者猶未暇深非之也蓋廉者有分辨不苟取耳仲子以齊之世家無故而三日不食欲何爲耶縱不辟兄離母而爲此亦豈聖賢之所謂廉哉使其固窮不受非義而困於飢寒斯可矣東漢徐孺子非其力不食誰得而非之

孟子集註大全卷之六終

孟子集註大全卷之七 三魚堂讀本

離婁章句上

凡二十八章[通考]勿軒熊氏曰專言仁政凡八章四章論爲學卽大學之要指凡脩身接物齊家事親之事與夫治國事君之道皆在焉○[黃氏震曰]一章言爲政必因先王之道而先王之道仁政也二章言爲君盡君道爲臣盡臣道而在仁與不仁也三章言三代之得天下失天下而其得失在仁不仁之分也四章言天下之本在身五章言德教之行先巨室六章言諸侯恥受命於大國惟好仁則無敵於天下七章言不仁者樂其所以亡八章言桀紂毆民歸於仁君九章歎自棄自暴者之可哀也孟子此篇反覆救世之説無一不歸於仁十章言親親長長而天下平發明仁之足以救世至此而徑易明白極矣繼此言誠身之道言誠思誠之道皆受業子思之言也又繼此言二老來歸則欲諸侯之師文王言冉求聚斂則痛當世率土地而食人肉餘言事親善親之事一一明白熟誦而已

孟子曰離婁之明公輸子之巧不以規矩不能成方員師曠之聰不以六律不能正五音堯舜之道不以仁政不能平治天下

離婁古之明目者公輸子名班魯之巧人也規所以爲員之器也所運以爲圓之筳也矩所以爲方之器也今曲尺也師曠字子野晉之樂師知音者也六律截竹爲筩音同陰陽各六以節五音之上下黃鐘大音泰簇千族反姑洗先上聲蕤儒追反賓夷則無射音亦爲陽大呂夾鐘仲呂林鐘南呂應鐘爲陰也前漢律歷志云十二律○黃帝之所作也○黃帝使伶倫自大夏之西○昆侖之陰[大夏西戎之國昆侖山名也]取竹之解谷生○其竅厚均者○斷兩節間而吹之○以爲黃鐘之宮○制十二筩以聽鳳之鳴○其雄鳴爲六○雌鳴亦六○比黃鐘之宮○而皆可以生之○[比合也]是謂律本律十有二陽六爲律陰六爲呂律以統氣類物一曰黃鐘二曰太簇三曰姑洗四曰蕤賓五曰夷則六曰亡射呂以旅陽宣氣一曰林鐘二曰南呂三曰應鐘四曰大呂五曰夾鐘六曰仲呂[中讀曰仲]有三統之義焉○[趙氏曰]只言六律者○陽統陰也○[通考]趙氏德曰律法也言陽氣與陰氣爲法呂助也言陰氣助陽宣氣總言之陰陽皆稱律故謂之十二律黃鐘者陽氣踵黃泉而出也鐘者種也律有形有色五色莫盛於黃故陽氣鍾於黃泉孳萌萬

物爲六氣元也位於子十一月大簇者大太也簇湊也言萬物隨於陽氣太簇而生也位於寅正月姑故也洗鮮也萬物去故就新改柯易葉莫不鮮明也位於辰三月蕤賓者言陰氣幼小故蕤萎陽不用之故曰賓位於午五月夷傷也則法也言萬物始傷被刑法也位於申七月射終也言萬物隨陽而終當復隨陰而起無有終已位戌九月呂助也謂陽氣方生陰氣助其宣物位丑十二月夾者孚甲言萬物孚甲種類分出也又當陰陽相夾則位卯二月仲呂言萬物盡旅而西行又謂陽氣盛長陰助成功也位巳四月林茂也盛也六月物皆茂盛積於林野又林衆也萬物成就種類衆盛也位於未南任也謂時物皆秀有懷妊之象八月初物皆含秀懷吐之象陰任陽功助陽成功也位於酉應和也謂歲功皆應和陽功收而聚之也又陽氣應不用事陰雜陽氣閉塞萬物作種也位亥十月五音宮商角徵展里反羽也[通考]程氏復心曰人心亦有高下○聖人制五聲以括之又制十二律

以制五聲五聲中又各有高下每聲又分十二等所謂律和聲也樂律自黃鍾至仲呂皆屬陽自蕤賓至應鍾皆屬陰此是一箇大陰陽黃鍾爲陽大呂爲陰太簇爲陽夾鍾爲陰每一陽間一陰又是一箇小陰陽五音始於宮宮數八十一商數七十二角數六十四徵數五十四羽數四十八以數之多少爲尊卑故曰宮商角徵羽○〔吳氏徵曰〕五聲最濁者爲宮稍濁者爲商徵濁徵清者爲角稍清者爲徵最清者爲羽十二管長者聲濁短者聲清宮商角徵羽之高下無定準必以律管長短定之每律之管各有商徵羽而不相亂則長短之度不可有分毫之差然後其聲勻調歌聲勻調施之八音皆然而無相奪倫矣

范氏曰此言治天下不可無法度

仁政者治天下之法度也〔雙峯饒氏曰〕規矩六律當初皆是聖人做起雖離婁公輸師曠亦不可無之況庸匠庸工乎不以仁政雖聖人也不能平治天下況後世乎〔附〕〔蒙引〕人皆有不忍人之心非獨古者聖君賢相有是心雖戰國之君臣亦有是心焉但古之聖君賢相則能以不忍人之心行不忍人之政如此章所謂既竭心思焉繼之以不忍人之政而仁覆天下矣當時君臣則雖有是心而蔽於物欲狃於功利而不能師先王以行仁政此治亂之所以分也○蓋自開闢以來所歷聖君賢相多矣其所以爲生民計者悉矣凡皆仁民之實政也後之人亦不用有所作爲矣但將有增損而已所謂文武之政布在方策其人存則其政舉其政舉則其治功成矣夫何爲哉不然事不師古徒弊精神而無益於天下之治矣此孟子此章之意也○〔存疑〕此章言治天下不可無法度自首節至爲政不因先王之道可謂智乎當作兩段看自離婁之明至先王之法而過未之有是一段自聖人既竭目力至可謂智乎是一段首段言舍法無以成治二段言法所由立而治所當因也○凡治皆有箇法度規矩六律仁政便是制器審音爲治之法度人所必由決無空手而能獨成之理故雖堯舜離婁公輸師曠之聰明巧聖

亦有所不能此見法度爲治不可無也聖人既竭目力一節定承此言古之聖人創立法度正是爲凡事無箇法度不得所以既竭耳目心思之力又制爲法度以繼之由是凡事可成後之作事者皆因其成法去做而利遂及乎天下後世所以說不可勝用仁覆天下此見法度之所由立也○〔蒙引〕六律六呂之法每三分而損益隔八位以相生如不以八十一數之黃鍾不能正夫音之宮不以五十四數之林鍾不能正夫音之徵是宮也徵也必以黃鍾林鍾之律而後正不以七十二數之太簇不能正夫音之商不以四十八數之南呂不能正夫音之羽不以六十四數之姑洗不能正夫音之角是商也羽也角也必以太簇南呂姑洗之律而後正焉由一鈞以往旋相爲宮而莫不皆然然後五音始可得而正焉○此道字指仁心○〔存疑〕道是虛字此章上曰仁政下曰先王之道滕文公篇首曰性善後曰夫道一而已矣這兩道字皆是虛字與此一般○〔通〕注曰離婁古之明目者蓋以爲黃帝之時人也黃帝亡其玄珠使離朱索之離朱卽離婁也能視於百步之外見秋毫之末公輸子名班魯之巧人也或以爲魯昭公之子○〔顧麟士曰〕按通義金仁山曰按婁朱古聲雙疊如邾謂之朱婁故離朱謂之離婁然亦不可解金又曰公輸班禮記作般春秋末人○律歷志取竹之解谷生其竅厚者注解脫也谷竹溝也取竹之脫無溝節於中者也生治也雖亦未明顧爲聞所未聞周禮賈疏亦載此註然又曰一說解谷崑崙之北谷名也但或又作嶰谷則必訛矣〔蒙引〕郎古人審音不可無法度明帝王治世不可無法度

今有仁心仁聞而民不被其澤不可法於後世者不行先王之道也聞去聲

仁心愛人之心也仁聞者有愛人之聲聞於人也先王之

道仁政是也范氏曰齊宣王不忍一牛之死以羊易之可謂有仁心梁武帝終日一食蔬素宗廟以麪爲犧牲斷（都玩反）死刑必爲（去聲）之涕泣天下知其慈仁可謂有仁聞（通鑑梁武帝天監十六年四月詔以宗廟用牲牢有累冥道宜皆以麪爲之於是朝野諠譁以爲宗廟去牲乃是不復血食帝竟不從八座乃議以大脯代一元大武十月詔以宗廟猶用脯脩更議代之於是以大餅代大脯其餘盡用蔬果○自天監中用釋氏法長齋斷魚肉日止一食惟菜羹糲飯而已〔糲米之不精者郎葛洛蓋力制三反〕身衣〔去聲〕布衣木綿皁帳後宮貴妃以下衣不曳地○每斷重罪終日不懌或謀反事覺亦泣而宥之由是王侯益横上深知其弊而溺於慈愛不能禁也○注大脯牛脩鹿脯也記曲禮下凡祭宗廟之禮其牛曰一元大武脯曰尹祭注元頭武迹尹正也）

然而宣王之時齊國不治（去聲）武帝之末江南大亂其故何哉有仁心仁聞而不行先王之道故也（問孟子告齊宣王曰是心足以王矣則仁心者固王政之本也今曰有仁心仁聞而不行先王之道則是所謂仁心者初不足恃而所謂先王之道者又在此心之外也朱子曰是心足以王者言有是心而能擴充之以行先王之道如其篇末所論制民之產云者則可以王爾非謂專充此心而直可以王也先王之道固亦由是而推之以爲法耳但其盡心知性而無私意小智之累故其爲法也盡天理合人心雖聖人復起有不能易者後之人君當因吾心而廣之以盡夫法制之善而充吾心之固有者非謂心外有法而俟於他求也後人雖有是心而不能無私意小智之累苟不循是而之焉則雖有仁心仁聞而未免於徇利妄作之失譬之廢棄規矩而欲以手制方員其器之不至於苦窳者幾希矣○〔慶源輔

氏曰〕齊宣王梁武帝不能行先王之道則同若論其所以不能行之故則異宣王不學無術奪於功利而不能行先王之道者也武帝則惑於異端避罪要福而不能行先王之道者也宣王有仁心而不能保武帝有仁聞而非其眞○〔雲峰胡氏曰〕上文云堯舜之道下文云行先王之道道一而已有仁心則此道藴於中是爲美意有仁政則能行此道於外是爲良法〔附存疑〕今有仁心仁聞一節是即當時不行仁政不能爲治以證不以仁政不能平治天下之意故曰徒善不足以爲政兩句是承上文而結其意遵先王之法而過者未之有是承徒善不足以爲政意而言不徒善則足以爲政也○法於後世者澤既被於當時其良法美意又足以垂訓於來世也有王者起必來取法正是如此○〔纂引〕兼言仁聞者有其實必有其名有諸中必形諸外故或兼言仁聞或只言仁心一理也○當時諸侯若能行先王之政只用孟子首篇不違農時一條則民之養生喪死無憾矣只用五畝之宅一條則老者衣帛食肉黎民不飢不寒然而不王者未之有也孟子所謂先王之道正謂此也）

故曰徒善不足以爲政徒法不能以自行

徒猶空也有其心無其政是謂徒善有其政無其心是謂徒法程子嘗言爲政須要有綱紀文章謹權審量（去聲）讀法平價皆不可闕而又曰必有關雎麟趾之意然後可以行周官之法度（〔新安陳氏曰〕引程子前一說以證徒善謂不可無法又引後一說以證徒法謂不徒在於法）正謂此也（〔朱子曰〕所謂文章者便是文飾那謹權審量讀法平價之類耳○須是自閨門衽席之微積累到薰蒸洋溢天下無一不被其化然後可以行周官之法度不然則爲王莽矣〔通考〕楊氏輿曰後世莫不有志

於三代之治而卒不能至者謂之時世之異不可也學之不至也三代之前君必學而後王臣必學而後仕雖匹夫匹婦之賤靡不學也後之世君學而臣不學者有之矣臣學而君不學者亦有之矣且農有農之師工有工之師以一家一國至於奄有天下之大不資於學雖抱堯舜孔顏之質有能不爲物之汨沒者幾希矣又曰法制立可與語政德禮脩可與語教仁聖備可與語化化之不至有教焉教之不至有政焉政之不立區區盡心力於簿書獄訟期會之間者俗吏也以俗吏之所爲而欲與三代擬隆非所聞也【附】存疑徒善不足以爲政兩句。或是古語。引之重在上一句。

詩云不愆不忘率由舊章遵先王之法而過者未之有也

詩大雅假詩傳讀作嘉**樂**音洛**之篇愆過也率循也章典法也所行不過差不遺忘者以其循用舊典故也**【慶源輔氏曰】過差謂用意過當處遺忘謂照顧不及處遵用舊典則有所循故不過差有所據故不遺忘【附】存疑先王之法咸正當故遵之而不過差咸具備故遵之而不遺忘遵先王之法而過此過字與上過字不同。不能平治天下乃過也。○蒙引一說過差是有心者遺忘是無心者愚謂既謂之過差便不以有心之罪目之

聖人既竭目力焉繼之以規矩準繩以爲方員平直不可勝用也既竭耳力焉繼之以六律正五音不可勝用也既竭心思焉繼之以不忍人之政而仁覆天下矣勝平聲【通考】張氏師曾曰聖人既竭目力焉。繼之以規矩準繩。既竭耳力焉。繼之以六律。皆當句絕。覆敷救反

準所以爲平繩所以爲直覆敷救反。**被**去聲**也此言古之聖人既竭耳目心思之力然猶以爲未足以徧天下及後世故制爲法度以繼續之則其用不窮而仁之所被者廣矣**【慶源輔氏曰】規矩準繩爲方員平直之法度也六律正五音之法度也不忍人之政仁天下之法度也不爲之法度則聖人之耳目心思止於聖人之身而已不能徧天下與後世也故聖人制爲法度以繼續之使天下之爲方員平直正五音仁天下者皆取法焉所謂不可勝用而仁覆天下也本止言覆天下。今及後世者。舉大可以該遠也。能覆天下必能及後世矣。百工之事皆聖人作故規矩律音與不忍人之政作一統說耳目言力心言思者。耳目之視聽以力。而心之官則思也。○雙峯饒氏曰惟天下不能常有聖人所以要繼之以不忍人之政繼字最有意味不然仁政雖自聖人而始亦自聖人而止矣【通考】東陽許氏曰兩言規矩六律。前此說用法。後正言立法【翼】蒙引聖人既竭目力耳力。不可與公輸等相干。此皆以制器立法之聖人言。公輸離婁所用之規矩。師曠所用之六律。皆出自聖人。非離婁公輸師曠能制規矩六律也。然重在心思仁政。○大註故制爲法度以繼續之。則其用不窮。而仁之所被者廣矣。此法度字該規矩準繩六律不忍人之政。其用不窮。貼二不可勝用。仁之所被者廣。專貼仁覆天下。○存疑蒙引或問聖人本身若竭心思而不用仁政。果亦能安天下否。曰分明說堯舜之道。不以仁政。不能平治天下。了先儒謂聖人若只竭心思而不繼之以仁政。則仁自聖人而始亦自聖人而止者。誤矣。此說是也。又謂聖人若只竭心思而不繼以仁政。則所及者無幾。如古之良醫有不用診脈不用古方。亦能起人之疾。如我太祖不用大明律斷罪亦自當。此說不是。即先儒臆說也。只竭心思而無仁政。決無惠可及民。何說無幾。良醫不用古方能起人疾。其所用者即妙

方也不由律斷罪此天資甚高暗與律合其所斷者亦即律也○(淺說)政行於一世而一世之天下被其澤政行於萬世而萬世之天下被其澤

故曰爲高必因丘陵爲下必因川澤爲政不因先王之道可謂智乎

丘陵本高川澤本下爲高下者因之則用力少而成功多矣鄒氏曰自章首至此論以仁心仁聞行先王之道附(蒙引)自章首至此論以仁心仁聞行先王之道君臣俱在內不可專指人君說下面方分言君臣當各任其責

是以惟仁者宜在高位不仁而在高位是播其惡於衆也

仁者有仁心仁聞而能擴而充之以行先王之道者也貫前第二節意播惡於衆謂貽患於下也附存疑不仁者不以仁心仁聞行先王之道也就是無道揆

上無道揆也下無法守也朝不信道工不信度君子犯義小人犯刑國之所存者幸也朝音潮

此言不仁而在高位之禍也道義理也揆度也度音鐸下度量之度音同法制度也道揆謂以義理度量事物而制其宜法守謂以法度自守工官也度即法也君子小人以位而言也由

上無道揆故下無法守無道揆則朝不信道而君子犯義無法守則工不信度而小人犯刑有此六者其國必亡其不亡者僥倖而已朱子曰上無道揆則下無法守雖有奉法守一官者亦將不能用而去之矣信道信度信如憑信之信此理只要人信得及自然依那箇行不敢踰越惟其不信所以妄作如胥吏分明知得條法只是冐法以爲姦便是不信度也附存疑有道之君在上則下而百官各奉職守法若爲君者不以道自處則臣下亦放縱而不以法度自守矣凡物必用之而後信若不用則玩視而不信故無道揆則道雖人所本有然以不用而不信無法守則法雖朝廷所立然以不守而不信朝既不信道則在上君子視道義爲泛常肆意妄行干名犯義而無顧忌故曰君子犯義工既不信度則在下小人亦視法度爲泛常作奸作慝而干犯刑憲故曰小人犯刑是皆相

因之勢有必然者而其本則在於上之不仁也○(蒙引)上無道揆以法制而言下無法守以守法而言下無法守非果無法也只是法爲上所奪而不得行其法也如某人當問某罪法司擬了罪進奏而朝旨饒了某人法得輕罪法司定了而朝旨加重之○上無道揆上之一身無道揆也朝不信道則舉朝綱皆不正矣(淺說)得廣由是凡有位之人無不犯義矣下無法守在下之人因上無道揆而不知所遵守也工不信度則凡各衙門事體俱無定準矣漸說下來由是至於細民亦莫不犯刑矣○下文上無禮下無學又與此上下字不同上無禮是謂君臣下無學只是細民○六者最重在上無道揆正是不仁在高位至於下無法守則播惡於衆而喪亡無日矣○犯刑者不必謂有人刑之只是於刑有犯耳當此之時已不信度矣安得一一刑之但不依度行便是犯法了○存疑法者道之骨非有二也禮義以治君子故上之朝與君子不言法而言道義刑法以治小人故下之工與小人不言道而言法度刑○

上指君。下指臣。朝雖所指在君。亦兼在朝之臣。工指內外百官。卽臣也。君子指君與臣。小人指民。君子雖在上無道揆。邊揆兼無法守。邊下與工。

故曰城郭不完兵甲不多非國之災也田野不辟貨財不聚辟與闢同非國之害也上無禮下無學賊民興喪無日矣喪去聲

上不知禮則無以教民下不知學則易與爲亂易去聲 新安陳氏曰小人學道則易使若不學則不識道理易於犯分而爲亂矣。鄒氏曰自是以惟仁者至此所以責其君朱子曰惟上無教下無學所以不好之人並起居高位者執進退黜陟之權盡做出不好事來則國之喪亡無日矣其要只在於仁者宜在高位所謂一正君而國定。○南軒張氏曰三綱五常人類所賴以生而國之所以爲國也上失其禮下廢其學則綱常日以淪棄國將何恃以立民將何恃以生乎然使禮廢於上而學猶傳於下則庶幾斯道未泯而猶覬其可行也上旣無禮下復無學則邪說暴行並作而國隨喪矣[附]存疑上無禮下無學要歸只在上無道揆下無法守內道卽理也禮卽理之有節文者也下無學其無法守可知上不知禮則無以教民故下無學下無學則易與爲亂故賊民興言不好之民並起如黃巾紅巾之徒是也。

詩曰天之方蹶無然泄泄蹶居衛反 泄弋制反

詩大雅板之篇蹶顚覆之意泄泄怠緩悅從之貌言天欲顚覆周室羣臣無得泄泄然不急救正之

泄泄猶沓沓也沓徒合反

沓沓卽泄泄之意蓋孟子時人語如此

事君無義進退無禮言則非先王之道者猶沓沓也

非詆毀也詆典禮反[附]存疑責難陳善。事君之義也。事君無義。言不責難陳善。陳力就列。不能者止。進退之禮也。進不能陳力就列。而又不能止。是進退無禮也。言則非先王之道。詆毀先王之道。謂不可行也。○顧麟士曰虛齋曰此節務要以下文來反證。以下文反證本文。則下文理亦動矣。故曰字方有力也。

故曰責難於君謂之恭陳善閉邪謂之敬吾君不能謂之賊

范氏曰人臣以難事責於君使其君爲堯舜之君者尊君之大也開陳善道以禁閉君之邪心唯恐其君或陷於有過之地者敬君之至也朱子曰恭與敬大槩也一般。只是恭意思較闊大。敬意思較細密。責難之恭。是先立箇大志。以帝王之道爲必可信。必可行。陳善閉邪。卽是做那責難底工夫。○問所謂陳善閉邪者奈何。曰君有邪心所當閉也。然不知所以閉之之道。而逆閉之。則動有矯拂之患。其言不可得而入矣。故必爲之開陳善道。使之曉然知善道之所在。則所謂邪者亦不難乎閉之矣。孟子與時君論事多類此。其曰謂敬王豈虛語哉。○雙峰饒氏曰恭有對敬言者。有卽是敬者。如中庸篤恭書允恭之類恭卽是敬也。

謂其君不能行善道而不以告者賊害其君之甚也問人臣固當望君以堯舜若度其君不足與爲善。而不之告。或謂君爲中才。可以致小康而不足以致大治。或導之以功利。而不輔之以仁義。此皆是賊其君否。朱子曰然。人臣之道。但當以極等之事望其君。責以十分。只做得二三分。若只責以二三分。少間做不得一分矣。

若論才質之優劣。志趣之高下。固有不同。然吾所以導之者。則不可問其才智之高下優劣。但當以堯舜之道望他。豈可謂吾君不能而遂不以此望之哉。附存疑責難是大綱事。陳善閉邪是裏面工夫。○大人臣以堯舜之道望其君。若非隨事陳納開道。豈能有濟。故陳善閉邪是責難工夫。○淺說人臣以難事責於君。必欲使其君以仁心行仁政。而得為堯舜之君也。是以高遠望其君。而不以庸常待其君。而得不謂之恭其君乎。開陳善道。言如何而為仁心。如何而為仁政。使其君曉然知善道之所在。而有以閉其邪心。是以誠實事其君。而不以容貌事其君。得不謂之敬其君乎。○蒙引賊字是活字。**鄒氏曰自詩云天之方蹶至此所以責其臣。○鄒氏曰此章言為治者當有仁心仁聞以行先王之政。而君臣又當各任其責也。**南軒張氏曰此章之意。欲人君推是心以行仁政。而其終則欲人臣知禮義而法先王。蓋言不可以不學也。人臣知學而後人主聞大道。人主聞大道而後王政可行焉。此孟子之意也。○慶源輔氏曰為治者固當以仁心仁聞而行先王之道。然非君臣同心各任其責。則亦安能有成哉。○雲峰胡氏曰君當盡君之責而莫先於仁。臣當盡臣之責而莫先於敬。

○孟子曰。規矩。方員之至也。聖人。人倫之至也。

至。極也。人倫。說見形甸反**前篇。規矩盡所以為方員之理。猶聖人盡所以為人之道。**附蒙引規矩盡所以為方員之理。而凡為方員者必於是取則焉。聖人盡所以為人之道。而凡欲盡人道者必於是取則焉。取則之意於下節方露出。○存疑聖人人倫之至。是起下文欲為君盡君道意。

欲為君盡君道。欲為臣盡臣道。二者皆法堯舜而已矣。不以舜之所以事堯事君。不敬其君者也。不以堯之所以治民治民。賊其民者也。

法堯舜以盡君臣之道。猶用規矩以盡方員之極。此孟子所以道性善而稱堯舜也。朱子曰規矩是方員之極。聖人是人倫之極。蓋規矩便盡得方員。聖人便盡得人倫。故物之方員者有未盡處。以規矩為之便見。於人倫有未盡處。以聖人觀之便見。惟聖人都盡無一毫之不盡。故為人倫之至。○堯所以治民。舜所以事君。觀二典大槩可見。是事事做得盡。○人之生也。均有是性。故均有是倫。均有是倫。故均有是道。然惟聖人能盡其性。故為人倫之至。而所由莫不盡其道焉。此堯舜之為君臣。所以各盡其道而為萬世之法。猶規矩之盡夫方員而天下之為方員者莫不出乎此也。○南軒張氏曰堯舜盡君臣之道。非有所增益也。無所虧焉耳。後之人以堯舜為不可及。是自誣其性者也。不以舜所以事堯事君。蓋不以厥后為可聖。是誣其君。不以堯所以治民治民。蓋不以斯民為有恆性。是誣其民也。○雙峰饒氏曰人倫不說父子夫婦長幼朋友。而獨舉堯舜君臣。做人倫樣子者。其意在當時人君。○新安陳氏曰君臣之倫。於人倫為尤大。所以宗主綱維彼四倫者也。孟子以堯舜盡君臣之倫。責望世之為君臣者取法之正。以人性皆善而皆可以為堯舜故也。附蒙引欲為君盡君道。欲為臣盡臣道。是二句。不是四句。欲為君而盡君道者必法堯。欲為臣盡臣道者必法舜。不宜說要為君者須盡君道。為臣者須盡臣道。為君為臣。豈都是隨人要底。欲字帶連著盡字讀方是。○封德彝所謂三代以還人漸澆訛。故秦任法律。漢雜伯道。蓋欲化而不能。豈能而不欲也。非賊民而何。○或曰使為君法堯為臣法舜而未能至於堯舜是亦慢君賊民否曰此是說立志當如此如伊尹亦不能使太甲之爲湯周公亦不能使成王之爲文武况其他乎但伊周其實是以舜之所以事堯事君者至於君之不能盡如堯則非在我者我但當自盡耳朱子嘗曰人臣但當以極等之事望其君責以十分只做二三分只責以二三分少間做不得一分矣自責亦然愚謂此大學教人所以必欲其止於至善也

孔子曰道二仁與不仁而已矣

法堯舜則盡君臣之道而仁矣不法堯舜則慢君賊民而不仁矣二端之外更無他道解而已矣三字出乎此則入乎彼矣可不謹哉問不仁何以亦曰道朱子曰譬如說有大路有小路何疑之有○慶源輔氏曰仁與不仁只是

一箇天理與人欲而已纔出天理便入人欲豈復更有他道哉此古之聖賢所以兢兢業業而不敢不謹也附蒙引法堯舜則盡君臣之道而仁矣云云此是孟子意不是孔子意孔子是汎說今欲說此句書亦宜依本文先從孔子泛說然後以孟子之意綴之

暴其民甚則身弒國亡不甚則身危國削名之曰幽厲雖孝子慈孫百世不能改也

幽暗厲虐皆惡謚也苟得其實則雖有孝子慈孫愛其祖考之甚者亦不得廢公義而改之言不仁之禍必至於此可懼之甚也南軒張氏曰如堯舜之爲是由仁之道者也如幽厲之爲是由不仁之道者也人君可不審擇其所由哉○慶源輔氏曰不仁有淺深而其禍有大小以幽厲視桀紂則幽厲雖未至於身弒國亡然死蒙惡謚遺臭後來孝子慈孫欲改不可不仁之禍馴至如此豈不可懼之甚哉○雙峰饒氏曰改是要改其惡謚古人謚法最公後世亡國之君皆得美謚公義廢矣附存疑上仁不仁並言暴其民甚以下又專就不仁者言上是舉理欲之防以曉人下是著從欲之戒以警人○蒙引名之曰幽厲獨言幽厲而不言桀紂者桀紂非謚也謚法周公始立然雖無謚法而惡名在天地間又何減於惡謚○輔氏曰以幽厲視桀紂云云按幽厲還是暴其民甚者如何說未至於身弒國亡下章言失天下以不仁則幽厲俱在失天下之列明矣○存疑名之曰幽厲逌管身弒國亡身危國削

詩云殷鑒不遠在夏后之世此之謂也

詩大雅蕩之篇言商紂之所當鑒者近在夏桀之世而孟子引之又欲後人以幽厲爲鑒也新安程氏曰此章欲人法堯舜而仁戒人如幽厲之不仁遏人欲擴天理也附顧麟士曰按詩朱注蕩爲厲王作也殷鑒在夏蓋爲文王歎紂之辭然周鑒之在殷亦可知矣則云殷鑒實謂周鑒也正欲厲王鑒紂耳不然汎引一詩而云又欲後人以幽厲爲鑒便無謂

○孟子曰三代之得天下也以仁其失天下也以不仁

三代謂夏商周也禹湯文武以仁得之桀紂幽厲以不仁失之附顧麟士曰此章雖槩論多人然觀第二節還對當時之諸侯言

國之所以廢興存亡者亦然

國謂諸侯之國 興存以仁廢亡以不仁【附】蒙引興盛也不止於存廢衰也未至於亡○存疑國之所以廢興存亡亦然雖止言國大夫士庶人都該下古人文字只說大槩不似後世計較排比蒙引謂天子一條是又自天子推到庶人處竊疑未然

天子不仁不保四海諸侯不仁不保社稷卿大夫不仁不保宗廟士庶人不仁不保四體

言必死亡 新安陳氏曰不保四海以下皆不免於死亡非特不保四體者為然【附】存疑上兼仁不仁說天子不仁條則專就不仁說者言不仁之必死亡以致戒亦猶上章道二仁與不仁以後只言不仁也

今惡死亡而樂不仁是猶惡醉而強酒 惡去聲樂音洛強上聲

此承上章之意而推言之也 慶源輔氏曰上章第言道二仁與不仁與桀紂幽厲之事而已此章又因其意而推及於諸侯卿大夫士庶人不仁之禍皆必至之理也○西山眞氏曰此章明白峻厲自天子至庶人皆當佩服然所謂不仁者非他縱人欲以滅天理而已人欲縱而天理滅禍至於此可不畏哉○雙峰饒氏曰社稷宗廟以祭言四海以土言四體以身言○新安陳氏曰此承上章不仁則身弑國亡而推言之即前篇惡辱而居不仁之意又曰戒人不仁是亦遏人欲存天理也

○孟子曰愛人不親反其仁治人不治反其智禮人不答反其敬 治人之治平聲不治之治去聲

我愛人而人不親我則反求諸己恐我之仁未至也智敬

放上聲此 【附】顧麟士曰按紹聞編云此章亦承上章蓋為當時有國者而言觀下天下歸之之語可見○存疑立紀綱行政事以整理臣民使人就吾條理治人也若夫治人而人不治必是智識未到凡紀綱政事所以治人者猶有未合天理當人心處也故必反其智○蒙引愛人治人禮人此三端似亦說得盡了愛人其所親者也禮人其所敬者也治人其所統涖者也身之所接只有此三類耳然此以所接之人言則盡矣若以事物言則未盡也故下文又曰行有不得皆反求諸己凡一事一物處之有不得所願處皆宜自反豈但處人而已哉

行有不得者皆反求諸己其身正而天下歸之

不得謂不得其所欲如不親不治不答是也反求諸己謂反其仁反其智反其敬也如此則自治益詳而身無不正矣 詳字貼皆字不止上文三自反而已 天下歸之極言其效也 南軒張氏曰反身則天理明不能則人欲肆○慶源輔氏曰自治詳則身無不正身無不正則天下無不歸雖極言其效是亦必然之理也○新安陳氏曰是亦遏人欲擴天理也【附】蒙引天下字說得廣不但一方一國之人我親我治我答而已天下則盡乎人也

詩云永言配命自求多福

解見形甸反前篇○亦承上章而言 慶源輔氏曰為治本乎自反多福本乎自求○雙峰饒氏曰上面三句包括未盡所以下面又說皆當反諸己添箇皆字凡有行不得所欲者必自反諸身則我之身無不正天下亦歸之矣皆字說得濶不特說上面三者而已永言配命是常常思量要合理永是無間斷之意此

章補前章意前章說大綱此章說得密○新安陳氏曰承上章得天下以仁而言因言仁而及智與禮仁包智禮也附蒙引此命字以理言○輔氏曰爲治本乎自反多福本乎自求亦太拙拙蓋能自反而天下歸之此便是永言配命而自求多福也引詩以詠贊之耳

○孟子曰人有恆言皆曰天下國家天下之本在國國之本在家家之本在身 恆胡登反

恆常也雖常言之而未必知其言之有序也故推言之而又以家本於身也 本於身乃恆言之所未及 此亦承上章而推言之大學所謂自天子至於庶人壹是皆以脩身爲本 爲去聲 是故

也 慶源輔氏曰人之常言雖曰有序而但及其外君子之論則必究其本而無有或遺得其本則末可舉矣以是而質於大學之言則曾子子思孟子相傳之學不可誣矣○雙峯饒氏曰國王畿之內天子所治天下四方諸侯之國天下取則於國國取則於家家取則於身○新安陳氏曰此章承上章身正而天下歸之意孟子祖大學而言之曾子以大學傳子思子思以傳孟子可見矣附蒙引天下之本在國國之本在家此是恆言中自有之次序但常人只知其言而不知其序孟子乃推而言之以見其道之有序如是天下之本在國故言天下而即繼以國也國之本在家故言國必繼以家也然則天下國家云者豈偶然而已哉而家之本又在身此又常言之所未及也重在此末句○家之本在身下要入身正則家齊然不但家以之齊國亦以之而治天下以之而平方得孟子之意故集註曰大學所謂自天子以至於庶人壹是皆以脩身爲本○註兩箇推言之不同前一箇推言只謂天下之本在國二句後一箇推言則通指此章連家之本在身也

○孟子曰爲政不難不得罪於巨室巨室之所慕一國慕之一國之所慕天下慕之故沛然德教溢乎四海

巨室世臣大家也得罪謂身不正而取怨怒也 雙峯饒氏曰集註世臣大家是兩項世臣非一代之臣大家是貴宦之家○潛室陳氏曰得罪謂非理致怨所謂不得罪者謂合正理而不致怨於人非曲法以奉之也 麥丘邑人祝齊桓公曰願主君無得罪於羣臣百姓意蓋如此 劉向新序雜事篇桓公田至於麥丘見麥丘邑人問年幾何對曰八十有三矣公曰美哉壽乎子其以子壽祝寡人麥丘邑人祝主君使主君甚壽金玉是賤人爲寶公曰善哉至德不孤善

言必再吾子復之曰祝主君使主君無羞學無惡下問賢者在傍諫者得入公曰善哉至德不孤善言必三吾子復之曰祝主君使主君無得罪於羣臣百姓公怫然作色曰吾聞之子得罪於父臣得罪於君未聞君得罪於臣也麥丘邑人拜而起曰子得罪於父可以因姑姊妹叔父而解之父能赦之臣得罪於君可以因便嬖左右而謝之君能赦之昔桀得罪於湯紂得罪於武王此則君之得罪於臣者也莫爲謝至今得罪公曰善扶而載之自御以歸禮之於朝封之以麥丘而斷政焉 慕向也心悅誠服之謂也沛然盛大流行之貌溢充滿也蓋巨室之心難以力服而國人素所取信今旣悅服則國人皆服而吾德教之所施可以無遠而不至矣此亦承上章而言 承上章家之本在身 蓋君子不患人心之不

服而患吾身之不脩吾身既脩則人心之難服者先服而無一人之不服矣【附】蒙引為政不難。蓋當時諸侯皆以德教之不能廣被為患而不知其本之不脩故也。故孟子云。欲德教之徧及於天下。自不難也。其本在正其身以不得罪於世臣大家。則舉國慕之。天下亦慕之而德教自然無遠弗屆矣。為政果何難哉。尋常讀者皆不知為政不難一句從何而發。蓋下文自相應也。○淺說全章在為政不難一句。下面不得罪於巨室直到溢乎四海。正言其所以不難處。或要於不得罪於巨室處截則所以不難處已說盡了。到章末便無收繳矣。大意言人君為政不難也。何則。人君惟正身以服其所難服者。則人無不服矣。是為政只在於正身也。何難之有。○存疑沛然德教溢乎四海只是點出巨室之所慕四句。○林氏曰戰國之世諸侯失德巨室擅權如晉六卿魯三桓等為患甚矣然或者不脩其本而遽欲勝之則未必能勝而適以取禍故孟子推本而言惟務脩德以服其心彼既悅服則吾之德教無所留礙牛代反可以及乎天下矣裴度所謂韓洪本名弘在宋避諱以洪字代之輿疾討賊承宗斂手削地非朝音潮廷之力能制其死命特以處上聲置得宜能服其心故爾政此類也唐書皇甫鎛傳鎛音博為司農卿判度支改戸部侍郎憲宗方伐蔡急於用度鎛衰會嚴亟以辦濟師帝悅進兼御史大夫蔡平之明年遂拜同中書門下平章事猶領度支鎛以吏道進既由聚斂宼剝為宰相至雖市道皆嗤之崔羣裴度以聞帝怒不聽度乃表罷政事極語鎛奸邪苛刻天下怨之將食其肉且言天下安否繫朝廷朝廷輕重在輔相今承宗斂手削地韓弘輿疾討賊非力能制之顧朝廷處置能服其心也若相鎛則四方解矣請授以浙西觀察使其辭切至上不聽○王承宗邊鎮王士真之子拒命以常山叛朝廷厭兵布衣栢耆杖策詣淮西行營謁裴度且言願得天子一節馳入鎮可掉舌下之度為言乃以左拾遺往既至以大誼動承宗泣下乃與獻德棣二州以二子入質上從之○韓弘滑州人憲宗方用兵淮西拜淮西諸軍行營都統使扞兩河而令李光顏烏重胤擊賊弘不親中遣子公武領兵三千屬光顏吳元濟既平以功加兼侍中封許國公入朝再拜司徒中書令以足疾命中人掖拜固願留京師帝從之○慶源輔氏曰此承上章家之本在身而言也君人者不正其身所為乖戾則致人怨怒其勢必自世臣大家始故麥丘邑人之言亦先及羣臣而後及百姓也通考程氏復心曰林氏謂不脩其本亦指身言未必能勝適以取禍如魯昭公事是也吾之德教無所留礙凡君施教令於下甚易苟其德不足以服人則近而公卿大夫必疑譏遠而羣黎百姓必怨謗則為留礙四海極其遠而言之裴度之言亦非謂以係戀之私恩養其家也行大公至正之道可殺則殺可生則生殺之而彼自不怨利之而彼自不庸可也夫然後沛然德教溢乎四海【附】蒙引處置得宜大抵泛指朝廷事體及將相得人不必就承宗削地韓弘輿疾事實上討

○孟子曰天下有道小德役大德小賢役大賢天下無道小役大弱役強斯二者天也順天者存逆天者亡

有道之世人皆脩德而位必稱去聲其德之大小天下無道人不脩德則但以力相役而已新安陳氏曰小德小賢者居下位大德大賢者居大位位與德相稱是上之人處之各當故小德小賢見役於大德大賢有道之世惟德是視也若力之小弱見役於力

之强大無道之世惟力是視耳通考勿齋陳氏曰萬善之足全體具焉是曰大德全體之分片善存焉是曰小德

天者理勢之當然也問天下無道小役大弱役强亦曰天何也朱子曰到那時不得不然亦是理當如此〇慶源輔氏曰天下有道則以德爲大小無道則以力爲强弱二者皆理勢之所當然也順其理勢則存逆其理勢則亡必然之理也〇雙峰饒氏曰小德大德小賢大賢以理言小大强弱以勢言蓋天下有理有氣就事上說氣便是勢纔到勢之當然處便非人之所能爲即是天又曰賢兼才德以政事言也雖曰時勢如此然有大德者便能回天便勝這勢如文王自小至大由百里而三分有二不爲紂所役此可以見德足以勝時勢處〇雲峰胡氏曰集註嘗以天爲理之自然此以天爲理勢之當然者彼則純以天理言此則兼以人事言也附蒙引孟子意只重在小役大上爲當時言也故繼以齊景公女吳而及師文王之說〇其小德者即小賢也其大德者即大賢也德字兼才饒氏謂賢兼才德未必然也朱子註只是德字〇淺說此章勉當時諸侯脩德以自强意謂天下有道人皆脩德而位必稱其德之大小德之大者則居一人之位而德之小者則分立於侯國而小德見役於大德賢之大者則居天子之位而賢之小者則分理乎庶邦而小賢見役於大賢天下無道人不脩德則但以力相役均是侯國也而力之小者見役於力之大者同此爵位也而力之弱者見役於力之强者

齊景公曰既不能令又不受命是絕物也涕出而女於吳女去聲

引此以言小役大弱役强之事也令出令以使人也受命聽命於人也物猶人也女以女字如與人也吳蠻夷之國也景公羞與爲昏而畏其强故涕泣而以女與之慶源輔氏曰既不能强於自治以昌其國而出令以使人又不能因時勢之宜屈己自下以聽人之命是與物睽絕也絕物則絕於天矣景公之言宜若可取然景公之齊即桓公霸諸侯之齊雖時勢下衰苟振起作新之獨不在我乎而顧爲是巽言橫涕孟子姑取其說以證小役大弱役强之事其委靡自棄之罪未暇議也〇汪氏曰當有道而順天爲有義當無道而順天爲有命絕物即是逆天齊景畏天者也畏天猶保保其國附顧麟士曰按藝苑卮言孟子所稱齊景公涕出而女於吳按所嫁乃闔廬長子名終纍俱早亡又齊女日夜思其家哭因名其門曰齊門

今也小國師大國而恥受命焉是猶弟子而恥受命於先師也

言小國不脩德以自强其般音盤樂音洛怠敖去聲皆若效大國之所爲者而獨恥受其教命不可得也附蒙引先師不是已亡之稱後世所謂釋奠於先師先聖者則皆是已亡者之稱所謂先生先輩之先故得親受其命

如恥之莫若師文王師文王大國五年小國七年必爲政於天下矣

此因其愧恥之心而勉以脩德也文王之政布在方策舉而行之所謂師文王也五年七年以其所乘之勢不同爲差楚宜反〇慶源輔氏曰所乘之勢指國之大小而言也蓋天下雖無道然脩德之

至則道自我行而大國反爲吾役矣〔新安陳氏曰不師大國而師文王大國所乘之勢稍易。小國所乘之勢稍難。五七年之餘。人心奮氣勢回。而小可大。弱可强。大國反爲吾役矣。〕程子曰五年七年聖人度〈待洛反〉其時則可矣然凡此類學者皆當思其作爲如何乃有益耳〔慶源輔氏曰程子之言所以啓發學者至矣惟聖人能知時故曰聖人度其時可矣學者獨理既明而經歷之久思慮之深則自然見得〕[附]存疑引齊景公順天事也今也小國師大國節。是逆天事也。如恥之節。承上言既不能順天。必當有以回天耳。○趙注曰文王時難故百年乃洽今之時易文王由百里起今大國乃踰千里過之十倍有餘故五年足以爲政

詩云商之孫子其麗不億上帝既命侯於周服侯服於周天命靡常殷士膚敏祼將於京孔子曰仁不可爲衆也夫國君好仁天下無敵〈祼音灌夫音扶好去聲〉

詩大雅文王之篇孟子引此詩及孔子之言以言文王之事麗數也十萬曰億侯維也〈助語辭〉商士商孫子之臣也膚大也敏達也祼宗廟之祭以鬱〈紆勿反〉鬯〈丑亮反〉之酒灌地而降神也〔新安倪氏曰周禮有秬鬯。有鬱鬯。以秬米爲酒。名秬鬯。將祭則築鬱金香草煑之。以和鬯酒。名鬱鬯。灌乃用之。取其芬香旁達以降神。鬯者以其條鬯也。〕將助也言商之孫子衆多其數不但十萬而已上帝既命周以天下則凡此商之孫子皆臣服於周矣所以然者以天命不常歸於有德故也是以商士之膚大而敏達者皆執祼獻之禮助王祭事於周之京師也〔西山眞氏曰以商之孫子而爲周之諸侯以商之美士而奔走周廟之祭天命何常之有哉成湯惟其仁也故天命歸於商紂惟其不仁故天命轉而歸周〕孔子因讀此詩而言有仁者則雖有十萬之衆不能當之故國君好仁則必無敵於天下也不可爲衆猶所謂難爲兄難爲弟云爾〔世說德行篇後漢陳元方名紀子長文名羣有英才與季方名諶元方之弟也子孝先名忠各論父功德爭之不能決諮於太丘名實嘗除太丘長乃長文孝先之祖父也太丘曰元方難其兄季方難其弟○朱子曰兄賢難做他弟弟賢難做他兄仁者無敵難做衆去抵當他。〕[附]蒙引商之孫子至天命靡常。此言商之孫子皆爲周之諸侯也。殷士膚敏祼將於京。此兩句言商孫子之臣亦皆爲周之臣而助祭於周京也。本註下是以二字。蓋承天命靡常言。不必言商孫子臣周。故殷士亦周臣也。○或曰武王克商乃有天下。今此詩及孟子之言。皆歸於文王。何也。曰周有天下。雖武王之功所成。實文王之德所致也。○詩傳諸侯之大夫入天子之國曰某士。膚詩傳解作美也。此謂之大。蓋言才行之不凡。亦美也。○存疑國君好仁天下無敵。依蒙引作孔子之言。○仁不可爲衆。是孔子釋詩之言。乃承其麗不億句說。國君好仁天下無敵。又放開說。蓋因文王而泛言其理也。

今也欲無敵於天下而不以仁是猶執熱而不以濯也詩云誰能執熱逝不以濯

聡受命於大國是欲無敵於天下也乃師大國而不師文王是不以仁也詩大雅桑柔之篇逝語辭也言誰能執持熱物而不以水自濯其手乎○此章言不能自强則聽天所命脩德行仁則天命在我〔慶源輔氏曰〕不能自强則聽命於天而爲强大所役使脩德行仁如文王則與天爲一而小可大弱可强昔之强大者反爲役於我矣豈非天命之在我乎○〔新安陳氏曰〕勢之强弱亦天所命不能自强則聽命於天而爲强大所役如齊景是也脩德行仁則道德足以勝勢力而天命在我師文王而爲政於天下者是也【附】語類不能自强則聽天所命脩德行仁則天命在我今之爲國者論爲治則曰不消做十分底事只隨風俗做便得不必須欲如堯舜三代只恁他做天下也治爲非者則曰做人也不須做到孔孟

十分事且做得一二分也得盡是這樣苟且見識所謂聽天所命者也○〔蒙引〕自君身而言則曰脩德自其及人而言則曰行仁其實孟子所謂脩德即是行仁也

○孟子曰不仁者可與言哉安其危而利其菑樂其所以亡者不仁而可與言則何亡國敗家之有菑與災同樂音洛

安其危利其菑者不知其爲危菑而反以爲安利也所以亡者謂荒暴淫虐所以致亡之道也不仁之人私欲固蔽失其本心故其顛倒錯亂至於如此所以不可告以忠言而卒至於敗亡也〔西山眞氏曰〕自古危亂之世未嘗無忠言祖伊常諫紂矣召穆公常諫厲王矣而二君不聽者蓋其心既不仁故顛倒迷謬以危爲安以菑爲利以取亡之道爲可樂也夫人君孰不欲安存而惡危亡而其反背若此者私欲蔽障而失其本心故爾○〔雙峰饒氏曰〕要在看樂其所以亡一句他只愛那淫荒暴虐所以取亡底事故雖危自以爲安雖菑自以爲利孟子此章說得利害大段甚分明【附】存疑安其危利其災樂其所以亡正是說不可與言處遂承言不仁惟不可與言所以至於敗亡也使不仁而可與言則必去危而即安去菑而趨利去亡而圖存也何至敗國亡家之有菑深於危亡深於菑危險道也將近菑也菑患害也猶未亡也○〔蒙引〕此是三件饒氏曰要在看樂其所以亡一句大段未是朱子未嘗特解此句○菑害也非指水旱兵革之類但所爲之可致禍者即是

有孺子歌曰滄浪之水清兮可以濯我纓滄浪之水濁兮可

以濯我足浪音郎

滄浪水名纓冠系也〔新安倪氏曰〕漢水東爲滄浪之水見禹貢後魏酈道元云武當縣北四十里有洲曰滄浪洲水曰滄浪水是也【附】禮書曰二組屬於笄順頤而下結之謂之纓緌之垂者謂之緌詩南山曰冠緌雙止是也

孔子曰小子聽之清斯濯纓濁斯濯足矣自取之也

言水之清濁有以自取之也聖人聲入心通無非至理此類可見〔慶源輔氏曰〕夫不仁之人則雖忠言至論無自而入聖人之仁則雖常言俗語聲入心通是亦莫非自取之也○〔新安陳氏曰〕此孔子所以爲耳順也【附】存疑由不仁不可與言觀之可見敗亡皆其自取也故引孺子

之歌。孔子之言。而以夫人必自侮然後人侮之三句終焉。又引太甲以明之。此之謂言卽人必自侮然後人侮之三句之謂也。○〔蒙引〕自取之也下數段俱是此一意。然自取之也句外便含有如恥之莫若爲仁反求諸己而已矣之意。死亡固是自取。大則以王。亦由自致也。

夫人必自侮然後人侮之家必自毀而後人毀之國必自伐而後人伐之夫音扶所謂自取之者〔雙峰饒氏曰〕自侮。是不自重。適所以召人之侮。〔附〕〔蒙引〕此以下孟子之言也。○家必自毀。毀謂破敗。非詆訾也。

太甲曰天作孽猶可違自作孽不可活此之謂也

解見形甸反前篇。○此章言心存則有以審夫音扶得失之幾平聲不存則無以辨於存亡之著禍福之來皆其自取〔慶源輔氏曰〕人心存則仁人心不存則不仁得失之幾至微也存亡之實至著也安利樂得失之幾也亡國敗家存亡之實也禍福之來皆其自取卽所謂禍福無不自己求之者此亦承上章而言仁與不仁所取之不同也。○〔新安陳氏曰〕仁者心存則明哲。得失之幾微卽能審察之。審侮毀伐之幾於自取之之初是也。不仁者心不存則昏蔽存亡之已著。亦不能辨。安其危利其菑。樂所以亡是也。心存者。存天理。戒心不存者。遏人欲也。

○孟子曰桀紂之失天下也失其民也失其民者失其心也得天下有道得其民斯得天下矣得其民有道得其心斯得民矣得其心有道所欲與之聚之所惡勿施爾也惡去聲

民之所欲皆爲去聲致之如聚斂力驗反然民之所惡則勿施於民鼂音潮錯倉故反所謂人情莫不欲壽三王生之而不傷人情莫不欲富三王厚之而不困人情莫不欲安三王扶之而不危人情莫不欲逸三王節其力而不盡此漢文帝時鼂錯對賢良策語此類之謂也〔南軒張氏曰〕所欲與聚。非惟壽富安逸之遂其志。用舍從違。無不合其公願而後爲得也。○〔西山眞氏曰〕此章之要在所欲與聚所惡勿施二言。〔附〕存疑。得其民斯得天下者。有人此有土也。得其心斯得民者。民引領而望之。然後其歸也如水之就下沛然莫能禦也。

民之歸仁也猶水之就下獸之走壙也走音奏

壙廣野也言民之所以歸乎此以其所欲之在乎此也〔新安陳氏曰〕所欲與聚。所惡勿施。卽所以仁民也。故民歸之。

故爲淵敺魚者獺也爲叢敺爵者鸇也爲湯武敺民者桀與紂也爲去聲敺與驅同獺音闥爵與雀同鸇諸延反

淵深水也獺食魚者也叢茂林也鸇食雀者也言民之所以去此以其所欲在彼而所畏在此也〔新安陳氏曰〕彼謂湯武此謂桀紂如魚雀之可全生者在淵叢而得免死於獺鸇也。〔附〕存疑故爲淵敺一節是承上言民所欲在仁。則所惡在不仁。而不仁者適爲之敺耳。故爲淵敺魚者獺也。爲叢敺爵者鸇也。爲湯武敺民者桀與紂也。故字分明是承上面意思說。〔蒙引〕亦言二節只是一項事。蓋撫我則后。虐我則仇。離乎彼則合乎此也。故下文繼之曰。今天下之君有好仁者則諸侯皆爲之敺矣。雖欲無王不可得已。豈不是一項事。○〔蒙引〕此以上皆泛論。至下文方說入時事。

今天下之君有好仁者則諸侯皆爲之敺矣雖欲無王不可得已好爲王皆去聲

〔南軒張氏曰〕非利人之爲己敺也。特言其理之必然耳。循夫天理無利天下之心。而天下歸之。此三王所以王也。假是道而亦以得天下者。漢唐是也。故秦爲漢敺。隋爲唐敺。季世之君。肆於民上。施施然自以爲安。而不知其爲人敺。哀哉。○〔新安陳氏曰〕好仁之君出。不仁者皆爲敺民以歸之。〔附〕〔存疑〕今天下之君一節。分明是承上兩節意思說。謂

民之所欲在仁。而不仁者適爲之敺如此。然則當今民遭暴虐。無所逃避之時。苟有好仁者作。民必逃彼而從此。是諸侯皆爲之敺矣。

今之欲王者猶七年之病求三年之艾也苟爲不畜終身不得苟不志於仁終身憂辱以陷於死亡王去聲

艾草名所以灸者乾音干久益善夫音扶病已深而欲求乾久之艾固難卒倉沒反辦然自今畜勑六反之則猶或可及不然則病日益深死日益迫而艾終不可得矣〔王氏曰〕艾以久爲善。不畜不足以活人之死。仁以久而熟。不積不足以拯國之危。○〔雲峰胡氏曰〕三年之艾。不能畜之平日。而自今畜之。猶可也。是故爲仁者平日既無積久之功。今日不可無必爲之志。

詩云其何能淑載胥及溺此之謂也

詩大雅桑柔之篇淑善也載則也助語**胥相也言今之所爲其何能善則相引以陷於亂亡而已**

〔慶源輔氏曰〕至此則雖聖人亦末如之何矣。詳味引詩之言。則令人惕然警省。有不容自已者矣。○〔新安陳氏曰〕此章綱領在一仁字。仁民之要。在所欲與聚。所惡勿施。能如是則可以謂之好仁。而不仁者皆將敺民以歸之。其王天下也孰禦。〔附〕〔存疑〕引詩又是說志仁者之無人。自今天下之君至末。凡三條。皆是拳拳致意於當時之意。一條言仁之可爲也。二條言爲仁之幾。而猶可爲也。三條歎人之莫肯爲仁也。意思恍惚如論語我未見好仁者一章。皆是反覆歎人莫肯用力於仁也。

○孟子曰自暴者不可與有言也自棄者不可與有爲也言非禮義謂之自暴也吾身不能居仁由義謂之自棄也

暴猶害也非猶毁也自害其身者不知禮義之爲美而非毁之雖與之言必不見信也自棄其身者猶知仁義之爲美但溺於怠惰自謂必不能行與之有爲必不能勉也程子曰人苟以善自治則無不可移者雖昏愚之至皆可漸子廉反**磨而進也惟自暴者拒之以不信自棄者絶之以不爲雖聖人與居不能化而入也此所謂下愚之不移也**〔朱子

曰自暴者所言必非詆禮義說沒這道理是之謂暴戾我
雖言而彼必不肯聽是不足與言也自棄者意氣卑弱志
趣凡陋知有道理甘心自絕以爲不能我雖言仁義之美
彼自割斷了不肯做是不足與有爲也自暴者剛惡之所
爲。自棄者柔惡之所爲。○言非禮義以禮義爲非而拒之
以不信自暴自賊害也吾身不能居仁由義自謂不能而
絕之以不爲自棄自棄絕也【附】存疑自棄者亦可說不可
與言。自暴者亦可說不可與有爲。不然者。各自其切者言。
亦互見也。與言且不可。況有爲乎。不可與有爲。不可與言
可知矣。○蒙引自暴自棄兼氣習言。○自暴言禮義自棄
言仁義何與曰禮義字面淺仁義字面深且全自暴者與
言禮義亦不入自棄者猶稍信禮義但於居仁由義則無
必爲之志而自諉曰不能耳然均之爲下愚之
歸也○存疑仁是體義是用禮義只在義字內。

仁人之安宅也義人之正路也

仁宅已見形甸反**前篇義者宜也乃天理之當行無人欲之**
邪曲故曰正路

曠安宅而弗居舍正路而不由哀哉舍上聲

曠空也由行也○此章言道本固有而人自絕之是可哀
也此聖賢之深戒學者所當猛省悉井反**也**朱子曰曠其安宅則必放僻邪
侈。而安其所不可安之居矣。舍其正路。則必行險僥倖。而
由其所不可由之塗矣。安宅正路人皆有之。而自暴自棄。
以至於此。是可哀也。○南軒張氏曰仁言安宅者謂其安
而可處也義言正路者謂其正而可遵也是二者性之所
有也曠之舍之以自絕其天性不亦可哀乎○雙峯饒氏
曰前面說自暴自棄兩等人後面說不居不由又只指自
棄者言之何也蓋非毀禮義之人已不可教誨矣那不能
爲底只是爲之不勇耳尚知得可居可由猶爲可救所以
孟子只說此一項自歎息那自棄之人有安宅而不居有
正路而不由是可哀也○新安陳氏曰哀哉二字當令人
發深省夫自暴者非詆天理既不可與言故絕望之自棄
者猶知天理之爲美特甘於不能故以本有者開示之復
哀惘以警聳之猶致望之之意焉此學者所以不可不猛省
也【附】蒙引曠安宅而弗居云云。兼自暴自棄。不可依饒氏說。

○孟子曰道在爾而求諸遠事在易而求諸難人人親其親
長其長而天下平邇爾古字通用易去聲長上聲

親長在人爲甚邇親之長之在人爲甚易而道初不外是
也舍上聲**此而他求則遠且難而反失之但人人各親其親**

各長其長則天下自平矣南軒張氏曰使人各親其親各長其長其本在人君親其親長
其長以倡率之而已親親仁也長長義也仁義本之躬而
達之天下豈非道之爾者乎天下所以平者實係乎此豈
非事之易者乎味此數語堯舜三王之治可得而推矣○
雲峯胡氏曰此道字是天理之自然此事字是人爲之當
然。【附】蒙引此章論道術也。蓋當時處士橫議。所謂人挾一
推鑒家築一宮墻。墨氏之徒則曰但使人人親親疎爲一
體。則天下平矣。楊氏之徒則曰但使人人惟求己之非是。
而不較人之得失。則天下平矣。孫吳之徒則曰行吾之志
自足以平天下。申商之徒則曰行吾之法。自足以平天下。
故孟子以爲此皆亂天下者也。惡能治天下。○存疑註親
長在人爲甚爾。至反失之數句。解在人人親其親長其長
內。本文道在爾而求諸遠兩句。且虛說。言道理本在爾也。
而人反求諸遠。事務本甚易也。而人反求諸難。何必求諸
遠且難哉。彼親長是道。在人爲甚邇也。親之長之是事在

人爲甚易也。使天下人人皆不求諸遠且難。只親其親長其長而求諸近且易焉則天下就平。無復餘事矣。何必求諸遠且難哉。○曰親其親長其長而天下平。見道只在於親長親長之外無餘道而道之在邇也。使親親長長而天下未能平。則親長之外尚有道。親親長長未足以盡道。而道不爲邇矣。此孟子立言之意也。蒙引謂親其親長其長而天下平所謂天下可運於掌。又謂孟子所以欲使之入親親長長者。其厎蘊便是五畝之宅百畝之田謹庠序之教一段。與張南軒在人君者親親長長以身率之似非此章之旨。學者詳之。○顧麟士曰此章初意亦欲主大全說而玩注即似存疑爲平和無所添設。故從之。○大全主倡率而達說因之。蒙引又本之於教養。大約俱對人君說一解也。存疑則不主倡率教養。而但平平說。淺說紹聞編因之。又一解也。蓋諸家立說亦每有異同如䆊之支派。在觀者平心以釋之耳。○看大文。則只是一虛一實一反一正之理也。

○孟子曰居下位而不獲於上民不可得而治也獲於上有道不信於友弗獲於上矣信於友有道事親弗悅弗信於友矣悅親有道反身不誠不悅於親矣誠身有道不明乎善不誠其身矣

獲於上得其上之信任也誠實也反身不誠反求諸身而其所以爲善之心有不實也不明乎善不能即事窮理無以眞知善之所在也（朱子曰）反身而誠。見其本具是理。而今不曾虧欠了他底。○問反諸身不誠。曰反諸身。是反求於心。不誠是不曾實有此心。如事親以孝須是實有這孝之心。若外面假爲孝之事裏面却無

孝之心。便是不誠矣。○獲上信友等。皆以有道言。蓋有不由其道以求之者矣。若諛悅苟容以求獲乎上。便佞謏隨以求信乎友。阿意曲從以求悅乎親。其行助長以求誠其身。皆是也。所謂誠身能實踐其所明之善而有諸身之謂。○（慶源輔氏曰）人孰無爲善之心。然隱微之際有一毫自欺之意。則其心便不實矣。人孰不知善之可爲。然不能即夫事以窮其理。而推極吾之知識。則所知者或未必眞矣。游氏曰欲誠其意先致其知不明乎善不誠其身矣（新安倪氏曰）引大學以證此章。致知即所以明善也。但誠意則以自脩之始言。誠身則以自脩之成言。誠意正心脩身。皆該於誠身二字中矣。學至於誠身則安往而不致其極哉以內則順乎親以外則信乎友以上則可以得君以下則可以得民矣（慶源輔氏曰）游氏之說。始則大學之次序。終則中庸之極功也。

是故誠者天之道也思誠者人之道也

誠者理之在我者皆實而無僞天道之本然也思誠者欲此理之在我者皆實而無僞人道之當然也　問思誠莫須明善否（朱子曰）明善自是明善思誠自是思誠明善是格物致知思誠是毋自欺謹獨明善固所以思誠而思誠上面又更有工夫在誠者都是實理了思誠者恐有不實處便思去實他誠者天之道天無不實寒便是寒暑便是暑更不待使他恁地聖人仁便眞箇是仁義便眞箇是義更無不實處常仁說仁時恐猶有不仁處說義時恐猶有不義處便須著思有以實之始得○（慶源輔氏曰）維天之命於穆不已至誠之理天道之本然也審思明辨自强不息思誠之事人

道之當然也。通考勿齋程氏曰元亨利貞自然之理是曰天道人倫日用當然之則是曰人道附存疑誠者天之道此天道自在人者言天之道本無不實理之在人者無不實是亦天之道也思誠者人之道是君子誠之爲貴意二句總是言理本實而人之當實也○蒙引誠者天之道不要說在天之元亨利貞觀註云誠者理之在我者皆實而無僞可見已在我了○思誠畢竟只是誠之故彼此集註皆用欲字但著個思字也須得思字分曉此思字亦著於述不是懸空思之而已我欲仁斯仁至與欲仁而得仁其欲字俱有實事工夫○此思誠二字內亦有明善工夫明善其本也思誠爲脩身之本明善又爲思誠之本小註之說有理蓋思誠與脩身不是兩時亦不是兩段明善與思誠亦不是兩段兩時工夫思誠即是誠之此猶云孝弟爲仁之本孝弟本是仁之一事然孝弟則其本也

至誠而不動者未之有也不誠未有能動者也

至極也楊氏曰動便是驗處若獲乎上信乎友悅於親之類是也慶源輔氏曰有感必有應驗便是應處極其誠則合內外平物我感與應皆非自外也此其所以無有不動也○雙峰饒氏曰人要爲君取信必須朋友稱譽薦進然朋友所以稱譽必能脩身齊家方有可稱者若是不悅於親則何可稱之有能悅親必出於誠心乃可這是推原誠身效驗如此若說誠身工夫則無間於事親取友事君治民之際誠到至處自能動物則以之事親而親悅以之取友而友信以之事君而君用以之治民而民從初無先後之分矣附蒙引此至誠是自思誠而至於誠者也即中庸誠則形至能動變化者一理也所動即親友君民也○存疑至誠而不動者未之有二句是言思誠之效以終首節之意○此章述中庸孔子之言見思誠爲脩身之本而明善又爲思誠之本雲峰胡氏曰此所謂思誠即中庸所謂誠之其工夫皆兼知行所言思誠者脩身之本是脩身以知行爲先明善又爲思誠之本是知行之中又當以知爲先也乃子思所聞於曾子而孟子所受乎子思者覺軒蔡氏曰子思以誠之言人之道而孟子易之以思誠子思言形著動變而孟子止於動者以思出於心於學者用功尤爲有力而動者正指上文獲上信友悅親而言也亦與大學相表裏學者宜潛心焉大學章句曰其第五章乃明善之要第八章乃誠身之本○慶源輔氏曰明善者大學之本誠身者中庸之要於此可見中庸大學之相爲表裏曾子子思孟子之相爲授受者益不可誣矣附蒙引所謂思誠爲脩身之本者特以不曰脩身而必曰誠身者以思誠爲脩身之本故如此立言也

○孟子曰伯夷辟紂居北海之濱聞文王作興曰盍歸乎來

吾聞西伯善養老者太公辟紂居東海之濱聞文王作興曰盍歸乎來吾聞西伯善養老者辟去聲

作興皆起也言文王起而爲方伯盍何不也西伯即文王也紂命爲西方諸侯之長上聲得專征伐故稱西伯太公姜姓呂氏名尚史記齊世家太公望呂尚者東海人其先祖嘗爲四嶽佐禹平水土甚有功虞夏之際封於呂或封於申姓姜氏夏商之時申呂或封支庶子孫或爲庶人尚其後苗裔也本姓姜氏從其封姓故曰呂尚西伯出獵遇於渭之陽曰自吾先君太公望子久矣故號之曰太公望文王發政必先鰥寡孤獨庶人之老皆無凍餒故伯夷太公來就其養非求仕也慶源輔氏曰恐人見

太公後來佐武王伐商。遂以其來也爲有求仕之意。故明辨之。太公之初歸周。無是意也。觀孟子以太公與伯夷並言。亦自可見。附存疑此章是說文王善養老以致大老之歸。而得天下之歸。以諷當時。故曰諸侯有行文王之政者。七年之內。必爲政於天下。蓋行文王之政。必得大老如伯夷太公者先歸。而天下無不歸矣。豈不爲政於天下。天下皆歸。則天命在我。政自我行。令自我出。故爲政於天下。○蒙引作與皆起也并合兩字解之。猶曰殆蓋皆發詞者非可以此就把二字連讀也。○文王發政。必先鰥寡孤獨。庶人之老。皆無凍餒。庶人之老。○謂五十者衣帛七十者食肉之類。與鰥寡孤獨不同。○○顧麟士曰。盍來只言其來也。似併不謂出獵載歸時。不然孤竹公獨不發龍彪之夢爲敗與。矣。

二老者天下之大老也。而歸之。是天下之父歸之也。天下之父歸之。其子焉往。焉於虔反

二老伯夷太公也。大老言非常人之老者。天下之父言齒德皆尊。如衆父然。既得其心。則天下之心不能外矣。南軒張氏曰。張良歸漢。項氏以亡。孔明在蜀。炎綱幾振。亦庶幾爲當時之老者。其所繫輕重固如此。○慶源輔氏曰。衆父二字出老子集註。借用之。其義則謂衆人之父爾。○雙峰饒氏曰。既有齒。又有德。故謂之大老。若常人則是年老而已。附蒙引齒德皆尊之意。不但可解衆父之義。所謂天下之大老者。亦是以其齒德皆尊之故。一理也。今人但見朱子用在下句。便謂與上文義不同。泥矣。○以二老有以係天下之望。而爲天下向背之所憑也。○二老者天下之大老一條。是言文王之所以爲政於天下處。**蕭何所謂養民致賢以圖天下者。其意暗與此合**通鑑漢高帝元年二月。項羽立沛公卽高祖爲漢王。王巴蜀漢中。都南鄭。而分關中王秦降將章邯等三人以距漢路。漢王怒欲攻項羽。周勃灌嬰樊噲皆勸之。蕭何諫曰。雖王漢中之惡。不猶愈於死乎。能詘與屈同於一人之下。而信伸同於萬乘之上者。湯武是也。臣願大王王漢中。養其民以致賢人。收用巴蜀。還定三秦。天下可圖也。**但其意則有公私之辨。學者又不可不察也。**慶源輔氏曰。蕭何之說。是欲爲此以圖天下。有爲而爲。所謂私也。文王之爲此。則初無所爲也。行吾義而已。所謂公也。二老之歸。乃其自然之應爾。

諸侯有行文王之政者。七年之內。必爲政於天下矣。

七年以小國而言也。大國五年。在其中矣。

○孟子曰。求也爲季氏宰。無能改於其德。而賦粟倍他日。孔子曰。求非我徒也。小子鳴鼓而攻之可也。

求。孔子弟子冉求。季氏。魯卿。宰。家臣。賦。猶取也。取民之粟倍於他日也。小子。弟子也。鳴鼓而攻之。聲其罪而責之也。

附蒙引冉求所坐。便是辟草萊任土地者一科矣。

由此觀之。君不行仁政而富之。皆棄於孔子者也。況於爲之强戰。爭地以戰。殺人盈野。爭城以戰。殺人盈城。此所謂率土地而食人肉。罪不容於死。爲去聲

林氏曰富其君者奪民之財耳而夫子猶惡（去聲）之況爲（去聲）土地之故而殺人使其肝腦塗地則是率土地而食人之肉其罪之大雖至於死猶不足以容之也〔范氏曰〕天地大德曰生聖人所以守位曰仁孔子曰斷一木殺一獸不以其時非孝也草木鳥獸殺之不以時則逆天地之理猶爲不孝況於人命可不重哉○〔和靖尹氏曰〕湯武之征以正伐不正救民於塗炭也戰國之戰以亂益亂殘人民耳而求富之爲之强戰是何異於助桀而富桀也○〔慶源輔氏曰〕率猶循也由也率土地而食人肉謂以土地之故殺人而使之肝腦塗地則是由土地而食人之肉也其罪之大雖至於死猶不足以容之言罪大而刑小如所謂死有餘辜也〔附〕蒙引率土地而食人肉率字與率獸之率同小註循由之說非也

故善戰者服上刑連諸侯者次之辟草萊任土地者次之（辟與闢同）

善戰如孫臏（音牝齊威王臣）吳起（衛人爲魏文侯將）之徒連結諸侯如蘇秦（洛陽人）張儀（衛人）之類辟開墾（口很反）也任土地謂分土授民使任耕稼之責如李悝（口回反）盡地力商鞅（以兩反）開阡陌之類也前漢食貨志戰國時李悝爲魏文侯作盡地力之敎以爲地方百里提封九萬頃除山澤邑居參分去一爲田六百萬畮治田勤謹則畮益三升〔服虔曰與之三升也臣瓚曰當言三斗謂治田勤則畮加三斗也〕不勤則損亦如之地方百里之增減輒爲粟入百萬石矣又曰糴甚貴傷民〔謂士工商也〕甚賤傷農民傷則離散農傷則國貧故甚貴與甚賤其傷一也善爲國者使民無傷而農益勸今一夫挾五口治田百畮歲收畮一石半爲粟百五十石除十一之稅十五石餘百三十五石食人月一石半五人終歲爲粟九十石餘有四十五石石三十爲錢千三百五十除社閭嘗新春秋之祠用錢三百餘千五十衣人率用錢三百五人終歲用千五百不足四百五十不幸疾病死喪之費及上賦斂又未與此此農夫所以常困有不勸耕之心而令糴至於甚貴者也善平糴者必謹觀歲上中下熟大熟則上糴三而舍一中熟則糴二下熟則糴一使民適足價平而止小饑則發小熟之所藏中饑則發中熟之所藏上饑則發上熟之所藏雖遇饑饉水旱糴不貴而民不散○通鑑周顯王十九年〔秦孝公十三年也〕秦商鞅令民父子兄弟同室內息者爲禁并諸小鄕聚集爲一縣縣置令丞廢井田開阡陌路南北曰阡東西曰陌〕平斗斛權衡丈尺○問如李悝盡地力不過亦敎民而已孟子何以謂任土地者亦次於刑〔朱子曰〕只爲他是欲富國不是欲

爲民但强占地開墾將去欲爲己物耳皆爲君聚斂之徒也○阡陌便是井田一橫一直如遂上有涂這便是陌洫上有路這便是阡自阡陌之外有地則只閑在那裏先王所以如此者乃是要正經界恐人相侵占今商鞅却破開了遇可做田處便做田更不要整齊這開字非開創之開乃開闢之開蔡澤傳曰破壞井田決裂阡陌觀此可見○〔南軒張氏曰〕自當時言之孰不以爲大功而先王以爲大戮治世之所誅而時君之所賞孟子之言及此蓋正諠明道以遏人欲之橫流也○〔慶源輔氏曰〕戰國之時人君之所求與士之所以自任者不過有此三等故孟子因列之而言其罪以遏其流雖是救時之言然士而以此三者得名則世德之衰可知矣○〔通考朱子開阡陌辨曰阡陌者舊說以爲田間之道蓋因田之疆畔制其廣狹辨其橫縱以通人物之往來即周禮遂上之徑溝上之畛洫上之涂澮上之道也蓋陌之言百也遂洫縱而徑涂亦縱則遂間百畝洫間百夫而徑涂爲陌阡之爲言千也溝澮橫而畛

道亦横則溝閒千夫而畛道爲阡矣阡陌之名由此而得至於萬夫有川而川上之路周其外其與匠人井田之制遂溝洫澮亦皆四周則阡陌之名疑亦因其縱横而命之然遂廣一尺澮二尋則丈有六尺徑容牛馬畛容大車涂容乘車一軌道二軌路三軌則幾二丈矣此其水陸古地不得爲田者頗多先王非虛棄之所以正經界止侵爭時蓄洩備水旱爲永久之計有不得不然者商君以急刻之心行苟且之政盡開阡陌悉除禁限聽民兼并買賣以盡人力墾開棄地悉爲田疇而不使有尺寸之遺以盡地利蓋一時之害雖除而千古聖賢傳後精微之意於此盡矣又曰所謂開者乃破壞剗削之意而非開置建立之名所謂阡陌乃三代井田之舊而非秦之所置矣○董氏彝曰天子適諸侯曰巡狩入其疆土地闢田野治則有慶慶以地善戰者服上刑辟草萊任土地者次之孟子論人臣功罪不泥其迹原其心蓋治地而主於利民則守國之功可以論治地而主於利國則殃民之罪不可逃[附]存疑此

章○重率土地而食人肉上故以善戰爲上刑連結諸侯是游說諸侯使相結約如蘇秦說六國合從以擯秦之類是也連結諸侯使相攻伐亦同歸於戰但不身親戰伐之事故較之善戰爲次辟草萊任土地是專主於富國上則虧壞先王之良法美意下則浚民之膏血如秦之商鞅論其罪更大然比之目下使人肝腦塗地者未免有間故亦次於上刑○冉求聚斂雖爲聖門之罪人然與商鞅之徒尚差商鞅之罪以今觀之尤浮於善戰蓋萬世無窮之禍也此章之言特孟子一時之論耳○[蒙引]今文廟十哲惟冉求未稱依孟子所論以次於上刑何乃與閔路並列而享萬世之祀又子夏子張輩當時嘗欲以事孔子者事有若至於曾子雖曰有若不足以當要之子游輩亦非胸中全無皂白者有子亦必優於子游輩故也而今歷顏子在四配乃進子張抑有若又不去冉子要皆未能帖服萬世士人之心也虛齋此說實萬世之公論實前人所未發故特表出之

○孟子曰存乎人者莫良於眸子眸子不能掩其惡胸中正則眸子瞭焉胸中不正則眸子眊焉眸音牟瞭音了眊音耄

良善也眸子目瞳子也瞭明也眊者蒙蒙目不明之貌蓋人與物接之時其神在目故胸中正則神精而明不正則神散而昏慶源輔氏曰心正則安裕完固故其神之見於目者精聚而明白心不正則驚惕掩覆故神之見於目者渙散而昏暗此其所謂不能掩者也○自體察之可見神若不在則目雖見物猶無見也都不能有所識別矣[附]蒙引言最好是眸子最好觀人也主觀人言存乎人者謂耳目口鼻手足動靜皆是存乎人者但莫良於眸子耳○存疑眸子不能掩其惡正是其良處胸中正則眸子瞭焉正不能掩其惡也下

遂承言眸子不能掩其惡如觀人者若聽其言又觀其眸子則人之善惡不能匿矣

聽其言也觀其眸子人焉廋哉焉於虔反廋音搜

廋匿也言亦心之所發故并此以觀則人之邪正不可匿矣然言猶可以僞爲眸子則有不容僞者南軒張氏曰聽其言而又參之以眸子則無所遁矣此言與孔子人焉廋哉之言同而爲說則異夫子之言爲旋觀其人說孟子之言一見而欲識其大綱也若夫睟面盎背施於四體四體不言而喻者則望而知其爲德人有不待考察者矣學者讀此非獨可得觀人之法又當知撿身之要私心邪氣其可頃刻而有邪一萌諸中而昭昭然不可掩矣可不懼哉○西山眞氏曰目者精神之所發而言者心術之所形故審其言之邪正驗其目之明昧而人之賢否不可掩焉此觀人之一法也

○勿軒熊氏曰孔子之觀人是觀乎其內孟子是觀乎其外二章互看君子小人之情狀不可逃矣○新安陳氏曰趙氏註目爲神候精之所在存而察之善惡不隱蓋以在察解存乎人之存字然以易繫辭存乎其人存乎德行之類觀之只輕輕說過不必訓爲察也附蒙引不知言無以知人也古人已發之矣但眸子之足以觀人前此未有發之者而孟子獨得此法以鑑人物故言之以曉人云云○夫言之足以知人也固矣而眸子尤足以知人故既聽其言而又并眸子觀之則人焉

焉廋哉此章意重在眸子

○孟子曰恭者不侮人儉者不奪人侮奪人之君惟恐不順焉惡得爲恭儉恭儉豈可以聲音笑貌爲哉惡平聲

惟恐不順言恐人之不順己聲音笑貌僞爲於外也雙峰饒氏曰孟子就侮人奪人上說見得非泛言恭儉亦是爲國君言之當時國君必有名爲恭儉者但無故而加兵於他人之國便是侮人無故而取人之土便是奪人安得謂之恭儉○雲峰胡氏曰孟子嘗言賢君必恭儉禮下取於民有制蓋惟恭者必禮下而不侮人儉者必取民有制而不奪人不侮者恭之驗不奪者儉之驗否則惟恐人不順己驕侈之欲耳書曰恭儉惟德無載爾僞不侮不奪者恭儉之實事不以聲音笑貌爲者恭儉之實德有是實德則有是實事無恭儉之實德則聲音笑貌載爾爲耳天理人欲之分誠實虛僞之判也其亦擴天理而遏人欲與附蒙引惟恐不順爲言惟恐少拂吾意也明其無紀極也○當時之君有致飾於儀容度數之閒自以爲恭儉而無恭儉之實德也蓋在其本國也則不能以禮接下不能取民以制是爲侮奪人矣安得爲恭儉其於鄰國也則無故而加之以兵無故而侵其土地是亦爲侮奪人矣安得爲恭儉故孟子正其實而言之曰云云○淺說有恭儉之實德者必有

恭儉之實事恭者必禮下而不侮人儉者必取民有制而不奪人若侮人之君惟恐人之不順其侮名雖爲恭烏得爲恭奪人之君惟恐人不順其奪名雖爲儉烏得爲儉然則恭儉貴於有其實而豈可以聲音笑貌爲哉僞爲於外欲以取恭儉之美名而其實事已昭昭於人之耳目而不可掩雖欲欺人其可得乎

○淳于髡曰男女授受不親禮與孟子曰禮也曰嫂溺則援之以手乎曰嫂溺不援是豺狼也男女授受不親禮也嫂溺援之以手者權也與平聲援音爰

淳于姓髡名齊之辯士授與也受取也古禮男女不親授受以遠別遠去聲別必列反也禮之經也○禮記內則男不言內女不言外非祭非喪不相授器其相授則女授以篚其無篚則皆坐奠之而後取之援救之也權稱去聲錘直垂反也稱平聲物輕重而往來以取中者也此釋權字之義權而得中是乃禮也

朱子曰事有緩急理有大小此等處皆須以權稱之○北溪陳氏曰權字乃就稱錘上取義稱錘之爲物能權輕重以取平故名曰權權變也在衡有星兩之不齊權便移來移去隨物以取平亦猶人之用權度揆度事物以取其中相似又曰知中然後能權由權然後得中中者理所當然而無過不及者也權者所以度事理而取其當然使無過不及者也○慶源輔氏曰若是經禮更何須權惟是那經禮有行不得處故須用權以取中權而得中是乃禮也若權而不得中則陷乎漢儒權變權術之域矣豈可謂之權乎○新安陳氏曰此乃禮之權而不背乎經者也附蒙引髡此問與上篇陳代彭更之意同髡欲諷孟子用權特先以禮發其端○禮與權二字淳于髡亦知有此二字但此

二字。有正道邪說之分。蓋權與經雖有辨。其實權不離經。權。所以濟經也。故曰權。而得中是乃禮也。只是於事之常者。用常禮。事之變者。用變禮。權只是禮之變者。非有背乎禮。乃委曲以成乎禮也。故曰權非體道者不能也。淳于髡見孟子直己守道。不肯少屈身以伸道。以爲知有禮不知有權。則是以權爲禮外物也。卽此便是邪說。與古人所謂權者。差毫釐而謬千里矣。此一字最難認。○禮是常行之道。權是處變時所當行之道。○遠別二字是連綿字非遠乎別也。猶云辨別也。或云遠嫌別疑也。亦通。○權稱錘也用其意不御其字也。故繼之曰稱物輕重而往來以取中也。以此見所謂顧諟常目在之也。溫謂燖溫之溫。謂故學之矣。復時習之也。揆度也。言度之而其道無不同也。此類俱要以意逆志。○顧麟士曰。旣曰不相受器。又曰其相授明須喪祭

曰。今天下溺矣。夫子之不援。何也。

言今天下大亂。民遭陷溺。亦當從權以援之。不可守先王之正道也。

曰。天下溺。援之以道。嫂溺。援之以手。子欲手援天下乎。

言天下溺。惟道可以捄（與救同）之。非若嫂溺可手援也。今子欲援天下。乃欲使我枉道求合。則先失其所以援之之具矣。是欲使我以手援天下乎。○此章言直己守道。所以濟時。枉道徇人。徒爲失己。朱子曰。古人所以捄世以有道也。旣自放倒矣。天下豈一手可援哉。○南軒張氏曰。不授受固禮之經。嫂溺則遭變矣。援以手者遭變而處之之道。當然也。不援則失道而陷於禽獸然則其權也。豈非所以爲不失其經也與。髡因言孟子在今日似當少貶其道。用權以救世。孟子謂天下之溺。當援以道。若道先枉。則將何以援之。孟子之不少貶以求濟。是乃援溺之本。天下之大經也。通旨。朱氏公遷曰。專以處變之權言之。此於常道不可行之時。然後用權以通之。如湯武之放伐。伊尹之放廢。周公之誅管叔。大舜之不告而娶。是皆權之大者。異乎經而不離乎經也。不可常者也。淳于髡欲論出處。乃以嫂溺援手而爲喩。是豈切當之論乎。附存疑。孟子所謂權。在道之內。髡所認權。在道之外。事處其變。常道不可行。於是因而通之。而初不失乎道。是謂在道之內。事處其變。常道不可行。遂越常道以濟事功。是謂在道之外。○使孟子而從權以援天下。如淳于髡之所云。則是戰國之士。權謀術數之所爲。援天下之具先失矣。何足以援天下。

○公孫丑曰。君子之不教子。何也。

不親教也。

孟子曰。勢不行也。教者必以正。以正不行。繼之以怒。繼之以怒則反夷矣。夫子教我以正。夫子未出於正也。則是父子相夷也。父子相夷則惡矣。

夷。傷也。教子者本爲（去聲）愛其子也。繼之以怒。則反傷其子矣。父旣傷其子。子之心又責其父曰。夫子教我以正道。而夫子之身未必自行正道。則是子又傷其父也。附蒙引。少讀此章。每疑孟子全以情論。而不根據天理。旣而熟讀數遍。只爲勢不行也一勢字而解。何則。父之教子理也。而其不親教者

勢也理無不可而勢則或者不行故也非謂但處父子皆不可親教也父賢而子又賢何須必易而教○夫子教我以正夫子未出於正也此亦爲常人之爲父子者言若聖賢自無此事然聖賢實多不親教蓋非慮其謂夫子未出於正也亦恐未免有正不行處

古者易子而教之

易子而教所以全父子之恩而亦不失其爲教朱子曰易子而教考之孔子亦然若孔子自教其子則鯉所未學必有以知之又奚問焉陳亢稱君子遠其子亦可見也附蒙引其爲此律正爲父未必皆賢父子未必皆孝子也蓋亦以危心處之若父子責善則危道矣危心者正所以求免於危道危道者其初心不知有危○朱子亦嘗遣其子往婺源從學

父子之間不責善責善則離離則不祥莫大焉

責善朋友之道也龜山楊氏曰父子之間雖不責善豈不欲其爲善然必親教之其勢必至於責善○南軒張氏曰養恩於父子之際而以責善望之師仁之篤而義之行也○新安陳氏曰父子主恩朋友責善當主恩而行責善則傷恩而易至於離矣附存疑父子之間不責善一條意思與上文一般是引成語爾○王氏曰父有爭去聲下同子何也所謂爭者非責善也當不義則爭之而已矣父之於子也如何曰當不義則亦戒之而已矣慶源輔氏曰王氏最得孟子之正意責善謂責之使必爲善也責之使必爲善則便有使之損其所能去其所劣之意故必至於相傷至其所爲或背理而害義則豈可坐視而不管故在子則當爭在父則亦當戒飭之也○雙峰饒氏曰王荊公所謂爭則下氣怡聲和悅以爭之所謂戒亦訓敕之而已○新安陳氏曰父之於子正身率之以責善望師友固也然遇不賢之子不得已亦當自教戒之若懼傷恩而全不教戒及其不肖徒諉曰其子之賢不肖皆天也此所謂慈而敗子矣孟子之言經也此所云權也權以濟經非反乎經也

○孟子曰事孰爲大事親爲大守孰爲大守身爲大不失其身而能事其親者吾聞之矣失其身而能事其親者吾未之聞也

守身持守其身使不陷於不義也一失其身則虧體辱親雖日用三牲之養去聲亦不足以爲孝矣新安陳氏曰初言事君事長皆事也事親爲事之大守國守官皆守也守身爲守之大二者分開平說繼言不失身則能事親二貫爲一分重輕說不失其身即是守身能守身方能事親此與前章說親在於誠身同意附蒙引虧體辱親自是兩意如云身體髮膚受之父母不敢毀傷父母全而生之子全而歸之此不虧其體之謂也如云將爲善思貽父母令名必果將爲不善思貽父母羞辱必不果此不辱其親之謂也

孰不爲事事親事之本也孰不爲守守身守之本也

事親孝則忠可移於君順可移於長上聲○新安陳氏曰此事親所以爲事之本○身正則家齊國治去聲而天下平新安陳氏曰此守身所以爲守之本○事之本事之本照應章首四句分二者平說惟其爲本所以見其爲大附蒙引孰不爲事事之本也此二事字與凡所謂事

物之事稍不同。乃服事之事也

曾子養曾皙必有酒肉將徹必請所與問有餘必曰有曾皙死曾元養曾子必有酒肉將徹不請所與問有餘曰亡矣將以復進也此所謂養口體者也若曾子則可謂養志也養去聲復扶又反

此承上文事親言之曾皙名點曾子父也曾元曾子子也曾子養其父每食必有酒肉食畢將徹去必請於父曰此餘者與誰或父問此物尙有餘否必曰有恐親意更欲與人也曾元不請所與雖有言無其意將以復進於親不欲其與人也此但能養父母之口體而已曾子則能承順父母之志而不忍傷之也南軒張氏曰守身所以事親也身失其道將何以事親反復言之欲人以守身爲事親之本也若曾子者可謂能盡守身事親之道者矣故舉其養志之事以爲人子之法○慶源輔氏曰養父母之口體者其事淺承順父母之心志者其思深夫子之於父異體同氣至親至密故事之者當先意承事必能聽於無聲視於無形然後爲至若必待其言而後從固已不可况於先立其意以拂其親之欲唯口體是養而不恤其心志之所嚮乎○雙峰饒氏曰曾子養志是承順他好底意思曾皙不私其口體之奉常有及物之心這便是好底意思曾子便能承順他蓋緣曾子意思亦是如此曾元便不然矣孟子舉必有酒肉以爲養親之法凡有好底

意思皆要承順而推廣之若是不好底意思則不當承順要諭之使合於道方謂之孝孟子舉曾子曾元作兩箇例頭是事親者須是養志若養口體末也○新安陳氏曰此章前以守身爲事親之本所以論其理及後實之以事則惟舉曾子之事親而守身不及焉雖曾子之戰兢臨履得正而斃尤善守身而辭未之及集註於此一節只曰此承上文事親言之然觀曾子養志如此惟恐一毫咈其親之志從子之不失其身尤父之志之大者一飲食間尙體承親志如此則立身行己間所謂身也者親之枝也行父母之遺體敢不敬乎其能謹守此身以承親志不言可知矣南軒謂曾子能盡守身事親之道故舉其養志之事者最爲得之云○蒙引曾子養曾皙一條其旨歸在事親若曾子者可也不必粘着守身說蓋事親本於能守身此意上段發之已盡矣不復用贅矣故下言事親事之本也守身守之本也再不用以守身與事親交言之此段特舉曾子之養志以示人子事親之法蓋養志實事親之大綱要也○存疑既明事親守身之大又除守身不道而言曾子之養親以示事親之則也過文當云事親爲事之大如此事親之道何如觀之曾子可見矣○看來此章大旨只重在事親上其言守身特爲事親之本爾故既以事親與守身乎說復歸本於守身又舉曾子以爲事親之則是皆爲事親而發也○蒙引必請所與見在盤殽之餘也問有餘必曰有又所餘在竈廚未出者也○存疑養志要不專在於飲食凡繼志述事之類皆是舉飲食以示例爾

事親若曾子者可也

言當如曾子之養志不可如曾元但養口體程子曰子之身所能爲者皆所當爲無過分去聲之事也故事親若曾子可謂至矣而孟子止曰可也豈以曾子之孝爲有餘哉程子

孟子大全卷之七　離婁上

曰孟子云事親若曾子可也吾以爲事君若周公可也蓋子之事父臣之事君聞有自知其不足者矣未常聞其以爲有餘也周公之功固大矣然臣子之分所當爲也安得獨用天子之禮乎又曰子之事父其孝雖過於曾子畢竟是以父母之身做出來豈是分外事若曾子者僅可以免責耳臣之於君猶子之於父也假如功業大於周公亦是以君之人民勢位做出來而謂人臣所不能爲可乎○慶源輔氏曰孟子只平說去曰事親若曾子可也至程子方看得可也二字有深意以此知讀書不可不熟讀玩味○新安陳氏曰此章前言守身爲事親之本後言養志爲養親之大附淺說可也許之辭程子說可也意在言外

○孟子曰人不足與適也政不足閒也惟大人爲能格君心之非君仁莫不仁君義莫不義君正莫不正一正君而國定矣適音謫閒去聲

趙氏曰適過也閒非也格正也徐氏名度字孝節睢陽人曰格者物之所取正也書曰格其非心朱子曰格如合格之格謂使之歸於正○蔡氏曰非心非僻之心也愚謂閒字上亦當有與字言人君用人之非不足過適與謫同行政之失不足非閒惟有大人之德則能格君心之不正以歸於正而國無不治去聲下同矣新安陳氏曰仁本義用正包仁義言之仁義所以正也集註所以不提仁義大人者大德之人正己而物正者也朱子曰大人格君心之非此是精神意氣自有感格處然亦須有箇開導底道理不但默默而已伊川解遇主於巷

云至誠以感動之盡力以扶持之明理義以致其知杜蔽惑以誠其意正此意也通渭朱氏公遷曰大人者不失其赤子之心大人者止惟義所在非禮之禮止大人弗爲惟大人爲能格君心之非有大人者正己而物正者也此大人皆以德言爲聖人之稱格君心之非正己而物正者主爲人臣者而言其餘則兼通上下而言附存疑人所以不足與適政所以不足與閒以本原都在心上本原不正末流能正得幾多故不若姑置末流只就本原上理會格君心之非正在本原上理會而非有大人之德亦莫之能也故曰惟大人爲能格君心之非大人格君心之非正己而物正者也莫不仁莫不義指用人行政說用人行政何處見得是仁義仁者無私心者也義者事理之宜也正只是仁義一正君而國定又是再開一步說一正君包上君正莫不正意國定則其效也○淺說君心既仁則用人行政皆無私而莫不仁君心既義則用人行政皆合宜而無不義君仁莫不仁君義莫不義是君正莫不正也大人一正君而國自定矣何必屑屑於用人行政之閒而費却心力也哉○程子曰天下之治亂繫乎人君之仁與不仁耳心之非即害於政不待乎發之於外也昔者孟子三見齊王而不言事門人疑之孟子曰我先攻其邪心荀子大畧篇孟子三見齊王而不言事門人曰曷爲三遇齊王而不言事孟子曰我先攻其邪心心既正而後天下之事可從而理也夫音扶政事之失用人之非知去聲者能更平聲下同之直者能諫之然非心存焉則事事而更之後復扶又反下同有其事將不勝平聲下同其更矣人人而去上聲下同之後復用其人將不勝其去矣是以輔相

去聲之職必在乎格君心之非然後無所不正而欲格君心之非者非有大人之德則亦莫之能也〔朱子曰孔子不能格定哀孟子不能格齊宣。要之有此理在我而在人者不可必。○〔南軒張氏曰後世道學不明。論治者不過及於人才政事而已。孰知其本在於君心。又孰知格君之本乃在於吾身乎。○〔慶源輔氏曰集註解得格字義分曉。所謂大人者道全德備譽望。足以弭其邪心。容色足以消其逸志。非但取辨於頰舌之間。諫爭之際而已也。然無大人之德與學而有言責者則又不可以是藉口。○〔雙峯饒氏曰大人是伊周之徒。他人當不得。

○孟子曰有不虞之譽有求全之毀

虞度徒洛反也呂氏曰行去聲不足以致譽而偶得譽是謂不虞之譽求免於毀而反致毀是謂求全之毀言毀譽之言未必皆實脩己者不可以是遽爲憂喜觀人者不可以是輕爲進退〔慶源輔氏曰集註既得孟子本意又續以此二言於人己兩有所益。○〔雙峯饒氏曰我去譽他人之譽平聲。得此譽於他人去聲。譽本是美人之好處。但對毀字說則二者皆有不得其眞之意。○〔雲峯胡氏曰毀譽已自是非眞。況脩己而遽以是爲憂喜。必至於失己。觀人而輕以是爲進退。必至於失人。附存疑孟子說此兩句。是欲人於毀譽上斟酌。不可一槩信之也。註以脩己觀人者發之意已足矣。輔氏說不是。

○孟子曰人之易其言也無責耳矣易去聲

人之所以輕易其言者以其未遭失言之責故耳蓋常人之情無所懲於前則無所警於後非以爲君子之學必俟有責而後不敢易其言也然此豈亦有爲去聲而言之與音余

○〔慶源輔氏曰謹言語。自是君子之庸行。何待於有責而後然。

○孟子曰人之患在好爲人師好去聲

王勉曰學問有餘人資於己不得已而應之可也若好爲人師則自足而不復扶又反有進矣此人之大患也〔新安陳氏曰不得已者。不自知其有餘。無意於爲人師。而人自師之。好云者。自見其有餘。有意於爲人師。而人未必心悅誠服以師之。○〔雲峯胡氏曰通上章兩人字爲泛然之衆人而言也。與大學正心脩身兩章之人字不異。〔通旨〕朱氏公遷曰爲好爲人師者言之論語不言爲師之道孟子自是儆戒學者之辭蓋師莫病止於記問學莫病易於自足自足者且不足爲學況可爲人師乎附蒙引夫學問者終身之事也雖至聖人之域亦不可有自足之心。○〔存疑〕此古今之通患也然孟子之所患己之患也今之爲詭異之學者一見其師未得其所以言便號召生徒高坐妄談其患不但在己而已

○樂正子從於子敖之齊

子敖音遨王驩字

樂正子見孟子孟子曰子亦來見我乎曰先生何爲出此言也曰子來幾日矣曰昔者曰昔者則我出此言也不亦宜乎

曰舍館未定曰子聞之也舍館定然後求見長者乎長上聲

昔者前日也館客舍也王驩孟子所不與言者則其人可知矣樂正子乃從之行其失身之罪大矣又不早見長者則其罪又有甚者焉故孟子姑以此責之（新安陳氏曰從小人爲失身一罪也不早見長者又一罪也孟子且以後一罪責之（附蒙）强當時孟子本怪其以餔啜而從子敖之齊然姑且以不早見長者而責之及樂正子受責曰克有罪然後孟子乃正其罪而責之不然彼既不能受責而我直責其餔啜則從遷其離心而或以吾言違之子敖益多吾之敵聚吾之怨耳可見聖賢自有術○（存疑）樂正子曰昔者意其來未久也孟子曰昔者則我出此言也不亦宜乎謂其來已久也

曰克有罪

陳氏曰樂正子固不能無罪矣然其勇於受責如此非好善而篤信之其能若是乎世有强辨飾非聞諫愈甚者去聲又樂正子之罪人也（新安陳氏曰樂正子善人也信人也所以能好善而篤信之爲好善篤信所以勇於服義自以爲罪不可尚也（附蒙引）其勇於受責固可取然猶未悟其從於子敖之非也所以有待於下章之言

○孟子謂樂正子曰子之從於子敖來徒餔啜也我不意子學古之道而以餔啜也餔博孤反啜昌悅反

徒但也餔食也啜飲也言其不擇所從但求食耳此乃正其罪而切責之（朱子曰王驩齊幸臣蓋欲自託於孟子以取重使滕王以爲介孟子未嘗與言吊公行子又不與言絶之深矣樂正子不察輕身從之意特藉其資糧輿馬以見孟子而已故以餔啜罪之若孟子所以去齊其詳雖不可考疑驩以是積憾而遂去也○（南軒張氏曰）克既館於子敖則未免制於子敖故舍館定始得見其師觀此二章則知君子之處己不可以不嚴而所與不可不謹也○雙峰饒氏曰此二章只一件事樂正子方來孟子不欲便責之後卻正其罪所以分作兩章樂正子初意只欲來齊見孟子係王驩來省糧食之費視爲無要緊事殊不知一失身從之便是因失其親將來王驩或薦引之則那時去就愈難處孟子所以切責之○（趙氏曰）樂正子能勇於受責然後孟子正其罪而切責之所謂可與言而後與之言者也

○孟子曰不孝有三無後爲大

趙氏曰於禮有不孝者三事謂阿意曲從陷親不義一也家貧親老不爲祿仕二也不娶無子絶先祖祀三也三者之中無後爲大（慶源輔氏曰此必見於古傳記趙氏時其書尚存故引之今則不復存矣阿意曲從陷親不義者懦也家貧親老不爲祿仕者惰也不娶無子絶先祖祀則因循苟且亂常咈理不仁之甚也故於三者之中最爲不孝之大者○（雙峰饒氏曰）此三者不是尋常不孝底事奉順孝也但阿意曲從陷親於不義則不可非其道不仕者也家貧親老而不祿仕則不可告而後娶孝也但告則不得娶以至無子絶祀則不可趙氏以意度說自好所以朱子不破其說（附蒙引）於禮有不孝者三事皆是正路上差了脚步者與世俗所謂不孝者五不同此章

之言。義之精者也。蓋不違其親。孝也。阿意曲從。陷親不義則不孝矣。自重難進。敬身爲大孝也。家貧親老。不爲祿仕則不孝矣。或不得乎親。或家貧之甚而不急於娶。孝也。然不娶無子。絶先祖祀。則不孝矣。○按饒氏作趙氏意庶之説。似亦太説殺了。不如輔氏從容。且不娶無子。坐定告則不得娶者。亦太説殺。

舜不告而娶。爲無後也。君子以爲猶告也。爲無之無去聲

舜告焉則不得娶。而終於無後矣。告者禮也。不告者權也。新安陳氏曰。告者。禮之正也。經也。不告者。禮之變也。權也。**猶告。言與告同也。蓋權而得中則不離**去聲**於正矣。○范氏曰。天下之道。有正有權。正者萬世之常。權者一時之用。常道人皆可守。權非體道者不能用也。**新安陳氏曰。體道。謂全體此道於身。與道爲一者也。**蓋權出於不得已者也。若父非瞽瞍。子非大舜。而欲不告而娶。則天下之罪人也。**

程子曰。舜不告而娶。堯得以命瞽瞍使舜娶。舜雖不告。堯告之也。以君召之而已。○朱子曰。以事理度之。意其未及告而受堯之命耶。其後固不容不告而遂娶以歸也。○新安倪氏曰。人之大倫。君親爲重。湯放桀。武王伐紂。而孟子謂聞誅一夫。未聞弑君。此處君臣之變而不失其正者也。舜不告而娶。而孟子謂君子以爲猶告。此處父子之變而不失其正者也。然惟聖人體道之至。乃能權而得中。若未能然。而欲引以藉口。則誠得罪於天下萬世矣。故集註於前章曰。惟在下者有湯武之仁。在上者有桀紂之暴則可。不然。是未免於篡弑之罪也。於此章曰。若父非瞽瞍。子非大舜。而欲不告而娶。則天下之罪人也。皆所以補孟子未足之意。嚴萬世之大戒。而扶植君臣父子之綱。集註之有

孟子大全卷之七　離婁上　兲

功於世教也大矣。附蒙引。君子以爲猶告也。此句務要究其實。蓋告而娶。孝也。不告而娶以無絶其先祖祀。亦同歸於孝也。故曰君子以爲猶告。故曰權不離正。○此章不告而娶云云。只可論理。要非實事。蓋戰國時人多好事。處士常妄言。如曰孔子主癰疽侍人。曰百里奚自鬻於秦。曰伊尹割烹要湯。曰舜不告而娶。此類蓋甚多也。孟子大槩亦隨所聞而以義理及己意評斷之。不及一一覆其妄耳。又如焚廩浚井。二嫂治棲之言。尤爲乖妄不足信。孟子亦只據理斷將去。俱不暇覈其言之妄。至於瞽瞍殺人之問亦只告以竊負而逃之理。要之亦未必當於事實也。按尙書舜旣克諧以孝。瞽瞍允若。然後四岳擧之。堯乃妻之。則當無不告而娶之事。縱使瞽瞍未底豫。然以人情言。彼頑嚚之人。一聞帝顯用其子。而以帝女爲之婦。彼亦無不沾彼福澤之理。庸有不懽然懽喜者乎。而又何至畜怒藏怨。不樂其娶帝女而欲禁之哉。孟子之言要之。但可立萬世人子之順耳

孟子大全卷之七　離婁上　卆

○孟子曰。仁之實。事親是也。義之實。從兄是也。

仁主於愛。而愛莫切於事親。義主於敬。而敬莫先於從兄。故仁義之道。其用至廣。而其實不越於事親從兄之間。蓋良心之發。最爲切近而精實者。有子以孝弟爲爲仁之本。其意亦猶此也。朱子曰。實字有對名而言者。謂名實之實。有對理而言者。謂事實之實。有對華而言者。謂華實之實。今這實字。正是華實之實。仁之實本只是事親。推廣之。愛人利物。無非是仁。義之實本只是從兄。推廣之。弟長忠君。無非是義。事親從兄便是仁義之實。推廣出去者。乃是仁義之華采。○實對華而言。凡仁義之見於日用者。惟此爲根本精實之所在。必先立乎此而後其光華枝葉。有以發見於事業之間焉。且如愛親仁民愛物無

非仁也但是愛親乃是切近而眞實者乃是仁最先發處義之實亦然○（覺軒蔡氏曰）有子以孝弟爲爲仁之本孟子乃以事親屬之仁從兄屬之義若不同矣朱子乃以爲其意亦猶此何耶蓋有子言仁專言之仁也孟子言仁義偏言之仁也事親主乎愛而已義則愛之宜者也合而言之推其事親者以從兄此孝弟所以爲爲仁之本分而言之則事親而孝從兄而弟所以爲仁義之實也○（西山眞氏曰）仁義之道大矣而其切實處只在事親從兄蓋二者人之良知良能天性之眞於焉發見欲爲仁義者惟先體認踐行於此而充廣之則其道生生而不窮否則悠悠然泛泛然非可據之實地矣○（勿軒熊氏曰）此實字之訓當如果核之實○（新安陳氏曰）洙泗言仁孟氏始每言仁義言仁渾淪言之言其理一者也故總言孝弟以明親親見親親爲仁民愛物之本也言仁義分別言之言理一中之分殊者也故以事親爲仁之實從兄爲義之實也集註謂有子之意亦猶此者蓋以本立於孝弟而仁道自此而生

與仁義之實盡於事親從兄而仁義之道其華采亦皆自此而生此意有相似者耳（附）（淺說）天下之道惟仁與義而已故仁之爲道其用至廣凡所當愛者無不愛也然是愛心之發最爲切近而精實者惟在於事親能事親則仁民愛物特從此而推廣之耳是事親爲仁之實也義之道其用亦至廣凡所當敬者無不敬也然是敬心之發最爲切近而精實者惟在於從兄能從兄則敬長尊賢特從此而推廣之耳是從兄爲義之實也可見天下之道皆原於孝弟矣○（蒙引）仁義之道其用至廣而其實不越乎事親從兄之間往常俱以用字對實字看不知事親從兄本亦用也但用中之實者則在事親從兄○切近精實四個字要得明白爲仁之本本字便該有此意今人作破題以行仁之始破本字是但得其切近處不得其精實字意也然實不可以精實字當本字故曰意亦猶此○仁之實如穀實果實之實有生道焉故曰天下之道皆原於此

又曰有子以孝弟爲爲仁之本其義亦猶此也

智之實知斯二者弗去是也禮之實節文斯二者是也樂之實樂斯二者樂則生矣生則惡可已也惡可已則不知足之蹈之手之舞之（樂斯樂則之樂音洛惡平聲）

斯二者指事親從兄而言知而弗去則見之明而守之固矣節文謂品節文章樂則生矣謂和順從（七容反）容無所勉强（上聲）事親從兄之意油然自生如草木之有生意也既有生意則其暢茂條達自有不可遏者所謂惡可已也其又盛則至於手舞足蹈而不自知矣（新安陳氏曰）手舞足蹈天理之眞樂形見於動

容之間而不自知者也（通考）（朱氏公遷曰）此章及人之所不學而能者章言孝弟皆以天性言自良心所發而言則仁義之道莫先乎事親從兄也自人心所同而言則仁義之道在於親親敬長也又按此章言仁義之實爲道之根本而智禮樂在其中故悉言之使人於斯二者知所勉也一章言親親敬長之心出於同然而卽所以爲仁義之道故極言之使人信之而不疑也○此章言事親從兄良心眞切天下之道皆原於此然必知之明而守之固然後節之密而樂之深也（朱子曰）此一段緊要在五個實字上如仁是親親仁民愛物義是長長貴貴尊賢然在家時未便到仁民愛物未事君時未到貴貴未從師友時未到尊賢且須先從事親從兄上做將去這個便是仁義之實仁民愛物貴貴尊賢便是仁義之英華若理會得這個便知得其他那分明見得而守定不移便是智之實行得恰好便是禮之實由

中而出無所勉强便是樂之實大凡一段中必有緊要處這一段便是這個實字要緊○問樂則生矣生則惡可已也曰如今恁地勉强安排如何得樂到得常常做得熟自然浹洽通快周流不息油然而生不能自已只是要到樂處實是難在若只恁地把捉安排纔忘記又斷了這如何得樂如何得生○節者等級也文是裝裹得好如升降揖遜之類也○蔡氏曰既曰知斯二者又曰弗去者易曰貞固足以幹事貞固二字朱子云知正之所在而固守之所謂知而弗去是也體仁嘉會利物皆一意而貞固獨有二字意貞則知之貞固則守之固蓋萬物之成始而成終所以爲貞也惻隱羞惡辭遜皆是一面道理而是非獨有兩面則智之爲二可知矣又推之凡屬北方者皆有二如五行水土俱旺於子五臟心肝脾肺皆一而腎獨二四方青龍朱雀白虎皆一而玄武獨二造化之妙莫不皆然此貞之所以成終而作始智之所以知之而又弗去也但孟子此章只以仁義爲本而又以事親從兄爲行仁義之本蓋

事親從兄乃良心之發最爲切近而精實者也智則吾心虛靈知覺之妙經緯乎其中者也終之以禮樂又所以節之樂之使良心之發油然生生而不能自已者也若智之知而弗去與禮之節文猶是守之也到得樂則生而不知手舞足蹈則化之矣此學問之極功也○慶源輔氏曰知既明則自然弗去知人知水火之不可蹈則自然不蹈也人既知親之當愛兄之當敬孰肯舍其親而不愛舍其兄而不敬者其有不愛不敬者蓋其智爲物昏而知之不明非智矣事親自有事親之節文從兄亦然粗言之如溫凊定省徐行後長之類各有品節文理便是禮之實不知手舞足蹈此聖人之作樂所以必有舞也樂之之意至於充盛之極則不假言說心意自然形見血脉自然流溢手舞足蹈皆自然而然不待心使之然故不自知也○和順從容不待勉强事親從兄之意油然而生如草木之有生意是樂之實○草木既有生意則日長月茂無一息之停孰能遏而止之哉事親從兄之意油然自生則亦如草木之

有生意自然日日暢滿茂盛條理通達自無一息之停又烏得而遏之哉○事親從兄是良心之眞切仁與義是斯道之統會若便恁地說過亦只是說話須是以人體之方可所謂必知之明而守之固然後節之密而樂之深者此正如魚之飮水冷暖自知非言語之能盡也○雙峯饒氏曰實如果實包得許多生意在其中萌芽枝葉皆由此生初焉五者只在事親從兄兩件内如兩個果實然少焉知得這個節文這個樂這個到生而惡可已皆此實内萌芽發甲到枝葉蕃茂處此章與論語本立而道生相似前面事親從兄是爲仁之本後面智禮樂是道生但有子說得偏孟子說得全○節是限節文是文章如及人是節揖是文親親之殺尊賢之等此節文也就親親中而言則又有親疏遠邇到仁民愛物上亦是節文纔到節文處功用便廣了天理之節文作靜字看節文斯二者作動字看此章說得皆活亦當活看○禮樂合精粗本末而言到樂處則道理自然生○此章不言信者實則信在其中○此章有

經緯仁義是經禮樂智是緯○莆田黃氏曰前四個是也字都是說用工處到樂處便不說是也字了這處最要看所以樂所以生者如何生字與實字相應實是個生生種子這種子只在人腔殼子裏發之吾身事親從兄是從源頭發見處說知弗去是就體認操存處說節文是就纖悉微密處說樂是就成熟結果處說生惡可已如碩果不食善端萌蘖更無歇時足蹈手舞只是形容枝幹暢茂花蕚敷榮可玩可悅處○張氏彭老曰孟子所謂實卽有子所謂本本立而道生與樂則生矣此兩生字最可觀譬之果木有根本而後生枝葉有核實而後生萌芽生則惡可已也果木之生惡可已則不知其枝之繁葉之茂也人心天理之生惡可已則不知其足之蹈手之舞也○雲峰胡氏曰前兩實字是就人本心上說下三實字是就工夫上說○新安陳氏曰味必字與然後字集註實歸重於知而弗去之智智配貞貞者正而固也果能於事親從兄知之旣明守之又固然後節之密樂之深始可言耳密與文理密

察之密同禮之節文不厭其密樂至於生生惡可已舞蹈
而不自知斯可以謂之深矣通考徐氏滔生曰集註中訓
仁曰心之德愛之理訓義曰心之制事之宜也訓禮曰天
理之節文人事之儀則而智獨無訓智者四端之一耳仁
義禮既有以釋之豈於智而獨無所訓哉蓋嘗以明足以
燭理言又以達於事理言亦以見之明守之固言此皆所
以訓乎智也○淺說然無智禮樂又何以全是孝弟哉故
智之實則在於孝弟之道知之明而不差其正路守之固
而不失其初心是也禮之實則在於孝弟之道節其過而
歸之大中文其不及而匹於至善是也樂之實則從容乎
孝弟之天無事乎勉強之力而至於樂也樂則生意油然
不待擴之而自充也生則日新月盛雖欲遏之有不能也
由是熟而愈熟盛而又盛心與道而相忘身與道而俱化
足之蹈之一孝弟之形見有不知其誰之所為也手之舞
之一孝弟之動盪有不知其誰之所使也其樂之之深也
又何如哉盡孝弟而至於是則道之大本以立而其用寧

有窮乎○蒙引節文只是中無過不及俗云恰好處○言
智而後及禮必知之明而守之固了然後方可從上面加
節文仔細工夫○此守之固是言其行之有終自知之至
守之事親從兄始終之事備矣節文乃是就上面加華采
又較深一節至於樂則愈深矣此三段以淺深言之○樂
者謂其事親從兄無所勉強而安之也由是事親從兄之
意油然自生如草木之有生意蓋進進不已所得愈深也
生則惡可已也樂而又深其味無窮也至於手舞足蹈之
至矣見得不是樂之便住○惡可已卽生生不已也○尋
常說進德之事只道樂處便了此節卻有許多節者亦是
樂中之節非樂之後又有許多節目也尋常單言樂字亦
皆樂則生矣○存疑手舞足蹈不必說如作樂者之舞蹈
只腳輕手快便是此蒙引說可謂得其生矣○這樂與仰
不愧俯不怍之樂不同這樂尚在工夫上那樂是效驗這
樂上尚有生烏可已許多事故曰尚在工夫上若仰不愧
俯不怍之樂又在手舞足蹈之後故曰是效驗○和順從

容無所勉強卽是樂○此章五個實字文勢雖是一般意
思卻有二樣仁義之實是以其發見之親切者為實也智
禮樂之實又是從此而得意思與上不同仁義之實是個
本領智禮樂之實卻是為此底工夫故總註曰天下之理
皆原於此然必知之明而守之固然後節之密而樂之深
也○蒙引此章言事親從兄良心真切天下之道皆原於
此此四句全是貼仁義之實二句不可以為該智之實以
下朱子分作兩段故小註以為此章之言一經一緯也○
存疑生是自然發生如草木生枝長葉一般在孝弟則是
心中只管去愛親敬長一念孝弟意思真個勃勃然發生
出來如草木生枝長葉一般都不待費力要他如此所以
謂之生惡可已只是就此充長去不可遏也要不大相遠
必樂則生者凡事若出於勉強未到樂處則苦其難而自
阻者多矣安有喜前勇進之理一到樂為處則不見其難
但見其易不見其惡但見其美只管愛做生意勃勃矣○
蒙引仁之實章孟子可見道理自周遍非謂天下道理都

不出乎事親從兄只謂天下道理都原在於事親從兄而
已下文智禮樂亦然故一一下個實字有生道焉○仁義
二字孟子是以此該盡天下之道如云亦有仁義而已矣
又云仁人之安宅云云又言親親仁也敬長義也又曰充
塞仁義每只言仁義是並舉體用而言以該天下之道也
此章言仁義之實亦是一大頭腦所謂天下之道皆原於
此者也其下條智禮樂云云則皆所以全乎孝弟二者而
已非以智禮樂之實來對仁義之實而並言之要有主客
故朱子亦分為兩段解總註亦然○孟子看得孝弟二字
道理最大此章之言卽是人人親其親長其長而天下平
之理故其所抱負王道只欲五畝而使老者無寒百畝而
使老者無飢雞豚狗彘之畜而使老者得食肉謹庠序之
教而使老者無負戴也又曰親親仁也敬
長義也無他達之天下也此皆是定見處

○孟子曰天下大悅而將歸己視天下悅而歸己猶草芥也

惟舜爲然不得乎親不可以爲人不順乎親不可以爲子
言舜視天下之歸己如草芥而惟欲得其親而順之也得
者曲爲承順以得其心之悅而已順則有以諭之於道心
與之一而未始有違尤人所難也爲人蓋泛言之爲子則
愈密矣〔朱子曰〕人字只大綱說子字卻說得重○固有人承順顔色看父母做事不問是非一向不逆其志這是得親之心然猶是淺事惟順乎親則親之心皆順乎理必如此而後可以爲子此所以爲尤難也○〔雙峯饒氏曰〕順親者父母所爲合乎道子所爲亦合乎道彼此無違逆之謂非順從之順也問如何可以諭之於道曰所謂先意承志諭父母於道父母之意未發我便做道理承順其志而諭之於道爲人子不特得父母之心又能諭父母於道

方謂之孝〔附〕存疑此章首一節只是後章人悅之好色富貴無足以解憂惟順於父母可以解憂意○〔蒙引〕必諭之於道了方得心與之一而未始有違順字正訓是不違諭之於道都是順前面工夫○〔顧麟士曰〕按紹聞編曰不得乎親不可以爲人不順乎親不可以爲子此舜負罪引慝之心也舜之心如此所以能盡事親之道云云
舜盡事親之道而瞽瞍厎豫瞽瞍厎豫而天下化瞽瞍厎豫
而天下之爲父子者定此之謂大孝
瞽瞍舜父名厎致也豫悅樂也音洛瞽瞍至頑嘗欲殺舜至
是而厎豫焉書所謂不格姦亦允若是也〔書舜典瞽子父頑母嚚象傲克諧以孝烝烝乂不格姦〔言舜乃瞽瞍之子不幸遭父頑母嚚及其異母弟名象者亦驕傲而能和以孝使之進進以善自治而不至於大爲姦惡也〕○大禹謨祗載見瞽瞍夔夔齊慄瞽瞍亦允若〔言舜敬其子之職事以見瞽瞍夔夔然莊敬戰慄雖瞽瞍愚頑亦且信而順之也〕蓋舜至此而有以順乎親矣是以
天下之爲子者知天下無不可事之親顧吾所以事之者
未若舜耳於是莫不勉而爲孝至於其親亦厎豫焉則天
下之爲父者亦莫不慈所謂化也子孝父慈各止其所而
無不安其位之意所謂定也〔新安陳氏曰〕化以心言定以分言爲法於天
下可傳於後世非止一身一家之孝而已此所以爲大孝
也〔南軒張氏曰〕事親之道人人具於性中他人不能盡而舜能盡之亦非有所加益於其間也盡事親之道而瞽

瞍厎豫惟天下之至誠有以感通故耳○又曰舜爲法於天下豈特天下之爲父子者定可傳於後世萬世之爲人父子者亦莫不定矣嗟夫爲人子者苟以大舜爲不可跂及而不取法於舜是自諉其天性也欲取法於舜如之何亦曰反身而誠而已矣○〔雙峯饒氏曰〕聖人遇此人倫之變卻能回變爲常返逆爲順所以可爲法於天下而傳萬世也〔附〕存疑舜盡事親之道而瞽瞍厎豫上是子孝下是父慈也天下化裏兼有子孝父慈天下定只就天下化上看出○〔淺說〕子化於孝則子止其所而天下之爲子者定父化爲慈則父止其所而天下之爲父者定○〔蒙引〕厎致也言舜盡事親之道於是瞽瞍雖頑亦有以致其悅樂也一說致至也如厎於有成乃言厎可績之厎但如此說則朱子何不曰至也○李氏曰名侗字愿中延平人舜之所以能使瞽瞍厎豫者
盡事親之道共音恭爲子職不見父母之非而已昔羅仲素

語此云只爲去聲天下無不是底父母了翁聞而善之曰唯
如此而後天下之爲父子者定彼臣弒其君子弒其父者
常始於見其有不是處耳 仲素名從彥豫章人後居延平了翁姓陳名瓘字瑩中延平人
○慶源輔氏曰孝子之心與親爲一凡親之過皆己之過
舜之所以負罪引慝者此也故孝子自不見父母有不是
處羅氏之語約而盡質而當萬世不可易凡父母有不是
皆己之不是也己既是父母豈有不是者哉陳氏則又推
其極而言之亦事理之實也○西山眞氏曰舜所値者至
難事之親也然積誠感動不以父母爲不是而自引以爲
己之慝惟見自己之不是而已世縱有難事之親豈得有
如瞽瞍者故瞽瞍厎豫而天下之爲人子者皆知無不可
孝之親惟患爲子者未盡事親之道耳孰有不勉於爲孝
者哉是故罪己而不非其親者仁人孝子之心也怨親而
不反諸己者亂臣賊子之志也後之或難事之親者其必
以舜爲法附蒙引問若不見父母之非如何必諭之以道
而後已曰初間父母志未歸於得時亦是人子不是非父
母不是也如若能盡事親之道則有以引之於道矣何至
有違處

孟子大全卷之七終

孟子集註大全卷之八 三魚堂讀本

離婁章句下

凡三十三章通考勿軒熊氏曰內九章言聖賢道統傳授凡講學脩身齊家治國之道亦具焉○勉齋黃氏曰此篇多平居講貫之言而欲其自得一章工夫次第爲尤詳十九章言舜由仁義二十章言禹湯文武周公二十一章言孔子作春秋二十二章自謂未得爲孔子之徒而私淑諸人並歷舉列聖相傳之事而企焉自任與承三聖意相近特每更端而言之耳當通爲一章而誦味之也餘皆敘孟子之言行以繼之末章乞墦之驗警士大夫求富貴掩其苟求之迹而返敢以富貴驕人者最爲切至

孟子曰舜生於諸馮遷於負夏卒於鳴條東夷之人也

諸馮負夏鳴條皆地名在東方夷服之地 問舜卒於鳴條則湯與桀戰之地也而竹書有南巡不反禮記有葬於蒼梧之說何耶朱子曰孟子之言必有所據二書駁雜恐難盡信然無他考驗闕之可也○趙氏曰諸馮在冀州之分負夏春秋時衛地鳴條在安邑之西附蒙引在東方夷服之地夷服二字按周九服侯甸男采衛蠻夷鎭荒也趙氏曰諸馮在冀州之分負夏春秋時衛地鳴條在安邑之西今按冀正北方也衛東北方也安邑已近西鳴條又安邑之西如何云在東方夷服之地曰冀雖正北曰在冀州之分則諸馮諒在冀州分內之東矣衛已在北之東鳴條亦然蓋堯舜時天下無許多大至夏商周時始漸拓而大故以爲夷服然謂之夷服則實在諸侯九服之內非如今所謂四夷之夷且九服夷在荒之內故曰荒服之外不治也在荒服內者固皆先王所治不可謂舜文皆夷狄人也文王生於岐周舊邦豈舜當時以夷狄地封后稷耶公劉始遷於邠安肯遷

入夷狄耶四岳舉舜曰有鰥在下曰虞舜堯乃降二女於潙汭舜乃夷狄四岳安得聞其詳而薦之耶堯又安肯以女妻夷狄人耶若不審此中國帝王所自立豈容胡人入主中國哉況諸馮負夏鳴條岐周畢郢古今皆屬中國但以其際西而極東故云爾（顧麟士曰）通義

仁山金氏曰東夷西夷俗言東邊西邊

文王生於岐周卒於畢郢西夷之人也

岐周岐山下周舊邑近畎夷畢郢近豐鎬胡老反○（新安陳氏曰）畢在鎬東非楚都之郢**今有文王墓**

地之相去也千有餘里世之相後也千有餘歲得志行乎中國若合符節

得志行乎中國謂舜爲天子文王爲方伯得行其道於天下也符節以玉爲之篆刻文字而中分之彼此各藏其半有故則左右相合以爲信也若合符節言其同也周禮六節守邦者用玉節守都鄙者用角節凡邦國之使節山國用虎節土國用人節澤國用龍節皆金也門關用符節貨賄用璽節道路用旌節○（朱子曰）古人所爲恰與我相合只此便是至善前乎千百世之已往後乎千百世之未來只是此箇道理○古人符節多以玉爲之如牙璋以起軍旅又有竹符又有英蕩符蕩小節竹使者謂之蕩節也漢有銅虎符竹使符銅虎以起兵竹使郡守用之凡符節右留君所左以與其人有故則君以其右合其左以爲信也曲禮曰獻粟者執右契右者取物之券如徵兵取物徵召皆以右取之也（通考）趙氏悳曰舜至文王一千二百歲（附）蒙引此章所言得志行乎中國者似皆指道之用言○問符節一物乎分爲二物乎曰一物也何以証曰註曰符節以玉爲之云云可見是一物兼周禮所謂玉節角節虎節人節龍節璽節旌節周禮惟門關用符節此符節則以竹爲之○得志行乎中國吳仲珠謂中國二字對東夷西夷說非也集註只訓作天下且東西夷已說見前○（存疑）得志行乎中國就舜文說先聖後聖其揆一又是因舜文槩說古今聖人或謂專說舜文固不是或謂除舜文說古今聖人亦不是○不是得志行乎中國同是其行乎中國者同也古今異時彼此殊勢舜文所行之事安得盡同然隨事各當其理這便是同也蒙引文王之發政施仁必先鰥寡孤獨卽舜之不虐無告不廢困窮一條未免以事迹論不必用如用之則有不同者說不得矣

先聖後聖其揆一也

揆度音鐸下同**也其揆一者言度之而其道無不同也○范氏曰言聖人之生雖有先後遠近之不同然其道則一也**（南軒張氏曰）聖人純乎天理舜文父子君臣之際蓋不同矣其揆一者所契合者天之理也舜與文王易地則皆然○（慶源輔氏曰）孟子未嘗說著道字然曰行乎中國便是道曰其揆一揆亦是道○（雲峰胡氏曰）舜於君臣處其常而於父子處其變文王於父子處其常而於君臣處其變其事不一也而最可見其道之一○（新安陳氏曰）先後以時言遠近以地言道之同以此心此理言（通考）朱氏公遷曰此以道統言論語末篇之首章孟子末篇之末章皆是此意但彼則主乎道統而言故歷述其相傳之緒此則主乎聖人而言故舉其相去之最遠者以爲例見其無不同也（附）蒙引所謂先聖後聖其揆一者皆是無意相合而自然相脗合○其揆一者註云揆度也其揆一者言度之而其

道無不同也。此是解出所取揆字之義如此。其實只是與言其一揆一轍同歸一致者一意。切不可謂上文言其道之同，此是言度其道之同。○揆，度也。度不是料度，乃是比度也。若作料度說，則差毫釐而謬千里矣。○〔淺說〕蓋道至於中，則不容有二致；人至於聖，則不容有兩心。

○子產聽鄭國之政，以其乘輿濟人於溱洧。乘，去聲。溱音臻。洧，榮美反。

子產，鄭大夫公孫僑也。僑音喬。溱洧，二水名也。子產見人有徒涉此水者，以其所乘平聲之車載而渡之。〔附〕〔存疑〕曰：聽鄭國之政，則可以無所不為也。乃以乘輿濟人於溱洧，據事直書，而貶之之意自見矣。此書法也。

孟子曰：惠而不知為政。

惠謂私恩小利。政則有公平正大之體，綱紀法度之施焉。

問：以左傳考之，子產非不知為政者。孟子姑以其乘輿濟人一事議之，然夫子亦目以惠人，豈子產所為終以惠勝歟？〔朱子〕曰：東坡云有及人之小利，無經世之遠圖，亦說得好。都鄙有章等，只是行惠人底規模。○〔慶源輔氏〕曰：惟其恩之出於私，故其利之及者小。又曰：體以理言，本也；施以事言，用也。〔附〕〔存疑〕惠而不知為政句，是一章大旨，下皆明此意。歲十一月徒杠成，十二月輿梁成，雖是先王之政，却是就橋梁一事說。君子平其政，則無所不該，橋梁一事亦在其內。○〔蒙引〕惠字便是譏了，不到不知為政處方是譏，故註云惠謂私恩小利。○或謂惠以心言，亦非也。註明云私恩小利，是以事言。若謂子產有不忍人之心而不能行不忍人之政，則固是。○公平正大之體，公則平矣，公平則正矣，正斯大矣。○大者為綱，總乎衆紀；小者為紀，隸乎大綱。綱紀即法度之凡也。凡皆法也，度特其一。舉一該其餘。

歲十一月徒杠成，十二月輿梁成，民未病涉也。杠音江。

杠，方橋也。徒杠，可通徒行者。梁亦橋也。輿梁，可通車輿者。周十一月，夏九月也；周十二月，夏十月也。夏令曰：十月成梁。夏令曰：九月除道，十月成梁。營室之中，土功其始。〔通考〕〔趙氏悳曰〕夏令，夏后氏之令，周所因也。蓋農功已畢，可用民力，又時將寒沍，音互。水有橋梁，則民不患於徒涉，亦王政之一事也。〔朱子〕曰：先王之政，細大具舉，而無事不合民心，順天理，故其公平正大之體，紀綱法度之施，雖纖悉之間，亦無遺憾如此。○〔雙峰饒氏〕曰：民未病涉，要就未字上看。十月徒杠已自成了，所以民未至於病涉。若徒杠到寒時方做，則民已病於涉。〔附〕〔蒙引〕梁亦橋也。凡橋皆可謂之梁，惟杠則獨是方橋，此其可通車輿，故曰輿梁，此橋之大者。先成徒杠，後成輿梁，小者力省而易成，大者力數倍，故遲耳，非必急於徒行而緩於車行者。○夏令曰十月成梁，引此以證周十二月為夏十月也。然則周十一月非夏九月而何？此一句可證本文二句。不曰作梁而曰成梁，要其成功言也。○〔存疑〕民未病涉，言不用乘輿去濟人，行辟人可也，言不必乘輿去濟人。焉得人人而濟之？每人而悅之，日亦不足，言乘輿不能盡濟人。意有三段。

君子平其政，行辟人可也，焉得人人而濟之？辟與闢同。焉，於虔反。

辟，辟除也，如周禮閽音昏人為去聲之辟之辟。周禮天官閽人掌王宮之中門之禁，凡外內命夫命婦出入，則為之闢。閽人主晨昏啓閉，闢開左右行者。言能平其政，則出行之際辟除行人使之避己亦不爲過況國中之水當涉者衆豈能悉以乘輿濟之哉〔朱子曰〕辟除之辟乃趙氏本說與上下文意正相發明蓋與舍車濟人正相反也○君子能行先王之政使細大之務無不畢舉則惠之所及亦已廣矣是其出入之際雖辟除人使之避己亦上下之分固所宜然何必曲意行私使人知己出然後爲惠又況人民之衆亦安得人人而濟之哉〔附〕〔蒙引〕註國中之水當涉者衆國中之水謂不止溱洧也愚謂縱然只是溱洧亦不能人人而濟之朱子必廣言者蓋如此則愚一意亦在其中矣○每人而悅之亦不專指濟涉一事惟行辟人可也徒以出行言之却是承子產因出行而以乘輿濟人說

故爲政者每人而悅之日亦不足矣

言每人皆欲致私恩以悅其意則人多日少亦不足於用矣諸葛武侯嘗言治世以大德不以小惠〔蜀志〕諸葛亮之相蜀也有言公惜赦者答曰治世以大德不以小惠得孟子之意矣問孔子以子產之惠爲君子之道而子以私恩小利言之何也〔朱子曰〕孔子之言通乎巨細故不害其爲君子之道此承上文乘輿濟人一事而言則私恩小利而已子產之事可謂有不忍人之心矣然先王則以不忍人之心行不忍人之政是以其體正大而均平其法精密而詳盡而其利澤之及人如天地之於萬物莫不各足其分而莫知其功之所自苟有是心而無是政則不過能以煦濡姑息苟取悅於目前其耳目之所不及不免有所遺矣況天下國家之大又安得人人而濟之昔諸葛武侯嘗言治世以大德不以小惠而其治蜀也官府次舍橋梁道路莫不繕理而民不告勞是亦庶幾乎先王之政矣曰子產

相鄭能使都鄙有章上下有服田有封洫廬井有伍則亦非不知爲政者橋梁之脩尤非難事乃獨有闕於此耶曰聞之師曰子產之才之學於先王之政雖有所未盡然其於橋梁之脩蓋有餘力而其惠之及人亦有大於乘輿之濟者矣意者此時偶有故而未就又不忍乎冬涉之艱而爲是爾然慕其小惠以悅於人人亦悅而稱之孟子慮夫後之爲政者或又悅而效之則其流必將有廢公道以市私恩違正理而干虛譽者故極語而深譏之以警其微亦拔本塞源之意也○〔南軒張氏曰〕先王之治爲之井田爲之封建與天下公共使俱得其平下至於鰥寡廢疾皆得所養而微至於次舍橋梁芻秣之事亦皆有經制此豈先王強爲之哉因事而制法其法皆循乎天理而天下之人無不被其澤後世欲人人而悅而日亦不足公義私恩之相去蓋如此○〔慶源輔氏曰〕此正說子產之用心錯處夫子產固賢但以不知聖人之學是以有時內交要譽之私萌而不可揜孟子明辨之所以立教也〔附〕〔存疑〕乘輿濟人

之說當以黃氏日抄爲定論曰子產君子人也未必慕私惠以悅於人其濟處亦未必有深淵須橋梁之地其時亦未必冬寒而相國之乘輿又豈有常出於外借以濟人之理或者子產乘輿已濟而民有涉水者因就以其乘輿濟之小民感悅世傳以爲美談孟子因而廣之言此不過一時之惠云云此說可據

○孟子告齊宣王曰君之視臣如手足則臣視君如腹心君之視臣如犬馬則臣視君如國人君之視臣如土芥則臣視君如寇讎

孔氏曰宣王之遇臣下恩禮衰薄至於昔者所進今日不知其亡則其於羣臣可謂邈〔莫角反〕然無敬矣故孟子告之

以此手足腹心相待一體恩義之至也如犬馬則輕賤之然猶有豢音患養之恩焉國人猶言路人言無怨無德也土芥則踐踏之而已矣斬艾音乂之而已矣其賤惡去聲之又甚矣寇讎之報不亦宜乎〔慶源輔氏曰〕此說特爲宣王發所謂有爲之言也然臣之報君視君之所施常加厚一等○〔潛室陳氏曰〕孟子此語是說大都報應如此若忠臣孝子不當以此自處當知天下無不是底君父

王曰禮爲舊君有服何如斯可爲服矣爲去聲下爲之同

儀禮曰以道去君而未絕者服齊音咨衰音催三月〔儀禮喪服篇傳曰〕大夫爲舊君何以服齊衰三月也大夫去君歸其宗廟故服齊衰三月言與民同也何大夫之謂乎言其以道去君而猶未絕也注謂三諫不從待放於郊未絕者言爵祿尚有列於朝出入有詔於國凡畿內之民服齊衰三月又子夏傳云臣爲君方喪三年

王疑孟子之言太甚故以此禮爲問〔雙峰饒氏曰〕舊君其恩已絕尚且爲其君有服不應見在之君而待之如此集註所以云王疑孟子之言太甚〔附〕顧麟士曰按檀弓載繆公問子思爲舊君反服古與子思所答與此畧同則爲舊君服者必是反其國爲之雖其說不見儀禮猶爲可以義起也

曰諫行言聽膏澤下於民有故而去則君使人導之出疆又先於其所往去三年不反然後收其田里此之謂三有禮焉如此則爲之服矣

導之出疆防剽匹妙反掠音畧也先於其所往稱道其賢欲其收用之也三年而後收其田祿里居前此猶望其歸也〔朱子曰〕有故而去非大義所繫不必深爲之說臣之去國其故非一端但昔者諫行言聽而今也有故而去而君又加禮焉則不得不爲之服矣樂毅之去燕近之○〔慶源輔氏曰〕導之出疆所以盡防衛之道於在我之境先於其所往所以爲其祿仕之地於所往之國去三年不反然後收其田里所以示拳拳屬望之恩義也○〔雙峰饒氏曰〕諫是閉邪言是陳善○問諫行言聽如何又有故而去曰如夫子在其國道非不行只因受女樂便去諫行言聽是平日如此亦有偶然議論不合而去〔附〕〔蒙引〕膏是膏油澤是水澤二者皆滋潤乎物此二字是借字賢者之事君諫行言聽則

自有膏澤在民矣○以道去君猶言以禮致仕之類若夫諫不行言不聽搏執之又極所往去之日遂收其田里則道安在乎愚謂范蠡之去越近之○田所賦之祿入也里所居之第宅也故曰田祿里居○此之謂三有禮焉導之出疆一也先於其所往二也三年然後收其田里三也不逮諫行言聽說自是去後三有禮然如此云云通結諫行言聽以下不只帶三有禮也

今也爲臣諫則不行言則不聽膏澤不下於民有故而去則君搏執之又極之於其所往去之日遂收其田里此之謂寇讎寇讎何服之有

極窮也窮之於其所往之國如晉錮音固欒盈也左傳襄公二十一年

欒桓子〔名黶〕娶於范宣子生懷子〔名盈〕范鞅以其亡也怨欒氏〔先是十四年欒黶強逐范鞅使奔秦〕故與欒盈爲公族大夫而不相能桓子卒欒祁與其老州賓通欒祁桓子之妻范宣子之女也老家臣之長懷子患之祁懼其討也愬諸宣子曰盈將爲亂范鞅爲之徵〔証其有此〕宣子使城著〔晉邑名〕而遂逐之秋欒盈出奔楚冬會於商任〔錮欒氏也禁錮之使諸侯不得受〕○二十二年秋盈自楚適齊晏平仲言於齊侯曰商任之會受命於晉今納欒氏將安用之冬會於沙隨復錮欒氏也〔晉知欒盈在齊故復錮也〕○潘興嗣〔豫章人〕曰孟子告齊王之言猶孔子對定公之意也而其言有迹不若孔子之渾〔上聲〕然也蓋聖賢之別〔必列反〕如此〔新安陳氏曰論語集註釋夫子對定公之語末一說謂君使臣以禮則臣事君以忠此章與之意似然聖言含蓄不露此則英氣發露甚矣孟子亦是述記檀弓篇子思答魯繆公問禮爲舊君反服之意〕楊氏曰君臣以義合者也故孟子爲〔去聲〕齊王深言報施〔詩智反〕之道使知爲君者不可不以禮遇其臣耳若君子之自處〔上聲下同〕則豈處其薄乎孟子曰王庶幾改之予日望之君子之言蓋如此〔問君臣之意天倫中却與父子一般然愛君之心不如愛父何也〔朱子曰〕離畔也只是庶民君子不如此因舉臣罪當誅兮天王聖明曰退之此語如何道是好文王豈不知紂之無道却如此說蓋臣子無說君父不是底道理只得說如此此是去不得處便見得君臣之義○〔南軒張氏曰〕孟子此言非獨齊宣王所當聞爲人君者苟知此義念夫感應施報之可畏而崇高之勢不可恃反己端本之不可一日忘待臣下以禮養臣下以恩保臣下以忠信則上下交通而至治可成矣若夫在爲人臣者之

分君雖待我者有未至而我所以事君者不可以不自盡玩味孟子三宿出晝之心則庶幾其得之矣○西山眞氏曰孔孟之言可以見聖賢氣象之分雖然孟子爲齊王言則然而所以自處則不然千里見王不遇故去而三宿出晝未嘗有悻悻之心猶幸王一悟而追己也曷嘗以寇讎視其君哉【附】蒙引潘興嗣考之先儒姓氏無之不知何時人記得宋文鑑多有潘興嗣文章則必宋人也〕

○孟子曰無罪而殺士則大夫可以去無罪而戮民則士可以徙

言君子當見幾〔平聲〕而作禍已迫則不能去矣〔南軒張氏曰非特士大夫當知見幾而作之意抑將使有國者聞之悚然不可以失士大夫之心也使大夫士懷去徙之心則國之危亡無日矣衛北風上爲威虐下相攜而去之攜手同行又攜手同車則非徒賤者去貴者亦去矣未幾衛有狄禍可不畏哉○〔慶源輔氏曰〕可以者在時宜爲可也失此幾則有欲去而不能者矣此明夷之初所以不食而行遯之初所以有尾厲之戒而孔子往趙所以及河而復也然此特言其常理耳時與位之不同則所以處之者亦異若執此一說以爲臣則凡苟免自私之徒得以藉口矣【附】蒙引或錯認集註及輔氏註以本文可字爲可得之可惟虛心讀之見得只是言當見幾而作之意此可以字正如夫子可以行矣及子未可以去乎之類可以字語脉則含有及此時不去則後有欲去而不能之意〕

○孟子曰君仁莫不仁君義莫不義

張氏曰此章重〔平聲〕出然上篇主言人臣當以正君爲急此

章直戒人君義亦小異耳（慶源輔氏曰上篇言人臣當以正君爲急此章言人君當以正己爲先。亦大學。其幾如此之說也。附蒙引上章主言人臣當以正君爲急。承格君心之非而言。則君仁君義主心言可矣。此章直戒人君。只言君身而心亦在其中。且此莫不二字上無所承。而必拘拘於行政用人。則與直戒人君義亦小異之旨不貫矣。旣云直戒人君。又云義亦小異。亦之一字。言不止於直戒人君與上篇不同。其義亦須小異。○此章重出與論語重出而逸其半不同。重出而逸其半。所重出者只是一意。此章重出。却是無上事而直出二句。難用上章行政用人填入莫不字內。○顧麟士曰此章註疏通義淺說達說俱主上下感應說。存疑仍照上章用人行政說。蒙引又騎墻言之。今亦未有定也。然輔注其幾如此之云。則亦自主感應耳。

○孟子曰非禮之禮非義之義大人弗爲

察理不精故有二者之蔽大人則隨事而順理因時而處上聲宜豈爲是哉（程子曰恭本是禮。過恭是非禮之禮也。以物與人爲義。過與是非義之義也。○張子曰非禮之禮。非義之義。但非時中者皆是也。時中之宜甚大。須精義入神。始得觀其會通。行其典禮。此方是眞義理也。行其典禮而不達會通。則有非時中者矣。○潛室陳氏曰程門以爲如婦人之仁。宦寺之忠。晦翁以爲凡禮義不可泥陳迹。如可行於昔而不可行於今。可行於人而不可行於己。與夫辭之爲禮。亦有不辭之爲禮。受之爲義。亦有不受之爲義。行之人則爲禮。行之我則非禮。惟義亦然。大人者。義理周徧融通。故不爲非禮之禮義。又曰大人則道全識周。貫萬變而不膠於其迹。故無此蔽。學未到大人變通處則必膠於陳迹。○雙峰饒氏曰此章緊要在大人弗爲上。大人對小人言。大人者言不必信。行不必果。惟義所在。言必信。行必果。硜硜然小人哉。正是相對說。○雲峰胡氏曰非禮之禮非義之義。皆似是而非。大人者隨事順理而不爲非禮之禮。因時處宜而不爲非義之義。蓋不或於其似而深得夫時中之道者也。附蒙引此全是認理不精之過。此君子所以貴乎精義也。○此章之意。惟張子與晦翁二說與大註意正合。大註云大人則隨事而順理因時而處宜。此正與時中及不泥陳迹之說脗合無間。若程子所謂恭本是禮。過恭則非禮之禮。以物與人爲義。過與則非義之義。又云如婦人之仁。宦寺之忠。此說雖亦不可以爲非。但徒以集註隨事順理因時制宜之說。似未切當。且集註意亦自無所不該。○雲峰謂夫隨事順理而不爲非禮之禮。因時制宜而不爲非義之義。非也。如此則禮只在事上用。義只在時上用。蓋朱子下此二句。是要兼時與事。非是分貼禮與義也。

○孟子曰中也養不中才也養不才故人樂有賢父兄也如中也棄不中才也棄不才則賢不肖之相去其間不能以寸樂音洛

無過不及之謂中足以有爲之謂才養謂涵育薰陶俟其自化也賢謂中而才者也（慶源輔氏曰中以德言才以才言德本於性才本於氣賢則兼有才德者也○通考東陽許氏曰中以德言才以能言有以其能成物也有能以其能事也涵育寬以容之之意薰陶善以道之之意樂有賢父兄者樂其終能成己也爲父兄者若以子弟之不賢遂遽絕之而不能教則吾亦過中而不才矣其相去之閒能幾何哉（南軒張氏曰父兄之於子弟教之之道莫如養之養之云者如

天地涵育萬物其雨露之所濡風雷之所振和氣之薰陶
豈有間斷乎哉故物以生遂焉父兄養子弟之道亦當如
是也寬裕以容之義理以漸之忠信以成之開其明以祛
其蔽引之以其方而使之自喻夫豈歲月之功哉彼雖不
中不才涵育之久豈無有萌焉如其有萌養道益可施矣
〇〔慶源輔氏曰〕集註涵育以天地之生物言薰陶以工冶
之成物言此循其理而彼自成其形焉無心也蓋父子兄
弟之間皆難於責善正其在我者使之自化而已〇〔新安
陳氏曰〕父兄遇子弟之賢其爲教也易不幸遇子弟之不
賢其爲教也難所以貴乎養之也舜命契曰敬敷五教在
寬寬即養之謂也若急迫以求之見其未化遂以爲不可
教而舍之是棄之也父兄而棄子弟則我之賢爲過子弟
之不肖爲不及過猶不及均之爲失中耳相去能幾何哉
附蒙引俟其自化意重中也養不中才也養不才正爲子
弟資質遲鈍志氣昏惰不前父兄多有不能耐煩
忍待之意故養字要看得與棄字相反對始得

〇孟子曰人有不爲也而後可以有爲
程子曰有不爲知所擇也惟能有不爲是以可以有爲無
所不爲者安能有所爲耶〔朱子曰〕橫渠先生云不爲不仁則可以爲仁不爲不義則可以
爲義〇〔雙峰饒氏曰〕凡人既不肯爲惡則必勇於爲善上
面是有守下面是有爲先有守而後有爲附存疑此是言
人必窮有定守而後達有實用若平居廉隅不立苟且自
將向後當事亦只模稜苟且與時浮沉耳安望其能有爲
耶如伊尹必非其道非其義祿之以天下弗顧繫馬千駟
弗視一介不以取與諸人然後能相湯伐夏以救民若司
馬相如失節臨邛深虧細行後來得遇主雖有功業亦
只是奉使西南夷著封禪書以愍人主之侈心而已故易
曰利貞利
有攸往

〇孟子曰言人之不善當如後患何
此亦有爲去聲而言問所謂後患者謂得罪於其人耶抑恐其亦言己之不善耶〔朱子曰〕是皆有之
然斯言必有爲而發今不可知其所指矣〇〔新安陳氏曰〕
隱惡忠厚之道亦遠害之道也大舜隱惡而揚善夫子言
誰毀誰譽下文但言如有所譽而不言毀可見矣若當官
而行有奸慝當言又不可顧後患而緘默也〔通考程氏復
心曰〕君子語默惟其時與義而已義所當言
是是非非不苟默也豈計後患哉如字訓奈

〇孟子曰仲尼不爲已甚者
已猶太也楊氏曰言聖人所爲本分去聲之外不加毫末非
孟子眞知孔子不能以是稱之〔朱子曰〕所謂本分者事理之至當非苟然而已也學
者且深察之一有小差則流而入於鄉原之亂德矣〔南
軒張氏曰〕孟子於泄柳段干木謂爲已甚而舉孔子待陽
貨事以爲之準此不爲已甚之謂也夫子非不欲爲已甚
自不至已甚也何也聖人範圍天地而不過者泛應曲當
不過其則其不爲已甚者聖人固天則之所存也世徒見
夫子答陽貨見南子等不爲已甚獨不思靈公問陳則
遂行季桓子受女樂則不脫冕而行爲魯司寇七日而誅
少正卯聞陳恆弒君則沐浴而請討此謂之已甚可乎不
深求聖人之權度徒竊語之近似以文其奸此賊仁義之
甚者也〔通考程氏復心曰〕本分謂須滿本然之分若事到
這裏極了再過些子便是已甚〇〔朱氏公遷曰〕此章以德
行言聖人孟子言仲尼不爲已甚孔子自言君子依乎中
庸二說互相發也附蒙引本分最難盡到盡處又求加焉
則非所以爲聖人自古聖人皆不爲已甚何獨稱仲尼孟
子學孔子者故稱其家法以其所處地位同也〇聖人之
所爲天理之當然中而已矣中之所在加之錙銖則太過

故曰本分之外不加毫末所謂本分者正以理之所當然言理所當然處便是箇本分孟子此句說得最盡不必依南軒只用答陽貨見南子不脫冕而行及沐浴請討等類說聖人之不爲已甚者不止此但凡所謂依乎中庸處皆是如孝弟恭儉等事聖人爲之固不容有一毫之不及但到他限便止不求奇取異所謂無以甚異於人而致其知者如割股廬墓敝車羸馬之類皆聖人所不爲○存疑蒙引說最好南軒亦是但未盡

○孟子曰大人者言不必信行不必果惟義所在行去聲

必猶期也大人言行不先期於信果但義之所在則必從之卒亦未嘗不信果也○尹氏曰主於義則信果在其中矣主於信果則未必合義王勉曰若不合於義而不信不果則妄人爾

龜山楊氏曰夫子謂言必信行必果硜硜然小人哉故孟子言此以發明孔子之意○南軒張氏曰君子不必夫信果獨精吾義焉耳義精則言莫非義而無不信之言行莫非義而無不果之行矣○慶源輔氏曰尹氏最得此章之指而集註又述其意而著明之以必爲期尤更有功不然則無忌憚者或得以藉口王氏則又有不合於義而必信必果則爲妄人之說尤盡其弊○雙峰饒氏曰大人者篤實而有光輝以上底人與道爲一不著安排隨時施宜言行何嘗有心於信果耶○雲峰胡氏曰信果自是爲士者當然之事惟至於大人則言行惟義之在雖不先期於信果而自然無不信果也圖蒙引合當信果處便是義大人言行主於義不主於信果蓋主於信果則有所泥而不必合於義矣雖然大人於言之合義者無不信行之合義者無不果此則不可不知○惟義所在者無意於信果然既得於義而不信不果自不害其爲信果矣苟不合義亦何必爲信果○此正是無適無莫

義之與比之義亦與非禮之禮大人弗爲者相發明蓋大人以事處事而不以我處事言行先期於信果便是有我矣○存疑天下之事無常形而理無定在事有前日當如彼今日又當如此者各有時宜所謂義也惟義所在是當如彼則如彼當如此則如此與時轉移不復拘其故也必信必果是前日言之不復食其言前日行之不復易其行拘其故迹不復問夫時義之如何也不知事既變遷義已不在今日之事尚欲拘前日之故言行之在昔固不失矣如時義何是猶刻舟之求劍舟既遷移劍已不在尚欲就刻處求之劍安可得哉惟不按舟以求劍只就失處以求劍則劍可得矣知所求者在於劍而不在於舟則知所重者在義而不在於信果矣○蒙引胡氏謂信果自是爲士者當然之事然則士惟知信果而不必合於義乎此說於義未精

○孟子曰大人者不失其赤子之心者也

大人之心通達萬變赤子之心則純一無僞而已然大人之所以爲大人正以其不爲物誘而有以全其純一無僞之本然是以擴而充之則無所不知無所不能而極其大也

朱子曰大人無所不知無所不能赤子無所知無所能此二句正相拗如何蓋無所不知無所不能卻是不失其無所知無所能底做出赤子之心純一無僞而大人之心亦純一無僞但赤子是無知無能底純一無僞大人是有知有能底純一無僞○大人事事理會得只是無許多巧僞曲折便是赤子之心○問赤子之心莫是發而未遠乎中不可作未發時看否曰赤子之心也有未發時也有已發時今欲將赤子之心專作已發看也不得赤子之心方其未發時與老稚賢愚同但其已發時未有私欲故未遠乎中耳○赤子之心固無巧僞但於理義未能知覺渾

然赤子之心而已大人則有知覺擴充之功而無巧偽安排之鑿故曰不失赤子之心著箇不失字便是不同處○赤子無所知無所能大人者是不失其無所知無所能之心若失了此心使些子機關計些子利害便成箇小底人了大人心下没許多事○雙峯饒氏曰赤子如飢要乳便是欲但飢便啼喜便笑皆是眞情全無巧偽大人只是守此純一無偽之心而充廣之所謂蒙以養正聖功也○新安陳氏曰常人累於私欲而失其赤子之心大人不誘於私欲而擴充其本然之心孟子言此亦是欲人遏人欲擴天理也附存疑語意是說大人者由不失其赤子之心不是說大人者只是不失其赤子之心曰由則尚有許多事此只是箇事由耳曰只是則更無許多事只是如此而已有此分別蓋大人尚有許多事不但如赤子而已也○赤子之心純一無偽大人之心亦純一無偽但赤子之純一無偽只是孩提之童知愛其親飢便啼喜便笑如斯而已大人之純一無偽與赤子雖迥然不同却是自赤子之純

一無偽者充之若失了赤子之心亦無由以至於大人矣故曰大人者不失其赤子之心者也此卽中庸其次致曲曲能有誠道理○顧麟士曰按達說大人赤子只作一人看則曰其赤子之心者卽是大人赤子時之心也

○孟子曰養生者不足以當大事惟送死可以當大事養去聲

事生固當愛敬然亦人道之常耳至於送死則人道之大變孝子之事親舍上聲是無以用其力矣故尤以爲大事而必誠必信不使少有後日之悔也記檀弓上子思曰喪三日而殯凡附於身者必誠必信勿之有悔焉耳矣三月而葬凡附於棺者必誠必信勿之有悔焉耳矣○王德脩云親聞和靖說唯送死可以當大事曰親之生也好惡取舍得以言焉及其死也好惡取舍不能言矣當是時親之心卽子之心子之心卽親之心故曰惟送死可以當大事○朱子曰亦說得好○雙峯饒氏曰養生今日不及明日猶可補惟送死有不到爲終身之恨他日欲爲不可得矣○新安陳氏曰生事死葬皆當以禮其不可輕忽均也孟子此言非謂養生爲輕但以常變從容急遽校之則送死比養生爲尤重大耳趙岐註云致養未足以爲大事送終如禮則爲能奉大事也按此則以爲字訓當字非擔當之當附蒙引養生不足以當大事蓋以人情言則暇豫而有措以事勢言則雖失而可贖惟送死可以當大事者以人情言則倉皇而顚沛以事勢言則其悔不可追

○孟子曰君子深造之以道欲其自得之也自得之則居之安居之安則資之深資之深則取之左右逢其原故君子欲其自得之也造七到反

造詣也深造之者進而不已之意道則其進爲之方也資猶藉也朱子曰資字恰似資給資助一般左右身之兩旁言至近而非一處也逢猶值也原本也水之來處也言君子務於深造而必以其道者欲其有所持循以俟夫音扶默識心通自然而得之於己也自得於己則所以處上聲之者安固而不搖處之安固則所藉者深遠而無盡所藉者深則日用之間取之至近無所往而不值其所資之本也○程子曰學不言而自得者乃自得也有安排布置者皆非自得也新安陳氏曰有

安排布置便是勉強而非自然之得**然必潛心積慮優游厭飫於其間**說深造**然後可以有得若急迫求之則是私己而已終不足以得之也**朱子曰學者須敬守此心不可急迫當栽培深厚涵泳其間然後可以自得○朱子曰深造者當知非淺迫所可致若欲淺迫求之便是強探力取深造只是既下工夫又下工夫待其眞積力久則自得之矣○道是進爲之方此是趙岐之說蓋循此進進不已便是深造之猶言以這方法去深造之也以道是工夫深造之是做工夫如博學審問愼思明辨篤行之次序即是造道之方法若人爲學依次序便是以道不依次序便是不以道能以道而爲之不已造之愈深則自然而得之既自得之而爲我有則居之安居之安則資之深資之深一句又要人看蓋是自家既自得之則所以資藉之者深取之無窮用之不竭只管取只管有滾滾地出來自家資他他又資給自家如

掘地在下藉上面源頭來注滿若源頭深則源源來不竭若淺則易竭矣取之左右逢其原蓋這件事也撞着這本來底道理那件事也撞著這本來底道理事事物物皆撞著這道理如資之深那源頭水只是一路來到得左右逢原四方八面都來然這箇只在自得上纔自得則下面節次自如此○問學是理而得之於身不可以強探力取也必深造之以道然後有以默識心通而自然得之蓋造道之不深者用力於皮膚之外而責效於旦暮之間不以其道者從事於虛無之中而妄意於言意之表是皆不足以致夫默識心通而自得之必也多致其力而不急其功必務其方而不躐其等則雖不期於必得而自然得之將有不可禦者矣未得之固無可居之地得而不出於自然則雖有所居而不安惟自得之則理之在我者吾皆得以居之如人有室廬之安動作起居種種便適自眷戀而不去也○資助既深看是甚事來無不湊著這道理不待自家將道理去應他且如爲人君便有那仁從那邊來爲人臣

便有那敬從那邊來子之孝有那孝從那邊來父之慈有那慈從那邊來只是那道理原頭處自家靠著他左右前後都見是這道理○問程子之說如何曰必須以道方可潛心積慮優游厭飫若不以道則潛心積慮優游厭飫做甚底○慶源輔氏曰自得如子貢悟性天之不可聞曾子唯吾道一貫之語此何待於言語而後見正張子所謂德性之知不萌於聞見者也豈容更有安排布置哉蓋其平日潛心積慮優而游之厭而飫之一身在義理之中及其眞積力久理與心融物與性合然後可以有得若有一毫急迫之意便是私己與道便自間斷更如何得到自得田地○潛室陳氏曰君子深造之以道謂以法度而深造之優而游之使自得之饜而飫之使自趨之欲其自得之也自得以下皆爲學之效驗耳左右逢原意最好學至於自得則理只在左右之近觸處見本源此豈我帶來道理亦只事事物物元有道理森然已具吾人自得之餘取之而逢見之耳○雙峯饒氏曰這箇道字便是致知力行之方

之字是指所得而言下面居之資之取之皆是指所得言也○徽庵程氏曰君子之學以自得爲貴然有自得之工夫有自得之效驗深造之以道自得之工夫也居之安資之深取之左右逢其原自得之效驗也有是工夫必有是效驗效驗有所未至必工夫有所未盡也○雲峯胡氏曰非有所造者不能有所得非造之深者不能自得然不以其道則無深造之方法未易到自得之地步深造之以道是未得之先下工夫居安至逢原是自得之後見功效大要在勿忘勿助集註謂有所持循是勿忘以俟夫默識心通是勿助所謂潛心積慮是勿忘優游厭飫是勿助○新安陳氏曰自得之有二說朱子謂自然而得之所附程子說證己說之出於程子也一說謂自得之於己如南軒云不自得則無以有諸己自得而後爲己物也以其德性之知非他人所能與故曰自得此近乎莊生所謂自得其得而非得人之得之意終有弊不如自然得之之說有從容優游之味通考程氏復心曰此纂集程子三說合而爲一

非親到自得之境者安能言此以覺人也〔附〕淺說義理有無窮之趣爲學有一定之方故君子之於學也今日格一物明日格一物必有事焉而不急其功今日行一善明日行一善必力進焉而不躐其等深造以道如此正欲其有所持循無所迫逐眞積力久之餘一旦豁然而貫通向見其萬者今則會而爲一也力到功深之後一旦超然而領悟向見其異者今則合而爲同也其可謂自得矣夫理以强探力取而得者則心與理不相浹洽居之未必安也惟其自然而得之則心與理熟萬變不可得而撓理與心一外物不可得而奪居之不亦安乎居之不安者則此理或有時而出入未可資之以爲用也惟其居之安則心源靜深足以用之而不窮理本牢固足以取之而不竭其資之也不亦深乎資之不足者則中有不足隨所往未必皆有所値也惟其資之深則何所不有將見事感於外理應於內事當如此則有此理以應之事當如彼則有彼理以應之或左或右隨其所往無不値其所資之本也學惟至於

自得則其妙有如此故君子之學必深造以道而欲其自得也○〔存疑〕深造而不以道則用功雖勞而不得其要領全無捉摸處亦徒勞而已固無由自得以道而不深造則工夫鹵莽雖能得其要領然工夫未到亦無徑悟速化之理欲其自得亦未能也○〔蒙引〕論自得者可把此雞抱卵出雛爲譬或問朱子曰少時見雞將出卵視之其時已至自然迸裂而出全不待彼着力有時見其難稍以手助之其子出來便不長進學而進於自得者其理正如此蓋至於自得之時自然熟矣所以養氣不可助長如文中子陸象山皆未免有助長之病不但告子也惟聖人能無積累之漸陸氏便欲以聖人自居宜其不得斯文之正印也○〔存疑〕天下事都不由人强成得功力到得自然成矣譬之種穀天時地利人力三者旣齊又要時候到方成熟若天時地利人力三者缺一時候又未到焉得成熟不但爲學教人爲治皆然故曰眞積力久則入老子曰天之道浸杜預曰優而游之使自求之饜而飫之使自趨之如江河之

浸膏澤之潤渙焉冰釋怡然理順然後爲有得朱子曰至於用力之久而一旦豁然貫通皆是此道理○資之深言所藉者深遠無窮盡也所藉爲何藉之以應物也所藉者深言道理在胸中充足有餘足以備吾應物之用足以爲吾資藉取之不窮用之不竭其所藉者深遠無窮盡也○資之深看來只當根自得說不必根居之安說居之安只是過路耳蓋道理旣自得則生生不窮源頭滾滾隨他甚樣事物來吾心之理皆有以應之眞個足爲吾資藉眞個所藉者深遠無盡○原不外乎所資道理在胸中足爲我資藉應用這便是原及我要應用這道理便在這裏便是逢其原蓋原是那本來底物逢其原是撞着那本來底物○左右註云身之兩旁至近而非一處是解字義其實取之左右取之身之左右取之心也心中那有左右要之左右是不一之辭猶詩言左之右之君子宜之右之左之君子有之一般緣這道理在胸中萬事萬物之理一一皆備日用間在人所取若取他這一件這一件便原有道理

在撞着取他那一件那一件便有個道理在撞着左左右右東西南北四方八面隨吾所取無不有個本原底道理在撞着這便是取之左右逢其原註至近而非一處卽是此理非眞有個左右若身之兩旁也○至近而非一處有兩意要看得有着落至近言不待取之深遠也只在目前耳非一處言不但一事有個道理也事事皆有個道理合二意而一貫之只是事事皆有個道理又不待遠求緣這道理都融會在心隨取隨足譬如地下有泉隨他甚處掘便得不待鑿深然後得也○〔蒙引〕朱子曰財貨一般或搶於人或假於外終非己物居之可得而安乎○資之深是未接物之時取之左右逢其原則正當應接之時而所居所資者今皆隨取隨有供其所支綽有餘地矣○故君子欲其自得之也此一句要繳深造之以道○居安資深左右逢原非可謂自得之功效也蓋自得便是功效更無自得之效○〔存疑〕居安資深左右逢原相因而至無次序自得後便有此小註說有節次恐未是○此章當兼知行說

人多作知一邊說非是○纂引孟子說一貫有二與論語二處脗合此章即曾子所聞之一貫也下章即子貢所聞之一貫也蓋此章兼知行下章獨主知何謂此章即曾子所聞之一貫也蓋深造以道則隨事精察力行而真積力久也自得之至左右逢其原即是一本萬殊之妙而泛應曲當者也下章博學而詳說之亦多學而識之功也由多學而識而至於聞一貫之傳是亦反說約矣○未能自得以前則深造之以道下學之事求之之功也既自得以後則居安資深左右逢其原上達之事得之之驗也學必至於自得然後爲學之成也○雲峰胡氏曰深造章大要在勿忘勿助無復改評矣但分有所持循謂勿忘默識心通謂勿助恐未當大抵深造是勿忘以道則有勿助在矣

○孟子曰博學而詳說之將以反說約也

言所以博學於文而詳說其理者非欲以誇多而鬭靡也

欲其融會貫通有以反而說到至約之地耳蓋承上章之意而言學非欲其徒博而亦不可以徑約也程子曰博與約正相對聖人教人只此兩字博是博學多識多聞多見之謂約只是使人知要也○問世間博學之人非不博却又不知箇約處者何故朱子曰它合下博得來便不是了如何會約他竟不窮究這道理是如何都見不透徹只是搜求隱僻之事鉤摘奇異之說以爲博如此豈能得約今世博學之士大率類此○約自博中來通貫處便是約不是通貫了又去裏面尋討箇約某嘗不喜揚子雲言多聞則守之以約多聞了又要一箇約去守他○程子說格物云但積累多後自脫然有貫通處積累多便是博脫然有貫通處便是約○慶源輔氏曰集註所謂文謂詩書六藝之文理謂詩書六藝所載許多道理也承上章言博學詳說則是深造之意反說約則是自得之事但上章以行言此章以知言

知與行蓋互相發也○潛室陳氏曰不博則約無所施學到約後許多博處方有受用○雙峰饒氏曰誇多說博學鬭靡說詳說所以博學者非徒誇其多所以詳說者非徒鬭其靡欲人融而會之貫而通之而已這物事未曾融時一箇是一箇纔融了便會爲一約是要約如思無邪毋不敬之類○新安陳氏曰輔氏謂上章以行言竊謂亦兼知與行言之耳此章孟子所謂博學與孔子所謂博學於文同所謂反說約與孔子所謂約之以禮不同蓋約禮以行言反說約以知言也○東陽許氏曰博學詳說以知言約則會其極而於行上見通貫朱氏公遷曰語由也女聞六言六蔽博學而篤志仕而優則學及此章皆以知言仕與學對則仕屬乎行六蔽與六言相對則六言屬乎行博學詳說承深造以道而言則深造之者重在行也仁在其中雖未及乎行而篤志二字亦篤行之漸也此聖賢之言所以無弊也附纂引大註云欲其融會貫通有以反而說到至約之地耳分明是一貫之說此章要把博字詳字對約

字看人都說重在反說約上愚謂博學而詳說之更重上章亦然自得固重深造以道尤重蓋自得全要深造以道反說約全要博學而詳說之所以上章末句故君子欲其自得之也愚謂要緊着深造以道才是如云故君子欲其自得之也夫既欲其自得之也則豈可不深造之以道哉○存疑天下之理自一而散之萬雖萬亦本於一自其萬而觀之但見殊途百慮萬變不同自其一而觀之則萬物之理即一物之理無不同也故學必到能說約處方是到家○學到能說約時六經只是一理非但六經學庸論孟只是此理非但四子子史百家之不背於道者皆此理也○蒙引學與說不同學就習誦而言說就講明而言○論語博文內自有說約在○存疑說其實是口說須知是中心見得方口裏說得○反說約依蒙引思無邪無不敬之說只是知要不是洞然一貫之意

○孟子曰以善服人者未有能服人者也以善養人然後能

服天下天下不心服而王者未之有也王去聲

服人者欲以取勝於人養人者欲其同歸於善蓋心之公私小異而人之嚮背音佩頓殊【新安陳氏曰】一則不能服人人者對己而言一則自然能服天下天下則盡乎人矣非向背頓殊乎學者於此不可以不審也【朱子曰】以善服人者惟恐人之進於善如張華對武帝恐吳人更立令主則江南不可取之人是也以善養人者惟恐人不入於善如湯於葛遺之牛羊又使人往爲之耕是也○【南軒張氏曰】先王樂與人爲善欲天下舉在吾化育之中如春風被物物蒙其養無不應者未嘗有意於服人而天下之心悅誠服有不期而然者蓋以善道與人其之耳若霸者之所爲其善者不過欲以善服人齊桓會首止而定王世子晉文盟踐土率諸侯以朝王是也學者深見二者霄壤之殊則王霸之分了然矣○【慶源輔氏曰】以力服人以德服人以事言也其不同易見以善服人以善養人以心言也其不同則難見也孟子之言至此愈密矣以善服人者以善爲己私也以善養人者以善與天下公也○【雲峰胡氏曰】以德服人蓋對上文以力服人而言謂王者之服人異乎霸者之服人如子貢疑夫子得聞國政有以求之而子貢答以夫子之求之異乎人之求之耳○【新安陳氏曰】按孟子二章皆以王霸對言前章公私之分在力字與德字以力服人者挾力以行私而反乎公者也曰德則其理純乎公矣此章公私之分在服字與養字以善服人者認善以爲己私而害乎公者也曰養則其心純乎公矣○【東陽許氏曰】以善養人謂有善於身而教化撫字使民同歸於善也【附】蒙引此章蓋爲當時圖君而言曰服人曰養人此人字亦指其平等人言非必指百姓故許氏教人撫字之說不敢從只看成湯之於葛伯可見○【存疑】服人養人及未有能服人之人俱指平等言其曰然後能服天下又說得大了不止平等人矣○【顧麟士曰】服人養人人字蒙引存疑俱斷作平等有國之人是繇此觀之則以力服人以德服人之人字亦然但彼處易見此處難見耳○【存疑】以善服人是幸人之不善欲以己之善去勝人使人屈服於我其爲善亦只是欲以是去勝人不是見得善是我之所當爲非出於誠心正伯者之所爲以善養人是憫人之不善欲公其善於人使人皆歸於善全無勝人之心其爲善是實見得是我之所當爲初非欲去服人而後爲此正王者之所爲○以善服人亦服得人如齊桓晉文當時諸侯亦皆服他但未出於中心之誠然故曰未有能服人者也○問以善服人與以德服人似無甚異一則曰未有能服人一則曰中心悅而誠服何以異曰以服人與養人者較之則見得服人者是有心與養人者不同以德與以力者較之則見得以德者是不以力與以力者不同其異處在此也

○孟子曰言無實不祥不祥之實蔽賢者當之

或曰天下之言無有實不祥者惟蔽賢爲不祥之實【南軒張氏曰】蔽賢出於媢疾之私方其欲蔽賢也私意橫起不祥之氣固已充溢於中矣天生斯賢以爲人也蔽賢之人妨賢病國不祥孰甚焉或曰言而無實者不祥故蔽賢爲不祥之實二說不同未知孰是疑有闕文焉【新安陳氏曰】前說二實字歸一意然皆無深意味不如闕之【附】達說欲人君知所遠也○【存疑】蒙引有曰蔽賢固不祥矣弑父與君不尤爲不祥乎而惟謂蔽賢爲不祥之實何也愚謂弑父與君雖不祥其惡顯然人皆知之其害只一時蔽賢之言隱而難知人君不悟而入之害及天下國家以至無窮此孟子所以特以不祥歸之也○依前說兩實字皆同依後說則兩實字不同所以集註先前說

○徐子曰仲尼亟稱於水曰水哉水哉何取於水也亟去吏反

亟數音朔也水哉水哉歎美之辭徐子徐辟

孟子曰原泉混混不舍晝夜盈科而後進放乎四海有本者如是是之取爾舍放皆上聲舍一讀如字見論語子在川上章

原泉有原之水也混混湧出之貌不舍晝夜言常出不竭也盈滿也科坎也言其進以漸也放至也言水有原本不已不舍晝夜而漸進盈科後進以至於海如人有實行去聲則亦不已而漸進以至於極也新安陳氏曰水惟其有原本所以不已而漸進以至歸宿於海有本者如是孟子自以此句承接上意有本者指原泉如是指混混至放乎四海是之取爾答徐子何取於水也之問謂孔子所以亟稱於水者此意之是取爾本文只是說水如人有實行以下因結語故聲聞過情君子恥之二句推出孟子借水以箴規徐子之意而與下一節集註如人無實行而暴得虛譽不能長久也相對言之附纂引原泉固是有本若然且放輕讀漫說出此意至有本者如是方好叮嚀着實說至下文苟爲無本便是承此有本者說去○孔子言水不舍晝夜明道體之不已孟子言水之不舍晝夜喻人爲之不已孔子之言發天理之本然孟子之言指人事之當然孔子言天理之本然而人事之當然者自見於言外孟子爲徐子言未及於語上也

苟爲無本七八月之閒雨集溝澮皆盈其涸也可立而待也

故聲聞過情君子恥之澮古外反涸下各反聞去聲

集聚也澮田閒水道也涸乾音干也如人無實行而暴得虛譽不能長久也新安陳氏曰水無原本人無實行之譬也滿澮皆盈而涸可立待與上文混混盈科而進以至放乎四海者相反暴得虛譽而不能長久之譬也聲聞名譽也情實也恥者恥其無實而將不繼也新安陳氏曰集註所謂有實行無實行全從此情實之情字上發揮出來附存疑曰君子恥之則非仲尼之所取矣林氏曰徐子之爲人必有躐等干譽之病故孟子以是答之○鄒氏曰孔子之稱水其旨微矣孟子獨取此者自徐子之所急者言之也孔子嘗以聞達告子張矣達者有本之謂也聞則無本之謂也然則學者其可以不務本乎朱子曰所謂聲聞過情這箇大段務外更就中間言之如爲善無眞實懇惻之意爲學而勉強苟且徇人皆是不實就此反躬思量方得○慶源輔氏曰此章指意都結在後兩句上故集註只以虛名實行爲言而引林氏鄒氏之說以明之蓋孟子之意專欲救徐子躐等干譽之病耳孔子之稱水固不專在此也然由是觀之雖一物具一理亦隨人所取如何爾理固無盡也又曰達者有本謂質直好義聞者無本謂色取仁而行違○汪氏曰水之可觀其源有本其流不息進有漸則以盈科爲量行有至則以四海爲歸○雙峰饒氏曰論語二不舍晝夜所指不同夫子說道體孟子說有本所謂微旨川上之歎是也孟子只就徐子身上說取切其病而易曉

孟子曰人之所以異於禽獸者幾希庶民去之君子存之

幾希少也庶衆也人物之生同得天地之理以爲性同得

天地之氣以爲形其不同者獨人於其閒得形氣之正而
能有以全其性爲少異耳雖曰少異然人物之所以分實
在於此衆人不知此而去之則名雖爲人而實無以異於
禽獸君子知此而存之是以戰兢惕他歷反厲而卒能有以
全其所受之正也〔朱子曰〕人物之所同者理也所不同者
心也人心虛靈無所不明禽獸便昏了
只有一兩路子明如父子相愛雌雄有別之類人之虛靈
皆推得去禽獸便更推不去人若以私欲蔽了這箇虛靈
便是禽獸人與禽獸只爭這些子所以謂幾希○飢食渴
飲之類是人與禽獸同者有親有義之倫此乃與禽獸異
者存是存所以異於禽獸之道理今人自謂能存只是存
其與禽獸同者耳○〔西山眞氏曰〕人與物相去亦遠矣而

孟子以爲幾希者蓋人物均有一心然人能存而物不能
存所不同者惟此而已人類之中有凡民者亦有是心而
不能存無異於禽獸矣惟君子能存之所以異於物也○
〔新安陳氏曰〕集註知之一字示人以存之之關戰兢惕厲
四字授人以存之之法〔附〕〔蒙引〕人之所以異於禽獸者幾
希言其小異也今欲究其所以小異處必先言其無異然
後就其中別其異乃見其小異也故曰人物之生同得天
地之理以爲性同得天地之氣以爲形此其無異者也然
雖同得天地之氣以爲形而人乃獨得其形氣之正而有
以全其性是無異中之一異也如此解庶得所謂幾希者
之來歷分明但雖得其來歷分明而孟子所謂幾希之本
旨則不盡然者故隨足之曰雖曰小異然人物之所以分
實在於此則知孟子所謂幾希者其旨甚重而非輕之曰
幾希也○究人之所以異於禽獸者全在心上不同心之
不同虛靈知覺也心之虛靈知覺所以不同者形氣之正
也朱子形氣之正固該得心但讀者或不察耳○所謂論

萬物之一原則理同而氣異氣異則所賦之理亦有間矣
同得天地之氣又在知覺運動之蠢然者說○〔語類〕賀孫
問幾希二字不是說善惡之間乃是指這些好底說故下
云庶民去之君子存之曰人之所以異於物者只爭這些
子○〔蒙引〕人之所以異於禽獸者幾希正言其不可不存
也○註衆人不知此而去之謂不知其所以異於禽獸者
在此幾希間也○註君子知此而存之是以戰兢惕厲云
云正是存之之功○不是存之了方戰兢惕厲蓋此四字正
承上文過下文卒能有以全其所
受之正處方見是以二字着落

舜明於庶物察於人倫由仁義行非行仁義也
物事物也明則有以識其理也人倫說見形甸反前篇察則
有以盡其理之詳也物理固非度外而人倫尤切於身故

其知之有詳畧之異在舜則皆生而知之也由仁義行非
行仁義則仁義已根於心而所行皆從此出非以仁義爲
美而後勉强上聲行之所謂安而行之也此則聖人之事不
待存之而無不存矣〔張子曰〕明庶物察人倫皆窮理也既
知明理但知順理而行而未嘗有以
爲仁義仁義之名但人名其行耳如天春夏秋冬何嘗有
此名亦人名之耳○〔朱子曰〕明物察倫由仁義行三句以
學言之則有序循格物致知而後意誠心正也自聖人言
之則生知安行不可以先後言也○惟舜便由仁義行他
人須窮理知其爲仁爲義從而行之且如仁者安仁智者
利仁既未能安仁亦須是利仁利仁豈是不好底知仁之
爲利而行之不然則以人欲爲利矣○〔南軒張氏曰〕行仁
義猶與爲二物由仁義行則如目視耳聽手持足履身與

少一。而非二也。若舜可謂全其所以爲人者。而無虧欠矣。未至於舜。猶爲未盡也。人皆可以爲堯舜。其本在乎存之而已。○〔西山眞氏曰〕存之者。猶待於用力。舜則身即理。理即身。渾然無間。而不待於用力矣。○〔雙峰饒氏曰〕孟子舉舜做箇存底樣子。孟子言必稱堯舜。直是要人學之。

○尹氏曰存之者君子也存者聖人也君子所存存天理也由仁義行存者能之〔雲峰胡氏曰〕庶民不能存。無以自異於禽獸。君子知此而存之。所以自異於庶民。存之者君子。存者聖人。此又聖人所以異於君子也。○〔新安陳氏曰〕人所以異於禽獸而皆可爲堯舜以得形氣之正而能全其性耳。仁義此性中天理之大者也。人倫之中仁義行焉。仁於父子。義於君臣是也。君子存之而後存。舜大聖人。不待存之而自存。何以見其不待存之。以其知生知。其行安行。見之也。君子必待存之。故不能生知必學知焉。不能安行。必勉行焉。孟子所謂行仁義。正是存之之君子事也。而知未之言所以集註補之曰。衆人不知此而去之。君子知此而存之。不知與知意了然矣。知之而後能存。存之而後能行。知以覺於心言。存以存於心言。行以行於身言。由仁義行。存者能之。即尹氏此言推之。則行仁義豈非存之者能之歟。〔附〕〔蒙引〕舜明於庶物一段。是明其能全夫所謂幾希所謂踐形也。○物事物也。在一身則有視聽言動之則。在一家則有閨門內外之職。其在鄉則田里之耕。參公上之賦役。皆事也。其在官則或錢穀甲兵。或刑名度數。皆事也。○〔達說〕幾希之理。散於萬殊。則爲庶物人倫也。舜則明於庶物之理而不假於思索。察於人倫之道而無待於研究。此不思而得生知也。幾希之理。統於一心。則爲仁義也。舜則仁義巳根於心。而所行皆從此出。非以仁義爲美。而後勉強行之。此不勉而中安行也。○〔存疑〕問聖人無所不至。舜於人倫則察之。至庶物則但曰明而已。然則有所未至乎。曰聖人之知。雖無所不至。聖人之存心則有詳畧。日明日察。以其存心言也。○人倫庶物之理。在心則曰仁義。仁者心之德。人倫庶物之理得之於心。仁也。義者心之制。事之宜。人倫庶物之理各有所宜。義也。○〔蒙引〕大註云。仁義巳根於心。而所行皆從此出。猶所謂以德行仁。語意。由仁義行。仁義以在心者言。由此而行出來也。○仁義之理根之於心。而行於庶物人倫之間。所謂心雖主乎一身。而其體之虛靈。足以管乎天下之理。理雖散於萬事。而其用之微妙。實不外乎吾人之一心。則知所謂幾希者。即是仁義。而所謂庶物人倫者。亦非仁義外物也。

○孟子曰禹惡旨酒而好善言惡好皆去聲

戰國策曰儀狄作酒禹飮而甘之曰後世必有以酒亡其國者遂疏平聲儀狄而絕旨酒書曰禹拜昌言〔慶源輔氏曰〕惡旨酒則物欲不行。好善言則天理昭著。〔附〕〔蒙引〕惡旨酒則凡人情所欲者。皆不能動矣。好善言則凡天理之正者。皆其所嗜矣。此。雖二事。所該甚廣。在善讀者意會。不然是爲數其事而稱之矣。○此禹之憂勤惕厲處。即存其所以異於禽獸也。○〔存疑〕三王各舉兩事。而自相爲偶。惡旨酒與好善言對。一好一惡也。執中與立賢無方對。一立政一用人也。視民如傷與望道未見對。一治人一脩己也。不泄邇與不忘遠對。尤明白。○〔顧麟士曰〕儀狄作酒。呂氏春秋注又作狄儀作酒不知孰誤

湯執中立賢無方

執謂守而不失中者無過不及之名方猶類也立賢無方惟賢則立之於位不問其類也〔朱子曰〕這執中與子莫執中不同。湯只是事事恰好。

無過不及而已。○慶源輔氏曰：執中則處義精審，立賢無方則用人無間。○雙峰饒氏曰：未應事以前，未發之中，如何執得？須是事到面前，方始量度何處是過，何處是不及，方可執而用之。是就事物上執，擇善固執也，是就事物上擇而執之。若先執定這中，待事物來，便是執一，是子莫執中了。附蒙引：事事惟執其所謂中者而不失焉，不敢過也，不敢不及也，必欲其恰好而後已，其憂勤惕厲之心何如也。○立賢無方，蓋念天位之惟艱，欲與天下之賢共理之故也。惴惴然惟恐失天下賢人之心也，所謂帝臣不蔽，簡在帝心，憂勤惕厲又何如。○二句關涉亦甚廣大。

文王視民如傷，望道而未之見。而讀爲如，古字通用。

民已安矣，而視之猶若有傷；道已至矣，而望之猶若未見。聖人之愛民深，而求道切如此。不自滿足，終日乾乾之心也。問：以而爲如，亦有據乎？朱子曰：詩云垂帶而厲，鄭箋而亦如也，此以而爲如也。春秋星隕如雨，左氏曰與雨偕也，此以如爲而也。則其混讀而互用之久矣。○易乾卦九三爻辭云：君子終日乾乾。蔡氏曰：乾乾，行事不息也。○不顯亦臨，無射亦保，是文王望道如未見之事。又曰：望道而未之見，此句與上文視民如傷爲對。孟子之意曰：文王保民之至，而視之猶如傷；體道之極，而望之猶未見。其純而不已如是。附蒙引：此二句憂勤惕厲意自明。○耕者九一至必先斯四者，是文王視民如傷處。

武王不泄邇，不忘遠。

泄，狎也。邇者，人所易去聲，下同**狎而不泄；遠者，人所易忘而不忘。德之盛，仁之至也。**朱子曰：泄邇忘遠，此通人與事而言。泄字兼有親狎忽畧之意。○慶源輔氏曰：於人所易狎而不泄，則敬心常存；於人所易忘而不忘，則誠心不息。○雙峰饒氏曰：德之盛，言不泄邇；仁之至，言不忘遠。附語類：聖心如潮水上來，灣汊湍激，一時皆到，無有遠邇。○蒙引：邇者人所易狎而不泄，何也？敬之常存也。遠者人所易忘而不忘，何也？慮之周詳也。此亦可見其憂勤惕厲之意。○以德之盛言不泄邇，蓋以其敬之常存，即德之所存也。若以此言仁，則不切矣。又以仁之至言不忘遠，蓋以其不棄置遠者於度外也，此見是仁之至。饒之分貼當從，且上條愛民深而求道切，亦須分貼。○存疑：以人言，若侍御僕從之在左右者，邇也；賢人之在側陋，及親賢之藩屏於外者，遠也。以事言，如日用間起居飲食，隨身而在，邇也；如民生休戚，國家利害，或在千里之外，耳目所不及見，或在數十年之後，事機之未露者，遠也。

周公思兼三王，以施四事；其有不合者，仰而思之，夜以繼日；幸而得之，坐以待旦。

三王：禹也，湯也，文武也。四事，上四條之事也。時異勢殊，故其事或有所不合。思而得之，則其理初不異矣。坐以待旦，急於行也。朱子曰：所舉四事，此必周公曾如此說。○讀此一篇，使人心惕然而常存也。○南軒張氏曰：不合者，思而未得也。未得之，思之惟恐不得；既得之，行之惟恐不及也。凡井田、封建、取士、建官、禮樂、刑政，雖起於上世，而莫備於周，是皆周公心思之所經緯，本諸三王而達之者也。周公之心，此章發明至矣。○潛室陳氏曰：斟酌三王之事而損益之，猶孔子之集大成。○雙峰饒氏曰：施此四者之事，事或有不可行，却當思其理。事雖不同，理却不相遠，故集註云其事或有不合。又來照上面一箇事字。附蒙引：此一節看來只是時中。○周公思兼三王，不可依小註謂是孔子集大成意如此則三王各居其一節周公獨會其全體高了周公固無害畢了三王奈何要當思其時如何耳○存疑本文其有不合與註其事之其字是指周公非指三王蓋周公之所行事與三王有不能合者蒙引謂其指三王不是註時異勢殊或謂是君臣殊勢不是○蒙引依饒氏兩事字要同其有不合者正指四事如禹惡旨酒是時去上古朴畧之風猶近而絕之至周公時人文已盛祭祀賓客安得絕酒故周人之詩云我有旨酒者無慮數十是惡旨酒有不合者矣在禹時所謂善言在周公有行不得者矣在湯時所謂中在周公時又不爲中矣湯之立賢無方周人大抵親賢並用亦其時勢有不得不然者時乎當勞也如佚道使民時乎當威也以生道殺民亦不得拘於文王之視民如傷其事果善矣自信而不疑理果當也決行而無滯亦不必拘於望道而未之見耳邇者固不宜泄亦有可親者遠者固不宜忘亦有可畧者○周公於上四事則須兼而行之其所不合者則勤於思而急於行此皆可以見其有憂勤惕厲之心也○此承上章言舜不可專重下段而於兼行處或畧之

因歷敘羣聖以繼之而各舉其一事以見形甸反其憂勤惕厲之意蓋天理之所以常存而人心之所以不死也雲峰胡氏曰朱子嘗曰讀此章使人心惕然而常存蓋聖人之所以爲聖人者只是憂勤惕厲須臾毫忽不敢自逸理無定在惟勤則常存心本活物惟勤則不死常人不能憂勤惕厲故人欲肆而天理已身雖有而心已死豈不大可哀哉輔氏以爲周公皇皇汲汲不已之誠如此學者苟能深體而默識之則聖人之心與理昭昭常存不死而在吾心目之間矣說常存不死四事意與集註異程子曰孟子所稱各因其一事而言非謂武王不能執中立賢湯却泄邇忘遠也人謂各舉其盛亦非也聖人亦無不盛慶源輔氏曰集註恐人執孟子之言而疑聖人於道互有得失故發明如此聖人造道之極凡有所爲無不各極其至豈容更以盛不盛言哉附蒙引必是孟子以前見於紀載者禹嘗以惡旨酒好善言稱湯嘗以執中及立賢無方稱文王以視民如傷望道未見稱武王以不泄邇不忘遠稱故孟子於此舉之而非各舉其盛也○心之所以長活者以其天理之存也心之所以死者以其天理之不存也天理所以常活吾心者苟得其養無物不長苟失其養無物不消正此之謂

孟子曰王者之迹熄而詩亡詩亡然後春秋作

王者之迹熄謂平王東遷而政教號令不及於天下也詩亡謂黍離降爲國風而雅亡也詩亡黍離註申侯與犬戎政宗周殺幽王於戲晉文

侯鄭武公迎太子宜臼於申而立之是爲平王以亂故徙居東都王城於是王室之尊與諸侯無異其詩不能復雅故貶之謂之王國之變風○新安陳氏曰平王以後詩不入於大小雅而儕爲十五國風其事遂始載於春秋而詩終乎此矣春秋魯史記之名孔子因而筆削之始於魯隱公之元年實平王之四十九年也問黍離降爲國風恐是夫子刪詩時降之朱子曰亦是他當時自如此要識此詩便如周南召南當初在豐鎬之時其詩爲二南後來在洛邑之時其詩爲黍離只是自二南進而爲二雅自二雅退而爲王風二南之於二雅便如登山到得黍離時節便是下坡了○緊要在王者之迹熄一句上蓋王者之政存則禮樂征伐自天子出故雅之詩自作於上以教天下王迹滅熄則禮樂征伐不自天子出故雅不復作於上而詩降爲國風是以孔子作春秋定天下之邪正爲百王之大法也○潛室陳氏曰雅詩多是王者

朝會燕饗樂章，或是公卿大臣規諫獻納之所作。東遷以後，朝廷既無制作，公卿又無獻納，故雅詩遂亡。獨有民俗歌謠，其體制聲節與列國之風同，故止可謂之王風，非聖人能降之也。附蒙引：二雅之詩，既是朝廷禮樂征伐命德討罪之舉，及君君臣臣親親賢賢之事，雖雅之變者，亦皆是刺其非以追於正，掉其流而反其源，其意度終與黍離之氣象藹然凄然無復起廢興衰之望者不同，此正所謂詩亡也。使春秋不作，則王法掃地盡矣，孔子是以不容已也。○詩亡謂雅詩亡也。不然，邶鄘諸詩，春秋時多，何謂之亡。○顧麟士曰：詩經類考許氏曰：西都數百年而無風也，蓋有雅以道天下之故，則無事於采風。雅既亡，則取民間之詩以紀政俗。蓋雅必出於朝廷，風則下之歌，原古有定制。

晉之乘，楚之檮杌，魯之春秋，一也。乘，去聲。檮音逃。杌音兀。

乘義未詳。趙氏以爲興於田賦乘馬之事。或曰取記載當時行事而名之也。檮杌，惡獸名，古者因以爲凶人之號，取記惡垂戒之義也。春秋者，記事者必表年以首事，年有四時，故錯舉以爲所記之名也。新安陳氏曰：必表年以下出晉杜預所作左傳序文。錯，雜也。雜舉春秋二時以該四時也。**古者列國皆有史官，掌記時事。此三者皆其所記冊書之名也。**慶源輔氏曰：古人以善爲常，多不記載；以惡爲反常，故特記之。如堯典之末只載朱兜共鯀而已。以楚史記之名觀之，則楚雖蠻夷，猶有古人遺意。後世之人負大罪惡於身，而初不知愧恥，及一有小善，則沾沾自喜，以爲莫己若者，亦可哀已。附蒙引：晉之乘一條，言其與列國之史同；其事則齊桓晉文一條，言其與列國之史異。蓋未經聖筆之前，同爲列國記事之書也；已經聖筆之後，遂爲王者經世之典也。○本文正義，是以檮杌爲凶人，非以爲惡獸。

其事則齊桓晉文，其文則史。孔子曰：其義則丘竊取之矣。

春秋之時，五霸迭興，而桓文爲盛。史，史官也。竊取者，謙辭也。公羊傳去聲**作其辭則丘有罪焉爾，意亦如此。蓋言斷**丁亂反**之在己，所謂筆則筆，削則削，游夏不能贊一辭者也。**公羊傳昭公十二年：春秋之信史也，其序則齊桓晉文，其會則主會者爲之也，其辭則丘有罪焉爾。○史記孔子世家：孔子在位聽訟，文辭有可與人共者，弗獨有也。至於爲春秋，筆則筆，削則削，子夏之徒不能贊一辭。

尹氏曰：言孔子作春秋，亦以史之文載當時之事也，而其義則定天下之邪正，爲百王之大法。南軒張氏曰：春秋未經聖筆，則固魯之史耳。自其義聖人有取焉，則史外傳心之要典，所以存天理，遏人欲，撥亂反正，示王者之法於將來者也。○蔡氏曰：其義蒙上文王者而言，蓋王者之義也。孔子有德無位，故自以爲竊取王者之義，而定二百四十二年之邪正，所謂爲百王不易之大法者也。○慶源輔氏曰：夫子之作春秋，不過以史之文載當時之事而已，而其竊取之義，則在於定天下之邪正，爲百王之大法也。夫春秋之善善惡惡，撥亂世而反之正，上明四代之禮樂，下示百王之法程，聖人之用備見此書，而夫子之言則又謙抑如此，畧無自居其功之意，此孟子所以因而述之以繼羣聖之後也。○雙峰饒氏曰：其文則史，元是魯史之春秋；其義則某竊取之，方是孔子之春秋。以匹夫行天子賞罰，故曰竊取，自咎自謙之辭。○王氏曰：史不止於晉楚。五霸不止於桓文。孟子雖及此者。晉楚爲列國之大者。桓文爲五霸之盛者也。〔通考〕趙氏悳曰。齊桓公姓姜名小白。周僖王元年始霸。秦穆公姓嬴名任好。襄王八年始霸。宋襄公姓子名兹父。襄王十年始霸。晉文公姓姬名重耳。襄王十七年始霸。楚莊王姓芈名旅。定王元年始霸。號稱五霸。自管仲始。〔附〕存疑。三其字皆指春秋。文即記事之文。義即其文之義。蔡氏曰。義蒙上文。是王者之義。不是。○〔淺說〕夫春秋所記之事。固多言乎齊桓晉文。其閒之文。固皆出於當時史官。而其大義所在。有德者必褒。有罪者必貶。所以嚴名分而正綱常者。乃吾夫子假魯史之舊文。加筆削之新法。以裁定之。而他人不能與也。故孔子嘗自謙曰。其義則丘嘗竊取之矣。此春秋所以爲史外傳心之要典。非特如國史之主於記事者也。○其文則史二句意輕。只是起下文耳。○五伯獨舉桓文。猶四時獨舉春秋也。但彼是錯舉。此其盛者。○孔子曰其義則丘竊取之矣。是王者之迹雖熄。而王者之法猶賴以存。○大註竊取者。謙詞也。不必依蔡氏謂夫子有德無位。故自以爲竊取。若公羊傳作其辭則丘有罪焉耳。是此意。所謂罪我者。其惟春秋乎。然大註下文云。意亦如此。則又以爲同者何也。蓋言斷之在己。意同也。若竊取是有德無位意。則本分之辭。非謙辭也。○或曰。朱子論春秋。孔子只是據事直書。是非有意立某字含某意。及至作綱目。却又全是以一字藏褒貶。何也。曰。如子弑父則爲弑。無罪而殺其臣則爲殺。有罪則爲誅。如此之類。正是據事直書也。若全無此義。則夫子又何用筆削魯史爲。蓋正緣魯史舊文不足以爲褒貶勸戒。故取而脩之耳。必如愚此說。然後二說不相反。而且自相發明也。

○此又承上章歷敘羣聖。因以孔子之事繼之。而孔子之事莫大於春秋。故特言之。〔雙峰饒氏〕曰。此亦承上章。思兼三王以施四事而言。周公所行。皆王者之事。來到孔子時。王者之迹滅熄。故孔子出來作春秋。○〔新安陳氏〕曰。好辯章述羣聖事。而繼以孔子作春秋。此章亦以作春秋繼羣聖事。不及易詩書禮樂者。孔子之事。莫大於作春秋。五經夫子之教。春秋夫子之政也。○〔東陽許氏〕曰。以三國之史同言而曰一也。蓋謂魯之春秋。其所紀載。非周之典禮。善惡不明。不過記五霸之事。與晉楚之史同爾。至於孔子之春秋。則假其事以明義。而非盡舊史之文。故曰其義則丘竊取之矣。如此看方見得中間一節不闕。

○孟子曰。君子之澤。五世而斬。小人之澤。五世而斬。

澤猶言流風餘韻也。父子相繼爲一世。三十年亦爲一世。斬。絕也。大約君子小人之澤。五世而絕也。楊氏曰。四世而緦音思。服之窮也。五世袒音但免音問。殺所介反。同姓也。六世親屬竭矣。〔記疏〕云。上自高祖。下至己兄弟。同承高祖之後。爲族兄弟。爲親兄弟期。一從兄弟大功。再從兄弟小功。三從兄弟緦麻。共四世而緦服盡也。五世則袒免而無正服。減殺同姓。六世則不復袒免。惟同姓而已。故親屬竭。袒。身去飾也。袒免者。肉袒而著免。免狀如冠而廣一寸。冠至尊。不可居肉袒之體。故爲免以代之。又檀弓免焉註。以布廣一寸。從項上而前交於額上。又卻向後繞於髻。禮。朋友在他邦無主人。乃袒免。若朋友在家。則弔服加麻。加麻者。素弁上加緦之環絰。然則袒免亦朋友之服也。○〔新安陳氏〕曰。此禮記大傳全文。其高祖者爲三從兄弟。相爲服緦麻。服制至此窮也。其高祖之父者爲五世。已無服。但不忍遽絕之。故不襲不冠。爲之袒裼免冠。以變其吉。同姓之恩至此而減殺也。其高祖之祖者爲六世。則親盡矣。窮而殺。殺而竭。不變吉可也。引此以證五世而斬。〔通考〕襲氏高禮曰。袒免。袒謂不服布而常服。免謂布幘帽之狀。服窮則遺澤寖微。故五世而斬。〔南軒張氏曰五世大槩約度如此自今觀之孔子之澤其所浸灌萬世不斬也○慶源輔氏曰流風以風喻之也餘韻以聲喻之也父子五世經歷百五十年則君子小人之餘澤皆當絕也五世則親盡服窮其澤亦當斬絕矣蓋親也服也澤也實相因也【附】蒙引問澤猶言流風餘韻也畢竟是甚麽曰以德業之遺於後者言只以孔子之餘澤來照看孔子之澤是甚麽餘可類推○問孔子之澤雖萬世不斬何爲槩以五世曰孟子此語主去聖人之世若此其未遠上說故槩以五世而斬之義見於孔子猶在五世之內也○大註引楊氏曰四世而緦服之窮也五世袒免殺同姓也六世親屬竭矣此非是正解五世而斬之義乃是以服制亦至五世而絕以証君子小人之澤五世而斬也○君子小人蓋以位言無上下之別皆五世而斬也孔子則在君子之數故史記以孔子入世家嘗曰以吾從大夫之後○父子相繼爲一世三十年亦爲一世此蓋以父子相繼者言然三十年亦爲一世者大約世數人到三十年便有子

予未得爲孔子徒也予私淑諸人也

私猶竊也淑善也李氏以爲方言是也慶源輔氏曰孟子又言私淑艾而他無所見故疑是方言**人謂子思之徒也自孔子卒至孟子游梁時方百四十餘年而孟子已老然則孟子之生去孔子未百年也故孟子言予雖未得親受業於孔子之門然聖人之澤尚存猶有能傳其學者故我得聞孔子之道於人而私竊以善其身蓋推尊孔子而自謙之辭也**張子曰孟子蓋謂孔子猶在五世之內雖不親爲弟子其餘澤在人我得私取之以爲善○雙峰饒氏曰私淑艾者私竊其善於人以自治私淑諸人者我私取之以善其身今人或把作教者說謂以此私淑他人非矣道者天下所公共師下私字不得只弟子私竊取之以自善自治耳○新安陳氏曰私竊以善其身解諸人字不順不若云私竊其善於人文意方順【附】存疑私淑諸人言把孔子之道私竊以善其身於在人處註嫌其句倒且長難讀故轉用之曰得聞孔子之道於人而私竊以善其身○蒙引人謂子思之徒也徒一說徒類也一說徒弟也論語非吾徒也是徒類是魯孔丘之徒與是徒弟按孟子受業於子思之門人則是徒弟

○此又承上三章歷叙舜禹至於周孔而以是終之其辭雖謙然其所以自任之重亦有不得而辭者矣新安陳氏曰韓子謂堯以是傳之舜舜以是傳之禹至孔子傳之孟軻不待退之而後有此言孟子已自言之矣此四章相承是也然猶分爲四章荅好辯章明言以己承三聖至七篇之末章列序羣聖道統之相傳而明言由孔子至於今百有餘歲其自任之重尤彰彰焉孟子一身道統攸繫蓋如是夫【通旨】朱氏公遷曰此見孟子以道統自任無有乎爾之云亦是此類雖爲自謙之辭實則自任之意也

○孟子曰可以取可以無取取傷廉可以與可以無與與傷惠可以死可以無死死傷勇

先言可以者畧見而自許之辭也後言可以無者深察而自疑之辭也過取固害於廉然過與亦反害其惠過死亦反害其勇蓋過猶不及之意也雙峰饒氏曰傷廉與傷惠傷勇是兩般意思朱子所

以上下箇固字。下面下兩箇反字。過取固傷廉。與本是惠。與之過則反害其惠。死本是勇。死之過則反害其勇。○〔新安陳氏曰〕傷廉者失之不及。傷惠傷勇者失之太過。〔通考〕〔東陽許氏曰〕傷廉是順辭易。傷惠傷勇是反辭難。先體認惠勇之本義。然後見過之者爲傷

林氏曰公西華受五秉之粟是傷廉也冉子與之是傷惠也子路之死於衛是傷勇也問可以取可以無取

〔程子曰〕如朋友之饋。是可取也。然自己可足。是不可取也。纔取便傷廉矣。曰與傷惠何害。曰是有害於惠也。可以與。然却可以不與。若與之時財或不贍。却於合當與者無可與之。此所以傷惠。○〔朱子曰〕此段正與孔子曰再斯可矣相似。凡事初看尚未定。再察則已審矣。便用決斷始得。○問取者貪之屬。不取者廉之屬。猶與之爲惠。不與之爲嗇。死之爲勇。不死之爲怯也。今以過取者爲嗛。惠則宜以不與爲傷惠。不死爲傷勇矣。而反以與爲傷惠。死爲傷勇何

哉。曰過取之傷廉。過於此而侵奪於彼者也。過與之傷惠。過死之傷勇。過於此而反病乎此者也。蓋奪乎彼者。其失爲易見。而病乎此者。其失爲難知。故孟子舉傷廉以例二者。是亦過猶不及之意耳。○問可以取取之傷廉。不難於擇矣。若可與不可與。可死不可死之間。不幸擇之不精者。與其吝嗇。寧過與。與其苟生。寧就死。在學者則當平日極其窮理之功。庶於取舍死生之際。不難於精擇也。曰此意極好。但孟子之意。却是恐人過予而輕死也。○南軒張氏曰取與死生之義。有灼然易判者。有在可否之間。在可否之間。非義精者莫能擇也。蓋其幾間不容髮。一或有偏。則失之矣。是以君子貴存養於平時。而復研幾於審處也。○〔王氏曰〕六可以字疑辭。三傷字決斷。○新安陳氏曰此章三節作看似乎說審察之傷廉。所以警中人以下之不及者。傷惠傷勇。所以警賢人之過之者也。〔附〕〔茂說〕天下之理。中而已矣。失之不及。固有害也。失之太過。獨無害乎。夫不苟取之謂廉。彼其禮物之饋。初見若可取矣。猶未審也。及再思之。其實不當取焉。既不當取。則執而勿取可也。乃不能自斷。而竟取之。是謂苟取而有害於廉矣。以物與人之之謂惠。彼其將有所與。初見若可與矣。猶未審也。及再思之。其實不當與焉。既不當與。則執而勿與可也。乃不能自決。而竟與之。雖曰惠而非惠之正也。則亦反害其惠矣。不愛其死之謂勇。彼其變故之來。初見若可死矣。猶未審也。及再思之。其實不當死焉。既不當死。則執而勿死可也。乃不勝其忿而竟死之。雖曰勇而非勇之正也。則亦反害其勇矣。夫過取固傷廉也。至於過與猶爲惠。過死猶爲勇。今日傷惠傷勇。而與傷廉者等焉。可見天下之事。惟中爲貴。而失之過者。猶失之不及也。何貴於過矣。大抵貪則傷廉。吝則傷惠。怯則傷勇。是過於此而侵奪於彼者。其失爲易見。若過於廉而傷廉。過於惠而傷惠。過於勇而傷勇。是過於此而反病乎此者。其失爲難知。易見者不必辨。而難知者人或藉名好高以爲之。安得不辨其失而示人以中庸之路哉。此孟子之意也。然在學者之自處中。固爲上。儻擇

之不精。而有所失。則寧失之太過。毋失之不及。失之太過。節義猶存。失之不及。名教掃地矣。○〔蒙引〕此章是爲賢者過之者發。語辭雖平。實重在下兩段。志一則動氣。氣一則動志亦然。

○逢蒙學射於羿。盡羿之道。思天下惟羿爲愈己。於是殺羿。孟子曰是亦羿有罪焉。公明儀曰宜若無罪焉。曰薄乎云爾。惡得無罪逢薄江反惡平聲

羿有窮后羿也。逢蒙羿之家衆也。羿善射。篡初患反夏自立。後爲家衆所殺左傳襄公四年。羿將歸自田。家衆殺而烹之。以食其子。子不忍食。死於窮愈猶勝也。薄言其罪差楚宜反薄耳〔附〕〔達說〕孟子曰逢蒙殺羿。固逢蒙之罪。而羿亦不爲無罪

也○昔公明儀嘗曰羿爲逢蒙所殺罪在逢蒙羿宜若無罪焉夫公明儀所謂宜若者正謂羿罪特差薄故言如此耳羿焉得爲無罪○是亦羿有罪包有自取意但未可用出下引公明儀極有味不是引他說無罪正要說辨他有罪公明儀賢人也宜若二字極斟酌曰薄乎二句皆是發公明儀宜若二字不然曰字云爾字說不去矣况孟子累引公明儀之言皆是取他此乃引其短處而辨之乎○蒙引薄乎云爾比逢蒙爲薄也羿之罪見下文

鄭人使子濯孺子侵衛衛使庾公之斯追之子濯孺子曰今日我疾作不可以執弓吾死矣夫問其僕曰追我者誰也其僕曰庾公之斯也曰吾生矣其僕曰庾公之斯衛之善射者也夫子曰吾生何謂也曰庾公之斯學射於尹公之他尹公

之他學射於我夫尹公之他端人也其取友必端矣庾公之斯至曰夫子何爲不執弓曰今日我疾作不可以執弓曰小人學射於尹公之他尹公之他學射於夫子我不忍以夫子之道反害夫子雖然今日之事君事也我不敢廢抽矢扣輪去其金發乘矢而後反他徒何反矣夫夫尹之夫並音扶去上聲乘去聲

之語助也釋二人名中之字僕御也尹公他亦衛人也端正也孺子以尹公正人知其取友必正故度音鐸庾公必不害己小人庾公自稱也金鏃作木反也扣輪出鏃令平聲不害人乃以射也乘矢四矢也孟子言使羿如子濯孺子得尹公他而敎之則必無逢蒙之禍然夷羿簒弑之賊蒙乃逆儔庾斯雖全私恩亦廢公義其事皆無足論者孟子蓋特以取友而言耳左傳襄公十四年尹公他學射於庾公差庾公差學射於公孫丁孫文子使二子追衛獻公公孫丁御公庾公差曰射爲背師不射爲戮射爲禮乎射兩鉤而還尹公他曰子爲師我則遠矣乃反之公孫丁授公轡而射之貫臂○程子曰孺子事孟子只取其不背師耳若國之安危在此一舉則殺之可也舍之而無害於國權輕重可也何用虛發四矢哉○南軒張氏曰使蒙爲夏廷之臣羿簒夏氏凡爲臣子得而誅之蒙以義討賊雖嘗學射亦何罪之有蒙以私意忌而殺之是則爲殺其師耳以此而觀輕重之權衡可得而推矣○雲峰胡氏曰此章雖特以

取友而言然使世之背其師者讀之亦當有泚○東陽許氏曰此章專爲交友發羿不能取友而殺身孺子能擇交而免禍附蒙引謂之侵者將以攻人也而乃承云衛使庾公之斯追之何也蓋是子濯侵衛見勢未利而遂遁故衛追之或謂迎擊者非也觀下文發乘矢而後反則子濯果遁矣○乘矢古人一乘用四馬故謂四矢爲乘○小註引左傳公孫丁庾公差事與此事不同但其意頗有足相發者故引之○此所幸孺子是退軍故庾公斯得全私恩而亦不大害於公事不然庾公亦不得全私恩縱得全私恩而得罪於國亦不容誅矣程子之言已有斟酌

○孟子曰西子蒙不潔則人皆掩鼻而過之

西子美婦人蒙猶冒也不潔汙穢之物也掩鼻惡去聲其臭也

雖有惡人齊戒沐浴則可以祀上帝齊側皆反

惡人醜貌者也○尹氏曰此章戒人之喪去聲善而勉人以自新也南軒張氏曰齊桓一執陳轅濤塗而春秋書曰齊人蓋夷狄之也其近於蒙不潔者歟秦穆一有悔過之言則進秦誓於書以其有遷善之意也其近於惡人齊沐者歟一自汚而喪其美一自新而洗其惡勸戒彰矣○慶源輔氏曰西子之質本美而蒙以不潔則自喪其美而反致人之惡言此所以戒人喪其本有之善惡人之質本醜而能齊戒沐浴至誠自潔則可以事上帝言此所以勉人以改過自新深玩尹氏之言令人惕然而懼聳然而作○新安陳氏曰此章似詩六義中之比附蒙引此是設言非實事也其辭以貌言其意以行言

○孟子曰天下之言性也則故而已矣故者以利為本

性者人物所得以生之理也故者其已然之跡若所謂天下之故者也易繫辭易無思也無為也寂然不動感而遂通天下之故利猶順也語其自然之勢也言事物之理雖若無形而難知然其發見形甸反之已然則必有迹而易去聲見如字故天下之言性者但言其故而理自明猶所謂善言天者必有驗於人也荀子性惡篇云善言天者必有徵於人○董仲舒曰善言天者必有徵於人天道無形而難知人事有迹而易見然其所謂故者又必本其自然之勢如人之善水之下非有所矯揉人久反造作而然者也若人之為惡水之在山則非自然

之故矣朱子曰性自是箇難言底物事惟惻隱羞惡之類却是已發見者乃可得而言此即性之故也只看這箇便見得性故集註下箇跡字若四端則無不順利若殘忍之非仁無恥之非義不遜之非禮昏惑之非智即故之不利者也○利是不假人為而自然者如水之就下是其性本就下只是順他若激之在山是不順其性而以人為之也惟智者是知此理不假人為順之而已○南軒張氏曰故者本然之理也無是理而強為之曰鑿鑿則失其性所以惡夫智也蓋以私智為智而非所謂智也○慶源輔氏曰性即理也雖無形而難知然不能不感發而形見於外既已形見則必有跡而易見如人性之仁雖難知然見孺子入井則發見而為怵惕惻隱之跡則仁之性自見也○潛室陳氏曰善惡皆已然之跡但順者為本則善者其初也惡者非其初也水無有不下者水之本也若夫搏之使過顙激之使在山豈其本也哉○雙峯饒氏曰就故說性亦要就迹之順者言之如水之下便順就逆者言不

得孟子說性就自然上說如惻隱羞惡等但看自然發見底便是利言性便當言故言故便當言利如水搏之激之便不是自然了附淺說孟子見當時之人好用智術以處事非惟不足以成天下之事而適足以敗天下之事非惟不足以靖天下之事而適足以擾天下之事其原在於不識性也故發此論○蒙引大註首曰性者人物所得以生之理也繼曰言事物之理雖若無形而難知一言人物一言事物何也曰言人物則事在其中矣事只是人物底事不是人上事便是物上事其事物之物又兼人與物而言人物是解性字之義當如此後言事物是本章之旨當如此說看所惡於智者一條便見○不可以言性一節遂為智者之事蓋首一節是論理之自然下二節方是言人能順其自然之理乃為智也若言謂性以故利為本亦是智則下文是就處事上說智而此章智分言行矣俱是牽扯○存疑性是無形影底物事何從得見故聖賢說性都是自發見處說即其故也詩曰民之秉彝好是懿德孟子曰

乃若其情則可以爲善皆是以其故言○故者以利爲本利順也對害逆說蓋言性固必驗之故言故又必本之順若其故之逆亦不足以言性矣如人之善水之下是皆其順者此可以觀性矣若人之爲惡水之在山則逆其性而非順矣何足以觀性哉○此節雖先說故後說利却歸重在利上總是利之故也○〔蒙引〕故者以利爲本此是發明其所謂故者之本旨

所惡於智者爲其鑿也如智者若禹之行水也則無惡於智矣禹之行水也行其所無事也如智者亦行其所無事則智亦大矣惡爲皆去聲

天下之理本皆利順小智之人務爲穿鑿所以失之禹之

行水則因其自然之勢而導之未嘗以私智穿鑿而有所事是以水得其潤下去聲之性而不爲害也〔朱子曰〕鑿於智者非所謂以利爲本也○〔慶源輔氏曰〕人物所得之理本皆順理無待於矯揉造作於其間却緣世人不明吾性之智而以私意爲智於是每事務爲穿鑿而失其順利之理○〔雲峯胡氏曰〕孟子本欲言智而必先言性者智五性之一也言智而先言性猶言水而先言水之原也鑿字與利字相反利者天理之自然鑿者人爲之使然言性而必本諸天理之自然者所以言智而深惡夫人爲之使然者也○〔新安陳氏曰〕所惡於智者小智也無惡於智者大智也人性必善水性必下孟子素以水譬人性故仍以禹行水譬之禹之行水順其自然之勢而導之使水不失其本然趨下之性而已智者順事物自然之理以無事處事使物各付物斯爲大智而非小智矣此一節以治水申言利字之意〔附〕存疑所

惡於智者爲其鑿是承故者以利爲本說來言務穿鑿而不順利也禹之行水也行其所無事至則智亦大矣是解如智者若禹之行水兩句如智者亦行其所無事則智亦大智大則無惡矣○曰所惡於智者爲其鑿又曰如智者若禹之行水則無惡於智見得禹之行水不鑿也下曰禹之行水也行其所無事正是言其不鑿○〔蒙引〕此節似言利然利即故之利也下節似言故然故即其利者也決不可依新安之說强分故與利○所惡於智者與下文兩箇如智者皆指當時之所謂智者言畢竟是小智也故曰則無惡於智矣又曰則智亦大矣可知是指當時之小智者○〔存疑〕言禹之行水是舉聖人之智以示法非譬喩也蓋行水是天下一大事禹之行水是古今一大智故舉以爲行智者則例

天之高也星辰之遠也苟求其故千歲之日至可坐而致也

天雖高星辰雖遠然求其已然之迹則其運有常雖千歲之久其日至之度可坐而得〔新安陳氏曰〕此又以天度申言故字之意首一節故自言本然之理此一故字言本然之度也天高星遠若因其本然之故而求之則雖久年日南至之時刻亦可以坐而推致以得之矣況於事物之近若因其故而求之豈有不得其理者而何以穿鑿爲哉必言日至者造歷者以上古十一月甲子朔夜半冬至爲曆元也〔新唐書曆志〕治曆之本必推上元日月如合璧五星如連珠夜半朔旦冬至自此七曜散行不復餘分普盡總會如初○五代史司天考夫天人之際遠哉微矣而使一藝之士布筭積分上求數千萬歲之前必得甲子朔日夜半冬至而日月五星皆會於子謂之上元以爲曆始蓋自漢而

後其說始詳見於世其源所自止於如此是果堯舜三代之法歟皆不可得而考矣然自是曆家之術雖世多不同而未始不本於此○新安陳氏曰夜半即甲子時歲月日時皆甲子爲曆元蓋以建寅月爲歲首算之則是癸亥歲十一月以建子月爲一歲之最初算之則甲子歲之氣候已始於此矣故云歲亦甲子也通考趙氏惪曰以建子爲正故以夜半爲朔其至與朔同日故云夜半朔旦冬至若建寅爲正者則以平旦爲朔○仁山金氏曰周天三百六十五度四分度之一日日行一度則周歲三百六十五日零三時也五日一候三候一氣二十四氣爲一歲則爲日三百六十以天有五度四分度之一則日有五日三時故三候十五日爲一氣率餘七分積三十二分而增一日此自可以計千歲之日至氣本起於度故日日至之度然日至之度亦有歲差故氣與度古今不同如堯冬至日在虛周冬至日在牽牛宋冬至日在斗初此歲差也既有歲差則冬至之度似不可定推然言天者以前所差之故而推後所差之度則千歲之日至可坐而致也致謂算得來也求其故者謂推千歲以前之日至也千歲之日至可坐而致之謂推已後之日至也○程子曰曆家之法大抵主於日日一事正則其他皆可推洛下閎作曆言數百年後當差一日其差理必然何承天以其差遂立歲差法其法以所差分數攤在所曆之年看一歲差著幾分其差後亦不定獨邵堯夫立差法冠絕古今却於日月交感之際以陰陽虧盈求之遂不差大抵陰常虧陽常盈故只於這裏差了○朱子曰堯時昏旦星中於午月令差於未漢晉以來又差今比堯舜時似差及四分之一古時冬至日在牽牛今却在斗又云古之曆書亦必有一定之法而今已失三代而下造曆者紛紛莫有定議愈精愈密而愈多差由不得古人一定之法也曆家要當先論太虛以見三百六十五度四分度之一一一定位然後論天行以見天度加損虛度之歲分歲分既定然後七政乃可齊耳○按十一經問對千歲之日至謂冬至之日也魏麥之日至謂夏至之

日也至極也夏至者日之長至此極矣冬至者日之短至此極矣非至到之至乃至極之至故夏至一陰生而日漸短冬至一陽生而日漸長通旨朱氏公遷曰此言性自理言通言事物之理而人心之理在其中也非專論性也附存疑天之高星辰之遠是舉至難以明至易也言天之高星辰之遠其日至之度至難得也苟即其故求之無有不得而況事物之近苟即其故求之豈有不得其故者哉此所謂故即順利之故也故註曰何以穿鑿爲哉總是申言第二節意○蒙引苟求其故求天與星辰之故也○千歲之日至依朱子說只是既往者○存疑蓋治曆者必先就今日逆推到起初源頭處然後從源頭處歷歷推其未來者始不差○淺說千歲亦大槩言其久耳上古日至豈止千歲耶歲月日時皆甲子亦時有但要上古者方爲曆元耳○蒙引致推致也新安陳氏曰可坐而推致以得之可坐而致之朱子註明解爲可坐而得已不再推求矣而仁山金氏則曰致謂算得來也不知何說

○程子曰此章專爲去聲**智而發愚謂事物之理莫非自然順而循之則爲大智若用小智而鑿以自私則害於性而反爲不智程子之言可謂深得此章之旨矣**朱子曰此章其初只是性上說起不是專說性但是天下之說性者只說得故而已如荀言性惡揚言善惡混但皆說得下面一截皆不知所以謂之故者如何不能以利爲本而然也荀卿只是橫說如此到底沒這道理不得只就性惡篇謂塗之人皆可以爲禹即此自可見故字若不將已然之迹言之天下文苟求其故之言如何可推曆家自今日推算而上極於太古開闢之時更無差錯只爲有此已然之迹可以推測耳天與星辰閒或行度少有差錯久久自復其常以利爲本亦猶天與星辰循常度而行苟不如此皆鑿之謂也○歐陽氏曰天下之大智無所自爲而常因天下之理小智不知循理而常任

一己之私。通考東陽許氏曰性是人物所得以生之理本自難明求其發見之故則亦不難明也然故則以利順者爲本求己之故則惻隱之發見性之仁羞惡之發見性之義求人之故見父慈子孝君仁臣忠求物之故則鳶飛魚躍山峙淵流皆是也是皆所謂利也如天與星辰之故亦只是利而已能知此性而利以行之則爲智之大禹之行水不是比喻言禹順水之性爲智之大以例人循性皆當以利也智者應物若行其所無事則智亦如禹之大矣智亦之亦是亦大禹也下文又以高遠者証故之易見却不是功用 附存疑 通章大意是論理本自然而智者當順其自然也故程子謂專爲智而發首節言理本自然二節言人當順其自然末節言順自然之不難也

○公行子有子之喪右師往弔入門有進而與右師言者有就右師之位而與右師言者

公行子齊大夫右師王驩也雙峯饒氏曰行字當音杭詩云殊異乎公行是主班行之官以官爲氏 附蒙引 有進而與右師言者非已進也進右師也○有進而與右師言者有就右師之位而與右師言者此自其甚者言則夫不用歷位踰階而與言者何限也孟子擧禮以自明亦自其犯禮之甚者言也見其不得明於衆也然使孟子與驩同位同階則與言不與言固未可知○存疑 進而與右師言乃陳司敗揖巫馬期而進之進

孟子不與右師言右師不悅曰諸君子皆與驩言孟子獨不與驩言是簡驩也

簡畧也 附蒙引 孟子不與右師言是未就位及已就位始終皆不與之言也故右師卻之

孟子聞之曰禮朝廷不歷位而相與言不踰階而相揖也我欲行禮子敖以我爲簡不亦異乎朝音潮

是時齊卿大夫以君命弔各有位次若周禮凡有爵者之喪禮則職喪涖音利其禁令序其事故云朝廷也周禮春官宗伯職喪掌諸侯及卿大夫士凡有爵者之喪以國之喪禮涖其禁令序其事言諸侯者謂畿內王子母弟稱諸侯者歷更平聲涉也位他人之位也右師未就位而進與之言則右師歷己之位矣右師已就位而就與之言則己歷右師之位矣孟子右師之位又不同階孟子不敢失此禮故不與右師言也朱子曰孟子卻王驩而不與言固是然朝禮既然則當時雖不卻之亦不得與之言矣卻王驩

於出弔處已見此章意則以朝廷之禮爲重時事不同理各有當○聖賢之言無所苟也豈爲愧衆人爲已甚而姑以是答之哉正所以明朝廷之禮而警衆人之失也○問陳司敗譏孔子有黨孔子受之不辭右師以孟子簡己孟子辨之甚力聖賢地位固不同也使孟子聞右師言曰禮也足矣無已而曰朝廷不歷位而相與言不踰階而相揖則已微見圭角矣又必盡其辭所以鋒芒發露而不及孔子之渾然也○南軒張氏曰衆與之言以其嬖於君而諂之也右師以孟子爲簡己者以孟子時所尊敬欲假其辭色以爲榮也君子之遠小人不惡而嚴豈有他哉亦曰禮而已矣 附存疑 位與階不同位是本身站立位次階是朝官敍列班行階有許多人位只己一人故有同階而異位者如六部尚書是一班與侍郎不同此階同也然吏部尚書又在戶部尚書之上戶部又在禮部之上此位異也○蒙引 大註是時齊卿大夫以君命往弔朱子何據而言曰只據本文朝廷字而言不然在公行子之家行禮安得

言朝廷。○孟子右師之位又不同階。朱子又何據而言曰孟子於齊處賓師之位一定階在右師之上。及其出弔於滕也。還是孟子爲正。王驩爲輔。則知其階在右師之上。無疑矣。○不踰階而相揖也。兼言揖者與言者必與揖也。揖而後言者也。此兩句亦禮之成文也。不亦異乎。異怪也。不可謂異於禮也。○〔淺說〕禮簡正相反。以失禮爲簡。無足怪也。而子敖以行禮爲簡。不亦異乎。○〔顧麟士曰〕日聞之則不悅非面語矣。○孫疏古者天子之卿。尊者謂之太師。卑者謂之少師。諸侯之卿。尊者謂之左師。卑者謂之右師。

○孟子曰君子所以異於人者以其存心也君子以仁存心以禮存心

以仁禮存心言以是存於心而不忘也 問我本有此仁禮只要常存而不忘

否。朱子曰非也。言君子所以異於小人者。以其存心不同耳。君子則以仁以禮而存之於心。小人則以不仁不禮而存之於心。這箇存心與存其心養其性不同。只是處心與人不同耳。○〔慶源輔氏曰〕以仁存心而不忘如造次顛沛必於是也。以禮存心而不忘如視聽言動必以禮也。○〔雙峰饒氏曰〕以是存於心。添於字便可見孟子意是只把仁禮來存於我心。此心常存仁禮上。無頃刻或離。君子異於人以其能以仁禮存於心。他人便不能。我之心安頓在仁上。即是居天下之廣居。安頓在禮上。即是立天下之正位。〔附〕淺說以仁禮存心。意該三自反。不是既存於心到愛敬方說仁禮之施也。施字是對驗字說。不是對存字說。存心不苟。正是以仁禮存心也。○〔蒙引〕此仁禮看來都是愛敬之心。言仁亦偏言者也。輔氏云以仁存心而不忘如造次顛沛必於是也。以禮存心而不忘如視聽言動必以禮也。此說不用。○〔存疑〕君子以仁存心以禮存心二句是總腦。下文三自反正是說仁禮存心處。觀後註存心不苟一句可見。○以仁禮存心。言以是存於心而不忘也。此句要重看。是造次必於是顛沛必於是意。所謂君子有終身之憂是也。○以仁禮存心兼內外言。下文曰仁者愛人有禮者敬人。是就其發於外者言。蒙引曰以仁禮存心主在內非。仁無爲非禮無行兼內外。非是。○〔顧麟士曰〕首節以禮存心禮字即應炤敬人意說。輔氏視聽言動云云不是。

仁者愛人有禮者敬人

此仁禮之施〔慶源輔氏曰〕由乎內以施外也。〔附〕顧麟士曰仁者愛人二節汎論其常。○〔存疑〕仁者愛人至敬人者人恆敬之。愚意四句一氣緊緊說下。是欲起下文三自反意。且未重。○仁者愛人以下。是承君子以仁存心以禮存心說。言君子以仁禮存心者何如。仁者則愛人云云。

愛人者人恆愛之敬人者人恆敬之 恆胡登反

此仁禮之驗〔新安陳氏曰〕我感而人應。可驗我之得。人不應。可驗我之失。驗字已含下文必不仁必無禮之意矣。

有人於此其待我以橫逆則君子必自反也我必不仁也必無禮也此物奚宜至哉 橫去聲下同

橫逆謂強暴不順理也物事也〔慶源輔氏曰〕強暴橫也。不順理逆也。○〔雙峰饒氏曰〕集註云強暴不順理。順理是順箇文理。橫是橫來逆是倒來。皆是不順箇文理。○〔新安陳氏曰〕橫逆者愛敬之反。

其自反而仁矣自反而有禮矣其橫逆由是也君子必自反也我必不忠 由與猶同下做此

忠者盡己之謂我必不忠恐所以愛敬人者有所不盡其心也〔慶源輔氏曰〕理無窮盡人有作輟一息不存一物不體便是不盡其心○〔新安陳氏曰〕忠非出於仁禮之外仁禮無一毫之不盡其心即忠也【附】蒙引我必不忠忠蓋誠也

自反而忠矣其橫逆由是也君子曰此亦妄人也已矣如此則與禽獸奚擇哉於禽獸又何難焉難去聲

奚擇何異也又何難焉言不足與之校也校音教○〔南軒張氏曰〕雖非素患難然自反之功則無窮也學者未勉乎此遇橫逆之來則曰吾仁矣有禮矣且忠矣遂斷彼以爲妄人而不復勉反身之道是則自陷於妄而已矣【附】淺說既曰妄人則與禽獸何異哉我見同類之人而陷於禽獸爲之哀痛且不暇又何必以其橫逆之來而留難於心耶○〔蒙引〕又何難焉言不爲之橫於胸中也置之不較也此正所謂無一朝之患與君子不患者大註云言不與之校也亦是此意不要說是不必難也

是故君子有終身之憂無一朝之患也乃若所憂則有之舜人也我亦人也舜爲法於天下可傳於後世我由未免爲鄉人也是則可憂也憂之如何如舜而已矣若夫君子所患則亡矣非仁無爲也非禮無行也如有一朝之患則君子不患矣夫音扶

鄉人鄉里之常人也君子存心不苟〔趙氏曰〕集註不苟二字不可淺看心一不仁而不自覺不自強便是苟且也○〔新安陳氏曰〕存心照應前存心不苟即忠也四字收拾約而盡故無後憂〔朱子曰〕古聖人多矣獨言舜爲法於天下何也法者人倫而已他聖人因其常而處之不失未足見人道之盡爲舜極其變而不失其常是以人道之盡於此固可見焉故特舉舜而言之然其所謂法舜亦循乎天則而已○問楊氏謂孟子三自反不若顏子之不校信乎曰自反所以自脩學者事也不校不見可校成德事也淺深之分信如楊氏之說矣然自反之說謹嚴精切正學者所當用力若自反未至而遽以不校爲高恐其無脩省之功而陷於苟且頹墮之域矣○〔新安陳氏曰〕前曰以仁存心以禮存心末曰非仁無爲非禮無行存謂存之於心爲與行謂行之於身表裏一矣存之於心者有素而行之於身者益盡豈惟無一朝之患者本於此所以懷終身之憂而欲如舜者亦不過勉於此而已何也舜所以爲舜亦不外此仁禮也特舜則安而行之欲如舜者則在乎勉而行之耳【附】存疑

君子有終身之憂無一朝之患二句是槩括上文五節之意憂之如何如舜而已矣總在三自反之內蓋其所以自反而仁禮自反而忠只是欲求到舜地位也辭雖未及意則已該非仁無爲非禮無行只是自反而仁自反而禮自反而忠非有外也○〔淺說〕君子有終身之憂無一朝之患也乃若終身之憂則有之何也以爲舜人也我亦人也舜盡仁禮而爲法於天下可傳於後世我之仁禮未盡猶未免爲鄉里之常人也是則可憂也憂之如何憂不得如舜而已矣故曰君子有終身之憂也若夫一朝之患在君子則無矣何也蓋其以仁存心而非仁無爲也以禮存心而非禮無行也宜乎得人之愛敬而無一朝之患也設若橫逆率然來加而有一朝之患在君子亦知自反而已置之妄人而已處之泰然畧不少動其心而爲之戚戚也故曰君子無一朝之患也○無一朝之患患字以憂患言有一朝之患患字以禍患言二患字不同○〔蒙引〕終身二字要得分明以仁禮存諸心則無一息之或忘矣或待我以橫

逆既自反其仁禮矣猶未也又自反而忠可見此心常存
念念不忘時時炤管惟恐一毫之不自盡處豈非終身之
憂而何○無一朝之患也一朝卒然之意言其近小也憂
有終身患無一朝此一朝正對終身而言終身之憂在我
者也故君子必自盡一朝之患不在我者也故君子不患
焉○君子有終身之憂當求諸己也無一朝之患不求諸
人也○存疑註君子存心不苟是解君子有終身之憂故
無後憂是解無一朝之患○蒙引舜為法於天下可傳於
後世不過自盡其仁禮與忠耳如慎徽五典五典克從納
於百揆百揆時敘賓於四門四門穆穆此皆所謂仁禮之
驗者至於瞽瞍至頑也而允若於祇載之後象至傲也而
烝乂於不格姦之時始也不勝其橫逆終也卒至其感化
此尤見其自反之功而真足以為人
倫之至者也○憂由內出患自外至
○禹稷當平世三過其門而不入孔子賢之

事見形甸反前篇問過門不入○若家有父母豈可不入○朱子曰固是然事亦須量箇緩急若只是泛泛
底水未便傾國覆都過家見父母亦不妨若洪水之患甚
急有傾國覆都君父危急之災也只得奔君父之急雖不
過家見父母亦不妨也○雙峯饒氏曰禹三過其門
稷是帶說○新安陳氏曰賢其用世而憂民之憂
顏子當亂世居於陋巷一簞食一瓢飲人不堪其憂顏子不
改其樂孔子賢之食音嗣樂音洛
新安陳氏曰賢其避世而樂己之樂附存疑二孔子賢之
是記事者因孟子禹稷顏回同道之言先置此亦猶惠而
不知為政先置子產聽
鄭國之政二句一般
孟子曰禹稷顏回同道

聖賢之道進則救民退則脩己其心一而已矣慶源輔氏曰道則以
其所行言之也心則以其所存言之也故民者脩己之驗
脩己者救民之本有是心則有是道有是本則有是驗附
存疑此章大意謂禹稷顏回一則進而救民一則退而脩
己其事不同矣然其實禹稷顏回同道何也道者事理之
當然也禹任治水之職思天下有溺者由己不能盡職而
溺之稷任教稼穡之職思天下有飢者由己不能盡職而
飢之是以過門不入如是其急也若顏子則不任其職故
得從容獨樂於陋巷之中也可見禹稷之救民是其道當
救民顏子之脩己是其道當脩己使禹稷顏子易地而處
則皆能為之所以為同道也○曰聖賢之道進則救民退
則脩己此便見同道處蓋進而救民是聖賢之道退而脩
己亦聖賢之道也其心一而已矣又在先一步故總註曰
聖賢心無不同事則所遭或異然處之各當理是乃所以
為同也禹稷顏回同道之旨當如此看愚此說與蒙引異

蒙引就把心當道說學者詳之○此章同道本就事上說
集註屬提心來解者心道之所從出也聖賢之心同皆中
無私主故能隨
所寓而盡其道
禹思天下有溺者由己溺之也稷思天下有飢者由己飢之
也是以如是其急也由與猶同
禹稷身任其職故以為己責而救之急也附蒙引惟身任其責如此是以
如是其急也要說得是以二字分明莫把上文就說出急於救民之意
禹稷顏子易地則皆然
聖賢之心無所偏倚大本之中隨感而應各盡其道時中之中故使

禹稷居顏子之地則亦能樂顏子之樂使顏子居禹稷之任。新安陳氏曰禹稷有官守故曰任顏子居陋巷故曰地亦能憂禹稷之憂也慶源輔氏曰聖賢之心其本然之體無所偏無所倚此其所謂中者天下之大本也然不能不感於物故隨感而應有可喜之事感則喜心便應有可怒之事感則怒心便應如進則便須救民退則便須脩己皆吾大本中自然之理無或過無或不及各盡其道此其所謂和者天下之達道也如是故使禹稷居顏子之地亦能樂顏子之樂使顏子居禹稷之任亦能憂禹稷之憂同一大本同一達道故也附蒙引意已盡於此下文只是譬喻

今有同室之人鬭者救之雖被髮纓冠而救之可也

不暇束髮而結纓往救新安陳氏曰遇沭不暇束髮冒冠於所被髮上結纓而往救言急也以喻禹稷附存疑今有同室之人鬭至可也後當繳云禹稷之救民何以異於是末節後當繳云顏子之脩己何以異於是

鄉鄰有鬭者被髮纓冠而往救之則惑也雖閉戶可也

喻顏子也○此章言聖賢心無不同事則所遭或異然處去聲之各當其理是乃所以爲同也尹氏曰當其可之謂時前聖後聖其心一也故所遇皆盡善程子曰君子而時中若三過其門而不入在禹稷之時爲中如居陋巷則非中矣居陋巷在顏子之時爲中如三過其門而不入則非中矣○南軒張氏曰顏子未見其施爲遽比之禹稷不已過乎殊不知禹稷之事功何所自德者本也事功末也本末一致也故程子曰有

顏子之德則有禹稷之事功事功在聖賢惟其時而已若墨之兼愛楊之爲我皆不知天理之時中而妄意以守一偏故如此蓋墨氏終身纓冠以來救天下之鬭楊氏則坐視同室之鬭而不顧者其賊道豈不甚哉是則人欲而已矣○慶源輔氏曰集註章旨所謂聖賢之心無不同一本也事則所遭或異萬殊也然處之各當其理是乃所以爲同者所謂萬殊一本吾道一以貫之也又曰事雖萬殊心一以貫則凡所以語默云爲達道也皆時中也附存疑天道者事物當然之理天下事無常形而理無定在在此事則爲此事之理在彼事則爲彼事之理安在其爲同然此事之理此理也彼事之理此理也隨事而有不同然其爲理則一也譬之甘辛苦醎不同其爲味一也青黃赤白不同其爲色則一也故禹稷顏回救民脩己不同而同於道曾子子思遠害死難不同而同於道微子箕子比干生死不同而同於仁齊薛宋之餽金辭受不同而同於是豈惟是哉古先聖王因時而治立法創制不能盡同然其爲道則一而已故忠質文所尚不同而同於禮咸英韶濩之樂不同而同於和唐虞三代之禪受征伐不同而同於義以至三代而下伯王迭興其治雖不能純乎古然皆隨時足以爲治其道亦未嘗不同也學者了此斯可與論禹稷顏回同道之旨矣

○公都子曰匡章通國皆稱不孝焉夫子與之遊又從而禮貌之敢問何也

匡章齊人通國盡一國之人也禮貌敬之也附存疑此章五段二節言匡章無五不孝三節言不得父之故四節言其亦有罪五節言其雖有罪却能自責罰據此皆未見有可絕之狀但見其有可哀之情然則孟子與之游又從而禮貌之未爲過也○蒙引曰匡章又曰章子者蓋匡是姓章子是字章

子猶仲子之類。謂之匡章。猶云顏淵耳。皆去了子字。

孟子曰：世俗所謂不孝者五：惰其四肢，不顧父母之養，一不孝也；博弈好飲酒，不顧父母之養，二不孝也；好貨財，私妻子，不顧父母之養，三不孝也；從耳目之欲，以爲父母戮，四不孝也；好勇鬬很，以危父母，五不孝也。章子有一於是乎？好、養、從，皆去聲。很，胡懇反。

戮，羞辱也。很，忿戾也。新安陳氏曰：五不孝之序，從輕漸說至重。附蒙引：從耳目之欲，謂放蕩於禮法之外也。則其身爲下流不肖，而辱及其親矣。

夫章子，子父責善而不相遇也。

遇，合也。相責以善而不相合，故爲父所逐也。雙峯饒氏曰：章子得罪於父，與其他得罪不同。章子但不合責善於父，故出妻屏子，以示不安之意。先說子父責善，是言子責父之善；下說父子，是泛言。附顧麟士曰：圖纂章子之母得罪其父，其父殺之而埋馬棧之下。此事諸家不載，惟通義金仁山說頗及之。然亦不知即是此章子否。集註但云齊人，則本趙岐也。

責善，朋友之道也；父子責善，賊恩之大者。

賊，害也。朋友當相責以善。父子行之，則害天性之恩也。孝經云：父子之道，天性也。

夫章子，豈不欲有夫妻子母之屬哉？爲得罪於父，不得近，出妻屏子，終身不養焉。其設心以爲不若是，是則罪之大者，是則章子已矣。夫章之夫，音扶。爲，去聲。屏，必幷反，又必正反。養，去聲。

言章子非不欲身有夫妻之配，子有子母之屬。新安陳氏曰：此屬字，即天屬、家屬之屬。本文總夫妻子母而言，集註分說，故以配字對屬字。但爲身不得近於父，故不敢受妻子之養，以自責罰。其心以爲不如此，則其罪益大也。附蒙引：使章所犯非責善，便可責了；使章既以責善得罪於父，而又不知自責，亦可絕了。惟此兩節未至可絕之地，所以孟子矜之。○子有子母之屬，此子謂匡章之子，此母即匡章之妻。其設心以爲不若是，是則罪之大者云云，蓋章子亦自知其有罪也。但在章子之自責則如此，在他人則猶當矜其志而畧其罪也。○存疑：是則章子已矣，是指上文意言，此乃章子之所爲也。已矣，無他之辭。

○此章之旨，於衆所惡而必察焉，可以見聖賢至公至仁之心矣。惡，去聲。慶源輔氏曰：至公則無私蔽於己，至仁則不忍苛責於人。○新安陳氏曰：不徇衆見，至公也；不輕與絕，至仁也。楊氏曰：章子之行，孟子非取之也，特哀其志而不與之絕耳。行，去聲。朱子曰：孟子之於匡章，蓋憐之耳，非取其孝也。據章所爲，因責善於父而不相遇，遂爲父所逐。雖是父不是，己是，然便至如此，出妻屏子，終身不養，則豈得爲孝？故孟子言父子責善，賊恩之大者，此便是責之以不孝也。但其不孝之罪，未至於可絕之地爾。然當時人則遂以爲不孝而絕之，故孟子舉世俗之不孝者五以曉之。若如此五者，則誠在所絕爾。後世因孟子不絕之則又欲盡雪章之不孝而以為孝此皆不公不正倚於一偏必若孟子所處然後可以見聖賢至公至仁之心矣○南軒張氏曰章本心亦欲父之為善耳乃或過於辭色致父之怒後又不敢安於妻子之養以深自咎責則章亦可哀者若章得罪而不知懼則是終以忿戾之氣行乎其間而可罪矣○雙峰饒氏曰章資質自好但無學力雖知愛父而不知愛父之道既得見孟子必敎他回父之意未必止於此章子通國稱其不孝仲子通國稱其廉孟子於此二人所謂衆惡之必察焉衆好之必察焉○新安陳氏曰父子閒所以不責善而惟朋友當責善者蓋朋友以義合責善而不從則交可絶父子以天合責善而不相遇則賊恩而將至於離故也然責善既不可則從父之令乎曰聖賢自有成規幾諫之章內則與幾諫相表裏之言皆是也舜事瞽瞍能致底豫特患不能如舜耳若章之出妻屏子非徒自咎責於己亦將以感動於父子不安而父安焉其執拘亦可想矣章既失之初使能如舜之事親豈不能回之於後惜無以考其終何如也

○曾子居武城有越寇或曰寇至盍去諸曰無寓人於我室毀傷其薪木寇退則曰脩我牆屋我將反寇退曾子反左右曰待先生如此其忠且敬也寇至則先去以為民望寇退則反殆於不可沈猶行曰是非汝所知也昔沈猶有負芻之禍從先生者七十人未有與焉與去聲

武城魯邑名盍何不也左右曾子之門人也忠敬言武城之大夫事曾子忠誠恭敬也為民望言使民望而效之沈

猶行弟子姓名也言曾子嘗舍於沈猶氏時有負芻者作亂來攻沈猶氏曾子率其弟子去之不與其難難去聲言師賓不與臣同附蒙引曰無寓人於我室此語其守舍之人也寇退則曰脩我牆屋亦即語其守舍之人也左右云云此門人私議之詞非對曾子言也故曾子無言沈猶行亦門人也乃以其所見解之云○昔沈猶有負芻之禍不必說沈猶行或偶同姓亦未可知也

子思居於衛有齊寇或曰寇至盍去諸子思曰如伋去君誰與守

言所以不去之意如此子思時仕於衛

孟子曰曾子子思同道曾子師也父兄也子思臣也微也曾子子思易地則皆然

微猶賤也尹氏曰或遠去聲害或死難去聲○慶源輔氏曰子思雖無死難之事然寇至不去有死難之理其事不同者所處上聲之地不同也君子之心不繫於利害惟其是而已是者理之當然也故易地則皆能為之

○孔氏曰古之聖賢言行去聲不同事業亦異而其道未始不同也學者知此因其所遇而應之若權衡之稱去聲物低昂屢變而不害其為同也南軒張氏曰君子不避難亦不預於難惟當夫理而已於不當

避而避焉。固私也。於不當預而預。乃勇於就難。是亦私而已矣。夫曾子師也。父兄也。師之尊與父兄之義同。以師道居。則寇至而去之。寇退而反。無預其難。在師之義當然也。子思臣也。微也。委質以服君之事。有難而可逃之乎。與君同守而不去。則爲臣之義當然也。從容乎理之所當然。曾子子思何殊哉。故曰易地則皆然。以天理之時中。一而已。附淺說此章當與禹稷顏回章並看。○蒙引子思臣也。微也。臣字對師字言。微字對父兄字言。

○儲子曰王使人瞷夫子果有異於人乎孟子曰何以異於人哉堯舜與人同耳 瞷古莧反

儲子齊人也瞷竊視也聖人亦人耳豈有異於人哉 新安陳氏曰孟子因有以異於人乎之問而答之曰。我何以異於人哉。雖堯舜亦與人同耳。集註謂聖人亦人耳。豈有異於人哉。乃是釋堯舜與人同耳一句。與孟子元文何以異於人哉。所指不同矣。堯舜所以與人同者。非但形體之同。其性善本與人不異。惟聖人能盡其性。常人每汨其性。於是常人與聖人始懸絕耳。堯舜與人同之說。與人皆可以爲堯舜之說。實相表裏。但其意包涵而未盡。使儲子再問難。孟子必傾倒盡發之矣。附蒙引瞷竊視也。是令人窺其燕居獨處之時。動靜語默之間。果與常人不類乎。若其容貌則王必已見之矣。○孟子曰云云者。亦因以進儲子及齊王於堯舜之途也。然且引而不發。○但曰堯舜與人同耳。便是堯舜無有與人異者矣。此中意便是同此性而能盡其性。同此形而能踐其形者。但尚引而不發。發出則味反薄矣。

○齊人有一妻一妾而處室者其良人出則必饜酒肉而後反其妻問所與飲食者則盡富貴也其妻告其妾曰良人出

孟子大全卷之八　離婁下　六十八

則必饜酒肉而後反問其與飲食者盡富貴也而未嘗有顯者來吾將瞷良人之所之也蚤起施從良人之所之徧國中無與立談者卒之東郭墦間之祭者乞其餘不足又顧而之他此其爲饜足之道也其妻歸告其妾曰良人者所仰望而終身也今若此與其妾訕其良人而相泣於中庭而良人未之知也施施從外來驕其妻妾 施音迤又音異墦音燔施施如字

章首當有孟子曰字闕文也 通考吳氏程曰因儲子有瞷夫子之語遂發瞷良人一段言小人陰爲陽斂則可瞷君子言行如一何瞷之有恐是一章非闕文也 良人夫也饜飽也顯者富貴人也施邪施而行不使良人知也墦冢也顧望也訕怨詈 力智反 也施施喜悅自得之貌

由君子觀之則人之所以求富貴利達者其妻妾不羞也而不相泣者幾希矣

孟子言自君子而觀今之求富貴者皆若此人耳使其妻妾見之不羞而泣者少矣言可羞之甚也○趙氏曰言今之求富貴者皆以枉曲之道昏夜乞哀以求之而以驕人於白日與斯人何以異哉 南軒張氏曰意孟子在齊。適見此事。以爲與世之求富貴者無

孟子大全卷之八　離婁下　六十九

異故載之驕妻妾者徒知以得爲貴而不知所以得之者可賤也妻妾知其可賤而已不知爲欲所蔽故耳○勉齋黄氏曰此章形容苟賤之態殊可賤惡然流俗滔滔務爲卑諂無所不至搖尾乞憐自少至老無一念不在是未得則愁憂窮蹙志氣蕭然自視不勝其小既苟得則志得意滿驕親戚傲閭里多然自視不勝其大可賤甚於乞墦而莫之覺也學者深明義利之辨充吾羞惡之心而養吾剛大之氣然後知孟子此言誠末俗之箴砭也附蒙引或是孟子口頭故事亦不可知

孟子大全卷之八終

孟子集註大全卷之九 三魚堂讀本

萬章章句上

凡九章通考勿軒熊氏曰前四章言舜盡事親之道次二章言唐虞三代禪繼之道後三章言聖賢出處

萬章問曰舜往于田號泣于旻天何爲其號泣也孟子曰怨慕也號平聲

舜往于田耕歷山時也仁覆敷救反閔下謂之旻天號泣于旻天呼天而泣也事見形甸反虞書大禹謨篇書曰帝初于歷山往于田日號泣于旻天于父母附蒙引仁覆閔下謂之旻天此不知何所本詳考之覆覆幬也閔憫恤也謂仁以覆閔乎下也此以天之情言○旻閔也于天而求其閔下者必自覆幬上言之此解義之法也○爾雅曰春爲蒼天夏爲昊天秋爲旻天冬爲上天於春言色於夏言氣於秋言情於冬言位相備也書舜典傳亦曰仁覆閔下謂之旻天亦無小註

怨慕怨己之不得其親而思慕也慶源輔氏曰父慈子孝理之常也何有於怨慕惟遭事之變故深思其所以不得於親之故而自怨咎其在我者有何罪戾而致然又思慕於親無頃刻忽必欲得親之歡心而後已此所謂怨慕也○新安陳氏曰怨慕二字真得舜之心亦包盡一章之意怨非怨親怨己之不得乎親也慕則念念不忘而思其親也惟順於父母可以解憂以上言怨也人少則慕父母以下言慕也附蒙引新安謂父母惟順以上言怨也人少則慕父母以下言慕也此說恐未盡然謂人少則慕父母一條是言慕而無怨

意固是但惟順於父母可以解憂以上如何只說是怨而無慕蓋怨只是怨己之不得其親則自不容不慕親矣若五十而慕則不必言此時俱有怨在也○存疑思慕是思慕乎親必欲得之不是思慕欲得親此有分辨不可錯看了○怨慕兩字相因以己有罪不能得乎親自怨則一心思慕乎親思慕乎親者必欲得之也方未得乎親之時則怨慕兩字俱當用及既得乎親之時只當用慕字故孟子之告萬章始則曰怨慕終只曰慕

萬章曰父母愛之喜而不忘父母惡之勞而不怨然則舜怨乎曰長息問於公明高曰舜往于田則吾既得聞命矣號泣于旻天于父母則吾不知也公明高曰是非爾所知也夫公明高以孝子之心爲不若是恝我竭力耕田共爲子職而已

矣父母之不我愛於我何哉惡去聲夫音扶恝苦八反共平聲

長息公明高弟子公明高曾子弟子于父母亦書辭言呼父母而泣也恝無愁之貌〔新安陳氏曰〕孟子推明公明高之意以爲孝子之心既不得乎親必不若是之恝然無愁也於我何哉自責不知己有何罪耳非怨父母也楊氏曰非孟子深知舜之心不能爲此言蓋舜惟恐不順於父母未嘗自以爲孝也若自以爲孝則非孝矣〔附〕存疑孟子曰怨慕萬章不知爲怨己不得其親而思慕謂是怨親故有父母惡之勞而不怨然則舜怨乎之問及孟子言孝子之心云云於我何哉則見其爲怨己之不得其親而思慕而非怨其親矣〔蒙引〕夫公明高以孝子之心爲不若是恝我竭力耕田共爲子職而已矣作一氣讀下此與下句正是一正一反說口說當云夫公明高以孝子之心既不得乎親則必不能若是其恝然不介懷以爲我但知竭力耕田以供子職而已矣孝子之心正以爲父母之不我愛於我果何罪以致之此其所以怨慕耳○〔淺說〕怨在己則慕在親矣若怨親則又何慕耶○〔顧麟士曰〕舜往于田則吾既得聞命矣大抵似言爲躬耕以養親此事易解

帝使其子九男二女百官牛羊倉廩備以事舜於畎畝之中天下之士多就之者帝將胥天下而遷之焉爲不順於父母如窮人無所歸爲去聲

帝堯也史記云二女妻去聲之以觀其內九男事之以觀其

外觀其治外○史記五帝紀舜年二十以孝聞三十而帝堯問可用者四岳咸薦虞舜曰可於是堯乃以二女妻舜以觀其內使九男與處以觀其外舜居嬀汭內行彌謹堯二女不敢以貴驕事舜親戚甚有婦道堯九男皆益篤○〔朱子曰〕二女娥皇女英也蓋夫婦之間隱微之際正始之道所繫尤重故觀人者於此爲尤切○〔雙峯饒氏曰〕觀者衆人之所共見以天子二女來處頑嚚傲之間看他如何處置二女和則是處置得是九男皆帝子亦難處若處之得其道亦自安百官只是百司如後世典籤涓人之類〔通考趙氏悳曰〕九男獨丹朱以胤嗣聞其餘八庶無事故不見於堯典〔附〕顧麟士曰按呂氏春秋云堯有子十人不與其子而授舜舜有子九人不與其子而授禹是丹朱不在所使之中也然不足辨二女事之則尸子云妻以娥媵以皇○語意亦重事之蓋張其說以起如窮人無歸耳若曰觀之便無氣力趙岐注只云堯使九男事舜以爲師以二女妻舜又言一年所居成聚廣雅

云聚居也音慈喻反漢書音義云小於鄉曰聚二年成邑三年成都〔通考〕趙氏惠曰聚爲村落周禮郊野法云九夫爲井四井爲邑四邑爲丘四丘爲甸四甸爲縣四縣爲都是天下之士就之也胥相視也遷之移以與之也如窮人之無所歸言其怨慕迫切之甚也〔雲峯胡氏曰〕如窮人無所歸六字譬喻最形容得舜之情不得以自遂身不得以自安心不得以自釋其爲怨慕迫切之甚可知〔附〕蒙引〕帝使其子九男二女百官牛羊倉廩備以事舜於畎畒之中一也天下之士多就之者二也帝將胥天下而遷之焉三也此三段作一類看正下文所謂人悅之好色富貴者所謂富貴即帝將胥天下而遷之人悅即所謂天下之士多就者妻帝之二女便是二女事之至於百官九男倉廩則又在所畧蓋古聖賢說話正不必拘拘於如此之奏合然大意則是如此此條正承上文言舜之怨慕有如此也下條

則又推其心以解之○胥相視也謂與之共視乎天下而遂移以與之也胥正訓相視字是足他意即此數句想之乃知舜之怨慕正在耕歷之時及方登庸之初故不告而娶若五十時則親已底豫久矣

天下之士悅之人之所欲也而不足以解憂好色人之所欲妻帝之二女而不足以解憂富人之所欲富有天下而不足以解憂貴人之所欲貴爲天子而不足以解憂人悅之好色富貴無足以解憂者惟順於父母可以解憂好妻皆如字

孟子推舜之心如此以解上文之意極天下之欲不足以解憂而惟順於父母可以解憂孟子眞知舜之心哉〔慶源輔氏曰〕上文是說舜之實事此又孟子推述舜之心以解上文之意言舜之心事實有如此者耳舉天下之所欲不足以解憂者所性不存焉故也惟順於父母可以解憂者性之不可離而亦不可以不盡也〔附〕蒙引〕帝使其子至如窮人無所歸是以其迹言天下之士悅之條則以其心言也帝使其子九男云云遷之焉而舜乃爲不順於父母如窮人無所歸者何也誠以舜之心以此數者皆不足以解憂而惟順於父母可以解憂也故孟子推舜之心如此以解上文之意○〔存疑〕此見聖人不以天下之大易其天性之愛竊負而逃遵海濱而處終身欣然樂而忘天下亦是此意思

人少則慕父母知好色則慕少艾有妻子則慕妻子仕則慕君不得於君則熱中大孝終身慕父母五十而慕者予於大

舜見之矣少好皆去聲

言常人之情因物有遷釋人少至熱中惟聖人爲能不失其本心也釋終身慕父母艾美好也楚詞戰國策所謂幼艾義與此同〔楚辭〕九歌大司命篇慫長劒兮擁幼艾蓀獨宜兮爲民正慫息拱反○戰國策趙孝成王篇公子魏牟過趙趙王迎之顧反至坐前有尺帛且令工人以爲冠工見客來也因避趙王曰願聞所以爲天下魏牟曰王能重王之國若此尺帛則國大治矣趙王不悅曰寡人豈敢輕國若此魏牟曰請爲王說之王有此尺帛何不令前郎中以爲冠王曰郎中不知爲冠魏牟曰爲冠而敗之奚虧於王之國而王必待工而後乃使之今爲天下之工或非也社稷爲虛器先王不血食而王不以予工乃與幼艾不得失意也熱中躁急心熱也言五十

者舜攝政時年五十也五十而慕則其終身慕可知矣○此章言舜不以得衆人之所欲爲己樂（音洛）而以不順乎親之心爲己憂非聖人之盡性其孰能之

慶源輔氏曰心纔有一毫物欲之累。而於其親有一毫之不慊。則於吾固有之性。便有不盡處。能盡其性。則能不失其本心。而爲人倫之至也。○西山眞氏曰五十始衰。聖人純孝之心。則不以老而衰。惟充極其天性之至孝。而無一毫之不盡。所以能如此。○雙峯饒氏曰如孝便十分孝。弟便十分弟。忠便十分忠。皆是盡性。◎新安陳氏曰常人變於私情。所以汨其性。聖人無私情之累。所以盡其性。孟子言此。是以遏人欲。擴天理也。附存疑人少則慕父母一條。是因上文說舜不以得衆人所欲爲己樂。而以不順乎親爲己憂。而贊其異於衆人也。○顧麟士曰集註五十而慕則其終身慕可知矣。蓋言此後已無可移之。○蒙引五十而慕。非怨慕也。蓋瞽瞍未厎豫之前。舜之慕乃所謂父母惡之勞而不怨也。既厎豫之後。舜之慕乃所謂父母愛之喜而不忘也。

○萬章問曰詩云娶妻如之何必告父母信斯言也宜莫如舜舜之不告而娶何也孟子曰告則不得娶男女居室人之大倫也如告則廢人之大倫以懟父母是以不告也（懟直類反）

詩齊國風南山之篇也信誠也誠如此詩之言也懟讎怨也舜父頑母嚚（音銀）常欲害舜告則不聽其娶是廢人之大倫以讎怨於父母也

東陽許氏曰懟父母言人之常情也。爲廢大倫則雖子亦不免有讐怨父母之心。舜固非懟父母者。然告則必廢大倫。故不告也。此聖人善處變事處。附蒙引以懟父母。本爲見懟於父母也。許氏誤認以爲既廢大倫。則雖子未免有些怨父母之心。信如其言。則與所謂爲不順於父母。如窮人無所歸者。一何悖哉。○存疑誠如此詩之言。謂此詩之言若誠是也。宜莫如舜。謂能盡道宜莫如舜也。○告而後娶。則父母不之聽。是廢人之大倫。又生一場憎怪。是徒見怨於其父母也。○蒙引一則曰舜不告而娶。爲無後也。一則曰如告則廢人之大倫。以懟父母。是以不告。一爲繼嗣。一爲男女大倫。二說亦不同。豈以不廢大倫。正以爲繼嗣耶。

萬章曰舜之不告而娶則吾既得聞命矣帝之妻舜而不告何也曰帝亦知告焉則不得妻也（妻去聲）

以女爲人妻（如字）曰妻（去聲下同）程子曰堯妻舜而不告者以君治之而已如今之官府治民之私者亦多

慶源輔氏曰謂以君命治之。不容瞽瞍之不聽也。官府治民之私。或有理法當然而牽於私不肯然者。則官司以法治之。必使之然也。仁山金氏曰集註引程子曰。是補孟子未備之意。○吳氏程曰帝亦至妻也作一句。焉乃助語羨字。附蒙引言帝若告其父母則舜之父母必不喜其娶而有違言矣。父母之違言一出。則舜便不敢就。而帝亦難於强之矣。○程子謂以官治之。是兼謂舜與瞽瞍。非專指瞽瞍也。

萬章曰父母使舜完廩捐階瞽瞍焚廩使浚井出從而揜之象曰謨蓋都君咸我績牛羊父母倉廩父母干戈朕琴朕弤朕二嫂使治朕棲象往入舜宮舜在牀琴象曰鬱陶思君爾

忸怩舜曰惟茲臣庶汝其于予治不識舜不知象之將殺己與曰奚而不知也象憂亦憂象喜亦喜張都禮反忸女六反怩音尼與平聲完治也補全之捐去上聲也階梯也揜蓋也按史記曰使舜上時掌反塗廩瞽瞍從下縱火焚廩舜乃以兩笠自捍音汗而下去得不死後又使舜穿井舜穿井爲匿空音孔旁出匿空。隱匿之孔穴也。通考吳氏程曰捐當音緣浚當音峻井句出句空音孔竅也舜既入深瞽瞍與象共下土實井舜從匿空旁出去即其事也象舜異母弟也謨謀也蓋蓋井也舜所居三年成都故謂之都君咸皆也績

功也舜既入井象不知舜已出欲以殺舜爲己功也干盾楯尹反也戈戟也周禮掌五兵五楯鄭云五楯干櫓之屬禮圖云今之三鋒戟也内長四寸半胡長六寸以其與戈相類故云戈戟也琴舜所彈五弦琴也弤丁卯反弓也通鑑外紀云舜彈五弦之琴歌南風之詩弤弓漆赤弓尚書形弓是也象欲以舜之牛羊倉廩與父母而自取此物也二嫂堯二女也棲牀也象欲使爲己妻也象往舜宮欲分取所有見舜生在牀彈琴蓋既出即潛歸其宮也鬱陶思之甚而氣不得伸也象言己思君之甚故來見爾忸怩慙色也臣庶謂其百官也象素憎舜不

至其宮故舜見其來而喜使之治其臣庶也孟子言舜非不知其將殺己但見其憂則憂見其喜則喜兄弟之情自有所不能已耳萬章所言其有無不可知然舜之心則孟子有以知之矣他亦不足辯也程子曰象憂亦憂象喜亦喜人情天理於是爲至程子曰萬章言舜完廩浚井之說恐未必有此事論其理而已堯在上而使百官事舜於畎畝之中豈容象得以殺兄而使二嫂治其棲乎學孟子者以意逆志可也○南軒張氏曰象之憂疾舜而謀害之也舜亦憂者憂己何以使象至此也象之喜者彼云思君而以喜來舜固不逆其詐亦從而爲之喜也憂也亦憂喜也亦喜是其心與之爲一親之愛之不知其他此仁人之於弟天理人情之至也象憂而舜漠

然不以爲憂象喜而舜疑之不以爲喜則在我之誠先不篤矣豈聖人之心也哉○慶源輔氏曰象日以殺舜爲事肆人欲以絶兄弟之情者也象憂亦憂象喜亦喜順天理以見兄弟之情者也象之人欲雖熾舜之天理常存卒之象不格姦而源源以來則舜之天理化其人欲而消之矣○西山真氏曰象欲殺舜其迹甚明舜豈不知然見其憂則憂見其喜則喜畧無一毫芥蔕於其中後世骨肉之間小有疑隙則嫌猜萬端惟恐發之不早除之不亟至此然後知聖人之心與天同量也世儒疑堯在上二女嬪虞象無敢殺舜之理不知孟子但論舜之心使其有是處之不過如此豈必眞有是哉○雙峯饒氏曰完廩浚井事儻無則不告而娶亦焉知其非無孟子於此不辯下章咸丘蒙之問孟子却責之蓋下章是說舜身上事舜爲天子不受堯與瞽瞍之朝此決然之理此章說象與瞽瞍之事容或有之是以不辯大凡看書且看大意如前章重在爲不順於父母如窮人無所歸兩句此章重在象憂亦憂象喜亦

喜兩句。附存疑。惟茲臣庶。汝其于予治。亦是見其來而喜之。因使爲看視。爾非以治理之責寄之也。蒙引象憂亦憂句。是件象喜亦喜說。重在下句。觀本註言舜見其來而喜一句亦可見

曰然則舜僞喜者與曰否昔者有饋生魚於鄭子產子產使校人畜之池校人烹之反命曰始舍之圉圉焉少則洋洋焉攸然而逝子產曰得其所哉得其所哉校人出曰孰謂子產智予既烹而食之曰得其所哉得其所哉故君子可欺以其方難罔以非其道彼以愛兄之道來故誠信而喜之奚僞焉與平聲校音效又音教畜許六反

校人主池沼小吏也圉圉困而未紓音舒之貌洋洋則稍縱矣攸然而逝者自得而遠去也方亦道也罔蒙蔽也欺以其方謂誑古況反之以理之所有罔以非其道謂昧之以理之所無象以愛兄之道來所謂欺之以其方也舜本不知其僞故實喜之何僞之有○此章又言舜遭人倫之變而不失天理之常也新安陳氏曰。不失天理之常。則終可以回人倫之變矣。不格姦底豫之餘。人倫豈終變也哉。○東陽許氏曰。魚入水。有悠然而逝之理。弟有思兄鬱陶之理。故子產與舜皆信之。舜之愛弟自天性。況象又以愛兄之道來感之乎。附蒙引孟子雖告萬章以象憂亦憂象喜亦喜。然萬章猶未達此二句。是言其兄弟之情自有不能已者。猶謂只是作意爲之耳。○故誠信而喜之。不要將信字帶誠字。信字與喜字相連。謂眞實信之喜之也。本註只謂故實喜之者。惟實信之。故實喜之。不信則不喜。單言喜自該得信也。○故君子可欺以其方之說而子產事在其中。

○萬章問曰象日以殺舜爲事立爲天子則放之何也孟子曰封之也或曰放焉

放猶置也置之於此使不得去也萬章疑舜何不誅之孟子言舜實封之而或者誤以爲放也

萬章曰舜流共工于幽州放驩兜于崇山殺三苗于三危殛

鯀于羽山四罪而天下咸服誅不仁也象至不仁封之有庳有庳之人奚罪焉仁人固如是乎在他人則誅之在弟則封之曰仁人之於弟也不藏怒焉不宿怨焉親愛之而已矣親之欲其貴也愛之欲其富也封之有庳富貴之也身爲天子弟爲匹夫可謂親愛之乎庳音鼻

流徙也共音恭工官名驩兜人名二人比毗至反周相與爲黨三苗國名負固不服殺殺其君也殛誅也鯀禹父名方命圮部鄙反族治水無功新安倪氏曰。方命圮族。見書堯典篇。方命者。逆上命而不行也。圮敗族類

言與衆不和傷人害物也皆不仁之人也幽州崇山三危羽山有庳皆地名也〔趙氏曰〕幽州北裔之地舜分冀北爲幽州崇山南裔之山在今澧州慈利縣三危西裔之地禹貢在雍州或以爲燉煌未詳羽山東裔之山在今海州朐山縣或曰今道州鼻亭卽有庳之地也未知是否漢書顏師古註云有庳在零陵今鼻亭是也萬章疑舜不當封象使彼有庳之民無罪而遭象之虐非仁人之心也藏怒謂藏匿其怒宿怨謂留蓄其怨〔雙峯饒氏曰〕仁人之於弟雖有怒亦不藏之雖有怨亦不留之少間便釋然親之欲其親近於我貴之是也愛之欲其得遂所欲富之是也〔附〕蒙引殺三苗殛鯀與書不同書竄三苗殛此解曰誅也書傳曰殛則拘囚困苦之○殺三苗于三危究其實當依書作竄三苗竄之于此實置

之于死地也蓋三苗卒死于此故孟子云殺三苗一致也鯀之殛初只是貶逐而禁錮之此曰殛誅也其致一也○楚詞天問第十四條註曰舜之四罪皆未嘗殺也程子遺書云殛死猶言貶死耳以此證之則鯀之殛三苗之殺其疑可斷矣○堯之時四凶之惡未著堯不得探其惡而誅之舜之時四凶之惡已著舜不得以堯不誅而舜亦不誅之其或誅或不誅皆天理也○四罪而天下咸服罪活字猶云四誅也服書傳曰服其用刑之當罪也卽下文誅不仁也○不藏怒焉不宿怨焉不可謂雖有怒而不藏其怒雖有怨而不宿其怨仁人之於弟也雖可怒而不怒雖可怨而不怨直是無怨無怒也然其謂之不藏不宿者亦因萬章之問立爲天子則放之與所謂封之者皆是後來事此不藏不宿二字所繫來也○〔顧麟士曰〕萬章問在他人則誅之在弟則封之猶云在他人之不仁則誅之在弟之不仁則封之也意亦頗重流毒有庳處但此節方言兄弟至情不容不封自不暇爲不暴有庳作辨必俟下再問而後解之然解不暴有庳處仍是說親愛其弟處則筆底曲折直如化工亦有不期而然之妙矣○〔蒙引〕仁者固如是乎一句帶下不帶上所謂在他人則誅之在弟則封之是謂如是者也然事實亦只在上文○〔淺說〕在他人則誅之以除民之害在弟則封之以貽民之害刑賞不公安得爲仁○〔存疑〕親之欲其貴愛之欲其富若曰親之欲其富愛之欲其貴亦可

敢問或曰放者何謂也曰象不得有爲於其國天子使吏治其國而納其貢稅焉故謂之放豈得暴彼民哉雖然欲常常而見之故源源而來不及貢以政接于有庳此之謂也

孟子言象雖封爲有庳之君然不得治其國天子使吏代

之治而納其所收之貢稅於象有似於放故或者以爲放也蓋象至不仁處上聲之如此則既不失吾親愛之心而彼亦不得虐有庳之民也源源若水之相繼也來謂來朝音潮下同覲也不及貢以政接于有庳謂不待及諸侯朝貢之期而以政事接見有庳之君蓋古書之辭〔新安陳氏曰〕以此之謂也四字觀之知其爲古書之辭而孟子引以證源源而來之意見形甸反其親愛之無已如此也○吳氏曰言聖人不以公義廢私恩亦不以私恩害公義舜之於象仁之至義之盡也〔朱子曰〕封之有庳富貴之

是不以公義廢私恩所以為仁之至使吏治其國納貢賦而不得肆暴是不以私恩害公義所以為義之盡後世如漢文之於淮南景帝之於梁王始則縱之太過不得謂之仁後又窘治之甚不得謂之義皆兩失之○南軒張氏曰舜之處象可謂盡矣象雖不道而吾之弟也仁人之於弟親愛之而已矣或曰周公之於管蔡如之何蓋管蔡挾武庚以叛憂在廟社孽在臣民周公為國弭亂也象之欲殺舜其事在舜之身耳固不同也舜與周公易地則皆然蓋其存心為天理人情之至則一也通考朱氏公遷曰篇首及此章皆以順處其變者言之不得乎親而怨慕者孝之至弟至不仁而誠信喜之者友之至此其不失乎常者也封之有庳而富貴之常道之中雖有權而均之不失天理之常也吾友操公琬之言曰大舜之於象也誠信喜之則聖人自然之天所以盡其愛之之心也封之有庳則聖人處事之法所以全其愛之之道也舜之處象者如此而周公之處管蔡者不同其說則先儒之論備矣附存疑雖然

又是一轉語不及貢以政接于有庳不及貢以政相連下凡諸侯朝貢於天子皆有政事朝於京師則述其所受之職朝於方岳則有正時月同律度量衡許多事不及貢以政接于有庳言不待及諸侯朝貢之期以政事接見有庳之君常得無事類見也蒙引謂舜見諸侯則釋其政事而見之蓋是朝貢之期也今舜見象之頻不待釋其政事以見之此說似欠通舜豈終日忙冗待諸侯來朝則釋其政事見之至象則理政事中見之耶且諸侯入朝正是有政事也何以為釋其政事○達說舜之使吏治其國雖是欲使象不得暴其民而其意猶有在也蓋舜愛弟之心無已欲常常而見之故使吏治其國使象無政事之拘得以源源而來也向使煩其弟以政事則彼不得以源源而來而吾不得以常常而見矣故古書曰不及貢以政接于有庳蓋天子當諸侯朝貢之日則以政事接見諸侯今不及諸侯朝貢之期無時而不見也不以政事接見有庳之君無事而亦見也此正源源而來之謂也何其親愛之之無已耶

原缺第十五、十六葉

咸丘蒙曰舜之不臣堯則吾既得聞命矣詩云普天之下莫非王土率土之濱莫非王臣而舜既為天子矣敢問瞽瞍之非臣如何曰是詩也非是之謂也勞於王事而不得養父母也曰此莫非王事我獨賢勞也故說詩者不以文害辭不以辭害志以意逆志是為得之如以辭而已矣雲漢之詩曰周餘黎民靡有孑遺信斯言也是周無遺民也

不臣堯不以堯為臣使北面而朝也詩小雅北山之篇也普徧也率循也此詩今毛氏序云役使不均己勞於王事而不得養去聲其父母焉其詩下文亦云大夫不均我從事獨賢乃作詩者自言天下皆王臣何為獨使我以賢才而勞苦乎非謂天子可臣其父也文字也辭語也逆迎也雲漢大雅篇名也孑獨立之貌遺脫也言說詩之法不可以一字而害一句之義不可以一句而害設辭之志當以己意逆取作者之志乃可得之若但以其辭而已則如雲漢所言是周之民真無遺種上聲矣惟以意逆之則知作詩者之志在於憂旱而非真無遺民也朱子曰逆是前去追逆之意將自家意思去前

而等候詩人之志來。如等人來相似。今日等不來。明日又等。須等得來方得。今人却是硬捉他來。便不是逆志。所謂逆者。其至否遲速。不敢自必。而聽於彼也。大抵讀書須虛心平氣。優游玩味。徐觀聖賢立言本意所向如何。然後隨其遠近淺深輕重緩急而爲之說。庶乎可以得之。若便以吾先入之說。橫於胸次。而驅率聖賢之言以從己意。設使義理可通。已涉私穿鑿而不免於郢書燕說之誚。況又義理窒礙。實有所不可行乎。○慶源輔氏曰。以文害辭是泥一字之文而害一句之辭也。以辭害義是泥一句之辭而害詩人設辭之意也。意是己意。志是詩人之志。以我之意迎取詩人之志。然後可以得之。附蒙引。言莫非王臣。便是了。必先莫非王土者。見居吾土者便是吾屬也。○不以文害辭數句。不但是說詩之法。凡讀書之法皆然也。

孝子之至莫大乎尊親尊親之至莫大乎以天下養爲天子

父尊之至也以天下養養之至也詩曰永言孝思孝思維則此之謂也 養去聲

言瞽瞍既爲天子之父則當享天下之養此舜之所以爲尊親養親之至也豈有使之北面而朝之理乎詩大雅下武之篇言人能長言孝思而不忘則可以爲天下法則也

慶源輔氏曰。上章言讀詩之法。以破咸丘蒙之惑。此又言尊親養親之至。以見舜無使父朝己之理。夫舜既爲天子。則瞽瞍實爲天子之父。備享四海九州之奉。而舜爲尊親養親之至矣。故引下武詩以詠歎之。以謂如舜者。然後可謂能長言孝思而爲天下法則者矣。豈有使其父北面而朝之理乎。○雙峯饒氏曰。尊親養親雖是二事。然尊與養相須。養之至乃所以尊之也。附淺說。且子亦知夫舜之爲至孝者乎。夫孝子之於親也。心雖無窮而分則有限。故有至焉有未至焉。彼身處貧賤之地。雖能竭力以事其親。亦可謂孝子。未可謂孝之至也。孝子之至。莫大乎尊崇其親焉。彼身爲諸侯大夫。顯其親爲諸侯大夫之父。而養之以一國一家之祿。亦可謂尊親。未可謂尊親之至也。尊親之至。莫大乎以天下養焉。觀夫舜受堯禪。貴爲天子。尊其父爲天子之父。尊之至也。養其父以天下之祿。養之至也。此舜之所以爲至孝而可爲法於天下也。詩曰。人能長念孝思而不忘。則可以爲天下之法。則其即舜尊親養親之至之謂也。○存疑。上曰孝子之至莫大乎尊親。尊親之至。莫大乎以天下養。則直歸在養親上。下曰爲天子父尊之至以天下養養之至。又分開說。蓋尊親養親二事相須。未有尊而不養者。尊而養。然後爲尊之至。至論其實。又尊是尊養是養。故要其極歸重於養親亦可。究其極分尊養爲二亦可。

書曰祗載見瞽瞍夔夔齊栗瞽瞍亦允若是爲父不得而子也 見音現。齊側皆反。

書大禹謨篇也祗敬也載事也夔夔齊栗敬謹恐懼之貌允信也若順也言舜敬事瞽瞍往而見之 蔡氏曰。敬其子之職事也。 敬謹如此瞽瞍亦信而順之也孟子引此而言瞽瞍不能以不善及其子而反見化於其子則是所謂父不得而子者而非如咸丘蒙之說也

南軒張氏曰。古之君有受教於臣以成德者。如太甲之於伊尹。成王之於周公。謂之君不得而臣亦可也。蓋在子知盡事父之道。在臣知盡事君之道而已。自他人與後世觀之。則見其

有不得而臣。不得而子者焉。故云爾也。○雲峯胡氏曰如咸丘蒙之說。則所謂父不得而子者。以位言也。殊不知古語云盛德之士本自尊以德言。祇藏見瞽瞍夔夔齊栗。此舜之盛德處。瞽瞍亦允若。則及見化於其子盛德之中。而不得以不善及其子也。附蒙引祇藏見瞽瞍一條。又特證咸丘蒙所述父不得而子之非。亦以見無臣父之理。祇載句。見瞽瞍夔夔齊栗句。瞽瞍亦允若通連二句。

○萬章曰堯以天下與舜有諸孟子曰否天子不能以天下與人

天下者天下之天下非一人之私有故也 附蒙引章問堯以天下與舜有諸。曰否天子不能以天下與人。所答非所問意也。所問只是下章不傳子之意耳。孟子不直答以其事之有無。但言其無此理。

然則舜有天下也孰與之曰天與之

萬章問而孟子答也

天與之者諄諄然命之乎 諄之淳反

萬章問也諄諄詳語之貌

曰否天不言以行與事示之而已矣 行去聲下同

行如字之於身謂之行措諸天下謂之事言但因舜之行事而示以與之之意耳

曰以行與事示之者如之何曰天子能薦人於天不能使天與之天下諸侯能薦人於天子不能使天子與之諸侯大夫能薦人於諸侯不能使諸侯與之大夫昔者堯薦舜於天而天受之暴之於民而民受之故曰天不言以行與事示之而已矣 暴步卜反下同

暴顯也言下能薦人於上不能令 力呈反 上必用之舜為天人所受是因舜之行與事而示之以與之之意也 慶源輔氏曰下薦人於上。公心也。若有必上用之之心。則私意矣。孟子此言不特說得二聖授受明白。而於人臣薦賢之道大公至正之心。亦盡。彼竊位蔽賢者固不足責。而進一善達一能。上必君之用。下市己之恩者。皆非也。上只言天。此又并民而言者。天民一理。天實以民為視聽也。舜相堯二十八載固天也。至於朝覲訟獄謳歌。則人耳。而亦曰天者。以天統人。以人證天。天與人一也。附蒙引堯薦舜於天而天受之。其中。有行。有事。暴之於民而民受之。其中。亦有行。有事。如使之主祭。其誠敬之心屬行。其所以處夫祭祀之品物度數。則屬事。如使之主事。其所以為之主宰本根之地者屬行。若夫紀綱文章謹權審量之類。則屬事也。○淺說昔者堯薦舜於天。舜之行。事合乎天。而天受之。暴舜於民。舜之行。事合於民。而民受之。

曰敢問薦之於天而天受之暴之於民而民受之如何曰使之主祭而百神享之是天受之使之主事而事治百姓安之

是民受之也天與之人與之故曰天子不能以天下與人治去聲附存疑使之主祭而百神享之卽書類于上帝禋于六宗望于山川徧于羣神之事也使之主事而事治百姓安之愼徽五典五典克從納于百揆百揆時敘賓于四門四門穆穆之類是也○語類問百神享之曰只陰陽和風雨時便是百神享之又曰如祈晴得晴祈雨得雨之類

舜相堯二十有八載非人之所能爲也天也堯崩三年之喪畢舜避堯之子於南河之南天下諸侯朝覲者不之堯之子而之舜訟獄者不之堯之子而之舜謳歌者不謳歌堯之子而謳歌舜故曰天也夫然後之中國踐天子位焉而居堯之宮逼堯之子是簒也非天與也相去聲朝音潮夫音扶

南河在冀州之南新安倪氏曰冀州爲帝都河在其南故謂之南河其南卽豫州也訟獄謂獄不決而訟之也附蒙引承上文云不特主祭而百神享主事而事治爲足以見其爲天之所與自其攝政之久與其迫於朝覲訟獄謳歌之歸者觀之亦足以見爲天之所與也○謳歌舜非至舜面前謳歌也只是朝野閒詠歌舜之德耳○長聲爲歌短聲爲謳○故曰天也此天字非是應上文非人之所能爲也天也乃是應舜有天下也孰與之曰天與之

泰誓曰天視自我民視天聽自我民聽此之謂也

自從也天無形其視聽皆從於民之視聽民之歸舜如此則天與之可知矣南軒張氏曰聖人之動無非天也其相授受之際豈有我之所得爲哉故曰天子不能以天下與人天子而以天下與人則是私意之所爲亂之道也堯之於舜選於天下而薦之天耳而舜之卒有天下者天實爲之堯豈能加毫末於此哉舜之相堯歷年如是之久其薦於天暴於民者如是其著此乃天也堯崩舜率天下而服堯之喪堯喪既除舜避堯之子於南河之南未敢以己爲天子而聽天所命也朝覲訟獄謳歌者皆相率而歸有不容舍焉夫然後歸而踐位而從容於天人之際蓋如此然則舜亦豈能加毫末於此哉玩此章則聖人所謂先天而天不違後天而奉天時者殆可得而究矣○新安陳氏曰太書作泰臯陶謨曰天聰明自我民聰明泰誓之言蓋本於此天旣無民之形體故其視聽皆從於民民之所歸卽天之所命也通考朱氏公遷曰此章天字以主宰言凡自天意而言者皆以主宰言孔子重言天厭之及天生德天未喪斯文孟子言天位天職天祿天未欲平治天下及引詩書所言天作孼畏天之威皆是此類此與命以禍福言者相貫附蒙引此之謂也謂泰誓此言卽吾所謂舜爲人所歸卽爲天所與之意也○淺說大抵此章言天有自鬼神言者有自氣數言者有自民心言者畧有不同要亦見舜有天下非堯所與其意亦同歸也然歸重則在民心上故末引泰誓之言以結之以見得天下者民心而已○顧麟士曰當時以傳子爲德衰傳賢爲盛事子噲子之之事所繇來也孟子直斷爲無此理而兩處皆歸之於天至究所以天與之者則又以人歸爲之本此等議論杜奸雄竊窺之心堅仁賢策厲之志皆關千古不但評說往事爲有判決矣

○萬章問曰人有言至於禹而德衰不傳於賢而傳於子有諸孟子曰否不然也天與賢則與賢天與子則與子昔者舜

薦禹於天十有七年舜崩三年之喪畢禹避舜之子於陽城天下之民從之若堯崩之後不從堯之子而從舜也禹薦益於天七年禹崩三年之喪畢益避禹之子於箕山之陰朝覲訟獄者不之益而之啓曰吾君之子也謳歌者不謳歌益而謳歌啓曰吾君之子也朝音潮

陽城箕山之陰皆嵩山下深谷中可藏處啓禹之子也楊氏曰此語孟子必有所受然不可考矣但云天與賢則與賢天與子則與子可以見堯舜禹之心皆無一毫私意也

孟子大全卷之九 萬章上 丗四

南軒張氏曰堯舜傳之賢禹傳之子而後世遂有至禹而德衰之論此以私意觀聖人也禹薦益於天與堯之薦舜舜之薦禹其心一也益避禹之子與舜之在南河禹之在陽城其心一也天而與益則朝覲訟獄謳歌者皆歸之益踐天子位矣禹亦豈得而不與之哉而天則與子也禹亦豈得而與之哉使天而與丹朱與舜之子則舜禹固得遂其終避之意猶益得遂其終避之志者也故曰其心一也

附存疑天與賢則與賢天與子則與子見三聖之與賢與子皆出於天非堯舜傳賢而禹獨傳子也下文乃詳言之昔者舜薦禹於天至吾君之子也是說禹與堯舜皆欲與賢但堯舜與賢而民從禹與賢而民不從以見禹未嘗欲與子也不言堯薦舜於天者已見在前篇

丹朱之不肖舜之子亦不肖舜之相堯禹之相舜也歷年多施澤於民久啓賢能敬承繼禹之道益之相禹也歷年少施澤於民未久舜禹益相去久遠其子之賢不肖皆天也非人之所能為也莫之為而為者天也莫之致而至者命也之相之相去聲相去之相如字

堯舜之子皆不肖而舜禹之為相久此堯舜之子所以不有天下而舜禹有天下也禹之子賢而益相不久此啓所以有天下而益不有天下也然此皆非人力所為而自為非人力所致而自至者蓋以理言之謂之天自人言之謂之命其實則一而已朱子曰天如君命如命令君命人去做職事其俸祿有厚薄歲月有遠近

孟子大全卷之九 萬章上 丗五

無非是命命有兩樣得之不得曰有命自是一樣天命之謂性又自是一樣雖是兩樣却只是一箇命天之命人有命之以厚薄脩短有命之以清濁偏正無非是命且如舜禹益相去久遠是命之在外者其子之賢不肖是命之在內者聖人窮理盡性以至於命便能贊化育堯之子不肖他便不傳與子而傳與舜本是箇不好底意思却被他一轉轉得好○南軒張氏曰莫之為而為者天也莫之致而至者命也孟子發明天人之際深矣雖然人君為不善而天命去之則是有所為而致也獨不可言天與命歟孟子蓋嘗論之矣曰盡其道而死者正命也桎梏死者非正命也蓋如堯舜禹益之事天理之全而命之正也若夫為不善以及於亂亡則是自絕乎天以遏其命不得謂之得其正矣○慶源輔氏曰天則天理之本體命則天理之命於人者○北溪陳氏曰天與命只一理就其中則微有分別為以做事言做事是人對此而反之非人所為便是天至以吉凶禍福地頭言有因而致是人力對此而反之非力

所致便是命。天以全體言。命以其中妙用言。其曰以理言之謂之天。是專就天之正義言。却包命在其中。其曰自人言之謂之命。命是天命。因人形之而後見。故吉凶禍福自天來。到於人然後爲命。乃是於天理中截斷命爲一邊。而言其指歸一爾。若只就天一邊說吉凶禍福。未有人受來。如何見得是命。〔通旨〕朱氏公遷曰。此章命字。與莫非命也。非正命也。行法以俟命。居易以俟命。不知命之命。皆以氣言。兼言氣之長短厚薄不齊者。附存疑 丹朱之不肖一條。是說民從舜禹而不從益之故。而推其出於天。以明天與賢則與賢。天與子則與子之意也。言堯舜之子皆不肖。而舜禹之爲相久。此民所以不從堯舜之子而從舜禹也。禹子賢而益相不久。此民所以不從益而從禹之子也。皆天也。非人之所能爲。這天字與上文舜相堯二十有八載。非人之所能爲也天也天字同。○致與爲亦有分別。爲在先。致在後。爲之卽所以致之也。如爲善便致福。爲惡便致禍。豈不是爲在致先。○〔蒙引〕舜禹益相去久遠。兼歷年少二

孟子大全卷之九 萬章上 三十六

意如其子之賢不肖。例謂歷年久遠之相去也。○大註以理言之謂之天。自人言之謂之命。此理字對人言。非對氣數言也。其實此箇天字。正以氣數言也。非人之所能爲者皆是。

匹夫而有天下者。德必若舜禹。而又有天子薦之者。故仲尼不有天下。

孟子因禹益之事。歷舉此下兩條。以推明之。言仲尼之德雖無愧於舜禹。而無天子薦之者。故不有天下。附〔蒙引〕註云孟子因禹益之事。歷舉此下兩條。以推明之。其伊尹相湯以王於天下。及周公之不有天下二段。又不過申明繼世以有天下一條。故只云兩條。○〔淺說〕不特禹益之事爲出於天也。彼匹夫而有天下云云。是仲尼之不有天下者天也。繼世以有天下云云。是伊尹周公之不有天下者亦天也。

繼世以有天下。天之所廢。必若桀紂者也。故益伊尹周公不有天下。

繼世而有天下者。其先世皆有大功德於民。故必有大惡如桀紂。則天乃廢之。如啓及太甲成王。雖不及益伊尹周公之賢聖。但能嗣守先業。則天亦不廢之。故益伊尹周公雖有舜禹之德。而亦不有天下。附存疑 匹夫而有天下。於禹益之事無所發明。繼世以有天下。乃有發明。

孟子大全卷之九 萬章上 三十七

伊尹相湯以王於天下。湯崩。太丁未立。外丙二年。仲壬四年。太甲顚覆湯之典刑。伊尹放之於桐三年。太甲悔過。自怨自艾。於桐處仁遷義。三年以聽伊尹之訓己也。復歸于亳。相王皆去聲。艾音乂。

此承上文言伊尹不有天下之事。趙氏曰。太丁。湯之太子。未立而死。外丙立二年。仲壬立四年。皆太丁弟也。太甲。太丁子也。程子曰。古人謂歲爲年。湯崩時。外丙方二歲。仲壬方四歲。惟太甲差初宜反長上聲。故立之也。二說未知孰是。顚

覆壞音怪亂也典刑常法也桐湯墓所在艾治也說文云芟師衘反草也蓋斬絕自新之意亳商所都也附蒙引外丙二年○仲壬四年大註雖云未知孰是然必以趙註居程子之先者蓋太丁未立不言死則外丙仲壬不言死亦可矣然太丁未立而死既有子亦不應別立外丙仲壬蓋是時既有世嫡之義則父死子繼嫡孫當立不應別立也趙氏本生於程子之前然程子之說出於趙氏之後蓋以折衷之也惟太甲差長之說或未盡○顧麟士曰外丙仲壬語類仍作兩存說而後一則云二年四年不合不立意亦偏主趙岐宜其說之居前也諸家如竹書史記書蔡傳帝王世紀通畧固皆如趙說而孔安國司馬公稽古錄世史類編薛仲常人物考則如程說與蒙引同大紀論曰經所傳者義也史所載者事也事有可疑棄事而取義可也義有可疑假事以證義可也則以敬宗立嫡之理裁之斷從虛齋似亦可耳然朱

孟子大全卷之九　萬章上　末

子又曰年代自共和以後方可紀湯時自無稽可推此類且當闕之不必深考尤是○蒙引伊尹放之於桐者蓋藉天子諒陰百官聽于冢宰之義也非顯然放之也若顯然放之他日難於復矣雖復君臣之間亦難為顏伊尹初心豈計不及此乎當時必未忍絕望之尚看他三年之內如何自怨自艾句絕於桐連下讀○淺說三年之間惟伊尹之訓是聽也故伊尹復迎之而歸于亳

周公之不有天下猶益之於夏伊尹之於殷也

此復扶又反　言周公所以不有天下之意朱子曰仲尼不有天下益伊周不有天下豈益伊周孔皆有有天下之顯而以無天子薦之與天意未有所廢而不得乎直論其理如此耳○問舜禹避位之說或者疑之以為舜禹之為相攝行天子之事久矣至此而復往避之有如天下歸之而朱均不順則將從天下而廢其君之子耶抑將奉其君之子而違天下之心耶是皆事之至逆而由避有以致之也至益不度天命而受位矣避之而天下不從然後不敢為匹夫猶且恥之而謂益為之乎是其說也奈何聞之師曰聖人未嘗有取天下之心也三年喪畢去而避之禮之常事之宜耳其避去也其心惟恐天下之不吾釋也舜禹蓋迫於天命人心而不獲已者若益則求仁而得仁耳論者狃於利害權謀之習而妄意聖賢之心蓋以曹操不肯釋兵之心而為舜禹益謀宜其以為不當去位而避朱均以曹丕屢表陳遜之心而為舜禹益謀宜其幸舜禹之得之而以益之不得為可恥也附蒙引此大槩言太甲成王之能嗣先業耳施澤於民未久之意却無也

孔子曰唐虞禪夏后殷周繼其義一也禪音擅

禪授也通考湯氏登曰堯舜授禪之禪本音去聲魏晉以來始有禪學借音平聲傳禪字宜如字不必點發

孟子大全卷之九　萬章上　羌

作去聲其禪禪字却當點發作平聲則文順理順　**或禪或繼皆天命也聖人豈有私意於其間哉**附蒙引其義一也亦有兩說皆天命也只以天命為義一說皆奉天命也又以奉天命為義大抵加奉字為長義者事之宜也自有事實在大註雖有皆天命之自然而其下更有聖人豈有私意於其間哉一句無私意於其間便是奉天命矣○**尹氏曰孔子曰唐虞禪夏后殷周繼其義一也孟子曰天與賢則與賢天與子則與子知前聖之心者無如孔子繼孔子者孟子而已矣**南軒張氏曰一者何也亦曰奉天命而已矣附蒙引上章與此章言天所以不同者蓋上章言舜之得天下就人心之歸上說天命順也此章言益之所以不有天下難說以人心不歸益故天不與益是以只就禹之有賢子兼益之施澤於民未久上說便見

得是天之所爲而非禹之得私於其子也

○萬章問曰人有言伊尹以割烹要湯有諸 要平聲下同

要求也按史記伊尹欲行道以致君而無由乃爲有莘氏之媵 以證反 臣負鼎俎以滋味說 音稅 湯致於王道蓋戰國時有爲此說者〔慶源輔氏曰〕戰國之時人不知有義理之學汲汲然志於功名事業以求其富貴利達雖枉己辱身有所不顧故設爲此等議論上以誣聖賢下以便一己之私耳○〔新安陳氏曰〕湯妃有莘氏女也所以有隨嫁從臣負鼎俎蓋庖人之類

孟子曰否不然伊尹耕於有莘之野而樂堯舜之道焉非其

義也非其道也祿之以天下弗顧也繫馬千駟弗視也非其義也非其道也一介不以與人一介不以取諸人 樂音洛

莘國名〔趙氏曰〕今同州郃陽縣 樂堯舜之道者誦其詩讀其書而欣慕愛樂之也〔新安陳氏曰〕詩如康衢之謠舜皐之歌之類書如二典三謨是也必如此解此句方實 駟四匹也介與草芥之芥同言其辭受取與無大無細一以道義而不苟也〔龜山楊氏曰〕一介之與萬鍾若論利則有多寡若論義其理一也伊尹惟能一介知所取與故能祿之以天下弗顧繫馬千駟弗視自後世觀之則一介不以與人爲太吝一介不以取諸人爲太潔然君子之取與適於其義而已與之當取之微雖若不足道矣然苟害於義又何多寡之間乎○問道義一物非其義則非其道矣一介不妄取與則大者可知矣既曰非義又曰非道既曰一介又曰天下千駟何也〔朱子曰〕道義兼舉體用而言也一介千駟極其多少而言也蓋人之氣質不同器識有異或務大而忽小或拘小而遺大故必兼舉而極言之然後足以見其德之全耳○〔雙峯饒氏曰〕孟子說義必說道如配義與道皆是先義而後道義是隨時處事之權要兩下看既揆以義又揆以道方可處事有合一時之宜及揆以古道則有不合處道是體義是用義以事言道以理言以事言則得其宜以理言則得其正然後爲盡善故兩言之 附 存疑伊尹耕於有莘之野一條即其窮居之所守以見其無割烹之事也祿之以天下四句要只是樂堯舜之道內事道即理也在物爲理處物爲義道是體義是用前篇配義與道易大傳和順于道德而理於義亦是如此○人固有務其大而忽其小者故知及仁守矣而或莅之不莊要未爲德之全也

湯使人以幣聘之囂囂然曰我何以湯之聘幣爲哉我豈若處畎畝之中由是以樂堯舜之道哉 囂五高反又戶驕反

囂囂無欲自得之貌〔慶源輔氏曰〕伊尹以堯舜之道自樂故常無欲而自得涵泳其言則舉天下之物果何足以累其心哉 附 存疑自湯使人以幣聘之至況辱己正天下是舉伊尹從湯之始末以歸其無割烹要湯之事也○志在天下聖人民胞物與之本心囂囂自得則抱道自重謹於出處不苟於從人之意○蒙引囂囂然曰云云者以觀湯意之虔否耳若論伊尹堯舜君民之心則自畎畝中誦詩讀書以樂其道時便已恫然於懷矣

湯三使往聘之既而幡然改曰與我處畎畝之中由是以樂堯舜之道吾豈若使是君爲堯舜之君哉吾豈若使是民爲

堯舜之民哉吾豈若於吾身親見之哉

幡然變動之貌於吾身親見之言於我之身親見其道之行不徒誦說向慕之而已也 朱子曰或謂飢食渴飲耕田鑿井便是樂堯舜之道此皆不實豈若吾身親見之哉這箇便是眞堯舜郤不是泛說底道是堯舜之道如論文武之道未墜於地此亦眞箇指文武之道而或者便說日用間皆是文武之道殊不知聖賢之言自實【附】存疑三使往聘則尊德樂道之誠可見矣此所以幡然改也○與我處畎畝之中一條是伊尹欲從湯之言天之生此民一條是伊尹自言所以欲從湯之意思天下之民一條是即上二條之言而推其意而以自任天下之重一句總結之蓋自與我處畎畝之中至若己推而納之溝中皆是自任以天下之重也就湯而說以伐夏救民使天下之民匹夫匹婦被堯舜之澤也正以行其覺

民之志也使是君爲堯舜之君民爲堯舜之民也凡此皆欲正天下也枉己者未有能正人者也若割烹要湯又甚於枉己矣況正天下乎決無是理也無割烹要湯之意至是方說出然即上三條以天下自任處觀之其意亦自可見矣何也志在堯舜君民者決不割烹要湯割烹要湯決不以堯舜君民爲念也○吾豈若於吾身親見之一項上二句說使君爲堯舜之君民爲堯舜之民便是吾身親見其道之行也○顧麟士曰前節豈若內重外輕之別後節豈若空言實事之別

天之生此民也使先知覺後知使先覺覺後覺也予天民之先覺者也予將以斯道覺斯民也非予覺之而誰也

此亦伊尹之言也知謂識其事之所當然覺謂悟其理之所以然覺後知後覺如呼去聲寐者而使之寤也言天使者天理當然若使之也程子曰予天民之先覺謂我乃天生此民中盡得民道而先覺者也既爲先覺之民豈可不覺其未覺者及彼之覺亦非分我所有以予通作與之也皆彼自有此理我但能覺之而已 朱子曰程子云知是知此事覺是覺此理如事親當孝事兄當弟事也其所以當孝所以當弟理也今人知得此事講解得這道理皆是知之之事及至自悟則又自有箇見解處○中央兩箇覺字皆訓喚醒是我喚醒他○慶源輔氏曰知淺而覺深知有界限覺無偏全程子曰譬之人睡他人未覺而我先覺故搖撼其未覺者亦使之覺及其已覺也元無欠少而亦未嘗有增加適一般耳此說說得覺

字極爲全備既爲先覺之民豈可不覺其未覺者此解非予覺之而誰也一句蓋大學之道既明明德則必須新民到此地位自然住不得正使不得時與位亦須著如孔孟著書立言以覺萬世始得此皆是不容已者【附】存疑註曰悟其理之所以然即上達必由心悟也論語民不可使知之知字又是此覺字用覺不同○淺說性善雖無不同而知覺則有先後○蒙引予將以斯道覺斯民或兼堯舜君民說看來亦不必如此湊合如下文思天下之民匹夫匹婦云云何嘗要兼說君在

思天下之民匹夫匹婦有不被堯舜之澤者若己推而內之溝中其自任以天下之重如此故就湯而說之以伐夏救民

推吐回反內音納說音稅

書曰昔先正保衡作我先王曰予弗克俾厥后爲堯舜其心愧恥若撻于市一夫不獲則曰時予之辜孟子之言蓋取諸此是時夏桀無道暴虐其民故欲使湯伐夏以救之徐氏曰伊尹樂堯舜之道堯舜揖遜而伊尹說湯以伐夏者時之不同義則一也附淺說卽伊尹此言觀之若其設心正以天下之民皆吾同胞之民也天下之事皆吾分內之事也我爲上天所厚生民所望當使天下之民皆遂生復性而各得其所也

吾未聞枉己而正人者也況辱己以正天下者乎聖人之行不同也或遠或近或去或不去歸潔其身而已矣行去聲

辱己甚於枉己正天下難於正人若伊尹以割烹要湯辱己甚矣何以正天下乎慶源輔氏曰辱己實由於枉己不可以爲未甚而己可枉也正天下實自正人始未有不能正人而能正天下者也遠謂隱遁也與遯同也近謂仕近君也言聖人之行雖不必同然其要如字歸在潔其身而已伊尹豈肯以割烹要湯哉慶源輔氏曰或遠而去或近而不去所遭之時不同而在潔其身則同潔身不使其身汙辱於不義也身爲萬事之本使尹以割烹要湯則汙其身甚矣本旣不正事無可爲而謂尹爲之乎附存疑遠近以未仕而方仕者言去不去以旣仕而去就者言或遠或近潔身固也或近或不去道有可就初非徇利而汙己也故曰歸潔其身而已矣

吾聞其以堯舜之道要湯未聞以割烹也

林氏曰以堯舜之道要湯者非實以是要之也道在此而湯之聘自來耳猶子貢言夫子之求之異乎人之求之也愚謂此語亦猶前章所論父不得而子之意新安陳氏曰承其要湯之語而正之謂伊尹所以要湯在堯舜之道而非割烹也其實伊尹未嘗要求於湯如夫子之求之與父不得而子語脉相似故集註引以爲證附淺說其歸在潔其身而已矣伊尹豈肯以割烹要湯哉然則尹果何以致湯之知也吾聞其樂堯舜之道於有莘之野名譽著聞而湯之聘自來耳是其以堯舜之道要湯也未聞以割烹也○蒙引卽上文所謂伊尹耕於有莘之野而樂堯舜之道致湯三使往聘之也

伊訓曰天誅造攻自牧宮朕載自亳

伊訓商書篇名孟子引以證伐夏救民之事也今書牧宮作鳴條牧宮桀宮也造載皆始也伊尹言始攻桀無道由我始其事於亳也南軒張氏曰桀爲不道伊尹則相湯始於亳而往征之然則其伐夏也奉天討有罪而已○慶源輔氏曰此伊尹所自言於此可見其任重之意則其不肯枉道自汙以要君必矣事苟理明義正聖賢初無所揜覆也附達說夫伊尹固無割烹要湯之事矣然果何以見伐夏救民之事乎觀諸伊訓有曰湯奉天誅始攻桀于牧宮我相湯始其事于亳都也觀伊尹之言理明義正如此曾謂辱己要君者而能爲此乎割烹之說何其敢於誣聖人也

○萬章問曰或謂孔子於衛主癰疽於齊主侍人瘠環有諸乎孟子曰否不然也好事者爲之也癰於魚反疽七余反好去聲

主謂舍於其家以之爲主人也癰疽瘍音羊醫也新安倪氏曰周禮天官有瘍醫瘍瘡癰也侍人奄與閹同音掩人也瘠姓環名皆時君所近狎之人也好事謂喜造言生事之人也

於衛主顏讎由彌子之妻與子路之妻兄弟也彌子謂子路曰孔子主我衛卿可得也子路以告孔子曰有命孔子進以禮退以義得之不得曰有命而主癰疽與侍人瘠環是無義無命也讎如字又音犨

顏讎由衛之賢大夫也史記作顏濁鄒彌子衛靈公幸臣彌子瑕也徐氏曰禮主於辭遜故進以禮義主於斷丁亂反制故退以義難進而易去聲退者也在我者有禮義而已得之不得則有命存焉朱子曰三揖而進一辭而退進以禮揖讓辭遜退以義剛決果斷○聖人以義處命本不待斷以命也所以曰有命對彌子瑕言之也○南軒張氏曰聖人非擇禮義而爲進退聖人之進退無非禮義禮義之所在即命之所在也此所謂義命之合一者也○新安陳氏曰上言禮義下只言義者進以禮亦義所當進義可以該禮也通考朱氏公遷曰此章命字與得之有命其如命何賜不受命之命皆以氣言專言氣之

厚薄不齊者賜不受命則專自貧富而言餘三條則通自窮通得喪而言大同小異也輯蒙引蓋孔子主於顏讎由彌子之諷子路欲其改主也○得之而進也進必以禮吾盡其在我者也何也其得也有命存焉吾何急於進哉不得而退也退必以義亦在我者也何也有命存焉吾何難於退哉○若主癰疽則是當退以義而不以義退是無義也命之不得而不受命焉是無命也此處只消用義字非是言義以該禮也新安陳氏二說俱牽強

孔子不悅於魯衛遭宋桓司馬將要而殺之微服而過宋是時孔子當阨主司城貞子爲陳侯周臣要平聲

不悅不樂音洛居其國也桓司馬宋大夫向式亮反魋也司城貞子亦宋大夫之賢者也雙峯饒氏曰司馬司城皆是宋之官他國則無宋是王者後故做天子禮有司馬司城○新安倪氏曰宋以武公諱改司空爲司城附存疑小註謂宋王者後官制做於天子故有司馬司城竊恐未然孔子爲魯司寇司空然則魯之官制亦做天子耶陳侯名周按史記孔子爲魯司寇齊人饋女樂以間去聲之孔子遂行適衛月餘去衛適宋司馬魋欲殺孔子孔子去至陳主司城貞子新安陳氏曰以文勢觀似是臨去宋時主於司城貞子適陳爲陳侯周臣孟子言孔子雖當阨難去聲然猶擇所主況在齊衛無事之時豈有主癰疽侍人之事乎慶源輔氏曰以孔子進禮退義曰有命觀之則必無主癰疽侍人之理以當阨主司城貞子觀之則必無主癰疽侍人之事附存疑司城貞子註既云宋大夫下却云至陳主於司城貞子似又以貞子爲陳人何也邵二泉

簡端錄云。貞子。時爲。陳侯周。臣也。臣云者。明其非癰疽侍人之倫也。或謂臣孔子爲之考之論語孔子無與陳侯語者。他國未嘗臣而獨臣陳也哉。愚按二泉此說有理。新安陳氏謂以文勢觀似是臨去宋時主於司城貞子適陳爲陳侯臣則與史記不合。蒙引謂一說史記以司城貞子爲陳人正爲集註不可通而爲此說耳。今當斷從二泉之說則自不待致疑於史記而集註之說可通矣。○顧麟士曰。趙註陳侯周。陳懷公子也。爲楚所滅。故無謚。但曰陳侯周、今按史記世家。陳懷公之子名越者。是爲湣公。又按湣公年表。六年孔子來。是則陳侯周卽湣公。○貞子之行不可得而詳。錄其謚而推之。則亦爲守正之臣也

吾聞觀近臣以其所爲主觀遠臣以其所主若孔子主癰疽與侍人瘠環何以爲孔子

近臣在朝音潮之臣遠臣遠方來仕者君子小人各從其類故觀其所爲主與其所主者而其人可知【呂氏曰】辭受有義。得不得有命。皆理之所必然。有命有義。是有可得可受之理。故舜可受堯之天下。無命無義。是無可得可受之理。故孔子不主彌子以受衛卿。二者義命有自合之理。無從而間焉。有義有命。雖有可受之義而無可得之命。安得而受之。是謂義合於命。故益避啓而不受禹之天下。有命無義。雖有可得之命而無可受之義。亦安得而受之。是謂命合於義。故中國授室養弟子以萬鍾。而孟子辭之也。○南軒張氏曰。此泛言觀人之法。豈獨爲人臣者所當知。爲人君者尤當明此義。則遠近交見而不蔽於耳目之私矣。○新安陳氏曰。呂氏所謂無命無義與孟子本文是無義無命也不同。進退以禮義而得之。有命也。於聖賢未嘗加益。惟合於禮義而已。命之得。非所計也。進退以禮義而不得亦命也。於聖賢未嘗或損。無慊於禮義矣。不得奚傷哉。安於命而已。故曰得之不得曰有命。若有苟得之心。而欲因時君近狎之人以進。則是進退不以禮義而不知有命矣。故曰是無義無命也。【附】蒙引此一章孟子亦折萬章之疑。凡三節。第一節卽孔子之不主彌子。而安於義命。見其無主癰疽之理。第二節卽孔子之當阨難時。猶擇所主。而見其無主癰疽之理。第三節承上言君子小人各從其類。旣是孔子。必不主癰疽。旣主癰疽。便不足爲孔子。所以盡上二節之意也。

○萬章問曰或曰百里奚自鬻於秦養牲者五羊之皮食牛以要秦穆公信乎孟子曰否不然好事者爲之也食音嗣好去聲下同

百里奚虞之賢臣人言其自賣於秦養牲者之家得五羊之皮而爲去聲之食牛因以干秦穆公也【附】蒙引以要秦穆公謂以五羊之皮去使用以入秦穆公也。

百里奚虞人也晉人以垂棘之璧與屈產之乘假道於虞以伐虢宮之奇諫百里奚不諫屈求勿反乘去聲

虞虢皆國名垂棘之地所出之璧也屈產之乘屈地所生之良馬也乘四匹也晉欲伐虢道經於虞故以此物借道其實欲幷去聲取虞宮之奇亦虞之賢臣諫虞公令力呈反勿許虞公不用遂爲晉所滅百里奚知其不可諫

故不諫而去之秦左傳僖公二年晉荀息請屈產之乘與垂棘之璧假道於虞以伐虢公曰是吾寶也對曰若得道於虞猶外府也乃使荀息假道於虞虞公許之自請先伐虢宮之奇諫不聽遂起師夏晉里克荀息帥虞師伐虢滅夏陽〔虢邑〕五年晉侯復假道於虞以伐虢宮之奇諫曰虢虞之表也虢亡虞必從之晉不可啓寇不可翫〔習也〕一之爲甚其可再乎諺所謂輔車相依〔輔頰輔車牙車也〕脣亡齒寒者其虞虢之謂也弗聽宮之奇以其族行十二月晉滅虢館於虞遂襲虞滅之執虞公○〔趙氏曰〕虞在漢河東郡大陽縣虢在漢河南郡滎陽縣【附】存疑百里奚虞人也一條是先說百里奚之出處然後即其事而斷之。

知虞公之不可諫而去之秦年已七十矣曾不知以食牛干秦穆公之爲汙也可謂智乎不可諫而不諫可謂不智乎知

虞公之將亡而先去之不可謂不智也時舉於秦知穆公之可與有行也而相之可謂不智乎相秦而顯其君於天下可傳於後世不賢而能之乎自鬻以成其君鄉黨自好者不爲而謂賢者爲之乎相去聲

自好自愛其身之人也孟子言百里奚之智如此必知食牛以干主之爲汙其賢又如此必不肯自鬻以成其君也〔新安陳氏曰〕成其君成就其君之霸業也【附】蒙引自知虞公之不可諫而去之秦至知穆公之可與有行也而相之可謂不智乎凡四段當以前一段爲主下三段皆以推明乎此意若曰知虞公之不可諫而去之秦年已七十曾不知以食牛干秦穆公之爲汙也可謂智乎然而不可諫而不諫智也知虞公之將亡而先去之智也知穆公之可與有行而相之智也以百里奚之智如此必知食牛以干主而爲汙矣故曰重在首一段○相秦而顯其君於天下至而謂賢者爲之乎凡兩段則重在下段言奚相秦能顯其君於當時而傳於後世則決是賢矣旣是賢者又豈肯自鬻以成其君哉故註云云其賢又如此必不肯自鬻以成其君也○〔淺說〕大抵智以所知言賢以所爲言百里奚智也必知自鬻之爲非百里奚賢者也必不肯爲自鬻之事因有以推無即此以明彼此孟子所以爲知言也此孟子所以善辯也○〔顧麟士曰〕按詩羔羊之皮素絲五紽說者謂大夫之節儉蓋以千金之裘非一狐之腋例之羊裘取輕煖亦須擇小者用多羊之皮爲之今素絲之紕英于中者止五紽則知爲五羊皮質理粗重故曰節儉也五羖大夫之稱必以此史記與自鬻之言盡妄耳

然此事當孟子時已無所據孟子直

以事理反覆推之而知其必不然耳○范氏曰古之聖賢未遇之時鄙賤之事不恥爲之如百里奚爲去聲人養牛無足怪也惟是人君不致敬盡禮則不可得而見豈有先自汙辱以要其君哉莊周曰百里奚爵祿不入於心故飯扶晩反牛而牛肥使穆公忘其賤而與之政亦可謂知百里奚矣莊子田子方篇百里奚爵祿不入於心故飯牛而牛肥飯猶食之也使秦穆公忘其賤而與之政也有虞氏死生不入於心故足以動人【附】蒙引文公秉心塞淵而騋牝三千文王視民如傷而麀鹿攸伏百里奚爵祿不入於心故飯牛而牛肥其理一也

伊尹百里奚之事皆聖賢出處上聲之大節故

孟子不得不辯尹氏曰當時好事者之論大率類此蓋以其不正之心度待洛反聖賢也〔范氏曰〕虞之將亡宮之奇諫百里奚不諫二人皆是也宮之奇不忍虞之亡諫而不聽然後以其族行君臣之義盡百里奚事虞公年七十矣而無所遇知其不可諫不諫而先去之去就之理明奇爲忠臣奚爲智士故曰皆是也按秦本紀晉虜虞君與百里奚奚亡秦走宛楚鄙人執之穆公聞其賢以五羖羊皮贖之號五羖大夫商鞅傳趙良曰五羖大夫荆之鄙人也聞穆公賢願見行而無資自鬻於秦被褐飯牛穆公舉之牛口之下加之百姓之上史記所傳自相矛盾蓋得之好事者○南軒張氏曰奚於虞在不必諫之地又知其不可諫諫必不聽故引而去之所以爲智使在當諫之地而不諫是不忠之臣也可謂智乎○蔡氏曰戰國之時人不知道惟知以功利爲急甚者敢誣聖賢欲借以行其私如伊尹割烹要湯孔子主癰疽侍人百里奚自鬻雖萬章之徒亦不知其爲非而猶不免於疑問智俗移人之心如此孟子安得不歷數而明辯之哉〔通考〕〔東陽許氏曰〕後語六反四智二賢皆反覆明奚之事第一總言去虞入秦之智第二第三詳言去虞之智第四詳言入秦之智第五以事實言其賢爲下節張本第六專以上文之賢證自鬻之言之妄前後皆是彷彿言之惟第五節爲要然不智則不能明去就之幾不賢則不足以見其智之正故反覆言之讀之則見其文之妙而不知其意之精密如此〔附〕〔蒙引〕此篇言舜之孝親以及舜禹之有天下伊尹相湯孔子之進退而終於百里奚之自鬻皆發明聖賢之心迹以釋世俗之疑議至若瞽瞍亦允若就指爲舜之父不得而子以堯舜君民之抱負就指爲伊尹之要湯皆即世俗之說而精其義以堯之授舜爲天以禹之相益爲薦於天皆推義理之極而高其說此則孟子因機誘說之辭也○孟子之論未必皆如聖人之正當但其闢邪扶正之功甚大矣且如今日異端何足道哉孟子當時異端如

老氏則亦知天知地也莊子則能簸弄造化者也如楊氏則灼然是能一介不以取與者也但欠仁一端耳如墨氏則灼然是見得民吾同胞物吾與者也但欠義之一邊耳而孟子乃剖析疑似之際而深闢痛拒之使聖人大中至正之道昭然如日月之行天而不容揜此其大有功於斯文也

孟子大全卷之九終

孟子集註大全卷之十　三魚堂讀本

萬章章句下

凡九章〔通考〕勿軒熊氏曰內六章因上篇言聖賢出處多及進退辭受之義內一章言封建井田二章言取友之道

孟子曰伯夷目不視惡色耳不聽惡聲非其君不事非其民不使治則進亂則退橫政之所出橫民之所止不忍居也思與鄉人處如以朝衣朝冠坐於塗炭也當紂之時居北海之濱以待天下之清也故聞伯夷之風者頑夫廉懦夫有立志

治去聲下同橫去聲朝音潮

橫謂不循法度頑者無知覺廉者有分辨懦柔弱也餘並見前篇見形甸反下文餘見並同【附】蒙引聲色說得廣不止女色與淫聲如奢麗侈靡之物亦惡色又如云惡聲至必反之豈必皆指淫樂此二句自其己身動為處言也自此以下一節密一節○非其君不事二句以己對人言治則進二句以處時言重下句橫政之所出三句以所在言思與鄉人處二句又言非特橫政橫民所在不忍居至於鄉人亦不忍居也○當紂之時居北海之濱以待天下之清也此二句又總證上文之意當紂之時正所謂濁世也目所接者大抵皆是惡色耳所接者大抵皆是惡聲君非其君民非其民有亂而無治觀於其朝大抵皆橫政之所出也觀於其野皆橫民之所止也紂帥天下以暴天下之能免於為鄉人者能幾耶故獨退居北海之濱以待天下之清也或以此又另作兩句說則與亂則退及不忍居意重復而文理俱不順矣○存疑無知覺則無分辨矣頑夫廉頑之變也

伊尹曰何事非君何使非民治亦進亂亦進曰天之生斯民也使先知覺後知使先覺覺後覺予天民之先覺者也予將以此道覺此民也思天下之民匹夫匹婦有不與被堯舜之澤者若己推而納之溝中其自任以天下之重也與音預

何事非君言所事即君何使非民言所使即民無不可事之君無不可使之民也餘見前篇【附】蒙引何事非君何使非民述其言也治亦進

亂亦進承其言而狀其行也自天之生斯民以下皆是言其自任以天下之重此其所以治亦進亂亦進者也

柳下惠不羞汙君不辭小官進不隱賢必以其道遺佚而不怨阨窮而不憫與鄉人處由由然不忍去也爾為爾我為我雖袒裼裸裎於我側爾焉能浼我哉故聞柳下惠之風者鄙夫寬薄夫敦

鄙狹陋也敦厚也餘見前篇問夷惠勝伊尹得些〔朱子〕曰伊尹體用載全夷惠高似伊尹伊尹大如夷惠○〔新安陳氏〕曰凡言聞其風者皆道不行於當時而其流風餘韻足以聳動後世者也伊尹道行於當時有功業可見不待以風言夷惠道不行於當時無功業可見而其制行之高足使後世想聞其餘風而興起

所以以風言。夷則風之清。惠則風之和也。或曰孔子道亦不行於當時。而不以風言。何也。曰孔子如太極元氣之運。風不足以言之也。司馬遷謂講業齊魯之都。觀夫子遺風。亦以風言。特於齊魯之地觀之。則所指者有界限。而所觀者亦然。故亦以風言耳。附存疑。進不隱賢。必以其道。相足說。猶云不枉道而必以道云爾。○蒙引。夫人幼而學之。壯而欲行之。姑舍所學以徇人。便是隱賢。便是枉道也。○按上篇爾爲爾上有故曰字。是柳下惠自言也。

孔子之去齊。接淅而行。去魯。曰遲遲吾行也。去父母國之道也。可以速而速。可以久而久。可以處而處。可以仕而仕。孔子也。淅先歷反

接。猶承也。淅。漬米也。漬疾智反米水也。漬米將炊而欲去之速。故以

手承水取米而行。不及炊也。舉此一端。以見形甸反其久速仕止。各當其可也。記曰當其可之謂時或曰。孔子去魯。不稅與脫同冕而行。豈得爲遲。楊氏曰。孔子欲去之意久矣。不欲苟去。故遲遲其行也。膰肉不至。則得以微罪行矣。故不稅冕而行。非速也。附蒙引。遲遲吾行也。蓋因子路趣行。曰夫子可以行矣。故夫子言此以曉之。非必在路上遲遲也。遲遲其行。正待微罪而後行也。○去父母國之道也。孟子解辭。與去他國之道也。相對爲類。註舉此一端以見其仕止久速各當其可。一端兼去齊去魯。或泥註專指去齊大謬。○存疑。孔子可以速而速。去之速也。可以久而久。去之遲也。可以處而處。去而處也。可以仕而仕。不去也。處仕。是一去一不去。久速。都在去上。

孟子曰。伯夷。聖之清者也。伊尹。聖之任者也。柳下惠。聖之和者也。孔子。聖之時者也。

張子曰。無所雜者清之極。無所異者和之極。勉而清。非聖人之清。勉而和。非聖人之和。所謂聖者。不勉不思而至焉者也。孔氏曰。任者。以天下爲己責也。愚謂孔子仕止久速各當其可。蓋兼三子之所以聖者而時出之。非如三子之可以一德名也。或疑伊尹出處上聲合乎孔子。而不得爲聖之時。何也。程子曰。終是任底意思去聲在。朱子曰。夷惠氣質有偏。比之夫子。終

有不中節處。所以易中說中正。伊川謂中重於正。正不必中也。言中則正已在其中。蓋無中則做正不出來。而單言正則未必能中也。夷惠諸子。其正與夫子同。而夫子之中。則非諸子所及也。○清任和都是有病痛底聖人。問伊尹似無病痛。曰五就湯。五就桀。孔子必不肯恁地。只爲他任得太過。所謂任。只就他治亦進亂亦進處看。其自任以天下之重如此。雖云祿之天下。繫馬千駟。弗顧弗受。然終是任處多。如柳下惠不以三公易其介。固其介。然終是和處多。問三子之德各偏於一。亦盡其一德之中否。曰三子之德但各至於一偏之極。既云偏。則不得謂之中矣。如伯夷雖有善其辭命而至者不受也。此便是偏處。若善其辭命而吾受之。亦何妨。只觀孔子便不然。問既云一偏。何以謂之聖。曰聖只是做到極處。自然安行。不待勉強。故謂之聖。非中之謂也。○三聖是知之不至。三子不惟清不能和。和不能清。但於清處和處亦皆過。如射者皆中而不中鵠。問既是如此。何以爲聖人之清和。曰卻是天理中流出。無駁

雜。雖是過當直是無纖毫查滓。孔子集大成。無所不該。非特。兼三子所長而已。但與三子比並說時。是兼其所長。曰三子是資稟如此否。曰然。○問如伯夷之清而不念舊惡柳下惠之和而不以三公易其介此其所以爲聖之清聖之和也但其流弊則有隘與不恭之失曰這也是諸先生恐傷觸二子所以說流弊今以聖人觀二子則二子多有欠闕處才有欠闕處便有弊所以孟子直說他隘與不恭不曾說其末流如此○問伊川云伊川終有任底意思在。謂他有擔當作爲底意思只這些意思便非夫子氣象否。曰然。然此處極難看且放那裏。久之看道理熟自見強說不得。若謂伊尹有這些意思在爲非聖人之至則孔孟皇皇汲汲去齊去魯之梁之衛非無意者其所以異伊尹者何也。○問夫子若處伊尹之地也如他任如何曰夫子自是不同不如此著意○南軒張氏曰孔子之速也遲也皆道之所在也曰可以速而速可以久而久此公孫丑篇易一則字。尤見從容不迫與時偕行之意。聖之時云者。非聖

人之趨時。聖人之動。固無不時也。○慶源輔氏曰伊尹推其任底意思在故未能與天爲一而不得爲聖之時若孔子則雖視天下無不可爲之時在己無不可行之道然却無伊尹這些意思曰如有用我者期月而已可也如有用我者。吾其爲東周乎。多少含蓄意思此其所以與天爲一。而謂之聖之時也。○東陽許氏曰此章聖字。言夷惠伊尹處。是以地言與大而化之之聖不同只是清任和到極處。故謂之聖。孔子則是大而化之之聖其行之時中則清任和時而出之亦無不到極處

孔子之謂集大成集大成也者金聲而玉振之也金聲也者始條理也玉振之也者終條理也始條理者智之事也終條理者聖之事也

此言孔子集三聖之事而爲一大聖之事猶作樂者集衆音之小成而爲一大成也成者樂之一終書所謂簫韶九成是也書益稷篇註簫古文作箾簫韶蓋舜樂之總名也九成者猶周禮所謂九變也金鎛屬聲宣也如聲罪致討之聲玉磬也振收也如振河海而不洩私列反之振始始之也終終之也條理猶言脈絡指衆音而言也智者知之所及聖者德之所就也蓋樂有八音金石絲竹匏土革木若獨奏一音則其一音自爲始終而爲一小成猶三子之所知偏於一而其所就亦偏於一也八音

之中金石爲重故特爲衆音之綱紀又金始震而玉終詘渠勿反然也記聘義昔者君子比德於玉焉溫潤而澤仁也縝密以栗知也廉而不劌音貴傷也義也垂之如隊直位反禮也叩之其聲清越以長其中詘然樂也越猶揚也詘然絕止之貌朱子曰金聲有洪殺始震終細玉聲則始終如一。叩之其聲詘然而止。故並奏八音則於其未作而先擊鎛鐘以宣其聲鎛伯各反鐘名俟其既闋苦穴反而後擊特磬以收其韻新安陳氏曰特專也。單擊磬曰特磬。宣以始之收以終之二者之間脈絡通貫無所不備則合衆小成而爲一大成猶孔子之知無不盡而德無不全也金聲玉振始終條理疑古樂經之言故

兒研兮反寬云唯天子建中和之極兼總條貫金聲而玉振
之新安倪氏曰前漢兒寬與武帝論封禪儀而有是言必非其自言又不純擧孟子之言且簡約精密故疑其爲
古樂書之言也亦此意也程子曰金聲而玉振之此孟子爲學者言終始之義也始於致知智之事也行
所知而至其極聖之事也易曰知至至之知終終之是也
○問始終條理朱子曰如今樂之始作先擊鑮鐘是金聲之
也樂終擊磬是玉振之也始終如此而中間乃大合樂六
律五聲八音一齊莫不備擧孟子以此譬孔子如伯夷聖
之淸伊尹聖之任柳下惠聖之和都如樂器有一件相似
是金聲底從頭到尾只是金聲是玉聲底從頭到尾只是
玉聲○始條理是知終條理是行問智之事聖之事工夫
全在智字上三子所以各極於一偏緣他合下少致知工
夫看得道理有偏故其終之成亦只至一偏之極孔子合
下知得至到看得道理周徧精切無所不盡故其德之成

亦兼該畢備而無一德一行之或闕曰然○金聲或洪或
殺淸濁萬殊玉聲淸越和平首尾如一故樂之作也八音
克諧雖若無所先後然奏之以金節之以玉其序亦有不
可紊者焉蓋其奏之也所以極其變也其節之也所以成
其章也變者雖殊而所以成者未嘗不一成者雖一而所
歷之變洪纖淸濁亦無所不具於至一之中聖人之知精
粗大小無所不同聖人之德精粗大小無所不備其始卒
相成蓋如此此金聲而玉振之所以譬夫孔子之集大成
而非三子之所得與也然卽其全而論其偏則纖而不能
洪淸而不能濁者是其金聲之不備也不能備乎金聲而
遽以玉振之雖其所以振之者未嘗有異然其所振一全
一闕則其玉之爲聲亦有所不能同矣○奏之以金節之
以玉奏之所以極其變節之所以成其章也○南軒張氏
曰條理云者有倫緖而不紊之謂始條理者析衆理於毫
釐也終條理者備衆理於一貫也○致知智之事行其所
知而極其至聖之事也據此一節乃是言學者之事所以

學於聖人者故因上文金聲玉振而言言學之序如此蓋
學聖人則聖智合一無始卒之異學者則必知所先後然後
有以入德也故孟子於此一節特分而言之明聖人之智
學者所當先務必明盡衆理咸極其至然後力行以造夫
聖人之所以聖者始終各有條而不可亂也智之事聖之
事猶言學智聖之功夫非便以爲智聖也○勉齋黃氏曰
孔子之異於三子者知之至而行之盡三子之不及孔子
者知有所蔽於始而行有闕於終也此孔子所以獨得其
全而三子僅得其偏也通考東陽許氏曰此一節以樂比
孔子知之至行之極條理卽八音以金而聲之所以始其
衆樂以玉而振之所以終其衆樂聲振始終皆是動用字
惟其知之至故能始萬物惟其行之極故能終萬事是爲
聖智兩全附語類始終條理本是一件事但是上一截爲
始下一截爲終○蒙引條理猶云脉絡在始終之中者也
蓋樂音不止是金與玉獨奏一音則其一音自爲終始此
以小成者言此始終與本文始條理終條理之始終不同

本文主大成言也本文全主大成集註乃說一段者蓋不
如是無以顯大成之全且大成亦不過是集衆小成而已
此解經之法也○小成之始終只在其一音之內大成之
始終則通八音而言始於金而終於石也如三子之所知
所行則在其一淸一和一任之內如孔子之所知所行則
兼乎三子之淸和任也其說集註已明備大全所引朱子
之說與此絶不同蓋前日未定之說也○智者知之所及
謂知之所到處也聖者德之所就謂行之結果成就也智
與聖是知行之已成名目知與行却是用工名目○存疑
欲並奏八音必先擊鎛鐘引起他然後衆音隨之而起是
以一鏞而引起衆音故曰始條理衆音旣作臨了擊一聲
特磬衆音由是而俱止是以一磬而收煞衆音故曰終條
理先明諸心知所往然後力行以求至是知所以引起這
行猶作樂擊鏞以引起衆音也故以始條理爲智之事聖
以地言造其極之名也力行所知而造其極這便是結果
成就地位猶作樂臨了擊磬以收煞衆音也故以終條理

為聖之事。○〔蒙引〕金聲而玉振之玉指磬磬是石然其石甚細且有異磬亦玉類也故謂之玉○特為衆音之綱紀不必分大綱小紀當以首末論○宜其聲收其韻聲與韻不同韻者聲之餘○按兒寬傳司馬相如有遺書請武帝封禪上奇其書以問寬寬對云此帝王之盛節也然享薦之儀不著於經惟聖王所由制定當非羣臣之所能及使羣臣得人自盡終莫能成惟天子建中和之極兼總條貫金聲而玉振之以順承天慶垂萬世之基上然之乃自制儀采儒術以文焉按寬此言只是避難獻媚之辭堯舜之智尚稽於衆而不自用今見於二典三謨者詳矣寬安得為此言乎其曰天子建中和之極云云寬意亦非專主樂也其詞出於古者則專主樂朱子所謂疑古樂經之言是也其當時引用之意大樂主薦享之儀言而樂亦在其中矣若細求古語專主樂之意則所謂建中和之極者內必根於心氣之和而有以為五聲六律之主外必正其聲氣之元而有以致其盡善盡美之道此皆自天子之一身言之然後兼總衆樂中之衆條理而始之以金終之以玉也

智譬則巧也聖譬則力也由射於百步之外也其至爾力也其中非爾力也中去聲

此復扶又反以射之巧力發明聖智二字之義見孔子巧力俱全而聖智兼備三子則力有餘而巧不足是以一節雖至於聖而智不足以及乎時中也〔張子曰〕夷惠智不明於至善故偏入於清和然而卒能成性故雖聖而不智孔子智既明於至善故集夫成如清和時任皆有之無不曲當也故譬且智金聲而玉振也○〔龜山楊氏曰〕伯夷伊尹柳下惠於清任和處已至聖人但其他處未必皆中其至與孔子同而其中處孔子

異只為不能無偏故也若隘與不恭其所偏歟○問以智比聖智固未可以言聖然孟子以智譬巧以聖譬力力既不及於巧則是聖必由於智也明矣而尹和靖乃曰始條理者猶可以用智終條理則智不容於其間矣則是以聖智淺深而言與孟子之意似相戾惟伊川引易知至至之知終終之其意若曰夫子所以能集三子而大成者由其始焉知之之深也蓋知之至行之必至三子之智始焉知之未盡故其後行之雖各極其至終未免各失於一偏非終條理者未到以其始條理者已差之矣不知伊川之意是如此否〔朱子曰〕甚好○問孟子既以智為始聖為終則智者致知之事聖者極至之名其終復曰智巧聖力是智反妙於聖矣南軒以為論學則智聖有始終之序語道則聖之極是智之極者也此說似可以破前所疑否曰智是見得徹之名聖是行得到之號有先後而無淺深也聖而不智如水母之無蝦亦將何所到乎○以緩急論則智居先若把輕重論則聖為重○問其至爾力其中非爾力還

是三子只有力無智否曰不是無智知處偏故至處亦偏如孔子則箭箭中紅心三子則每人各中一邊緣他當初見得偏故至處亦偏曰如此則三子不可謂之聖曰不可謂之聖之大成畢竟那清是聖之清和是聖之和雖使聖人清和亦不過如此顏子則巧處工夫已至點點皆可中但只是力不至耳使顏子力至便與孔子一般○金玉備巧力全者孔子也若顏子之博文而約以禮竭才而不能及則金聲已備而玉有未振巧足以中而力有未完者歟故以所至論之則顏子不若三子之成以所期言之則三子不若顏子之大以學之序而論之則三子皆失其所當先故行愈力而見愈偏而顏子循序以進則其所進未可量也惜不及見其成耳然就三子而論之則伊尹之學又密於夷惠矣○〔東陽許氏曰〕此一節以射比四聖人能挽彊引射遠地此力也能中其的乃巧也必先知的之所在又知中之之法然後因力之所至而中之謂知之明然後行之從容中道三子力量雖到而知有未至故不及孔子

○此章言三子之行（去聲）各極其一偏孔子之道兼全於衆理所以偏者由其蔽於始是以缺於終所以全者由其知之至是以行之盡三子猶春夏秋冬之各一其時孔子則太和元氣之流行於四時也〔雲峯胡氏曰〕此章之旨集註偏全二字盡之譬之樂則一音自爲始終者偏而八音相爲始終者全譬之射則力而不巧者偏力而又巧者全孟子始則皆謂之聖各以其所行言末則先智而後聖統以其知與行言惟知之偏故行之所至者各極其偏惟知之全則行不以其全而自極於全〔通考〕〔朱氏公遷曰〕此以德行造極言聖人孔子之聖以全體言三子之聖以一節言孟子之贊孔子自其知行兼備而言故合智聖而爲聖子貢之贊孔子自其體用兼備而言故合智仁而爲聖〔附〕〔存疑〕細看二條孔子之謂集大成條是說孔子之兼全衆理智譬則巧一條是推孔子之所以兼全衆理處註自明白〇〔淺說〕即樂以喩聖智之全即射以喩聖智之所以全二節雖俱兼聖智但上節聖智平說下節重在智字上〇〔顧麟士曰〕智譬二句直當云孔子之智譬則射者之巧也孔子之聖譬則射者之力也不必含糊〇由射之由與猶通〇所以極推孔子如此者亦是所願則學之意也〇〔蒙引〕此一條亦主孔子言蓋此聖智即上文之聖智若以上文聖智亦兼三子則三子安得有始終條理特一音自爲始終與本文始終自不同也故斷通主孔子說而三子之不得爲全者自見於言外況三子乃力有餘而巧不足者孟子分明云其中非爾力也三子安得兼有智耶故註云是以一節雖至於聖而智不足以及乎時中也又總註云三子之行各極其一偏獨以行言見其知有未及也

○北宮錡問曰周室班爵祿也如之何（錡魚綺反）

北宮姓錡名衛人班列也

孟子曰其詳不可得聞也諸侯惡其害己也而皆去其籍然而軻也嘗聞其畧也（惡去聲去上聲）

當時諸侯兼幷僭竊故惡周制妨害己之所爲也〔慶源輔氏曰〕兼幷則其國日大僭竊則其祿日侈〔附〕〔蒙引〕方遜志周禮考次自錄序云周室既衰聖人之經皆見棄於諸侯而周獨爲諸侯之所制故周禮未歷秦人而先亡吏將侮法而爲奸必藏其法俾民不得見使家有其法而人通其意吏安得而侮之

天子一位公一位侯一位伯一位子男同一位凡五等也君一位卿一位大夫一位上士一位中士一位下士一位凡六等

此班爵之制也五等通於天下六等施於國中〔慶源輔氏曰〕位以爵定〔通考〕〔趙氏德曰〕疏父天母地而爲之子者天子也爵位盛大以無爲爲德者公也斥候於外以君人爲德者侯也足以長人者伯也其德足以養人者子也男任也任安也而其德足以安人者男也出命足以正衆者君也知進退而其道上達者卿也知足以帥人者大夫也才足以事人者士也〔附〕〔存疑〕五等通於天下專自爲君者言上自天子下至子男附庸皆是爲君者六等通於國中合君臣而言自天子之國下至附庸皆有君卿大夫上中下士也〇〔蒙引〕君一位卿一位至凡六等註云六等施於國中蓋兼王朝與侯國言觀天子之卿受地視侯一段可見不必以無

公爲異。蓋公在五等之列矣。○天子一位之位。猶言級也。子男同一位。猶郎中員外皆五品但有正從。○或問方伯在侯列乎。在公列乎。曰在公列。入爲三公出爲方伯。三公率諸侯於內方伯率諸侯於外者也。況春秋齊侯晉侯常位在諸公之上。則方伯不應在侯列明矣。

天子之制地方千里公侯皆方百里伯七十里子男五十里凡四等不能五十里不達於天子附於諸侯曰附庸

此以下班祿之制也不能猶不足也小國之地不足五十里者不能自達於天子因大國以姓名通謂之附庸若春秋邾儀父音甫之類是也春秋隱公元年三月公及邾儀父盟于蔑○慶源輔氏曰田以祿分

〔通考〕詹氏道傳曰。附庸凡四等。字者方三十里。名者方二十里。人氏者方十五里。氏不若人人不若名名不若字。○〔趙氏悳曰〕邾曹姓子爵顓帝之後。郳附庸之國。未得列於諸侯。故書字以別之。中國附庸例書字。夷狄附庸例書名。〔附〕〔蒙引〕自天子之制。至附庸。班祿之制。通於天下者也。自天子之卿以下四段。施於國中者也。又可見上文六等施於國中爲兼王朝言矣。蓋班祿既兼王朝。班爵不容不兼王朝也。○地方千里。言其地方有千里也。方字帶下。猶云正也。非謂地方也。觀下公侯皆方百里文意自見。○詩閟宮曰土田附庸。傳云附庸猶屬城也。正韻庸城也。

天子之卿受地視侯大夫受地視伯元士受地視子男

視比也徐氏曰王畿之內亦制都鄙受地也元士上士也

〔趙氏曰〕食采邑於畿內。祿之多少。以外諸侯爲差。不言中下士。視附庸也。〔附〕〔存疑〕天子之卿以下。所受之地。皆在王畿千里之內。此班祿自王朝之臣言

大國地方百里君十卿祿卿祿四大夫大夫倍上士上士倍中士中士倍下士下士與庶人在官者同祿祿足以代其耕也

十十倍之也四四倍之也倍加一倍也徐氏曰大國君田三萬二千畝其入可食音嗣下可食並同二千八百八十人卿田三千二百畝可食二百八十八人大夫田八百畝可食七十二人上士田四百畝可食三十六人中士田二百畝可

食十八人下士與庶人在官者田百畝可食九人至五人庶人在官府史胥徒也

周禮天官冢宰太宰卿一人小宰中大夫一人府六人史十有二人胥十有二人徒百有二十人府治藏史掌書胥徒民服徭役者〔通考〕詹氏道傳曰。大國地方百里者。開方法爲方十里者百。爲田當九百萬畝。按班固地方一里爲井。井十爲通。通十爲成。成十爲終。終十爲同。開方法計之。蓋地方一里爲井。爲田九百畝。井十爲通。通計積一十里。爲田九千畝。通十爲成。方十里。積百里。爲田九萬畝。成十爲終。方三十一里大半里。積千里也。爲田九十萬畝。終十爲同。方百里。積萬里。爲田九十億畝。即九百萬畝。是所謂提封萬井也。封者井之界。提者總提封內之大數也。萬井之中。除山林陵麓瀆漁城郭宮室塗邑。三分去一。計三千三百三十三井之三之一。外除三百萬畝。實有田六千六百六十六井井之三之二。每井九百畝。計六百萬畝整。除公田每井

百畝。計六十六萬六千六百六十六畝。此是助法公田。內每井再除二十畝為八家廬舍。該除一十三萬三千三百三十四畝。外公私通收五百八十六萬六千六百六十六畝。畝之三之二。私田收五百三十三萬三千三百三十三畝。畝之三之二。公田收五十三萬三千三百三十三畝。畝之三之一。君祿賦田三萬二千畝。大國三卿。每卿各賦三千二百畝。計九千六百畝。大國大夫五人。各賦八百畝。計四千畝。上士九人。各賦田四百畝。共計三千六百畝。中士九人。各賦二百畝。共計一千八百畝。下士九人。各賦田一百畝。共計九百畝。巳上通賦五萬一千九百畝。尚餘四十八萬一千四百三十三畝。畝之三之一。以供國家調度喪祭賓客等費。餘則以備凶荒不測之用。所以國無九年之蓄曰不足。無六年之蓄曰急。無三年之蓄曰國非其國矣。

愚按君以下所食之祿皆助法之公田藉農夫之力以耕而收其租士之無田與庶人在官者則但受祿於官如田之入而已

〔朱子〕曰。府史胥徒。以周禮考之。人數極多。安得許多閑祿給之。嘗疑周禮一書。方是起草。未曾得行。蘇子由古史疑府史胥徒太多。當時却多兼官。其實府史胥徒無許多。○古者制國。土地亦廣。非如孟子百里之說。禹會塗山。執玉帛者萬國。後來更相吞噬。到周初只有千八百國。是不及五分之一矣。想得併得來儘大。周封新國若只用百里之地。介在其間。豈不為大國所吞。亦緣是誅紂伐奄滅國者五十。得許多土地。方封得許多人。〔附〕淺說。祿足以代其耕。兼下士與庶人在官者言。末一節只以庶人■在官者言。而不及下士者。想下士之祿無五等。只等上農夫耳。⊙徐氏說君卿大夫士田許多畝。可食許多人者。只是據孟子下文一夫百畝上農夫食九人起數耳。○〔蒙引〕此所謂田。皆指助法之公田而言。除起外八區。○〔顧麟士〕曰。孫疏云三十里之遂。二十里之郊。九里之城。三里之宮。是大國之制如此也。自二十里之遂。九里之郊。三里之城。一里之宮。是次國之制如此也。自九里之遂。三里之郊。一里之城。以城為宮。是小國之制如此也。○大國次國皆三卿。小國二卿。本見王制。而蒙引又云大國次國小國皆三卿。讀禮疑圖又云。大國則立三卿。次國止二卿。小國止一卿。未知孰是。○按周禮註疏。凡府史皆其官長所自辟除。言辟召除其課役而使之。非王臣也。胥徒民給徭役者。宰夫八職。五曰府。掌官契以治藏。六曰史。掌官書以贊治。七曰胥。掌官敘以治敘。八曰徒。掌官令以徵令。○讀禮疑圖云。今按下士一位。在班爵內一等。而中士之祿倍下士。則下士謂已仕之臣有田者也。朱子謂士之無田與庶人在官者。但受祿於官如田之入。此非指下士也。蓋宿衛公宮之諸公族。與夫國學所養之賢。樂師所教之瞽。其次則有府史胥徒。府如今斗庫。史如今吏書。胥如今承差。其下如門閽之直。皆於公署中應役者也。其外則有居肆之百工。而餼廩焉者。皆為在官之庶人也。謂之庶人在官。則事有煩簡。人有衆寡。所重在養。祿宜有差。不比下

士之田。定以百畝也。甚精。周禮賈疏又云。按王制下士視上農夫食九人。祿足以代耕。則府食八人。史食七人。胥食六人。徒食五人。恐失段俱為臆度之辭。亦不足據耳

次國地方七十里君十卿祿卿祿三大夫大夫倍上士上士倍中士中士倍下士下士與庶人在官者同祿祿足以代其耕也

三謂三倍之也。徐氏曰。次國君田二萬四千畝。可食二千一百六十人。卿田二千四百畝。可食二百十六人。〔通考〕詹氏道傳曰。其次國地方七十里者。以開方計之。為方十里者四十有九。為方一里者四千九百。為田四百四十一萬畝。三分

去一。計為井一千六百三十三井井之三之一。為田計一百四十七萬畝。外實有為井三千二百六十六井井之三之二。為田計二百九十四萬畝。除公田每井百畝。計三萬六千六百六十六畝畝之三之二。公田內每井再除二十畝為八家廬舍。該除六萬五千三百三十三畝畝之三之一。公私通田計二百八十七萬四千六百六十六畝畝之三之二。私田收二百六十一萬三千三百三十三畝畝之三之一。公田收二十六萬一千三百三十三畝畝之三之二。君祿賦田二萬四千畝。卿田三大夫祿者。大夫之田人八百畝。三大夫祿則計二千四百畝。大夫倍上士者。上士田四百畝。倍之則八百畝。上士倍中士者。中士田人二百畝。倍之則為四百畝。中士倍下士。則下士田人百畝。倍之則二百畝。下士與庶人同祿。則其田百畝。王制所謂諸侯之下士視農夫祿足以代其耕者也。王制云。次國三卿。下大夫五人。上士二十七人。古註士之數國皆二十七人。各三分之。上九中九下九也。次國三卿。卿二千四百畝。三卿計七千二百畝。下大夫五人。人八百畝。五人計四千畝。上士田人四百畝。上士九人。則計田三千六百畝。中士九人賦田二百畝。共計一千八百畝。下士九人。人賦田百畝。九人計九百畝。已上自君田以下。總賦田四萬一千五百畝。尚餘二十一萬九千八百三十三畝畝之三之一。

小國地方五十里君十卿祿卿祿二大夫大夫倍上士上士倍中士中士倍下士下士與庶人在官者同祿祿足以代其耕也

二卽倍也徐氏曰小國君田一萬六千畝可食千四百四十人卿田一千六百畝可食百四十四人（朱子曰君十卿祿者猶今之俸祿。蓋君所自得為私用者。至於貢賦賓客。朝覲祭享。交聘往來。又別有財儲為公用。如今太守既有料錢。至於貢賦公用。又自有錢也。○趙氏曰。由卿而上。三等之國異。由大夫而下。三等之國同者。蓋卿而上。其祿寖厚。苟不為之殺。則地之所出不足以供。大夫而下。其祿寖薄。苟為之殺。則臣之所養。不能自給也。通考詹氏道傳曰。小國地方五十里。開方計之。為十里者二十有五。方一里者二千五百。為田二百二十五萬畝。三分去一。計為井八百三十三井井之三之一。為田七十五萬畝。實有為井一千六百六十二井井之三之二。為田一百五十萬畝。除公田每井百畝。計一十六萬六千六百六十六畝畝之三之二。公田內每井再除二十畝為八家廬舍。該除三萬三千三百三十三畝畝之三之一。公私通實收一百四十六萬六千六百六十六畝畝之三之二。私田收一百三十三萬三千三百三十三畝畝之三之一。公田收一十三萬三千三百三十三畝畝之三之一。君祿賦田一萬六千畝。卿祿倍大夫者。大夫人賦田八百畝。倍之則為一千六百畝。大夫倍上士者。上士人賦田四百畝。倍之則為八百畝。上士倍中士者。中士人賦田二百畝。倍之則為四百畝。中士倍下士者。下士田人賦一百畝。倍之則為二百畝。下士與庶人在官者同祿。則人賦一百畝也。王制云。小國二卿。下大夫五人。上士二十七人。各三分之。上九中九下九也。小國二卿。每卿田一千六百畝。二卿則賦田三千二百畝。下大夫五人。人賦田八百畝。五人則賦田四千畝。上士九人。人賦田四百畝。九人則計田三千六百畝。中士九人。人賦田二百畝。九人則賦田一千八百畝。下士九人。人賦田百畝。九人則計九百畝。已上自君祿以下。總賦田二萬九千五百畝。尚餘一十萬三千八百三十三畝畝之三之一也。

耕者之所獲一夫百畝百畝之糞上農夫食九人上次食八人中食七人中次食六人下食五人庶人在官者其祿以是

爲差食音嗣

獲得也一夫一婦佃田百畝加之以糞糞多而力勤者爲上農其所收可供九人其次用力不齊故有此五等庶人在官者其受祿不同亦有此五等也【附】蒙引上中下農田皆百畝。而有上中下食之差等者。全在百畝之糞上。糞多而力勤者爲上農糞多便是力勤也。非糞多自糞多力自力勤觀下文云其次用力不齊。故有此五等。而不及於糞可見如此方與本文契合。糞即是人力所爲者。○佃治田也。○【存疑】農之五等。以力之勤惰而分官祿五等。以事之煩簡而分。

○愚按此章之說與周禮王制不同蓋不可考闕之可也周禮地官司徒凡建邦國以土圭上其地【猶言度其地而制其域】諸公之地封疆方五百里其食者半諸侯之地封疆方四百里其食者參之一諸伯之地封疆方三百里其食者參之一諸子之地封疆方二百里其食者四之一諸男之地封疆方百里其食者四之一○記王制王者之制祿爵公侯伯子男凡五等諸侯之上大夫卿下大夫上士中士下士凡五等天子之田方千里公侯田方百里伯七十里子男五十里不能五十里者不達於天子附於諸侯曰附庸天子之三公之田視公侯天子之卿視伯天子之大夫視子男天子之元士視附庸制農田百畝百畝之分上農夫食九人其次食八人其次食七人其次食六人下農夫食五人庶人在官者其祿以是爲差也諸侯之下士視上農夫祿足以代其耕也中士倍下士上士倍中士下大夫倍上士卿四大夫祿君十卿祿次國之卿三大夫祿君十卿祿小國之卿倍大夫祿君十卿祿【通考】趙氏惠曰周禮大司徒云。諸公之地方五百里。諸侯方四百里。而孟子言公侯皆方百里。周禮言諸伯地方三百里。子二百里。男百里。而孟子言伯七十里。子男五十里。如小司徒云上地家七人而孟子言上地農夫食九人上次食八人周禮言中地家六人而孟子言中食七人中次食六人此不與周禮同也。王制言公侯伯子男凡五等。而孟子以天子一位公一位侯一位伯一位子男同一位爲五等。王制言諸侯之上大夫卿下大夫上士中士下士凡五等。而孟子則自君一位至下士一位凡六等。王制主於分田制祿而孟子主於制地分祿。王制言天子之三公田視公侯。天子之卿視伯。大夫視子男。元士視附庸。而孟子則言天子之卿受地視侯。元士受地視子男。不與王制同也。

程子曰孟子之時去先王未遠載籍未經秦火然而班爵祿之制已不聞其詳今之禮書皆掇拾於煨烏回反燼徐刃反之餘而多出於漢儒一時之傳附音會奈何欲盡信而句爲之解乎然則其事固不可一一追復矣問孟子與周禮不同。【朱子曰】此也難考。畢竟周禮底是。周禮是全書。經聖人手。必不會差。孟子時典籍已散亡想見沒理會。是以諸儒之說紛然。而卒不能得其正也。○【慶源輔氏曰】程子之說足以救陋儒泥古之失。但據其所傳而姑存之。使千百世之後。一遇大聖。則必能因其大體而詳其節目。推其既往以爲一時之制。而先代聖王之法庶乎其可復見矣。○【新安倪氏曰】周禮一書。劉歆以爲河間獻王得之李氏女子。劉歆以前。世無傳習之者。朱子謂周禮底是。南軒嘗謂當以孟子爲正。朱子恐非定說。以周書武成分土惟三證之。周禮之說。恐不可信。若王制則漢文帝使博士諸生剌六經中而作。將以興王者之制度。成於漢儒之手。宜其有與他書不合者。又按朱子謂嘗疑周禮一書方是起草。未曾得行。蔡九峯亦曰。周禮首末未備。周公未成之書也。竊意此說爲是。然則冬官之闕。蓋其所未書筆者歟。【通考】【朱氏公遷曰】孟子以貢助徹告滕文公。

以班爵祿答北宮錡。亦皆制度之損益不常者。可言其畧。而不可言其詳也。然北宮錡但欲聞其制而已。故特誦其所聞如此。文公則欲見諸施行。故卽其所聞而復以意推廣之。盖其答北宮錡者。卽夫子文獻不足之歎也。其所以告文公君臣者。卽夫子告顏淵以爲邦之道也。聖賢所言之意有相類者若此。

○萬章問曰敢問友孟子曰不挾長不挾貴不挾兄弟而友友也者友其德也不可以有挾也

挾者兼有而恃之之稱（慶源輔氏曰兼夫有與恃二者之意方謂之挾但有之而不恃則未謂之挾也。○新安陳氏曰有挾則取友之意不誠賢者必不與之友矣。三者之中挾貴尤常情所易犯下文四節皆不挾貴者但有小大之差耳。通考朱氏公遷曰此自交友而言之不可有挾者交友之誠主乎敬信者交友之本車馬不拜者。交友之義。不可則止。所以全其交也。死於我殯。所以盡其交也。此則友道之變也。附蒙引特舉不挾貴一節總是無所挾也。）

孟獻子百乘之家也有友五人焉樂正裘牧仲其三人則予忘之矣獻子之與此五人者友也無獻子之家者也此五人者亦有獻子之家則不與之友矣（乘去聲下同）

孟獻子魯之賢大夫仲孫蔑（莫結反）也張子曰獻子忘其勢五人者忘人之勢不資其勢而利其有然後能忘人之勢若五人者有獻子之家則反爲獻子之所賤矣（慶源輔氏曰獻子忘其勢不挾貴也五人忘人之勢無獻子之家也孟子歷舉四人事首於獻子事詳之又以見上之友下固不可有所挾下爲上所友亦不可有所利一有利之之意則爲人所賤失其可貴之實而不足友矣附蒙引此條不必以獻子之忘勢與五人忘人之勢相對說當主獻子不挾貴說盖獻子所重五人者在於忘人之勢此正所謂友其德也則獻子之不挾其勢彰彰矣。○存疑所以無獻子之家者祗見在我者有可貴在人之勢不能動我之胸中也故曰樂其道忘人之勢。○無獻子之家者視獻子之家如無有也猶云目中無人意有獻子之家者把獻子之家來當事而嘆羨之也。○無獻子之家以下。是說出獻子所以與友之意所謂友其德也。）

非惟百乘之家爲然也雖小國之君亦有之費惠公曰吾於子思則師之矣吾於顏般則友之矣王順長息則事我者也（費音秘般音班）

惠公費邑之君也師所尊也友所敬也事我者所使也（附存疑或師或友。言無所挾也。王順長息句是帶說盖引費惠公成語耳）

非惟小國之君爲然也雖大國之君亦有之晉平公之於亥唐也入云則入坐云則坐食云則食雖疏食菜羹未嘗不飽蓋不敢不飽也然終於此而已矣弗與共天位也弗與治天職也弗與食天祿也士之尊賢者也非王公之尊賢也（疏食之食音嗣平公王公下諸本多無之字疑闕文也）

亥唐言賢人也平公造七到反之唐言入公乃入言坐乃坐言食乃食也疏食糲音厲又音賴又即葛反飯也不敢不飽敬賢者之命也○范氏曰位曰天位職曰天職祿曰天祿言天所以待賢人使治天民非人君所得專者也慶源輔氏曰平公之於亥唐則知所敬矣然不能與之共天位治天職食天祿則是不能推廣是心以體天而治民以及於國也○西山眞氏曰天位所以處賢者天職所以任賢者天祿所以養賢者三者皆天所以待賢人使治天民者也而晉平公之於亥唐特虛尊之而已未嘗處之以位命之以職食之以祿也此豈王公尊賢之道哉附蒙引入云則入註唐言入公乃入不直進入也猶不命之坐不敢坐之意其不挾爲何如○淺說弗與共天位也弗與治天職也弗與食天祿也乃士之尊賢也非王公之尊賢也然則平公能如是亦可見平公所友在德而無所挾也非惟大國之君能如此雖天子之貴亦有能如此者彼舜云云

舜尚見帝帝館甥于貳室亦饗舜迭爲賓主是天子而友匹夫也

尚上也舜上而見於帝堯也館舍也禮妻父曰外舅謂我舅者吾謂之甥見爾雅堯以女妻去聲舜故謂之甥貳室副宮也堯舍舜於副宮而就饗其食附蒙引舜尚見帝節不可以爲此正是承上文言王公之尊賢處蓋堯之於舜固能與共天位治天職食天祿然孟子此節本意只在無所挾上故曰是天子而友匹夫

也上文所以著箇非王公之尊賢者蓋不如此貶之則平公之於亥唐其尊賢爲極矣又孰知其爲有所未至者耶○迭爲賓主舜尚見帝帝館甥於貳室則舜爲賓而堯爲主亦饗舜則堯爲賓而舜爲主故迭爲賓主也○天子友匹夫是爲何友其德也要見此意故未暇及共天位治天職處○亦饗舜謂饗於舜也故註云堯舍舜於副宮而就饗其食若曰就饗以食則亦堯爲主矣蓋此食是舜所設者○以天子友匹夫迭爲賓主恐亦不是對坐舜見帝亦恐是以臣禮來見一說堯蓋以賓禮遇之也故得館之貳室而就饗其食

用下敬上謂之貴貴用上敬下謂之尊賢貴貴尊賢其義一也

貴貴尊賢皆事之宜者然當時但知貴貴而不知尊賢故孟子曰其義一也○此言朋友人倫之一所以輔仁故以天子友匹夫而不爲詘曲勿反以匹夫友天子而不爲僭此堯舜所以爲人倫之至而孟子言必稱之也雲峯胡氏曰中庸五達道於君臣父子夫婦長幼不言交獨曰朋友之交集註云天子友匹夫而不爲詘匹夫友天子而不爲僭此易之所謂上下交而其志同也即中庸所謂朋友之交也朋友居人倫之一而足以輔仁則又有裨於人倫者也孟子言性善必稱堯舜既稱其盡君臣之倫又稱其盡父子兄弟之倫此則又稱其盡朋友之倫朋友人倫之一非如堯之友舜不足以爲朋友人倫之至附淺說貴貴泛說尊賢正指友德言○蒙引通章是用上敬下止是尊賢其言用下敬上而貴貴者主意在其義一也○用上敬下不必謂用上之禮以敬下也只謂以上敬下也用訓以處多如此○總註

○萬章問曰敢問交際何心也孟子曰恭也
際接也交際謂人以禮儀幣帛相交接也○問如此者何心也○新安陳氏曰所以表見其恭也○附蒙引此章之言萬章始終以為當却孟子始終以為可受○蓋仲尼不為已甚之學而其義之精則在於夫謂非其有而取之者盜也充類至義之盡也一條○觀此章之言見孟子所學之中正其曰願學孔子良不誣也○不受萬鍾夫豈苟哉○達說恭也指心言與何心也○相應○註禮儀幣帛勿分○只是幣帛之交而為禮儀之寓也○孟子打頭說箇恭字○便見當受矣○
曰卻之卻之為不恭何哉曰尊者賜之曰其所取之者義乎
不義乎而後受之以是為不恭故弗卻也

卻不受而還之也再言之未詳衍文也○萬章疑交際之間有
所卻者人便以為不恭何哉孟子言尊者之賜而心竊計
其所以得此物者未知合義與否必其合義然後可受不
然則卻之矣所以卻之為不恭也新安陳氏曰若計其物之初得合義與否而酌其辭受受其合義者則卻之者必以為不合義也有此心非恭矣○附存疑而後受之下○含箇卻意○故曰以是為不恭聖賢言語多有如此者○註不然則却之○正補其意○
曰請無以辭卻之以心卻之曰其取諸民之不義也而以他
辭無受不可乎曰其交也以道其接也以禮斯孔子受之矣

萬章以為彼既得之不義則其餽不可受但無以言辭間去聲一本作問而卻之直以心度待洛反其不義而託於他辭以卻
之如此可否邪交以道如餽贐聞戒周其飢餓之類接以
禮謂辭命恭敬之節孔子受之如受陽貨烝豚之類也慶源輔氏曰他辭卻之○覩貪利者固優然亦失之過由此而甚之○必至於為於陵仲子而後已孔子受之者得中道也○附存疑交接只一般○道是大綱○禮是節目○道如義以為質之義○禮如禮以行之○之禮亦有合道而不合禮者○此道與禮之分也○達說其交也以道非出於無名○其接也以禮不失之苟簡○上節言不當卻此節言不必卻○蒙引集註但無以言辭間而卻之大全註間去聲則間字為推開之意猶拒也○曰請無以辭卻之以心卻之○見得上文所謂卻之者○是直以其不義而卻之非宛轉之辭以卻之也○

萬章曰今有禦人於國門之外者其交也以道其餽也以禮
斯可受禦與曰不可康誥曰殺越人于貨閔不畏死凡民罔
不譈是不待教而誅者也殷受夏周受殷所不辭也於今為
烈如之何其受之與平聲譈書作憝徒對反
禦止也止人而殺之且奪其貨也國門之外無人之處也
萬章以為苟不問其物之所從來而但觀其交接之禮則
設有禦人者用其禦得之貨以禮餽我則可受之乎康誥

周書篇名越顛越也今書閔作暋無凡民二字譈怨也言殺人而顛越之因取其貨閔然不知畏死凡民無不怨之孟子言此乃不待教戒而當卽誅者也如何而可受之乎〔通考〕吳氏程曰古人斷獄必有教戒之詞此言欲殺之速猶所謂不以聽也商受至爲烈十四字語意不倫李氏以爲此必有斷簡或闕文者近之而愚意其直爲衍字耳然不可考姑闕之可也問殷受夏周受殷所不辭也於今爲烈今爲烈趙氏謂三代相傳以此法不須辭問也於今爲烈烈明法如之何受其餽也或者謂若義在可受則三代受人之天下而不辭今禦人者乃爲暴烈不義如此如何而可受其餽乎烈如詩序所謂厲王之烈者暴虐之意云爾或又以爲烈光也三代相受光烈至今也是三說者擇一而從之可也何至闕而不爲之說乎〔朱子曰〕本字十四字、自與上下文不相屬如趙氏之說則辭受二字與上下文亦不相似或者二說亦覺費力不若闕之之愈也○〔慶源輔氏曰〕孟子既以開曉之如此萬章猶不能反其意之偏以味孟子之言而復爲此問此正所謂詖辭蓋陷於卻之之意而不覺也故孟子又引康誥之說以曉之〔通考〕仁山金氏曰舊說亦自可通蓋殺人而奪其貨人所共惡於法皆不待敎而誅者也此法殷受之夏周受之殷不待辭說今尚明烈則禦奪之貨如之何其可受乎〔附〕〔達說〕不可是不可受引康誥只是明不可二字殺人而顛越之是既殺了將尸去擲而棄置之○〔蒙引〕閔然頑然也

曰今之諸侯取之於民也猶禦也苟善其禮際矣斯君子受之敢問何說也曰子以爲有王者作將比今之諸侯而誅之乎其敎之不改而後誅之乎夫謂非其有而取之者盜也充類至義之盡也孔子之仕於魯也魯人獵較孔子亦獵較獵較猶可而況受其賜乎比去聲夫音扶較音角

比連也言今諸侯之取於民固多不義然有王者起必不連合而盡誅之必敎之不改而後誅之則其與禦人之盜不待敎而誅者不同矣夫音扶禦人於國門之外與非其有而取之二者固皆不義之類然必禦人乃爲眞盜其謂非有而取爲盜者乃推其類至於義之至精至密之處而極言之耳非便以爲眞盜也然則今之諸侯雖曰取非其有而豈可遽以同於禦人之盜也哉又引孔子之事以明世俗所尚猶或可從況受其賜何爲不可乎獵較未詳趙氏以爲田獵相較奪禽獸以祭孔子不違所以小同於俗也張氏以爲獵而較較音教所獲之多少也二說未知孰是〔慶源輔氏曰〕其敎之不改而後誅之乎於此可見孟子待人之恕夫謂非其有而取之者盜也充類至義之盡也於此又可見孟子析理之精夫執其充類盡義之說而欲一槩以繩人幾何而不流於於陵仲子之爲哉〔附〕〔達說〕子以爲有王者作三句言其於法有可容是就法度上辨其非眞盜夫謂非其有二句言其於理未甚害是就義理上辨其非眞盜

此二段平看總是辨其猶禦之非應上取民猶禦意孔子之仕以下是明其可受賜應上君子受之意○〔蒙引〕獵較依趙氏註則較在方獵之時依張氏則較在既獵之後趙氏較音角角逐也張氏較音教比較也○〔達說〕獵較註雖云未詳引趙註在先當從之

曰然則孔子之仕也非事道與曰事道也事道奚獵較也曰孔子先簿正祭器不以四方之食供簿正曰奚不去也曰爲之兆也兆足以行矣而不行而後去是以未嘗有所終三年淹也與平聲

此因孔子事而反覆辯論也事道者以行道爲事也事道

奚獵較也萬章問也先簿正祭器未詳徐氏曰先以簿書正其祭器使有定數而不以四方難繼之物實之夫音扶器有常數實有常品則其本正矣彼獵較者將久而自廢矣未知是否也兆猶卜之兆蓋事之端也孔子所以不去者亦欲小試行道之端以示於人使知吾道之果可行也若其端既可行而人不能遂行之然後不得已而必去之蓋其去雖不輕而亦未嘗不決是以未嘗終三年留於一國也〔慶源輔氏曰〕以孔子所謂吾豈匏瓜也哉焉能繫而不食之說與夫著之空言不如載之行事之說而觀之則是乃聖人之心也又曰魯人獵較孔子亦獵較於以見聖人同物之仁簿正祭器不以四方之食供簿正於以見聖人處事之智未嘗有所終三年之淹於以見聖人制行之勇〔附〕存疑魯人獵較舊俗也孔子亦獵較依舊俗爲之而不變也萬章之意以事道者便當以道變易其俗今孔子亦獵較是不以道易天下也故曰事道奚獵較孟子謂孔子之不變其俗先正其本也先簿正祭器則祭器有常數不以四方之食供簿正則祭物有常品器有常數物有常品則不消遠取物以供祭彼獵較者將久而自廢此聖人陰移默奪之功其不變俗之中自有變之者在若急於目前除奸革弊此淺陋者之所爲何足以知聖人之作用哉○萬章有奚不去之疑意以君子所至便當以道易天下扶衰救弊撥亂反正今不能救習俗之弊姑從之而陰爲之圖是道不可行於義不當留也孟子言孔子所以不去者欲小試行道之端以示於人使人知聖道之果可行爾聖人之用於魯凡其所行使鬻雞豚者不飾賈男女行者

别於途三月而魯大治皆其試行道之端以示於人者也○爲之兆在先簿正祭器外蓋聖人欲試行道之端以示人於獵較一事且姑置之而陰爲之圖先簿正祭器正是陰爲之圖更有試行道之端在若前所云是也此聖人作用之妙處不然人方未知聖道之果可行吾輒舉其小者整頓之人心未孚而已駭小弊未能革而身已不見用矣而謂聖人爲之乎○〔蒙引〕獵較而不先簿正祭器亦安得以四方之食供簿正耶且獵較亦制於地之有限何有四方之食耶曰一國有一國之四方一邑有一邑之四方不可泥也○孔子之同俗者皆不得已同俗也非其本心也故萬章曰奚爲不去而必爲此不得已之事乎

孔子有見行可之仕有際可之仕有公養之仕於季桓子見行可之仕也於衞靈公際可之仕也於衞孝公公養之仕也

見行可見其道之可行也際可接遇以禮也公養國君養賢之禮也季桓子魯卿季孫斯也問孔子仕於定公而言於季桓子何也朱子曰當時季氏執國柄定公亦自做主不起孔子相魯皆由桓子及桓子受女樂孔子便行矣問墮三都季氏何以不怨曰季氏是時自不奈那陪臣何故假孔子之力以去之桓子臨死謂康子曰使仲尼之去而魯終不治者由我故也孔子是時也失了機會不曾做得成○慶源輔氏曰見行可庶乎道之行也際可適其禮之宜也公養受其養之義也衛靈公衛侯元也孝公春秋史記皆無之疑出公輒也慶源輔氏曰或是字誤或是當時人呼出公爲孝公皆不可考因孔子仕魯而言其仕有此三者故於魯則兆足以行矣而不行然後去而於衛之

孟子大全卷之十　萬章下

事則又受其交際問餽而不卻之二驗也新安陳氏曰以此釋際可公養之仕與章首本意有照應有收拾○通考朱氏公遷曰禹稷顔子過門不入顔子居陋巷以時位之顯晦言曾子之與子思居武城居衛孟子之視蚳鼃以地位之尊卑言孔子去齊去魯以勢分之親疏言行可際可公養之仕以遇合之淺深言此見聖賢處物之義○尹氏曰不聞孟子之義則自好去聲者爲於音烏陵仲子而已聖賢辭受進退惟義所在愚按此章文義多不可曉不必強上聲爲之說附顧麟士曰行道夫子之本心也不得已而際可公養亦順而弗拒引人以向道猶爲之兆之心也若徒曰禮際公養而已豈夫子周旋於衛之心哉見紹聞編○此章本論辭受之義總註引尹氏兼進退者因仕魯兩節已說闕也其實亦是因言獵較以證不爲已甚而偶遞及之不必如達說判作兩對但亦不可強牽作一項因論一事而又及一事雖今人文字語言亦有然者不必拘也

○孟子曰仕非爲貧也而有時乎爲貧娶妻非爲養也而有時乎爲養爲養並去聲下同

仕本爲去聲下同行道而亦有家貧親老或道與時違而但爲祿仕者如娶妻本爲繼嗣而亦有爲不能親操倉刀反井臼而欲資其饋養者新安陳氏曰下二句不過譬上二句所以下文不復言此附蒙引此章蓋爲當時有爲貧而苟祿者發不知高官厚祿非爲貧之具也既是爲貧便自有爲貧者所宜做得官豈可苟哉○存疑首節言爲貧而仕中三節言其所宜居末節則明其意也抱關擊柝只是上辭尊居卑意說孔子是舉其人以實之也

孟子大全卷之十　萬章下

○仕非爲貧也而有時乎爲貧見爲貧非其常也

爲貧者辭尊居卑辭富居貧

貧富謂祿之厚薄蓋仕不爲道已非出處上聲之正故其所居但當如此

辭尊居卑辭富居貧惡乎宜乎抱關擊柝惡平聲柝音託

柝夜行所擊木也蓋爲貧者雖不主於行道而亦不可以苟祿新安陳氏曰卑官雖無行道之責薄祿亦無苟受之理故惟抱關擊柝之吏位卑祿薄其職易稱易稱二字並去聲下同爲所宜居也李氏曰道不行

矣爲貧而仕者此其律令也若不能然則是貪位𦵏祿而已矣[南軒張氏曰]既曰爲貧則不當處尊與富若處尊與富是名爲爲貧而其實竊位也處尊富則當任行道之責[附蒙引]此要見其職易稱之意。下文會計當而已矣。牛羊茁壯長而已矣。而已矣字。正見其職之易稱也。○抱關擊柝。只是一事。古人爲關以禦暴而關之守莫重於夜柝。

孔子嘗爲委吏矣曰會計當而已矣嘗爲乘田矣曰牛羊茁壯長而已矣委烏僞反會工外反當都浪反乘去聲茁阻刮反長上聲

此孔子之爲貧而仕者也委吏主委積子賜反之吏也乘田主苑囿芻牧之吏也委吏乘田註見論語序說茁肥貌言以孔子大聖而嘗爲賤官不以爲辱者所謂爲貧而仕官卑祿薄而職易稱也[朱子曰]程先生說孔子爲乘田則爲乘田。爲司寇則爲司寇。無不可者。孟子則必得賓師之位方能行道。此便是他能大而不能小處。惟是聖人則大小方圓無所不可也。[附蒙引]茁壯長而已矣。言牛羊肥壯而長且益也。長。蓋謂生息滋繁也。○[顧麟士曰]年譜仕魯爲委吏二十歲爲乘田吏二十一歲

位卑而言高罪也立乎人之本朝音潮而道不行恥也

以出位爲罪則無行道之責以廢道爲恥則非竊祿之官此爲貧者之所以必辭尊富而寧處上聲貧賤也○尹氏曰言爲貧者不可以居尊居尊者必欲以行道問位卑而言高罪也。以君臣之分言之。固是如此。然時可以言而言。亦豈得謂之出位。[朱子曰]前世固有草茅韋布之士獻言者。然皆有所因。皆有次第。未有無故忽然犯分而言者。縱言之。亦不見聽。徒取辱爾。若是明君自無壅蔽之患。有言亦見聽。不然。豈可不循分而徒取失言之辱哉。如史記說商鞅范雎之事。彼雖小人。然言皆有序。不肯妄發。賈誼固有才。文章亦雄偉。只是言語急迫。失進言之序。看有甚事。都一齊說了。宜絳灌之徒不說。而文帝謙讓未遑也。易曰艮其輔。言有序。悔亡。聖人之意可見矣。○位卑者人責不加焉。言高則罪矣。故可以姑守其職。此爲貧而仕之法也。若夫立人之本朝。則當以行道爲任。道不行而竊其位。君子之所恥也。○[新安陳氏曰]此章始爲爲貧而仕者言。終爲位高祿厚者言。居卑貧者雖其職易稱。尚必求稱其職。如孔子之爲委吏乘田。必求會計之當。牛羊之茁是也。豈有位高祿厚而不求行道以稱其職者。今人於位卑言高則凜然懼其爲罪。而不敢犯。於立朝道不行。則冥然不以爲恥。而冒犯之。

罪自外至。或以得罪。猶可言也。恥自內出。當恥而不知恥。不可言矣。[附蒙引]立乎人之本朝而道不行恥也。亦正爲爲貧而仕者發。或者不察。見集註云以廢道爲恥則非竊祿之官。遂認與上文作對仗者非也。此言其位卑而無事乎言高。若使立乎人之本朝。則有行道之責矣。惡可以貧賤自諉耶。○此爲貧者之所以必辭尊富而寧處貧賤也。所以二字重。○此一章要見得稱職字意出。○[趙註曰]位卑不得高言豫朝事。故但稱職而已。立本朝大道當行。不行爲己之恥。是以君子祿仕者不處大位。○[顧麟士曰]首節云仕非爲貧。則是爲道矣。故以不行爲恥。又云有時爲貧。則是不爲道矣。故以居卑爲宜。到底只是明此意。○[通義][鄱陽朱氏曰]此章專言爲貧而仕之義。

○萬章曰士之不託諸侯何也孟子曰不敢也諸侯失國而後託於諸侯禮也士之託於諸侯非禮也

託寄也謂不仕而食其祿也古者諸侯出奔他國食其廩餼許既反謂之寄公記郊特牲諸侯不臣寓公故古者寓公不繼世寓寄也○喪大記君之喪大小斂爲寄公國賓出士無爵土不得比諸侯不仕而食祿則非禮也慶源輔氏曰諸侯之視諸侯雖其爵有五等之殊然其實則皆國君也且本有爵土不幸出奔而來適我國則其國君以廩餼之是乃禮之所宜也故可受而謂之寄公若士之於諸侯則有尊卑貴賤之不同又本無爵土豈可自比於諸侯故必仕而後當賦以祿附蒙引士而託於諸侯則爲無常職而賜於上矣○存疑託寄也寄託於人非定居也非仕其國也仕便有定居有常職非寄託○顧麟士曰紹聞編曰萬章所謂託於諸侯蓋以爲士雖不得行其道而託祿於諸侯以自養宜若可也此與爲貧而仕不同爲貧而仕者所謂抱關擊柝者皆有常職以食於上者也此

託於諸侯者是無常職而賜於上者

萬章曰君餽之粟則受之乎曰受之受之何義也曰君之於氓也固周之

周救也視其空去聲乏則周卹與恤同之無常數君待民之禮也

曰周之則受賜之則不受何也曰不敢也曰敢問其不敢何也曰抱關擊柝者皆有常職以食於上無常職而賜於上者以爲不恭也

賜謂予通作與之祿有常數君所以待臣之禮也新安陳氏曰未仕爲民既仕乃爲臣方爲民可以受無常數之周救未爲臣不敢受有常數之俸祿士之自處當然也附蒙引無常職而賜於上則爲士而託於諸侯矣

曰君餽之則受之不識可常繼乎曰繆公之於子思也亟問亟餽鼎肉子思不悅於卒也摽使者出諸大門之外北面稽首再拜而不受曰今而後知君之犬馬畜伋蓋自是臺無餽也悅賢不能舉又不能養也可謂悅賢乎亟去聲下同摽音杓使去聲

亟數音朔也鼎肉熟肉也卒末也摽麾也數以君命來餽當

拜受之非養賢之禮故不悅而於其末後復扶又反下同來餽時麾使者出拜而辭之犬馬畜許六反伋言不以人禮待己也臺賤官主使令平聲下同者左傳昭公七年王臣公公臣大夫大夫臣士士臣皁皁臣輿輿臣隸隸臣僚僚臣僕僕臣臺人有十等也蓋繆公愧悟自此不復令臺來致餽也舉用也能養者未必能用況又不能養乎新安陳氏曰士之自處固如上文所言然君待士則有養賢之禮焉繆公餽子思使一一拜受餽之適以勞之非禮也通考朱氏公遷曰此章見聖賢交際之道於衛見子思盡人臣之道於魯見子思居賓師之道大抵子思爲人方正而嚴毅上可以見曾子之傳下可以見孟子之所傳附達說亟問問其安否○顧麟士曰於卒卒字亦自臺無餽也句倒看出若子思不麾

餽固未已耳。通義吳氏程曰不悅句。於卒也讀。○蒙引鼎肉熟肉也鼎非訓熟肉經鼎則熟矣故云○悅賢字虛○雖知亟拜之勞而不復然不知繼粟繼肉而遂絕不餽均之爲失養賢之道矣○存疑能養能舉悅賢之道也若下能舉能養猶可也既不能舉又不能養可謂悅賢乎。

曰敢問國君欲養君子如何斯可謂養矣曰以君命將之再拜稽首而受其後廩人繼粟庖人繼肉不以君命將之子思以爲鼎肉使己僕僕爾亟拜也非養君子之道也

初以君命來餽則當拜受其後有司各以其職繼續所無不以君命來餽不使賢者有亟拜之勞也僕僕煩猥烏悔反貌。附蒙引廩人繼粟。庖人繼肉。或問如此則有常數矣曰非也雖云繼肉終喚作餽不喚作常祿

堯之於舜也使其子九男事之二女女焉百官牛羊倉廩備以養舜於畎畝之中後舉而加諸上位故曰王公之尊賢者也女下字去聲

能養能舉悅賢之至也唯堯舜爲能盡之而後世之所當法也慶源輔氏曰堯之於舜則尊賢之極養賢之至用賢之周也。附存疑帝使其子至畎畝之中。則廩人繼粟庖人繼肉者又不足言矣。後舉而加諸上位。又能舉矣能養能舉。悅賢之道盡矣。故曰王公之尊賢也○蒙引後舉而加諸上位。謂上相之位也。非天子之位。上位猶言高位。

○萬章曰敢問不見諸侯何義也孟子曰在國曰市井之臣在野曰草莽之臣皆謂庶人庶人不傳質爲臣不敢見於諸侯禮也質與贄同

傳通也質者士執雉庶人執鶩音木見檀弓相見以自通者也國內莫非君臣但未仕者與執贄在位之臣不同故不敢見也新安陳氏曰市井草莽之臣。與詩率土莫非王臣同。未仕之臣也。傳質爲臣。乃已仕之臣也。附蒙引皆謂庶人。庶人即士也。以位而言曰庶人。故往役義也。以德而言曰士。故往見不義也。此士字與下文士以旂以士之招招庶人士字不同。蓋此士字是未仕者。彼二士字是已仕有位者。乃上中下士之士也。故朱註云士謂已仕者。○淺說庶人亦君之臣也。但未通質爲臣。與已仕而在位者不同。故臣可名而士不可名。是士之不見諸侯者。乃以德自重而其志不可屈。以道自居而其身不可辱。蓋禮之所在也。

萬章曰庶人召之役則往役君欲見之召之則不往見之何也曰往役義也往見不義也

往役者庶人之職不往見者士之禮慶源輔氏曰庶人則當服君之賤事爲士則知學問崇禮義不惟士之自處當如此而人君亦以此望之也。附存疑上曰庶人不往見諸侯。乃守己之禮。下當曰往見非禮爲是。乃曰往見不義者何也。不守禮而往見。便是不義也。失禮故不義。不義緣無禮而生也。下文俱是明往見不義之意。○淺說萬章曰庶人召之云云何也。孟子曰。士即庶人也。但曰庶人。則爲君所屬。其往役者。安其

分也。義之當然也。但曰士。則當爲君所敬。其往見者。辱其
身也。非義之當然也。○〔顧麟士曰〕按紹聞編上文庶人不
傳質爲臣不敢見於諸侯。禮也。此一句已答盡了。因萬章
再問云云。答曰往役義也。往見不義也。剖析得斬然分明。
禮義二字。是一章骨子。章末
夫義路也禮門也。正應前。
且君之欲見之也何爲也哉曰爲其多聞也爲其賢也曰爲
其多聞也則天子不召師而况諸侯乎爲其賢也則吾未聞
欲見賢而召之也繆公亟見於子思曰古千乘之國以友士
何如子思不悅曰古之人有言曰事之云乎豈曰友之云乎
子思之不悅也豈不曰以位則子君也我臣也何敢與君友

也以德則子事我者也奚可以與我友千乘之君求與之友
而不可得也而况可召與爲並去聲亟乘皆去聲召與之與平聲
孟子引子思之言而釋之以明不可召之意〔朱子曰〕賢與多聞細分固
當有別亦不必深致意○〔南軒張氏曰〕在我則當守庶人
之分在君則當隆事師之禮〔附〕〔蒙引〕且君之欲見之也何
爲也哉至則吾未聞欲見賢而召之也。所以明上文往見
不義之意。又自此以下五節。皆所以申明此一節意也。蓋
此一意孟子一生所固執。而當時上下所共疑者。故孟子
因萬章之問。而反覆詳言之○爲其多聞也。以所知言。爲其
賢也。以所行言。下文以德則子事我者也。德又兼多聞與
賢言○〔存疑〕以師屬多聞。賢只言名。亦互見爾。○〔蒙引〕事
之云乎。豈曰友之云乎。孟子引子思之言。直是峻厲。桀是
就自己地位上說。故其言如此。若他士則不必皆泥此。堯

之於舜也。亦只是友。豈必拘於師之哉。他日所謂學焉而
後臣之者。亦此意。○〔趙註曰〕且君何爲欲見而名之。萬章
曰。君以是欲見之也。孟子曰。安
有名師名賢之禮而可往見。
齊景公田招虞人以旌不至將殺之志士不忘在溝壑勇士
不忘喪其元孔子奚取焉取非其招不往也喪息浪反
說見形甸反前篇
曰敢問招虞人何以曰以皮冠庶人以旃士以旂大夫以旌
皮冠田獵之冠也事見形甸反春秋傳去聲○左傳僖公二十年十二月齊侯田
于沛〔澤名〕招虞人以弓。不進。公使執之。辭曰。昔我先君之
田也。旃以招大夫。弓以招士。皮冠以招虞人。臣不見皮冠

故不敢進。乃舍之。然則皮冠者虞人之所有事也故以是招之庶
人未仕之臣通帛曰旃〔新安倪氏曰〕通帛謂周大赤。從周正色無飾。士謂已仕
者交龍爲旂〔新安倪氏曰〕畫二龍於其上。析羽而注於旂干之首曰旌
〔新安倪氏曰〕通帛爲旃。交龍爲旂。析羽爲旌。見周禮司常。
〔附〕〔蒙引〕依左傳。則所謂招庶人以旃。士以旂。大夫以旌者。
皆是田獵時招。但傳云弓以招士。此云士以旂。不同耳。○
〔存疑〕招虞人以皮冠。以其所有事者招之也。庶人以旃。旃
質素無文。猶庶人之未有文采也。士以旂。交龍曰旂。能
變化。猶士之能變化也。大夫以旌。旌有文采。士至大夫。則
變化而成文矣。古人之招。各
有意義。○〔趙注曰〕皮冠。弁也。
以大夫之招招虞人虞人死不敢往以士之招招庶人庶人

豈敢往哉況乎以不賢人之招招賢人乎

欲見而召之是不賢人之招也以士之招招庶人則不敢往以不賢人之招招賢人則不可往矣〔附蒙引〕以大夫之招招虞人虞人死不敢往即謂齊景公招虞人以旌而不至也以此推之則以士之招招庶人庶人亦不敢往矣此與上文一義皆是不敢往者況乎以不賢人之招招賢人乎則不可往者也○自繆公亟見於子思至而況可召與是即子思之言而見士之不可往見諸侯也自景公田至況乎以不賢人之招招賢人乎即虞人之事而見士之不可往見諸侯也○〔存疑〕況乎以不賢人之招招賢人乎此句下就當徵云其不可往也決矣

欲見賢人而不以其道猶欲其入而閉之門也夫義路也禮門也惟君子能由是路出入是門也詩云周道如底其直如矢君子所履小人所視夫音扶底詩作砥之履反

詩小雅大東之篇底與砥同礪音厲石也言其平也矢言其直也視視以爲法也引此以證上文能由是路之義〔慶源輔氏〕曰以周道爲君子所履證義路爲賢者所由〔附蒙引〕近則就而見之遠則以幣聘之此則欲見賢人而以其道者也舍此而召之則非其道即是欲其入而閉之門○夫義路也禮門也自君子而言不必以見賢上言○周道如底決然當依義路也意解就道理說方可起君子所履小人所視縱然詩經本意不如此孟子引之斷章取義亦當依義路說故集註曰引此以證上文能由是路之義可無疑也○〔存疑〕義與禮何分別此理爲人所宜行是義行之而有

節文無過不及是禮以義爲質禮以行之來參看頗覺明白

萬章曰孔子君命召不俟駕而行然則孔子非與曰孔子當仕有官職而以其官召之也與平聲

孔子方仕而任職君以其官名召之故不俟駕而行〔慶源輔氏〕曰以敬君之命而不敢慢也　徐氏曰孔子孟子易地則皆然○此章言不見諸侯之義最爲詳悉更合陳代公孫丑所問者而觀之其說乃盡問此章綱領只在義路禮門〔朱子〕曰固是不出此二者然所謂義禮裏面殺有節目如云往役義也往見不義也周之則受賜之則不受之類都是義之節目如云廩人繼粟庖人繼肉不以君命將之之類都是禮之節目又如齊餽金而不受於宋薛餽而受此等辭受都是箇義君子於細微曲折一一都要合義所以易中說精義入神以致用也義至於精則應事接物之間無一非義不問大事小事千變萬化吾之所以應他如利刀快劍迎刃而解件件剖作兩片去孟子平日受用便是得這箇氣力今觀其所言所行無不是這箇物事○〔慶源輔氏〕曰觀答陳代章知不枉道從人之義觀答公孫丑章又知不爲臣不見之禮觀此章又知賢者有不可名之義蓋君子之出處進退一惟禮與義而已初無適莫也

○孟子謂萬章曰一鄉之善士斯友一鄉之善士一國之善士斯友一國之善士天下之善士斯友天下之善士

言己之善蓋於一鄉然後能盡友一鄉之善士推而至於

孟子大全卷之十　萬章下　罜

一國天下皆然隨其高下以爲廣狹也

新安陳氏曰廣狹有異勢而善無異理雖千萬人同此心此理也惟善蓋一鄉始能友一鄉之善士不然則吾所取之友必有所偏或有所遺不能盡得而友之矣一國之善士即一鄉之善士中其善不止蓋一鄉而足以蓋一國者也推而至於天下皆如此友也者友其善也善之所在聲應氣來自有天然不容不合者而非可以勉强合也〔附〕存疑一鄉之善士若云所友亦是善蓋一鄉者則註隨也斯友一鄉之善士是己之善蓋於一鄉其廣狹說不去當是凡士之在一鄉者皆爲所友○顧麟士曰按紹聞編一鄉之善士上善士以本身地位言下善士以一鄉同類言要看得活非謂必善蓋一鄉後方可取友亦言若無蓋一鄉之識見器量則無以善友其人爾○淺說有進善之資方能好人之善有容善之地方能取人之善

以友天下之善士爲未足又尚論古之人頌其詩讀其書不知其人可乎是以論其世也是尚友也

尚上同言進而上也頌誦通論其世論其當世行事之迹也言既觀其言則不可以不知其爲人之實是以又考其行去聲也夫音扶能友天下之善士其所友衆矣猶以爲未足又進而取於古人是能進其取友之道而非止爲一世之士矣

南軒張氏曰自友一鄉之善上至於上論古之人每進而愈上也所見者愈大則所取愈廣矣○雙峯饒氏曰進善無窮已故其取善也亦無窮已取善無窮已則其進善也亦無窮已取善之地所以愈廣者因其善之進而不已也取善之心果曷有窮已乎之人也推其所至殆將生乎千百世之下而可以繼往者於千百世之上立乎千百世之上而可以俟來者於千百世之下奚止爲一世之士而已哉○雲峯胡氏曰人性之善古今所同孟子論性必論其故論尚友必論其世皆已然之迹也論性而不論其已然之迹性之理易涉於空虛論古而不論其已然之迹古之人易涉於遼邈〔附〕蒙引又尚論古之人一句兼下文誦其詩讀其書誦其詩讀其書觀其言也論其世者考其行也尚論古之人如何古之人言見於詩者則誦而詠之古之人言載於書者則讀而求之然徒觀其言而不知其爲人之實可乎是以又論其當世行事之迹如何庶知其爲人之實而不徒徇其言也如此則是能盡其取友之道而非止爲一世之士矣蓋上文言天下之善士斯友天下之善士尚只是一世之士○今按朱子所解之意是先言必一鄉之善士乃能盡友夫一鄉之善士推之一國天下皆然然則其能進友古之善士而不止友一世之善士者亦當是不世之善士矣倘非不世之善士安能不止友一世之善士哉如此則文意方相照應不然上段是善已蓋一鄉然後是盡友一鄉之士下段是已能盡友古人然後得爲不世之善士語意不相符合姑記所疑以質高明○按朱子所解則孟子此章之言槩似主成德者言○詩指賦詠而言書指文辭而言如禹謨伊訓之類是書皆以爲言也○存疑首節只是隨高下以爲廣狹意不作循序漸進說然循序漸進之意則見於言外尚論古之人一節則是進意蒙引曰是以其所造之極而更推一步說非必云此人自其友一鄉之士而進至此也

○齊宣王問卿孟子曰王何卿之問也王曰卿不同乎曰不同有貴戚之卿有異姓之卿王曰請問貴戚之卿曰君有大過則諫反覆之而不聽則易位

大過謂足以亡其國者易位易君之位更立親戚之賢者〔新安陳氏曰〕古人所謂親戚並指天屬之親蓋與君有親親之恩無可去之義以宗廟爲重不忍坐視其亡故不得已而至於此也〔附纂〕引孟子當時爲卿於齊齊王此問蓋亦有爲而發其後孟子言異姓之卿曰君有過則諫反覆之而不聽則去亦實理也而亦於王有規焉○孟子曰貴戚之卿君有大過則諫而朱子曰貴戚之卿小過非不諫也所以補孟子之意按紂始爲象箸箕子歎曰爲象箸必至玉杯於是諫紂夫爲象箸一事豈便足以亡國耶箕子以紂親戚亦不肯放過而必諫則朱子之說信矣易曰履霜堅冰至若必待大過而後諫恐無及也

王勃然變乎色

勃然變色貌

曰王勿異也王問臣臣不敢不以正對

孟子言也

王色定然後請問異姓之卿曰君有過則諫反覆之而不聽則去

君臣義合不合則去○此章言大臣之義親疎不同守經行權各有其分去聲○〔新安陳氏曰〕親者可以行權疎者惟當守經貴戚之卿小過非不諫也但必大過而不聽乃可易位異姓之卿大過非

不諫也雖小過而不聽已可去矣然三仁貴戚不能行之於紂而霍光異姓乃能行之於昌邑此又委任權力之不同不可以執一論也前漢霍光傳昌邑王賀武帝之孫昌邑哀王之子也即位行淫亂光憂懣〔音滿又音悶〕獨以問所親故吏大司農田延年延年曰將軍爲國柱石審此人不可何不建白太后更選賢而立之光曰今欲如是於古嘗有不延年曰伊尹相殷廢太甲以安宗廟世稱其忠將軍若能行此亦漢之伊尹也光乃引延年給事中陰與車騎將軍張安世圖計光與羣臣俱見白太后具陳昌邑王不可以承宗廟狀皇太后乃車幸未央承明殿召昌邑王伏前聽詔光與羣臣連名奏王尚書令讀畢光令王起拜受詔乃即持其手解脫其璽組扶王下殿送至昌邑邸○〔朱子曰〕孟子所謂易位者言其理當如是耳世或疑此言有以起簒奪之禍者則孟子豈不嘗曰有伊尹之志則可無伊尹之志則簒也若三仁之事則比干箕子固有所不及爲若微子之去亦或其勢之不便也然觀其引身而去以全先王之祀則其計慮亦豈苟然者哉若其力之可爲則伊尹霍光固以異姓之卿而行之矣況有骨肉之親者乎○〔南軒張氏曰〕貴戚之卿與異姓之卿有親疎之異故不得而同論也貴戚之卿任宗社之責故得更擇其宗族之賢以易之然非謂貴戚之卿諫君反覆而不從便可以易位蓋極其理而言之有可以易位之道也○〔慶源輔氏曰〕集註守經行權尤足以補孟子之說蓋行權者非至於甚不得已則不可爲守經者則日用常行而須臾不可離者也○〔西山眞氏曰〕愚按貴戚易位之說非後世所得行君有大過惟當反覆極言如屈平劉向之爲爾同姓之卿雖無可去之義若其君有大惡而不可諫易位之事又不得行宗社將危豈容坐待則微子去之亦有明義存焉其惡雖未如紂然非可事之君義不當食其祿則魯之叔肸可以爲法春秋宣十有七年公弟叔

肸卒。穀梁傳曰。叔肸賢之也。其賢之何也。宣弑而非之也。非之則胡爲不去也。曰兄弟也。何去而之。與之財。則曰我足矣。織屨而食。終身不食宣公之食。春秋貴之。因時制義。初無定法也。又孟子反覆二字最宜深體。前世人臣固有。見君之過。失始一言以塞責者。曰吾亦嘗諫之云耳。諫而不從。非吾責也。此其用心。旣欲苟全爵位。又欲厭塞公言。張華之所以見屈於張林。而不能自免也。必反覆而諫。諫而不從。則去。此人臣之正法。孟子之言。胡可易哉。附蒙引三仁貴戚。不能行之于紂。蓋三仁固非阿衡之比。且紂才智過人。威權自攬。此三仁之所以難爲權也。然使以湯武或孔子處比干箕子之位。必不終於囚死。當廢紂而立微子矣。聖人無死地。邵康節之言精矣。○霍光雖異姓。然其權已在貴戚之卿之右。況當時貴戚諸侯王皆不得預朝權。光安得以異姓之卿自諉乎。

孟子集註大全卷之十 終

孟子集註大全卷十一 三魚堂讀本

告子章句上

凡二十章。勿軒熊氏曰。首章至六章言性。七章至十九章言心。末章言學。

告子曰。性猶杞柳也。義猶桮棬也。以人性爲仁義。猶以杞柳爲桮棬。桮音杯。棬丘圓反。

性者。人生所稟之天理也。杞柳。柜柳。柜居旅反。桮棬。屈木所爲。若卮匜之屬。匜音移。朱子曰。桮棬似今棬杉台子。杞柳恐是今做合箱底柳。北人以此爲箭。謂之柳箭。即蒲箭也。告子言人性本無仁義。必待矯揉而後成。揉人九反。如荀子性惡之說也。荀子性惡篇。人之性惡。其善者僞也。○朱子曰。告子只是認氣爲性。見得性有不善。須拗他方善。○新安陳氏曰。義猶桮棬也。義上脫一仁字。○魯齋王氏曰。朱子釋性字。指性之全體而言。不是解告子所言之性。附蒙引。矯揉。矯者。矯曲而使之直。揉者。揉直而使之曲。○以人性爲仁義。猶以杞柳爲桮棬。病在爲字上。○邪說暴行。二者相依以行。凡有暴行。必有邪說。當時旣有性惡之論。則世道可知矣。故臣弑其君。子弑其父。殺人盈城。殺人盈野。皆恬然不以爲怪。可見學術之關繫世道不細也。

孟子曰。子能順杞柳之性而以爲桮棬乎。將戕賊杞柳而後以爲桮棬也。如將戕賊杞柳而以爲桮棬。則亦將戕賊人以爲仁義與。率天下之人而禍仁義者。必子之言夫。戕音牆。與平聲。夫音扶。

扶

言如此則天下之人皆以仁義爲害性而不肯爲是因子之言而爲仁義之禍也〔朱子曰〕杞柳必矯揉而後爲桮棬。性非矯揉而爲仁義。孟子辯告子數處皆是辯倒著告子便休不曾說盡道理○〔南軒張氏曰〕人之爲仁義乃其性之本然自親親而推之至於仁不可勝用自長長而推之至於義不可勝用皆順其所素有而非外之也若違乎仁義則爲失其性矣而告子乃以人性爲仁義則是性別爲一物以人爲矯揉而爲仁義其失豈不甚乎○〔慶源輔氏曰〕不言戕賊人之性而言戕賊人者人之所以爲人者性也○〔西山眞氏曰〕告子之說蓋謂人性本無仁義必用力而强爲若杞柳本非桮棬必矯揉而後就也何其昧於理耶夫仁義卽性也告子乃曰以人性爲仁義如此則性自性仁義自仁義也其可乎夫以杞

柳爲桮棬必斬伐之屈折之乃克有成若人之爲仁義乃性之所固有孩提皆知愛親卽所謂仁及長皆知敬兄卽所謂義何勉强矯揉之有使告子之言行世之人必曰仁義乃戕賊人之物將畏憚而不肯爲是率天下而害仁義其禍將不可勝計此孟子所以不可不辯也○〔雙峰饒氏曰〕性者人所稟之天理天理卽是仁義順此性行之無非自然元無矯揉集註解性字是朱子指性之本體而言不是解告子所言之性禍仁義與楊墨充塞仁義相似〔附〕淺說子能順杞柳之性而以爲桮棬乎必將戕賊杞柳而後以爲桮棬也○〔蒙引〕性者有生之心也是心也天地之心也天地以生物爲心而所生之物因各得夫天地生物之心以爲心此所以爲性善也卽所謂仁人心也○孟子之論性善其辯甚力蓋此一字差則天下之事皆廢矣堯舜之精一執中亦只是性善上事成湯云惟皇上帝降衷于下民若有恒性卽天命之謂性也性善之說有自來矣此性旣是善然後君師之道可舉以賞善而罰惡抑邪而扶

正而天下之事可從而理矣若說性惡或性善惡混則世間凡不仁不義無父無君之事何所不可爲哉此孟子所以諄諄於此正所謂爲天地立心爲生民立命也

○告子曰性猶湍水也決諸東方則東流決諸西方則西流人性之無分於善不善也猶水之無分於東西也 湍他端反

湍波流瀠音瑩回之貌也告子因前說而小變之〔慶源輔氏曰〕告子本以氣爲性此說亦然故曰因前說但前說以性爲惡必矯揉而後可爲善而此說則以性爲本無善惡但可以爲善可以爲惡耳此其爲小變也近於楊子善惡混之說楊子脩身篇人之性也善惡混脩其善則爲善人脩其惡則爲惡人氣也者所適善惡之馬歟○〔朱子曰〕告子以善惡皆性之所無而生於習楊子以善

惡皆性之所有而成於僞亦有小異故曰近〔通考〕仁山金氏曰近於楊子集註謂近於楊子之說蓋告子之說又虛於楊子也〔附〕蒙引告子之言以性無定體可善亦可惡孟子之言以性有定體有善而無惡其曰人無有不善此章之要指也

孟子曰水信無分於東西無分於上下乎人性之善也猶水之就下也人無有不善水無有不下

言水誠不分東西矣然豈不分上下乎性卽天理未有不善者也〔朱子曰〕觀水之流而必下則水之性可知觀性之發而必善則性之本善亦可知矣〔附〕蒙引人無有不善水無有不下人皆以爲又是一意非也上文所謂人性之善也猶水之就下也者正以其人無有不善水無

有不下耳。水無有不下者。自然之性也。決之東西而東西者。人爲有以導之也。孟子所答。去了湍字。○朱子小註曰。觀水之流而必下。則水之性可知。觀性之發而必善。則性之本善亦可知矣。於孟子本意。又添一重。蓋泥就下字面而得。然孟子本文。上句只云人性之善。未嘗言人性之發善也。蓋不必泥。○人無有不善。據本然之性言。所謂順之而無不善。順字。因下文反字意照出。此句且莫用順字。

今夫水搏而躍之可使過顙激而行之可使在山是豈水之性哉其勢則然也人之可使爲不善其性亦猶是也夫音扶搏補各反

搏擊也躍跳也顙額也水之過顙在山皆不就下也然其本性未嘗不就下但爲搏擊所使而逆其性耳（謝氏曰）如水之就下搏擊之非不可上但非水之性○**此章言性本善故順之而無不善本無惡故反之而後爲惡**（新安陳氏曰）反之猶云逆之與張子所謂善反之不同彼乃復之之謂**非本無定體而可以無所不爲也**（南軒張氏曰）伊川先生云荀子之言性杞柳之論也楊子之言性湍水之論也蓋荀子謂人之性也以仁義爲僞而楊子則謂人之性善惡混脩其善則爲善人脩其惡則爲惡人故也告子不識大本故始譬性爲杞柳謂以人性爲仁義今復譬性爲湍水謂無分於善不善夫無分於善不善則性果爲何物耶論眞實之理而委諸茫昧之地其所害大矣善乎孟子之言曰人無有不善水無有不下可謂深切著明矣○（西山眞氏曰）水之性。未嘗不就下。雖搏擊之。可暫違其本性。而終不能使不復其[illegible]性。人

之爲不善者。固有之矣。所以然者。往往爲物欲所誘。利害所移。而非其本然之性也。故雖甚愚無知之人。畏之以惡逆。斥之以盜賊。鮮不變色者。至於見赤子之入井。則莫不怵惕而救之。朱子章旨數言盡之矣。○（新安倪氏曰）先師謂當看集註本性之本字。雲峰謂須看集注定體二字。水之定體無有不下。性之定體無有不善。可使過顙在山爲不善。三使字皆非定體。竊謂本性者。本然之性。定體即此性本然之定體也。若有使之者。則出於人力之所爲。而非此性本然之定體矣。貫三先生之說而一之。於本字定體字皆能著眼。則朱子釋孟子之深意可見矣。○東陽許氏曰告子謂性本無善惡。但可以爲善可以爲惡。在所引者如何爾。故以水無分東西爲喻。孟子亦就其水以喻之。謂性之必善。譬猶水之必下。告子所謂決之者。人爲之也。非其自然之性也。若人欲拂水之性。甚至可使逆行。況東西乎。人之爲善。順其本性也。水之就下。順其本性也。（附）蒙引既曰人無有不善。而又曰今夫水云云者。以天下自有惡者一脚。須着如此解破。○（存疑）其性亦猶是也。言人之可使爲不善。蓋其性爲人所逆。亦猶水爲搏激所使而過顙在山也。

○**告子曰生之謂性**

生指人物之所以知覺運動者而言（朱子曰）生之謂性。只是就氣上說得。蓋謂人也有許多知覺運動。物也有許多知覺運動。人物只一般。却不知人所以異於物者。以其得正氣。故全得許多道理。如物則氣昏而理亦昏了。○生之謂氣。生之理之謂性。○問氣出於天否。曰性與氣皆出於天。性只是理。氣則已屬於形象。性之善。固人所同。氣便有不齊處。○物也有這性。只是稟得來偏了。這性便也隨氣轉了。○（慶源輔氏曰）人物之生。則有知覺。能運動。死則無知覺。不能運動也。○（雙峰饒氏曰）生活也。其所以能知覺運動爲是個活底物

事有生之初稟得天地之生氣所以有這活底在裏面告子是見得這氣不曾見得這理蓋精神魂魄之所以能知覺運動者屬乎氣其所得於天以爲仁義禮智之性者則屬乎理告子認氣爲性故云生之謂性問知覺運動何分曰總言之都是精神分言之則知覺屬心運動屬身

告子論性前後四章語雖不同然其大指不外乎此 問子以告子論性數章皆本乎生之謂性之一言何也朱子曰告子不知性之爲理乃卽人之身而指其能知覺運動者以當之所謂生者是也始而見其但能知覺運動非教不成故有杞柳之譬既屈於孟子之言而病其說之偏於惡也又爲湍水之喻以見其但能知覺運動而非有善惡之分又以孟子未喻己之意也遂於此章極其立論之本意而索言之至於孟子折之則其說又窮而終不悟其非也其以食色爲言蓋猶生之云爾而公都子之所引又湍水之餘論也以是考之凡告子之論性不外乎生之一字明矣然則告子固指氣質而言歟曰告子所謂性固不離乎氣質然未嘗知其爲氣質而亦不知其有清濁賢否之分也

與近世佛氏所謂作用是性者略相似 朱子曰禪家說如何是佛曰見性成佛如何是性曰作用是性蓋謂目之視耳之聽手之執捉足之運奔皆性也只說得箇形而下者且如手能執捉若執刃胡亂殺人亦可爲性乎 通考仁山金氏曰佛氏之說比告子又精神然佛氏妙處在此差亦在此蓋指視聽言動之氣爲性而不知所以視聽言動之理爲性也指人心爲性而不知道心爲性也雖其主於收攝作弄精神而顚倒錯繆終不可以入堯舜精一執中之道 附蒙引生指人物之所以知覺運動而言依大文講可且未露出人物字以起下文○存疑生不是人物之知覺運動乃人物所以知覺運動也

孟子曰生之謂性也猶白之謂白與曰然白羽之白也猶白雪之白白雪之白猶白玉之白與曰然與平聲下同

白之謂白猶言凡物之白者同謂之白更無差別初加楚宜二切必列反**也白羽以下** 新安陳氏曰白羽至輕之白白雪不堅之白白玉堅潤之白質本不同

孟子再問而告子曰然則是謂凡有生者同是一性矣 附蒙引告子謂生之謂性是混人物在其中而不及省夫人物之不同處孟子一聞其說便覺人物自是不同如此說不得胸中便自有犬之性猶牛之性牛之性猶人之性一段說話了故先難之曰生之謂性也云云白與是依他立說之本旨爲辭故告子爲然繼之曰白羽之白云云白與告子於此若以爲不然則不得謂生之謂性矣若以爲然則犬之性牛之性猶人之性矣故朱子於猶白之謂白與一條便註云則是凡有生者同是一性矣卽下文云云也講本文不可於此處就依註貼須要趕得下文○白羽之白白雪之白白玉之白以質言與犬之性牛之性人之性不必同而趙氏惪以爲羽性輕雪性消玉性堅者泥矣新安陳氏之說自明白

然則犬之性猶牛之性牛之性猶人之性與

孟子又言若果如此則犬牛與人皆有知覺皆能運動其性皆無以異矣於是告子自知其說之非而不能對也 朱子曰犬牛人之形氣既具而有知覺能運動者生也有生雖同然形氣既異則其生而有得乎天之理亦異蓋在人則得其全而無有不善在物則有所蔽而不得其全是乃所謂性也今告子曰生之謂性如白之謂白而凡白無異白焉則是指形氣之生者以爲性而謂人物之所得於天者亦無不同矣故孟子以此詰之而告子理屈詞窮不能復

對也○勉齋黃氏曰告子既不知性與氣之分而直以氣為性又不知氣或不齊性因有異而遂指凡有生者以為同是以孟子以此語之而進退無所據也通考趙氏惪曰羽性輕雪性消玉性堅雖俱白而性不同孫奭疏犬之性金畜也故其性守牛之性土畜也故其性順附蒙引然則犬之性猶牛之性牛之性猶人之性與此所謂性是孟子之所謂性耶告子之所謂性耶曰是雖承告子之言其實反告子之意蓋歸於孟子之所謂性也只看與字可知明其不然也謂犬牛與人之性不同也既不同則是孟子之所謂性無疑矣○犬之性猶牛之性此語只是牽過一步以起下句觀大註一則曰犬牛與人二則曰仁義禮智之稟豈物之所得而全哉皆不暇區別犬牛之不同處可見然其實萬物之性各自散殊此又在所當知○愚按性者人之所得於天之理也生者人之所得於天之氣也性形而上者也氣形而下

者也朱子曰形而上者一理渾然無有不善形而下者則紛紜雜糅善惡有所分矣○新安陳氏曰易大傳曰形而上者謂之道形而下者謂之器上字上聲讀有形以上便是無形之理性即理也有形以下便是有形之器氣有形者也人物之生莫不有是性亦莫不有是氣然以氣言之則知覺運動人與物若不異也以理言之則仁義禮智之稟豈物之所得而全哉此人之性所以無不善而為萬物之靈也雲峰胡氏曰大學中庸首章或問皆以為人物之生理同而氣異而此則以為氣同而理異何也朱子嘗曰論萬物之一原則理同而氣異觀萬物之異體則氣猶相近而理絕不同氣之異者粹駁之不齊理之異者偏全之或異也嘗因是而推之蓋自大本大原上說大化流行賦予萬物何嘗分人與物此理之同也但人得其氣

之正且通者物得氣之偏且塞者此氣之異也人物既得此氣以生則人能知覺運動物亦能知覺運動此又其氣之同也然人得其氣之全故於理亦全物得其氣之偏故於理亦偏則人與物又不能不異矣理同而氣異是從人物有生之初說氣同而理異是從人物有生之後說朱子之說精矣告子不知性之為理而以所謂氣者當之是以杞柳湍水之喻食色無善無不善之說縱將容反橫繆靡幼反戾紛紜舛尺兗反錯而此章之誤乃其本根所以然者蓋徒知知覺運動之蠢然者人與物同而不知仁義禮智之粹然者人與物異也孟子以是折之其義精矣朱子曰氣相近如知寒暖識飢飽好生惡死趨利避害人與物都一般理不同如蜂蟻之君臣

只是他義上有一點明虎狼之父子只是仁上有一點明其他更推不去○論人與物性之異固由氣稟之不同但究其所以然者却是因其氣稟之不同而所賦之理固亦有異所以孟子分別犬之性牛之性人之性有不同者而未嘗言犬之氣牛之氣人之氣不同也○此章乃告子迷繆之本根孟子開示之要切蓋知覺運動者形氣之所為仁義禮智者天命之所賦學者於此正當審其偏正全闕而求知所以自貴於物不可以有生之同反自陷於禽獸而不自知己性之大全也○勉齋黃氏曰夫性者人物所得乎天之理也仁義禮智之屬是也生者人物所得乎天之氣也有知覺而能運動者是也性者萬物之一原有生之類各得於天固無少異但所稟之氣則或偏其清濁美惡之不齊故理之所賦不能無開塞偏正之異此人物之所以分也然以氣而言則所稟雖殊而其所以為知覺運動者反無甚異以理而言則其本雖同而人之有是四端所以為至靈至貴者非庶物之可擬矣告子之學不足以

知此。但見其蠢然之生。卽謂爲性。而又謂凡得此者。無有不同。則是不惟不知性。亦不知氣。不惟觀於外者亂於人獸之別。而其反於身者。亦昧於天理人欲之幾矣。○雙峰饒氏曰人說孟子論性不論氣。若以此言觀之。未嘗不論氣也。[附]蒙引 按朱子曰性形而上者也。氣形而下者也。人物之生。莫不有是性。亦莫不有是氣。如此等語。理氣二者對擧並言。全似兩物。然究竟其實。如曰性形而上者也。所以必帶形言者。蓋有旨哉。其先言莫不有是性。而後言莫不有是氣者。蓋尊理也。亦如易大傳先言形而上者謂之道。然後言形而下者謂之器也。雖先言道。然究其實則曰一陰一陽之謂道。道不外乎陰陽也。

○告子曰。食色。性也。仁。內也。非外也。義。外也。非內也。

告子以人之知覺運動者爲性。故言人之甘食悅色者。卽

其性。故仁愛之心生於內。而事物之宜由乎外。學者但當用力於仁。而不必求合於義也。[朱子曰]告子先云仁義猶桮棬。其意本皆以仁義爲外。皆不出於本性。旣得孟子說。方畧認仁爲在內。亦不以仁爲性之所有。但比義差在內耳。○告子以生於愛者爲仁。故曰內。以其制是非者爲義。故曰外。○南軒張氏曰食色固出於性。然莫不有則焉。告子擧物而遺其則。其說行。天理不行。而人欲莫遏矣。○慶源輔氏曰人之甘食者。知其食之美而甘之也。悅色者。知其色之美而悅之也。知卽知覺也。甘與悅卽運動也。○雙峰饒氏曰告子雖知以仁爲內。而不知愛是情。仁是性。愛未便是仁。愛之理是仁。今便指愛爲仁。已是不識性了。如義則是心之制。事之宜。事之宜者雖在彼。而其所以裁制而得其宜者。全自在我。若非我有箇義。如何處得物。告子認以爲外。可謂全無見識矣。觀告子前面數章之意。則謂性中仁義都無。到這裏又却有仁而無義。皆是遁辭。○雲峰胡氏曰告子所謂仁內義外者。皆自食色說來。以食色爲性。言性旣粗。故言仁義亦粗。甘食悅色。是自家心裏愛那食色。愛便屬仁。便是仁愛之心生於內。至若食色却有可愛者。有不可愛者。則是事物之宜由乎外。○[附]蒙引 語類亦以食色入仁義說。看大註一故字。但不可局限如此說。如下文所謂吾弟則愛之。長楚人之長。都說得仁內義外意。須活看。雲峰之說亦是。但欠活。食色特知覺運動之兩端。○仁者心之德。愛之理。而告子只以心之愛爲仁。德字理字都無了。此正是以生爲性一類。義者心之制。事之宜。而告子只以事之宜爲義。心之制都無了。蓋事物之宜雖若在外。而事物之所以得其宜。則不在外也。○[存疑]義外之說。固非。其所謂仁亦其粗者。未必是。

孟子曰。何以謂仁內義外也。曰。彼長而我長之。非有長於我

長上聲下同

也。猶彼白而我白之。從其白於外也。故謂之外也。

我長之。我以彼爲長也。我白之。我以彼爲白也。[朱子曰]告子不知辨別那利害處。正是本然之性。所以道彼長而我長之。蓋謂我無長彼之心。由彼長故不得不長之。所以指義爲外也。[附]存疑 告子因孟子仁內義外之辯。見得敬長義也。又以長來立言。謂因彼之長而我方去長之。原非有長之之心在我也。猶彼白而我方去白之。從其白於外。非有白之之心於我也。告子只是就長上認義。却不就長之上認。故以爲在外。

曰。異於白馬之白也。無以異於白人之白也。不識長馬之長也。無以異於長人之長與。且謂長者義乎。長之者義乎。與平聲下

同

張氏曰上異於二字疑衍李氏曰或有闕文焉愚按白馬白人所謂彼白而我白之也長馬長人所謂彼長而我長之也白馬白人不異而長馬長人不同是乃所謂義也義不在彼之長而在我長之之心則義之非外明矣

朱子曰白馬白人我道這是白馬這是白人言之則一若長馬長人則不同長馬則是口頭道箇老大底馬若長人則是敬之之心發於中從而敬之所以謂義內也○慶源輔氏曰人孰以長人之心長馬乎其所以然者乃吾心之義有不同耳義蓋隨事之宜而裁之也〔通考〕仁山金氏曰按告子以彼白而我白之喻彼長而我長之孟子謂此二字不同不可引此以爲喻故曰異又因謂於白馬之白白人之白同可謂之白若長馬之長與長人之長豈可同以爲長乎是詆其以白喻長之爲異也然後正問之曰長者義乎長之者義乎則長之之心須在內也王文憲曰只此一句分曉〔附〕蒙引白馬之白無以異於白人至長之者義乎言汝以白比長終是比不得更有一說汝以長者爲義乎長之者爲義乎據本文當有兩節意○告子以白喻長孟子承而答之以爲白無不同長則有不同即其不同處便是心之制乃所謂義也義不在內乎且汝所謂彼長而我長之以爲義者在外不知汝是以長者爲義乎以長之者爲義乎如以長者爲義則義可爲在外若以長之者爲義則義非外矣○語類如著白衣服底人我道這人是著白○顧麟士曰且謂長者二句惟存疑兼長人長馬言蒙引淺說達說俱專就長人言

曰吾弟則愛之秦人之弟則不愛也是以我爲悅者也故謂

之內長楚人之長亦長吾之長是以長爲悅者也故謂之外也

言愛主於我故仁在內敬主於長故義在外〔附〕存疑吾弟則愛之條是再申義外之說必帶仁內說是欲因以闢義之在外耳○告子總在長上認而遺長之一邊○蒙引吾弟則愛之秦人之弟則不愛言强不得我之愛也長楚人之長亦長吾之長言沒不得人之長也

曰耆秦人之炙無以異於耆吾炙夫物則亦有然者也然則耆炙亦有外與　耆與嗜同夫音扶

言長之耆之皆出於心也林氏曰告子以食色爲性故因其所明者而通之

南軒張氏曰長則同而待吾之長與待楚人之長固有間矣其分之殊即所謂義也觀其義外之說固爲不知義矣不知義則其所謂仁內者亦烏知仁之所以爲仁哉○慶源輔氏曰炙在外而耆之者在我長在外而長之者在我初無異也告子所明者食色故取譬於耆炙因其所明通其所蔽亦納約自牖之意也〔通考〕仁山金氏曰孟子正當曰長楚人之長亦猶長吾之長乎是必有差等矣且謂以長爲悅則是長長則愜於吾心也則悅豈在外歟今乃以耆秦人之炙對長楚人之長是蓋因其食色之好非有秦楚之分以指其非外也其實上文長之者義乎已盡之矣○東陽許氏曰孟子就其白字長字明其白不可譬長而長馬不可同則所謂義內者可不言而喻告子猶不悟重以內外爲言於是借耆炙以爲喻謂美味雖在炙而耆之者乃自內出對上長楚人之長說物則指炙而言謂豈獨於人爲然物亦有如此者以耆之之心比長之之心則可見義之在內無疑

矣【附】蒙引長楚人之長亦長吾之長人固有然者嗜秦人之炙亦嗜吾炙物亦有然者炙固在外矣然而嗜炙亦有外歟炙在外而嗜之則在內長在外而長之則在內義不在外明矣○【存疑】就長楚人之長與長吾之長亦自有差等此可見義之在內處但孟子姑卽其所明者而通之且不及此○【蒙引】究竟彼白而我白之亦可見義之在內但告子不察孟子亦未暇與辯此以就白上說意頗晦爾○義者事之宜以處得其宜者言非全據事言也若全據事言則義外矣故朱子於義人路也下云義者行事之宜加一行字尤見謹愼

○自篇首至此四章告子之辯屢屈而屢變其說以求勝卒不聞其能自反而有所疑也此正其所謂不得於言勿求於心者所以卒於鹵音魯莽莫補莫厚母黨三反而不得其正也【雲峰胡氏曰】夫子嘗曰義以方外夫義所以裁制其在外者而非在外也告子義外之說孟子所以深闢之

○孟季子問公都子曰何以謂義內也

孟季子疑孟仲子之弟也蓋聞孟子之言而未達故私論之

曰行吾敬故謂之內也

所敬之人雖在外然知其當敬而行吾心之敬以敬之則不在外也【附】蒙引此卽上章義不在彼之長而在我長之之心之意蓋當時彼長而我長之之說公都子與季子皆熟聞之故公都子亦卽就敬長一端以發孟子之意

鄉人長於伯兄一歲則誰敬曰敬兄酌則誰先曰先酌鄉人所敬在此所長在彼果在外非由內也長上聲

伯長也酌酌酒也此皆季子問公都子答而季子又言如此則敬長之心果不由中出也【通考】【慶源輔氏曰】季子因公都子之言而復疑敬雖在內而長在外故以伯兄鄉人爲問而曰所敬在此所長在彼則敬長之心果不由中出也【附】淺說鄉人長於伯兄一歲則誰敬曰敬兄蓋敬以親疎爲厚薄況鄉人長於吾兄又不多乎曰酌則誰先曰先酌鄉人蓋酌以年齒爲先後況鄉人又爲外賓乎○【蒙引】所敬在此庸敬也所長在彼亦斯須之敬也不可太泥敬與長之別故大註曰敬長之心云云○此處公都子就可答之所敬在此所長在彼因時制宜不在我乎而義內之說明矣公都雖得孟子之大旨而未深得孟子之精意不能如孟子之雄辯故不能答

公都子不能答以告孟子孟子曰敬叔父乎敬弟乎彼將曰敬叔父曰弟爲尸則誰敬彼將曰敬弟子曰惡在其敬叔父也彼將曰在位故也子亦曰在位故也庸敬在兄斯須之敬在鄉人惡平聲

尸祭祀所主以象神雖子弟爲之然敬之當如祖考也在位弟在尸位鄉人在賓客之位也庸常也斯須暫時也言因時制宜皆由中出也【趙氏曰】因時制宜所謂義也況叔父之當敬此理之常若弟在尸位

則祭時暫當敬以視如祖考之義而敬弟鄉人在賓位則宴時暫當敬以尊賓之義而敬鄉人此皆暫時之敬耳或常或暫因時而義制其宜皆本然吾心爾故曰由中出也附存疑所敬在此所長在彼以鄉人在位故也此處就可說庸敬在兄斯須之敬在鄉人但公都子不能孟子弟爲尸之難正欲得他在位一句而因以解之在他人必於此就說了孟子不然又設事之相似者引起他而因以解之此是他義理爛熟多設事證亦欲其理之愈明耳○庸敬在兄二句是解所敬在此二句言所敬在此者常時之敬在兄也所長在彼者暫時之敬在鄉人也

季子聞之曰敬叔父則敬敬弟則敬果在外非由內也公都子曰冬日則飲湯夏日則飲水然則飲食亦在外也

此亦上章耆炙之意雲峰胡氏曰集註以爲此亦耆炙之義耆炙在外而耆之在乎心水與湯

在外而斟酌其可飲不可飲在乎心然則事物之宜在乎外而所以斟酌事物之宜則在乎心也○范氏曰二章問答大指畧同皆反覆譬喩以曉當世使明仁義之在內則知人之性善而皆可以爲堯舜矣慶源輔氏曰若以義爲外則便於性之本體偏枯了安能知人性之本善既不知人性之本善則豈能知人皆可以爲堯舜哉○潛室陳氏曰禮敬之義在外如叔父如弟如鄉人皆指外而言故告子以義爲外然敬之所施雖在外而所以行吾敬處却在內如當敬叔父時則敬叔父當敬弟時則敬弟當敬鄉人則敬鄉人所以權其事宜而爲之差別者則此理之權度未嘗不在吾心故公都子以此折之其辭簡而理勝所謂不迫切而意已獨至也○新安陳氏曰集註於此又提挈綱領以示人仁義性也堯舜性與人同但能盡其性耳人惟性善故皆可以爲堯舜也通考朱氏公遷曰此即事理之中主乎行敬而言之以仁義禮智並言之則敬屬禮以仁義自相對而言之則愛屬仁而行吾敬者屬乎義也又敬之發見屬乎禮敬所當敬屬乎義附蒙引同一敬叔父則敬敬弟則敬也但季子所認則叔父與弟字重孟子公都子之說則敬字重敬出於吾也季子之說是謂吾之敬由叔父與弟而生也孟子之說是謂吾之敬施之與叔父與弟也如天平稱物一是按下此一頭而彼勢輕一是按下彼一頭而此勢重畢竟有個定理所在○大註此亦上章嗜炙之意皆因其所明而通之但上章是承食色言此章無所承但亦季子之所明者也○存疑要知季子總是就長上認而遺長之一節爾

○公都子曰告子曰性無善無不善也

此亦生之謂性食色性也之意新安陳氏曰只認能知覺運動甘食悅色者即爲性

而任意爲之無所謂善惡近世蘇氏胡氏之說蓋如此新安陳氏曰蘇東坡論性謂自堯舜以來至孔子不得已而曰中曰一未嘗分善惡言也自孟子道性善而一與中支矣胡文定公論性謂性不可以善言纔說善時便與惡對非本然之性矣孟子道性善只是贊歎之辭說好個性如佛言善哉善哉五峰論性云凡人之生粹然天地之心道義全具無適無莫不可以善惡辨不可以是非分

或曰性可以爲善可以爲不善是故文武興則民好善幽厲興則民好暴好去聲

此即湍水之說也新安陳氏曰謂性可善可惡惟上所導如湍水可東可西惟人所決也

或曰有性善有性不善是故以堯爲君而有象以瞽瞍爲父

而有舜以紂爲兄之子且以爲君而有微子啓王子比干

韓子性有三品之說蓋如此〔韓子原性篇〕性也者，與生俱生也；情也者，接於物而生也。性之品有三，而其所以爲性者五；情之品有三，而其所以爲情者七。何也？曰：性之品有上中下三。上焉者，善焉而已矣；中焉者，可導而上下也；下焉者，惡焉而已矣。○朱子曰：韓子三品之說，只說得氣，不曾說得性。○此章三者雖同說氣質之性，然兩或曰之說，猶知分辨善惡。惟無善無不善之說最無狀，就此無善無惡之名，渾無分別，雖爲善爲惡，總無妨也。與今世不擇善惡，顚倒是非，而稱爲本性者，何以異哉？○陳氏曰：韓子謂人之所以爲性者五，曰仁義禮智信，此語似看得性字端的，但分爲三品，又差了。三品只說得氣稟，然氣稟不齊，或相什百千萬，豈但三品而已哉？通考徐氏溍生曰：性猶杞柳也，謂人性本無仁義，必待矯揉而後成，是卽荀子性惡之說，故曰如。性猶湍水也，告子以善惡皆性之所無，而生於習；楊子以善惡混，皆性之所有，而成於脩，故曰近。生之謂性，指人物之所以知覺運動者而言，有似乎佛氏作用是性之說，然釋氏之言，又遮閼無畔崖，故曰畧相似者，言大體相類也。胡氏之言云：凡人之性，不可以善惡辨，不可以是非分。蘇氏論性，自堯舜至孔子，不得已而命之，且寄之曰中，未嘗分善惡言，是亦告子性無善無不善也，故曰蓋如此。按此文則微子、比干皆紂之叔父，而書微子爲商王元子，疑此或有誤字。〔附〕蒙引：性無善無不善，謂全不可以善惡名也。性可以爲善，可以爲不善，謂性無善惡，習而後有善惡也。有性善，有性不善，謂有等從來是善，有等從來是惡。三說俱以明不可專謂性善，以碍孟子之說也。

今曰性善，然則彼皆非與？孟子曰：乃若其情，則可以爲善矣，

乃所謂善也。與，平聲。

乃若，發語辭。〔慶源輔氏曰〕先儒皆訓若爲順，言順其本然之情則無不善，恐不必如此。此說蓋情自善，不待順之而善也。且此乃若正與下文若夫字相對，故斷以爲發語辭。情者，性之動也。人之情本但可以爲善而不可以爲惡，則性之本善可知矣。〔朱子曰〕性不可說，情却可說。所以告子問性，孟子却答他情，蓋謂情可爲善，則性無有不善。所謂四端者，皆情也。仁是性，惻隱是情也。惻隱是仁發出來的端芽，如一箇穀種相似，穀之生是性，發爲萌芽是情也。所謂性，只是那仁義禮智四者而已。○〔北溪陳氏曰〕在心裏未發動底爲性，事物觸著便發動出來底是情，這動底只是就性中發出來，不是別物。情之中節，是從本性發來便是善；其不中節，是感物欲而動，不從本性發來，便有不善。○〔慶源輔氏曰〕情只是性之動，因其情之善，而可以知其性之本善。若程子謂天下之理，原其所自，無有不善，喜怒哀樂未發，何嘗不善；發而中節，亦何往而不善。此則又因其性之善而知其情之無不善也。○〔新安陳氏曰〕性渾然全體在中，未發無形象可見，動而爲情方可見耳。仁義禮智之性，動而爲惻隱、羞惡、辭遜、是非之情，所謂本但可爲善而不可爲惡者也。因其情之善，而可知其性之本善，蓋遡其流而知其源也。如水之初流出尚淸，則可知其未流之先淸也必矣。此乃若其情至乃所謂善也，已包下文惻隱之心至我固有之也之意，下文乃盡發此意耳。〔附〕蒙引：則可以爲善矣，此善字說情；乃所謂善也，說性。此以爲字，凡如謂之相似，與中庸不可以爲道之以爲字同。蓋情是無意發出者，不可謂情去爲善也。集註云：本但可以爲善而不可以爲惡，以爲字俱當如此認。○性旣是善，則無善無不善之說非矣。性本但可以爲善，則所謂可以爲善、可以爲不善之說非矣。人性旣皆善，則所謂有性善、有性不善之說非矣。○〔存疑〕孟子言

性而言情。所謂天下之言性也則故而已者也。謂性蘊於
中而難知情發於外而可見。乃若人之情本初可以爲善。
而不可以爲惡情者性之動也情善則性善可知矣。所以
謂性善也情本可爲善若夫人之爲不善則非情矣爲何
或者歸咎夫才謂人情本可以爲善今不能者是他才弱
發不出也不知人有是性則有是才豈有才弱發不出之
理。乃是汩於物欲而喪其
才爾。故曰非才之罪也

若夫爲不善非才之罪也 夫音扶

才猶材質人之能也人有是性則有是才性既善則才亦善人之爲不善乃物欲陷溺而然非其才之罪也 問才是以其能
解作用底說材質是合形體說否。朱子曰是兼形體說如
說才料相似。問才與材字之別曰才字是就義理上說。
材字是就用上說。如人見其濯濯也以爲未嘗有材。用木
旁才字便是指適用底說非天之降才爾殊便是就義理
上說○情是這心裏動出有箇路脈曲折隨物恁地去才
是能主張運動做事底這事有人做得有不會做得這處
可見其才○性如水情如水之流情既發則有善有不善
在人如何耳才則可爲善者也彼其性既善則其才亦可
以爲善今乃至於爲不善是非才如此乃自家使得才如
此故曰非才之罪○問性之所以無不善以其出於天也
才之所以有善不善以其出於氣也要之性出於天才亦
出於天何故便至如此曰性是形而上者氣是形而下者
形而上者全是天理形而下者只是那查滓至於形又是
查滓至濁者也○問孟子言情與才皆善如何曰情本自
善其發也未有染汙何嘗不善才只是資質亦無不善譬
物之未染只是白也又曰性之本體理而已情則性之動
而有爲才則性之具而能爲者也性無形象聲臭之可形
容也故以二者言之誠知二者之本善則性之善必矣○

西山眞氏曰善者性也而能爲善者才也性以體言才以
用言才本可以爲善而不可以爲惡今乃至於爲不善者
是豈才之罪也哉陷溺使然也○雙峰饒氏曰孟子是指
那好底才說如仁之能愛其親義之能敬其兄所謂良能
是也附蒙引才猶材質人之能也朱子曰是兼形體說如
說材料相似所以兼形體說者謂目之能明耳之能聰心
之能思手容能重足容能恭之類豈不是兼形體說豈不
是如說材料又豈不是人之能也○存疑乃若其情則可
以爲善乃所謂善解性無善無不善性可以爲善可以爲
不善有性善有性不善之說已明矣又曰若夫爲不善非
才之罪是恐人以不善歸之才夫才性之能也才若不善
是性無能也亦未免爲性之累故又爲他如此說○才與
性情如何分性是心之理情是性之動才是性之能動才
不外乎性情今人乍見孺子將入於井皆有怵惕惻隱之
心情也其能如此才也性情人與堯舜之所同然堯舜之
仁至於覆天下齊宣之仁僅能及一牛此則才有强弱也
譬之酒性也飲之醉人情也其能弊人才也然有飲一盞
就能醉人有飲三五盞不能醉人者此酒有厚薄乃才也
才與性情如此看益明白矣蒙引謂見孺子入井而怵惕
惻隱是情趨赴而救之是才之善卻把情才分作兩項了

惻隱之心人皆有之羞惡之心人皆有之恭敬之心人皆有之是非之心人皆有之惻隱之心仁也羞惡之心義也恭敬之心禮也是非之心智也仁義禮智非由外鑠我也我固有之也弗思耳矣故曰求則得之舍則失之或相倍蓰而無算者不能盡其才者也 鑠式灼反惡去聲舍上聲蓰音師

恭者敬之發於外者也敬者恭之主於中者也 北溪陳氏曰恭就貌

上說敬就心上說。通旨朱氏公遷曰前章言辭讓之心禮之端也此章言恭敬之心禮也蓋恭敬切於心辭讓切於事合而言之辭讓又在恭敬之中矣

鑠以火銷金之名自外以至內也算數也言四者之心人所固有但人自不思而求之耳所以善惡相去之遠由不思不求而不能擴充以盡其才也

朱子曰惻隱羞惡心也能惻隱羞惡發揮之至於仁義不可勝用者才也○問不能盡其才曰才是能去恁地做底性本好發於情也只是好得到動用去做也只是好不能盡其才是發得畧好便自阻隔了不順他道理做去若盡惻隱之才則必當至於博施濟衆盡羞惡之才則必當至於一介不取乎祿之天下弗顧千駟弗視這個本來自合恁地滔滔做去止緣人為私意阻隔多是有些發動後便遏折了天便似天子命便似將告勅付與人性便似人所受職事情便似親臨這職事才便似去動作行做許多事○人皆有許多才聖人却做許多事我不能做得些事出故謂相倍蓰而無筭者不能盡其才者也○一性之中萬善完備發用出來事事做得便是盡其才○其未發也性雖寂然不動而其中自有條理自有間架不是儱侗都無一物所以外邊纔感中間便應如赤子入井之事感則仁之理便應而惻隱之心於是乎形於過廟朝之事感則禮之理便應而恭敬之心於是乎形蓋由其中間衆理渾具各各分明故外邊所遇隨感而應所以四端之發各有面貌之不同是以孟子析而為四以示學者使知渾然全體之中而粲然有條若此○慶源輔氏曰仁義禮智性也惻隱至是非性之動而為情也皆謂之心心統性情者也四者之心根於本性非如火之銷金自外至內但人自不思不求耳○西山眞氏曰物有本而弗得者在外故也惟求其在我者何不得之有思而求之則得之而全其本善不思不求則失之而流於惡善惡相去之遠由一倍五倍而極於無筭者皆不思不求不能擴充以盡其才故也本然之才初無限量極天下之善無不可為今乃如此是有才而不能盡其才耳曰思曰求而又曰盡皆孟子喫緊教人處

前篇言是四者為仁義禮智之端而此不言端者彼欲其擴而充之此直因用以著其本體故言有不同耳

雲峰胡氏曰前篇於四者言端欲人充廣此不言端而直因用以著其本體欲人體認前以辭讓為禮之端辭讓發乎外者言此曰恭敬則兼以外與內而言故不必言端　附　達說然果何以見情善而才亦善邪彼惻隱之心心之善者也人皆有之羞惡之心心之善者也人皆有之恭敬之心心之善者也人皆有之是非之心心之善者也人皆有之故曰乃若其情則可以為善矣使人無是惻隱羞惡恭敬是非又安可以言情之善乎即是惻隱之心可以驗其性之有仁也即是羞惡之心可以驗其性之有義也曰仁曰義豈有不善乎即是恭敬之心可以驗其性之有禮也即是是非之心可以驗其性之有智也曰禮曰智又豈有不善乎故曰乃所謂善也使性非仁義禮智又安可以言性之善乎然此仁義禮智非由外鑠我也蓋繼性成性我固有之也但人放逸怠惰自不思而求之耳故曰求則得之舍則失之惟其舍之而失故卒歸於惡而與善相去之遠或至倍蓰而無筭者由不思不求不能因善端之發而擴充之以造其極而盡其才者也若本然之才初無限量極天下之善無不可為者故曰若夫為不善非才之罪也○蒙引惻隱之心人皆有之至是非之心智也此即上文乃若其情則可以為善矣乃所謂善也然人多未得其精意蓋曰惻隱曰羞惡曰恭敬曰是非此皆是好字故曰乃若其情則可謂善矣若曰殘忍頑鈍驕慢昏昧則皆是不好字是情不善矣其曰仁也義也禮也智也亦一一是至好字故曰乃所謂性善也此段只用理會此數個字面而孟子之意彰彰矣○畢竟思求亦才也不能盡其才者不思不求而擴充其善端也

但不可謂不能盡其思求之才。當改云思求便是用其才處。○存疑。弗思爾矣。思字帶個求字。求則得之。求字帶箇思字。此云然者。省文也。集註得此意。故曰人自不思而求之。○上文非才之罪。解物欲陷溺。弗思弗求。莫知何處見得物欲陷溺。但曰弗思弗求。便是陷溺於物欲而失之者。若未失。不消言思求。看來說弗思上。當補陷溺於物欲意。

詩曰。天生蒸民。有物有則。民之秉彝。好是懿德。孔子曰。爲此詩者。其知道乎。故有物必有則。民之秉彝也。故好是懿德。好去聲。

詩大雅蒸民之篇。烝詩作蒸。衆也。物事也。則法也。夷詩作彝。常也。懿美也。有物必有法。如有耳目則有聰明之德。有父子則有慈孝之心。是民所秉執之常性也。故人之情無不好此懿德者。新安陳氏曰。於好字上見得是情。集註此情字。與上文乃若其情相應。以此觀之。則人性之善可見。而公都子所問之三說。皆不辯而自明矣。蔡氏曰。惻隱等正是指性之初發動處。以明未發動之理。又擧蒸民詩者。當然之則無物不體而此理之妙實根於人性之本然。性人之生各秉具有常之性所以應事接物皆好彼美德而不容已也。所謂一德卽所謂物之則也。其曰好是者。卽指上文秉彝而言天命之所賦者。謂之則。人生之所秉者。謂之彝。存於心而有所得者。謂之德。實一而已。孔子又加一必字於有則之上。加一故字於好是之上。其旨愈明矣。孟子擧此者。蓋謂秉彝懿德卽是常性。心上所好者德。卽是情之發動者。不外乎性。就性初發動爲情處。指出以示人。方見得性之本無不善也。

附達說。然此非我之私言也。蓋嘗徵諸詩與孔子之言矣。詩曰。天生蒸民。有物有則。民之秉彝。好是懿德。夫物之與則。幾巳判於精粗。秉彝好德。心巳分於寂感。而詩顧合而一言之者。是必有深義於其間矣。孔子讀其詞。而因契其旨也。乃贊之曰。性情之道。未易知也。爲此詩者。其知性情之道乎。蓋天之生斯民也。與之氣以成形。而有物焉。則必與之理以成性。而有則焉。未有物而不具者矣。此固受中於天地。分之所以一定而不移。陰陽命之所以常存而不息。乃民生所秉之彝也。惟其有是秉彝也。故理義之悅自由中以達乎外。好爵之靡要隨在以露其眞。蓋達諸天下而同有。則亦達諸天下而同好也。通乎古今而皆具。則亦通乎古今而皆悅也。寧復有不好是懿德者乎。爲此詩者。信乎其知道也。○蒙引。引詩四句。故好是懿德一句最重。此句正是其情之可以爲善處。緣此就見得人性之善也。卽上文之意。○孟子他日又曰。心之所同然者。理也義也。理義卽懿德。人心所同然。卽所謂人之情無不好是懿德者。或專以爲好他人有德者泥矣。

○程子曰。性卽理也。理則堯舜至於塗人一也。才稟於氣。氣有清濁。稟其清者爲賢。稟其濁者爲愚。學而知之。則氣無清濁。皆可至於善而復性之本。湯武身之是也。孔子所言下愚不移者。則自暴自棄之人也。朱子曰。理精一。故純。氣粗。故雜。○理如寶珠。氣如水。有是理而後有是氣。有是氣則必有是理。但氣稟之清者爲聖賢。如珠落在清水中。稟氣之濁者爲愚暗。如珠落在濁水中。又曰。論性不論氣不備。論氣不論性不明。二之則不是。朱子曰。論性不論氣。則無以見其生質之異。論氣不論性。則無以見義理之同。孟子之言性善者。前聖所未發也。而此言者。又孟子所未發也。○本然之性只是至善。然不以氣質論之則莫知其有昏明開塞剛柔强弱故有所不備徒論氣質之性而不自本原言之則雖知有昏明開塞剛柔强弱之不同而不知至善之原未嘗有異故有所不明須是兩邊都說理方明備○北溪陳氏曰只論大本而不及氣稟則所論有欠缺未備若只論氣稟而不及大本便只說得粗底道理全然不明千萬世而下學者只得按他更不可改易○潛室陳氏曰○孟子性善從源頭上說及論情論才只是說善不論氣質清濁厚薄是不備也諸子紛紛之說各自把氣質分別便作天性看了其不明之失爲害滋甚孔門性相近習相遠却就氣質之上論清濁至說上智下愚乃論得氣清之十分厚者爲上智氣濁之十分薄者爲下愚其間相近者乃是中人清濁有四六之間總起是三等氣質此說乃是與孟子之說互相發明要知孔子是說氣質之性孟子是說源頭本然之性諸子只是把氣質便作本然之性看錯了○新安陳氏曰須是論性兼論氣不判而二之方是

張子曰形而後有氣質之性善反之則天地之性存焉故氣質之性君子有弗性者焉

朱子曰論天地之性則專指理而言論氣質之性則以理與氣雜而言之天地之性則太極本然之妙萬殊之一本也氣質之性則二氣交運而生一本而萬殊也氣質之性即此理墮在氣質之中耳非別有一性也○性只是理然無那氣質則此理沒安頓處但得氣之清明則不蔽錮此理順發出來蔽錮少者發出來天理勝蔽錮多者則私欲勝便見得本原之性無有不善只被氣質有昏濁則隔了學以反之則天地之性存矣故說性須兼氣質言之方備○氣質之說起於張程極有功於聖門有補於後學言之使人深有感如退之說性三品也是但不曾分明說是氣質之性耳孟子說性善但說得本原處却不曾說得氣質之性所以亦費分疏使張程之說早出則諸子說性惡與善惡混等自不用爭論故張程之說立則諸子之說泯矣○孟子雖不言氣質之性然於告子生之謂性之辯亦既微發其端矣但告子辭窮無復問辯故亦不得而盡其辭焉至程子出始復推明太極陰陽五行之說以明人物之生其性則同而氣質之所從來其變化錯綜有如此之不齊者至程子始明性之爲理而與張子皆有氣質之說○氣質之性便只是這箇天地之性却從那裏過好底性如水氣質之性如放些醬與鹽便是一般滋味○又曰天地之所以生物者理也其生物者氣與質也人物得是氣質以成形而其理之在是者則謂之性也○勉齋黃氏曰學者知理之無不善則當加存養之功知氣質之有善有不善則當施矯揉之力○北溪陳氏曰氣質之性是以氣稟言之天地之性是以大本言之其實天地之性亦不離乎氣質之中只是就那氣質之中分別出氣質之性不與相雜而言耳○雙峰饒氏曰人未生以前不喚做性既生以後方喚做性纔喚做性便落在氣質中所以有善有不善此氣質之性也然性之本然惟有善而已就氣質中指那本然者說是則天地之性也若不分做兩箇性說則性之與氣鶻突無分曉若不合做一箇性說認做兩件物事去了故程子曰二之則不是問善反之則天地之性存焉不知未反以前此性亦存否曰不曾反時則性亦未嘗無且如一鄙吝人見殘疾也知憐憫一强梁人見好人也知恭遜畢竟有箇性在內不知不覺忽然發見出來但人有氣質物欲之累則此性不能常存須於善反上做工夫方存得性之本體問反之之工夫如何曰涵養體認克治充廣皆是反之之道譬如水被泥沙混了若加澄治則本然之清仍在孟子說夜氣便是要使人涵養說四端及擴充便是要體驗充廣獨有克治一邊却不曾說○新安陳氏曰論性不論氣是說孟子其論甚正而明但不曾說破氣質不周備耳論氣不論性是說荀楊則全舛繆而說理不明其害大矣孟子性善之說正而未備得程子性即理也之說足以助其甚正者又得張程氣質之說足以補其未備者朱子會萃提掇盡發其秘而無餘蘊其繼往開來之功大矣哉○又曰文勢

如君子弗謂性也君子既善變化其氣質之性而復其天地之性矣故氣質之性君子弗以爲性也

愚按程子此說才字與孟子本文小異蓋孟子專指其發於性者言之故以爲才無不善程子兼指其稟於氣者言之則人之才固有昏明強弱之不同矣張子所謂氣質之性是也二說雖殊各有所當去聲**然以事理考之程子爲密蓋氣質所稟雖有不善而不害性之本善性雖本善而不可以無省**悉井反**察矯**人九反**揉**省察屬知矯揉屬行**之功學者所當深玩也**

問孟子程子論才字同異朱子曰才只一般能爲之謂才才之初亦無不善緣他氣質有善惡故其才亦有善惡孟子自其同者言之故以爲出於性程子則自其異者言之故以爲稟於氣大抵孟子多是專以性言故以爲性善才亦無不善到周程張子方說到氣上要之須是兼二者言之方備○集註中以程子爲密卽見得孟子所說未免少有疎處今但以程子爲主而推其說以陰補孟子之不足則於理無遺矣○雲峰胡氏曰程子就氣質上說則情或有不善不可無省察之功才或有不善不可無矯揉之功集註此矯揉二字與此篇首章所謂矯揉不同○首章是告子之說以本然之性必待矯揉而後可以爲善此則先儒之說以氣質之性必加矯揉而後可變其不善此則正相反也○通旨朱氏公遷曰孟子論性專以理言告子之徒論性專以氣言然於告子生之謂性則折之性猶杞柳則責之皆引而未發之辭也湍水之說則畧加辯明發其端矣猶未盡其蘊也及公都子連引三說以質其疑然後究言之而向之所以語告子者其旨益明蓋告子不求諸心故孟子之言畧公都子篤信孟子故孟子之言詳也食色一章亦皆折之之語但其意則專辯義外之非故與此四章不同附存疑孟子說才本善其不善由於物欲程子說才善不善皆由於氣二說不同自今觀之才之善本於理也才之善不善由於氣也理雖善不能不害於氣氣雖有不善理之善者未嘗亡孟子言才自理言也程子言才自氣言也自理言之才固本善特害於物欲然人固有生來便不善者孟子未之及也自氣言之人之才雖有昏明強弱之不同然其理之本善者未嘗不在於孟子之言固未礙也此程子所以爲密而孟子爲疎也與○蒙引程子曰性卽理也指心中之理也故爲性不然何處不是○人之才固有昏明強弱之不同昏明以知言強弱以行言

○孟子曰富歲子弟多賴凶歲子弟多暴非天之降才爾殊也其所以陷溺其心者然也

富歲豐年也賴藉慈夜反**也豐年衣食饒足故有所賴藉而爲善凶年衣食不足故有以陷溺其心而爲暴**

問程子謂語其才則有下愚之不移與孟子之意不同朱子曰孟子只見得性善便把才都做善不知有氣稟之不同程子說得較密○新安陳氏曰天之降才與書所謂上帝降衷文意畧似言非天賦以有爲之才如此殊異也乃阻飢而陷溺其良心賊其爲善之才而然耳附蒙引此章正爲性善而發蓋孟子言性善雖公都子之徒不能無疑則後世之信其說者寡矣故孟子於此反覆譬喻而極言之以曉當世之人也其首節言同是子弟也何富歲多賴而凶歲遂變而多暴哉其爲衣食不足之故而陷溺其心灼灼無疑則安得以咎其本性哉此論蓋已切至矣乃又以麰麥一物而推及凡物之同類者舉相似以明人類之無不相似者此下則自人類之相似者言之謂人之耳目口鼻之類無一不同

者乃獨其良心而有不同者乎其說益詳其意益切無非欲使世人曉然無疑於性善之說而相率以人於堯舜之道也以下數章皆同此意○多賴多暴多字有斟酌富歲人家子弟未必盡能爲善凶歲人家子弟未必盡至爲惡○賴字最有意思有所賴藉自不甘致其身於惡地此二句重在下一句故下文云非天之降才爾殊也云云○存疑言富歲子弟多賴而爲善不是天付以如是之才也凶歲子弟多爲暴不是天不付以是才也故曰非天之降才爾殊凶年衣食不足則迫於飢寒禮義不暇顧非僻之心生義理之心由是而喪矣故曰陷溺其心心既陷溺於是爲暴所謂苟無恆心放僻邪侈無不爲者是也故曰陷溺其心者然也然是指爲暴陷溺其心之心即是下面同然理義之心人心同然乎理義子弟多暴則不然乎理義矣蓋由其心之陷溺也故下文詳言人心同然理義以明此意○才與心如何分別是心之理才是性之能心盛貯心性才心溺則性失不能發之才矣是心溺則才喪而爲暴非天降才之殊而爲暴也

今夫麰麥播種而耰之其地同樹之時又同浡然而生至於日至之時皆熟矣雖有不同則地有肥磽雨露之養人事之不齊也夫音扶麰音牟耰音憂磽苦交反

麰大麥也耰覆敷救反種上聲也

日至之時謂當成熟之期也磽瘠音夕薄也

讀會徐氏曰布種後以耰摩田使土之開處復合曰覆種○新安陳氏曰種麥三者多同雖其間有多寡之不同者則以地有肥瘠之分雨露有有無之異人事有勤惰之不齊故耳以譬降才同而養其心與陷溺其心有不同也附蒙引麰麥猶言麋鹿鴻鴈麋鹿之大者鴻鴈之大者一說麰麥只是一物○存疑雖有不同言所獲多寡之異也則地有肥磽三句是譬陷溺其心意此下就當貼云在麰麥豈有不同哉

故凡同類者舉相似也何獨至於人而疑之聖人與我同類者

聖人亦人耳其性之善無不同也新安陳氏曰凡同類謂凡物之同類者人性善無不同此提掇綱領處附存疑何獨至於人而疑之二句承上文相似言何獨至於人而疑其不相似聖人與我同類者皆相似也以此觀之則降才之同可見彼多暴之異於多賴者非以陷溺其心而然耶○故凡同類須放開說不止麰麥聖人與我同類這裏就含其才相似意○蒙引同類與相似不同同類以麰麥言舉相似如下文云云至皆熟矣○聖人與我同類者分明是說性善之同不雜氣質言若氣質安得盡同

故龍子曰不知足而爲屨我知其不爲蕢也屨之相似天下之足同也蕢音匱

蕢草器也不知人足之大小而爲之屨雖未必適中然必似足形不至成蕢也附存疑龍子之言只是引起下文於義無取觀總結只云口耳目可見○蒙引屨之相似天下之足同也此二句孟子承龍子之言而什之者而自此以下三條皆孟子之言也至故曰又非引古語或以此下三條皆龍子之言似太迂矣○蕢草器也即今之草包而小者泉州人謂之裹積

口之於味有同耆也易牙先得我口之所耆者也如使口之於味也其性與人殊若犬馬之與我不同類也則天下何耆

皆從易牙之於味也至於味天下期於易牙是天下之口相似也者與嗜同下同

易牙古之知味者言易牙所調之味則天下皆以爲美也新安陳氏曰易牙齊桓公臣能辨淄澠二水味此先得我口之所者已爲下文先得我心之所同然者張本矣附顧麟士曰如使口之於味也達說云如使易牙之於味也則下其性其字與我我字較有著落

惟耳亦然至於聲天下期於師曠是天下之耳相似也

師曠能審音者也言師曠所和之音則天下皆以爲美也

惟目亦然至於子都天下莫不知其姣也不知子都之姣者

無目者也姣古卯反

子都古之美人也姣好也附蒙引子都古之美人也不知何代人詩曰不見子都乃見狡童則子都春秋時人名矣

故曰口之於味也有同耆焉耳之於聲也有同聽焉目之於色也有同美焉至於心獨無所同然乎心之所同然者何也謂理也義也聖人先得我心之所同然耳故理義之悅我心猶芻豢之悅我口

然猶可也朱子曰然是然否之然人心同以爲然者義理也草食曰芻牛羊是也穀食曰豢音患犬豕是也程子曰在物爲理處上聲物爲義體用之謂也孟子言人心無不悅理義者但聖人則先知先覺乎此耳非有以異於人也程子又曰理義之悅我心猶芻豢之悅我口此語親切有味須實體察得理義之悅心真猶芻豢之悅口始得朱子曰理是此物上便有此理義是於此物上自家處置合如此便是義揚雄言義以宜之韓愈言行而宜之之謂義若以義爲宜則義有在外意思須如程子言處物爲義是則處物者在心而非外也非處物爲義一句則後人恐未免有義外之見蓋物之宜雖在外而所以處之使得其宜者則在內也○理義人心之同然如人之爲事自家處之當於義人莫不以爲然無有道不好者又如人皆知君父之當事

我能盡忠盡孝天下莫不以爲當然此心之所同也如今處一件事苟當於理則此心必安人亦以爲當然如此則其心悅乎不悅乎悅於心必矣○雲峰胡氏曰芻豢人之所同耆也耆之斯悅之矣理義人之所同然也然之斯悅之矣○新安陳氏曰此章大意以人心理義之同而見人性之皆善也衆人與聖人同此至善之性所以同此理義之心本同而末莫之同者陷溺其心故也能以理義養其心而不至陷溺其心則心得所養於理義得無味之味知悅芻豢有味之味其於希聖之學自將勉勉循循而欲罷不能矣始與聖人同者其終何患與聖人不同哉○通旨朱氏公遷曰此因論性善而以理義之心言之附蒙引在物爲理見成者也處物爲義所裁制者也故曰體用之謂也此與道義亦小異前章解云義者人心之裁制道者天理之自然小註道是舉體統而言義是就此一事而言如君仁臣敬之類義也其所以仁敬則道也所以仁敬者出於天理之自然也理義之悅我心如他人所處合理吾固悅

之。如自己所處合理。吾心亦自快愜。是皆可見理義之悅我心也。○語類問理義之悅我心。猶芻豢之悅我口。顏子欲罷不能。便是此意否。曰顏子固是如此。然孟子所說正是爲衆人說。當就人心同處看。我恁地。它人也恁地。只就粗淺處看。自分曉。却有受用。若必討個顏子來證。如此只是顏子會恁地。多少年來更無人會恁地。看得細了。却無受用。○蒙引故理義之悅我心二句。可見人心之同然乎義理之實也。此聖凡所同也。○存疑志士仁人殺身成仁舍生取義。不是理義悅心。眞猶芻豢悅口。恁能做得此事今於理義。未能如芻豢悅口。皆由物欲陷溺其心。爾學者若未見得此滋味。尚是欲心。未可與適道也。○淺說然卽悅也。理義之悅我心。卽人心之悅理義也。文法頓挫耳。猶韓文用衣食於奔走句法。

○孟子曰牛山之木嘗美矣以其郊於大國也斧斤伐之可

以爲美乎是其日夜之所息雨露之所潤非無萌蘖之生焉牛羊又從而牧之是以若彼濯濯也人見其濯濯也以爲未嘗有材焉此豈山之性也哉蘖五割反

牛山齊之東南山也邑外謂之郊言牛山之木前此固嘗美矣今爲大國之郊伐之者衆故失其美耳息生長上聲下同也雙峯饒氏曰息本訓止息。纔息便生故息又訓生日夜之所息謂氣化流行未嘗間去聲斷徒玩反故日夜之間凡物皆有所生長也萌芽也蘖芽之旁出者也濯濯光潔之貌材材木也言山木雖伐猶有萌蘖而牛羊又從而害之是以至於光潔而無草木也新安陳氏曰山以生物爲性。猶曰天地以生物爲心。謂爲無材。豈山之本性哉。此全是引起以譬喻下一節。

雖存乎人者豈無仁義之心哉其所以放其良心者亦猶斧斤之於木也旦旦而伐之可以爲美乎其日夜之所息平旦之氣其好惡與人相近也者幾希則其旦晝之所爲有梏亡之矣梏之反覆則其夜氣不足以存夜氣不足以存則其違禽獸不遠矣人見其禽獸也而以爲未嘗有才焉者是豈人之情也哉好惡並去聲梏工毒反

良心者本然之善心卽所謂仁義之心也平旦之氣謂未與物接之時淸明之氣也好惡與人相近言得人心之所同然也幾希不多也梏械下戒反也朱子曰梏如被禁械在那裏。不容走作。亡如將自家物失去了。反覆展轉也朱子曰反覆非顚倒之謂。蓋有互換更迭之意。言人之良心雖已放失新安陳氏曰物欲者。伐良心之斧斤也。然其日夜之間猶必有所生長故平旦未與物接其氣淸明之際良心猶必有發見者形甸反下同但其發見至微而旦晝所爲之不善又已隨而梏亡之如山木既伐猶有萌蘖而牛羊又牧之也朱子曰平旦之

氣只是夜間息得許多時節不與事物接纔醒來便有得這些清明之氣此心自恁地虛靜少間纔與物接依舊又汨没了

晝之所爲既有以害其夜之所息夜之所息又不能勝其晝之所爲是以展轉相害至於夜氣之生日以寖（音浸）薄而不足以存其仁義之良心則平旦之氣亦不能清而所好惡遂與人遠矣

程子曰夜氣之所存者良知也良能也苟擴而充之化旦晝之所梏爲夜氣之所存然後有以至於聖人也○朱子曰日夜之所息底是良心平旦之氣自是氣夜氣如雨露之潤良心如萌蘖之生人之良心雖有梏亡而彼未嘗不生也○此段首尾只爲良心設夜氣不足以存蓋以夜氣至清足以存此良心平旦之氣亦清亦足以存此良心故其好惡與人相近但此心存得不多時也梏亡之人謂梏亡其夜氣非也

謂梏亡其良心也○夜氣不足以存皆是旦晝所爲壞了所謂好惡與人相近今只要去這好惡上理會日用間於這上見得分曉有得力處夜氣方與你存夜氣上却未有工夫只是去旦晝理會這裏有工夫日間添得一分道理夜氣便添得一分日間只管進夜間只管添這氣便盛○氣日裏也生夜間也生只是日間生底爲物欲梏亡隨手又耗散了夜間生底則聚在那裏不曾耗散所以養得那良心譬如一井水終日攪動便渾了至夜稍靜便有清水出所謂夜氣不足以存者如攪動得太甚則雖有止息時此水亦不能清矣○人心每日梏於事物斲喪戕賊所餘無幾唯夜氣靜庶可以少存耳至夜氣之靜而猶不足以存則天理都喪去禽獸不遠矣前輩皆無明說某因將孟子反覆熟讀方看得出後看程子說夜氣之所存者良知良能也與臆見合以此知觀書須熟讀深思道理自見○氣與理本相依旦晝之所爲不害其理則夜氣之所養益厚夜之所息既有助於理則旦晝之所爲益無不當矣日間梏亡者寡則夜氣自然清明虛靜至平旦亦然至旦晝應事接物時亦莫不然○夜氣是母所息者是子蓋所息者本自微了旦晝只管梏之今日梏一分明日梏一分所謂梏之反覆而所息者泯夜氣亦不足以存若能存便是息得仁義之良心仁義之心人所固有但放而不知求則天之所以與我者始有所汨没矣是雖如此然其日夜之所息至於平旦其氣清明不爲利慾所昏則本心好惡猶有與人相近處至其旦晝之所爲又有以梏亡之梏之反覆則雖有這些夜氣亦不足以存養其良心反覆只是循環夜氣不足以存則雖有人之形其實與禽獸不遠故下文復云苟得其養無物不長苟失其養無物不消良心之消長只在得其養與失其養爾牛山之木嘗美矣是喻人仁義之心郊於大國斧斤伐之猶人之放其良心日夜之所息雨露之所潤非無萌蘖之生便是平旦之氣其好惡與人相近處旦晝之梏亡則又所謂牛羊又從而牧之雖芽蘖之萌亦且戕賊無餘矣○此章以仁義之良心爲主

其存其亡皆以心言之下文引孔子之言以明心之不可不操則意益明矣但日夜所息以下只以好惡相近爲良心之萌蘖不復更著心字故說者謂氣有存亡而欲致養於氣誤矣○趙氏曰仁義性也而集註以心言者統乎性也良心卽仁義之心卽所謂性也○雲峰胡氏曰此章以山木喻人心分爲兩段每段皆當分六節看第一節是說牛山之木本來自美喻人仁義之良心本來未嘗無第二節以斧斤之伐喻良心之放第三節萌蘖之生喻好惡與人相近者幾希言既伐之後其發至微此心之存甚不多如萌蘖之生甚不多也第四節謂萌蘖之生本自不多而牛羊又牧之喻夜氣之所存者本自不多而旦晝所爲之不善又梏之也第五節謂向也猶有萌蘖之生今則濯濯無復存矣喻良心向也猶有與人相近者今則去禽獸不遠矣但木與良心皆有日夜之所息而惟於人曰夜氣者木之萌蘖一絶於牛羊既牧之後無復存者人之良心夜之所息者已絶於日之所爲而夜無所爲則其氣猶足以

存所謂存者謂夜氣猶足以存其本然之良心也至於牿之反覆則雖有夜氣亦不足以存矣第六節謂人但見其濯濯而不見其初也未嘗不美喻人但見其近於禽獸而不見其存乎人者未嘗無仁義之良心也材字與才字不同朱子以爲才字是就義理上說材字是就用上說○新安陳氏曰前言好惡與人近今遂去禽獸不遠則與人遠矣人見其如此而以爲未嘗有能爲之才者此豈人性發而爲情之本然者哉此所謂才與情與前章乃若其情天之降才意同皆發於性者也附存疑雖存乎人者豈無仁義之良心文勢直趕到可以爲美乎止雖字與下文相呌應言雖在人皆有良心然人自放之耳蒙引把雖字添個然字截屬上文山木恐未是○耳目口鼻之欲皆所以放其良心也旦晝所爲之不善亦只是這個○蒙引旦旦指日間言與旦晝旦字同與旦氣旦字異○旦晝終有別旦早間晝通日言○平旦之氣雖是未與物接之時然心已有覺了故好惡與人相近如鏡既出匣其中便有影象矣

○夜氣所存卽夜之所息者夜氣不足以存則旦氣遂不能清而所謂幾希者亦滅矣是人見其禽獸也○初間則日夜有所息及牿之反覆則惟有夜之所息矣牿之反覆專指旦晝言言其牿而又牿日復日也○存疑晝之所爲既有以害其夜之所息卽是旦晝之所爲有牿亡之矣夜之所息又不能勝其晝之所爲只是足上意這四句不是解牿之反覆牿之反覆展轉也只是牿之又牿今日牿之明日牿之日日牿之○良心定於賦予之初如何生得物欲外刼而心爲之喪物欲既退此心寧靜而義理復明便似復生也○好惡情也與人相近情之發得其正也○氣亦定於稟賦之初如何生得夜來物退心淨而氣復清便似復生也○夜氣如何存良心氣載乎理理寓於氣理氣二者原不相雜凝聚成形則人生焉人之生也五臟六腑皆受於五行獨心受氣於火而居中故爲虛靈之物人一身之氣其精英皆聚於此而理就在氣中故謂之良心氣之精英心也有義理故曰良心先儒謂心含理氣是也心之寂感皆氣也故曰人心妙不測出入乘氣機此心不擾於物欲則其氣清明而理因之昭著是氣足以存良心也此心擾於物欲則其氣昏亂而理因之汨没是氣不足以存良心也○心者氣之會也氣一而已曰夜氣者日間心擾於物氣爲之昏到夜來心靜而氣復清故謂之夜氣夜來氣清到得平旦未與物接這一段清氣猶在故稱曰旦氣非有二也

故苟得其養無物不長苟失其養無物不消　長上聲

山木人心其理一也　朱子曰此段緊要在苟得其養四句存是箇保養護衛底意苟得其養無物不長苟失其養無物不消見得雖梏亡之餘有以養之則仁義之心卽存緣是此心本不是外面取來乃是與生俱生下文說存養之要舉孔子之言操則存舍則亡見此良心其存亡只在瞬忽之閒纔操便在這裏纔舍便失去若能知得常操之而勿放則良心常存夜之所息益有所養夜之所養愈深則旦晝之所爲無非良心之發見矣○慶源輔氏曰此總結上二段意○新安陳氏曰斧斤伐牛羊牧山木之失養而消也放其良心所爲梏亡人心之失養而消也所以養其心者不外乎下文之操存而已此結上二段以起下文所引孔子語之意附蒙引山木人心其理一也辭俱平說山木人心意則重在人心本文是如此集註亦是如此辭所以必兼平說者以無物二字明也

孔子曰操則存舍則亡出入無時莫知其鄉惟心之謂與　舍音捨與平聲

孔子言心操之則在此捨之則失去其出入無定時亦無定處如此　北溪陳氏曰忽然出忽然入無有定時忽在此忽在彼亦無定處操之便存在此捨之便亡失

了孟子引之以明心之神明不測得失之易去聲而保守之難（雲峰胡氏曰得之易者謂操則存失之易者謂舍則亡保守之難者謂出入無時莫知其鄉）不可頃刻失其養學者當無時而不用其力使神清氣定常如平旦之時則此心常存無適而非仁義矣（新安陳氏曰此集註推廣孟子言外意。繳足上文。收結一章之意。）程子曰心豈有出入亦以操舍而言耳操之之道敬以直內而已（朱子曰心豈有出入只指外而言入只指內而言只是要人操而存之耳非是如物之散失而後收之也。○心是箇活物。須是操守。不要放舍。亡不。是無。只是走作逐物去了。又見得心不操則舍。不出則入。無閑處可以安頓。惟心之謂與。直指而總結之。○孟子大意只在操則存舍則亡兩句上心一放時。便是斧斤之伐。牛羊之牧。一收斂在此。便是日夜之息。雨露之潤。他是要人。於旦晝時。不爲事物所汨。人心能操則常存。豈特夜半平旦。○問范淳夫女讀孟子曰。孟子誤矣。心豈有出入。伊川聞之曰。此女雖不識孟子。却識心。伊川此語。是許之。是不許之。曰此女必天資高。見此心常湛然安定。無出入。然衆人不能皆如此。若適衆人論之。心却是走作底物。孟子所引夫子之言。是通衆人論耳。○問不能操而存之。則其出而逐物於外。與其偶存於內者。皆荒忽無常。莫知定處。然所謂入者。亦非此心既出而復自外入也。亦曰逐物之心暫息。則此心未嘗不在內耳。學者於此。苟能操而存之。則此心不放。而常爲主於內矣。○孔子此四句。只是狀人之心。是箇難把捉底物事。而人之不可不操。出入便是上面操存舍亡。入則是在這裏。出則是亡失了。此大約汎言人心如此。非指已放者而言。亦不必要於此。論心之本體也。○心體固本靜。然亦不能不動。其用固本善。然亦能流而入於不善。夫其動而流於不善

者。固不可謂心體之本然。然亦不可不謂之心也。但其誘於物而然耳。故先聖只說操則存。存則靜而其動也無不善矣。舍則亡。於是乎有動而流於不善者。出入無時。莫知其鄉。出者亡也。入者存也。本無一定之時。亦無一定之處。特係於人之操舍如何耳。只此四句。說得心之體用始終眞妄邪正。無所不備。○（新安陳氏曰敬以直內。本文未有此意。乃程子揭要義以補孟子之意也。）附（蒙引）操則存云云。文勢上虛下實。正如求則得之。舍則失之。是求有益於得也。求在我者也。○心之所用。只在禮法之內。則爲入。是能爲此身酬酢萬變之主也。若逸於禮法之外。則爲出矣。○語類問操則存。曰心不是死物。須把做活物看。不爾則是釋氏入定坐禪。操存者。只是於應事接物之時。事事中理。便是存。若處事不是當。便是心不在。若只管兀然守在這裏。驀忽有事至於吾前。操底便散了。却是舍則亡也。問於未應接之時。如何。曰未應接之時。只是戒謹恐懼而已。又問若戒謹恐懼。便是把持。曰也須是持。但不是硬捉在這裏。只要提教他醒。便是操。不是塊然自守。○某嘗謂這心若未正時。雖欲強教他正也。卒乍未能得他正。若既正後。雖欲邪也。卒乍邪未得。雖曰操則存。舍則亡也。不得恁地。恁自是他勢恁地。○操先生云語只操便存。只求便是不放。○觸物而放去。是出在此。安坐不知不覺被他放去。也是出。故學先求放心。○（存疑）出入無時莫知其鄉。只就操則存舍則亡上見得。存入也。亡出也。只繫於操舍。無有定時。故曰出入無時。入則在內。出則在外。只繫於操舍。無有定處。故曰莫知其鄉。○（蒙引）神明不測。兼得失言。○惟其得失之易。故保守之難也。非謂出入無時莫知其鄉二句專謂保守難。操則存舍則亡二句專謂得失易。○敬以直內。兼動靜言。可見大學正心兼動靜。故上云學者當無時而不用其力。○愚聞之師（延平李先生）曰人理義之心未嘗無惟持守之卽在爾若於旦晝之間不至梏亡則夜氣愈清夜氣

清則平旦未與物接之時湛然虛明氣象自可見矣潛室陳氏曰此段境界。乃指示喪失良心者。欲其認取此時體段。從此養去也。孟子發此夜氣之說於學者極有力宜熟玩而深省悉井反之也雙峰饒氏曰此章緊要在三個存字。首說存乎人者。是說此心本來存。次說夜氣不足以存是說衆人不能存此心。終說操則存。是教人用力以存此心。〇雲峰胡氏曰集註論浩氣則以爲擴前聖所未發學者所當潛心而玩索。此論夜氣則以爲於學者極有力宜熟玩而深省。蓋此兩氣字前此未發而孟子發之浩氣謂是氣之體段。人皆得之於天地以生者。夜氣則從浩氣中說夜間又清明如此。非有二氣也。浩氣是統說。夜氣則爲人之放其良心者說。聖人志氣常清明。無放心。故無夜氣。若學者尤宜深省。不但當玩索而已。〇東陽許氏曰浩然章論養氣而以心爲主此章論養心而以氣爲驗曰志者氣

之帥故謂以心爲主曰平旦好惡與人相近故謂以氣爲驗集義固爲養氣之方所以知夫義而集之者乃心也養心固戒其梏亡驗其所息而可致力者則氣也彼欲養而無暴以充吾仁義之氣此欲因氣之息以養吾仁義之心兩章之持志操心之意未嘗不同而氣則有在身在天之異然未始不相爲用也

〇孟子曰無或乎王之不智也

或與惑同疑怪也王疑指齊王附蒙引無惑乎王之不智也據見在言爲是其智弗若與曰非然也。言非其本然不智也。

雖有天下易生之物也一日暴之十日寒之未有能生者也吾見亦罕矣吾退而寒之者至矣吾如有萌焉何哉易去聲暴步卜反見音現

暴溫之也我見王之時少猶一日暴之也我退則諂諛雜進之日多是十日寒之也雖有萌櫱之生我亦安能如之何哉西山眞氏曰人主之心養之以義理則明蔽之以物欲則昏猶草木然煖之以陽則生寒之以陰則悴孟子於齊王引以當道王秉彝之心其端倪亦有時而萌動矣而進見之時少理義浸灌之益微退而蔽之以私欲者何可勝既雖有如萌芽之發旋復摧折雖孟子其如之何哉〇勿軒熊氏曰此見孟子格心之學須就有萌上著力善端之發正須正人賢士輔翼而開廣之。

今夫弈之爲數小數也不專心致志則不得也弈秋通國之

善弈者也使弈秋誨二人弈其一人專心致志惟弈秋之爲聽一人雖聽之一心以爲有鴻鵠將至思援弓繳而射之雖與之俱學弗若之矣爲是其智弗若與曰非然也夫音扶繳音灼射食亦反爲是之爲去聲若與之與平聲

弈圍棊也數技也致極也弈秋善弈者名秋也繳以繩繫矢而射也雙峰饒氏曰心以所主者言志以所向者言專心是心之所主專在此致志是極其心之所向直到那田地〇新安陳氏曰此章前一譬謂自倚者不肯常用其力後一譬謂交倚者不肯專用其力意孟子之於齊王既進見時少無以勝衆邪之交蔽而齊王之於孟子又聽信不專有以分其心於多岐故設兩譬以言之前言

王之不智後言智不若固羣邪寒之者之罪亦自鴻鵠其心之罪也附存疑二條雖前就生物上譬後就教奕上譬然只是一意不可依新安謂前是交脩者不得常用其力後是自脩者不肯專用其力見王之時少退而諂諛雜進之日多齊王方聽孟子之言而復入於諂諛雜進之倫便是一心以爲有鴻鵠將至思援弓繳而射之者其智何由生哉故曰無惑乎王之不智者此也○蒙引只由齊王之於孟子聽信不專而有所以分其心於多岐故孟子之於齊王進見時少而無以勝衆邪之交蔽也使其能一意於孟子而惟其言之爲聽豈容孟子之進見時少耶一日三接可也語至夜分亦可也○使是設使非實事也○本然爲是其智弗若與曰非然也是承上文一心以爲有鴻鵠將至者說來上段不智直就王說此段語末乃見王之所以不智處

○程子爲講官言於上曰人主一日之間接賢士大夫之時多親宦官宮妾之時少則可以涵養氣質而薰陶德性時不能用識者恨之范氏曰人君之心惟在所養君子養之以善則智小人養之以惡則愚然賢人易去聲下同疏小人易親是以寡不能勝衆正不能勝邪自古國家治去聲日常少而亂日常多蓋以此也

南軒張氏曰物固有生之理然不養而害則雖易生之物亦不能以長是則物未有不待養而能生者也一日暴之十日寒之則養之也微而害之者深矣則其生理爲得而遂哉是以古之明君懼一暴十寒之爲害也則博求賢才寘諸左右朝夕與處而遠佞人所以養德也豈獨人君爲然一暴十寒之病爲士者其可一日而獨不念乎然其要則在乎專心致志而已專心致志學之大方居敬之道也○慶源輔氏曰後世作事無本知求治而不知正君

知改過而不知養德若程子范氏之說是乃所謂正君養德之道必如是然後君德成而治有本庶幾三代可復不然雖欲言治亦苟而已○雲峯胡氏曰此章首末言智集註不及之獨紀范氏之言君子養之以善則智小人養之以惡則愚然則人主之智與不智在乎所養之正與不正耳附蒙引氣質與德性不同氣質剛柔緩急之氣涵養之使其中和不偏德性謂仁義禮智之性薰陶之使與聖賢同歸也○告子一篇全是發明性善之言就如王之不智一章亦是此意如云爲是其智弗若與曰非然也便是非天之降才爾殊也○顧麟士曰紹聞編云此章與上章意脈相接一日暴之十日寒之即山木之意吾如有萌焉何哉即萌蘖之生也爲齊王斧斤之伐牛羊之牧者更多聲色貨利誘之於內諂諛雜進惑之於外

○孟子曰魚我所欲也熊掌亦我所欲也二者不可得兼舍魚而取熊掌者也生亦我所欲也義亦我所欲也二者不可得兼舍生而取義者也舍上聲

魚與熊掌皆美味而熊掌尤美也通考趙氏惠曰熊掌以喻義魚以喻生春秋宰夫胹熊蹯不熟晉靈公怒而殺之注蹯熊掌其肉難熟以其熊蹯之味又有美於魚而義又勝於生也附蒙引此章亦見得人性皆善其不善者乃陷溺其心而然也

生亦我所欲所欲有甚於生者故不爲苟得也死亦我所惡所惡有甚於死者故患有所不辟也惡辟皆去聲下同

釋所以舍生取義之意得得生也欲生惡死者雖衆人利

害之常情而欲惡有甚於生死者乃秉彝義理之良心是
以欲生而不爲苟得惡死而有所不避也〔朱子曰〕義在於生則舍死而取
生義在於死則舍生而取死○問生人心義道心乎曰欲
生惡死人心也惟義所在道心也權輕重却又是義○慶
源輔氏曰利害之常情私欲也秉彝之良心天理也孟子
只就欲惡二者中分別出天理人欲最明切○〔新安陳氏〕
曰人遇死生之大變欲全生則害義欲合義則不得生與
其不義而生不若合義而死是義之可欲有甚於生之可
欲故不爲苟得以偷生不義之可惡有甚於死之可惡故
甘死而不肯避死也附蒙引所欲有甚於生者即是義所
惡有甚於死者即是不義大註云欲生惡死者雖衆人利
害之常情此衆人雖聖人亦在其中又曰欲惡有甚於生
死者乃秉彝義理之良心此亦通衆人而言故不以賢者
及君子等對上文衆人字也下文衆人字則對賢字說矣

如使人之所欲莫甚於生則凡可以得生者何不用也使人
之所惡莫甚於死者則凡可以避患者何不爲也
設使人無秉彝之良心而但有利害之私情則凡可以偷
生免死者皆將不顧禮義而爲之矣〔慶源輔氏曰〕偷謂偷竊免謂苟免此兩字
說盡私情之意惟其不然則知秉彝之良心乃吾所固
有而利害之私情乃因物而旋生出耳〔通考〕〔東陽許氏曰〕
此節反言失其良心而不能取義焉
由是則生而有不用也由是則可以辟患而有不爲也
由其必有秉彝之良心是以其能舍生取義如此〔慶源輔氏曰〕由

是之是蓋指秉彝之良心而言也
是故所欲有甚於生者所惡有甚於死者非獨賢者有是心
也人皆有之賢者能勿喪耳喪去聲
羞惡之心人皆有之但衆人汩音骨於利欲而忘之惟賢者
能存之而不喪耳〔慶源輔氏曰〕羞惡之心即所謂秉彝之良心也秉彝之良心是指其全體而言
羞惡之心則又於全體之中指其所謂義者言之也〔通考〕
東陽許氏曰五節上三句當急讀作一串是繳第二節兩
句說賢者能保此好義之良心附存疑是故所欲有甚於
生者以上雖有四節亦不過只是一意反覆說人有羞惡
之心耳故遂以一語結斷曰人皆有之賢者能勿喪耳○
顧麟士曰賢者能勿喪耳與上文聖人先得我心之所同

然耳語意一般俱是要見其同處不是要見其異處
一簞食一豆羹得之則生弗得則死嘑爾而與之行道之人
弗受蹴爾而與之乞人不屑也食音嗣嘑呼故反蹴子六反
豆木器也嘑咄當没反啐七内反之貌行道之人路中凡人也
蹴踐踏也乞人丐乞之人也不屑不以爲潔也言雖欲食
之急而猶惡無禮有寧死而不食者是其羞惡之本心欲
惡有甚於生死者人皆有之也〔慶源輔氏曰〕路人與乞丐人至微賤者也簞食豆羹
生死所繫利害之至急切者也於此而猶惡無禮寧舍之
而不食則羞惡之本心所惡有甚於生死者可見人無有

無是心者也。言羞惡而併及夫欲者。羞惡則固爲惡矣。反
反之而不羞惡焉者。則是所欲也。附存疑一簞食一豆羹
條又是卽義心之激發處以明之。與言人皆有不忍之心
明以孺子入井之事一般。○蒙引蹴爾尤重於嘑爾。故乞
人亦
不受

萬鍾則不辨禮義而受之萬鍾於我何加焉爲宮室之美妻妾之奉所識窮乏者得我與爲去聲與平聲

萬鍾於我何加言於我身無所增益也新安陳氏曰。萬鍾對簞豆而言。彼物之微也。尚惡無禮非義不可食而不受。此物之富者。乃不辨禮義而受之。吾身受用不假萬鍾之富。是萬鍾於吾身其實何所加益哉

所識窮乏者得我謂所知識之窮乏者感我之惠也上言人皆有羞惡之心此言衆人所以喪之由此三者新安陳氏曰。人之喪其良心。固不止於成宮室供妻妾。濟知識三者。姑舉三者。他可類推。蓋理義之心雖曰固有而物欲之蔽亦人所易易去聲昏也或曰萬鍾於我何加焉。他日或爲利害所昏。當反思其初。則不爲所動矣。朱子曰。此是克之之方。然所以克之者。須是有本領。後臨時方知克去得。不然。臨時比並。又却只是擇利處去耳。附淺說一簞云云不屑也。是其羞惡之本心。欲惡有甚於生死者。人皆有之也。然理義之心。雖人所固有。而物欲之蔽。亦人所易昏。故萬鍾之祿。則不辨其合於禮義而受之。且萬鍾之受。非死生所係。於吾身初無增益也。何所爲而受之。蓋爲宮室之美。妻妾之奉。所識窮乏者得我。此三者必資萬鍾而後有也。故不辨禮義而受之。○存疑萬鍾則不辨禮義而受之。萬鍾於我何加。此是貼上條一簞食一豆羹意說。簞食一豆羹。生死所係。是於我有益者。而猶惡無禮。萬鍾之得失。非若簞食豆羹之關於生死。是於我身無益者。乃不辨禮義而受之。所以可怪也。○萬鍾則不辨禮義而受。貼行道不受乞人不屑說。於我何加。貼得之則生弗得則死說。爲宮室之美三句。是說喪其良心由此三者。旣曰於我何加焉。却乃爲此三者。可見無謂。故下文有是亦不可已之論。

鄉爲身死而不受今爲宮室之美爲之鄉爲身死而不受今爲妻妾之奉爲之鄉爲身死而不受今爲所識窮乏者得我而爲之是亦不可以已乎此之謂失其本心鄉爲並去聲。爲之之爲並如字

言三者身外之物其得失比生死爲甚輕鄉爲身死猶不肯受嘑蹴之食今乃爲此三者而受無禮義之萬鍾是豈不可以止乎本心謂羞惡之心東陽許氏曰。三鄉爲身。北山先生作一讀。言鄉爲辱身失義之故。尚不受呼蹴之食以救身之死。今乃爲身外之物施惠於人。而受失義之祿乎。可謂無良心矣。附存疑三鄉爲身死而不受。是舉上兩條來幷稱。言關於生死者。猶不肯失其本心。無關於生死者。乃喪其本心。此大不可也。是亦不可以已乎。言生死所繫。是不可已者。三者無關於生死。是可已者。不可已者旣已之。可已者獨不可已乎。說到此處。眞激發人。○此章言羞惡之心人所固有或能決死生於危迫之際而不免計豐約於宴安之時是以君子不可頃刻而不省省悉井反察於斯焉朱子曰。此章孟子所論宮室之美。妻妾之奉。窮乏之得我。三者或

孟子大全卷十一　告子上

物欲之尤人所易溺或意之私人所不能免者自非[illegible]理素明涵養素定而臨事有省察之功未有不以此而易彼也○慶源輔氏曰羞惡之心雖人之所固有但危迫之際私欲未肆三者之念都未萌芽故天理之發其不可遏有如此者至於宴安之時私欲紛紜展轉不已以至計較豐約都忘義理之心乃其勢之使然也人能於此而省察焉則知所以存天理而遏人欲矣○新安陳氏曰此章前一截反覆發明舍生取義是說人當託孤寄命之大節時事中間食羹不受是說一飲食之小節時事然其能決一死以全義則無分於大小也不食非禮之食蓋是指此以證人皆有羞惡之心以實上文人能舍生取義之意集註謂或能決死生於危迫之際亦併前一截舍生取義處論之古之君子當舍生取義時非徒慷慨殺身實能從容就義如張巡死於睢陽之類所謂危迫乃事勢之危迫非謂舍生就死者之蒼黃失措也不受非禮之食而死如齊餓者不受嗟來之食之類古來眞有此等人然謂其能決死生

於危迫之際而又謂有不免計豐約於宴安之時者蓋危迫之際物欲不萌義理之心感發有不可遏故往往能決死生若宴安之時物欲易行私意何極義理之心多至迷溺故或不免至於計較豐約亦勢使然也人能於此省察之則知所以遏人欲而擴天理矣又是亦不可以已乎最喚醒人人之不能爲君子多是不得已而爲之今此三者豈不可以已而乃冒爲之乎此之謂失其本心尤斷制得明白失其本心與前所謂賢者能勿喪耳正相反賢者惟克去私欲故能勿喪其良心衆人惟汩於私欲故至於失其本心也○通旨朱氏公遷曰此章凡八節前五節以死生之大節言後三節以口體之小節言即事理之中主乎羞惡之心而言之也○東陽許氏曰然下三節亦是蒙前第一節生義言之○蒙引牛山之木章是存養之功魚我所欲章是取舍之分○顧麟士曰按紹聞編曰論語以富貴貧賤判取舍之大分此章以生死判取舍之大分兩處俱以人之所欲人之所惡中分劃出天理人欲最明切○淺

說此章言人皆有理義之良心而不能不蔽於物欲分作二截看總註或能決死生於危迫之際一句只是足羞惡之心人所固有一句意也

○孟子曰仁人心也義人路也

仁者心之德程子所謂心如穀種上聲**仁則其生之性是也**

朱子曰生之性便是愛之理○覺軒蔡氏曰心是穀種心之德是穀種中生之性也生之性便是理謂其具此生理而未生也若陽氣發動生出萌芽後乃是情須認得生字不涉那喜怒哀樂去○潛室陳氏曰人心是物穀種亦是物只是物之有生理者爾然便指心爲仁則不可但人心中具此生理便以穀種爲仁亦不可但穀種中亦含此生理發不過是蘊實結成而穀之所以纔播種而便萌蘗者蓋以其有生之性心不過是血氣做成而心之所以有運

[illegible]明體靈所以具有生之性人心之與穀種惟其有生之性故謂之仁而仁則非指於一者之形也孟子只恐人懸空去討仁故即人心而言孟子又恐人以人心爲仁故即穀種而言○新安陳氏曰遺書云心譬如穀種生之性便是仁陽氣發處乃情也

然但謂之仁則人不知其切於己故反而名之曰人心則可見其爲此身酬酢音昨**萬變之主而不可須臾失矣**

此失字即是下文放字○朱子曰仁無形迹底物事孟子恐人理會不得便說道只人心便是却不是把仁來形容人心乃是把人心來指示人以仁也心是通貫始終之物仁是心體本來之妙汨於物欲則雖有是心而失其本然之妙惟用功親切者爲能復之孟子之言固是渾然然人未嘗無是心而或至於不仁只是失其本心之妙而然耳則仁字心字亦須畧有分別○西山眞氏曰仁者心之德也而孟子直以爲人心者蓋有此心即有

此仁心而不仁卽非人矣孔門言仁多矣皆指其功用處而言此則徑舉全體使人知心卽仁仁卽心而不可以二視之也○雲峯胡氏曰中庸言仁者人也此人字指人之身而言此則直指人之心而言言身則人有此身便自具此生理比之他處言仁已甚親切此言心則又見生之理具於人之身而心如穀種又具此生理而未生者也視中庸又親切矣

義者行事之宜謂之人路則可以見其爲出入往來必由之道而不可須臾舍上聲**矣**朱子曰仁人心是就心上言義人路是就事上言○潛室陳氏曰或問孟子謂道若大路然又曰義人路也道爲義體義爲道用均謂之路何耶曰道以路言謂事事物物各有當行之路義亦言路者謂處事處物各就他當行路上行故皆以路言然道若大路則取其明白易知義爲人路則取其往來必由不知道之猶路無目者也不知義之猶路無足者也此孟子言意別處○雲峯胡氏曰路在外出入往來必由乎義事之宜在外而所以行事而酌其宜者在乎心於此見得仁字自包得義字故下文求放心但言仁而不及義○雙峯饒氏曰仁人心義人路路是設譬喻仁却是直指人心否曰路字非譬喻恐人難曉故謂此爲人之路在所必行爾○存疑仁者心之德則仁是心所具之理比心又出一步不是心也曰人心者反而名之也反名者以心所具之理反而歸之心也自其所具者歸於具之者故曰反所以反而名之人心者欲人知其切於己也夫心之切於己人皆知之仁切於己人未知也名仁曰人心欲人知仁卽心切於己也然仁與心却是二物名仁爲人心不幾於無別與仁雖人心所具之理實心之所以爲心也以心所具之理言則仁自仁心自心二者固有分矣以心之所以爲心而言則心卽仁仁卽心而實未嘗有所分也故謂仁爲心之理可謂仁爲人心亦可

舍其路而弗由放其心而不知求哀哉舍上聲

哀哉二字最宜詳味令平聲**人惕然有深省**悉井反**處**雲峯胡氏曰兩其字卽是上文兩人字蓋曰人心人路則禽獸無是心亦無是路矣人舍其爲人之路而不由放其爲人之心而不知求則不可謂之人矣不可謂之人則謂之何哉此孟子所以深哀之○新安陳氏曰上文先仁而後義由體而及用此先路而後心由用而歸之體也○通曰朱氏公遷曰此儆戒學者之辭言不及義好行小慧是不能矯輕也飽食終日無所用心是不能儆惰也言不及義則近於自暴而不肯居仁由義無所用心則甘於自棄而不能求其放心夫子兩言難矣哉孟子兩言哀哉蓋深歎人之不可以不學也而其言可以互相發明如此附存疑放其心而不知求卽上章所謂放其良心者耶猶斧斤之於木旦晝之所爲又從而梏亡之也凶歲之陷溺其心也宮室之美妻妾之奉所識窮乏之得我之失其本心也一心以爲有鴻鵠將至亦放其心也

人有雞犬放則知求之有放心而不知求

程子曰心至重雞犬至輕雞犬放則知求之心放則不知求豈愛其至輕而忘其至重哉弗思而已矣朱子曰雞犬放有未必可求者惟是心纔求則便在未有求而不可得者知其爲放而求之則不放矣○存得此心便是仁若此心放了又更理會甚仁今人之心靜時昏動時擾亂便是放了放心不獨是走作喚做放纔昏睡去了便是放**愚謂上兼言仁義而此下專論求放心者能求放心則不違於仁而義在其中矣**慶源輔氏曰能求其心則心存心存則無適而非天理之流行而應事接物之際必能合時措之宜故曰義在其中蓋有體必有用也附顧麟士曰紹聞編曰程子曰心至重雞犬至輕云云此意實起

下四章之意下四章俱以心與外物及小體分輕重而言

學問之道無他求其放心而已矣

學問之事固非一端然其道則在於求其放心而已蓋能如是則志氣清明義理昭著而可以上達不然則昏昧放逸新安陳氏曰靜時昏昧動時放逸雖曰從事於學而終不能有所發明矣朱子曰學問亦多端矣而孟子直以爲無他蓋身如一屋子心如一家主有此家主然後能洒掃門戶整頓事務若無主則此屋不過一荒屋耳實何用焉且如中庸言學問思辨四者甚切然使放心不收則何者爲學問思辨哉收斂此心不容一物乃是用工須就心上做得主定方驗得聖賢之言有歸著自然有契○求放心也不是在外

孟子大全卷十一　告子上　三十三

面求得個放心來只是求時便在如我欲仁斯仁至矣只是欲仁便是仁了○求放心非以一心求一心只求底便是已收之心雖放去千萬里之遠只一收便在此他本無去來也○求放心當於未放之前看如何已放之後看如何復得了又看是如何作三節看後自然習熟此心不至於放○孟子謂學問求放心又謂有是四端知皆擴而充之說得最好人之一心在外者要收入來在外者又要推出去孟子一部書皆是此意○蔡氏曰或者但見孟子有無他而已矣之語便立爲不必讀書窮理只要存本心之說所以卒流於異學此指陸象山集註謂學問之事固非一端然其道則在於求放心而已正所以發明孟子之本意以示異學之失學者切宜玩味通考勿齋程氏曰警覺操存反其昏妄曰求放心自能尋向上去者下學也然而上處者上達也下學而上達必求放心爲本○朱子曰所謂存所謂放只是喚醒自己學者工夫只在喚醒上放縱只爲昏昧喚醒則自不昏昧不昏昧則自不放縱矣故

程子曰聖賢千言萬語只是欲人將已放之心約之使反復入身來自能尋向上去下學而上達也朱子曰所謂反復入身來不是將已縱出底依舊收拾轉來如七日來復不是已往之陽重新將來復生蓋舊底已自過去了這裏自然生出來只是知求則心便在便是反復入身來○上有學問二字不只是求放心便休看自能尋向上去下學而上達二句這是存得此心方可做去必不是塊然空守得這心便了○勿齋程氏曰尋向上去者下學也能向上去者上達也○雲峯胡氏曰約之使反復入身來是此心不可爲流蕩忘反之心自能尋向上去下學而上達蓋必由下學而後上達則此心又不可爲虛空無用之心也此乃孟子開示切要之言程子又發明之曲盡其指學者宜服膺而勿失也南軒張氏曰學問之道以求放心爲

孟子大全卷十一　告子上　三十四

主然心豈遠人哉知其放而求之則在是矣所謂放者其幾間不容息故君子造次克念戰兢自持所以收其放而存之也存之久則天理寖明是心之體將周流而無所蔽矣以堯舜禹相授受之際獨曰人心惟危道心惟微心豈有二乎哉放之則人心之危無有極也知其放而求之則道心之微豈外是哉故貴於精一之而已○雙峯饒氏曰上文說仁人心也是把心做義理之心不應下文心字又別是一意若把求放心做收攝精神不令昏放則只說從知覺上去恐與仁人心也不相接了曩嘗以此質之勉齋勉齋云此章首言仁人心是言仁乃人之心次言放其心而不知求末言學問之道無他求其放心而已矣言學問之道非止一端如講習討論玩索涵養持守踐行擴充克治皆是其所以如此者非有他也不過求吾所失之仁而已此乃學問之道也三個心字脈絡聯貫皆是指仁而言今讀者不以仁言心非矣○新安陳氏曰仁者人之本心也不仁之人失其本心放其心故也本心存則爲仁放則

非仁非仁則不能居仁以立其體必不能由義以達其用矣求放心卽所以求仁也學問者求仁之方求仁者學問之本此章歸宿在求放心上是歸宿在求仁上也本章有四心字皆是指仁而言文理血脈甚貫讀之可見又按放心人欲也求放心遏人欲而存天理也【通旨】朱氏公遷曰牛山之木章心字與此章心字皆因論爲學功夫而以理義之心言之一章言理義之心人所固有而衆人梏之學者當有以養之也一章言理義之心人所當存而衆人放之學者當有以求之也操存是存養求放心是省察又曰學問二字蓋兼知行而言之然此章則以求放心爲本若大學三綱領之中則以明明德爲本論語首章言學集註又發其蘊而以明善復初爲之本但求放心是先立其本學必由此而後進也明德明善復其初是務此以爲本學必至此而後成也【附】語類學問之道無他求其放心而已不是學問之道只有求放心一事乃是學問之道皆所以求放心如聖賢一言一語都是道理○【存疑】學問之道無他求其放心而已矣言學問之道只是要求放心也仁人心也求放心卽求仁也學問不必他求只就孟子之言求之可見操則存先立乎其大者其小者不能奪養心莫善於寡欲其爲人也寡欲雖有不存者寡求放心之說也盡心知性而知天存心養性以事天求放心之說也我知言我善養吾浩然之氣亦求放心之說也○此章所謂求放心卽是求仁看首句仁人心也可見又看前自富歲子弟多賴後至公都子問及此數章連就治心上說可見此章所重之意○朱子小註放心不收則何者爲學問思辨收斂此心方驗得聖賢之言有歸著此說不是黃勉齋陳新安之說甚好當詳玩○蒙引或疑朱子曰蓋能如是則志氣淸明云云似有先求放心之意非也蓋學問以求放心爲要下學也義理昭著則說向上達求放心則是下學之事非謂求放心而後可學問也則先求放心之說非矣白此學問兼知行與中庸道問學同

○孟子曰今有無名之指屈而不信非疾痛害事也如有能信之者則不遠秦楚之路爲指之不若人也信與伸同爲去聲

無名指手之第四指也【附】蒙引指有五一巨指二食指三將指四無名五小指蓋巨大也食指若人之所食以此指爲力也將指者左傳闔廬傷將指言其將領諸指也○不遠秦楚之路孟子魯人也在齊亦最久自齊魯而視秦楚則爲遠耳非謂自秦至楚自楚至秦也

指不若人則知惡之心不若人則不知惡此之謂不知類也惡去聲

不知類言其不知輕重之等也〔南軒張氏曰〕人與聖人同類以心之同耳不同者陷溺之故也心不若人而不知惡之必求所以免於惡蓋病須臾不遑寧處者矣○新安陳氏曰此承上章以體分輕重而言下三章亦以類相方而加切焉【附】蒙引對桐梓言之則曰身自身言之則有心指之分隨所在分輕重使人知所重也下三章只是此一意重出

○孟子曰拱把之桐梓人苟欲生之皆知所以養之者至於身而不知所以養之者豈愛身不若桐梓哉弗思甚也

拱兩手所圍也把一手所握也桐梓二木名〔南軒張氏曰〕愛其身必思所以養之古之人理義以養其心以至動作起居聲音笑貌之間莫不有養之之法所以尊德性道問學以成其身也於桐梓知所養則自拱把至合抱可以馴致於身知所養則自士而爲賢爲聖亦循循可進矣弗思則待其身曾

一草木之不若稻稻皆是也○新安陳氏曰苟一思之則思吾之一身三綱五常萬善備焉必思所以養之養之之道養心以養其內謹動容之類以養其外使吾身為仁義禮智根心見面盎背之身非徒養其口體血氣之身而已也此章身字內包心外包動容周旋而言附蒙引身以心為主與上下章意同觀下章言人之於身也兼所愛而曰無以小害大可見但此對桐梓言故只曰至於身而不知所以養之所以養之者治其心而已

○孟子曰人之於身也兼所愛兼所愛則兼所養也無尺寸之膚不愛焉則無尺寸之膚不養也所以考其善不善者豈有他哉於己取之而已矣

人於一身固當兼養新安陳氏曰無所不愛曰兼愛無所不養曰兼養無尺寸之膚至不養也中兼愛兼養意然欲考其所養之善否者惟在反之於身以審其輕重而已矣趙氏曰人之於身無所不愛則固當無所不養然體有貴賤大小養其貴且大者則善養其賤且小者則不善此豈待他人言之而後知哉則亦反之於身而審其輕重於心爲則自知矣○新安陳氏曰輕重即下文所謂貴賤大小是也

體有貴賤有小大無以小害大無以賤害貴養其小者為小人養其大者為大人

賤而小者口腹也貴而大者心志也附存疑體有貴賤一條正是上面於己取之意養其小是以小害大賤害貴也養其大是不以小害大賤害貴也舍梧檟是賤害貴之喩失肩背是小害大之喩飲食之人則人賤之都是上面意上面小人賤場師後疾人之喩皆是賤之也飲食之人便是以賤害貴小害大者○語類養其小者是重其所輕而所養者不善矣養其大者是重其所重而所養者善矣人其可不致審於斯乎○蒙引賤而小者耳目手足之類皆是朱子專以口腹為小體者因孟子下文專言飲食之人養小失大而云耳學者要當推類以及其餘孟子只是舉其一端在人所易曉者

今有場師舍其梧檟養其樲棘則為賤場師焉舍上聲檟音價樲音貳

場師治場圃者梧桐也檟梓也皆美材也樲棘小棗非美材也附蒙引今有場師至則為狼疾人也正是養其小者為小人意但未可說出至下文飲食之人則人賤之矣為其養小以失大也方說出上文且譬以起之正如不揣其本而齊其末金重於羽三條起取色之重者一條○

梧檟即桐梓也故集註云梧桐也檟梓也○梧檟二木名樲棘小棗一物也

養其一指而失其肩背而不知也則為狼疾人也

狼善顧疾則不能故以為失肩背之喩新安陳氏曰一指肩背有小大之分故借以旁證小體大體附蒙引養其一指而失其肩背只是取譬之辭孟子非實以肩背為大者所在也此章總重在心志

飲食之人則人賤之矣為其養小以失大也為去聲

飲食之人專養口腹者也

飲食之人無有失也則口腹豈適為尺寸之膚哉

此言若使專養口腹而能不失其大體則口腹之養軀命所關不但爲尺寸之膚而已但養小之人無不失其大者故口腹雖所當養而終不可以小害大賤害貴也（朱子曰此章言身則心具焉飲食之人無有失也則口腹豈適爲尺寸之膚哉此數句說得倒了也自難曉意謂使飲食之人眞無所失則口腹之養本無害然人屑屑理會口腹則必有所失無疑是以當知養其大體而口腹底他自會去討喫不到得飢了也○雙峰饒氏曰以身而言一毫一髮皆吾所當愛皆吾所當養但體有大小莫專養小體若才養目便貪色才養耳便貪聲才養口便貪味必至害其大體又曰無以小害大不是敎人養其大者而不養其小者若養其小者而不失其大者則小者不爲大者之累便是不以小害大○新安陳氏曰此章言人當以養心志爲重養口體爲輕非謂養心志者不養口體也養心志則道心爲主而人心聽命雖飢食渴飲與常人同而食所當食飲所當飲自與常人異若專養口體則人心愈危道心愈微不至於窮口腹之欲而滅天理者鮮矣孟子於此欲人不養小以失大蓋所以遏人欲而存天理也附顧麟士曰前原說無尺寸之膚不愛不養況口腹不但尺寸乎緊應理如此也

○公都子問曰鈞是人也或爲大人或爲小人何也孟子曰從其大體爲大人從其小體爲小人

鈞同也從隨也大體心也小體耳目之類也

曰鈞是人也或從其大體或從其小體何也曰耳目之官不思而蔽於物物交物則引之而已矣心之官則思思則得之不思則不得也此天之所與我者先立乎其大者則其小者不能奪也此爲大人而已矣

官之爲言司也耳司聽目司視各有所職而不能思是以蔽於外物既不能思而蔽於外物則亦一物而已又以外物交於此物其引之而去不難矣（問蔽是遮蔽如目之視色從他去時便是爲他所遮蔽若能思則視其所當視不視其所不當視則不爲他所蔽矣（朱子曰然若不思則耳目亦是一物）心則能思而以思爲職凡事物之來心得其職則得其理而物不能蔽失其職則不得其理而物來蔽之此三者皆天之所以與我者而心爲大（三者謂耳目心）若能有以立之則事無不思而耳目之欲不能奪之矣此所以爲大人也（朱子曰物交物上物字指外物下物字指耳目謂之物者以其不能思心能思所以爲大體君子固當於思處用工能不妄思是能先立其大者然後耳目之小者不能奪此句最有力且看他下箇立字謂之立者是要卓然竪起此心使自立所謂敬以直內是也○耳目亦物也不能思而交於外物只管引將去心之官固是主於思然須是思方得若不思却只把不是做是底却做不是邪思雜慮便順他做去却害事（通考（朱氏公遷曰大人不失其赤子之心功夫在不失字此章思則得之功效在思字得之卽不失之謂也二章皆因論大人而以理義之心言之附存疑從其大體是耳目之欲皆聽命於心也當視則視而不妄視當聽則聽而不妄聽也從其小體是心反聽命於耳目淫聲美色惟其

所欲而心不爲之宰制也○先立乎其大一句正是答或
從其大體或從其小體意耳目之官不思則不得
是解大小體耳目之官不思而蔽於物所以爲小體也心
之官則思思則得之不思則不得所以爲大體也先立乎
其大者則心得其職事至能思耳目之欲皆聽其主宰而
不能奪此所以從乎大體也不能先立乎其大者則心失
其職事不能思耳目能奪之淫聲美色惟其所欲心不能
主而反從乎小體矣孔子之所謂操存孟子之所謂求其
放心乃立之之道也○淺說思則得之說得廣註中凡事
物之來不專指聲色言物不能蔽蔽字就心言非蔽耳目
也○蒙引孟子之學惟於思之一字著力最深故每以此
覺人一則曰弗思矣二則曰弗思甚也又曰求則得之舍
則失之求亦思也至於所引誠之者人之道也亦改誠之
爲思誠其喫緊之意可見誠以人之所以爲人者心焉而
已矣心之官則思思曰睿睿作聖又
曰思者聖功之本思之於人大矣 然此天之此舊本多

作此而趙注亦以比方釋之今本既多作此而註亦作此
乃未詳孰是但作此字於義爲短故且從今本云○范浚
字茂明婺州人 心箴曰茫茫堪輿俯仰無垠音銀 人於其間眇然有
身是身之微太倉稊米杜兮反 參爲三才曰惟心爾 雲峯胡氏曰堪
輿謂天地言天地至大而人處天地間此身至小不過如
太倉一粒稊米而已然人之所以可與天地參爲三才者
惟在此心心之
體豈不甚大 往古來今孰無此心心爲形役乃獸乃禽
雲峯胡氏曰此言此心之大往古來今人人有之若純乎
義理則是從其大體若役於形氣則是從其小體彼禽獸
之心終日役役不過飲食牝牡而已人之心而爲形所役
與禽獸何異嗚呼人之心其大也本可以參天地而役於

小者不能異乎禽獸亦
獨何哉可以反而思矣 惟口耳目手足動靜投閒去聲抵隙
乞逆反 爲厥心病 雲峯胡氏曰此言口欲味目欲色耳欲聲
四肢欲安佚本心微有閒隙彼則乘之而
入矣 一心之微衆欲攻之其所存者嗚呼幾平聲希 雲峯胡氏曰此言此
心之發於義理者甚微而役於形氣者甚衆以彼之衆
攻我之微如國勢方弱而四面受敵其不亡者罕矣 君
子存誠克念克敬天君泰然百體從令 雲峯胡氏曰前八
句是說小人之從
其小體此四句是說大人之從其大體曰誠曰念曰敬念
即思之謂而敬即存誠之方也一誠足以消萬僞一敬足
以敵千邪所謂先立乎其大者莫切於此天君泰然是先
立乎其大者百體從令是小者弗能奪朱子曰范氏之箴
蓋得其旨味可易之也愚按從而釋之云先師曰荀卿以
耳目爲天官心爲天君又曰心者形之君也出令而無所

受令即此語以看孟子此章甚切能先立乎其大者則此
心卓然能爲耳目之君而從其大體所謂天君泰然百體
從令者也不能先立乎其大者則退然方聽命於耳目而
從其小體所謂心爲形役者也立之如何亦曰操而存之
使得其能思
之職而已
○孟子曰有天爵者有人爵者仁義忠信樂善不倦此天爵
也公卿大夫此人爵也樂音洛
天爵者德義可尊自然之貴也 南軒張氏曰仁義又言忠
信忠信只是誠實此二者
○雙峯饒氏曰仁義人人有之忠信樂善人所當勉須忠
信樂善仁義方爲我有乃爲可貴○新安陳氏曰樂善即
樂此仁義忠信不倦者樂之至也通淺說有自然之貴非
人所得而予奪而謂之天爵者有人爲之貴乃人所得而

予奪。而謂之人爵者。彼其仁者。心之德。愛之理。義者。心之制。事之宜。仁義發於心而念念皆實之謂忠。仁義見於事而事事皆實謂之信。樂此仁義忠信之善。與之相忘而不倦焉。若此者。自然可尊也。非天爵乎。彼公卿大夫之位。不出於己而出於人。不出於自然而出於使然。非人爵乎。○蒙引仁義兼舉體用道理已盡了。忠信則仁義之發於心而見於事者。無一之不實。樂善不倦則仁義之實者又無一息之閒斷。謂之天爵者。非人所得而貴賤者也。○仁義可欲之謂善也。忠信有諸己之謂信也。樂善不倦充實之謂美。充實而有光輝之謂大。雖大而化之之聖。亦樂善而不倦者也。故樂斯二者樂則生矣。生則惡可已也。惡可已則不知手之舞之足之蹈之。亦樂善不倦者也

古之人脩其天爵而人爵從之

脩其天爵。以爲吾分去聲之所當然者耳。人爵從之。蓋不待

求之而自至也南軒張氏曰。古之人脩其天爵而已。非有所爲而爲之。人爵從之者。言其理則然也

今之人脩其天爵以要人爵。既得人爵而棄其天爵。則惑之甚者也。終亦必亡而已矣要平聲

要求也。脩天爵以要人爵。其心固已惑矣。得人爵而棄天爵。則其惑又甚焉。終必幷其所得之人爵而亡之也朱子曰。孟子時人尚脩天爵以要人爵。後世皆廢天爵以要人爵。○問脩天爵以要人爵者。雖曰脩之。實已棄之久矣。何待於得人爵而後始謂之棄邪。曰若是者。猶五霸之假仁。猶愈於不假不脩者耳。○南軒張氏曰。古之士脩身於下。無一毫求於其君之心。而人君求賢於上。每懷不及之意。上下皆循乎天理。是以人才衆多而天下治。逮德之衰。在下者假名而要利。在上者徇名而忘實。而人才始壞矣。降及後世。則不復以仁義忠信取士。而乃求之於文藝之閒。自孩提之童。則使之懷利心而習爲文辭。則幷與其假者而不務矣。則人才何怪其難哉。○新安陳氏曰。無所爲而爲善者。誠也。故堅所守而不移。有所爲而爲善者。僞也。故得所求而遂已。或曰脩其天爵。亦有人爵不從之者。棄其天爵。亦有人爵終不亡者。何也。曰脩天爵。自有得人爵之理。棄天爵。自有亡人爵之理。其不得者。上之遺賢。其不亡者。下之僥倖。豈常理哉

○孟子曰。欲貴者。人之同心也。人人有貴於己者。弗思耳

貴於己者。謂天爵也附存疑此章是因時人多求在人之貴而不知有在己之貴。故特喚醒之。○貴下兩條又是說人所欲之貴。不足貴。在己之貴有可貴。乃示人求諸己而不求諸人也。○蒙引欲貴者人之同心也

在外之貴也。即人爵也。人人有貴於己者。在內之貴也。即天爵也。○人人有貴於己者。弗思耳。不必兼言其拘於氣稟也。只可說是蔽於物欲而弗思。蓋孟子言性善。不論氣質也

人之所貴者。非良貴也。趙孟能賤之

人之所貴。謂人以爵位加己而後貴也。良者。本然之善也。趙孟。晉卿也新安倪氏曰。晉趙氏世呼趙孟。如智氏世呼智伯。晉爲盟主。趙氏世卿。故當時謂趙孟能賤貴人。能以爵祿與人而使之貴。則亦能奪之而使之賤矣。若良貴則人安得而賤之哉

詩云既醉以酒。既飽以德。言飽乎仁義也。所以不願人之膏

粱之味也令聞廣譽施於身所以不願人之文繡也聞去聲

詩大雅既醉之篇飽充足也願欲也膏肥肉粱美穀令善也聞亦譽也文繡衣之美者也仁義充足而聞譽彰著皆所謂良貴也新安陳氏曰兩不願字即中庸不願乎其外之意充足乎仁義之良貴則自無所慕乎人爵之貴矣○尹氏曰言在我者重則外物輕南軒張氏曰人眞知其貴於己者則見外誘之不足慕矣惟不知在己之自有至貴是以慕外而求於人也良貴得之於天人何預焉得於天者公理而求於人者私欲也令聞廣譽君子非有欲之之心飽乎仁義則聞譽自至猶言爲善有令名理之固然者也○雲峰胡氏曰上章一要字是內輕而外重此章兩不願字是內重而外輕○東陽許氏曰世人但知公卿大夫之爵爲貴

而不知在我之身皆有貴者乃天所賦之善所謂天爵也天爵人所同有故思則得之人爵各有命分雖求之無益天爵亦是天命此則義理之命人爵乃氣數之命孟子前章尚有倚天爵而人爵自至之說此章則於人爵下兩不願字是不將這箇爲念矣附存疑詩既飽以德是主恩惠言此作德行之德斷章取義也○仁義忠信樂善不倦此飽乎仁義也飽乎仁義則吾心自有膏粱之味故不願人之膏粱之味古人非其道也非其義也祿之以天下不顧不以三公易其介眞不願人之膏粱之味也○蒙引不願謂無所慕於彼也非謂有厭薄不願就之意

○孟子曰仁之勝不仁也猶水勝火今之爲仁者猶以一杯水救一車薪之火也不熄則謂之水不勝火此又與於不仁之甚者也

與猶助也仁之能勝不仁必然之理也但爲之不力則無以勝不仁而人遂以爲眞不能勝是我之所爲有以深助於不仁者也朱子曰仁之勝不仁也猶水勝火以理言之則正之勝邪天理之勝人欲甚易而邪之勝正人欲之勝天理若甚難以事言之則正之勝邪天理之勝人欲甚難而邪之勝正人欲之勝天理却甚易蓋纔是蹉失一兩件事便被邪來勝將去若以正勝邪則須是做得十分工夫方勝得他然猶恐怕勝他未盡正如人身正氣稍不足邪便得以干之矣附蒙引梁惠王以能行小惠而訝其民之不加多於鄰國是正所謂不熄則謂之水不勝火者也○存疑人以爲仁眞不能勝不仁如何是助不仁之甚如此則人皆謂仁不能勝不仁都去爲不仁不肯爲仁矣豈不是有助於彼○蒙引集註兩人字不同則人遂以爲眞不能勝此人字對下文我字非下節所謂此

人者也

亦終必亡而已矣

言此人之心亦且自怠於爲仁終必幷與其所爲而亡之

○趙氏曰言爲仁不至而不反諸己也南軒張氏曰此爲有志於仁而未力者言也仁與不仁特係乎操舍之閒而天理人欲分焉天理存則人欲消固不兩立也故以水勝火喻之然用力於仁貴乎久而勿舍若一暴十寒倏得復失則暫存之天理豈能勝無窮之人欲遂以爲仁不可以勝不仁而不加勉焉則同於不仁之甚者其淪胥以亡也必矣學者觀此可斯須而不存是心乎天理浸明則人欲浸消及其至也人欲消盡天理純全以水勝火其不然乎○新安陳氏曰深味亦終必亡而已矣竊以爲此章恐爲戰國之諸侯言之

以暫時一念一事之仁。欲勝彼之殘暴甚不仁。不惟。不能勝。遂使人謂仁不能勝不仁。豈非反助其虐。亦終必滅亡而已矣。如此解則與天爵人爵章終亦必亡而已矣解爲終必并所得人爵而失亡之者相協也

○孟子曰五穀者種之美者也苟爲不熟不如荑稗夫仁亦在乎熟之而已矣荑音蹄稗蒲賣反夫音扶

荑稗草之似穀者其實亦可食然不能如五穀之美也但五穀不熟則反不如荑稗之熟猶爲仁而不熟則反不如爲他道之有成是以爲仁必貴乎熟而不可徒恃其種上聲之美又不可以仁之難熟而甘爲他道之有成也○尹氏

曰日新而不已則熟慶源輔氏曰日新。日進也不已。無間斷也必日進於一日。而又無間斷然後純熟夫仁○潛室陳氏曰他道如百工衆技百家諸子皆是○雲峰胡氏曰此章與上章相因上章言爲仁之不力無以勝不仁此章言仁之熟由於爲之力熟無所容力熟之在乎用力○新安陳氏曰而已矣者熟之之說盡夫爲仁之功外此無他也苟能於孔門求仁之方循而行之日新不已由勉而利利而安心與仁一則熟之功效氣象可言矣。附蒙引朱子一日舉孟子五穀者種之美者也苟爲不熟不如荑稗誨諸生曰和尚問話只是一言兩句荑稗之熟者也儒者明經若通徹了不用費辭亦一言兩句其理便明否則却是五穀不熟不如荑稗

○孟子曰羿之教人射必志於彀學者亦必志於彀彀古候反

羿善射者也志猶期也彀弓滿也滿而後發射之法也學謂學射

大匠誨人必以規矩學者亦必以規矩

大匠工師也規矩匠之法也新安陳氏曰二節兩學者字。一謂學射者。一謂學匠者

○此章言事必有法然後可成師舍上聲下同是則無以教弟子舍是則無以學曲藝且然況聖人之道乎南軒張氏曰學者之於道。其爲有漸。其進有序。自灑掃應對至於禮儀之三百威儀之三千。猶本之有規矩也亦循乎此而已至於形而上之事。則在其人所得何如。形而上者固不外乎灑掃應對之閒也舍是以求道是猶舍規矩以求巧也○慶源輔氏曰射者志於彀而眞積力久則善中矣工者守乎規矩而眞積力久則能巧矣教者與受教者舍彀而言中舍規矩而言巧皆誣也○雙峰饒氏曰聖門教人定法。無如一部大學○雲峰胡氏曰此章與離婁篇首章相似。彼謂治天下不可無法。此謂師之教。弟子之學。皆不可無法。附淺說大抵知行者。造道之法也。虞廷之精一。孔門之博約大學之格致誠正。古今之爲師爲弟子者。其能舍是以爲教與學乎。

孟子集註大全卷十一終

孟子集註大全卷十二　三魚堂讀本

告子章句下

凡十六章〔通考〕勿軒熊氏曰一章言食色輕而禮重二章孝弟三章事親四章義利之辯五章辭受六章十四章出處七章王霸君臣八章及下章皆言戰國富強之禍十章田制十一章十三章爲政十二章言信十五章處貧賤十六章言教法

任人有問屋廬子曰禮與食孰重曰禮重（任平聲）

任國名　趙氏曰任薛同姓之國在齊楚之間　屋廬子名連孟子弟子也

色與禮孰重

任人復（扶又反）問也

曰禮重曰以禮食則飢而死不以禮食則得食必以禮乎親迎則不得妻不親迎則得妻必親迎乎（迎去聲）屋廬子不能對明日之鄒以告孟子孟子曰於答是也何有（於如字）

何有不難也〔朱子曰〕不親迎則得妻。如古者國有凶荒。則殺禮而多昏。周禮荒政十二條中。亦有此法。蓋貧窮不能備親迎之禮。法許如此。附顧麟士曰於答何有。正謂往應一節。下三節先就其言而斷之。

不揣其本而齊其末方寸之木可使高於岑樓（揣初委反）

本謂下末謂上方寸之木至卑喻食色岑樓（鋤深反）樓樓之高銳似山者至高喻禮若不取其下之平而升寸木於岑樓之上則寸木反高岑樓反卑矣〔慶源輔氏曰〕物之不齊固當揣其本以齊其末不可只據其末以定其高卑附〔蒙引〕不揣其本金重於羽。總是一意。

金重於羽者豈謂一鉤金與一輿羽之謂哉

鉤帶鉤也金本重而帶鉤小故輕喻禮有輕於食色者羽本輕而一輿多故重喻食色有重於禮者〔慶源輔氏曰〕物固有重而有輕然重者少而輕者多。則輕者反重而重者反輕矣附顧麟士曰此兩節。亦以與下節正意不可預出。〇〔蒙引〕此金字。五金之總名。

取食之重者與禮之輕者而比之奚翅食重取色之重者與禮之輕者而比之奚翅色重（翅與啻同古字通用施智反）

禮食親迎禮之輕者也飢而死以滅其性不得妻而廢人倫食色之重者也奚翅猶言何但言其相去懸絕不但有輕重之差（差楚宜反）而已附〔蒙引〕禮食親迎。禮之輕者也。此本不是輕。但以對飢而死以滅其性。不得妻而廢人倫。則爲輕耳。

往應之曰紾兄之臂而奪之食則得食不紾則不得食則將紾之乎踰東家牆而摟其處子則得妻不摟則不得妻則將

摟之乎紾音軫摟音婁

紾戾也摟牽也處上聲子處女也此二者禮與食色皆其重者而以之相較則禮爲尤重也○此章言義理事物其輕重固有大分去聲然於其中又各自有輕重之別彼列反聖賢於此錯綜子宋反斟酌錯綜分經緯。斟酌酌量淺深也毫髮不差固不肯枉尺而直尋亦未嘗膠柱而調瑟史記廉頗藺相如傳趙孝成王七年秦與趙兵相距長平時趙使廉頗將兵固壁不戰王信秦之閒言使趙括爲將代廉頗藺相如曰王以名使括若膠柱而鼓瑟耳括徒能讀其父書傳不知合變也註瑟每一絃有一柱旋移變而取聲音之和今以膠定其柱不使變移而鼓之豈能和聲所以斷丁亂反之一視於理之當然而已矣朱子曰禮之大體固重於食色矣然其間事之大小緩急不同則亦或有反輕於食色者惟理明義精者爲能權之而不失耳權之不失是乃所以全禮之重而深明食色之輕也觀於寸木岑樓之喻孟子之意可見矣○南軒張氏曰食色雖出於性而其流則以害性苟無禮以止之則將何所極哉禮之重於食色固不待較而明矣惟夫汨於人欲而昧夫天性於是始有禮與食色孰重之疑矣○慶源輔氏曰集註章旨之說於聖賢處事之權度固已得其要矣苟或義理未精權度未審則於凡事膠轕難辯之際巧者必至於枉尺而直尋拙者必至於膠柱而調瑟終不得夫時措之宜也○新安陳氏曰飲食男女。人之大欲存焉。禮則天理所以防閑人欲者也。禮本重。食色本輕。固自有大分也。然亦不可拘拘於禮文之微者。又當隨時隨事而酌其中焉。聖賢固不肯枉尺直尋。以殉夫禮之經。亦未嘗膠柱調瑟。以昧時宜之權

也。○東陽許氏曰敬兄禮也雖無食而將死必不可奪兄之食而逆敬兄之禮婚娶禮也雖至於絶嗣必不可摟人處子而逆婚娶之禮任人蓋異端之徒棄蔑禮法而譏侮之者故孟子止就其所言食色二者使之自權其輕重而自思之蓋不屑之教誨也。附蒙引錯綜斟酌。錯者交而互之。一左一右之謂也。卽經也。就此章言。則輕重自有大分者也。綜者總而挈之。一低一昂之謂也。卽緯也。就此章言。則或食色重而禮輕。或禮重而食色輕也。固不肯枉尺而直尋者。輕重之不越其大分者也。亦未嘗膠柱而調瑟者。所重固在乎禮。亦有特殺以就食色也。○顧麟士曰此章言輕重。如稱物相似。任人是一頭重輕者。孟子之說則兩頭俱重。取舍了然矣。此等議論。眞有功於人心世道。○不紾則不得食。雖亦至於飢死。然兄臂必不可紾也。不摟則不得妻。雖亦至於無後。然處子必不可摟也。不是偶然不得食。與暫時不娶。故曰兩頭俱重。不娶。反把食色一面說輕了。方佳。

○曹交問曰人皆可以爲堯舜有諸孟子曰然

趙氏曰曹交曹君之弟也人皆可以爲堯舜疑古語或孟子所嘗言也朱子曰孟子道人皆可以爲堯舜何曾道便是堯舜更不假脩爲耶附顧麟士曰按絡閣編王伯厚曰注謂曹交曹君之弟按左傳哀公八年宋滅曹至孟子時曹亡久矣曹交蓋以國爲氏者

交聞文王十尺湯九尺今交九尺四寸以長句食粟而已如何則可

曹交問也食粟而已言無他材能也附存疑人皆可以爲堯舜。意思全在爲字上。曹交把他都畧了。只就形體上論。食粟而已。言不能爲堯舜。如之何則可。言如何則可爲堯舜也。○蒙引曹交曰

食粟而已。如何則可。是固以不勝爲患也。曹交此意。便
是自歸於粟質之弗强而不自責其學力之未加矣
曰奚有於是亦爲之而已矣有人於此力不能勝一匹雛則
爲無力人矣今曰舉百鈞則爲有力人矣然則舉烏獲之任
是亦爲烏獲而已矣夫人豈以不勝爲患哉弗爲耳勝平聲
匹字本作鴫鴨也從省作匹禮記說匹爲鶩音木是也記曲禮庶
人之摯匹。註匹讀爲鶩野鴨曰鳧家鴨曰鶩不能飛騰如庶人之終守耕稼也烏獲古之有力人
也能舉移千鈞趙氏曰秦武王好以力戲力士烏獲至大官○新安陳氏曰爲之一字爲此章之要
所謂弗爲耳。及下文所不爲也。皆與爲之而已一句相應。
而行堯之行與歸而求之行也求也皆所以爲之也舉烏

獲之任是亦爲烏獲以譬能爲堯舜之事是亦爲堯舜也
附存疑矣有於是。是字指形體言。所以爲堯舜者不在於
形體而在於作爲也。有人於此以下。則申其意。○蒙引所
以爲有力人者。在於能舉百鈞。所以爲無力人者。在於不
勝匹雛。則所以爲烏獲者。亦在於能舉烏獲之任。是皆不
在於形體也。此上盡是譬喻。至夫人豈以不勝爲患哉弗
爲耳則正言人皆可爲堯舜矣或者兼以舉烏獲之任說
者。泥而鑿矣。烏獲之任人固以不勝爲患也如何爲得所
謂是誠不能也。○存疑無力有力。兩個
爲字輕。與上下亦爲弗爲二爲字不同
徐行後長者謂之弟疾行先長者謂之不弟夫徐行者豈人
所不能哉所不爲也堯舜之道孝弟而已矣後去聲長上聲弟音悌先去聲
夫音夫

陳氏曰孝弟者人之良知良能自然之性也堯舜人倫之
至亦率是性而已豈能加毫末於是哉慶源輔氏曰堯舜不過率是性而充
其量非有所增益於性分外也楊氏曰堯舜之道大矣而所以爲之乃在
夫音扶行止疾徐之間非有甚高難行之事也百姓蓋日用
而不知耳和靖尹氏曰堯舜之道。止於孝弟。孝弟非堯舜不能盡。○朱子曰堯舜之道孝弟而已這是對
那不孝不弟底說孝弟便是堯舜之道不孝不弟便是桀
紂○南軒張氏曰人性莫大於仁義仁莫先於愛親義莫
先於從兄此孝弟之所由立也盡得孝弟則仁義亦無不
盡是則堯舜之道豈不可以一言蔽之乎人孰無是心哉
顧體而充之何如耳○慶源輔氏曰陳氏就孝弟上說而
極於堯舜之聖楊氏是就堯舜上說而本於孝弟之近二

說互相發明所謂百姓蓋日用而不知者其警發於人尤
爲切至也附存疑矣有於是一條說爲堯舜在乎作爲徐
行後長一條示以堯舜之道不難爲子服堯之服一條則
教以爲之也○孝弟之理通於上下舉其近徐行後長此
孝弟也極其遠則堯之親睦九族平章百姓舜之瞽瞍底
豫而天下定此孝弟也此是實理實事○蒙引堯舜之道
孝弟而已矣孟子直要說得爲堯舜之容易處今或貼於
堯舜人倫之至及堯舜之道大矣之詞則反惑矣原陳楊
二氏之說亦本是發
其所以容易者耳
子服堯之服誦堯之言行堯之行是堯而已矣子服桀之服
誦桀之言行桀之行是桀而已矣之行二行並去聲
言爲善爲惡皆在我而已詳曹交之問淺陋麤倉胡反率慶源

輔氏曰此指其以身之長短與湯文較也人皆可以爲堯舜豈謂是歟必其進見之時禮貌衣冠言動之閒多不循理故孟子告之如此兩節云[覺軒蔡氏]曰孟子以人皆可爲堯舜。所以誘曹氏之進也。然亦豈謂不假脩爲而卽可爲堯舜耶。勉之以孝弟。又勉之以衣服言行之閒。固不以難而沮人。亦不以易而許人。惜乎曹交之不足以進此也。〇[新安陳氏]曰上一節告以徐行疾行。此一節告以衣服言行。皆是執其病之切處。箴敎之。[附][蒙引]子服堯之服三句。都須就孝弟說

曰交得見於鄒君可以假館願留而受業於門見音現

假館而後受業。又可見其求道之不篤[慶源輔氏]曰此亦是富貴者之習氣。都未知那居無求安之味在。

曰夫道若大路然豈難知哉人病不求耳子歸而求之有餘師夫音扶

言道不難知若歸而求之事親敬長上聲下同之閒則性分去聲之內萬理皆備隨處發見形甸反無不可師不必留此而受業也問學莫難於知道。故欲脩身者。必以致知爲先。今日道豈難知。而特患於不爲。何哉。[朱子]曰道之精微固難知也。然自始學言之。則如是而爲孝。如是而爲弟。如是而爲不孝。如是而爲不弟。其大體向背之閒。豈不明而易知乎。致知云者。亦曰卽其已行之知而推致之耳。〇[慶源輔氏]曰道若大路然。人所共由者也。初匪難知。但患人蔽於私。役於氣。自暴自棄而不肯求耳。誠能卽其孝親弟長之良知良能而遡其自然之性。則一性之中。萬理皆備。日用之閒。隨所感處。無不發見。而察之而體之。則師不必求於外而得。道不必索於外而存矣。[附][蒙引]夫道若大路然。如父當慈。子當孝。兄當友。弟當恭之類。此理路然。智愚所共曉者。故曰豈難知哉。此正指衆人所可與知者耳。若夫精微之蘊。則亦有未易知者。孟子與曹交言則如此。中庸曰君子之道費而隱。夫婦之愚。可以與知焉。及其至也。雖聖人亦有所不能焉。〇[存疑]夫道若大路。須放開說。不止上文孝弟。故註曰性分之中。萬理皆備。或曰堯舜之道。孝弟而已矣。孝弟尚有未盡者乎。曰堯舜之道孝弟而已者。約堯舜之德而歸之孝弟也。夫道若大路者。示人以人道之全。使人求盡之。以至於堯舜也。其理固自相通矣。〇性分之中。萬理皆備。求之事親長長之閒。則其理隨處而發見者。所謂人能孝弟。則其心和順。本立而道生也。有餘師只在隨處發見上。如惻隱之心發見。只惻隱便可師。卽此充之。便是吾師也。羞惡。恭敬。是非亦然。〇[達說]子欲假館而受業者。以道未易知。而欲師我以求道也。殊不知夫道者。具於性分之內。著於日用之常。譬若大路。爲衆人之所共由也。豈難知哉。特人自絕乎道。病在不知所以求之耳。子若歸而求諸事親敬長之閒。而體吾所謂孝弟之道。吾知性分之內。萬理咸備。孝弟既盡。衆善自生。隨吾身之所往。皆是道之發見。依道而行。卽此是師。無往而非道。則亦無往而非師矣。不亦有餘師乎。〇[蒙引]子歸而求之。或以爲反而求之。非也。歸字是對留受業於鄒說。故註云不必留此而受業也。〇隨處發見無不可師。只言依他行便都是道也。中庸所謂率性之道。亦此意也。〇人病不求者。或蔽於私。或役於氣。自暴自棄也。

〇曹交事長之禮既不至求道之心又不篤故孟子敎之以孝弟而不容其受業蓋孔子餘力學文之意亦不屑之敎誨也[朱子]曰曹交識致凡下。又有挾貴求安之意。故孟子拒之。然所以告之者。亦極親切。非終拒之也。〇[新安陳氏]曰可爲堯

舜在性分不在形體交以形體似聖人言陋矣孟子所答全章之要在爲之而已中言行堯之行以躬行言也未言豈難知與病不求歸求以求知言也求知以開其爲之之端躬行以盡其爲之之實則所謂可爲堯舜者必眞能爲之之安有不假脩爲而可安坐以至堯舜之理耶徐行尤易能故先只言徐行之弟而後總以孝弟言之有餘師非謂人師也如先儒所謂學者當以己心爲嚴師之意附蒙引曹交事長之禮既不至於前數節見得求道之心又不篤於後兩節見得

○公孫丑問曰高子曰小弁小人之詩也孟子曰何以言之

曰怨 弁音盤

高子齊人也小弁小雅篇名周幽王娶申后生太子宜臼

又得褒姒音似生伯服而黜申后廢宜臼於是宜臼之傅爲作去聲此詩以叙其哀痛迫切之情也 南軒張氏曰家國之念深故其憂苦父子之情篤故其辭哀附蒙引怨只是哀怨不必直謂怨親也小弁數章豈皆怨親之詞如曰天之生我我辰安在亦自怨也但不可泥說是自怨而非怨親○淺說詩之意貴乎溫厚和平況小弁之詩又處父子之間乎讀其詩但見哀痛迫切怨而已矣此所以謂小人也

曰固哉高叟之爲詩也有人於此越人關弓而射之則己談笑而道之無他疏之也其兄關弓而射之則己垂涕泣而道之無他戚之也小弁之怨親親也親親仁也固矣夫高叟之爲詩也 關與彎同射食亦反夫音扶

固謂執滯不通也爲猶治也越蠻夷國名道語也親親之心仁之發也 新安陳氏曰小弁之事人倫之大變宗社傾覆繫焉如之何勿怨是其怨乃所以見親親之心蓋愛親之心仁之發見者也附蒙引集註云親親之心仁之發也依此當以仁爲親親之根源

曰凱風何以不怨

凱風蒲昧反風篇名衛有七子之母不能安其室七子作此以自責也 新安陳氏曰母生七子而寡不能安其室七子作詩不敢非其母引罪自責謂子不能慰母心使母不安以感動之也附蒙引凱風只可說自責不可說怨恨身怨命便是怨不謂怨親也

曰凱風親之過小者也小弁親之過大者也親之過大而不怨是愈疏也親之過小而怨是不可磯也愈疏不孝也不可磯亦不孝也 磯音機

磯水激石也不可磯言微激之而遽怒也 朱子曰親之過大則傷天地之太和戾父子之至愛若此而不怨焉則是坐視其親之陷於大惡恝然不少動其心而父子之情益薄矣此之謂愈疏親之過小則特以一時之私心而少有虧於父子之天性若此而遽怨焉則是水中不可容一激石一有激石則叫號而遽怒矣此之謂不可磯故二者均爲不孝也○南軒張氏曰小弁凱風其事異故其情其辭異當小弁之事而怨慕不形是漠然無親當凱風之事而怨心遽形是歸過於親皆失親親之義而賊夫仁矣故皆以不孝斷之怨

一也。由少弁之所存。則爲天理。由高子之所見。則爲人欲。不可不察也。附蒙引七子之母過在身家。宜臼之父過係宗社。七子之母所係者不自制其一己情慾之私。而宜臼之父所失者。三綱淪九法斁。而四海覆矣。此其過小大可見。七子之母雖曰過係身家。然大節已墜。亦難以語人道者矣。如有國者有此婦人。亦能使三綱淪九法斁而四海覆也。晉賈氏唐武韋楊之屬是已。卽褒姒亦是已。○愈疏不孝也。小弁之所以怨也。不可磯亦不孝也。凱風之所以不怨也。○磯水激石也。不可磯言微激之而遽怒也。問激者水激之也。怒者水平石平。曰非石怒乃水怒也。水激石謂水所見激之石也。實石激水而致怒也。故小註謂水中不容一激石。後世所謂釣磯是也。磯卽是石。但水中或水涯石乃謂之磯。○存疑註磯水激石也。當云激水石。蓋當水之行處下石。水行不去遂激起而叫號矣。是此石乃激水之石也。蒙引曰水所見激之石是此意。○當知不可磯是水淺急流去處。若長江大河巨石屹立。亦不能號。○顧

麟士曰。石喩母。水喩子。

孔子曰舜其至孝矣五十而慕

言舜猶怨慕。小弁之怨。不爲不孝也。附蒙引五十而慕。此解作怨慕。亦借解耳。其實舜三十登庸。已不格姦而允若矣。何至五十而有怨乎。其怨乃在往于田之日也。○五十而慕。還作不得於親說。與萬章篇首意不同矣。○淺說舜之怨慕。怨己而慕乎親也。小弁之怨。怨己而亦怨親也。實未免有不同者。孟子亦姑引以爲證。而取詩意之近厚耳。凱風亦有自怨之意。如曰母氏聖善。我無令人是也。但不如小弁哀痛迫切之甚耳。○趙氏曰。生之膝下。一體而分。喘尺兗反息呼吸。氣通於親。新安陳氏曰。此由子生之始而推其未生以前。深味之。愛親之心。油然生矣。當親而疏。疎同怨

慕號平聲天。是以小弁之怨。未足爲愆也。問說詩者皆以小弁之意與舜怨慕同、竊謂只我罪伊何一句。與舜於我何哉之意同。後面君子秉心。維其忍之。君子不惠。不舒究之。分明是怨其親。與舜怨慕之意。似不同。朱子曰。作小弁者。自是未到得舜地位。蓋亦常人之情耳。只我罪伊何上面說何辜於天。亦似自以爲無罪。未可與舜同日語也。○雲峰胡氏曰。七情中有哀而無怨。怨出於哀。哀之切。故怨之深。雖程子嘗論小弁之怨。與舜不同。然皆出於人情之至痛。而天理之至眞者也。附蒙引趙氏曰。生之膝下。一體云云。下句皆指旣生以後說。所以申一體而分之意。新安陳氏以爲此由子生之始而推其未生之前者。非也。

○宋牼將之楚。孟子遇於石丘。牼口莖反

宋姓。牼名。石丘地名。

曰先生將何之

趙氏曰。學士年長上聲者。故謂之先生。

曰吾聞秦楚構兵。我將見楚王說而罷之。楚王不悅。我將見秦王說而罷之。二王我將有所遇焉。說音稅

時宋牼方欲見楚王。恐其不悅。則將見秦王也。遇合也。按莊子書有宋銒刑堅二音者。禁攻寢兵。救世之戰。上說音稅下敎。強上聲聒古活反不舍。上聲○見莊子天下篇疏去聲云齊宣王時人。以事考之。疑卽此人也。構古候反合也。

曰軻也請無問其詳願聞其指說之將何如曰我將言其不利也曰先生之志則大矣先生之號則不可

徐氏曰能於戰國擾攘之中而以罷兵息民爲說其志可謂大矣然以利爲名則不可也蔡氏曰宋牼在當時。想亦是年德之高者。故孟子以先生呼之。而猶不免溺於利害之私。不知仁義之正道。世俗從可知矣。

先生以利說秦楚之王秦楚之王悅於利以罷三軍之師是三軍之士樂罷而悅於利也爲人臣者懷利以事其君爲人子者懷利以事其父爲人弟者懷利以事其兄是君臣父子兄弟終去仁義懷利以相接然而不亡者未之有也樂音洛下同

先生以仁義說秦楚之王秦楚之王悅於仁義而罷三軍之師是三軍之士樂罷而悅於仁義也爲人臣者懷仁義以事其君爲人子者懷仁義以事其父爲人弟者懷仁義以事其兄是君臣父子兄弟去利懷仁義以相接也然而不王者未之有也何必曰利王去聲

此章言休兵息民爲事則一然其心有義利之殊而其效有興亡之異學者所當深察而明辯之也〔南軒張氏曰〕古之謀國者以義理。不以利害。此天理人欲之所以分。而治忽所由係也。說之以利。使其能從。亦利心耳。罷兵雖息一時之患。而徇利實傷萬世之彝。○〔西山眞氏曰〕戰國交兵之禍烈矣。宋牼一言而罷之。豈非生民之福。而仁人之所甚願者哉。顧利端一開。君臣父子兄弟。大抵皆見利而動。其禍又有甚於交兵者。是以聖賢不得不嚴其防也。○〔新安陳氏曰〕以利說二王而罷兵若足爲斯民幸矣。然上下皆懷利以相接必將有滅亡之禍。是利未得而害已甚矣。以仁義說二王而罷兵上下皆懷仁義以相接則仁必愛親義必急君雖不言利而仁義之利自在其中矣。此章大意與首篇首章相似。利端一開。利心競熾。而大倫將不暇顧。其禍有甚於交兵者。交兵不過殺人身耳。言利則必蠱害人心。孟子此章於遏人欲存天理尤嚴焉。〔附〕〔纂引〕宋牼戰國之士耳。孟子逆知其所以說秦楚者無他。只是以利害入之耳。孟子以爲如此。使其說入。則人人只各從利上尋求。依舊是這事件。兵隨罷而隨搆矣。故開以仁義。使其因是行而有補

於名敎。而亦有實利於人國也。自俗情觀之。宋牼之言。似未可大駭。而不知其有伏禍也。○三軍之士。就在下人說。言三軍中人也。有有位者。有無位者。自將校以至卒伍皆士也。下文爲人臣者。爲人子者。爲人弟者。三軍之士也。○爲人臣懷仁義以事其君云云。如此則君有正臣。父有孝子。兄有賢弟。四境之內。同一尊君親上之誠。舉國之人同一愛親敬兄之願。人心旣振。國勢自張。然而不王者。未之有也。○〔存疑〕懷仁義以事其君。是懷個仁義之心去事君。不是把仁義去事君也。蓋其所以事君者。只是見得道理當如此。初不爲一己富貴之圖。便是懷仁義以事其君也。這裏容易說作把仁義去事君。殊不是。緣此源流出於以仁義說秦楚之王也。○以仁義說秦楚之王。只是就搆兵上說。其非。仁義不是搆兵外另說他去做仁義也。就搆兵上說其非仁義。仁義只在搆兵之中。所謂殃民非仁。過制非義。若孟子之告愼子是也。搆兵外另說他去做仁義。仁義又在搆兵之外。是秦楚方搆兵。把個仁義去替他。使舍

彼而爲此也。其不同如此。○懷利懷仁義。若不作懷利心懷仁義之心說。只作敎君去營利爲仁義。然則爲子弟者。亦敎父兄去營利爲仁義耶。理有不通矣。

○孟子居鄒季任爲任處守以幣交受之而不報處於平陸儲子爲相以幣交受之而不報任平聲相去聲下同

趙氏曰季任任君之弟任君朝音潮會於鄰國季任爲去聲之居守其國也儲子齊相也不報者來見則當報之但以幣交則不必報也〔朱子曰〕初不自來。但以幣交。未爲非禮。但孟子既受之後。便當來見而又不來。則其誠之不至可知矣。故孟子過而不見。施報之宜也。亦不屑之敎誨也。○〔慶源輔氏曰〕來見則禮意重。幣交則禮意輕也。附蒙引居處二字少有別。居意常。處意暫。蓋鄒是父母之國。平陸其所寓也。○不報者。不往答拜也。

他日由鄒之任見季子由平陸之齊不見儲子屋廬子喜曰連得閒矣

屋廬子連其名也知孟子之處上聲此必有義理故喜得其閒隙而問之附蒙引連得閒矣。謂己得閒而問也。非謂孟子所處有閒隙處也。

問曰夫子之任見季子之齊不見儲子爲其爲相與爲其之爲去聲下同與平聲

言儲子但爲齊相不若季子攝守君位故輕之邪邪俗作耶

曰非也書曰享多儀儀不及物曰不享惟不役志于享

書周書洛誥之篇享奉上也儀禮也物幣也役用也言雖享而禮意不及其幣則是不享矣以其不用志于享故也〔蔡氏曰〕享不在幣而在於禮。幣有餘而禮不足。亦所謂不享也。附蒙引儀禮意也。對物言。集註只云禮也。其下文便云禮意。禮有本有文。此禮字蓋指本言。多厚也。不可因多字遂謂是禮文。○書所享指天子。孟子引之則謂享賢者事也。

爲其不成享也

孟子釋書意如此〔新安陳氏曰〕幣物有餘而禮儀不足。是有慢上之心。謂其所貪在物。雖禮意不足。無妨乃是雖有享之名而不成享之禮也。附蒙引爲其不成享也一句。最當玩味。要見是發上文未發之意。莫與上文不享一般看。要深一步。正是解那意。○〔存疑〕惟不役志於享。是書自解曰不享意。爲其不成享。又是孟子解書曰不享意。蓋不役志於享而儀不及其物。則不成個享禮了所以曰不享。

屋廬子悅或問之屋廬子曰季子不得之鄒儲子得之平陸

徐氏曰季子爲去聲君居守不得往他國以見孟子則以幣交而禮意已備儲子爲齊相可以至齊之境內而不來見則雖以幣交而禮意不及其物也〔慶源輔氏曰〕不得之鄒而不來。則是制於禮者也。得之平陸而不至。則是簡於禮者也。制於禮者欲爲禮而不可。簡於禮者可爲而不欲。君子之所爲。一視其禮意之輕重。而行而義而已。○〔覺軒蔡氏曰〕此章見孟子於禮意之間是否之際權衡輕重各稱其宜如此然皆以幣交而皆受之豈孟子當時亦有幣交之禮而季子儲子皆非惡人亦有可受之理歟〔附蒙引〕屋廬子悅已得孟子之意矣。或問之。雖問其言未得其意也。故問之。猶曾子曰唯門人問曰。何謂也。○〔淺說〕或者猶有疑曰。同一幣交也。何有成享與不成享之異。屋盧子曰。季子爲君居守。況由任至鄒則越國矣。是季子不得之鄒。則以幣交而禮意已備。儲子特齊相。統國政猶有人也。況平陸又在齊之境內乎。是儲子得之平陸。而不求見。則雖以幣交而禮不及其物也。

○淳于髡曰先名實者爲人也後名實者自爲也夫子在三卿之中名實未加於上下而去之仁者固如此乎先後爲皆去聲

名聲譽也實事功也言以名實爲先而爲之者是有志於

救民者也以名實爲後而不爲者是欲獨善其身者也先後並如字名實未加於上下言上未能正其君下未能濟其民也〔附蒙引〕爲人。似可兼正君。救民。而朱子於此獨言救民。大抵必正君。而能救民也

孟子曰居下位不以賢事不肖者伯夷也五就湯五就桀者伊尹也不惡汙君不辭小官者柳下惠也三子者不同道其趨一也一者何也曰仁也君子亦仁而已矣何必同惡趨並去聲

仁者無私心而合天理之謂〔慶源輔氏曰〕無私心以存諸心而言合天理以行諸外而言人固有雖無私心而行事不合天理者唯仁則內外合天人備矣○論語於令尹子文陳文子章注引師說以爲當理而無私心則仁矣今又以爲仁者無私心而合天理其先後不同者蓋彼就二子之事而言故以爲當理而無私心此直指夫仁而言故曰仁者無私心而合天理楊氏曰伊尹之就湯以三聘之勤也其就桀也湯進之也湯豈有伐桀之意哉其進伊尹以事之也欲其悔過遷善而已伊尹既就湯則以湯之心爲心矣及其終也人歸之天命之不得已而伐之耳若湯初求伊尹即有伐桀之心而伊尹遂相去聲之以伐桀是以取天下爲心也以取天下爲心豈聖人之心哉〔程子曰〕五就湯五就桀。此伊尹後來事。蓋已出了。則當以湯之心爲心。所以五就桀。不得不如此。○〔張子曰〕伯夷伊尹柳下惠皆稱聖人

出於仁之一端莫非仁也三子者各以是成性故得稱仁○〔雲峰胡氏曰〕集註於三子之中引楊氏說獨詳於伊尹者如夷惠不屑就不屑去其迹甚易明惟伊尹有去又有就其心未易識故詳之〔通旨〕朱氏公遷曰仁以事言孔子許三仁夷齊是就其處事處許之以仁孟子許三子是就其存心處許之以仁孔子是因其處事而知其心之仁孟子是因論出處而引三子之事以明仁人之心也然夷齊三子迹無可疑三仁之事則似反乎仁而實得乎仁故集註之說各不同〔附蒙引〕居下位不以賢事不肖者伯夷也。若伊尹則賢亦事。不賢亦事。然猶有去就也。至於柳下惠不惡汙君。不羞小官。則又不屑於去矣。三子制行之不同如此。○此下位不指有官者。謂士庶也。伯夷當紂之時。居北海之濱。以待天下之清故云。○君子亦仁而已矣。說開去。不指三子。孟子自謂也。以謂承三子言亦可。○三子者不同道。亦見得伯夷爲後名實一等人。伊尹柳下惠合爲先名實一等人矣。○〔存疑〕夫子在三卿之中爲人也名實

未加於上下而去。爲人又不成矣。故以爲未仁。髡意以天下之道二。出與處而已。出便是出。處便是處。各成其事。方是仁。若旣出了。未能成事。又去之。旣不成處。又不成出。兩無所成。這便不得爲仁。不知爲人固君子之本心。然時之用舍。有不能必者。時苟我以。出而爲人可也。時不我以。猶汲汲於爲人。必至枉道。未有能直人者。故古之聖賢。救世之心雖切。在己之道終不可枉。故雖立人本朝。欲行救世之心。道苟不合。則奉身而退。孔子之去魯。孟子之去齊。皆是道也。但此意有難以語髡者。故特舉伯夷伊尹柳下惠之事以曉之。蓋伯夷去也。柳下惠就也。伊尹有去有就者也。去者是仁。就者亦是仁。以見己旣在三卿之中。名實未加於上下而去之者。亦仁也。故曰君子亦仁而已矣。何必同。○仁者無私心而合天理也。其趣一者。心之所存一。皆無私而其事皆合天理也。伯夷之去。非沽名也。天下無道。在所當去。是其心固無私而其去亦合天理也。下惠之不去。非貪祿也。進不隱賢。必以其道。不以三公易其介。其心亦非有私。而於理亦合也。伊尹之有去有就。其就湯也。感湯之聘。欲以道覺民。其就桀也。以湯之進。冀其悔過遷善也。其去而就湯也。以桀不悔過而湯有可就。亦非爲利祿也。是其心未嘗有私。於理亦合也。無私心。以心言。合天理以事言。夫子告顏子曰。克己復禮爲仁。朱子解三月不違仁曰。無私欲而有其德。此解仁曰。無私心而合天理。若依二說。作無私心。就是合天理。似亦得。但此以三子行事論與彼論學者爲仁不同。人之行事。固有心雖無私而於理未當者。如所謂雖無邪心。苟不得正。擧皆妄是也。亦有事雖當理而心却有私。如子張學干祿。及今之學者爲人是也。故不可強同於彼。蒙引謂是就事上論心。愚尚有未醒處。○君子亦仁而已矣。何必同。言君子之或去或就亦惟求無私心合天理而已。其迹之或去或就。雖若不同。不必論也。必欲其迹之同。同於去者。恐有同室之鬭而不知救之。同於就者。恐有鄕鄰之鬭而不知閉戶。其迹雖若相同。而去仁遠矣。

曰魯繆公之時。公儀子爲政。子柳子思爲臣。魯之削也滋甚。若是乎賢者之無益於國也。

公儀子名休。爲魯相。相去聲 子柳。泄柳也。削。地見侵奪也。髡譏孟子雖不去。亦未必能有爲也。附蒙引爲政者相國之任。爲臣則凡布列庶位者皆是。○趙注曰。公儀休爲執政之卿。子柳子思二人爲師傅之臣。

曰虞不用百里奚而亡。秦穆公用之而霸。不用賢則亡。削何可得與。與平聲

百里奚事見形甸反前篇。新安陳氏曰。亡則何止乎削。故曰削何可得。魯之不亡。尚有三賢在也。否則如虞之亡。求削而不可得矣。

曰昔者王豹處於淇。而河西善謳。緜駒處於高唐。而齊右善歌。華周杞梁之妻善哭其夫。而變國俗。有諸內必形諸外。爲其事而無其功者。髡未嘗覩之也。是故無賢者也。有則髡必識之。華去聲

王豹衛人。善謳。謳聲有曲折也。歌長言也。高唐齊西邑。華周杞梁。二人皆齊臣。戰死於莒。莒音舉 其妻哭之哀。國俗化之皆善哭。左傳襄公二十三年。齊侯襲莒。杞殖華胡化反還音旋載甲夜入。明日先遇莒

子莒子重幣之使無死曰請有盟華周對曰食貨棄命亦君所惡也昏而受命日未中而棄之何以事君莒子親鼓而伐之獲杞梁莒人行成齊侯歸遇杞梁之妻于郊（梁殞死妻行迎喪使弔之辭曰殖之有罪何辱命焉若免於罪猶有先人之敝廬在下妾不得與郊弔齊侯弔諸其室○劉向說苑齊莊公攻莒杞梁與莒戰梁遂鬭殺二十七人而死妻聞而哭城爲之陁而隅爲之崩（通考）吳氏程曰按左傳禮記皆無華周妻哭之事不過帶說華周猶前篇稱禹稷過門不入耳

髡以此譏孟子仕齊無功未足爲賢也附淺說凡有才獻蘊諸內必有功業著於外也如或內足以爲其事而外畧不見其功者髡未嘗覩之也是故今無賢者也有賢者出則有功可見而髡必識之矣○顧麟士曰按說苑華周作華舟

曰孔子爲魯司寇不用從而祭燔肉不至不稅冕而行不知者以爲爲肉也其知者以爲爲無禮也乃孔子則欲以微罪行不欲爲苟去君子之所爲衆人固不識也稅音脫爲肉爲無之爲去聲

按史記孔子爲魯司寇攝行相去聲下同事齊人聞而懼於是以女樂遺去聲魯君季桓子與魯君往觀之怠於政事子路曰夫子可以行矣孔子曰魯今且郊如致膰音煩於大夫則吾猶可以止桓子卒受齊女樂郊又不致膰俎於大夫孔子遂行孟子言以爲爲肉者固不足道以爲爲無禮則亦未爲深知孔子者蓋聖人於父母之國不欲顯其君相之失又不欲爲無故而苟去故不以女樂去而以燔肉行其見幾平聲明決而用意忠厚固非衆人所能識也然則孟子之所爲豈髡之所能識哉○尹氏曰淳于髡未嘗知仁亦未嘗識賢也宜乎其言若是（南軒張氏曰孔子之去魯非孟子發明於此後世固亦未知也○（慶源輔氏曰觀孟子引孔子之事以答淳于髡則孟子之去齊亦必有所爲而不欲言之者矣○（汪氏曰爲肉爲無禮皆非知孔子蓋不能用聖人而耽聲色君之大罪燔肉不至君之微罪若不以微罪行而著君之罪則爲不仁苟去則爲不義以微罪行仁也不爲苟去義也君子之所爲仁義而已○（新安陳氏曰髡本辯口滑稽之徒始謂孟子去齊而未仁孟子答以夷惠伊尹或去或就皆仁也又謂有賢則必識之孟子答以夫子之去魯亦豈髡所能識哉反覆言古人事末方以君子自擬以衆人指髡髡雖譏孟子未立功而去而孟子所以去齊之故終不自言以顯齊王之失亦見幾明決而用意忠厚焉自謂所願則學孔子今觀其進退語默宛然孔子家法也附存疑以微罪行不欲苟去是二意俱就燔肉上見得蓋燔肉小事聖人乃以是去不爲無罪是在聖人有微罪也然雖小事在魯君亦不是亦有可去處是其去亦有故也蒙引曰上句微罪字重其失在己也下句不苟去字重其失在人也微罪從前俱作君相說惟蒙引作孔子說最說得好當從之○（蒙引）君子之所爲至不識也當依上文君子亦仁而已矣例其大註云蓋聖人於父母之國至用意忠厚如此固非衆人所能識也此數句都附在大文不欲爲苟去二句而起下文二句意○（顧麟士曰）此章三問三答首疑孟子之去爲不仁答言不論去就但無私心合天理同歸於仁次疑不去亦未必有名實答言賢者於人國必有益但不用耳終疑無名實不可謂賢答言賢者固不可識也孔子

見幾明決而用意忠厚故去國之故不肯明言直俟孟子始發明之然則孟子之去齊亦必有不欲明言者髡固未知宜其曉曉耳

○孟子曰五霸者三王之罪人也今之諸侯五霸之罪人也今之大夫今之諸侯之罪人也

趙氏曰五霸齊桓晉文秦穆宋襄楚莊也三王夏禹商湯周文武也丁氏曰（丁氏名公著唐蘇州人）夏昆吾商大彭豕韋周齊桓晉文謂之五霸（趙氏曰丁氏說本杜預春秋傳註○新安陳氏曰自王道衰伯圖盛人惟知五伯之功豈敢議五伯之罪惟孟子崇王賤伯故以三王律五伯而名其爲罪人焉五伯宜從前一說）

天子適諸侯曰巡狩諸侯朝於天子曰述職春省耕而補不足秋省斂而助不給入其疆土地辟田野治養老尊賢俊傑在位則有慶慶以地入其疆土地荒蕪遺老失賢掊克在位則有讓一不朝則貶其爵再不朝則削其地三不朝則六師移之是故天子討而不伐諸侯伐而不討五霸者摟諸侯以伐諸侯者也故曰五霸者三王之罪人也（朝音潮辟與闢同治去聲）

慶賞也益其地以賞之也掊克聚斂也（斂力驗反）讓責也移之者誅其人而變置之也討者出命以討其罪而使方伯連帥（上所類反下所律反）諸侯以伐之也伐者奉天子之命聲其罪而伐之也摟牽也五霸牽諸侯以伐諸侯不用天子之命也（新安陳氏曰無王如此使居三王之世豈非罪人）自入其疆至則有讓言巡狩之事自一不朝至六師移之言述職之事南軒張氏曰天子入諸侯之國首察其土田次詢其賢才蓋爲國之道莫先於農桑莫要於人才也附蒙引自天子適諸侯曰巡狩至助不給是一節省耕省斂天子諸侯之所同也自入其疆至有讓是一節言天子巡狩之事自一不朝至六師移之言諸侯述職之事以上文觀之則賞罰征討之柄自天子出固無有摟諸侯以伐諸侯之事者也故繼之曰是故天子討而不伐云云而繳云云故曰五霸者三王之罪人也是故二字分明承上○自天子適諸侯至六師移之皆舉先王之法而承之以是故天子討而不伐至伐諸侯者也以見當時諸侯之違王法不止摟諸侯以伐諸侯一事但即此一節明其無王而上文所舉先王之法皆在所違中矣詞簡而意該不可不知也○自天子適諸侯至六師移之皆舉三王之法遂見得五伯之違王法也便見得五伯爲三王罪人不必依陳氏謂使居三王之世方爲罪人○土地辟謂墾也田野治指熟地言下文土地荒蕪則兼田野不治在其中○養老者無凍餒之老也尊賢者知重有德也俊傑在位者收用人才而不取掊尅之徒也此一句專指布列庶位以脩百職者不與尊賢相混○遺老失賢掊尅在位則有讓王者亦訪察不然初入其疆亦難辨其掊尅與俊傑也○慶以地或曰三王之世九州之內自先王建邦分土時便已星羅碁布本無閑地則當如何曰割土地荒蕪遺老失賢者之地以賞之曰三王之世命討素行威命素舉其四隣皆無有土地荒蕪者則又當何如曰孟子不云乎此其大畧也○則有讓不言所讓者何事豈以上文有慶

以地在而意自可推耶或曰善善長惡惡短不削地亦未可知○六師移之註既曰誅其人而變置之則非滅其國矣後章曰變置社稷變置二字終與滅字不同○方伯連帥蓋只是一人平時爲方伯征討則稱連帥也蓋古者兵民爲一凡公卿大夫士當征伐時則皆稱軍師卒旅之長詩王風揚之水傳曰先王之制諸侯有故則方伯連帥以諸侯之師討之王室有故則方伯連帥以諸侯之師救之天子鄉遂之民供貢賦衛王室而已○五伯之伐諸侯而必摟諸侯以伐之者此正假仁處也以其不奉天子之命亦須合諸侯之議併諸侯之力而以爲出於公也天子則命方伯連帥伐其罪五伯則摟諸侯以攻伐實違其法而猶竊其法雖竊其法而壞其法也○大註自入其疆至則有讓言巡狩之事自一不朝至六師移之言述職之事此乃朱子解註分析意思非謂孟子因上文說巡狩述職二事此又分析其事以實之也蓋自天子適諸侯至此總言舉先王之法以律當時諸侯耳○春省至不給下文是故

天子討而不伐處雖不及照應此三句然只此二句亦見得當時諸侯爲三王罪人處蓋當時此法盡廢矣那一件不是得罪三王處○存疑土地辟是無不田之地田野治是無不耕之田○養老如王制之養國老庶老及死事者之父祖是也三王養老皆以引年註老人雖多非賢者不可皆養則庶人之年老有德者亦在所養鄉飲酒禮可見公孫丑章俊傑在位是承尊賢使能說此曰俊傑在位當依蒙引作人才布列庶位以脩職者言

五霸桓公爲盛葵丘之會諸侯束牲載書而不歃血初命曰誅不孝無易樹子無以妾爲妻再命曰尊賢育才以彰有德三命曰敬老慈幼無忘賓旅四命曰士無世官官事無攝取士必得無專殺大夫五命曰無曲防無遏糴無有封而不告曰凡我同盟之人既盟之後言歸于好今之諸侯皆犯此五禁故曰今之諸侯五霸之罪人也（歃所洽反糴音狄好去聲）

按春秋傳（去聲）僖公九年葵丘之會陳牲而不殺讀書加於牲上（新安陳氏曰威信服人無事歃血歃歃也）壹明天子之禁樹立也已立世子不得擅（時戰反）易初命三事所以脩身正家之要也（穀梁傳僖公九年九月戊辰諸侯盟於葵丘桓盟不日此何以日（日謂記其日）美之也爲見天子之禁故備之也葵丘之會陳牲而不殺讀書加於牲上一明天子之禁曰毋壅泉（專水利）毋訖糴（訖止也）毋易樹子毋以妾爲妻毋以婦人與國事（與音預）○（慶源輔氏曰）一明天子之禁但一意以明天子之禁而已不孝是惡之大者故居首世子必告於天子而後立既立則豈可擅自易之不孝是不子易樹子是不父以妾爲妻則無夫婦之別）

賓（賓客也旅）行旅也皆當有以待之不可忽忘也士世祿而不世官恐其未必賢也官事無攝當廣求賢才以充之不可以闕人廢事也取士必得必得其人也無專殺大夫有罪則請命於天子而後殺之也無曲防不得曲爲隄防壅泉激水以專小利病鄰國也無遏糴鄰國凶荒不得閉糴也無有封而不告者不得專封國邑而不告天子也（新安陳氏曰五命即載書之辭才者育之亞於尊賢所以明貴德言歸於和好無構怨也（附）蒙引葵丘之會諸侯爲一句非諸侯束牲載書而不歃）

血也。謂桓公也。○束牲。陳牲不歃也。既殺則有血在。不容不歃也。蓋此箇牲特地是取血用。故朱子知其爲不殺也。束牲者束縛之于壇上。既不殺則不容不束縛。○印本作讀書加于牲上。蓋讀其書而加于不殺牲體之上也。一本作匱字。○世子之樹也。上則已爲天子之所命。下則已爲國人之所戴。故不易也。然萬一有罪亦不容不易。○尊賢育才。以彰有德。賢才皆有德者也。陳氏之說非。俊傑在位便是育。亦不必說如今學校育才。○壅泉與激水不同。泉者其源也。木者其流也。泉木若利于己國則壅激之以歸于內。是爲專小利也。泉木若不利于己國則壅激之以歸于外。是爲病鄰國也。然專其利于己則必有病于人矣。嫁其病于人則亦爲利于己矣。○言歸于好。言蓋語辭。如詩經言旋薄言之類。若永言孝思之言。則解曰念也。○言歸于好。不得違五命之禁也。新安解作無構怨也。恐不切。○葵丘五命非桓公所自爲。一明天子之禁也。○存疑。初命正家也。再命四命用人用刑也。三命治民也。五命睦鄰尊王也。

長君之惡其罪小。逢君之惡其罪大。今之大夫皆逢君之惡。故曰今之大夫今之諸侯之罪人也。長上聲

君有過不能諫又順之者長君之惡也。君之過未萌而先意導之者逢君之惡也。南軒張氏曰君有過。承順而長之。固爲罪矣。逢君惡者。逆探君意而成之。罪尤大也。其詭秘姦謟爲甚。而戕賊蠹害尤深。蓋君萌不善之念。其始必有未安於心。未敢遽達也。已迎而安之。則其發也必果。君以爲己意未形於事。而彼能先之。則其愛也必篤。故長君惡於外者其罪易見。逢君惡於內者其慝難知。易見者害猶淺。難知者害不可言也。自古姦臣之得君。未有不自逆探君意以成其惡。故君臣之相愛不可解。卒至於俱亡而後已。逢君之惡云者。可爲極小人之情狀矣。○慶源輔氏曰長君之惡者。無能而巽懦阿諛之人也。逢君之惡者。有才而傾險陰邪之人也。附蒙引長君之惡者未必皆逢君之惡。逢君之惡者未有不長君之惡。長君之惡其罪小。猶云齊桓公正而不譎。對下句言耳。逢君之惡所謂賊其君者也。安得不爲諸侯之罪人。○黃氏日抄曰五伯三王之罪人一章。以至古之所謂民賊。警切世變極爲痛快。自戰國風俗一變之後。行乎世者滔滔皆若人。徒飾以三王以上之議論耳

○林氏曰邵子有言治春秋者不先治五霸之功罪則事無統理而不得聖人之心。春秋之間有功者未有大於五霸。有過者亦未有大於五霸。故五霸者功之首罪之魁也。以上邵子之說孟子此章之義其亦若此也與。音余然五霸得罪於三王。今之諸侯得罪於五霸。皆出於異世。故得以逃其罪。至於今之大夫宜得罪於今之諸侯則同時矣。而諸侯非惟莫之罪也。乃反以爲良臣而厚禮之。不以爲罪而反以爲功。何其謬哉。謬靡幼切 慶源輔氏曰孟子雖取桓文之五命。而又以五霸爲三王之罪人。得春秋之大指矣

○魯欲使慎子爲將軍

慎子魯臣。附蒙引慎子非史記所載慎到也。到趙人。學黃老之術。嘗著書。本傳不言其仕進。慎子魯臣也。名滑釐

孟子曰不教民而用之謂之殃民殃民者不容於堯舜之世

教民者教之禮義使知入事父兄出事長上聲上也用之使之戰也慶源輔氏曰能如是而教其民。乃可以卽戎。使之敵愾禦侮臨戰之際。皆如手足之捍頭目子弟之衛父兄矣。不然則是陷之於死地矣故謂之殃民在堯舜之仁政豈容之哉、附蒙引輔氏似以爲殃民之事堯舜所不容者非也者字分明作人說。明其爲堯舜罪人所以斥之。

一戰勝齊遂有南陽然且不可

是時魯蓋欲使愼子伐齊取南陽也故孟子言就使愼子善戰有功如此且猶不可新安陳氏曰就使使倖克敵。已驕敵怒禍方深耳況未必能且

不免敗。附蒙引然且不可。新安以爲就使克敵。禍方深耳非也。此正是下文吾明告子云云之意然且不可是言於理不可也。○不教民而用之一條。言其徒殃吾民而不足以勝敵也。一戰勝齊一條。又言縱使勝敵而於理亦不可也。

愼子勃然不悅曰此則滑釐所不識也

滑釐愼子名滑音骨

曰吾明告子天子之地方千里不千里不足以待諸侯諸侯之地方百里不百里不足以守宗廟之典籍

待諸侯謂待其朝音潮覲聘問之禮宗廟典籍祭祀會同之常制也慶源輔氏曰觀此二句。則知先王之制。封國大小。自有意義豈私意可得而損益之哉

周公之封於魯爲方百里也地非不足而儉於百里太公之封於齊也亦爲方百里也地非不足也而儉於百里

二公有大勳勞於天下而其封國不過百里儉止而不過之意也問王制與孟子同。而周禮諸公之地。封疆方五百里諸侯方四百里伯三百里子二百里男百里。鄭氏以王制爲夏商制爲夏商中國方三千里、周公斥而大之、中國方七千里。所以不同朱子曰鄭氏只文字上說得好看然甚不曉事情。且如百里之國。周人欲增到五百里須併四箇百里國地方做得一國。其所併四國。又當別裂地以封之。如此則天下諸侯東遷西移改立宗廟社稷皆爲之騷動矣。且如此趲去不數大國便無地可容了許多

國何以處之恐其不然。竊意其初只方百里後來吞併。逐漸漸大。如禹會諸侯於塗山執玉帛者萬國。到周時只千八百國。自非吞併。如何不見了許多國。武王時諸國地已大。武王亦不奈何只得就而封之。當時封許多功臣之國緣當初滅國五十得許多空地可封。不然則周公太公亦自無安頓處。孟子百里之說。亦只是大綱如此說不是實考得見古制

今魯方百里者五子以爲有王者作則魯在所損乎在所益乎

魯地之大皆併去聲吞小國而得之有王者作則必在所損矣

徒取諸彼以與此然且仁者不爲况於殺人以求之乎

徒空也言不殺人而取之也〔慶源輔氏曰〕不殺人而取彼與此仁者猶且不爲以其非所當得故也况於殃民而求廣土地者乎〔附〕存疑自吾明告子至然且仁者不爲解然且不可意方盡蒙引謂吾明告子以下三節指然且不可説徒取諸彼節指殃民説不是

君子之事君也務引其君以當道志於仁而已

當道謂事合於理志仁謂心在於仁〔華陽范氏曰〕君子之事上也引其君於正小人之事上也引其君於邪君子引其君於仁義引其君於愛民引其君於納諫引其君於恭儉引其君於學問此君子之所以引其君者志於仁而已矣小人引其君於好利引其君於好戰引其君於用刑引其君於拒諫引其君

於驕侈此小人之所以引其君者志於不仁而已矣伊尹以堯舜之道引成湯故成湯爲堯舜之君周公以文武之道引成王故成王爲文武之君此引其君於當道榮夷公以專利引周厲王故周亂趙高以刑法引秦二世故秦亡此引君於當非道也○〔西山眞氏曰〕道之於仁非有二也以事之理而言則曰道以心之德而言則曰仁心存於仁則其行無不合道矣○〔新安陳氏曰〕事合理必不爭已所不當有之地心存仁必不殺人以爭地二句不特可斷此一事實臣事君之法也殃民者仁之反欲愼子導君以仁不殃民而爲不仁也〔附〕淺説大凡君子之事君也務引其君以當道使之事事合理而非理者不可見諸行務引其君以志仁使之念念合理而非理者不可萌諸心彼其驅不教之民以圖分外之地其心可謂不仁而事亦可謂過當矣豈君子之所以引其君乎

○孟子曰今之事君者曰我能爲君辟土地充府庫今之所謂良臣古之所謂民賊也君不鄉道不志於仁而求富之是富桀也爲去聲辟與闢同鄉與向同下皆同

辟開墾口很反也〔朱子曰〕鄉道志仁不可分爲二事中庸曰脩道以仁孟子言不志於仁所以釋不鄉道之實也前章務引其君以當道志於仁而已亦言志仁之爲當道耳〔附〕蒙引鄉道即當道也當道即當敵之當亦向也○〔存疑〕辟土地是盡地力李悝是也故註曰開墾故以爲富桀不是廣境土若開擴境土當屬戰必克矣充府庫聚斂也

我能爲君約與國戰必克今之所謂良臣古之所謂民賊也君不鄉道不志於仁而求爲之強戰是輔桀也

約要平聲結也與國和好去聲相與之國也〔新安陳氏曰〕前是爲君富國剝下奉上者此是爲君強兵戰勝攻取者暴君之良臣實治世之民賊不能引君鄉道志仁而導以不道不仁助桀爲虐者也

由今之道無變今之俗雖與之天下不能一朝居也

言必爭奪而至於危亡也〔南軒張氏曰〕此章大抵與前章意同戰國之臣所以輔君者徒以能富國强兵爲忠而其君亦固以此爲臣之忠於我也而孟子以爲民賊何哉蓋君不鄉道不志於仁而但爲之富强之計則君益以驕肆而民益以憔悴是上成君之惡而下絶民之命也當時諸侯乃以民賊爲良臣豈不痛哉○〔新安陳氏曰〕自當時觀之孟子此論若迂且激既而六國吞暴秦亡此論豈不深中大驗此章與上章意實相類

其因譏切愼子而繼發歟附蒙引由今之道無變今之俗猶皐陶謨曰百僚師師百工惟時傳曰百僚百工皆言百官言其人之相師則曰百僚言其人之趨事則曰百工其實一也愚按此曰道曰俗亦然○本文由字與變字主君言以此二等爲良臣者今之道今之俗也○顧麟士曰如此則下雖與之天下語方合君不嚮道云云特申解民賊一句耳

○白圭曰吾欲二十而取一何如

白圭名丹周人也欲更平聲稅法二十分扶問反下同而取其一

分林氏曰按史記白圭能薄飲食忍嗜時至反欲與童僕同苦樂音洛下同樂觀時變人棄我取人取我與以此居積致富

其爲此論蓋欲以其術施之國中也勿軒熊氏曰按貨殖列傳白圭當魏文侯時李克務盡地力而白圭樂觀時變故人棄我取人取我予能薄飲食忍嗜欲與用事僮僕同苦樂趨時若猛獸鷙鳥之發曰吾治生猶孫吳用兵商鞅行法智不足以權變勇不足以斷決仁不能以取予强不能以有守雖欲學吾術皆不告也蓋世言治生者祖白圭附存疑白圭儉嗇以致富其欲二十而取一謂欲以其術施之國者蓋欲儉薄以足用不多取民以足用也孟子辨白圭二十取一之非主意只是言其不足用

孟子曰子之道貉道也貉音陌

貉北方夷狄之國名也

萬室之國一人陶則可乎曰不可器不足用也

孟子設喩以詰弃乙反圭而圭亦知其不可也

曰夫貉五穀不生惟黍生之無城郭宮室宗廟祭祀之禮無諸侯幣帛饔飧無百官有司故二十取一而足也夫音扶

北方地寒不生五穀黍早熟故生之得及未寒時生成饔飧以飲食饋客之禮也附蒙引無城郭則無營築之費無宮室則無構造之費無宗廟祭祀之禮則無犧牲粢盛酒醴之費無諸侯幣帛饔飧則無朝會饋賜宴勞之費無百官有司則無食祿之費故二十取一而足也○幣帛大段凡綾羅緞絹之類及銅錢貨物皆幣也故又謂之錢幣幣蓋通名帛只是其一端

今居中國去人倫無君子如之何其可也

無君臣祭祀交際之禮是去人倫無百官有司是無君子附蒙引今居中國去人倫無君子而遺了城郭宮室此古人文章也

陶以寡且不可以爲國况無君子乎

因其辭以折之

欲輕之於堯舜之道者大貉小貉也欲重之於堯舜之道者大桀小桀也

什一而稅堯舜之道也多則桀寡則貉今欲輕重之則是小貉小桀而已慶源輔氏曰什一中正之制也故以爲堯舜之道三代聖人雖因時損益有所不同

然一本於中正則無以異也惟其中正所以行之天下而安傳之萬世而無弊周衰王制盡廢兼幷之俗起而貧富遂以不均白圭謹身禁欲樂觀時變知取知予以此居積致富此三代盛時所無有也其犯先王之禁大矣顧乃私憂過計創爲輕賦之說欲以其術施之國家故孟子明辨其不可觀其始則取其事之易辨者以開其智中則歷陳其不可之實以破其說末則舉堯舜之道不可得而輕重者使之有所歸著亦可謂委曲詳盡矣○雲峰胡氏曰易曰節以制度必先言中正以通蓋堯舜之道中而已重之輕之皆非中也可行於夷狄不可通行於天下可行於一時不可通行於萬世○新安陳氏曰彼貪貉貪桀爲大者此爲小者也通旨朱氏公遷曰因其過而以中道矯之者所以救時政之敝也因其不及而以中道闢之者所以正邪說之誣也皆所以明先王之道不可不行也

○白圭曰丹之治水也愈於禹

趙氏曰當時諸侯有小水白圭爲去聲之築堤壅委恐反而注之他國附蒙引白圭所以自負於過禹者蓋其隄防一築而國遂不被其害無四乘之勞無八年之久故耶

孟子曰子過矣禹之治水水之道也

順水之性也附蒙引順字是朱子添助字只說水之道亦便見得是順水之性○或以爲性與道不同順其性即道也此說似善解斜但非虛心自然所見夫順其性者人也如何以人之道爲水之道

是故禹以四海爲壑今吾子以鄰國爲壑

壑受水處也附蒙引是故禹以四海爲壑正是水之道處

水逆行謂之洚水洚水者洪水也仁人之所惡也吾子過矣

惡去聲

水逆行者下流壅塞故水逆流今乃壅水以害人則與洪水之災無異矣勿軒熊氏曰按白圭自言善治生有智仁强勇四術然築堤壅水不能行所無事則不智以鄰國爲壑利己害人則不仁所謂强勇亦愚悍自信而已此戰國富强之術故深抑之○新安陳氏曰禹除天下之害順水之性而委之於海圭除一國之害不順水之性而但委之於鄰是禹爲天下除害而圭乃爲鄰國之害也不仁甚矣附蒙引水逆行云云所惡也今吾子以鄰國爲壑是壅水[illegible]害人[illegible]洪水之災無異其[illegible]矣[illegible]乃誇以爲愈於禹吾子過矣吾子過矣不必說爲禹罪人只謂其言之過

○孟子曰君子不亮惡乎執惡平聲

亮信也與諒同惡乎執言凡事苟且無所執持也朱子曰攷之說文古無亮字以爲與諒通者近之然諒有二訓止訓信者友諒之類是也訓必信者貞而不諒是也○南軒張氏曰諒對貞而言則專於諒者未必貞也以己之私意爲諒非諒之正也孟子之言諒諒之正也○慶源輔氏曰此與論語人而無信章同意此以守言彼以行言也○汪氏曰執諒體常也不諒通變也附蒙引君子不亮惡乎執與人而無信不知其可意大同小異觀註云凡事苟且可見若彼處難下苟且字輔氏以爲此以守言彼以行言恐太分析矣既失其執持其何以行之哉其實一也但語意各有緩急耳○賈誼曰執此之信堅如金石諒有堅固之意故曰惡乎執做得亦罷不做得亦罷言則無物行則無恆且行且却乍作乍輟事不可立功不可成○亮以心言心所以主乎其事者也故曰君子不諒惡乎執○淺說有是實心斯有是實事若主於心者不忠信則凡事苟且無所執持

而事不可立矣。

○魯欲使樂正子爲政孟子曰吾聞之喜而不寐

喜其道之得行

公孫丑曰樂正子强乎曰否有知慮乎曰否多聞識乎曰否 知去聲

此三者皆當世之所尚而樂正子之所短故丑疑而歷問之

然則奚爲喜而不寐

丑問也

曰其爲人也好善好善足乎 好去聲下同

丑問也

曰好善優於天下而况魯國乎

優有餘裕也言雖治天下尚有餘力也 〔趙氏曰〕善取於己則有盡善取於人則無窮。此其所以治天下猶有餘力也。

夫苟好善則四海之內皆將輕千里而來告之以善 夫音扶下同

輕易去聲也言不以千里爲難也 附〔蒙引〕夫苟好善云云告之以善由是以天下之善而理天下之事。豈不誠綽綽有餘裕哉而况魯國。

夫苟不好善則人將曰訑訑予既已知之矣訑訑之聲音顏色距人於千里之外士止於千里之外則讒諂面諛之人至矣與讒諂面諛之人居國欲治可得乎 訑音移治去聲

訑訑自足其智不嗜善言之貌 〔慶源輔氏曰〕世間此等人亦甚多然其所謂智者是乃所以爲患也。然原其始則起於予既已知之之意萌於中而已。可不畏乎。○〔新安陳氏曰〕距與拒通。前漢汲黯傳智足以距諫亦用此距字。附〔淺說〕夫苟不好善則人將曰彼之爲人訑訑然。自謂天下之事我皆已知之矣。往告以善必不見好也。君子小人迭爲消長上聲直諒多聞之士遠則讒諂

面諛之人至理勢然也○此章言爲政不在於用一己之長而貴於有以來天下之善 〔南軒張氏曰〕好善誠篤。非舍己私者不能。能舍己則中虛。虛則能來天下之善。於爲天下何有。蓋善者天下之公也。自以爲是則專己而絕天下之公理蔽孰甚焉。

○陳子曰古之君子何如則仕孟子曰所就三所去三

其目在下 附〔趙注曰〕陳臻。○〔蒙引〕所就而仕者三。所去而不仕者亦有三。

迎之致敬以有禮言將行其言也則就之禮貌未衰言弗行也則去之

所謂見行可之仕若孔子於季桓子是也受女樂而不朝

音潮則去之矣附蒙引迎接也非出迎也○存疑迎之致敬以有禮猶云恭而有禮蓋亦有致敬而無禮者若齊餽兼金一百而無處餽子得之乎陸僅以幣交是恭敬之無禮也○迎之致敬以有禮將以為行其言之地耳○蒙引曰迎之致敬以有禮是固君子之所樂就者然不特此卻界作兩段意恐未是○蒙引言焉又將行其言也一說人君許以行其道也○顧麟士曰按淺說達說俱從前說

其次雖未行其言也迎之致敬以有禮則就之禮貌衰則去之

所謂際可之仕若孔子於衛靈公是也故與公遊於囿公仰視蜚與飛同鴈而後去之史記孔子世家孔子反乎衛入主蘧伯玉家他日靈公問兵陳

孔子曰俎豆之事則嘗聞之軍旅之事未之學也明日與孔子語見蜚鴈仰視之色不在孔子孔子遂行復如陳通考趙氏悳曰春秋年表云衛靈公即位之三十八年孔子來祿之按孔子世家云孔子適衛衛靈公問孔子居魯得祿幾何對曰養之六萬衛人亦致粟六萬石頃之或譖孔子孔子遂去衛是則孔子於衛靈公有公養之仕也如衛孝公則吾亦未能信以其無以核據也以時推之則孔子於季桓子受女樂之時時靈公即位之三十七年魯定公十一年也定公十三年是衛靈公即位之三十八年問陳之時則即位之四十三年衛靈公是年卒後之學者宜精究之

其下朝不食夕不食飢餓不能出門戶君聞之曰吾大者不能行其道又不能從其言也使飢餓於我土地吾恥之周之

亦可受也免死而已矣

所謂公養之仕也君之於民固有周之之義況此又有悔過之言新安陳氏曰所謂大者以大節論所謂又者以其次言也所以可受然未至於飢餓不能出門戶則猶不受也其曰免死而已則其所受亦有節矣朱子曰孟子言所就三所去三其上以言之行不行為去就此仕之正也其次以禮貌衰未衰為去就又其次至於不得已而受其賜則豈君子之本心哉蓋當是時舉天下莫能行吾言矣則有能接我以禮貌而周我之窮困者豈不善於彼哉是以君子以為猶可就也然孟子蓋通上下言之若君子之自處則在所擇矣孟子於其受賜之節又嘗究言之曰飢餓不能出門戶則周之亦可受也明未至於如是之貧則不可受免死而已矣

言受之有限不求贏餘明不多受也○慶源輔氏曰言將行其言也則就之為道而仕也迎之致敬以有禮則就之為禮而仕也道在我禮在彼至於周之亦可受此君子之不得已也集註恐後之貪利苟得者以是藉口而全不顧義遂流於欲而不知也故言此以防警之然使上之賜下止周其身下受其賜止以免其死則時可知矣○雲峰胡氏曰本文初言去就各有三至其目則上兩節言去就未一節獨不言蓋飢餓不能出門戶是欲去而不能去者故周之不曰可就而曰亦可受觀亦之辭見其頻死不容不受而曰免死而已則亦未嘗過受也君子於去就辭受之際可謂嚴矣此孟子答古之君子之問也今之君子何如哉附蒙引行其道與從其言不同行其道如彼之道明德也吾行其明德之道如彼之道新民也吾行其新民之道彼以堯舜之道望我吾行堯舜之道也彼以湯武之事望我吾行湯武之事也此是行其道若從其言只是為他因事納誨如有所諫諍之類與上文言將行其言也言字不

同彼卽是行其道也觀本文大者及又字最分明○〔淺說〕此一節雖不見其爲仕但受其所周是亦就也○〔蒙引〕此末一段只言就若不如是則不就而去在其中矣然亦只是暫時之就終須去耳

○孟子曰舜發於畎畝之中傅說舉於版築之閒膠鬲舉於魚鹽之中管夷吾舉於士孫叔敖舉於海百里奚舉於市說音悅

舜耕歷山三十登庸說築傅巖武丁舉之膠鬲遭亂鬻余六反販方萬反魚鹽文王舉之管仲囚於士官桓公舉以相去聲國孫叔敖隱處上聲海濱楚莊王舉之爲令尹百里奚事見形甸反前篇〔新安陳氏曰〕舜聖人且君也故只曰發傅說以下五賢皆臣也故皆曰舉○附〔蒙引〕孟子深斥百里奚自鬻之說而又謂百里奚舉於市其辨云何曰百里奚爲人養牛莊周與范氏皆明言之此不足辭但無干穆公之事

故天將降大任於是人也必先苦其心志勞其筋骨餓其體膚空乏其身行拂亂其所爲所以動心忍性曾益其所不能曾與增同

降大任使之任大事也若舜以下是也空去聲窮也乏絕也拂戾也言使之所爲不遂多背音佩戾也動心忍性謂竦荀勇反動其心堅忍其性也然所謂性亦指氣稟食色而言耳〔朱子曰〕動其仁義禮知之心忍其聲色臭味之性○〔慶源輔氏曰〕竦動其心則心活堅忍其性則性定心活則不爲欲所役性定則不爲氣所動○〔雲峰胡氏曰〕或謂孟子嘗曰不動心曰養性此曰動心忍性何也曰彼言不動心是處富貴而富貴不能變動其心也此言動心是處貧賤而貧賤有以竦動其心也譬之水動心是浚得源頭活水滾滾出來不動心是水之流不爲沙泥所汩不爲波流所汩也養性者養其本然天命之性不使之有所動於外忍性者忍其氣稟食色之性不使之有所動於中○〔新安陳氏曰〕分配之苦心志所以動心動心則善念由此生勞餓空乏所以忍性忍性則物慾由此窒拂亂所爲所以增益前所不能者而能之則德業由此進舜大聖人未必盡由此而窮苦之迹實如此履此豈無所警省若傅說以下所以能當大任實由乎此也

程子曰若要熟也須從這裏過〔朱子曰〕只是要事事經歷過似一條路須每日從上面往來行得熟了方認得許多險阻去處若素不曾行忽然一日撞行去少間定墮坑落塹也○〔慶源輔氏曰〕人不經憂患困窮頓挫摧屈則心不平氣不易察理不盡處事多率故謂人若要熟須從這裏過○〔潛室陳氏曰〕更嘗變故多則閱義理之會熟熟謂義理與自家相便習如履吾室中○附〔蒙引〕此條總是言雖上智之人於天下之事一一經涉過方得若身處順境則無由經涉天下許多事務曲折而所就亦少矣故引程子曰若要熟也須從這裏過○動心忍性成其德也增益其所不能成其才也或謂只動心忍性便是增益不能則欠了才一脚未遇也○不必如新安陳以苦心志爲所以動心勞餓空乏爲所以忍性勞餓空乏獨不能善念乎苦心志獨不能忍嗜欲薄滋味乎○不言餓其腑臟而云體膚者人受餓則體膚消削其歸固在體膚也○〔存疑〕行拂亂其所爲總是所爲不遂然曰行曰所爲亦須有分別爲是作

爲有經營運用意行是據見成底行去以所爲者見之行也看來只是一串事有終始之分行拂亂其所爲言行出底事與其所營爲者愈相拂也○動心忍性增益不能俱本窮拂亂來○〔淺說〕故天將降大任云云行拂亂其所爲如此者正欲其窮則反本勞則能思有以竦動其仁義禮智之心堅忍其氣稟食色之性而德於是乎益純矣閲歷世故備嘗世味有以知其所未能知爲其所未能爲而才於是乎益周矣

人恒過然後能改困於心衡於慮而後作徵於色發於聲而後喻 衡與橫同

恒胡登反 常也猶言大率也橫不順也作奮起也徵知盈反 驗也喻曉也此又言中人之性常必有過然後能改〔新安陳氏曰〕下文所謂作與喻即其改過之事 蓋不能謹於平日故必事勢窮蹙以至困於心橫於慮然後能奮發而興起不能燭於幾平聲 微故必事理暴著以至驗於人之色發於人之聲然後能警悟而通曉也〔朱子曰〕困心衡慮者心覺有其過徵色發聲者其過形於外○〔慶源輔氏曰〕舜大聖人之事傅說而下皆上智之事自人恒過而下則中人之事也纔言恒過而後能改便見是中人之性矣下兩句只是改過之事雖是不能謹於平日至於事勢窮蹙困心衡慮始能奮發而興起然畢竟是其才尚足以有爲雖是不能燭於幾微至於事理暴著徵色發聲始能警悟而通曉然畢竟是其智尚足以有察如此故亦可以進於善若至是而猶不知覺焉則下愚而已【附】蒙引一則以不能謹於平日言一則以不能灼於幾微言不必論高下一說困心衡慮而後作者

其改過得之己徵色發聲而後喻者其改過得之人雖均之爲中人然又畧有高下當從後說【附】存疑不能謹於平日以致困心衡慮到作後凡事皆能謹之平日不致困心衡慮矣不能燭於幾微以致徵色發聲到喻後凡事皆能燭之幾微不至徵色發聲矣

入則無法家拂士出則無敵國外患者國恒亡 拂與弼同

此言國亦然也〔慶源輔氏曰〕上既言上智中人之事矣故此推言在國亦然 法家法度之世臣也拂士輔弼之賢士也〔新安陳氏曰〕人主爲國內有守法持正者規諫之外有敵國外患以警懼之則不敢縱肆而國可保否則驕縱而國亡矣【附】蒙引法家之法與法語之言法字同如漢之汲黯吳之張昭唐之魏徵宋之璟其庶幾乎世臣二字就法家二字出拂士只是輔弼左右之士比法家畧次法家是世臣拂士是方仕者有親疏尊卑之辨敵國外患也須做兩般看如魯有武仲之據防楚有伍子胥之在吳非敵國乃外患也

然後知生於憂患而死於安樂也 樂音洛

以上文觀之則知人之生全出於憂患而死亡由於安樂矣〔新安陳氏曰〕憂患未必便生然憂患則警戒而其慮深有生全之理結章首至而後喻一截安樂未必便死然安樂則多怠肆而其志荒有死亡之理結入則無法家至國恒亡一節自困而亨上聖且然諸賢且然中人則待有過而後能然爲國者亦莫不然也大槩此章言困苦憂患之意多安樂即憂患之反也【附】蒙引生死二字活看如國亡身危而名辱雖不死亦死道也若舜發於畎畝傅說舉於版築則自憂患而得生道矣大註以全字貼生字亡字

貼死字尤有意。○不可如新安陳氏所分貼。蓋生於憂患死於安樂之意逐節都有當味入則無法家拂士一節大註云此言國亦然也則以專爲死於安樂者非矣

○尹氏曰言困窮拂鬱能堅人之志而熟人之仁

雲峰胡氏曰必堅忍其志然後自至於熟。堅志是入德路頭。熟仁是成德地步

以安樂失之者多矣

南軒張氏曰知生於憂患而死於安樂。生言生之道。死言死之道也。體之君。公侯之貴。生處安樂無憂患可歷則如之何。必也念安樂之可畏。思天命之無常。戒謹恐懼不敢有其安樂。是乃困心衡慮之方。生之道也。死於安樂非安樂能死之。以溺於安樂而自絕焉耳。其在君子則雖處安樂而生理未嘗不遂。在小人則雖處憂患而死亦恐不免。窮斯濫是也。○勉齋黃氏曰恐懼脩省常生於憂患。驕奢淫泆必起於宴安。當阨窮困頓之餘。其操心危。其慮患深。其刻厲奮發以進於善。有不期然者矣。○新安陳氏曰張子西銘云富

貴福澤將厚吾之生。貧賤憂戚庸玉汝於成。後二句即孟子此章之意。前二句孟子所未言也。人能知此則處憂患者固可生。處安樂者亦不死矣。盡心上篇有德慧章意與此合。當參看。動心是充廣道心。忍性是節制人心。一是擴天理。一是遏人欲

○孟子曰教亦多術矣。予不屑之教誨也者。是亦教誨之而已矣

多術言非一端。屑潔也。不以其人爲潔而拒絕之。所謂不屑之教誨也。其人若能感此退自脩省悉井反則是亦我教誨之也。朱子曰趙氏註屑潔也。考孟子不屑就與不屑不潔之言。屑字皆當作潔字解。不屑之教誨謂不以其人爲潔而教誨之。如坐而言不應隱几而卧之類。新安陳氏曰不屑教非忍而絕之。實將激而進之。是亦多術中教誨之一術也。孔子於孺悲。孟子於滕更皆是。○尹氏曰言或抑或揚或與或不與。各因其才而篤之。無非教也

孟子大全卷十二終

盡心章句上

凡四十六章　通考勿軒熊氏曰前五章皆言性命之學盡心知性存心養性卽大學之要訣也論古聖賢凡六章餘皆講學脩身齊家治國之事

孟子曰盡其心者知其性也知其性則知天矣

心者人之神明所以具衆理而應萬事者也　新安陳氏曰心者神明之舍具衆理心之體也應萬事心之用也大學章句釋明德或問釋致知之知字此釋心字大槩三處互相發云　**性則心之所具之理而天又理之所從以出者也人有是心莫非全體然不窮理則有所蔽而無以盡乎此心之量**　去聲　**故能極其心之全體而無不盡者必其能窮夫**　音扶　**理而無不知者也既知其理則其所從出亦不外是矣**　朱子曰天者理之自然而人之所由以生者也性者理之全體而人之所得以生者也心則人之所以主於身而具是理者也天大無外而性稟其全故人之本心其體廓然亦無限量惟其梏於形氣之私滯於聞見之小是以有所蔽而不盡人能卽事卽物窮究其理至於一日會通貫徹而無所遺焉則有以全其本然之體而吾之所以爲性與天之所以爲天者皆不外此而一以貫之矣伊川云盡性然後知性此不然盡字大知字零星性者吾心之實理若不知得徹盡箇甚惟就知上積累將去自然盡心人能盡其心者只爲知其性此句文義與得其民者得其心也相似者字不可不仔細看

○人之所以盡其心者以其知其性故也蓋盡心與存心不同存心卽操存求放之事是學者初用力處盡心則窮理之至廓然貫通之謂所謂知性卽窮理之事也須是窮理方能知性知性之盡則能盡其心矣○性以賦於我之分而言天以公共道理而言天便是箇大底人人便是箇小底天吾之仁義禮智卽天之元亨利貞凡吾之所有者皆自彼而來也故知吾性則自然知天矣○問如何是天者理之所出曰天便是那太虛但能盡心知性則天便不外是矣○慶源輔氏曰知性而盡心者譬如家主盡識一家所有之物然後隨取隨有隨用隨足方盡得主家之職知性而知天如家主既識得家中之物則自然知此物是何從而來也○陵陽李氏曰性與心初無間而知與盡則有序性與心無間則知性故能盡心知與盡有序則謂盡之爲先而知之爲後是失其先後之倫也　**以大學之序言之知性則格物之謂盡心則知至之謂也**　問盡心今既定作知至說則知天一條當何繫屬繫之知性之下盡心之前與知性俱爲一衮事耶抑繫之盡心之下乃知至又精熟底事邪　朱子曰知其性則知天矣據此文勢只合在知性裏說○問四十而不惑五十而知天命不惑謂知事物說否曰然　通考勿齋程氏曰至誠無息至明無蔽表裏精粗毫髮不遺是曰盡性體無不統用無不周充極其量毫髮無疑是曰盡心　附淺說　心體之所以爲大者正以其具有是性而萬物之理無不該也故性有未知則心有所蔽而無以盡其本然之量矣苟能盡其心者由能知其性也而吾之所以有是性者又自天而來也天有元亨吾得之以爲仁禮天有利貞吾得之以爲義智天大無外而性稟其全天人一理性命一物不知性則已既知性則知天矣　蒙引雲峰謂知性有工夫盡心無工夫盡是大段見功知是積累用工愚謂積累用工之言作推本說則可若本文知性字亦是舉成功者說故集註云知性則物格之事也又曰必其能窮夫理而無不知者也○知性之外亙無知

天工夫○或以性爲理之所當然天爲理之所以然者殊未察也此處不必依論語四十而不惑五十而知天命說蓋未至知天亦未足爲知性未有知性而違天者纔說著理便究到所以然處○盡心盡性之盡不是做工夫之謂蓋言上面工夫已至至此方盡得耳中庸言盡性孟子言盡心是也又曰盡心者知之至也盡性者行之極也都是工夫到頭處○天與中庸天命之謂性天字同（存疑）盡心知性有先後知性知天無先後○吾心之理皆出於天方其窮理之時必然窮到所從來處然未到豁然貫通時未免強探力索之勞夢想億度之間耳未可以言知天也惟窮之又窮工夫積累至一旦豁然貫通焉則心胸了悟天人洞然一貫上天之載無聲無臭者可得之於不言之表矣

存其心養其性所以事天也

存謂操平聲**而不舍**上聲**養謂順而不害事則奉承而不違也**

（朱子曰）先存心而後養性存得父子之心盡方養得仁之性存得君臣之心盡方養得義之性存之養之即是事心性即是天故曰所以事天也知性是知得性中物事既知得須盡知得方始是盡心存其心養其性方始是做工夫處如大學物格而后知至物格者物理之極處無不到知性也知至者吾心之所知無不盡盡心也至於意誠則存其心養其性也聖人說知必說行○存心者氣不逐物而常守其至正也養性者事必循理而不害其本然也○心性皆天之所以與我者不能存養而梏亡之則非所以事天也夫心具性敬以存之則性得其養而無所害矣此君子之所以奉順乎天蓋能盡其心而終之之事顏冉所以請事斯語之意故敬者學之終始所謂徹上徹下之道也○問盡心存心盡莫是極至地位存莫是初存得這心否曰盡心也未說極至只是凡事便須理會教十分周足無少闕漏處方是盡存也非獨是初工夫初間固是操守存在這裏到存得熟後也只是存這存字無始終只存這裏○（慶源輔氏曰）心是活物須是操則存不然便放去矣性是實理須當順之而不害害謂違悖而戕傷之性本不可以戕傷言但爲自家違悖了便是戕傷之也奉承之而不違便只是存心養性事○問盡心知性存心養性上是知工夫下是行工夫然上一節知性在先盡心在後下一節存心在先養性在後何也（潛室陳氏曰）知性即窮理格物之學是工夫最先者盡心即大學知至境界存心即誠意正心之謂養性在其中矣非存心外別有所謂養性工夫故養性在存心下○（新安陳氏曰）人能存心養性然後能事事合理順事乎天而無愧於天之所以賦予我者此西銘所以曰存心養性爲匪懈又曰存吾順事存心養性即所以順事之本也（附）淺說然心既盡矣又貴乎有以存之使其一動一靜常在於方寸之中而能爲一身之主性既知矣又貴乎有以養之使凡事事物物皆順其當然之則

而勿喪其本然之真夫心也性也皆天之所以與我者苟而放之害之則違天矣故存其心養其性所以事天也○（蒙引）此處存心養性對說便當有著落中庸單舉存養以對動時說故自不同○存其心養其性存養二字本該動靜朱子解中庸所謂存養省察之要者借此存養二字用也但以對省察而言則存養偏爲靜時工夫而存養二字未爲誤用也蓋朱子當時偏看諸經無他字可用於靜時工夫者故借用此若孟子存養二字本意省察已該其中○（存疑）存心工夫兼動靜靜亦定動亦定是也養性亦兼動靜或謂如此則靜時存心就該得養性矣嘗謂尚有毫釐之差蓋應事接物順其情而不害是動養也事物未感守其理而不失是靜養也心以知覺言性以理言○事天與知天稍不同必窮理之極然後可言知天若存養之始就可言事天矣

殀壽不貳脩身以俟之所以立命也

殀壽命之短長也貳疑也不貳者知天之至脩身以俟死則事天以終身也立命謂全其天之所付不以人爲害之

朱子曰殀壽不貳不以死生爲吾心之欣戚也不貳是不疑若一日未死一日要是當百年未死百年要是當這便是立命既不以殀壽貳其心又須脩身以俟方始能立命不以殀壽動心一向亂做又不可殀壽不貳便是知性知天之力脩身以俟便是存心養性之功立命一句更用通下章看此與西銘都相貫穿○殀壽之不齊蓋氣之所稟有不同者不以悅戚貳其心而惟脩身以俟之則天之正命自我而立而氣稟之短長非所論矣○慶源輔氏曰徇私以賊理縱欲以傷生皆所謂以人爲害之也○新安陳氏曰命之短長此命字以氣言立命此命字兼理與氣言通考朱氏公遷曰知命以知言俟命以行言立命兼知行言行法以德行言居易以事理言殀壽不貳即是知命脩身俟之即是俟命合知命俟命則是立命知命俟命則命在天立命則命在我附淺說然生死壽夭最人心易動而自始至終亦人之未易保全者必也性無一毫之不知心無一毫之不盡或壽或夭畧不足以介諸懷心無一息之不存性無一息之不養以脩身爲己任直至死而後已焉如此則天賦與我之正理無不全而歸之矣非所以立命而何知天者智也事天者仁也立命者智仁各造其極而人之能事畢矣○蒙引此命字以理言下章意與此同偶命字義與此異殀壽不貳脩身以俟之此是知行之至也蓋窮理而至於夭壽不貳則理之窮者無所不至也力行而至於脩身以俟死則行之力者亦無所不至矣如此則人道已盡而天之所付畀於我者無不全而歸之矣人之能事畢矣故曰所以立命也此節非謂窮理只是窮夭壽之理力行只是俟死而已矣死生夭壽最是大事而人之所難豁然者今既於此判斷得過則何理之不窮何行之不脩此孟子立言之意也其意中所含全在造其理履其事而各至其極也然則以立命爲與下章莫非命字相同是主氣言者亦泥於夭壽之意而失其精意所在耳新安看理不破卻又謂下章命字以氣言此章命字兼理氣言亦可謂無主張而爲騎墻之術矣○脩身以俟之之字承上句殀壽字言○存疑此命是天命之謂性之命立是植立不墜之謂天之命於我者至爲完備若有一理之未盡不能立得命以夭壽動心而怠於自脩便有欠缺不盡者矣命何由立夭壽不貳脩身以俟之則爲善之心至死不倦此理之在我者無一不盡天之所以命我者植立不墜矣故曰所以立命○死生壽夭最是大事人雖不以是動心若以是動心則爲善之念怠矣夭壽不貳脩身以俟之是不以死生動心爲善之志至死不倦若曾子將死起而易簀曰吾得正而斃焉是也蓋古之聖賢仁以爲己任直是死而後已若一息尚存此志不容少懈者豈以光陰無幾怠其爲善之心耶○立命之命當作理說與上文知天事天爲一串事意方有歸者蓋知天事天而至於立命猶窮理盡性以至於命也舊依小註作氣說今覺不是○夭壽不貳脩身以俟之是知天事天之極功也故能立命此說得之蒙引甚覺怜悧痛快從前只管鶻突此虛齋所以有功於後學也或曰如此則下章總註曰此與上章蓋一時之言所以發其末句未盡之意如何可通曰上曰夭壽不貳脩身以俟之重在立命上下曰莫非命也順受其正又是申明夭壽不貳脩身以俟之意蓋人之或壽或夭莫非命也然盡其道而死者爲正命夭壽不貳脩身以俟之乃所以順受正命耳以是爲發末句未盡之意有何不通

○程子曰心也性也天也一理也自理而言謂之天自稟受而言謂之性自存諸人而言謂之心張子曰由太虛有天之名由氣化有道之名合虛與氣有性之名合性與知覺有心之名

朱子曰由太虛有天之名由氣

化有道之名此是總說合虛與氣有性之名合性與知覺有心之名此就人上說四句本只是一箇太虛漸細分說得密耳由太虛有天之名便是四者之總體而不雜乎四者之言由氣化有道之名氣化者那陰陽造化金木水火土皆是太虛便是太極圖面上一圓圈氣化便是陰靜陽動合虛與氣有性之名有這氣便有這理隨在這裏若無此氣這理在甚處安頓合性與知覺有心之名知覺又是那氣之虛處聰明視聽作爲運用皆是知覺○有是物則有是理與氣故有性之名若無是物則不見理之所寓由太虛有天之名只是據理而言由氣化有道之名由氣之化各有生長消息底道理故有道之名既已成物則物各有理故曰合虛與氣有性之名○九峯蔡氏曰橫渠四語只是理氣二字而細分由太虛有天之名卽無極而太極之謂以理言也由氣化有道之名卽一陰一陽之謂道之謂以氣言也合虛與氣有性之名卽繼之者善成之者性之謂以人物稟受而言也合性與知覺有心之名卽人心

道心之謂以心之體而言也○饒氏曰集註並舉程張二說正欲學者於三者同處分所得異處分明於異處體會得同處親切耳○新安陳氏曰天者理而已惟以理言則幾於泛以形體謂之天惟以形體言則涉於淺今曰太虛則虛空之中有太極之理此由太虛所以有天之名也一陰一陽之謂道所以一陰而又一陽一陽而又一陰者氣之化也化云者所以然之妙也此由氣化所以有道之名也合太虛之虛與氣化之氣理寓於氣而具於人此合虛與氣所以有性之名也性理也知覺所以知覺此理也偏言知覺惟見氣之靈耳必合性與知覺言之所以有心之名也以此剖析之其庶幾乎通考吳氏程曰天以理言虛則不雜於氣之名也二氣迭運交錯變化見天理之流行氣根於理而理寓於氣此卽氣以成形而理亦賦焉者也性純乎理而知覺則雜於氣此卽人之神明所以具衆理應萬事者也○北山何文定曰張子所謂虛字指理而言蓋謂理形而上者未涉形氣故爲虛兩下面合虛與氣証

之見得此虛字是指自然之理蓋謂有此太虛自然之理而因名之曰天然自然之理初無聲臭之可名也必其陽動陰靜消息盈虛萬化生生其變不窮因可得而見故曰由氣化有道之名天以理之自然言太虛之體也道以理之運行言太虛之用也就人身看則必氣聚而成人而理固亦聚於此方始有五常之名故曰合虛與氣有性之名所謂合虛與氣謂氣聚而理方聚方可指此理爲性爾合字不過如周子二五妙合之意心統性情性者理也情者氣之所爲也故曰合性與知覺有心之名附蒙引由太虛有天之名由氣化有道之名此卽子貢所謂天道者也○太虛卽太極之謂虛者不雜於氣之名形而下者謂之氣則皆是實物惟理則虛周子所以有無極之說謂太極者以其[illegible]乎二氣五行萬象而莫與對焉者也卽是太虛○太虛者無極之眞也氣化者二五之精也○太虛一說以其無聲無臭而謂之太虛一說其未有物而謂之太虛看來後說不是失未有物之前固是此太虛既有物之後亦

是此太虛且以解天字所由名安得指未有物者而名之○合性與知覺有心之名此心字是純好字卽本文之存心盡心者也○註心者人之神明心是活物大凡說心處都是指活者此心字指其活者言所謂虛靈知覺者也故曰人之神明若夫胸中方寸地特其神明之會耳非神明也神明方能具衆理應萬事非謂塊然方寸地能具衆理應萬事者也其曰心者性之郛郭亦謂性不出乎此有似乎性郛郭耳亦非謂方寸地當郛郭也故張子曰合性與知覺有心之名看來神明本是人一身之神明而一身之神明悉在此箇中故手有手的神明足有足的神明耳目有耳目的神明以至一毛一髮莫不各有神明只是那精明處是神明畢萃於此箇中故手持足行而所以持所以行者神明在胸中有以運用之也目視耳聽而所以視所以聽者神明在胸中有以運用之也愚私見如此朱子於張子註下云聰明聽視作爲運用都是知覺譬如戶部十三司萃作一處而有以主管天下十三布政司之錢糧出

納也故曰心者人之神明人以其身言也而論語註亦曰蓋通神明此神明豈不通一身而言愚謂盡心
知性而知天所以造其理也存心養性以事天所以履其
事也不知其理固不能履其事然徒造七到反其理而不履
其事則亦無以有諸己矣慶源輔氏曰不知其理則冥行妄作而已不履其事則必至於妄想空虛知天而不以殀壽貳其心智之盡也事天而能脩身
以俟死仁之至也智有不盡固不知所以為仁然智而不
仁則亦將流蕩不法而不足以為智矣朱子曰盡心者私智不萌萬理洞貫
斂之而無所不具擴之而無所不通之謂也學至於此則知性之為德無所不該而天之為天者不外是矣存若存

孟子大全卷十三　盡心上　九

此而已養者養此而已死生不異其心而脩身以俟其正
則不徇乎氣稟之偏而天之正命自我立矣○大槩此章
所謂盡心者物格知至之事曾子所以一唯而無疑於一
貫之言者是也所謂事天者誠意正心脩身之事曾子所
以臨深履薄而無日不省其身者是也所謂立命者如是
以沒身焉曾子所以啓手足而知免得正斃而無求者是
也以是推之一章之指畧可見矣○節齋蔡氏曰孟子此
章與大學中庸相表裏窮其理以知天即中庸所謂智也
履其事以事天即中庸所謂仁也殀壽不貳脩身以俟死
所以立命而不踰即中庸所謂勇也與大學合前屢言矣
○雲峯胡氏曰欲造其理者用工全在知性上知性有工
夫盡心無工夫盡是大段見功知是積累用功欲履其事
者用工全在存心上存心有工夫養性無大功夫存者操
之而不舍養者不過順之而不害耳集註分理與事言又分
智與仁言何也蓋能知其理已自是智然必不以殀壽貳
其心方見其為智之盡能踐其事已自是仁然必脩身以

俟死方見其為仁之至流蕩不法四字讀者多以為指異
端之學言愚見流蕩與存養字相反不法與脩字相反能
存養則不至於流蕩矣能脩身則所為無不法者矣流蕩
不法則是不能全其天之所與而以人為害之者也附存
疑傳習錄謂夭壽不貳脩身以俟是困知勉行事大差此
地位豈困知勉行者可及易傳樂天知命故不憂即夭壽
不貳脩身以俟也可謂困知勉行乎陽明說道理多不顧前後此處可見

○孟子曰莫非命也順受其正

人物之生吉凶禍福皆天所命然惟莫之致而至者乃為
正命故君子脩身以俟之所以順受乎此也此字指正命○朱子曰莫
非命也此一句是活絡在這裏看他如何來然在天言之皆是正命在人言之便有正有不正此命字是指氣言若

孟子大全卷十三　盡心上　十

我無以致之則命之壽殀皆是合當如此若如顏子之夭
伯牛之疾是也○雲峯胡氏曰莫非命也凡有生者之所
同順受其正能脩身者之所獨○新安陳氏曰此命字氣
也順受其正理也立巖牆下非理也盡道而死理也桎梏
死非理也君子必以理御氣附存疑凡人生死壽夭都是
命然這裏要分別箇正不正莫之致而至者正命也有以
致之者非正命也盡其道而死莫之致也桎梏而死有以
致之也○蒙引吉凶禍福何別曰小則為吉凶大則為禍
福○大註人物之生物字人多作帶人字說看來自天命
言之不但人有命物亦有命故天命之性率性之道朱子
亦兼物言但下文云云則都就人言也

是故知命者不立乎巖牆之下

命謂正命巖牆牆之將覆音福者知正命則不處上聲危地以

取覆壓之禍慶源輔氏曰立乎巖墻之下。以致覆壓而死。則乃是人所自取耳。非天爲之也。蓋巖牆有傾覆之勢。自家卻去下面立地。便是自取其覆壓也。是故君子戰戰兢兢。如履薄冰。非禮勿動。○雲峯胡氏曰集註於此命字。必曰正命者。蓋上文有莫非命也一句。故死於巖墻之下。亦命也。但非正命爾。惟知正命者。則不立乎巖牆之下。○新安陳氏曰巖牆下理不當立。立而壓死。人所自取非正命也。附纂引凡行險以僥倖者。皆立巖牆之下也。其以巖牆而言。特舉人所易曉者耳。

盡其道而死者正命也

盡其道則所值之吉凶皆莫之致而至者矣問人或死於干戈死於患難如比干之類亦是正命乎朱子曰固是正命又問以理論之則謂之正命以死生論之則非正命如何曰如何恁地說得盡其道而死者正命也。當死而不死。卻是失其正命此處須當活看古人所以殺身成仁舍生取義學者須是於此處見得臨利害時便將自家斫判了直須是壁立萬仞始得如今小有利害便生計較便說道恁地死非正命如何得。○新安陳氏曰盡其道。卽上章所謂脩身是也。附纂引問盡其道而死者正命也。若中人上下。道未盡而亦未至於悖者。亦得爲正命否。曰所謂盡其道者。舉其的耳。豈必皆至如聖人之盡道。然後爲正命哉。但考終命而不以桎梏死。皆其類。

桎梏死者非正命也

桎梏所以拘罪人者桎音質足械也梏梏沃反手械也。言犯罪而死新安陳氏曰不盡其道而有罪。爲犯罪。若在縲紲非其罪者。不謂之犯罪。與立巖牆之下者同皆人所取非天所爲也問桎梏死者雖非正命然亦以命言此乃自取如何謂之命朱子曰亦是自作而天殺之但非正命耳使文王死於羑里孔子死於桓魋卻是正命。○新安陳氏曰天之命於人。吉凶禍福死生壽殀雖萬變而不齊。人之事乎天。必盡其道。有正無邪。則一定而不易。能盡其道而值其吉且福且壽者。固正命也。此似有以致之。然我惟知自盡其道耳。初非有以覬覦於天而爲之也。盡道而吉福壽自至焉。非天命之正而何。苟盡其道。不幸而值凶凶禍夭。是我於道理本無愧。不過自值乎凶禍夭耳。非我有以致之而然。是亦命之正也。必不盡其道。自取禍敗喪亡。則自有以致之。始不得爲正命耳。○此章與上章蓋一時之言所以發其末句未盡之意潛室陳氏曰凡死雖均是命。但盡道而無憾者爲正。比干雖殺身。正也。盜跖雖永年。非正也。知謂知此道理。立謂盡此道理。不惑於死生壽夭。壹是天理排定。是謂知命。既知得了。不成

一向委付於命。須是盡了自家身分上道理。無少虧欠。方是立命。盡此道理了。恁時死。才無憾。是謂正命。○雲峯胡氏曰前章末句言立命。是全其天之所付。而不以人爲害之者也。此所謂桎梏死。及死於巖牆之下。是不知正命。未免流蕩不法。而以人爲害之矣。立命。是已造聖賢之域。知命。是方入聖賢之階。立在知後。知在立先。通考程氏復心曰上章止言壽殀。故集註又推言及吉凶禍福。皆天所受。然惟人爲莫與而天所自至者則爲正命。故上章所謂君子脩身以俟之者。正所謂順受乎此也。附纂引此章大意若曰。夫人之或吉或凶。或禍或福。莫非命也。但要順受其正者耳。夫惟當順受其正命。是故知正命者。不立乎巖牆之下。然果何如而爲正命。又何如而爲非正命。蓋盡其道而死。則其死爲正命。其桎梏而死者。乃其所自取非正命也。○場屋若出全題。於順受其正處。且未宜說出脩身以俟之。蓋犯了下文盡其道而死者一句。孟子本文是於此句解出順受其正意。○如孔孟之聖賢。而不見用於世。而

聖賢亦莫不順受其正。這是於聖賢分上已得其正命。若就天觀之。彼以順感。而此以逆應。則是天自失其正命矣。○[淺說]上章命字以理言。此章命字以氣言。然盡道而死。順受其正。乃所以立命也。若桎梏而死。則非所以立命矣。故曰發其未句未盡之意。

○孟子曰。求則得之。舍則失之。是求有益於得也。求在我者也。舍上聲

在我者。謂仁義禮智。凡性之所有者。[附][蒙引]上三句。虛說。下句方指出言。惟其在我。故求則得。舍則失。而求有益於得也。○仁義禮智四字。已盡乎萬物矣。而必曰凡性之所有者。以貼在我者之意也。

求之有道。得之有命。是求無益於得也。求在外者也。

有道。言不可妄求。有命。則不可必得。在外者。謂富貴利達凡外物皆是。命字以氣言。[附][蒙引]此言在外者不可妄求。縱求亦不能必得。方見是求無益於得。○問以道求之如何。既是求。尚安得爲道。曰。總是言不可求。求則爲妄矣。○問以道而求者如何。曰如學而求師。病而求醫。人君之求賢才之類。此非妄求也。乃有道之求也。但是以道求。即是求在我者。但是求在外者。即是妄求。○

趙氏曰。言爲仁由己。富貴在天。如不可求。從吾所好。去聲[朱子]曰。富貴身外之物。求之惟恐不得。縱使得之。於身心無分毫之益。況不可必得乎。若義理求則得之。能不喪其所有。可以爲聖爲賢。利害甚明。○[南軒張氏]曰。言求在我者有益於得。所以擴天理也。言求在外者無益於得。所以遏人欲也。富貴利達。衆人謂己有求之之道。然不知其有命焉。固有求而得之者矣。是亦有命而非求之能有益也。蓋亦有巧求而不得者多矣。以此可見其無益於得也。○[新安陳氏]曰。此章言仁義禮智根於性。乃所當求。富貴利達制於命不可必求也。[附][存疑]此見人當致力於其所可求。不必勞心於其不可得也。

○孟子曰。萬物皆備於我矣。

此言理之本然也。大則君臣父子。小則事物細微。其當然之理。無一不具於性分去聲之內也。[通考]程氏復心曰。萬物之生。同乎一本。其所以生此一物者。即其所以生萬物之理。故一物之中。莫不有萬物之理也。所謂萬物皆備者。亦曰有其理而已矣。[附][存疑]萬物之理。本來皆具於人之心。原無一件欠缺。其有欠缺者。在人失之耳。此其本然也。故註曰此言理之本然。本然對當然說。此言理之本然。下二節言人之當然。與中庸言誠者天之道。誠之者人之道相似。○[蒙引]萬物皆備於我。只是有是性。性。大綱即仁義禮智四者而已。蓋有是仁在我。則自父子之親。以至於仁民愛物之理。皆在此矣。義在我。則自君臣之分。以至敬長尊賢之理。皆在此矣。禮智二者亦然。

反身而誠。樂莫大焉。樂音洛

誠。實也。言反諸身而所備之理。皆如惡去聲惡臭。好去聲好色之實。然則其行之不待勉強上聲而無不利矣。利順也 其爲樂孰大於是。[朱子]曰。萬物不是萬物之迹。只是萬物之理。如實有此理。檢點自家身上。果無欠缺。事君眞箇忠。事親眞箇孝。莫不各盡其當然。而無一毫之不盡。則仰不愧天。俯

不作入自然是快活然反之於身有些子不實則中心愧
作不能以自安如何會樂横渠謂反身而誠則不慊於心
此說極有理○反身而誠見得本具是理而今亦不曾虧
欠了他底若不反身而誠只是天下公共之理我無與焉
○此乃窮行之至集一理不實有於吾身非為一時見處
發也如仁義忠孝應接事物之理皆真有之而非出於勉
強偽為也此是見得透信得及處到此地位則推己及物
不待勉強而仁在我矣下言強恕而行者蓋言未至於此
則當強恕以去己之私蔽而求得夫天理之公也○潛室
陳氏曰反諸身者既是萬理皆實即渾身是義理流行何
處不順裕若於實理無得即觸處滯礙無往而非逆境何
樂之有○雲峯胡氏曰此一反字只是自檢點過不是湯
武反之之反通考程氏復心曰此言盡性之事也附蒙引
註雖用大學惡惡臭好好色但大學是大學者之事利仁
者也此章是聖人之事安仁者也反身亦輕○存疑反之
於身而所備之理若子之孝則真實是孝無一毫虛假臣

之忠則真實是忠無一毫虛假此便如惡惡臭真實是惡
如好好色真實是好一般故曰如惡惡臭如好好色之實
然蒙引謂惡惡如惡惡臭則惡實無諸己好善如好好色
則善實有諸己而向之備於我者不失矣此說不是依其
說則如惡惡臭如好好色乃是反身而誠之所以然處註意不如此

強恕而行求仁莫近焉強上聲

強勉強也恕推己以及人也反身而誠則仁矣其有未誠
則是猶有私意之隔而理未純也故當凡事勉強推己及
人庶幾平聲心公理得而仁不遠也朱子曰強恕不言忠無忠何以為恕蓋有心為
恕則忠固在其中矣所謂無忠做恕不出兩字不容去一
者正謂此也若自己心裏元自不實不盡更將何物推以

及人以此見凡說恕字必有忠字在源頭了今人皆不忠
之恕惟務苟且於一時不復有己可推亦無復近仁矣○
反身而誠則恕從這裏流出不用勉強未到恁田地須是
勉強○問強恕而行曰此是元不會恕在故當凡事勉強
推己及人若反而誠則無待於勉強矣強恕而行是要求
至於誠○雲峯胡氏曰強恕求仁即誠之之事附蒙引推
己及人亦只就父子君臣事物細微上說即中庸所謂所
求乎子以事父未能所求乎臣以事君未能所求乎弟以
事兄未能云云即大學所謂所惡於上毋以使下所惡於
下云云也○強恕未便得為仁於求仁為近也○心公理
得處則是曲能有誠而萬物之備於我者亦不失矣心則
吾心理則萬物之理也心公應私意之隔字理得應理未
純字○淺說是雖未能廓然大公也然私由是而可克矣
是雖未能與理為一也然理由是而可復矣其於仁也不
亦近乎

○此章言萬物之理具於吾身體之而實則道在我

而樂音落有餘聖賢之事行之以恕則私不容而仁可得學者之事○朱
子曰反身而誠自然循理所以樂強恕而行且恁地把捉
勉強做去萬物皆備於我下文反身強恕皆蒙此句為義
強恕者亦是他見得萬物皆備於我了只爭著一箇反身
而誠便須要強恕上做工夫亦只是要去箇私意而已私
意既去則萬物自無欠缺處矣○新安陳氏曰樂莫大焉
必以無不慊仰不愧俯不怍形容方見樂之味集註雖不
用此語然曰如惡惡臭好好色之實然則是以大學誠意
章自慊之意言之而此意已在其中矣誠與仁一理耳實
有此理則曰誠純乎此理而無私則曰仁未有誠而不仁
者也亦未有仁而不誠者也通考程氏復心曰此言學者
之事也其階級分明工夫有序由是而進聖人之道庶乎
其可至也○朱氏公遷曰仁以學言依於仁與造次顛沛
必於仁是欲其不息之也仁為己任死而後已既欲其全
體之又欲其不息之也力行強恕則由此而可體夫天理

聖賢亦莫不順受其正這是於聖賢分上已得其正命若就天觀之彼以順感而此以逆應則是天自失其正命矣○淺說上章命字以理言此章命字以氣言然盡道而死順受其正乃所以立命也若桎梏而死則非所以立命矣故曰發其末句未盡之意

○**孟子曰求則得之舍則失之是求有益於得也求在我者也**舍上聲

在我者謂仁義禮智凡性之所有者附蒙引上三句虛說下句方指出言惟其在我故求則得舍則失而求有益於得也○仁義禮智四字已盡乎萬物矣而必曰凡性之所有者以貼在我者之意也

求之有道得之有命是求無益於得也求在外者也

有道言不可妄求有命則不可必得在外者謂富貴利達凡外物皆是命字以氣言附蒙引此言在外者不可妄求縱求亦不能必得方見是求無益於得○問以道求之如何既是求尚安得爲道曰總是言不可求求則爲妄矣○問以道而求者如何曰如學而求師病而求醫人君之求賢才之類此非妄求也乃有道之求也但是以道求卽是求在我者但是求在外者卽是妄求○

趙氏曰言爲仁由己富貴在天如不可求從吾所好去聲朱子曰富貴身外之物求之惟恐不得縱使得之於身心無分毫之益况不可必得乎若義理求則得之能不喪其所得可以爲聖爲賢利害甚明○南軒張氏曰言求在我者有益於得所以擴天理也言求在外者無益於得所以遏人欲也富貴利達衆人謂己有求之之道然不知其有命焉固有求而得之者矣是亦有命而非求之能有益也蓋亦有巧求而不得者多矣以此可見其無益於得也○新安陳氏曰此章言仁義禮智根於性乃所當求富貴利達制於命不可必求也附存疑此見人當致力於其所可求不必勞心於其不可得也

○**孟子曰萬物皆備於我矣**

此言理之本然也大則君臣父子小則事物細微其當然之理無一不具於性分去聲**之內也**通考程氏復心曰萬物之生同乎一本其所以生此一物者卽其所以生萬物之理故一物之中莫不有萬物之理也所謂萬物皆備者亦曰有其理而已矣附存疑萬物之理本來皆具於人之心原無一件欠缺其有欠缺者在人失之耳此其本然也故註曰此言理之本然本

然對當然說此言理之本然下二節言人之當然與中庸言誠者天之道誠之者人之道相似○蒙引萬物皆備於我只是有是性性大綱卽仁義禮智四者而已蓋有是仁在我則自父子之親以至於仁民愛物之理皆在此矣義在我則自君臣之分以至敬長尊賢之理皆在此矣禮智二者亦然

反身而誠樂莫大焉樂音洛

誠實也言反諸身而所備之理皆如惡去聲**惡臭好**去聲**好色之實然則其行之不待勉强**上聲**而無不利矣**利順也**其爲樂孰大於是**朱子曰萬物不是萬物之迹只是萬物之理如君臣之義父子之親這道理本備於吾身誠是實有此理檢點自家身上果無欠缺事君眞箇忠事親眞箇孝莫不各盡其當然而無一毫之不盡則仰不愧天俯

不作人自然是快活然反之於身有些子不實則中心愧作不能以自安如何會樂橫渠謂反身而誠則不慊於心此說極有理○反身而誠見得本具是理而今亦不曾虧欠了他底若不反身而誠只是天下公共之理我無與焉○此乃躬行之至集一理不實有於吾身非爲一時見處發也如仁義忠孝應接事物之理皆真有之而非出於勉強僞爲也此是見得透信得及處到此地位則推己及物不待勉強而仁在我矣下言強恕而行者蓋言未至於此則當強恕以去己之私蔽而求得夫天理之公也○潛室陳氏曰反諸身者旣是萬理皆實卽渾身是義理流行何處不順裕若於實理無得卽觸處滯礙無往而非逆境何樂之有○雲峯胡氏曰此一反字只是自檢點過不是湯武反之之反○通考程氏復心曰此言盡性之事也附蒙引註雖用大學惡惡臭好好色但大學是大學者之事利仁者也此章是聖人之事安仁者也反身亦輕○存疑反之於身而所備之理若子之孝則真實是孝無一毫虛假臣

之忠則真實是忠無一毫虛假此便如惡惡臭真實是惡如好好色真實是好一般故曰如惡惡臭如好好色之實然蒙引謂惡惡如惡惡臭則惡實無諸己好善如好好色則善實有諸己而向之備於我者不失矣此說不是依其說則如惡惡臭如好好色乃是反身而誠之所以然處註意不如此

強恕而行求仁莫近焉強上聲

強勉強也恕推己以及人也反身而誠則仁矣其有未誠則是猶有私意之隔而理未純也故當凡事勉強推己及人庶幾平聲**心公理得而仁不遠也**朱子曰強恕不言忠無忠何以爲恕蓋有心爲恕則忠固在其中矣所謂無忠做恕不出兩字不容去一者正謂此也若自己心裏元自不實不盡更將何物推以及人以此見凡說恕字必有忠字在源頭了今人皆不忠之恕惟務苟且於一時不復有己可推亦無復近仁矣○反身而誠則恕從這裏流出不用勉強未到恁田地須是勉強○問強恕而行曰此是元不曾恕在故當凡事勉強推己及人若反而誠則無待於勉強矣強恕而行是要求至於誠○雲峯胡氏曰強恕求仁卽誠之之事附蒙引推己及人亦只就父子君臣事物細微上說卽中庸所謂所求乎子以事父未能所求乎臣以事君未能所求乎弟以事兄未能云云卽大學所謂所惡於上毋以使下所惡於下云云也○強恕未便得爲仁於求仁爲近也○心公理得處則是曲能有誠而萬物之備於我者亦不失矣心則吾心理則萬物之理也心公應私意之隔字理得應理未純字○淺說是雖未能廓然大公也然私由是而可克矣是雖未能與理爲一也然理由是而可復矣其於仁也不亦近乎

○此章言萬物之理具於吾身體之而實則道在我

而樂音落**有餘**聖賢之事**行之以恕則私不容而仁可得**學者之事○朱子曰反身而誠自然循理所以樂強恕而行且恁地把捉勉強做去萬物皆備於我下文反身強恕皆蒙此句爲義強恕者亦是他見得萬物皆備於我了只爭著一箇反身而誠便須要強恕上做工夫亦只是要去箇私意而已私意旣去則萬物自無欠缺處矣○新安陳氏曰樂莫大焉必以無不慊仰不愧俯不怍形容方見樂之味集註雖不用此語然曰如惡惡臭好好色之實然則是以大學誠意章自慊之意言之而此意已在其中矣誠與仁一理耳實有此理則曰誠純乎此理而無私則曰仁未有誠而不仁者也亦未有仁而不誠者也通考程氏復心曰此言學者之事也其階級分明工夫有序由是而進聖人之道庶乎其可至也○朱氏公遷曰仁以學言依於仁與造次顛沛必於仁是欲其不息之也仁爲己任死而後已旣欲其全體之又欲其不息之也力行強恕則由此而可體夫天理

之公博學篤志切問近思則自可不失其本心之德所以至之者雖不同及其至焉則一也【附】語類問反身而誠樂莫大焉是大賢以上事强恕求仁是學者身分上事否曰然問大賢以上是知與行俱到大賢以下是知與行相資發否曰然○【纂引】反身而誠者夫子之一貫也强恕而行者曾子所謂忠恕也

○孟子曰行之而不著焉習矣而不察焉終身由之而不知其道者衆也

著者知之明察者識之精【慶源輔氏曰著則明之而已察則又加精焉】言方行之而不能明其所當然既習矣而猶不識其所以然【習謂行之積習既久】所以終身由之而不知其道者多也【慶源輔氏曰所當然是就事上說所以然是就理上說凡事皆有所當然必有理之所以然人能於方行之時明其事之所當然既習之後又識其理之所以然則能知夫道矣○勿軒熊氏曰此與上章通言有此三等人反身而誠上也强恕而行次也此承上章而言下等人也○新安陳氏曰天下事物有當然之則必有所以然之故行而不明當然之則習而不察所以然之故此爲凡人言也易曰百姓日用而不知終身由之而不知其道於凡人無責也學者則不當然矣孟子斯言其亦憫凡人而不無望於學者與】【附】【纂引】行者據成迹而行耳習亦然所謂行之猶所謂日用飲食也如父坐而子當立彼見父亦立也臣拜而君受彼見君亦拜也但不知子之立而父之坐者以父者子之所天父固當坐而子固當立也臣之拜而君之受者以君者臣之元首臣固當拜而君固當受也此行之而不著者也如是而行之不已則習也既習矣於其所當然者或能知之矣而又不能識其所以然如父之坐子之立其所以然非出於安排也一出於天

命之性自然而然而有不得不然者也君之受臣之拜其所以受所以拜者非出於矯僞也一出於天性之與自然而然而有莫覺其然者也○著字察字不是著力字故大註所以終身由之所以字不可深泥○下一句只是總上二句言此其所以知道者鮮也○夫道有當然必有其所以然所以然卽是所當然之故也若不識其所以然究竟亦未知其所當然也故槩以爲不知道○只是學而不思則罔習其事而不求之心也○不能明其所當然非謂父不知當慈子不知當孝也若是則只用知一箇字便了蓋父之慈子之孝內面有許多節目凡在所當然者皆其所當知也既不能悉知其所當然則其所行者特皮膚而已耳雖已知其所當然而猶未能察其所以然則其所知者亦糟粕而已耳○輔氏謂所當然是事所以然是理愚以爲不然蓋曰行曰習者其事也曰知其所當然識其所以然者理也下句終身由之卽其事也不知其道卽謂理也○【顧麟士曰】通義鄱陽朱氏曰此章勉人知道而爲儆歎之辭○按紹聞編行與習是行之淺深著與察是知之淺深

○孟子曰人不可以無恥無恥之恥無恥矣

趙氏曰人能恥己之無所恥是能改行【去聲】從善之人終身無復【扶又反】有恥辱之累矣【南軒張氏曰恥者羞惡之心所推也恥吾之未能進於善則善可遷恥吾之未能遠於過則過可消苟惟漠然無所恥則爲無所忌憚而已矣故人當以無所恥爲恥也○慶源輔氏曰恥者改過遷善之機也人能以己之無恥爲恥則思去其恥而恥可無否則安於其恥而恥終不可免】【附】【纂引】本文四箇恥字畢竟皆同只管相因下來惟下一箇恥字作恥辱說似以事言然其實亦是無可恥也皆以心言故恥字從心

○孟子曰恥之於人大矣

恥者吾所固有羞惡（去聲）之心也存之則進於聖賢失之則入於禽獸故所繫爲甚大（慶源輔氏曰存之則有所不爲。故可進於聖賢失之則無所不爲。故至入於禽獸。讀之使人凜凜。）

爲機變之巧者無所用恥焉

爲機械（下戒反）變詐之巧者所爲之事皆人所深恥而彼方且自以爲得計故無所用其愧恥之心也（慶源輔氏曰陷溺其心於機械變詐之巧則是無所不爲者也故人雖以爲深恥而己方自以爲得計其愧恥之心雖其固有亦已窒塞而不復發見矣○雲峯胡氏曰爲機變之巧此巧字便與恥字相反恥則守正而有所不爲巧則行險而無所不爲雖其本心未嘗無恥而彼方自矜其爲之之巧則無所用其恥矣周夫子拙賦。正是深貶此一巧字。附蒙引不曰無恥而曰無所用其恥者。蓋恥者人。所固有。獨彼自不用其恥耳。）

不恥不若人何若人有

但無恥一事不如人則事事不如人矣或曰不恥其不如人則何能有如人之事其義亦通（新安陳氏曰前說以不恥爲無恥不如後說之明順其意蓋曰恥不如人則漸能如人不恥其不如人則何能如人之有）或問人有恥不能之心如何程子曰恥其不能而爲之可也恥其不能而掩藏之不可也（慶源輔氏曰程子是用後說恥不能而爲之則終必能是以貴夫恥也恥不能而掩藏之則終不能矣。是不能擴充夫恥也通考朱氏公遷曰此自其固有之心而言無恥之恥則無恥所以勸也不恥不若人則不若人所以戒也二章正相表裏附蒙引但無恥一事不如人則不顧義理之正而無所不爲矣何若人有）

○孟子曰古之賢王好善而忘勢古之賢士何獨不然樂其道而忘人之勢故王公不致敬盡禮則不得亟見之見且猶不得亟而況得而臣之乎（好去聲樂音洛亟去利反）

言君當屈己以下（去聲降也）賢士不枉道而求利二者勢若相反（此勢字不與本文二勢字相同。）而實則相成蓋亦各盡其道而已（張子曰不資其力而利其有則能忘人之勢。若資仰其富貴而欲有所取則不能矣。○南軒張氏曰在上者忘其勢而惟恐不得天下之善在下者忘人之勢而惟義是從此爲俱得其道使二者一日而相合則上下交而爲泰矣故王公不致敬盡禮於賢士雖欲數見之且不得[illegible]可得而臣之蓋士非以此自高也其道固當爾也○慶源輔氏曰君好善則不知勢之在己士樂道則不知勢之在人兩盡其道則雖若相反而實相成不然君挾其勢而驕夫士士擯於勢而徇乎君則兩失其道矣尚何足與有爲哉○雲峯胡氏曰使爲君者有以成賢士樂道之志而爲士者肯出而成其君好善之美則上下交而爲泰矣此集註所謂相成也新安陳氏曰致敬內致敬也盡禮外盡禮也王公必致敬盡禮於賢是能好善而忘勢屈己以下賢也賢士必待君致敬盡禮而後應之是能樂道忘人之勢不枉道而求利也附蒙引賢王曰古賢士亦曰古孟子蓋有感於當時而言也○好善者好人之善也忘勢者忘己之勢也樂其道樂己之道也。忘人之勢。謂君之勢也。何獨不然。與下文言亦有所好有所忘也○在賢王則曰好善。在賢士則曰樂道。好字淺。樂字深。善字細。道字大○〔顧麟士曰〕古之賢王至忘勢。一截。古之賢士至忘人之勢。又一截。蓋兩平語也。故王公以下。只承賢士說。而思賢王意亦見於其中。則其立言之妙。○〔存疑〕固有致敬而不盡禮者。故曰致敬盡禮。卽迎之致敬以有禮意。蒙引謂有內外之別。恐未是。○〔蒙引〕觀此章要識孟子主意。蓋主意在大註云云。

○孟子謂宋句踐曰。子好遊乎。吾語子遊。句音鉤。好語皆去聲

宋姓。句踐名。遊。遊說。說音稅也。

人知之亦囂囂。人不知亦囂囂。

趙氏曰。囂囂五高許驕二反自得無欲之貌。〔慶源輔氏曰〕遊說之士大病。是不說義理而惟欲其言之售。故往往以人之知不知爲欣戚。是以孟子語以自得無欲之說。○〔新安陳氏曰〕自得於己而無所欲於人。非內重而外輕者不能也。〔附〕〔蒙引〕孟子謂宋句踐曰。子好遊乎。吾語子遊。夫遊說者。往往以人之知不知爲欣戚。汝之遊而言聽諫行。人知之也。亦囂囂然而無以爲欣。諫不行。言不聽。人不知也。亦囂囂然而無以爲戚。此兩句。源頭便是自尊德樂義來。

曰。何如斯可以囂囂矣。曰。尊德樂義。則可以囂囂矣。樂音洛

德謂所得之善。尊之則有以自重。而不慕乎人爵之榮。義謂所守之正。樂之則有以自安。而不徇乎外物之誘矣。〔慶源輔氏曰〕尊如尊德性之尊。樂如樂天知命之樂。○〔新安陳氏曰〕能如此則自得無欲之氣象自然著見而不可掩矣。

〔附〕〔存疑〕德謂所得之善。如仁義忠信樂善不倦是也。義謂所守之正。如進退出處之不苟是也。尊德則有以自重而不慕乎人爵之榮。人知之則心中自有可愛可求。而不在乎富貴。所謂舜禹有天下而不與焉。固囂囂也。人不知之則心中亦有至貴至富。不戚戚於貧賤。所謂簞瓢陋巷不改其樂者焉。亦囂囂也。樂義則有以自安而不徇乎外物之誘。人知之則見得富貴是吾分所當得。何足爲欣。固囂囂也。人不知之。則見得貧賤是吾分所當安。何足爲戚。亦囂囂也。故曰尊德樂義則可以囂囂矣。○〔蒙引〕所謂有以自重有以自安者。自得也。所謂不慕乎人爵之榮不徇乎外物之誘者。無欲也。自得卽內重。無欲卽外輕。此所謂囂囂也。

故士窮不失義。達不離道。離力智反

言不以貧賤而移。不以富貴而淫。此尊德樂義見形甸反於行事之實也。〔新安陳氏曰〕尊德樂義。內存於心。無迹可見。必窮有定守而不失義。所謂貧賤不能移。達有實用而不離道。所謂富貴不能淫。此乃尊德樂義著見於行事之實迹也。〔附〕〔蒙引〕故士窮不失義。窮而尊德樂義也。達不離道。達而尊德樂義也。窮不失義。義字兼德。達不離道。道字兼德義。窮達二字。應上人知不知意。然不可就指人不知爲窮。知爲達也。蓋此又說開來看。士字可見。○存疑尊德樂義見於行事之實者。上面尊德樂義是就其平日用功言。此則推出一步。就其行事言也。觀本文故字及總註內重而外輕則無往而不善意可見。

窮不失義。故士得己焉。達不離道。故民不失望焉。

得己。言不失己也。不失己如云不失其身。民不失望。言人素望其與道致治治去聲而今果如所望也。〔慶源輔氏曰〕窮不失義。則在我者得其所守。達不離道。則

皆與道致治以慰斯民平日之所望

古之人得志澤加於民不得志脩身見於世窮則獨善其身達則兼善天下見音現

見謂名實之顯著也新安陳氏曰內盡脩身之實而名自著見於世蓋實之不可掩者非君子願乎其外而欲以是自見也此又言士得己民不失望之實新安陳氏曰得志兼善此民不失望之實不得志獨善此士得己之實也附存疑既言士得己民不失望又即古人之事以實之故曰又言士得己民不失望之實○不得志脩身見於世是窮則獨善其身也得志澤加於民是達則兼善天下也下二句結上二句意○此章言內重而外輕則無往而不善南軒張氏曰句踐徇

名而外求者孟子使求之吾身而已夫士達所不離之道即其窮所不失之義也道言體義言用互相明耳窮不失義則無慕乎外故有以自得於己一違於義則失己矣達不離道則凡其注措設施無非道之所在故有以副民望也得志澤加於民其道得行也不得志脩身見於世惟義之安也其曰得志不得志云者蓋澤加於民雖所性不存焉而道行固亦君子本志之所欲也○雲峰胡氏曰內重是德義外輕是窮達嚴內外輕重之分者旣不失其本性之善故窮亦善達亦善但達則能使民皆歸於善窮則止身自不失其善耳附蒙引此章言內重而外輕謂囂囂也此尊德樂義意已含在內不可以內重爲尊德樂義以外輕爲囂囂○存疑士內重而外輕者尊德樂義則可以囂囂矣無往而不善者故士窮不失義達不離道以下事也

○孟子曰待文王而後興者凡民也若夫豪傑之士雖無文王猶興夫音扶

興者感動奮發之意凡民庸常之人也豪傑有過人之才智者也蓋降衷秉彝人所同得唯上智之資無物欲之蔽爲能無待於教而自能感發以有爲也南軒張氏曰興者興起於善道也文王風化之盛者必待風化之盛薰陶漸漬而後興起此衆民耳若夫豪傑之士則卓然自立無待於人雖無文王固自興起也此章勉人使自立耳○慶源輔氏曰文武興則民好善此中人以下之資也蓋無特立之操致之善則爲善否則爲惡矣唯豪傑之士無物欲之累以蔽其秉彝之天有過人之才以致其爲善之力雖無聖人在上以教率之自能奮其特立之操以有爲也孟子此言蓋欲學者不以凡民自棄而以豪傑自期耳附蒙引豪傑之士朱子既

解曰豪傑有過人之才智者也又曰唯上智之資無物欲之蔽者蓋據見在言則是有過人之才智原所以而言則是稟上智之資無物欲之蔽

○孟子曰附之以韓魏之家如其自視欿然則過人遠矣欿音坎

附益也韓魏晉卿富家也欿然不自滿之意尹氏曰言有過人之識則不以富貴爲事南軒張氏曰以外物爲重輕者不得其欲則不足得則滿矣其滿與不足係乎外物者也若益以韓魏之家而自視欿然則是不以外物爲重輕志存乎道義而已所進又可量乎其過人也遠矣附蒙引言加以韓魏之家如其自視欿然則其器識之過人也萬萬矣過人處在內在前不是

就指此處爲過人。故尹氏曰。有過人之識。則不以富貴爲事。○有韓魏之家。而其自視欿然。其所歉者固有在也。求之古。舜禹之有天下而不與。孔子視不義之富貴如浮雲。亦是此道理。○附之以韓魏之家。而自視欿然。則簞瓢陋巷亦能不改其樂矣。總是以浮雲視外物。○附益也。非是旣富而又益之也。止是言以此加之也。○存疑自視欿然者。自視若不足也。是自簡身心。不自滿足。不是韓魏之家猶不滿其願。

○孟子曰以佚道使民雖勞不怨以生道殺民雖死不怨殺者

程子曰以佚道使民謂本欲佚之也播穀乘屋之類是也以生道殺民謂本欲生之也除害去 去聲 惡之類是也蓋不

得已而爲其所當爲則雖咈 符勿反 民之欲而民不怨其不然者反是 朱子曰。彼有惡。罪當死。吾求所以生之者而不得。然後殺之。以安衆而屬其餘。此以生道殺之也。彼亦何怨之有。○慶源輔氏曰。播穀乘屋之類雖不免於勞。然其本意則乃欲佚之而已。故雖勞而不怨。除害去惡之類雖不免於殺。然其本意則乃欲去之而已。故雖死而不怨殺者。○不得已者。事也。爲其所當爲者。理也。事雖不得已而吾但爲其理之所當爲。故雖勞之殺之。可謂咈民之欲矣。而民自不怨。不然則是私意妄作而已。民之怨怒其可得而逃乎。君子其亦識其所謂勞與殺之事哉。○新安陳氏曰。事雖不得已而理實所當爲。則雖咈民之私欲而實契民之公心。故民雖勞且死而自不怨也。附蒙引按朱子謂彼有惡罪當死。吾求所以生之而不可得云云。此正所謂吾求所以生之而不得。則死者與我俱無憾矣。○一說如興兵伐罪。豈不是欲生斯人。然鋒刃之下。不免有死者。雖殺之而實以生道殺之也。然民雖死。敵何怨之有。此二句卽孔子易傳說以使民民忘其勞。說以犯難民忘其死。不必謂死此人以生衆人也。○或曰。二說俱不可廢。其義始備。如抑洪水驅猛獸伐桀紂之類。除害也。固是以生道殺人。朱子所謂彼有惡罪當死而殺之者。去惡也。亦是以生道殺人。○一說以佚道使民。勞者此人。佚者亦此人也。以生道殺民。則死者不可復生矣。是殺者在此人而生者非此人也。但所殺者寡。所生者衆。其殺之實以生道殺之。其生道歸於衆也。固不必同。○存疑播穀乘屋之類。其曰之類。則固有以該鑿池築城等事矣。

○孟子曰霸者之民驩虞如也王者之民皥皥如也 皥 胡老反

驩虞與歡娛同皥皥廣大自得之貌程子曰驩虞有所造爲而然豈能久也耕田鑿井帝力何有於我 帝王通曆帝堯之時有老

人擊壤於路曰吾日出而作日入而息鑿井而飮耕田而食帝力於我何哉風土記云擊壤者以木爲之長三四寸形如履臘節僮少以爲戲將戲先側一壤於地遙於三四十步以手中壤擊之中者以爲上 如天之自然乃王者之政楊氏曰所以致人驩虞必有違道干譽之事若王者則如天亦不令 力呈反 下同 人喜亦不令人怒 慶源輔氏曰。霸者亟民之從。規模狹窄。時下雖得民之歡娛。然豈能久哉。事過意息則忘之矣。至於王者則如天道之自然。當生則生。當殺則殺。而民自忘其喜怒也。○新安陳氏曰。二如字。似恂恂如踧踖如之如。語助辭也。霸者之民感上之惠而驩虞如。霸功淺近易見故也。王者之民忘上之德而皥皥如。王者廣大深遠而無迹故也。附蒙引此二句卽王霸之民氣象。而見得王霸者之氣象。○存疑驩虞感上之恩也。霸者有心於民感。故其民感之。易曰。憧憧往來。朋從

爾思是也。皡皡。忘上之恩也。王者無心於民。感故其民忘之。易曰顯比王用三驅失前禽是也

殺之而不怨。利之而不庸。民日遷善而不知為之者。

此所謂皡皡如也。庸。功也。周禮曰民功曰庸　豐氏曰。豐氏名稷。字相之。四明人。因民之所惡去聲而去上聲之。非有心於殺之也。何怨之有。〔新安陳氏曰〕即上章以生道殺民之意。因民之所利而利之。非有心於利之也。何庸之有。輔其性之自然。使自得之。故民日遷善而不知誰之所為也。〔慶源輔氏曰〕因民之性。輔其自然。使自得夫善。如堯所謂匡之直之輔之翼之使自得之是也。惟其如是。故民日遷於善而不知誰之使我如此也。此即程子所謂耕田鑿井帝力何有於我之事。附〔存疑〕殺之不怨三句。道理就是過化存神上下與天地同流處。所過者化一條。是因其不怨不庸不知為之而贊其德業之大也。○殺之。刑也。利之。養也。民日遷善。教也。不怨不庸不知為之。皡皡也。所以致民不怨不庸不知為之處。註最明白。○〔淺說〕殺之則民忘其殺而不以為怨云云。此所謂皡皡如也。即此觀之。可見君子云云。

夫君子所過者化。所存者神。上下與天地同流。豈曰小補之哉。夫音扶

君子。聖人之通稱也。所過者化。身所經歷之處。即人無不化。如舜之耕歷山而田者讓畔。陶河濱而器不苦窳音愈也。所存者神。心所存主處便神妙不測。如孔子之立斯立。道去聲斯行。綏斯來。動斯和。莫知其所以然而然也。此句釋神字是其德業之盛。〔慶源輔氏曰〕德以其得於己者而言。業以其見於事者而言。乃與天地之化同運並行。舉一世而甄吉延反陶之。非如霸者但小小補塞先則反其罅虛訝反漏而已。此則王道之所以為大。而學者所當盡心也。〔程子曰〕所存者神。在己也。所過者化。及物也。○〔朱子曰〕經歷。不必為經行之地。凡其身之所臨。政之所及。風聲氣俗之所被。皆謂經歷。程子直以所過者化為及物。蓋言所過者化。則凡所經歷。物無不化。不必久於此而深治之。然後物從其化也。其曰在己者。蓋以化者無意而及物。此則誠於此而動於彼。其感應之速。如影響形聲之召。有不知其所以然者。是則所謂神爾。○問所經歷處皆化。如此即是民化之。非大而化之之化。曰。作大化之化有痕。只是所經歷處。纔沾著些。便化。雷一震而萬物俱生動。霜一降而萬物皆成實。無不化者。書曰俾予從欲以治。四方風動。亦是此意。○存是自家主意處。便神妙不測。亦是人見其如此。○上下與天地同流。重鑄一番過相似。小補只是逐片逐些子補綴。○自王者之民皡皡如也而下至此。皆說王者功用如此。○〔南軒張氏曰〕霸者之為利小而近。目前之利。民歡樂之。王者之化遠而大。涵養斯民。富而教之。民安於其化。由於其道而莫知其所以然也。○〔新安陳氏曰〕過化存神。所存主者。其體也。所過者化。以其所存者神也。若此則上下與天地同流矣。言其配化育之流行也。覩霸者之區區求以利之者。不亦小乎。夫以王者功用之大。其本在於過化存神而已。而此二者。又存神為之主焉。○孟子辯王霸屢矣。此又言王霸之民其不同如此。首以霸與王對說。中言王而不及霸。末方以小補繳上霸者之事。附〔蒙引〕所過者化一段。不是說不怨不庸以前的事。亦不是說不怨不庸以後的事。只就不怨不

庸者贊王道之大如此。蓋王道只是公，公則大矣，私則小矣，萬古不能易此理。○存疑所過者化，言聖人政敎所經過，卽人無不化也。如殺之則民畏威遠罪矣，利之則民蒙其利矣，敎之則民日遷善矣。過是殺利敎經過，遠罪蒙利遷善卽化也。○君子過化存神，便如天地之氣一噓而萬物皆生，一吸而萬物皆成，故曰上下與天地同流，豈曰小補之哉。小補之說霸者。○過化存神通是業德，是就其平日所存言。○淺說過化存神一節，只是就民之皡皡上贊王道之大耳，不是推說過化存神分開講，然其實過化存神非二事也。存者念及民也，念及民則有政敎及民矣，所謂過也。神字就民應之速上見。所謂化也，而其所以神者，以其誠也。○存疑政敎所及，民卽感化，是過化。聖人施政敎，心中存主要民化，而民就化，便是所存者神。○蒙引如舜之耕歷山云云，非舜只是過化，孔子只是存神也。舉成文之類乎過化與存神者也。綏斯來，動斯和，亦只是過化，但其斯之所以然處則存神也。過化必本於存神，存神未

有不過化者。○盡心知性一章，可以見孟子之本領；王者之民皡皡如也一章，可以見孟子之設施。○夫君子所過者化，豈曰小補之哉，只是君子周而不比道理之所充也。先儒謂王者之民，雨露之草木也；霸者之民，桔槔之夏畦也。又曰：可使天下被聖人之仁，不可使天下知聖人之仁。被聖人之仁而知有聖人之仁，仁之小者，有功之可議也；被聖人之仁而不知有聖人之仁，仁之大者，無迹之可尋也。此說亦善論王道矣。

○**孟子曰：仁言不如仁聲之入人深也。**

程子曰：仁言，謂以仁厚之言加於民。仁聲，謂仁聞，去聲謂有仁之實而爲衆所稱道者也。此尤見仁德之昭著，故其感人尤深也。慶源輔氏曰：仁言，如書所載訓告誓命之類是也。仁聲，如邠人聞太王爲仁人，伯夷、太公聞文王善養老之類是也。附蒙引仁言發於己，而未必其然；仁聲傳於人，而已有所試。又仁言出於一時，仁聲著於平素。仁言不如仁聲之入人深也，此一句只就入人上說。善政不如善敎之得民也，此以政敎得效之小大言，卽論語道之以政章意。然論語則自該得仁言一節之意，孟子則各有所主。

善政不如善敎之得民也。

政，謂法度禁令，所以制其外也。敎，謂道去聲德齊禮，所以格其心也。慶源輔氏曰：善政亦非徒尚夫法度禁令也，固亦有德行乎其間，但道之以政，齊之以刑，終不若道之以德，齊之以禮者，得民之心，感而誠服也。附達說次節分上言治道入民，得民有淺深；下申言得民之實也。須以首節次節平看。末節言善政善敎感人之淺深，而仁言仁聲所以入人之淺深可例見矣。

善政，民畏之；善敎，民愛之。善政得民財，善敎得民心。

得民財者，百姓足而君無不足也。得民心者，不遺其親，不後其君也。南軒張氏曰：善政立而後善敎可行，所謂富而敎之者也。孟子論得民心必歸之善敎者，蓋至此而後爲得民之至也。○慶源輔氏曰：百姓足而君無不足者，取之有道，用之有節，故民先自足而君亦無不足也。不遺其親，不後其君，使民之於君，親之如父母，愛之如四體，尊而敬之，則得其財與無不足，又有不足道者矣。○雲峰胡氏曰：孟子之意，蓋謂使民畏不如使民愛，得民財不如得民心。然善政得民財一句，集註又恐後世貪君汙吏借此以藉口，訓之曰得民財者百姓足而君無不足也，意謂無善政則百姓不足，君孰與足矣。然有善政以得民財，孟子猶以爲不如善敎之得民心，況後世無善政而取民之財者哉。附蒙引民畏之、民愛之，與得民財、得民心，自是

兩意雖曰民愛之外更無可說得民心處但民愛之對民財畏之說得民心對得民財說民畏之固不足以該得民財也得民心不止謂愛君言民有恒心也更有不遺其親之類與孟子首章本文意同○善政得民財者取之有道用之有節百姓足而君無不足也得民心不止愛君而已孝弟忠信入以事其父兄出以事其長上或忘其勞或忘其死風俗淳厚敎化大行之類○政敎皆王道之不可無者况善政乎王者之道固使民愛亦未嘗不使民畏固以得民心爲本亦未嘗不欲得民財也但論二者得效之淺深則彼不若此耳或者因是遂貶善政之不足爲大誤故朱子於論語道政齊刑章云此其相爲終始不可偏廢云云且仁言亦豈君子之所免哉○存疑民愛異於得民心者民愛是初感其敎而悅之得民心是其敎既成民入其敎而興親上死長之心也民愛之其效淺得民心其效深

○孟子曰人之所不學而能者其良能也所不慮而知者其良知也

良者本然之善也程子曰良知良能皆無所由乃出於天不係於人 西山眞氏曰善出於性故有本然之能不待學而能本然之知不待學而知也

孩提之童無不知愛其親也及其長也無不知敬其兄也 長上聲下同

孩提二三歲之間知孩笑可提抱者也愛親敬長所謂良知良能也 慶源輔氏曰孩提而下又所以指其良知良能之在人者曉之是豈待學而後能慮而後知哉○新安陳氏曰孩提知愛親敬兄與能愛親敬兄此蓋指良知良能之先見而切近者以曉人也 附 蒙引及其長也長字對孩提言謂稍長也○上謂良知良能二者下文知愛其親知敬其兄只有知字何偏也曰連愛敬二字說則有良能矣

親親仁也敬長義也無他達之天下也

言親親敬長雖一人之私然達之天下無不同者所以爲仁義也 朱子曰無他達之天下只說達之天下無別道理○問仁義不止於孝弟而孟子以爲達之天下還是推孝弟之心以友愛天下即是仁義否 潛室陳氏曰此章無推此及彼之意所謂達乃達道達德之達言人心所同然也親親仁之發敬長義之發仁義之道無他人心之所同然耳○新安陳氏曰親吾親敬吾長雖一人之私然推而達之天下則人人皆親親敬長無不同者此人心天理之公也親親仁之實敬長義之實仁義不待外求不過卽人之本心可通乎天下之人心而仁義不可勝用矣正以愛親敬兄出於良知良能者凡人之性無不同此本然之善故也 附 蒙引末節重在仁義字上蓋仁義天下之公理也親親仁也謂是仁也敬長義也謂是義也不可謂親親敬長仁義之發也親親敬長所以爲仁義者以其達之天下也○顧麟士曰達之天下無不同者只就孩提稍長說○既出乎人之本然必通乎人之同然也○存疑此章大意是言在人皆有本然之善以見人之不可失也

○孟子曰舜之居深山之中與木石居與鹿豕遊其所以異於深山之野人者幾希及其聞一善言見一善行若決江河沛然莫之能禦也 行去聲

居深山謂耕歷山時也蓋聖人之心至虛至明渾上聲然之

中萬理畢具〔新安陳氏曰〕此由其感而應之用。而推原其未感未應之體如此。**一有感觸則其應甚速而無所不通**〔新安陳氏曰〕善言善行皆是感觸我者。聞而急聽之。見而急行之。若決江河。沛然莫禦。乃其應之甚速而無不通者矣。**非孟子造**七到反**道之深不能形容至此也**問舜聞善言見善行。若決江河。沛然莫能禦。其未有所聞見時氣象如何。〔朱子曰〕湛然而已。其理充塞具備。一有所觸。便沛然而不可禦。〇南軒張氏曰。所謂善言善行者。豈有外於舜之性者。惟舜之心純乎天理。故聞善言見善行。不待勉強而自趨。沛然若決江河之莫禦也。〇〔新安陳氏曰〕孟子又嘗曰大舜有大焉。善與人同。舍己從人。樂取於人以爲善。與此章實互相發。蓋舜之心萬善之感會也。聞見天下之善。因感觸吾心之善。卽勇於從之。合而爲一。人之善此大舜之所以爲大歟。〔附〕〔蒙引〕聞一善言。便暢然了悟其所言之理。見一善行。便釋

然曉解其所行之善。此是若決江河處。如孔子六十而耳順。聲入心通也。〇所謂其應甚速。非止聲入心通。適與意會而已。分明是樂取諸人以爲善也。如好察邇言。執其兩端。用其中於民。未嘗不見之行事也。〇聖人之心。至虛至明。惟至虛故渾然之中萬理畢具。惟至明故一有感觸則其應甚速而無所不通。〇決江河謂江河之決也。非人決之也。〇〔顧麟士曰〕及其一轉甚捷。蓋始終皆指歷山時也。故又曰自耕稼陶漁以至爲帝。無非取於人者。但此不兼登庸以後說。〇與木石居。與鹿豕遊。無甚異於深山之野人也。見行聞言。江河莫禦。則甚異於深山之野人也。同在深山。故比較如此。

〇孟子曰。無爲其所不爲。無欲其所不欲。如此而已矣。

李氏曰。有所不爲不欲。人皆有是心也。至於私意一萌而

不能以禮義制之。則爲所不爲。欲所不欲者多矣。能反是心。則所謂擴充其羞惡去聲**之心者。而義不可勝**平聲**用矣。故曰如此而已矣。**〔華陽范氏曰〕君子所當爲者。義也。所不可爲者。不義也。所可欲者。善也。所不可欲者。不善也。不爲不義。則所爲皆義也。不欲不善。則所欲皆善。君子之道。止於如此而已矣。〇〔朱子曰〕人心至靈。其所不當爲不當欲之事。何嘗不知。但初間自知了。到計較利害。卻自以爲不妨。便自冒昧爲之欲之耳。今旣知其所不當爲不當欲者。便要這裏截斷。斷然不爲不欲。故曰如此而已矣。〇〔勿軒熊氏曰〕此大學誠意章事。無爲其所不爲。是就躬行上克治。所謂志士厲行。守之於爲也。無欲其所不欲。是就心之發念處克治。所謂哲人知幾。誠之於思也。〇雲峰胡氏曰。有所不爲。有所不欲。是本來羞惡之心。無爲其所不爲。無欲其所不欲。是能擴充其羞惡之心。爲是一身

之動。欲是一念之動。不惟謹其動。而且謹其動之幾。是眞能擴充其羞惡之心。而義不可勝用矣。〇〔新安陳氏曰〕李氏之說。上言禮義。下獨言義者。蓋以義制事。則能不爲其所不當爲。以禮制心。則能不欲其所不當欲。故兼以禮義言之。然義者心之制也。施之斷制。義爲尤切。斷然不爲其所不當爲。不欲其所不當欲。則在充其羞惡之心。以達夫義之用而已。〔附〕〔蒙引〕無爲其所不爲。無欲其所不欲。便是心師之法。所謂性分之內。萬理皆備。隨處發見。無不可師。亦此類也。〇集註所謂義不可勝用者。不可以對仁而言。此章單言之義也。無爲無欲字內。四德俱有。本文只曰如此而已矣。未必專爲義發。李氏以其切於所謂羞惡之心。義不可勝用者。故特用其字。而亦未純用其意也。〇大註義不可勝用。入在如此而已矣。〇〔顧麟士曰〕按通義。〔鄱陽朱氏曰〕此章勉人擴充羞惡之心。〇上兩句卽擴充矣。非又因此而擴充之。

○孟子曰人之有德慧術知者恒存乎疢疾（知去聲疢丑刃反）德慧者德之慧（慧聰警也）術知者術之知疢疾猶災患也言人必有疢疾則能動心忍性增益其所不能也（慶源輔氏曰德之慧謂慧德也與昏正相反術之智謂智術也與愚正相反疢疾則非眞是病故曰猶災患也人惟有災患疢動其仁義禮智之心堅忍其食色臭味之性故能增益其所不能而有夫德慧術智也【附】蒙引凡在心之理謂之德處事之方謂之術此下舉孤臣孽子以證其實○慧者其見之敏有以灼於事之未然智者其見之明有以鑒其理之當然○德慧者德之慧德字廣慧特其一端如仁德之愛也義德之宜也禮德之節也信德之實也術智者術之智術字亦廣○人之有德慧術智恆在疢疾中來存訓在）

獨孤臣孽子其操心也危其慮患也深故達孤臣遠臣（獨惟也不逋孤字）孽子庶子皆不得於君親而常有疢疾者也達謂達於事理卽所謂德慧術知也（南軒張氏曰人平居無事漠然不省唯疢疾加焉則動心忍性有所感發故慧知由此而生危故專一而不敢肆深故精審而不敢忽專精之極故於事能通達也處安樂者誦斯言可不思逸豫之溺人而深戒懼乎當憂患者誦斯言可不念其爲進德之地而自勉勵乎○新安陳氏曰此章與舜發畎畝章互相發故集註及南軒之說皆引動心忍性以釋此章人苟履憂患之境處孤孽之勢當知天以是玉我於成勿自沮而深自力於以進其德益其術庶幾操心危而卒無危慮患深而卒免患而至於達乎達則德必慧術必知而疢疾不能爲吾患矣【附】存疑操心危者戰兢恐懼常恐其身之陷於禍患也慮患深者思患預防使禍患無自而生也操心是恐懼意慮患是脩省意）

○孟子曰有事君人者事是君則爲容悅者也阿徇以爲容逢迎以爲悅此鄙夫之事妾婦之道也（慶源輔氏曰阿徇爲容謂長君之惡以求容其身者逢迎爲悅謂逢君之惡以求君之悅者【附】蒙引有事君人者下一句便言事君人之爲人下放此○事是君則爲容悅者也言其事是君則專爲容悅而已恬不以責難陳善引君當道爲事也容與悅雖在君而其爲容與悅者則在臣也○存疑事是君則爲容悅言事是君則專爲取容悅也要看箇爲字是專務之意）

有安社稷臣者以安社稷爲悅者也

言大臣之計安社稷如小人之務悅其君眷眷於此而不忘也（慶源輔氏曰此卽所謂天理人欲同行而異情也其眷眷不忘雖同而其情則異一則務爲容悅之私一則務安社稷以爲忠也【附】存疑以安社稷爲悅是承上事是君則爲容悅句說蓋大臣之所務者猶小人之所務故遂承上言事君人專務爲容悅安社稷則以安社稷爲容悅言其以安社稷一事來做小人容悅一事也猶云農夫專務耕田秀才則把讀書來做耕田一事相似此節人或謂以安社稷去爲悅或謂心中以此爲悅俱不是如其說註何故又攙上文來解云大臣之計安社稷猶小人之務悅其君○以安社稷爲悅彷彿似人能無以飢渴之害爲心害句但曰飢渴之害是指貧賤不復是前飢渴意曰悅只是前悅字意蓋以安社稷爲悅是把安社稷當容悅無以飢渴之害爲心害是攺飢渴作貧賤此其不同也）

有天民者達可行於天下而後行之者也

民者無位之稱以其全盡天理乃天之民故謂之天民必其道可行於天下然後行之不然則寧沒世不見知而不悔不肯小用其道以徇於人也張子曰必功覆敷救反斯民然後出如伊呂之徒雲峰胡氏曰伊尹爲天民之先覺此則曰有天民者旨意不同蓋前所謂天民者皆稟氣於天均之爲天之生民此則以其全盡天理乃天之民也○新安陳氏曰伊耕莘呂釣渭之時可當天民之名使不遇湯武則沒世不出必矣此提天民主其不輕出而言非以伊呂等後來出當大任而言也附存疑安社稷所以未得爲天民者志在事功或不顧道義而爲之如孔明之取劉璋是也○孔子委吏乘田亦爲天民必

可行天下而後出此所以僅爲天民未得爲己正物正之大人也

有大人者正己而物正者也

大人德盛而上下化之所謂見形甸反龍在田天下文明者龜山楊氏曰物正物自正也大人只是正己而已若物之正何可必乎惟能正己物自然正此乃篤恭而天下平之意○慶源輔氏曰上謂君下謂民大人德盛故君民無不化大人一出而天下文明是聖人之事也○雲峰胡氏曰易乾卦九二九五皆稱大人九二見龍在田天下文明在下之大人也九五飛龍在天乃位乎天德在上之大人也孟子所言四者雖人品不同然在皆下而爲臣者也故以乾九二當之附存疑正己無工夫是以見成者言物正亦不大段費力是人自化之易曰德博而化是也○此章言人品不同略有四等容

悅佞臣不足言安社稷則忠矣然猶一國之士也天民則非一國之士矣然猶有意也無意無必唯其所在而物無不化惟聖者能之朱子曰天民專指未得位者大人則其德已著○南軒張氏曰以事是君爲容悅者慕爵祿而從君者也以安社稷爲悅則志存乎功業者也與爲容悅者固有間矣然未及乎道義也蓋志存功業則苟可就其功業而遂其志則亦所屑爲矣古之人惟守道明義而已雖有蓋世之功業在前可爲而在我者有一毫未安則不敢徇也天民者必明見夫達而其道可行於天下而後行之蓋其所主在道而非必於行也謂之天民者言能全夫天理者也天之生民者其理無不具而人之虧欠者多矣故程子謂天民爲能踐形者也以其在下而未達故謂之民若伊尹之在莘野是也正己而物正之者正己而物自正也若規規然有意於正物則其道挾矣

至正而天下之感無不通焉固有不言而信不令而從者矣秦漢而下其間號爲賢臣者不過極於以安社稷爲悅而已語夫天民事業則鮮也○慶源輔氏曰猶有意如程子所謂伊尹雖聖人終是有任底意思在是也大人則聖人矣如周公孔子方能當之周公在上而能使天下文明者也孔子在下而能使萬世文明者也至公無私進退以道周公之無意無必也仕止久速無可不可孔子之無意無必也○新安陳氏曰志於道德者功名不足以累其心志於功名者富貴不足以累其心事君爲容悅志於富貴者也安社稷爲悅志於功名者也春秋列國名卿可以當之若天民者則志於道德矣然猶未能純乎道德而無意於功名也至於大人則純乎道德之自然而功名不足以累其心矣附存疑此章論人品與答浩生不害異者此就仕上說彼就學上說○顧麟士曰天民民字亦不必如南軒因天之生民民字只是未行無位故曰民耳必看達可行於天下而後行之則此時尚未行如伊耕莘呂釣渭不

謂之民而何但其全盡天理則曰天民耳此意大全諸說皆甚明而人都不理會今人於伊呂意亦無不解者但皆說了既行後一截則天民字無當耳

○孟子曰君子有三樂而王天下不與存焉樂音洛王與皆去聲下並同

南軒張氏曰君子之樂樂其天也於下文三者得其樂則視王天下之事如太虛中浮雲耳果何與於我而況其他哉【附】蒙引孟子三樂次第分明是一樂爲重於二樂二樂爲重於三樂蓋一樂爲親二樂爲己三樂爲人○淺說王天下只是說得位而已未說到其道大行處若說到道行處便是下章中天下而立定四海之民正爲君子之所樂者矣傳道猶可樂況親見其道之大行而使萬物各得其所乎行道傳道皆是性分之樂然以對所性之蘊則所性又爲在內矣

父母俱存兄弟無故一樂也

此人所深願而不可必得者今既得之其樂可知【附】蒙引父母俱存則得以致吾孝兄弟無故則得以致吾友所謂樂之實樂斯二者樂則生矣生則惡可已也惡可已則不知足之蹈之手之舞之○淺說兄弟無故不專是俱存意凡無不幸之事皆是若遇兄弟有惡處者亦是有故此亦是係於天者

仰不愧於天俯不怍於人二樂也

程子曰人能克己則仰不愧俯不怍心廣體胖其樂可知有息則餒矣新安陳氏曰本文無克己之意此程子推原所以能不愧不怍之由而示人以其要也人所以俯仰愧怍累於己私耳克去己私則內不愧於心所以仰不愧於天俯不怍於人心廣體胖之樂不期其然而然矣【附】存疑今人心中纔有一事不慊便覺不樂俯仰無愧其樂可知然欲俯仰無愧亦不容易故註以克己解之此當以顏子不改其樂孔子樂在其中來參看

得天下英才而教育之三樂也

盡得一世明睿俞芮反之才而以所樂乎己者不愧不作之樂教而養之則斯道之傳得之者衆而天下後世將無不被其澤矣聖人之心所願欲者莫大於此今既得之其樂爲何如哉慶源輔氏曰此樂與朋自遠來之樂同而有大焉○新安陳氏曰朋自遠來其言平而易遂得天下英才其言

高而難○孟子之門惟一正子亦恐未足以當此○韓子曰軻之死不得其傳焉是孟子於此一樂亦終不能得也【附】蒙引英才以資質言故註曰明睿之才若兼有學力則教育字不見分曉英才謂才之英者○教與養不同既教之又養之俟其成也○孔子有教無類而孟子必欲得天下英才而教育之蓋有教無類者聖人欲人同歸於善之心而所賴以廣斯道之傳者則非英才莫之敢望也孔子初心亦欲得中行而與之其不可得故思其次○存疑得天下英才而教育之惟孔子可以當之在孟子當時亦未能酧其願者然七篇仁義與夫子之書並傳天下後世亦不可謂不被其澤蓋雖不得當時之英才而教育之後世之英才實聞其風而沾其教也

君子有三樂而王天下不與存焉

林氏曰此三樂者一係於天一樂一係於人三樂其可以自致

者惟不愧不作而已。學者可不勉哉。南軒張氏曰。三樂之中。仰不愧俯不作。其本歟。蓋不愧不作。在我可得而勉者也。使吾胸中多所愧作。則雖處父母兄弟之間。固亦不得而樂其樂也。所以教育天下之英才者。是吾之不愧不作者也。自不能無愧作。則雖得英才。亦何以爲敎而有此樂哉。附存疑孟子此論。於勢利窠窟中。挑剔出眞貴重者示人。非有許大識見。不敢作此語。

○孟子曰。廣土衆民。君子欲之。所樂不存焉。樂音洛。下同。

地闢民聚。澤可遠施。去聲。故君子欲之。然未足以爲樂也。附蒙引孟子曰。廣土衆民。澤可遠施。君子欲之。然所及猶有限。所樂不存焉。若夫中天下而立。定四海之民。無一夫不被其澤。君子樂之矣。然所性亦不存焉。夫君子所性。雖大行而得所欲所樂也。而不爲之加。雖窮居而不得所欲所樂也。而不爲之損。何則。其所得於天者。其分已定故也。以君子之所性言之。仁義禮智根於心。其生色也。睟然見於面。盎於背。施於四體。不言而喻。君子所性者如此。大行何加。窮居何損。以此見孟子當時雖曰不得以遂其行道濟時汲汲之本心。然所性自存。亦何爲不豫哉。○君子欲之。非謂一己之欲也。欲其澤之遠施。有以濟乎人也。非如常人之欲富貴耳。

中天下而立。定四海之民。君子樂之。所性不存焉。

其道大行。無一夫不被其澤。故君子樂之。然其所得於天者。則不在是也。朱子曰。此君子。是通聖人而言。○慶源輔氏曰。二者皆施仁之事。但有一國與天下之辨。故所欲未足以爲樂。至於樂則博施濟衆。聖人之事也。所欲極於所樂。固亦非性外事。但於吾性所受之全體則初無增損也。○雲峰胡氏曰。前章君子三樂。所樂在所性之中。此章君子樂之。所性在所樂之外。何也。曰中天下而立。達而在上者之事。君子之所性。固不以達而在上有所加也。故君子雖樂乎此。而其所得乎天者。不在此也。或曰。集註前謂斯道傳之者衆。而天下後世將無不被其澤。此謂其道大行。無一夫不被其澤。皆曰道曰澤。而此則所性不存焉。何也。曰斯道傳之者衆。萬世之澤也。其道大行。一時之澤也。況其道大行。必中天下而立能之。是道有待於位而後行。不如是則不能行。此君子所樂乎此。而所性不存焉。若夫盡得一世明睿之才。而以所樂乎己者敎而育之。以己之天。覺彼之天。聖人之心深樂乎此。而其樂卽在性分之內。且孟子於三樂則曰王天下不與存。於中天下而立則曰所性不存。分而言之。故自大有關哉。通考朱氏公遷曰。君子之樂不同。有天倫之樂。有及人之樂。有盡己之性而自慊以爲樂。是皆本乎道心之正也。孟子告時君以與民同樂者凡三章。此又樂之出於人心者也。附蒙引中天下而立。猶云宅中圖治。猶云中天地爲民物之主。不必謂天下四方而我卻居其中央也。堯都平陽。在天下之北。周都豐鎬。在天下之西。然皆爲四方之極。便見中天下而立也。○中天下而立。對廣土言。定四海之民。對衆民言。中天下而立。則非特廣土而已。定四海之民。則非特衆民而已。○胡氏謂集註前謂斯道傳之者衆云云。一時之澤也。此說大謬。率是言也。聖人之生。皆不肯行道於一時。而專欲傳道於來世。則當時之民將誰援之乎。○存疑所性與所欲所樂。虛實不同。則兩箇不存。亦當異看。所樂不存。言未足爲樂也。所性不存。言性分不因是而有加也。故下曰雖大行不加。窮居不損。

君子所性。雖大行不加焉。雖窮居不損焉。分定故也。分去聲。

分者。所得於天之全體。故不以窮達而有異。朱子曰。此是說生來承受之性君子所性只是這一箇道理雖達而爲堯舜在上亦不是加添些子若窮而爲孔孟在下亦不是減少些子蓋這一箇道理合下都定了更添減不得○中天下而立定四海之民固是人所欲與其處畎畝之中孰若進而得行其道使天下皆被其澤要得出行其道者亦是人之所欲但其用其舍於我性分之內本不相關進而大行退而窮居於我性分之內無所加損【附】存疑大行不加窮居不損此舜禹所以有天下而不與孔子飲水曲肱樂在其中也○分定要看得明白曰分者分也其所分者即其分也如曰口分則以所分之田言也曰命分則以所分之氣言也曰性分則以所分之理言也分有多寡之數皆定於初分之始周人百畝而徹是每分田百畝唐人八爲口分是每分田八十畝則均田之初已定矣貴爲公卿是其分當得公卿賤爲皂隸是其分止於皂隸則有生之初賦稟已定矣性雖不可以多寡言然天以理全賦於人而人全受之於己便是其合得之分也自其繼善成性之時固已定矣

惟其分定所以大行不加窮居不損○【蒙引】聖賢說話意各有主伊尹曰與我處畎畝之中由是以樂堯舜之道我豈若使是君爲堯舜之君哉是民爲堯舜之民哉而孟子則曰所性不存焉意各有所主自不相背也孟子若無伊尹一段意思當時亦不歷聘列國且三宿而後出晝矣伊尹若無孟子一段意思則亦不能囂囂於畎畝之中

君子所性仁義禮智根於心其生色也睟然見於面盎於背施於四體四體不言而喻睟音粹見音現盎烏浪反

上言所性之分與所欲所樂不同此乃言其蘊委粉反又去聲**也仁義禮智性之四德也**四德即性之蘊蓄者**根本也生發見**形甸反下同**也睟然清和潤澤之貌盎豐厚盈溢**音逸**之意施於四體謂**

見於動作威儀之間也喻曉也四體不言而喻言四體不待吾言而自能曉吾意也蓋氣稟清明無物欲之累則性之四德根本於心其積之盛則發而著見於外者不待言而無不順也【新安陳氏曰】順謂順其責也當玩味根字生字其根深則其積盛其積盛則其生發自不可過矣【附】蒙引此以君子言也故註云蓋氣稟清明無物欲之蔽則云云若常人雖同具此性於心謂之根於心則未也根有植立根固之意其性實爲己有也○蘊猶實也○註四體謂動作威儀之間蓋人之動作威儀全在手足上故言四體易文言亦曰暢於四肢○生色二字通貫下三句○本文不言而喻專帶四體集註則云發而著見於外者不待言而無不順也通帶其生色也以下亦用其意而不泥其字也○【存疑】盎然豐厚盈溢之貌豐厚寬大而厚重也盈溢從容有餘裕也○四體如何待言而喻如手容未能恭必待簡束起來然後恭足容未能重必待簡束起來然後重此似言而後喻也今手容不待簡束而自恭足容不待簡束而自重便似不待言而自喻總是自然不待勉強意曰不言而喻譬喻之詞也

程子曰睟面盎背皆積盛致然四體不言而喻惟有德者能之【朱子曰】仁義禮智根於心便見得四端著在心上相離不得纔有些子私意便剗斷了那根便無生意便如本根著在土上方會生其色也睟然便從那根上發出來且性字從心見得有這心便有許多物在其中○君子氣宇淸明無物欲之累故合下生時這箇根便著土所以生色形見於外衆人則合下生時便爲氣稟物欲一重隔了這箇根未著土蓋有殘忍底心便沒了仁之根有頑鈍底心便沒了義之根有忿狠底心便沒了禮之根有黑暗底心便沒了智之根都各有一重隔了而今人便只要去其氣稟之隔教四者

之根著土而已○四體不言而喻是四體不待命令而自如此如手容恭不待自家教他恭而手容自然恭足容重不待自家教他重而足容自然重○覺軒蔡氏曰先師云看文字要看大意又看句語中何字最切要仁義禮智根於心根字甚有意蓋根於心者培養得厚盛則發於外者自然睟面盎背到得手足順便不覺其所以然○通旨朱氏公遷曰言性自理而言正言人心之理而事物之理在其中也子貢舉夫子所言性與天道之大凡則汎以人心之理言之也孟子以性之全體言故謂仁義禮智根於心子思即誠之體用言故以仁知皆為性之德謂之德性者本其得於天而言也謂之性之德者自其蘊之我而言也尊之則為存心之事知之養之則為智行兼盡之事知其有性而不謂之命則為以理御氣之事○此章言君子固欲其道之大行然其所得於天者則不以是而有所加損也新安陳氏曰道之大行如堯舜固所樂也而於性分亦何加窮居如孔孟亦非所戚也其於性分亦何損此君子所以惟求盡其性分之在內者而無所慕於勢分之在外者也○附蒙引君子所性章亦為不得大行而發上章亦如此

○孟子曰伯夷辟紂居北海之濱聞文王作興曰盍歸乎來吾聞西伯善養老者太公辟紂居東海之濱聞文王作興曰盍歸乎來吾聞西伯善養老者天下有善養老則仁人以為己歸矣辟去聲下同大他蓋反

己歸謂己之所歸餘見形甸反下同前篇新安陳氏曰仁人指伯夷太公前篇以為大老此以為仁人達尊三齒德居其二大老以齒言仁人以德言也附存疑天下有善養老者則仁人以為己歸是

承文王事而泛論箇道理如此謂就文王說固不是謂說開當時之君亦非也

五畝之宅樹牆下以桑匹婦蠶之則老者足以衣帛矣五母雞二母彘無失其時老者足以無失肉矣百畝之田匹夫耕之八口之家可以無飢矣衣去聲

此文王之政也一家養母雞五母彘二也餘見前篇通考趙氏惠曰孟子言五畝之宅者三梁惠王上首尾言之此首篇之首尾也至七篇又言而語加詳此一書之首尾也孟子拳拳王道不越乎此寓意深矣附存疑五畝之宅條且舉文王治岐之政且莫說到養老上至所謂西伯善養老條方就上文發出養老意○蒙引衣帛無失肉皆言老者見少者不與也無飢獨言八口之家老者固在其中然於此可見聖人之政少壯者只要得無飢寒耳老者卻要他溫飽政中之教也

所謂西伯善養老者制其田里教之樹畜導其妻子使養其老五十非帛不煖七十非肉不飽不煖不飽謂之凍餒文王之民無凍餒之老者此之謂也

田謂百畝之田里謂五畝之宅樹謂耕桑畜許六反謂雞彘也趙氏曰善養老者教導之使可以養其老耳非家賜而人益之也南軒張氏曰以伯夷太公之事觀之則知天下有善養老者則仁人必歸之蓋善養則其仁心之所存仁政之所行可知矣仁人見其然是以樂從之○慶源輔氏曰若無孟子此說則人將謂文王之養老只如

後世尊養三老五更之禮文而已附存疑言所謂西伯善養老者豈必家賜而人益之哉不過制其田里教之樹畜導其妻子使養其老而已五十非帛云云無凍餒之老者不過制其田里教之樹畜導其妻子使養其老之謂也○導其妻子使養老就在匹婦蠶之雞彘無失其時內

○孟子曰易其田疇薄其稅斂民可使富也易斂皆去聲

易治也疇耕治之田也教民務本附蒙引易其田疇恭不違農時使民得盡力於農畝也與薄稅斂俱主在上人說

食之以時用之以禮財不可勝用也勝音升

教民節儉則財用足也附達說食以時朝饔夕飧之類用以禮冠婚喪祭之類然亦上之教之也淺說同○蒙引食以時如魚不盈尺人不得食數罟不入洿池以至果食未熟者教以勿採之類○用以禮如雞豚狗彘之畜以養老者非祭祀賓客之需不妄烹宰

民非水火不生活昏暮叩人之門戶求水火無弗與者至足矣聖人治天下使有菽粟如水火菽粟如水火而民焉有不仁者乎焉於虔反

水火民之所急宜其愛之而反不愛者多故也尹氏曰言禮義生於富足民無常產則無常心矣華陽范氏曰先王養天下之民非人人衣食之也唯不奪農時則皆得治其田疇恭儉節用則可以薄其稅斂此二者使富足之道也又曰聖人之治天下既庶而後富之既富而後教之倉廩實而知禮節衣食足而知榮辱所謂菽粟如水火則民無有不仁堯舜三王之盛皆由此道也○新安陳氏曰禮義常心即所謂仁也使菽粟如水火之多則民皆能推有餘以濟不足必不至於慳吝不仁矣有餘則易公其有所以無不仁不足則各私其有烏得仁夫聖人治天下政事亦多端矣然其大本在養民而已民以食爲天使民足其食之天不在乎他在使民務本以豐財之源儉約以節財之流而已孟子言治鑿鑿皆實如此附蒙引聖人治天下使有菽粟如水火上兩條是也使之一字正主易田疇薄稅斂食以時用以禮○顧麟士曰菽粟如水火必無之事也只形容其至足耳○存疑新安蒙引俱以爲推己之有餘濟人之不足蓋緣上昏夜叩人之門戶求水火無不足說來依愚見只是有恆產有恆心意

○孟子曰孔子登東山而小魯登太山而小天下故觀於海者難爲水遊於聖人之門者難爲言

此言聖人之道大也東山蓋魯城東之高山而太山則又高矣此言所處上聲益高則其視下益小所見既大則其小者不足觀也難爲水難爲言猶仁不可爲衆之意慶源輔氏曰觀於海則天下之水皆不足以動吾之觀遊於聖人之門則天下之言皆不足以動吾之聽亦猶仁則天下之衆皆莫能與之敵故亦曰難爲衆也○潛室陳氏曰仁不可爲衆言仁者難爲衆看有幾多人衆來到仁者面前皆使不得如太山之前難爲山大海之前難爲水附存疑登東山小魯登太山小天下就聖道上看便是處賢人君子小○登東山才一德之士小處聖人之地下視賢人之地下視一而小魯二句就本身所處上言其大觀於海者難爲水二

句。就他人所見上言其大。觀於海者難爲水。是起下遊於聖人之門者難爲言句。〇顧麟士曰集註所處屬聖人所見屬學者。〇孔子二字一頓。〇通義白雲許氏曰聖門難爲言。謂既聽聖人之言。則餘人之言皆不足聽。此句與觀海相連一般說。觀海觀水流水。雖三節皆言水。自是三樣意思比喻。

觀水有術必觀其瀾日月有明容光必照焉

此言道之有本也瀾水之湍急處也明者光之體光者明之用也觀水之瀾則知其源之有本矣觀日月於容光之隙乞逆反**無不照則知其明之有本矣**新安陳氏曰二者皆是於其用處知其本承上文。以比聖道之所以大者。以其有本也。附蒙引瀾處正是大。其源即是本。容光必照。必照處正是大。其明即是本。〇淺說觀水有術。術字不可與明字對。〇存疑經綸天下之大經。立天下之大本。知天下之化育。聖道之大也。天下至誠。則其本也。〇源與明即是本也。註云則知其源之本。本就在源上說。蒙引謂知其源之有本。非源自源而本自本。是也。則知其明之有本。亦然。日月有明。是就把明當本。若就明上再討本。當云稟太陰之精。遠了。且與水之本不類。

流水之爲物也不盈科不行君子之志於道也不成章不達

言學當以漸乃能至也成章所積者厚而文章外見形甸反**也**朱子曰成章是做得成片段。有文理可觀。如孝眞箇是做得孝成。忠眞箇是做得忠成。子貢之辨。子路之勇。都是眞箇做得成了。不是半上落下。今日做得。明日又休了。**達者足於此而通於彼也**慶源輔氏曰。如自有諸己之謂信。至於大而化之之謂聖。自志學至於從心不踰矩。其間次第皆是足於此而通於彼。須實體之方知其昧。非妄想虛空者所能測識也。〇新安陳氏曰盈科而後進。已見前篇。盈而行者。溢於此而流於彼也。附存疑流水之爲物也。盈科而後進。是起下君子之志於道句。盈科後進。是滿一坎而後進一坎。其坎亦不一。以前章放乎四海參看可見。成章後達。亦當依此例看。〇成章註雖解所積者厚而文章外見。要亦隨地位而言耳。與論語斐然成章一般。如由善信而至美大聖神。節節都有箇成章。如善便成箇善。信便成箇信。美便成箇美。大便成箇大。這便是成章。如此說。方與盈科後進相似。道理亦是如此。蒙引以中庸形著明來說。似未是。何也。以形著明爲成章。是暢於四支。發於事業。充實而有光輝之大事。下學逐節工夫都忽畧了。故未是。蒙引說以漸極費力。蓋由認形著明做成章。難得以漸意思出。故費力耳。依愚說只是足於此而通於彼。與盈科後進一般。不待說以漸。就在其中矣。〇朱子註孝眞箇是孝之說有礙。此是說論語斐然成章誤倂在此。必如其說。則孝未成章者。不成都不做弟。故曰有礙。〇顧麟士曰紹聞編程子曰。成章者。篤實而有光輝也。今以尨襍積之。雖如山嶽。亦無由有光輝。若使積珠玉。小積則有小光輝。大積則有大光輝。〇蒙引朱子下箇所積者厚。又是推原成章所以處。蓋成章不是工夫字。

〇此章言聖人之道大而有本學之者必以其漸乃能至也朱子曰此一章如詩之有比興。比者。但比之以他物而不說破其事。如鶴鳴於九臯之類是也。此之觀水有術至容光必照焉。似詩之比。興則引物以發其意。而終說破其事。如他人有心予忖度之之上引毚兔柔木之類是也。此之以登山觀海與起遊聖門難爲言。以流水不盈科不行與起爲道不成章不達。似詩之興也。君子之志於道。不成章不達。蓋人之爲學。須是務實。乃能有進。若這裏工夫欠了分毫。定是要透過那裏不得。〇慶源輔氏曰聖道之大固有其本矣然自學者言之則又豈能一蹴而遽至哉故又以水必盈科而後行君子之志於道必成章而後達者曉之以見學者當務實而有漸不可躐等陵節懸空妄想而卒歸於無所得（通考）東陽許氏曰第一節兩言登山謂所處地位高則視下愈小觀海難爲水謂所見大則小者不足觀聖門難爲言謂既聽聖人之言則餘人之言皆不足聽第二節言聖人之道有本故用不窮第三節學者當學聖人以漸而進不可躐等也○（朱氏公遷曰）此章不成章不達是進道必以其序中庸行遠自邇登高自卑及孟子身不行道不行於妻子皆是行道必以其序進道不以序則必躐等而陵節行道不以序或至倒行而逆施斯所以貴乎有序也此舉其本體而以用功之道言之

○孟子曰雞鳴而起孳孳爲善者舜之徒也

孳孳（孳與孜同）勤勉之意言雖未至於聖人亦是聖人之徒也

雞鳴而起孳孳爲利者蹠之徒也

蹠盜蹠也（蹠與跖同）

欲知舜與蹠之分無他利與善之間也

程子曰言間者謂相去不遠所爭毫末耳善與利公私而已矣才出於善便以利言也問這箇利非是有心於爲利只是理不明纔差些便入那邊去（朱子曰）然纔差向利邊去只見利之爲美矣○問是兩者相並在這裏一條路做這邊去一條路做那邊去所以謂之間○楊氏曰舜蹠之相去遠矣而其分乃在利善之間而已是豈可以不謹然講之不熟見之不明未有不以利

爲義者又學者所當深察也（朱子曰）程子嘗言不獨財利之利凡有利心便不可如作一事須尋自家穩便處皆利心也如此則善利之間相去毫髮苟辨之不明其不反以利爲善者鮮矣此大學之道所以雖以誠意正心爲重而必以格物致知爲先也○（新安陳氏曰）善與利之間察之貴乎精而爲善之力守之貴乎一察之精致知之事也守之一力行之事也察之不精則認利爲義認人欲爲天理者有矣守之不一則今日爲善明日怠焉者有矣必精以察乎善利之間而不雜一以守其爲善之力而不移則庶乎不流爲蹠之歸而人皆可爲舜者將眞可以爲舜矣此章亦所以遏人欲擴天理也或問雞鳴而起若未接物如何爲善程子曰只主於敬便是爲善（慶源輔氏曰）程子又敎人以靜時工夫也動靜相涵敬義兩立孳孳不已則庶乎可以進於聖人之學矣○（新安陳氏曰）未接物時敬以直內以立其本及接物時義以方外以達其用此動靜交養內外夾持之功皆所謂爲善也必如是而後爲善之功始密矣不然則未接物時爲無所用其爲善之力乎（附）存疑人心發動從天理便是善從人欲便是利舜是爲善之極蹠是爲利之極當其發動之初二者相並其間相去只有毫末惟自善而充之至無一之不善則爲舜矣自其利而充之至無一之不利則爲蹠矣故舜與蹠之相去善惡雖甚懸殊原其所以分只在利善之間無甚差遠其始也只毫釐之差其終也乃千里之謬可見人當於其間圖之無使至差謬之遠也○或問與曾子所謂獨周子所謂幾何分別曰間比獨幾又後一步一念方發或善或惡人所不知故曰獨其端甚微故曰幾時既發後一善一惡二者相並在此其中間則曰間○（語類）利與善之間不是冷水便是熱湯無那中間溫吞煖處也○（蒙引）凡無所爲而爲則雖其所當爲便爲者善也若有所爲而爲只見理之當爲亦利也孟子立善利二字便都該得○（淺說）末一節是申上二節意不是

推其所以之說。又一說、上二節言舜聽之
相去遠、末一節言其分之不遠者亦非。
○孟子曰楊子取爲我拔一毛而利天下不爲也爲我之爲去聲
楊子名朱取者僅足之意取爲我者僅足於爲我而已不
及爲亦去聲人也列子稱其言曰伯成子高不以一毫利物
是巳此失之不及者也○列子楊朱篇楊子曰伯成子高不以一毫利物舍國而隱大禹不以一身自利一體
偏枯古之人損一毫利天下不與也悉天下奉一身不取
也人人不損一毫人人不利天下天下治矣禽子問楊朱
曰去子體之一毛以濟一世汝爲之乎楊子曰世固非一
毛之所濟禽子曰假濟爲之乎楊子弗聽○朱子曰莊子
數稱楊子。吾恐楊氏之學如今道流修煉之士其保嗇神
氣雖一句話不妄與人說只是箇逍遙物外僅足其身微

孟子大全卷十三　盡心上　三十三

似義耳。然不似也。附蒙引拔一毛而利天下不爲。對摩頂
放踵便是假借辭非實說拔一毛而利天下不爲總是言
凡可以利天下者皆不爲也摩頂放踵利天下
爲之。總言其凡苟可以利天下者皆必爲也。
墨子兼愛摩頂放踵利天下爲之放上聲
墨子名翟兼愛無所不愛也摩頂摩突其頂也突蛇沒反觸也放
至也此失於太過者也。○南軒張氏曰摩其頂以
至踵一身之間凡可以利天下者皆不惜也
子莫執中執中爲近之執中無權猶執一也
子莫魯之賢人也知楊墨之失中也故度待洛反於二者之
間而執其中近近道也權稱去聲下同錘直爲反也所以稱平聲物

之輕重而取中也執中而無權則膠於一定之中而不知
變是亦執一而已矣程子曰中無定體惟達權然後能執之○龜山楊氏曰聖人所謂權者猶
權衡之權量輕重而取中也用之無銖兩之差則物得其
平矣今夫物有本重而末輕者執其中而不知權則物失
其平非所以用中也程子曰中字最難識須是默識如字心通且試言
一廳則中央爲中一家則廳非中而堂爲中一國則堂非
中而國之中爲中推此類可見矣又曰中不可執也新安陳氏
曰不可如子莫之固執耳。非
謂堯舜湯之執中爲不可也。識得則事事物物皆有自然
之中不待安排安排着直畧反則不中矣程子曰楊子拔一毛不爲墨子又摩

孟子大全卷十三　盡心上　三十四

頂放踵爲之此皆是不得中至子莫執中欲執此二者之
中不知怎麽執得○朱子曰三聖相授允執厥中與子莫
執中文同而意異蓋精一之餘無適非中其曰允執則非
徒然執之也子莫之執中其爲我不敢爲楊朱之深其兼
愛不敢爲墨翟之過而於二者之中執其一節以爲中耳
故由三聖以爲中則其中活由子莫以爲中則其中死中
之活者隨時隨事而無不中中之死者非學聖人之學不
能有以權之而常適於中也權者權衡之權言其可以稱
物之輕重而遊移前卻以適其中蓋所以節量仁義之輕
重而時措之者也程子謂子莫執中比楊墨爲近而中則
不可執也當知子莫之執中與舜禹湯之執中不同則知
此說矣蓋聖人義精仁熟非有意於執中而自然無過不
及故有執中之名而實未嘗有所執也以其無時不中故
又曰時中若學未至理未明而徒欲求夫所謂中者而執
之則所謂中者果何形狀而可執也殆見愈執而愈失矣
子莫是也既不執中。乃慕夫時中者而欲隨時以爲中。吾

恐其失之彌遠。未必不流而爲小人之無忌憚也。中庸但言擇善而不言擇中。其曰擇乎中庸亦必繼之曰得一善。豈不以善端可求而中體難識乎。夫惟明善則中可得而識矣。○慶源輔氏曰。楊氏資質畧偏於剛毅。墨氏資質畧偏於寛厚。只緣不知至理所在。而各流於一偏。淪胥不已。遂至各極其偏。一則爲我。一則兼愛。至於子莫。又自其末流觀之。而知楊墨之皆失中也。乃度於兼愛爲我之閒而執其中。其意固善。而於道亦近矣。然時有萬變。事有萬殊。物有萬類。而中無定體。若但膠於一定之中。而執之不能知權。稱錘之因物輕重而前卻以取平。則與二子之執一者亦無異矣。若子莫者。是要安排箇中來執之也。○問書之允執厥中。與子莫執中之説。二者分辨如何。潛室陳氏曰。允執厥中。乃時中之中。觸處是道理。活法也。子莫乃執一以爲中。死法也。霄壤之異。○新安陳氏曰。安排者以私意揣度之。而不順其自然也。附蒙引此章之言。蓋以楊墨之害道。人多知之。而子莫之執中。乃甚惑人。故孟子槩以爲

猶執一而深闢之。○存疑子莫執中。此楊墨尤無理。天下之道。爲己與爲人而已。二者不並立。當其爲己則不得爲人。當其爲人則不得爲己。故顔子居陋巷。不復攖情於世務。禹八年於外。不復眷戀乎私家。蓋出處不並行。道理無兩立。當其時各爲其事。是所謂中也。子莫執中。是爲顔子之居陋巷。而又攖情於世務。爲禹八年之外。而又欲眷戀乎私家。彼此俱執。出處並行。豈成道理。不如楊墨之各執一偏。猶各成箇道理也。然則孟子曰猶執一。猶爲架之也。○譬之裘葛。楊子則專於穿裘。墨子則專於穿葛。子莫則裘葛並穿。聖賢則夏穿葛。冬穿裘者也。○蒙引執中而無權。由前面無致知工夫耳。

所惡執一者。爲其賊道也。舉一而廢百也。惡爲皆去聲

賊害也。爲我害仁。兼愛害義。新安陳氏曰。爲我者惟知有己。不知有人。似義非義。而有害於仁。兼愛者愛無差等。似仁非仁。而有害於義。**執中者害於時中。皆舉一而廢百者也。**南軒張氏曰。爲我兼愛。皆道也。當爲我則爲我。當兼愛則兼愛。是乃道也。彼墮於一偏者。固賊夫道。而於其間取中者。是亦舉其一而廢其百耳。○雲峰胡氏曰。吾儒亦有所爲中。所謂一。但吾儒之中也。隨時以取中。異端之中也。執中而無權。吾儒之一也。一以貫萬。異端之一也。一而廢百。○新安陳氏曰。舉一偏而廢百端。百者言其多耳。

○此章言道之所貴者中。問中一名而涵二義。這箇中要與喜怒哀樂未發之中異。與時中之中同。曰然。**中之所貴者權。楊氏曰。禹稷三過其門而不入。苟不當其可。則與墨子無異。顔子在陋巷。不改其樂。苟不當其可。則與楊氏無異。子莫執爲我兼愛之中而無權。**

鄉鄰有鬭而不知閉戶。同室有鬭而不知救之。是亦猶執一耳。故孟子以爲賊道。禹稷顔回易地則皆然。以其有權也。不然則是亦楊墨而已矣。朱子曰。子莫見楊墨皆偏在一處。要就二者之中而執之。正是安排尋討也。原其意思固好。只是見得不分明。依舊不是。且如三過其門而不入。在禹稷之時則可。在顔子則不可。居陋巷在顔子之時則是中。在禹稷之時則非中矣。居陋巷則似楊氏。三過其門而不入則似墨氏。要之禹稷似兼愛而非兼愛。顔子似爲我而非爲我。通攷朱氏公遷曰。子莫執中。與聖人之中不同。聖人隨事即理而有自然之中。子莫則膠於一定以爲中。所以然者以其無權故也。若有權以稱之。斯得事理自然之中矣。附蒙引爲我似義非義。而有害於仁。若是眞義。則何害於仁。兼愛似仁非仁。而有害於義。若是眞仁。則何害於義。蓋仁義本並行不悖。

隨所在而各伸其是。所謂權而取中也。○朱子曰。爲我害仁。兼愛害義。愚竊謂若說爲我害義。兼愛害仁。亦可。○爲其賊道也。此道字。卽中而合權者也。爲我害仁之仁。中而權者也。兼愛害義之義。亦中而權者也。大註道之所貴者中。中之所貴者權。此要體認精切。蓋不可於道外求中。中外求權也。道之所貴者中。不中不足以爲道。中之所貴者權。非權不足以爲中。

○孟子曰。飢者甘食。渴者甘飮。是未得飮食之正也。飢渴害之也。豈惟口腹有飢渴之害。人心亦皆有害

口腹爲飢渴所害。故於飮食不暇擇而失其正味。人心爲貧賤所害。故於富貴不暇擇而失其正理。朱子曰。飢渴害其知味之性。則飮食雖不甘。亦以爲甘。利欲害其仁義之性。則所爲雖不可。亦以爲可。附蒙引。問飮食正味如何。曰此只淺說。如魚餒肉敗不得其醬而食。便是不暇擇而失其正味也。

人能無以飢渴之害爲心害。則不及人不爲憂矣

人能不以貧賤之故而動其心。則過人遠矣。慶源輔氏曰。人苟能不以貧賤動其心。而於富貴辨其所當得而受之。其不當得。則不受之。則過於常人遠矣。過人之遠。則不憂其不及人矣。○新安陳氏曰。富貴有當得不當得之正理。知之在心。如飮食有美惡之正味。知之在口。口腹因飢渴而失其正味。人易知之。人心因貧賤而失其正理。人多未知也。孟子因衆人之易知者。以曉人之未知者。夫貧賤不與飢渴期而飢渴必至。自非有守之君子。必不能忽飢渴。遂厭貧賤而求富貴。只害其心之正理矣。是害口腹者。飢渴也。害心者亦飢渴也。飢渴能害口之正味。不當以害心之正理。此君子所以可飢可寒。可貧可賤。而不可與爲不義也。人能不以貧賤動其心。不以飢渴之害害其心。則必不厭貧賤以脫飢渴。必不冀受富貴以圖甘肥。而不患不及人矣。凡此皆孟子所以遏人欲而存天理也。附蒙引。言心不爲貧賤所害。如口腹之於飢渴。然則過人遠矣。語意如所謂以安社稷爲悅者。不可依新安謂貧賤不與飢渴期而飢渴自至。須看上文是平說。以彼喻此。不成此處又合言之。只看大註亦自分曉。○淺說。人能無以飢渴之害爲心害。此飢渴。就當貧賤字看。

○孟子曰。柳下惠不以三公易其介

介有分辨之意。慶源輔氏曰。介有分辨意。則與界限之界同。凡事各有界限。甚分明。不可踰越。○新安陳氏曰。介有剛介。介特。廉介之意。惟其有可辨。所以能如此。亦如廉本訓廉隅。惟其廉隅分辨。所以淸廉廉潔也。

柳下惠進不隱賢。必以其道。遺佚不怨。阨窮不憫。直道事人。至於三黜。是其介也。○此章言柳下惠和而不流。問柳下惠不以三公易其介。此與聖人之和互相發明邪。乃所以爲和邪。龜山楊氏曰。觀惠之和。宜若不介。故此特言之。問何以知其介。曰只不卑小官之意。便自可見。如柳下惠之才。以爲大官何所不可。而樂於爲小官。則其剛介可知矣。○新安陳氏曰。不以三公之貴。移奪其所守之介。和而不流故也。與孔子論夷齊不念舊惡意正相類。皆聖賢微顯闡幽之意也。闡。齒淺反。汪氏曰。伯夷餓於首陽。伊尹祿以天下。不顧。皆能不以三公易其介。偶稱柳下惠。何也。以惠之和。嫌於不介故也。○雲峰胡氏曰。人皆知夷齊之淸而不知夷齊之淸而有量。人皆知柳下惠之和而不知惠之和而不流。孔孟之言。皆闡幽之意也。微顯。是帶道說。○

新安陳氏曰微顯闡幽四字出杜預春秋傳序本以言孔子作春秋之意於顯明者則微之幽昧者則闡之集註以爲孔孟之論夷齊柳下惠亦得此意盖夷齊之清惠之和此其顯而易見者夷齊之不念舊惡惠之介此其幽而難見者今則微其顯而闡其幽聖賢之至公至明如此 附 顧麟士曰三公設言亦倒句耳正言之則如云不貶其介以換那三公也

○孟子曰有爲者辟若掘井掘井九軔而不及泉猶爲棄井也 辟讀作譬軔音刃與仞同

八尺曰仞 新安陳氏曰集註於語夫子之牆數仞下云七尺曰仞愚按周書爲山九仞孔安國云八尺曰仞鄭玄云七尺曰仞集註兩存其說歟蔡氏傳從孔說愚設之周禮匠人爲溝洫廣四尺深四尺謂之溝廣八尺深

八尺謂之洫廣二尋深二仞謂之澮蓋其爲溝洫澮是加一倍之數尋八尺也仞亦八尺也度脩廣則計之以尋度高深則計之以仞是澮之廣與深各一丈六尺也以此觀之則孔說爲是鄭說恐非

言鑿井雖深然未及泉而止猶爲自棄其井也○呂侍講曰 名希哲字原明河南人 仁不如堯孝不如舜學不如孔子終未入於聖人之域終未至於天道未免爲半塗而廢自棄前功也 慶源輔氏曰爲人而未得爲聖人言治而不及於堯舜皆爲未及夫泉也○雲峯胡氏曰當與論語譬如爲山一章通看學問垂成而不至於成者可爲戒矣通貞朱氏公遷曰此勉人進學之辭爲學而未至者言之餘如學如不及逝者如斯日知其所亡深造之以道及人一己百人十己千知之成功一也凡教人以不可自畫者皆此類 附 淺說 有爲者譬若掘井何則掘井必欲得泉有爲必要成功也若掘井雖九仞矣苟未及泉而止猶是自棄其井也有爲者若始勤而終怠進銳而退速則是自棄前功與棄井者何異哉故不爲則已爲則必要其成也○蒙引或者以爲有爲者設心如是非也昧大註自明還是孟子警人之辭○有爲者可兼德學事功說不可專主爲學

○孟子曰堯舜性之也湯武身之也五霸假之也

堯舜天性渾 上聲 全不假脩習湯武脩身體道以復其性五霸則假借仁義之名以求濟其貪欲之私耳 程子曰身之是身踐履之也假之者身不行而假借之也○張子曰堯舜固無優劣及至湯武則有別孟子言性之反之自古無人如此言惟孟子分出逐知堯舜是生知湯武學而能之○龜山楊氏曰堯舜性之由而行者也湯武身之體之者也五霸則假

之而已非己有也若管仲責包茅不入王祭不共昭王南征不反非誅伐之本意假此爲說耳○朱子曰性之是合下如此身之是做到那田地○問性善之善與堯舜性之之性如何曰性善之善字實性之之性字虛性之只是合下稟得合下便得來受用又曰反之是先失著了反之而后得身之是把來身上做起○性是自然有底身是從身上做得來底湯武固皆身之但細觀其書湯身之之功恐更精密湯有慚德如武王恐未必有此意○新安陳氏曰孟子論堯舜湯武曰堯舜性者也湯武反之也與此章爲二而互相發明反之即復其性也論五霸若不一莫切於假之一辭曰以力假人者霸與此章爲三乃是以一字斷盡五霸心事得春秋以一字爲褒貶與誅心之法者也 附 存疑三之字指道性是渾成底物身便是作爲故取以立言性身本是死字此卻做活字用猶歷無夫里之布之歷及是貨之也之貨字相似言堯舜性乎此道也蓋道出乎性也賦性合下便有此道也故註曰天性渾全不假脩爲

湯武身乎此道也。蓋道出於身也。以身行之而後得也。故註曰脩身體道。以復其性。五霸假之。言非性非身但假借這道來自文也○蒙引原五霸性分元自有眞仁義乃置眞者不用而外尋箇假者以自文可歎也

久假而不歸惡知其非有也惡平聲

歸還也有實有也言竊其名以終身而不自知其非眞有慶源輔氏曰其初不過以之自欺人而其終遂全以之自欺**或曰蓋歎世人莫覺其僞者亦通舊說**趙邠卿註**久假不歸即爲眞有則誤矣**朱子曰惡知二字爲五霸說知云五霸自不知也五霸久假而不歸安知其亦非己有也○汪氏曰舊說之意謂若能久假而不歸則固有者將自得之是爲假者謀假者之初意全非天理而以人欲之私行之合下已差矣加以久假則私意纏繞以終其身虛僞益甚。膠固莫解其得爲眞有之乎是皆學術心術不正不能辨公私理欲之幾者之論宜朱子明辨其誤也[附]蒙引久假便是不歸不必說不歸於眞言其假之久而安也所謂居之不疑相似○末兩句是孟子歎辭承上言五霸本是假之而終不自知其爲假所以可歎也○尹氏曰**性之者與道一也身之者履之也及其成功則一也五霸則假之而已是以功烈如彼其卑也**問假之之事眞所謂幽沉仁義非獨爲害當時又且流毒后世朱子曰此孟子所以不道桓文而卑管晏也且如興滅繼絕誅殘禁暴懷諸侯而尊周室百般好事他都做只是無惻怛之誠心他本欲他事之行又恰有這題目入得故不得不舉行此邵子所以有功之首罪之魁之論○雲峯胡氏曰性之者自然而然身之者當然而然假之者似然而實不然自然者所性而有當然者能復其有似然者不自知其非眞有

○公孫丑曰伊尹曰予不狎于不順放太甲于桐民大悅太甲賢又反之民大悅

予不狎于不順太甲篇文狎習見也不順言太甲所爲不順義理也言不欲習見其如此。**餘見**形甸反**前篇**[附]達說始悅其正君之非終悅其成君之德○存疑予不狎于不順蔡傳解書與此異蔡傳似精蓋恐其狎不順義理之人營宮而遷之於桐欲使不狎於不順則其遷有名而不爲放所以爲精也

賢者之爲人臣也其君不賢則固可放與與平聲 **孟子曰有伊尹之志則可無伊尹之志則篡也**

孟子大全卷十三 盡心上

伊尹之志公天下以爲心而無一毫之私者也南軒張氏曰伊尹之事。志存乎宗祀。變而得其正者也。方是時。太甲在諒陰故徙之先王墓側。使之動心忍性而深思焉。是伊尹以冢宰攝政而太甲居憂于桐耳。太甲克終允德。則於練除之際。奉而歸亳焉。其克終雖由其自怨艾以改過。實亦尹之至誠有以感格之。無尹之志。徒以君不賢而放之。是簒亂之所爲耳。後世唯霍光放昌邑王賀而立宣。庶幾乎心存宗祀者。然始也建立之不審。而至誠敦篤又不加焉。其於尹之志蓋有愧也。是以嚴延年劾之以爲擅廢立無人臣禮。而識者有取焉。霍光且爾。況他人本爲一身利害計者乎。所爲元惡大憝。必誅而無赦者也。○慶源輔氏曰公天下以爲心。豈一朝夕勉強所能爲哉。非道全德備其素行有以信於人。至誠有以通於天者。不能也。○覺軒張氏曰孟子此兩語。不惟見伊尹之心如青天白日。而百世之下。奸臣亂賊亦無所逃其罪矣。味則可之辭。亦見處變僕可之

意。而。非。正。法。也。〔通考〕趙氏悳曰孟子論伯夷之清柳下惠之和則皆言其有隘與不恭之弊於伊尹之任旣三言之而獨不言其弊蓋所謂有伊尹之志則可無伊尹之志則簒者卽此任之弊也不與夷惠之弊同論而乃於此發之也其慮天下後世遠矣

○公孫丑曰詩曰不素餐兮君子之不耕而食何也孟子曰君子居是國也其君用之則安富尊榮其子弟從之則孝弟忠信不素餐兮孰大於是餐七丹反

詩魏國風伐檀之篇素空也無功而食祿謂之素餐此與告陳相彭更之意同〔南軒張氏曰〕伐檀之詩。非必欲君子稼穡而後食也公孫丑以君子不耕而食爲素餐其爲詩也亦固矣其弊將至於爲許行之徒之論矣故孟子告之以不素餐之大者夫君子仁義脩乎身居是國也其君用之則安富尊榮如其未用子弟從之則亦薰陶乎孝弟忠信之習而足以善俗若夫飾小廉而妨大德衛末流而忘正義非君子之道也○〔新安陳氏曰〕君子居人國用則有功於君而功業建不用亦有功於人子弟而風俗厚豈爲無功而食乎丑之見何陋也〔通旨〕朱氏公遷曰仕不受祿與不受萬鍾則義之中有見幾之智孟子之於齊宋薛子思之於魯繆公則義之中見交際之禮傳食諸侯一章則言人之有功者我當食其人主於食人者而言也不素餐兮一章則言見食於人者必有功於人主於食人之食者而言也是皆孟子自道之辭所以解門人之惑者如此皆因論辭受而見處物之義萬章問交際一章亦兼辭受之義與交際之禮〔附〕〔蒙引〕君子之不耕而食何也爲孟子發言其不仕而食祿也孟子曰其君用之則安富尊榮不是用之爲臣也言雖不在其位君但用其言則亦有效矣○〔存疑〕蒙引曰其君用之與子弟從之相對說謂上有功於君下有功於民最是小註作用不用未是○安若安其位無禍亂也尊者高居九五爲人所崇仰無敢慢也若周王下堂見諸侯下勞晉侯於踐土失其尊矣榮與辱對以仁則榮不仁則辱來照看雖大國必畏之是榮也

○王子墊問曰士何事墊丁念反

墊齊王之子也上則公卿大夫下則農工商賈音古皆有所事而士居其間獨無所事故王子問之也

孟子曰尚志

尚高尚也志者心之所之也士旣未得行公卿大夫之道又不當爲農工商賈之業則高尚其志而已〔朱子曰〕此志字與父在觀其志之志同未見於所行方見其所存也〔附〕淺說此章之意只在言士雖未得爲大人之事其志則欲爲大人之事耳蓋堯舜君民參贊天地君子分內事故顏子簞瓢陋巷亦有爲邦之問而范仲淹自做秀才時便以天下爲己任無一事不理會過也

曰何謂尚志曰仁義而已矣殺一無罪非仁也非其有而取之非義也居惡在仁是也路惡在義是也居仁由義大人之事備矣惡平聲

非仁非義之事雖小不爲而所居所由無不在於仁義此

士所以尚其志也（慶源輔氏曰）士雖未得位以行其道而其志則須高尚方可志於仁義則高尚溺於利欲則卑汚（通旨）朱氏公遷曰匹夫不可奪志孔子汎爲學者言人不可以不尚志也孟子專爲王子言爲士者但當尚志也**大人謂公卿大夫言士雖未得大人之位而其志如此則大人之事體用已全若小人之事則固非所當爲也**（南軒張氏曰）殺一無罪而非仁由是而體之則人之所以能愛者可得而推矣非其有而取之爲非義由是而體之則其義之所以爲宜者可得而推矣居仁由義居則不違由則不他居仁則體立由義則用行大人之事亦不越此而已矣○（新安陳氏曰）此章因王子問士何所事對以士志乎仁義已備大人之事蓋志者事之本未爲者也事者志之用有爲者也志之所向素高則事之大本已立一旦得大人之位舉而措之耳何必待有事迹可見而後始謂之有所事哉若農工商賈小人之事不特非所當爲亦不屑爲且不暇爲也（通旨）朱氏公遷曰仁存諸心義形諸事是仁爲體而義爲用也然指仁義而名之則以人心人路言就仁義而形容之則以安宅正路言（附）淺說何謂尚志曰志在仁義而已矣如殺一無罪非仁也其心必曰吾若居位必不殺一無罪也非所當有者而取之非義也其心必曰吾若居位必不取一非其有也心之所居何在仁是也鰥寡孤獨吾欲觀之於一體也路之所由何在義是也紀綱法度吾欲使之得其宜也士之尚志如此夫居仁者大人之體也由義者大人之用也士者志於居仁由義則雖未得爲大人之事而大人之事已備矣若小人之事則固非所當爲士者豈肯爲之哉○（存疑）居以心之所存言路以身之所行言孟子他日謂仁人之安宅義人之正路與仁人心義人路都是此意○非仁非義之事雖小不爲而所居所由無不在於仁義皆據後日言其所志則如是也所以謂尚志或曰居仁由義若依後日言則士當窮居時獨無所居所由乎曰士當窮居時雖有所居所由亦必不苟但此不言耳○居仁由義決然做後來出仕時說不然士當窮居時焉得有無罪可殺或曰殺人之事甚大乃謂雖小不爲何也曰居民上操生殺之柄誤殺一人亦小事也

○孟子曰仲子不義與之齊國而弗受人皆信之是舍簞食豆羹之義也人莫大焉亡親戚君臣上下以其小者信其大者奚可哉舍音捨食音嗣

仲子陳仲子也言仲子設若非義而與之齊國必不肯受齊人皆信其賢然此但小廉耳其辟兄離母不食君祿無人道之大倫罪莫大焉豈可以小廉信其大節而遂以爲賢哉（南軒張氏曰）仲子飾小廉而廢大倫其不知義已甚矣○（慶源輔氏曰）觀前篇而論仲子之事其介然自守如此則不義而與之齊國必不肯受此徇名而強矯者或能之故孟子以爲是特舍簞食豆羹之義而已蓋未以爲賢也若夫安於人倫使之各盡其道則非盡性而樂循理者不能故孟子言此以曉齊人使之勿迷於小而必察其大耳○（新安陳氏曰）孟子於陳仲子其對匡章既深非之此又申言之二章當參看（通旨）朱氏公遷曰伊尹之一介不取與亦其義之合於聖人者故孟子稱之如此若微生之與害於直仲子之操害於廉則皆不合於義者也是故夫子以微事斷之孟子以大節斷之欲人以之爲戒耳皆因論人而見處物之義（附）存疑仲子不義與之齊國而弗受即伊尹祿之以天下不顧繫馬千駟弗視亦非小事乃謂是舍簞食豆羹之義者蓋對親戚君臣上下言則徒

爲小節也。伊尹祿以天下不顧。自親戚君臣上下而違之。仲子不受齊國而遺親戚君臣上下。所以不爲聖賢所取也。〇〔蒙引〕是舍簞食豆羹之義。截下去看。大計一然字。〇〔淺說〕信字當許字看。信其大者。此大者虛說。不指大倫。〇大倫一虧。雖貿讓非義之國。亦無足觀者。是舍簞食豆羹之義。講中不可用御名矯飾意。

○桃應問曰。舜爲天子。皐陶爲士。瞽瞍殺人。則如之何

桃應孟子弟子也。其意以爲舜雖愛父。而不可以私害公。皐陶雖執法。而不可以刑天子之父。故設此問以觀聖賢用心之所極。非以爲眞有此事也。附〔存疑〕此章問答。是就各人所處上說。都未及權變處。是就天理極致處說。都未粘若人情上。〔蒙引〕所難乃是就人情權變上說。不是精微極致道理。亦非桃應所

問之意。依其說。全無味了。善乎朱子之言曰。此亦只是論聖賢之心耳

孟子曰。執之而已矣

言皐陶之心。知有法而已。不知有天子之父也

然則舜不禁與 與平聲

桃應問也

曰。夫舜惡得而禁之。夫有所受之也 夫音扶。惡平聲

言皐陶之法。有所傳受。非所敢私。雖天子之命。亦不得而廢之也。附〔存疑〕夫有所受之者。書曰。天討有罪。五刑五用。法本於天。制於聖人。法官相傳而世守之。便是有所受也。常說謂受之於堯。極拙。謂總是國法便有所受。亦鶻突。〇〔顧麟士曰〕此一節方了皐陶義。

然則舜如之何

桃應問也

曰。舜視棄天下。猶棄敝蹝也。竊負而逃。遵海濱而處。終身訢然。樂而忘天下 蹝音徙。訢與欣同。樂音洛

蹝〔韻書〕音所爾反。又所蟹反。草履也。遵。循也。言舜之心。知有父而已。不知有天下也。孟子嘗言舜視天下猶草芥。而惟順於父母可以解憂。與此意互相發。〇此章言爲士者。但知有法。而

不知天子父之爲尊。爲子者。但知有父。而不知天下之爲大。蓋其所以爲心者。莫非天理之極。人倫之至。〔雲峰胡氏曰〕皐但知有天子之法。天理也。君臣人倫之至也。舜但知有父。天理也。父子人倫之至也。附〔存疑〕在天爲理。在人爲倫。一而已矣。

學者察此而有得焉。則不待較計論量。而天下無難處上聲之事矣。〔朱子曰〕某嘗問李先生以此事。先生曰。蒯聵父子只爲無此心。所以爲法律所縛。都轉動不得。若舜之心。則法律縛他不住。終身訢然。樂而忘天下。求仁得仁。何怨之有。然此亦只是言聖賢之心耳。聖賢之心合下是如此。權制有未暇論。然到極不得已處。亦須變而通之。蓋法者天下公共。在皐陶亦只得執之而已。若人心不許舜棄天下而去。則便是天也。皐陶亦安能違天。法與理便即是人心底。亦須是合下有如此底心。方能爲是權制

今人為事合下無如此底心其初便從權制去則不可執之而已矣非洞見皐陶之心者不能言也此一章之義見聖賢所處無所不用其極所謂止於至善者也○南軒張氏曰舜之有天下初不以天下與於己循天理之當然而已為瞽瞍殺人而枉其法則夫天下之公若致辟於瞽瞍則廢父子之倫是皆雖有天下不可一朝居者也舜寧去天下而存此義耳舜非輕天下也義所當去視天下猶敝蹝也是故在皐陶則使舜得以伸其竊負之義在舜則以此而可以終身夫何求哉循天理而已善發明舜之心者其惟孟子乎若後世以利害之見論之則謂天下方戴舜而賴其治舜乃去之得無廢成業而孤衆望乎此不知天命者也聖人所以為治奉天命而已若汩於利害而失天理之所在雖舜亦何以治天下哉或者以為皐既執瞽瞍舜烏得而竊之蓋未之思也皐既執瞽瞍於前而使舜得伸其竊負之義於後是乃天理時中全君臣父子之倫者也微孟子孰能推之○汪氏曰竊負而逃畏天故也訢

然之樂樂天故也孟子之斷示後世為人臣子之道而已以天子之父殺人且不可舍況其卑者乎以天下之大且可樂況其小者乎

○孟子自范之齊望見齊王之子喟然歎曰居移氣養移體大哉居乎夫非盡人之子與夫音扶與平聲

范齊邑居謂所處上聲下同之位養奉養去聲也言人之居處所繫甚大王子亦人子耳特以所居不同故所養不同而其氣體有異也附蒙引望見齊王之子喟然歎曰其發歎之意全在況居天下之廣居者乎惟先有此感然後發此歎非徒歆羨其勢位之器宇異於凡人而已也○淺說夫非盡人之子連帶下宮室車馬衣服多與人同作一串說下註中特以所居不同故所養不同而其氣體有異貼在其居使之然內

孟子曰

張鄒張敬夫鄒志完皆云羨延面反文也

王子宮室車馬衣服多與人同而王子若彼者其居使之然也況居天下之廣居者乎

廣居見形甸反下同前篇也尹氏曰睟音粹然見於面盎於背居天下之廣居者然也新安陳氏曰居仁宅者之氣象必德潤身而心廣體胖與王子驕貴之氣習又不侔矣附蒙引宮室宮通一家言室其宮之間房也衣服衣專指衣裳服通言冠屨曰多與人同亦見終

有不盡同處

魯君之宋呼於垤澤之門守者曰此非吾君也何其聲之似我君也此無他居相似也呼去聲

垤澤宋城門名也孟子又引此事爲證問孟子先言居移氣養移體後却只言居朱子曰有是居則有是養居公卿有公卿底奉養居貧賤有貧賤底奉養言居則養在其中○南軒張氏曰居天下之廣居宅乎天理者也宅之之久則其氣質變化有不期然而然者矣夫聖賢相去雖有先後而玩其氣象如出一人者以其所居之同故也○新安陳氏曰此章重在居廣居一句勢位之居猶足移氣與賤者異廣居之居其能充吾正氣而與常人異也必矣附存疑此無他居相似是孟子之言此下當貼一句云以此觀之則居之能移氣

也可見而居廣居者。信乎能變化氣象也。○〔纂引〕引晉君事爲證。證王子也。然居廣居意亦自見於言外。○〔顧麟士〕曰按通義鄱陽朱氏曰此章勉人爲仁之辭。

○孟子曰：食而弗愛，豕交之也；愛而不敬，獸畜之也。食音嗣。畜許六反

交，接也。畜，養也。獸，謂犬馬之屬。說○〔纂引〕食而弗愛四句乃豕交全不愛。獸畜則愛矣，但不敬耳。○犬馬有爲人之所愛者，如西旅獻獒，周穆王之於八駿，非豕之比也。朱子因上文豕交字而於此解爲犬馬之屬，雖微文末義，亦致其精。

恭敬者，幣之未將者也。

將，猶奉也。詩曰：承筐是將。小雅鹿鳴篇 程子曰：恭敬雖因威儀幣帛而後發見，形甸反 然幣之未將時，已有此恭敬之心，非因幣帛而後有也。〔纂引〕此以下方說上國君待賢。去

恭敬而無實，君子不可虛拘。

此言當時諸侯之待賢者，特以幣帛爲恭敬，而無其實也。拘，留也。〔趙邠卿〕曰實謂愛敬也。○〔慶源輔氏〕曰世衰道微，在上者皆不知有恭敬待賢之誠，而惟恃其有幣帛之禮。在下者惟知有幣帛之可慕，而不知察夫上之人所以待之之誠。上下之情，交鶩於利，而不知有義理焉。故孟子發此論以警之。○〔通考〕東陽許氏曰恭敬者之恭敬，以發於心者言。恭敬而無實之恭敬，以幣帛言。〔纂引〕君子不可虛拘，言君子不可得而虛拘也。虛字從無實字生。非謂君子當去不可虛拘也。既是君子，自能去矣，不待教之。○〔淺說〕凡待人者，徒食而弗愛，是豕交之也。徒愛而弗敬，是獸畜之也。然所謂恭敬者，又非幣帛之謂也。乃幣帛未將之時，而恭敬之心已生於內。此恭敬之實也。無文不顯，故托於幣帛以表其敬耳。吾觀當時諸侯之待賢者，特以幣帛爲恭敬，而無其實也。恭敬而無實，是亦豕交獸畜矣。名曰君子，又豈虛禮可得而拘耶。○〔顧麟士〕曰此章明人君待賢之禮。

○孟子曰：形色，天性也；惟聖人，然後可以踐形。

人之有形有色，無不各有自然之理，所謂天性也。踐，如踐言之踐。禮記曲禮：脩身踐言，謂之善行。 蓋衆人有是形，而不能盡其理，故

無以踐其形；惟聖人有是形，而又能盡其理，然後可以踐其形而無歉也。歉，若忝反 〔通考〕程氏勿齋曰至誠盡性，充其形色，是曰踐形也。〔纂引〕非指形色爲天性也。形色皆天性所在也。此形色平說。故註云有形有色。然色非有出於形之外也。

○程子曰：此言聖人盡得人道而能充其形也。蓋人得天地之正氣而生，與萬物不同。既爲人，須盡得人理，然後稱去聲其名。衆人有之而不知，賢人踐之而未盡，能充其形，惟聖人也。楊氏曰：天生烝民，有物有則。物者，形色也。則者，性也。各盡其性，則可以踐形矣。〔龜山楊氏〕曰莫非形也，自聖人言之，目之所視，耳之所聽，以至口之所言，身之所動

不待著意莫不合則所謂動容周旋中禮者也未至於聖則未免有充焉若孔子告顏淵非禮勿視等語是也故惟聖人然後可以踐形。○朱子曰形是耳目口鼻之類色如一顰一笑皆有至理○形色上便有天性視便有視之理聽便有聽之理○問形色天性下却云踐形而不言色何也曰有此形便有此色言形則色在其中矣○踐猶踐言踐約之踐言聖人所爲便踏著箇形色之性耳性即理之謂伊川謂充其形色說得好形是形體色如臨喪則有哀色介胄則有不可犯之色之類天之生人人之得於天其具耳目口鼻者莫不皆有此理耳便必當無有不聰目便必當無有不明口便必能盡別天下之味鼻便必能盡別天下之臭聖人與常人都一般惟衆人有氣稟之雜物欲之累雖同是耳也而不足於聰同是目也而不足於明同是口而不足以別味同是鼻而不足以別臭雖有是形而不能充踐此形惟聖人耳則十分聰目則十分明口鼻莫不皆然如此方可以踐此形○潛室陳氏曰聖人盡性地位方儘得他本來形色學未至於聖人則於性分道理未免虧欠才於性分有虧欠即是空具此形色不能充踐滿足也○問孟子曰形色天性也告子曰食色性也二者之分如何曰形色爲性是弘氣入道理中來食色爲性是逐道理出形氣外去胥壞之分○新安陳氏曰程子之說蓋自踐字推廣之衆人全不能踐者也賢人雖能踐之而未盡者也聖人則極能踐之而無不盡者也如洪範五事則貌言視聽思極於肅乂哲謀聖皆踐形之意也通考朱子曰色在形裏面猶言容貌也又曰人生天地莫不有形莫不有色而本其有得於天者則是形是色莫不有所以然之故所當然之則焉則是所謂天性者也然衆人牿於氣稟汩於習俗不能無人欲之私是以視則不明聽則不聰貌則不恭言則不從蓋不能盡其形色本然之理則雖有是形而無以踐其形也惟聖人能盡其性而無一毫人欲之私雜於其閒是以視則極明聽則極聰蓋盡形色本然之理無一不盡既有是形而又有以踐其形本有是物而

又能脩其實以副之也附存疑形色天性也與仁人心也語勢雖同而意不同仁人心也言仁即人心也形色天性也言形色有箇天性也惟聖人然後可以踐形含箇盡性在內形色便有箇天性在內聖人能盡性所以能踐形○曰聖人然後可以踐形是知人一箇形甚大未至於聖人亦云負此形矣○耳目手足形也視聽持行色也聰明恭重天性也耳聽之聰目視之明手容必恭足容必重踐形也○蒙引踐形猶云實其形謂不虛之也以能盡其形之理也○踐形猶言成人必盡人之道方爲成人必盡形之性方爲踐形○形色天性本來都到十分地位人必究得到十分地位方是踐形方滿得那腔子

○齊宣王欲短喪公孫丑曰爲朞之喪猶愈於已乎

已猶止也新安陳氏曰丑附其說謂三年短而爲朞猶勝於止而不爲者乎附蒙引齊宣王欲短喪欲短三年之喪而爲朞也是自短其服而又推以及國人所謂恕己及人不忠之恕也

孟子曰是猶或紾其兄之臂子謂之姑徐徐云爾亦教之孝弟而已矣紾之忍反

紾戾也教之以孝弟之道則彼當自知兄之不可戾而喪之不可短矣孔子曰子生三年然後免於父母之懷子也有三年之愛於其父母乎所謂教之以孝弟者如此蓋示之以至情之不能已者非強之也強上聲附存疑教之孝弟只承上紾兄之臂說短喪之意在言外集註喪之不可短乃附說孔子曰子生三年以下是就正意解○蒙引自紾兄者言只是弟然孝者

必弟。弟者必孝。故孟子并言之。非以弟字屬兄之不可废孝字屬喪之不可短也

王子有其母死者其傅為之請數月之喪公孫丑曰若此者何如也為去聲

陳氏曰王子所生之母死厭一甲反於嫡母而不敢終喪其傅為請於王欲使得行數月之喪也大功九月小功五月時又適有此事丑問如此者是非何如按儀禮公子為為去聲其母所生母練冠麻衣縓七絹反緣俞絹反赤黃色既葬除之疑當時此禮已廢或既葬而未忍即除故請之也儀禮喪服章記公子為其母練冠麻衣縓緣為其妻縓冠葛絰帶麻衣縓緣皆既葬除之公子君之庶子也【附】蒙引按儀禮公子為其母練冠麻衣縓緣既葬除之此便是終喪也。疑當時此禮已廢之說為是故曰是欲終之而不可得也。若既葬而未忍即除則其情雖厚亦為過制矣。○顧麟士曰按王子之喪或不得行其喪親之數或請之既葬之後。集注本有二說

曰是欲終之而不可得也雖加一日愈於已謂夫莫之禁而弗為者也夫音扶

言王子欲終喪而不可得其傅為請雖止得加一日猶勝不加我前所譏乃謂夫莫之禁而自不為者耳○此章言三年通喪天經地義不容私意有所短長示之至情人心天理

之真切處則不肖者有以企去智反而及之矣【附】存疑公孫丑以王子之事為問意其傅之所請若是則已為朞之喪猶愈於已之言未必非是欲即其傅之事以自解也不如王子之不終喪壓於嫡母欲為而不得者也。齊王之欲短喪三年之喪初無所禁得為而不欲者也。欲為而不得則為之請行數月之喪者為是。得為而不欲則謂為期之喪猶愈於已者為非。其事絕不同。安可以彼解此哉。看來公孫丑此問尤無見識其視桃應之問相去遠矣

○孟子曰君子之所以教者五

下文五者蓋因人品高下或相去遠近先後之不同慶源輔氏曰如時雨化。品之高者。成德達財。其次也。答問。下者也。私淑艾有同時而相去或遠不同時而其生也後不能及門受業者也。【附】蒙引下文時雨化成德達材答問私淑艾都是君子之教言

有如時雨化之者

時雨及時之雨也草木之生播種封植承職反人力已至而未能自化所少者雨露之滋耳及此時而雨之則其化速矣教人之妙亦猶是也若孔子之於顏曾是已程子曰待物生以時雨潤之使之自化。○朱子曰時雨化者。不先不後適當其時而已。○他地位已到因而發之如孔子告顏淵以四勿告曾子以一貫。所謂時雨化之者。○新安陳氏曰惟人力已至而後時雨可化。惟顏曾力到功深而後孔子之化可施使他弟子而遽以是告之。是猶種植之力未至雖有時雨亦不能速化也。【附】存疑時雨化者。天資高學力到一點

便○化

有成德者有達財者

財與材同此各因其所長而教之者也成德如孔子之於冉閔達財如孔子之於由賜朱子曰成就其德德則天資純粹者通達其材材是天資明敏者○雲峰胡氏曰孔門四科顏會冉閔皆以德行稱孟子五教集註則以夫子之於冉閔為成德而顏會為時雨化之何也蓋自顏會以下皆在夫子教之之中而顏會二子獨得夫子化之之妙也附蒙引成德自其天資之純厚而成就之○達材自其天資之明敏而成就之○蓋人材所稟○合下自有○仁○智兩類○存疑有德未必無材○於德為優曰德○自其所優言也有材者未必無德○於材為優曰材○自其所優言也○德是心術近正底人○仁義禮智○得之有生之初者未喪○雖未太喪亦不能保其全也○成德是涵育薰陶○使之去其偏而入於全去其疵類而一於純美也○材是有技能底人○通於治國治民之理而能有為者也達是開導誘掖未就理者使之就理○就理而未致其極者使至於極也○

有答問者

就所問而答之若孔孟之於樊遲萬章也南軒張氏曰成德達財答問固在其中○而又有所謂答問者○此則專為凡答其來問者也雖鄙夫之空空所以答之者亦無非竭兩端之教也○慶源輔氏曰樊遲之粗鄙萬章之淺率孔孟皆必俟其問而後告教之是也附淺說又有資質凡下○學力未充○不可語之以所難知○惟隨其疑而解之不可強之以所不能○惟因其明而通之○存疑答問亦是門人○但於材德未必有只隨其所問而答之○

有私淑艾者艾音乂

私竊也淑善也艾治也人或不能及門受業但聞君子之道於人而竊以善治其身是亦君子教誨之所及若孔孟之於陳亢夷之是也孟子亦曰予未得為孔子徒也予私淑諸人也朱子曰艾芟草也○自艾淑艾○皆有斬絕自新之意○憖艾創艾亦取諸此○有答問者○未及師承○只是來相答問而已○私淑艾者未嘗親見面授只是或聞其風而師慕之或私竊傳其善言善行學之以善於其身是亦君子之教誨也附通義仁山金氏曰亢因子貢伯魚而聞夫子之道之因徐子而聞孟子之命○此所謂遞相傳授者也○孟子之私淑於人○則又在雨化德成之間矣○蒙引或同時而相去不遠如孔孟之於陳亢夷之是也或不同○時而其生也後○如孟子所謂予私淑諸人也○有私淑艾○亦主教者○言蓋其教澤所遺○有以成就之也凡道德足以師範後學者○皆有私艾之澤○必併此言之○然後足以盡君子之教○

此五者君子之所以教人也

聖賢施教各因其材小以成小大以成大無棄人也趙氏曰君子之教人○如天地之生物○各因其材而篤焉天地無棄物聖賢無棄人

○公孫丑曰道則高矣美矣宜若登天然似不可及也何不使彼為可幾及而日孳孳也幾音機

孟子曰大匠不為拙工改

廢繩墨羿不爲拙射變其彀率爲去聲彀古候反率音律

彀率彎弓之限也言教人者皆有不可易之法不容自貶悲檢反以徇學者之不能也

附蒙引道爲君子之道是君子所知所行者○大匠不爲拙工羿不爲拙射二句以起下文之君子引而不發一意也此兩節同是一箇道理上是比下是正言也○大註言教人者皆有不可易之法皆之一字指大匠及羿君子敎人正意卻在下文

君子引而不發躍如也中道而立能者從之

引引弓也發發矢也躍如如踴躍而出也因上文彀率而言君子教人但授以學之之法而不告以得之之妙如射者之引弓而不發矢然其所不告者已如踴躍而見於前矣中者無過不及之謂中道而立言其非難非易去聲能者從之言學者當自勉也

朱子曰引而不發謂漸啓其端而不竟其說躍如謂義理昭著如有物躍然於心目之間○躍如是道理活潑潑地發出在面前如由中躍出○引而不發躍如也須知得是引箇甚麼是怎生地不發又是甚麼物事躍在面前須是聳起這心與他看教此心精一無些子夾雜方見得他那精微妙處○道理散在天下事物之間聖賢也不是不說然也全說不得自是那妙處不容說然雖不說只纔撥動那頭了時那箇物事自跌落在面前如張弓十分滿而不發箭雖不發箭然已知得真箇是中這物事了○南軒張氏曰聖人之道天下之正理不可過不可不及也自卑者視之以爲甚高而不知其高之爲中也自隘者視之以爲甚大而不

知其大之爲常也徇彼而遷就則非所以爲道矣能與不能則存乎其人耳中道而立能者從之此正大之體而天地之情也學者循繩墨彀率而勿舍焉及其久也將自有得不然斬獲助長爲害甚矣○此章言道有定體教有成法卑不可抗高不可貶語不能顯默不能藏

汪氏曰君子雖不貶道以徇人亦未嘗離人絕物而使高不可及也○雲峰胡氏曰道有定體故卑不可抗高不可貶是之謂中道而立敎有成法故語不能顯默不能藏而在乎人之能者從之○新安陳氏曰道有定體謂中道而立敎有成法謂繩墨彀率卑者不可抗之使高高者不可貶之使卑申言道有定體也雖語有不能顯者謂引而不發雖默有不能藏者謂躍如也熟玩味之有無窮之妙附蒙引得之之妙如曾子所得之一貫顏子所得之卓爾○授以學之之法如孔子之博文約禮三千之徒均此教也若顏氏曾氏之傳獨得其宗則所謂能者從之也○得之之妙不外乎學之之法而得之而其所以得之只在深造之以道學者但當致力於其所學之法而得之之妙則無所容其力也力到功深則自然心領神會○君子引而不發大註曰但授以學之之法而不告以得之之妙小註曰雖啓其端而不竟其說二說似不同蓋既授以學之之法則非只是啓其端而已如博文約禮三綱領八條目之數豈但有啓其端而不竟其說之理夫子曰誨人不倦又曰有鄙夫問於我空空如也我叩其兩端而竭焉尤見其不然也然則當細認大註之意而不可以小註混之矣或曰啓其端猶舉一隅云耳未可非也曰律以大註則所謂三隅者非得之之妙也況舉一隅之云與上文不憤不啓不悱不發同是說有受教之地固居所受之前而所謂復者則又可見其終無不覺之說也○此章孟子之言總是言教有成法而其所以教有成法者以其道有定體也惟道有定體故教有成法卑不可抗高不可貶者道有定體也語不能顯默不能藏者教有成法也亦惟其卑不

可抗高不可貶。故語不能顯默不能藏。胡氏陳氏所分貼俱難從。○存疑君子教人。看道當如何知。便教人如是去求知。如博文致知格物是也。看道當如何行。便教人如是去求行。如約禮誠意正心脩身是也。若夫真實知得這道是如何。真實行得這道是如何。此是得之之妙。則不告之非不告也。不可告也。何也。下學可以言傳。上達必由心悟。故不可告也。然雖不告。而其所以真知得真行得者。已躍如而見於前矣。何也。但不用功則已。如一用功。則這箇道理便是吾所必得底。亦固不遠也。真所謂躍如也。中道而立者。此道若極乎高遠。而人爲難求。則是太過。太過非中也。若流於卑近而人爲易求。則是不及。不及亦非中也。既不極於高遠而難求。亦不流於卑近而易求。無過不及。所以謂之中也。學者若過用其心而求之於高遠。如所謂索隱行怪者焉。則道不在於高遠。非過用其心者之所可從也。若不用其心而求之於卑近。如所謂卑之無甚高論者焉。則道不在卑近。非不用其心者之所可從也。是皆不謂之能也。惟不求之高遠。不求之卑近。就中道而求之。始謂之能。而道於是乎得矣。故曰能者從之。○按躍如只是說道理當時可得。象似踴躍而出一般。蓋有其事。必有其功。下學便可上達。纔下致知工夫。這理就當爲吾知。纔下力行工夫。這理就當爲吾行。更不待幾時刻。決定是如此。更無走作。故曰躍如。朱子小註謂道理活潑潑地。又謂妙處不容說看來都不是。乃未定之見。○顧麟士曰兩節總是要破丑登天一問。不要把不發躍如說得太玄妙了。○通義。鄱陽朱氏曰。此章與上章皆聖賢施教之道也。

○孟子曰天下有道以道殉身天下無道以身殉道

殉如殉葬之殉以死隨物之名也 記檀弓下陳子車死於衛其妻與其家大夫謀以殉葬定而後陳子亢至以告曰夫子疾莫養於下請以殉葬子亢曰以殉葬非禮也雖然則彼疾當養者孰若妻與宰。得已則吾欲已。不得已則吾欲以二子者之爲之也。於是弗果用。

身出則道在必行道屈則身在必退以死相從而不離也 離去聲 趙氏曰道不可離也雖時有治亂。己有窮達。非道殉身。卽身殉道。以死相從。豈可得而離哉。附存疑身出而道隨之。故曰以道殉身。道屈而身隨之。故曰以身殉道。天下有道則道泰。謂以身殉道。似亦可。不然者。曰以身殉道則不見行道意。必曰以道殉身。然後見身出而道在。必行耳。聖賢立言。各有攸當。

未聞以道殉乎人者也

以道從人妾婦之道 華陽范氏曰君子遭世之治則身顯而道行得志澤加於民故以道從身遭世之亂。則身隱而道不行。不得志脩身見於世。故以身從道。以道殉乎人者。陳代所謂枉尺而直尋也。古之聖賢以道殉身。伊尹周公是也。以身殉道。孔子孟子是也。君子窮達不離乎道。道可以處則處。道可以出則出。故人君用人。不用其身。唯用其道。以道殉人者。雖得之。無所用也。○南軒張氏曰。身與道不可離也。以道殉人則是可離矣。烏有所謂道哉。○新安陳氏曰。妾婦以順從爲道。故亦曰道。孟子見有身徒顯而道不行。道不行而身猶不知隱者。故發此論。言當隨時之理亂。而酌身之進退。非道殉身。則身殉道。身與道不可須臾離也。使道不殉身。身不殉道。卽是以道殉乎人矣。附存疑未聞以道殉人。主意正在此一句。當時仕者皆以道殉人者也。故發此言。

○公都子曰滕更之在門也若在所禮而不答何也 更平聲

趙氏曰滕更滕君之弟來學者也 附蒙引若在所禮者。意亦在於貴與賢與。

孟子曰挾貴而問挾賢而問挾長而問挾有勳勞而問挾故

而問皆所不答也滕更有二焉長上聲

趙氏曰二謂挾貴挾賢也尹氏曰有所挾則受道之心不專所以不答也慶源輔氏曰學者之心。須是專一。方肯受教之也。有所挾則二三也○新安陳氏曰挾者兼有而恃之之稱。勳勞己嘗有功勞於師故謂己與師有舊好恃此以來學。望師待以異意而教之皆所不當答。

○此言君子雖誨人不倦又惡去聲夫音扶意之不誠者南軒張氏曰受道者。以虛心。爲本。則能受有所挾則私意先橫於中。而不能入矣故空空之鄙夫聖人必竭兩端之教而滕更挾二。故不答也。使能思所以不答之故於所挾致力以消之。是亦誨之矣。附蒙引趙氏曰挾二謂挾貴挾賢也。以國君之弟。固有貴可挾。以諸侯子姓而能從師受業亦可見有賢可挾處。○存疑問挾貴挾賢挾長挾故皆不答

是矣。若有勳勞於我。似不必計其有所挾而亦不答何也。曰平日雖有勳勞於我然當其有問。是其所無欲求益於我也若有所挾。是不以所無求益爲重從而答之。非但己失自重。彼亦從而輕之。不以爲意彼此皆失其正矣。此所以不答也。

○孟子曰於不可已而已者無所不已於所厚者薄無所不薄也

已止也不可止謂所不得不爲者也所厚所當厚者也此言不及者之弊朱子曰厚薄是以家對國言之又曰所厚謂父子兄弟骨肉之恩理之所當然而人之不能已者。附存疑周平王忘父之讐。宋高宗忘父兄之讐是不可已而已者。唐明王一日殺三子。是其所厚者薄也。○蒙引厚薄看來亦不可依朱子小註專作父子兄弟對外人說各各有厚薄

其進銳者其退速

進銳者用心太過其氣易去聲衰故退速覺軒蔡氏曰進銳退速其病正在意氣方盛之時。已有易衰之勢。不待意氣已衰之後始見其失也。○三者之弊理勢必然雖過不及之不同然卒同歸於廢弛施紙反○慶源輔氏曰不及者之弊則愈見其不及。流於欲者之所爲也。過者之弊。則其退也可立而待。役於氣者之所爲也欲肆則無極。氣過則易衰。循理而行。則有漸而可繼也。○勿軒熊氏曰前二句則見之處事接物之間後一句則本於立心講學之際○雲峰胡氏曰前二者。是當用心而不用心之弊。後一者。是過用其心之弊。不用其心。固宜廢弛。過用其心者。亦同歸於廢弛。過猶不

及也。附蒙引於不可已而已者。以處事。言於所厚者薄。以待人言。其進銳者。以脩爲。言自是三項但於不可已者與於所厚者。同是說不及之弊。對下句便是一不及一太過。不可以進銳退速貫上三項作一事說。進字退字說不去。○一說或爲其所當爲而爲之太驟或厚其所當厚而厚之太過。似亦可通。○存疑進銳不但進脩。爲治亦然。如所謂求治太速。更張無漸者亦是

○孟子曰君子之於物也愛之而弗仁於民也仁之而弗親親親而仁民仁民而愛物

物謂禽獸草木通考程氏勿齋曰天地之心鬼神之會盡於萬物能推所爲是之謂人動植之類形氣之偏拘於所稟而不能推是之謂物

愛謂取之有時用之有節新安陳氏曰當取則

取。當用則用。但有時有節。即愛也。若釋氏以不取不用爲愛。則非矣。通考。仁山金氏曰。集註草木禽獸皆擧之。取之有時用之有節。此先王愛物之政也。若釋氏雖例以不殺爲愛物。然知施於動物。而不知施之植物。此之謂不知類。況絶滅親親之倫。此之謂不知本。墨氏猶愛無差等。釋氏則又倒行逆施矣。

程子曰。仁推己及人。如老吾老以及人之老。於民則可。於物則不可。統而言之則皆仁。分而言之則有序。慶源輔氏曰。統而言之。則皆自吾所性之仁。分而言之。則有輕重之序。然在學者言之。則於此三者之序。有由之而不知者。有得於此而失於彼者。又有倒行逆施。雜亂無次者。要當因聖賢之言。反求之心。涵養於未發之前。體察於已發之後。毋惑於異端。毋汨於私欲。然後是聖學工夫。

楊氏曰。其分去聲下同**不同。故所施不能無差**楚宜反**等。所謂理一而分殊者也。**問孟子言愛與仁有小大之分。潛室陳氏曰。親親而仁民。仁民而愛物。所謂一理萬殊。稱物平施。此仁字是用。待禽獸只有愛心。不可使失所。若夫牛不穿鼻。馬不絡首。一以人理奉之。則親民何別。不幾於同人類於牛馬乎。仁者人心也。有人理存焉。施於人者。不可施於物。乃理一分殊處。○新安陳氏曰。理一所以爲仁。分殊所以爲仁之義。

尹氏曰。何以有是差等。一本故也。無僞也。慶源輔氏曰。一本也。無等差是僞而二本也。○西山眞氏曰。凡生於天地間者。莫非天地之子。而吾之同氣者也。是之謂理一。然親者吾之同體。民者吾之同類。而物則異類矣。是之謂分殊。故仁愛之施則有差。○朱氏祖義曰。不以待人者施之物。以其有貴賤之分也。不以待親者施之他人。以其有親疎之殺也。於無所不愛之中。而不失其貴賤親疎之等差。此聖人之仁所以歷萬世而無弊也。○新安陳氏曰。暴殄者固非愛物矣。梁武之宗廟不用犧牲。亦非愛物之宜。蓋愛之而仁。是以仁民者仁物也。無怪其於民反不仁也。墨氏之愛無差等。施由親始。亦非仁民之宜。蓋仁之而親。是以親親者親民也。無怪其無父而於親反不親也。是皆倒行逆施之道。無次序無等差。非仁矣。○東陽許氏曰。愛之而弗仁之愛。愛惜之義。不輕用物。不暴殄天物之意。仁民之仁。乃愛之本義。親又重於仁。通攷。朱氏公遷曰。愛親是愛之所由立。愛人愛物是愛之所由施。皆偏言之仁也。○東陽許氏曰。此章四仁字。皆言仁之用。程子推己及人。正訓仁字。推字亦要輕看。以己所有推出行去爾。附蒙引。此章只是輕重之等。既有輕重。則先後亦在其中。重者必在所先。輕者必在所後。但正意主於輕重之等。○存疑。此章言君子之施仁有等級而不混也。上是不混。下是有等。○愛若單言。則包仁親。若並言。則當分別。愛是愛惜。不暴殄也。註謂愛之有時用之有節是也。前篇告梁惠王。不違農時。斧斤以時入山林。註謂樽節愛養之事。正是此愛。仁是視人猶己。以己及人。己欲立而立人。己欲達而達人。使人皆如己也。若以是施之物。豈可哉。犬豕牛有當殺時。馬便用之乘載。如何使他皆如我得。故曰愛之而弗仁。親是恩意親切。比仁尤加厚。如所謂事親敬長慈幼是也。在民若以是施之。非惟億兆之衆力有所不及。其親至親無異路人。亦兼愛而無別矣。豈可哉。故曰仁之而弗親。

○孟子曰。知者無不知也。當務之爲急。仁者無不愛也。急親賢之爲務。堯舜之知而不徧物。急先務也。堯舜之仁不徧愛人。急親賢也。知者之知並去聲

知者固無不知。然常以所當務者爲急。則事無不治。而治去聲其爲知也大矣。仁者固無不愛。然常急於親賢。則恩無不

治而其為仁也博矣問如舜舉皋陶湯舉伊尹所謂親賢者乃治天下不易之務若當務之急是隨其時勢之不同堯之曆象治水舜之舉相去凶湯之伐夏救民皆所務之急者〔朱子曰〕也是如此然當務之急如所謂勞心者治人勞力者治於人堯舜之治天下豈無所用其心亦不用於耕耳又如夫子言務民之義應係所當為者皆是也又曰堯以不得舜為己憂舜以不得禹皐陶為己憂此聖人之所急也上好禮則民莫敢不敬上好義則民莫敢不服上好信則民莫敢不用情若學圃學稼則是不急〇〔新安陳氏曰〕上四句言知仁之理下六句舉堯舜之知仁以實之〔通〕〔貞〕朱氏公遷曰博施濟衆者聖人之所病為天下得人者聖人之所能故曰堯舜之仁不徧愛人急親賢也〔附〕存疑知者雖無不知然天下之事多矣如欲物物而知之則知不能徧天下之事廢弛者多矣故惟當務之為急急於當務則大者既立其小者亦將以次而舉事無不治其為智也大矣仁者雖無不愛然天下之人多矣如欲人人而愛之則愛不能徧天下之人有遺者多矣故急親賢之為務急於親賢則賢人各供其職脩政立事四海皆被其澤恩無不洽其為仁也溥矣

不能三年之喪而緦小功之察放飯流歠而問無齒決是之謂不知務飯扶晚反歠昌悅反

三年之喪服之重者也緦麻三月小功五月服之輕者也察致詳也放飯大飯流歠長歠不敬之大者也齒決齧吾結反斷乾音干肉不敬之小者也曲禮曰毋放飯毋流歠又曰濡肉齒決乾肉不齒決濡溼也宜齧斷之乾肉堅宜用手問講求之意南軒張氏曰孟子所譬特言舍大徇小者為不知務耳非謂能三年之喪則緦小功有不足察無放飯流歠則齒決有不必問也先後具舉本末畢貫此所以為道〇〔新安陳氏曰〕上文言智之知急務仁之急親賢為務乃智仁之大者此取譬於喪服飲食以識不能其大而求其細非知務者也不知務是併結上文當務親賢為務二務字〔附〕淺說夫智急於先務仁急於親賢是謂知務也苟或舍重務輕如不能三年之喪而緦小功之察舍大務小如放飯流歠而問無齒決是之謂不知務〇此章言君子之於道識其全體則心不狹知所先後則事有序雲峰胡氏曰集註之意以為識智之全體則其用宜無所不知識仁之全體則其用宜無所不愛然智之用有當務之為急仁之用當急親賢之為務故不識其全體者知之不周愛之不廣狹用其心者也不知所先後[illegible]知之雖周而精神敝於無用愛之欲廣而德澤壅於下流[illegible]用其心也韓氏豐以為識其全體是言仁知所先後則為智非集註意矣

氏曰智不急於先務雖偏知人之所知偏能人之所能徒弊精神而無益於天下之治去聲矣仁不急於親賢雖有仁民愛物之心小人在位無由下達聰明日蔽於上而惡政日加於下此孟子所謂不知務也〔新安陳氏曰〕當務為急與親賢為務相對以舉謨能哲而惠及樊遲問仁智章之意推之謂智之所當務者即是急親賢之為務仁之所為智之所知亦盡可通南軒即此說也但孟子朱子之意本不如此蓋知行當務所包甚濶不可竟以親賢當知此章乃平論智仁非論智仁相為用也

孟子大全卷之十三終

孟子集註大全卷之十四 三魚堂讀本

盡心章句下

凡三十八章 通考勿軒熊氏曰前四章極言當時戰國之禍九章論古聖賢二章言孟子出處餘皆講學脩身齊家治國之事

孟子曰不仁哉梁惠王也仁者以其所愛及其所不愛不仁者以其所不愛及其所愛

親親而仁民仁民而愛物所謂以其所愛及其所不愛也 附蒙引註親親而仁民。仁民而愛物。所謂以其所愛及其所不愛也夫仁者以天地萬物爲一體民吾同胞物吾與也。蓋無一物不在所愛之中。今乃以民物爲所不愛何也。此亦所謂其所厚者薄而其所薄者厚之意。民亦吾所愛也。視親則爲在所不愛矣。物亦吾所愛也。視民則爲在所不愛矣

公孫丑曰何謂也梁惠王以土地之故糜爛其民而戰之大敗將復之恐不能勝故驅其所愛子弟以殉之是之謂以其所不愛及其所愛也

梁惠王以下孟子荅辭也糜爛其民使之戰鬬糜爛其血肉也復扶又反之復戰也子弟謂太子申也 即所謂東敗於齊長子死焉者。

以土地之故及其民以民之故及其子皆以其所不愛及其所愛也○此承前篇之末三章之意 雲峯胡氏曰承所厚者薄。親親仁民。仁者無不愛而言。 言仁人之恩自內及外不仁之禍由疏與疎同遠親 南軒張氏曰仁者推其愛親者以愛人不仁者以其忍於他人者忍於其親仁與不仁之分其端甚微而其流如此○慶源輔氏曰仁人之恩自內以及外者自本而推之也惟其自本而推之故雖無所不愛而輕重等差蓋不可紊也不仁之禍由疏遠親者徇欲而從流者也惟其徇欲而從流故橫放逆施莫之紀極也始也糜爛其民人而殘賊其子弟終不至殺身覆族不已也通考朱氏公遷曰此斥其不仁之辭。予之不仁。是因其所行而知其所存。惠王不仁。是因其所發而知其所蘊。二章皆以事言也。附存疑惠王本意。不是驅其所愛子弟以殉之。兵敗被殺則似驅之也。

孟子大全卷十四 盡心下 一　二

○孟子曰春秋無義戰彼善於此則有之矣

春秋每書諸侯戰伐之事必加譏貶以著其擅時戰反興之罪無有以爲合於義而許之者但就中彼善於此者則有之如召音邵陵之師之類是也 春秋僖公四年齊侯伐楚楚屈完來盟于師盟于召陵○南軒張氏曰春秋無義戰。如齊桓公侵蔡伐楚。如晉文公城濮之戰。在當時其事雖若善。至於不稟王命而擅用其師則均爲不義而已矣。○雲峯胡氏曰春秋書戰皆以著諸侯無王之罪。召陵之師。猶知假尊王之義。附蒙引春秋是指。春秋經。非指。春秋時也。故註云。春秋每書諸侯戰伐之事云云。彼善於此則有之矣。此句要見得。總是無義戰意。○顧麟士曰無義戰。言無義其戰者。指。孔子書法說。

征者上伐下也敵國不相征也

征所以正人也諸侯有罪則天子討而正之此春秋所以無義戰也新安陳氏曰春秋以道名分。使征伐自天子出。春秋不作矣惟不自天子出而自諸侯出春秋所以作也。無義戰三字。斷盡諸侯兵爭之罪。附蒙引征者上伐下也條。正解上文所以春秋無義戰之意○征與伐何別。曰有不義之伐無不義之征○顧麟士曰纔說相征便是無王安得有義。敵國恐是言相敵之國。

○孟子曰盡信書則不如無書

程子曰載事之辭容有重稱而過其實者學者當識其義而已苟執於辭則時或有害於義不如無書之愈也附蒙引此書字不必指書經。凡載事之辭皆書也。

吾於武成取二三策而已矣

武成周書篇名武王伐紂歸而記事之書也策竹簡也取其二三策之言其餘不可盡信也程子曰取其奉天伐暴之意反政施仁之法而已張子曰不以文害辭。不以辭害意此教人讀詩法也。於武成取二三策而已。此教人讀書法也。

仁人無敵於天下以至仁伐至不仁而何其血之流杵也

杵舂杵也或作鹵與櫓同音魯楯也楯竪尹反兵器、所以蔽身者武成言武王伐紂紂之前徒倒戈攻于後以北血流漂杵孟子言此則其不可信者然書本意乃謂商人自相殺非謂武王殺之也孟子之設是言懼後世之惑且長上聲不仁之心耳問血流漂杵。乃紂之前徒倒戈之所為。荀子以為殺之者皆商人非周人者是也。而孟子不之信。何哉。朱子曰此亦拔本塞源之論。蓋雖殺者非我而亦不忍言也。程子以為孟子設為是言。蓋得其微意余隱之云。魯語曰俎豆之事則嘗聞之矣。軍旅之事。未之學也。孔子之意可見矣。客有問陶弘景註易與本草孰先。陶曰。註易慎不至殺人。註本草誤則有不得其死者。世以為知言。唐子西嘗曰。弘景知本草而未知經。註本草誤。其禍疾而小。註六經誤。其禍遲而大。前世儒臣引經誤國。其禍至於伏屍百萬。流血千里。武成曰血流漂杵。武王以此自多之辭。當時倒戈攻後。殺傷固多。非止一處。豈至血流漂杵乎。孟子深慮戰國之君以此藉口。故曰盡信書則不如無書。而謂血流漂杵未足為多。豈示訓之至哉。經訓之禍。正此類也。反以孟子為畔經。豈不惑之甚耶通考朱氏公遷曰弔民伐罪。興師之義也。湯武之師是已。春秋彼善於此者。假義而已。若魯欲伐齊則貪昧而不知義。齊欲滅燕則暴虐而不合義。季氏欲伐公臣則強僭而犯義。宋不度德量力而稱兵於倍地之四鄰。是又衡行賊義以取敗亡者也。此皆明興師之義附蒙引據此言則其所不信者不止血流漂杵之一言矣。然今通考武成則其言一一皆平實而可信何也○存疑觀書言血流漂杵與孟子之言異。須知孟子立言之意蒙引說得好。謂孟子斯言。非初不識書本意。蓋直反書意而言之。所以拔本塞源而為生民之命也。

○孟子曰有人曰我善為陳我善為戰大罪也陳去聲

制行音杭。伍曰陳。交兵曰戰。以帝王之世律之。大罪人也。【附】淺說有人曰。我善爲陳。我善爲戰。斯人也。爭地以戰。殺人盈野。爭城以戰。殺人盈城。大罪之人也。

國君好仁。天下無敵焉。南面而征北狄怨。東面而征西夷怨。曰奚爲後我。好去聲

此引湯之事以明之。解見形甸反前篇。【附】淺說且國君好仁。天下無敵。又安用彼善爲陳善爲戰者哉。何以見仁者之無敵。如湯南面而征北狄怨。東面而征西夷怨。曰奚爲後我。孰有敵之者。

武王之伐殷也。革車三百兩。虎賁三千人。兩去聲。賁音奔

又以武王之事明之也。兩車數。一車兩如字輪也。千書序作

百。【附】蒙引革車三百兩。虎賁三千人。言其不盛兵威也。以稱我善爲陳善爲戰之意。千書序作百則益明矣。○周禮虎賁氏下大夫二人。中士十有二人。府二人。史八人。胥八十人。虎士八百人。虎賁氏掌先後王而趨以卒伍。軍旅會同亦如之。蓋如今之親軍禁兵也。○淺說又如武王之伐殷也。革車只用三百兩。虎賁只有三千人。本易敵也。然觀武王人殷之初。而謂商人曰。無畏寧爾也。非敵百姓也。於是民皆稽首。若崩厥角矣。夫誰與王敵。

王曰無畏。寧爾也。非敵百姓也。若崩厥角稽首。

書泰誓文與此小異。孟子之意當云王謂商人曰。無畏我也。我來伐紂。本爲去聲安寧汝。非敵商之百姓也。於是商人稽首至地。如角之崩也。【附】顧麟士曰。此上三條。以湯武明其無敵。雖皆書辭。不算引書。可勿辨其同異也。○王曰至姓也。止若崩句敘辭。○蒙引崩不是崩墜。只是垂向下之意。○無畏寧爾也一條。重在若崩厥角稽首一句。

征之爲言正也。各欲正己也。焉用戰。焉於虔反

民爲暴君所虐。皆欲仁者來正己之國也。南軒張氏曰。戰國之際。以功力相勝。善爲戰者。則謂之能臣矣。而孟子前以爲當服上刑。今又以爲大罪。蓋所謂深救當時之弊。使之循其本也。循其本有道焉。其惟好仁乎。好仁則無敵於天下。若不志於仁而徒欲以功力取勝。則天下孰非吾敵。勝與負均爲殘民而逆天也。○雲峰胡氏曰。觀此復引書而言。則可知前章所謂盡信書不如無書者矣。大抵此四章。亦相承而言。一章以梁王之戰爲不仁。二章以春秋之戰爲無義。三章言武王仁義之師。必無血流漂杵之事。四章言湯武仁義

之師。必不用我善爲戰之人。○東陽許氏曰。孟子之時。皆尚攻戰。能者爲賢臣。而孟子乃以爲大罪。蓋國君苟能行仁政以愛其民。使之飽煖安逸。則下民親戴其上矣。其他國之民受虐於君者。心必歸於此。人既樂歸於我。我以親上之民而征虐民之君。則其民豈肯與我爲敵。故以湯武之事以證之。【附】淺說夫國君好仁。而自能無敵於天下者。何也。蓋征之爲言正也。民爲暴君所虐。皆欲仁者來正己之國也。又豈有敵之者。既無敵則焉用戰。既不用戰則焉用彼善戰之人哉。

○孟子曰。梓匠輪輿能與人規矩。不能使人巧。

尹氏曰。規矩。法度可告者也。巧則在其人。雖大匠亦末如之何也已。蓋下學可以言傳。上達必由心悟。南軒張氏曰。聖賢之教人

自洒掃應對進退而上。皆規矩也。行著習察。則存乎人。聖賢亦豈能使之然哉。然而固不外乎規矩。合規矩以求巧。無是理也。○新安陳氏曰。巧。即循規矩熟。後自得之妙。未有舍規矩而可以得巧者。上達。即下學之覺悟處。未有舍下學而徑可以上達者。但巧與上達。非教者所能致力耳。未嘗以爲出於規矩與下學之外也。○本文如詩六義之比。未嘗說破。此乃以吾道之教者與學者言之也

莊周所論斲輪之意蓋如此

莊子天道篇桓公讀書於堂上。輪扁音篇又如字匠氏名斲輪於堂下。釋椎鑿而上。問桓公曰。敢問公之所讀者何言耶。公曰。聖人之言也。曰。聖人在乎。公曰。已死矣。曰。然則君之所讀者。古人之糟魄音各反已夫。桓公曰。寡人讀書。輪人安得議乎。有說則可。無說則死。輪扁曰。臣也以臣之事觀之。斲輪徐則甘而不固。疾則苦而不入。不徐不疾。得之於手而應之於心。口不能言。有數存焉於其閒。臣不能以喻臣之子。臣之子亦不能受之於臣。是以行年七十而老斲輪。古之人與音余其不可傳者死矣。然則君之所讀者。古人之糟魄已夫。

○孟子曰舜之飯糗茹草也若將終身焉及其爲天子也被袗衣鼓琴二女果若固有之

飯上聲糗去久反茹音汝袗之忍反果說文作婐烏果反

飯食也糗乾音干**糒**音備**也茹亦食也袗畫**俗作畫**衣也**

趙氏曰。畫黼黻。絺繡之衣也。

二女堯二女也果女侍也

朱子曰。趙氏以果爲侍。廣韻從女從果者。亦曰侍。

言聖人之心不以貧賤而有慕於外不以富貴而有動於中隨遇而安無預於己所性分去聲**定故也**

南軒張氏曰。若將終身若固有之可謂善形容舜者。蓋所欲不存。樂天而安土。窮而在下則無一毫之虧。達而在上亦無一毫之加。故無適而

不得也。○慶源輔氏曰。所性。謂天所予我之性。分定。謂雖大行不加。雖窮居不損也。夫貧富貴賤。皆外物之儻來寄也。聖人盡性。故湛然無所欣戚於其閒。隨遇而安。不以物動己也。無預於己。不以己隨物也。通考朱氏公遷曰。有天下不與者。是不爲外物所役。若將終身若果有之者。是不爲外物所遷。飯蔬飲水。樂在其中者。是不爲外物所累。安土敦仁。聖之至也。是皆即其心之所安而言之。附纂引草蔬菜也。故蔬菜之類字皆從草頭。草者其總名。蔬菜即草之可食者也。

○孟子曰吾今而後知殺人親之重也殺人之父人亦殺其父殺人之兄人亦殺其兄然則非自殺之也一閒耳

閒去聲

言吾今而後知者必有所爲去聲**而感發也一閒者我往彼來閒一人耳其實與自害其親無異也范氏曰知此則愛敬人之親人亦愛敬其親矣**

南軒張氏曰。天有顯道。厥類惟彰。感應之理。未有不以類者。方其殺人之親。孰知人殺吾親。其機固已在此乎。觀魏晉南北朝之君。互相屠戮。自今觀之。屠戮他人者。實自絕滅而已矣。孟子斯言。欲使時君無動於忿欲。寡怨息爭。以保全其宗廟親族。是仁術也。附纂引然則非自殺之也一閒耳。此章之言。只重在此一句。註閒去聲。故云此往彼來閒一人耳。惟論語回也其心三月不違仁章註云。顏子於聖人未達一閒者也。則作平聲讀。有新安陳氏之說頗詳。○然則非自殺之也一閒耳。猶言假手於人耳。其實是己殺之也。

○孟子曰古之爲關也將以禦暴

譏察非常
今之爲關也將以爲暴
征稅出入新安陳氏曰關有譏有征。古者禁異服。譏異言。以譏爲主。今以征爲主而已。○范氏
曰古之耕者什一後世或收大半之稅此以賦斂力驗反爲
暴也文王之囿與民同之齊宣王之囿爲阱國中此以囿
爲暴也後世爲暴不止於關若使孟子用於諸侯必行
文王之政凡此之類皆不終日而改也南軒張氏曰古以義理爲國後世徇
利而已。古人創法立制。與天下公共。凡以爲民耳以利爲國雖古法之尚存者。亦皆轉而爲一己之計矣。本原不正。

無往不失先王之意。豈特爲關之暴而已哉。○慶源輔氏
曰關則一。而古今所以爲關之意則不同。譏察非常。爲義
也。天理也。征稅出入。爲利也。人欲也。天下之事。莫不然。孟
子舉關之一事言之。范氏推言及賦斂苑囿之事。且曰使
孟子用於諸侯。必行文王之政者。尤說得孟子之
事實。蓋孟子言語。句句是事實。言之則必行之
○孟子曰身不行道不行於妻
子
身不行道者以行去聲言之不行者道不行也使人不以道
者以事言之不能行者令不行也朱子曰身若不行道。則妻子無所取法。全無畏
憚了。然猶可使也。若使人不以道。則妻子亦不可使矣。○
問不行於妻子。百事不可行。不可使亦在其中。不能行於

妻子。却只指使人一事言之否。曰然。○南軒張氏曰順理
之事。則人易從。否則雖妻子亦不能使之必從也。前言不
躬行則無以化之。後言使之非道則不得而强之。然使之
以道而躬行未至。彼亦未必信從。均於不行而已。是行道
爲本也。然在行道者言之。使人以道。亦行道之見於一事
者也。古人謂進德者必考之於妻子。其是之謂歟。附存疑
此與論語雖州里行乎哉意一般。蒙引說最好。非專爲妻
子也。妻子至親近。仰吾以爲天者。尚不可化。不可令。況他
人乎。
○孟子曰周于利者凶年不能殺周于德者邪世不能亂
周足也言積之厚則用有餘慶源輔氏曰德貴蓄積。然後有餘。用而外物不足以亂之。
若夫挾一善一長。而自以爲足。而欲以遊於邪世。則鮮有
不爲其所亂者矣。故良農不患乎年之有凶而惟患乎蓄

積之不厚。君子不患乎世之難處。而患乎德之不周。○嚴蕤
自持。死而後已。凡皆以周其德也。○新安陳氏曰積利厚
者。凶豐皆給。積德厚者。理亂皆正。孟子不言利而此言之。
主周於德而言。借以爲喻而引起耳。附蒙引周於德。謂識
到。守到。氣又到也。故邪世不能亂。三者一不至。則亂矣。識
不到則眩。荀彧之從曹操是也。守不到則敗。揚雄之爲莽
大夫是也。氣不到則懾。王坦之之倒執手板是也。○據集
註云言積之厚則用有餘。則所謂邪世不能亂者。就應用
而言也。如甯武子當成公之時。蘧伯玉當靈公之際。皆所
謂邪世不能亂者。又其大者。如孔子之在春秋。孟子之在
戰國。眞如白璧在泥塗。終不受點污也。○上句起下句。正
與論語百工居肆以成其事君子學以致其道同。○存疑
所以不能亂者。有定見有定力也。邪世如所謂世衰道微
邪說暴行又作是矣。孟子談仁義於戰國之季。韓愈闢佛
氏於憲宗之時。
眞可謂不亂矣。

〇孟子曰好名之人能讓千乘之國苟非其人簞食豆羹見於色好乘食皆去聲見音現

好名之人矯情干譽是以能讓千乘之國然若本非能輕富貴之人則於得失之小者反不覺其眞情之發見矣蓋觀人不於其所勉而於其所忽然後可以見其所安之實也

朱子曰讓千乘之國惟賢人能之然好名之人亦有時而能之本非眞能讓國也徒出一時之慕名而勉強爲之耳這邊雖能讓千乘之國那邊簞食豆羹必見於色東坡謂人能破千金之璧而不能無失聲於破釜正此意也苟非其人其人指眞能讓國者非指好名之人也〇常把此一段對鄉爲身死而不受爲義蓋此段是好名之心勝大處打得過小處漏綻也動於萬鍾者是小處遮掩得過大處發露也〇千乘之國辭受之間十目所視十手所指之地也簞食豆羹得失之際則微矣人亦何暇注其耳目於斯哉此好名之士所以飾情於彼以取美名而不意其鄙吝之眞情實態乃發露於忽易不虞之地也〇慶源輔氏曰矯情者務勉於其大而難久至誠者不忽於其小而有常是以觀人之法不於所勉而於所忽人之誠與僞見矣所安即誠也〇新安陳氏曰所安對所勉言勉強者多矯飾於大而不免發露於小安焉者則貫小大皆出於眞實也附蒙引此章是觀人之法只在孔子察其所安一句內

〇孟子曰不信仁賢則國空虛

空虛言若無人然慶源輔氏曰仁者德之首賢則總言其有德耳〇新安陳氏曰仁賢分言則仁仁人也賢有德之人也合言則仁德之賢人也附蒙引仁賢還作兩人看如俊傑賢能之類若禮義政事則在所不分

無禮義則上下亂

禮義所以辨上下定民志附蒙引禮義者禮必有義義即其所以爲是禮者之理也

無政事則財用不足

生之無道取之無度用之無節故也附蒙引政事者政以大綱言事其中節目也〇存疑善政得民財故無政事則財用不足〇尹氏曰三者以仁賢爲本無仁賢則禮義政事處上聲之皆不以其道矣南軒張氏曰信仁賢則君有所輔民有所庇社稷有所託姦宄有所憚國本植立而堅固矣有禮義則自身以及國君君臣臣父父子子而上下序所謂治也有政事則先後綱目粲然具舉百姓足而君無不足焉此三者爲國之大要然信仁賢其本也信仁賢而後禮義興禮義興而後政事脩雖三王之所以治亦不越是矣〇新安陳氏曰禮義出賢者出爲政在人三者所以以仁賢爲本也何代不生賢在人君能信用之耳有之而不信則與無人同孟子不曰無仁賢而曰不信仁賢見仁賢信用之則有不信用則無此不信二字之深意

〇孟子曰不仁而得國者有之矣不仁而得天下未之有也

言不仁之人騁丑井反其私智可以盜千乘之國而不可以得丘民之心須看盜字鄒氏曰自秦以來不仁而得天下者有

矣泰隋五代是也然皆一再傳而失之猶不得也所謂得天下者必如三代而後可南軒張氏曰不仁而得國得其土地而已豈得其民心哉然是終可保乎孟子之言所當深味不可執辭以害意也後之取天下而立國差久者其始所行亦必庶幾於仁不然雖得土地於一時亂亡亦相踵而至是其得也適以速其滅亡耳○慶源輔氏曰不仁而得天下如曹操司馬氏及五代之君皆是也鄒氏斷以得天下必如三代而後可者得孟子之旨矣○雲峰胡氏曰騁私智可以盜之於一時非至仁不可得之於悠久附蒙引如田恆之於齊三卿之於晉下以術而愚其民上以力而脅其君則亦可以盜國者若普天之下萬邦之廣欲以術而愚之則一人之術有限而天下之大不可以勝愚也欲以力而制之則一己之力有限而天下之大不可以勝制也故曰不仁而得天下未之有也自孟子時觀之則只有不仁而得國者無不仁得天下者自孟子後觀之則自秦以來有不仁而得天下者矣然究竟論之則皆一再傳而失之猶不得也

○孟子曰民爲貴社稷次之君爲輕

社土神稷穀神建國則立壇壝以水反又維季反以祀之周禮地官大司徒設其社稷之壝而樹之田主各以其野之所宜木遂以名其社與其野○封人掌設王之社壝爲畿封而樹之聚土曰封壝謂壇及堳埒也白虎通曰天子社壇方五丈取五方五色土封之諸侯半之各以其所守之方一色土封之皆冒以黃土○周禮圖社稷壇相並社壇在東稷壇在西各三級壝在四隅如矩曲方○趙氏曰社所以祭五土之神稷所以祭五穀之神稷非土無以生土非稷無以見生生之效以其同功均利以養人故也附蒙引壇壝猶言壇場壝埒也墠除地也亦場也築起者爲壇壝其埸也蓋國以民爲本社稷亦爲去聲民而立而君之尊又係於二者之存亡故其輕重如此問民貴君輕之說得不啓後世篡奪之端乎朱子曰以理言之則民貴以分言之則君貴此固兼行而不悖也各於其時視其輕重之所在而已爾若不惟其是而始借聖賢之說則亦何詞之不可借而所以啓後人之禍者又豈止於斯乎○新安陳氏曰此以理言非以分言也

是故得乎丘民而爲天子得乎天子爲諸侯得乎諸侯爲大夫

丘民田野之民至微賤也然得其心則天下歸之天子至尊貴也而得其心者不過爲諸侯耳是民爲重也附存疑得乎天子亦可爲天子若舜禹是也然舜禹之得乎天子亦得乎民觀所居成聚一年成邑二年成都與夫朝覲訟獄謳歌之皆歸可見○蒙引得其民則天下歸之此謂神器歸之也非謂天下之人歸之蓋上得乎丘民之心是天下之民歸心矣

諸侯危社稷則變置

諸侯無道將使社稷爲人所滅則當更平聲立賢君是君輕於社稷也

犧牲既成粢盛既潔祭祀以時然而旱乾水溢則變置社稷盛音成

祭祀不失禮而土穀之神不能爲去聲**民禦災捍**音汗**患則毀其壇壝而更**平聲**置之亦年不順成八蜡**助駕反**不通之意**記郊特牲天子大蜡八伊耆氏始爲蜡蜡也者索音色也歲十二月合聚萬物而索饗之也蜡之祭也主先嗇田祖也而祭司嗇也祭百種以報嗇也饗農先農及郵音尤表畷陟劣反郵表畷田官督約農事之所也禽獸仁之至義之盡也古之君子使之必報之迎貓爲其食田鼠也迎虎爲其食田豕也迎而祭之也迎其神而祭之祭坊與水庸溝也所以止水以其有功於農而祭之八蜡以記四方四方年不順成八蜡不通不與諸方相通而祭以謹民財順成之方其蜡乃通○雲峰胡氏曰兩變置字不同集註釋之亦異變置諸侯者改立其人也變置社稷者改立其祀神之壇壝而非改立其神也附蒙引禮記郊特牲註蜡祭八神先嗇一司嗇二農三郵表畷四貓虎五坊六水庸七昆蟲

八山堂考索曰康成取昆蟲以足八神之數其意蓋謂蟲螟之災神實驅之不知昆蟲實出於祝辭正不可附會而足其數也王肅出貓虎而棄昆蟲其意蓋謂迎貓迎虎實爲二物不知貓虎均爲食田鼠田豕尤不可分爲二祭也昆蟲既不足以充其數貓虎又不當以析爲二則所謂祭百種以報嗇者非八神之一乎愚按禮記郊特牲本文似未嘗以昆蟲爲一神郵表畷既合貓虎何爲分今定八蜡先嗇一司嗇二百種三農四郵表畷五貓虎六坊七水庸八○伊耆氏堯也年不順成八蜡不通二句相連蓋年若不順成則八蜡之祭不通惟順成之處則行不順成之處則不行蓋以其神無功故不報祭不順謂雨暘不時不成謂五穀不登

是社稷雖重於君而輕於民也南軒張氏曰人君惟恃崇高之勢而忽下民之微故肆其私欲輕失人心以危其社稷使其知民之貴社稷次之而己不與焉則必兢兢業業不敢自恃惟懼其失之也則民心得而社稷可保矣是以明王畏其民而閻主使民畏己畏其民者昌使民畏己者亡驕亢自居民雖迫於勢而憚之然其心日離民心離之是天命去之矣○慶源輔氏曰天生民而立之君以司牧之是君爲民而立也世衰道微至戰國時爲君者不知其職視民如草芥而不知卹也故孟子發此輕重之論而并及夫社稷焉蓋社稷亦爲民立故也於是反覆明辨之其丁寧警切之意可謂仁矣

○孟子曰聖人百世之師也伯夷柳下惠是也故聞伯夷之風者頑夫廉懦夫有立志聞柳下惠之風者薄夫敦鄙夫寬奮乎百世之上句**百世之下聞者莫不興起也非聖人而能若是乎而況於親炙之者乎**

興起感動奮發也親炙親近而熏炙之也餘見形甸反**前篇**朱子曰孟子於二子論之詳矣雖以爲聖之清和然又嘗病其隘與不恭且以其道不同於孔子而不願學也及其一旦發爲此論乃以百世之師歸之而孔子反不與焉蓋孔子道大德中而無迹故學之者沒身鑽仰而不足二子志潔行高而迹著故慕之者一日感慨而有餘也○問孟子學孔子者也乃一稱夷惠而深歎仰之何耶曰夷惠之行高矣然偏勝而易能有迹而易見且百世之貪懦鄙薄者衆一聞其風而興起焉則其爲效也速而所及者廣譬之薑桂大黃之劑雖非中和然其去病之功爲捷而田夫販婦大寒大暑之所便也若孔子之道則廣大而中正渾然而無迹非深於道者不能庶幾其萬一如參苓芝朮之爲藥平居有養性之益而緩急伐病之功未必優於桂薑大黃非所以施於閭巷之間危惡之候也孟子屢稱夷惠而不及孔子其意殆以此耶○南軒張氏曰夷惠稱聖人

以其聖於清聖於和而得名也○〔潛室陳氏曰〕伯夷柳下惠皆入聖來故其清爲聖人之清和爲聖人之和作用處與常人萬萬不作但比孔子猶爲小成之聖耳○〔汪氏曰〕聖人達則澤及當時窮則風傳後世於此不及伊尹者夷惠不爲政於天下所可言者風而已伊尹異於是故不及之○〔雲峯胡氏曰〕四時之風莫和於春莫清於秋物無有不動者然在物猶有迹也仲尼元氣也渾然無迹矣〔附〕顧麟士曰聖人百世之師也聖人二字重宜一頓故聞至若是乎正解夷惠之師百世而斷其由於聖人也況於親炙句大段無此一宕則似聖人可以師百世而反未必感當時故追論之疑反不甚重○〔存疑〕自聞伯夷之風以下至末皆實說聖人百世之師處○〔蒙引〕二子非有意於爲人師其高風垂於後世人從而師之耳蓋其所造已到極處亦人倫之至也故曰聖人○而況於親炙之者乎不必兼一世言註分明云親近而薰炙之也○自後世言謂之風自當時言只是德程明道先生行狀曰覩德者心醉聞風者誠服德與風誠有辨也

○**孟子曰仁也者人也合而言之道也**

仁者人之所以爲人之理也然仁理也人物也以仁之理合於人之身而言之乃所謂道者也○程子曰中庸所謂率性之謂道是也〔朱子曰〕此仁字不是別物卽是這人底道理仁是人之道理就人身上體認出來及就人身上說合而言之便是道也○人之所以得名以其仁也言仁而不言人則不見理之所寓言人而不言仁則人不過是一塊血肉耳必合而言之方見得道理出來○如中庸仁者人也是對義者宜也意又不同人字是以人身言人自有生意脩道以仁便謂仁者人也是切己言之孟子是統而言之○仁則性而已矣道則父子之親君臣之分見於人之身而尤著者也○只仁與人合而言之便是道猶言公而以人體之便是仁也〔通考〕朱氏公遷曰仁以天理言仁者人身之天理也子思以生理言孟子以所以爲人之理言子思欲人推之而有序孟子欲人體之而不違生理卽天地生物之心所以爲人之理卽器中之道物中之則也中庸脩道以仁以仁之全體言仁者人也以仁之名義言親親爲大以仁之事實言〔附〕〔存疑〕此是解釋仁道二字言仁卽是人之理而道則是仁與人合而言之也道猶路也因人行方有個路亦因人行方有個道不是懸空有個道路是因人然後有故但說道便粘著人無人說不得道如曰率性之謂道性仁也率之乃人也道者事物當然之理當然之理仁也事物乃人也豈不是合仁與人而言若單言仁則只是個性爾單言人只是個形爾合形與性乃謂之道故曰形而上者謂之道亦可見是合仁與人而言也○合而言之是誰言凡古今聖賢之語道者皆此言也孔子曰天下之達道五是孔子言也中庸曰率性之謂道是子思言也○〔蒙引〕仁也者人也此單言之仁兼四德萬善在其中又如集義所生之義克己復禮之禮皆單言而兼衆善者也○仁與道是一時事此處不分性道○仁以所具而言道以所循而言○有物必有則此箇則便是物之所循者也故曰合而言之道也仁不在人之外而道又不在仁與人之外○仁字最說得廣父慈子孝兄友弟恭之類皆是以至視思明聽思聰等之類皆是○仁也者人也全重在人未有合意至下句方合之以見道之所以爲道處○達說知仁者人也則求仁者當反諸身知合而言之道也則遠人者不可以爲道矣

或曰外國本人也之下有義也者宜也禮也者履也智也者知也信也者實也凡二十字今按如此則理極分明然未詳其是否也尤延之云孟子仁也者人也下高麗本云云此說近是○〔新安陳氏曰〕若據此本則是合

仁義禮智信而言之皆道也且又見得仁義禮智兼信而言五常之道尤爲明備云附蒙引按外國本之說理味俱短。而朱子乃謂如此則理極分明何耶。蓋既曰仁也者人也。則何所不該。不當復繼之以云云矣。若曰仁也者愛也。則兼繼以義也者宜也云云。故周子曰德愛曰仁宜曰義理曰禮通曰智。如中庸對義言。雖亦曰仁者人也。然却曰親親爲大。則亦主乎偏言矣。愚竊以爲朱子不當取外國本。

○孟子曰孔子之去魯曰遲遲吾行也去父母國之道也去齊接淅而行去他國之道也

重平聲出已見萬章下篇○南軒張氏曰當其可卽是道。當而行爲道。孟子學孔子。去齊也非父母國而有三宿出晝之遲滯何也。孟子於宣王。蓋有望焉。故其去有眷眷不能已者。夫其不能以已。是固道之所存也。

○孟子曰君子之戹於陳蔡之閒無上下之交也

君子孔子也戹與厄同君臣皆惡無所與交也慶源輔氏曰陳蔡之戹。聖人之極否也。是亦氣數之窮在聖人則何與焉附顧麟士曰下句釋上句。言外若曰見戹非道之故也。○蒙引史記陳蔡大夫發徒圍之之說。未可信。其絶糧亦止是無上下之交。而饋貧不足。無從得糧耳。○是時陳蔡臣服於楚。若昭王來聘孔子。陳蔡大夫安敢圍之。據論語絶糧是去衛如陳之時。

○貉稽曰稽大不理於口貉音陌

趙氏曰貉姓稽名爲衆口所訕所晏反理賴也今按漢書無俚音里方言亦訓賴前漢季布贊賢者誠重其死夫婢妾賤人感慨而自殺非能勇也其畫無俚之至耳晉灼曰揚雄方言曰俚聊也許愼曰賴也○慶源輔氏曰大不賴於口者言大爲衆口所訕也附蒙引理賴也。不賴於口。言壞於衆口也。爲人所壞則不足賴矣。

孟子曰無傷也士憎玆多口

趙氏曰爲士者益多爲衆口所訕按此則憎當從土今本皆從心蓋傳寫之誤新安陳氏曰爲士者往往見憎於此多口如語之屢憎於人附蒙引此士字。指文王孔子之流。舉文王孔子。所以見其無傷也。盡其在我之意在言外。見得孟子之言只是無傷意。○淺說孟子曰。衆口所訕無害也。汝之被訕猶未多也。若爲士者。則益多爲衆口所訕矣。

詩云憂心悄悄慍于羣小孔子也肆不殄厥慍亦不隕厥問文王也

詩邶蒲昧反風栢舟及大雅緜之篇也悄悄憂貌慍怒也本言衛之仁人見怒於羣小孟子以爲孔子之事可以當之如見毁於叔孫是也肆發語辭南軒張氏曰肆猶言遂也承上起下之辭隕墜也問聲問也本言大王事昆夷雖不能殄絶其慍怒亦不自墜其聲問之美孟子以爲文王之事可以當之如見囚於羑里是也○尹氏曰言人顧自處上聲如何盡其在我者而已新安陳氏曰文王孔子二聖人。

尚不免逢人之慍怒。況今能絕衆口之謗訕乎。惟在自反
而盡其在我者耳。○東陽許氏曰。此章言文王孔子雖有
聖人之德。亦不免爲衆口所謗訕。而其所以處之者如此
然人雖謗之。終不能損其令名。孟子意謂稽雖爲衆口所
訕。但當自脩其德而已。【附】蒙引。孟子註曰。本言衞之仁人
見怒於羣小。而詩傳以爲婦人不得於夫之詩。此羣小指
衆妾也。仁人泛指。莊姜亦女中之仁者。

○孟子曰。賢者以其昭昭。使人昭昭。今以其昏昏。使人昭昭。

昭昭。明也。昏昏。闇也。（闇與暗同） 也。尹氏曰。大學之道。在自昭明德
而施於天下國家。其有不順者寡矣。○慶源輔氏曰。以己昭昭使人昭昭者。求之
己也。以己昏昏。使人昭昭者。求之人也。尹氏引大學之說
當矣。能明明德。則施於天下國家。其有不順者寡矣。若不

自明其德。則如面牆。一物無所見。一步不可移。雖至近於
妻子。亦且不順。況他人乎。【附】蒙引。賢者以其昭昭使人昭
昭。在人君。則人字兼臣民。在人臣。則人字兼君民。○【存疑】
此指當時之治人者。言自諸侯至於大夫。凡有治人之責
者皆然。

○孟子謂高子曰。山徑之蹊閒。（句）介然用之而成路。（句）爲閒
不用。則茅塞之矣。今茅塞子之心矣。（介音戛）

徑。小路也。蹊。人行處也。介然。倏然之頃也。用。由也。路。大路
也。爲閒。少頃也。茅塞。茅草生而塞之也。言理義之心不可
少有閒斷也。（閒去聲。斷徒玩反） 【趙氏曰】高子齊人。嘗學於孟子。去而學他術。○【慶源輔氏曰】理義之心。人
所固有。雖易發。而亦易窒。善端發處。體察而力充之。則可
以成德。否則內爲氣習所蔽。外爲物欲所誘。而遂窒之矣。
○【新安陳氏曰】學問漸進。則理義日開。學問纔止。則理義
日窒。氣習物欲。皆塞理義之心之茅也。學問廢弛。譬之茅
又生而塞子之心矣。高子爲人。如前篇論小弁。後章論禹
文王樂。有固陋窒塞可見。○【東陽許氏曰】山閒之小徑。倏
然有人行而不斷。即成大路。少頃無人行。則茅長而遂塞
之。學問之道。才有閒斷。私欲便生而塞天理之路矣。【通旨】
【朱氏公遷曰】此因微戒學者。而以理義之心言之也。失其
本心。人心有害。放其良心。放心不求。皆是此類。蓋惰者不
能自强。慾者不能自克。此其所以爲衆人也。【附】蒙引。爲閒
不用。則茅塞之矣。是承上句意說。言此箇山蹊。但介然用
之而成路。雖成路矣。然復不用。則又爲茅所塞矣。以況在
人理義之心。若能時時存養之。則日進於高明矣。若稍二
三其心。則物欲又隨而梏亡之矣。或曰。只是對說。不用貫
意。蓋只是一箇山谿也。用之則爲大路。舍之則塞。愚謂惟

聖。罔念。作狂。故他日有西子蒙不潔之喻。孟子語意。大不
然也。○趙氏謂高子嘗學於孟子。去而學他術。今觀此章
亦未見得是爲此發。大槩警其工夫閒斷。且公孫
丑不稱其字。而曰高叟。安見其爲學於孟子耶。

○高子曰。禹之聲。尚文王之聲。

尚。加尚也。豐氏曰。言禹之樂。過於文王之樂。

孟子曰。何以言之。曰。以追蠡。（追音堆。蠡音禮）

豐氏曰。追。鐘紐也。（紐女九反） 周禮所謂旋蟲是也。【趙氏曰】按周禮考工記。鐘
縣（平聲）謂之旋。旋蟲謂之幹。蓋懸鐘之紐也。其形如環。環
有盤旋之義。于旋之上爲蟲形以飾之。自漢以來。鐘旋之
上。以銅篆作蹲熊及盤龍。
〔獸名辟邪〕皆旋蟲之類也。蠡者。齧（倪結反）木蟲也。言禹時鐘

在者鐘紐如蟲齧而欲絶蓋用之者多而文王之鐘不然是以知禹之樂過於文王之樂也

曰是奚足哉城門之軌兩馬之力與與平聲

豐氏曰奚足言此何足以知之也軌車轍迹也兩馬一車所駕也城中之涂與途同容九軌周禮冬官下匠人營國方九里旁三門國中九經九緯經涂九軌國中城内也經緯謂涂也經緯之涂皆容方九軌凡八尺爲軌廣九軌積七十二尺則此涂十二步也車可散行故其轍迹淺城門惟容一車車皆由之故其轍迹深蓋日久車多所致非一車兩馬之力能使之然也借此以爲鐘歷年久之譬言禹在文王前千餘年故鐘久而紐絶文王之鐘則未久而紐全不可以此而議優劣也○此章文義本不可曉舊說相承如此而豐氏差初賣反較也明白故今存之亦未知其是否也

○齊饑陳臻曰國人皆以夫子將復爲發棠殆不可復復扶又反

先時齊國嘗饑孟子勸王發棠邑之倉以賑貧窮至此又饑陳臻問言齊人望孟子復勸王發棠而又自言恐其不可也華陽范氏曰孟子在賓師之位方以仁義說齊王幸而聽其言故發棠邑之粟然而不行王政孟子言終不合及再饑孟子遂不復言度其不可言也

孟子曰是爲馮婦也晉人有馮婦者善搏虎卒爲善士則之野有衆逐虎虎負嵎莫之敢攖望見馮婦趨而迎之馮婦攘臂下車衆皆悅之其爲士者笑之

手執曰搏卒爲善士後能改行去聲爲善也之適也負依也山曲曰嵎攖觸也笑之笑其不知止也疑此時齊王已不能用孟子而孟子亦將去矣故其言如此南軒張氏曰世固有勇於爲善事者不察夫義理之當然與否而必爲之蓋亦足以悅於流俗然發不中節有害於君子之道是皆馮婦之類耳學者其無惑於衆之悅而有動哉審諸己而已矣○慶源輔氏曰齊人之所望於孟子者利也而孟子之所以自守者義也夫告君以發粟賑民是亦美事固君子所樂爲者但是時齊王已不能用孟子而孟子亦將去矣故其義不當復有所言耳君子之所爲與時變化不主故常惟義理如何耳豈徇其常所爲者以取人之屢快哉○新安陳氏曰勸王發倉賑饑仁也知時不可言而不言知也通考朱氏公遷曰此於智之中有制事之義若孔子去魯遲遲吾行與燔肉不至不稅冕而行則智之中有愛君之仁又按齊人歸女樂孔子行是孔子所以去之本意燔肉不至而孔子行則以明其用心之忠且厚也此皆見聖賢見幾之智附趙注馮姓婦名也

○孟子曰口之於味也目之於色也耳之於聲也鼻之於臭也四肢之於安佚也性也有命焉君子不謂性也

程子曰五者之欲性也性之所欲此即食色性也之性然有分去聲不能皆如其願則是命也願即欲也命則天理之則也不可踰越其分限不可謂我性之所有而求必得之也愚按不能皆如其願不止爲貧賤蓋雖富貴之極亦有品節限制則是亦有命也朱子曰此性字指氣質而言此命字合理與氣而言五者之欲固是人性然有命分旣不可謂我性之所有而必求得之又不可謂我分可以得而必極其欲如貧賤不能如願此固分也富貴之極可以無所不爲然亦有限制裁節又當安之於理如紂之酒池肉林却是富貴之極而不知限節若以其分言之固無不可爲但道理却恁地不得今人只說得一邊不知合而言之未嘗不同也○[新安陳氏]曰此命字合理與氣言貧賤之安於分此以氣言也富貴之不過其則此以理言也

[通考]朱氏公遷曰命兼理氣言貧賤而知有分則是氣富貴而知有品節則是理此性也有命之說不徇私以滅理是命於理者我能立之不縱欲以傷命是命於氣者我能立之此脩身立命之說二章皆以理御氣皆以理制欲也又曰性自氣稟食色而言不謂性兼爲富貴貧賤者言之動心忍性專爲困窮患難者言之皆非特地論性而推其語意脉絡則所謂性者各有所指也

仁之於父子也義之於君臣也禮之於賓主也智之於賢者也聖人之於天道也命也有性焉君子不謂命也

程子曰仁義禮智天道在人則賦於命者所稟有厚薄清濁然而性善可學而盡故不謂之命也張子曰晏嬰智矣而不知仲尼是非命邪朱子曰橫渠有云晏嬰智矣而不知仲尼是非命歟此命字恐作兩般看若作所稟之命則是嬰稟得智之淺者若作命分之命則是嬰偶蔽於此遂不知夫子此當作兩般看愚按所稟者厚而清則其仁之於父子也至義之於君臣也盡禮之於賓主也恭智之於賢否也哲聖人之於天道也無不脗武粉反一音泯合而純亦不已焉薄而濁則反是是皆所謂命也或曰者當作否人衍字更詳之朱子曰命也有性焉此命字專指氣而言此性字專指理而言如舜遇瞽瞍固是所遇氣數然舜惟盡事親之道期於底豫此所謂盡性大凡清濁厚薄之稟皆命也一以所稟言之一以所性言之所造之有淺有深所感之有應有不應但其命雖如此又有性焉故當

盡性○或說以五者之命皆爲所值之不同如舜之於瞽瞍則仁或不得於父子文王之於紂則義或不得於君臣孔子之於陽貨則禮或不得於賓主子貢不能聞一知十則智或不得於賢者孔子不得堯舜之位則聖人或不得於天道此皆命也然君子當勉其在己者而不歸之命其義亦通○雲峰胡氏曰此命字專指氣而言然氣亦有二清濁美惡氣質之不齊也高下厚薄脩短氣數之有異也[附]蒙引仁之於父子也有至與不至云云命也其辭雖兼至與不至其意則主於不至者故曰有性焉君子不謂命也○仁之於父子五者當云仁之於父子也有至與不至義之於君臣也有盡與不盡禮之於賓主也有恭與不恭智之於賢否也有哲與不哲若夫仁之於父子也至義之於君臣也盡禮之於賓主也恭智之於賢否也哲則所謂聖也而其聖也又未必其皆能與天道爲一亦有純與不純之異焉此皆所謂命也○聖人之於天道亦有至不至者如堯舜性之則於天道無不脗合而純亦不已矣湯武

反之。禹入聖域而不優。則於天道爲未盡矣。又如孔子聖之時。譬如天地之無不持載。無不覆幬。譬如四時之錯行。如日月之代明。則於天道脗合。而純亦不已矣。若柳下惠伯夷伊尹則只爲一偏之聖。如春夏秋冬之各一其時耳。是於天道爲未至也。○按論語性與天道章集註曰性者人所受之天理。天道者天理自然之本體。其實一理也。小註王氏曰此理在天。未賦於物。故曰天道。此理具於人心。未應於事。故曰性。即元亨利貞仁義禮智是也。今人多用論語之說。以解孟子之意。愚謂此處仁義禮智與天道皆爲賦於命者。如何亦以天理自然之本體所謂元亨利貞者釋之耶。要知只是仁義禮智之渾然全體者耳。蓋其全體之渾然。即其本體之自然者也。故亦曰天道。○存疑命依小註當兼所稟所遇說。方盡。所遇如舜之於瞽瞍是也。但大註不及。蓋就其重者言耳。○蒙引晏嬰智矣而不知仲尼。總是言晏嬰之未盡處。朱子小註是以稟賦言則稟得智之淺。固是未盡。以命分言則偶蔽於此。亦是智未盡。正就嬰身上說命。蓋智之盡與不盡在晏嬰不在孔子。纔在孔子亦說得所值之命。然非此文本旨。○愚聞之師曰此二條者皆性之所有而命於天者也。然世之人以前五者爲性雖有不得而必欲求之以後五者爲命一有不至則不復扶又反致力故孟子各就其重處言之前重在命。後重在性。以伸此而抑彼也伸後抑前。張子所謂養則付命於天道則責成於己。其言約而盡矣。朱子曰口之於味五者。此固性之所欲。然在人則有所賦之分。在理則有不易之則。皆命也。是以不謂之性而付命於天。仁之於父子五者。在我則有厚薄之稟。在彼則有遇不遇之殊。是皆命也。然有性焉。君子不謂之命而責成於己。須如此看。意思方圓無欠缺處。○口之於味等固是性。

然亦便是合下賦予之命。仁之於父子等固是命。然亦是各得其所受之理。便是性。孟子恐人只見得一邊。故就其所主而言。舜禹相授受。只說人心惟危。道心惟微。論來只有一箇心。人心如口之於味等。若以爲性所當然。一向惟意所欲。却不知蓋有命存焉。須著安於定分。不敢少過。始得。道心如仁之於父子等。若以爲命已前定。任其如何。更不盡心。却不知蓋有性存焉。須著盡此心以求合乎理。始得。上云性也。是氣稟之性。有命焉。是斷制人心欲其不敢過也。下云命也。蓋其所受氣稟亦有厚薄之不齊。有性焉。是充廣道心欲其無不及也。此段只要遏人欲長天理。前一節人以爲性我所有。須要必得。後一節以爲命則在天。多委之而不脩。所以孟子到人說性處。却曰有命。人說命處。却曰有性。○且如嗜芻豢而厭藜藿。是性如此。然芻豢分無可得。只得且喫藜藿。如父子有親。有相愛底。亦有不相愛底。有相愛深底。亦有相愛淺底。此便是命。然在我有薄處。便當勉強以致其厚。在彼有薄處。吾當致厚感他得他亦厚。如瞽瞍之頑。舜便能使烝烝又不格姦。○問仁義禮智天道。此天之所以命於人所謂本然之性者也。今曰命有厚薄則是本然之性有兩般也。若曰伊川以厚薄言人氣質稟受於陰陽五行者如此。孟子不應言命若以氣質厚薄言命則是天之降才爲有殊矣。曰孟子言降才且如此說若命則誠有兩般以稟受有厚薄也。又不可謂稟受爲非命也。大抵天命流行物各有得不謂之命不可也。命如人有貧富貴賤。豈不是有厚薄。知之於賢者則有小大聖人之於天道亦有盡不盡處。只如堯舜性之則是盡天道。湯武身之則是於天道未能盡也。此固是命然不可不求之於性。○潛室陳氏曰世人以上五者爲性。則見血氣而不見道理。以下五者爲命。則見氣數而不見道理。於是人心愈危。道心愈微。孟子於常人說性處。却以命言。則人之於嗜欲雖所同有。却有品節限制。不可必得而人心安矣。於常人說命處。却以性言。則人之於義理。其氣稟雖有清濁不齊。須是著力自做工夫。不可專委之天而道心顯矣【附】【蒙引】此二條者皆性之所有而命於天者也性命二字皆兼理氣性字兼兩邊命字亦兼兩邊然世人以前五者爲性後五者爲命則各失了一邊孟子之言亦各指一邊說但孟子是就所重一邊立言世人却就所輕一邊藉口○伸此抑彼有二說一說世之人以前五者爲性雖有不得而必欲求之故孟子抑之以後五者爲命一有不至則不復致力故孟子伸之此大全小註之說一說前段是伸命而抑性後段是伸性而抑命後說長看上文各字

○浩生不害問曰樂正子何人也孟子曰善人也信人也

趙氏曰浩生姓不害名齊人也

何謂善何謂信

不害問也

曰可欲之謂善

天下之理其善者必可欲其惡者必可惡（去聲下同）其爲人也可欲而不可惡則可謂善人矣

【朱子曰】可欲是資稟好別人以爲可愛也只是渾全一箇好人其爲人處心造事行己接物一皆可欲而不可惡則可謂之善人矣○有可欲之善然後有諸己而充實將去若無可欲者則充實箇甚物譬如先討得眞實藥材然後脩製以爲圓爲散若是藥材不眞雖百般羅𥕇畢竟不是○問可欲之謂善若作人去欲他恐與有諸己之謂信不相協蓋有諸己是說樂正子身上事可欲却做人說恐未安曰此便是他有可欲處人便欲他豈不是渠身上事與下句非不相協○【慶源輔氏曰】先儒多以可欲爲己之欲如書所謂敬脩其可願之意獨集註不然可欲是別人以爲可欲蓋若以爲己之欲則說得太輕且人之欲有善惡之不同故也

有諸己之謂信

凡所謂善皆實有之如惡（去聲）惡臭如好（去聲）好色是則可謂信人矣

【慶源輔氏曰】善固多端故集註言凡所謂善以誠之如惡惡臭如好好色則表裏誠實無一毫勉强假託之意也　○張子曰志仁無惡之謂善誠善於身之謂信【朱子】曰善人者或其天資之美或其知及之而勉慕焉未必其眞以爲然而果能不失也必其用力之久眞實有此善於己而無一毫虛僞意然後可以謂之信人矣【附】【蒙引】可欲之謂善視其所以而已有諸己之謂信則所由所安皆善矣到此地位大段高了○有諸己之謂信全要學力必知至必誠意乃實有諸己苟或以名家之子而從曹操爲之成就纂圖可謂喪其善者而司馬溫公又深取之且帝魏寇蜀故朱子謂溫公若生三國時亦從曹氏矣斯亦未得爲信人矣蓋其偏也學之所係其重如此此章論人品是主學言故由善信而美大由美大而聖神由始學至於成德正所謂由學而至聖者也善人亦有由學者○【存疑】以實之謂信其立身制行之善皆實有諸己而非虛僞這便是以實便是信○【蒙引】好善未能如好好色則善不能實有諸己惡惡未能如惡惡臭則惡未能實無諸己有善則無惡矣好善則惡惡矣故本文只是善有諸己集註則兼如惡惡臭

充實之謂美

力行其善至於充滿而積實則美在其中而無待於外矣

朱子曰無待於外都是裏面流出來○既信之則其行必力其守必固如是而不已焉則其所有之善充足飽滿於

其身。雖其隱微曲折之間。亦皆淸和純懿。而無不善之雜。是則所謂美人也。○有諸己之謂信。是都知得了。實是如此做。此是就心上說。心裏都理會得。充實之謂美。是就行上說。事事都行得。盡充滿積實。美在其中。而無待於外。○慶源輔氏曰。有諸己則己是知至意誠之事。然又須見於履踐方得。故云力行其善至於充滿其量。蓄以或實。然後美在其中而無所待於外矣。附蒙引自可欲之善。有諸己之信。而遂充之。以至於充實。故註云力行其善至於云云。但此充實二字平說。不可謂充之而至於實也。充滿而積實。猶言廣博而深厚。必充滿然後積實。必廣博然後深厚。○存疑充實是這信到充滿積實處。一二件實。亦可謂信。十數件實。亦可謂信。但不可謂充實。充實是立身制行。無一事不實。性分內事。無一欠缺。故謂之充實。易之有孚盈缶是也。美卽善也。然必善到充實方謂之美。此是美重於善處。故曰美在其中。又謂和順積中。○蒙引子謂韶盡美矣。又盡善。則善重於美。可欲之謂善。充實之謂美。則美重於善。聖賢用字不同如此。

充實而有光輝之謂大

和順積中而英華發外引記樂記語美在其中而暢於四支發於事業引易坤卦文言則德業至盛而不可加矣朱子曰。美能充於內而已。未必其能發見於外也。又如是而不已焉。則其善之充於內者。彌滿布濩洋溢。四出而不可禦。其在躬也則睟面盎背而施於四體。其在事也則德盛仁熟。而天下文明。是則所謂大人者也。○慶源輔氏曰。大則形見於外矣。故集註以德業至盛不可加言之。附存疑充實而有光輝。此是工夫到後自然之符驗。大學之誠於中形於外。中庸之誠則形。是也。○蒙引註自和順積中至發於事業。只是一理兩段。皆成語。一出禮。一出易。其實和順積中。則是美在其中矣。英華發外。謂暢於四肢。發於事業也。大字全就光輝上說。美指在內者。大指在外者。美人非無外。內有餘而外猶未足也。大人非無內。發於外者本於內。卽其外可知其內矣。

大而化之之謂聖

大而能化使其大者泯然無復扶又反可見之迹則不思不勉從七容反容中去聲道而非人力之所能爲矣張子曰大可爲也化不可爲也在熟之而已矣程子曰。大而化之。只是理與己一。其未化者。如人操尺度量物。用之尚不免有差。至於化則己便是尺度。尺度便是己。○朱子曰。大而不化。則其大者未能離乎方體形迹之間。必其德之盛者日益盛。仁之熟者日益熟。則向之所謂大者。方且春融凍解。混然無迹。而與天地合德。日月合明。四時合序。鬼神合吉凶矣。是則所謂聖人者也。○慶源輔氏曰。大則猶可以目見而指言。至於化則無迹。不可以目見。不可以言傳。無待於息。惟無假於勉強從容。自然與道爲一。而非人之智力所能及矣。通考雙峰饒氏曰。生知安行。是性之之聖。大而化之。是反之之聖。○朱氏公遷曰。聖以全體至極言。亦曰專言之者。凡言資質德性與衆人異者。此說性之之聖也。自學力推之以至其極者。此說反之之聖也。孔子以性之之聖而加反之之功。斯所以爲聖之至歟。附存疑化是消融變化。不見了形迹。如金與冰。方未融化。便有個形塊。及金見火。冰見日。而消融。都無個形迹。便是化。大而未化。是暢於四支。尚有矜持。發於事業。尚有造作者。在矜持造作。便有個形迹可見。亦猶金冰之有形塊也。到工夫熟。然後從心所欲。無矜持。無造作。施於四體。四體不言而喻。發於事業。不見而章。不動而變。無爲而成。都無形迹可見。亦如金之融化於火。冰之融化於日也。○化字都是就形迹言。故曰變者化之漸。化者變之成如自初一初二積至二十八九漸漸進去是變到三十日則變盡而成一月前所變底形迹都泯然不見了這便是化故曰變之成此可以體認化字之義

聖而不可知之之謂神

程子曰聖不可知謂聖之至妙人所不能測非聖人以上又有一等神人也朱子曰至於聖則造道入德之功至矣盡矣不可以有加矣是其盛德至善之極無聲無臭之妙必有非耳目所能盡心思所能測者是則所謂神者而非聖人之上復有神人也夫自可欲而至於大則思勉之所及也至於聖且神焉則非思勉之所及矣然非思勉之而不已焉則亦未有至焉者也○問可欲之謂善至聖而不可知之謂神曰善渾全底好人無可惡之惡有可喜可欲之善有諸己之謂信眞箇有此善若不

有諸己則若存若亡不可謂之信自此而下雖一節深入一節却易理會充實謂積累光輝謂發見於外化則化其大之之迹聖而不可知處便是神也所以明道言仲尼無迹顔子微有迹孟子其迹著或問顔子之微有迹處曰如願無伐善無施勞皆是○此六位皆他人指而名之之辭○南軒張氏曰本領在可欲之善信者信此者也美者美此者也大則充此而有光輝也化則爲聖而其不可知則神也至於聖且神其體亦不外此而已又曰可欲之善聖神之事備焉人生而靜皆具此體至於化而聖然後爲全盡純於此者也附蒙引聖之至妙不可謂聖中另有箇至妙處如此則亦有未妙處此句乃是揀出至妙處來說矣只是贊其妙不可知是聖○化字與不可知不同化自我而言謂不勉不思也不可知以人而言莫測其所以然也○聖之至妙人不能測只看立之斯立道之斯行綏之斯來動之斯和就可見通書發之微妙而不可見充之周遍而不可窮正是此意聖神蒙引又欲作兩人說看來只作一人說爲是○自善至美此猶是成己事體之所以立也大以後則兼以其充積之盛自然及物者言之體立而用有以行也○存疑善或是天資或兼學問但未必能固守不失也信能固守不失矣然道理或有欠缺所性之分未盡也大則所性之分能盡矣然猶待於勉強未能自然也聖則不待勉強而出於自然矣神不外聖

樂正子二之中四之下也

蓋在善信之閒觀其從於子敖則其有諸己者或未實也問樂正子以善名矣而以餔啜從子敖先館舍後長者何也朱子曰言在二者之中則其餘於善而不足於信矣○慶源輔氏曰意者樂正子雖能明善而亦工夫未到於善未誠使其誠有諸己則於從子敖之事當如惡惡臭而自不屑爲也**張子曰顔淵樂正子皆知好**去聲下同**仁矣**新安陳氏曰樂正子資質

純粹畧似顔子故横渠引此立論**樂正子志仁無惡而不致於學所以但爲善人信人而已顔子好學不倦合仁與智具體聖人獨未至聖人之止耳**慶源輔氏曰張子并顔子言之見學之不可已如此附蒙引浩生不害問曰樂正子何人也孟子不止曰善人也亦不止曰信人也而乃兼之曰善人也信人也這便見得樂正子在二之中矣蓋以爲善人則有餘以爲信人則未足也○張子曰樂正子志仁無惡而不致於學致推極也非謂樂正子只是天資之美全未曾有學也只是學之功未至其極故止於善信耳○顔子好學不倦合仁與智志仁無惡仁也學而不厭智也既志仁無惡而又能致於學所以能具體聖人○獨未至聖人之止耳此止字非論語未見其止之本旨蓋小註所謂結褁之意○或曰予嘗疑孟子書出於公孫丑之徒所記故於孟子弟子或多稱子今觀其答浩生不害曰

樂正子二之中四之下也其自言亦不名而子之何歟曰
此蓋因不害稱樂正子亦隨其所稱而應之也如今人於
酬酢稱謂往往有此尊者亦不以爲嫌也如對孫言及其
子則曰汝父汝伯父汝叔父對外孫言及其子則曰汝幾
舅對弟子之弟子言及其師亦曰某姓先生
○程子曰士之所難者在有諸己
而已能有諸己則居之安資之深而美且大可以馴音旬致
矣徒知可欲之善而若存若亡而已則能不受變於俗者
鮮上聲矣慶源輔氏曰程子又發明學者只要有諸己有諸
己則住不得自然趲將去故美且大可以馴致不
然徒知其善而若存若亡則爲流俗所變而終亦
必亡之矣○新安陳氏曰此條重在有諸己之信尹氏曰
自可欲之善至於聖而不可知之神上下一理擴充而至

於神則不可得而名矣慶源輔氏曰尹氏上下一理之說
尤得其要惟其不可得而名故謂
之神也○雲峰胡氏曰須看尹氏上下一理四字善者人
心之天理始而爲人之所可欲者此理也終而人之所不
可知者亦此理也善非粗淺神非高虛惟在乎實有此善
而力行以充之爾○新安陳氏曰自善信至聖神高下固
懸絕矣然雖聖神之極致亦不外乎自善信而充之生知
安行之聖人固不必由科級而進學知利行以下之希聖
未有不由科級而進者可欲之善眞能有諸己勉勉循循
充而拓之以至於極雖比性之之聖有生熟之不同豈有
不能如身
之之聖者
○孟子曰逃墨必歸於楊逃楊必歸於儒歸斯受之而已矣
墨氏務外而不情楊氏太簡而近實故其反正之漸大畧

如此歸斯受之者憫其陷溺之久而取其悔悟之新也朱子
曰楊墨皆是邪說無大輕重但墨氏之說尤出於矯僞不
近人情而難行故孟子之言如此非以楊氏爲可取也○
南軒張氏曰兼愛者棄本而外馳爲我者狹隘而私勝墨
之比楊猶奢之比儉自爲者固非猶愈於兼愛之泛泛也泛
者尤難反耳附存疑墨氏務外而不情楊氏太簡而近實
聖人則大中而至正惡務外不情而逃之必有所歸然未
能便至於聖人厭務外則慕近實歸於楊者其勢然也若
又厭其太簡則必求大中至正之歸是逃楊必歸於儒亦
其勢然也○蒙引受是儒
者受之不兼楊之受墨也
今之與楊墨辯者如追放豚既入其苙又從而招之
放豚放逸之豕豚也苙闌也招罥扃縣反也羈其足也言彼

既來歸而又追咎其既往之失也附存疑今之與楊墨辯
正與歸斯受之相反
○此章見聖賢之於異端距之甚嚴而於其來歸待之甚
恕距之嚴故人知彼說之爲邪待之恕故人知此道之可
反仁之至義之盡也雲峰胡氏曰於異端距之甚嚴者至
正不可以容邪義之盡也來歸待之
甚恕者至大可以容小仁之至也於此可見聖賢至正至
大之心矣附蒙引此章之言爲當時儒者待異端而不得
其術而發也蓋異端之學溺於所習之非逆其本然之性
其間豈無杌棿不安而思以自還之理爲吾儒者但因其
一言之近道一念之近正即當遂其新知而忘其舊習可
也乃泥於門戶塗轍之殊莫知納約自牖之義非惟在彼
之窮而不得所歸之爲可憫而在我之道所以與人同歸
於善者實有所未純也故孟子言此聖賢之心何如哉○

此章何以見聖賢之於異端距之甚嚴處。蓋所謂待之甚恕者。只就歸斯受之上見得。然歸斯受之。則方其未歸。決在所絶矣。卽今日之恕。見得前日之嚴。

○孟子曰。有布縷之征。粟米之征。力役之征。君子用其一。緩其二。用其二而民有殍。用其三而父子離。

征賦之法。歲有常數。然布縷取之於夏。粟米取之於秋。力役取之於冬。當各以其時。若并去聲取之。則民力有所不堪矣。新安陳氏曰。用其二。一時併用二端也。用其三。一時併取其三也。今兩稅三限之法。亦此意也。尹氏曰。言民爲邦本。取之無度。則其國危矣。慶源輔氏曰。此孟子言之以警夫取民無度者。○問布縷粟米力役之征。周禮皆取之。而孟子言用其一而緩其二。朱子乃有夏秋之辨。夫夏秋之說。始出於唐。不知何所據而云。潛室陳氏曰。緩非廢其征。但不作一時併征之耳。月令孟夏蠶畢而獻繭稅。孟秋農乃登穀。始收穀。布縷征之夏。粟米征之秋。乃古法。若唐分兩稅。始於德宗楊炎。非止布縷粟米之征。乃是取大曆十四年應干賦斂之數。併而爲兩稅。名同實異。失孟子之意矣。附蒙引。此云布縷之征。粟米之征。力役之征。通天下之制也。如禹貢則任土所宜而貢。中間又有不同。○此所謂布。只是麻所爲者。若今棉布。則彼時中國未有也。○存疑。布縷之征。五畝之宅所出也。粟米之征。百畝之田所出也。力役之征。丁口所出也。布縷取之於夏。則粟米力役在所緩也。粟米取之於秋。則布縷力役在所緩也。力役取之於冬。則布縷粟米在所緩也。故曰用其一緩其二。○兩稅。夏秋二稅也。三限。蒙引無的說。按楊炎兩稅法。夏輸無過六月。秋輸無過十一月。國朝稅法。夏稅不得過七月。秋稅不得過十二月。皆不得爲三限。宋法夏至十月。秋至明年二月。夏稅至十月。是歷夏秋冬三時。秋稅至明年二月。是歷秋冬春三時。或是三限限三時也。蓋不必布縷取之夏。粟米取之秋。力役取之冬者同。其不并取以紓民力則同也。○唐人租庸調之法。租卽粟米之征。庸卽力役之征。調卽布縷之征。

○孟子曰。諸侯之寶三。土地。人民。政事。寶珠玉者。殃必及身。

尹氏曰。言寶得其寶者安。寶失其寶者危。新安陳氏曰。諸侯寶人民而善政事以治之。則有人有土。而常爲吾寶矣。附存疑。土地所以立國。人民所以守土。政事所以治民。故皆爲諸侯之寶。

○盆成括仕於齊。孟子曰。死矣盆成括。盆成括見殺。門人問曰。夫子何以知其將見殺。曰。其爲人也小有才。未聞君子之大道也。則足以殺其軀而已矣。

盆成。姓。括。名也。恃才妄作。所以取禍。徐氏曰。君子道其常而已。括有死之道焉。設使幸而獲免。孟子之言猶信也。南軒張氏曰。不聞道則爲才所役。道者。理義之存乎人心者也。於此有聞。則才有所不敢恃矣。人之有才。本不足以爲人害。惟無所本而徒用其才。於是才始足以病已。甚至有取死之道。又不若魯鈍無才之愈也。小有才而未聞道者。身且不能保。爲國者乃信而用之。亡國敗家。其何日之有。○慶源輔氏曰。才出於氣而有限。本自小。道原於性而無方。道本自大。況曰小有才。則又才之小者也。不顧義理而惟才是逞。則行險僥倖。無所不至。不至於顛覆不已也。孟子之言。但述其理之當然耳。不以是爲奇中也。學者不達。而以是爲奇。則必以料事爲明。而駸駸然入於逆詐億不

信矣【附】存疑 小有才言畧有才也小有才而不聞道猶足以殺其軀若有大才而不聞道殺其軀也必矣若商辛智伯是也

○孟子之滕館於上宮有業屨於牖上館人求之弗得

館舍也上宮別宮名業屨織之有次業而未成者蓋館人所作置之牖上而失之也

或問之曰若是乎從者之廋也曰子以是爲竊屨來與曰殆非也夫子之設科也往者不追來者不拒苟以是心至斯受之而已矣

從爲去聲與平聲夫子如字舊讀爲扶余者非

或問之者問於孟子也廋與搜同匿也言子之從者乃匿人之物如此乎孟子答之而或人自悟其失因言此從者固不爲去聲竊屨而來但夫子設置科條以待學者苟以向道之心而來則受之耳雖夫子亦不能保其往也門人取其言有合於聖賢之指故記之

慶源輔氏曰先儒多讀夫子作夫音扶予而以爲孟子自說朱子獨以爲夫子而作問者自悟其失而言者蓋不獨以殆非也下無曰字而知其然若以爲孟子之言則不惟露筋骨且非所以待學者將使學者不自重矣惟以爲問者之言則可取愚嘗謂近世好議論者往往以學者之失而譏先生長者是其識量又不逮於當時織屨者矣苟以是心至斯受之者與人爲善之公也至於孺悲欲見則辭

以疾滕更在門則不見答是又義之所當然也然教亦罔在其中矣【附】存疑 子以是爲竊屨來言其來滕也○淺說 不曰設教而曰科者教人各因其材自不得不別其科也往○苟以是心至斯受之而已矣只是申說來者不拒也者是向日之不善也

○孟子曰人皆有所不忍達之於其所忍仁也人皆有所不爲達之於其所爲義也

惻隱羞惡之心人皆有之故莫不有所不忍不爲此仁義之端也然以氣質之偏物欲之蔽則於他事或有不能者但推所能達之於所不能則無非仁義矣

慶源輔氏曰不忍者惻隱之事也不爲者羞惡之事也是皆本於性發於情而統於心人之所固有者也但爲氣稟所拘物欲所蔽則心失其正而不能統夫性與情故有所當發而不發反發遂至於其所不忍者或有時而忍於其所不爲者或有時而爲而性亦從而梏亡之矣今敎之以推所不忍以達於所忍推所不爲以達於所爲如是則心得其職情得其正而性之所以爲仁義者得矣○西山眞氏曰有所不忍不爲者此心之正也能卽是心而推之雖所忍者亦不忍卽仁也雖所爲者亦不爲卽義也【通考】勿齋程氏曰推擴善端滿其所受是之謂充理無不通行無不得是之謂達理無不通以心言行無不得以事言賜也達下學而上達君子上達慮患也深故達皆理無不通也家邦必達欲速則不達達不離道達道達德不成章不達達之天下皆行無不得也授之以政不達人皆有所不忍達之於其所忍人皆有所不爲達之於其所爲則兼心與理言之

人能充無欲害人之心而仁不可勝用也人能充無穿窬之心而義不可勝用也勝平聲

充滿也穿穴窬踰墻皆爲盜之事也能推所不忍以達於所忍則能滿其無欲害人之心而無不仁矣能推其所不爲以達於所爲則能滿其無穿窬之心而無不義矣

南軒張氏曰人皆有所不忍皆有所不爲此其秉彝之不可泯滅者也然有所不忍矣而於他則忍之有所不爲矣而於他則爲之此豈有異心哉爲私欲所蔽而生道息故也若以其所不忍而達之於其所忍豈非仁乎以所不爲而達之於其所爲豈非義乎自無欲害人之心而充之則其愛無所不被仁有不可勝用矣自無穿窬之心而充之則其宜無所不得義有不可勝用矣蓋其理本具於性貴於充之而已○慶源輔氏曰此一節因前説而敎人以充滿其本心之量也無欲害人之心卽是所不忍無穿窬之心卽是所不爲是心也其量甚大其用有常人能推所不忍以達於其所忍然後能充滿其無欲害人之心量推所不爲以達於其所爲然後能充滿其無穿窬之心量能充滿其心量則其用有常而仁義不可勝用矣○新安陳氏曰達如導水自畎澮達之川自川達之海充如水達海而充滿於其中也惟達而後能充如擴而充之之意通考朱子曰此心之量足以包括天地兼利萬物只是人自不能充滿其量所以推不去或能推之於一家而不能推之於一國或能推之於一國而不足以及天下皆是未足以充其本然之量附蒙引人能充無欲害人之心此承上文只是一意但露出害人與穿窬字面以示人之所達耳若曰如害人者人所不忍也人能充無欲害人之心而仁不可勝用矣穿窬者人所不爲也人能充無穿窬之心而義不可勝用矣

人能充無受爾汝之實無所往而不爲義也

此申說上文充無穿窬之心之意也蓋爾汝人所輕賤之稱人雖或有所貪昧隱忍而甘受之者然其中心必有慚忿而不肯受之之實人能卽此而推之使其充滿無所虧缺則無適而非義矣

問充無受爾汝之實朱子曰惡不仁者其爲仁矣不使不仁者加乎其身便是不能充無受爾汝之實○看來實字對名字說不欲人以爾汝之稱加諸我是惡爾汝之名也然反之於身而去其有可爾汝之實也若我身有未是處則雖惡人以爾汝相稱亦自有所愧矣○新安陳氏曰朱子此條乃用趙註之說與集註不同蓋謂惡爾汝之名是惡人之輕己也反身而去其可輕之行是能充其無受爾汝之實也人能充滿其無受爾汝之實行則所爲無往非義矣意義較明白○慶源輔氏曰此一節事雖微而理愈密夫人不受爾汝之稱皆是羞惡之實心存養之不加體察之不至則不受之心雖有得於此而或遂失於彼亦不能充滿其實心之量而義有時而不行矣惟能推所不受而達之於所受而無所滲漏然後能充滿其無受爾汝實心之量無所適而不爲義也附存疑無受爾汝之實亦不爲之心也私欲一萌不受於此而受於彼若所謂萬鍾則不辨禮義而受之者有矣故必卽此而推之使其充滿無所虧欠則無適而非義矣此節就辭受上說下節又就語默上說都是申說上文充無穿窬之心之意朱子小註及蒙引皆以行己盡善不致取輕於人爲充無受爾汝之實看來不是大註自明白輔氏說得是也○爾汝人所輕賤之稱看

來亦是嗟來食之類。蓋指當時仕者不禮於其君而見輕賤。如所謂食而不愛豕交之。愛而不敬獸畜之是也。如此看。本文充無受爾汝之實無所往而不為義之意自明白矣。○細閱編曰。爾汝人所輕賤之稱。人或有所貪昧隱忍而甘受之者。非其實也。其中慙忿而不肯受之者。乃其實也。○蒙引曰。申說上文充無穿窬之心之意。非是又深一層。只是指出上文所謂充無穿窬之心者。如受爾汝之實。以言不言餂人。此皆所當推而達之而不為者。

士未可以言而言。是以言餂之也。可以言而不言。是以不言餂之也。是皆穿窬之類也。餂音忝

餂。探取之也。今人以舌取物曰餂。即此意也。便平聲佞未可以言而言。可以言而不言。皆有意探取於人。是亦穿窬之類。然其事

隱微。人所忽易去聲。故特舉以見形甸反例。明必推無穿窬之心。達於此而悉去上聲之。然後為能充其無穿窬之心也。朱子曰。餂是鉤致之意。如本不必說。自家卻強說幾句。要去動人。要去悅人。是以言餂之也。如合當與他說。卻不說。須故為隱難。要使他來問我。是以不言餂之也。不直心而私意如此。便是穿窬之類。裏面是如此。外面卻不如此。外面恁地。裏面卻不恁地。○問此章先言仁義。後專言義。何也。曰仁只是一路。只是箇不忍之心。苟能充此心便了。義卻頭項多。又問人能充無穿窬之心。是就至粗處說。未可以言而言。與可以言而不言。是說人至細處否。曰然。能充無受爾汝之實處。工夫卻甚大了。到這田地時。工夫大段周密了。所以說無所往而不為義也。使行己有一毫未盡。便不能無受爾汝之實矣。達者推之也。是展開去。充者塡滿也。須塡塞教滿。○南軒張氏曰。以言取之者。其猶以諂為悅者乎。以不言取之者。其猶以默為容者乎。以是為穿窬之類者。以若有取之之心故耳。此章始言仁義而末獨言義何也。蓋仁義體用相須者也。人之不仁以非義害之也。不為非義而後仁可得而存。故反復再三推而言之。使人知所用力也。○慶源輔氏曰。此一節事之微而理之密。又有甚於前者。故以士言之。夫不為穿窬無受爾汝在士則有所不必道。然一語一默之微。發於計較安排而有意探取於人。則是亦穿窬之類。故集註亦以為其事隱微。人所忽易。故特舉以見例。必推無穿窬之心而達之於此類。至纖至悉處亦不容有不盡。方始能充其無穿窬之心也。其義亦精矣。○雲峰胡氏曰。孟子首篇曰善推其所為。欲齊王即其不忍之心而推之也。末篇曰達。曰充。欲人皆即其有所不忍不為之心而達之充之也。擴此心之用無少壅遏則謂之達。滿此心之量無少欠缺則謂之充。集註論此達與充二字。而推之一字。凡五。及之達者推之。始充者推之終也。不推不能達。不達不能充。集註可謂能發孟子終始

教人之本旨矣。先儒云。孟子平生工夫受用處。只在善推其所為一句。爾非朱子孰能發之哉。○新安陳氏曰。此章後二節單言義。無受爾汝之實。正其行也。戒以言不言餂之。正其言也。正其言行以充其羞惡之心。乃於稱謂語默日用之常事以求義之精焉。語曰色厲內荏。其猶穿窬與。表記曰君子不以色信人。情疏而貌親。在小人則穿窬之盜也與。皆可以擴充此義。所當參玩。○通考朱氏公遷曰。此因其良心。主乎學力而言。仁人心也章。未專言仁。人皆有所不忍章。未專言義。蓋仁體統人。不違仁則義在其中。義頭緒多。不為非義而後仁可得而存。體用本相須。而用功則有不同也。附蒙引。以言不言餂人。是穿窬之類也。受爾汝之實。亦穿窬之類。故人於穿窬不為。而於此或有為之者。是以不能皆義。此孟子所以弊繫示人也。○此以士言。猶論語色厲內荏。指當時大人言也。○政使當言而言。苟有悅人之意。是亦穿窬之類。孟子所謂之類云者。學者固當以此法求之。○南軒謂以佞為悅。以默為容。其說亦好。

但非餂字之義故集註不用○存疑語默雖細事但有意窺探人心術便不光明所以爲穿窬之類

○孟子曰言近而指遠者善言也守約而施博者善道也君子之言也不下帶而道存焉

古人視不下於帶記曲禮下天子視不上於袷音劫不下於帶凡視上於面則傲下於帶則憂傾則姦則帶之上乃目前常見至近之處也舉目前之近事而至理存焉所以爲言近而指遠也朱子曰說言近指遠守約施博四方八面皆看得見此理本是遠近博約如一而行之則自近約始道理只是一但隨許多頭面去又不可不去逐頭面理會也○慶源輔氏曰言近而指遠故測之而益深窮之而愈遠是君子教人之事附顧麟士曰按紹聞編曰此章足以見當時之學術如申子卑卑施之於名實韓子引繩墨切事情是言近而指則繆者也如莊周以繆悠之說荒唐之言無端厓之辭恣縱而不儻是言遠而畔於理者也皆非善言也如楊朱之爲我似守約而偏於自私則其守乖矣何有於施博墨翟之兼愛似施博而出於二本則其施舛矣何有於守約皆非善道也惟君子之言舉目前之近事而至理陳焉是言近而指遠也言近而指遠則既非過高而不合於經常亦非徒近而不根於至理故曰善言也君子之守以脩其身爲亟而天下平焉是守約而施博也守約而施博則得其要於己而道爲有本善其推於人而道爲有用故曰善道也○存疑雖目前淺近之言也有個道理便是指遠遠近字不可太拘○蒙引天下無一事無理理則有當然之則有所以然之故皆至精至微而不可以淺近言也○不下帶而道存焉謂只即目前近事論之而理則有至妙者南軒以爲所言只是其身中事似太泥

君子之守脩其身而天下平

此所謂守約而施博也南軒張氏曰所謂指遠者固存乎近所謂施博者固存乎約也不下帶而道存言近而指遠也蓋其所言只其身中事在目前者耳而至理初不外是也脩身而天下平守約而施博也脩身則本立由是而家齊國治天下平皆其所推耳○慶源輔氏曰守約施博故推之而無不準動之而無不化是君子治天下之事

人病舍其田而芸人之田所求於人者重而所以自任者輕舍音捨

此言不守約而務博施之病朱子曰不知道者務爲高遠之言則固荒唐而無餘味然欲其近則又鄙淺而無深遠之趣也不知約之可守則固泛濫而不切矣然欲其約則又狹隘而無廣博之功也然則所謂善言善道者非有道之君子其孰能知之乎○南軒張氏曰舍其田而芸人之田者不治其身而治人之譬也不務在己者而責諸人其自任亦輕矣蓋不知一身爲天下之本故也附蒙引人病舍其田而芸人之田引譬起下○顧麟士曰此節與興題相似下二句是正說○通義鄱陽朱氏曰此章明君子之言行

○孟子曰堯舜性者也湯武反之也

性者得全於天無所汚烏故反壞不假脩爲聖之至也反之者脩爲以復其性而至於聖人也程子曰性之反之古未有此語蓋自孟子發之呂氏曰無意而安行性也朱子曰呂氏說

性也性下合添之者二字有意利行而至於無意復性者也堯舜不失其性湯武善反其性及其成功則一也程子曰堯與舜更無優劣及至湯武便別孟子言性之反之自古無人如此說只是孟子分別出來便知得堯舜是生而知之湯武是學而能之文王之德則似堯舜禹之德則似湯武要之皆是聖人○朱子曰湯武反之其反之雖同然細看來武王終是疎略成湯却孜孜向進如其伐桀所以稱桀之罪只平說過又放桀之後惟有慙德武王數紂至於極其過惡於此可見矣○通旨朱氏公遷曰此以德性言聖人身之兼用功而言反之舉成功而言惟其能身之所以能反之也又曰此性字以天理自然而言非指性而言也乃所以性其性也但性之性者是性其性誠明之性是性其誠指其人而言曰性者自其率性而言曰性之附蒙引反復也無失則無復聖人固皆人道之至就聖人中論之又自有高下

動容周旋中禮者盛德之至也哭死而哀非爲生者也經德不回非以干祿也言語必信非以正行也中爲行並去聲細微曲折無不中禮乃其盛德之至自然而中而非有意於中也經常也回曲也三者亦皆自然而然非有意而爲之也皆聖人之事性之之德也問信言語以正行莫無害否朱子曰言語在所當信若有意以此而正行便是有爲而然也○慶源輔氏曰若有意於中則必有勉强持守之意力懈意弛則必有所不中者矣又曰三者特舉聖人之庸行人所易曉者例其餘聖人之動無不時也豈有意而爲之者哉故集註斷以爲聖人之事性之之德也附蒙引曰非爲生者非以干祿也非以正行也數句要說仔細蓋下文行法俟命亦是非有爲而爲者恐說得無性之反之之別故上數節要說出自然而然而非有意爲之之意須與下節意稍異○盛德之至言無所勉强也○正行者言顧行也○存疑經德猶曰庸德如子臣弟友之道之類是也能盡其道便是不回○正行就在言語必信內言語必信則言之必行所行者莫非道義之所在而行無不正矣然聖人之必信乃是自然如此既言之必行之是聖人至誠之意不是有意於正行而爲此○蒙引不可以下三句爲屬動容周旋中禮看輔氏之說錯認○動容以顏貌言周旋以動履言此皆其小處此等處皆能中禮則其大者可知故曰細微曲折無不中禮○此一節是由仁義行者也君子行法以俟命則所謂行仁義者○動容周旋以下只是性之之德不是指堯舜言君子行法俟命亦然

君子行法以俟命而已矣

法者天理之當然者也君子行之而吉凶禍福有所不計蓋雖未至於自然而已非有所爲去聲而爲矣此反之之事董子所謂正其義不謀其利明其道不計其功正此意也○程子曰動容周旋中禮者盛德之至行法以俟命者朝聞道夕死可矣之意也新安陳氏曰惟聞道故生順死安雖夕死亦可惟行法故禍福皆一聽天命其意相類呂氏曰法由此立命由此出聖人也新安陳氏曰以法與命移上聖人說聖人從容中道身卽爲度法由我立與天爲徒命由我出與天地合德與鬼神合吉凶如書云自作元命唐李泌云君相造命是也行法以俟命君子也聖人性之君子所以

復其性也〔朱子曰聖人是人與法爲一。己與天爲一。學者是人未與法爲一。己未與天爲一。故須行法以
俟命也。○行法以俟命。三代以降惟董子嘗言之。而諸葛
忠武侯言於其君有曰。臣鞠躬盡力。死而後已。至於成敗
利鈍。非臣之明所能逆覩也。程子語其門人有曰。今容貌
必端。言語必正。非欲獨善其身以求知於人。但天理當然。
亦曰循之而已矣。此三言者。所指雖殊。要皆行法俟命之
意。○慶源輔氏曰法者。凡古聖賢之所制皆是也。蓋莫非
天理之當然。如爲君而仁。爲臣而敬。子孝父慈。皆是也。君
子行之。而吉凶禍福聽天所命。我皆在所不計。所謂俟命
也。雖未能如聖人之安行自然。已非有爲而爲之矣。附纂
引如動容周旋自當中禮。哭死自當哀。經德自當不回。言
語自當信。莫非天理之當然者。○程子曰行法以俟命者。
朝聞道夕死可矣之意。是脩身以俟死之說。新安小註未
然。○聖人以義制命。蓋凡義之所在。卽是命也。如義當死
便是命當死矣。義當不食其祿。便是命該貧賤矣。此類聖
人皆安全不以介意。亦不屑言命。故曰命由此出。○孔子
於衰周。孟子於戰國。所以直欲挽回三代之治者。以造化
在我也。且如湯以七十里。文王以百里。卽其效也。若夏少
康雖非聖人。亦能以一旅取天下。所限者聖賢往往不得
機會
耳

○孟子曰說大人則藐之勿視其巍巍然說音稅藐音眇
趙氏曰大人當時尊貴者也藐輕之也巍巍富貴高顯之
貌藐焉而不畏之則志意舒展言語得盡也〔和靖尹氏曰藐者止是不
以其貴勢威嚴爲事而謂非謂便視他作無物也。○朱子
曰說大人則藐之。蓋主於說而言。如曰見大人則藐之。則
失之矣。蓋大人固當畏。而所謂藐者。乃是藐其堂高數仞
之類耳。這爲世人把大人許多崇高富貴當事。有言不敢
出口。故孟子云爾。○今人不是畏大人。只是畏其巍巍然
者。若能勿視其巍巍然。而不失其畏大人之心。乃是眞能
畏大人者。○問孔子畏大人。而孟子藐之何也。曰孟子藐
大人。不視其巍巍然者而已。故雖不肯枉尺直尋。而齊人
敬王莫如孟子也。特以當世之士以道殉人。內無所守。故
特發此以立其志。使其意氣舒展。無所懾懼。而得以盡其
所言爾。若君子以禮存心。固將無所不用其敬。豈於大人
而反藐之哉。○慶源輔氏曰若不藐視之。則是爲其巍巍
者所動矣。志氣一有所懾怯。則必不能展盡底蘊。剛强者
有懷或不敢盡。柔弱者則必至於變其所欲言而反徇之。
堂高數仞榱題數尺我得志弗爲也食前方丈侍妾數百人
我得志弗爲也般樂飲酒驅騁田獵後車千乘我得志弗爲
也在彼者皆我所不爲也在我者皆古之制也吾何畏彼哉
榱楚危反般音盤樂音洛乘去聲

榱桷音角也題頭也食前方丈饌食列於前者方一丈也此
皆其所謂巍巍然者我雖得志有所不爲而所守者皆古
聖賢之法則彼之巍巍者何足道哉〔南軒張氏曰藐讀如耿。左氏曰以是藐諸
孤。藐小之也。小之者。小其所挾也。視其巍巍然。則動於中。
動於中。則慕在彼之勢。而屈在我之義矣。使在我不知古
制之守。則爲其巍巍然所動矣。故程子曰內重則見外之
輕。得深則見誘之小。後之爲士者。惟不知古制之是守。故
未得志則有所慕。既得志則行其所慕。而逐欲不已。以爲天
下害。士必寡欲。而後能守古制。守古制。而後知自重。知自
重。而後不爲勢所屈。使此身用而道行。則生民受其福矣。
附纂說所以能勿視其巍巍然者何也。蓋堂高數仞。榱題

數尺食前方丈侍妾數百人般樂飲酒驅馳田獵後車千乘此皆其所謂巍巍然者我若得志凡若此者我皆有所不爲也夫在彼者既皆有所不爲也而在我者則又皆古之制也是我重而彼輕我大而彼小吾何畏彼哉○存疑居天下之廣居立天下之正位行天下之大道非仁無爲非禮無行便是古聖賢之法曾子曰彼以其富我以吾仁彼以其爵我以吾義亦是此意○蒙引榱桷也題頭也桷有數尺之長桷頭安得有數尺之大曰此頭字乃桷之名數也如云桷一頭二頭即桷數也○皆之一字所該固廣不止不爲上文三者而已○楊氏曰孟子此章以己之長方人之短猶有此等氣象在孔子則無此矣慶源輔氏曰孟子有泰山巖巖然之氣象便是指此等處言也若聖人則大而化之泯然不見其大之迹故不至如此然非聖人覺此而不爲也德盛仁熟大而化之則自然不至有此等氣象矣

○孟子曰養心莫善於寡欲其爲人也寡欲雖有不存焉者寡矣其爲人也多欲雖有存焉者寡矣

欲如口鼻耳目四支之欲雖人之所不能無然多而不節未有不失其本心者學者所當深戒也程子曰所欲不必沈溺只有所向便是欲周子曰養心不止於寡而存耳蓋寡之又寡以至於無無則誠立明通

○蔡氏曰誠立而實體安固明通而實用流行○程子曰欲寡則心自誠荀子言養心莫善於誠既誠矣又何養此已不識誠又不知所以養○朱子曰孟子只是言天理人欲相爲消長分數其爲人也寡欲則人欲分數少故雖有不存焉者寡矣不存焉者寡則天理分數多也其爲人也多欲則人欲分數多故雖有存焉者寡矣存焉者寡則天理分數少也蓋多字對寡字說若眼前事事貪要時這心便一齊走出了未便說到邪辟不好底物事只是眼前底事纔多欲本心便都紛雜了只減少便漸存得此心問周子之言曰語其所至則固然矣然未有不由寡欲而能至於無者語其所至而不由其序則無自而進由其序而不要其至則或恐其安於小成也周子之說於此爲有相發之功焉○伊川教人直是都不去他用其心只是要得寡欲存這心最是難湯武聖人孟子猶言湯武反之也反復也反復得這本心如不邇聲色不殖貨利只爲要存此心觀旅獒之書只受一犬而反覆切諫以此見欲之可畏無小大皆不可忽○南軒張氏曰寡欲爲養心之要然人固有天資寡欲者有天資多欲者其爲人寡欲則不存者寡多欲則存焉者寡以是知養心莫善於寡欲也存者謂其心之不外馳也雖然天資寡欲之人不存固寡然不知存其存則亦莫之能充也若學者以寡欲爲要則當存養擴充由寡欲以至於無欲則其淸明高遠者爲無窮矣○勉

齋黃氏曰孟子嘗言求放心矣又言存其心矣操之則存舍之則亡心之存亡决於操舍而又曰莫善於寡欲何也操存固學者之先務然人惟一心而攻之者衆聲色臭味交乎外榮辱利害動乎內隨感而應無有窮已則清明純一之體又安能保其常存而不放哉此孟子發明操存之說而又以爲莫善於寡欲也雖然寡欲固善矣然非眞知夫天理人欲之分則何以施其克治之功哉故格物致知又所以爲寡欲之要此又學者之所當察也○慶源輔氏曰程子又極其微而言之學者須是於欲有所向處便加克治若待其張主則用力難矣○雲峰胡氏曰孟子一書三養字皆切要語曰養氣曰養性曰養心合而觀之氣生於理善養氣者在養性理具於心善養性者在養心心汩於欲善養心者在寡欲寡之又寡以至於無則心存而性存氣不必言矣○通考朱氏公遷曰此章與飢者甘食章皆因論理欲而以理義之心言之一章言理欲相爲勝負其要在寡欲二字一章言天理者人欲之害其要在無以爲

害四字○〔董氏彝曰〕養心則養性在其中養氣則養心性之助此內外交相培養之道也寡欲者養心之道而存心者又所以養性也然心者性之郛郭性者心之實理心旣養矣則性安有不得其養者哉此所以養心則養性在其中【附】〔存疑〕孟子曰寡欲周子曰無欲者蒙引曰孟子以耳目口鼻四肢之欲而言周子是指心之流於欲者是則不可有也所指有淺深之不同若耳目口鼻四肢之欲安得而盡無也雖聖人不容絕但不至流耳○〔淺說〕註云雖人之所不能無無字與聖人無欲之無字不同大抵學者寡欲聖人無欲寡者有節而不至於流耳未能無意也在聖人則循其所當然而心畧不爲之動也非絕去聲色臭味而不與之接也○〔蒙引〕此章當以心對欲看心者天理之府而爲之害把天理逐出外者欲也○〔語類〕欲是好欲不是不好底欲不好底欲不當言寡○如秀才要讀書要讀這一件又要讀那一件又要學寫字又要學作詩這心一齊都出外去所以伊川教人直是都不去他處用其心也不要人學寫字也不要人學作文章這不是僻道理是合如此人只有一箇心如何分做許多去若只管去閒處用了心到得合用處於這本來底都不得力且看從古作爲文章之士可以傳之不朽者今看來那箇喚做知道也是此初心下只趨向那邊都是做外去了只是要得寡欲存這心最是難

○曾晳嗜羊棗而曾子不忍食羊棗

羊棗實小黑而圓又謂之羊矢棗曾子以父嗜之父沒之後食必思親故不忍食也

公孫丑問曰膾炙與羊棗孰美孟子曰膾炙哉公孫丑曰然則曾子何爲食膾炙而不食羊棗曰膾炙所同也羊棗所獨也

諱名不諱姓姓所同也名所獨也

肉聶而切之爲膾聶之涉反詳見論語鄉黨篇膾不厭細章下炙之夜反炙音隻肉也〔勿軒熊氏曰〕須看不忍字重母沒而杯圈不能飲不忍故也○〔新安陳氏曰〕不諱姓喩食膾炙諱名喩不食羊棗〔通旨〕朱氏公遷曰此章據其事實而追論之先君子梧岡先生曰曾子之孝見於論孟者凡三章養曾晳見其順親志啓手足見其重遺體養志是生能致其養不食羊棗是沒能盡其思【附】〔存疑〕諱名不諱姓做親名說方是

○萬章問曰孔子在陳曰盍歸乎來吾黨之士狂簡進取不忘其初孔子在陳何思魯之狂士

盍何不也狂簡謂志大而畧於事進取謂求望高遠不忘其初謂不能改其舊也此語與論語小異〔慶源輔氏曰〕志大謂狂畧於事謂簡如曾點異乎三子者之撰則志大而畧於事可知直欲躐乎聖人之樂處則期望高遠可知終不肯做下學工夫後至於臨人之喪而歌不能改其舊可知狂簡二字又該括得下兩句進取即是志大不忘其初即是畧於事也【附】〔蒙引〕萬章意以爲孔子何不思其上者而取於狂士耶

孟子曰孔子不得中道而與之必也狂獧乎狂者進取獧者有所不爲也孔子豈不欲中道哉不可必得故思其次也獧音絹

不得中道至有所不爲據論語亦孔子之言然則孔子字

下當有曰字論語道作行獧作狷有所不爲者知耻自好去聲不爲不善之人也孔子豈不欲中道以下孟子言也其次謂狂者附存疑萬章引孔子在陳之言。其問在思狂。孟子引孔子之言并獧而告之者。爲狂獧皆可進於道。萬章之問未完也。既答萬章如何斯可謂狂之問。又曰狂者又不可得以下者。是因上文所引孔子思獧之言而詳其意。○蒙引其次專指狂者。答萬章問意。孔子之言。本兼狂獧。孟子引來。特要應何思魯之狂士一句。

敢問何如斯可謂狂矣

萬章問附蒙引敢問當時在魯之士何者則可謂狂矣。

曰如琴張曾皙牧皮者孔子之所謂狂矣

琴張名牢字子張子桑戸死琴張臨其喪而歌事見形甸反莊子莊子太宗師篇子桑戸孟子反子琴張相與爲友子桑戸死未葬孔子聞之使子貢往行事焉或編曲或鼓琴相和而歌曰嗟來桑戸乎而已反其眞而我猶爲人猗於宜反子貢趨而進曰敢問臨喪而歌禮乎二人相視而笑曰是惡音烏知禮意雖未必盡然要必有近似者曾皙見前篇季武子死曾皙倚其門而歌事見檀弓記檀弓下季武子寢疾及其喪也曾點倚門而歌又言志異乎三子者之撰事見論語牧皮未詳附顧麟士曰此亦只舉其人不重徵其事恐妨下問也

何以謂之狂也

萬章問

曰其志嘐嘐然曰古之人古之人夷考其行而不掩焉者也嘐火交反行去聲

嘐嘐志大言大也重平聲言古之人見其動輒稱之不一稱而已也夷平也掩覆敷救反也言平考其行則不能覆其言也新安陳氏曰志大言大。動欲纂古。狂故也。平考其行。行不揜言。簡故也。程子曰曾皙言志而夫子與之蓋與聖人之志同便是堯舜氣象也特行有不掩焉耳此所謂狂也慶源輔氏曰曾皙之志固不止於如此然其不屑於事爲其志直欲徧撰乎聖人之樂處則與所謂嘐嘐然曰古之人古之人之意亦不相違而其行有不能掩其言者則又自有不可誣也故集註取程子之說以釋之夫子與之者是與其志大言大也便是堯舜氣象者是亦所謂古之人古之人之類也附蒙引其志嘐嘐然曰。本文只是其志。而集註曰嘐嘐志大言大也。兼志與言。何。曰。人之志。常於言見之也。又其志嘐嘐然曰。須於其志三字微讀。謂以言乎狂者之志。常嘐嘐然曰古之人古之人。動輒慕古也。及夷考其行。則不能揜其言也。是以志字對行字。言○孟子此言總不出孔子所謂進取不忘其初者。萬章不察。故復問。而孟子又只仍孔子意說。放明白與他。

狂者又不可得欲得不屑不潔之士而與之是獧也是又其次也

此因上文所引遂解所以思得獧者之意狂有志者也獧有守者也有志者能進於道有守者不失其身屑潔也朱子曰狂者知之過獧者行之過○南軒張氏曰中庸云智者過之其狂者歟賢者過之其獧者歟鄉原卽所謂小人之中庸也○慶源輔氏曰狂者是合下氣質高明便自有所見者獧者是合下氣質貞固便自有所守者狂者則於知上所得分數多獧者則於行上所得分數多聖門學者必皆中與和合德知與行並進然後爲貴所謂中道者是也此等人既不可得故不得已而與夫狂獧也○新安陳氏曰以不善爲不潔而不屑爲之也附蒙引是獧也比之狂者又其次也

孔子曰過我門而不入我室我不憾焉者其惟鄉原乎鄉原

德之賊也曰何如斯可謂之鄉原矣

鄉原非有識者原與愿同荀子原愨克角反字皆讀作愿謂謹愿之人也荀子榮辱篇孝悌原愨以敦比其事業○富國篇其臣主百吏汙者皆化而脩悍者化而原蹊者先化而愨是明主之功巳○正論篇上端誠則下原愨矣上公正則下易直矣故鄉里所謂愿人謂之鄉原孔子以其似德而非德故以爲德之賊過門不入而不恨之以其不見親就爲幸深惡去聲而痛絕之也以上釋孔子語萬章又引孔子之言而問也慶源輔氏曰先儒皆以原爲善不惟無所據又既謂之善人則不應遂以爲德之賊故集註引荀子爲證以原爲愿且曰鄉人無知其所謂愿人謂之鄉原原字固淺狹又鄉人以爲愿則亦非眞愿者也附蒙引鄉原有似乎中道而實非也故曰德之賊德卽中道也

曰何以是嘐嘐也言不顧行行不顧言則曰古之人古之人行何爲踽踽涼涼生斯世也爲斯世也善斯可矣閹然媚於世也者是鄉原也行去聲踽其禹反閹音奄

踽踽獨行不進之貌涼涼薄也不見親厚於人也鄉原譏狂者曰何用如此嘐嘐然行不掩其言而徒每事必稱古人邪俗作耶又譏獧者曰何必如此踽踽涼涼無所親厚哉人既生於此世則但當爲此世之人使當世之人皆以爲

善則可矣此鄉原之志也以上皆釋鄉原之言閹如奄人之奄閉藏之意也周禮春官守祧奄八人遠廟曰祧奄如今之宦者祧他凋反媚求悅於人也孟子言此深自閉藏以求親媚於世是鄉原之行去聲也朱子曰鄉原務爲謹愿不欲忤俗以取容專務徇俗欲使人無所非刺既不肯做狂又不肯做獧一心只要得人說好更不理會自己所見所得與夫理之是非彼狂者嘐嘐然以古人爲志雖行之未至而所知亦甚遠矣獧者便只是有志力行不爲不善二者皆能不顧流俗汙世之是非雖皆不得中道却都自是爲己不爲他人鄉原反非笑之鄉原者爲他做得好便人皆稱之而不知其有無窮之禍如五代馮道者此眞鄉原也○慶源輔氏曰閹然媚於世此是鄉原之隱情匿志孟子說破其情狀附蒙引閹然媚於世一句是孟子語上都是述其言然亦未必是鄉原實有此言是

孟子代他說。故註云此鄉原之志也。○是鄉原一句。只是對閹然媚於世說。爲有者字。○深自閉藏。以其收縮退斂。不敢放出一句忤人之詞。不敢做出一件戾俗的事。惟專媚世以取容。故曰云云。○存疑生斯世也爲斯世也言不可與人異也。此便是向流合汙處。

萬章曰一鄉皆稱原人焉無所往而不爲原人孔子以爲德之賊何哉

原亦謹厚之稱而孔子以爲德之賊故萬章疑之附蒙引無所往而不爲原人。謂人皆慕而效之也。○淺說一鄉皆稱原人焉則無所往而不稱之爲原人矣。

曰非之無舉也刺之無刺也同乎流俗合乎汙世居之似忠

孟子大全卷十四　盡心下　芜

信行之似廉潔衆皆悅之自以爲是而不可與入堯舜之道故曰德之賊也

呂侍講曰言此等之人欲非之則無可舉欲刺之則無可刺也流俗者風俗頹徒回反靡如水之下流衆莫不然也汙濁也非忠信而似忠信非廉潔而似廉潔朱子曰任者所見過於高遠而行不到。狷者能力行。而見有所不逮。二者皆可收拾入來。至於鄉原則孟子敢斷然以爲德之賊者。蓋其居之似忠信。行之似廉潔。衆皆悅之。使其回頭來却未可知。只被他自以爲是。既把來做是了。便休。是以終身爲原人。而孟子以爲德之賊也。○南軒張氏曰此數句極鄉原之情狀非之無舉刺之無刺言其善自矯飾流俗能同汙世能合言

其無所執守也以忠信廉潔曰似則非眞矣衆皆悅之則異乎鄉人之善者好之矣自以爲是所以卒爲鄉原而不可反也堯舜之道大中至正。天理之存乎人心者也。此所謂善也。若鄉原所謂善斯可矣。則出於一己之私。竊善之似而已。異端之於正道。如黑與白本不足以賊德。惟道之不明。世俗之見。易以惑溺。故以爲德之賊也。○慶源輔氏曰鄉原既欲人以爲謹愿故同乎流俗而不敢自異合乎汙世而不能自拔故衆皆悅之自以爲是則又迷而不知反。故不可與入堯舜大中至正眞實之道也。附蒙引非輕刺。重流俗。狹汙世。廣忠信以立心言。故曰居。廉潔以制行言。故曰行。如居之無倦行之以忠之居行。自以爲是一句最重、猶所謂色取仁而行違以居之不疑也。○存疑非是說他不是。乃大槩說。刺是攻擊。乃細舉不是而譏責之。視非尤重。如漢王數羽十罪。袁紹數曹操罪惡。是刺。○居以存心言。行以制事言。居是居惡在之居。行是卽路惡在之路而行之也。○忠是盡己以心言。謂居之可也。信是以實

以事言。亦歸之居者。內外一理。蓋其本言也。廉潔必行處方見得。如伯夷不立惡人之朝。不與惡人言之類可見。

孟子大全卷十四　盡心下　卒

孔子曰惡似而非者惡莠恐其亂苗也惡佞恐其亂義也惡利口恐其亂信也惡鄭聲恐其亂樂也惡紫恐其亂朱也惡鄉原恐其亂德也惡去聲莠音有

孟子又引孔子之言以明之莠似苗之草也佞才智之稱其言似義而非義也利口多言而不實者也鄭聲淫樂也樂正樂也紫閒去聲色朱正色也鄉原不狂不獧人皆以爲善有似乎中道而實非也故恐其亂德慶源輔氏曰佞者有口才能辯說故

以爲才智之稱惟其能言則其說多似義而實不然故以爲害義巧言之人徒尚口而初無誠實故以爲害信鄉原既譏狂者故不狂又譏獧者故不獧衆皆悅之故人皆以爲善而不可與入堯舜之道故有似乎中道而實非此聖人所以恐其亂德而深惡之據論語所載亦與此不同雖有詳略然其惡似而非之則意一也【附】存疑佞與利口如何分別佞是才智之稱他胸中有智略本是不義的事他却安排裝點說出都是一段道理全似個義如蒯徹之說韓信其言鑿鑿可聽此眞佞者利口之人無許多心機只是目前口尖舌利假如與人做朋友他說要與你如何眞有同患難同死生底意思聽其言雖管鮑雷陳不過人皆以爲信不知心中全無實事

君子反經而已矣經正則庶民興庶民興斯無邪慝矣

反復也經常也萬世不易之常道也經只是日用常行道理 興興起於善也邪慝如鄉原之屬是也【新安陳氏曰】邪慝不止是鄉原如楊墨皆是以此章言則指鄉原故云鄉原之屬 世衰道微大經不正故人人得爲異說以濟其私而邪慝並起不可勝平聲正君子於此亦復其常道而已常道既復則民興於善而是非明白無所回互雖有邪慝不足以惑之矣【通考吳氏程曰】回互委曲掩覆也是非以下八字皆所以貼正字且見不容邪慝之意 ○尹氏曰君子取夫音扶狂獧者蓋以狂者志大而可與進道獧者有所不爲而可與有爲也所惡去聲於鄉原而欲痛絕之者爲去聲其似是而非惑人之深也絕之之術

無他焉亦曰反經而已矣【經】問反經之說【朱子曰】經便是大經君臣父子夫婦兄弟朋友且先復此大經天下事未有出此五者其間却殺有曲折如大學亦先指此五者爲言使大綱既正則其他節目皆可舉若不先此大綱則其他細碎工夫如何做○問經正還只是躬行不及政事曰這箇不通分做兩件說如堯舜雖是端拱無爲只政事便就這裏做出那曾恁地便了○孟子論鄉原亂德之害而卒以君子反經爲說此所謂上策莫如自治者況異端邪說日新月盛其出無窮蓋有不可勝正者惟吾學既明則彼自滅熄耳此學者所當勉而不可以外求者也○經正則庶民興則人人知反其本而見善明見善明則邪慝不能惑也既人人不之惑則其道自然銷鑠而至於無也歐陽永叔云使王政明而禮義充雖有佛無所施於吾民矣亦此意也○【慶源輔氏曰】集註反經之說實辯異端息邪說之大權也○【雲峰胡氏曰】此章言經正而下堯則以聖人相傳之統緒也不無意也【附】存疑經是常道○五倫其太者故曰天下大經忠信廉潔要不外乎常道○反經者是自家躬行以率之於上又修明教化禮樂以導之○蓋引所謂端化原修治法於以一天下之道德同天下之風俗者是也○此君子是有世道之責者方能經正而庶民興不然雖以孟子之距詖行放淫辭而不能息戰國之楊墨韓昌黎之佛骨表歐公之本論而不能去萬世之佛氏

○孟子曰由堯舜至於湯五百有餘歲若禹皐陶則見而知之若湯則聞而知之

趙氏曰五百歲而聖人出天道之常然亦有遲速不能正五百年故言有餘也【通考仁山金氏曰】邵子經世書自己會之末以運經世之一之未歲在甲

辰。帝堯即位二聖相授至經世之亥一百四十歲而交
午會以運經世之二之子歲在甲子禹薦之八年下至經
世之三之卯歲在己卯凡四百五十二年而成湯有天下
下至以運經世之四之亥歲在癸亥凡六百三十九年文
王爲西伯以運經世之五至以運經世之六之未庚戌之
歲凡五百八十七年而孔子生又七十一年庚申獲麟三
年壬戌之歲孔子卒至以運經世之七之寅乙酉
之歲孟軻至梁上去孔子卒凡一百四十三年

尹氏曰知謂知其道也慶源輔氏曰天道固有常矣然亦不能截然整齊須有先後遲速○雲峰胡氏曰謂孟末皆言堯舜以來相傳之意但論語以行言故歷述其政事之實孟子以知言故歷叙其見聞之眞堯言執中中之用也湯言降衷中之體也舜自心上發出執中之蘊而六經言心始此湯自性上推原降衷之初而六經言性始此此可見堯舜湯明道處至若見而知之言禹皐而不言稷契何也或曰皐陶或倒其餘無考之書稷契不曰謨

而禹皐陶曰謨。蓋可見也。孔謨範九疇禹啓之。天敘天秩五典五禮皐發之。其明道之功固不小也。[附]蒙引此章重在見知。必有見知於先而後有聞知於後如孔子之時賢者識其大者不賢者識其小者莫不有文武之道焉是以絛當時周召呂畢之徒一脉相傳而來孔子乃得聞之不然文武之道其絶也久矣此據孟子語意如此亦不必太拘故朱子小註曰禹皐之徒本皆名世之士伊呂又湯文之師云云○見知聞知亦不必取徵於書傳書傳所載有限彼既見知聞知則大道之全自其渾然之體與其燦然之用何所不周何所不至而豈可以簡册有爲而發之書言緒論爲之證哉見大義者默而識之可也○由堯舜至於湯歷至於孔孟所謂見知聞知者只是惟精惟一以明其德而惟以新民而已

由湯至於文王五百有餘歲若伊尹萊朱則見而知之若文王則聞而知之

趙氏曰萊朱湯賢臣或曰卽仲虺許偉反**也爲湯左相**去聲○雲峰胡氏曰舜言精一而後協於克一。伊尹能發之。堯言執中而後建中於民仲虺能發之曰勇曰智曰仁曰禮曰義。中庸三達德孟子四端已散見於仲虺誥中矣皆只是知萊朱卽仲虺也○論語之末言武不言文此言文不言武文王謨以明道言也武王烈以行道言也易之作也其於中古乎文王明道之功大矣○新安陳氏曰萊朱與伊尹並稱而經傳不他見仲虺作誥弘大精微仁義禮智信皆開端言之而德曰新一言又首倡之湯盤銘伊尹咸有一德皆因而述之伊尹相湯虺爲左相同時他誰與之班者萊朱卽仲虺也必矣

由文王至於孔子五百有餘歲若太公望散宜生則見而知之若孔子則聞而知之散素亶反

散氏宜生名文王賢臣也子貢曰文武之道未墜於地在人賢者識其大者不賢者識其小者莫不有文武之道焉夫子焉不學此所謂聞而知之也或曰尚父。鷹揚之士也。散宜生於經傳不多見。亦以爲見文王之道而知之者。何也。雲峰胡氏曰敬勝怠義勝欲之類。非太公孰發之書曰。茲迪彝教則彝倫之敘。散宜生蓋有助焉。[附]蒙引集註引子貢曰文武之道未墜於地至夫子焉不學爲聞而知之。愚以爲湯之聞知堯舜文王之聞知於湯桀是如此兼有得之於簡編者。

由孔子而來至於今百有餘歲去聖人之世若此其未遠也

近聖人之居若此其甚也然而無有乎爾則亦無有乎爾

林氏曰孟子言孔子至今時未遠通考趙氏德曰孟子之生雖不可知然哀公十六年孔子卒又十年而悼公立凡四十年元公二十一年穆公三十三年共公二十二年康公九年景公二十九年共一百六十四年而魯平公繼立由孔子而來至於今百有餘歲則孟子必生於穆公之末共公之初以魯平公之將見孟子而臧倉沮之梁惠王見之而稱曰叟其年先後於穆共之關槩可見矣鄒魯相去又近然而已無有見而知之者矣則五百餘歲之後又豈復扶其反有聞而知之者乎朱子曰由堯舜至孔子率五百餘歲而聖人一出所以異世同心歷聖同道道統纔絕相續不絕者實賴同時之見而知之者知之於先而異世之聞而知之者得以知之於後耳自孔子至今方百餘歲去孔子之時若此其未遠也孟子鄒人近孔子所居之魯又若此其甚也若使今此已無有見而知之者則知前所云五百歲之後豈復有聞而知之者乎○禹皐之徒本皆名世之士伊尹太公又湯文之師非必見其君而後知之湯文孔子又生知之聖亦非必聞前聖之道而後得之也此其曰見而知之聞而知之者蓋以同時言之則斯道之統臣當以君爲主以異世言之則斯道之傳後世當以前聖爲師學者不以辭害意可也至於章末二句則孟子之致意深矣觀其所謂然而無有乎爾則雖若託於不居而其自任之實可見觀其所謂則亦無有乎爾則雖若歎其將絕而所以啓夫萬世無窮之傳者又未嘗不在於斯也學者誠能深考其言而自得之則古人雖遠而其志意之所存者蓋無以異乎日相與言而授受於一堂之上也○雲峰胡氏曰論先後則不有見之者而孰有聞之者是則見而知之者爲先論難易則見而知之者聚精會神於一時之頃而聞而知之者心融神會於異世之遠是則聞而知之者爲難也通考東陽許氏曰爾如是也指見知聞知者而言然而無有乎爾正謂在孟子時去聖人之世雖未遠而當時見知者今亡矣須將此一節於一串之下乃見意愚按此言雖若不敢自謂已得其傳而憂後世遂失其傳然乃所以自見其有不得辭者而又以見夫音扶下同天理民彝不可泯滅百世之下必將有神會而心得之者耳故於篇終歷序羣聖之統而終之以此所以明其傳之有在新安陳氏曰此申言然而無有乎爾之意孟子隱然謂道統之傳在己但其辭婉其意深非詳玩味之不能見耳而又以俟後聖於無窮也新安陳氏曰申言則亦無有乎爾之意以望後世聖賢之能傳道統者此已爲程子接孟子之絕學者張本矣其旨深哉雲峰胡氏曰集註神會心得四字有深意蓋爲聞而知之者言也孟子所謂見而知聞而知者知其道也知其道者知其心也時有先後之異心無先後之間萬古一理千聖一心世遠而心之神明相接迹異而心之天理相孚默而成之不言而信此其爲神會而心得之者歟通考朱氏公遷曰聖賢或正言以敘道統之所傳或因言而見道統之所在或直以爲任或謙不敢當語不無少異也其在孔門則克己復禮之功吾道一貫之旨乃其正言者若喟然之歎三省之學如愚之氣象皆因言而可見者也又稱論之孔子之道有自來矣然子思則兼堯舜文王言子貢則專以文武言孟子又專以文王言孔子亦自言文王既沒文不在茲乎甚道一而已前而堯舜之道亦文王之道也下而武王之道亦文王之道也近舉文王而堯舜之道在其中上舉文王而武王之道在其中不必疑其言之異也附蒙引或曰然而無有乎爾豈無顏曾子思三人乎而孟子云然是前無三子而自擅其見知孔

子也。曰不然。孟子固曰。聖王不作。諸侯放恣。楊墨之道不息。孔子之道不著。仁義充塞。人將相食。顏曾子思當孔子在日。則以有孔子在。今則與孔子俱往矣。世道之責。微孟子任之。則孔子之道不百年而墜矣。故曰軻書孔子之道尊。此孟子所以欲自比於見知者。以俟後聖於無窮也。○有宋元豐八年。河南程顥伯淳卒。潞公文彥博題其墓曰明道先生。而其弟頤正叔序之曰。周公沒。聖人之道不行。孟軻死。聖人之學不傳。道不行。百世無善治。去聲學不傳。千載音宰無眞儒。無善治。士猶得以明夫善治之道。以淑諸人。以傳諸後。無眞儒。則天下貿貿音茂焉莫知所之。人欲肆而天理滅矣。雲峰胡氏曰。論語之末。堯而後終之以武王。孟子之末。終之以孔孟。道不行。百世無善治。武王以後事。學不傳。千載無眞儒。孔孟以後事。無善治而下。又言道之不明。其害有甚於道之不行者也。先生生乎千四百年之後。新安陳氏曰。孟子沒至明道生。大約年數如此。得不傳之學於遺經。以興起斯文爲己任。辯異端。闢邪說。使聖人之道煥然復明於世。蓋自孟子之後一人而已。雲峰胡氏曰。朱子贊濂溪先生之言曰。道喪千載。聖遠言湮。不有先覺。孰開我人。今言明道而不言濂溪者。二程夫子受學於濂溪先生。見而知之者也。且孟子所述列聖之相傳者。非徒爲其行道而言。實爲其聞知見知有以明斯道而言也。伊川墓誌專言學不傳則道不明之害。而又深言夫明道之功。正與孟子之意脗合。故集註述之。然學者於道不知所向。則孰知斯人之爲功。不

知所至。則孰知斯名明道二字之稱去聲情也哉。情。實也。各稱其實也。○慶源輔氏曰。集註係以程子之說者。見程子果得其傳於遺經。而孟子之說至是而遂驗也。○雲峰胡氏曰。所向者。入道之始事。所至者。造道之極功。學者不知所向。則非有志於斯道者。不足以知明道。不知所至。則非深造於斯道者。亦不能眞知明道也。趨向之正。造詣之深。庶乎可知明道之所以爲明道矣。眞知明道。則眞知堯舜以至於孔孟者矣。善乎勉齋黃氏之言曰。由孔子而後。曾子。子思。繼其微。至孟子而始著。由孟子而後。周。程。張子。繼其絕。至朱子而始著。朱子出而自周以來聖賢相傳之道。一旦豁然如大明中天。昭晰呈露。然則集註所謂百世而下。必有神會而心得之者。朱子亦當自見其有不得辭者矣。○新安陳氏曰。朱子繫以伊川此說者。見得孟子之意。望百世之下。將有神會心得其道者。而千四百年後。果有如程子者出焉。見孟子之言。至是而果驗。孟子不傳之絕學。至是而果有傳也。

觀韓子所謂堯以是傳之舜。至軻之死不得其傳焉之言。見道統之傳至孟子而絕。察朱子所列明道墓表之意。見道統之傳既絕而後續也。孟子朱子之意章章明矣。○通考吳氏程曰。或疑伊川以明道上承孟子。不及濂溪。此蓋明道門人推尊稱美之辭。見於伊川敘述。而朱子深然其說。要之程子之學。雖有所受。而得之經者爲多。故伊川自謂其得不傳之學於遺經。而朱子序大學中庸。亦直謂程子接孟氏之傳。續千載之緒。良有見矣。○善按明道嘗云。吾學雖有所受。天理二字。却是自家貼體出來。則其得之經者爲多。亦可槩見耳。【附】纂引孟子篤孔氏而闢楊墨。明王道而黜伯功。卓然有功萬世焉。嗚呼盛矣。而世猶或譏之。然李太伯以富國强兵爲學。其不識孟子宜也。如司馬公大儒亦譏之。豈非孟子說誘時君。變化百出。溫公守模意見所不合歟。吁此可與權之難也。

孟子大全卷十四終

雲間受業趙鳳翔魚裳 慎徽旃公 編次

論語考異

宋　浚義王應麟伯厚甫

或問論語首篇之次章即述有子之言而有子曾子獨以子稱何也曰程子謂此書成於有子曾子之門人也曰柳子謂孔子之沒諸弟子以有子爲似夫子立而師之其後不能對諸子之問乃叱避而退則固有常師之號是以稱子其說非歟曰非也此太史公采雜說之謬朱子京蘇子由辨之矣孟子謂子夏子張子游以有若似聖人欲以所事

孔子事之朱子云蓋其言行氣象有似之者如檀弓所記子游謂有若之言似夫子之類是也豈謂貌之似哉曰有子不列於四科其人品何如曰宰我子貢有若智足以知聖人此孟子之言也蓋在言語之科宰我子貢之流亞也曰有子之言可得聞與曰盍徹之對出類拔萃之語見於論孟而論語首篇所載凡三章曰孝弟曰禮曰信恭尤其精要之言也其論晏子焉知禮則檀弓述之矣荀子云有子惡臥而焠掌可以見其苦學曰朱子謂有子重厚和易

其然與曰吳伐魯衛虎欲宵攻王舍有若與焉可謂勇於爲義矣非但重厚和易而已也曰有子曾子並稱然斯道之傳唯曾子得之子思孟子之學曾子之學也而有子之學無傳焉何歟曰曾子守約而力行有子知之而已智足以知聖人而未能力行也家語稱其彊識好古道其視以魯得之若有間矣曰學者學有子可乎曰孝弟務本此入道之門積德之基學聖人之學莫先焉未能服行斯言而欲凌高厲空造一貫忠恕之域吾見其自大而無得也學

曾子者當自有子孝弟之言始曰檀弓記有子之言皆可信乎曰王无咎嘗辨之矣若語子游欲去喪之踊孺子贑之喪哀公欲設撥以問若若對以爲可皆非也唯論語所載爲是

春秋正義云哀公問主於宰我案古論語及孔鄭皆以爲社主張包周等並爲廟主今本作問社集解用孔氏說凡建邦立社各以其土所宜之木亦不言社主然正義必有據張衡思玄賦匪仁里其焉宅兮匪義迹其焉追注引論語里

仁爲美宅不處仁焉得智里宅皆居也石林云以擇爲宅則里猶宅也蓋古文云然今以宅爲擇而謂里爲所居乃鄭氏訓解而何晏從之當以古文爲正致堂云里居也居仁如里安仁者也

商爲起予理明辭達也回非助我默識心通也

說苑管仲築三歸之臺以自傷於民集注取之

舉直錯諸枉舉枉錯諸直孫季和謂舉直而加之枉之上則民服枉固服於直也舉枉而加之直之上則民不服直固非枉之所能服也若諸家解何用加二諸字

王景文曰孔子見起證而知其末故曰其或繼周者雖百世可知也孟子見進證而知其極故曰千歲之日可坐而致也邵氏見困證而知其窮故曰苟有命世之人雖民如夷狄三變而帝道可舉惜時無百年之世世無百年之人時難人難不其然乎邵子之言見觀物篇

默而識之朱子謂不言而存諸心屢空不取虛中之說恐學者流於異端也

申棖鄭康成云蓋孔子弟子申續史記云申棠字周家語云申續字周今史記以棠爲黨家語以續爲績傳寫之訛也後漢王政碑云有羔羊之絜無申棠之欲亦以棖爲棠則申棠申棖一人爾唐開元封申黨召陵伯又封申棖魯伯本朝祥符封棖文登侯又封黨淄川侯俱列從祀黨即棠也一人而爲二人失於詳攷論語釋文也史記索隱謂文翁圖有申棖申棠今所傳禮殿圖有申棠無申棖

甘羅曰項橐七歲爲孔子師董仲舒對策此亡異於達巷黨人不學而自知孟康注人項橐也隸釋載逢盛碑以爲后

橐孟康之說未知所出論語注疏無之

師摯之始鄭康成謂魯太師之名太師摯適齊孔安國以爲魯哀公時人康成以爲周平王時人班固禮樂志謂殷紂作淫聲樂官師瞽抱其器而犇散或適諸侯或入河海古今人表列太師摯以下八人於紂時吳斗南云按商本紀紂世抱樂器而犇者太師疵少師彊也人表亦列此二人於師摯八人之後誤合兩事爲一石林云司馬遷論周厲

王事曰師摯見之矣則師摯厲王時人也諸說不同橫渠
從孔安國注
考其所爲觀其所由察其所安亦見大戴禮文王官人篇
老彭鄭注云老聃彭祖龜山曰老氏以自然爲宗謂之不作
可也朱文公曰以曾子問言禮證之述而不作信而好古
皆可見蓋聃周之史官掌國之典籍三皇五帝之書故能
述古事而信好之如五千言或古有是語而傳之列子引
皇帝書即谷神不死章也聃雖知禮謂行之反以多事故
欲滅絶之禮運謀用是作兵由此起亦有此意致堂曰仲
尼問禮或以證舊問或以絶滅禮學之故振而作之使於
問達之際有啓蒙非以爲飾也
王无咎云鹿邑之外有互鄉城邑人相傳謂互鄉童子見孔
子者此處也前代因立互鄉縣其城猶存鹿邑屬亳縣
不舍晝夜釋文舍音捨集注亦云上聲而楚辭辨證云洪引
顏師古曰舍止息也屋舍次舍皆此義論語不舍晝夜謂
曉夕不息耳今人或音捨者非是辨證乃朱子晩歲之書

當從之
龐涓孫臏同學兵法蘇秦張儀同學從衡李斯韓非同學刑
名始也朋而終也仇故曰小人同而不和比而不周
思欲近近則精慮欲遠遠則周
四教以文爲先自博而約四科以文爲後自本而末
互鄉童子則進之開其善也闕黨童子則抑之勉其學也
草廬一言而定三分之業一言之興邦也夕陽亭一言而召
五胡之禍一言之喪邦也
唐太宗文學館學士許敬宗與焉裴晉公淮西賓佐李宗閔
與焉以是知佞人之難遠
尹和靖云君臣以義合者也故君使臣以禮則臣事君以忠
東澗謂如言父慈子孝加一則字失本義矣
以能問於不能以多問於寡有若無實若虛犯而不校顏子
和風慶雲之氣象也富貴不能淫貧賤不能移威武不能
屈孟子泰山巖巖之氣象也
麻冕禮也今也純儉鄭注純黑繒也側基反而釋文以鄭爲

下音今讀者從上音如字非也按儀禮疏古緇紂二字並行緇布之緇本字不誤紂帛之紂多誤爲純周禮純帛注純實緇字古緇以才爲聲釋文純側其反依字从糸才詩行露箋紂帛釋文云紂音緇依字糸旁才後人以才爲屯因作純又丰詩箋云士妻紂衣儀禮純衣釋文無音亦非集解純絲也取說文

君子不以紺緅飾孔氏注一入曰緅石林云考工記三入爲纁五入爲緅七入爲緇緅在纁緇之間爾雅一入爲縓禮練衣黃裏縓緣練冠麻衣縓緣蓋孔氏誤以緅爲縓則緅不可爲近喪服集註謂緅絳色以飾練服亦用孔注正義曰一入爲緅未知出何書又云二年緅以緅飾衣似讀緅爲縓當以石林之說爲正

馬融注論語云所因三綱五常大學衍義謂三綱之說始見於白虎通愚按谷永傳云勤三綱之嚴太玄永次五云三綱得於中極天永厥福其說尚矣禮記正義引禮緯含文嘉有三綱之言然緯書亦起於西漢之末

太平御覽引莊子曰孔子病子貢出卜孔子曰子待也吾坐席不敢先居處若齊食飲若祭吾卜之久矣子路請禱可以參觀

仁者靜孔安國云無欲故靜與太極圖說同

石林解執禮云猶執射執御之執記曰秋學禮執禮者詔之蓋古者謂持禮書以治人者皆曰執周官大史大祭禮宿之日讀禮書祭之日執書以次位常凡射事執其禮事此禮之見於書者也解雅頌各得其所云季札觀樂以小雅爲周德之衰大雅爲文王之德小雅皆變雅大雅皆正雅楚莊王言武王克商作頌以時邁爲首而武次之賚爲第三桓爲第六以所作爲先後以此攷之雅以正變爲大

小頌以所作爲先後者詩未刪之序也論政事之廢興而以所陳者爲大小推功德之形容而以可告者爲先後者刪詩之序也其說可以補注義之遺

呂氏春秋楚有直躬者其父竊羊而謁之上上執而將誅之直躬者請代之將誅矣告吏曰父竊羊而謁之不亦信乎父誅而代之不亦孝乎信且孝而誅之國將有不誅者乎荆王聞之乃不誅也孔子聞之曰異哉直躬之爲信也一父而載取名焉故直躬之信不若無信此卽葉公所云也

致堂曰直躬猶曰正己而呂氏春秋以爲人姓名妄也
周生烈子云舜嘗駕五龍以騰唐衢武嘗服九駮以馳文塗
此上御也謂五臣九臣
文子曰人皆以無用害有用故知不博而日不足以博弈之
日問道闚見深矣可以發明無所用心之戒言無所用心之害非以博奕爲賢也讀此章者當以韋昭之論陶侃之言參觀
曹操祭橋玄文曰仲尼稱不如顏淵注引論語孔子謂子貢
吾與汝俱不如也按包氏解云吾與女俱不如

周有八士包氏注云四乳生八子其說本董仲舒春秋繁露
謂四産得八男皆君子雄俊此天所以興周國周書武寤篇尹氏八士注云武王
賢臣晉語文王詢八虞賈逵云周八士皆在虞官以仲舒
與周之言攷之當在文武時
東坡解孟莊子之孝爲獻子石林謂以獻子爲穆伯子之以
惠叔爲惠伯讀左氏不精二者皆誤致堂取蘇說而不辨其誤
呂氏春秋不苟論曰孔丘墨翟晝日諷誦習業夜親見文王
周公旦而問焉注引論語夢見周公孔墨並稱始於戰國之士其流及於漢儒

雖韓退之亦不免
逸民各論其行而不及朱張或曰其行與孔子同故不復論
也釋文引王弼注朱張字子弓荀卿以比孔子
虞仲夷逸隱居放言包氏注放置也不復言世務介之推曰
言身之文也身將隱焉用文之中庸曰其默足以容古注
亦有味
論語疏案春秋少陽篇伯夷姓墨名允字公信伯長也夷諡
叔齊名智字公達伯夷之弟齊亦諡也少陽篇未詳何書

眞宗問陳彭年墨允墨智何人彭年曰伯夷叔齊也上問見何書曰春秋少陽夷齊之父名初字子朝胡明
仲曰少陽篇以夷齊爲伯叔之諡彼已去國隱居終身尚
誰爲之節惠哉蓋如伯達仲忽亦名而已矣
沮溺荷蓧之行雖未能合乎中陳仲子之操雖未能充其類
然唯孔孟可以議之斯人清風遠韻如鸞鵠之高翔玉雪
之不汙眎世俗殉利亡恥饕榮苟得者猶腐鼠糞壤也小
人無忌憚自以爲中庸而逸民清士乃在譏評之列學者
其審諸

呂氏春秋云子路揜雉得而復釋之蓋因子路共之而爲此說朱文公集注引晁劉兩說共字當爲拱執之義

上蔡云聖人語常而不語怪語德而不語力語治而不語亂語人而不語神本王无咎之說

陸務觀云一言可以終身行之者其恕乎此聖門一字銘也詩三百一言以蔽之曰思無邪此聖門三字銘也

爲力不同科馬融解云力役有上中下三科五峰謂此說是

聲諸艸木區以別矣五峰曰艸木生於粟粒之萌及其長大根莖華實雖凌雲蔽日據山蟠地從初具乎一萌之內而未嘗自外增益之也用樂記區萌字音勾朱文公曰林少穎亦說與黄祖舜如此

漢藝文志小道可觀蔡邕傳致遠則泥以子夏之言爲孔子

唐孔穎達傳以能問於不能以曾子之言爲孔子

卞莊子之勇或問云事見新序愚按荀子大略篇齊人欲伐魯忌卞莊子不敢過卞此可見其有勇也

史記正義首陽山有五顏師古注漢書云伯夷歌登彼西山

當以隴西爲是石曼卿詩曰恥生湯武干戈日寧死唐虞揖遜匠謂首陽在河東蒲坂乃舜都也子嘗攷之曾子書以爲夷齊死於濟澮之間其人成名於天下又云二子居河濟之間則曼卿謂首陽在蒲爲得其實澮水名在氏所謂汾澮

水一也孔子觀之而明道體之無息孟子觀之而明爲學之有本荀子亦云水至平端不傾心術如此象聖人其觀於水也亦亞於孔孟矣於此見格物之學

呂成公讀論語躬自厚而薄責於人遂終身無暴怒絜齊見象山讀康誥有感悟反己切責若無所容前輩切己省察如此

孔庭之教曰詩禮子思曰夫子之教必始於詩書而終於禮樂雜說不與焉荀子勸學亦曰其數則始乎誦經終乎讀禮其義則始乎爲士終乎爲聖人經謂詩書

四勿九思皆以視爲先見弓以爲蛇見寢石以爲伏虎視汨其心也閔周者黍稷不分念親者莪蒿莫辨心惑其視也吳筠心目論以動神者心亂心者目陰符經心生於物死

於物機在目蔡季通釋其義曰老子曰不見可欲使心不
亂西方論六根六識必先曰眼曰色均是意也

古者士傳言諫其言責與公卿大夫等及世之衰公卿大夫
不言而士言之於是有欲毀鄉校者有謂處士橫議者不
知三代之盛士亦有言責也夫子曰天下有道庶人不議
而不及士其指微矣乙酉三月夢前宰輔以太學所上書求余跋語夢中作此篇而識之

非帷裳必殺之鄭康成云帷裳謂祭之服其制正幅如帷非
帷裳者謂深衣削其幅縫齊倍要見春秋正義集解不取集注用鄭
說

孔門弟子唯言偃吳人而澹臺滅明南游至江史記正義蘇
州南五里有澹臺湖儒林傳澹臺子羽居楚

韓非曰季孫相魯子路爲郈令魯以五月起衆爲長溝子路
以其私秩粟爲飯要作溝者於五父之衢而餐之孔子聞
之使子貢往覆其飯擊毀其器曰魯君有民子奚爲乃餐
之言未卒而季孫使者至讓曰肥也起民而使之先生使
弟子令徒役而餐之將奪肥之民耶孔子駕而去魯此誰
與論語史記不同然亦夫子去魯之一事也攷左氏傳郈叔孫之邑也

申屠嘉不受私謁則可以折辛臣董仲舒正身率下則可以
事驕王魏相以廉正霍氏不能誣袁安任隗以素行竇氏
無以害故曰其身正不令而行苟正其身矣於從政乎何
有

君子不因小人而求福孔子之於彌子也不因小人而避禍
叔向之於樂王鮒也朱博之黨丁傳福可求乎賈捐之之
諂石顯禍可避乎故曰不知命無以爲君子

朱子以無垢爲雜學論語集注獨以審富貴安貧賤

陳仲猷曰逝者如斯夫道體無窮借水以明之鳶飛戾天魚
躍于淵道體無不在借鳶魚以明之葉仲圭曰出入無時
莫知其鄉常人之心也寂然不動感而遂通聖人之心也
聖人之心豈常人之所無哉昏與明異而已矣仲猷仲圭
皆余同年

王充云浴乎沂涉沂水也風乎舞雩風歌也仲長統云諷於
舞雩之下愚以風爲諷則與詠而歸一意矣當從舊說

上蔡論語解引元澤云王元澤教之化民也深於命民之效上也提於令本史記趙良之言商君傳

集注於蘧伯玉於孫林父甯殖放弒之謀不對而出按左氏傳甯殖當爲甯喜

史記循吏傳孫叔敖三得相而不喜三去相而不悔與令尹子文之事相類恐是一事

范伯崇曰溫故而不知新雖能讀墳典索丘足以爲史而不足以爲師

劉子謹獨篇曰顏回不以夜浴改容顏氏家訓曰曾子七十乃學名聞天下皆未詳所出家語曾參少孔子四十六歲非老而學者

蘧伯玉史記謂孔子所嚴事不當弟子列禮殿圖有之而唐宋皆錫封從享公伯寮非孔子弟子乃季氏之黨致堂胡氏之說當矣家語不列其名氏蓋自史記失之家語有孫亶字子家史記索隱以爲縣豐唐宋封爵皆不及焉禮記檀弓言縣子亶其人與

柳子厚與太學諸生書曰仲尼吾黨狂狷南郭獻譏按荀子法行篇南郭惠子問於子貢曰夫子之門何其雜也非以狂狷爲譏

無可無不可致堂謂以五字成文聖人從容中道無所偏倚世之通儒不泥者纔足謂之無不可爾焉援以此稱高帝亦稔於常談

夫子之割之席曾子之簀一於正而已論學則曰正心論政則曰正身

善人吾不得而見之矣得見有恆者斯可矣善人周公所謂吉士也有恆周公所謂常人也

微生高漢古今人表作尾生高蓋即莊子所謂尾生東方朔曰信若尾生然尾生之信非信也

鄭校周之本以齊古讀正凡五十事釋文

陳自明以子見南子爲南蒯以傳攷之昭公十二年南蒯叛孔子年方二十有二子路少孔子九歲年方十三其說鑿而不通矣

聖人毋必而鄉黨言必者十有五記必爲之事也其傳易曰積善之家必有餘慶積不善之家必有餘殃陰疑於陽必戰小人勿用必亂邦也著必然之理也

孔門受道唯顏曾子貢太史公稱子貢一出存魯亂齊破吳彊晉伯越是以戰國說客視子貢也又列於貨殖傳以論語一言而斷其終身可乎子貢聞一以貫之之傳與曾子同貨殖何足以庇之

過則勿憚改非禮勿視非禮勿聽非禮勿言非禮勿動己所

不欲勿施於人勿欺也皆斷以勿蓋去惡不力則爲善不勇

孔門獨顏子爲好學所問曰爲仁曰爲邦成己成物體用本備矣

唐棣與常棣不同致堂謂偏其反而卽詩常棣篇孔子刪而取恐誤

闕黨之童游聖門者也夫子抑其躁是以知心之易放互鄉之童難與言者也夫子與其進是以知習之可移　終

孟子考異

宋　浚儀王應麟伯厚甫

孟子集註序說引史記列傳以爲孟子之書孟子自作韓子曰軻之書非自著謂史記近是而滕文公首章道性善注則曰門人不能盡記其詞又第四章決汝漢注曰記者之誤與伯豐以問朱文公文公答曰前說是後兩處失之熟讀七篇觀其筆勢如鎔鑄而成非綴緝所就也

趙氏孟子章指引論語曰力行近仁誤以中庸爲論語無垢

孝經解誤以臨深履薄爲衞武公之詩致堂無逸傳誤以不解于位爲泂酌吳才老書裨傳臣辯誤晉侯重耳爲申生誠齋易傳後序誤以韓宣子爲季札

文選陳孔璋爲曹洪書云有子勝斐然之志注引墨子曰二三子復於子墨子曰告子勝仁子墨子曰未必然也告子爲仁猶跂以爲長偃以爲廣不可久也勝蓋告子之名豈卽孟子所謂告子歟

文選注引孟子曰墨子兼愛摩頂致於踵趙岐曰致至也今本作放踵注無致至也三字

元和郡縣志齊雪宮故趾在青州臨淄縣東北六里晏子春秋所謂齊侯見晏子于雪宮

孟子以齊王由反手也趙岐注謂譏管晏不勉其君以王業

文王望道而未之見注未殷錄未盡尚有賢臣道未得至

王无咎非之曰岐名通孟子而實汨之

琴張注謂子張善鼓琴蓋未知左傳有琴張

周公思兼三王以施四事注云四事禹湯文武所行事也而伏生大傳云周公兼思三王之道以施於春秋冬夏其說陋矣

滕定公文公按趙氏注古紀世本滕國有考公麋元公弘卽定公文公也世本今無傳此可備參攷

志曰喪祭從先祖注引周禮小史掌邦國之志愚謂邦國之志若周志史佚之志鄭晉楚書秦記之類

孟子疏謂齊王悅南郭先生吹竽喜鄒忌鼓琴安知與衆樂樂愚攷之史記騶忌以鼓琴見齊威王非宣王也唯南郭處士吹竽乃宣王時見韓非內儲說

說苑景差相鄭鄭人有冬涉水者出而脛寒後景差過之下陪乘而載之覆以上衽叔向聞之曰景子爲人國相豈不固哉吾聞良吏居之三月而溝渠脩十月而津梁成六畜且不濡足而況人乎此卽孟子所言子產以乘輿濟人之事也叔向之時鄭無景差當以孟子爲正

曾西注以爲曾子之孫集注因之經典序錄曾申字子西曾參之子子夏以詩傳曾申左丘明作傳以授曾申（曾西之學於此可攷）楚鬭宜申公子申公子申皆字子西則曾西之爲曾申無疑

郅惲曰孟軻以彊其君之所不能爲忠量其君之所不能爲賊與今孟子語小異

讀庠序之教申之以孝悌之義頒白者不負戴於道路矣愚按書大傳云歲事既畢餘子皆入學十五入小學十八入大學距冬至四十五日始出學傳農事上老平明坐於右塾庶老坐於左塾餘子畢出然後歸夕亦如之餘子皆入父之齒隨行兄之齒鴈行朋友不相踰輕任幷重任分頒

白不提挈出入皆如之此之謂造士漢書食貨志云春將
出民里胥平旦坐於右塾鄰長坐於左塾云云入者必持
薪樵輕重相分斑白不提挈孝悌之義當以是觀之
棄禮捐恥秦所以敗恥尚失所晉所以替恥之於人大矣
陳蕃諫校獵曰齊景公欲觀於海放乎琅邪晏子爲陳百姓
惡聞旌旗輿馬之音舉首嚬眉之感景公爲之不行此以
孟子二章爲一事
梁惠王西喪地於秦七百里滿水李氏曰初北地郡屬魏後

孟子考異　四

盡爲秦幷喪於秦不止七百里也
法言脩身篇引孟子曰夫有意而不至者有矣未有無意而
至者也今孟子無此語其在外書歟
周子靜端朝爲學官小司成盤盞卿以守氣不如守約命題子
靜曰氣不與約字對兩守字著略點晦翁注甚明豈可破
句讀孟子
尸子引孔子曰誦詩讀書與古人居金樓子曰曾生謂誦詩
讀書與古人居讀書誦詩與古人期孟子頌其詩讀其書

不知其人可乎斯言亦有所本
命不可委故孟子言立命心不可委故南軒以陶淵明委心
之言非
仁曰仁術儒曰儒術術即道也申不害以術治內漏六字公孫弘
謂智者術之原君子始惡乎術矣故學者當擇術
致堂曰楊朱與老聃同時墨翟又在前宗師大禹而晏嬰學
之以爲楊墨出於師商攻之不詳甚矣朱文公曰莊周之
學出於老氏韓子始謂子夏之後有田子方子方之後流

孟子考異　五

而爲莊周以其書之稱子方者攷之則子方之學子夏周
之學子方者皆不可見愚謂觀此二說則異端之學非孔
門弟子傳流之差也
莊子曰爲善無近名爲惡無近刑緣督以爲經又曰將處夫
材與不材之間此子莫知執中也
楊之學似老墨之學似佛楊朱書唯見于列子
董仲舒云以仁治人以義治我劉原文云仁字從人義字從
我豈造文之意邪愚謂告子仁內義外之說孟子非之若

以人我分仁義是仁外義內其流爲兼愛爲我矣

孟子引費惠公之言謂小國之君也春秋時費爲魯季氏之邑史記楚世家有鄒費郯邳蓋戰國時以邑爲國意者魯季氏之僭歟

仁人心也求其放心此孟子直指本心處但禪學有體無用

曹交注謂曹君之弟按左傳哀公八年宋滅曹至孟子時曹亡久矣曹交蓋以國爲氏者

老泉三子知聖人汙論誤以汙字爲句趙岐謂孟子知其言

太過故貶謂之汙下亦非孟子之意

史記六國表注皇甫謐曰孟子稱禹生石紐西夷人也今無此語

孟子字未聞孔叢子云子車注一作子居居貧坎軻故名軻字子居亦稱字子輿疑皆傅會（聖證論云子思書孔叢子有孟子居即是軻也傅子云孟子輿）

孟子正義云唐林謹思續孟子書二卷謂孟子七篇非軻自著乃弟子共記其言與韓文公之說同

正義序云孫奭崇文總目館閣書目讀書志皆無之朱文公謂邵武士人作不解名物制度其書不似疏

呂氏春秋舜行德三年而三苗服孔子聞之曰通乎德之情則孟門太行不爲險矣故曰德之速疾乎以郵傳命此可以證孟子引孔子之言

墨之治喪以薄宋書禮志引尸子禹治水爲喪法曰桐棺三寸制喪三日蓋墨家托於禹也

好樂好勇好貨色齊宣王所以不能用孟子也文帝好清靜

故不能用賈誼武帝好紛更故不能用汲黯

上有好者下必甚焉光武封一卓茂而節義之俗成太宗誅一德儒而諫爭之門闢信乎如風之偃草也

不仁而得天下未之有也秦皇以不仁得之矣二世而失猶不得也

惟尹躬暨湯咸有一德克享天心故湯曰天吏尹曰天民孟子學伊尹者也當今之世舍我其誰也是亦聖之任

仁在乎熟之而已矣子路未熟之五穀管仲已熟之荑稗楊

璺五穀之螟螣

照乘之珠和氏之璧戰國之君以爲寶故曰諸侯之寶三

爲天吏則可以伐燕於漢楚見之董公未說漢王之前以强弱角勝負所謂以燕伐燕也三軍縞素之後則爲天吏矣仁義之言齊梁以爲迂濶者董公一言而漢楚之興亡決焉可謂豪傑之士

弱而不可輕者民也古先哲王曰敬民曰畏民石守道謂湯以七十里亡夏文王以百里亡商陳勝以匹夫亡秦民可

孟子考異　八

不畏乎故曰民爲貴太史公以陳涉與湯武並言涉豈能爲湯武哉蓋楚漢間豪傑之餘論也

善推其所爲此心之充拓也求其放心此心之收斂也致堂曰心無理不詠去而不能推則視之不見聽之不聞痒痾疾痛之不知存而善推則潛天地撫四海致千歲之日至知百世之損益此言充拓之功也西山曰心一而已由義理而發無以害之可使與天地參由形氣而發無以檢之至於違禽獸不遠此言收斂之功也不闓則無闢不涵養則不能推廣

守孰爲大守身爲大有猷有爲矣必曰有守不虧其義矣必曰不更其守何德將數習曰入時愈深則趨正愈遠以守身爲法以入時爲戒可謂士矣

行一不義殺一不辜而得天下皆不爲也諸葛武侯謂漢賊不兩立其義正矣然取劉璋之事可謂義乎

君子可欺以其方難罔以非其道曰無再中之理而新垣平言之曰無漸去之理而袁充言之漢文隋文皆以是改元漢文悟平之詐而隋文終受充之欺此存亡之判與

孟子考異　九

天道一而已矣爲善而雜於利者非善也爲儒而雜於異端者非儒也

堯使契爲司徒敎以人倫學所以明人倫舜察於人倫居中國去人倫無君子如之何其可也孟子道性善稱堯舜莫大於人倫此正人心之本原也

晏子春秋曰有賢而不知一不祥知而不用二不祥用而不任三不祥孟子謂言無實不祥不祥之實蔽賢者當之蓋古有此言也

孺子滄浪之歌亦見於楚辭漁父孜之禹貢漢水東爲滄浪
之水則此歌楚聲也文子亦云混混之水濁可以濯吾足
乎泠泠之水清可以濯吾纓乎

無恆產而有恆心者惟士爲能古之士所以異於民也蘇秦
無二頃田而奔走游說豈所謂士哉水心葉氏云周衰不
復取士孔孟不以其不取而不教也孔孟之徒不以其不
取而不學也道在焉故也

不得志脩身見於世上蔡謝子曰天下皆亂而已獨治不害

爲太平蜀士楊肩吾曰天下雖不治平而吾國未嘗不治
且平者岐周是也一國雖不治平而吾家未嘗不治且平
者曾閔是也一家雖不治平而吾身吾心未嘗不治且平
者舜與周公是也文子亦云不憂天下之亂而樂其身治
者可與言道矣

鹽鐵論引孟子曰居今之朝不易其俗而成千乘之勢不能
一朝居也又云今之士今之大夫皆罪人也又云王者與
人同而如彼者居使然也與今本不同

民心之得失此興亡之幾也林少穎云民之思漢則王莽不
能脅之使忘民之忘漢則先主不能彊之使思唐與政云
民心思漢王郎假之而有餘民心去漢孔明扶之而不足

論語終於堯曰篇孟子終於堯舜湯文孔子而荀子亦終堯
問其意一也

利與善之間君子必審擇而明辨焉此天理人欲之幾善惡
正邪之分界也孟子之言公不夷不惠可否之間材與不
材之間楊莊之言私

若將終身焉窮不失義若固有之達不離道能處窮斯能處
達

養心莫善於寡欲注云欲利也雖非本指靡者招禍淫者速
禍亦名言也道家者流謂丹經萬卷不如守一愚謂不如
孟子之七字不養其心而言養生所謂舍爾靈龜觀我朵
頤也

呂氏春秋開春論云神農之教曰士有當年而不耕者則天
下或受其饑矣女有當年而不績者則天下或受其寒矣

故身親耕妻親績所以見致民利也管子引神農之數文
子亦引神農之法此即許行所爲神農之言歟漢藝文志
農家有神農二十篇劉向别錄云李悝商君所説
孔子孟子皆不之秦荀子嘗入秦而譏其無儒孔子順曰秦
爲不義義所不入其志如魯仲連
句容有盜故置社稷而盜止下邳多盜遷社稷於南山之上
盜亦衰息見陳後山談藪岳州田鼠害稼羅明遠曰迎貓
之祭不脩也命祭之鼠隨以斃見范蜀公集孟子有變置
社稷禮記有八蜡執謂古制不可行于今乎
求在我者盡性於己求在外者聽命於天李成季曰與其求
於人曷若無欲於己與其使人可賤不若以賤自安呂居
仁亦以見人有求爲非
宿於畫水經注云澅水出時水東去臨淄城十八里所謂澅
中也俗以澅水爲宿留水以孟子三宿出澅（當作晝後漢耿弇進軍中史記畫邑人王蠋通鑑作晝邑）
以刃與政有以異乎邵子之論秦曰殺人之多不必以刃謂

天下之人無生路可趨也
商鞅富强之術誘三晉之民力耕於内而使秦民應敵於外
使梁王用孟子之言施仁政於民秦焉得誘之仁勝不仁
如春融冰泮故曰仁者無敵
蓋大夫王驩漢泰山郡蓋縣故城在沂州沂水縣西北
趙氏春秋論曰五伯者三王之罪人謂其三代而春秋之也
齊桓其作俑也今之諸侯五伯之罪人謂其春秋而戰國
之也晉定其作俑也今之大夫今之諸侯之罪人謂其戰
國而亡國之也晉之韓趙其作俑也
豈齊曰人多言常平出漢耿中丞顔師古以壽昌爲權道豈
知常平蓋古制孟氏言狗彘食人食而不知撿塗有餓莩
而不知發今文作檢班氏食貨志作斂是也夫豐歲不斂
饑歲不發豈所謂無常平乎
陳烈讀求其放心而悟曰我心不曾放如何記書遂閉門靜
坐不讀書百餘日以收放心然後讀書遂一覽無遺（前賢之讀書如此）

敎民則無恆產因無恆心孟子言戰國之民也周之盛時以井牧授田以鄉遂設敎攸介攸止烝我髦士士亦田野之秀民也不惟士有常心民亦有常心矣故曰文武興而民好善

孟子考異終

四書或問語類大全合訂
孟子十四卷（一）

清 黄越編訂

清康熙刻本

孟子序說。朱子亦不自爲說。而輯史記韓子程子楊氏之說以爲說。卽無異朱子之所自爲說也。他說有以孟子爲親受業於子思者。此則以受業於子思之門人爲定。他說有以孟子七篇爲萬章公孫丑之徒所作者。此則以孟子自作爲定。韓子之言他亦不無擇焉不精者。而此所錄則皆其□中乎孟子者也。程子楊氏之說。尤爲深切著明。

孟子序說

史記列傳曰。孟軻趙氏曰。孟子魯公族孟孫之後。漢書注云。字子車。一說。字子輿。騶人也。受業子思之門人。道既通。趙氏曰。孟子通五經。尤長於詩書。程子曰。孟子曰。可以仕則仕。可以止則止。可以久則久。可以速則速。孔子聖之時者也。故知易者莫如孟子。又曰。王者之迹熄而詩亡。詩亡然後春秋作。又曰。春秋無義戰。又曰。春秋天子之事。故知春秋者莫如孟子。尹氏曰。以此而言。則趙氏謂孟子長於詩書而已。豈知孟子者哉。游事齊宣王。宣王不能用。適梁。梁惠王不果所言。則見以爲迂遠而闊於事情。按史記。梁惠王之三十五年乙酉。孟子始至梁。其後二十三年。當齊湣王之十年丁未。齊人伐燕。而

孟二 序說 一

孟子在齊故古史謂孟子先事齊宣王後乃見梁惠王襄王齊湣王獨孟子以伐燕爲宣王時事與史記荀子等書皆不合而通鑑以伐燕之歲爲宣王十九年則是孟子先游梁而後至齊見宣王矣然考異亦無他據又未知孰是也

當是之時秦用商鞅楚魏用吳起齊用孫子田忌天下方務於合從連衡以攻伐爲賢而孟軻乃述唐虞三代之德是以所如者不合退而與萬章之徒序詩書述仲尼之意作孟子七篇

趙氏曰凡二百六十一章三萬四千六百八十五字韓子曰孟軻之書非軻自著軻既沒其徒萬章公孫丑相與記軻所言焉耳愚按二說不同史記近是

韓子曰堯以是傳之舜舜以是傳之禹禹以是傳之湯湯

以是傳之文武周公文武周公傳之孔子孔子傳之孟軻軻之死不得其傳焉荀與楊也擇焉而不精語焉而不詳○又曰孟氏醇乎醇者也荀與楊大醇而小疵○又曰孔子之道大而能博門弟子不能徧觀而盡識也故學焉而皆得其性之所近其後離散分處諸侯之國又各以其所能授弟子源遠而末益分惟孟軻師子思而子思之學出於曾子自孔子沒獨孟軻氏之傳得其宗故求觀聖人之道者必自孟子始○又曰楊子雲曰古者楊墨塞路孟子辭而闢之廓如也夫楊墨行正道廢孟子雖賢聖不得位空言無施雖切何補然賴其言而今之學者尚知宗孔氏崇仁義貴王賤霸而已其大經大法皆亡滅而不救壞爛而不收所謂存十一於千

百姦在其能廓如也然向無孟氏則皆服左衽而言侏離矣故愈嘗推尊孟氏以爲功不在禹下者爲此也

或問於程子曰孟子還可謂聖人否程子曰未敢便道他是聖人然學已到至處愚按至字恐當作聖字○程子又曰孟子有功於聖門不可勝言仲尼只說一箇仁字孟子開口便說仁義仲尼只說一箇志孟子便說許多養氣出來只此二字其功甚多○又曰孟子有大功於世以其言性善也○又曰孟子性善養氣之論皆前聖所未發○又曰學者全要識時若不識時不足以言學顏子陋巷自樂以有孔子在焉若孟子之時世既無人安可不以道自任○又曰孟子有些英氣才有英氣便有圭角英氣甚害事如顏子便渾厚不同顏子去聖人

只毫髮間孟子大賢亞聖之次也或曰英氣見於甚處曰但以孔子之言比之便可見且如冰與水精非不光比之玉自是有溫潤含蓄氣象無許多光耀也

楊氏曰孟子一書只是要正人心教人存心養性收其放心至論仁義禮智則以惻隱羞惡辭讓是非之心爲之端論邪說之害則曰生於其心害於其政論事君則曰格君心之非一正君而國定千變萬化只說從心上來人能正心則事無足爲者矣大學之脩身齊家治國平天下其本只是正心誠意而已心得其正然後知性之善故孟子遇人便道性善歐陽永叔却言聖人之教人性非所先可謂誤矣人性上不可添一物堯舜所以爲萬世法亦是率性而已所謂率性循天理是也外邊用

詐用數假饒立得功業只是人欲之私與聖賢作處天地懸隔

精義伊川曰參也魯然顏子沒後終得聖人之道曾子也觀其啟手足之時之言可以見矣所傳者子思孟子皆其學也○明道曰有有德之言有造道之言有述事之言有德者只言已分事造道之言如顏子言孔子孟子言堯舜止是造道之深所見如是又曰有德之言有造道之言孟子言已志者有德之言也言聖人之事造道之言也○伊川曰韓退之言孟子醇乎醇此言極好非見得孟子意亦道不到其言荀楊大醇小疵則非也荀子極偏駁只一句性惡大本已失楊子雖少過然已自不識性更說甚道○尹氏曰趙岐謂孟子通九經

看聖賢書。本不當止作文字觀。然孟子文章自是好。孟子生戰國時。其詩如國策文字。亦頗好。自是其時風氣如此。然國策之文。心術頗不正。蘇氏父子學其

尤長于詩書非也。趙岐未爲知孟子者。焞謂孟子精通於易。孟子踐履處。皆是易也。請讀易一遍。然後看孟子。便見孟子精通於易。楊子謂孟子知言之要。知德之奥。非苟知之。亦允蹈之。此最善論孟子者。伊川云。由孟子可以觀易

語類。孟子要熟讀。論語却費思索。孟子熟讀易見。蓋緣是它有許多答問發揚。○看孟子與論語不同。論語要冷看。孟子要熟讀。論語逐文逐意。各是一義。故用子細靜觀。孟子成大段。首尾通貫。熟讀文義自見。不可逐一句一字上理會也。○論語多門弟子所集。故言語時有長長短短不類處。孟子疑自著之書。故首尾文字一體。無些子瑕疵。不是自下手。安得如此好。若是門弟子集

文。並其學術亦帶縱橫習氣。若孟子。文氣縱橫而道理醇正。苟非卓然不惑。未有不染時習者。

則其人亦甚高不可謂輒死不傳。○問孟子、曰孟子說得段段痛切如檢死人相似必有箇致命痕孟子段段有箇致命處看得這般處出方有精神須看其說與我如何與今人如何須得其切處今一切看得都困了○因說仁義曰只有孟子說得好如曰學問之道無他求其放心而已此是從外面收入裏來如曰人之有是四端知皆擴而充之又要從裏面發出去凡此出入往來皆由箇心○讀孟子非惟看它義理熟讀之便曉作文之法首尾照應血脈通貫語意反覆明白峻潔無一字閑人若能如此作文便是第一等文章○孟子之書明白親切無甚可疑者只要日日熟讀須教它在吾肚中先千百轉便自然純熟某初看時要逐句去看它便覺得意思淺迫至後來放寬看却有條理然此書不特是義理精明又且是甚次第文章某因讀亦知作文之法○孟子全讀方見得意思貫某因讀孟子見得古人作文法亦有似今人間架○孟子文章妙不可言文蔚曰他每段自有一二句綱領其後只是解此一二句曰此猶是淺者其他自有妙處惟老蘇文深得其妙○孟子之文恐一篇是一人作又疑孟子親作不然何其妙也豈有如是人出孟子之門而沒世不聞耶○或述孟子集注意義以問曰大槩如此只是要熟須是日日認過述大學以問曰也只如此只是要日日認過讀新底了反轉看舊底教十分熟後自別有意思又曰如雞伏卵只管日日伏自會成○集注乃精義之精髓○問孟子

善讀書者只涵泳白文便有無限意味況孟子白文語意發露無甚深難解者只在人熟讀玩味耳

比論語却易看但其間數段極難曉曰只盡心篇語簡了便難理會且如養氣一章被它說長了極分曉只是人不熟讀凡看文字端坐熟讀久久於正文邊自有細字注脚迸出來方是自家見得親切若只於外面捉摸箇影子說終不濟事聖人言語只熟讀玩味道理自不難見若果曾着心而看他道理不出則聖賢爲欺我矣如老蘇輩只讀孟韓二子便翻繹得許多文章出來且如攻城四面牢壯若攻得一面破時這城子已是自家底了不待更攻得那三面方入得去初學固是要看大學論孟若讀得大學一書透徹其他書都不費力觸處便見喟然嘆着久之日自有這箇道理說與人不信○孟子疏乃邵武吉人假作蔡季通識其人當孔穎達時

未尚孟子只尚論語孝經爾其書全不似疏條不曾解出名物制度只統纏趙岐之說耳

大全慶源輔氏曰子思之門人無顯名於後者而孟子眞得子思之傳則疑親受業於子思者爲是而集註兩存其說蓋自古聖賢固有聞而知之者不必待耳傳面命而後得也又以中庸一書觀之所以傳授心法開示蘊奥如此其至則當時門弟子豈無見而知之者孟子從而受之愈益光明亦宜有之也○西山眞氏曰七篇之書其出乎中庸者非一其曰四端云者則未發之中中節之和也蓋仁義禮智性也所謂大本也惻隱羞惡辭讓是非情也所謂達道也其曰禹稷顏回同道孔子仕止久速者則君子而時中也其曰鄉原亂德者則小

孟子淵源眞與中庸脗合
非妄爲牽引者比

人而無忌憚也其曰子莫執中者時中之反也其曰曾子北宫黝之勇者南北方之强也其曰仁之實事親義之實從兄禮之實節文斯二者則仁者人也親親爲大義者宜也尊賢爲大親親之殺尊賢之等禮所生也其曰堯舜性之湯武反之則自誠明謂之性自明誠謂之敎也其曰天下國家之本在身則爲天下國家有九經也至於誠者天之道思誠者人之道一章之義悉本於中庸尤足以見淵源之所自。吳氏程曰按孟子自魏惠王三十五年游梁至哀王七年而燕人畔齊距孔子薨一百六十七年是爲周赧王之三年而孟子著書之成固猶在其後也況孔子夢奠時伯魚之沒已六載子思固長不然亦非幼矣子思享年六十有二去孔子四閎肆其筆好。亦緣其理足所謂彼其充實不可以已也。

五十年而卒而孟子始生其不得親受業可見故孟子但曰私淑諸人而集註以爲子思之徒於論語序說但稱門人。問序說謂史記近是而集註於滕文公篇首章云門人不能盡記其辭又第四章云記者之誤如何朱子曰前説是後兩處失之熟讀七篇觀其筆勢如鎔鑄而成非綴緝可就也論語便是記錄綴緝所爲非一筆文字矣。新安陳氏曰愚聞或疑易繫辭有子曰字以爲非孔子作朱子曰安知非後人所加如周子自著通書五峯刊之每章加周子曰字今讀孟子亦當會此意。慶源輔氏曰未敢便道他是聖人以其行處言學已到聖處以其知處言也孟子論大而化之之謂聖聖而不可知之之謂神與夫聖智巧力之譬精密切當非想像臆度之所能及是其學已到聖處也然其英氣未化有露圭角處故未敢便道他是聖人此其權度審矣○又曰言性善使資質美者聞之必求復其本然而充其善資質不美者聞之亦知所自警而不流於惡言養氣使氣質剛柔不齊者勇猛奮發於道義而無弱懦怯弱之弊皆發夫子所未發其功多蓋在此此所以有大功於世也

四書或問語類大全合訂　孟子卷之一

上元黃　越合訂
朱文鏕
滏陽張榕端閲　後學　張嶷典
江寧汪　壇仝訂

梁惠王章句上

凡七章

孟子見梁惠王

梁惠王魏侯罃也都大梁僭稱王謚曰惠史記惠王三十五年卑禮厚幣以招賢者而孟軻至梁

或問孟子不見諸侯此其見梁惠王何也曰不見諸侯者不先往見也見梁惠王者答其禮也蓋先王之禮未

利是戰國時人心膏肓之病義是利字對症之藥有所爲而爲之謂利人心之私也無所爲而爲之謂義天理之公也孟子攻梁王之邪心義字尤爲對針故中間单以義言而前後必兼仁言之者仁爲四德之首無仁則其義非也開口提出仁義字是一生學術

是七篇大指。不但爲一章之腦也。道成於己。而以之濟人及物。則須當世人主之以事權。閉戶孤居。養高獨善。原非聖賢中正道理。但要看世所以處我者何如耳。生居本國而其君不之禮。所謂儲子得之平陸也。不見之宜矣。若異國之君以禮來聘。所謂季子不得之鄒也。而固不之見。則絕人已甚。君子不爲也。集註招賢至梁。正孟子所謂迫斯可以見者。不見諸侯。紛紛聚訟。可以解矣。

仕者不得見於諸侯。戰國之時。士鮮自重。而孟子獨守先王之禮。故其所居之國而不仕焉。則必其君先就見也。然後往見之。若異國之君。不得越境而來。則必以禮貌先焉。然後往答其禮耳。故史記以爲梁惠王卑禮厚幣以招賢者。而孟子至梁。得其事之實矣。

大全東陽許氏曰。孟子至梁時。魏尚爲侯。此章稱之爲王。乃著書之時追書爾。蓋始各王於其國。至徐州之會則王之號通於天下矣。

王曰。叟不遠千里而來。亦將有以利吾國乎。

叟。長老之稱。王所謂利。蓋富國彊兵之類。

大全西山眞氏曰。當時王道不明。人心陷溺。惟知有利而已。故惠王利國之問發於見賢之初。

金聖歎謂王字一讀與上節叟字叫應互相稱謂仁義字與利字對未及其詳而先標其門戶家法所謂我先攻其邪心也亦字與梁王口中亦字對渠曰來必是有人向他言利來從橫之士富強之術耳中聒來聒去其說已熟今忽見此叟莪冠博帶而來便亦以一類人目之意中謂他們有以利吾國口中不覺道出謂叟亦將有以利吾國乎一亦字不知不覺已將孟子打入蘇秦張儀隊裡去孟子口中亦字其平日誦法先王只有仁義一路並無他說可以入告者

孟子對曰王何必曰利亦有仁義而已矣

仁者心之德愛之理義者心之制事之宜也此二句乃一章之大指下文乃詳言之後多放此

精義明道曰仲尼言仁未嘗兼義獨于易曰立人之道曰仁與義而孟子言仁必以義配蓋仁者體也義者用也知義之為用而不外焉可與語道矣

或問人之所以為性者五而獨舉仁義何也曰天地之所以生物者不過乎陰陽五行而五行實一陰陽也故人之所以為性者雖有仁義禮智信之殊然曰仁義則其大端已舉矣蓋以陰陽五行而言則木火皆陽金水皆陰而土無不在以性而言則禮者仁之餘智者義之歸而信亦無不在也曰然則其或主於愛或主於宜而

今見梁王儼然不問便不知不覺以仁義上陳此一亦字隱然將自己接入堯舜禹湯文武周孔之後謂從來聖人有仁義民亦有仁義也其言雖似穿鑿而兩亦字有着落新警可玩

所施亦有君親之不同何也曰仁者人也其發則專主於愛而愛莫切於愛親故人仁則必不遺其親矣義者宜也其發則事皆得其宜而所宜者莫大於尊君故人義則必不後其君矣曰然則其必爲體用而不可混者何也曰仁存諸心性之所以爲體也義制夫事性之所以爲用也是豈可以混而無別哉然又有一說焉以其性而言之則皆體也以其情而言之則皆用也以陰陽言之則義體而仁用也以存心制事言之則仁體而義用也錯綜交羅惟其所當而莫不各有條理焉程子之言蓋特舉其一隅曰義以制事而言則固外矣而程子非之奈何曰義之爲用則固施於外矣若其施者則又安得而外之乎此其所以有體用之殊而無內外之別

學者所宜明辨而熟察之也

語類問義者心之制事之宜曰事之宜也是說在外底事之宜但我才見箇事來便知這箇事合恁地處此便是事之宜也義如刀相似其鋒可以割制他物才到面前便割將去然鋒與刃則初未嘗相離也○義者心之制事之宜所謂事之宜方是指那事物當然之理未說到處置合宜處也○梁惠王問利國便是爲己只管自家國不管他人國義利之分其爭毫釐

大全朱子曰心之德是混淪說愛之理方說到親切處心之制是說義之體程子所謂處物爲義是也事之宜是就千條萬緒各有所宜處說楊雄言義以宜之韓愈言行而宜之之謂義若只以義爲宜則義有在外意思

上平舉仁義此忽單言義者義與利尤爲箭鋒直注也三曰字皆是其心只計較之辭而王曰何爲王是下以利倡之也則下節自文仁義字雖指下之人仁義說亦必自人君躬行仁義以倡之無疑也故註必爲補出與此節配也

須如程子所言則處物者在心而非外也事之宜雖若在外然所以制其宜則在心也○心之制如利斧事來劈將去可底從這一邊去不可底從那一邊去○諸葛氏曰語之爲仁猶曰行仁以仁之用言故集註先言愛之理孟子此章以仁之體言故集註先言心之德

王曰何以利吾國大夫曰何以利吾家士庶人曰何以利吾身上下交征利而國危矣萬乘之國弒其君者必千乘之家千乘之國弒其君者必百乘之家萬取千焉千取百焉不爲不多矣苟爲後義而先利不奪不饜

此言求利之害以明上文何必曰利之意也征取也上取乎下下取乎上故曰交征國危謂將有弒奪之禍乘車數也萬乘之國者天子畿內地方千里出車萬乘千

乘之家者天子之公卿采地方百里出車千乘也千乘之國諸侯之國百乘之家諸侯之大夫也弒下殺上也饜足也言臣之於君每十分而取其一分亦已多矣若又以義爲後而以利爲先則不弒其君而盡奪之其心未肯以爲足也

語類凡事不可先有箇利心才說着利必害於義聖人做處只向義邊做然義未嘗不利但不可先說道利不可先有求利之心蓋緣本來道理只有一箇仁義更無別物事義是事事要合宜

大全前漢刑法志殷周以兵定天下矣天下既定戢藏干戈敎以文德而猶立司馬之官設六軍之衆司馬掌邦政軍旅屬焉萬二千五百人爲軍王則六軍也因井

田而制軍賦地方一里爲井井十爲通通十爲成成方
十里成十爲終終十爲同同方百里同十爲封封十爲
畿畿方千里有稅有賦稅以足食賦以足兵四井爲邑
四邑爲丘丘十六井也有戎馬一匹牛三頭四丘爲甸
甸六十四井也有戎馬四疋兵車一乘牛十二頭甲士
三人在車上者卒七十二人干戈備具是爲乘馬之法
一井八家一甸六十四井計田五百七十六頃五百一
十二家出士卒七十五人則殷周之制不及七家給一
兵也又兵車一乘有牛馬共十六計三十二家又出一
馬或牛也一同百里提封萬井提舉也衆四封之內也
除山川沈斥城池邑居園囿術路三千六百井沈斥水
田舄鹵也沈謂淵深水之下也斥鹹鹵之地術大道也

如刑法志此說則不止如白文萬取千千取百十分取一矣故東陽許氏又以爲孟子亦只大概言之

定出賦六千四百井戎馬四百匹兵車百乘此卿大夫采地之大者也采官也因官食地故曰采也是謂百乘之家一封三百一十六里提封十萬井定出賦六萬四千井戎馬四千匹兵車千乘此諸侯之大者也是謂千乘之國天子畿方千里提封百萬井定出賦六十四萬井戎馬四萬匹兵車萬乘故稱萬乘之主戎馬車徒干戈素具○程氏復心曰按王制天子畿內地方千里爲方百里者百則千乘之家國當地方三百一十四里有奇爲方百里者十百乘之家地方百里爲方十里者百故刑法志云云與集註不同要之孟子特就當時假設言之非謂古法然也○東陽許氏曰萬乘之國則千乘之家千乘之國則百乘之家此以君十卿祿大槩言之

也王畿方千里同可出車萬乘天子之卿受地視侯則方百里方百里不能出車千乘也千乘之國當三百十六里有畸百乘之家則當方百里矣諸侯卿之采地未必如是之大也讀者不可以辭害意○詹氏道傳曰書孔疏凡出車一乘則有兩車一正一副一曰輕車甲馬四疋甲士三人在車上左主射右主刺中主御步卒七十二人隨之前拒二十四人左角二十四人右角二十四人共七十五人二曰重車牛十二頭炊家子十人固守衣裝五人廐養五人樵汲五人共二十五人皆所以佐兵車者兵車以戰大車以載輜重兩車總百人○項氏安世曰按舊說一乘步卒七十二人甲士三人凡七十五人除五長外大率皆三人共治恐於督率兵事不

白文仁義字指在下之人說故集註直云仁者必愛其親義者必急其君此仁者義者字指下之人仁義

便按兵車一乘雖止用七十五人而將重車者又二十五人則百人也若以百人當車一乘則於旅卒師軍之長自然無所齟齬不至如前之參差雜亂矣○新安陳氏曰以制地定法言天子萬乘諸侯取十之一得千乘諸侯千乘大夫取十之一得百乘○此章始末兼言仁義中單言義者蓋仁有溫然慈愛之意義有截然斷制之意取其斷制以勝私去利則義之用為尤切兼言仁義該體用之全也單言義取功用之切也下文仁施於親義施於君此對君言之故單言義亦通

未有仁而遺其親者也未有義而後其君者也

此言仁義未嘗不利以明上文亦有仁義而已之意也遺猶棄也後不急也言仁者必愛其親義者必急其君

而言也其下又謂人君躬行仁義此仁義字是從白文外補出其下化之之所以然與上節王曰何以利吾國配其利其仁義皆自上之人倡之也故其前文云王亦曰仁義而已矣原從王身上說起其後文云王亦曰仁義而已矣又從王身上結穴故此節仁義雖就下之人說而必歸到人君乃為與前後文相應也○朱子曰董生却說正其義不謀其利明其道不計其功又是仁義未必皆利孟子之言雖是理之自然然到直截剖判處却不若董生之有力○仁義本

故人君躬行仁義而無求利之心則其下化之自親戴於已也

或問子謂仁義未嘗不利則是所謂仁義者乃所以為求利之資乎曰不然也仁義天理之自然也居仁由義循天理而不得不然者也然仁義得於此則君臣父子之間以至於天下之事自無一物不得其所者而初非有求利之心也易所謂利者義之和正謂此爾曰然則孟子何不以是為言也曰仁義固無不利矣然以是為言則人之為仁義也不免有求利之心焉一有求利之心則利不可得而其害至矣此孟子所以拔本塞源而救其弊也

大全朱子曰仁者人也其發則專主於愛而愛莫切於

不爲利言特因惠王問利故即從利字引入首言何必曰利末又言何必曰利此自是塞他言利之正文仁義未嘗不利不過中間一曲其本指究竟與董子不異也作者勿誤認此節爲正文而忘其前後文之爲拔本塞源也

此仁義實承上節方言仁義之利而實指以結之也此利字實承王曰節言利之害而切指以戒之也與第三節有虛實之分

孟子長章多有總註此章

愛親故人仁則必不遺其親矣義者宜也其發則事皆得其宜而所宜者莫大於尊君故人義則必不後其君矣○雲峯胡氏曰人性有五仁義爲先人倫有五君親爲先所以孟子揭此於七篇之首然此二句本文仁義二字指下之人而言集註必自人君躬行上說來者蓋上文先言王而後言大夫士庶惟上之人求利而後下皆求利故集註於此揭人君躬行仁義而無求利之心故其下化之而自有仁義之利也

王亦曰仁義而已矣何必曰利

重言之以結上文兩節之意○此章言仁義根於人心之固有天理之公也利心生於物我之相形人欲之私也循天理則不求利而自無不利徇人欲則求利未得

言仁義根於人心之固有
云云即章旨之謂也欲知
章旨者即總註求之可矣
七篇長章皆然何必别爲
穿穴

而害已隨之所謂毫釐之差千里之繆此孟子之書所
以造端托始之深意學者所宜稽察而明辨也○太史
公曰余讀孟子書至梁惠王問何以利吾國未嘗不廢
書而歎也曰嗟乎利誠亂之始也夫子罕言利常防其
源也故曰放於利而行多怨自天子以至於庶人好利
之弊何以異哉程子曰君子未嘗不欲利但專以利爲
心則有害惟仁義則不求利而未嘗不利也當是之時
天下之人惟利是求而不復知有仁義故孟子言仁義
而不言利所以拔本塞源而救其弊此聖賢之心也
語類聖賢之言所以要辨别教分明但只要向義邊一
直去更不通思量第二着才說義乃所以爲利固是義
有大利存焉若行義時便說道有利則此心只邪向那

邊去固是未有仁而遺其親未有義而後其君纔於爲仁時便説要不遺其親爲義時便説要不後其君則是先有心於爲利聖賢要人止向一路做去不要做這一邊又思量那一邊伸舒所以分明説不謀其利不計其功○孟子大綱都剖折得分明如説義利等處如荅宋牼處見得事只有箇是非不通去説利害看來惟是孟子説得斬釘截鐵

大全慶源輔氏曰循天理者無所爲而爲故不求利然成己成物各得其宜故自無不利徇人欲者有所爲而爲故雖求利而未必得然妨人害物招尤取禍故害常隨之○雲峯胡氏曰子朱子深有取於三山黃登之言曰天下一切人都把害對利事事上只見得利害不問

義理須知利字乃對義字明得義利便自無乖爭之事集註所謂循天理則不求利而自無不利是以利字與義字對而利不出乎義之外徇人欲則求利未得而害已隨之是以利字與害字對而害已藏於利之中也○孟子之得於子思者曰仁義所以利之也及告梁王則言仁義而不言利蓋子思所言者利物之利梁王所問者利己之利也程子以爲拔本塞源者所以救當時流弊之極朱子以爲造端託始者所以謹夫學者心術之初○東陽許氏曰君子利己之心不可有利物之心不可無孟子不言利是專攻人利己之心絕利己之心然後可行利物之事然利物乃所以利己也至於不遺親後君則己亦無不利矣但不可假仁義以求利耳

白文曰字。與顧鴻雁麋鹿相連成句。蓋是顧此而言也。晚村謂王之諱王之愧。俱從此中看出。

孟子之文。多先標大指而後發明之。空中拏擊。最是大矯不凡。

○孟子見梁惠王。王立於沼上。顧鴻鴈麋鹿。曰。賢者亦樂此乎。

孟子對曰。賢者而後樂此。不賢者雖有此不樂也。

沼池也。鴻鴈之大者。麋鹿之大者。

語類。德脩說王立於沼上一章。引齊宣王見孟子於雪宮事。云梁惠王其辭遜。齊宣王其辭誇。先生曰。此說好

此一章之大指。

精義。楊曰。梁王顧鴻鴈麋鹿以問孟子。孟子因以爲賢者而後樂此。至其論文王夏桀之所以異。則獨樂不可也。世之君子。其賢者乎。則必語王以憂民而勿爲臺沼苑囿之觀。是拂其欲也。其佞者乎。則必語王以自樂。而廣其侈心。是縱其欲也。二者皆非能引君以當道。惟孟

子之言，常于毫髮之間剖析利害之所在，使人日化焉而不自知。夫如是，其在朝廷則可以格君心之非，而其言易行也。

大全新安陳氏曰：揭大指於前，而分開照應於後，此孟子諸章例也。首章及此章皆如此。此後當以此法觀之，不一一提掇。○南軒張氏曰：孟子若荅云賢者何樂乎此，則非惟告人之道不當爾，而於理亦有未完也。今云然，則辭氣不迫而理完矣。又曰：王所謂樂，人欲之私以自逸爲樂也。孟子所謂賢者樂此，天理之公，與民同樂者也。○雙峯饒氏曰：王意謂賢者未必樂此，自家有慚。孟子說惟是賢者樂此，此王之意外。

詩云：經始靈臺，經之營之，庶民攻之，不日成之。經始勿亟孟子引詩以明賢者而後樂之意文王以下五句句句俱從詩辭繹出非自爲說也兩爲字從經始經之營之及攻字看出以民力從兩庶民字看出歡樂從勿亟子來看出兩靈字從不日成看出樂其有從兩王在及於字看出句句字字俱有着落至其所以與民同樂之實雖未之言然大約不離教養諸大政不但以此公之於民也

庶民子來王在靈囿麀鹿攸伏麀鹿濯濯白鳥鶴鶴王在靈沼於牣魚躍文王以民力爲臺爲沼而民歡樂之謂其臺曰靈臺謂其沼曰靈沼樂其有麋鹿魚鼈古之人與民偕樂故能樂也

此引詩而釋之以明賢者而後樂此之意詩大雅靈臺之篇經量度也靈臺文王臺名也營謀爲也攻治也不日不終日也亟速也言文王戒以勿亟也子來如子來趨父事也靈囿靈沼臺下有囿囿中有沼也麀牝鹿也伏安其所不驚動也濯濯肥澤貌鶴鶴潔白貌於歎美辭牣滿也孟子言文王雖用民力而民反歡樂之既加以美名而又樂其所有蓋由文王能愛其民故民樂其樂而文王亦得以享其樂也

門詩類大全合訂　孟子　卷一

［大全］詩傳國之有臺所以望氛祲察災祥時觀游節勞佚也謂之靈者言其倏然而成如神靈所爲也○東陽許氏曰靈臺之作所以候日景占星象望雲物也其下有囿囿中有沼併以游觀爾七十里之囿所以供四時之田講武事於其中且與民之芻蕘雉兔者共之不容不廣此在郊之外者也靈臺之囿必近城郭地不可容且無所用其大文王繼體即位本都岐在位四十六年遷郢又三年遷豐作靈臺其時九十有六明年即薨田獵之囿非作靈臺之意也七十里之囿在岐山舊都故有與民同芻蕘雉兔之常制○雙峯饒氏曰自樂便不是仁同樂便是仁如文王未嘗無靈臺靈沼然與民同樂便是天理文王畢竟自朝至于日中昃不遑暇食用

咸和萬民。人必得所。然後有此樂。此所謂後天下之樂而樂。

湯誓曰時日害喪予及女偕亡民欲與之偕亡雖有臺池鳥獸豈能獨樂哉

此引書而釋之。以明不賢者雖有此不樂之意也。湯誓商書篇名。時是也。日指夏桀。害何也。桀嘗自言吾有天下如天之有日。日亡吾乃亡耳。民怨其虐。故因其自言而目之曰。此日何時亡乎。若亡則我寧與之俱亡。蓋欲其亡之甚也。孟子引此以明君獨樂而不卹其民。則民怨之而不能保其樂也。

大全南軒張氏曰。民一也。得其心則子來而樂君之樂。失其心則害喪而欲君之亡。究其本則由夫順理與徇

順理徇欲。即首章仁義與

利之分也七篇章章可以此意明之故以首章義利之辨冠孟子七篇

梁王所謂盡心只是欲民加多此所謂有所爲而爲之利心也即使如下孟子所云王道而欲爲此以爲之且不可況其所移不過民間之粟乎兩凶字即章末歲字何也字即音末罪字此節已伏罪歲意

欲之分而已人君常懷不敢自樂之心則足以遏人欲矣常懷與民偕樂之心則足以擴天理矣○新安陳氏曰南軒遏人欲擴天理六字可斷盡孟子七篇謹提出以示學者夫同一臺沼苑囿鳥獸魚鼈耳賢者循天理之公愛民而與之同樂則民樂君之樂而君得享其樂不賢者徇人欲之私不恤民而自樂則民欲君之亡君安得有此樂天理人欲同行異情詳見後章

○**梁惠王曰寡人之於國也盡心焉耳矣河內凶則移其民於河東移其粟於河內河東凶亦然察鄰國之政無如寡人之用心者鄰國之民不加少寡人之民不加多何也**

寡人諸侯自稱言寡德之人也河內河東皆魏地凶歲不熟也移民以就食移粟以給其老稚之不能移者

不接梁王口中問語突出
好戰可謂奇峭千如知此
二句不覺唐突調笑得縕
藉以情節已於上數句中
帶過也

孟子對曰王好戰請以戰喻塡然鼓之兵刃旣接棄甲曳兵而走或百步而後止或五十步而後止以五十步笑百步則何如曰不可直不百步耳是亦走也曰王如知此則無望民之多於鄰國也

塡鼓音也兵以鼓進以金退直猶但也言此以譬鄰國不卹其民惠王能行小惠然皆不能行王道以養其民不可以此而笑彼也楊氏曰移民移粟荒政之所不廢也然不能行先王之道而徒以是爲盡心焉則末矣

大全慶源輔氏曰周禮司徒以荒政十有二聚萬民雖無所謂移粟之事然大荒大札則令邦國移民以辟災就賤

不違農時穀不可勝食也數罟不入洿池魚鼈不可勝食

此節之綱在節末一始字不是此三者非王道亦不是王道可外此三者但皆是天地自然之利未經王者法制雖無王者民生亦自能取給雖經王者撙節愛養然使霸者爲之亦或能反此王道之妙全在井田學校等法制故講此節不得不爲下節留地步也○始字有二義一是草昧之初如洪荒方闢以來是也一是爲治之初謂從前因循過了忽然奮發有爲而欲爲治欲如下節法制之詳則日不暇給只得且就天地自然之利整頓去孟子爲梁王說始字自重

也斧斤以時入山林材木不可勝用也穀與魚鼈不可勝食財木不可勝用是使民養生喪死無憾也養生喪死無憾王道之始也

農時謂春耕夏耘秋收之時凡有興作不違此時至冬乃役之也不可勝食言多也數密也罟網也洿窊下之地水所聚也古者網罟必用四寸之目魚不滿尺市不得粥人不得食山林川澤與民共之而有厲禁草木零落然後斧斤入焉此皆爲治之初法制未備且因天地自然之利而撙節愛養之事也然飲食宮室所以養生祭祀棺椁所以送死皆民所急而不可無者今皆有以資之則人無所恨矣王道以得民心爲本故以此爲王道之始

後一義勿单作草昧之初說○喪死喪字讀作平聲是活字與養生養字一例故註以送死送字代之謂一切所以喪其死者也

精義伊川曰孟子論王道便實徒善不足以爲政徒法不能以自行便先從養生上說將去旣庶旣富然後以飽食煖衣而無教爲不可故教之也

大全周禮地官司徒山虞掌山林之政令物爲之厲而爲之守禁仲冬斬陽木仲夏斬陰木或謂陽木生山南者陰木生山北者凡服耜斬季材以時入之服牝服車之材也季猶穉也服與耜宜用穉材尚柔韌也令萬民時斬材有期日○澤虞掌國澤之政令爲之厲禁使其地之人守其材物以時入之于王府頒其餘于萬民○雲峯胡氏曰文王治岐澤梁無禁此所謂山林川澤與民共之卽是澤梁無禁無禁者王者愛民之仁也雖無禁而有厲禁又王者愛物之仁也周禮山虞掌山林之

政令物爲之厲而爲之守禁註物爲之厲每物有藩界也爲之守禁爲守者設禁令也守者謂其地之民占伐林木者也鄭司農云厲遮列守之也以是觀之澤梁無禁者不禁民之取而有厲禁者禁民之不以時取也禮記王制獺祭魚然後漁人入澤梁豺祭獸然後田獵鳩化爲鷹然後設罻羅草木零落然後入山林〇慶源輔氏曰養生送死乃人世之始終於是二者皆有以濟之則人世之始終一無所憾而民心得矣此其所以爲王道之始也〇新安陳氏曰法制未備謂聖人未行井田法以前天地自然之利謂穀魚材木之類撙節愛養謂不違農時不用數罟斧斤時入之類王道之始謂王制未備王道未成不過初焉事下一節集註云是王道之

此節上三段王道法制之詳也是就上節不到處曲成輔相樹桑與材木應材木在山林自生自長此則就材木中擇出桑而以人力樹之墻下則其利尤爲有用而衣之原也畜牧與魚鱉應魚鱉在洿池亦自生自長老幼皆得食之雞豚狗彘非人莫畜此又教他以人力畜之爲養老計非如魚鱉老幼共之而無限制也百畝之田與上農時應過於百畝與不及於百畝皆有其職皆不可違而田未分數未定則有無多寡不可以爲王道之常

成也正與此王道之始相對

五畝之宅樹之以桑五十者可以衣帛矣雞豚狗彘之畜無失其時七十者可以食肉矣百畝之田勿奪其時數口之家可以無饑矣謹庠序之教申之以孝悌之義頒白者不負戴於道路矣七十者衣帛食肉黎民不饑不寒然而不王者未之有也

五畝之宅一夫所受二畝半在田二畝半在邑田中不得有木恐妨五穀故於墻下植桑以供蠶事五十始衰非帛不煖未五十者不得衣也畜養也時謂孕字之時如孟春犧牲毋用牝之類也七十非肉不飽未七十者不得食也百畝之田亦一夫所受至此則經界正井地均無不受田之家矣庠序皆學名也申重也丁寧反覆

經至此則經制定矣此三段皆是養之事本移民移粟說來則此三段爲急而教爲緩然王道有養即有教非可偏廢故下段並詳教之事○庠序一段謹字申字重孟子時王教衰絶雖立庠序而游談說士皆出其中故須謹庠序中孰不教孝悌然其義未易明故須申申者丁寧反覆使紬繹其指歸之所在也

之意善事父母爲孝善事兄長爲悌頒與斑同老人頭半白黑者也負任在背戴任在首夫民衣食不足則不暇治禮義而飽煖無教則又近於禽獸故既富而教以孝悌則人知愛親敬長而代其勞不使之負戴於道路矣衣帛食肉但言七十舉重以見輕也黎黑也黎民黑髮之人猶秦言黔首也少壯之人雖不得衣帛食肉然亦不至於饑寒也此言盡法制品節之詳極裁成輔相之道以左右民是王道之成也

或問既曰魚鼈不可勝食矣又曰老者然後可以食肉何也曰魚鼈自生之物養其小而食其大老幼之所同也至於芻豢之畜人力所爲則非七十之老不得以食之矣先王制度之節始於略而終於詳大率如此曰必

所謂孟子之意未必然者孟子爲梁王移粟說意在重養若謂上三段內教已行乎其中則又意重在教以此爲未必然也

五十而後衣帛七十而後食肉何也曰此先王品節之意所以教民尊長敬老而節用勸生也若其意則豈不欲少者之皆衣帛而食肉哉顧其財有不贍則老者或反不得其所當得耳賈誼有言古之治天下者至纖至悉故其蓄積足恃亦此意也曰謹庠序以申孝弟之義徐氏之說奈何徐氏曰老者衣帛食肉而少者不與則民固已知尊長養老之義矣蓋方其養之而敎固已行其間然猶以爲未也故又爲之庠序以申之而致其詳焉曰孟子之意未必然然其爲說亦密矣

大全趙氏曰古者一夫一婦受私田百畝公田十畝八家是爲八百八十畝餘公田二十畝八家分之得二畝半以爲廬舍城邑之居亦各得二畝半春令民畢出在

野冬則畢入於邑在野曰廬在邑曰里廬各在其田中而里聚居也○禮記月令孟春之月命樂正入學習舞乃脩祭典命祀山林川澤犧牲毋用牝禁止伐木毋覆巢毋殺孩蟲胎夭飛鳥○南軒張氏曰衣帛食肉必曰五十七十者民之欲無窮而桑蠶畜養之利有限不爲之制則爭逐其欲而老者或不得衣之食之矣又使知老者之當養其老幼之有別教亦行乎其中矣日用飲食無非教也不待庠序而後教也○趙氏曰古以百步爲畝今以二百四十步爲畝古百畝當今之四十一畝也經界謂治地分田經畫其溝塗封植之界也○東陽許氏曰庠序之教敎以人倫於其常教之中又以孝悌二者重明之而篤之尤力也○雙峯饒氏曰五畝宅百

無非歲與首節暗應是文章血脉通貫處。

畝田是法制五十衣帛七十食肉是品節有法制無品節則泛而不足用有品節無法制則於何處取用

狗彘食人食而不知檢塗有餓莩而不知發人死則曰非我也歲也是何異於刺人而殺之曰非我也兵也王無罪歲斯天下之民至焉

檢制也莩餓死人也發發倉廩以賑貸也歲謂歲之豐凶也惠王不能制民之產又使狗彘得以食人之食則與先王制度品節之意異矣至於民饑而死猶不知發則其所移特民間之粟而已乃以民不加多歸罪於歲凶是知刃之殺人而不知操刃者之殺人也不罪歲則必能自反而益脩其政天下之民至焉則不但多於鄰國而已○程子曰孟子之論王道不過如此可謂實矣

又曰孔子之時周室雖微天下猶知尊周之爲義故春秋以尊周爲本至孟子時七國爭雄天下不復知有周而生民之塗炭已極當是時諸侯能行王道則可以王矣此孟子所以勸齊梁之君也蓋王者天下之義主也聖賢亦何心哉視天命之改與未改耳

精義伊川曰孔子之時諸侯甚强大然皆周所封建也周之典禮雖甚廢壞然未泯絕也故齊晉之霸非挾尊王之義則不能自立至孟子時則異矣天下之大國七非周所命者四先王之政絕而澤竭矣夫王者天下之義主也民以爲王則謂之天王天子民不以爲王則獨夫而已矣二周之君雖無大惡見絕於天下然獨夫也故孟子勉齊梁以王者與孔子之所以告諸侯不同君

因上節然而不王者未之有也一王字推論及此此是春秋戰國一大關節論語吾其為東周章朱子亦詳言之於此不推究到盡處便為孟子留疑竇故此處又明目張胆言之

子之救世時行而已矣

語類至云視天命之改與未改、舊曾記得程先生說譬如一株花可以栽培則須栽培莫是那時已是栽培不得否曰大勢已去了三晉請命於周亦不是知尊周謾假其虛聲耳大抵人心已不復有愛戴之實自入春秋以來二百四十年間那時猶自可整頓不知周之子孫何故都無一人能明目張膽出來整頓到孟子時人心都已去曰程子說天命之改莫是大勢已去曰然

大全新安陳氏曰王道不出農桑教養等實事豈求之高遠難行者哉○朱子曰孔子尊周孟子不尊周如冬裘夏葛饑食渴飲時措之宜異爾此齊桓不得不尊周亦迫於大義不得不然夫子筆之於經明君臣之義於

萬世非專爲美桓公也孔孟易地則皆然得時措之宜則竝行而不相悖矣○新安陳氏曰天命之改未改驗之人心而已人心猶知尊周可驗天命未改則當守天下之經文王孔子之事是也人心不知有周可驗天命已改不得不達天下之權武王孟子之事是也司馬溫公李泰伯尚不達此而非孟子固哉讀者不可不勘破此義

○梁惠王曰寡人願安承教

承上章言願安意以受教

孟子對曰殺人以梃與刃有以異乎曰無以異也

梃杖也

以刃與政有以異乎曰無以異也

僉聖歎謂此章眼目在一安字孟子一生學術在仁義王道連日已盡情爲梁王言之連日有教不承今此更欲承何教此一安字便如醫家之所謂痿痺不仁言其通體麻木舉動須

人渠自己全不經心用意一味死靠他人也他欲孟子教他孟子偏不教他他欲安心受教孟子偏使他不安看此章全文並不如上二章言仁義言王道別無正教他處只是一味悚動其良心他欲安偏使他不安突下一語曰殺人以梃與刃有以異乎曰殺人曰梃曰刃驚心怵耳稍有知者當如何不安他却只安安然答曰無以異也又下一語曰以刃與政有以異乎曰政則已說到自已矣他亦只安安然答曰無以異也於是孟子三分惻七分怒率性當面熱罵他

孟子又問而王答也

大全新安陳氏曰政謂虐政梃刃政殺人承上章歲兵之意而敷演之

曰庖有肥肉廄有肥馬民有飢色野有餓莩此率獸而食人也

厚斂於民以養禽獸而使民飢以死則無異於驅獸以食人矣

大全新安陳氏曰此因前章狗彘食人食塗有餓莩之意而究言之即以虐政殺人也

獸相食且人惡之爲民父母行政不免於率獸而食人惡在其爲民父母也

君者民之父母也惡在猶言何在也

一番率獸食人猶自罵不
盡更盡情說到無後若不
知其長子申死於齊者然
聖歎此說雖似尖巧然寡
人願安承教一句通章無
正答兼之孟子本有英氣
其意未必不如其說也

仲尼曰始作俑者其無後乎為其象人而用之也如之何其使斯民飢而死也

俑從葬木偶人也古之葬者束草為人以為從衛謂之芻靈略似人形而已中古易之以俑則有面目機發而太似人矣故孔子惡其不仁而言其必無後也孟子言此作俑者但用象人以葬孔子猶惡之況實使民飢而死乎○李氏曰為人君者固未嘗有率獸食人之心然徇一己之欲而不卹其民則其流必至於此故以為民父母告之夫父母之於子為之就利避害未嘗頃刻而忘於懷何至視之不如犬馬乎

精義楊曰翟霖送伊川先生西遷道宿僧舍坐處背塑像先生令轉椅勿背霖問曰豈不以其徒敬之故亦當

敬邪伊川曰但具人形貌便不當慢因賞此語曰孔子云始作俑者其無後乎爲其象人而用之者也蓋象人而用之其流必至於用人君子無所不用其敬見似人者不忍則於人可知矣若於似人者而生慢易之心其流必至於輕忽人

大全禮記檀弓下孔子謂爲明器者知喪道矣備物而不可用也哀哉死者而用生者之器也不殆於用殉乎哉其曰明器神明之也塗車芻靈自古有之明器之道也孔子謂爲芻靈者善謂爲俑者不仁不殆於用人乎哉○東陽許氏曰孔子據已見之禍而深惡其始謂爲不仁者事始雖小末流必大不可以不謹孟子因此以戒惠王不可輕視其民○疊山謝氏曰此章以人對獸

極言人君不行仁政視人猶獸也天地間難得者人象人而用之猶不免於無後豈可率獸食人不行王政一至於此乎◎新安陳氏曰爲人君者有作民父母之責固未嘗有率獸食人之心惟狥欲而不恤民則其流至此而不自覺故以率獸食人箴其昏迷之錮習而以爲民父母觸其惻隱之本心孟子之言深切著明如此而王不悟亦末如之何也已右二章戒梁王厲民自養率獸食人遏人欲也勉其行王道以爲民父母爲心擴天理也

○梁惠王曰晉國天下莫强焉叟之所知也及寡人之身東敗於齊長子死焉西喪地於秦七百里南辱於楚寡人恥之願比死者一洒之如之何則可

既已分晉而猶稱晉國。晱村云、春秋大半部。盟主俱屬之晉。蓋其形勝居天下之上游。所以賓齊服楚。扼秦之吭而拊其背者。晉也。雖以秦穆公之强。濟河焚舟。而終不能得志於中國。以晉之蔽其前。而有以豞之也。故只得霸西戎出下策耳。自三晉之分。而秦人遂得東窺函谷。其時晉之故地不失尺寸。韓魏趙氏繡錯河山之間。雖秦人亦曰韓魏爲腹心之疾。然終不足以制秦者。以其勢分力弱。秦視之如無有耳。然則三晉之分。豈非天下一大関會也。涑水書法始於

魏本晉大夫魏斯、與韓氏趙氏共、分晉地、號曰三晉、故惠王猶自謂晉國、惠王三十年、齊擊魏、破其軍虜太子申、十七年秦取魏少梁、後魏又數獻地於秦、又與楚將昭陽戰敗、亡其七邑、比猶爲也、言欲爲死者雪其恥也

大全史記魏世家、惠王三十年、魏伐趙、趙告急齊、齊宣王用孫子計救趙、擊魏、魏遂大興師、使龐涓將、而令太子申爲上將軍、與齊人戰、敗於馬陵、齊虜魏太子申、殺將軍涓、軍遂大破○史記魏世家、惠王十七年、魏與秦戰元里、秦取我少梁○史記商君傳、秦孝公使衛鞅將兵伐魏、魏使公子卬將而擊之、軍既相距、衛鞅遺魏將公子卬書曰、吾始與公子驩、今俱爲兩國將、不忍相攻、可與公子面相見盟、樂飲而罷兵、以安秦魏、魏公子卬

魏斯趙藉韓虔爲諸侯。蓋亦以天下大事無過於此。此周之所以亡秦之所以興。於是乎在故托始於此。并不止繁纓之惜而已也。讀孟子此章亦可於言外會此意。

以爲然會盟已飲而衛鞅伏甲士襲虜公子卬因攻其軍盡破之以歸秦魏惠王恐使使割河西之地獻於秦以和而魏遂去安邑徙都大梁○史記楚世家懷王六年楚使柱國昭陽將兵而攻魏破之於襄陵得邑八○張存中曰按史記魏襄王十三年楚敗我襄陵不言邑數楚懷王六年得邑八與集註七邑不合未知孰是○慶源輔氏曰惠王之志疑若剛勇而有爲者然細考之史則其敗於三國皆非義舉也徒以爭城爭地不失之貪則失之繆事既如此猶不知所以自反乃於見賢之際歷叙其喪敗而欲爲死者一洗之此正如匹夫賤人勢出無聊不勝其忿而求一快者所爲耳豈有君人之度而知所謂大勇之理哉。

所以可王蓋指下節施仁政而言此句只空說註是透起預解。

仁政蓋不止省薄二者。故註曰大目施仁政內所包甚全而此二者提出其大者急者而言也深耕以下是省薄之效就註則民得字可見有謂仁政不止於省薄二者而以脩其字屬上之人脩之是不知施仁政內所包之全而欲以省薄以了盡仁政之事也照

孟子對曰地方百里而可以王

百里小國也然能行仁政則天下之民歸之矣

精義伊曰古之聖人地方百里而可以王今惠王據有大國而反敗辱焉不能行仁政而遵王道故也仁者無敵豈力不足哉惑而不爲焉耳

王如施仁政於民省刑罰薄稅斂深耕易耨壯者以暇日脩其孝悌忠信入以事其父兄出以事其長上可使制梃以撻秦楚之堅甲利兵矣

省刑罰薄稅斂此二者仁政之大目也易治也耨耘也盡已之謂忠以實之謂信君行仁政則民得盡力於農畝而又有暇日以脩禮義是以尊君親上而樂於效死也

註屬百姓自脩爲是。○施仁政本不爲撻秦楚若爲秦楚而始施仁則是晋文示禮示信故智雖曰王政皆机權作用矣故此節雖爲渠欲復仇而言而末句必不可預先提起也

語類問孟子告梁王省刑罰薄稅斂便可以撻秦楚之甲兵夫魏地迫近於秦無時不受兵割地求城無虛日孟子之言似大容易否曰自是響應如此當時之人煎熬已甚率歡欣鼓舞之民而征之自是見効速後來公子無忌縞素一舉直擣至函谷關可見

大全慶源輔氏曰仁政在於養民而已省刑罰則民不至無所措其手足而得以安其生薄稅斂則民不至有所闕於衣食而得以保其生故孟子言仁政首及此二者下面數句則又其效驗也深耕易耨則薄稅斂之所致也重稅厚斂則民不聊生民不聊生則其餘農事亦苟且鹵莽而已壯者以暇日脩其孝悌忠信入以事父兄出以事長上則省刑罰之所致也嚴刑峻罰則民不

樂生民不樂生則其於人道亦何暇脩爲之哉

彼奪其民時使不得耕耨以養其父母父母凍餓兄弟妻子離散

彼謂敵國也

彼陷溺其民王往而征之夫誰與王敵

陷陷於阱溺溺於水暴虐之意征正也以彼暴虐其民而率吾尊君親上之民往正其罪彼民方怨其上而樂歸於我則誰與我爲敵哉

語類孟子亦是作爲底人如云彼陷溺其民王往而征之夫誰與王敵非不用兵也特其用兵不若當時戰國之無義理耳如五畝之宅樹之以桑而下爲政之實行之既至則視當時無道之國豈但可已哉

此引古語。將証地方百里而可以王句仁者仁字應前施仁政仁字但不止省薄二者也

故曰仁者無敵王請勿疑

仁者無敵蓋古語也百里可王以此而已恐王疑其迂濶故勉使勿疑也○孔氏曰惠王之志在於報怨孟子之論在於救民所謂惟天吏則可以伐之蓋孟子之本意

大全南軒張氏曰惠王憤其軍師之敗欲一洒之是乃不勝其忿欲之私耳孟子所以告之者乃爲國之常道其所施爲皆有實事夫王政之所以不行者以時君謀利計功之念深每每致疑而莫肯力行故也使其以先王之治爲必可法以聖賢之言爲必可信而力行之則孰禦焉○新安陳氏曰逞忿報怨私欲也行仁救民公理也行仁則自無敵不得已而用兵亦正之之征也不

朱子曰定於一只是混一之一與德惟一之一不同

行仁而惟報私怨忿爭而已矣豈惟怨不可報敗亡常必由之此章亦所以遏人欲擴天理也

○孟子見梁襄王

襄王惠王子名赫

大全新安倪氏曰按通鑑慎靚王二年壬寅惠王卒孟子去魏適齊是一見襄王後即去也

出語人曰望之不似人君就之而不見所畏焉卒然問曰天下惡乎定吾對曰定于一

語告也不似人君不見所畏言其無威儀也卒然急遽之貌蓋容貌辭氣乃德之符其外如此則其中之所存者可知王問列國分爭天下當何所定孟子對以必合于一然後定也

或問孟子以梁襄王不似人君不見所畏而譏之然則必以勢位自高而厲威嚴以待物然後得爲賢耶曰不然也夫有諸中者必形諸外有人君之德則必有人君之容有人君之容則不必作威而自有可畏之威矣苟無其德而欲矜勢位以厲威嚴是乃所以益見其盈滿而妄作耳曰言之急遽亦何譏耶曰艮之六五以中正而言有序而呂氏之言亦曰志定者其言重以舒不定者其言輕以疾然則言貌固皆內德之符不惟可以觀人學者雖以自省可也曰孔子居是邦不非其大夫而孟子於言其君之失如此何耶曰聖賢之分固不同矣且孔子仕於諸侯而孟子爲之賓師其地又不同也抑七篇之中無復與襄王言者豈孟子自是而不復久於

不嗜殺人者能一之只是道理如此。不論徵驗而如蘇張之說後世得天下之故亦不出此一語中。

梁耶。

語類問望之不似人君此語孔子還道否曰孔子不說孟子忍不住便說。安卿煞不易他會看文字疑得都是合疑處若近思固不能疑甚卿又疑得曲折多無事生出事又曰公疑得太過都落從小路去了

孰能一之

王問也

對曰不嗜殺人者能一之

嗜甘也

大全覺軒蔡氏曰好生不嗜殺。天地生物之心也。必得天地此心。然後可爲天之子。爲民之父母此言萬世人牧之龜鑑也。

其如是指苗之浡興說誠如是指民之引領說孰能禦任浡興之後民歸又在引領之後。

孰能與之

王復問也與猶歸也

對曰天下莫不與也王如夫苗乎七八月之閒旱則苗槁矣天油然作雲沛然下雨則苗浡然興之矣其如是孰能禦之今夫天下之人牧未有不嗜殺人者也如有不嗜殺人者則天下之民皆引領而望之矣誠如是也民歸之由水之就下沛然誰能禦之

周七八月夏五六月也油然雲盛貌沛然雨盛貌浡然興起貌禦禁止也人牧謂牧民之君也領頸也蓋好生惡死人心所同故人君不嗜殺人則天下悅而歸之○蘇氏曰孟子之言非苟爲大而已然不深原其意而詳究其實未有不以爲迂者矣予觀孟子以來自漢高祖

晩村云聖賢之說正不必一一求驗然通盤筭來畢竟驗一部孟子正要挽回萬世帝王定一之心之道非爲後世作符讖也

此章總証謂人君當黜霸功行王道指首四節而言

及光武及唐太宗及我朱太祖　皇帝能一天下者四君皆以不嗜殺人致之其餘殺人愈多而天下愈亂秦晉及隋力能合之而好殺不已故或合而復分或遂以亡國孟子之言豈偶然而已哉

大全慶源輔氏曰不嗜殺之對以見理勢之當然非有爲而爲之者也葢人君之心誠能不嗜殺人則舉天下皆在吾仁愛之中又孰有潰散乖戾而不一歸於我哉固非以不嗜殺人爲一天下之具也○新安陳氏曰嗜殺人欲之殘虐也不嗜殺天理之惻隱也此亦遏人欲存天理也

○齊宣王問曰齊桓晉文之事可得聞乎

齊宣王姓田氏名辟疆諸侯僭稱王也齊桓公晉文公

也而王道之要不過推其不忍之心以行不忍之政而已指是心足以王矣至末而言也是心足王句是一章主腦註謂欲王察識此心而擴充之也句是一章血脈百姓皆以王爲愛以下至王說曰節啓王察識此心復於王者以下至王請度之啓王擴充此心抑王以下至末反覆開陳而終實指王道養教之大端亦必推不忍之心以行之也末節所言王道與告梁王者不異蓋王道只是此王道雖所告之人不一而其道則不可改也

次節道字註雖解作言字

皆霸諸侯者

大全趙氏曰田氏本陳公子完之後初以陳爲氏後改姓田氏至田和始簒齊而有之辟疆和之曾孫是爲宣王

孟子對曰仲尼之徒無道桓公之事者是以後世無傳焉臣未之聞也無以則王乎

道言也董子曰仲尼之門五尺童子羞稱五霸爲其先詐力而後仁義也亦此意也以已通用無已必欲言之而不止也王謂王天下之道

精義明道曰得天理之正極人倫之至者堯舜之道也用其私心依仁義之偏者霸者之事也王道如砥本乎人情出乎禮義若履大路而行無復回曲霸者崎嶇反

然有稱道意白文是無道
桓文非不言桓文是無道
桓文之事非不言桓文也
論其功罪則有之矣稱道
其圖霸之事權詐之術則
聖門所羞也

側於曲逕之中而卒不可與入堯舜之道故誠心而王
則王矣假之而霸則霸矣二者其道不同在審其初而
已易所謂差若毫釐繆以千里者其初不可不審也故
治天下者必先立其志正志先立則邪說不能移異端
不能惑故力進於道而莫之禦也苟以霸者之心而求
王道之成是衒石以爲玉也故仲尼之徒無道桓文之
事而曾西恥比管仲者義所不由也況下於霸者哉
或問王霸之辨曰古之聖人致誠心以順天理而天下
自服王者之道也後之君子能行其道則不必有其位
而固已有其德矣故用之則爲王者之佐伊尹太公是
也不用則爲王者之學孔孟是也若夫齊桓晉文則假
仁義以濟私欲而已設使僥倖於一時遂得王者之位

瞻村云仲尼之時其徒原無道桓文之事者非至孟子始黜之觀曾西數語可見若春秋與桓文亦是彼善於此孔子正爲他非義故借他行事作春秋以正三綱九法耳齊宣所問只是問他富强權詐之術亦亦不是仲尼之所與者矣故論學術則孔子先不道桓文之事若論人則孟子亦必諒管仲之功孔孟之尊王黜霸本一未嘗有因時爲救之分也

而居之然其所由則固霸者之道也故漢宣帝自言漢家雜用王霸其自知也明矣但遂以爲制度之當然而斥儒者爲不可用則其見之謬耳

語類無道桓文之事事者營霸之事儒者未嘗講求如桓公霸諸侯一匡天下則誰不知至於經營霸業之事儒者未嘗言也

大全王氏若虚曰春秋之時五伯迭興而桓文爲盛有功者莫大於桓文有罪者亦莫大於桓文周之東遷政教號令不行於天下諸侯不知有周矣有人於此勃然而興更爲盟主支一木於大厦將顛之際屹砥柱於頹波潰決之餘內合諸侯外攘夷狄使前日之不知有周者咸知尊周而君臣之義至於今不墜謂非桓文之功

是心足王句，又爲保民之綱領

不可也，故聖人略其罪而筆之於春秋。然其詐力是先，仁義爲後，如救邢封衛，養亂爲功，如伐衛致楚，陰謀取勝，挾天子而令諸侯，摟諸侯以伐諸侯，如此等類，非其罪歟？故聖人之徒卑其功而無道之者。然聖人春秋之作，爲萬世扶綱常，有如尊周之舉而不記之，則無以勸來者，其指微矣。乃若其徒所以不道之者，是又不欲率天下之人而禍仁義，亦春秋誅意之法也。故桓文者，功之首，罪之魁，而聖賢待之，仁之至，義之盡也。

曰德何如則可以王矣曰保民而王莫之能禦也

保，愛護也。

大全慶源輔氏曰：保如保赤子之保。○新安陳氏曰：王道甚大，其要只在保民。保民而王一句，爲此章之綱領。

惻隱之心只在擴充便可
以保四海然不先察識則
此心乍現乍沒若存若亡

曰若寡人者可以保民乎哉曰可曰何由知吾可也曰臣聞之胡齕曰王坐於堂上有牽牛而過堂下者王見之曰牛何之對曰將以釁鐘王曰舍之吾不忍其觳觫若無罪而就死地對曰然則廢釁鐘與曰何可廢也以羊易之不識有諸

胡齕齊臣也釁鐘新鑄鐘成而殺牲取血以塗其釁郄也觳觫恐懼貌孟子述所聞胡齕之語而問王不知果有此事否

曰有之曰是心足以王矣百姓皆以王為愛也臣固知王之不忍也

王見牛之觳觫而不忍殺即所謂惻隱之心仁之端也擴而充之則可以保四海矣故孟子指而言之欲王察

反覆沉痼而卒無以自達矣故孟子於此不驟然教他擴充反覆設難曲曲引導使其自思自解至於前日不忍之心戚戚復動宛然如觳觫之牛在前然後即其愛物之心使反之仁民而責之以擴充此引君之善術開導之苦心也若不先將之察識而驟語以擴充則前日之心不可得而復萌而亦無所自以爲擴充之端矣自文是心句是一章之綱領集註欲王察識擴充句又是此句之命脈

識於此而擴充之也愛猶吝也

或問齊王不忍一牛之死其事微矣而孟子遽以是心爲足以王者何也曰不忍者心之發而仁者天地生物之心而人之所得以爲心者也是心之存則其於親也必知所以親之於民也必知所以仁之於物也必知所以愛之矣然人或蔽於物欲之私而失其本心之正故其所發有不然者然其根於天地之性者則終不可得而亡也故間而値其不蔽之時則必隨事而發見焉若齊王之興兵結怨而急於戰伐之功則其所蔽爲不淺矣然其不忍一牛之死則不可不謂之惻隱之發而仁之端也古之聖王所以博施濟衆而仁覆天下亦卽是心以推之而已豈自外至哉王既不能自知而反以桓

上節註欲王察識於此而擴充云者欲王自察而識此心爲惻隱之端爲仁心之發便須即此擴充如火

文爲問則孟子安得不指此而開示之耶然戰國之時舉世汲於功利而不知仁義之固有齊之百姓又未見王之所以及民之功是以疑其貪一牛之利非孟子得其本心之正而有以通天下之志盡人物之情亦孰知此爲本心之發而足以王於天下哉

大全雲峯胡氏曰孟子一書言心甚詳此是第一箇心字是心何心也人之本心也即此本心而推之所謂先王有不忍人之心斯有不忍人之政者也須看集註察識擴充四字察識屬知擴充屬行

王曰然誠有百姓者齊國雖褊小吾何愛一牛即不忍其觳觫若無罪而就死地故以羊易之也

言以羊易牛其迹似吝實有如百姓所譏者然我之心

然泉達不可有頃刻之遏抑壅塞也上節孟子初一設難但微難之下句旋爲之解而王不能自察因不自識其心而但曰然誠有云云所謂依樣畫葫蘆孟子如此說他亦便如此說未嘗有絲毫轉動也故下節孟子又設難之而不爲之解使之自解而王仍不能自察仍不自識其心而但笑曰云云仍是依樣葫蘆未有絲毫轉動也故無傷節明爲之解即臣固知王之不忍也一句內所包含之道理而於此申說令暢也言至此而王惻隱之心復萌故悅而自謂我心

不如是也

或問然則孟子既告之矣而王猶不能自得其說何也

曰固也是其蔽之極深是以暫明而遽昧也

大全新安倪氏曰論語之小不忍云者不忍之念發於私小常人之所不能禁止者也孟子之不忍云者不忍之念出乎正大君子之所當擴充者也

曰王無異於百姓之以王爲愛也以小易大彼惡知之王若隱其無罪而就死地則牛羊何擇焉王笑曰是誠何心哉我非愛其財而易之以羊也宜乎百姓之謂我愛也

異怪也隱痛也擇猶分也言牛羊皆無罪而死何所分別而以羊易牛乎孟子故設此難欲王反求而得其本心王不能然故卒無以自解於百姓之言也

戚戚也此不是王自能察識只是孟子代爲察識耳故終不能免於倒行逆施而擴充不去也

我非愛其財二句有兩解一說我豈非愛其財而何故易之以羊乎句一直我下一說我本非愛其財而易之以羊也今却宜乎百姓之謂我愛也增今却字轉下語無明文二說皆可

術字不不是好字樣只消仁字說便是行仁的兩全無害妙法事無可如何處亦少不得此一字但難即仁字卑言術則是權術作用爲不可耳是字實指

大全東陽許氏曰上言臣固知王之不忍下言彼惡知之蓋宜王見牛不忍之心雖發而不自知其爲仁之端故以知與惡知相對說以爲常人雖爲利欲所昏而本然之善終未嘗泯但時或發每不自覺而不能充之爾故孟子以爲惟君子爲能知之衆人不能知也是啓王之心使凡遇善心發時便須識得即就此擴充自小以及大自近以及遠即其一端推之至其極則仁不可勝用矣

曰無傷也是乃仁術也見牛未見羊也君子之於禽獸也見其生不忍見其死聞其聲不忍食其肉是以君子遠庖廚也

無傷言雖有百姓之言不爲害也術謂法之巧者蓋殺

以羊易牛仁術字要緊正於下句見未見上見其爲仁術也惟見牛則仁心已發故須易牛惟未見羊則仁理未形故不妨以羊易之此正所謂仁術也此二句是王解上文齊王之疑是有事當下爲仁之術君子之於禽獸也以下又一意是未有事時預先養此心之法○集註心已發而不可遏着一心字是此心已動了必使他安放有下落不可遏抑他使中止理未形而無所妨用一理字尚未着在人心雖有此理而我心未動則其理未形於心無所妨者不妨其

牛既所不忍釁鐘又不可廢於此無以處之則此心雖發而終不得施矣然見牛則此心已發而不可遏未見羊則其理未形而無所妨故以羊易牛則二者得以兩全而無害此所以爲仁之術也聲謂將死而哀鳴也蓋人之於禽獸同生而異類故用之以禮而不忍之心施於見聞之所及其所以必遠庖廚者亦以預養是心而廣爲仁之術也

或問君子之遠庖廚何也曰禽獸之生雖與人異然原其稟氣賦形之所自而察其悅生惡死之大情則亦未始不與人同也故君子嘗見其生則不忍見其死嘗聞其聲則不忍食其肉蓋本心之發自有不能已者非有所爲而爲之也曰然則曷爲不若浮屠之止殺而撤肉

惻隱之心也晚村謂見牛未見羊不是孟子代齊王飾說解嘲亦不是格非歸正如好色好貨之類此正孟子善於指點開導處滿腔子惻隱之心一端上全身盡露見牛未見羊體用具足不分兩層朱子所謂體無限量用無終窮擴充得去有甚盡時孟子說到此處直是痛癢相關所以下節感動得齊王戚戚云云若有一毫机栝作用隔着千里矣

也曰人物並生於天地之間本同一理而稟氣有異焉稟其清明純粹則爲人稟其昏濁偏駁則爲物故人之與人自爲同類而物莫得以班焉乃天理人心之自然非有所造作而故爲是等差也故君子之於民則仁之雖其有罪猶不得已然後斷以義而殺之於物則愛之而已食之以時用之以禮不身翦不暴殄而既足以盡於吾心矣其愛之者仁也其殺之者義也人物異等仁義不偏此先王之道所以爲正非異端之比也彼浮屠之於物則固仁之過矣而於其親乃反恝然其無情也其錯亂顛倒乃如此而又何足法哉〇問所謂見牛未見羊者豈必見之而後有是心耶曰心體渾然無內外動靜始終之間未見之時此心固自若也但未感而無

自以發耳然齊王之不忍施於見聞之所及又正合乎愛物淺深之宜若仁民之心則豈爲其不見之故而忍以無罪殺之哉且觀齊王聞孟子之言而心復有戚戚焉則此心之未嘗亡而感之無不應者又可見矣○有以齊王愛牛之説明學者求仁之事者曰此心之發在人不同能察識存養而擴充之則可以至於仁矣曰此心之發固當審察存養而擴充之矣然其明暗通塞之幾乃存乎平日所以涵養之厚薄若曰必待其發見之已然而後始用力焉則喜怒哀樂未發之時學者爲無所用其力可乎

語類　術猶方便也仁術謂已將牛去殺是其仁心無可爲處了卻令以羊易之又却存得那仁心此是爲其仁

之術也○術字本非不好底事只緣後來把做變詐看了便道是不好却不知天下事有難處處須着有箇巧底道理始得當齊王見牛之時惻隱之心已發乎中又見釁鐘事大似住不得只得以所不見者而易之乃是他既周旋得那事又不抑遏了這不忍之心此心乃得流行若當時無箇措置便抑遏了這不忍之心遂不得而流行矣此乃所謂術也

大全慶源輔氏曰唯其不忍之心止施於見聞之所及故古之君子知學問者必遠其庖廚乃所以預養是不忍之心不使之見其生聞其聲以推擴其爲仁之術不必屑屑然以其所不見而易其所見也孟子言此以見宣王之初心本無不善以羊易牛然後仁義之心得以

此節我心戚戚、亦只是略能察識耳若真識得透徹則必知此惻隱之心只是仁之端之發於愛物者其次第必自親親仁民始則此心之所以合於王道必能自識矣今乃不知此心之所以合於王者故詳謂其猶未知所以反其本而

兩全而無害也○雲峯胡氏曰一本心也已發在於擴充未發在於預養○東陽許氏曰既見牛而不忍此心欲行則便不可殺此牛而釁鍾又不可廢或殺牛或廢禮皆是仁心行不徹故用未見其形未聞其聲之羊以代之此正用術之圓機此即是權行仁者常放此意而行故謂之術

王說曰詩云他人有心予忖度之夫子之謂也夫我乃行之反而求之不得吾心夫子言之於我心有戚戚焉此心之所以合於王者何也

詩小雅巧言之篇戚戚心動貌王因孟子之言而前日之心復萌乃知此心不從外得然猶未知所以反其本而推之也

推之也。

大全慶源輔氏曰戚戚心動而有所慘傷也孟子所言曲盡其理故宣王前日之心復動于中而委蛇曲折之意莫不盡見而亦莫非吾心本然之善非從外而得也向非孟子據理之極知言之要深得夫開道誘掖之術則亦何能使宣王前日不忍之心復萌也哉宣王此心雖復動而其端尚行其體未充而又未知所以用力推擴之方故孟子此下復以用力用明用恩之說以曉切之○雲峯胡氏曰齊王於其本心略能察識自此以下孟子皆教之以擴充○新安陳氏曰此心之所以合於王者何也王此何亦問得緊切與孟子是心足以王矣一句相照應

曰有復於王者曰吾力足以舉百鈞而不足以舉一羽明

舉百鈞察秋毫愛物之譬也舉一羽見輿薪仁民之譬也自復者說來則王不許在王自已行來則自不知此孟子之所不解也故詰之曰獨何歟後亦再復此一句前虛後實○三不用字一不能字看眼即是不能擴充

足以察秋毫之末而不見輿薪則王許之乎曰否今恩足以及禽獸而功不至於百姓者獨何與然則一羽之不舉為不用力焉輿薪之不見為不用明焉百姓之不見保為不用恩焉故王之不王不為也非不能也

復白也鈞三十斤百鈞至重難舉也羽鳥羽一羽至輕易舉也秋毫之末毛至秋而末銳小而難見也輿薪以車載薪大而易見也許猶可也今恩以下又孟子之言也蓋天地之性人為貴故人之與人又為同類而相親是以惻隱之發則於民切而於物緩推廣仁術則仁民易而愛物難今王此心能及物矣則其保民而王非不能也但自不肯為耳

大全南軒張氏曰親親而仁民仁民而愛物此天地之

大同由一本而其施有序也豈有於一牛則能不忍而不能保民者蓋方見牛而不忍者無以蔽之而其愛物之端發見也其不能加恩於民者有以蔽之而仁民之理不著也然即夫愛物之端可以知夫仁民之理素具能反而循其不忍之實則其所謂仁民者固可得也○慶源輔氏曰天地之性人爲貴而人之與人又爲同類而相親故惻隱之發於民切於物緩皆自然而然雖至愚之人亦莫不然學者須是臨事體察看教分曉不可糢糊率略聽其自然事過便休若夫推廣仁術則仁民易而愛物難所以難所以易者由以凡人言之推廣此心愛養同類者其勢便其事易至於物則有不得已而資以爲用者使之皆被吾之愛而無傷則其勢遠其事

此問頗深故孟子只用淺

難自君人者言之發政施仁使民得以遂其生者其勢便其事易極輔相財成之道使庶類蕃殖鳥獸魚鼈咸若者其勢遠其事難今王此心既發於見牛之際而又有以處之而使是心得以流行矣則是於其勢遠而事難者既能有以及之則以是心而施於勢近而事易與之同類而相親所謂保民而王者則豈有不能者哉但自不肯爲耳○新安陳氏曰今恩足以及禽獸而功不至於百姓者獨何與此二句難得最緊切乃是一大章文意警策處下文又以此二句再難以結之王能其緩且難者而失之於切且易者何也使王能自其不忍之形於愛物者充廣之以仁民特舉而措之耳

曰不爲者與不能者之形何以異曰挾太山以超北海語

譬之

人曰我不能是誠不能也爲長者折枝語人曰我不能是不爲也非不能也故王之不王非挾太山以超北海之類也王之不王是折枝之類也

形狀也挾以腋持物也超躍而過也爲長者折枝以長者之命折草木之枝言不難也是心固有不待外求擴而充之在我而已何難之有

前節於愛物之上推出愛百姓是仁民事此節又於仁民之上推出吾老吾幼是親親事親親而仁民仁民而愛物是一定之序今乃倒行逆施此所謂不善推也此章只重保民而王故此節雖兼親親說然意却不在此只欲其功至

老吾老以及人之老幼吾幼以及人之幼天下可運於掌詩云刑于寡妻至于兄弟以御于家邦言舉斯心加諸彼而已故推恩足以保四海不推恩無以保妻子古之人所以大過人者無他焉善推其所爲而已矣今恩足以及禽獸而功不至於百姓者獨何與

老以老事之也吾老謂我之父兄人之老謂人之父兄

於百姓則仁民爲急也斯心斯不忍之心也一彼字中吾之老幼人之老幼寡妻兄弟家邦皆在其中即禽獸亦在其中我既有此不忍之心即須加之但加之須有等殺有次第故一加字不盡下文又着善推字推字即加字推字重善字尤重齊王恩及禽獸不是不推只是不善推中間跳却仁民一大脫卯耳

幼以幼畜之也吾幼謂我之子弟人之幼謂人之子弟運於掌言易也詩大雅思齊之篇刑法也寡妻寡德之妻謙辭也御治也不能推恩則衆叛親離故無以保妻子蓋骨肉之親本同一氣又非但若人之同類而已故古人必由親親推之然後及於仁民又推其餘然後及於愛物皆由近以及遠自易以及難今王反之則必有故矣故復推本而再問之

或問老吾老以及人之老幼吾幼以及人之幼而天下可運於掌何也曰天地之間人物之衆其理本一而分未嘗不殊也以其理一故推己可以及人以其分殊故立愛必自親始爲天下者誠能以其心而不失其序則雖天下之大而親疏遠邇無一物不得其所焉其治豈

不易哉

大全新安陳氏曰末二句再問難以結之十分精神文法亦有照應收拾○南軒張氏曰孟子非使之以其愛物者及人蓋推之因愛物以循其不忍之實而反其所謂一本者以親親而仁民仁民而愛物此所謂王道也

○慶源輔氏曰人之骨肉本同一氣而生又非但若人之同類而已故於心爲至親至切而行仁必自孝弟始然後可以推而及民與物也勢有近遠當由近以及遠事有難易當自易以及難老吾老幼吾幼以及人之老幼刑寡妻至兄弟以御于家邦此皆自然之序而人所不自已者若或反此則必有其故矣是不可不致其克復之功使之循序而進不然則倒行而逆施之如無源

反而是逆遡其本也推而是順推其末也先使之反求之而後順推而得其次第此所謂善推也

之水無根之木不旋踵而乾涸枯瘁矣○雙峯饒氏曰因愛牛之心說到此欲其因愛物之心反而見得仁民因愛人之心反而見得親親又因親親推而至於仁民由仁民推而至於愛物運於掌言其近而易天下雖大只由一家老老幼幼推去又何難且遠之有運於掌與視諸掌不同運屬行視屬知那箇是易知這箇是易行○西山眞氏曰由親以及民由民以及物此古人之善推也能及物而不能及民此宣王之不善推也○雲峯胡氏曰須要看集註三節議論貫穿處始言愛物則曰人之於禽獸同生而異類繼言仁民則曰天地之性人爲貴故人之與人又與同類而相親此言老老幼幼則曰骨肉之親本同一氣又非但若人之同類而已曰同

權字度字是死字所謂本然之權度也然此死字却作活字用故兩曰然後知惟其以權權之以度度之然後知之也度之度字是本活字兼權度在內

生曰同類曰同氣是爲理一而分殊雖推之有序然皆不過自吾本心而推之是爲分殊而理一也大抵此章凡千餘言大要只二句欲其察識此心於方發之初故曰是心足以王矣欲其擴充此心於已發之後故曰善推其所爲而已矣

權然後知輕重度然後知長短物皆然心爲甚王請度之

權稱錘也度丈尺也度之謂稱量之也言物之輕重長短人所難齊必以權度度之而後可見若心之應物則其輕重長短之難齊而不可不度以本然之權度又有甚於物者今王恩及禽獸而功不至於百姓是其愛物之心重且長而仁民之心輕且短失其當然之序而不自知也故上文既發其端而於此請王度之也。

語類問不知如何是本然之權度曰本然之權度亦只是此心此心本然萬理皆具應物之時須是仔細看合如何便是本然之權度也如齊宣王見牛而不忍之心見此是合權度處及至興甲兵危士臣搆怨於諸侯又却忍爲之便是不合權度失其本心又曰亦是察之未精○問物皆然心爲甚曰物之輕重長短之差易見心之輕重長短之差難見物之差無害心之差有害故曰心爲甚又曰物易見心無形度物之輕重長短易度心之輕重長短難度物差了只是一事差心差了將萬事差所以心爲甚又曰以本然之權度度心又曰愛物宜輕仁民宜重此是權度以此去度

大全慶源輔氏曰此指宣王之心偏詖處言之也必先

既知察識又知擴充。而不能擴充者興兵構怨求大欲以殃吾民故功不至於百姓也指以問王亦欲其度之而亟去其所蔽以善推此心也

見得其輕重長短如此分明了。然後究其所以然之故則吾心之蔽始可去而本然之理始可復此孟子所以引物資權度之說而使王自稱量其心也

抑王興甲兵危士臣構怨於諸侯然後快於心與

抑發語辭士戰士也構結也孟子以王愛民之心所以輕且短者必其以是三者爲快也然三事實非人心之所快有甚於殺觳觫之牛者故指以問王欲其以此而度之也

大全慶源輔氏曰孟子恐王不知所以稱量之要故舉興甲兵危士臣構怨於諸侯三事使王度之蓋宣王愛民之心所以輕且短者實以是三者之爲快蔽之也夫此三事乃人心之所不忍有甚於殺觳觫之牛者王若

口中雖說不快於是。而不能不以此求大欲。則仍是快於是。則仍是不能度之也。

以是爲决則宜乎愛民之心輕且短也〇雲峯胡氏曰上一節一心字指本心而言蓋謂本心之中有自然之權度非自外來也此節一心字與後數箇欲字便非本心矣本心難擴充而欲心易於蔽錮此王道所以不行也〇

王曰否吾何快於是將以求吾所大欲也

不快於此者心之正也而必爲此者欲誘之也欲之所誘者獨在於是是以其心尚明於他而獨暗於此此其愛民之心所以輕短而功不至於百姓也

大全慶源輔氏曰辟土地朝秦楚蒞中國撫四夷是其本志也興甲兵危士臣構怨於諸侯則末流之禍耳有是志則有是禍矣指其末流之禍則以爲不快於此者

心之明也。而卒溺於初志之失而不知反者。欲誘之也。其心尚明於他者謂不忍一牛之觳觫也。而獨暗於此者謂功不至於百姓也。

曰王之所大欲可得聞與王笑而不言曰爲肥甘不足於口與輕煖不足於體與抑爲采色不足視於目與聲音不足聽於耳與便嬖不足使令於前與王之諸臣皆足以供之而王豈爲是哉曰否吾不爲是也曰然則王之所大欲可知已欲辟土地朝秦楚莅中國而撫四夷也以若所爲求若所欲猶緣木而求魚也

便嬖近習嬖幸之人也、已語助辭、辟開廣也、朝致其來朝也、秦楚皆大國、莅臨也、若如此也、所爲指興兵結怨之事、緣木求魚言必不可得、

方千里方字。是方員方字。以開方法筭之爲方千里也反其本。此本字指下發政施仁

大全新安陳氏曰所大欲在此。所以初發問便欲聞桓文霸圖事

王曰若是其甚與曰殆有甚焉緣木求魚雖不得魚無後災以若所爲求若所欲盡心力而爲之後必有災曰可得聞與曰鄒人與楚人戰則王以爲孰勝曰楚人勝曰然則小固不可以敵大寡固不可以敵衆弱固不可以敵彊海內之地方千里者九齊集有其一以一服八何以異於鄒敵楚哉蓋亦反其本矣

殆蓋皆發語辭鄒小國楚大國齊集有其一言集合齊地其方千里是有天下九分之一也以一服八必不能勝所謂後災也反本說見下文

大全新安陳氏曰千里者九齊楚燕秦趙魏韓宋中山

發政施仁卽上節反本之事所指甚廣不止如末節制産之事而末節又爲發政施仁之本節後兩本字又異也○晩村云發政施仁只是齊國中事必齊國行其實而天下嚮風而發施之本又必在齊王擧心加彼老老幼幼推恩有序方見上文指歸實際到此一收結下文另起到盡反其本處又一總收結也

也○吳氏程曰王制四海之內方三千里爲九州方千里蓋以田計之山川城池不在數內

今王發政施仁使天下仕者皆欲立於王之朝耕者皆欲耕於王之野商賈皆欲藏於王之市行旅皆欲出於王之塗天下之欲疾其君者皆欲赴愬於王其若是孰能禦之

行貨曰商居貨曰賈發政施仁所以王天下之本也近者悅遠者來則大小彊弱非所論矣蓋力求所欲則所欲者反不可得能反其本則所欲者不求而至與首章意同

大全南軒張氏曰行王政者心非欲傾他國以自利也惟以民困爲已任爲吾所當爲而天下自歸心焉夫欲朝秦楚蒞中國自世俗言則以爲有志自聖賢觀之苟

制恒産。又發政施仁之本。

不本乎公理特出於忮求矜伐之私耳齊王惟汲汲於濟其私非惟不克濟而禍患隨之陷私欲固危道也而孟子所言以發政施仁則公理之所存可大之業自可馴致此天理人欲之分也○慶源輔氏曰力求所欲則徇欲也有爲而爲之也計獲求得用力雖勞而所欲者反不如所期能反其本則循理者也無所爲而爲之也先難後獲先事後得而可大之業自爾馴至此天理人欲之分也

王曰吾惛不能進於是矣願夫子輔吾志明以教我我雖不敏請嘗試之

惛與昏同

曰無恒產而有恒心者惟士爲能若民則無恒產因無恒

末節特詳言其所以制恒產者耳此處先提大綱以見緊要

尚未說所以制恒產之實而先丁寧反覆言制之則善不制則不善使人心

心苟無恒心放辟邪侈無不爲已及陷於罪然後從而刑之是罔民也焉有仁人在位罔民而可爲也

恒常也產生業也恒產可常生之業也恒心人所常有之善心也士嘗學問知義理故雖無常產而有常心民則不能然矣罔猶羅網欺其不見而取之

大全慶源輔氏曰恒產常生之業則下文所言五畝之宅百畝之田是也恒心常有之善心則下文所言善與禮義是也善又禮義之總名緣民無常產所以無常心故不知禮義而陷於放辟邪侈也若遂從而刑之是誠無異於以羅網罔民欺其不見而取之也

是故明君制民之產必使仰足以事父母俯足以畜妻子樂歲終身飽凶年免於死亡然後驅而之善故民之從之

悚意動然後說出其詳不欲齊士以空言忽過也

也輕

輕猶易也此言民有常產而有常心也

今也制民之產仰不足以事父母俯不足以畜妻子樂歲終身苦凶年不免於死亡此惟救死而恐不贍奚暇治禮義哉

贍足也此所謂無常產而無常心者也

王欲行之則盍反其本矣

盍何不也使民有常產者又發政施仁之本也說見下文

大全新安陳氏曰則盍反其本矣與前蓋亦反其本矣當對觀發政施仁是所以王天下之本使民有常產又是發政施仁之本也

欲上察識此心而擴充之如何擴充只先要發政施仁如何發政施仁只先要制民常產此節止制民常產之實也一章實際在此坐而言起而可行不是空談經濟與所以告梁王者不異只原孟子一生所學只有此本領而王道不外於教養也但盡心章跟盡心說此跟保民而王說又不同○養教不平跟保民而王發政施仁說則養爲亟故曉村謂孟子時民困已極其告君論政只重在制産足民而教學明倫雖定說細亦只舉大畧其全書皆然不獨此節也

五畝之宅樹之以桑五十者可以衣帛矣雞豚狗彘之畜無失其時七十者可以食肉矣百畝之田勿奪其時八口之家可以無飢矣謹庠序之教申之以孝悌之義頒白者不負戴於道路矣老者衣帛食肉黎民不飢不寒然而不王者未之有也

此言制民之產之法也趙氏曰八口之家次上農夫也○此王政之本常生之道故孟子爲齊梁之君各陳之也○楊氏曰爲天下者舉斯心加諸彼而已然雖有仁心仁聞而民不被其澤者不行先王之道故也故以制民之產告之○此章言人君當黜霸功行王道而王道之要不過推其不忍之心以行不忍之政而已齊王非無此心而奪於功利之私不能擴充以行仁政雖以孟子反

覆曉告精切如此而徹周已深終不能悟是可歎也
大全南軒張氏曰孟子如對鴻鴈麋鹿之問及對好樂好色好貨皆徐引之當道何其辭氣不迫也至於利國之問則應以何必曰利桓文之問則對以無道無傳論管晏則曰管仲曾西之所不爲言交兵之不利則曰號則不可又何其嚴也自後世觀之後數說比之前數者宜若未至甚害而攻之反甚切何歟蓋前數者一病爲一事耳故紬繹其性之端以示之使之曉然知反躬之要則天理可明而人欲可遏矣至於霸者功利之說易以惑人人或趨之則大體一差雖有嘉言善道亦何由入戰國諸侯其失正在乎此故闢之不可不嚴也○雲峯胡氏曰此章甚詳集註斷之甚約蓋欲聯霸功則心之所

向者正能行王道則心之所充者大先王有不忍人之心斯有不忍人之政今雖有不忍之心而不能推之以行不忍之政無他奪於功利之私也功利二字依舊是向霸功上去入於彼必出於此世安有不能黜霸功而能行王道者哉此孟子所以斷然以爲仲尼之徒所不道也

此章樂字孟子只作箇樂
字看曲曲引王與民同樂
好樂二字好字重樂字輕
是與王論所好當與民同
非與王辨樂音樂理之細
也若辨其細今樂古樂豈
能不異此只姑置勿論

四書或問語類大全合訂　孟子卷之二

梁惠王章句下

凡十六章

莊暴見孟子曰暴見於王王語暴以好樂暴未有以對也曰好樂何如孟子曰王之好樂甚則齊國其庶幾乎

莊暴齊臣也庶幾近辭也言近於治

他日見於王曰王嘗語莊子以好樂有諸王變乎色曰寡人非能好先王之樂也直好世俗之樂耳

變色者慚其好之不正也

大全東陽許氏曰王語暴以好樂葢論及所好之俗樂暴未有以對葢莊暴亦知俗樂之不足好欲諫而未得其辭故以告孟子〇王變色是愧前與暴論者不可聞

此節拈出樂字。只是欲王與民同樂耳。不與王正言音樂也。

曉村云。今王鼓樂兩節是極言同樂不同樂之效。然孟子机鋒入處。正在可得聞歟一節也。重醒此節而兩節自起

於孟子故其下直言之
曰王之好樂甚則齊其庶幾乎今之樂由古之樂也
今樂世俗之樂古樂先王之樂
曰可得聞與曰獨樂樂與人樂樂孰樂曰不若與人曰與
少樂樂與衆樂樂孰樂曰不若與衆
獨樂不若與人與少樂不若與衆亦人之常情也
臣請爲王言樂
此以下皆孟子之言也
今王鼓樂於此百姓聞王鐘鼓之聲管籥之音舉疾首蹙
頞而相告曰吾王之好鼓樂夫何使我至於此極也父子
不相見兄弟妻子離散今王田獵於此百姓聞王車馬之
音見羽旄之美舉疾首蹙頞而相告曰吾王之好田獵夫

今王鼓樂兩節孟子描畫

何使我至於此極也父子不相見兄弟妻子離散此無他不與民同樂也

鐘鼓管籥皆樂器也舉皆也疾首頭痛也蹙聚也頞額也人憂戚則蹙其頞極窮也羽旄旌屬不與民同樂謂獨樂其身而不䘏其民使之窮困也

大全新安陳氏曰管笙也籥如笛而六孔或曰簫也○趙氏德曰樂以鼓爲節周禮鼓人掌教六鼓以節聲樂○趙氏曰春秋傳范宣子假羽旄於齊晉人假羽旄於鄭註析羽爲旌王者游車所建也案周禮司常九旗之數有全羽析羽釋云全羽析羽直有羽而無帛○新安陳氏曰因好樂而及田獵以王亦好田獵故也

今王鼓樂於此百姓聞王鐘鼓之聲管籥之音舉欣欣然

出兩種圖形歆動齊君耳與民同樂不與同樂平日自有實政在

晚村云通章結穴在一王字王字跟民字來民字又

有喜色而相告曰吾王庶幾無疾病與何以能鼓樂也今王田獵於此百姓聞王車馬之音見羽旄之美舉欣欣然有喜色而相告曰吾王庶幾無疾病與何以能田獵也此無他與民同樂也

與民同樂者推好樂之心以行仁政使民各得其所也

語類孟子開道時君故曰今之樂猶古之樂至於言百姓聞樂音欣欣然有喜色處則關閉得甚密如好色好貨亦此類也

大全雙峰饒氏曰庶幾無疾病民唯恐君不安樂有愛之欲其生之意若時日害喪則惡之欲其死矣田獵雖非樂推類而言之也

今王與百姓同樂則王矣

跟獨人少衆字來故全章關要在可得聞歟一節認得斯旨便知樂字是其借論點醒今古字是其机鋒激發鼓樂兩節不過是其聲色圖狀耳

好樂而能與百姓同之則天下之民歸之矣所謂齊其庶幾者如此○范氏曰戰國之時民窮財盡人君獨以南面之樂自奉其身孟子切於救民故因齊王之好樂開導其善心深勸其與民同樂而謂今樂猶古樂其實今樂古樂何可同也但與民同樂之意則無古今之異耳若必欲以禮樂治天下當如孔子之言必用韶舞必放鄭聲蓋孔子之言爲邦之正道孟子之言救時之急務所以不同楊氏曰樂以和爲主使人聞鐘鼓管絃之音而疾首蹙頞則雖奏以咸英韶濩無補於治也故孟子告齊王以此姑正其本而已

或問首章范楊之説不同何也曰非不同也范氏以孟子之言爲救時之急務而楊氏亦以爲姑正其本則其

意固皆以爲使孟子得政於齊則夫所謂世俗之樂者必將以漸而去之矣但二公之說皆有所未竟故使人不能無疑然從范氏之說而失之不過爲失孟子之微意而未害乎爲邦之正道從楊氏之說而失之則是古樂終不必復今樂終不必廢而於孟子之意爲邦之道將兩失之此不可以不審也

大全南軒張氏曰與民同樂者固樂之本也好世俗之樂者私欲也與民同樂者公理也孟子不遽詆其所好而獨擴之以公理可謂善啓君者○趙氏德曰周禮大司樂註云大咸堯樂大磬舜樂大濩湯樂咸池言德無不施也英華茂也招紹也繼堯也濩言救民也○新安陳氏曰不卹民而自好世俗之樂以縱其荒樂人欲之

於傳有之。本甚活。使其有是事也。則傳載之矣。使其無是事也。亦傳語自不確耳。孟子亦未自下斷語也

縱肆也。因賢者之問而自懟所好之不正。天理之萌動也。齊王懟之。孟子不詆而開導之。戒其縱獨樂之私。而勉其充同樂之公。遏人欲而擴天理也。王道在遏人欲擴天理而已

〇齊宣王問曰。文王之囿方七十里。有諸。孟子對曰。於傳有之

囿者。蕃育鳥獸之所。古者四時之田。皆於農隙以講武事。然不欲馳騖於稼穡場圃之中。故度閒曠之地以爲囿。然文王七十里之囿。其亦三分天下有其二之後也與。傳謂古書。

語類。孟子言文王由百里。與亦未必然。問孟子謂文王之囿方七十里。先生以爲三分天下有其二以後事。若

只百里如何有七十里之囿然孟子所謂傳有之者如何曰想他須有據但孟子此說其意亦只主在風齊宣王爾若文王之囿果然縱一切人往則雖七十里之大不過幾時亦爲赤地矣又焉得有林木鳥獸之長茂乎周之盛時雖天下山林猶有厲禁豈有君之苑囿反縱芻獵恣往而不禁乎亦無是理漢武帝規上林苑只有二三十里當時諸臣已皆以爲言豈有文王之囿反如是之大

大全南軒張氏曰意齊王欲廣其囿諛佞之徒必有假文王事以逢之者文王豈崇囿如此蓋其蒐田所及民以爲王之囿耳以芻雉得往知其然也

曰若是其大乎曰民猶以爲小也曰寡人之囿方四十里

芻蕘雉兔字亦是以死字作活字用猶言取雉取兔取芻取蕘者也

民猶以爲大何也曰文王之囿方七十里芻蕘者往焉雉兔者往焉與民同之民以爲小不亦宜乎

芻草也蕘薪也

臣始至於境問國之大禁然後敢入臣聞郊關之內有囿方四十里殺其麋鹿者如殺人之罪則是方四十里爲阱於國中民以爲大不亦宜乎

禮入國而問禁國外百里爲郊郊外有關阱坎地以陷獸者言陷民於死也

大全禮記曲禮入境而問禁入國而問俗入門而問諱

○新安陳氏曰前篇罔民與此爲阱皆是借網取禽阱取獸以諷切時君之禽獸其民死罔一也設禁阱民者人欲之私與民同利者天理之公無非欲遏人欲擴天

此章總註能懲小忿則能卹小事大以交鄰國指前三節能養大勇則能除暴救民以安天下指後五節前後兩截若相反而道理實一串惟其能懲小忿所以能養大勇也不然輕用其鋒如撫劍疾視之爲豈能一怒以安天下之民哉〇首節集註以字字易事字可見自文兩事字同行異情一是合理自然而然一是知理不敢不然也然總之在理上起見故下節總歸之於天一

理而已

〇齊宣王問曰交鄰國有道乎孟子對曰有惟仁者爲能以大事小是故湯事葛文王事昆夷惟智者爲能以小事大故太王事獯鬻句踐事吳

仁人之心寬洪惻怛而無較計大小强弱之私故小國雖或不恭而吾所以字之之心自不能已智者明義理識時勢故大國雖見侵陵而吾所以事之之禮尤不敢廢湯事見後篇文王事見詩大雅太王事見後章所謂狄人即獯鬻也句踐越王名事見國語史記

精義伊川曰凡人有所計較者皆私意也孟子曰唯仁者爲能以大事小仁者欲人之善而矜人之惡不計較小大强弱而事之故能保天下犯而不較亦樂天順理

者也

語類湯事葛文王事昆夷昆夷不可考大抵湯之事葛文王事昆夷其本心所以事之之時猶望其有悔悟之心必待伐之豈得已哉亦所當然耳○問仁者爲能以大事小是仁者之寛洪惻怛也便是小國不恭亦撓他不動智者爲能以小事大葢智者見得利害甚明故祗得事大曰也不特是見得利害明道理自合恁地小之事大弱之事强皆是道理合恁地

大全新安陳氏曰惟仁者能忘巳之大而事鄰國之小實只字之若事之耳○詩緜八章肆不殄厥愠亦不隕厥問柞棫拔矣行道兑矣混夷駾矣維其喙矣言大王雖不能殄絶混夷之愠怒亦不隕墜巳之聲問葢雖聖

賢不能必人之不怒已、但不廢其自脩之實耳、然大王始至此岐山之時、林木深阻、人物鮮少、至於其後生齒漸繁、歸附日衆、則木拔道通、昆夷畏之、而奔突竄伏、惟其喙息而已、言德盛而昆夷自服也、蓋已爲文王之時矣、○國語吳語、史記越王句踐世家同云越王興兵伐吳、吳王聞之、悉發精兵擊越、敗之夫椒、越王乃以餘兵五千人、保棲於會稽、吳王追而圍之、越王乃令大夫種行成於吳、膝行頓首曰、君王亡臣句踐使臣種敢告下執事、句踐請爲臣、妻爲妾、吳王將許之、子胥言於吳王曰、天以越賜吳、勿許也、種還以報句踐、句踐欲殺妻子、燔寶器、觸戰而死、種止句踐曰、夫吳太宰嚭貪、可誘以利、請間行言之、於是句踐乃以美女寶器令種間以獻吳太句踐本非太王之比。然此處只借以明智者如此，是舉箇樣子，不以句踐與太王分別尺寸也。

宰嚭。嚭受，乃見大夫種於吴王。種頓首言曰：願大王赦句踐之罪，盡入其寶器。不幸不赦，句踐將盡殺其妻子，燔其寶器，五千人觸戰，必有當也。嚭因說吴王曰：越已服爲臣，若將赦之，此國之利也。卒赦越，罷兵歸。○朱子曰：仁者自然合理，智者知理之當然而敬以循之。其大槩是如此。若細分之，則大王、句踐意思自不同也。○潛室陳氏曰：仁者無計較之私，忘其孰大而孰小；智者有度量之明，自知小不能敵大。○雲峰胡氏曰：本文大事小、小事大，集註則曰大字小、小事大。一字字尤見仁人之心。然大之字小，猶未足以見其仁，必小國雖或不恭，而字之之心自不能已，乃見大者之仁；小之事大，猶未足以見其智，必大國雖見侵陵，而事之之禮尤不敢廢，

集註自然合理不敢違理雖同在道理上命意然自然字與天爲一不敢字有許多勉强其生熟不同其身分亦異其功業之氣象規模亦自是不同也

乃足以見小者之智○趙氏德曰國語圖譜吳自泰伯至壽夢十六世始見春秋越之先夏少康之庶子封會稽以奉禹祀至句踐始見春秋魯哀公元年大夫種行成於吳哀公五年越王歸國與范蠡謀吳魯哀公二十年冬十一月伐吳居軍三年吳使大夫王孫雄行成王弗忍將許之范蠡諫不可遂滅吳

以大事小者樂天者也以小事大者畏天者也樂天者保天下畏天者保其國

天者理而已矣大之字小小之事大皆理之當然也自然合理故曰樂天不敢違理故曰畏天包含徧覆無不周徧保天下之氣象也制節謹度不敢縱逸保一國之規模也

此條說到不縱亂不苟安已透起下半章大勇戢暴意然此章前後各自爲說此條亦是推論道理如此

或問樂天畏天之說其詳復有可得而聞者乎曰予聞之亡友何叔京曰仁者以天下爲度一視而同仁惟欲使人各得其所不復計彼此强弱之勢故以大事小而不以爲難如葛與昆夷之無道湯文懇懃而厚鄰之及夫終不可化而禍及於人然後不得已而征伐之仁之至也智者達於事變而知理之當然故以小事大而不敢忽然而必自强於政治期於有以自立如獯鬻與吳之方强太王句踐外卑躬而事之内則治其國家利其民人終爲或興王業或刷其恥此智之明也使湯文保養夷葛惡極而不能去是不仁而縱亂也使太王句踐惟敵人之畏而終不能自强是無恥而苟安也又何取於仁智哉其說當矣

非侵占後文意也。

語類問：「樂天畏天者，曰樂天是聖人氣象，畏天是賢人氣象。孟子只是說大槩聖賢氣象如此，使智者當以大事小時也，必以大事小；使仁者當以小事大處也，必以小事大。不可將大王、文王交互立說，便失了聖賢氣象。」此自是兩層事。孟子之說是前面一層，又須是看得後面一層。所以貴乎不以文害辭者，正是此類。人須見得言外意好。

大全問：「樂天畏天不同，以仁者而居小國，固不免爲智者之事；使智者而居大國，則未必能爲仁者之舉。向者智者分別曲直，未必能容忍而不與之較，如仁者之爲也。」朱子曰：「得之。」○仁者與天爲一，智者聽天所命。與天爲一者，嘉人之善，矜人之惡，無所擇於利害，故能以大引詩只斷章取一畏字証畏天下者保其國而樂天者之保天下可知至詩本意謂成王之保天下則固不論也若以保之之字爲保天下則又是樂天者事

事小聽天所命者循理而行順時而動不敢用其私心故能以小事大○慶源輔氏曰天者理而已矣即程子所謂夫天尊言之即道也以道理言則大者自當字小此天之所以覆地也小者自當事大此坤之所以承乾也又曰保天下保其國言仁智者之氣象規模有此效也非謂仁者智者之心欲其如此也

詩云畏天之威于時保之

詩周頌我將之篇時是也

或問畏天之威于時保之此周頌之言保天下之事也而以畏天爲言何哉曰聖賢之言各有攸當彼以成王而言則固以畏天而能保文武之天下矣且古人引詩斷章取義固不如是之拘也

與畏天字不類矣

大全新安陳氏曰引詩不及樂天一邊亦偶然耳○朱子曰此智者畏天而保其國之事○雙峰饒氏曰天理當然違之則有禍此便是天威了

王曰大哉言矣寡人有疾寡人好勇

言以好勇故不能事大而卹小也

大全新安陳氏曰大之事小善待之而已非奉事之也集註於大事小必曰字小又曰卹小而於事大不易事字葢欲發明孟子意不可不畧易此字也

對曰王請無好小勇夫撫劒疾視曰彼惡敢當我哉此匹夫之勇敵一人者也王請大之

疾視怒目而視也小勇血氣所爲大勇義理所發

大全趙氏曰血氣所爲之勇如溝澮之水暴集隨涸故

集註此文王之大勇也大字意在安天下之民上見白文此文王之勇也此字只指救阮一事而言故不用大字下句說到安天下之民不言其大而大可知故集註又補出大字下節武王之大勇亦然方是緊承王請大之大字說下○此節怒字是眼目其勇就此一字上見一怒一字有意言其不輕怒也安天下之民正見其勇不小也下武王之怒亦然

謂之小義理所發之勇天開地闢自不能已故謂之大

詩云王赫斯怒爰整其旅以遏徂莒以篤周祜以對于天下此文王之勇也文王一怒而安天下之民

詩大雅皇矣篇赫赫然怒貌爰於也旅衆也遏詩作按止也徂往也莒詩作旅徂莒謂密人侵阮徂共之衆也篤厚也祜福也對答也以答天下仰望之心也此文王之大勇也

大全新安陳氏曰怒者勇之發也因王赫斯怒一怒字發出一怒安民之說蓋自赫怒舉兵以對于天下而生出此意

書曰天降下民作之君作之師惟曰其助上帝寵之四方有罪無罪惟我在天下曷敢有越厥志一人衡行於天下

此節眼目在一恥字是言其所以勇之故也

武王恥之此武王之勇也而武王亦一怒而安天下之民

書周書泰誓之篇也然所引與今書文小異今且依此解之寵之四方寵異之於四方也有罪者我得而誅之無罪者我得而安之我既在此則天下何敢有過越其心志而作亂者乎衡行謂作亂也孟子釋書意如此而言武王亦大勇也

或問孟子之引詩書文多與今本不同當以何者爲正曰古者詩書簡册重大學者不能人有其藏師弟子間類皆口相授受故其傳多不同要亦互有得失不可以一槩論也

大全雙峰饒氏曰書言寵綏四方指君而言孟子言寵之四方指天而言書之有罪無罪指紂而言孟子之有

文武之一怒安民實是言其已然今王之一怒安民處是望其將然亦字有前事可師只在發憤以爲天下雄耳

罪無罪指諸侯而言書之越厥志指君而言孟子之越厥志指民而言二者大段不同想古人之書與今多不同多是人記得人家不常有此本○趙氏德曰孟子言書凡二十九援詩凡三十五○慶源輔氏曰寵異謂天寵異武王於天下也亶聰明是以天德寵異之也作元后是以天位寵異之也心志謂天下之心志也人之作亂皆過越其心志之故耳若守其心志無所過越則何至有作亂之事乎此武王以天下之重自任也

今王亦一怒而安天下之民民惟恐王之不好勇也

王若能如文武之爲則天下之民望其一怒以除暴亂而拯已於水火之中惟恐王之不好勇耳○此章言人君能懲小忿則能卹小事大以交鄰國能養大勇則能

此章大意亦只是欲人君不自樂而與民同樂意人意前三節盡之後只引晏子之言爲證耳樂字雖從離宮說起及到孟子口中則所謂民之樂若之樂自

除暴救民以安天下張敬夫曰小勇者血氣之怒也大勇者理義之怒也血氣之怒不可有理義之怒不可無知此則可以見性情之正而識天理人欲之分矣

大全慶源輔氏曰君人者必能懲小忿然後能養大勇所謂人能有所不爲然後可以有爲也○雙峯饒氏曰怒得是便是天理怒得不是便是人欲孟子之論大勇要分别天理人欲於毫釐之間如同樂獨樂之類

○**齊宣王見孟子於雪宮王曰賢者亦有此樂乎孟子對曰有人不得則非其上矣**

雪宮離宮名言人君能與民同樂則人皆有此樂不然則下之不得此樂者必有非其君上之心明人君當與民同樂不可使人有不得者非但當與賢者共之而已

別有所指非宮室游觀之謂也○齊王所謂賢者即指孟子與梁王所謂賢者指賢者之君說者自不同梁王有愧沮意齊王有誇張意此樂此字指雪宮是其所自以為樂者今以之居孟子而就見之故以一亦字誇張之孟子之所謂有半是謂賢者有半是謂凡人亦皆宜有故下句突接一人字以人字與却他賢字已自說到百姓身上去似乎所答非所問而其意則只輕輕借得齊王口中一有字移宮換商又彈別調也

也

大全慶源輔氏曰離猶别也别在其所居宮室之外故曰離宮君能與民同樂則人皆有此樂此釋有之一字下不得此樂者必有非君上之心此釋人不得則非其上矣一句○雲峰胡氏曰觀集註非但當與賢者共之一句便見得梁惠王問賢者亦樂此與齊宣王問賢者亦有此樂兩賢字似同而實有不同孟子答以賢者而後樂此不賢者雖有此不樂所謂賢者皆指君而言此則答以有之一字者謂賢者有此樂也然非特賢者有此樂凡人皆欲有此樂人有不得其樂則必有非其上之心矣是知此樂當與凡人共之不但當與賢者共之也如此則兩處賢字不同

又生出憂字件說。然以樂爲王須知所謂民之樂是何樂上之人又如何樂之。又須知其樂是何樂下之人又如何樂之四樂字各有義民之樂指富養田里樹畜皆是樂民之樂者爲之制之教之也其樂指游觀樂其樂所謂欣欣然有喜色而相告者是也泛爲同樂開言語不得憂即是

不得而非其上者非也爲民上而不與民同樂者亦非也

下不安分上不卹民皆非理也

大全慶源輔氏曰下不得而非其上者不知命也故謂之不安分爲民上而不與民同樂者不知義也故謂之不恤民

樂民之樂者民亦樂其樂憂民之憂者民亦憂其憂樂以天下憂以天下然而不王者未之有也

樂民之樂而民樂其樂則樂以天下矣憂民之憂而民憂其憂則憂以天下矣

大全南軒張氏曰憂樂不以已而以天下天理之公也於是舉景公事蓋道其國故典以告之○慶源輔氏曰君以民之樂爲樂則民亦以君之樂爲樂如是則君以

樂之反民之憂飢寒困苦憂民之憂則必圖有以免之其憂疾病愁苦憂其憂所謂吾王庶幾無疾病者是也晚村謂樂民樂憂民憂是卽有王政樂其樂憂其憂是王化之應其實民之憂樂與其憂樂各不同也又云樂以天下二句是過接語以天下卽是上四句非民字外又推遠一層說天下也又云樂字指君樂以天下三字指君民同樂接上注下地步極虛若一張皇天下便淩下矣故手法只在君心上反復推出以字以字如何只將不以一己之樂爲樂照耀以

民爲體民以君爲心天下雖大兆民雖多其懽忻愉怡痒痾疾痛舉切於吾之身矣君能體仁如此則天下之民其將何往雖欲無王不可得也

昔者齊景公問於晏子曰吾欲觀於轉附朝儛遵海而南放於琅邪吾何脩而可以比於先王觀也

晏子齊臣名嬰轉附朝儛皆山名也遵循也放至也琅邪齊東南境上邑名觀遊也

晏子對曰善哉問也天子適諸侯曰巡狩巡狩者巡所守也諸侯朝於天子曰述職述職者述所職也無非事者春省耕而補不足秋省斂而助不給夏諺曰吾王不遊吾何以休吾王不豫吾何以助一遊一豫爲諸侯度

述陳也省視也斂收穫也給亦足也夏諺夏時之俗語

字便生色矣無非事者結上春省二句又別以一事言之故註着而又字省耕省歛恐其失時是一意就其中不足不給者補助之又是耕斂中一節又一意故白文用兩而字側下晩村謂此二句因論游觀及此見王者一舉動無不勤恤民隱非謂王政只在於此亦非板定常年條例也若仁政則自有經制富教大法若謂先王盡心於農終歲只此兩番則先王之意荒矣

也豫樂也巡所守巡行諸侯所守之土也述所職陳其所受之職也皆無有無事而空行者而又春秋循行郊野察民之所不足而補助之故夏諺以為王者一遊一豫皆有恩惠以及民而諸侯皆取法焉不敢無事慢遊以病其民也

大全趙氏曰巡所守者自上察下也述所職者自下達上也王十二年一巡狩諸侯六年一朝○新安陳氏曰以上晏子言先王之法此下言當時之弊

今也不然師行而糧食飢者弗食勞者弗息睊睊胥讒民乃作慝方命虐民飲食若流流連荒亡為諸侯憂

今謂晏子時也師衆也二千五百人為師春秋傳曰君行師從糧謂糗糒之屬睊睊側目貌胥相也讒謗也慝

怨惡也言民不勝其勞而起謗怨也方逆也命王命也若流如水之流無窮極也流連荒亡解見下文諸侯謂附庸之國縣邑之長

大全慶源輔氏曰晏子主言齊事而云爲諸侯憂故知爲附庸之國縣邑之長也王者之命諸侯豈固欲其如此哉不過使之愛養斯民而已逆王命則虐必及其民矣○雙峰饒氏曰師行而糧食君之行也以師其食也以糧一而字在中間見得是兩事方命之命是好底命天子之命必是教他撫一國之民今也如此則是逆王命了又曰爲諸侯度指先王言爲諸侯憂指時君言

從流下而忘反謂之流從流上而忘反謂之連從獸無厭謂之荒樂酒無厭謂之亡

惟君所行，不是槩二者任他所行。言止此二者，一舉足便蹈之，不此則彼，不可中立。晚村謂惟字兩邊說，是偪法，不是活法，只看君所行何如。此處却是他人着力不得，此句但撥極狠，非是但憑君做也。

此釋上文之義也。從流下，謂放舟隨水而下；從流上，謂挽舟逆水而上；從獸，田獵也；荒，廢也；樂酒，以飲酒爲樂也；亡，猶失也。言廢時失事也。

大全雙峰饒氏曰：荒是廢時，亡是失事。

先王無流連之樂，荒亡之行，惟君所行也。

言先王之法，今時之弊，二者惟在君所行耳。

景公說，大戒於國，出舍於郊，於是始興發補不足。召太師曰：爲我作君臣相說之樂。蓋徵招角招是也。其詩曰：畜君何尤？畜君者，好君也。

戒，告命也。出舍，自責以省民也。興發，發倉廩也。太師，樂官也。君臣，己與晏子也。樂有五聲，三曰角，爲民；四曰徵爲事、招舜樂也、其詩徵招角招之詩也、尤過也、言晏子能畜止其君之欲、宜爲君之所尤、然其心則何過哉、孟子釋之、以爲臣能畜止其君之欲、乃是愛其君者也、○尹氏曰、君之與民、貴賤雖不同、然其心未始有異也、孟子之言、可謂深切矣、齊王不能推而用之、惜哉、

精義、楊曰、角爲民、徵爲事、巡所守、述所職、省耕斂、皆民事也、故齊景公作君臣相說之樂、曰徵招角招也、

大全、禮記樂記、宮爲君、商爲臣、角爲民、徵爲事、羽爲物、注、宮絃最大、用八十一絲、聲重而尊、故爲君、商屬金、金爲決斷、臣事也、絃用七十二絲、次宮、如臣次君者也、角觸也、物觸地而出、戴芒角也、絃用六十四絲、聲居宮羽之中、屬木、以其清濁中、民之象也、徵屬夏、夏時正長、萬

晚村云孟子卑管晏景公亦非行仁之主不過借其事引之耳始字中要見斟酌若竟以興發補不足當土政觀老大體預矣

物皆成形體事亦有體故配事絃用五十四絲羽屬水最清物之象故爲物絃用四十八絲○趙氏德曰宮土音絃用八十一絲商金音三分徵益一以生絃用七十二絲角木音三分羽益一以生絃用六十四絲徵火音三分宮去一以生絃用五十四絲羽水音三分商去一以生絃用四十八絲景公所作角徵樂以其爲民爲事也○新安陳氏曰上文引援景公晏子事實只末一句是孟子說○南軒張氏曰孟子羞稱管晏今乃引晏子之言何也葢羞稱者其大法也言與事有可取亦不可沒也亦見與人爲善至公至平之心也○新安陳氏曰此章與沼上之對畧相似大意主於不自樂而與民同樂耳樂民之樂憂民之憂雖平說然憂樂相反而實相

關憂民之憂者必不暇樂己之樂樂己之樂者必不知憂民之憂惟先憂以天下而後能樂以天下也前一截已盡之後不過引一段故實耳不與民同樂人欲也憂樂以天下天理也游豫爲諸侯度天理也流連爲諸侯憂人欲也無非遏人欲擴天理也又舜之韶遺音必有在齊者孔子在齊聞韶景公說亦名招可見

○齊宣王問曰人皆謂我毀明堂毀諸已乎

趙氏曰明堂太山明堂周天子東巡守朝諸侯之處漢時遺址尚在人欲毀之者蓋以天子不復巡守諸侯又不當居之也王問當毀之乎且止乎

大全慶源輔氏曰漢書郊祀志武帝元封元年封泰山泰山東北址古有明堂處云欲毀明堂正與子貢欲去

王者二字是責難語非張大語行王政三字最重王者不獨指天子諸侯能行王政者便是有下文引文王治岐甚當自明晚村謂是齊國中之明堂非通訓明堂也故最是

告朔餼羊之意同以其無用故欲去之也

孟子對曰夫明堂者王者之堂也王欲行王政則勿毁之矣

明堂王者所居以出政令之所也能行王政則亦可以王矣何必毁哉

精義或謂孔子尊周孟子欲齊王行王政何也伊川曰譬如一樹有可栽培之理則栽培之不然須別種聖賢何心視天命之改與未改爾

大全朱子明堂說曰論明堂制者非一竊意當有九室如井田之制東之中爲青陽太廟東之南爲青陽右个東之北爲青陽左个南之中爲明堂太廟南之東即東之南爲明堂左个南之西即西之南爲明堂右个西之

古人制事。多用井田。如制國中爲九區。中一區爲王宮。前朝後市。左右各三區爲民廛是也。又如廟制之室。複墻重簷。大概亦是九間中間四圖砌墻戶在東南上面有一重簷。簷下四

中爲總章太廟西之南即南之西爲總章左个西之北即北之西爲總章右个北之中爲玄堂太廟北之東即東之北爲玄堂右个北之西即西之北爲玄堂左个中爲太廟太室凡四方之太廟異方所基左个右个則青陽之左个乃玄堂之右个明堂之右个乃總章之左个也總章之右个乃玄堂之左个明堂之左个乃青陽之右个也但隨其時之方位開門耳太廟太室則每季十八日天子居焉古人制事多用井田遺意此恐然也新安倪氏曰此朱子按禮記月令爲說

明堂圖列後

方有牖牖下又接一重簷所謂重簷也複墻云者第二重簷下亦四面砌墻門在正南中一層墻中藏神主東向外一層墻中亦四面各三間如井字形體門南向但只中心隔斷四面通厰不似明堂制五方四隅各相隔別耳又如畫天下為九州亦是一箇大井字也

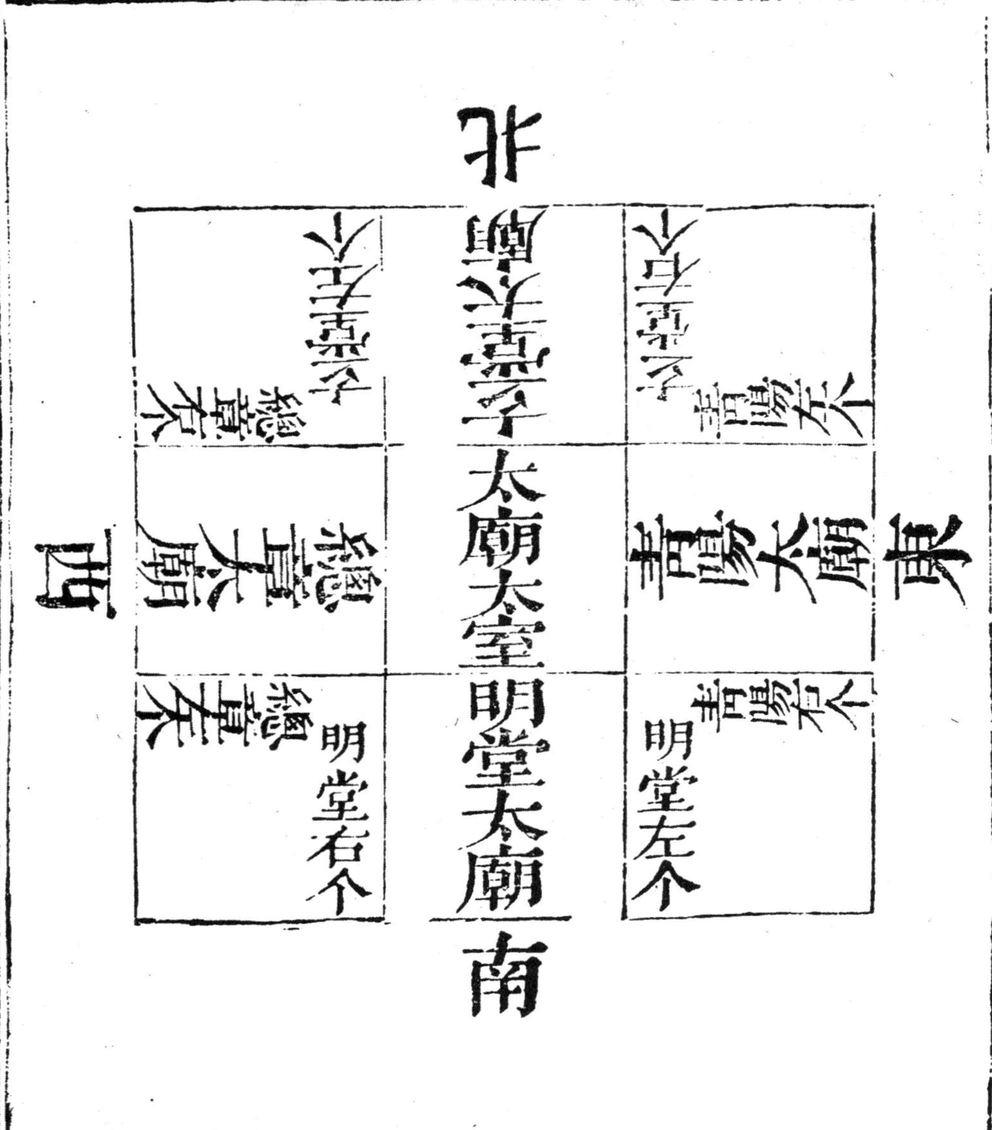

晚村云因明堂開陳王政宜引武王周公制作之盛與成康治化之隆忽然提箇文王爲榜樣一見諸侯本當行王政即文王可師二見文王艱難草創時尚必須此况今日典故明備三見王政本是救時撥亂之上策雖弱小危急惟此可以圖興看孟子籌滕宋亦必以此非太平迂論也切定治岐發論方見開導齊宣微旨○發政施仁所該甚廣將此句分溝則先字躍然透露引詩只証四者宜先與文王無與也○說到此等處似乎煦煦小恩不知這纔是王者仁政

王曰王政可得聞與對曰昔者文王之治岐也耕者九一仕者世祿關市譏而不征澤梁無禁罪人不孥老而無妻曰鰥老而無夫曰寡老而無子曰獨幼而無父曰孤此四者天下之窮民而無告者文王發政施仁必先斯四者詩云哿矣富人哀此煢獨

岐周之舊國也九一者井田之制也方一里爲一井其田九百畝中畫井字界爲九區一區之中爲田百畝中百畝爲公田外八百畝爲私田八家各受私田百畝而同養公田是九分而稅其一也世祿者先王之世仕者之子孫皆教之教之而成材則官之如不足用亦使之不失其祿蓋其先世嘗有功德於民故報之如此忠厚之至也關謂道路之關市謂都邑之市譏察也征稅也

盡頭盡頭宜乎在後却爲此四種後不得稍後即無及矣緣他是分田制產養老慈幼之政所不能逮也施仁必先方見王者用心必使天地間無一物不得其所至此直是以天自居他如桓文之治齊晉越之復國秦之興其初亦無不以撫循生聚爲事然都是要用其民而然則當其施恩善政之時純是自私自利之心矣此朱子與陳同甫辯漢唐之治不可當三代只爲這一點心天懸地隔耳○世祿句集註補出教之官之一層其理乃足宜着眼

關市之吏察異服異言之人而不征商賈之稅也澤謂瀦水梁謂魚梁與民同利不設禁也孥妻子也惡惡止其身不及妻子也先王養民之政導其妻子使之養其老而䘏其幼不幸而有鰥寡孤獨之人無父母妻子之養則尤宜憐䘏故必以爲先也詩小雅正月之篇哿可也煢困悴貌

大全東陽許氏曰文王未嘗稱王而所行却是王政○問文王治岐關市不征澤梁無禁成周門關市廛皆有限守山林川澤悉有厲禁何也潛室陳氏曰文王因民所利而利之乃王道之始成周經制大備乃王道之成○新安陳氏曰世祿善善長也不孥惡惡短也○雙峰饒氏曰都鄙用助法鄉遂用貢法此周所以兼二代之

法井田之法坦平處可行。江南想從古行貢法。閑是道路樽節處。市是市井。澤是水所都處。梁是水所通處。耕者九一。仕者世祿。是士農工商皆有所養。惟鰥寡孤獨無所告。故發政施仁必先斯四者。○趙氏德曰：孟子以鰥寡孤獨爲序者，輕重之序也。王制以孤獨矜寡爲序，禮運以矜寡孤獨爲序，豈非所養之嘗儀有寡多有二等，故先言孤獨，以重者先之；禮運先矜寡，以輕者先之，就二等之中則矜於寡爲重，獨於孤爲輕。葢孟子言幼而無父則孤爲重。鰥愁悒不能寐，目常鰥鰥然，其字從魚，魚目恒不閉。寡，寡果也，果然單獨也。孤，顧也，顧望無所瞻見也。獨，獨鹿也，鹿鹿無所係也。

王曰善哉言乎曰王如善之則何爲不行王曰寡人有疾

說詩處只增出居者有行者有字然後字便見其不是自已好貨點逗得最妙

寡人好貨對曰昔者公劉好貨詩云乃積乃倉乃裹餱糧于槖于囊思戢用光弓矢斯張干戈戚揚爰方啓行故居者有積倉行者有裹糧也然後可以爰方啓行王如好貨與百姓同之於王何有

王自以爲好貨故取民無制而不能行此王政公劉后稷之曾孫也詩大雅公劉之篇積露積也餱乾糧也無底曰槖有底曰囊皆所以盛餱糧也戢安集也言思安集其人民以光大其國家也戚斧也揚鉞也爰於也啓行言往遷於豳也何有言不難也孟子言公劉之民富足如是是公劉好貨而能推已之心以及民也今王好貨亦能如此則其於王天下也何難之有

大全仁山金氏曰積當作子賜反穀堆也○西山眞氏

內無怨女二句八字從詩、一、胥字看出。便見不是自已姜女一人也

曰人君豈不事儲峙之富、惟能推此心。使斯民亦有餱糧之積可也。

王曰寡人有疾寡人好色對曰昔者太王好色愛厥妃詩云古公亶父來朝走馬率西水滸至于岐下爰及姜女聿來胥宇當是時也內無怨女外無曠夫王如好色與百姓同之於王何有

王又言此者好色則心志蠱惑、用度奢侈、而不能行王政也、太王公劉九世孫、詩大雅緜之篇也、古公太王之本號、後乃追尊爲太王也、亶父太王名也、來朝走馬避狄人之難也、率循也、滸水涯也、岐下岐山之下也、姜女太王之妃也、胥相也、宇居也、曠空也、無怨曠者是太王好色而能推己之心以及民也○楊氏曰孟子與人君

言皆所以擴充其善心而格其非心不止就事論事若使爲人臣者論事每如此豈不能堯舜其君乎愚謂此篇自首章至此大意皆同蓋鐘鼓苑囿遊觀之樂與夫好勇好貨好色之心皆天理之所有而人情之所不能無者然天理人欲同行異情循理而公於天下者聖人之所以盡其性也縱欲而私於一己者衆人之所以滅其天也二者之間不能以髮而其是非得失之歸相去遠矣故孟子因時君之問而剖析於幾微之際皆所以遏人欲而存天理其法似疏而實密其事似易而實難學者以身體之則有以識其非曲學阿世之言而知所以克己復禮之端矣

或問好貨好色人情所不免但齊王專於私己而不思

居者有。行者有。內外無怨曠。然是不易

及民。故孟子欲其與民同之。非欲因其邪心而利道之也。

語類問孟子以公劉太王之事告其君、恐亦是委曲誘掖之意、曰這兩事却不是告以好色好貨、乃是告以公劉太王之事如此。兩事看來却似易。待去做時多少難。大凡文字須將心體認看。這箇仔細看來甚是難。如孟子又說子服堯之服。誦堯之言。行堯之行。是堯而已矣。看來也似易。這如何便得相似。又如說徐行後長者謂之弟。疾行先長者謂之不弟。堯舜之道孝弟而已矣。看來也似易。○問孟子語好貨好色事、使孔子肯如此答否。曰孔子不如此答。但不知作如何答。問孟子答梁王問利直掃除之。此處又却如此引導之。曰此處亦自分

不必牽煞公劉好貨太王好色只要發揮得孟子意透耳

義利特人不察耳

大全新安陳氏曰來朝其來以朝也古人紀事蓋有此例如書曰王朝步自周周公朝至于洛○南軒張氏曰齊王好貨好色孟子以公劉太王對但謂公劉好貨大王好色而不知實未嘗好也二君處心平和無一毫物我之私如曰居者有積倉行者有裹糧豈惟欲其國富而亦欲其民富也如曰內無怨女外無曠夫不惟君有室家而民亦欲其有室家也好字雖同而所以為好則異故孟子曰王如好貨好色與百姓同之於王何有二君之好天理也齊王之好人欲也○新安陳氏曰孟子之言有因其近似而發揮之以足己意者如公劉好貨本無事實只乃積乃倉一句大王好色亦無事實只爰

及姜女一句而已然欲開導時君意正辭辯○慶源輔
氏曰法似疎而實密事似易而實難蓋不直禁其好貨
好色則似若疏且易矣然必使爲公劉大王之事推己
之心以及民循理而不縱欲公天下而不私一己則其
實又甚密而且難矣法指孟子之說事指公劉大王之
事非孟子據理之極知言之要何能辯析其精微如此
哉○慶源輔氏曰鐘鼓苑囿游觀之樂與夫好勇好貨
好色之心固天理人情之所不能無者但有理與欲公
與私之異耳故集註舉胡氏天理人欲同行異情之說
而辨析之夫聖賢之與衆人其於好色好貨其行雖同
而其情則異循理而公天下者聖賢之所以盡其性此
即公劉大王與民共其欲之事也縱欲而私於一己者衆

人之所以滅其天理也卽齊王自以爲疾之事也二者同異不過毫髮之間而其終之是非得失則其相去遠有盡性滅天與王絕世之相反集註言此不但贊其理之密正欲使學者因其言以反諸身至誠體察於所謂毫髮之際然後力求所以循天理而克其欲耳○雲峰胡氏曰天理人欲同行異情出五峰胡氏之言朱子平日深取之今引以釋此章者如齊王好色太王亦好色是同行也齊王是行從人欲上去太王是行歸天理上來是異情也同行則天理人欲之幾若不能以髮異情則天理人欲之判不啻霄壤矣凡曲學阿世者非逢君之惡則長君之惡孟子之言無非止君之惡而誘君於善無非遏人欲而存天理也

章中三則如之何。從遠說到近。忽然一偏偏掇到齊王身上。直令他無處躱。此其爲善於進說也。

○孟子謂齊宣王曰。王之臣有託其妻子於其友而之楚遊者。比其反也。則凍餒其妻子。則如之何。王曰。棄之。

託。寄也。比。及也。棄。絕也。

曰。士師不能治士。則如之何。王曰。已之。

士師。獄官也。其屬有鄉士、遂士之官。士師皆當治之。已。罷去也。

大全周禮秋官司寇刑官之屬。士師、鄉士、遂士、縣士。注鄉士掌六鄉之獄。遂士掌六遂之獄。縣士掌縣獄。

曰。四境之內不治。則如之何。王顧左右而言他。

孟子將問此而先設上二事以發之。及此而王不能答也。其憚於自責。恥於下問如此。不足與有爲可知矣。○趙氏曰。言君臣上下各勤其任。無墮其職。乃安其身。

大全慶源輔氏曰顧左右以釋其愧言他事以亂其說有護疾忌醫之心無責己求言之意○雙峰饒氏曰自責下問集註自爲他開兩條路當言此則寡人之罪也這便是自貴又當言如何可以治人這便是下問齊王亦無服善之心故顧左右而言他後來因孔距心之辭則不忸於自責矣然亦恥於下問

○孟子見齊宣王曰所謂故國者非謂有喬木之謂也有世臣之謂也王無親臣矣昔者所進今日不知其亡也

世臣累世勳舊之臣與國同休戚者也親臣君所親信之臣與君同休戚者也此言喬木世臣皆故國所宜有然所以爲故國者則在此而不在彼也昨日所進用之人今日有亡去而不知者則無親臣矣況世臣乎

如不得已只是形容其心中像似如此耳如字須活看若如輔氏以不得已之際爲說則坐煞不得已非如字之意矣此句雖直冒至下節然將使二句尤爲緊接即以如不得句爲連下文說亦不害其爲通冐下節也輔氏說未全確

王曰吾何以識其不才而舍之

王意以爲此亡去者皆不才之人我初不知而誤用之故今不以其去爲意耳因問何以先識其不才而舍之邪

曰國君進賢如不得已將使卑踰尊疏踰戚可不慎與

如不得已言謹之至也蓋尊尊親親禮之常也然或尊者親者未必賢則必進疏遠之賢而用之是使卑者踰尊疏者踰戚非禮之常故不可不謹也

大全朱子曰孟子言昔者所進今日不知其亡故王問何以識其不才而舍之而孟子告以進賢如不得已蓋於進退之間無所不審非但使之致察於去人殺人也

○慶源輔氏曰先儒皆以如不得已一句連下文說言

兩未可未定本甚活不是定道他好亦不是定道他不好到得用之之後左右諸大夫之言或亦不誣但此時未經自己一番體察正不肯全聽他人主張耶

不得已則將使卑踰尊疏踰戚故不可不謹雖若可通然如此則是國君用人惟不得已之際方致其謹非孟子意也故集註直以如不得已一句連上文說言如不能得已是至謹之意人君於進賢之際皆不可不謹故於末段結之云所謂進賢如不得已者如此至於尊者親者未必賢則又將進其疏遠之賢者而用之至使卑者踰尊疏者踰戚則又非禮之常尤不可不謹也

左右皆曰賢未可也諸大夫皆曰賢未可也國人皆曰賢然後察之見賢焉然後用之左右皆曰不可勿聽諸大夫皆曰不可勿聽國人皆曰不可然後察之見不可焉然後去之

左右近臣其言固未可信諸大夫之言宜可信矣然猶

恐其蔽於私也至於國人則其論公矣然猶必察之者蓋人有同俗而爲衆所悅者亦有特立而爲俗所憎者故必自察之而親見其賢否之實然後從而用舍之則於賢者知之深任之重而不才者不得以幸進矣所謂進賢如不得已者如此

大全慶源輔氏曰所謂察之則必因言以察其心考迹以察其用如孔子之視所以觀所由察所安然後能親見其賢否之實從而用舍之則於賢者非徒知之知之必深而無所疑非徒任之任之必重而不可易至於不才亦不容於幸進矣○新安陳氏曰如此方見進賢謹之之至如必不得已而然者要之用舍之道參之於衆而察之於獨不賢者固去之勿疑矣賢者必任之勿貳

因天命說及天討。不是不得故註用非獨二字側下。

是卽君所親信之臣也此非親信之以己之私而實親信之以國人之公所謂民之所好好之也今日爲王之親臣他日託孤寄命卽爲國家之世臣矣

左右皆曰可殺勿聽諸大夫皆曰可殺勿聽國人皆曰可殺然後察之見可殺焉然後殺之故曰國人殺之也

此言非獨以此進退人才至於用刑亦以此道蓋所謂天命天討皆非人君之所得私也

大全南軒張氏曰既言進退人才之道復及於可殺者蓋如舜之於四凶孔之於少正卯天討之施有不可已者也曰國人殺之言非已殺之因國人之公心耳然則其用是人去是人亦非吾用之去之國人用之去之也蓋天聰明自我民聽明國人之公心卽天理之所存一

毫私意加於其間則非天之理矣○朱氏公遷曰此明折獄用刑之道曾子之言恤刑也孟子之言慎刑也哀矜勿喜者好生之德洽於民心之意也國人殺之者刑人於市與衆棄之之謂也若子路無宿諾而片言可以折獄者即所謂上好信則民莫敢不用情者乎君子之於獄於刑也忠信以孚之審慎以刑之惻隱以施之有子路之德而用曾子孟子之言則於天討之義庶幾無愧乎

如此然後可以爲民父母

傳曰民之所好好之民之所惡惡之此之謂民之父母

大全新安陳氏曰總結上文用之去之殺之三節意

○齊宣王問曰湯放桀武王伐紂有諸孟子對曰於傳有之

放置也書云成湯放桀於南巢
桀紂天子湯武諸侯

曰臣弒其君可乎

曰賊仁者謂之賊賊義者謂之殘殘賊之人謂之一夫聞誅一夫紂矣未聞弒君也

賊害也殘傷也害仁者凶暴淫虐滅絕天理故謂之賊害義者顛倒錯亂傷敗彝倫故謂之殘一夫言衆叛親離不復以爲君也書曰獨夫紂蓋四海歸之則爲天子天下叛之則爲獨夫所以深警齊王垂戒後世也○王勉曰斯言也惟在下者有湯武之仁而在上者有桀紂之暴則可不然是未免於篡弒之罪也

語類賊仁者無愛心而殘忍之謂也賊義者無羞惡之

心之謂也○先生舉賊仁者謂之賊賊義者謂之殘問何以別○近思云賊仁是害心之理賊義是見於所行處傷其理曰以義爲見於所行便是告子義外矣義在內不在外義所以度事亦是心度之然此果何以別葢賊之罪重殘之罪輕仁義皆是心仁是天理根本處賊仁則大倫大法虧滅了便是殺人底人一般義是就一節一事上言一事上不合宜便是傷義似手足上損傷一般所傷者小尚可以補○問孟子言賊仁賊義如何分曰譬之伐木賊仁乃是伐其本根賊義只是殘害其一枝一葉人而賊仁則害了本心曰賊仁便是將三綱五常天敘之典天秩之理一齊壞了義隨事制宜賊義只是於此一事不是更有他事在

此章兩譬前譬爲賢人設
解後譬是爲國家明重上
節雖以爲巨室譬爲國家
然不重只重以大木喻大
賢下節雖以玉人譬賢人
然亦不重只重以雕琢璞
玉此治國家饒氏最分曉
若如陳氏說於下節亦欠
雜用賢則仍是上節意思
矣集註自分明○首節三
則字上二則字喜怒得傾
不差下一則字合得便差
了正要從上兩則字比勘
出下一則字乃見前從直
注○夫人夫字只是承上
字面與孟字一樣與婦人
之稱夫人者不同時文以
三字截斷類呼舍與姑爲

○孟子見齊宣王曰爲巨室則必使工師求大木工師得大木則王喜以爲能勝其任也匠人斲而小之則王怒以爲不勝其任矣夫人幼而學之壯而欲行之王曰姑舍女所學而從我則何如

巨室大宮也工師匠人之長匠人衆工人也姑且也言賢人所學者大而王欲小之也

「精義」尹曰孟子之辛不得有爲於國蓋類是也

今有璞玉於此雖萬鎰必使玉人彫琢之至於治國家則曰姑舍女所學而從我則何以異於敎玉人彫琢玉哉

璞玉之在石中者鎰二十兩也玉人玉工也不敢自治而付之能者愛之甚也治國家則狥私欲而不任賢是愛國家不如愛玉也○范氏曰古之賢者常患人君不

可笑。○學之行之兩之字確有所執，即孟子仁義教養之事是也。○下節以玉比國家以璞玉比未治之國家雖夾玉人說然只重雕琢不是又為賢人訟屈乃得兩節兩義不重複也。○今有璞玉於此亦是設喻未有實事指齊王也。得不粘也得奈何時文多坐定齊王有玉乎。

能行其所學，而世之庸君亦常患賢者不能從其所好，是以君臣相遇，自古為難，孔孟終身而不遇，蓋以此耳。

【大全】東陽胡氏曰萬鎰謂璞玉之價值萬鎰之金也。○雙峰饒氏曰兩个譬喻是兩意前譬是說任賢不如任匠後譬是說愛國不如愛玉。○新安陳氏曰前譬王欲小用賢者後譬王不專用賢者所以不能用賢皆已之私欲害之庸君必不能行賢者之所學賢者必不肯從庸君之所好此遇合所以難也。

○齊人伐燕勝之

按史記燕王噲讓國於其相子之而國大亂，齊因伐之。燕士卒不戰，城門不閉，遂大勝燕。

【大全】史記燕世家燕王噲用其相子之蘇代為齊使於

以孟子爲勸齊伐燕亦爲
不貫孟子本文自明

燕以事激燕王以尊子之於是燕王大信子之鹿毛壽謂燕王不如以國讓相子之人之謂堯賢者以其讓天下於許由許由不受有讓天下之名而實不失天下今王以國讓於子之子之必不敢受是王與堯同行也燕王因屬國於子之子之南面行王事而噲老不聽政顧爲臣國事皆決於子之三年國大亂百姓恫怨將軍市被與太子平謀將攻子之諸將謂齊湣王曰因而赴之破燕必矣齊王令人告燕太子平因與市被圍公宮攻子之不克將軍市被及百姓反攻太子平市被死以徇因構難數月死者數萬衆人恫恐百姓離怨孟軻謂齊王曰今伐燕此文武之時不可失也王因令章子將五都之兵因北地之衆以伐燕士卒不戰城門不閉燕

趙氏征伐之道當順民心

王噲死齊大勝燕子之亡二年而燕人共立太子平是爲燕昭王

宣王問曰或謂寡人勿取或謂寡人取之以萬乘之國伐萬乘之國五旬而舉之人力不至於此不取必有天殃取之何如

以伐燕爲宣王事與史記諸書不同已見序說

大全何氏曰萬乘之國非諸侯之制也今燕齊互相侵奪而皆有之故以萬乘之齊伐萬乘之燕勢均力敵但以五旬而即舉之若以人力論之不能至於如此之易意者其天乎不取必有天殃齊王本有利燕之心特託天而遂其私耳孟子之對則不歸之天而歸之人

孟子對曰取之而燕民悅則取之古之人有行之者武王

便是此章總註晚村謂只從國勢立論便是蘇張捭闔習氣語語從民心上起見便是聖賢有本領經濟議論此節兩民字最當着眼

是也取之而燕民不悅則勿取古之人有行之者文王是也

商紂之世文王三分天下有其二以服事殷至武王十三年乃伐紂而有天下張子曰此事間不容髮一日之間天命未絕則是君臣當日命絕則爲獨夫然命之絕否何以知之人情而已諸侯不期而會者八百武王安得而止之哉

語類問取之而燕民悅則取之文王是也竊疑文王豈有革商之念曰此等難說孔子謂可與立未可與權到那時事勢自是要住不得後人把文王說得忒恁地却做一个道行看着不做聲不做氣如此形容文王都没情理以詩書考之全不是如此如詩自從太王王季說

來如云至于太王實始翦商如下武之詩文王有聲之
詩都說文王做事且如伐崇一事是做甚麼又不是一
項小小侵掠乃是大征伐詢爾仇方同爾兄弟以爾鉤
援與爾臨衝以伐崇墉此見大段動衆岐山之下與崇
相去自是多少因甚如此這般處要做文王無意出做
事都不得又如說侵自阮疆陟我高岡無矢我陵我陵
我阿無飲我泉我泉我池這裏見都自據有其土地自
是大段施張了或曰紂命文王得專征伐紂不得已命
之文王不得已受之橫渠云不以聲色為政不以革命
有中國默順帝則而天下歸之其惟文王乎若如此說
恰似內無純臣之義外亦不屬於商這也未必如此只
是事勢自是不可已只當商之季七顛八倒上下崩頹

忽於岐山下突出許多人也是誰當得文王之事惟孟子識之故七篇之中所以告列國之君莫非勉之以王道

大全朱子曰此亦是齊王欲取燕故引之於文武之道非謂文王欲取商以商人不欲而止武王見商人悅巳遂取之也直是論其理如此耳

以萬乘之國伐萬乘之國簞食壺漿以迎王師豈有他哉避水火也如水益深如火益熱亦運而已矣

簞竹器食飯也運轉也言齊若更爲暴虐則民將轉而望救於他人矣趙氏曰征伐之道當順民心民心悅則天意得矣

大全新安陳氏曰齊王言天命孟子欲其以人心觀天

晩村云不說諸侯多謀救燕而曰謀伐寡人是齊王膽落語意中極恨諸侯却沒處埋怨極悔前舉却尚自倔强事已決裂詞尚支吾正是齊王胆落声色態狀也

命欲知天命當觀人心欲得人心當施仁政燕之可取不可取決之以此足矣惟仁可以易暴燕人避燕之虐望齊之仁而歸之齊苟不施仁而益暴得非以暴易暴而益甚之乎蓋警之也

○齊人伐燕取之諸侯將謀救燕宣王曰諸侯多謀伐寡人者何以待之孟子對曰臣聞七十里為政於天下者湯是也未聞以千里畏人者也

千里畏人指齊王也

大全新安陳氏曰七十里為政千里畏人立兩句為柱下文分兩節應之

書曰湯一征自葛始天下信之東面而征西夷怨南面而征北狄怨曰奚為後我民望之若大旱之望雲霓也歸市

雲霓不平先雲後雨既雨

始有雲。望雨所以望雲。因
而以類及霓也。

者不止耕者不變誅其君而弔其民若時雨降民大悅書
曰徯我后后來其蘇
兩引書皆商書仲虺之誥文也。與今書文亦小異。一征
初征也。天下信之。信其志在救民不爲暴也。奚爲後我
言湯何爲不先來征我之國也。霓虹也。雲合則雨虹見
則止。變動也。徯待也。后君也。蘇復生也。他國之民皆以
湯爲我君而待其來使已得蘇息也。此言湯之所以七
十里而爲政於天下也。

大全趙氏惠曰。爾雅雲出天之正氣。霓出地之正氣。雄
謂之虹。雌謂之霓。則雲陽物也。陰陽和而既雨則雲散
而霓見矣。

今燕虐其民王往而征之民以爲將拯已於水火之中也

行仁政字夾帶在句中反是正旨仁政之實不止如下節所説下節特止兵之一端耳

晚村云反其旄倪等語孟子此節原是正着即天下之兵不動亦義當如此只是大非齊王之所欲故就利害上發語耳語語須從

簞食壺漿以迎王師若殺其父兄係累其子弟毀其宗廟遷其重器如之何其可也天下固畏齊之彊也今又倍地而不行仁政是動天下之兵也

拯救也係累縶縛也重器寶器也畏忌也倍地并燕而增一倍之地也齊之取燕若能如湯之征葛則燕人悅之而齊可爲政於天下矣今乃不行仁政而肆爲殘虐則無以慰燕民之望而服諸侯之心是以不免乎以千里而畏人也

王速出令反其旄倪止其重器謀於燕衆置君而後去之則猶可及止也

反還也旄老人也倪小兒也謂所虜略之老小也猶尚也及止及其未發而止之也○范氏曰孟子事齊梁之

功利。引到正論。方是孟子方畧。不然。與策士何異。且其策懦退。反出策士之下矣。

君論道德則必稱堯舜。論征伐則必稱湯武。蓋治民不法堯舜。則是爲暴。行師不法湯武。則是爲亂。豈可謂吾君不能而舍所學以徇之哉。

大全雙峰饒氏曰當時只是子噲子之爲亂。燕民自無罪。齊王只當誅子噲子之。别立君而去。不當取他國。這時只當定亂。定亂者取其亂者而誅之。如湯十一征。不是全滅其國取之。則是蹊田而奪之牛。齊王殺其父兄係累其子弟。毀其宗廟。遷其重器。是滅其國了。○新安陳氏曰此是爲齊畫一策。如此區處。畧無所利於燕。庶幾湯誅君弔民。非富天下之爲。則可逆止諸侯之兵矣

○鄒與魯鬨。穆公問曰。吾有司死者三十三人。而民莫之死也。誅之則不可勝誅。不誅則疾視其長上之死而不救

上節註謂君及有司此又畧有司而獨及君爲鄒君言之也行仁政雖不舉其實大要如盡心桓文兩章末節所言養教是其實也

如之何則可也

鬩鬭聲也穆公鄒君也不可勝誅言人衆不可盡誅也長上謂有司也民怨其上故疾視其死而不救也

孟子對曰凶年饑歲君之民老弱轉乎溝壑壯者散而之四方者幾千人矣而君之倉廩實府庫充有司莫以告是上慢而殘下也曾子曰戒之戒之出乎爾者反乎爾者也夫民今而後得反之也君無尤焉

轉飢餓輾轉而死也充滿也上謂君及有司也尤過也

君行仁政斯民親其上死其長矣

君不仁而求富是以有司知重斂而不知䘏民故君行仁政則有司皆愛其民而民亦愛之矣○范氏曰書曰民惟邦本本固邦寧有倉廩府庫所以爲民也豐年則

晚村云只在齊楚較量尚有法則出來須講得不事不可事亦不可專事不可

斂之凶年則散之卹其飢寒救其疾苦是以民親愛其上有危難則赴救之如子弟之衛父兄手足之捍頭目也穆公不能反已猶欲歸罪於民豈不誤哉

大全新安陳氏曰有司所以然者皆君不行仁政之故孟子對鄒君言故畧有司而專勉君正本之論也○新安陳氏曰上之愛民如父母之於子則民之衛上如子弟之衛父兄鄒君知罪民而不知反己孟子惟以行仁政勉之而誅不誅亡言焉得反之之意凜然可畏真深切之論死其長如何何敢死之死謂忘身救上死且不避也平時親其上當危難則死其長

○滕文公問曰滕小國也閒於齊楚事齊乎事楚乎

滕國名

兼事尤不可或事而他國仇之或事而本國即侮之無可伸縮置辨纔是兩乎字神情池可旋鑿城可旋築民不可以猝與效死在我而民亦不去若平日無養教之實安能如此

孟子對曰是謀非吾所能及也無已則有一焉鑿斯池也築斯城也與民守之效死而民弗去則是可爲也

無已見前篇一謂一說也效猶致也國君死社稷故致死以守國至於民亦爲之死守而不去則非有以深得其心者不能也○此章言有國者當守義而愛民不可僥倖而苟免

大全禮記曲禮國君死社稷大夫死衆士死制衆訓師衆大夫率師敗則死之制謂命令士受命或迫以死寧死而不可棄君命也○南軒張氏曰與其望二國矜巳以求安不若思所以自强而立國鑿池築城與民效死以守之是在我所當爲之事爲吾所當爲而巳然固國以得民爲本民心不附雖有金城湯池誰與守之使民

上章教他守此章教他遷下章合遷與守二者併言之然不是教他守是教他愛民此章亦不是教他遷是教他為善為善之實雖未明言然自離不得井田學校舍此而言為善是權謀功利非善也王道不過教養盡心桓文二章末節

效死而不忍去非得之有素不能然也○新安陳氏曰守義守死社稷之義以倡其民也愛民當在平時

○滕文公問曰齊人將築薛吾甚恐如之何則可

薛國名近滕齊取其地而城之故文公以其偪己而恐也

大全仁山金氏曰薛任姓之國奚仲仲虺之後

孟子對曰昔者大王居邠狄人侵之去之岐山之下居焉非擇而取之不得已也

邠地名言太王非以岐下為善擇取而居之也詳見下篇

或問孟子告滕文公以太王之事何也曰李氏之言得矣李氏曰孟子數語文公以太王之事蓋以其國小人

是孟子胸膈間大物事。或詳。或畧。或變其字面要俱不出乎此耳。

弱。不過能爲善以待子孫其次則效死而已。固不以湯文之事望之也。然當時諸侯賢而有禮能尊信孟子之言而力行之未有能過之者惜其國小人弱非有湯文之德不能以興起耳故曰雖有知慧不如乘勢雖有鎡基不如待時此之謂也。

大全趙氏悳曰周自后稷生於邰、邰姜源之國、后稷母家、夏后氏衰失其官而奔戎狄公劉后稷曾孫也復遷豳詩篤公劉即遷豳之事又九世而太王去邠遷岐、縣詩所言是也沮漆在豳地二水東流亦過周岐山東入渭、邠在岐山之北、則自邠踰梁山至岐下、當率岐水之涯耳、蓋公劉皇澗及芮言都邑之水也縣之自土沮漆、舉境內之水也以此觀之則不得以率西水滸爲漆沮苟爲善二句粘定上節太王說便不涉望報之私心君子以下集註用一然字作轉正爲上二句救轉也方隱切滕君說若夫成功則天也猶云此自在天君子初無心於此耳總註不可僥倖於所難必正指此句而言

也明矣皇矣詩云度其鮮原居岐之陽太王已遷在岐山而文王又遷在岐山之南後又遷豐邑在豐水之西武王又遷鎬在豐水南故周自后稷居邰不窋奔戎狄公劉居豳太王邑岐文王邑鄷又遷豐武王居鎬故羣書百考有自稷至武七遷之圖

苟爲善後世子孫必有王者矣君子創業垂統爲可繼也若夫成功則天也君如彼何哉彊爲善而已矣

創造統緒也言能爲善則如太王雖失其地而其後世遂有天下乃天理也然君子造基業於前而垂統緒於後但能不失其正令後世可繼續而行耳若夫成功則豈可必乎彼齊也君之力既無如之何則但彊於爲善使其可繼而俟命於天耳〇此章言人君但當竭力於

其所當爲不可徼幸於所難必
大全朱子曰孟子言若夫成功則天也君如彼何哉彊爲善而已矣初無望報之心也苟爲善後世子孫必有王者矣乃爲太王避狄而言易大傳曰積善之家必有餘慶書曰作善降之百祥亦豈望報乎○南軒張氏曰所謂爲善循天理而不爲已私也爲善者初不期後世之有王而必有王者理則然也開久大之基爲其可繼者而已而不必其成功也若有期於成功之意則欲速而見利私意一生無復可繼之實矣○雲峰胡氏曰集註兩章皆言不可僥倖大凡僥倖者不爲天理之所當爲而徒覬夫意外之得者也前章是守義愛民當盡其在我者而不可僥倖其在人者此章是勉強爲善當盡

此章雖遷守並舉。然上節雖詳。只是客。下節雖畧。却是主。末節雖以二者並結。然只是要他守常法。蓋遷是而今行不去的。文公必無太王本領而欲取效於旦夕之間。多見其不能也。上節仁人也。仁字是眼目。不止是臨時數語。見其仁必是他平日有愛之之實。爾時乃得此。豈於立談之頃。文公平日愛民之仁未卜。如何孟子豈真教他效太王。只用以陪起下節耳。上節雖詳。只算下節一曲。○太王仁主。亦英主。話頗

其在我者而不可僥倖其在天者

○滕文公問曰滕小國也竭力以事大國則不得免焉如之何則可孟子對曰昔者大王居邠狄人侵之事之以皮幣不得免焉事之以犬馬不得免焉事之以珠玉不得免焉乃屬其耆老而告之曰狄人之所欲者吾土地也吾聞之也君子不以其所以養人者害人二三子何患乎無君我將去之去邠踰梁山邑于岐山之下居焉邠人曰仁人也不可失也從之者如歸市

皮謂虎豹麋鹿之皮也幣帛也屬會集也土地本生物以養人今爭地而殺人是以其所以養人者害人也邑作邑也歸市人衆而爭先也

大全南軒張氏曰太王之言忠厚不迫其遷本以全民

有氣槪勿有作撟越衰颯光昂

不敢必民之歸而强之從也曰二三子何患乎無君此天地之心眞保民之主也民心自不容釋乎太王戴其仁有素矣然太王之事非德盛而達權不足以與此○東陽許氏曰太王自邠遷岐民從之如歸市史所謂居三月成城郭一年成邑三年成都而民五倍其初蓋非獨邠民近於岐周之民皆歸之也當時西方地近戎狄皆閒隙之地非封國之疆界故太王得優游遷徙若滕在中國久界大國之間無可遷之地民雖或從之亦無所往孟子特舉太王之得民以警文公爾故下文言效死乃其正也

或曰世守也非身之所能爲也效死勿去

又言或謂土地乃先人所受而世守之者非已所能專

若是兩說俱可行則隨便托一而處己可矣正爲其中有一說前人可行今人不可行故須詳擇耳

但當致死守之不可舍去此國君死社稷之常法傳所謂國滅君死之正也正謂此也

大全公羊傳襄公六年十有二月齊侯滅萊曷爲不言萊君出奔國滅君死之正也不書殺萊君者舉滅國爲重○趙氏悳曰襄二十五年崔子弒齊君晏子曰君民者社稷是主臣君者社稷是養故君爲社稷死則死之爲社稷亾則亾之

君請擇於斯二者

能如太王則避之不能則謹守常法蓋遷國以圖存者權也守正而俟死者義也審己量力擇而處之可也○楊氏曰孟子之於文公始告之以效死而已禮之正也至其甚恐則以太王之事告之非得已也然無太王之

德而去則民或不從而遂至於亡則又不若效死之爲愈故又請擇於斯二者又曰孟子所論自世俗觀之則可謂無謀矣然理之可爲者不過如此舍此則必爲儀秦之爲矣凡事求可功求成取必於智謀之末而不循天理之正者非聖賢之道也

語類問孟子答滕文公三段皆是無可奈何只得勉之爲善之辭想見滕國至弱都主張不起故如此曰只是如此只是吾得正而斃焉之意蓋滕是必亾無可疑矣況王政不是一日行得底事他又界在齊楚之間二國視之猶太山之壓雞卵耳若教他粗成次第此二國亦必不見容也當時湯與文王之興皆在空閒之地無人來覷他故日漸盛大若滕則實是難保也立之云若教

他能舉國以聽孟子，如何？曰：他若能得用孟子，至二三十年，使鄰國之民仰之若父母，則大國亦想不能動他。但世間事直是難得恰好耳。齊梁之國甚彊，可以有爲，而孟子與其君言，恬然不恤。滕文公却有善意，又以國小主張不起，以此知機會眞不易得也。

大全問：集註義字當改作經字。朱子曰：思之誠是。蓋義便近權，或可如此，或可如彼，皆義也。經則一定而不易，旣對權字，須著用經字。○慶源輔氏曰：遷國以圖存者，太王是也；守正而俟死者，國君死社稷是也。在文公，有此二法，故併舉以告之。然權非大賢以上不能爲，經則人皆當勉也。故使文公審己量力，擇而取其一焉。夫太王之立，非文公所能爲，然則孟子之意，固欲文公勉晚村云臧倉說得賢者一無足取只有禮義已看得禮義極迂腐不堪但賢者尚頗有此耳不是認眞講禮義只是借端責備賢者亦不是詞嚴義正責備賢者是輕侮訕笑責備賢者須在口角得神○凡昏庸之於嬖人始而愛昵愛之至爲信服信之至爲畏懼而嬖人所以蠱惑箝制之法亦盡此矣只一諾字中有愛昵有信服有畏懼雖

守其常然也

○魯平公將出嬖人臧倉者請曰他日君出則必命有司所之今乘輿已駕矣有司未知所之敢請公曰將見孟子曰何哉君所爲輕身以先於匹夫者以爲賢乎禮義由賢者出而孟子之後喪踰前喪君無見焉公曰諾

乘輿君車也駕駕馬也孟子前喪父後喪母踰過也言其厚母薄父也諾應辭也

語類魯平公極是箇衰弱底人不知孟子要去見他是如何孟子平生大機會只可惜齊宣一節這箇不相遇其他也應是無可成之理如見滕文公說許多井田也是一場疎脫云有王者起必來取法孟子也只是說得在這裏滕也只是做不得

諸字有聲無詞。而平公臧倉平口情狀。已渾身托出矣。

大全新安陳氏曰平公將見孟子必得之於樂克所以沮於臧倉後克入見審問不見之故

樂正子入見曰君奚爲不見孟軻也曰或告寡人曰孟子之後喪踰前喪是以不往見也曰何哉君所謂踰者前以士後以大夫前以三鼎而後以五鼎與曰否謂棺槨衣衾之美也曰非所謂踰也貧富不同也

樂正子孟子弟子也仕於魯三鼎士祭禮五鼎大夫祭禮

大全雙峰饒氏曰樂正是樂官之長恐其先世曾作樂官來子孫遂以爲姓樂正裘亦是一人以此見樂正是姓如司馬亦是因官以爲姓○雙峰饒氏曰五鼎是大夫之禮羊豕魚腊膚三鼎是士之禮特豕魚腊

曉村云聖賢知天在一向到此際明白說與不知者耳道不行窮皇皇正是知天處不是曉得天不欲便罷休若說似豪傑歎天意却正不知天在

樂正子見孟子曰克告於君君爲來見也嬖人有臧倉者沮君君是以不果來也曰行或使之止或尼之行止非人所能也吾之不遇魯侯天也臧氏之子焉能使予不遇哉

克樂正子名沮尼皆止之之意也言人之行必有人使之者其止必有人尼之者然其所以行所以止則固有天命而非此人所能使亦非此人所能尼也然則我之不遇豈臧倉之所能爲哉○此章言聖賢之出處關時運之盛衰乃天命之所爲非人力之可及

【精義】尹曰聖賢之進退出處有禮義存焉嬖人妬賢而間毁之孟子歸之天可謂知命矣

或問卒章之說曰范氏所言魯侯不可言天者甚善蓋出於李泌君相不可言命之說

大全范氏曰在孟子可以言天在魯侯不可以言天賢者在已者有義在天者有命脩其在已而聽其在天至於人君則當尊用賢德奉行天命不當諉之天也○慶源輔氏曰章旨之說深得聖賢出處之道樂正子亦未免以世俗之心窺孟子故孟子以此發之○朱氏公遷曰此章論出處而以天命決之聖賢蓋以天命曉人封人則以天意觀聖人者也此一類專以窮達言眞氏以伯寮之愬臧倉之沮夫子莫我知之歎孟子何爲不豫之語皆爲安義命之事天以分定言此亦在天之天雖以理言而實兼乎氣者也故與命以氣言者相貫餘凡所謂不怨天與此類同

○王霸之辨、是學者義利大關。公孫丑遊大賢之門、而盛稱管晏、由功利之入人深也。晚村謂學士大夫於此不曾分明、安得有事功乎。陳同甫以漢文帝唐太宗接統三代、而朱子力辨之、正爲此也。

公孫丑章句上

凡九章

公孫丑問曰、夫子當路於齊、管仲晏子之功、可復許乎。

公孫丑、孟子弟子、齊人也。當路、居要地也。管仲、齊大夫、名夷吾、相桓公、霸諸侯。許、猶期也。孟子未嘗得政、丑蓋設辭以問也。

大全西山眞氏曰、齊宣既慕桓文、丑復慕管晏。蓋霸者功利之說、深入人心已久、故不唯時君慕之、而學者亦慕之也。

孟子曰、子誠齊人也、知管仲晏子而已矣。

齊人但知其國有二子而已、不復知有聖賢之事。

觀曾西數語仲尼之徒羞稱五霸信然予所奇者不惟曾西不屑管仲或人言及管仲語中用然則字側下分明不敢以之與子路平列矣而丑乃盛稱之豈或人之不若耶

大全慶源輔氏曰世衰道微聖學不明人不知有學問則亦不復知有聖賢之事業雖有英才美質不覺溺於時俗之見聞而已此齊人之所以但知其國之有二子也

或問乎曾西曰吾子與子路孰賢曾西蹵然曰吾先子之所畏也曰然則吾子與管仲孰賢曾西艴然不悅曰爾何曾比予於管仲管仲得君如彼其專也行乎國政如彼其久也功烈如彼其卑也爾何曾比予於是

孟子引曾西與或人問答如此曾西曾子之孫蹵不安貌先子曾子也艴怒色也曾之言則也烈猶光也桓公獨任管仲四十餘年是專且久也管仲不知王道而行霸術故言功烈之卑也楊氏曰孔子言子路之才曰千

乘之國可使治其賦也使其見於施爲如是而已其於九合諸侯一匡天下固有所不逮也然則曾西推尊子路如此而羞比管仲者何哉譬之御者子路則範我馳驅而不獲者也管仲之功詭遇而獲禽耳曾西仲尼之徒也故不道管仲之事

大全問聖人分明是大管仲之功而孟子硬以爲卑如何朱子曰孟子是不肯做他底是見他做得那規模來低○慶源輔氏曰楊氏斷置得極分明子路之才視管仲誠爲不及然子路之所學則聖人之道其於管仲之事蓋有所不屑爲者○雙峰饒氏曰使王良得善射者而御之則範我馳驅正所以獲禽卽詩所謂不失其馳舍矢如破儻以孔孟之道而遇明主則治國平天下皆

不爲字甚分明卽朱子所謂不肯做他底也若有時許其功却不是爲之

餘事耳

曰管仲曾西之所不爲也而子爲我願之乎

曰孟子言也願望也

精義楊氏曰今人只爲見管仲有此功故莫敢輕議不知孔孟有爲規模自別見得孔孟作處則管仲自小曰孔孟如何曰必也以天保以上治內以采薇以下治外雖有　安得遽至中原乎如小雅盡廢則政事所以自治者俱亡四夷安得而不交侵中國安得而不微方是時縱能救之于已亂雖使中國之人不致被髮左衽蓋猶賢乎周衰之列國耳何足道哉○又曰王者本於誠意觀管仲亦有是處但其意別耳如伐楚事責之以包茅不貢其名則是若其意豈爲楚不勤王然後加兵

但欲楚尊齊耳尊齊而不尊周管仲亦莫之詰也若實尊周專封之事仲豈宜爲之故孟子曰五霸假之也蓋言其不以誠爲之也今蘇州朱冲施貧度僧置安樂院給病者醫藥人頼以活甚衆其置物業則厚其直及其收息則視衆人所取而輕之此皆是好事只爲其意正在於規利而竊譽於人故人終不以好人許之仲尼之門無道桓文之事而孟子直截不比數之其意亦猶此也○又曰自古狙詐之徒皆知義足以勝利然不爲利疚而遷者幾希如管仲亦知義故所爲多假義而行自王者之迹熄天下以詐力相高故常溺於利而不知反由孔子而後爲夫國家不以利言者唯孟子一人守得定

丑方說霸極難。此忽跳過數層言王極易，突忽可喜。以下至末皆解此句。

或問楊氏初說甚善，至斥管仲爲徒能救之於已亂，則不足以服其口矣。蓋周之衰亂固非一日之積，而小雅盡廢，又豈桓公管仲之罪哉？適當其時，起而救之，蓋亦仁人君子之所必爲。但責其非有至公血誠之心，以復於文武規模之盛，則管仲無所逃其責，而其辭意又若有所遺者，豈記者失之與？其以專封一事爲不尊周之驗，亦未足以見其心術之隱微。至論五霸假之，管仲知義之說，則皆得之矣。

曰：管仲以其君霸，晏子以其君顯。管仲晏子猶不足爲與？

顯，顯名也。

曰：以齊王，由反手也。

反手，言易也。

自由湯句至久而後失之
也是言文王時之難下王

語類問以齊王猶反手不知置周王於何地曰此難言可以會意如湯武之事是也春秋定哀間周室猶得至孟子時天命人心已離矣

曰若是則弟子之惑滋甚且以文王之德百年而後崩猶未洽於天下武王周公繼之然後大行今言王若易然則文王不足法與

滋益也文王九十七而崩言百年舉成數也文王三分天下才有其二武王克商乃有天下周公相成王制禮作樂然後教化大行

大全東陽許氏曰武王周公繼之然後大行此言周公制禮作樂之後雖殷之頑民莫不率化趨善之時也

曰文王何可當也由湯至於武丁賢聖之君六七作天下

者不作節正與此相反尺地四句是言文王勢之難下夏后節正與此相反時勢意此節已有下齊人節特點出其字面耳非至下節始言時勢也

齊人之言似即是農人之言本意以上二句與下二句引言則時勢並重今時

歸殷久矣久則難變也武丁朝諸侯有天下猶運之掌也紂之去武丁未久也其故家遺俗流風善政猶有存者又有微子微仲王子比干箕子膠鬲皆賢人也相與輔相之故久而後失之也尺地莫非其有也一民莫非其臣也然而文王猶方百里起是以難也

當猶敵也商自成湯至於武丁中閒太甲太戊祖乙盤庚皆賢聖之君作起也自武丁至紂凡七世故家舊臣之家也

大全雙峰饒氏曰故家舊臣遺俗舊民是說在下底流風之化善政之事是說在上底

齊人有言曰雖有智慧不如乘勢雖有鎡基不如待時今時則易然也

時字兼時勢在內。

節中雖夾帶行仁政三字似是兼言有德然此節大意只重勢之易與前節只地四句相反。

鎡基田器也時謂耕種之時

夏后殷周之盛地未有過千里者也而齊有其地矣雞鳴狗吠相聞而達乎四境而齊有其民矣地不改辟矣民不改聚矣行仁政而王莫之能禦也

此言其勢之易也三代盛時王畿不過千里今齊已有之異於文王之百里又雞犬之聲相聞自國都以至於四境言民居稠密也

大全晉氏道傳曰王制四海之內爲九州州方千里而王畿居其一是亦井田之制○雙峰饒氏曰勢是指事力而言有地則有財有民則有兵地廣則財富民聚則兵強既富且強所以舉事易文王百里地狹民少所以難。

此節言時之易與前節由湯至失之也相反

上二節分言時勢之易此節亦只分言德之易不兼時勢說至下節乃兼言之晚村云正講時勢忽入孔子曰節人以爲突也不知此正辯文王百年後興與齊王反手異同處德字卽從文王之德七字生來此流字文章線脉也又云速字對百年斷之文無時無勢故難齊有時勢故易然

且王者之不作未有疏於此時者也民之憔悴於虐政未有甚於此時者也飢者易爲食渴者易爲飲

此言其時之易也自文武至此七百餘年異於商之賢聖繼作民苦虐政之甚異於紂之猶有善政易爲飲食言飢渴之甚不待甘美也

孔子曰德之流行速於置郵而傳命

置驛也郵馹也所以傳命也孟子引孔子之言如此

大全新安陳氏曰如漢五里一置左傳楚子乘馹會師○東陽許氏曰字書馬遞曰置步遞曰郵漢西域傳因騎置以聞師古曰卽今驛馬也黄霸傳郵亭師古曰書舍謂傳送文書所止處如今驛館○雙峰饒氏曰德之流行卽是應前面文王之德底德字蓋德是本全靠時

易固是速難亦是速緣德本極速也又云下節方合時勢德說此節要照時勢又要離時勢不照時勢則呆疏無關會不離時勢若云有時勢必須德即侵下節疆域矣

集註由時勢易而德行速也時字指當今之時勢字指萬乘之國德行字指行仁政三句總括上三節古之人節指文王時勢難而德行纔事半功倍指以齊王猶反手時勢易而德行速若泛論古今事功便不着痛癢惟此時為然此時字兼勢字德字在內收拾

勢不得有智慧而後可以乘勢有鎡基而後可以行時若無德雖有時勢何以行之

當今之時萬乘之國行仁政民之悅之猶解倒懸也故事半古之人功必倍之惟此時為然

倒懸喻困苦也所施之事半於古人而功倍於古人由時勢易而德行速也

大全問孟子既卑管仲使孟子當管仲之時則如之何雙峰饒氏曰亦只是合諸侯以尊周室但孟子則真能使王室尊安而諸侯各循王度管仲不過假尊周之名以益其摟諸侯之實其所為實文武之罪人也王霸之分只在誠偽孔子作春秋亦不過欲諸侯尊王室循周制而已○新安陳氏曰丑并論管晏孟子只及管仲而

不及晏蓋晏之事功又在管之下不必言也晏事景公政在陳氏晏未嘗當齊政也晏才不及管而其人稍正於管其人無可譏其事無可言此孟子所以置晏不言而專說管歟

盡通章

此章許東陽謂當作五節看首章至守約爲第一節敢問夫子之不動心至反動其心爲第二節敢問夫子惡乎長至必從吾言爲第三節宰我子貢至願學孔子爲第四節伯夷伊尹至末爲第五節愚謂後四節大旨已自於第一節内包舉得以下特因公孫丑轉换逐一細問故爲之言其詳耳二節辨告子勿求

○公孫丑問曰夫子加齊之卿相得行道焉雖由此霸王不異矣如此則動心否乎孟子曰否我四十不動心

此承上章又設問孟子若得位而行道則雖由此而成霸王之業亦不足怪任大責重如此亦有所恐懼疑惑而動其心乎四十強仕君子道明德立之時孔子四十而不惑亦不動心之謂

或問孟子之不動心何也曰盡心知性無所疑惑動皆合義無所畏怯雖當盛位行大道亦沛然行其所無事

之非已自於一節告子先我不動心內見得三節知言養氣而以直養集義爲功已自於一節四十不動自反而縮內見得四節學孔子已自於一節開大勇于夫子見得而第五節盛稱孔子亦其事也其全章大旨則朱子與郭沖晦書数語盡之孟子之學以窮理集義爲始不動心爲效蓋惟窮理爲能知言惟集義爲能養氣理明而無所疑氣充而無所懼故能當大任而不動心○

丑疑孟子動心疑其動心于霸王耳非富貴之謂晚村謂失聲破釜見色豆羹

而已何動心之有易所謂不疑其所行者蓋如此而孔子之不惑亦其事也。

【語類】問雖由此霸王不異矣如何分句曰只是雖由此霸王不異矣言從此爲霸爲王不是差異蓋布衣之權重於當時如財用兵甲之類盡付與他○問公孫丑說不動心是以富貴而動其心先生曰公孫丑雖不知孟子必不謂以富貴動其心但謂霸王事大恐孟子了這事不得便謂孟子動心不知霸王當甚閒事○公孫丑初間謂任此重事還動心不動心孟子答以不動心極容易底事我從四十已不動了告子又先我不動心公孫丑又問不動心有道理無道理孟子又告以有於是又舉北宮黝孟施舍之勇也是不動然彼之所以不動

固動許由之玩世子方之驕人亦動是也我四十不動心若照下告子先我不動說則是說不動之難然方承丑之疑而解之則是說不動之不難故下節云是不難○晚村云四十以前有工夫四十以往亦有工夫四十以前規模基址已定四十以後打磨煅煉愈精

者皆强制於外不是存養之功故又舉曾子之言云自反縮與不縮所以不動只在方寸之間若仰不愧俯不怍看如何大利害皆不足以易之若有一毫不直則此心便索然公孫丑又問孟子所以不動者如何孟子遂答以我知言我善養吾浩然之氣若依序問當先問知言公孫丑只承孟子之言便且問浩然之氣

大全雙峰饒氏曰集註恐懼疑惑四字雖是說心之所以動然恐懼字是爲下文養氣張本疑惑字是爲下文知言張本要之不疑惑然後能不恐懼故集註論心之動則以恐懼居先論心之所以不動則又以無所疑惑居先○又曰道明屬知言德立屬養氣○陵陽李氏曰明則不疑立則不懼然未有不明而能立者故知言養

氣雖二事並進而其序必以知言爲先孔子不惑則自
不動矣。○東陽許氏曰此章當作五節看疑懼二字包
一章大意而直字貫乎其中。

曰若是則夫子過孟賁遠矣曰是不難告子先我不動心

孟賁勇士告子名不害孟賁血氣之勇丑蓋借之以贊
孟子不動心之難孟子言告子未爲知道乃能先我不
動心則此亦未足爲難也

語類告子之不動心是麁法或强制不動不可知或臨
大事而不能不動亦未可知非若孟子酬酢萬變而不
動也又曰告子不動心是硬把定

大全慶源輔氏曰告子外義未爲知道然未四十時已
能不動心其不動心又先於孟子以此觀之則不動心

丑引孟賁以況孟子。可謂粗極故孟子又生出一告子來蓋就粗言粗孟賁告子雖不同然粗粗看去皆可以謂之不動心也下文所引舍黝正孟賁一類此其以血氣爲不動其粗易見後文所辨告子此其以强制爲不動其粗難知故辨之有詳略之不同也至孟子之所以不動心第一節俱未有寔指只于所引之曾子子夏而結歸曾子

微露其端蓋以之自况也只一先字見其强制後文不得勿求之非俱藏此一字中引而未發

有道道字只作方字看有字程註訓有主下一節註以必勝為主以無懼為主兩主字便是此主字觀此則孟子所答之有是諸告子舍黝一流人說以此但泛問不動心有道非切問孟子不動心有道也然問意亦兼孟子在內答意雖不即言自己不動之道而一有字內併下舍黝自己皆在其中但舍黝不動之道下即承接言之孟子不動之道直至說出知言養

未足為難可知也○新安陳氏曰告子强制其心而能不動孟子有定見有定力而自然心不動此處孟子亦姑借告子以淺說耳

曰不動心有道乎曰有

程子曰心有主則能不動矣

大全新安陳氏曰有主二字包得濶下文黝舍曾孟皆是有主但有精麤之分

北宮黝之養勇也不膚撓不目逃思以一毫挫於人若撻之於市朝不受於褐寬博亦不受於萬乘之君視刺萬乘之君若刺褐夫無嚴諸侯惡聲至必反之

北宮姓黝名膚撓肌膚被刺而撓屈也目逃目被刺而轉睛逃避也挫猶辱也褐毛布寬博寬大之衣賤者之

氣乃可見也此一有字甚
虛後文許多話說發明未
盡一

騶豈能必勝他卻并不算
計到不勝半還去只硬着
心要必勝此其心以必勝
爲主而不動是一道也

服也不受者不受其挫也刺殺也嚴畏憚也言無可畏
憚之諸侯也黝蓋刺客之流以必勝爲主而不動心者
也

語類孟施舍北宮黝是不畏死而不動心告子是不認
義理而不動心告子惟恐動着他心

大全慶源輔氏曰集註云黝蓋刺客之流以其言所謂
視刺萬乘之君若刺褐夫而知之也以必勝爲主亦以
其言而知之推其心以必勝人爲主故無有尊貴視之
一如匹夫不受其挫必反報之○雙峰饒氏曰惡聲必
反不專謂諸侯於褐寬博萬乘皆然○東陽許氏曰一
毫挫於人謂所辱者至小也不受者必報之也不惟必
報於賤者雖貴者亦必報之惡聲至必反之謂不惟辱

舍亦自算計到不勝中边。他却只硬着心不怕。此其心以無懼爲主而不動是一道也。舍豈二句俱舍之言

來必報，雖言小不善亦必報也。

孟施舍之所養勇也，曰：視不勝猶勝也。量敵而後進，慮勝而後會，是畏三軍者也。舍豈能爲必勝哉？能無懼而已矣。

孟，姓。施，發語聲。舍，名也。會，合戰也。舍自言其戰雖不勝亦無所懼。若量敵慮勝而後進戰，則是無勇而畏三軍矣。舍蓋力戰之士，以無懼爲主而不動心者也。

語類問：集注云施是發語聲，何也？曰：此是古注說。後面只稱舍字可見。問：有何例可按？曰：如孟之反、舟之僑、尹公之他之類。○問：孟施舍量敵慮勝，似有懼也。孟子乃曰能無懼，如何？曰：此孟施舍譏他人之言。舍自云我則能無懼而已。問：那是孟施舍守約處？曰：孟施舍本與北宮黝皆只是勇夫，比曾子不同。如北宮黝、孟施舍、孟賁

此節雖以評品黝舍爲主。然其意中却正爲要過渡出曾子子夏蓋承上二節說來則黝舍是主照下二節說去則曾子子夏又是主蓋孟子之學原本曾子

只是就勇上言如子襄曾子告子就義理上言

大全慶源輔氏曰注云舍蓋力戰之士亦以其言而知之也惟其心以無懼爲主故不問其徒之衆寡我之勝否遇敵則戰也○新安陳氏曰黝舍本以心有主而能不動一則主於必勝一則主於無懼蓋是麤猛之不動心孟子此處且敷演麤說○東陽許氏曰黝舍不動心本又在告子之下公孫丑又以孟賁比孟子故孟子亦以勇士之類言之

孟施舍似曾子北宮黝似子夏夫二子之勇未知其孰賢然而孟施舍守約也

黝務敵人舍專守己子夏篤信聖人曾子反求諸己故二子之與曾子子夏雖非等倫然論其氣象則各有所

後面結歸曾子。正要陪出自己而此節引出曾子子夏正要結歸曾子也。○孟施舍守約只是照顧處少以必勝爲主所守在一己不在他人較之北宮已爲約極約字是虛字不是約是一物而舍守之黝不守之也。

似賢猶勝也約要也言論二子之勇則未知誰勝論其所守則舍比於黝爲得其要也

或問孟施舍之於曾子北宮黝之於子夏奈何曰二人勇力之士耳孟子特以其氣象之所似而明之非以其道爲同乎二子也程子之言得之矣

語類問如何是孟施舍守約處曰北宮黝便勝人孟施舍卻只是能無懼而已矣如曰視不勝猶勝也此是孟施舍自言其勇如此

大全雙峰饒氏曰曾子反求諸已雖是聖人與他說話他也未敢便以爲然必要求諸已以審其理而後信子夏篤信聖人則以聖人之言爲必可信不問說得是與未是便信了○雙峰饒氏曰孟施舍取必於已其氣象

曾子所稱之夫子即後文孟子願學之孔子人只知孟子之學本于曾子而不知曾子之學本於孔子此節已爲後文伏根縮字即後文直養直字集義有事許多養氣工夫節度俱於此節伏根

似曾子之反求諸己北宮黝取必於人其氣象似子夏之篤信聖人此是論二子之勇有所似非論其是非等級也然將二子所守來比量則孟施舍守其在我者爲得其所守之要耳

昔者曾子謂子襄曰子好勇乎吾嘗聞大勇於夫子矣自反而不縮雖褐寬博吾不惴焉自反而縮雖千萬人吾往矣

此言曾子之勇也子襄曾子弟子也夫子孔子也縮直也檀弓曰古者冠縮縫今也衡縫又曰棺束縮二衡三惴恐懼之也往往而敵之也

語類引曾子謂子襄之言以明不動心之由在於自反而縮下文詳之

舍較之黝所守已爲約極。然只以氣爲主耳未嘗循理也若曾子只務循理其要只在自反只論自已縮不縮不論他人勝不勝絶無沾滞照顧其守豈不爲更約乎此節結歸曾子孟子蓋以自況也後文集義有事亦只是反身循理耳

大全新安陳氏曰此曾子之大勇以義理之直爲主而不動心者也孟子之論至此始精細下文至大至剛以直養而無害之說蓋自此自反而縮發之也

孟施舍之守氣又不如曾子之守約也

言孟施舍雖似曾子然其所守乃一身之氣又不如曾子之反身循理所守尤得其要也孟子之不動心其原蓋出於此下文詳之

或問孟子既以孟施舍爲守約矣又曰舍之守氣不如曾子之守約何也曰守約云者言其所守之得其要耳非以約爲一物而可守也蓋黝舍皆守氣以養勇然以黝比舍則舍之守爲得其要至以舍而比於曾子則曾子之守尤爲得其要也今謂約爲一物而可守而遂以

守氣不如守約爲言、則是約者孟子旣以與孟施舍矣、而可又奪而歸之曾子耶。

語類曾子守約、不是守那約。言所守者約耳。○今人把守氣不如守約做題目。此不成題目。氣是實物、約是半虛半實字。對不得。守約只是所守之約、言北宮黝之守氣不似孟施舍守氣之約、孟施舍之守氣、又不如曾子所守之約也。孟施舍就氣上做工夫、曾子就理上做工夫。○尋常人說守約二字極未穩、如云守氣不如守約、分明將約字做一物。遂以約字對氣字、所謂守約者、所守者約耳。

大全慶源輔氏曰、論舍之氣象、雖大略有似於曾子、然舍之所守、不過是一身之血氣、固未嘗反之於心、以自告子不得四句。總無一句說得是。孟子以兩句爲可以兩句爲不可。須知其所謂可者非輕放過。所謂不可者非重科斷。蓋其兩說皆不是。而不得於言勿求於心之非顯而易見。不得於心勿求於氣之非微而難知。於其微而難知者姑

顧其直與不直也。其視曾子之自反以縮不縮爲勇怯則其所守之要。非舍之所能知。所可比也。反身謂自反。循理謂直。○雙峰饒氏曰。或問孟子之不動心如何原於曾子。曰。浩然之氣便是大勇。以直養便是自反而縮。行有不慊於心則餒。便是自反而不縮。○東陽許氏曰章旨至守約爲第一節。

曰敢問夫子之不動心與告子之不動心可得聞與告子曰不得於言勿求於心不得於心勿求於氣不得於心勿求於氣可不得於言勿求於心不可夫志氣之帥也氣體之充也夫志至焉氣次焉故曰持其志無暴其氣

此一節公孫丑之問孟子誦告子之言又斷以己意而告之也告子謂於言有所不達則當舍置其言而不必

且置放一邊蓋非一言一句之所能剖判只得且姑置之其可之非許之正欲深求之也於其顯而易見者即爲判斷其失不煩言而已解故不得於言勿求於心之非只用不可二字早已判盡下文不復更置一辭更煩一辯疾忙翻轉頭來詳悉發放此一可字之非夫志以下六句及下節皆以發明此可字之大不可反較不可二字其別斷爲更詳猶大判獄者於其罪之顯而易見者一徑判斷不復遲疑猶俗所謂板了响官事了之說此不得於言勿求於心不可之

反求其理於心於心有所不安則當力制其心而不必更求其助於氣此所以固守其心而不動之速也孟子既誦其言而斷之曰彼謂不得於心而勿求諸氣者急於本而緩其末猶之可也謂不得於言而不求諸心則既失於外而遂遺其內其不可也必矣然凡曰可者亦僅可而有所未盡之辭耳若論其極則志固心之所之而爲氣之將帥然氣亦人之所以充滿於身而爲志之卒徒者也故志固爲至極而氣即次之人固當敬守其志然亦不可不致養其氣蓋其內外本末交相培養此則孟子之心所以未嘗必其不動而自然不動之大略也。

或問如子之言則告子之所不得者已之言也孟子之

謂也。於其罪之微而難知者。姑且置放一邊。將頭淺公事判斷過然後細細三推六問詳招定罪。一一與他提求。此不得於心勿求於氣可及夫志以下兩節之謂也。不知者乃總然可字以爲姑許之觀夫志以下夫豈姑許之者哉○照村云氣之帥六何自翻斷上文可字意側在氣邊然語意與志字並下不但側重不得并互發不得若側重互發則公孫不必疑問孟子不須重答矣故六何不嫌其不明語意正嫌其太明耳須只兩兩平下用評中幾箇虛字斡旋其間

所知者他人之言二者亦不同矣而以一說貫之何耶曰是亦嘗欲一之矣然以告子之所不得爲人之言則與其下文心若氣者爲不類而所謂勿求諸心者與後所謂生於其心者亦復不同以孟子之所知爲己之言則不應無一辭之合理而常自處於詖淫邪遁之間也是以反復推之而得其說如此蓋告子不自知其言之所以失而孟子乃兼貫物我舉天下之言所以失者而知之是以其心正理明而無疑於天下之故至其由是以集義而無不慊於心則非義之義亦不得以入於其間而眞無不慊於心矣○持志養氣之爲交養何也曰持志所以直其內也無暴其氣所以防於外也兩者各致其功而無所偏廢焉則志正而氣自完氣完而志益

便見每上一句是承上不可是實每下一句是駁上可字是主而側重互發之意自無不透現

正其於存養之功且將無一息之不存矣

語類孟子說曾子謂子襄一段已自盡了只為公孫丑問得無了期故有後面許多說話又曰此一段為被他轉換問所以答得亦周匝然止就前段看語脈氣象雖無後截亦自可見前一截已自具得後面許多意足○不得於言只是不曉這說話言只似道理字○不得於言勿求於心不得於心勿求於氣此告子不動心之法告子只就心上理會堅持其心言與氣皆不理會不得謂失也有失於其言則曰無害於心但心不動言雖失不必問也惟失之於心則就心上整理不復更求於氣○不得於言勿求於心此正孟子告子不動心之差別處當看上文云敢問夫子之不動心與告子之不動心

不務知言。是不得于言勿求于心不務養氣是不得

孟子知如此答便見得告子只是硬做去更不問言之是非便錯說了也不省如與孟子論性說性猶杞柳也既而轉性猶湍水也他只不問是非信口說出定要硬把得心定不得於言謂言之失也勿求於心謂言之失非干心事也此其學所以與孟子異故孟子章末云我故曰告子未嘗知義以其外之也○不得猶曰失也謂言有所不知者則不可求之於心心有不得其正者則不可求之於氣孟子謂言有所不能知正以心有所不明故不得於言勿求於心不可其不得於心者固當求之心然氣不得所養亦反能動其心故不得於心勿求於氣雖可而未盡也蓋知言只是知理告子既不務知言亦不務養氣但只硬把定中間箇心要他不動孟子

于心勿求于氣正與下知言養氣反對

則是能知言又能養氣自然心不動蓋知言本也養氣助也三者恰如行軍知言則其先鋒知虛識實者心恰如主帥氣則卒徒也孟子則前有引導後有推助自然無恐懼紛擾而有以自勝告子則前後無引助只恁孤立地此其所以與孟子不動心異也○不得於心勿求於氣者不失其本則猶可也不得於言而不求於心以考其所失則其中頑然無所知覺無以責其義之所安故斷之以不可○不得於言勿求於心是心與言不相干不得於心勿求於氣是心與氣不相貫此告子說也告子只去守箇心得定都不管外面事外面是亦得不是亦得孟子之意是心有所失則見於言如肝病見於目相似又曰當見陸子靜說這一段大段稱告子所見

次字猶俗所謂一大之下第人之上是言其不可輕略非落後之謂也是氣亦在了○此語最分明但在此節不可明言明言則非不復疑問矣註固字亦字即

高告子固是高亦是陸子之學與告子相似故主張他然陸氏之學更鶻突似告子至云陸氏之學不甚教人讀書看文字與告子相似否先生曰便是先生又謂養氣一段緊要處是自反而縮以直養而無害是集義所生者緊要處在此三句上看○問氣體之充曰都是這一點母子上生出如人之五臟皆是從這上生出來○問血氣之氣與浩然之氣不同曰氣便只是這箇氣所謂體之充也便是○問志至焉氣次焉曰志最緊氣亦不可緩志至焉則氣便在這裏是氣亦至了○問志至焉氣次焉此是說志氣之大小抑志氣之先後曰也不是先後也不是大小只是一箇緩急底意思志固是至然氣亦次那志所爭亦不多蓋爲告子將氣忒放低說

字最斟酌

了○故說出此話○志最緊要氣亦不可緩故曰志至焉氣次焉持其志毋暴其氣是兩邊做工夫問志與氣如何分別曰且以喜怒言之有一件事這裏便合當審處是當喜是當怒若當喜也須喜若當怒也須怒這便是持其志若喜得過分一向喜怒得過分一向怒則氣便麤暴了便是暴其氣志却反爲所動今大蹶者趨者是氣也他心本不曾動只是忽然喫一跌氣纔一暴則其心志便動了○或問志至焉氣次焉此是說養氣次第志是第一件氣是第二件又云持其志無暴其氣此是言養氣工夫內外須是交盡不可靠自己自守其志便謂無事氣纔不得其平志亦不得其安故孟子以蹶趨形容之告子所謂不得於心勿求於氣雖是未爲全論

此條是無暴其氣窾落工夫，勿輕看過。

程子所以言氣動志者什一，正謂是爾。曰：然。兩者相夾着力，始德不孤。○問：持其志，無暴其氣處，古人在車聞鸞和，行則聞珮玉，凡此皆所以無暴其氣。今人既無此等，却如何而爲無暴？曰：凡人多動作，多語笑，做力所不及底事，皆是暴其氣。且如只行得五十里，却硬要行百里；只舉得五十斤重，却硬要舉百斤。凡此類，皆能動其氣。今學者要須事事節約，莫教過當，此便是養氣之道也。○先生問公鋒讀勿暴其氣如何。鄭云：只是喜怒哀樂之時，持之不使暴戾。曰：此乃是持其志。志者心之所向，持志却是養心也，不是持志之外別有箇養心。持者把提教定，當喜時也須喜，當怒時也須怒，當哀時也須哀，當樂時也須樂。審教定後，發必中節，這是持志。若暴彼善於此是可字之意矣。

暴其氣又是下面一截事若不當喜而喜與喜之過不當怒而怒與怒之過分不當哀樂而哀樂與哀樂之過其節者皆是暴其氣暴其氣者乃大段麤也

大全朱子曰告子之意以爲言語之失當直求之於言而不足以動吾之心念慮之失當直求之於心而不必更求之於氣蓋其天資剛勁有過人者力能堅忍固執以求其一偏之見所以學雖不正而能先孟子不動心也觀其論性數章理屈詞窮則屢變其說以取勝終不能從容反覆審思明辨因其所言之失而反之於心以求至當之歸此其不得於言而不求於心之驗也○以下文觀之氣亦能反動其心則勿求於氣之說亦未爲盡善但心動氣之時多氣動心之時少故孟子取其彼

猶嫌取其取字太煞。是妨
置之非取字也

善於此而已。至于言則雖發於口而實出於心。內有蔽陷離窮之病則外有詖淫邪遁之失不得於言而勿求諸心則其窮理日益精矣孟子所以知言養氣以爲不動心之本者用此道也而告子反之是徒見言之發於外而不知其出於中不知言便不知義所以外義也其害理深矣故斷然以爲不可於此可見告子之不動心所以異於孟子而亦豈能終不動哉○潛室陳氏曰集註謂致養其氣卽無暴氣發得暴失養故也必言致者見養氣之難須以集義爲本又無正忘助長之弊方爲能致養也○新安陳氏曰下文知言養氣其根已安於此告子不得於言卽不求其理於心是不知言也不得於心卽不求其助於氣是不養氣也○黃氏洵饒曰告晚村云志固爲至氣即爲次丑只不曉得固字即字耳又云夫志以下六句不列無疑乚開在志次二字孟子輕下原平公孫重讀覺側孟子平中之側在氣而公孫所疑之側却在志其錯綜處在此志壹則動氣二句論道理本位畢竟氣輕論答問語意却側重氣說兩句若不平講則語意不盡平講而不側重

子勿求於心與孟子持其志反告子勿求於氣與孟子勿暴其氣反此告子不動心之速與孟子自然不動者反故曰持其志持志養氣不可分先後持志便要養氣

既曰志至焉氣次焉又曰持其志無暴其氣者何也曰志壹則動氣氣壹則動志也今夫蹶者趨者是氣也而反動其心

公孫丑見孟子言志至而氣次故問如此則專持其志可矣又言無暴其氣何也壹專一也蹶顛躓也趨走也孟子言志之所向專一則氣固從之然氣之所在專一則志亦反爲之動如人顛躓趨走則氣專在是而反動其心焉所以既持其志而又必無暴其氣也程子曰志動氣者什九氣動志者什一

下何猶未盡語意也

精義明道曰氣一則動志非獨趨蹶藥也酒也亦是也然志動氣者多氣動志者少

或問程子所謂志動氣者什九氣動志者什一何也曰此言其多少之分也而孟子所以猶有取於勿求於氣之云者而不盡非之於此亦可見矣

語類公孫丑疑只就志理會理會得志氣自隨之不必更問氣也故云又曰持其志無暴其氣何也孟子下文專說氣云蹶趨之氣亦能動心○持其志無暴其氣內外交相養蓋既要持志又須無暴其氣持志養氣二者工夫不可偏廢以氣一則動志志一則動氣觀之則見交相爲養之理矣○或疑氣何以能動志曰志動氣者源頭濁者故下流亦濁也氣動志者却是下流壅而不

足容重一條與前在事間

泄反溜了上面也○氣若併在一處自然引動着志古
人所以動息有養也○蹶者趨者是氣也而反動其心
今人奔走而來偶喫一跌其氣必逆而心亦動是氣之
能動其心如人於忙急之中理會甚事亦是氣未定也
○問蹶趨反動其心若是志養得堅定莫須蹶趨亦不
能動得否曰蹶趨自是動其心人之奔走如何心不動
得曰蹶趨多遇於猝然不可枝梧之際所以易動得心
曰便是

大全雙峰饒氏曰志帥也氣卒徒也如周亞夫軍中夜
驚亞夫堅卧不起不起固是帥之定處然設或被他驚
不已自家如何睡得安於此見持其志又不可不養其
氣○君子所以足容重手容恭聲容靜氣容肅行中鸞

和爲一條。皆無暴其氣寔
際。

知言。則必不不得於言勿
求於心。養氣。則必不不得

和步中采齊皆是要無暴其氣○新安陳氏曰前言心
與氣忽又變心言志者蓋心以全體言志以心之動而
有所向處言欲致持之之功則就其動而有所向處用
力若心則不可言持矣故志字尤切後云氣壹卽動志
卽以是氣也而反動其心證之可見動其心卽是動志
矣程子什九什一之說蓋言志動氣之時多十中常有
九所以志爲至氣動志之時少十中常有一所以氣亦
次焉也○東陽許氏曰敢問夫子之不動心至反動其
心爲第二節○黃氏紹曰持志工夫簡而易知養氣工
夫密而難明故孟子因公孫丑之問獨詳於養氣而不
復更言持志

敢問夫子惡乎長曰我知言我善養吾浩然之氣

於心勿求於氣此節雖是自說平日功夫本領然却本告子兩勿求說下晚村謂到不得而後求已是補救末著況勿求乎知言養氣是不得前一步工夫與告子之所謂求本自不同告子只强制於臨時孟子惟培養于平日此自然不至於不得而心之所由不動也

公孫丑復問孟子之不動心所以異於告子如此者有何所長而能然而孟子又詳告之以其故也知言者盡心知性於凡天下之言無不有以究極其理而識其是非得失之所以然也浩然盛大流行之貌氣卽所謂體之充者本自浩然失養故餒惟孟子爲善養之以復其初也葢惟知言則有以明夫道義而於天下之事無所疑養氣則有以配夫道義而於天下之事無所懼此其所以當大任而不動心也告子之學與此正相反其不動心殆亦冥然無覺悍然不顧而已爾

精義明道曰孟子知言便是知道○又曰孟子曰我知言孟子不欲自言我知道耳○伊川曰觀張子厚所作西銘能養浩然之氣者也

或問知言養氣之說如何曰程氏謝氏得之矣葢孟子之不動心知言以開其前故無所疑養氣以培其後故無所懼如智勇之將勝敗之形得失之算已判然於胷中而熊虎貔貅百萬之衆又皆望其旌麾聽其金鼓故爲之赴湯蹈火有死無二是以千里轉戰所向無前其視告子之不動心正猶勇夫悍卒初無制勝料敵之謀又無蚍蜉蟻子之援徒恃其所養勇而挺身以赴敵也其不爲人擒者特幸而已

語類敢問夫子惡乎長曰我知言我善養吾浩然之氣公孫丑既知告子之失而未知孟子之所以得敢問焉而孟子告之我知言者能識羣言之是非也浩然盛大流行之貌葢天地之氣而吾之所得以充其體者也孟

子能知人言之是非。告子乃自以其言爲外，而不復考其得失。孟子善養其氣，而告子乃以爲末而不求其得失，可見矣。○胡文定說知言，知至也；養氣，誠意也。亦自說得好。○胡氏云：格物則能知言，誠意則能養氣。○德脩謂養氣爲急，知言爲緩。曰：孟子須先說我知言，然後說我善養吾浩然之氣。公孫丑先問浩然之氣，次問知言者，因上面說氣來，故接續如此問。不知言，如何養得氣？德脩云：先須養有尺，便量見天下長短。曰：須要識這尺。○問：浩然之氣便是西銘意思否？曰：考論文義，且只據所讀本文，逐句逐字理會教分明，不須旁引外說，枝蔓游衍，反爲無益。如論浩然之氣，便直看公孫丑所問意思如何，孟子所答如何，一徑理會去，使當時問答之

晚村云知言養氣皆有效驗皆有工夫下文講養氣工夫效驗皆備而於知言

意一一明白了然後却更理會四旁餘意未晚今於孟子之意未能曉得又却轉從別處去末稍都只恁休去

又曰議論一事未分明如何隔向別處去下梢此處未明彼又不曉一切泛然無入頭處讀書理會義理須是勇猛徑直理會將去正如關羽擒顏良只知有此人更不知有別人直取其頭而歸若使既要砍此人又要砍那人非惟力不給而其當得者不可得矣又如行路欲往一處所却在道邊閑處留滯則所欲到處何緣便達看此一章便須反覆誦讀逐句逐節互相發明如此二三十過而曰不曉其義者吾不信也○知言知理也○知言然後能養氣○孟子說養氣先說知言先知得許多說話是非邪正都無疑後方能養此氣也○孟子論

獨言效驗而不言工夫非略知言也知言正是聖學源頭後來異端爭辯紛然磕着粉碎只於此二字不能假借過去如何可略須知養氣工夫全在集義然非格物窮理則義不可得而集是集義中已兼有知言工夫在矣此亦孟子引而不發之旨也

浩然之氣一段緊要全在知言上所以大學許多工夫全在格物致知○知言養氣雖是兩事其實相關正如致知格物正心誠意之類若知言便見得是非邪正義理昭然則浩然之氣自生○問養氣要做工夫知言似無工夫得做曰豈不做工夫知言便是窮理不先窮理見得是非如何養得氣須是道理一一審處得是其氣充大○浩然之氣清明不足以言之才說浩然便有箇廣大剛果意思如長江大河浩浩而來也富貴貧賤威武不能移屈之類皆低不可以語此公孫丑本意只是設問孟子能擔當得此樣大事否故孟子所答只說許多剛勇故說出浩然之氣只就問答本文看之便見得仔細○問浩然之氣是稟得底否曰只是這箇氣若不

曾養得剛底便粗暴弱底便衰怯又曰氣魄大底雖金石也透過了○或問孟子說浩然之氣却不分稟賦清濁說曰文字須逐項看此章孟子之意不是說氣稟只因說不動心滚說到這處似今人說氣魄相似有這氣魄便做得這事無氣魄便做不得○文振說浩然之氣曰不須多言這只是箇有氣魄無氣魄而已人若有氣魄方做得事成於世間禍福得喪利害方敵得去不被他恐動若無氣魄便做人衰颯懾怯於世間禍福利害易得恐動只是如此他本只是答公孫丑不動心纏來纏去說出許多養氣知言集義其實只是箇不動心人若能不動心何事不可爲然其所謂不動心不在他求只在自家知言集義則此氣自然發生於中不是只行

觀孟子我知我善語氣亦自截然毅然

一兩事合義便謂可以掩襲於外而得之也孔子曰不得中行而與之必也狂狷乎看來這道理須是剛硬立得脚住方能有所成只觀孔子晚年方得箇曾子曾子得子思子思得孟子此諸聖賢都是如此剛果決烈方能傳得這箇道理若慈善柔弱底終不濟事如曾子之爲人語孟中諸語可見子思亦是如此如云摽使者出諸大門之外又云以德則子事我者也奚可以與我友孟子亦是如此所以皆做得成學聖人之道者須是有膽志其決烈勇猛於世間禍福利害得喪不足以動其心方能立得脚住若不如此都靠不得况當世衰道微之時尤用硬着脊梁無所屈撓方得然其工夫只在自反常直仰不愧天俯不怍人則自然如此不在他求也

又曰如今人多將顏子做箇柔善底人看殊不知顏子乃是大勇反是他剛果得來細密不發露如箇有大氣力底人都不使出只是無人抵得他孟子則攘臂扼腕盡發於外論其氣象則孟子麤似顏子顏子較小如孔子孔子則渾然無迹顏子微有迹孟子其迹盡見然學者則須由粗以入細須先剛硬有所卓立然後漸漸加功如顏子聖人也○問浩然之氣即是人所受於天地之正氣否曰然又問與血氣如何曰只是一氣義理附於其中則爲浩然之氣若不由義而發則只是血氣然人所禀氣亦自不同有禀得盛者則爲人强壯隨分亦有立作使之做事亦隨分做得出若禀得弱者則委靡巽懦都不解有所立作唯是養成浩然之氣則却與天

所以粗說者只緣對他覇
王不動心說來也語固各
有當耳

地爲一更無限量○或問浩然之氣是天地正氣不是粗厲底氣曰孟子正意只說人生在這裏便有這氣能集義以養之便可以充塞宇宙不是謂其粗與細正與不正如所謂惻隱之心人皆有之只是理如此若論盜跖便幾於無此心矣不成孟子又說箇有惻隱之心無惻隱之心○問浩然之氣曰這箇孟子本說得來粗只看他一章本意是說箇不動心所謂浩然之氣只似箇麤豪之氣他做工夫處雖細膩然其成也却只似箇麤豪之氣但非世俗所謂麤豪者耳

大全雲峰胡氏曰論語亦曰不知言無以知人但論語爲初學而言故集註但曰言之得失可以知人之邪正孟子則自言也故集註釋之比論語尤詳且重論語之

知言爲知人之端入德之事孟子之知言爲養氣之本成德之事○雙峰饒氏曰孟子之言善養氣是以成德言非是說做工夫天下文必有事焉而勿正以下却是說養氣做工夫處○黄氏洵饒曰盡心是知至知性是物格盛大是體流行是用體之充者泛言之復其初行之事○慶源輔氏曰集註疑懼二字以應此章第一節註文疑惑恐懼四字也道體也義用也言道義以該體用也知言則於道義究極無餘一事來則以一理應之夫復何疑之有養氣則於道義襯貼得起勇猛果決而不留行夫復何懼之有○東陽許氏曰知言則盡心知性萬理洞然何所疑惑養氣則動皆合義遇事即行何所畏怯二者旣全何能動心○黄氏洵饒曰無所疑即道

難言不是不言只是其心所獨得未可告人又無形声之驗難以言語形容耳

明無所懼即德立○慶源輔氏曰孟子能知人言之是非告子乃自以其言爲外而不復考孟子善養其氣而告子乃以氣爲末而不知求此所謂正相反也○其不動心者不過是硬把定其心冥冥然都無知覺於一切事皆漠然與之扞格而不顧耳亦豈能終不動哉然其所以能不動者亦幸而已○新安陳氏曰冥然無覺則不能無疑捍然不顧非眞能無懼也○黄氏洵饒曰冥然無覺不能知言悍然不顧不能養氣○冥然無覺不得於言勿求於心不能知言是也悍然不顧不得於心勿求於氣不能養氣是也

敢問何謂浩然之氣曰難言也

孟子先言知言而丑先問氣者承上文方論志氣而言

此其爲氣也承上云其爲浩然之氣也集註謂其體段本如是則是指人人所同得之氣說然不直養無害則亦不能塞于天地之間而時講乃謂此節不重直養句者所謂知其一而不知又有其一也彼徒見直養塞際在下文集義有事此處既不可俯侵又見

也難言者蓋其心所獨得而無形聲之驗有未易以言語形容者故程子曰觀此一言則孟子之實有是氣可知矣

精義謝曰明道先生云只他道箇難言也便知他肚裏有爾許大事若是不理會得底便撑拄胡說將去

其爲氣也至大至剛以直養而無害則塞于天地之閒

至大初無限量至剛不可屈撓蓋天地之正氣而人得以生者其體段本如是也惟其自反而縮則得其所養而又無所作爲以害之則其本體不虧而充塞無閒矣程子曰天人一也更不分別浩然之氣乃吾氣也養而無害則塞乎天地一爲私意所蔽則欿然而餒知其小也謝氏曰浩然之氣須於心得其正時識取又曰浩然

集注只言其體段因以爲未嘗人爲然不知若非直養無害則何以能塞天地直養無害前承自反而縮後案集義有事如何可不重但重把之而仍是虛與不得後文寔歩則亦未嘗不可重把也不言所以直養是如何用工而但言不可不直養若果能直養無害則塞乎天地之間如此説則兩無碍矣○至大至剛本文切人之氣説而在人者難明只观天地之氣之剛大便自易曉天地萬物以至於六合之外虛空之内看有何處不是此氣貫注此所謂至大也其氣

是無虧欠時

或問趙氏以至大至剛以直爲句而程子從之有成説矣子之不從何也曰程子之前固有以至大至剛四字爲句者矣則此讀疑亦有所自來不獨出於近世之俗師也今以直字屬之上句則與剛字語意重複徒爲贅剩而無他發明若以直字屬之下句則既無此病而與上文自反而縮之意首尾相應脉絡貫通是以寧舍趙程而從俗師之説蓋亦有所不獲已耳大抵此章文勢雖若斷絶而意實連貫如告子之不得於言之言勿求於氣之氣與孟子之知言養氣亦是隔數十句而互相發明與此相類若如諸説則間斷隔絶都無干涉未論義理之如何亦不復成文字矣

之剛如金石之堅而氣以之堅緻之木而萌芽達出不可遏抑是何等至剛人之氣本得乎天地則其剛大無所限量不可屈撓亦猶是也○天地猶是兩大物事須要看之間字充滿偪塞大無外小無內眞是無纖毫罅漏此之謂塞

語類問他書不說養氣只孟子言之何故曰這源流便在那心廣體胖內省不疚夫何憂何懼處來大抵只是這一箇氣又不是別將箇甚底去養他便集義便是養氣知言便是知得這義人能仰不愧俯不怍時看這氣自是浩然塞乎天地之間○問浩然之氣如何看曰仁義禮智充溢於中睟然見面盎背心廣體胖便自有一般浩然氣象曰此說甚細膩然非孟子本意此段須從頭看來方見得孟子本意孟子當初如何便當大任而不動心如何便過孟賁遠矣如何便自反而縮千萬人吾往矣只此勇爲不懼便是有浩然之氣此說似粗而實精○兩箇其爲氣也前箇是說氣之體段如此後箇是說這氣可將如此用○直只是無私曲集義只是事

事皆直仰不愧於天俯不怍於人便是浩然之氣而今只將自家心體驗到那無私曲處自然有此氣象文蔚云所以上蔡說於心得其正時識取曰是文蔚問塞天地莫只是一箇無虧欠否曰他本自無虧欠只爲人有私曲便欠却他底且如萬物皆備於我反身而誠樂莫大焉亦只是箇無虧欠君仁臣忠父慈子孝自家欠却他底便不快活反身而誠樂莫大焉無欠闕也以此見浩然之氣只是一箇仰不愧於天俯不怍於人〇黎季成問至大至剛以直三者乃氣之本體缺一不可三者之中直字尤切今直字却似以直來養此氣曰不以直却着甚底來養黎云集義工夫是養曰義便是直此直字從曾子聞大勇於夫子自反而縮處說起後來又說

集義與此以直養而無害皆一章緊切處所謂浩然之氣麄說是仰不愧於天俯不怍於人無所疑畏故上面從北宮黝孟施舍說來只是說箇不怕但二子不怕得麄曾子不怕細膩○至大至剛氣之本體以直養而無害是用功處塞乎天地乃其效也○問塞乎天地之間曰天地之氣無處不到無處不透是他氣剛雖金石也透過人便是禀得這箇氣無欠闕所以程子曰天人一也更不分別浩然之氣乃吾氣也養而無害則塞乎天地一爲私欲所蔽則慊然而餒却甚小也

大全慶源輔氏曰初無限量便是盛大不可屈撓便是流行即所謂浩然之氣也不言用者舉體則足以該之矣○程子曰浩然之氣難識須要識得當行不歉於心

到天地位萬物育時如何可分

之時自然有此氣象〇魯齋王氏曰此所謂其爲氣也氣之體下文所謂其爲氣也氣之用〇慶源輔氏曰浩然之氣本是天地之正氣然天人一理故孟子更不分別直以爲已之氣也養而無害則全其本體而塞乎天地若不務集義而所爲一有私意遮隔了則便不流行而欿然餒之不足以充乎身而失其正大之體也〇雙峰饒氏曰人得天地之氣以生天地之氣如此剛大人之氣亦合如此剛大其所以不能如此者不善養之故也程子曰人與天地一氣也人特自小耳且如文武一怒而安天下之民也只是這氣做出來他底却與天地一般樣至大至剛只是善養故耳〇東陽許氏曰此氣本得於天故至大至剛大天之體段也聖人生知安

此其爲氣也亦承上云其爲直養無害之氣也集註指養成之氣說義是道之零星處一事一物之是皆名義道是義之全體義可集而道不可云集故下文只言集義義字下道字上亦一與字便是下文專言義之根配之云者天地生人氣之與理本合一不分到得養成時雖本是合的而氣更能載道義以出所

行無非直道不假乎養衆人知不明自害其剛大故須直以養之直即義也塞天地言其效也○塞天地只是應物皆合道義而物莫不從至于郊則格廟則享鳥獸魚龍咸若而人倫日用不言可知

其爲氣也配義與道無是餒也

配者合而有助之意義者人心之裁制道者天理之自然餒飢乏而氣不充體也言人能養成此氣則其氣合乎道義而爲之助使其行之勇決無所疑憚若無此氣則其一時所爲雖未必不出於道義然其體有所不充則亦不免於疑懼而不足以有爲矣

精義伊川曰氣是積義所生者却言配義如以金爲器既成則目爲金器可也

謂配也晚村云須是體到日用事業上方見是氣配義道倒亂不得如今人也曉得是義道而不能行或得半而中間消沮或雖行而意象衰颯皆不能養成此氣象也故朱子於此節氣字指功用而上節氣字指體段

或問何以言氣之配義與道也曰道體也義用也二者皆理也形而上者也氣也者器也形而下者也以本體言之則有是理然後有是氣而理之所以行又必因氣以爲質也以人言之則必明道集義然後能生浩然之氣而義與道也又因是氣而後得以行焉蓋三者雖有上下體用之殊然其渾合而無間也乃如此苟爲不知所以養焉而有以害之則理自理氣自氣其浩然而充者且爲慊然之餒矣或略知道義之爲貴而欲恃之以有爲亦且散漫蕭索而不能以自振矣

語類問配義之配何謂合而有助之意曰此語已精如有正將又立箇副將以配他乃所以助他天下莫强於義理當然是義總名是道以道義爲主有此浩然之氣

去助他方勇敢果決以進如這一事合當恁地做是義也自家勇敢果決去做便是有這浩然之氣去助他有人分明知得合當恁地做又恧縮不敢去做便是餒了無此浩然之氣如君有過臣諫之是義也有到冒死而不顧者便是浩然之氣去助此義如合說此話却恧縮不對便是氣餒便是欿然之氣只此一氣餒了便成欿然之氣不調和便成忿厲之氣又曰配是兩相助底意初下工夫時便自集義然後生那浩然之氣及氣已養成又却助道義而行○浩然之氣只是氣大敢做而今一樣人畏避退縮事事不敢做只是氣小有一樣人未必識道理然事事敢做是他氣大如項羽力拔山兮氣蓋世便是這樣氣人須是有蓋世之氣方得又曰如古

人臨之以死生禍福而不變敢去罵賊敢去徇國是他養得這氣大了不怕他又也是他識道理故能如此○上旣說浩然如此又言其爲氣也配義與道謂養成浩然之氣以配道義方襯貼得起不然雖有道義其氣懾怯安能有爲無是餒也謂無浩氣卽如饑人之不飮食而餒者也又曰氣配道義有此氣道義便做得有力又曰人之氣當於平時存養有素故遇事之際以氣助其道義而行之配合也助也若於氣上存養有所不足遇事之際便有十分道理亦畏怯而不敢爲○畢竟道義是本道義是形而上者氣是形而下者若道義別而言則道是體義是用體是舉他體統而言義是就此一事所處而言如父當慈子當孝君當仁臣當敬此義也所

以慈孝所以仁敬則道也故孟子後面只說集義○問
配義與道曰此爲理會得道理底也須養得氣才助得
它○配義與道只是說氣會來助道義若輕易開口胡
使性氣却只助得客氣人纔養得純粹便助從道義好
處去○道是體義是用程子曰在物爲理處物爲義道
則是物我公共自然之理義則吾心之能斷制者所以
能處此理者也○氣自氣道義自道義若無此氣則道
義亦不可見世之理直而不能自明者正爲無其氣耳
譬如利刀固可斬割須有力者乃能用之若自無力利
刀何爲○將這氣去助道義方能行得去若平時不得
養此氣衰颯了合當做底事也畏縮不敢去做如朝廷
欲去這一小人我道理直了有甚怕他不敢動着卻他

無是餒是字指氣餒字照集註其體有所不充說是指體餒而下句云則亦不免于疑懼而不足以有為矣并連道義亦無用也若以餒字指氣則似說無是

是小人不敢去他只是有這氣自裹了其氣如此便是合下無工夫所謂是集義所生者須是平時有集義工夫始得到行這道義時氣自去助他集義是平時積累工夫配義與道是卒然臨事氣配道義行將去此兩項各自有頓放處但將麄處去看便分曉春秋時欲攻這敵國須先遣問罪之詞我這裏直了將這箇去摧他勢他雖有些小勢力亦且消沮去了漢高祖為義帝發喪用董公言明其為賊敵乃可服我這箇直了行去自不怕得它○問無是餒也是指義是指氣曰這是說氣曰下面如何便說集義所生曰上截說須養這氣下再起說所以生此氣每一件事做得合義便會生這氣生得這氣便自會行這義伊川云既生得此氣語其體則與

氣而氣餒也既爲疊床架屋若說無是氣而道義餒則於餒字字義爲不切惟集註爲無弊特說指氣餒晚村謂道義餒皆未是

道合語其用則莫不是義譬之以金爲器及其器成方命得此是金器生字與取字相對說生是自裏面生出取是自外面取來且如今人有氣魄合做事便行得去若無氣魄雖自見得合做事却做不去氣只是身中底氣道義是衆人公共底天地浩然之氣到人得之便自有不全了所以須着將道理養到浩然處

大全雙峰饒氏曰合而有助譬如妻之配夫以此合彼而有助於彼者也蓋理氣不相離氣以理爲主理以氣爲輔大凡人不能爲善爲是無那氣來襯貼有那氣來襯貼起做得定是有力○雲峰胡氏曰所謂合卽延平所謂一滚出來之意所謂助卽延平所謂襯貼起來之意也○新安陳氏曰疑憚疑懼四字仍應前注文疑惑

集註事皆合義一皆字最
得白文集字之解一有不
合於義最得白文行有不
字之解晚村謂集義正在
功夫積久處全體大用必
無事不合乎義而後可應
變○義襲不必定是虛僞只
一二事偶然合義而不能
積久時他行必多不慊於
心浩然之氣無從生而餒
矣意謂不但多不慊於心
即處處合義而一有不慊
便餒乃是白文行有不集
註一有不之解○外之是
外之而不求○集註所謂不
復以義爲事是外之正面
上文義豈在外哉是所以

恐懼字意懼即恐懼也

是集義所生者非義襲而取之也行有不慊於心則餒矣我故曰告子未嘗知義以其外之也

集義猶言積善蓋欲事事皆合於義也襲掩取也如齊侯襲莒之襲言氣雖可以配乎道義而其養之之始乃由事皆合義自反常直是以無所愧怍而此氣自然發生於中非由只行一事偶合於義便可掩襲於外而得之也慊快也足也言所行一有不合於義而自反不直則不足於心而其體有所不充矣然則義豈在外哉告子不知此理乃曰仁內義外而不復以義爲事則必不能集義以生浩然之氣矣上文不得於言勿求於心即外義之意詳見告子上篇

外之之故蓋仁内義外乂是食色章外守正面不是此處外之外守之解○晚村云故曰二句是推出告子不求氣病根非辨義内外也

朱子曰明道先生移就持敬上說却是養氣以前一段事功夫雖密然恐不若且依孟子看也

精義或問必有事焉當用敬否伊川曰敬只是涵養之事必有事焉須當集義只知用敬不知集義却是都無事也又問義莫是中理否曰中理在事義在心内苟不主義浩然之氣從何而生○問敬義何別曰敬只是持己之道義便知有是有非順理而行是爲義也若只守一箇敬不知集義却是都無事也且如欲爲孝不成只守著一箇孝字須是知所以爲孝之道所以侍奉當如何溫凊當如何然後能盡孝道也

或問氣所以配乎道義者也而又曰集義所生何耶曰是則程子金器土山之喻至矣而吾所謂有理然後有氣故必明道集義然後能生浩然之氣者亦詳且明矣曰孟子深闢義外之說矣而其言曰集義又似有取乎

彼而集之於此者何也曰義者心之所以制事而合宜之謂也事物之來無不以義裁之而必合其宜焉是則所謂集義者也豈曰取於彼而集於此哉

語類問集義所生這箇養氣底規模如何下手都由酬酢應接舉皆合義人既如此俯仰無愧所以其氣自然盛大流行曰這後方可說配義集義與配義是相向說初間其氣由集義而生後來道義卻須那氣相助是以無所疑懼○孟子許多論氣處只在集義所生一句上又曰只是無一事不求箇是而已矣又曰集義只是件件事要合宜自然積得多又曰事事都是要合道理有些子不合道理心下便不足才事事合道理便仰不愧俯不怍又曰集猶聚也處物爲義須是事事要合義且

如初一件合義了第二第三件都要合義此謂之集義
又曰如十事有一事不合義則便有愧須是集聚衆義
然後是氣乃生非義襲而取之非是於外求得是義而
搏出此氣也○義者宜也凡日用所爲所行一合於宜
今日合宜明日合宜集得宜多自覺胸中慊足無不滿
之意不然則餒矣非義襲而取之非是外取其義以養
氣也○問此氣是當初稟得天地底來便自浩然抑是
後來集義方生曰本是浩然被人自少時壞了今當集
義方能生曰有人不因集義合下來便恁地剛勇如何
曰此只是麤氣便是北宮黝孟施舍之勇底亦終有餒
時○問集義意思是要得安穩如講究書中道理便也
要見得安穩曰此又是窮理不是集義集義是行底工

知言則知之明。養氣則行之勇。知明處當。心自然不動。聖賢工夫。總不外知行。知先行後。序必如此

夫只是事事都要合義窮理則在知言之前窮理是做知言工夫能窮理然後能知言○問是集義所生者非義襲而取之也用今說集義如學者工夫須是於平日所爲之事求其合於義者而行之積集既久浩然氣自生若說義襲則於一事之義勇而爲之以壯吾氣耳襲如用兵之襲有襲奪之意如掩人不備而攻襲之謂如才得行一件事合義便將來壯吾氣以爲浩然之氣可以攫拏而來夫是之謂襲○非義襲而取之見江西人只愛說義襲不知如何襲只是說非以義掩取是氣蓋氣自內而生非由外而入○氣自流通不息一爲私意所遮隔則便去不得今且以麄言之如項羽一箇意氣如此纔被漢王數其罪十便覺沮去不得了○問告子

白文外字是活字。不是死字。

外義蓋外之而不求非欲求之於外也曰告子直是將義屏除去只就心上理會因說陸子靜云讀書講求義理正是告子義外工夫某以爲不然如子靜不讀書不求義理只靜坐澄心却似告子外義

大全朱子曰以直養是自反而縮集義是以直養然此工夫須積漸集義自然生此浩然之氣不是行一二件合義底事能掩取浩然之氣也集義是歲月積久之功襲取是一朝一夕之事從而掩取終非已有也○此上三句本是說氣下兩句是字與非字應襲字與生字對其意蓋曰此氣乃積義而自生於中非行義而襲取之於外云爾○生字正與取字對生是自裏面生出取是在外面取來○義襲是於一事之義勇而爲之以壯吾

道義餒晚村亦如此說然未妥更須玩詳

氣然無生底道理只是些客氣耳不久則消矣○問配義與道是氣助道義而行又曰集義所生是氣又自集義而生曰初下工夫時集義然後生浩然之氣氣已養成却又助他道義而行○雙峰饒氏曰二餒字之外無是餒也是無氣則道義餒行有不慊則餒是無道義則氣餒所指不同葢二者相資論其用則道義非氣無以行論其體則氣非道義無以生○新安陳氏曰二是字亦不同無是餒也此是字指浩然之氣言是集義所生此是字正與下句非字相呼喚猶言是如此非如彼耳○雲峰胡氏曰集義即是以直養義襲而取之即是有所作爲以害之集註訓慊字與大學音義同自慊則心廣體胖不慊則餒餒字正與廣字胖字相反集註訓以

直養則曰自反而縮此則言自反常直自反不直見得孟子養氣之論正自曾子所謂自反而縮來也

必有事焉而勿正心勿忘勿助長也無若宋人然宋人有閔其苗之不長而揠之者芒芒然歸謂其人曰今日病矣予助苗長矣其子趨而往視之苗則槁矣天下之不助苗長者寡矣以為無益而舍之者不耘苗者也助之長者揠苗者也非徒無益而又害之

必有事焉而勿正趙氏程子以七字為句近世或并下文心字讀之者亦通必有事焉有所事也如有事於顓臾之有事正預期也春秋傳曰戰不正勝是也如作正心義亦同此與大學之所謂正心者語意自不同也此言養氣者必以集義為事而勿預期其效其或未充則

勿忘即是必有事勿助長即是勿正然玩註其或未充則但當勿忘其所有事而不可作為以助其長三句則勿忘又在有事之後勿助長又在勿正之後三勿字蟬聯說下非一頭三脚各自為說也有事事字即指上文集義不是於外另說工夫只言其工夫之節度耳集註節度字最妙猶言火候也漫不得緊不得不疾不徐有數焉于其間即孟子所謂深造之以道欲其自得之也

但當勿忘其所有事而不可作爲以助其長乃集義養氣之節度也閔憂也揠拔也芒芒無知之貌其人家人也病疲倦也舍之而不耘者忘其所有事揠而助之長者正之不得而妄有作爲者也然不耘則失養而已揠則反以害之無是二者則氣得其養而無所害矣如告子不能集義而欲彊制其心則必不能免於正助之病其於所謂浩然者蓋不惟不善養而又反害之矣

精義伊川曰志不可不篤亦不可助長志不能篤則志廢助長于文義上也且有益若于道理上助長反不得杜預云優而柔之使自求之厭而飫之使自趣之若江海之浸膏澤之潤渙然冰釋怡然理順然後爲得也此數句煞好

而不可不可又不可固是
白文三勿字之雖然集註
舍之而不耘者忘其所有
事則忘在既有事之後非
未有事而早已忘之也集
註正之不得而妄有作爲
則助長雖因正之起見然
亦必正之不得而後妄有
作爲以助之如此看則勿

或問有事勿正勿忘勿助何謂也曰必有事焉言必當
有所事乎此也勿正者言不可預期其效也心勿忘者
言不可忘其所有事也勿助長者不可强其所謂充也
大抵今人之學或以預爲之期而不爲其事其或有
所爲者則亦必期其功期而不至則或以爲無益而忘
之或不勝其欲速而助之此衆人之通患也故孟子言
養氣者唯當集義以爲事而不可期於襲取之功不可
以集義爲無益而忘之又不可以其氣未充而助之也
然則助長之害甚於舍之何也曰舍之之害特不察乎
義之所在無以慊足其心而已助之長則知其不慊而
又作爲以張之也較是二者其爲罪之輕重可見矣曰
以上下文意推之孟子之所謂有事者集義而已至於

忘較有事進一步申說勿助長較勿正進一步申說四句只得兩層無一頭三脚之弊也

程子之論則每以有事於敬爲言何哉曰孟子之學以義爲養氣之本程子之學以敬爲入德之門此其言之所以異也然義非敬則不能以自集故孟子雖言集義而必先之以持志敬非義不能以自行故程子雖言持敬而於其門人有事於敬之問亦未嘗不以集義爲言也曰程子所謂活潑潑地者何也曰此所以形容天理流行自然之妙也蓋無所事而忘則人欲之私作正焉而助之長則其用心之過亦不免於人欲之私也故必絶是二者之累而後天理自然之妙得以流行發見於日用之間若鳶之飛而戾於天也魚之躍而出於淵也若曾點之浴沂風雩而詠以歸也活潑潑地者蓋以俗語明之取其易知而已或者乃以此語爲原於禪學則

誤也○或曰上文兼言志氣而以持志爲主此乃專言養氣而不及持志何邪曰養氣以集義爲功而集義以居敬爲本此言集義則固非持志不能矣程子曰志爲之主乃能生浩然之氣至於浩然已成則又何者爲志氣之别正謂此也

語類必有事焉而勿正心心字連上句亦得但避大學正心字故將心字連下句然初不相干各自取義古注正字作望字解如將心勿忘屬上文勿助長屬下文亦不須如此只是浩然之氣養之未至而望有之便是正如其正特只是望之而已至於助長則是强探力取氣未能養遽欲加人欲之私是爲揠苗而已○正字是期待其效之意仁者先難而後獲正心似先獲意思先獲

事正忘助固相因然正因於事忘不因于正助因于正而不因于忘亦當有別無所事必忘亦有有所事而忘焉者○晚村云必有事焉四句前輩亦殊混過勿字作三平者多看下文註云含之不耘忘其所有事揠而助長正之不得而妄有作爲則勿忘即對有

是先有求獲之心古人自有這般說公羊傳云師出不正反戰不正勝此正字與孟子說正心之正一般言師出不可必期其反戰不可必期其勝也○或問正便是助長否曰正未是助長待其效而不得則漸漸助之長矣譬之栽木初栽即是望其長望之之久而不如意則揠苗矣○事正忘助相因無所事必忘正必助長○集義如藥頭必有事焉而勿正心勿忘勿助長如制度○正是等待之意如一邊集義一邊在此等待那氣生今日等不見明日又等不見等來等去便却去助長揠地則不惟氣終不會生這所集之義已不得爲是了○養氣一章在不動心不動心在勇勇在氣氣在集義勿忘勿助長又是那集義底節度若告子則更不理會言之

事勿助即對勿正仍就上句非入一步耶若作三平說則勿正與勿助不幾複疊乎故予終以截作對勘爲是雖先輩有三平之交未敢以爲然

丹頭火法之譬分別界限最淸

得失事也是非氣之有平不平只是硬制壓那心使不動恰如說打硬脩行一般○必有事焉孟子正說工夫處且從上面集義處看來便見得必有事焉者言養氣當必以集義爲事勿正者勿待也勿忘者勿忘其以集義爲事也助長者是待之不得而拔之使長也言人能集義以養其浩然之氣故事物之來自有以應之不可前一期待之心少間待之不得則必出於私意有所作爲而逆其天理矣是助之長也今人之於物苟施種植之功至於日至之時則自然成熟若方種而待其必長不長則從而拔之是逆天害物也甚矣又云集義是養氣底丹頭必有事便是集義底火法言必有事者是養氣之法度也養得這氣在此便見得這箇自重那箇自

輕如公孫丑言加齊卿相得行道焉以爲孟子動心於此不知孟子所養在此見於外者皆由這裏做出來○韓退之詩云强懷張不滿弱念闕易盈無是餒也雖强支撑起來亦支撑不得所謂揠苗者也

大全朱子曰必有事焉勿忘是論集義工夫勿正勿助長是論氣之本體上添一件物事不得不要等待不要催促○雙峯饒氏曰有事勿忘是說以直養勿正勿助是說養而無害必有事焉而勿忘勿助長是集義工夫正而助長是要義襲而取集義義襲兩何乃是一段骨子以集義爲無益而忘之者不耘苗者也以義襲爲心預期其效而助長者揠苗者也惟其見集義所生者故當必有事焉心勿忘惟其非義襲而取之故當勿正勿

助長。以直養而勿害是養之之正道。集義所生是養之之成功有事勿忘是做工夫處。○前說持志無暴氣是兩事後說養氣不及持志言集義則持志在其中今日集義明日又集義則此志全在義上有事勿忘念念在集義上忘便是不能持其志助長便是暴其氣。○問天下之不助苗長者寡矣其意何謂曰此是說天下之人平時不能養其氣者皆是臨時助長以暴其氣也似浩然却不是自家集義所生底故乍長乍消易盈易縮適足以戕賊其氣而已不特養氣不可助長凡事皆不可助長如看書未通不能潛心玩索而强探力索之類皆是助長。○慶源輔氏曰所謂揠而反害之者正指告子而言。○東陽許氏曰揠苗一段八十五字專言私意害

四知其字只說知言之效至其所用之工夫則少不得格物窮理詳言養氣而畧說知言是文字疏密相關之法其工夫亦可于言外想得

氣之大。黄氏四如曰孟子工夫全在養氣上以集義爲主勿忘是工夫不可緩勿助長是又不可急如煉丹有文武火火冷則灰死火猛則丹走惟漫火常在爐中可使二三十年伏火然後養得成丹孟子下工夫有節度如此。

何謂知言曰詖辭知其所蔽淫辭知其所陷邪辭知其所離遁辭知其所窮生於其心害於其政發於其政害於其事聖人復起必從吾言矣

此公孫丑復問而孟子答之也詖偏陂也淫放蕩也邪邪僻也遁逃避也四者相因言之病也蔽遮隔也陷沈溺也離叛去也窮困屈也四者亦相因則心之失也人之有言皆出於心其心明乎正理而無蔽然後其言平

正通達而無病苟爲不然則必有是四者之病矣即其言之病而知其心之失又知其害於政事之決然而不可易者如此非心通於道而無疑於天下之理其孰能之彼告子者不得於言而不肯求之於心至爲義外之說則自不免於四者之病其何以知天下之言而無所疑哉程子曰心通乎道然後能辨是非如持權衡以較輕重孟子所謂知言是也又曰孟子知言正如人在堂上方能辨堂下人曲直若猶未免雜於堂下衆人之中則不能辨決矣

或問詖而不安則必爲淫辭以張其說淫而過實則必有邪辭以離於道邪必有窮故必爲遁辭以自解免凡曰異端無不具此故程子以爲楊墨兼有而張子亦以

就本章言告子亦在其中
却不單指那告子之言

釋氏爲然張子曰釋氏之言流遁失守窮大則淫推行
則詖致曲則邪求之一卷之中此弊數數不必指一人
以主一事也
語類詖淫邪遁雖是四般然纔有一般則其餘牽連而
生大槩多從詖上起詖只是偏才偏便自是一邊高一
邊低不得其正如楊氏爲我則蔽於仁墨氏兼愛則蔽
於義由其蔽故多爲蔓衍推之愈闊如爛物相似只管
浸淫陷在一處都轉動不得如墨者夷之所謂愛無差
等施由親始愛無差等是其本說又卻假托施由親始
之言栽接以文其說是也淫辭如此自不知其爲邪如
列子達生之論反以好色飲酒爲善事而不覺其離於
道也及其說不行又走作逃遁轉從別處去釋氏毀人

此政事只是大綱節目不是朝廷之政事

倫去四大人謂其不可行則曰雖不毀棄人倫亦可以行吾說此其所以必窮也○問詖淫邪遁曰詖只是偏詖如人足跛相似斷行不得且楊墨說爲我兼愛豈有人在天地間子然自立都不涉着外人得又豈有視人如親一例兼愛得此二者皆偏而不正斷行不得便是蔽於此了至淫辭則是說得愈泛濫陷溺於中只知有此而不知有他也邪辭則是陷溺愈深便一向離了正道遁辭則是說得窮後其理既屈自知去不得便別換一箇話頭如夷之說施由親始之類這一句本非他本意只臨時撰出來也先生又云生於其心害於其政者是才有此心便大綱已壞了至發於其政害於其事則是小底節目都以次第而壞了○此一章專以知言爲

主若不知言則自以爲義而未必是義自以爲直而未必是直是非且莫辨矣然說知言又只說知詖淫邪遁之四者葢天下事只有一箇是與不是而已若辨得那不是底則便識得那是底了謂如人說十句話有四句不是有六句是若辨得那四句不是則那六句便是是底了然非見得道理十分分明則不能辨得親切○詖辭知其所蔽詖是偏詖之詖偏於一邊不見一邊只是蔽了如遮蔽相似到得就偏說中說得淫辭便廣濶至有所陷溺如陷在水中不見四旁矣遂成一家邪說離於正道到得後來說不通時便作走路所謂遁辭也如釋氏論理其初既偏反復譬喻其辭非不廣矣然畢竟離於正道去人倫把世事爲幻妄後來亦自行不得到

得窮處便說走路、如云治生產業皆與實相不相違背、豈非遁辭乎、孟子知言只是從知其偏處○始又曰遁詞是既離後走腳底語、如楊氏本自不拔一毛而利天下、卻說天下非一毛所能利、夷子本說愛無差等、卻說施由親始、佛氏本無父母、卻說父母經皆是遁辭○問詖淫邪遁之辭、楊墨似詖、莊列似淫、儀秦似邪、佛似遁、曰不必如此分別、有則四者俱有、其序自如此○問程子說孟子知言譬如人在堂上方能辨堂下人曲直、曰此只是言見識高似他、方能辨他是非、得失若見識與他一般、如何解辨得他○問孟子知言處生於其心害於其政、先政而後事、闢楊墨處說作於其心害於其事、先事而後政、曰先事而後政是自微而至著、先政而後事

知言。本兼知其好不好。孟子以闢邪説爲任。故但及此而不及彼也

是自大綱而至節目。

大全蔡氏曰：知言則善惡邪正皆當知之。此之所知獨詖淫邪遁之辭何也。蓋孟子之時楊墨之言盈天下。正人心息邪説莫此爲急。故曰楊墨之道不息。孔子之道不著。此其意也。○雙峯饒氏曰：詖淫邪遁雖是四件，却只是兩件。詖淫屬陽，邪遁屬陰。蓋詖尚有一邊是道理，邪則并這一邊亦離了。淫是詖之深，遁是邪之極。如楊墨初以爲我兼愛爲仁義，雖非仁義之全體，猶自見得仁義之一偏。其終也至於無父無君，則其離仁義也遠矣。○天下道理好底四件，不好底亦四件。元亨利貞仁義禮智是好底，詖淫邪遁意必固我是不好底。好底相因，不好底亦相因。元亨利貞起於元，仁義禮智起於仁，意

必固我起於意詖淫邪遁起於詖當看四箇所字如看
病相似詖淫邪遁是病證蔽陷離窮是病源所蔽所陷
所離所窮是病源之所在墨氏之蔽在於見仁而不見
義楊氏之蔽在於見義而不見仁其蔽雖同而所以蔽
則異孟子知言如明醫然纔見病證便說病源在何處
欲治蔽陷離窮之病在先去其蔽無所蔽便無下面三
件蔽之源不一有爲氣稟所蔽有爲物欲所蔽有爲學
術所蔽有爲習俗所蔽問去蔽之道當如何曰孔子嘗
謂六言六蔽皆基於不好學欲去蔽者當自好聖賢之
學始○政者事之大体事者政之條目心纔不正到處
有害政事皆心之所發於大體既有害則小者可知故
曰發於其政害於其事後篇說作於其事害於其政是

此是通章大旨。

條目上既有害則大者亦可知○新安陳氏曰此章甚長頭緒頗多其要旨未易究也知言養氣下集註標出綱領而未及所以能知言養氣之本朱子與郭冲晦帖云孟子之學蓋以窮理集義爲始不動心爲效蓋惟窮理爲能知言惟集義爲能養氣理明而無所疑氣充而無所懼故能當大任而不動心考於本章次第可見矣此章要指惟此帖盡之而無餘蘊集義故能養氣孟子所已言窮理故能知言孟子所未言心通乎道而無疑於天下之理程子固言之而提綱挈領以示後學未有如朱子此帖之明白周備者也明理以知言知之之事集義以養氣行之之事不出乎知行二者而已此章雖未終於此而正意止於此○東陽許氏曰敢問夫子惡

善言德行只重德行暗與養氣配不重善言盖惟其有之是以言之善也

乎長至必從吾言爲三節

宰我子貢善爲說辭冉牛閔子顏淵善言德行孔子兼之曰我於辭命則不能也然則夫子既聖矣乎

此一節林氏以爲皆公孫丑之問是也說辭言語也德行得於心而見於行事者也三子善言德行者身有之故言之親切而有味也公孫丑言數子各有所長而孔子兼之然猶自謂不能於辭命今孟子乃自謂我能知言又善養氣則是兼言語德行而有之然則豈不既聖矣乎此夫子指孟子也○程子曰孔子自謂不能於辭命者欲使學者務本而已

語類公孫丑疑孟子說知言養氣忒擔當得大故引我於辭命則不能以詰孟子孟子對以惡是何言也丑又

問昔者子夏子游子張皆得聖人之一體意欲以孟子比聖人故孟子推尊聖人以爲已不敢當遂云姑舍是

大全問善爲說辭則於德行或有所未至善言德行則所言皆其自已分上事也朱子曰得之○慶源輔氏曰知言則在我在人一也知其如此則於言語辭命何患不能養氣自集義生豈非德行乎○雲峯胡氏曰此以後因公孫丑提出一聖字爲問故專發明一聖字

曰惡是何言也昔者子貢問於孔子曰夫子聖矣乎孔子曰聖則吾不能我學不厭而教不倦也子貢曰學不厭智也教不倦仁也仁且智夫子既聖矣夫聖孔子不居是何言也

惡驚歎辭也昔者以下孟子不敢當丑之言而引孔子

子貢問答之辭以告之也此夫子指孔子也學不厭者智之所以自明教不倦者仁之所以及物再言是何言也以深拒之

大全朱子曰中庸成已仁也是體成物智也是用此學不厭智也是體教不倦仁也是用○潛室陳氏曰仁智互爲體用義精仁熟之後道理縱看橫看皆可智爲體則仁爲用仁爲體則智爲用

昔者竊聞之子夏子游子張皆有聖人之一體冉牛閔子顏淵則具體而微敢問所安

此一節林氏亦以爲皆公孫丑之問是也一體猶一肢也具體而微謂有其全體但未廣大耳安處也公孫丑復問孟子既不敢比孔子則於此數子欲何所處也

或問六子之不同何也曰聖人之道大而能博門弟子不能遍觀而盡識也故學焉而各得其性之所近如游夏得其文學子張得其威儀皆一體也惟冉牛閔子顏淵氣質不偏理義完具故其默而識之不言而信者獨能具有聖人之全體但猶役於思勉滯於形迹未若聖人之大而化之無復限量之可言故以爲具體而微爾

語類顏子所知所行事事只與聖人爭些子所以曰具體而微

大全朱子曰聖人道大而能博如游夏得其文學子張得其威儀皆一體也惟顏淵冉閔氣質不偏理義完具獨能具有聖人之全體但未若聖人之大而化之無限量之可言故以爲具體而微耳

晚村云清任和三字自古未有以聖人目之者目之自孟子始看百世之師章何其尊崇然不放過他病處看隘與不恭章又何其針砭故願學孔子不是貶

曰姑舍是

孟子言且置是者不欲以數子所至者自處也

大全問如集註之說則孟子猶有不足於顏子歟天台潘氏曰孟子之志願學孔子是誠有不足於顏子者蓋非不足於顏子以顏子不幸短命而未至於聖人之域前輩云纔遜第一等事與別人做便是自棄古人之志大率如此然立志之後須要力行以酧其志不可徒有此志也

曰伯夷伊尹何如曰不同道非其君不事非其民不使治則進亂則退伯夷也何事非君何使非民治亦進亂亦進伊尹也可以仕則仕可以止則止可以久則久可以速則速孔子也皆古聖人也吾未能有行焉乃所願則學孔子

抑三子。正爲天下萬世立中正之極也。○丹只問伯夷伊尹未及孔子、孟子列言夷尹之行而并及孔子。意中所向往冲口不覺道出。孔子也三字殊有極口津津之意、與上伯夷也伊尹也二句又一神情。晚村謂可以四句四則字乃特中之大用。四句須一氣併讀。乃得若止就仕止久速呆板分疏、卽不見聖人全身矣

也

伯夷孤竹君之長子、兄弟遜國、避紂隱居、聞文王之德而歸之、及武王伐紂、去而餓死、伊尹有莘之處士、湯聘而用之、使之就桀、桀不能用、復歸於湯、如是者五、乃相湯而伐桀也、三聖人事、詳見此篇之末及萬章下篇、

大全 會齋王氏曰、乃所願則學孔子、後四段盡在此句。○雲峯胡氏曰、孟子以顏子具聖人之體而未極其大。故欲學其大者、以伯夷伊尹有聖人之德而未極其全。故欲學其全者、故此以下則專言夫子之聖。○東陽許氏曰、宰我子貢至所願學孔子、爲四節、願學孔子是答知言以後之意。

伯夷伊尹於孔子若是班乎、曰否、自有生民以來、未有孔

晚村云德之盛。心之正。兩段合併來乃看得聖人身分盡然自俗眼觀之難在上半段自智者觀之却難在下半段併信得上半段過也在下半段

子也

班齊等之貌公孫丑問而孟子答之以不同也、

曰然則有同與曰有得百里之地而君之皆能以朝諸侯有天下行一不義殺一不辜而得天下皆不爲也是則同

有言有同也以百里而王天下、德之盛也、行一不義殺一不辜而得天下有所不爲心之正也、聖人之所以爲聖人其根本節目之大者惟在於此、於此不同則亦不足以爲聖人矣

精義伊川先生在經筵日有二同列論武侯事業以爲武侯戰伐所喪亦多非殺一不辜而得天下不爲之事先生謂二公語過矣殺一不辜而得天下不爲謂殺不辜以私已武侯以天子之命討天下之賊則何害○問

伯夷柳下惠如何見得能朝諸侯有天下。楊氏曰只看顔子在陋巷便做得禹稷事業則夷惠之能朝諸侯有天下可知。

或問伯夷伊尹之行一不義殺一不辜而得天下有所不爲何以言之也曰以其讓國而逃諫伐而餓非其道義一介不以取予於人觀之則可見矣

語類問浩然之氣後面説伯夷伊尹孔子是則同處曰後面自是散説出去不須更回引前頭這裏地位極高浩然之氣又不足言不須更説氣了有百里之地則足以有天下然行一不義殺一不辜則有所不爲此是甚麽樣氣象大段是極至處了雖使可以得天下然定不肯將一毫之私來壞了這全體古之聖人其大根脚同

處皆在此○得百里皆能朝諸侯是德之盛行一不義殺一不辜不爲是心之正不肯將那小處害了那大處亦如伊尹雖祿之天下不顧千駟弗視到那一介處亦不輕取予○問夷尹得百里之地果能朝諸侯有天下否曰孟子如此說想是如此然二子必不肯爲問孟子比顏子如何曰孟子不如顏子顏子較細問孟子亦有任底意否曰然孟子似伊尹○問夷惠曰伯夷格局更高似柳下惠道夫曰看他伯夷有壁立萬仞之氣曰然

大全新安陳氏曰德之盛根本之大也心之正節目之大也大根本大節目同而小處不同皆可以言聖人若大處不同則大本已非吾何以觀之哉

曰敢問其所以異曰宰我子貢有若智足以知聖人汙不

宰我三段只是証一異字耳無甚深義。

至阿其所好

汙下也三子智足以知夫子之道假使汙下必不阿私所好而空譽之明其言之可信也

語類汙是汙下不平處或當時方言未可知當屬下句讀。

大全慶源輔氏曰智足以知聖人則其智識高明矣阿私所好而空譽之則其識趣汙下矣高明與汙下正相反高明則必不至汙下矣反覆極言之以明三子之言必可信耳

宰我曰以予觀於夫子賢於堯舜遠矣

程子曰語聖則不異事功則有異夫子賢於堯舜語事功也蓋堯舜治天下夫子又推其道以垂教萬世堯舜

之道非得孔子則後世亦何所據哉。

大全慶源輔氏曰語聖則不異以其德言也事功則有異就其所爲事與成功而言也堯舜治天下夫子又推其道以垂教萬世此言事功久遠之不同也堯舜之道非得孔子則後世亦何所據哉此言事功始終成就之不同也○新安陳氏曰後世聖賢之君不作異端漸熾苟非得孔子祖述堯舜以詔後世則無所據依以入堯舜之道矣輔氏有言當時若無孔子今人連堯舜也不識由此言之則孔子爲天地立心爲生民立命爲往聖繼絕學爲萬世開太平其功業豈不賢於堯舜遠哉宰予此言可謂深知孔子其得在言語之科宜矣此孟子所以表而出之於子貢有若之言之先也歟。

禮樂政德四其字即指下文百王未有孔子在內蓋是用此法以觀百王而見百王皆不及孔子也子貢受業于孔子之門親見其政其德又何待見禮聞樂而後知之乎晚村謂四其字明明虛指百王與孔子分賓主如何近人反說包有孔子在內也

子貢曰見其禮而知其政聞其樂而知其德由百世之後等百世之王莫之能違也自生民以來未有夫子也

言大凡見人之禮則可以知其政聞人之樂則可以知其德是以我從百世之後差等百世之王無有能遁其情者而見其皆莫若夫子之盛也

語類問見其禮而知其政聞其樂而知其德是謂夫子是謂他人曰只是大槩如此說子貢之意蓋言見人之禮便可知其政聞人之樂便可知其德所謂由百世之後等百世之王莫有能違我之見者所以斷然謂自生民以來未有孔子此子貢以其所見而知夫子之聖如此也

大全新安陳氏曰差等猶言品等情實也以見禮知政

出類拔萃。總說古今聖人。不是說群聖出凡民之類孔子又拔群聖之萃也。類指庸衆。萃指大賢以下。出拔凡聖人皆能。但孔子爲尤盛耳。晚村謂三節荅所以異于夷尹之問。而引三子之言以証之。都對古今聖人比較。與凡民無與。有若要看得品級分明。故將衆人與群聖先據起一層耳。

聞樂知德二句。鑒之。皆不能逃於洞察之下。

有若曰。豈惟民哉。麒麟之於走獸。鳳凰之於飛鳥。泰山之於丘垤。河海之於行潦。類也。聖人之於民。亦類也。出於其類。拔乎其萃。自生民以來。未有盛於孔子也。

麒麟。毛蟲之長。鳳凰。羽蟲之長。垤。蟻封也。行潦。道上無源之水也。出。高出也。拔。特起也。萃。聚也。言自古聖人固皆異於衆人。然未有如孔子之尤盛者也。○程子曰。孟子此章擴前聖所未發。學者所宜潛心而玩索也。

大全。新安陳氏曰。此聖人字是汎說從古以來之聖人。○雲峯胡氏曰。公孫丑疑孟子動心。孟子遂極言養氣知言之功。公孫丑疑其知言養氣之既聖。孟子遂極言夫子之聖之盛。要之夫子之聖不假乎養氣知言。孟子覇者所假之仁。雖名曰仁。其寔不過隨時隨事。博得一箇餙動人心好名色耳。非有寔在可指之仁政也。若以德所行之仁。則是以不忍之心。行不忍之政。并田學校。教養兼舉。兩仁字之名雖同。其寔却異。以力以字作挾持字看。以德以

之養氣知言乃學而至聖者也。前則深斥告子闢異端也。後則推尊孔子承聖道也。前後之言若不相貫而實相貫。學者味之。〇東陽許氏曰。伯夷伊尹於孔子至章終爲第五節。〇涂氏溍生曰。孟子養氣之論。雖曰擴前聖所未發。然溯而求之。子思之致中和天地位萬物育。是即所謂塞乎天地之間者也。

〇孟子曰以力假仁者霸霸必有大國以德行仁者王王不待大湯以七十里文王以百里

力謂土地甲兵之力。假仁者本無是心。而借其事以爲功者也。霸謂齊桓晉文是也。以德行仁。則自吾之得於心者推之。無適而非仁也。

或問王霸之别。曰。以力假仁者。不知仁之在己而假之

字只作用字看兩以字亦不同晚村云人亦何害只是待字不好耳待字只是力量不濟寔見王者所以不待根山自然光明正大又曰小王字是辨別語不是張大功效語一張大功效便是他處腐穀穢詞即不腐穢定侵奪後文矣

也以德行仁則其仁在我而惟所行矣
語類行仁便自仁中行出皆仁之德若假仁便是恃其甲兵之强財賦之多足以欺人是假仁之名以欺其衆非有仁之實也故下文言伯必有大國其言可見又曰成湯東征西怨南征北怨皆是拯民於水火之中此是行仁也齊威公時周室衰弱夷狄强大威公攘夷狄尊王室九合諸侯不以兵車這只是仁之功終無拯民塗炭之心謂之行仁則不可○以力假仁仁與力是兩箇以德行仁仁便是德德便是仁問霸字之義曰霸即伯也漢書引哉生魄作哉生霸古者霸伯魄三字通用○所謂德者非止謂有拯民於水火之誠心這德字又說得濶是自巳身上事都做得是無一不備了所以行出

去便是仁且如成湯不邇聲色不殖貨利德懋懋官功懋懋賞用人惟已改過不吝寛克仁彰信兆民是先有前面底方能彰信兆民救民於水火之中若無前面底雖欲救民於水火之中不可得也武王亶聰明作元后是亶聰明方能作元后救民於水火之中若無這亶聰明雖欲救民其道何由

【大全】雙峯饒氏曰或引包茅不入昭王不復是假仁曰此是假義不是假仁請問假仁曰救民仁也尊君義也湯放桀武伐紂以救民爲主其事屬仁齊問罪於楚以尊周爲主其事屬義孟子不說假義却說假仁葢仁包五常言仁則義在其中如伐原示信大蒐示禮皆是假仁處○楊氏與曰三代之前功爲德之輔三代之後功

晚村云、但說心服。猶覺籠統。加一悅字。又加而字一轉。方見王者服人。有不知其然而然之妙。服字氣象便不同。○說王說霸。忽然插入孔子。作此方只要發明王不待大之理。行仁之德。至孔子而極。力之不大。亦至孔子而極。百里七十里。尚有力可待。孔子則併無力矣。以此看王者悅服之理。何等親切分明。

此節引孔子。引武王。要知俱是陪客。正旨仍以以德服人者爲主。晚村云。此之謂也。總以德服人。不指服孔子句。並不粘湯文至武。

爲德之賊。求速效者。必入於霸。霸者始强而終弱也。

以力服人者。非心服也。力不贍也。以德服人者。中心悅而誠服也。如七十子之服孔子也。詩云。自西自東。自南自北。無思不服。此之謂也。

贍。足也。詩大雅文王有聲之篇。王霸之心。誠僞不同。故人所以應之者。其不同亦如此。○鄒氏曰。以力服人者。有意於服人。而人不敢不服。以德服人者。無意於服人。而人不能不服。從古以來。論王霸者多矣。未有若此章之深切而著明者也。

或問。以執轅濤塗、侵曹伐衛之事。而觀夫東征西怨、虞芮質成者。則人心之服與不服可見。若七十子之從孔子。至於流離飢餓而不去。此又非有名位勢力以驅之

王更閒名矣

此章言仁前言榮辱而後結以禍福蓋是降下一格爲戰國不仁之君言仁也仁之當爲自是天理當擴豈以榮福之故而爲之不仁之當不爲自是人欲當

也孟子眞可謂長於譬喩也

大全慶源輔氏曰鄒氏以有意無意釋力與德字最爲簡要然其所謂無意者非如木石之無意者無期必之私意耳若夫正心脩身之道則自有不可已者至謂曰古論王覇未有如是之深切著明者亦爲得之其視董子美玉珷玞之喩荀子降禮尊賢重法愛民與夫曰粹曰駁諸說皆爲優○新安陳氏曰王道純乎天理覇之假雜以人欲崇王道黜覇功亦擴天理遏人欲也

○孟子曰仁則榮不仁則辱今惡辱而居不仁是猶惡濕而居下也

好榮惡辱人之常情然徒惡之而不去其得之之道不能免也

遏豈以禍辱之故而不爲然戰國之君溺於功利已深與之言性理則不懂與之言禍福榮辱猶其所易曉也此與前因好樂好貨好色而引之於正皆是即人欲上而潛移默轉到天理上去也

貴德尊士以至明政刑所謂仁也然其轉移闗捩却是從如惡之莫如字引入此註所以不謂之安仁利仁而謂彊仁也大旨爲惡辱者轉計故下文曰未雨曰侮予刻刻在危亡立脚從此看及是時三字是何等氣象

語類仁則榮不仁則辱此亦只是爲下等人言若是上等人也豈以榮辱之故而後行仁哉伊川易傳比象辭有云以聖人之心言之固至誠求天下之比以安民也以後王之私言之不求下民之附則危亡至矣蓋且得他畏危亡之禍而求所以比附其民猶勝於全不顧者政此謂也

如惡之莫如貴德而尊士賢者在位能者在職國家閒暇及是時明其政刑雖大國必畏之矣

此因其惡辱之情而進之以彊仁之事也貴德猶尚德也士則指其人而言之賢有德者使之在位則足以正君而善俗能有才者使之在職則足以脩政而立事國家閒暇可以有爲之時也詳味及字則惟日不足之意

可見矣、

或問國家閒暇及是時明其政刑何也、曰國家閒暇人心無事日力有餘可以從容審諦而有所爲之時也然人情安肆則亦易以怠惰是以因循苟且常失其可爲之時以至於蠱弊積而禍敗生則倉皇廹遽雖欲爲之而有所不及矣故惡夫不仁之辱者必及此可爲之時而爲之則可以無因循之失而有積累之功顧乃不然而欲及此之時肆其荒樂惟恐日之不足其甚者雖明知禍患之來近在朝夕而不暇顧也若高緯楊廣之流是矣其國有不亡哉

大全新安倪氏曰禮記表記云畏罪者彊仁謂勉彊行仁也貴德以下皆彊仁之事目○或謂賢者在位能者

在職謂賢者有德但使之在位而不任事能者有才所以使之在職而任事雙峯饒氏曰如此說則賢者是箇無能底人蓋凡是賢者皆當使之在位然賢者所能却不同就其間使能敷教者在敷教之位能治獄者在治獄之位既有其位便有其職天下豈有無職之位豈有無能之賢○新安陳氏曰春秋傳云及猶汲汲也及是時而明政刑即書所謂吉人爲善惟日不足之意此一節應仁則榮也

詩云迨天之未陰雨徹彼桑土綢繆牖戶今此下民或敢侮予孔子曰爲此詩者其知道乎能治其國家誰敢侮之

詩豳風鴟鴞之篇周公之所作也迨及也徹取也桑土桑根之皮也綢繆纏綿補葺也牖戶巢之通氣出入處

陰雨辟之可惡者也曰迨天未陰雨之譬也徹桑土貴德尊賢能之譬也綢繆牖戶明政刑之譬也或敢侮大國畏之譬也引詩只証上節更得孔子一贊益

警切矣知道只是知所以治國家之道晚村云道字落空不得纔落空便說得知兆識勢入陰符道德經魔陣中與聖人憂勤惕厲之意判然冰炭矣

上閒暇是明盛之閒暇其閒暇可幸此閒暇是叢脞

也乎鳥自謂也言我之備患詳密如此今此在下之人或敢有侮予者乎周公以鳥之爲巢如此比君之爲國亦當思患而預防之孔子讀而贊之以爲知道也

或問夫子引鴟鴞之詩而歎其知道何也曰孔子誦周公之詩而有感於其言也然聖人之所謂知道者如此而近世陋儒乃有謂釋氏之徒知道而不可以治世者則亦異乎孔子之言矣夫知道矣而不可以治世則彼所謂道者果何物哉

大全雲峯胡氏曰爲此詩者其知道乎孟子凡兩引之彼則爲詩者知率性之道此則爲詩者知治國平天下之道也

今國家閒暇及是時般樂怠敖是自求禍也

之閒暇。其閒暇可危字樣雖同。景象自別

歸重到自己求之乃是聖賢憂勤惕厲正在不是安言禍福

言其縱欲偷安。亦惟日不足也、

大全雙峯饒氏曰般樂則不暇明其政刑怠敖則不暇貴德尊士○新安陳氏曰及是時而縱欲偷安亦書所謂凶人爲不善惟日不足之意此一節應不仁則辱也

禍福無不自己求之者

結上文之意

大全新安陳氏曰仁榮福也。不仁之辱禍也。皆自己求之。

詩云永言配命自求多福太甲曰天作孽猶可違自作孽不可活此之謂也

詩大雅文王之篇、永長也、言猶念也、配合也、命天命也、此言福之自己求者太甲商書篇名孽禍也違避也活此章綱領在末節前五節是孟子因當時君臣敗壞已極故就其最大者斟酌以行仁政耶仁政固不止此五者然王政規模大段已具○曉村云首節當重在賢字能字俊傑字蓋舉任得人方能犁然有當於士之心若只在尊使在位

生也書作逭逭猶緩也此言禍之自已求者

大全蔡氏曰及時明政刑自求福也仁榮者如此及時而樂敖自作孽也不仁之辱如此○新安陳氏曰記云仁者安仁智者利仁畏罪者强仁此因戰國諸侯惡辱而勉以行仁正畏罪强仁之事勉之存天理而享仁之榮戒之猶仁欲以遠不仁之辱亦遏人欲擴天理也

○孟子曰尊賢使能俊傑在位則天下之士皆悅而願立於其朝矣

俊傑才德之異於衆者

大全雙峯饒氏曰俊傑謂人中之俊傑者即指賢能而言尊賢使能便是俊傑在位尊非禮貌之虛文與之共天位治天職以至去讒遠色賤貨貴德皆尊賢之道

上着眼縱說得淋漓感慨曠蕩無涯牢落英雄之術至漢高唐太而止耳於此針鋒未对也

此本固惠商之政也市字一讀兩廛字與後節廛字不同此是市宅在後市一區之中彼是民居在左右各三區之中此節註雖訓市宅然只是市宅之租自文兩廛字是活字非死字與後節廛字作死字看者又不同也集註逐末者多是人多非貨多少亦謂其人少非貨少也晚村謂市商多則行廛市商少則其地多空勢难用廛故止法而不廛是矣

市廛而不征法而不廛則天下之商皆悅而願藏於其市矣

廛市宅也張子曰或賦其市地之廛而不征其貨或治之以市官之法而不賦其廛蓋逐末者多則廛以抑之少則不必廛也

語類市廛而不征問此市在何處曰此都邑之市人君國都如井田樣畫爲九區面朝背市左祖右社中間一區則君之宮室宮室前一區爲外朝凡朝會藏庫之處皆在焉後一區爲外市四面有門每日市門開則商賈百物皆入焉賦其廛者謂收其市地錢如今民間之鋪面錢蓋逐末者多則賦其廛以抑之少則不廛而但治以市官之法所以招徠之也市官之法如周禮司市平

物價治爭訟譏察異服異言之類市中惟民乃得入凡公卿大夫有爵位及士者皆不得入入則有罰如國君過市則刑人赦夫人過市則罰一幕世子過市則罰一帟命夫命婦過市則罰以蓋帷之類左右各三區皆民所居而外朝一區左則宗廟右則社稷在焉此國君都邑規模之大槩也○問如何是市官之法曰周禮自有如司市之屬平價治爭訟謹權量等事皆其法也又曰市廛而不征謂使居市之廛者各出廛賦若干如今人賃鋪面相似更不征稅其所貨之物法而不廛則但治之以市官之法而已雖廛賦亦不取之也又問古之爲市者以其所有易其所無者有司者治之耳此便是市官之法否曰然如漢之獄市軍市之類皆是古之遺制

關字一讀此本國患旅之政也

蓋自有一箇所在以爲市其中自有許多事

大全周禮地官司徒司市市官掌市之治教政刑量度禁令以次序分地而經市以陳肆辨物而平市以政令禁物靡而均市以商賈阜財而行布以量度成賈而徵儥音育以質劑結信而止訟爾雅劑齊也賈劑謂兩書一札而別之也若今手書言保物要還以賈民禁僞而除詐以刑罰禁虣而去盜以泉府同貨而斂賒大市日昃而市百族爲主朝市朝時而市商賈爲主夕市夕時而市販夫販婦爲主

關譏而不征則天下之旅皆悅而願出於其路矣

解見前篇

大全雙峯饒氏曰關譏之制凡衆途所會之地則立關

耕者一讀此本囯惠農之政也集註出力字最妙得助字之方合作之意雖有所取却不是教他自已私田分內將出也
廛字一讀本囯惠氓之政也與前惠商分兩節爲二事勿講似此節仍是惠商
氓本註只訓作民與許行章訓作野人之稱者不同蓋只是郊野之民農事畢入居城邑者此廛字即二畝半在邑之民居在左右各三區之中與市宅之廛

以限之行旅有節傳方可度關以此稽考其來歷以防姦宄節是使者所持之節傳如今腳引及州縣移文或用節或用傳周禮所謂以節傳出納之者是也

耕者助而不稅則天下之農皆悅而願耕於其野矣

但使出力以助耕公田而不稅其私田也

廛無夫里之布則天下之民皆悅而願爲之氓矣

周禮宅不毛者有里布民無職事者出夫家之征鄭氏謂宅不種桑麻者罰之使出一里二十五家之布民無常業者罰之使出一夫百畝之稅一家力役之征也今戰國時一切取之市宅之民已賦其廛又令出此夫里之布非先王之法也氓民也

語類問鄭氏謂民無常業者罰之使出一夫百畝之稅

不同此廛在城邑比戶而居非有隙地可種桑麻歲晚務閒入此室處其始又將出而在田以播百穀非無職事者可比而一切取其夫布則是先王之法以夫布警游惰今乃以之困不游不惰者也無宇非有奇異只是先王于民廛中本無此征今亦無之而已然而天下之民已悅矣蓋他國有之而此獨無則不覺其悅而願爲之氓也○註市宅之民已賦其廛勿泥蓋只是牽引上文以見戰國之時多一切之征耳非以此節廛字爲即前節廛字無別也

一家力役之征如何罰得恁地重曰後世之罰與此正相反農民賦稅丁錢却重而遊手浮浪之民泰然都不管他因說浙間農民丁錢之重民之彫困不可開眼

大全趙氏惠曰廛者一夫所受之宅里者一廛所居之地○慶源輔氏曰先王之政宅不種桑麻與閑民無職者上之人皆有法以抑之此所謂當其盛時民皆著業而無游手與貧困者所謂窮民不過鰥寡孤獨者而已戰國時如夫里之布一切取之皆末流之害縱人欲滅天理者也○雙峯饒氏曰家征是力役之征如今庶役夫征是粟米之征即百畝之稅如今輸租里布是布縷之征即五畝之稅如今納絹

信能行此五者則隣國之民仰之若父母矣率其子弟攻

上五節只說感應之情理如此五願字是其意思要如此未即見之行事也其勢俱注信能行此五者一句到得無敵而王方是寔效

其父母自生民以來未有能濟者也如此則無敵於天下無敵於天下者天吏也然而不王者未之有也

呂氏曰奉行天命謂之天吏廢興存亡惟天所命不敢不從若湯武是也○此章言能行王政則寇戎爲父子不行王政則赤子爲仇讎

大全雙峯饒氏曰吏君所命天吏天所命君所命者可以刑人殺人凡有罪者得而刑殺之天所命者可以征人伐人凡暴亂之國皆得而征伐之○無敵於天下一句乃是此章之大旨蓋能行王者之政則可以與王者之治當時諸侯不得民心惟務使人土地故孟子教之但行王政以恤其民使吾國之民仰之若父母則天下之民亦仰之若父母矣如此則東征西伐何向不服不

此章總章內行政保四海。中間兼責其君臣似爲戰國之君臣説然中四節發明人皆有不忍之理於孔子之所未備言者而悉著之發前聖所未發凡天下後世人人之學術事功皆取的于此則孟子之意雖爲君臣説而已不止爲君臣説也故程朱又即其説而暢言之○首二節是後五節之綱孺子四節俱發明首節皆有不忍之理末節發明次節。先王以心行

然吾國之民亦仇敵也況鄰國乎。○新安陳氏曰欲除後世過取以奉其私之弊而一行之以先王之法皆所以遏人欲擴天理也

○孟子曰人皆有不忍人之心

天地以生物爲心而所生之物因各得夫天地生物之心以爲心所以人皆有不忍人之心也

精義伊川曰心生道也有是心斯具是形以生惻隱之心人之生道也雖桀跖不能無是以生但戕賊之以滅天耳始則不知愛物俄而至于忍安之以至於殺充之以至於好殺豈人理也哉

語類人皆有不忍人之心者是得天地生物之心爲心也蓋無天地生物之心則沒這身才有這血氣之身便

政是不待擴充者。後人之擴充正以效先王之以心行政也

具天地生物之心矣。○人皆自和氣中生天地生人物須是和氣方生要生這人須是和氣然後能生人自和氣中生所以有不忍人之心天地以生物爲心天包着地別無所作爲只是生物而已亘古亘今生生不窮人物則將此生物之心以爲心所以箇箇肯他本不須說以生物爲心緣做箇語句難做着箇以生物爲心○天地生物自是温暖和煦這箇便是仁所以人物得之無不有慈愛惻怛之心又曰人物皆得此理只緣他上面一箇母子如此所以生物無不肯他又曰心如界方一面青一面赤一面白一面黑青屬東方仁也赤屬南方禮也白屬西方義也黑屬北方智也又如寅卯辰屬東方爲春巳午未屬南方爲夏申酉戌屬西方爲秋亥子

丑屬北方爲冬寅卯辰是萬物初生時是那生氣方發這便是仁至巳午未則萬物長茂只是那生氣微發來盛及至申酉戌則那生氣到此生得來充足無餘那物事只有許多限量生滿了更生去不得所以收斂所以秋訓揫揫斂也揫斂箇甚麽只是生氣到這裏都揫斂耳若更生去則無合殺矣及至亥子丑屬冬冬終也終藏也生氣到此都終藏了然那生底氣早是在裏面發動了可以見生氣之不息也所以說復見天地之心也

○天地以生物爲心譬如甑蒸飯氣從下面滾到上面又滾下只管在裏面滾便蒸得熟天地只是包許多氣在這裏無出處滾一番便生一番物他別無勾當只是生物不似人便有許多應接所謂爲心者豈是切切然

去做如云天命之豈諄諄然命之也但如磨子相似只管磨出這物事人便是小胞天地是大胞人首圓象天足方象地中間虛包許多生氣自是惻隱不是爲見人我一理後方有此惻隱而今便教單獨只有一箇人也自有這惻隱若謂見人我一理而後有之便是兩人相夾在這裏方有惻隱則是仁在外非由內也且如乍見孺子入井時有惻隱若見他人入井時也須自有惻隱在。

大全西山眞氏曰天地造化無他作爲惟以生物爲事觀夫春夏秋冬往古來今生意周流何嘗一息間斷天地之心於此可見萬物從天地生意中出故物物皆具此理何況人爲最靈宜乎皆有不忍人之心也○新安

悅村云以行二句卽是斯有中事此急發語非僭次語也但斯字指聖人過化存神不可知之妙而以行二句卽就其中見聖心寔地施設處卻正是下面擴充用功之方閒以行二句根上文說先王乎另推

陳氏曰不忍卽是仁忍則非仁性中有此仁發出來便是不忍人之心所以後面提起所以謂人皆有不忍人之心者便指出惻隱之心以當之見孺子將入井而惻隱者何也葢不忍見此子之如此也若見此而不動心則頑忍非人矣天地之大德曰生人得天地之德曰好生好生之德卽所謂得天地生物之心以爲心也

先王有不忍人之心斯有不忍人之政矣以不忍人之心行不忍人之政治天下可運之掌上

言衆人雖有不忍人之心然物欲害之存焉者寡故不能察識而推之政事之閒惟聖人全體此心隨感而應故其所行無非不忍人之政也

大全雙峯饒氏曰斯猶卽也聖人之心無物欲之蔽雖

開說凡人乎句有語勢自然根先王說然已兼得凡人在內蓋申言其理也問先王亦須擴充乎曰既竭心思焉繼之以不忍人之政竭與繼便是擴充只是出來較自然耳總是擴充聖人以下其分數不同却儘多照定擴充說以行二字纔有着落○雖心政五經常意原重論心然此二句所重却在行政一邊蓋行政字即後文擴充保四海者是也人因下文不復言政遂謂宜重在心不知下文四節只申解得首節人皆有之意而末節乃應此節正指點人去擴充則

有不忍人之心卽有不忍人之政不待充廣而後能也

若衆人則須待充廣

所以謂人皆有不忍人之心者今人乍見孺子將入於井皆有怵惕惻隱之心非所以內交於孺子之父母也非所以要譽於鄉黨朋友也非惡其聲而然也

乍猶忽也怵惕驚動貌惻傷之切也隱痛之深也此卽所謂不忍人之心也內結要求聲名也言乍見之時便有此心隨見而發非由此三者而然也程子曰滿腔子是惻隱之心謝氏曰人須是識其眞心方乍見孺子入井之時其心怵惕乃眞心也非思而得非勉而中天理之自然也內交要譽惡其聲而然卽人欲之私矣

語類問如何是發之人心而不可已曰見孺子將入井

此二句重行政。是孟子立言本旨。

惻隱之心便發出來。如何已得此様説話。孟子説得極分明。世間事若出於大力安排底便已得。若已不得底便是自然底。○方其乍見孺子入井時。也着脚手不得。縱有許多私意。要譽鄉黨之類。也未暇思量到。但更遲霎時則了不得也。是非辭遜羞惡雖是與惻隱並説。但此三者皆自惻隱中發出來。因有惻隱後方有此三者。惻隱比三者似較大得些子。○非惡其聲。非惡其有不救孺子之惡聲也。○問惡其聲而然何爲不可。曰惡其聲已是有些計較。乍見而惻隱天理之所發見而無所計較也。惡其聲之念一形則出於人欲矣。人欲隱於天理之中。其幾甚微。學者所宜體察。問滿腔子是惻隱之心。只是此心常存。纔有一分私意便闕了他一分。曰只是滿這箇軀殼都是惻隱之心纔觸着便是這箇物事出來大感則大應小感則小應恰似大段痛傷固是痛如針子略挑些血出也便痛故日用所當應接更無些子間隔癢痾疾痛莫不相關纔是有些子不通便是被些私意隔了○此心應物不窮若事事物物常是這箇心便是仁若有一事不如此便是這一處不仁了問本心依舊在否曰如今未要理會在不在論着理來他自是在那裏只是這一處不恁地便是這一處不在了如率土之濱莫非王臣忽然有一鄉人自不服化稱王稱伯便是這一處無君君也只在那裏然而他靠不得不可道是天理只在那裏自家這私欲放行無妨○問惻隱之心固是人心之懿因物感而發見處前輩令以此

操而存之充而達之不知如何要常存得此心曰此心因物方感得出來如何强要尋討出此心常存在這裏只是因感時識得此體平時敬以存之久久會熟善端發處益見得分曉則存養之功益有所施矣又問要惻隱之心常存莫只是要得此心常有發生意否曰四端中羞惡辭讓是非亦因事而發爾此心未嘗起羞惡之時而强要憎惡那人便不可如惻隱亦因有感而始見欲强安排教如此也不得如天地四時亦因發見處見得欲於冬時要尋討箇春出來不知如何尋到那陽氣發生萬物處方見得是春耳學者但要識得此心存主在敬四端漸會擴充矣

大全西山眞氏曰孺子未有所知而將入於井乍見之

朱子曰天地以生物爲心者也而人物之心又各得夫天地之心以爲心者也故語心之德雖其總攝貫通無所不備然一言以蔽之則曰仁而已矣蓋天地之心其德有四曰元亨利貞而元無不通其運行焉則爲春夏秋冬之序而春

者無問賢愚皆有傷痛之心方此心驟發之時非欲以此内交非欲以此干譽非欲以避不仁之名也倉卒之間無安排矯飾而天機自動此所謂眞心也○雲峯胡氏曰集註與謝氏皆看得乍見二字緊蓋惟倉卒忽然而見之時此心便隨所見而發正是本心發見處若既見之後稍涉安排商量便非本心矣

由是觀之無惻隱之心非人也無羞惡之心非人也無辭讓之心非人也無是非之心非人也

羞恥己之不善也惡憎人之不善也辭解使去己也讓推以與人也是知其善而以爲是也非知其惡而以爲非也人之所以爲心不外乎是四者故因論惻隱而悉數之言人若無此則不得謂之人所以明其必有也

生之氣無所不通故人之爲心其德亦有四曰仁義禮智而仁無不包其發用焉則爲愛恭宜別之情而惻隱之心無所不貫故論天地之心者則曰乾元坤元則四德之體用不待悉數而足論人心之妙者則曰仁人心也則四德之體用亦不待遍舉而該蓋仁之爲道乃天地生物之心卽物而在情之未發則此體已具情之既發而其用不窮誠能體而存之則衆善之源百行之本莫不在是此孔門之教所以必使學者汲汲於求仁也其言有曰克己復禮爲仁言能

或問孟子專論不忍人之心而後乃及乎四端何也曰不忍之心卽惻隱之心也蓋性之爲德無所不具總之則爲仁義禮智而一以包三者仁也情之所發無所不通總之則惟是四端而一以貫三者惻隱也然則其言之也又安得而無先後輕重之別耶曰子以四端爲情而孟子皆以心言之何也曰心統性情者也故仁義禮智性也四端情也而皆得以心名之蓋以其所統者言爾曰其不言信者何也曰程子言之詳矣蓋信之於五常猶土之於五行也五行非土不立而土無定位五常非信不有而信非一端故曰誠者物之終始不誠無物此亦可以觀矣曰然則諸說如何曰是皆善矣抑謝顯道身汗面赤實羞惡之發也而程子以爲惻隱之心是

克去己私復乎天理則此心之體無不在而此心之用無不行也又曰居處恭執事敬與人忠則亦所以存此心也又曰事親孝事兄悌及物恕則亦所以行此心也又曰求仁得仁則以讓國而逃諫伐而餓爲能不失乎此心也又曰殺身成仁則以欲甚于生惡甚于死爲能不害乎此心也此心何心也在天地則坱然生物之心在人則溫然愛人利物之心包四德而貫四端者也或曰若子之言則程子所謂愛情仁性不可以愛爲仁者非歟曰不然程子之所訶以愛

亦其貫四端之一驗也與

語類如孺子將入於井如何不推得其他底出來只推得惻隱之心出來蓋理各有路如做得穿窬底事如何不羞惡偶遇一人衣冠而揖我我便亦揖他如何不恭敬事有是非必辨別其是非試看是甚麽去感得他何處一般出來〇滿腔子是惻隱之心不特是惻隱之心滿腔子是羞惡之心滿腔子是辭遜之心滿腔子是是非之心彌滿充實都無空闕處滿腔子是惻隱之心如將刀割着固是痛若將針劄着也痛如爛打一頓固是痛便輕掐一下也痛此類可見〇問惻隱之心如何包得四端曰惻隱便是初動時羞惡是非恭敬亦須是這箇先動一動了方會恁地只於動處便見譬如四時若

之發而名仁者也吾之所論以愛之理而名仁者也蓋所謂情性者雖其分域之不同然其脉絡之通各有攸屬者則曷嘗判然離絶而不相管哉吾方病夫學者誦程子之言而不求其意遂至于判然離愛而言仁故特論此以發其遺意而子顧以爲異乎程子之說不亦誤哉或曰程氏之徒言仁多矣蓋有謂愛非仁而以萬物與我爲一爲仁之體者矣亦有謂愛非仁而以心有知覺釋仁之名者矣今子之言若是然則彼皆非歟曰彼謂物我爲一者可以見仁之無

不是有春生之氣夏來長箇甚麽秋時又把甚收冬時又把甚藏○惻隱是一箇腦子羞惡辭遜是非須從這裏發來若非惻隱三者俱是死物了惻隱之心通貫此三者

大全問上蔡見明道先生舉史文成誦明道謂其玩物喪志上蔡汗流浹背面發赤色明道云此便是惻隱之心朱子曰公且道上蔡聞得過失恁地慚惶自是羞惡之心如何却說道見得惻隱之心久之先生曰惟是有惻隱之心方會動若無惻隱之心却不會動惟是先動方始有羞惡方始有恭敬有是非動處便是惻隱若不會動却不成人若不從動處發出所謂羞惡者非羞惡所謂恭敬者非恭敬是非者非是非天地生生之

不愛矣而非仁之所以爲體之眞也彼謂心有知覺者可以見仁之包乎智矣而非仁之所以得名之寔也觀孔子荅子貢博施濟衆之問與程子所謂覺不可以訓仁者則可見矣子尚安得復以此而論仁哉抑泛言同體者使人含胡昏緩而無警切之功其弊或至于認物爲已者有之矣專言知覺者使人張皇迫躁而無沉潛之味其弊或至于認欲爲理者有之矣一忘一助二者蓋胥失之而知覺之云者于聖人所示樂山能守之氣象尤不相似子尚安得復以此

些動意未嘗止息看如何梏亡亦未嘗盡消滅自是有時而動學者只怕間斷了○慶源輔氏曰人之所以爲心雖不外是四者然仁則又貫乎三者之中故此因論惻隱而悉數之也至於言人若無此心則非人也者所以明其必有而使人知反求之於已也○西山眞氏曰孟子始言惻隱之心至此則兼羞惡辭讓是非而言者蓋仁爲衆善之長有惻隱則三者從之矣惻隱不存三者亦何有哉然賦形爲人孰無此心苟無此心則非人矣所謂無者豈其固然哉私欲閉塞而失其本眞耳○莆田黃氏曰由是觀之是字指孺子入井一事說論惻隱便引箇羞惡辭讓是非之心出來

惻隱之心仁之端也羞惡之心義之端也辭讓之心禮之

而論仁哉
性是太極渾然之體本不可以名字言但其中含具萬理而綱理之大者有四故命之曰仁義禮智孔門未嘗備言至孟子而始備言之者蓋孔子之時性善之理素明雖不詳著其條而說自具至孟子時異端蜂起往往以性爲不善孟子懼是理之不明而思有以明之苟但曰渾然全體則恐其如無星之秤無寸之尺終不足以曉天下於是別而言之界爲四破而四端之說于是而立蓋四端之未發也雖寂然不動而其中自有條理自有間

端也是非之心智之端也

惻隱羞惡辭讓是非情也仁義禮智性也心統性情者也端緒也因其情之發而性之本然可得而見猶有物在中而緒見於外也

精義問仁明道曰此在諸公自思之將聖賢所言仁處類聚觀之體認出來孟子曰惻隱之心仁也後人遂以愛爲仁惻隱固是愛也愛自是情仁自是性豈可專以愛爲仁孟子言惻隱爲仁蓋爲前巳言惻隱之心仁之端也既曰仁之端則不可便謂之仁退之言博愛之謂仁非也仁者固博愛然便以博愛爲仁則不可

語類怵惕惻隱羞惡都是道理自然如此不是安排合下制這仁字纔是那傷害底事便有箇惻隱合下制這

架不是儱侗都無一物所以外邊纔感中間便應如赤子入井之事感則仁之理便應而惻隱之心于是乎形如過廟過朝之事感則禮之理便應而恭敬之心于是乎形蓋由其中間衆理渾具各各分明故外邊所遇隨感而應所以四端之發各有面貌之不同是以孟子析而爲四以示學者使知渾然全體之中而粲然有條若此則性之善可知矣然四端之未發也所謂渾然全體無声臭之可言無形象之可見何以知其粲然有條如此蓋是理之可驗乃依然就他

義字纔見那不好底事便自然羞惡這仁與義都在那惻隱羞惡之先未有那惻隱底事時已先有那愛底心了未有那羞惡底事時已先有那斷制裁割底心了又曰日用應接動靜之間這箇道理從這裏迸將出去如箇寶塔那毫光都從四面迸出去○四端未是盡所以只謂之端然四端八箇字每字是一意惻是惻然有此念起隱是惻然之後隱痛比惻是深羞者羞已之非惡者惡人之惡辭者辭已之物讓者讓與他人是非自是兩樣分明但仁是總名若說仁義便如陰陽若說四端便如四時若分四端八字便如八節又曰天地只是一氣便自分陰陽緣有陰陽二氣相感化生萬物故事物未嘗無對天便對地生便對死語嘿動靜皆然以其種

發處驗得凡物必有本根性之理雖無形而端的之發最可驗故由其惻隱所以必知其有仁由其羞惡所以必知其有義由其恭敬所以必知其有禮由其是非所以必知其有智使其必無是理於內則何以有是端于外由其有是端于外所以必知其有是理於內而不可誣也故孟子言乃若其情則可以爲善矣乃所謂善也是則孟子之言性善蓋亦遡其情而逆知之耳仁義禮智既知得界限分曉又須知四者之中仁義是箇對立底關鍵蓋仁仁也而禮則仁之

如此故也所以四端只舉仁義言亦如陰陽故曰立天之道曰陰與陽立人之道曰仁與義○四端皆是自人心發出惻隱本是說愛愛則是說仁如見孺子將入井而救之此心只是愛這孺子惻隱元在這心裏面被外面事觸起羞惡辭遜是非亦然格物便是從此四者推將去要見裏面是甚底物事○仁言惻隱之端如水之動處蓋水平靜而流則不見其動流到灘石之地有以觸之則其勢必動動則有可見之端如仁之體存之於心若愛親敬兄皆是此心本然初無可見及其發而接物有所感動此心惻然所以可見如怵惕於孺子入井之類是也○惻隱羞惡是仁義之端惻隱自是情仁自是性性卽是這道理仁本難說中間却是愛之理發出

著義義也而智則義之藏。猶春夏秋冬雖爲四時然春夏皆陽之屬也秋冬皆陰之屬也故曰立天之道曰陰與陽立地之道曰柔與剛立人之道曰仁與義是知天地之道不兩則不能以立故端雖四而立之者則兩耳仁義雖對立而成兩然仁實貫通乎四者之中蓋偏言則一事專言則包四者故仁者仁之本體禮者仁之節文義者仁之斷制智者仁之分別猶春夏秋冬雖不同而同出乎春春則春之生也夏則春之長也秋則春之成也冬則春之藏也自四而兩

來方有惻隱義却是羞惡之理發出來方有羞惡禮却是辭遜之理發出來方有辭遜智却是是非之理發出來方有是非仁義禮智是未發底道理惻隱羞惡辭遜是非是已發底端倪如桃仁杏仁是仁到得萌芽却是惻隱又曰緣是仁義禮智本體自無形影要捉摸不着只得將他發動處看却自見得恰如有這箇兒子便知得是這樣母程子云以其惻隱知其有仁此八字說得最親切分明也不道惻隱便是仁又不道掉了惻隱別取一箇物事說仁譬如草木之萌芽可以因萌芽知得他下面有根也不道萌芽便是根又不道掉了萌芽別取一箇根又曰孟子說性不曾說着性只說乃若其情則可以爲善看得情善則性之善可知又曰惻隱羞惡

自兩而一則統之有宗會之有元矣故曰五行一陰陽陰陽一太極是天地之理固然也仁包四端而智居四端之末是蓋冬者藏也所以始萬物而終萬物者也智有藏之義焉有終始之義焉則惻隱羞惡恭敬是三者雖有可爲之事而智則無事可爲但分別其爲是爲非耳是以謂之藏也又惻隱羞惡恭敬皆是一面底道理而是非則有兩面既別其所是又別其所非是終始萬物之象故仁爲四端之首而智則能成始能成終猶元氣雖四德之長然元不生於元

多是因逆其性而見惟有所可傷這裏惻隱之端便動惟有所可惡這裏羞惡之端便動若是事親從兄又是自然順處見之又曰孟子云仁義禮智根於心心統性情故說心亦得○未發時無形影可見但於已發時照見謂如見孺子入井時有怵惕惻隱之心便照見得有仁在裏面見穿窬之類而有羞惡之心便照見得有義在裏面蓋這惻隱之心屬仁必有這仁在裏面故發出來做惻隱之心羞惡之心屬義必有這義在裏面故發出來做羞惡之心譬如目屬肝耳屬腎若視不明聽不聰必是肝腎有病若視之明聽之聰必是肝腎之氣無虧方能如此然而仁未有惻隱之心只是箇愛底心義未有羞惡之心只是箇斷制底心惟是先有這物事在

而生於自蓋由天地之化不翕聚則不能發散理固然也仁智交際之間乃萬化之機軸此理循環不窮脗合無間程子所謂動靜無端陰陽無始者此也又曰須知性之爲體不離此四者而四者又非有形象方所可撮可摩也但於渾然一理之中識得箇意思情狀似有界限而實亦非有墻壁遮攔分別處又曰土居中宮爲四行之地四時之主在人則爲信爲真寔之義而爲四德之地衆善之主也五声五色五臭五味五臟五蟲其分故此蓋天人一物内外一理流

裏面但隨所感觸便自是發出來故見孺子入井便有惻隱之心見穿窬之類便有羞惡之心見尊長之屬便有恭敬之心見得是便有是之之心見得非便有非之之心從那縫罅裏迸將出來恰似寶塔裏面四面毫光放出來

大全新安陳氏曰性情字皆從心心涵養此性心統性也心節制此情心統情也性如在營之軍情如臨陣之軍皆將實統之心統性情當以是觀焉又曰此六字橫渠語○潛室陳氏曰端者端倪也物之緒也譬之繭絲外有一條緒便知得內有一團絲若其無絲在內則緒何由而見於外○莆田黃氏曰如繅絲然先尋其緒則千絲萬絲續續而上○北溪陳氏曰四端之說是說外

通貫徹初無間隔若不見得則雖生於天地間而不知所以為天地之理雖有人之形貌而亦不知所以為人之理矣

此節是通章結穴前半所謂求端此則所謂用力也知字擴字是下手工夫充字則接續行去推到極處也此即次節所謂以不忍人之心行不忍人之政也保四海便有政便是照應前文行字○蔣虎臣曰火然泉達有剛烈意思在七國之君肥甘輕煖從乳孫

面可見底以驗其中之所有惟是有四者之體故四者端緒自然發見於外

人之有是四端也猶其有四體也有是四端而自謂不能者自賊者也謂其君不能者賊其君者也

四體四肢人之所必有者也自謂不能者物欲蔽之耳

凡有四端於我者知皆擴而充之矣若火之始然泉之始達苟能充之足以保四海苟不充之不足以事父母

擴推廣之意充滿也四端在我隨處發見知皆即此推廣而充滿其本然之量則其日新又新將有不能自已者矣能由此而遂充之則四海雖遠亦吾度內無難保者不能充之則雖事之至近而不能矣○此章所論人之性情心之體用本然全具而各有條理如此學者於

中生活不肯留心愛養調是由儒字解根卽秦皇漢武殺人如楷至於仁義道德是如甚舉亦是犯虛怯症非有餘病也視村謂虎臣此是體尙須知所以虛怯不能充可知有許多病滴在汲長孺曰陛下內多欲而外施仁義奈何欲效唐虞三代之治乎此言切中三代以下病根故欲行三代之政先須正三代之心正三代之心先須去私欲私欲非剛烈不能去故仁政亦非剛烈不能行也

此反求默識而擴充之則天之所以與我者可以無不盡矣程子曰人皆有是心惟君子爲能擴而充之不能然者皆自棄也然其充與不充亦在我而已矣又曰四端不言信者既有誠心爲四端則信在其中矣愚按四端之信猶五行之土無定位無成名無專氣而水火金木無不待是以生者故土於四行無不在於四時則寄王焉其理亦猶是也

語類人須擴而充之人誰無惻隱只是不能常如此能常如此便是孟子說火之始然泉之始達苟能充之足以保四海若不能常如此恰似火相似自去打滅了水相似自去淤塞了如草木之萌芽相似自去踏折了便是了更無生意○問知皆擴而充之矣知字是重字還

此條是說知字重

此條是說擴充重大抵論語勢重擴充而必帶定知字說則知亦不輕也大學格物窮理便是此知字事

是輕字曰不能擴充者正爲不知都只是冷過了若能知而擴充其勢甚順如乘快馬放下水船相似○要推廣充滿得自家本然之量不特是孺子入井便恁地其他事皆恁地如羞惡辭遜是非不特於一件事上恁地要事事皆然方是充滿慊足無少欠闕也知皆擴而充之矣知方且是知得如此至說到苟能充之足以保四海卽掉下擴字只說充字蓋充字與始然始達字相應充字與保四海相應才知得便自不能已若火始然便不可遏泉才達便涓涓流而不絕○知皆擴而充之南軒把知做重文勢未有此意知字只帶擴充說知皆擴而充之與苟能充之句相應上句是方知去充下句是眞能恁地充○上面在知字上下在能字上旣知得則

皆當擴而充之。如惻隱之心是仁。則每事皆當擴而爲
仁。羞惡之心是義。則每事皆當擴而爲義。爲禮爲智亦
各如此。今有一種人。雖然知得。又道是這箇也無妨。而
今未能理會得。又且恁地。如知這事做得不是。到人面
前也自皇恐。識得可羞。又却不能改。如今人受人之物。
既知是不當受。便不受可也。心裏又要。却說是我且受
去。莫管這便是不能克。但當於知之之初。便一向從這
裏充將去。便廣大。如火之始然。泉之始達。始然始達能
有幾多。於這裏便當擴開放出。使四散流出去。便是能
擴。如怵惕孺子入井之心。這一些子能濟得甚事。若不
能充。今日這些子發了。又過却。明日這些子發了。又過
却。都只是閒。若能擴充於這一事發見。知得這是惻隱

之心是仁於別底事便當將此心充去使事事是仁如不欲害人這是本心這是不忍處若能充之於每事上有害人之處便不可做這也是充其惻隱如齊宣王有愛牛之心孟子謂是乃仁術也若宣王能充着這心看甚事不可做只是前面見這一牛這心便動那不曾見底便不如此了至於興甲兵危士臣構怨於諸侯這是多少傷害只爲利心一蔽見得土地之美却忘了這心○人有當惻隱而不惻隱當羞而不羞當惡而不惡當辭而不辭當遜而不遜是其所非非其所是者皆是失其本心此處皆當體察必有所以然也只此便是日用間做工夫處○惻隱羞惡是非辭遜日間時時發動特人自不能擴充耳又言四者時時發動特有正不正耳

擴字是充字起頭充字是擴字究竟擴字從前端字生充字又從擴字生

如暴戾愚狠便是發錯了羞惡之心含糊不分曉便是發錯了是非之心如一種不遜便是發錯了辭遜之心日間一正一反無往而非四端之發○問推字與充字曰推是從這裏推將去如老吾老以及人之老幼吾幼以及人之幼到得能充則填得來滿了注水相似推是注下水去充則注得這一器滿了葢仁義之性本自充塞天地若自家不能擴充則無緣得這箇殼子滿只是箇空殼子又曰此心之量本足以包括天地兼利萬物只是人自不能充滿其量所以推不去或能推之於一家而不能推之於一國或能推之於一國而不足以及天下此皆是未盡其本然之量須是充滿其量自然足以保四海○問前日承教令於日用間體認仁義禮知

意思且如朋友皆異鄉人○一日會聚意思便自相親這
可見得愛之理形見處同閭中或有做不好底事或有
不好底人便使人惡之這可見得羞惡之理形見處每
時升堂尊卑序爵秩然有序而不亂這可見得恭敬之
理形見處聽先生教誨而不辨別得眞是眞非這可見
得是非之理形見處凡此四端時時體認不使少有間
斷便是所謂擴充之意否曰如此看得好這便是尋得
路踏着了○問體認四端擴充之意如朋友相親充之
而無間斷則貧病必相卹患難必相死至於仁民愛物
莫不皆然則仁之理得矣如朋友責善充之而無間斷
則見惡必如惡惡臭以至於除殘去穢戢暴禁亂莫不
皆然則義之理得矣如尊卑秩序充之而無間斷則不

肯一時安於不正以至於正天下之大倫定天下之大
分莫不皆然則禮之理得矣如是是非非充之而無間
斷則善惡義利公私之別截然而不可亂以至於分別
忠佞親君子遠小人莫不皆然則知之理得矣曰只要
常常如此體認若常常恁地體認則日用之間匝匝都
滿密核核地問人心陷溺之久四端蔽於利欲之私初
用功亦未免間斷曰固是然義理之心纔勝則利欲之
念便消且如惻隱之心勝則殘虐之意自消羞惡之心
勝則貪冒無恥之意自消恭敬之心勝則驕惰之意自
消是非之心勝則含糊苟且頑冥昏謬之意自消〇問
四端不言信周子謂五性動而善惡分如性之未發時
如何已發時如何曰如惻隱真箇惻隱羞惡真箇羞惡

朱子曰大率孔子只是說箇爲仁工夫至孟子方解仁字之義如仁之端仁人心之類然仁字又兼兩義非一言之可盡故孔子教人亦有兩路克己即孟子仁人心之說愛人即孟子惻隱之說而程子易傳亦有專言偏言之說如熹訓釋又是孟子程子義疏愚按孟子亦說爲仁工夫如此節知皆擴充是也然必先解仁字之義若孔子則只言工夫而不更解其義蓋其工夫到時自然知得不欲其但作一番說話說過去也

此便是信曰此却是已發時方有這信曰其中眞箇有此理○孟子發明四端乃孔子所未發人只道孟子有闢楊墨之功殊不知他就人心上發明大功如此看來此說那時若行楊墨亦不攻而自退闢楊墨是扞邊境之功發明四端是安社稷之功若常體認得來所謂活潑潑地眞箇是活潑潑地

【大全】朱子曰人之一心在外者要收入來如求放心章是也在內者又要推出去此章是也孟子一部書皆是此意大抵一收一放一闔一闢道理森然○雙峯饒氏曰集註即此推廣是釋擴字滿其本然之量是釋充字自親親而仁民而愛物推以至於無一民一物之不愛是充仁之量自一事之得宜推至於無一事之不得宜

是充義之量禮智皆然人能充廣則四端之流行發達常如火始然泉始達其勢方張而不可遏便由此而可以燎原赴海若不能充廣則如火始然而即滅泉始達而即壅便只恁地休了所以集註云日新又新新字正是發明二始字之意○慶源輔氏曰集註反求默識者格物致知窮理之事也擴充之者誠意正心力行之事也既能窮理又能力行則天之所以予我仁義禮智之性可以各各充滿其量而無遺憾矣前言日新又新將有不能自已所以言其推廣之意於其始也此言天之所以與我者可以無不盡矣所以言充滿於其後之意也○新安陳氏曰此章始專以不忍人之仁言繼因體驗惻隱之心而悉及羞惡辭讓是非之心貫四者一仁

也惟聖人能以是心行是政安而行之者也惟君子能知其本有是心而擴充之勉而行之者也若衆人則不能識察不能擴充此心雖發隨發隨泯真自棄也又按人皆有不忍人之心同此天理也物欲害之則天理之存焉者寡矣見孺子而惻隱天理也內交之類即人欲矣四端能充不能充之分由於擴天理與徇人欲而已此章亦在於遏人欲擴天理也〇東陽許氏曰此章七節第一節言人心皆有仁二節言先王全此仁以實人之皆有是心三節就人易曉處指出使人體認此心四節併言義禮智各有所發皆是本然之性六節言四者人所共得不可自棄七節言因發處察識而擴充之工夫全在此後一節

此章淺言擇術爲不仁之君淺言之也一章数用比喻欲其易曉耳與仁則榮章一例皆就禍福趨惡之頭而易見者言之矢函巫匠一喻擇里尊爵安宅一喻弓人矢人射者皆喻也爲其昏蔽巳極不可與莊語故也

尊爵安宅亦是比喻晩村謂二句只可空中説道理本來如此着不得人力一句避下文也

○孟子曰矢人豈不仁於函人哉矢人惟恐不傷人函人惟恐傷人巫匠亦然故術不可不愼也

函甲也惻隱之心人皆有之是矢人之心本非不如函人之仁也巫者爲人祈祝利人之生匠者作爲棺槨利人之死

大全新安陳氏曰此只借以術之當擇説起引出人當擇仁而處之

孔子曰里仁爲美擇不處仁焉得智夫仁天之尊爵也人之安宅也莫之禦而不仁是不智也

里有仁厚之俗者猶以爲美人擇所以自處而不於仁安得爲智乎此孔子之言也仁義禮智皆天所與之良貴而仁者天地生物之心得之最先而兼統四者所謂

元者善之長也故曰尊爵在人則為本心全體之德有天理自然之安無人欲陷溺之危人當常在其中而不可須臾離者也故曰安宅此又孟子釋孔子之意以為仁道之大如此而自不為之豈非不智之甚乎

語類問如何是得之最先曰人得那生底道理所以說心生道也有是心斯具是形以生也

大全新安陳氏曰孔子之意本言擇里孟子引之以證擇術微有不同集註於此只以孟子之意釋孔子之言故與語註小異○慶源輔氏曰五性皆人心之德而仁則周貫乎四者之中故為本心全體之德天理有則而不流故有自然之安人欲橫流而無止故有陷溺之危克盡人欲純是天理方始是仁此所謂有安而無危也

仁智禮義兼言四德其中却有節次集註兩故字蓋不智由于不仁無禮義又由于不智也不乎

前從不仁說入此仍結歸仁

人當常處其中而不可須臾離即所謂依於仁造次必於是顛沛必於是之意此聖門學者必以求仁爲先務也○西山眞氏曰仁乃我所自有苟欲爲之誰能止者乃甘心於不仁豈非不智乎故仁智二者常相須焉不仁斯不智矣下文是也不智斯不仁矣此是也

不仁不智無禮無義人役也人役而耻爲役由弓人而耻爲弓矢人而耻爲矢也

以不仁故不智不智故不知禮義之所在

大全慶源輔氏曰不仁則頑然不覺故不智不智則懵然無知故不知禮義所在

如耻之莫如爲仁

此亦因人愧耻之心而引之使志於仁也不言智禮義

反求諸己白文本就射者
說下集註爲仁由己在言
外
役字恐亦只當作厮役之
役看與前後許多比喻一
類也若作小役大役字看
則是質言非喻言也

者仁該全體能爲仁則三者在其中矣

仁者如射射者正己而後發發而不中不怨勝己者反求諸己而已矣

爲仁由己而由人乎哉
語類仁者如射但那發時毫釐不可差
大全雙峯饒氏曰此上三四章皆是爲當時君大夫言之此章與仁則榮二章之意同皆是教時君因恥辱而勉於仁言不能行仁則既無尊爵之可貴又無安宅之可居安富尊榮皆無之而爲人役不免焉則不當歸怨於人但當反求諸己已能爲仁大國安能役之此役字即小國役大國楚六千里爲讎人役之役〇新安陳氏曰此章以尊爵安宅論仁其理甚精微勉人爲仁其意

此章非較量三人品第只是形容善量無窮耳論身分則由自不及禹然觀第三節大舜有大焉句兼謂其大于由禹由禹二節本未嘗較量之詞則由禹地位雖別在孟子本意原只平列也

甚切至既言莫之禦而不仁又言反求諸已皆言爲仁由已其機在我不在人也仁固包義禮智然人所以不爲仁者由於是非之心不明與羞惡之心不正耳故孟子先言是不智也欲人以是非之智而擇爲仁之術繼言如恥之欲人以羞惡之義而決爲仁之機也

○孟子曰子路人告之以有過則喜

喜其得聞而改之其勇於自脩如此周氏曰仲由喜聞過令名無窮焉今人有過不喜人規如諱疾而忌醫寧滅其身而無悟也噫程子曰子路人告之以有過則喜亦可謂百世之師矣

大全南軒張氏曰聞過則喜非能克其驕吝者不能驕則自以爲善而惡人議已吝則安其故常而不能從人

子路用力於克己其功深矣○慶源輔氏曰人受天地之中以生本自無過所以有過者非出於氣稟之偏則由乎物欲之誘人能知而改之則可以復於本然之善不知則其過愈深將陷溺焉而失其所以爲人矣是豈可不懼哉人有告我以過我因得而改之以復於善則又豈可不以爲喜乎然非子路之勇於自脩則亦不能然也○新安陳氏曰程子深賛子路欲學者師之以脩身補過也

禹聞善言則拜

書曰禹拜昌言蓋不待有過而能屈己以受天下之善也

大全慶源輔氏曰子路賢者也故不能無過但勇於自

善與人同句虛是下二句之冒舍己從人即舍己字略重讀樂取于人以爲善句樂取于人四字重讀二句乃有分別俱詳最分曉或問發明集註尤暢○此正言其取善非言其忘善也謂其忘在人在己之分則可耳善則孜孜亟亟正未嘗刻忘也混謂其渾忘是二氏之說非孟子道理

俯是以喜於得聞而改之禹則聖人也其心純是天理本然之善故不待其有過但一聞善言則至誠屈己拜而受之

大舜有大焉善與人同舍己從人樂取於人以爲善

言舜之所爲又有大於禹與子路者善與人同公天下之善而不爲私也己未善則無所繫吝而舍以從人人有善則不待勉彊而取之於己此善與人同之目也

或問大舜之善與人同何也曰善者天下之公理本無在己在人之別但人有身不能無私於己故有物我之分焉惟舜之心無一毫有我之私是以能公天下之善以爲善而不知其孰爲在己孰爲在人所謂善與人同也舍己從人言其不先立己而虛心以聽其天下之公

蓋不知善之在已也樂取於人以爲善言其見人之善則至誠樂取而行之於身蓋不知善之在人也此二者善與人同之目也然謂之舍已者特言其亡私順理而已非謂其已有不善而舍之也謂之樂取者又以見其心與理一安而行之非有利勉之意也此二句本一事特交互言之以見聖人之心表裏無間如此耳

語類禹聞善言則拜猶着意做舜與人同是自然氣象聖人之拜固出於誠意然拜是容貌間未見得行不行若舜則眞見於行事處已未善則舍已之未善而從人之善人有善則取人之善而爲已之善人樂於見取便是許助他爲善也

大全慶源輔氏曰禹聞善言則拜聞之者禹也言之者

自字以至字中間所包甚
多故下用無非字包攬之
若不看虛字而单言耕稼
陶漁爲帝便自架漏無窮

人也以我之聞聞彼之善拜以受之猶有人已之分也
至於舜則善與人同耳善與人同者葢善乃天下之公
非人已所得而私者故曰公天下之善而不爲私也○
雙峯饒氏曰舜之稱堯方以舍已從人爲惟帝時克聖
人雖生知而不自以爲生知常虛心以受人之善已之
所爲偶有未盡而人之所見有善於已即舍而從之無
一毫執吝之意乃所以見聖人之無我而非人所及也

自耕稼陶漁以至爲帝無非取於人者

舜之側微耕于歷山陶于河濱漁于雷澤

或問觀其居深山中聞一善言見一善行則若決江河
沛然莫之能禦及其格於文祖則詢於四岳闢四門明
四目達四聰則其自始及終無一毫之私一息之間可

此節與字是寔字與上節與字微不同舜只自爲善耳因爲而有取取之愈廣所及愈遠是孟子推論舜胸中原無此意晚村云取諸句只在舜身上想是與人句在人身上想便得兩層處上句在舜想到人下句在人想到舜便得一層

知所謂自耕稼陶漁以至爲帝無非取於人者豈虛語哉。

大全史記五帝紀舜耕歷山歷山之人皆讓畔漁雷澤雷澤之人皆讓居陶河濱河濱器皆不苦窳一年所居成聚二年成邑三年成都

取諸人以爲善是與人爲善者也故君子莫大乎與人爲善

與猶許也助也取彼之善而爲之於我則彼益勸於爲善矣是我助其爲善也能使天下之人皆勸於爲善君子之善孰大於此○此章言聖賢樂善之誠初無彼此之閒故其在人者有以裕於巳在巳者有以及於人

語類問是與人爲善當其取人之際莫未有助之之意

處

否曰然曰三者本意似只是取人但有淺深而與人爲善乃是孟子再疊一意以發明之否曰然○大舜樂取諸人以爲善是成己之意是與人爲善也是著人之善

大全慶源輔氏曰舜之取人以爲善初未嘗有助人爲善之意也孟子推說其事故以爲取諸人以爲善是乃助人之爲善也因吾取人之善以爲善而使天下之人皆勸於爲善則是聖人成己成人之事故曰君子之善孰大於此○新安陳氏曰舜事優於禹禹事優於子路然學者之希賢希聖未有無其序者常人徇欲背理諱過飾非視子路之心已相背馳何敢言舜禹事必先忘私克己然後能至公而自然無私故必如子路之克己私始漸能如聖人之與人爲公耳○新安倪氏曰語錄

云三者本意只是取人但有淺深而與人爲善乃是孟子再疊一意以發明之即此條以證集註之說則是三人皆有樂善之誠子路樂於聞人告之以有過禹樂於聞人之善言而拜舜樂取人以爲善雖有淺深是皆在人者有以裕於巳也末一句所謂在巳者有以及於人乃是申明孟子再疊之意耳輔氏謂末二句皆單說舜竊恐未然

○孟子曰伯夷非其君不事非其友不友不立於惡人之朝不與惡人言立於惡人之朝與惡人言如以朝衣朝冠坐於塗炭推惡惡之心思與鄉人立其冠不正望望然去之若將浼焉是故諸侯雖有善其辭命而至者不受也不受也者是亦不屑就巳

此章與百世之師章參看彼章取其偏以救世此章指其偏以明道蒙書云這一章見君子不爲一偏之學就是一部中庸的註腳天下道理只是一箇中庸君子只在這條路上走稍

有偏焉雖百世之師如夷惠者非君子所願學也○上二節一節推深一節只是說他淸和之極尚未說他隘與不恭到末節乃判斷他上二節只是褒也

稼書謂上二節丘月林分

塗泥也鄉人鄉里之常人也望望去而不顧之貌浼汙也屑趙氏曰絜也說文曰動作切切也不屑就言不以就之爲絜而切切於是也已語助辭

語類伯夷不屑就已注云屑潔也潔猶美也苟以其辭命禮義之美而就之是切切於是也然伯夷雖有善其辭命而至者亦不肯就而況不道而無禮者固速去之矣世之所謂淸者不就惡人耳若善辭令而來者固有時而就之惟伯夷不然此其所以爲聖之淸也柳下惠不屑之意亦然

大全新安陳氏曰此言伯夷之淸嚴於惡惡而不輕與人羣也

柳下惠不羞汙君不卑小官進不隱賢必以其道遺佚而

得最好不羞不卑與不事不友相照。不隱賢四句。與不立五句相照爾爲爾與鄉人相照援止與不受相照。俱是一節深一節

不怨阨窮而不憫故曰爾爲爾我爲我雖袒裼裸裎於我側爾焉能浼我哉故由由然與之偕而不自失焉援而止之而止援而止之而止者是亦不屑就已

柳下惠魯大夫展禽居柳下而謚惠也不隱賢不枉道也遺佚放棄也阨困也憫憂也爾爲爾至焉能浼我哉惠之言也袒裼露臂也裸裎露身也由由自得之貌偕並處也不自失不失其正也援而止之而止者言欲去而可留也

語類問進不隱賢必以其道曰不隱賢謂不隱避其賢。如已當廉却以利自汙已當勇却以怯自處之類乃是隱賢是枉道也又問所以不解作蔽賢謂其下文云必以其道若作不蔽賢說則下文不同矣曰然○至問集

丘月林謂柳下惠節通只說和之極處不隱二句只是起不怨不憫意耳不自失亦是帶說俱不重只重和上雙峰此條却重介上了。

注云進不隱賢不枉道也似少字曰進不隱賢便是必以其道人有所見不肯盡發出尚有所藏便是枉道至云峯常看此二句只云進雖不敢自隱其賢凡有所蘊皆樂於發用然而却不妄進二句做兩意看曰恁地看也得。

大全問集注謂不隱賢不枉道也疑與下文必以其道意相重朱子曰兩句相承只作一句讀文勢然也○雙峯饒氏曰他人不羞汙君不卑小官必至於苟進而柳下惠則不隱賢他人見袒裼裸裎而與之偕則必至於流而柳下惠則不自失此其所以爲聖人之和而異乎常人之和也○新安陳氏曰此言惠之和寬以處衆而不輕與人絕也。

晚村云隘與不恭歸之學者流弊朱子已不謂然蓋伯夷只是清極便帶得隘來柳下惠只是和極便帶不恭來隘與不恭正是其清和極處覺有斯意亦何必爲二子諱也又云善學夷惠者當學其清和不可學其隘不恭此說得矣然論到孟子願學孔子意不惟夷惠之隘不恭不可由即清和亦不足由也總說清和便隱然有隘與不恭之意相隨而來所以直言君子不由固未嘗曰當學夷惠而去其隘與不恭也況由如行路必智愚賢不肖千萬人可行而後可若

孟子曰伯夷隘柳下惠不恭隘與不恭君子不由也

隘狹窄也不恭簡慢也夷惠之行固皆造乎至極之地然既有所偏則不能無弊故不可由也

或問卒章程張諸說皆以爲隘與不恭非夷惠之過乃其流之弊耳子之說不然何也曰諸先生之意厚矣然以孟子之言考之則恐其意未必果然也

語類夷隘惠不恭不必言效之而不至者其弊乃如此只二子所爲已有此弊矣○問伯夷隘柳下惠不恭莫是後來之弊至此否曰伯夷自是有隘處柳下惠自是有不恭處且如雖袒裼裸裎於我側分明是不將人做人看了○問柳下惠不恭是待人不恭否曰是他玩世不把人做人看如袒裼裸裎於我側是已卲堯夫正是

如夷惠所爲。不可說非聖人。然使人人行之其弊有不可勝言者矣無他。以其隘與不恭故也。○穆實云不恭最難辨認有講作其外雖簡其心則謂世爲混濁不可責以禮法如此則看惠作東方朔一流人矣惠之不恭只是欲漸以化之放得太寬不莊嚴耳。

這意思如皇極經世書成封做一卷題云文字上呈堯夫○問明道云此非瑕疵夷惠之語言其弊必至於此今觀伯夷與惡人處如以朝衣朝冠坐於塗炭則伯夷果似隘者柳下惠雖袒裼裸裎於我側爾焉能浼我哉柳下惠果似不恭者豈得謂其弊必至於此哉曰伯夷既清必有隘處柳下惠既和必有不恭處道理自是如此孟子恐後人以隘爲清以不恭爲和故曰隘與不恭君子不由也

大全問如伯夷之清而不念舊惡柳下惠之和而不以三公易其介此其所以爲聖之清聖之和也但其流弊則有隘與不恭之失朱子曰這也是諸先生恐傷觸二子所以說流弊今以聖人觀二子則二子多有欠闕處

雲峰中庸之說稼書據以爲判斷二子之準。但雲峰說得粗略稼書說得細密。其說云其清和有恰好處便是中。亦有過當處便是隘不恭。如一不屑就也理不當就而不就便是中了。亦有可以就之時彼亦不就則是隘而已矣。一不屑

纔有欠闕處便有弊所以孟子直說他隘與不恭不曾說末流如此如不念舊惡不以三公易其介固是清和好處然十分只救得一分救不得那九分清和之偏處了○清和皆是一偏學之便有隘與不恭使懦夫學和愈不恭鄙夫學恭愈隘矣可爲百世師謂能使薄者寬鄙者敦頑者廉懦者立君子不由不由其隘與不恭也○雲峯胡氏曰道惟中則無弊夷惠不合乎中庸之道故君子所不由夫子之道大中至正之準故孟子所願學○新安陳氏曰孟子一書言夷惠者不一以百世之師稱之以聖之清和許之此章則謂其隘不恭似若相反蓋孟子實欲人法夷惠之得又恐人不知戒夷惠之失其優學者至矣○呂伯恭曰學伯夷者未必得其清

去也理不當去而不去便是中了。亦有可以去之時彼亦不去是則不恭而已矣只在絲毫恰好上判斷其隘其不恭便自入細。

而先得其隘學惠者未必得其和而先得其不恭大抵清之極易至於隘和之極易至於不恭學之者當決其清和之得而戒其隘不恭之失可也

天時地利人和三者是當時策士所恃以戰攻致勝之策。不但天時地利以爲用兵之計。併所謂人和。亦不過要結人心以爲用兵之具耳。孟子就三者決擇而歸注人和。須知孟子之所謂人和。雖是策士口中。計策。却不是策士意中心術。源所謂人和只是挾纊吮疽。饋醪投河。一切臨時要結之術。孟子所謂人和。却是平時教養。井田。學校

公孫丑章句下

凡十四章自第二章以下記孟子出處行實爲詳

孟子曰天時不如地利地利不如人和

天時謂時日支干孤虛王相之屬也地利險阻城池之固也人和得民心之和也

語類孤虛以方位言如俗言向某方利某方不利之類

王相指吉時

大全蔡氏曰時四時也日日辰也史記註六甲孤虛法甲子旬戌亥爲孤辰巳爲虛後五甲倣此如今人以甲子旬無戌亥爲空亡是以空亡爲孤也辰巳與戌亥對辰巳爲虛王相如東方木旺相於卯之類。慶源輔氏

許多王道制作所致立一言以寔之曰得道道字所指正與衆士人和之説同休各變也

環攻不重彼國兵力之盛只爲環攻則必曠日持久既持久則必值天時之善固宜其必勝矣然而不勝

曰時十二時日十日支十二支干十干也雙峯饒氏曰此大槩以五行衰旺言之五行有孤虚時有旺相時春屬木甲乙木生丙丁火便是木旺而火相旺字即是王字相王之次也金到這裏衰所以孤孤者無輔助之意如今說四廢然水爲母木爲子子實則母虚水到此所以虚或問此說時日或是方所曰二者一般一箇是横一箇是直所以天德月德日亦有天德月德方大意如此其間又自有細密處立兩句爲柱下文分兩邊肖解之

三里之城七里之郭環而攻之而不勝夫環而攻之必有得天時者矣然而不勝者是天時不如地利也

三里七里城郭之小者郭外城環匝也言四面攻圍曠

句方轉得下方見天時不如地利。城池是地利。兵革米粟非地利。却只要粘定地利。兵革所以衛城池。米粟所以守城池。則地利宜可恃矣。委而去之之故。却不是爲地不利。是爲人不和。乃見地利不如人和之故。

可恃久。必有值天時之善者。

城非不高也。池非不深也。兵革非不堅利也。米粟非不多也。委而去之。是地利不如人和也。

革甲也。粟穀也。委棄也。言不得民心。民不爲守也。

大全趙氏曰古甲以革爲之。故函人爲攻皮之工。後世始用金曰鎧。○雙峯饒氏曰非謂可以全無天時地利。但不如人和爾。用兵也要天時地利。但人和爲本。人心不和。雖有天時地利。亦不可取勝。况時不時屬天。利不利屬地。人心和不和則在我而已。在天地者難必。在我者可恃。○仁山金氏曰黄牛皮者爲犀甲。青牛皮者爲兕甲。即今水牛也。有殼曰粟。無殼曰米。粟即穀也。古人米與穀兼積。米切用而易腐。穀氣全而可久。緩急兼備得道七字雖未詳言。然孟子所擴。自與策士之所以致人和者不同。孟子爲齊梁之君言王道。言教養便是此道。道字注脚不只如南軒所言順乎理而已矣。晚村謂以不忍人之心行不忍人之政是則所謂道。孟子一生宗旨也。○三不以字只趁注得道。却亦不是銷鋒鏃隳名城弛關夫險之謂所重有在不恃乎此也。

後世軍儲獨以米故久即不可食。

故曰域民不以封疆之界固國不以山谿之險威天下不以兵革之利得道者多助失道者寡助寡助之至親戚畔之多助之至天下順之

域界限也。

大全南軒張氏曰得道者順乎理而已。舉措順理則人心悅服矣。先王之所以致人和者在此而極夫多助之效。至於天下順之。其王也孰禦。一失道則違拂人心。心之所睽雖親亦疎矣。不亦孤且殆哉。雖有高城深池誰與爲守。○雙峯饒氏曰緊要在得道二字上。○新安陳氏曰封疆山谿兵革皆末也。不以不全以此也。其本在得道而已。

攻戰勝字孟子所弗道末節結出可知首節天時地利人和三者是就策士用兵之秘法而引之王道之正在孟子原不專主用兵而言也

總註賓師二字是此章眼目爲其爲賓爲師所以不以奔走承順爲恭而以責難陳善爲敬若非賓師則

以天下之所順攻親戚之所畔故君子有不戰戰必勝矣

言不戰則已戰則必勝○尹氏曰言得天下者凡以得民心而已

大全新安陳氏曰此章言用兵在得人心得人心在得道得道以得人心則地利之險人爲之守天時之善人爲之乘先王之守國家用天下本末具舉如此固以得道得人心爲本而亦不廢天時地利之末孟子見當時用兵者惟以天時地利爲務而不知以得道得人心爲本故發此論

○孟子將朝王王使人來曰寡人如就見者也有寒疾不可以風朝將視朝不識可使寡人得見乎對曰不幸而有疾不能造朝

君命召不俟駕未嘗不奔走承順未嘗非禮之所任惟其爲賓爲師則辭疾出弔皆是責難陳善以尊德樂道大有爲望其君處非欲自尊大也陳堯舜以陳善不陳非堯舜以閑邪固是其敬力爭于召不召之間如是而可大有爲不如是即不足以有爲亦是敬其君通章總是敬其君所析謂孟子方引以當道可徇其邪志乎得其徵矣○朱子曰孟子辭而不往其意若曰自我而朝王則貴貴也貴貴義也而何不可之有以王召我則非尊賢之禮矣如是而往於義何

王齊王也孟子本將朝王王不知而託疾以召孟子故孟子亦以疾辭也

精義楊氏曰夫孟子將朝王王則見王固所欲也爲其名之故不往明日出弔蓋取瑟而歌之意欲其知之也離公孫丑猶不諭其旨況餘人乎此景丑氏所以問也夫天下有大戒二臣之事君義也無適而非君也無所逃于天地之間是之謂大戒先王之時天下定于一尺地莫非其有一民莫非其臣也則士于其時無適非君也無所逃於天地之間則君命召不俟駕行矣禮也周衰諸侯各擅其土地士不遇於齊則之楚之魏無不可者非今國所能專制也故士於斯時有不爲臣之義時君苟無尊德樂義之誠心不足與有爲則雖欲亟見之且不

所當哉

失禮意重。不誠意輕。

可得況得而召之乎

或問孟子本欲朝王矣王召之則辭而不往何也曰孟子於齊實處賓師之位而未嘗受祿蓋非齊王之所得臣也其相見之節王就而見孟子則可孟子自往而見王則不可王而名之則既失禮矣而其托疾者又不誠也則若之何而可往哉或曰楊氏之說如何曰以孟子所稱成湯桓公之事觀之則其意不爲是矣且以無所逃而不俟駕有所適而不爲臣尤非所以明君臣之義也

語類問孟子將朝王齊王托疾召孟子孟子亦辭以疾莫是以齊王不合托疾否曰未論齊王托疾看孟子意只說他不合來召蓋在他國時諸侯無越境之禮只應

以幣來聘故賢者受其幣而往見之所謂答禮行義是也如見梁惠王也是惠王先來聘之既至其國或爲賓師有事則王自來見或自往見王但名之則不可名之則有自尊之意故不往見之答陳代如不待其招而往何哉此以在他國而言合萬章天子不召師而况諸侯乎此以在其國而言問孟子不去亦兼惡其託疾不眞實否曰觀其終篇不如此說

大全新安陳氏曰王托疾以召孟子亦託疾以辭欲其稱也與孔子亦瞰陽貨之亡同意

明日出弔於東郭氏公孫丑曰昔者辭以病今日弔或者不可乎曰昔者疾今日愈如之何不弔

東郭氏齊大夫家也昔者昨日也或者疑辭辭疾而出

孟子辭疾往弔，是不肯徇君之欲。雖有權辭，却是天理分上仁術；仲子權辭，乃是人情世故。

弔，與孔子不見孺悲取瑟而歌同意。

大全慶源輔氏曰：孔子以疾辭孺悲而不見，然又取瑟而歌，使之知其非疾，所以警教孺悲也。孟子以疾辭齊王而不往朝，然又出弔東郭，而使之知其非疾者，所以警教齊王也。此皆聖賢至誠應物而得乎時中之義也。

王使人問疾，醫來。孟仲子對曰：「昔者有王命，有采薪之憂，不能造朝。今病小愈，趨造於朝，我不識能至否乎？」使數人要於路，曰：「請必無歸，而造於朝！」

孟仲子，趙氏以爲孟子之從昆弟，學於孟子者也。采薪之憂，言病不能采薪，謙辭也。仲子權辭以對，又使人要孟子令勿歸而造朝，以實已言。

大全新安陳氏曰：王先託疾以召，意本不誠；今問疾醫丑意以父子引起君臣則父子直是賓而子與臣一類則子父是賓中之主君臣雖是主而所責在臣則臣又是主中之主不平○晚村云堯舜之道全從此心做出君不能致敬于臣則不尊德樂道不足與有爲臣不致敬于君則不能陳善閉邪格君心使之正此二典開口便說欽哉也孟子之不敢陳非道此心便是致君堯舜之本方見不敢字敬字中內聖外王體用具在一邊陳堯舜之道所以陳善一邊即不陳非堯舜之道所以閉邪兩

來虛文美意亦非誠也仲子遂權對促朝

不得已而之景丑氏宿焉景子曰內則父子外則君臣人之大倫也父子主恩君臣主敬丑見王之敬子也未見所以敬王也曰惡是何言也齊人無以仁義與王言者豈以仁義爲不美也其心曰是何足與言仁義也云爾則不敬莫大乎是我非堯舜之道不敢以陳於王前故齊人莫如我敬王也

景丑氏齊大夫家也景子景丑也惡歎辭也景丑所言敬之小者也孟子所言敬之大者也

大全慶源輔氏曰丑之說擎跽曲拳奔走承順之敬敬君以貌世俗之所知故曰敬之小孟子所言陳善閉邪致君堯舜之敬敬君以心聖賢之所行故曰敬之大○

路並到。○敬王不是說王就是堯舜。如此說却是褒崇尊顯乃後世之敬非孟子之敬也。自己寔見得君非仁義不可。仁義非堯舜不至。不敢不以此陳告。陳者陳其道非以堯舜相奉也

固将朝謂孟子已將朝也屬下句

晲村云講德字便見鄒國

西山真氏曰景子但知聞命奔走爲敬其君不知以堯舜之道告其君僕隸之臣唯唯承命外若敬其君然心實薄之曰是何足與言仁義此不敬之大者也

景子曰否非此之謂也禮曰父召無諾君命召不俟駕固將朝也聞王命而遂不果宜與夫禮若不相似然

禮曰父命呼唯而不諾又曰君命召在官不俟屨在外不俟車言孟子本欲朝王而聞命中止似與此禮之意不同也

大全小注官謂朝內出禮記玉藻篇

曰豈謂是與曾子曰晉楚之富不可及也彼以其富我以吾仁彼以其爵我以吾義吾何慊乎哉夫豈不義而曾子言之是或一道也天下有達尊三爵一齒一德一朝廷莫

學問源流不似他人但以功效施作夸大語又云人亦知以爵齒形德然爵齒中又有賓主爵爲德之對齒却是德之佐且末句一字指爵二字指齒德則又以齒德爲一路矣

如爵鄉黨莫如齒輔世長民莫如德惡得有其一以慢其二哉

慊恨也少也或作嗛字書以爲口銜物也然則慊亦但爲心有所銜之義其爲快爲足爲恨爲少則因其事而所銜有不同耳孟子言我之意非如景子之所言者因引曾子之言而云夫此豈是不義而曾子肯以爲言是或别有一種道理也達通也蓋通天下之所尊有此三者曾子之說蓋以德言之也今齊王但有爵耳安得以此慢於齒德乎

語類夫豈不義而曾子言之文勢似使管子而愚人也則可若是義理不是則曾子豈肯恁地說

大全朱子曰達尊之說達通也三者不相值則各伸其

尊而無所屈。一或相値則通視其重之所在而致隆焉。故朝廷之上以伊周之忠聖耆老而祇奉嗣王左右爲子不敢以其齒德加焉至論輔世長民之任則太甲成王固拜手稽首於伊周之前矣其迭爲屈伸以致崇極之義不異於孟子之言也故曰通視其重之所在而致隆焉惟可與權者知之爵也齒也蓋有偶然而得之者是以其尊施於朝廷者則不及於鄉黨施於鄉黨者則不及於朝廷而人之敬之也亦或以貌而不以心惟德得於心充於身刑於家推於鄉黨而達於朝廷者也曾子曰彼以其富其爵我以吾義吾仁子思曰事之云乎豈曰友之云乎孟子曰惡得有其一以慢其二哉師弟子間意見之相合固如此○雙峯饒氏曰景子之言是首節王使人來分明是召。却無一召字。然早爲孟子看破。孟子口中至此乃直出召字。晚村云此不召之臣。乃師傅。非賛助功臣也。大有爲之君其所謀即王道仁政之事。非陰謀秘計也。就之乃尊德樂道。以師禮事之。非脫略儀飾以示契密。爲英雄作用也。

人臣事君之常。孟子之言是人君尊賢之道。〇東陽許氏曰仁者循理樂天安貧守分。故不知彼之富。義者審度事宜進退有制。故不羡彼之爵。富只在彼。爵可加我。故用仁義字不同。

故將大有爲之君必有所不召之臣欲有謀焉則就之其尊德樂道不如是不足與有爲也

大有爲之君。大有作爲非常之君也。程子曰古之人所以必待人君致敬盡禮而後往者。非欲自爲尊大也。爲是故耳。

大全雙峯饒氏曰不如是。指謀焉則就之。

故湯之於伊尹學焉而後臣之故不勞而王桓公之於管仲學焉而後臣之故不勞而霸

上節兩學字此節受教字總註賓師二字從此看出

先從受學師之也後以爲臣任之也

大全雙峯饒氏曰何處見得學而後臣葢學師之臣相之也觀尹之辭無所遜於湯桓之於管一則曰仲父一則曰仲父亦可見師之之意

今天下地醜德齊莫能相尚無他好臣其所教而不好臣其所受教

醜類也尚過也所教謂聽從於已可役使者也所受教謂已之所從學者也

湯之於伊尹桓公之於管仲則不敢召管仲且猶不可召而況不爲管仲者乎

不爲管仲孟子自謂也范氏曰孟子之於齊處賓師之位非當仕有官職者故其言如此○此章見賓師不以

不赴其召。正是不徇其邪志處。南軒此語。最中此章

趨走承順爲恭而以責難陳善爲敬人君不以崇高富貴爲重而以貴德尊士爲賢則上下交而德業成矣

【大全】慶源輔氏曰不爲管仲孟子到此不得已而直言之不如是則公孫丑之徒終不足以知此義也○南軒張氏曰孔子膰肉不至而去魯不知者以爲爲肉知者以爲爲無禮皆非知孔子者孟子不朝而出弔不知者或以爲要君知者則以爲太甚矣公孫仲子以門人近竊猶不克知何怪於景丑乎將朝禮也聞王託疾之言而不往義也明日出弔欲王淺惟其故取瑟意也使仲子知孟子之心則告之曰昔者疾今日愈而出弔矣豈不正大而何必爲是紛紛哉王託疾要賢邪志也孟子方引以當道可徇其邪志乎孟子知人皆可爲堯舜故

之旨

以堯舜事望王若以僕僕其命爲敬則僕妾服役之事耳孟子於公孫仲子告之不詳二子學者也欲其深省而自識於景子陳義著明如此景子大夫也庶幾其有以啟悟君心焉初不可召而後爲卿於齊何也王始不能如湯之於伊尹猶望其感悟於終也賢者伸縮變化皆有深意存焉

○陳臻問曰前日於齊王餽兼金一百而不受於宋餽七十鎰而受於薛餽五十鎰而受前日之不受是則今日之受非也今日之受是則前日之不受非也夫子必居一於此矣

陳臻孟子弟子兼金好金也其價兼倍於常者一百百鎰也

義之所在惟有一是雖曲折甚多而一酌以理而處之其是處只得一線無纖毫岐趍兩可也陳臻所見欲辭則俱辭受則俱受執一固不是謂辭與受別有兩樣道理亦不是也

取之者人有處無處在自已故曰處物爲義

孟子曰皆是也

皆適於義也

大全慶源輔氏曰陳臻則就事迹較量孟子則以義斷制

當在宋也予將有遠行行者必以賮辭曰餽賮予何爲不受

賮送行者之禮也

當在薛也予有戒心辭曰聞戒故爲兵餽之予何爲不受

時人有欲害孟子者孟子設兵以戒備之薛君以金餽爲孟子兵備辭曰聞子之有戒心也

若於齊則未有處也無處而餽之是貨之也焉有君子而可以貨取乎

齊之君臣。各有當得之罪。立視其死。是距心之罪。非所得爲。是齊王之罪。孟子

無遠行戒心之事，是未有所處也。取，猶致也。○尹氏曰：言君子之辭受取予，唯當於理而已。

大全朱子曰：取是羅致之意，輕受之便是被他以貨賄籠絡了。問：處字是處物爲義之處否？曰：是。○南軒張氏曰：人於不當受而受，其動於物固也；當受不受，亦是爲物所動。何則？以其蔽於物而見物之大也。聖賢從容不迫，惟義之安，外物何有焉？物有大小，義之所在一耳。○新安陳氏曰：孟子辭受從容，惟義之安。陳臻欲辭則皆辭，受則皆受，而不知隨事以酌其義，固哉！

○孟子之平陸，謂其大夫曰：子之持戟之士，一日而三失伍，則去之否乎？曰：不待三。

平陸，齊下邑也。大夫，邑宰也。戟，有枝兵也。士，戰士也。伍，

亦是各爲各言非有意罪其君而故先與其臣言以爲進說之端也如此則是机權作用非聖賢光明正大之心矣

行列也去之殺之也

然則子之失伍也亦多矣凶年饑歲子之民老羸轉於溝壑壯者散而之四方者幾千人矣曰此非距心之所得爲也

子之失伍言其失職猶士之失伍也距心大夫名對言此乃王之失政使然非我所得專爲也

大全雙峯饒氏曰凶年說得闊如水旱疾疫之類饑歲只是五穀不熟

曰今有受人之牛羊而爲之牧之者則必爲之求牧與芻矣求牧與芻而不得則反諸其人乎抑亦立而視其死與曰此則距心之罪也

牧之養之也牧牧地也芻草也孟子言若不得自專何

晚村云衰亂君臣大約情相欺遁相委孟子兩說能使各花巳罪其義正在不相借處大夫之罪本于王推勘未嘗不是然有失出處不見聖賢義例之精細矣

不致其事而去

他日見於王曰王之爲都者臣知五人焉知其罪者惟孔距心爲王誦之王曰此則寡人之罪也

爲都治邑也邑有先君之廟曰都孔大夫姓也爲王誦其語欲以風曉王也○陳氏曰孟子一言而齊之君臣舉知其罪固足以興邦矣然而齊卒不得爲善國者豈非說而不繹從而不改故邪

語類王之爲都左傳邑有先君之廟曰都看得來古之王者嘗爲都處便自有廟古人之廟不遷如太王廟在岐文王廟在豐武王祭太王則於岐祭文王則於豐王朝步自周至于豐是自鎬至豐以告文王廟也又如晉獻公使申生祭於曲沃武公雖自曲沃入晉而其先君

之廟則仍在曲沃而不徙也又如曾祖文王鄭祖厲王
則諸侯祖天子矣三桓祖桓公則大夫祖諸侯矣故禮
運曰諸侯不得祖天子大夫不得祖諸侯公廟之設私
家非禮也自三桓始也是三桓各立桓公廟於其邑也
又問漢原廟如何曰原再也如原蠶之原謂既有廟而
再立一廟如本朝既有太廟又有景靈宮又問此於禮
當否曰非禮也然以洛邑有文武廟言之則似周亦有
兩廟又問原廟之制如何曰史記月出衣冠遊之所謂
藏高帝之衣冠於其中月一取其衣冠出遊於國中也
古之廟制前廟後寢寢所以藏亾者之衣冠故周禮守
祧掌守先王先公之廟祧其遺衣服藏焉至漢時却移
寢於陵所以謂陵寢故明帝於原陵見太后鏡奩中物而

悲哀蔡邕因謂上陵亦古禮明帝猶有古之餘意然此等議論皆是他講學不明之故他只是偶見明帝之事故爲是說然何不使人君移此意於宗廟中耶又曰王之爲都又恐是周禮所謂都鄙之都周禮四縣爲都

大全左傳莊公二十八年築郿非都也凡邑有宗廟先君之主曰都無曰邑邑曰築都曰城周禮四縣爲都四井爲邑然宗廟所在雖邑曰都尊之也○慶源輔氏曰孟子一言而齊之君臣舉知其罪者理明辭達長於譬喻而能感發於人故也然齊之君臣雖知其罪而終不能改繹者志小氣輕志小則易足蓋原不曾有大底規模氣輕則多率多率則凡事說過便休都無那自訟自責之意如此則何緣會改○雲峯胡氏曰齊之君臣一

此章亦以末節注賓師未受祿爲主。饒氏謂賓師如今朋友相似。少焉不入。亦常去。但寬得些子。不似不得其職不得其言者。目下便着休。最爲得情。○白文兩言字緊跟士師說。故注曰諫刑罰之不中者。泛說便非。

時聞孟子之言。皆知其罪天理之作明也。終於不改。人欲錮之也。

○孟子謂蚳鼃曰。子之辭靈丘而請士師。似也。爲其可以言也。今既數月矣。未可以言與。

蚳鼃。齊大夫也。靈丘。齊下邑。似也。言所爲近似有理。可以言。謂士師近王。得以諫刑罰之不中者。

大全趙氏惠曰。周禮王以五戒先後刑罰。毋使罪麗於民。一曰誓。用之軍旅。二曰誥。用之會同。三曰禁。用諸田役。四曰糾。用諸國中。五曰憲。用諸都鄙。先後。猶左右也。

蚳鼃諫於王而不用。致爲臣而去。

致。猶還也。

齊人曰。所以爲蚳鼃則善矣。所以自爲。則吾不知也。

言責雖照應首節兩言字然官守言責一槩泛言兩皆守不指蚳鼃而蚳鼃亦在其中

譏孟子道不行而不能去也

公都子以告

公都子孟子弟子也

曰吾聞之也有官守者不得其職則去有言責者不得其言則去我無官守我無言責也則吾進退豈不綽綽然有餘裕哉

官守以官爲守者言責以言爲責者綽綽寬貌裕寬意也孟子居賓師之位未嘗受祿故其進退之際寬裕如此尹氏曰進退久速當於理而已

大全南軒張氏曰孟子與乎蚳鼃故得從容不迫陳善閉邪以俟王之改可徐處乎進退之宜也然卒致爲臣而歸誠意備至啓告曲盡而王終莫悟則有去之而已

然三宿出晝猶庶幾王之改終從容不迫也豈悻悻者
能識之○慶源輔氏曰距心有官守蚳鼃有言責鼃雖
未自以爲罪然諫不行能去距心雖知其罪然如是而
止不聞其能去也鼃賢於距心矣○雙峯饒氏曰餘裕
是寬緩不迫之意賓師從容規諷以漸而入如今朋友
相似少焉不入亦當去但寬得些子不如那有官守言
責者恁地逼迫不得其職不得其言則目下便著休或
疑孔子不脫冕而行與孟子之說不同曰正是一般蓋
孔子有去志久矣但去得不恁地逼迫後來膰肉不至
方不脫冕而行且如衛靈公可謂無道然亦以賓禮待
孔子故孔子在衛極多時後來郊因問陳明日遂行亦
是久有去志因此遂行耳○雲峯胡氏曰集註前引尹

行事切定使事使事又須切出弔乃不泛

氏言君子之辭受取予惟當於理而已此又引其言曰進退久速當於理而已蓋天理人欲之幾最不可不辨當辭而辭是天理受卽非矣可久而久是天理速卽非矣如此則當於理不如此則涉於欲故惟聖人能審其幾焉

○**孟子爲卿於齊出弔於滕王使蓋大夫王驩爲輔行王驩朝暮見反齊滕之路未嘗與之言行事也**

蓋齊下邑也王驩王嬖臣也輔行副使也反往而還也行事使事也

語類問孟子賓師之禮如何曰當時有所謂客卿者是也大槩尊禮之而不居職任事召之則不往又却爲使出弔於滕

旣或治之道來却有原故。雖使驩聽之亦自心平易解可見聖賢待小人雖嚴却不是不顧事理一味訶斥也或字作寔字看即指有司陳氏又以爲即是驩治之驩旣攝卿亦須有體指有司爲是

大全慶源輔氏曰使事謂弔祭之禮邦交之儀凡禮文制數皆是

公孫丑曰齊卿之位不爲小矣齊滕之路不爲近矣反之而未嘗與言行事何也曰夫旣或治之予何言哉

王驩蓋攝卿以行故曰齊卿夫旣或治之言有司已治之矣孟子之待小人不惡而嚴如此

大全慶源輔氏曰夫旣或治之正答公孫丑未嘗與之言行事一句孟子言使事有司旣已治之而得其宜矣自不須更與王驩言也只此句便見孟子之待小人不惡而嚴之意使有司不能治其事於禮儀制數有曠闕不齊整處而孟子固不與驩言而正之則非所謂不惡矣今有司旣已能治辦其事而猶與之言則便有徇之

之意而不可謂之嚴矣然自常情觀之孟子之不與驩言不以爲惡之而不欲與之言則以爲易之而不足與之言矣夫惡之而不欲與之言則隘易之而不足與之言則忽隘與忽孟子無是心也但言有司既已能治辦其事而不與之言則亦是順理之事而其中自有不惡而嚴之意耳故愚嘗謂君子之待小人有正已而無屈意有容德而無過禮惡惡之心雖不能無然亦不爲已甚之疾也○新安陳氏曰治之朱子以爲有司南軒以爲驩正是治之者

○孟子自齊葬於魯反於齊止於嬴充虞請曰前日不知虞之不肖使虞敦匠事嚴虞不敢請今願竊有請也木若以美然

盡於人心猶言盡人子之心也。此句是一章着眼處。下文悅字恔字正所謂盡心也。

孟子仕於齊喪母歸葬於魯嬴齊南邑充虞孟子弟子嘗董治作棺之事者也嚴急也木棺木也以已通以美太美也

曰古者棺椁無度中古棺七寸椁稱之自天子達於庶人非直為觀美也然後盡於人心

度厚薄尺寸也中古周公制禮時也椁稱之與棺相稱也欲其堅厚久遠非特為人觀視之美而已

大全慶源輔氏曰人子之喪親所以為之棺椁者蓋欲其堅厚以歷久遠而已非是欲為人觀視之美也蓋必如此然後於人心為盡耳盡於人心此一句須當自體之若後世之厚葬却只是欲為人觀美之故也○古者棺椁無度想只是過於厚觀易喪葬取之大過可見至

周公制禮時始爲七寸之制也。棺七寸則椁亦七寸也。

○雙峯饒氏曰周七寸只如今四寸許。

不得不可以爲悅無財不可以爲悅得之爲有財古之人皆用之吾何爲獨不然

不得謂法制所不當得得之爲有財言得之而又爲有財也或曰爲當作而

大全慶源輔氏曰不得得之泚說葬理如重累之數牆翣之飾既有定制則不可得以爲悅非獨指棺椁而言也。

且比化者無使土親膚於人心獨無恔乎

比猶爲也化者死者也恔快也言爲死者不使土親近其肌膚於人子之心豈不快然無所恨乎

財雖我有，却是天下通用之物。故不爲天下愛惜此物而儉薄于吾親也。

吾聞之也，君子不以天下儉其親。

送終之禮，所當得爲而不自盡，是爲天下愛惜此物而薄於吾親也。

大全問：不以天下儉其親。朱子曰：以，猶爲也。不爲天下惜棺椁之費而儉於其親也。王氏中說記太原府君之言：一布被二十年不易，曰：無爲費天下也。文意略與此同。○呂氏曰：註云所當得爲而不自盡，則便是倒行逆施，不順理底。於所厚者薄，則無所不薄矣。墨子之葬以薄爲道者，卽是此意。○新安陳氏曰：此章當味盡於人心及悅與恔字。人子事親至葬而終，凡附於身與棺，必誠必信，勿之有悔焉。蓋不如是無以盡於吾心，不爲悅，不爲恔也。必悅且恔，然後於心爲盡。不得爲而僭爲與

此節幷不曾有一齊字問是泛問則荅亦是泛荅也

可爲而不爲皆非盡於人心曰不得不可以爲悅則制不得爲者決不敢過曰得之有財何獨不然則力所能爲者亦何忍於不及厚所當厚而不儉於親無非天理也盡於人心盡天理而已矣

○沈同以其私問曰燕可伐與孟子曰可子噲不得與人燕子之不得受燕於子噲有仕於此而子悅之不告於王而私與之吾子之祿爵夫士也亦無王命而私受之於子則可乎何以異於是

沈同齊臣以私問非王命也子噲子之事見前篇諸侯土地人民受之天子傳之先君私以與人則與者受者皆有罪也仕爲官也士卽從仕之人也

大全慶源輔氏曰沈同問燕可伐否耳固不問以齊伐

朱子曰聖賢之心如明鑑止水來者照之然亦照其面我者而已矣固不能探其背而逆照之也況同之問以私而不及公問燕而不及齊惟以私而問燕故燕之可伐孟子之所宜如也惟不以公而問齊故齊之不可伐孟子之所不宜對也

燕爲如何也若是以王命來問孟子必當詳告之不但曰可而已也○註云與者受者皆有罪謂不由其道妄取妄予如子噲子之之徒者由其道則三聖之授受乃先天而天弗違之事不可以罪言也

齊人伐燕或問曰勸齊伐燕有諸曰未也沈同問燕可伐與吾應之曰可彼然而伐之也彼如曰孰可以伐之則將應之曰爲天吏則可以伐之今有殺人者或問之曰人可殺與則將應之曰可彼如曰孰可以殺之則將應之曰爲士師則可以殺之今以燕伐燕何爲勸之哉

天吏解見上篇言齊無道與燕無異如以燕伐燕也史記亦謂孟子勸齊伐燕蓋傳聞此說之誤○楊氏曰燕固可伐矣故孟子曰可使齊王能誅其君弔其民何不

可之有乃殺其父兄虜其子弟而後燕人畔之乃以是歸咎孟子之言則誤矣

或問孟子於沈同之問曷爲不盡其辭以告之也曰沈同固非能伐燕者且其以私來問又不言齊之將伐燕也則直以可伐之理告之足矣若遂探其情而預設辭以待之則是猜防險詖之私爾豈所謂聖賢之心哉且齊雖無道若能拯燕之遺民於水火之中而無殺戮係累之暴則其伐之也亦何爲而不可哉史記亦云孟軻謂齊王曰今伐燕此文武之時不可失也此亦當時傳之誤而史氏輕信之耳其曰文武之時則前篇所謂燕民悅則取之燕民不悅則勿取之云爾孟子豈直以文武之事許齊王哉

語類孟子居齊許久伐燕之事必親見之齊王乃無一語謀於孟子而孟子亦無一語諫之何也想得孟子亦必以伐之爲是但不意齊師之暴虐耳不然齊有一大事如此而齊王不相謀孟子豈可更居齊耶○孟子言伐燕處有四須合而觀之燕之父子君臣如此固有可伐之理然孟子不曾教齊不伐亦不曾教齊必伐但曰爲天吏則可以伐之又曰若殺其父兄係累其子弟則非孟子意也

大全雙峯饒氏曰惟士師則可以殺有罪之人泛泛如何可以擅殺惟天吏可以伐無道之國諸侯如何可以擅相征伐天吏天所命者士師君所命者天吏以其有道故天命之征伐如湯武是也況同安驍此理但知人

曉村云靖妄人貶駁聖人偏有他許多庸妄計議庸妄証據看得聖人作為極迂疎又要為聖人惋惜出脫讀之令人絕倒○以殷畔多謂周之頑民是殷忠臣護管叔以貶武王艾千子謂皆得罪于名教曉村謂使殷可圖復以為忠則微箕之罪上通于天矣此極悖理大不道之論必不可從

之可伐而不知己之不可伐人

○燕人畔王曰吾甚慚於孟子

齊破燕後二年燕人共立太子平為王

陳賈曰王無患焉王自以為與周公孰仁且智王曰惡是何言也曰周公使管叔監殷管叔以殷畔知而使之是不仁也不知而使之是不智也仁智周公未之盡也而況於王乎賈請見而解之

陳賈齊大夫也管叔名鮮武王弟周公兄也武王勝商殺紂立紂子武庚而使管叔與弟蔡叔霍叔監其國武王崩成王幼周公攝政管叔與武庚畔周公討而誅之

見孟子問曰周公何人也曰古聖人也曰使管叔監殷管叔以殷畔也有諸曰然曰周公知其將畔而使之與曰不

聖人有過即指不知之過周公之過與齊王之過一從天理上發脚一從人欲上起見迥然不同然孟子却不道他無過豈惟孟子并周公自己哀切慫艾亦不謂自已無過是周公既能自改其過而孟子亦并不爲之辭也晩村云周公之過何等光明洞達豈待後人爲之辭說耶蓋此時只宜有過不宜無過豎儒不具此識見妄下一轉曰其有過一如無過即蚍蜉撼蒙之論於

知也然則聖人且有過與曰周公弟也管叔兄也周公之過不亦宜乎

言周公乃管叔之弟管叔乃周公之兄然則周公不知管叔之將畔而使之其過有所不免矣或曰周公之處管叔不如舜之處象何也游氏曰象之惡已著而其志不過富貴而已故舜得以是而全之若管叔之惡則未著而其志其才皆非象比也周公詎忍逆探其兄之惡而棄之耶周公愛兄宜無不盡者管叔之事聖人之不幸也舜誠信而喜象周公誠信而任管叔此天理人倫之至其用心一也

精義伊川曰象憂亦憂象喜亦喜蓋天理人情於是爲至舜之於象周公之於管叔其用心一也夫管叔未嘗

此條最得當日殷畔情寔
如此看則是武庚以管叔
畔耳乃謂管叔以武庚叛
者陳賈坐罪管叔因以坐

有惡也使周公逆知其將畔果何心哉惟其管叔之畔非周公所能知也則其過有所不免矣故孟子曰周公之過不亦宜乎

語類問周公誅管蔡自公義言之其心固正大直截自私恩言之其情終有不自滿處所以孟子謂周公之過不亦宜乎曰是但他豈得已哉莫到恁地較好看周公當初做這一事也大段疎脫他也看那兄弟不透本是怕武庚叛故遣管蔡霍叔去監他爲其至親可恃不知他反去與武庚同作一黨不知如何紂出得箇兒子也恁地狡猾想見他當時日夜去炒那管叔說道周公是你弟今卻欲篡爲天子汝是兄今卻只恁地管叔被他炒得心熱他性又急所以便發出這件事來問是時可

罪周公之辭，賈說固不足據也

調護莫殺否曰他已叛只得殺如何調護得蔡霍叔性較慢罪較輕所以只囚于郭鄰降爲庶人想見當時被管叔做出這事來騷動許多百姓想見也怕人鴟鴞鴟鴞既取我子毋毀我室當時也是被他害得猛如常棣一詩是後來制禮作樂時作這是先被他害所以當天下平定後更作此詩故其辭獨哀切不似諸詩和平曰周公也豈不知管叔狡獪但當時於義不得不封他曰看來不是狡獪只是獃子

大全胡氏曰象得罪於舜故封之管蔡流言將危周公以間王室得罪於天下故誅之非周公誅之天下之所當誅周公豈得而私之哉舜處其常周公處其變此聖人所以同歸於道也○慶源輔氏曰周公不忍料兄之

賈辭色間必是已露爲王
觧過之意故此節切責之

惡而使之故不免有過是以孟子亦言周公之過不亦
宜乎不說周公無過也○雲峯胡氏曰詎忍逆探其兄
之惡而棄之此一句最是得周公之用心舜之心誠信
而喜象不忍逆以其弟爲詐舜爲兄之道盡矣周公之
心誠信而任管叔不忍逆以其兄爲畔周公爲弟之道
盡矣故曰此天理人倫之至人倫之至人倫即是天理
特分而言之天理其自然者人倫其當然者爾

且古之君子過則改之今之君子過則順之古之君子其
過也如日月之食民皆見之及其更也民皆仰之今之君
子豈徒順之又從爲之辭

順猶遂也更改也辭辯也更之則無損於明故民仰之
順而爲之辭則其過愈深矣責賈不能勉其君以遷善

改過而教之以遂非文過也○林氏曰齊王慙於孟子蓋羞惡之心有不能自已者使其臣有能因是心而將順之則義不可勝用矣而陳賈鄙夫方且爲之曲爲辯說而沮其遷善改過之心長其飾非拒諫之惡故孟子深責之然此書記事散出而無先後之次故其說必參考而後通若以第二篇十章十一章置之前章之後此章之前則孟子之意不待論說而自明矣

大全新安陳氏曰孟子窺賈爲君文過之心於不言之表而責之○南軒張氏曰周公於管叔親愛之而不知其將畔其過也宜矣賈爲君文過過之中又生過焉○汪氏曰已富貴而兄弟無位仁者弗爲也兄弟惡未萌而以惡逆之智者弗爲也自陳賈覸之以周公爲仁智

此章白文孟子但自言不欲富而不言所以不受之故集註一則曰道不行再則曰旣以道不行三則曰以明道旣不行此其所以不受之故而孟子之所未顯言者也章中言外全要得此意

次節不言現在而言繼此分明目下已聽他去了言辭愈殷意思愈淡

三節是言現在矣却又不

未之盡由君子觀之周公實仁且智者也不期以畔而卒至于畔不免於過乃所遭之不幸也及其畔也不以私恩害公義誅之以安宗社天下是於過爲能改矣其不得已而行權也

○孟子致爲臣而歸

孟子久於齊而道不行故去也

王就見孟子曰前日願見而不可得得侍同朝甚喜今又棄寡人而歸不識可以繼此而得見乎對曰不敢請耳固所願也

大全新安陳氏曰謙言得侍賢者同朝者皆甚喜

他日王謂時子曰我欲中國而授孟子室養弟子以萬鍾使諸大夫國人皆有所矜式子盍爲我言之

言時行其道則直是以富籠絡之矣故後節於此三者直以一富字断之

其不可寔是爲道不行時子既不能知孟子又未顯言然于言外隱躍可想

時子齊臣也中國當國之中也萬鍾穀祿之數也鍾量名受六斛四斗矜敬也式法也盍何不也

大全趙氏曰四豆爲區區受斗六升四區爲釜受六斗四升十釜爲鍾鍾受六斛四斗

時子因陳子而以告孟子陳子以時子之言告孟子

陳子即陳臻也

孟子曰然夫時子惡知其不可也如使予欲富辭十萬而受萬是爲欲富乎

孟子既以道不行而去則其義不可以復留而時子不知則又有難顯言者故但言設使我欲富則我前日爲卿嘗辭十萬之祿今乃受此萬鍾之餽是我雖欲富亦不爲此也

此節雖全是季孫之言然是孟子引來則不用二字亦是眼目。

大全慶源輔氏曰齊王告時子是就人欲中計較孟子之意道合則從不合則去惡用是多端爲哉○註云孟子有難顯言者顯言之則許揚齊王之失而有辱於我固所願之仁

季孫曰異哉子叔疑使己爲政不用則亦已矣又使其子弟爲卿人亦孰不欲富貴而獨於富貴之中有私龍斷焉

此孟子引季孫之語也季孫子叔疑不知何時人龍斷岡壟之斷而高也義見下文蓋子叔疑者嘗不用而使其子弟爲卿季孫譏其既不得於此而又欲求得於彼如下文賤丈夫登龍斷者之所爲也孟子引此以明道既不行復受其祿則無以異此矣

大全慶源輔氏曰舉季孫所譏子叔疑之事以見我不

征之是征此賤丈夫征商則征及一切也。

敢效此之意辭祿而受饋雖多寡之不同畢竟是既不得於此而又求得於彼也

古之為市者以其所有易其所無者有司者治之耳有賤丈夫焉必求龍斷而登之以左右望而罔市利人皆以為賤故從而征之征商自此賤丈夫始矣

孟子釋龍斷之說如此治之謂治其爭訟左右望者欲得此而又取彼也罔謂罔羅取之也從而征之謂人惡其專利故就征其稅後世緣此遂征商人也○程子曰齊王所以處孟子者未為不可孟子亦非不肯為國人矜式者但齊王實非欲尊孟子乃欲以利誘之故孟子拒而不受

大全雙峯饒氏曰左右望是欲全得之萬一不得於此

此章無王命是主腦白文有欲爲王留行者爲王者白以其意爲王留也無論孟子不留即使孟子留渠于王那一頭也初未有安放其後必無收煞一場話欛眞是閒事故末節註以王不使子來而子自欲結之
晚村云不是責客以安賢

亦可得於彼不得於此是譬喩辭十萬得於彼是譬喩受萬○慶源輔氏曰文王關譏不征是三代之初皆如此○新安陳氏曰孟子有引喩以終之而不復說上正意者此章之類是也○齊王固不得待孟子之道尤爲不知孟子之心

○孟子去齊宿於晝

晝齊西南近邑也

有欲爲王留行者坐而言不應隱几而臥

隱憑也客坐而言孟子不應而臥也

客不悅曰弟子齊宿而後敢言夫子臥而不聽請勿復敢見矣曰坐我明語子昔者魯繆公無人乎子思之側則不能安子思泄柳申詳無人乎繆公之側則不能安其身

亦不是望王之聽客只是王無繆公使人之意則客非繆公左右之人旁觀作此周旋眞是沒要緊惟將君臣間須人左右之意發得十分激遊冷然見客固非其人也即謂客亦齊王親近之人然不能維持調護于未行則亦離人而不算人矣

齊宿齊戒越宿也繆公尊禮子思常使人候伺道達誠意於其側乃能安而留之也泄柳申詳子張之子也繆公尊之不如子思然二子義不苟容非有賢者在其君之左右維持調護之則亦不能安其身矣

或問泄柳申詳無人乎繆公之側則不能安其身二子之賢其心固如是乎曰非謂二子之心爲然也語其勢則然耳若二子之心如此則與世之回面汙行而事君側便嬖之人者何以異乎

大全慶源輔氏曰繆公好賢之切惟恐有不當其意者常使人道達誠意乃能安而留之泄柳嘗閉門以避繆公不苟合可見申詳見禮記與泄柳並稱其賢可知繆公待子思恐子思不察已之誠也二子非有賢者調護

謂王不使子來而子自欲
是孟子所以絕之之故

之則又恐君不察己之誠也德若子思則自有此應若只及得二子則自處又當如此不則苟容以狥君者也

子爲長者慮而不及子思子絕長者乎長者絕子乎

長者孟子自稱也言齊王不使子來而子自欲爲王留我是所以爲我謀者不及繆公留子思之事而先絕我也我之臥而不應豈爲先絕子乎

大全慶源輔氏曰孟子之自處不在子思之下故意或人之爲我謀不及繆公留子思之事也蓋有欲爲王留行者雖有愛賢之意而不知待賢者之禮故孟子告之如此○新安倪氏曰孟子之於齊齊王既不能如繆公之待子思固無以安孟子矣次焉而齊之羣臣又無賢者爲之維持調護孟子亦豈能安其身哉孟子之德無

總註濟時之本心在白文見王所欲上見惓匕之餘意在白文兩王庶幾改之上見一

媿子思齊王如繆公之待子思亦也故末又以不及子思爲言泄栁申詳之事姑引以言齊之無賢臣耳

○孟子去齊尹士語人曰不識王之不可以爲湯武則是不明也識其不可然且至則是干澤也千里而見王不遇故去三宿而後出晝是何濡滯也士則茲不悅

尹士齊人也干求也澤恩澤也濡滯遲留也

高子以告

高子亦齊人孟子弟子也

曰夫尹士惡知予哉千里而見王是予所欲也不遇故去豈予所欲哉予不得已也

見王欲以行道也今道不行故不得已而去非本欲如此也

安天下是孟子本意在已可必者也爲善是齊王本領在人不可必者也不先格君心而欲其用無論不用卽用豈能終哉無論不用以安天下卽用以安天下天下豈得安哉安天下本之王用王用本之爲善爲善必自孟子用之而亦必王先爲改之步步縮歸君身方見孟子仁天下之心不是策士伎倆○晚村

予三宿而出晝於予心猶以爲速王庶幾改之王如改諸則必反予

所改必指一事而言。然今不可考矣

夫出晝而王不予追也予然後浩然有歸志予雖然豈舍王哉王由足用爲善王如用予則豈徒齊民安天下之民舉安王庶幾改之予日望之

浩然如水之流不可止也楊氏曰齊王天資朴實如好勇好貨好色好世俗之樂皆以直告而不隱於孟子故足以爲善若乃其心不然而謬爲大言以欺人是人終不可與入堯舜之道矣何善之能爲

或問楊氏齊王猶足爲善之說尤有味且其發於夢寐者如此蓋可見其所存之正矣○孟子見齊王而有去

云泛張天下安夸辭與指陳形勢功利不但不切此悖仁義捄世之旨矣語語須從用齊做出安天下語語須從以王道用齊做出天下安愈切寔本領愈大

志矣而其去也則又曰王猶足用爲善何也曰齊王無湯武之姿此孟子所以有去志也然此當時之諸侯則猶有可取者而况孟子居齊之久又嘗有所啟發而增益於前者且其君臣之義亦畧定矣所以將去而不能無眷眷之情也

予豈若是小丈夫然哉諫於其君而不受則怒悻悻然見於其面去則窮日之力而後宿哉

悻悻怒意也窮盡也

尹士聞之曰士誠小人也

此章見聖賢行道濟時汲汲之本心愛君澤民惓惓之餘意李氏曰於此見君子憂則違之之情而荷蕢者所以爲果也

朱子曰孟子之稱孔子曰可以仕則仕可以止則止可以久則久可以速則速而孔子之自言曰無可無

精義伊川曰考槃之詩解者謂賢人永誓不復告君不復見君又自誓不詐而實如此也據此安得有賢者氣象孟子之於齊是甚君臣然其去未嘗不遲遲顧戀今此君才不用便躁忿如此是不可磯也乃知此詩解者之誤此詩是賢者退而窮處心不忘君怨慕之深者也君臣猶父子安得不怨故直至寤寐弗忘永陳其不得見君與告君又陳其此誠之不詐也

語類問孟子去齊處集注引李氏說憂則違之而荷蕢所以爲果如何曰孟子與荷蕢皆是憂則違之但荷蕢果於去不若孟子遲遲吾行葢得時行道者聖人之本心不遇而去者聖人之不得已此與孔子去魯之心同葢聖賢憂世濟時之心誠非若荷蕢之果於去也

不可又曰我待價者也今以夫子之事觀之則斯言皆非虛語矣孟子學孔子而得其傳焉其去齊之果而出晝之遲皆天理之自然而未嘗有毫髮私心也非知其所傳者何事則何足以語是哉

大全慶源輔氏曰集注本心謂其初本欲如此也餘意則後來不得已之意耳詳玩此兩句便可見聖賢之心千里見王王如用予豈特齊民安天下之民舉安此其行道濟時汲汲之本心三宿出晝王庶幾改之予日望之此其愛君澤民惓惓之餘意○南軒張氏曰齊王資雖鈍而不敏然異夫飾情矯非以自欺欺人者故孟子有望焉以爲王如用予天下舉安蓋其安天下之道已素定於胸中而其本則在於格君心故拳拳望王之改之也若夫諫而不用去則窮日而後宿者是私意所發其諫也固無誠意之感其去也又無忠厚之氣真小丈夫哉○新安陳氏曰孟子所歷如滕文雖慕道然國微弱道必難行其次如曾沮於臧倉又必不行大國齊梁

也梁惠不足與有行襄尤劣矣庶幾焉者其齊宣乎齊有易以安天下之勢孟子又有安天下之道王天資誠朴若可與有行者所以拳拳望之有不能自已焉於此終不遇合則孟子之道知其不行矣

○孟子去齊充虞路問曰夫子若有不豫色然前日虞聞諸夫子曰君子不怨天不尤人

路問於路中問也豫悅也尤過也此二句實孔子之言蓋孟子嘗稱之以教人耳

曰彼一時此一時也

彼前日此今日

大全新安陳氏曰前日言不怨尤之時與今日所遇之將不同

王者是有德有位之王者。名世是有德有業之名世。世字亦非一鄉一國之比。名字亦不輕，謂其積厚而流，如易所謂見龍在田天下文明者。此是以名世必王者謂其人德業聞望可名一時足以為王者師，不是王者既出而頼此人以為之佐然後為名世也。王者之必有，名世之必有，皆必之五百年之間，不是以王者必名世。○晚村云：三代以下一治一亂亦猶是也，然其治亂皆氣數上事，非聖賢道理上事，故漢唐以來君相但可稱英雄，不足當王者名世之選。名世

五百年必有王者興，其閒必有名世者。

自堯舜至湯，自湯至文武，皆五百餘年而聖人出。名世，謂其人德業聞望可名於一世者，為之輔佐，若臯陶、稷、契、伊尹、萊朱、太公望、散宜生之屬。

大全趙氏惪曰：堯在位九十八年，舜在位五十年，禹至桀十七王四百三十二年為商，是堯舜至湯共五百八十年。湯至紂三十王六百二十八年而周興。

由周而來，七百有餘歲矣，以其數則過矣，以其時考之則可矣。

周，謂文武之閒。數，謂五百年之期。時，謂亂極思治可以有為之日。於是而不得一有所為，此孟子所以不能無不豫也。

必孔孟程朱其人乃足以教導王者旋乾轉坤此非子房孔明之所幾況攀鱗附翼因人成事之輩乎若乘時賢能之君相何代蔑有以此當名世則不應三代後平治之運會反密且盛于三代也

夫天未欲平治天下也如欲平治天下當今之世舍我其誰也吾何爲不豫哉

言當此之時而使我不遇於齊是天未欲平治天下也然天意未可知而其具又在我我何爲不豫哉然則孟子雖若有不豫然者而實未嘗不豫也蓋聖賢憂世之志樂天之誠有並行而不悖者於此見矣

或問孟子旣曰憂天下之憂矣又曰何爲不豫何也曰或問文中子曰聖人有憂乎曰天下皆憂吾獨得不憂聖人有疑乎曰天下皆疑吾獨得不疑或人退文中子曰樂天知命吾何憂窮理盡性吾何疑若孟子不忘天下之憂而亦不害其樂天知命之樂其幾是乎

大全慶源輔氏曰不能無不豫憂世之志也實未嘗不

豫樂天之誠也憂樂自常情觀之則相反自聖賢言之則並行而不悖也○自五百年至則可矣觀之則孟子不能無不豫然也自夫天未欲平治以下觀之則孟子實未嘗不豫也○雙峯饒氏曰孟子到此亦未如之何所以只得歸之于天

○孟子去齊居休公孫丑問曰仕而不受祿古之道乎

休地名

精義橫渠曰古之人亦有仕而不受祿者仕者未嘗遽受其祿以觀可否在上者亦不欲便臣使之

或問張子之説如何曰禮有之曰仕而未有祿者君有饋焉曰獻使焉曰寡君違而君薨弗爲服也張子之言蓋取此爾○

曰非也於崇吾得見王退而有去志不欲變故不受也

崇亦地名孟子始見齊王必有所不合故有去志變謂變其去志

繼而有師命不可以請久於齊非我志也

師命師旅之命也國既被兵難請去也○孔氏曰仕而受祿禮也不受齊祿義也義之所在禮有時而變公孫丑欲以一端裁之不亦誤乎

大全南軒張氏曰孟子之去齊三宿出晝猶以爲速而謂初見已有去志久於齊非我志何也蓋孟子雖庶幾齊王之可與有爲而可去之幾未嘗不先覺也初見察王之情必有不能受者又以其質亦有可取故不受其祿姑留以觀其感悟與否也初志雖欲去而猶有望焉

豈徒爲苟留也哉此篇載孟子於齊始終去就久速之義甚備學者所宜深究也○慶源輔氏曰禮則有常義則有權如君命名不俟駕禮也有不名之臣便是義孔氏謂仕而受祿禮也不受齊祿義也說得自好○雙峯饒氏曰有見行可之仕有際可之仕有公養之仕孟子當時見王於崇便有不合處難於委質爲臣所以止爲際可之仕見行可者見道道理漸可行也孟子自崇既退之後未見其道之可行所以終於不受祿

四書或問語類大全合訂　孟子卷之五

滕文公章句上

凡五章

孔子不與人空言道理，但各就其人之資質學問示以切實下手工夫。而孟子告滕世子，務先與言性善。即是其所傳於子思之旨。先從天命之謂性說入，然後及戒愼恐懼之功夫是也。後來朱子解近思錄，亦必先之以求端，然後及其用力處，即是子思孟子教

滕文公爲世子，將之楚，過宋而見孟子。

世子，太子也。

孟子道性善，言必稱堯舜。

道，言也。性者，人所禀於天以生之理也。渾然至善，未嘗有惡。人與堯舜初無少異，但衆人汨於私欲而失之，堯舜則無私欲之蔽，而能充其性爾。故孟子與世子言，每道性善，而必稱堯舜以實之。欲其知仁義不假外求，聖人可學而至，而不懈於用力也。門人不能悉記其辭，而撮其大旨如此。程子曰：性即理也。天下之理，原其所自，

人法門盖緣當世頗多性惡性無善無不善許多邪說不似孔子時未有異論以惑之故必先爲人指示源頭大概然後知仁義不假外求聖人可學而至而不懈於用力也○道性善是主稱堯舜正見性之善性善言其理堯舜言其事若单與言堯舜之事則人憚於用力謂此即吾性分之本然而不假外求者也則必不懈於用力矣此正孟子反本尋源善於悚動世子處

朱子曰天之生此人如朝廷之命此官人之有此性如官之有此職朝廷所命

未有不善喜怒哀樂未發何嘗不善發而中節即無往而不善發不中節然後爲不善故凡言善惡皆先善而後惡言吉凶皆先吉而後凶言是非皆先是而後非

精義問人性本明因何得而蔽伊川先生曰此須索理會也孟子言人性善是也雖荀楊亦不知性孟子所以獨出諸儒者以能明性也性無不善而有不善者才也性即是理理則自堯舜至塗人一也才稟于氣氣有清濁稟其清者爲賢稟其濁者爲愚曰可變否曰可孔子謂上智與下愚不移然亦有可移之理惟自暴自棄者則不移也曰下愚所以自暴棄者才乎曰固是也然却道他不可移不得性只一般豈不可移却被他自暴自棄不肯去學故移不得使肯學時亦有可移之理

之職無非使之行法治民。豈有不善天之生此人無不與之以仁義禮智之理亦何嘗有不善但欲生此物必須有氣然後此物有以聚而成質而氣之爲物有清濁昏明之不同稟其清明之氣而無物欲之累則爲聖稟其清明而未純全則未免微有物欲之累而能克以去之則爲賢稟其昏濁之氣又爲物欲之所蔽而不能去則爲愚爲不肖是皆氣稟物欲之所爲而性之善未嘗不同也堯舜之生所受之性亦如是耳但以其氣稟清明自無物欲之蔽故爲堯舜初

或問孟子道性善而言必稱堯舜者何也曰性善者以理言之稱堯舜者質其事以實之所以互相發也其言蓋曰知性善則有以知堯舜之必可爲矣知堯舜之可爲則其於性善也信之益篤而守之益固矣曰夫子之言性與天道子貢猶有不得而聞者而孟子之言性善乃以語夫未嘗學問之人得無陵節之甚耶曰性命之理若究其所以然而論之則誠有不易言者若其大體之已然則學者固不可以不知也蓋必知此然後知天理人欲有賓主之分趨善從惡有順逆之殊董子所謂明於天性知自貴於物然後能知仁義知仁義然後重禮節重禮節然後安處善安處善然後樂循理程子所謂知性善以忠信爲本此先立其大者皆謂此也○曰

非有所增益於性分之外也故學者知性善則知堯舜之聖非是強爲識得堯舜做處則便識得性善規模樣子而凡吾日用之間所以去人欲復天理者皆吾分内當然之事其勢至順而無難此孟子所以首爲文公言之而又稱堯舜以實之也但當戰國之時聖學不明天下之人但知功利之可求而不知已性之本善聖賢之可學聞是說者非惟不信往往亦不復致疑於其間若文公則雖未能盡性而已能有所疑矣是其可與進善之萌芽也故孟子於其去而復

孟子之言性善非與惡對之善也特贊美之辭耳信乎曰此亦異乎吾所聞矣夫孟子性善之論至矣而荀楊韓氏或以爲惡或以爲混或以爲有三品最後釋氏者出然後復有無善無惡之論焉儒者雖習聞乎孟子之說然或未知性之所以爲性於是悅於彼說之高而反羞吾說爲不及則舉孟子之說以附焉而造爲是說以文之蓋推性於善惡之前而置孟子於異同之外自以爲得性之眞而有功於孟氏之門矣而不知其實陷於釋氏之餘直以精神魂魄至麤之質而論仁義禮智至微之理也且又不究秉彝之實德而指爲贊美之空言不察至善之本然而別立無對之虛位推而言之至以天理人欲爲同體特因其發之中節與否而後有善惡

來迎而謂之曰世子疑吾言乎而又告之曰夫道一而已矣蓋古今聖愚同此一性則天下固不容有二道但在篤信力行則天下之理雖有至難猶必可至況善爲人之所本有而爲之不難乎然或氣禀昏愚而物欲深固則其勢雖順且易亦須勇猛着力痛切加功然後可以復於其初故孟子又引商書之言曰若藥不瞑眩厥疾弗瘳若但悠悠似做不做則雖本至易而反爲至難矣此章之言雖甚簡約然其反覆曲折開曉學者最爲深切更宜熟讀深思反覆玩味

之名爲則亦勞力費辭而無復彷彿孟子之遺意矣備言吾不得從事於其門以質其說庶乎其有相長之益也。

語類孔子罕言性孟子見滕文公便道性善必稱堯舜恰似孟子告人躐等相似然他亦欲人先知得一箇本原則爲善必力去惡必勇今於義理須是見得了自然循理有不得不然若說我要做好事所謂這些意能得幾時子○問人未能便至堯舜而孟子言必稱之何也曰道性善與稱堯舜二句正相表裏蓋人之所以不至於堯舜者是他力量不至固無可奈何然人須當以堯舜爲法如射者之於的箭箭皆欲其中其不中者其技藝未精也人到得堯舜地位方做得一箇人無所欠闕

就日用間便着實下工夫始得。

然也只是本分事這便是止於至善○問孟子道性善忘却氣禀敢問氣禀是偶然否曰是偶然相值着非是有安排等待問天生聰明又似不偶然曰便是先來說主宰底一般忽生得箇人恁地便是要他出來作君作師書中多說聰明蓋一箇說白一箇說黑若不是聰明底如何過伏得他衆人所以中庸亦云惟天下至聖爲能聰明睿知足以有臨且莫說聖賢只如漢高祖光武唐憲宗武宗他更自了得○問注云惟堯舜爲能無物欲之蔽而充其性人蓋有恬於嗜欲而不能充其性者何故曰不蔽於彼則蔽於此不蔽於此則蔽於彼畢竟須有蔽處物欲亦有多少般如白日須是雲遮方不見若無雲豈應不見耶此等處緊要在性字上今且合思

量如何是性在我爲何物反求吾心有敬無敬能充不能充不必論堯如何舜又如何如此方是讀書○問孟子道性善章看來孟子言赤子將入井有怵惕惻隱之心此只就情上見亦只說得苛暫發見處如言孩提之童無不親其親亦只是就情上說得他人事初無預於已若要看得自已日用工夫惟程子所謂天下之理原其所自未有不善喜怒哀樂未發何嘗不善發而中節卽無往而不善發不中節然後不善此語最爲親切學者如此當於喜怒哀樂未發加持敬工夫於喜怒哀樂已發加省察工夫方爲切已日日不消分這箇是親切那箇是不親切如此則成兩截了蓋是四者未發時那怵惕惻隱與孩提愛親之心皆在裏面了少間發出來卽

是未發底物事靜也只是這物事動也只是這物事如孟子所說正要人於發動處見得是這物事蓋靜中有動者存動中有靜者存人但要動中見得靜靜中見得動若說動時見得是一般物事靜時又見得別是一般物事靜時見得是這般物事動時又見得不是這般物事沒這說話蓋動時見得是這物事即是靜時所養底物事靜時若存守得這物事則日用流行即是這物事而今學者且要識得動靜只是一箇物事

性圖

惡　惡不可謂從善中直下來只是不能善則偏於一邊為惡

性善　性無善　發而中節無往不善

不善

大全新安陳氏曰四端章雖言性情之理而性字未說

王子合問孟子言性善一章伊川謂性之本又謂極本窮源之性明道則謂人

出性字始見於此而詳見告子盡心篇充其性即擴而充之之充○朱子曰伊川謂性即理也一句直自孔子後惟伊川說得盡這一句便是千萬世說性之根基理是箇公共底物事不解會不善人做不是自是失了性却不是壞了著脩又曰未發之前氣不用事所以有善而無惡○問性善之性與堯舜性之之性如何曰性善之性實性之之性虛性之只是合下稟得自下便將來受用○性善故人皆可爲堯舜必稱堯舜所以驗性善之實○問孟子道性善蓋謂性無有不善也明道乃以爲善固性也然惡亦不可不謂之性其義如何潛室陳氏曰纔識氣質之性即善惡方各有著落不然則惡從何處生以孟子說未備故程門發此義孟子專說義理

生而靜以上不容說纔說性時便已不是性凡人說性只是說繼之者善也伊川以爲本而明道言其繼何也朱子曰人生而靜靜者固是性然只有生字便帶却氣質了但生字以上又不容說盖此道理未有形見處故今纔說性便須帶着氣質無能懸空說得性者繼之者善本是說造化發育之功明道此處却是就人性發用處說如孟子所謂乃若其情則可以爲善之類是也伊川所言極本窮源之性乃是對氣質之性而言言其氣質雖善惡不同然極本窮源而

之性則惡無所歸是論性不論氣孟子之說爲未備專說氣稟則善爲無別是論氣不論性諸子之論所以不明夫本也程子兼氣質論性○雲峰胡氏曰孔子亦嘗說性善曰繼之者善成之者性但善字從造化發育處說不從人生稟受處說子思曰天命之謂性率性之謂道正是從源頭說性之本善但不露出一善字性善之論自孟子始發之集註釋性者人稟於天以生之理也此一句便闢倒告子所謂生之謂性蓋生不是性生之理是性天地間豈有不好底道理故曰渾然至善未嘗有惡古今只是一箇道理故曰人與堯舜初無少異孟子道性善言其理也稱堯舜以實之言其事也天下無理外之事能爲堯舜所爲之事便是不失吾所得以生

論則性未嘗不善也

之理然而人不能皆堯舜者氣質之拘物欲之蔽也集
註言物欲不言氣質蓋以孟子不曾說到氣拘之性故
但據孟子之意言之程子曰性善二字孟子擴前聖之
所未發而有功於聖門愚亦敢曰性卽理也一句程子
擴前聖所未發而有功於孟子○新安陳氏曰性善是
虛說其理稱堯舜是指能盡性之人以實其說如朱子
著小學書列立教明倫於前盡是說其理列實立教實
明倫於後並是實有是人實有是事以實前面之說此
之謂實之何以驗人性之善哉觀堯舜能盡其性而爲
大聖人則可以知同有是性者之皆可以爲聖人而不
懈於學聖人矣所以言性善而必稱堯舜以實之歟○
張氏須曰孟子言性善所謂天地之性也斯言也實傳

晩村云世子復來見孟子坐處未定不曾開口舉似從何見他疑處劈頭一句喝破直令世子汗流下屁此是孟子知言窮理盡物之情當下箭机迅利處又云道一非人一也人如何一得堯與舜便不同矣

子思天命謂性之言子思指天所賦而人受之者爲言合理氣而言也孟子指民受天地之中者爲言專指理而言也孔子言性相近以形體之已具者言孟子之言性善以爲形體之初者言也皆一理也然則氣質之性孟子所不言乎曰形色天性曰動心忍性曰君子不謂性皆指氣質之性也

世子自楚反復見孟子孟子曰世子疑吾言乎夫道一而已矣

蒔人不知性之本善而以聖賢爲不可企及故世子於孟子之言不能無疑而復來求見蓋恐別有卑近易行之說也孟子知之故但告之如此以明古今聖愚本同一性前言已盡無復有他說也

或問世子疑孟子之言而孟子不之拒何也曰孟子之言非當時之所常聞也故聞者非徒不知信也而亦莫之疑也是其漠然如飄風之過耳亦不可復蹤其思繹而信從矣世子復來則豈其思之未得而不舍於心與故孟子之言雖若怪之實則喜其能思而將有以進乎此也

語類孟子初見滕世子想是見其資質好遂即其本原一切為他啓廸了世子若是負荷得時便只是如此了及其復見孟子孟子見其領畧未得更不說了只是發他志但得於此勉之亦可以至彼若更說便漏逗了當時啓廸之言想見甚好惜其不全記不得一觀○程子說才與孟子說才自不同然不相妨須是子細看始得

晚村云此節總爲世子决道一之無疑一邊打破疑團一邊便鞭策篤信力行以見人皆可爲處只引証三段不下一指點語而指點已在言外。

大全雲峰胡氏曰按饒氏謂道一而已矣與性一而已矣不同性以所稟言之道以所由言之集註此處說得性字稍重。愚謂集註不曰同一道而曰同一性者蓋推本而言根自上文性善說來性之外他無所謂道同此性即同此道又何疑焉。

成覵謂齊景公曰彼丈夫也我丈夫也吾何畏彼哉顏淵曰舜何人也予何人也有爲者亦若是公明儀曰文王我師也周公豈欺我哉

成覵人姓名彼謂聖賢也有爲者亦若是言人能有爲則皆如舜也公明姓儀名魯賢人也文王我師也蓋周公之言公明儀亦以文王爲必可師故誦周公之言而歎其不我欺也孟子既告世子以道無二致而復引此

三言以明之欲世子篤信力行以師聖賢不當復求他説也

精義問顏子勇乎曰孰勇于顏子觀其言曰舜何人也予何人也有爲者亦若是孰勇于顏子如有若無實若虛犯而不校之類抑可謂大勇者矣

語類問三子之事成覸則若參較彼已顏子則知聖人學之必可至公明儀則篤信好學者也三者雖有淺深要之皆是尚志曰也畧有箇淺深恁地看文字且須看他大意又曰大抵看文字不恁地子細分別出來又却鶻突到恁地細碎分別得出來不曾看得大節目處又只是在落草處尋道夫曰這般緊要節目其初在道性善其中在夫道一而已矣其終在若藥不瞑眩厥疾弗

大全朱子此條其上尚有數句云近看孟子見人即道性善稱堯舜此是第一義若於此看得透信得及直下便是聖賢更無一毫人欲之私做得病痛若信不及孟子又說箇第二節工夫又只引成覸顔淵公明儀三段說話云云

瘳曰然

大全朱子曰孟子引三段說話教人如此發憤勇猛向前日用之間不得存留一毫人欲之私在這裏此外更無别法若於此有箇奮迅興起處方有田地可下工夫不然則是畫脂鏤氷無眞實得力處○雲峰胡氏曰性之本善堯舜無異於人行之不力人自異於堯舜

今滕絶長補短將五十里也猶可以爲善國書曰若藥不瞑眩厥疾不瘳

絶猶截也書商書說命篇瞑眩憒亂言滕國雖小猶足爲治但恐安於卑近不能自克則不足以去惡而爲善也○愚按孟子之言性善始見於此而詳具於告子之篇然默識而旁通之則七篇之中無非此理其所以擴

前聖之未發而有功於聖人之門程子之言信矣

語類問滕世子從孟子言何故後來不濟事曰亦是信不篤如自楚反復問孟子孟子已知之曰世子疑吾言乎則是知性不的他當時地步狹本難做又識見卑未嘗立定得志且如許行之術至淺下且延之舉此可見

○或問孟子初教滕文公如此似好後來只恁休了是如何曰滕國小絶長補短止五十里不過如今一鄉然孟子與他說時也只說猶可以爲善國而已終不成以所告齊梁之君者告之兼又不多時便爲宋所滅因言程先生說孔子爲乘田則爲乘田爲委吏則爲委吏爲司寇則爲司寇無不可者至孟子則必得賓師之位方能行道此便是他能大而不能小處惟聖人則無不遍

此章親喪固所自盡何足主沮之自在人而盡之却在己雖孟子開諭之切定感文公使不他求而文公更感形者使之大悅畢竟其自盡處在自己不在他

大小方圓無所不可

大全朱子曰人要爲聖賢須是猛起如服瞑眩之藥以除深痼之疾直是不可悠悠○勉齋黃氏曰歷引三人之言所以釋滕文之疑終以藥瞑眩所以厲其志○雙峰饒氏曰前面文公再去見孟子時是疑其資禀凡下不可以爲堯舜故孟子以成覸以下三說答之末後孟子恐文公又自疑其土地狹小故以瞑眩之說告之文公後來也能問喪禮問經界亦足見其有爲處

○滕定公薨世子謂然友曰昔者孟子嘗與我言於宋於心終不忘今也不幸至於大故吾欲使子問於孟子然後行事

定公文公父也然友世子之傅也大故大喪也事謂喪

人此亦足以驗天理之在人心而聖賢之言果不爲迂濶也惜乎文公之自盡僅見於親喪而其他非所學校未有究竟何哉

禮

然友之鄒問於孟子孟子曰不亦善乎親喪固所自盡也曾子曰生事之以禮死葬之以禮祭之以禮可謂孝矣諸侯之禮吾未之學也雖然吾嘗聞之矣三年之喪齊疏之服飦粥之食自天子達於庶人三代共之

當時諸侯不能行古喪禮而文公獨能以此爲問故孟子善之又言父母之喪固人子之心所自盡者蓋悲哀之情痛疾之意非自外至宜乎文公於此有所不能自已也但所引曾子之言本孔子告樊遲者豈曾子嘗誦之以告其門人歟三年之喪者子生三年然後免於父母之懷故父母之喪必以三年也齊衣下縫也不緝曰斬衰緝之曰齊衰疏麤也麤布也飦糜也喪禮三日始

若大本大經差何足以爲
孟子考論制度不無疏濶
固不害其義理之正也

食粥既葬乃疏食此古今貴賤通行之禮也

或問三年之喪何也曰人子之心無窮也聖人以爲子生三年而後免於父母之懷也故爲之立中制節使賢者不得過不肖者不得不及也齊疏之服飦粥之食何也曰服美不安而食旨不甘也其爲大本大經何也曰自盡其心者喪禮之大本也三年齊疏飦粥喪禮之大經也孟子生於戰國分爭之際不得見先王之全經矣然其學得孔門之正傳而於文武之道則旣識其大者故其考論制度雖若疏濶有如張子之所病者而於大本大經之際則毫釐之閒有不可得而亂者以是爲主而酌乎人情世變以文之則禮雖先王未之有者亦可以義起矣後世議禮者不明乎此故常以其節文度數

之小不備而不敢爲卒以就乎大不備而後已此劉向所以深歎之也然無孟子之學而強欲爲之如叔孫通曹褒之流是又不免乎私意之鑿而已矣

語類今欲處世事於陵夷之後乃一向討論典故亦果何益孟子於滕文公乃云諸侯之禮吾未之學便說與齊疏之服飦粥之食哭泣盡哀大綱先正了

大全記喪大記君之喪子大夫公子衆士皆三日不食子大夫公子食粥士疏食水飲夫人世婦諸妻皆疏食水飲大夫之喪主人室老子姓皆食粥衆士疏食水飲室老其貴臣也衆士謂衆臣妻妾疏食水飲士亦如之既葬主人疏食水飲不食菜果婦人亦如之君大夫士一也練而食菜果祥而食肉◎趙氏曰自天子達於庶

人是無貴賤之別三代共之是無古今之異

然友反命定爲三年之喪父兄百官皆不欲曰吾宗國魯先君莫之行吾先君亦莫之行也至於子之身而反之不可且志曰喪祭從先祖曰吾有所受之也

父兄同姓老臣也滕與魯俱文王之後而魯祖周公爲長兄弟宗之故滕謂魯爲宗國也然謂二國不行三年之喪者乃其後世之失非周公之法本然也志記也引志之言而釋其意以爲所以如此者蓋爲上世以來有所傳受雖或不同不可改也然志所言本謂先王之世舊俗所傳禮文小異而可以通行者耳不謂後世失禮之甚者也。

語類古宗法如周公兄弟之爲諸侯者則皆以魯國爲

反而責己便是能自盡之
根此正是他不他求處

宗至戰國時滕猶稱爵爲宗國也
大全趙氏曰文王之子周公旦子伯禽封於魯文
王子錯叔綉武王庶弟封於滕侯爵○南軒張氏曰考
滕世子問孟子之辭則三年之喪其廢也久矣其在周
之末世乎故曰吾宗國魯先君莫之行吾先君亦莫之
行也又曰喪祭從先祖吾有所受之也然則其廢也久
矣世之治亂此豈非其根柢耶
謂然友曰吾他日未嘗學問好馳馬試劒今也父兄百官
不我足也恐其不能盡於大事子爲我問孟子然友復之
鄒問孟子孟子曰然不可以他求者也孔子曰君薨聽於
冢宰歠粥面深墨即位而哭百官有司莫敢不哀先之也
上有好者下必有甚焉者矣君子之德風也小人之德草

也章首之風必偃是在世子

不我足謂不以我滿足其意也然者然其不我足之言不可他求者言當責之於己冢宰六卿之長也歠飲也深墨甚黑色也即就也尚加也論語作上古字通也偃伏也孟子言但在世子自盡其哀而已

大全慶源輔氏曰當責之於己是應前面因所自盡之說在世子自盡其哀是應上句不可他求之意○雙峰饒氏曰君薨君字統天子諸侯而言聽於冢宰是國家政事皆聽命於冢宰非聽政聽訟之謂

然友反命世子曰然是誠在我五月居廬未有命戒百官族人可謂曰知及至葬四方來觀之顔色之戚哭泣之哀弔者大悅

諸侯五月而葬未葬居倚廬於中門之外居喪不言故未有命令教戒也可謂曰知疑有闕誤或曰皆謂世子之知禮也○林氏曰孟子之時喪禮既壞然三年之喪惻隱之心痛疾之意出於人心之所固有者初未嘗亡也唯其溺於流俗之弊是以喪其良心而不自知耳文公見孟子而聞性善堯舜之說則固有以啓發其良心矣是以至此而哀痛之誠心發焉及其父兄百官皆不欲行則亦反躬自責悼其前行之不足以取信而不敢有非其父兄百官之心雖其資質有過人者而學問之力亦不可誣也及其斷然行之而遠近見聞無不悦服則以人心之所同然者自我發之而彼之心悦誠服亦有所不期然而然者人性之善豈不信哉

精義尹曰聖賢之道繫于行與不行人之聞道在于信與不信滕文公信孟子其效若此而孟子轍環天下卒無所遇悲夫

【大全】左傳隱公元年天子七月而葬同軌畢至言同軌以別四夷之國諸侯五月同盟至同在方嶽之盟大夫三月同位至士踰月外姻至此言赴弔各以遠近爲差因爲葬節○禮記喪大記父母之喪居倚廬不塗寢苫枕塊非喪事不言○慶源輔氏曰可當作皆如作可不成文理○西山真氏曰三年之喪自唐虞三代未有改者春秋之世此禮廢墜於是宰予欲短喪而孔子責其不仁子思亦謂自期以下貴賤有殊父母之喪則一而已方滕文用孟子言欲行此禮父兄百官譁然爭之及

井田學校是王道大規模孟子生平所學在此已爲齊梁之君言之此章更爲滕文言之須知不是苟且因襲是孟子從天理人情中一一折衷盡善于井田則不取夏周而取商之助于學校則兼用夏商周之庠序學校此正如孔子與顏子論爲邦而舉四代之禮樂皆是從歷代中折衷盡善非僅止爲周作周旋

遵衆而行又以爲知禮何耶蓋以爲不可行者蹈常襲故之個見而以爲知禮者秉彝好德之良心也世降教失雖以東魯文獻之邦有不能行何怪於滕之父兄乎然文公一以身先之則惕然而悟天理之在人心者固不可泯也

○滕文公問爲國

文公以禮聘孟子故孟子至滕而文公問之

大全慶源輔氏曰前云使然友問後云使畢戰問但此云滕文公問則知是文公親問孟子也蓋文公既即位固不得越國往見孟子此必是以禮聘孟子至滕而文公問之也

孟子曰民事不可緩也詩云晝爾于茅宵爾索綯亟其乘

也須知周末井田廢不特商之助是隔朝氏事寖闕不行併本朝之徹已在慢經界之後久不行了今爲折衷古法不但欲其復周舊制索性折衷盡善欲他行助此是在天理上折衷不必爲衰周强作周旋也井田如此學校亦然周國學之外鄉學只有庠而孟子教以兼設三代之學亦是折衷古法而舉其長不是欲滕僅遵周一代之制也孔子折衷四代之禮樂孟子折衷三代之井田學校正是一樣心眼一副手段故程朱力主戰國之末衰周已不足復爲而凡孟

屋其始播百穀

民事謂農事詩豳風七月之篇于往取也綯絞也亟急也乘升也播布也言農事至重人君不可以爲緩而忽之故引詩言治屋之急如此者蓋以來春將復始播百穀而不暇爲此也

大全慶源輔氏曰詩言民之趨於農功自然如此其亟孟子引之以證民事不可緩之說然熟玩之便見得民事眞不可緩之意人君者若能眞知民事之不可緩則於爲國也思過半矣

民之爲道也有恒產者有恒心無恒產者無恒心苟無恒心放辟邪侈無不爲已及陷乎罪然後從而刑之是罔民也焉有仁人在位罔民而可爲也

子所陳之王道皆是從天理人情折衷盡善非僅有周一代之制度也○井田學校自是王道大綱目自是孟子大本領缺一不可而章內詳于井田而略言學校亦因井田關于民事尤急不行井田則學校亦無因興起故曰民事者農事也○民事二字近則農功遠而制産取民井田學校通章都是而註只解作農事者先所急也觀下緊接引豳詩可見
禮下即接下制祿取民有制即接下分田井田學校托根于此句二者自是不可偏廢說者因爲上節從

是故賢君必恭儉禮下取於民有制

恭則能以禮接下儉則能取民以制

大全趙氏曰禮下所以開世祿及學校之事也取民以制所以開制民常産及貢助徹之法也

陽虎曰爲富不仁矣爲仁不富矣

陽虎陽貨魯季氏家臣也天理人欲不容並立虎之言此恐爲仁之害於富也孟子引之恐爲富之害於仁也君子小人每相反而已矣

大全慶源輔氏曰先儒多以爲孟子不以人廢言集註則以爲言雖同而所取各異其說尤的當

夏后氏五十而貢殷人七十而助周人百畝而徹其實皆什一也徹者徹也助者藉也

制產說下遂謂當側重取民有制不知二事各有寔義不可拋荒也晚村云恭儉各有義自應平置雖曰養賢爲民然分田制祿兩者並重故又曰無君子莫治野人無野人莫養君子可互明不可側折也如云賢君欲使而取民有制必先恭以禮下行之則太支離矣

晚村云三代授田多寡之數不同耕斂賦稅之法亦異但是取于民者其寔同是十一寔字對數與法言不與名字對要之三代數法之異本是理勢不得不變非謂更姓開國必改易

此以下乃言制民常產與其取之之制也夏時一夫受田五十畝而每夫計其五畝之入以爲貢商人始爲井田之制以六百三十畝之地畫爲九區區七十畝中爲公田其外八家各授一區但借其力以助耕公田而不復稅其私田周時一夫授田百畝鄉遂用貢法十夫有溝都鄙用助法八家同井耕則通力而作收則計畝而分故謂之徹其實皆什一者貢法固以十分之一爲常數惟助法乃是九一而商制不可考周制則公田百畝中以二十畝爲廬舍一夫所耕公田實計十畝通私田百畝爲十一分而取其一蓋又輕於十一矣竊料商制亦當似此而以十四畝爲廬舍一夫實耕公田七畝是亦不過什一也 徹通也均也藉借也

名號以新耳目也此皆後世私心議論最害道。徹者二句不是詳述制作只是疏解名義然名義正要從制作中疏解出來其呆板塡砌不得者也二字神理者固非虛描者也字却打成兩橛意外膠枯者亦謬。貢是十分內取一助徹除却廬舍是十分之外取一故曰皆什一

行井田是孟子本旨今舉三代取民之制除了貢不是井田非孟子之所欲行商之助周之徹皆是井田須知助與徹之所以同又須知助與徹之所以異然後知孟子之折衷而務于

或問所言井地之法以周禮諸說考之亦有未悉合者何也曰吾於前章固已論之矣大抵孟子之言雖曰推本三代之遺制然常舉其大而不必盡於其細也師其意而不必泥於其文也蓋其疏通簡易自成一家乃經綸之活法而豈苟儒曲士牽制文義者之所能知哉曰三代授田之多少不同何也曰張子嘗言之矣陳氏涂氏亦有說焉然皆若有可疑者蓋田制既定則其溝涂畛域亦必有一定而不可易者今以易代更制每有增加則其勞民動衆廢壞已成之業使民不得服先疇之田畝其煩擾亦已甚矣不知孟子之言其所以若此者果何耶陳氏曰夏時洪水方平可耕之地少至商而浸廣及周而大備也徐氏曰古者民貲用約故田少而用

野外請助國中請貢之歟蓋助與徹之所同者井田之形體公田私田之名其所異者形體雖同而七十百畝之畝數則異十四畝二十畝之廬舍亦異公田私田之名雖同而助之公田自公田私田自私田徹則公田亦雜在私田中其制亦與其耕法助則八家各私七十畝各耕各的其公田各出力各耕七畝八家共耕五十六畝猶私自私而公自公也徹則八家合耕八百八十畝不分孰爲公田孰爲私田更不分孰爲此家之私田彼家之私田孰爲此家私田中帶

足後世彌文而用廣故受田之制亦隨時而加焉

［訓］語類其嘗疑孟子所謂夏后氏五十而貢殷人七十而助周人百畝而徹恐不解如此先王疆理天下之初做許多畎溝澮洫之類大段費人力了若自五十而增爲七十自七十而增爲百畝則田間許多疆理都合更改恐無是理孟子當時未必親見只是傳聞如此恐亦難盡信也○禮記正義引劉氏皇氏之說正是獃人說話蓋田地一方溝洫廬舍成之亦難自五十里而改爲七十里既是七十里却改爲百里便都着那趲動此擾亂之道如此則非三代舊制乃王莽之制矣○王莽之封國制某地屬某國至於淮陽太守無民可治來歸京師此尤可笑正義引劉氏皇氏熊氏說皆是臆度迂僻之

耕之公田孰爲彼家私田
十藩耕之公田所謂耕則
通力合作也則公田亦攤
在私田之中矣其斂法助
則八家各私七十畝各收
各的其公田既藉八家之
力共耕其收成但取之公
田之中多少惟其地之所
出而不更征其私田亦秋
自私而公自公也徹則八
家合收八百八十畝之入
分爲八十八分八家各得
十分以八分上之官家所
謂收則計畝均分也則公
田之稅亦攤在私田之中
矣比助法但藉其力而不
征其稅者又不同周人所
以如此變通商助者非爲

甚

大全周禮夏官司徒遂人凡治野夫間有遂遂上有徑
十夫有溝溝上有畛百夫有洫洫上有涂千夫有澮澮
上有道萬夫有川川上有路以達於畿○周禮冬官考
工記匠人爲溝洫九夫爲井井間廣四尺深四尺謂之
溝方十里爲成成間廣八尺深八尺謂之洫方百里爲
同同間廣二尋深二仞謂之澮○趙氏惠曰鄉遂之地
在國中遂人所職是也都鄙之地在野外周禮匠人所
職是也大司徒之職令五家爲比使之相保五比爲閭
使之相受四閭爲族使之相葬五族爲黨使之相救五
黨爲州使之相賙五州爲鄉使之相賓是一萬二千五
百家爲鄉也遂人掌六遂猶司徒之六鄉遂人以土地

初得天下更改制度以新天下之耳目也必是助法日久弊生人情盡力於其私田而于公田所耕容有不盡力處其所收入容有不如其私田之所入者周先王稔知其情以為不如變其耕法斂法使之通力合作計畝均分則八家彼此相形自然無所容其偷怠其所收入豐歉各得均勻亦無此多彼少之事也到得後來春秋時已自履畝加稅征其公而更征其私則已變什一而取什二到戰國時暴君汙吏慢其經界商之助法固是有周開國之初已不行了所周

之圖經田野造縣鄙形體之法五家為鄰五鄰為里四里為酇五酇為鄙五鄙為縣五縣為遂朱子所謂以五起數者亦是一萬二千五百家為遂也皆有地域溝樹之所謂鄉遂也遂人治野夫間有遂遂廣深各二尺凡一夫所受之田間必有遂故曰夫間有遂遂上有徑徑之廣可容牛馬行亦所以通行於國都也十夫為溝十夫千畝之田也溝之深廣倍於遂溝上有畛畛之廣可容大車百夫有洫百夫萬畝之田也洫之廣倍於溝洫上有涂涂之廣可容乘車一軌千夫有澮千夫十萬畝之田也川所以受溝洫澮之水川上有路路之廣可容車三軌以達於畿畿亦遂之境也每百夫之田為一經界十夫之田同一遂百夫之遂凡十而皆有溝溝有九而皆橫百

之徹法亦寖壞不行矣孟子于井田蕩廢之餘折衷取民善法也不論遵周不遵周只要折衷盡善如孔子之折衷四代禮樂者于是各舉三代之制貢法在所不取而所取者助與徹又于助徹之中而更注意于助蓋較量于助與徹之中以爲徵取其稅猶不能無追呼收斂之煩不如商之助而不稅多寡但取之公田者尤爲至公無私也其有不盡力于公田者自是後世奉行之不善鼓舞之不得其法耳非其助不如徹而徹爲更勝于助也故曰治地莫善于助請野

夫之田萬畝外其洫直千夫之田十萬畝外其澮横此鄉遂之大畧也小司徒乃經土田而井牧其田野九夫爲井四井爲邑四邑爲丘四丘爲甸四甸爲縣四縣爲都朱子所謂以四起數者此乃造都鄙采地制井田異於鄉遂重立國小司徒爲經之每丘之地縱横各三溝四丘之田爲一甸十字中爲四洫冬官考工記匠人爲溝洫此畿内采地制井田異於鄉遂故匠人以一井至一同言之則以開方之法而言遂人以一夫至萬夫言之則以車連屬而言也○奉新陰氏焴曰鄉遂在近郊遠郊之間平原曠野可畫爲萬夫之井故有溝洫途路都鄙謂甸稍縣都包山林陵麓在内難用溝洫齊整分畫但逐處畫爲井田○朱子曰此亦不可詳知但因路

九一而助。他日又曰耕者助而不稅。蓋孟子之意于助徹中。尤注意于助無疑也。但助法亦有行不去者。如國中之田不能成井。則兼貢法行之。此是孟子自以己意折衷。非周人徹法本如此行。而孟子但欲其舉行故專也。故重其辭曰。請已之云者。從前未如此行。今特請行之也。請野九一而助。分明說助。未嘗曰九一而徹也。而集註以爲周所謂徹法。蓋如此者。謂周之徹法亦如此兼貢而濟其窮。如所請行之助法須兼貢以濟其窮也。孟子所主自在行助。不是驕

陽議論中通徹而耕之說推之耳。或但耕則通力而耕收則各得其畝。亦未可知也

龍子曰治地莫善於助莫不善於貢貢者校數歲之中以爲常樂歲粒米狼戾多取之而不爲虐則寡取之凶年糞其田而不足則必取盈焉爲民父母使民盻盻然將終歲勤動不得以養其父母又稱貸而益之使老稚轉乎溝壑惡在其爲民父母也

龍子古賢人。狼戾猶狼藉。言多也。糞擁也。盈滿也。盻恨視也。勤動勞苦也。稱舉也。貸借也。取物於人而出息以償之也。益之以足取盈之數也。稚幼子也。

或問貢法大禹之遺制。而其不善若此何也。曰蘇氏林氏嘗言之矣。蘇氏曰作法必始於粗。終於精。古之不爲

墻兩可既要他行助又要
他行徹也後面所言井田
形體之制亦是商之助法
不是商之徹法曰其中為
公田八家皆私百畝同養
公田指商之助法中公外
私先公後私言也若周之
徹法則公田擲在私田中
通力合作更無中外先後
之可分矣而集註又謂乃
周之助法云者商之助是
非六百三十畝周之徹是
井九百畝其授田之數則
取之周其耕法斂法則取
之助合而言之則謂之周
之助法可也此節亦是孟
子意中周之助法如此非
謂通力合作計畝均分之

此非不知也勢未及也方其未有貢也以貢為善矣及
其既貢而後知其有不善也林氏曰禹貢之法九州之
賦有錯出於他等者不以為歲之常數又因遊豫則覘
其豐凶而補助之周制鄉遂用貢法亦有司稼之官巡
野觀稼視年之上下以出斂法則其弊未至如龍子之
言乃當時諸侯用貢法之弊耳
大全雙峰饒氏曰稱貸而益之如常年五石納官凶年
折了只納四石而公家必取盈五石之數則又貸他人
一石來湊納以足其數此所以見貢法之害○董氏彝
曰夏后氏五十而貢孟子與殷助周徹並言又引龍子
之說謂莫不善於貢禹貢之法在當世則為善在後世
則為弊非法之過也人為之弊耳後世欲賦於民者必

先之以唐虞命官之意，而後禹貢之法可行。得人而用則爲良，不得人而用則爲弊。

夫世祿滕固行之矣

孟子嘗言文王治岐，耕者九一，仕者世祿，二者王政之本也。今世祿滕已行之，惟助法未行，故取於民者無制耳。蓋世祿者授之土田，使之食其公田之入，實與助法相爲表裏，所以使君子野人各有定業而上下相安者也，故下文遂言助法。

語類：世祿是食公田之入。問：鄰長比長之屬有祿否？曰：恐未必有。問：士者之學如何？曰：亦農隙而學。孰與教之？曰：鄉大夫有德行而致其仕者俾教之。

詩云：雨我公田，遂及我私。惟助爲有公田。由此觀之，雖周

徹有如此中公外私、先公後私之別也。

自五十而增爲七十，五十而貢，原未井授也，其增也易；自七十而增爲百畝，七十而助，田已井矣，則須是改其經界。此或問語類之所以不能無疑也。照陳氏徐氏說，則是眞個加來；照或問語類說，似是未曾加，或是周之于商，其尺數以商之七寸當周之一尺，則周之百畝即商之七十畝也。然朱子本無定說，今宜只照白文解之。

此節宜玩孟子口中一惟字。惟之爲言獨也。貢不井

授田無公田徹雖井授而其公田之耕法斂法通同攤在八家私田中亦無公田惟助中公外私公自公私自私故曰惟助爲有公田今照周詩看來曰公田曰我私似亦公自公私自私由此觀之雖周之徹通力合作計畝均分不論公田不公田而其實亦是八家出力各助耕公田十畝雖均分其稅究竟亦是取其助力而不是取其私稅也夫徹之好處亦在得助之遺意則助之莫善可知矣言下仍歸重治地莫善於助上便爲後文請野九一而助張本不是謂徹亦

亦助也

詩小雅大田之篇雨降雨也言願天雨於公田而遂及私田先公而後私也當時助法盡廢典籍不存惟有此詩可見周亦用助故引之也

語類 孟子只把雨我公田證周亦有公田讀書亦不須究盡細微因論永嘉之學於制度名物上致詳

大全 朱子曰考之周禮行助法處有公田行貢法處無公田孟子也不曾見周禮只據詩裏說用詩意帶將去後面說鄉田同井出入相友守望相助疾病相扶持井九百畝其中爲公田八家皆私百畝同養公田說井田只說得這幾句是多少好這也是大原大本處却不理會細碎

是助行徹無異於行助也至有謂生周之世改徹即叛周故為此員融之説者是不知孟子已自明目張胆引莫善於助又自説請野九一而助何用如此虛作周旋也○晚村云一田兩名故一雨兩祝詩人絕妙之辭也雖周亦助則是孟子説詩到絕妙處

此是教他兼設庠序學校四者亦是折衷三代之學制而兼其全也以教之之字即指上井田之民既有以遂其生必有以復其性言養必及教乃是王道之全而井田不復則學校亦無幾此孟子所以先言教

設為庠序學校以教之庠者養也校者教也序者射也夏曰校殷曰序周曰庠學則三代共之皆所以明人倫也人倫明於上小民親於下

庠以養老為義校以教民為義序以習射為義皆鄉學也學國學也共之無異名也倫序也父子有親君臣有義夫婦有別長幼有序朋友有信此人之大倫也庠序學校皆以明此而已

精義伊川曰孟子論三代之學其名與王制所記不同恐漢儒所記未必是也

或問先王之學教民其效如此後世學校因未嘗廢而獨未覩其效何耶曰先王之學以明人倫為本故自其咏歌弦誦之間洒掃應對之際所以漸摩誘掖勸勵作

必在言養之後。詳於養而略於教者，先後之序也。學則明字，只對上鄉學言，不對其他制度。此句亦只舉其名，到皆所以句，乃兼上文鄉學國學而言其義。明於上，指設教而設教又歸本躬行。親於下，是民自相親，非親於上也。

成之者，無非有以養其愛親敬長之心，而教之以修己治人之術。是以當是之時，百姓親睦，風俗淳厚，而聖賢出焉。後世學校雖存，而不復此意，所以教之者不過趨時干祿之技，而其所以勸勉程督之者，又適所以作其躁競無恥之心。雖有長材美質，可與入於聖賢之域者，亦往往反爲俗學頹風驅誘破壞，而不得有所成就，尚何望其能致化民成俗之效，如先王之時哉。先生君子蓋有憂之，故程夫子兄弟皆常建言，欲以漸變流俗之謬，而復於先王之意，顧皆屈於俗儒之陋說而不得有所施行也。後之君子，有能深考其說而申明之，其亦庶幾矣乎。

大全慶源輔氏曰：鄉學有異名，國學無異名。然其明人倫以教之之事則同也○雙峰饒氏曰孟子教時君行仁政只是教與養兩事井田以養之學校以教之告齊王滕文皆如此小民親於下者蓋百姓不親五品不遜所以教以人倫使之君與臣自相親父與子自相親長與幼自相親非尊君親上之親○問夫婦有別如何相親曰夫婦無別則相瀆瀆便相離了○趙氏惪曰王制有虞氏養國老於上庠養庶老於下庠夏后氏養國老於東序養庶老於西序又黨正以禮屬民而飲於序是庠序皆可言養也文王庶子云書在上庠是庠亦可言教也孟子特因立名之義舉其重者爾

有王者起必來取法是爲王者師也

滕國褊小雖行仁政不必能興王業然爲王者師則雖

不有天下而其澤亦足以及天下矣聖賢至公無我之心於此可見

語類問滕文公爲善如何行王道不得只可爲後法曰他當時大故展拓不去只有五十里如何做得事看得來渠國亦不甚久便亡問所謂小國七年者非是封建小國恐是燕韓之類曰然

大全朱子曰孟子語滕文只說有王者起必來取法不曾說便可以王是亦要大國方做得

詩云周雖舊邦其命維新文王之謂也子力行之亦以新子之國

詩大雅文王之篇言周雖后稷以來舊爲諸侯其受天命而有天下則自文王始也子指文公諸侯未踰年之

仁政即切指井地說不泛
經界經字集註只作經畫
看是活字雙峯作經緯經

稱也
大全左傳僖公九年春宋桓公卒未葬而襄公會諸侯故曰子凡在喪王曰小童公侯曰子子者繼父之辭春秋例凡公侯卒未越一年而有王事皆稱子也○雙峰饒氏曰新其國小大雖不同可以為善便是新其國○東陽許氏曰文公問為國孟子告以教養其民有養然後可教故先言分田制祿而後及學校也自民事不可緩至雖周亦助也養之事設為庠序至小民親於下教之事下至新子之國總言之答文公者止此下答畢戰却只是言分田若畢戰惟掌井田之事也

使畢戰問井地孟子曰子之君將行仁政選擇而使子子必勉之夫仁政必自經界始經界不正井地不均穀祿不

字是死字又成別解不必
從

平是故暴君汙吏必慢其經界經界既正分田制祿可坐
而定也

畢戰滕臣文公因孟子之言而使畢戰主爲井地之事
故又使之來問其詳也井地即井田也經界謂治地分
田經畫其溝塗封植之界也此法不脩則田無定分而
豪强得以兼并故井地有不均賦無定法而貪暴得以
多取故穀祿有不平此欲行仁政者之所以必從此始
而暴君汙吏則必欲慢而廢之也有以正之則分田制
祿可不勞而定矣

精義橫渠曰野九一而助郊之外助也國中什一使自
賦郊門之內通謂之國中田不井授故使十而自賦其
一也先生與二程先生論井法二程謂地形不必盡寬

平可以畫方只要用筭法折計地畝授民先生謂必先經界經界不正則法終不定地有坳垤處不管只觀四標竿中間地雖不平饒與民無害就一夫之間所爭亦不多又側峻處田亦不甚美又經界必須正南北假使地形有寬狹尖斜經界則不避山河之曲其田則就得井處爲井不能就成處或五七或三四或一夫其實田數則在又或就不成一夫處亦可計百畝之數而授之無不可行者如此則經界隨山隨河皆不害于畫之也苟如此畫定雖使暴君汙吏亦數百年壞不得經界之壞亦非專在秦時其來亦遠矣伊川云至如魯二吾猶不足如何得十一也先生言百畝而徹言徹取之徹則無義是透徹之徹透徹而耕則功力均且相驅率無

一家得情者、及已收獲則計畝數衰分之以衰分之數、取十一之數。亦可。或謂井議不可輕示人、恐致笑、及有議論、先生謂有笑有議論則方有益也。或曰若有人聞其說取之以爲己功、則如何。先生云如有能者則已願受一廛而爲氓、亦幸也。明道言井田今取民田使貧富均、則願者衆、不願者寡。伊川言亦未可言民情怨怒、止論可不可爾、須使上下都無此怨怒、方可行。伊川言議法既大備、却在所以行之之道。先生言豈敢某止欲成書、庶有取之者。伊川言不行于當時、行于後世、一也。先生曰徒善不足以爲政、徒法不能以自行、須是有行之之道。又雖有仁心仁聞而政不行者、不由先王之道也。須是法先王。伊川言孟子於此善爲言、只竭目力焉、能盡方員平直、須是要規矩、二程又問官戶占田過制者如何、先生云、如又曾有田極多、只消與五十畝采地儘多、又問其他如何、今之公卿舊有田多者、與之采地多槩與之、則無以別有田者。

【大全】雙峰饒氏曰、溝塗封植之界、經緯錯綜、直者爲經、横者爲緯、只舉經字、有緯在其中、溝洫澮之類、塗道塗、封土堠、植種木爲界。○慶源輔氏曰、度孟子來滕不久、便去、故使畢戰往問。○若有仁君欲行仁政、使彼此均平、田無多少之差、則必從經界之事做起、而暴君汙吏、貪得務多、只知有我、不知有民、只知爲己、不知爲人者、則必欲慢而廢之也。凡事須是敬、則能立、纔有慢心、便日趍於弊壞也。

此是孟子斟酌古今自爲酌定之法故鄭重其辭曰請九一徹法所同也加二字曰而助則於九一中行助法蓋助與徹耕法斂法各自不同今但行助則不必更行徹可知也什一貢

夫滕壤地褊小將爲君子焉將爲野人焉無君子莫治野人無野人莫養君子

言滕地雖小然其閒亦必有爲君子而仕者亦必有爲野人而耕者是以分田制祿之法不可偏廢也

大全雙峰饒氏曰分田制祿雖平說然却相因穀祿即井地中公田撥其穀以爲祿分田始可制祿○新安陳氏曰分田以給野人制祿以待君子

請野九一而助國中什一使自賦

此分田制祿之常法所以治野人使養君子也野郊外都鄙之地也九一而助爲公田而行助法也國中郊門之內鄉遂之地也田不井授但爲溝洫使什而自賦其一蓋用貢法也周所謂徹法者蓋如此以此推之當時

法所同也但貢法後來加重不止什一今下什一字言不可過也上句於助法明出助字下何以貢濟其窮則不明出貢字而但曰使自賦以莫不善於貢可不必復其名也自交二句分明是孟子自己酌定之助法而集註乃曰周所謂徹法蓋如此者此字指上文蓋用貢法句言周之徹兼用貢今行助亦必兼用貢而周之徹法兼用貢亦如此兼用貢也究竟仍以助爲主非以徹爲主也若以徹爲主則何不曰九一而徹國曰而助乎註此句人多誤看

非惟助法不行其貢亦不止什一矣

精義楊曰夏后氏五十而貢殷人七十而助周人百畝而徹徹者徹也蓋兼貢助而通用也故孟子請野九一而助國中什一使自賦方里而井井九百畝八家皆私百畝其中爲公田所謂九一而助也國中什一使自賦則貢法矣此周人所以爲徹也

語類請野九一而助國中什一使自賦如古註之說如何曰若將周禮一一求合其說亦難此二句大宰有周禮制度野謂甸稍縣都行九一法國中什一以在王城豐凶易察()或問請野九一而助國什一使自賦曰國中行鄉遂之法如五家爲比五比爲閭四閭爲族五族爲黨五黨爲州又如五人爲伍五伍爲兩四兩爲卒五

如此說。則周之百畝。亦只是殷之七十。但弓數步數。其丈量之法不同耶。

卒爲旅。五旅爲師。五師爲軍。皆是五五相連屬。所以行不得。那九一之法。故只得什一使自賦。如鄉遂却行井牧之法。次第是一家出一人兵。且如五家爲比。比便有一箇長了。井牧之法。次第是三十家方出得士十人。徒十人。井田之法。孟子說夏五十而貢。殷七十而助。周百畝而徹。此都是孟子拗處。先是五十。後是七十。又是一百。便是一番打碎一番。想聖人處事。必不如是勞擾。又如先儒說封建。古者公侯百里。伯七十里。子男五十里。至周公則斥大疆界。始大封侯國。公五百里。侯四百里。伯三百里。子男百里。如此則是將那小底移動添封。爲大國。豈有此理。禹塗山之會。執玉帛者萬國。當時所謂國者。如今溪洞之類。如五六十家或百十家各立箇長。

自爲一處都來朝王想得禮數大段藞苴後來到夏商
衰時皆相吞併漸漸大了至周時只有千八百國便是
萬國吞併爲千八百國不及五分之一矣可見其又大
了周畢竟是因而封之豈有移去許多小國却封爲人
國然聖人立法亦自有低昂不如此截然謂如封五百
里國這一段四面大山如太行却有六百里不成是又
挑出那百里外加封四百里這一段却有二百五十里
不成又去別處討一段子五十里來添都不如此殺定
蓋孟子時去周已七八百年如今去隋時旣無人記得
又無載籍可攷所以難見得端的又周封齊魯之地是
誅紂伐奄滅國者五十所以封齊魯之地極廣如齊地
方千里如齊東至海西至河南至穆陵北至無棣是多

少廣潤○

大全周禮司徒鄉老遂人百里內爲六鄉○外爲六遂萬二千五百家爲鄉六鄉七萬五千家遂一如之遂人主六遂六遂之地自遠郊以達於畿中有公邑家邑小都大都焉遂謂王國百里外也○趙氏惠曰公侯田方百里爲地一百成三郊一遂國中什一使自賦無公田井九夫國中十六成成六十四井以九乘之爲五百七十六夫以十六乘上數爲九千二百六十夫野九一而助有公田井八夫野八十四成成六十四井以八乘之爲五百十二夫八十四成以八十四乘上數爲四萬三千單八夫併國中共二百萬三千二百二十四夫凡起徒役毋過家一人則五萬二千三百二十四人除三萬七千

五百人爲三軍是爲三郊之賦餘一萬四千七百二十四人更以萬二千五百人爲一軍是爲一遂之賦餘三千二百二十四人爲軍外之冗○袁氏明善曰野九一輕於國中什一者國中近城市田地膏腴故其賦重於郊外○朱子曰此等亦難卒曉須以周禮爲本而參取孟子班固何休諸說訂之庶幾可見髣髴然恐終不能有定論但不可不盡其異同耳○饒源輔氏曰都鄙用助法則收公田所入以爲君子之祿鄉遂用貢法則使什一自賦一以充國家所用此周所謂徹法也而云徹通也均也所以釋徹字之義此則正言其法如此○仁山金氏曰孟子雖不見載籍之詳而此二句與周制鄉遂用貢都鄙用助之法合國中自賦民無遠輸之勞野九

此五十畝於公田八十畝中給之陳大士謂公田百畝中分之未是以公田百畝必除二十畝爲廬舍也故朱子只言給公田之在民者而不言公田之數

一而助則卿大夫食邑無過取之失

卿以下必有圭田圭田五十畝

此世祿常制之外又有圭田所以厚君子也圭潔也所以奉祭祀也不言世祿者滕已行之但此未備耳

語類問圭田餘夫之田是在公田私田之外否曰卿受田六十邑乃當二百四十井此外又有圭田五十畝也

大全趙氏悳曰圭潔白也德行潔白始與之田此殷法也趙岐註圭潔也士田故謂之圭田所以奉祭祀集註本此又曰治圭田者不税所以厚賢此則周禮之士田以任近郊之地者也○問卿大夫之圭田必有耕之者豈亦有耕屬可耕乎朱子曰恐圭田只是給公田之在民者大抵古者田祿皆是助法之公田充而八家因爲

此二十五畝。則於私田百畝中十四分與之。國中田不井授。又可隨便給之

之屬。如有田一成。有衆一旅是也。圭田恐亦如此。故王制云。夫圭田無征。

餘夫二十五畝

程子曰。一夫上父母下妻子。以五口八口爲率。受田百畝。如有弟。是餘夫也。年十六。別受田二十五畝。俟其壯而有室。然後更受百畝之田。愚按此百畝常制之外。又有餘夫之田。以厚野人也。

精義。問井田今可行否。伊川曰。豈有古可行而今不可行者。或謂今人多地少。不得。譬諸草木。山上著得許多。便生許多。天地生物常相稱。豈有人多地少之理。

語類。餘夫二十五畝。乃十六歲以前所受。在一夫百畝之外也。孟子亦只是言大槩耳。未必曾見周禮也。

內分百畝，何是半分則五十畝。未確。以公田百畝除卻廬舍，實在只得八十畝，中分不足五十畝也。

大全雙峯饒氏曰：圭田、餘夫，亦是百畝中撥與他半分則五十畝，四分則二十五畝。問：各受田百畝，六十歲傳與其子，子養其父，但只是長子受父之田，次子便是餘夫，別請二十五畝。若無子則百畝納之官。曰：然。問：人物繁庶，公家安得有許多田分授？曰：天地間只著得許多物事，少間人物過多，便自有乘除，亦理勢使之然也。

仁山金氏曰：上文絕長補短五十里，是除山川林麓城郭而以田計也。以五十里之田而分君子以有公田，小人私田，君子又有圭田，小人又有餘夫，似亦難給。然以方田法計之，方十里者爲方一里者百，則是百井九百夫矣；方五十里者爲方十里者二十五，則是二千五百井二萬一千五百夫矣，亦自不患於不給。以此知戰國

許多好風俗眼目只在同井二字向非同井焉得如此鄉廣於井而其用必以井授則鄉俗之善皆井有以善之也

中公外私先公後私此皆商之助法若周之徹法則公田雖在中私田雖在外然既通力合作則更不分中外先後矣只因井九百畝似是周之田數不是商

之時諸大國若能脩復井田不爲園囿宮室汙池以廢地能行王政以聚民則田野不至於不給人衆地大不患於不可以行王政也

死徙無出鄉鄉田同井出入相友守望相助疾病相扶持則百姓親睦

死謂葬也徙謂徙其居也同井者八家也友猶伴也守望防寇盜也

方里而井井九百畝其中爲公田八家皆私百畝同養公田公事畢然後敢治私事所以別野人也

此詳言井田形體之制乃周之助法也公田以爲君子之祿而私田野人之所受先公後私所以別君子野人之分也不言君子據野人而言省文耳上言野及國中

之田數故集註曰此周之助法請以周之田數行商之助法即是孟子所謂周之助法也註此句人亦易誤看

二百畝三百畝之說與孟子不同今且依孟子說去

二法。此獨許於治野者。國中貢法當時已行但取之過於什一爾。

大全朱子井田類說曰、班志古者建步立畝、六尺爲步、步百爲畝、畝百爲夫、夫三爲屋、屋三爲井、井方一里、是爲九夫、八家共之、一夫一婦受私田百畝、公田十畝、是爲八百八十畝、餘二十畝以爲廬舍、民受田上田夫百畝、中田夫二百畝、下田夫三百畝、歲耕之、換易其處、注何休曰、司空謹別田之高下善惡、分爲三品、上田一歲一墾、中田二歲一墾、下田三歲一墾、肥饒不得獨樂、磽埆不得獨苦、三年一換土易居、其家衆男爲餘夫、亦以口受田、如此士工商家受田五口乃當農夫一人、有賦有税、賦則計口發賦、税則公田什一及工商衡虞之入也賦供車馬兵甲士徒之役充實府庫賜予之費稅給宗廟百神之祀天子奉養百官祿食庶事之費民年二十受田六十歸田種穀必雜五穀以備災害田中不得有樹以妨五穀環廬種桑菜茹有畦瓜瓠果蓏殖於疆畔雞豚狗彘無失其時女修蠶織五十可以衣帛七十可以食肉五家爲比五比爲閭四閭爲族五族爲黨五黨爲州五州爲鄉鄉萬二千五百戶又曰三年耕則餘一年之蓄故三年有成成此功也故王者三載考績九年耕餘三年之食進業曰登故三考黜陟再登曰平餘六年食三登曰太平二十七歲餘九年食然後至德流洽禮樂成焉○慶源輔氏曰上既言助法之善故此下遂言周之助法也方里而井井九百畝其中爲公田

豪彊既兼併更欲裒多益
寡人情必多不合必有法
以限制而鼓舞之國中野
外土既不同俗已各異况
以通國之大高下陵麓川
澤之異乎土俗之不宜者
必各有以宜之觀自文潤
澤二字及注合於人情宜
於土俗二句其中有多少
經濟在

便是井田形體之制也

此其大畧也若夫潤澤之則在君與子矣

井地之法諸侯皆去其籍此特其大畧而已潤澤謂因時制宜使合於人情宜於土俗而不失乎先王之意也〇呂氏曰子張子慨然有意三代之治論治人先務未始不以經界爲急講求法制粲然備具要之可以行於今如有用我者舉而措之耳嘗曰仁政必自經界始貧富不均教養無法雖欲言治皆苟而已世之病難行者未始不以亟奪富人之田爲辭然茲法之行悅之者衆苟處之有術期以數年不刑一人而可復所病者特上之未行耳乃言曰縱不能行之天下猶可驗之一鄉方與學者議古之法買田一方畫爲數井上不失公家之

賦役退以其私正經界分宅里立斂法廣儲蓄興學校成禮俗救菑卹患厚本抑末足以推先王之遺法明當今之可行有志未就而卒。愚按喪禮經界兩章見孟子之學識其大者是以雖當禮法廢壞之後制度節文不可復考而能因略以致詳推舊而爲新不屑屑於旣往之迹而能合乎先王之意眞可謂命世亞聖之才矣

大全或問潤澤之說雙峯饒氏曰前面說底是箇硬局子到這裏須是要會變通使合人情宜土俗可也潤澤非文飾之謂乃是和軟底意思不全是硬局子濕潤滑澤方可行得此朱子善於形容孟子用心處。南軒張氏曰井田王制之本而經界又井田之本也大要在分田制祿二事而已田得其分則小民安其業祿得其制。

則君子賴其養上下相須而各宜焉治之所由興也八
皆知商鞅廢井田開阡陌考孟子之言則井田之廢久
矣蓋孟子時井田之法雖廢而井田之名猶在暴君雖
去其籍猶不敢易其名也至鞅始蕩然一泯其迹而掃
除其阡陌併與其名亡之矣○雙峯饒氏曰井田之法
黃帝開端便做成了如何改得商人七十畝周人如何
便更百畝至於溝洫塗畛亦非一朝一夕所能成朱子
亦嘗疑之王制與周禮已不同孟子多是臆度言之井
田可行於中原平曠之地若是地勢高低如何可井恐
江南是用貢法阡陌是田間路古人車制一車濶六尺
有餘兩傍又翼之以人古田路太多商君欲富國所以
鑿開阡陌為田前此諸侯欲富其國井田大綱已自廢

許行渠魁也陳相脅從也。神農以下三節序其趣事之根由許子必種粟以下八節闢許行並耕之非此是正王所謂治其渠魁也用夏變夷以下五節責陳相倍師之失治其渠魁因并治其脅從也從許子二節辯其齊物價之非蓋既殲殄餘氛未息脅從而廓淸之也孟子闢邪衛正此亦足以見其一斑云。○其徒數十人。不是數十人要從他自是他招致以爲惑亂人國之資。此一來滕是合下包藏禍心而來者

了。商君則索性壞絕

○有爲神農之言者許行自楚之滕踵門而告文公曰遠方之人聞君行仁政願受一廛而爲氓文公與之處其徒數十人皆衣褐捆屨織席以爲食

神農炎帝神農氏始爲耒耜教民稼穡者也爲其言者史遷所謂農家者流也許姓行名也踵門足至門也仁政上章所言井地之法也廛民所居也氓野人之稱褐毛布賤者之服也捆扣椓之欲其堅也以爲食賣以供食也程子曰許行所謂神農之言乃後世稱述上古之事失其義理者耳猶陰陽醫方稱黃帝之說也

或問許行爲神農之言而有君民並耕市不二賈之說何耶曰程子之言盡矣然以易考之二者皆神農之所

此一來滕，合下本無他意。愈說得相本分，跌落見許行大悅，愈醒。

爲也。當時民淳事簡，容或有如許行之說者。及乎世變風移，至於唐虞之際，則雖神農復生，亦當隨時以立政，而不容固守其舊矣。況許行之妄，乃欲以是而行戰國之時乎？

大全慶源輔氏曰：陰陽、醫方所稱黃帝之說，如素問、靈樞之類是也。使眞有神農、黃帝之說傳於世，孔孟豈得而不稱述之哉？○新安陳氏曰：後世小道必推古聖賢爲宗，以求取信於世故也。

陳良之徒陳相與其弟辛負耒耜而自宋之滕，曰：「聞君行聖人之政，是亦聖人也，願爲聖人氓。」

陳良，楚之儒者。耜所以起土，耒其柄也。

陳相見許行而大悅，盡棄其學而學焉。陳相見孟子，道許此節語凡八反。只要向他口中、說出、以粟易之一句、而已。既得此句、卻不煩摘之。仍用縱法再問、他口中、說出、以粟易之句。然後下

行之言曰滕君則誠賢君也雖然未聞道也賢者與民並耕而食饔飧而治今也滕有倉廩府庫則是厲民而以自養也惡得賢

饔飧熟食也、朝曰饔、夕曰飧、言當自炊爨以爲食而兼治民事也、厲病也、許行此言蓋欲陰壞孟子分别君子野人之法、

精義伊川曰儒者其卒必多入異教非其志願也其勢自然如此只爲于已道無所得故不能安雖曰聞道終不曾實有之。

孟子曰許子必種粟而後食乎曰然許子必織布而後衣乎曰否許子衣褐許子冠乎曰冠曰奚冠曰冠素曰自織之與曰否以粟易之曰許子奚爲不自織曰害於耕曰許

節就他口中一易字詰難去。蓋易字正與並字反對。也。節中八問不妙於擒而妙於縱。如釣巨魚。魚既得餌上鈎。不即擒之。使其鈎愈固愈多。而後擒之。步步使他自尋死路。此孟子文章妙處。

不可耕且爲。分明是說不可並耕矣。妙在不知不覺。使他自巳口中吐出。乃見前一路逼法之妙。

子以釜甑爨。以鐵耕乎。曰然。自爲之與。曰否。以粟易之。

釜所以煑。甑所以炊。爨然火也。鐵耜屬也。此語八反。皆孟子問而陳相對也。

以粟易械器者。不爲厲陶冶。陶冶亦以其械器易粟者。豈爲厲農夫哉。且許子何不爲陶冶。舍皆取諸其宮中而用之。何爲紛紛然與百工交易。何許子之不憚煩。曰百工之事固不可耕且爲也。

此孟子言而陳相對也。械器。釜甑之屬也。陶。爲甑者。冶爲釜鐵者。舍止也。或讀屬上句。舍謂作陶冶之處也。

大全 新安陳氏曰。厲陶冶厲農夫之說。乃是因行厲民自養之言。承其厲字而明辨以闢之。○雲峯胡氏曰。樊遲欲學稼。孔子斥之曰。吾不如老農。直謂其所學者小

引勞心六句皆古語通義句是孟子語所引古語中餓字勞心者治人治人者食於人二句乃與並耕而食句反對

人之事而舉大人之事以答之孟子闢許行即此意也但遲之志陋不過欲自學之許之學僻欲以治國家此孟子所以深闢之也

然則治天下獨可耕且爲與有大人之事有小人之事且一人之身而百工之所爲備如必自爲而後用之是率天下而路也故曰或勞心或勞力勞心者治人勞力者治於人治於人者食人治人者食於人天下之通義也

此以下皆孟子言也路謂奔走道路無時休息也治於人者見治於人也食人者出賦稅以給公上也食於人者見食於人也此四句皆古語而孟子引之也君子無小人則飢小人無君子則亂以此相易正猶農夫陶冶以粟與械器相易乃所以相濟而非所以相病也治天

下者豈必耕且爲哉。

精義呂曰言治者必曰太平習聞其名而未見其象。勞心者治人勞力者治於人治於人者食人治人者食於人則勞佚平矣。富有天下不爲有餘貧食百畝不爲不足。則貧富均矣。至于祿厚者責重祿薄者責輕役重則賦輕役輕則賦重。視其迹若參差不齊。要其實則其道如砥。若夫以封建均邦國以井田均萬民則又太平之著見者也。

大全南軒張氏曰滕文亦可謂賢君矣。而不克終用孟子之說寂然無聞於後世。者許行之言有以奪之也。聽治於人者出力以食其上。而治人者享其食焉。此理天實爲之。萬世所共由者。故曰天下之通義也。如許行之

堯獨憂之而舉舜舜使益使禹使后稷使契皆舜使也則皆以釋堯之憂也故下節仍結歸放勳畢竟以堯爲憂是正局

說則昧天理之當然務小惠以妨大德昵私情以妨正體卒歸於不可行耳

當堯之時天下猶未平洪水橫流氾濫於天下草木暢茂禽獸繁殖五穀不登禽獸偪人獸蹄鳥跡之道交於中國堯獨憂之舉舜而敷治焉舜使益掌火益烈山澤而焚之禽獸逃匿禹疏九河瀹濟漯而注諸海決汝漢排淮泗而注之江然後中國可得而食也當是時也禹八年於外三過其門而不入雖欲耕得乎

天下猶未平者洪荒之世生民之害多矣聖人迭興漸次除治至此尚未盡平也洪大也橫流不由其道而散溢妄行也氾濫橫流之貌暢茂長盛也繁殖衆多也五穀稻黍稷麥菽也登成熟也道路也獸蹄鳥跡交於中

國言禽獸多也敷布也益舜臣名烈熾也禽獸逃匿然
後禹得施治水之功疏通也分也九河曰徒駭曰太史
曰馬頰曰覆釜曰胡蘇曰簡曰潔曰鉤盤曰鬲津瀹亦
疏通之意濟漯二水名決排皆去其壅塞也汝漢淮泗
亦皆水名也據禹貢及今水路惟漢水入江耳汝泗則
入淮而淮自入海此謂四水皆入於江記者之誤也

語類排淮泗而注之江淮自不與江通大綱如此說去

大全新安倪氏曰蔡氏書傳云按爾雅九河一曰徒駭
二曰太史三曰馬頰四曰覆釜五曰胡蘇六曰簡潔七
曰鉤盤八曰鬲津共一則河之經流也先儒不知河之
經流遂分簡潔爲二此與集註小異書傳經朱子晚年
訂正當以爲定也○吳氏程曰曰簡曰潔集註與爾雅

晩村謂此只有兩樣作法，依口氣則竟要如順口道錯。一毫斡旋廻護不得，斷做則竟要以禹貢爲據，指出記者之誤來，庶不背理。

同，而蔡氏則謂爾雅合簡潔爲一，而其一即河之經流，殊不可曉。以水道攷之，九河犂在河間路滄州境内，今存者尚五六處，何得言盡湮入海？南皮縣明有潔河，求閒與簡河合一。集註良是。○朱子曰：決汝漢，排淮泗，而注之江，此但取其字數足以對偶而云爾，只是行文之失，無害爲義理，不必曲爲之說也。○新安陳氏曰：堯獨憂之所憂者大，舉舜禹益而用之，所憂在此，何暇於竝耕？雖欲耕得乎？是提掇耕字，以照應前獨可耕且爲與耕。○何○仁山金氏曰：汝出今河南梁縣天息山，至蔡州下入淮。漢出今漢中利路之間兩縣嶓冢山，東南流二千四百二十里，至漢陽軍大别山入江。淮出唐州桐柏山，千七百里至海州入海。泗出襲慶府泰山陪尾，有泗源堯獨憂之此憂字屬堯聖人有憂之此憂字屬舜以益禹稷皆舜所使不應契獨不是舜所使也使契是舜使則有憂亦是舜憂聖人之憂民如此此憂字兼屬堯舜故下節堯以不得爲憂舜以不得爲憂兩憂字分承說下也如此此字通承上草火治水教稼明倫单指使契一段不得通結之旨

南至下邳入淮當是疏九河瀹濟排淮江而注之海決汝泗而注之淮決漢而注之江

后稷教民稼穡樹藝五穀五穀熟而民人育人之有道也飽食煖衣逸居而無教則近於禽獸聖人有憂之使契爲司徒教以人倫父子有親君臣有義夫婦有別長幼有序朋友有信放勳曰勞之來之匡之直之輔之翼之使自得之又從而振德之聖人之憂民如此而暇耕乎

言水土平然後得以教稼穡衣食足然後得以施教化后稷官名棄爲之然言教民則亦非並耕矣樹亦種也藝殖也契亦舜臣名也司徒官名也人之有道言其皆有秉彝之性也然無教則亦放逸怠惰而失之故聖人設官而教以人倫亦因其固有者而道之耳書曰天敘

有典勑我五典五惇哉此之謂也放勳本史臣贊堯之辭孟子因以爲堯號也德猶惠也堯言勞者勞之來者來之邪者正之枉者直之輔以立之翼以行之使自得其性矣又從而提撕警覺以加惠焉不使其放逸怠惰而或失之蓋命契之辭也

語類問振德是施惠之意否曰是然不是財惠之惠只是施之以教化上文匡直輔翼等事是也彼既自得之復從而教之

大全趙氏悳曰稷乃五穀之長故以稷爲農官之稱后者有爵土之號后稷名棄者其母有邰氏出野履巨人跡而孕及生子以爲不祥而棄之故以棄名說文種曰稼斂曰穡○新安陳氏曰典者人道之常天所次序本

勞來亦即指用力於人倫
者說。不但是安其生。一

此節通承上二節說堯以
不得舜爲已憂句。無可疑
者。矣句何以不曰舜以不

有此典也。勑正也。我謂君也。五典即父子至朋友五者
是也。惇厚也。勑正勑我即天敘之本然者而品節之然
後有典別而爲五典而五者皆惇厚也。惇典如言厚人
倫。○慶源輔氏曰勞者勞之來者來之所以安其生也、
邪者正之枉者直之、所以正其德也、輔以立之翼以行
之所以助其行也、自得謂自得其性也、振謂提撕警省
也、此乃大學新民之功也、○新安陳氏曰聖人有憂之
又言堯所憂者大使契爲司徒以教民所憂在此何暇
於並耕聖人之憂民如此而暇耕乎是再提掇耕字以
照應獨可耕且爲與一句。

堯以不得舜爲已憂舜以不得禹臯陶爲已憂夫以百畝
之不易爲已憂者農夫也

得益禹稷契爲己憂顧於益稷契不言而更補出皐陶此正古人文字變化生心作縮自如處舜有臣五人上二節舉其四獨欠皐陶故於此用補筆補出不言益稷契舉禹以概其餘也精義楊氏謂舜讓天下於禹禹獨推皐陶餘人不與是或一說也

易治也堯舜之憂民非事事而憂之也急先務而已所以憂民者其大如此則不惟不暇耕而亦不必耕矣

精義問舜之時在廷臣多矣至傳禹以天下而推皐陶何也楊曰舜徒得此兩人而天下已治故也禹總百揆而皐陶施刑內外之治舉矣古者兵刑之官合爲一觀舜之命皐陶蠻夷猾夏是其責也則皐陶之職所施於外者爲詳故皐陶雖不可以無禹而禹亦不可以無皐陶是以當舜之欲傳位禹獨推之餘人不與焉孟子曰舜以不得禹皐陶爲己憂而子貢亦言舜有天下選於衆舉皐陶不仁者遠矣蓋有見乎此

或問禹之功大矣而孟子以皐陶配之何也曰皐陶之學純粹精密而其陳謨種德明刑弼教爲助尤多故舜

惠忠亦及人而不廣可以及人而不可以及天下仁則遍天下而恩惠教化之所及爲大矣仁字從天下

欲傳位於禹而禹獨讓之則其德業已盛固聖人之偶矣

大全慶源輔氏曰舉農者之所憂以益堯舜之憂見其小大廣狹之不倫則不暇耕與不必耕可見矣○新安陳氏曰接上文三憂字而又發明出三憂字在三句中聖人之憂在不得聖賢而用之得而用之則足以釋已之憂矣此集註所謂急先務也聖人所以憂民者其大如此若農夫之憂憂之小者耳許行又欲聖人憂百畝之憂可乎

分人以財謂之惠教人以善謂之忠爲天下得人者謂之仁是故以天下與人易爲天下得人難

分人以財小惠而已教人以善雖有愛民之實然其所

字。勘出。只就其仁之及物
者而言不是以其有爲天
下之心而仁其心也

引孔子二段爲君君哉字
是其眼目君原與民不同
與天下之人不同也如何
可並耕得。

及亦有限而難久惟若堯之得舜舜之得禹臯陶乃所
謂爲天下得人者而其恩惠廣大教化無窮矣此其所
以爲仁也

大全慶源輔氏曰以已之善而教人使人皆爲善則是
有愛民之實矣然其所及亦止於吾力之所能與吾身
之所及而已故有限而難久也堯之得舜舜之得禹臯
陶則能廣吾力之所能而俾其恩惠極於廣大繼吾身
之所存而俾教化推於無窮矣然後可以謂之仁

孔子曰大哉堯之爲君惟天爲大惟堯則之蕩蕩乎民無
能名焉君哉舜也巍巍乎有天下而不與焉堯舜之治天
下豈無所用其心哉亦不用於耕耳

則法也蕩蕩廣大之貌君哉言盡君道也巍巍高大之

此下五節責陳相倍師闢並耕是主腦責倍師是餘意對前不過作平對者非體

貌不與猶言不相關言其不以位爲樂也

大全新安陳氏曰亦不用於耕耳至此三提掇耕字以照應收結獨可耕且爲與一句不待辨闢明白痛快文法亦照顧得好以上已辨倒許行之說下文乃責陳相也

吾聞用夏變夷者未聞變於夷者也陳良楚産也悅周公仲尼之道北學於中國北方之學者未能或之先也彼所謂豪傑之士也子之兄弟事之數十年師死而遂倍之

此以下責陳相倍師而學許行也夏諸夏禮義之教也變夷變化蠻夷之人也變於夷反見變化於蠻夷之人也産生也陳良生於楚在中國之南故北遊而學於中國也先過也豪傑才德出衆之稱言其能自拔於流俗

江漢以濯秋陽以暴是比語然兩之字指孔子不粘不脫斯爲得之

也倍與背同言陳良用夏變夷陳相變於夷也

大全慶源輔氏曰陳良楚人而北學於中國則是用夏變夷陳相素學於陳良乃爲許行所變則是變於夷也

昔者孔子沒三年之外門人治任將歸入揖於子貢相嚮而哭皆失聲然後歸子貢反築室於場獨居三年然後歸他日子夏子張子游以有若似聖人欲以所事孔子事之彊曾子曾子曰不可江漢以濯之秋陽以暴之皜皜乎不可尚已

三年古者爲師心喪三年若喪父而無服也任擔也場冢上之壇場也有若似聖人蓋其言行氣象有似之者如檀弓所記子游謂有若之言似夫子之類是也所事孔子所以事夫子之禮也江漢水多言濯之潔也秋日

燥烈言暴之乾也皜皜潔白貌尚加也言夫子道德明著光輝潔白非有若所能彷彿也或曰此三語者孟子贊美曾子之辭也

大全記檀弓事師無犯無隱左右就養無方服勤至死心喪三年又云孔子之喪門人疑所服子貢曰昔者夫子之喪顏淵若喪子而無服喪子路亦然請喪夫子若喪父而無服○記檀弓上有子問於曾子曰問喪於夫子乎問鄭讀作聞喪去聲謂仕失位去國也曰聞之矣喪欲速貧死欲速朽有子曰是非君子之言也曾子曰參也與子游聞之有子曰然然則夫子有爲去聲言之也曾子以斯言告於子游子游曰甚哉有子之言似夫子也昔者夫子居於宋見桓司馬自爲石椁三年而不

成桓司馬宋向戌之孫名魋夫子曰若是其靡也死不如速朽之愈也死之欲速朽爲桓司馬言之也南宮敬叔反敬叔孟僖子之子仲孫閱蓋嘗失位去魯而得反必載寶而朝夫子曰若是其貨也喪不如速貧之愈也喪之欲速貧爲敬叔言之也曾子以子游之言告於有子有子曰然吾固曰非夫子之言也曾子曰子何以知之有子曰夫子制於中都中都魯邑名孔子嘗爲之宰爲民作制四寸之棺五寸之槨以斯知不欲速朽也昔者夫子失魯司寇將之荆蓋應聘於楚蓋先之以子夏又申之以冉有以斯知不欲速貧也○趙氏悳曰孔子旣沒弟子思慕有若狀似孔子相與共立爲師故集註謂蓋其言行氣象有似之者築室於場冢上祭祀壇場

孔子葬魯城北泗上、去城十里、冢塋百畝、南北廣十步、
東西十三步、高一丈二尺、冢前以瓴甓爲祠壇、丈六尺、
冢塋中樹以百數、皆異種、魯人世世無敢名者、弟子各
持其方樹來種之、塋中不生荊棘、及刺人草、

今也南蠻鴃舌之人、非先王之道、子倍子之師而學之、亦異於曾子矣

鴃博勞也、惡聲之鳥、南蠻之聲似之、指許行也、

吾聞出於幽谷遷于喬木者、未聞下喬木而入於幽谷者

小雅伐木之詩云、伐木丁丁、鳥鳴嚶嚶、出自幽谷、遷于喬木、

大全新安陳氏曰、譬陳相由高趨下、○不如禽能舍下遷喬也。○

此下二節是並耕之餘波。物形可齊，而物情不可齊，此在物天然之理也。循其天然之理而處之，是之謂義。晚村云：先儒謂在物爲理，處物爲義。處物之義，仍因在物之理。所以聖賢應事接物，千變萬化，如化工肖物，無一同者，但是從來

魯頌曰：戎狄是膺，荊舒是懲。周公方且膺之，子是之學，亦爲不善變矣。

魯頌，閟宮之篇也。膺，擊也。荊，楚本號也。舒，國名，近楚者也。懲，艾也。按今此詩爲僖公之頌，而孟子以周公言之，亦斷章取義也。

大全　新安陳氏曰：不善變，謂變於夷也。

從許子之道，則市賈不貳，國中無僞，雖使五尺之童適市，莫之或欺。布帛長短同，則賈相若；麻縷絲絮輕重同，則賈相若；五穀多寡同，則賈相若；屨大小同，則賈相若。

陳相又言許子之道如此。蓋神農始爲市井，故許行又託於神農而有是說也。五尺之童，言幼小無知也。許行欲使市中所粥之物，皆不論精粗美惡，但以長短輕重

異端之說必是單講處物、不講在物許行並耕平價總是一個根源自以爲直截簡易而實支離扞格而不可通以其不察物情故也

多寡大小爲價也

大全慶源輔氏曰若不以精粗美惡言之則無由說得通此義未有人看得出至集註而義始明○雙峰饒氏曰長短以丈尺言輕重以權衡言多寡以斗斛言皆是比而同之與共耕相似便是齊物剖斗折衡而民不爭之說凡託神農黃帝者皆老氏之說也

曰夫物之不齊物之情也或相倍蓰或相什伯或相千萬子比而同之是亂天下也巨屨小屨同賈人豈爲之哉從許子之道相率而爲僞者也惡能治國家

倍一倍也蓰五倍也什伯千萬皆倍數也比次也孟子言物之不齊乃其自然之理其有精粗猶其有大小也若大屨小屨同價則人豈肯爲其大者哉今不論精粗

使之同價是使天下之人皆不肯爲其精者而競爲濫惡之物以相欺耳

大全新安陳氏曰情實也自然之理即所謂物之實理也○慶源輔氏曰物之不齊乃物之情而實天之理也物各付物止於其所吾何容心於其間哉若强欲齊之私意横至徒爲膠擾而物終不可齊也故莊周之齊物强欲以理齊之猶爲賊夫道況乎許子遂欲一天下之物而泯其一定之分其蔽豈不甚哉孟子應以物之不齊物之情也斯言足以發明天理之大不但可以闢許行而莊周之說併可坐見其偏矣○東陽許氏曰此章孟子曰以下三大節自許子必種粟而後食至不用於耕耳闢其假託神農之言吾聞用夏變夷至不善變

闢異端不但是要屈其辭亦要開發其固有之良心三節一本四節中心皆所以動其良心也○初不見之觀其意之誠否是本義或問不輕接其人又一義須兼會之

矣責其倍師從許子之道以下陳相之道辭故又闢其市價不貳之說

○**墨者夷之因徐辟而求見孟子孟子曰吾固願見今吾尚病病愈我且往見夷子不來**

墨者治墨翟之道者夷姓之名徐辟孟子弟子孟子稱疾疑亦託辭以觀其意之誠否

或問夷之請見者再而孟子不許何也曰孟子雖以闢邪說爲已任然不過講明其說傳之當世使聞者有以發寤於心而自得之耳固不輕接其人交口競辨以屈吾道之尊也譬如蠻夷寇賊之害聖人固欲去之然豈肯被甲執兵而親與之角哉

大全雲峯胡氏曰許行與民並耕之說是欲以其君下

以薄爲道。而葬親則厚。此孟子兩路擒捉法也。

同於庶民。墨子兼愛之說。是欲以其親泛同於衆人。皆非聖人之道。而自爲一端。此孟子所以深闢之也。

他日又求見孟子。孟子曰。吾今則可以見矣。不直則道不見。我且直之。吾聞夷子墨者。墨之治喪也。以薄爲其道也。夷子思以易天下。豈以爲非是而不貴也。然而夷子葬其親厚。則是以所賤事親也。

又求見。則其意已誠矣。故因徐辟以質之如此。直盡言以相正也。莊子曰。墨子生不歌。死無服。桐棺三寸而無椁。是墨之治喪以薄爲道也。易天下。謂移易天下之風俗也。夷子學於墨氏而不從其教。其心必有所不安者。故孟子因以詰之。

大全。慶源輔氏曰。夷子雖師墨氏之教。至於葬親之時。

孟子用兩路擒法。夷之亦兩下救應。愛無差等。明以薄爲道之是也。施由親始。明厚葬其親之亦是也。夫夷子以下。孟子辯愛無差等之非。而與之深言一本之原。立愛當自親始。而亦不但當以無差等之愛施之正矣。○天之生物。詎雖兼人物之生。白文只注意

天理自然發動有不得如其師之說者故不用其制而凡事從厚也此於人情固宜有之故孟子因舉此一事以詰之而下文又舉喪葬之說以發其意此正夷子之天理一點明處也

徐子以告夷子夷子曰儒者之道古之人若保赤子此言何謂也之則以爲愛無差等施由親始徐子以告孟子孟子曰夫夷子信以爲人之親其兄之子爲若親其鄰之赤子乎彼有取爾也赤子匍匐將入井非赤子之罪也且天之生物也使之一本而夷子二本故也

若保赤子周書康誥篇文此儒者之言也夷子引之蓋欲援儒而入於墨以拒孟子之非己又曰愛無差等施由親始則推墨而附於儒以釋己所以厚葬其親之意

於人之生一本本字註只作父母字看質言之則是說天之生人使之一個父母而夷子不止一個父母故也○施由親始何始字似不差施字甚有病本吾愛親者施之於仁民愛物可矣於吾親之愛而亦曰施焉則仍愛其親無異於愛路人矣故責之曰二本故也

皆所謂遁辭也孟子言人之愛其兄子與鄰之子本有差等書之取譬本爲小民無知而犯法如赤子無知而入井耳且人物之生必各本於父母而無二乃自然之理若天使之然也故其愛由此立而推以及人自有差等今如夷子之言則是視其父母本無異於路人但其施之之序姑自此始耳非二本而何哉然其於先後之間猶知所擇則又其本心之明有終不得而息者此其所以卒能受命而自覺其非也

【精義】伊川曰墨子愛其兄之子猶隣之子墨子書中未嘗有此等言但孟子拔本塞源知其流必至於此故直之也

【或問】天之生物使之一本而夷子二本何也曰天之生

物有血氣者本於父母無血氣者本於根荄皆出於一而無二者也惟其本出於一故其愛亦主於一焉葢一體而分血氣連屬眷戀之情自不能已固非他人之可比也自是之外則因其分之親疎遠近而所以爲愛者有差焉此儒者之道所以親親仁民以至於愛物而無不各得其所也今夷之乃謂愛無差等則是不知此身之所從出而視其父母無以異於路人也雖其施之先後稍不悖於正理然於親而謂之施焉則亦不知愛之所由立矣是非二本而何哉而說者乃或謂其施由親始之言暗合於吾儒之一本者愚以爲差之毫釐繆以千里爲是說者亦自不知一本所以爲一本矣又有以愛有差等爲一本者雖無大失而於文義有所未盡葢

謂其一本故愛有差等則可直以愛有差等為一本則不可也曰夷子之學於墨矣而必推其說以求合於儒者何也曰天下之理其本有正而無邪其始有順而無逆故天下之勢正而順者常重而無待於外邪而逆者常輕而不得不資諸人此理勢之必然也且朗不以近世之佛學觀之乎夫吾所以拒彼至矣而彼未嘗不求自附於吾儒者也雖其陰陽離合有不可信要不如是則吾知其反側而無以自安也其理之悖說之窮於此亦可槩見惜乎世無孟子無能因其所明以誘之者是以卒於漂蕩而不反也

語類夷子以謂愛無差等施由親始似知所先後者其說如何曰人多疑其知所先後而不知此正是夷子錯

此施字之所以有病也仍舊是兼愛之根

處人之有愛本由親立推而及物自有等級今夷子先以爲愛無差等而施之則由親始此夷子所以二本矣夷子但以此解厚葬其親之言而不知愛無差等之爲二本也又曰既是愛無差等何故又施由親始這便是有差等又如施由親始一句乃是夷之臨時譔出來湊孟子意却不知愛無差等一句已不是了他所謂施由親始便是把愛無差等之心施之然把愛人之心推來愛親是甚道理又曰愛無差等何止二本蓋千萬本也彥忠云愛吾親又兼愛他人之親是二愛並立故曰二本○或問一本曰事他人之親如己之親則是兩箇一樣重了如一本有兩根也○問人只是一父母所生如木只是一根株夷子却視他人之親猶己之親如牽彼

樹根强合此樹根曰愛無差等便是二本

大全慶源輔氏曰夷子葢以儒者若保赤子是愛他人子如愛我之赤子有似於墨子愛無差等之說故謂其欲引儒家入墨教中去。新安陳氏曰之又曰墨氏兼愛之學愛其親與愛外人無差等之殊但施則自親始耳施由親始一句髣髴竊取儒家立愛自親始之意是推墨氏而依附於儒家也又曰埋屈詞窮强爲此說以自逃遁也。慶源輔氏曰彼有取爾也一句先儒說皆不明自今斷以爲書之取譬方說得通葢非爲愛凡人之赤子與兄弟之子一般也言兄弟之子而不言己子者葢兄弟之子與己之子無異也。問愛無差等夷子旣如此說便當一親疏合貴賤方得今卻曰施由親始則是又將親疎對待而言豈非吾之愛又有差等也歟其辭抵牾信乎其遁而窮矣朱子曰夷之所說愛無差等此其大病其言施由親始雖若粗有差別然亦是施此無差等之愛耳故孟子但責其二本而不論其下句之自相矛盾也夷之所以卒能感動而自知其非蓋因下文極言非爲人泚之心有以切中其病耳此是緊要處當著眼目○慶源輔氏曰書曰立愛惟親記曰立愛自親始蓋愛必始於愛親因事親以立其愛卽所謂孝弟爲仁之本也然後推以及民及物自有差等輕重此仁義所以相爲用也夷子雖陷於墨敎而其天理一點之明終有不可息滅者此蓋秉彝之心也故其先親後疎之際猶知所擇而不至於逆施故孟子之言得因所

明而入之夷子亦得因其明而受之也。雙峰饒氏曰夷之引若保赤子來證愛無差等孟子謂其差認了此何意彼有取爾也是說周書別有所取譬也下一何字解周書本意又曰一本便有厚薄如木然根榦枝葉自有大小次第二本則天下皆是父母無分根榦枝葉了蓋親親而仁民仁民而愛物各有差等不同夷子不識以爲愛無差等。雲峰胡氏曰本文云使之一本而集註以自然之理釋之蓋經訓之使便似涉於人爲今曰天使之則莫之爲而爲故人物之生萬有不齊無不一本而生者若使之然莫非自然是之謂天夷子二本非天矣集註後節釋掩之誠是也以爲若所當然正與此自然二字相應蓋此人事之所當然者即本於天理之

中心達於面目[illegible]一本之愛自然流露處使有二本則何能至是

自然者也

蓋上世嘗有不葬其親者其親死則舉而委之於壑他日過之狐貍食之蠅蚋姑嘬之其顙有泚睨而不視夫泚也非爲人泚中心達於面目蓋歸反虆梩而掩之掩之誠是也則孝子仁人之掩其親亦必有道矣

因夷子厚葬其親而言此以深明一本之意上世謂太古也委棄也壑山水所趨也蚋蚊屬姑語助聲或曰螻蛄也嘬攢共食之也顙額也泚泚然汗出之貌睨邪視也視正視也不能不視而又不忍正視哀痛迫切不能爲心之甚也非爲人泚言非爲他人見之而然也所謂一本者於此見之尤爲親切蓋惟至親故如此在他人則雖有不忍之心而其哀痛迫切不至若此之甚矣反

覆也虆土籠也梩土轝也於是歸而掩覆其親之尸此
葬埋之禮所由起也此掩其親者若所當然則孝子仁
人所以掩其親者必有其道而不以薄爲貴矣
大全慶源輔氏曰此又孟子畧其遁辭而專以其良心
之發有不容已處深明夫惟一本故其於親之哀痛
迫切非他人之所可得同者而因以見先王所制葬埋
之禮必誠必信勿之有悔者固皆自然之理而墨子二
本薄葬之說爲杜撰妄作而不可行也○雙峯饒氏曰
厚葬其親發於其心之不能自已這便是夷子求見孟
子之萌芽孟子就舉上世不葬其親之說亦見得發於
不容已蓋上世不葬其親這一人於心有所不安却掩
之葬親之事自此始若以爲掩得是則孝子仁人之掩

其親亦必自有箇道理以此觀之則厚葬其親自有不容已者葬其親厚則愛無差等之說不攻自破矣集註若所當然四字說掩之誠是一句住

徐子以告夷子夷子憮然爲閒曰命之矣

憮然茫然自失之貌爲閒者有頃之閒也命猶教也言孟子已教我矣蓋因其本心之明以攻其所學之蔽是以吾之言易入而彼之惑易解也

大全朱子曰之字夷子名若作虛字不成句法○雲峯胡氏曰夷子之學墨非也而葬其親厚此一厚字猶是夷子行得是處愛無差等施由親始夷子之所言非也然此一始字猶是夷子說得是處所以可因其本心之明而教之也○新安陳氏曰驗人性之本善於此章尤

可見焉

滕文公章句下

凡十章

陳代曰不見諸侯宜若小然今一見之大則以王小則以霸且志曰枉尺而直尋宜若可爲也

陳代孟子弟子也。小謂小節也。枉屈也。直伸也。八尺曰尋。枉尺直尋猶屈已一見諸侯而可以致王霸所屈者小所伸者大也。

大全南軒張氏曰。謂屈已之事小。致王霸之業大。此自春秋以來風俗習於霸者計較功利之說而有是言○新安陳氏曰。孟子平生以不見諸侯自守。故陳代以此爲問。

章內三且字宜着眼。大王小霸俱自一見得之。不覺一見之爲枉也。卽曰枉矣。所枉少而所直多。故陳代語中一且字。原分兩截探孟子。孟子語中亦有兩且字。亦分兩層荅之。虞人節註謂告之以不可枉見之意。對渠口中不見諸侯宜若小然今一見之言也。以利言節及下所引王良註謂此以下正其所稱枉尺直尋之非。對渠口中枉尺而直尋言也。中間着且夫且字分兩層答之末節如枉道而從彼何也即是申明虞人節如不待其招而往何哉意在巳者未有能直人者也即是申明以利言節枉尋直尺而利亦可爲與意中開着且子過矣且字仍分兩層結之諸侯之不可見自是道不可枉原不計其直不直便直亦不可爲是孟子一層意思況乎可以枉尺直尋即可以枉尋直尺究竟尺亦不能直徒枉而已此又是孟子一層意思勿一滚看過矣節如不待其招而往何哉破他宜若小然之謬見註所謂告之以不可往見

孟子曰昔齊景公田招虞人以旌不至將殺之志士不忘在溝壑勇士不忘喪其元孔子奚取焉取非其招不往也如不待其招而往何哉

田獵也虞人守苑囿之吏也招大夫以旌招虞人以皮冠元首也志士固窮常念死無棺槨棄溝壑而不恨勇士輕生常念戰鬭而死喪其首而不顧也此二句乃孔子歎美虞人之言夫虞人招之不以其物尚守死而不往況君子豈可不待其招而自往見之邪此以上告之以不可往見之意

語類招虞人以旌不至將殺之刀鋸在前而不避非其氣不餒如何強得

大全朱子曰不忘二字是活何須向這裏參取若果識

之意也。末節如枉道而從彼何也。正應此句。此處且未問他所枉如何所直如何。下節乃破他且志曰枉尺直尋之非。

此節正破他所謂枉尺直尋之非也。然說道枉尋直尺畢竟尚有些少直處。尚未直窮到底。到末節枉已者未有能直人者也。較此處又進一步。并尺亦不能直了。則徒枉而已。

得此意。辨得此心。則無入而不自得。而彼之權勢威力亦皆無所施矣。○南軒張氏曰。虞人守官義不敢往。義有重於死故也。使一有畏死之心。應非其招則見利忘義矣。自常情觀之。必重一死而以非其招爲細事。不知義之所在。事無巨細。苟愛一身之死而廢天命之正。則凡可以避死者無不爲。而弑父與君之所由生也。充虞人之心。行一不義而得天下不爲之心也。人紀之所由立也。是以夫子取之

且夫枉尺而直尋者。以利言也。如以利則枉尋直尺而利亦可爲與

此以下。正其所稱枉尺直尋之非。夫所謂枉小而所伸者大。則爲之者計其利耳。一有計利之心。則雖枉多伸

少而有利亦將爲之邪甚言其不可也

大全和靖尹氏曰有枉尺而直尋之心則亦必至於枉尋而直尺矣○慶源輔氏曰人有一計利之心則惟利是務始猶有枉小直大之辨寖寖不已其終併大小皆不復計不至滅天理壞人紀不止也孟子所以極其流而言之

昔者趙簡子使王良與嬖奚乘終日而不獲一禽嬖奚反命曰天下之賤工也或以告王良良曰請復之彊而後可一朝而獲十禽嬖奚反命曰天下之良工也簡子曰我使掌與女乘謂王良良不可曰吾爲之範我馳驅終日不獲一爲之詭遇一朝而獲十詩云不失其馳舍矢如破我不貫與小人乘請辭

引王良只取其守正不必又在王良身上搜求他爲嬖人御及詭遇之術如此使殺風景。

趙簡子晉大夫趙鞅也、王良善御者也、嬖奚簡子倖臣、與之乘爲之御也、復之再乘也、彊而後可嬖奚不肯、彊之而後肯也、一朝自晨至食時也、掌專主也、範法度也、詭遇不正而與禽遇也、言奚不善射、以法馳驅則不獲、廢法詭遇而後中也、詩小雅車攻之篇、言御者不失其馳驅之法、而射者發矢皆中而力、今嬖奚不能也、貫習也、

語類射者御者都合法度方中、嬖奚不能正射、王良以詭御就之、故良不貴之、御法而今尚可尋、但是今人尋得亦無用處、故不肯俟景反、時士大夫無人會騎、此時御法尚存、今射亦有法、一學時便要合其法度、若只是胡亂射、將來又學其法不得、某舊學琴、且亂彈、謂待會

了却依法原來不然其後遂學不得知學問安可不謹厥始○詭遇是做人不當做底行險是做人不敢做底○子路則範我馳驅而不獲者也管仲之功詭遇而獲禽耳○

大全雙峯饒氏曰射者是驅禽獸來迎而射之此禽當中來則可以正射若來得不正則或當左或當右以射之御者自有法度射者不能迎而射之則不中非關御者事詭遇是詭道以遇禽獸射者不能迎而射之而御者以詭遇則得中非射者之能乃御者之力也又曰前引虞人明不可往見之意後引王良明不可枉尺直尋之意

御者且羞與射者比比而得禽獸雖若丘陵弗爲也如枉

如枉道而從彼何也是一層意思中說前如不待其招而往何哉意枉已者未有能直人者也又是一層意思較前枉尋直尺而利亦可為與更進究到盡頭處○枉已者未有能直人此是論了透重識見為功利中人而門下錢聽村云從來英雄豪傑與講經濟作用人其末路最可憐其初只云一見諸侯是亦未嘗不高其聲價也然自失脚之後便再見三見無所不可漸漸習慣雖至于首下尻高搖尾乞憐恬不為異矣其初亦云大則王小則霸是其志願亦未始不

道而從彼何也且子過矣枉已者未有能直人者也

比阿黨也若丘陵言多也○或曰居今之世出處去就不必一一中節欲其一一中節則道不得行矣楊氏曰何其不自重也枉已其能直人乎古之人寧道之不行而不輕其去就是以孔孟雖在春秋戰國之時而進必以正以至終不得行而死也使不䘏其去就而可以行道孔孟當先為之矣孔孟豈不欲道之行哉

語類援天下以道若枉已便已枉道則是已失援天下之具矣更說甚事自家身既已壞了如何直人天下事不可顧利害凡人做事多要趨利避害不知纔有利必有害吾雖處得十分利有害隨在背後不如且在理上求之

大也然至于日暮途窮見事勢漸做不來不得不貶小其結搆日損月削雖至于向所不屑就蝇頭之利亦反若有求之而惟恐不得者矣蓋所枉之尺一日長似一日則所直之尋亦一日短似一日是天下之枉尺直尋者未有不至於枉尋直尺而後已也然蟯螂抱凡蝍卅帶雖其無利亦安爲之枉已者豈有能直人者哉○不是不欲直人是不能直人枉已時行多少下得不能自伸處

大全南軒張氏曰事無巨細莫不有義利之兩端存焉曰此而得禽獸雖若丘陵弗爲也學者要當立此志而後可以守身○新安陳氏曰楊雄謂孔子見陽貨爲詘身以信道龜山謂雄非知孔子者道外無身身外無道身詘矣而可以信道吾未之信也嘗卽此意以讀孟子此章竊謂陳代以不見諸侯爲小節殊不知自君子觀之守孰爲大守身爲大枉巳從人失身莫大焉不可以爲所屈者小也枉巳卽是枉道枉道決不能行道所關之大如此而可視爲小節乎戒枉尋直尺而徇利過人欲也守義而不枉道存天理也不見諸侯凡三章此章一也此篇第七章公孫丑曰不見諸侯何義二也萬章下篇第七章萬章曰敢問不見諸侯何義三也宜參觀

雖并引丈夫而意重女子以女子比儀衍也丈夫且不足爲況大丈夫乎此節只以妾婦反對丈夫下節乃及大字意

之。

○景春曰公孫衍張儀豈不誠大丈夫哉一怒而諸侯懼安居而天下熄

景春人姓名公孫衍張儀皆魏人怒則說諸侯使相攻伐故諸侯懼也

大全新安陳氏曰二人皆破六國之從以爲衡者熄如火之熄滅以兵猶火故也

孟子曰是焉得爲大丈夫乎子未學禮乎丈夫之冠也父命之女子之嫁也母命之往送之門戒之曰往之女家必敬必戒無違夫子以順爲正者妾婦之道也

加冠於首曰冠女家夫家也婦人內夫家以嫁爲歸也夫子夫也女子從人以順爲正道也蓋言二子阿諛苟

廣居正位大道。俱是借用字。居立行亦是比喻說。集註仁禮義是直說。白文畢竟是影喻說仁禮義之理。須就廣居正位大道字面發出。

容竊取權勢乃妾婦順從之道耳非丈夫之事也

大全雙峯饒氏曰儀衍雖使得諸侯懼不過順其欲耳諸侯志在上地二人從而投其所好說之征伐以得土地不過妾婦之事爾丈夫且不可為況大丈夫乎

居天下之廣居立天下之正位行天下之大道得志與民由之不得志獨行其道富貴不能淫貧賤不能移威武不能屈此之謂大丈夫

廣居仁也正位禮也大道義也與民由之推其所得於人也獨行其道守其所得於已也淫蕩其心也移變其節也屈挫其志也○何叔京曰戰國之時聖賢道否天下不復見其德業之盛但見姦巧之徒得志橫行氣焰可畏遂以為大丈夫不知由君子觀之是乃妾婦之道

耳何足道哉

或問大丈夫之說其詳可得聞乎曰廓然大公心不狹隘則所居者眞天下之廣居矣履繩蹈矩身不苟安則所立者必天下之正位矣秉彝循理事不苟從則所行者皆天下之大道矣得志與民由之則出而推此於人也不得志獨行其道則退而樂此於已也如是則富貴豈能誘而淫其心貧賤豈能撓而移其志威武豈能脅而屈其節哉此其下視儀衍之以睢盱側媚得志於一時眞可謂妾婦之爲而所謂大丈夫者其不在彼而在此也決矣然此數言者皆以居廣居立正位行大道爲主而此三言者又以廣居爲主也

語類問廣居正位大道曰廣居是廓然大公無私欲之

敝正位是所立處都無差過大道是事事做得合宜居字是就存心上說立字是就處身上說行字是就處事上說。居者心之所存廣居無私意也才有私意則一分爲二二分爲四四分爲八只見分小著立者身之所處正位者當爲此官則爲此官當在此則在此行者非之所由大道者非偏旁之徑荊棘之塲人生只是此三事。居天下之廣居立天下之正位行天下之大道唯集義養氣方到此地位富貴不能滛貧賤不能移威武不能屈以浩然之氣對着他便能如此彼以其富我以吾仁彼以其爵我以吾義在彼者皆我之所不爲也在我者皆古之制也吾何畏彼哉又曰浩然之氣須是養有下工夫處居廣居以下是既有浩然之氣方能如此

白文廣居三句。自是平說或問及胡氏自是推論如此且照白文爲是

○問如欲授孟子室養弟子以萬鍾孟子若去那裏亦便不是正位林擇之云如不與驩言之事亦是正位曰然

大全雲峯胡氏曰集註於三句雖平說朱子廣居一句極重仁者之心以天地萬物爲一體如廣居之内何所不容其所立所行從可知矣○由謂與民共由此仁禮義也所得亦即此三者道即仁禮義之道○趙氏曰富貴則求得欲從故易至蕩其心貧賤則居約處困故易至變其節遇威武又易至隕獲震懼故多挫攝其志氣

○南軒張氏曰公孫衍張儀持合從連衡之說以動諸侯景春徒見其言足以押闔搖撼而遂以爲大丈夫其說固爲陋矣而孟子以衍與儀比妾婦之道者蓋事君

以彌違爲義不嘗狥其欲也衍與儀不知正救其心術而徒探其意之所欲爲以神其說此何以異於妾婦之道無違夫子以順爲正者乎人受天地之中以生與天地萬物本無有閒惟其私意自爲町畦而失其廣居失其廣居則遷貳流蕩亦無以立於正位而行其大道矣與民由之與其由乎此也雖不得志此道未嘗不由於已也不能淫不能淫此不能移不能移此不能屈不能屈此也此者何也廣居正位大道是也蓋得乎已而外物舉不足以貳之也所謂大丈夫者蓋如此

○周霄問曰古之君子仕乎孟子曰仕傳曰孔子三月無君則皇皇如也出疆必載質公明儀曰古之人三月無君則弔

此章前半是急仕後半是難仕周霄意中本以詰孟子之難仕却從急仕意縱令孟子使深入然後以難仕一句擒捉須看得急仕

難仕。判然兩槪。孟子點出道字。急仕難仕。只是一般。末節注君子雖不潔身以亂倫。指急仕。而亦不徇利而忘義。指難仕。二句括盡一章。

急仕之故。爲其廢祭。是一義也。爲不得行道及人。又一義也。孟子但就古人重祭之故言之。未及行道及人一邊。本所引傳及公明儀語中三月字言之也。或問是補孟子言外意。

周霄魏人。無君謂不得仕而事君也。皇皇如有求而弗得之意。出疆謂失位而去國也。贄所執以見人者。如士則執雉也。出疆載之者。將以見所適國之君而事之也。

或問。君子之必仕何也。曰。內則父子。外則君臣。人之大倫也。況君子學先王之道。必得君而事之。然後有以行其道而及於人。使其君爲堯舜之君。其民爲堯舜之民。是君子之所願欲也。退而窮處。葢不得已而然耳。

大全周禮春官大宗伯以禽作六摯。以等諸侯。孤執皮帛。卿執羔。大夫執鴈。士執雉。庶人執鶩。工商執雞。疏摯之爲言至也。所執以自致也。亦作贄。皮帛者。束帛而表以爲之飾。皮虎豹之皮。羔小羊。取其羣而不失其類。鴈取其候時而行。雉取其守介而死。不失其節。鶩取其不白文雖士與諸侯並引。然士是主諸侯是客。大全引禮記周禮穀梁解耕助蠶繅雖兼天子諸侯王后夫人然天子是客諸侯又是主王后是客夫人是主。

飛先鷄取其守時而動

周霄問也以已逼太也後章放此

大全雙峯饒氏曰一年有四時之祭若失位三月便廢此一祭故可弔弔其不得祭非弔其不得君

三月無君則弔不以急乎

曰士之失位也猶諸侯之失國家也禮曰諸侯耕助以供粢盛夫人蠶繅以爲衣服犧牲不成粢盛不潔衣服不備不敢以祭惟士無田則亦不祭牲殺器皿衣服不備不敢以祭則不敢以宴亦不足弔乎

禮曰諸侯爲籍百畝冕而青紘躬秉耒以耕而庶人助以終畝收而藏之御廩以供宗廟之粢盛使世婦蠶于公桑蠶室奉繭以示于君遂獻于夫人夫人副褘受之

繅三盆手遂布于三宫世婦使繅以爲黼黻文章而服以祀先王先公又曰士有田則祭無田則薦黍稷曰粢在器曰盛牲殺牲必特殺也皿所以覆器者

大全記祭義昔者天子爲籍千畝冕而朱紘纓也躬秉耒諸侯爲籍百畝冕而青紘躬秉耒以事天地山川社稷先古以爲醴酪粢音咨盛於是乎取之敬之至也〇周禮天官甸師掌帥其屬而耕耨王籍以時入之以共粢盛王以孟春躬耕帝籍天子三推三公五推卿諸侯九推庶人終千畝籍之爲言借也王一耕之而使庶人耘芓終之粢盛祭祀所用穀也粢稷也穀以稷爲長在器曰盛〇穀梁傳桓公十四年天子親耕以供粢盛王后親蠶以供祭服甸粟而內三宮三宮米而藏之御廩

甸甸師掌田之官也三宫三夫人也宗廟之禮君親割夫人親舂之〇周禮冬官考工記曰青與赤謂之文赤與白謂之章白與黑謂之黼黑與青謂之黻五采備謂之繡〇記祭義古者天子諸侯必有公桑蠶室近川而爲之及大昕之朝君皮弁素積卜三宫之夫人世婦之吉者使入蠶於蠶室大昕季春朔日之朝也諸侯三宫半王后也奉種浴於川桑於公桑風戾以食之風戾之使露氣燥乃以食蠶蠶性惡濕世婦卒蠶奉繭以示於君遂獻繭于夫人夫人曰此所以奉爲君服與平聲遂副禕而受之副禕正后之服因少牢以禮之及良日夫人繅三盆手三盆手者三淹也凡繅每淹大總以手振之以出緒也遂布于三宫夫人世婦之吉者使繅遂朱

集註夫人副褘受之。即指諸侯之夫人。不指王后以註使世婦使宗。即承諸侯字貫下。是諸侯使之也

綠之玄黃之以爲黼黻文章服既成君服以祭先王先公敬之至也○東陽許氏曰紘以組爲之而屬兩端於武所以固冕於首也副者王后之首服猶王之冕褘者王后之衣猶王之衮衣二者皆王后之服此言諸侯之夫人者禮記注謂容二王之後與○吳氏程曰副編髮爲之所以覆首爲飾褘與翬同刻繒爲之形而采畫之綴於衣也○趙氏德曰周禮内司服掌王后六服褘衣其一其色玄追師掌王后首服爲副夏后氏冠名故以名冠冕之官副遺象若今之步揺副褘皆祭服○記王制大夫士宗廟之祭有田則祭無田則薦庶人春薦稷夏薦麥秋薦黍冬薦稻 有田者旣祭又薦新祭以首時薦以仲月○慶源輔氏曰此先王之制必如是然後能

自盡其心。至於不得奉祭祀則神不容以自安而人亦以為弔焉古人之重祭祀也如此○雙峯饒氏曰三月無君則弔恐是為士先有位後失位者言之畢竟子為士則祭以士子為大夫則祭以大夫尋常有祭一旦失位而不得祭一年有四時之祭若失位三月便廢一祭故可弔之弔其不得祭非弔其不得君也古人重祭祀故如此不然則如何三月無君便弔

出疆必載質何也

周霄問也

曰士之仕也猶農夫之耕也農夫豈為出疆舍其耒耜哉

曰晉國亦仕國也未嘗聞仕如此其急仕如此其急也君子之難仕何也曰丈夫生而願為之有室女子生而願為

未嘗不欲仕也何。結前半急仕。又惡不由其道何。結後半難仕。拈出一道字。急仕難仕。總是一般。總須以道爲正乎

之有家父母之心人皆有之不待父母之命媒妁之言鑽穴隙相窺踰牆相從則父母國人皆賤之古之人未嘗不欲仕也又惡不由其道不由其道而往者與鑽穴隙之類也

晉國解見首篇仕國謂君子游宦之國霄意以孟子不見諸侯爲難仕故先問古之君子仕否然後言此以風切之也男以女爲室女以男爲家妁亦媒也言爲父母者非不願其男女之有室家而亦惡其不由道葢君子雖不潔身以亂倫而亦不徇利而忘義也

大全慶源輔氏曰周霄亦頗有策士之風但孟子據道之極不爲其所動直述其義理以告之而已○士之仕猶男女之願有室家者此正理也至於爲人男女而不

此與素餐章同意。更見爲無事。不知入孝出悌。守先待後。即其事也。不但有事而且有功。自君子而言。固無求食之志。自食君子者而言。則不可不報其功。

待父母之命。媒妁之言。鑽穴隙相窺。踰墻相從。則父母國人皆賤之。而仕者不循天理之正。不俟人君之招。屈己以徇利。枉道以事君。則爲聖賢之學者皆賤之。直與見女子相窺相從者無異。故君子之於仕。未嘗潔身以亂倫而長往不顧。亦未嘗徇利忘義而屈道以伸身也。

〇彭更問曰。後車數十乘。從者數百人。以傳食於諸侯。不以泰乎。孟子曰。非其道。則一簞食不可受於人。如其道。則舜受堯之天下。不以爲泰。子以爲泰乎。

彭更。孟子弟子也。泰。侈也。

曰。否。士無事而食。不可也。

言不以舜爲泰。但謂今之士無功而食人之食。則不可也。

子不不字。貫二句。謂不通功易事。不以羨補不足也有餘是好字樣。此只照註作無用字看。先王之道所包自廣。上堯舜之禪受。本文之孝弟。下文之仁義皆是也。

曰子不通功易事以羨補不足則農有餘粟女有餘布子如通之則梓匠輪輿皆得食於子於此有人焉入則孝出則悌守先王之道以待後之學者而不得食於子子何尊梓匠輪輿而輕爲仁義者哉

通功易事謂通人之功而交易其事羨餘也有餘言無所貿易而積於無用也梓人匠人木工也輪人輿人車工也

大全新安陳氏曰傳先王之道雖未得行於當時守先王之道乃可以傳之來世此其繼往聖開來學有功於吾道甚大孟子蓋自謂也○趙氏惪曰梓人成器械以利用匠人營宮室以安居輪人作車輪以運行輿人作車輿以利載

集註分別自我而言自彼而言兩下分數最明在我之志固不求食在彼則不可以我志不在食并其功亦忘之而不食也在彼果能食功自是彼分內事在我終不以彼之食功而稍容心於食也印文三子字兩其字側註在彼一邊說

曰梓匠輪輿其志將以求食也君子之為道也其志亦將以求食與曰子何以其志為哉其有功於子可食而食之矣且子食志乎食功乎曰食志

孟子言自我而言固不求食自彼而言凡有功者則當食之

或問孟子之論食志食功之別何也曰食志而不食功則正上下遠而苟賤不廉之人至食功而不審其大小之分則梓匠輪輿得以加諸為仁義者上矣

大全南軒張氏曰君子之志固不在食而為國者知其有功則當食之夫王者之祿夫人為有以賴其用而可祿耳豈必以其志之欲而祿之哉如以其志是率天下而利也

功亦有兩樣守先待後之功其功微而難見行道濟時之功其功顯而易知使吾道大行澤被生民雖更亦知其功而不以爲忝矣惟其不然故以爲無事而不知其事之大功之巨也見顯而不見微更亦陋矣哉

曰有人於此毁瓦畫墁其志將以求食也則子食之乎曰否曰然則子非食志也食功也

墁牆壁之飾也毁瓦畫墁言無功而有害也既曰食功則以士爲無事而食者眞尊梓匠輪輿而輕爲仁義者矣

大全新安陳氏曰此章當與盡心上不素餐兮章參看君子居是國君用之則安富尊榮子弟從之則孝弟忠信縱未能爲當世開太平亦足以繼往聖之絶學而爲後世開太平其有功於道統者爲何如更等乃以無事而食議之抑何其無知也食志爲人上者不當言食功則功之大小輕重所當辨志可以觀人非所以食人專食志則志貪饕者皆得食矣食功而不審其大小輕重

宋不行王政只在不爲百姓上見得中間引湯曰爲匹夫匹婦復仇曰誅其君弔其民引武曰綏厥士女曰救民水火以此見宋之果不行王政也

則僅有功於器物者得以加諸有功於吾道者矣

○萬章問曰宋小國也今將行王政齊楚惡而伐之則如之何

萬章孟子弟子宋王偃嘗滅滕伐薛敗齊楚魏之兵欲霸天下疑即此時也

大全史記宋世家偃立爲君十一年自立爲王東敗齊取五城南敗楚取地三百里西敗魏軍乃與齊魏爲敵國盛血以韋囊懸而射之命曰射天淫於酒婦人羣臣諫者輒射之於是諸侯皆曰桀宋宋其復爲紂所爲不可不誅告齊伐宋王偃四十七年齊湣王與魏楚伐宋殺王偃遂滅宋而三分其地

孟子曰湯居亳與葛爲鄰葛伯放而不祀湯使人問之曰

晚村云。王者只爲義。所以但望人好。伯者只爲利。所以但望人不好。王者之于天下。每遲遲而後得之。所以然者。冀人之悔也。伯者亦遲遲而後得之。所以然者。益人之疾也。後世人心與三代懸絶。只爲這些子。

何爲不祀。曰無以供犧牲也。湯使遺之牛羊。葛伯食之。又不以祀。湯又使人問之曰。何爲不祀。曰無以供粢盛也。湯使亳衆往爲之耕。老弱饋食。葛伯率其民要其有酒食黍稻者奪之。不授者殺之。有童子以黍肉餉。殺而奪之。書曰。葛伯仇餉。此之謂也。

葛國名。伯爵也。放而不祀。放縱無道。不祀先祖也。亳衆。湯之民。其民。葛民也。授。與也。餉。亦饋也。書。商書仲虺之誥也。仇餉。言與餉者爲仇也。

爲其殺是童子而征之。四海之内皆曰。非富天下也。爲匹夫匹婦復讎也。

非富天下。言湯之心非以天下爲富而欲得之也。

或問湯爲童子復讐而四海之内皆知其非富天下。何

征葛不是爲伐夏先声。若說似欲伐夏而先征葛則征葛爲陰謀不道矣湯之心不爲救民遇當征則征之。自葛載亦偶然耳

也曰聖人之心廓然大公表裏洞達故一有所爲則天下信之如雨暘寒暑之無不感而無不通也然書所謂葛伯仇餉者非孟子之言則人孰知其曲折之如此哉

陽貨歸豚亦類此

湯始征自葛載十一征而無敵於天下東面而征西夷怨南面而征北狄怨曰奚爲後我民之望之若大旱之望雨也歸市者弗止芸者不變誅其君弔其民如時雨降民大悅書曰徯我后后來其無罰

載亦始也十一征所征十一國也餘已見前篇

大全趙氏惪曰所征十一國按詩商頌韋顧既伐昆吾夏桀韋豕韋也顧國也昆吾氏也三國黨於桀惡湯先伐韋顧克之昆吾夏桀則同時誅也據此則曰葛曰韋

征綏不兩時不是旣征了然後綏之如後世還定安集之說其征處即是其綏處便可想見取殘救民之意。

曰顧曰昆吾曰夏桀又尚書云遂伐三朡凡六伐餘無可考○新安陳氏曰此湯行王政而王之事也

有攸不爲臣東征綏厥士女匪厥玄黄紹我周王見休惟臣附于大邑周其君子實玄黄于匪以迎其君子其小人簞食壺漿以迎其小人救民於水火之中取其殘而已矣

按周書武成篇載武王之言孟子約其文如此然其辭特與今書文不類今姑依此文解之有所不爲臣謂助紂爲惡而不爲周臣者匪與篚同玄黄幣也紹繼也猶言事也言其士女以篚盛玄黄之幣迎武王而事之也商人而曰我周王猶商書所謂我后也休美也言武王能順天休命而事之者皆見休也臣附歸服也孟子又釋其意言商人聞周師之來各以其類相迎者以武王

能救民於水火之中取其殘民者誅之而不爲暴虐耳
君子謂在位之人小人謂細民也
太誓曰我武惟揚侵于之疆則取于殘殺伐用張于湯有光
太誓周書也今書文亦小異言武王威武奮揚侵彼紂之疆界取其殘賊而殺伐之功因以張大比於湯之伐桀又有光焉引此以證上文取其殘之義
大全新安陳氏曰此武王行王政而王之事也
不行王政云爾苟行王政四海之內皆舉首而望之欲以爲君齊楚雖大何畏焉
宋實不能行王政後果爲齊所滅王偃走死○尹氏曰爲國者能自治而待民心則天下皆將歸往之恨其征

欲王之善其意則是其術則諫下節妙處正要從上節比喻處見意味。

伐之不早也。尚何彊國之足畏哉。苟不自治而以彊弱之勢言之。是可畏而已矣。

大全慶源輔氏曰。尹氏說盡後世爲國而不自彊。但以彊大爲畏者之病。誠能反是道而求之於己。則知仁者之果無敵。而帝王之道。是誠在我而已。○問趙氏註修德無小。暴慢無彊。晁補之曰。修德無小。能修德則小可大。暴慢無彊。遇修德則彊必弱。

○孟子謂戴不勝曰。子欲子之王之善與。我明告子。有楚大夫於此。欲其子之齊語也。則使齊人傅諸。使楚人傅諸。曰。使齊人傅之。曰。一齊人傅之。衆楚人咻之。雖日撻而求其齊也。不可得矣。引而置之莊嶽之閒數年。雖日撻而求其楚。亦不可得矣。

獨少也。不是虛活字

戴不勝，宋臣也。齊語，齊人語也。傅，教也。咻，讙也。齊語，齊語也。莊嶽，齊街里名也。楚，楚語也。此先設譬以曉之也。

子謂薛居州善士也，使之居於王所。在於王所者，長幼卑尊皆薛居州也，王誰與爲不善？在王所者，長幼卑尊皆非薛居州也，王誰與爲善？一薛居州，獨如宋王何？

居州亦宋臣。言小人衆而君子獨，無以成正君之功。

‖大全南軒張氏曰：衆君子之間，置一小人，猶足以蔽主而敗類；一君子而遇衆小人，且不能安其身，如正君何？格君之任，有孟子而戴不勝不能知也，尚何望焉？○慶源輔氏曰：古之人臣欲正其君者，豈特取辦於一人而已哉？必也兼收並蓄，旁求廣取，使忠賢之士畢集于朝，在君之左右前後者，無非正人端士，然後可以薰陶漸此章總註斷盡聖人禮義之中正指孔子節過之者傷于迫切而不洪指段干木節不及者淪于汙賤而可耻指曾子子路節只要存義如何孔子是義之至精段干木泄柳於義亦未盡末節所言則全無義了晚村云章旨以不見爲主却反引孔子之見陽貨爲

柒以變化其氣質成就其德性是豈獨欲趨事赴功而已哉○雲峯胡氏曰此篇言宋事者三章正好通看前章謂宋不行王政後章不能什一去關市之征見得實不能行王政此章言小人衆而君子獨見宋之所以不能行王政也

○公孫丑問曰不見諸侯何義孟子曰古者不爲臣不見

不爲臣謂未仕於其國者也此不見諸侯之義也

語類問公孫丑言孟子不見諸侯何故千里來見梁惠王曰以史記考之此是梁惠王招之而至其曰千里而來者亦是勞慰之辭爾孟子出處必不錯了如平日在諸侯國內雖不爲臣亦有時去見他若諸侯來召則便不去蓋孟子以賓師自處諸侯有謀則就之如孟子一

證何也。證義。非證。不見也。以不見爲主。則所謂不見者只是死法。惟以義爲主。則不見之說方精。泄柳段干木只是執定不見。經執定不見便不盡義。惟孔子辨之至精其見其不見一以義爲斷則固非二子之所及者矣。至于末節又单重在養字。蓋聖人應變之權固非初學之所能然士必先有廉耻之心而後可以辨禮義也

二子雖是執定不見然迫斯可以見。不聞不迫而遽可以見也指高二子不得。以下文尚有孔子在放倒二子不得。以本引以證上

日將見王。王不合使人來道我本就見。緣有疾不可以風不知可以來見否。孟子才聞此語。便不肯去。時坐間有楊方縣丞者云、弟子稱其師不見諸侯、必是其師尋常如此、其見梁惠王、亦須有說、但今人不肯便信他說話、只管信後人言語、所以疑得孟子如此、○孟子之時、時君重士、爲士者不得不自重、故必待時君致敬盡禮而後見、自是當時做得箇規模如此定了。如史記中列國之君擁篲先迎之類、却非是當世輕士而孟子有意於矯之以自高也。因說孟子不見諸侯及此、

段干木踰垣而辟之。泄柳閉門而不内。是皆已甚。迫斯可以見矣

段干木魏文侯時人、泄柳魯繆公時人、文侯繆公欲見

文不見之義也

此二人而二人不肯見之蓋未爲臣也已甚過甚也迫謂求見之切也

語類至云看得孟子於辭受取舍進退去就莫非天理時中之妙無一毫人欲之私無一毫過不及之病如謂段干木踰垣而避之泄柳閉門而不納是皆已甚迫斯可以見矣充仲子之操則蚓而後可謂非其有而取之者盜也充類至義之盡辭曰聞戒餽贐可受則受之皆無一毫過不及無一毫私意曰道理固是恁地而今有此事到面前這道理又却那裏安頓

大全慶源輔氏曰士固當守義而不往見國君如二君屈己求見意已誠切聖賢處此必將出見今拒絶之如此則過甚而非義矣

註可見云者。義可見也。只要看義如何。不爲臣不見亦是義當然耳。學孔子者。當學其精義。見不見非可預定也。

陽貨欲見孔子而惡無禮大夫有賜於士不得受於其家則往拜其門陽貨瞯孔子之亡也而饋孔子蒸豚孔子亦瞯其亡也而往拜之當是時陽貨先豈得不見

此又引孔子之事以明可見之節也。欲見孔子欲名孔子來見已也、惡無禮畏人以已爲無禮也、受於其家對使人拜受於家也、其門大夫之門也、瞯窺也、陽貨於魯爲大夫孔子爲士、故以此物及其不在而饋之、欲其來拜而見之也、先謂先來加禮也、

大全慶源輔氏曰陽貨欲見孔子而惡無禮、雖小人秉彜不可殄。貨既先來加禮於已。則已烏得而不荅之。然貨之意則非誠矣。故但往荅其禮而不欲見其人。是亦不屑之教誨也。天地之施與萬物者。豈有差忒哉。〇新

安陳氏曰往答其禮禮也不欲見其人義也

曾子曰脅肩諂笑病于夏畦子路曰未同而言觀其色赧赧然非由之所知也由是觀之則君子之所養可知已矣

脅肩竦體諂笑強笑皆小人側媚之態也病勞也夏畦夏月治畦之人也言爲此者其勞過於夏畦之人也未同而言與人未合而強與之言也赧赧慙而面赤之貌由子路名言非己所知甚惡之之辭也孟子言由此二言觀之則二子之所養可知必不肯不俟其禮之至而輒往見之也○此章言聖人禮義之中正過之者傷於迫切而不洪不及者淪於汙賤而可恥

大全南軒張氏曰若不當往見而往見是苟賤以求合與脅肩諂笑未同而言者何以異○慶源輔氏曰曾子

重厚篤實故視小人側媚之態如病于夏畦之人而深憐之子路剛勇果決故以未同而言赧赧其色者爲非已所知而深惡之二子所守如此雖各因其資質然亦是學力所就也○慶源輔氏曰孔子之事禮義之中正也差以毫釐則失之矣于木泄柳則過乎禮義之中正矣故傷於迫切而不洪曾子子路之所言則不及乎禮義之中正者故淪於汚賤而可恥此君子之行已所以戰戰兢兢而唯恐有過不及之失也然與其汚賤之可恥寧失於迫切而不洪段干泄柳猶爲狷者也○雙峯饒氏曰觀陽貨事則不特諸侯不可見觀曾子子路之言則不特不可往見雖平交之人亦不可强與之言蓋物不可以苟合○雲峯胡氏曰士尚志傷於迫切者畢

晩村云義利不兩立。義只是當下。有箇是非。便有箇可否。斷決豈有此半間不界。依違躊躇之意哉。縂如

雖未洪。猶不失爲志之高。淪於汚賤者。其志甚卑。無足道矣。

○戴盈之曰什一去關市之征今茲未能請輕之以待來年然後已何如

盈之亦宋大夫也、什一井田之法也、關市之征商賈之稅也已止也、

孟子曰今有人日攘其鄰之雞者或告之曰是非君子之道曰請損之月攘一雞以待來年然後已

攘物自來而取之也損減也

如知其非義斯速已矣何待來年

知義理之不可而不能速改與月攘一雞何以異哉

精義楊曰馬周言事毋事須開人主一線路終是不如

此便知其原在利上計較不曾知義也若知義便不利也須速已既決然速已自然有已中商量經濟又云什一去征說來只一句做時須有許多經營次第本末利弊在盈之如何知得不知而請輕請待漢武吾欲云云故是設辭耳

魏徵之正如諫太宗避暑事親之道甚善然又曰鑾輿之出有日不可遽止願示還期若事非是即從而止之何用如此此正孟子所謂月攘一雞者豈是以堯舜望其君乎

大全南軒張氏曰君子之遠不義也如惡惡臭其不敢邇也如探湯其不敢須臾寧也如坐塗炭而其徙義也如飢渴之於飲食蓋見之之明而決之之勇以爲不如是則不足以自拔而自新也士之持身於改過遷善之際而爲盈之之說則將終身汩沒於過失之中人臣之謀國於革弊復古之事而爲盈之之說則終陷於因循苟且之域故自修身至于治國知仁勇之三德缺一不可也知以知之仁以行之勇以決之可不務哉〇慶源

一治一亂。兩一字是循環未有終窮之義。此是氣化上事。然雖氣化如此。聖賢處治亂之中。却不敢恝然無所用其心。方其治而未亂。而將亂也。却不敢道是氣化。將亂而不爲持盈保治之思。及其亂而未治而將治也。却不敢道是氣化。將治而不爲撥亂反治之

輔氏曰天下事只有義利兩端纔出義便以利言也焉有兩存之理若知義理之不可而猶有吝惜之意不肯速改則亦終歸於悠悠必不能自拔而自新矣○新安陳氏曰請輕之如減日攘爲月攘不知其非義不智也知其非義而不速改不勇也不智之罪小不勇之罪大

○公都子曰外人皆稱夫子好辯敢問何也孟子曰予豈好辯哉予不得已也天下之生久矣一治一亂

生謂生民也一治一亂氣化盛衰人事得失反覆相尋理之常也

語類問孟子豈好辯章先生令看大意曰此段最好看看見諸聖賢遭時之變各行其道是這般時節其所以正救之者是這般樣子這見得聖賢是甚麼樣大力量

誤是治亦憂亂亦憂聖賢之心固無日而已也故曰予不得已後面所引三聖之治都不是自然而治的皆是從極亂中撥亂世反之治孟子之心亦猶是也若泛說氣化治亂則一治一亂自是常理不幾聖賢多事乎

恰似天地有闕陷處得聖賢出來補得教周全補得周全後過得稍久又不免有闕又得聖賢出來補這見聖賢是甚力量直有闔闢乾坤之功

大全巖庵程氏曰氣化在天者有盛有衰盛焉而治衰焉而亂也事理在人者有得有失得焉而治失焉而亂也治不生於治而生於亂亂不生於亂而生於治如環無端此理之常固無足惟所貴乎聖賢之生斯世亦惟以理御氣庶幾反失而得反衰而盛反亂而歸於治焉耳〇雲峯胡氏曰古今一治一亂只是氣化人事反覆相尋於無窮或氣化有盛衰而人事之得失於是乎生或人事有得失而氣化之盛衰於是乎轉反覆相尋皆理之常也〇新安陳氏曰學者當深察孟子所以不得

此一亂在氣化而禹以人事治之使禹得已且已亂極而聽其自治便不足以爲禹○晚村云講水災是堯之災警予是堯之警此一亂與後世人事感召之亂不同卽亂中見天之運數聖之氣象

已之心下文詳之章末又申言此二句以結之豈惟孟子凡聖賢出而任三才扶三綱皆不得而已也一治一亂乃此章綱領下文節節照應之

當堯之時水逆行氾濫於中國蛇龍居之民無所定下者爲巢上者爲營窟書曰洚水警余洚水者洪水也

水逆行下流壅塞故水倒流而旁溢也下下地上高地也營窟穴處也書虞書大禹謨也洚水洚洞無涯之水也警戒也此一亂也

大全慶源輔氏曰此一亂純由乎氣化也○雲峯胡氏曰自開闢至于堯之時不知幾治亂斷自堯起有微也洚水自繫乎氣化而曰警余未嘗不反而求諸人事也所以此一亂卽轉而爲一治也

是水由地中。不是江淮河漢而由地中。四水特標其大者耳。水固不止此也。而水皆由地中則水之無不治可知。只就四水指點却不以四水爲主。

此一亂在人事而周公以人事治之使周公得已且已亂極而聽其自治便不

使禹治之禹掘地而注之海驅蛇龍而放之菹水由地中行江淮河漢是也險阻既遠鳥獸之害人者消然後人得平土而居之

掘地掘去壅塞也菹澤生草者也地中兩涯之間也險阻謂水之氾濫也遠去也消除也此一治也

大全慶源輔氏曰此一治氣化人事相參者也夫人與鳥獸亦相爲多寡盖同稟於氣故也繁氣盛則正氣衰正氣多則繁氣少聖人於其間有造化之用亦時焉而已○新安陳氏曰洪水乃治世之一亂禹反其亂而治之此禹之不得已於有爲者也

堯舜既沒聖人之道衰暴君代作壞宮室以爲汙池民無所安息棄田以爲園囿使民不得衣食邪說暴行又作園

是以爲周公。此一治亂。輔氏雖兼氣化然以人事爲主亂是人做壞了的治又是人做好了。

園汙池沛澤多而禽獸至及紂之身天下又大亂

暴君謂夏太康孔甲履癸商武乙之類也宮室民居也沛草木之所生也澤水所鍾也自堯舜沒至此治亂非一及紂而又一大亂也

大全慶源輔氏曰此一亂氣化人事相符者也自堯舜沒其間夏太康至商武乙等暴君不一雖以類數至紂而大敗極亂而無以復加矣故直推至紂時言之想見夏桀之時亦未必有飛廉等惡人與夫虎豹犀象之害也○雙峯饒氏曰暴行即上面壞宮室棄田宅也暴行通上下而言必有邪說糊塗了箇理義然後暴行始作

周公相武王誅紂伐奄三年討其君驅飛廉於海隅而戮之滅國者五十驅虎豹犀象而遠之天下大悅書曰丕顯

主人翁自是周公引文武謨烈只要証周公之功耳故後總結三輩有周公而不及文武勿認客爲主然上文言周公相武王則文武雖同是客而武王又是客中之主

哉文王謨丕承哉武王烈佑啓我後人咸以正無缺

奄東方之國助紂爲虐者也飛廉紂幸臣也五十國皆紂黨虐民者也書周書君牙之篇丕大也顯明也謨謀也承繼也烈光也佑助也啓開也缺壞也此一治也

大全慶源輔氏曰此一治又氣化人事相參者也與書言文王武王謀謨之大功業之光所以佑助開迪夫後人者莫非正大之道周全盡美而無一毫缺壞之失也蓋正可爲也無缺爲難無缺謂禮樂刑政四達而不悖三千三百之儀與至誠無倚之道並立而不偏凡所以正德利用厚生之具無一之不備防僞禁邪正慝之法無一之或隳然後可以爲無缺至戰國時則道墜于地而無復有存者矣〇趙氏曰按奄國在淮夷之北飛廉

此一亂在人事而孔子以人事治之使孔子得已且已亂極而聽其自治便不足以爲孔子此一治亂輔氏亦兼氣化然以人事爲主。

善走以材力事紂周武王伐紂幷殺之○新安陳氏曰商未大亂武王周公反其亂而治之此武王周公之不得已於有爲者也。

世衰道微邪說暴行有作臣弑其君者有之子弑其父者有之

有作之有讀爲又古字通用○此周室東遷之後又一亂也

大全慶源輔氏曰此一亂又氣化人事相符者也前乎此者雖曰世亂然但禽獸繁殖有以戕民之生而猶未至賊人之性至此以後則遂至傷壞人倫將使人盡爲禽獸之歸其禍又慘矣此一亂又甚於前日是亦氣化人事之使然也

知我罪我兩種人俱是有見解的俱是說得着孔子的覩集討使亂臣賊子禁其欲而不得肆何未嘗將罪我半邊說壞可見說村云只春秋天子之事也一句內知罪兩種道理並到知我罪我合下道理如此聖人只在春秋上講不管天下後世有此兩種人議論也若為天下後世人知罪着想則似知我是而罪我非要知我而病罪我矣不道聖人知罪二字只作一例看乃見天理人情之極至

孔子懼作春秋春秋天子之事也是故孔子曰知我者其惟春秋乎罪我者其惟春秋乎

胡氏曰仲尼作春秋以寓王法惇典庸禮命德討罪其大要皆天子之事也知孔子者謂此書之作遏人欲於横流存天理於既滅為後世慮至深遠也罪孔子者以謂無其位而託二百四十二年南面之權使亂臣賊子禁其欲而不得肆則戚矣然謂孔子作春秋以討亂賊則致治之法垂於萬世是亦一治也

語類問孔子作春秋空言無補亂臣賊子何緣便懼且何足為春秋之一治曰非說當時便一治只是存得箇治法使這道理光明燦爛有能舉而行之為治不難當時史書掌於史官想人不得見及孔子取而筆削之而

其義大明孔子亦何嘗有意說用某字使人知勸用某字使人知懼用某字有甚微詞奥義使人曉不得足以褒貶榮辱人來不過如今之史書直書其事善者惡者了然在目觀之者知所懲勸故亂臣賊子有所畏懼而不犯耳近世說春秋者太巧皆失聖人之意又立爲凡例加某字其例爲如何去某字其例爲如何盡是胡說

問孔子所書辭嚴義簡若非三傳詳著事迹也曉得筆削不得曰想得孔子作書時事迹皆在門人弟子皆曉得聖人筆削之意三家懼其久而泯沒也始皆筆之於書流傳既久是以不無訛謬然孔子已自直書在其中如云夫人姜氏會齊侯于某公與夫人姜氏會齊侯于某公薨于齊公之喪至自齊夫人孫于齊此等顯然在

今人讀春秋却只靠他凡例朱子却不如此說

目雖無傳亦可曉且如楚子侵中國得齊桓公與之做頭抵攔遏住他使之不得侵齊桓公死又得晉文公攔遏住如横流泛濫硬做隄防不然中國爲濟浸必矣此等義何難曉問讀春秋之法曰無它法只是據經所書之事迹準折之以先王之道某是某非某人是底猶有未是處不是底又有彼善於此處自將道理折衷便見如看史記秦之所以失如何漢之所以得如何楚漢交爭楚何以亡漢何以興其所以爲是非得失成敗盛衰者何故只將自家平日講明底道理去折衷看便見看春秋亦如此只是聖人言語細密要人子細斟量考索耳問胡文定春秋解如何曰說得太深蘇子由教人看左傳不過只是看它事之本末而以義理折衷去取之

耳。

大全新安倪氏曰書臯陶謨篇云天叙有典勑我五典五惇哉天秩有禮自我五禮五庸哉同寅協恭和衷哉天命有德五服五章哉天討有罪五刑五用哉政事懋哉懋哉書言天子治天下之事孔子作春秋其大旨正以明此治天下之事而爲後世法也○惇典之惇集註避宋光宗諱而以厚字代之○吳氏程曰以慮後世而知聖人者君子也故幸其存天理遏人欲以託前面而罪聖人者小人也故戚其不得肆欲○慶源輔氏曰此一治又純乎人事者也雖氣化不應而不使孔子得位以撥亂而反之正然討亂賊垂治法其功又大於舜禹矣○雲峰胡氏曰集註前言禹與周公之功曰此一治

此一亂在人事而孟子欲承禹周孔三聖以人事治之使孟子得已且已便不是以爲孟子○朱子曰來

也此當時之治也此言孔子春秋之功曰此亦一治也萬世之治也○新安陳氏曰孔子雖不能興治道於當時而能垂治法於後世蓋在當時倫紀亂矣孔子欲反其亂而治之此孔子之不得已於有言者也○朱氏公遷曰思無邪王者之迹熄而詩亾及此節總論一經之旨孔子之論詩是欲人知其要孟子之論春秋是欲人知其義王者迹熄一章是明孔子作春秋之法世衰道微一節是明孔子作春秋之本意○又如孟子春秋無義戰之云亦總論一經之旨是又專主征伐而言者也

聖王不作諸侯放恣處士横議楊朱墨翟之言盈天下天下之言不歸楊則歸墨楊氏爲我是無君也墨氏兼愛是無父也無父無君是禽獸也公明儀曰庖有肥肉廄有肥

教詔吾道無對夫道固無對也然其中却著不得許多異端邪說直須一一剔撥出後方曉然見得箇精明純粹底無對道理若和泥合水便只着箇無對包了竊恐此無對中却多藏得病痛也故曰楊墨之道不息孔子之道不著

馬民有飢色野有餓莩此率獸而食人也楊墨之道不息孔子之道不著是邪說誣民充塞仁義也仁義充塞則率獸食人人將相食

楊朱但知愛身而不復知有致身之義故無君墨子愛無差等而視其至親無異衆人故無父無父無君則人道滅絕是亦禽獸而已公明儀之言義見首篇充塞仁義謂邪說徧滿妨於仁義也孟子引儀之言以明楊墨道行則人皆無父無君以陷於禽獸而大亂將起是亦率獸食人而人又相食也此又一亂也

精義伊川曰儒者潛心正道不容有差其始甚微其終則不可救如師也過商也不及於聖人中道師只是過於厚些商只是不及些然而厚則漸至於兼愛不及則

白文是無父也是無君也。兩是也字語意是推論其流弊如此。不是他合下便以無父無君爲教。若如此安足以惑亂天下

便至於爲我其過不及同出於儒者其末遂至楊墨如楊墨亦未至於無父無君孟子推之便至於此蓋其差必至於是也

語類楊墨只是差了些子其末流遂至於無父無君蓋楊氏見世間人營營於名利埋沒其身而不自知故獨潔其身以自高如荷蕢接輿之徒是也然使人皆如此潔身而自爲則天下事教誰理會此便是無君也墨氏見世間人自私自利不能及人故欲兼天下之人人而盡愛之然不知或有一患難在君親則當先救在他人則後救之若君親與他人不分先後則是待君親猶他人也便是無父此二者之所以爲禽獸也孟子之辯只緣是放過不得今人見佛老家之說者或以爲其說似

勝吾儒之說或又以爲彼雖說得不是不用管他此皆是看他不破故不能與之辯若眞箇見得是害人心亂吾道豈容不與之辯所謂孟子好辯者非好辯也自是住不得也○問墨氏兼愛何遽至於無父曰人也只孝得一箇父母那有七手八脚愛得許多能養其父無闕則已難矣想得他之所以養父母者粗衣糲食必不能堪蓋他既欲兼愛則其愛父母也必疏其孝也不周至非無父而何墨子尙儉惡樂所以說里號朝歌墨子回車想得是箇淡泊枯槁底人其事父母也可想見又問率獸食人亦深其獘而極言之非眞有此事也曰不然即它之道便能如此楊氏自是箇退步愛身不理會事底人墨氏兼愛又弄得没合殺使天下倀倀然必至於

大亂而後已非率獸食人而何如東晉之尚清談此便是楊氏之學楊氏卽老莊之道少間百事廢弛遂啟夷狄亂華其禍豈不慘於洪水猛獸之害又如梁武帝事佛至於社稷丘墟亦其驗也如近世王介甫其學問高妙出入於老佛之間其政事欲與堯舜三代爭衡然所用者盡是小人聚天下輕薄無賴小人作一處以至遺禍至今他初間也何嘗有啟狄亂華率獸食人之意只是本原不正義理不明其終必至於是耳或云若論其脩身行已人所不及曰此亦是他一節好其他很厲偏僻招合小人皆其資質學問之差亦安得以一節之好而葢其大節之惡哉吁可畏可畏○問墨氏兼愛疑於仁此易見楊氏爲我何以疑於義曰楊朱看來不似義

他全是老子之學只是箇逍遙物外僅足其身不屑世務之人只是他自愛其身界限齊整不相侵越微似義耳然終不似也

大全慶源輔氏曰此一亂又氣化人事相符者也聖人之道非不愛身也然有致身事君之義有殺身成仁之時故不至于無君非不愛物也然親親而仁民仁民而愛物有自然之序故不至於無父無君無父則人道滅絕又將覘弒父與君而冥然不覺矣是則人而反與禽獸無異也故引公明儀之說以言楊墨道行則人皆無父無君安於戕賊以陷於禽獸而大亂將起是亦與公明儀所謂率獸食人人將相食者類矣楊墨之道不息則邪說誣民孔子之道不著則充塞仁義也○西山真

吾爲此惧四字與孔子惧三字相應正見其心法之一貫晚村云有東遷之亂則

氏曰楊朱自一身之外截然不恤故其迹似乎義墨翟於親疏之間無所不愛故其迹似乎仁殊不知天下之理本一而分則殊故君子親親而仁民仁民而愛物心無不溥而其施有序心無不溥則非爲我矣其施有序則非兼愛矣楊朱專於爲我則昧乎理之一墨翟一於兼愛則昧乎分之殊若是而曰仁義乃所以賊乎仁義也○雙峯饒氏曰墨氏無父之教便充塞了仁楊氏無君之教便充塞了義有仁義則天下治無仁義則天下亂今仁義既充塞則亂將起而率獸食人人又將相食矣

吾爲此懼閑先聖之道距楊墨放淫辭邪說者不得作作於其心害於其事作於其事害於其政聖人復起不易吾

孔子懼而作春秋有戰國之亂則孟子懼而闢楊墨皆所謂不得已也閑先聖之道只虛講仁義之不可充塞距楊墨放淫辭正所以閑之也

言矣

閑衛也放驅而遠之也作起也事所行政大體也孟子雖不得志於時然楊墨之害自是滅息而君臣父子之道賴以不墜是亦一治也程子曰楊墨之害甚於申韓佛氏之害甚於楊墨蓋楊氏爲我疑於義墨氏兼愛疑於仁申韓則淺陋易見故孟子止闢楊墨爲其惑世之甚也佛氏之言近理又非楊墨之比所以爲害尤甚

大全西山眞氏曰事者政之目政者事之綱○慶源輔氏曰此一治又純乎人事也雖氣化不應孟子亦不得志於時然因其言而異端滅息吾道至今得以不墜此孟氏之功所以不在禹下而亞於孔子也○雲峯胡氏曰前云此一治也周公之功與禹同此云是亦一治也

孟子之功與夫子同○史記申不害故鄭之賤臣學本於黃老而主刑名著書二篇號曰申子○韓非者韓之諸公子也喜刑名法術之學而其歸本於黃老善著書與李斯俱事荀卿斯自以爲不如非○仁山金氏曰佛氏寂滅類楊而禪定立脫之說過之慈悲普施類墨而平等無生之說過之蓋兼無父無君之教而資率獸食人之禍者所以其害爲尤甚○楊氏與曰晉魏出臣道壞佛老與子道絕又曰異端蟠結於中國而不解者以名士大夫主之也故唐則蕭瑀王縉白居易裴休梁肅也宋則王安石蘇軾黃庭堅張商英也故上而君相下而閭里信之而不疑○二程子闢佛老之說凡五十餘條而其要則曰佛有髮而僧復毀形佛有妻子舍之而

不特三聖事功已分列上

僧絶其類、其二則曰釋氏謂既明此理、而又執持是理、故爲障、此錯看了理字也、天下只有一箇理、既明此理、夫何復障、若以理爲障、則是已與理爲二、又曰釋氏有出家出世之說、家本不可出、却爲它不父其父、不母其母、自逃去、固可也、至于世則怎生出得、既道出世、除是不戴皇天、不履后土、始得、然又渴飲而飢食、戴天而履地、又問華嚴第一眞空絶相觀、第二事理無碍觀、第三事事無碍觀、譬如鏡燈之類、包含萬象、無有窮盡、此理如何、曰只是釋氏要周遮、一言以蔽之、曰萬理歸于一理也、凡此足以見似是而非、與夫大亂眞者矣、因并附焉。

昔者禹抑洪水而天下平周公兼夷狄驅猛獸而百姓寧

文并孟子自己閑邪衛正處上文亦已序過昔者以下三節只是將前文三聖自己合攏總序一回以見其不得已耳呆講前事便不得其神理

此正明不得已而與當世辯之故是閑是距是放不是辯是辯是不得已不是好朱子曰近讀孟子至好辯章三復之餘廢書太息只為見得天理特然分明便自然如此住不得若見不到

孔子成春秋而亂臣賊子懼

抑止也兼并之也總結上文也

大全西山眞氏曰三聖事雖不同而其救天下之患立生民之極則一也

詩云戎狄是膺荆舒是懲則莫我敢承無父無君是周公所膺也

說見上篇承當也

我亦欲正人心息邪說距詖行放淫辭以承三聖者豈好辯哉予不得已也

詖淫解見前篇辭者說之詳也承繼也三聖禹周公孔子也蓋邪說橫流壞人心術甚於洪水猛獸之災慘於夷狄簒弑之禍故孟子深懼而力救之再言豈好辯哉

此又如何强得也。

予不得已也所以深致意焉然非知道之君子孰能眞知其所以不得已之故哉

或問孟子之欲息邪說距詖行放淫辭而必以正人心爲先者何也曰此探本之言也以聖道之不明是以人心不正而邪說得以乘間入之也曰然則亦明聖道以正人心而已矣又何必爲此之紛紛而涉於好辨之嫌乎曰邪說旣入則人心益以不正聖道益以不明矣此又其末之不可不理者也故孟子之道性善稱堯舜必使天下曉然知仁義之所在者此其所以正人心而爲息邪距詖之本也排爲我斥兼愛必使天下曉然知邪詖之不可由也此其所以息邪距詖而爲正人心之用也蓋其體用不偏首尾相應如此然後足以撥亂世而

反之正此其所以雖得其本而不免於多言也然豈其心之所好哉亦畏天命悲人窮故不得已而然耳昔湯伐桀而誓其衆曰予畏上帝不敢不正武王伐紂而誓其衆曰予弗順天厥罪惟鈞夫豈好戰也哉孟子之心亦若此而已矣豈得以好辨之小嫌而遂輟不言哉

大全慶源輔氏曰重言豈好辯哉予不得已也此又深致其意者欲人之察其心而知邪說之眞可畏也○問邪說詖行如何分雙峯饒氏曰說旣邪辟其行必偏詖其辭愈見淫蕩詖行淫辭自邪說上來放者放廢距絕○雲峯胡氏曰洪水猛獸之災由氣化夷狄簒弑之禍由人事邪說爲人心之害則有甚於此者矣人之本心未嘗不正爲邪說所害易淪胥於不正故孟子之辯拳

不是能距楊墨者聖人之徒是能言距楊墨者聖人之徒亦不是以言距楊墨是但有能爲此距楊墨之言者猶云他口裏說楊墨當距未必眞能距楊墨也然既肯爲此說則其趨必正此盛則彼衰彼之邪說亦將漸就消滅也語類若說道賊當捉當誅一條譬

峯欲正人心其仕也亦必先於正君心○雙峯饒氏曰前言天下之生久矣一治一亂爲綱領下面又言治了又亂亂了又治再三如此反覆說了則又到此以三段總結前面以予不得已一句起頭後以予不得已一句結合既而又繳上不得已去

能言距楊墨者聖人之徒也

言苟有能爲此距楊墨之說者則其所趨正矣雖未必知道是亦聖人之徒也孟子既答公都子之問而意有未盡故復言此蓋邪說害正人人得而攻之不必聖賢如春秋之法亂臣賊子人人得而誅之不必士師也聖人救世立法之意其切如此若以此意推之則不能攻討而又唱爲不必攻討之說者其爲邪詖之徒亂賊之

喻得最分明。

黨可知矣○尹氏曰學者於是非之原毫釐有差則害流於生民禍及於後世故孟子辯邪說如是之嚴而自以爲承三聖之功也當是時方且以好辯目之是以常人之心而度聖賢之心也

或問其曰能言距楊墨者聖人之徒何也曰吾亦既言之矣然反其言而推之則知不討亂賊而謂人勿討者凶逆之黨也不距楊墨而謂人勿距者禽獸之徒也聖賢立法之嚴至於如此可不畏哉可不畏哉

語類孟子苦死要與楊墨辯是如何與他有甚冤惡所以闢之如不共戴天之讎能言距楊墨者聖人之徒也才說道要距楊墨便是聖人之徒如人逐賊有人見了自不與捉這便喚做是賊之黨賊是人情之所當惡若

說道賊當捉當誅這便是主人邊人若說道賊也可捉可恕這只與做賊邊人○當時如縱橫刑名之徒孟子却不管他蓋他只壞得箇麤底若楊墨則害了人心須着與之辯時舉謂當時人心不正趨向不一非孟子力起而闢之則聖人之道無自而明是時眞箇少孟子不得曰孟子於當時只在私下恁地說所謂楊墨之徒也未怕他到後世却因其言而知聖人之道爲是知異端之學爲非乃是孟子有功於後世耳

大全朱子曰出邪則入正出正則入邪二者之間蓋不容髮雖未知道而能言距楊墨者已是心術向正之人所以以聖人之徒許之與春秋討賊之意同○新安陳氏曰聖賢反世之亂而治之達而在上則見於有爲而

治功見於當時窮而在下則不免於有言而治法垂於
後世孔子曰予欲無言終不能無言也作春秋以爲後
法猶未至于辯者孔子之時異端未熾而孔子之聖言
教易孚故也至孟子則時益降異端益熾而孟子之亞
聖又不及孔子公孫丑萬章之徒聞言猶未達况於外
人則其闢楊墨烏得而不言言烏得而不辯葢有大不
得已焉者旣以不得已於辯者自致其力尤以能言距
楊墨望凡爲吾徒者之同致其力焉非朱子深知孟子
之心孰能發其精微之藴如此哉此章於古今世道聖
賢事業關涉甚大宜精察深思之○東陽許氏曰集註
氣化盛衰人事得失反覆相尋竊謂氣化盛人事得則
天下治氣化衰人事失則天下亂是固然矣然孟子此

仲子大罪在辟兄離母然此意在盡心上篇亡親戚君臣上下章乃正断之若此章正文反覆只窮他不能爲蚓以充其操前虛断一句充仲子之操則蚓而後可者也末寔断一句若仲子者蚓而後充其操者也反覆只就此窮之中間

章答好辯之問而孟子之辯專爲闢楊墨而發則撥亂爲治全賴人事以補天道之不足反氣化之衰而至於盛也觀堯禹之治水則以人事而回氣化武王周公誅紂伐奄孔子作春秋則以人事而救衰失所以孟子亦於衰失之時闢楊墨以回氣化正人事也此正聖賢作用參天地贊化育之功讀此章當如此會集註之意

〇**匡章曰陳仲子豈不誠廉士哉居於陵三日不食耳無聞目無見也井上有李螬食實者過半矣匍匐往將食之三咽然後耳有聞目有見**

匡章陳仲子皆齊人廉有分辨不苟取也於陵地名螬蠐螬蟲也匍匐言無力不能行也咽呑也

孟子曰於齊國之士吾必以仲子爲巨擘焉雖然仲子惡

雖及其辟兄離母事。然只據此以窮其操不正。指此以斷其罪各章各有正意。不得以與亡親戚君臣上下章斷混也。

能廉充仲子之操則蚓而後可者也

巨擘大指也、言齊人中有仲子、如衆小指中有大指也、充推而滿之也、操所守也、蚓丘蚓也、言仲子未得爲廉也、必若滿其所守之志、則惟丘蚓之無求於世然後可以爲廉耳、

大全慶源輔氏曰齊俗奢侈放縱。當戰國時。士之傷廉者必多有之。此巨章所以推仲子之廉而孟子亦以爲齊人之巨擘也。

夫蚓上食槁壤下飲黄泉仲子所居之室伯夷之所築與抑亦盜跖之所築與所食之粟伯夷之所樹與抑亦盜跖之所樹與是未可知也

槁壤乾土也、黄泉濁水也、抑發語辭也、言蚓無求於人

而自兄而仲子未免居室食粟若所從來或有非義則是未能如蚓之廉也

大全雙峯饒氏曰不要問所從來只當思豈我當食兄之祿與居兄之室否若問所從來則室與粟豈必伯夷所築所樹如諸侯之取人猶禦然既交以道接以禮則孔子受之矣○或曰匡章亦黜妻屏子者故喜仲子孤介之行新安陳氏曰不然匡章以父爲重故視妻子爲輕仲子反視母兄爲輕而於妻則反食孟子矜匡章而非仲子有以也此章當參看盡心上篇仲子不義與之齊國而不受下文云以其小者信其大者奚可哉斷盡其人

曰是何傷哉彼身織屨妻辟纑以易之也

因上節臣章舉其妻。故孟子因其妻以及其母與兄。未是正說他亡親戚君臣上下之罪也。况此節只是有序無斷。斷案乃在下節。下節斷處只是說他不能一槩不食不居。以此不能充其操耳。未就人莫大焉處正斷之也。

辟績也。纑練麻也。

曰仲子齊之世家也兄戴蓋祿萬鍾以兄之祿爲不義之祿而不食也以兄之室爲不義之室而不居也辟兄離母處於於陵他日歸則有饋其兄生鵝者已頻顣曰惡用是鶃鶃者爲哉他日其母殺是鵝也與之食之其兄自外至曰是鶃鶃之肉也出而哇之

世家世卿之家。兄名戴。食采於蓋。其入萬鍾也。歸自於陵歸也。已仲子也。鶃鶃鵝聲也。頻顣而言。以其兄受饋爲不義也。哇吐之也。

或問司馬公曰仲子以兄之祿爲不義之祿。蓋謂其不以其道事君而得之也。以兄之室爲不義之室。蓋謂其不以其道取於人而成之也。君子之責人當探其情仲子之避兄離母豈所願耶若仲子者誠非中行亦狷者有所不爲也孟子過之何甚與其說奈何曰仲子齊之世家則其祿與室非其兄不義而得之矣設其果以不義得之而非有悖逆作亂之大故則夫母子兄弟之間豈可以是而遂滅天性之恩哉飾小行以妨大倫是乃欺世亂俗之尤先王之所必誅而不以聽者也所謂狷者則亦言行之間小過乎中而已夫豈出於倫理之外若是其甚哉

以母則不食以妻則食之以兄之室則弗居以於陵則居之是尚爲能充其類也乎若仲子者蚓而後充其操者也

言仲子以母之食兄之室爲不義而不食不居其操守如此至於妻所易之粟於陵所居之室既未必伯夷之

以妻則食則不能如蚓之不食以於陵則居則不能如蚓之不居故曰是尚爲能充其類也乎通章神氣只完得充仲子之操則蚓而後可者也一句因此章

判斷未盡。故於盡心上篇。又再闡之。必欲于此章夾入以其小者信其大者議論。使不對針。

所爲則亦不義之類耳。今仲子於此則不食不居。於彼則食之居之。豈爲能充滿其操守之類者乎。必其無求自足如丘蚓然。乃爲能滿其志而得爲廉耳。然豈人之所可爲哉。○范氏曰。天之所生。地之所養。惟人爲大。人之所以爲大者。以其有人倫也。仲子避兄離母。無親戚君臣上下。是無人倫也。豈有無人倫而可以爲廉哉。

大全朱子曰。余隱之云。仲子之兄非不友。孰使之避。仲子之母非不慈。孰使之離。愚謂政使不慈不友。亦無逃去之理。觀舜之爲法於天下者。則知之矣。○南軒張氏曰。仲子徒欲潔身以爲清。不知廢大倫之爲惡。原仲子本心。亦豈不知母子之性重於妻兒之居愈于於陵乎。惟其私見所局。亂其倫類。至此極也。衆人惑於其迹。以爲潔若高介而取之非矣世之貪冒爲惡者多矣孟子於仲子獨闢之深者世之爲惡者其失易見而仲子之徒其過難知也惟其難知故可以惑世俗而禍仁義反復闢之蓋有以也夫○慶源輔氏曰以仲子之孤介自守足以高於一世之俗矣而孟子所以力闢之者蓋世衰道微學者大抵因其資質之偏而固執一說力行以取名初不顧義理之如何如告子許行陳仲子之徒皆是也況如匡章者旣稱仲子爲廉而傾向之矣此固以道自任者之所憂也孟子烏得不排之哉又曰仲子之所守不必驗之他人只自其身而推之則已有不能自滿其志者故孟子直以爲蚓而後能充其操斥之則仲子之行是豈人之所能爲哉聖賢之道充之則至于與

天地同功仲子之道充之則至於與丘蚓同操是豈人理也哉